아리스토텔레스 선집

아리스토텔레스 선집

아리스토텔레스 지음
조대호 · 유재민 · 김재홍 · 임성진 · 김헌 옮김

도서출판 길

아리스토텔레스 선집

2023년 4월 15일 제1판 제1쇄 인쇄
2023년 4월 25일 제1판 제1쇄 발행

지은이 | 아리스토텔레스
옮긴이 | 조대호 · 유재민 · 김재홍 · 임성진 · 김헌
펴낸이 | 박우정

기획 | 이승우
편집 | 김춘길
전산 | 최원석

펴낸곳 | 도서출판 길
주소 | 06032 서울 강남구 도산대로 25길 16 우리빌딩 201호
전화 | 02) 595-3153 팩스 | 02) 595-3165
등록 | 2000년 9월 18일 제2010-000030호

ISBN: 978-89-6445-258-5 93100

| 해제 |

균형 잡힌 아리스토텔레스 철학 이해를 위한 길라잡이

1. 아리스토텔레스의 생애와 저술

아리스토텔레스(Aristoteles)는 기원전 384년 그리스 북부의 작은 도시 스타게이라(Stageira 혹은 Stageiros)에서 태어났다. 그의 고향 도시는 신흥 강국으로 부상하던 마케도니아의 영향권에 속해 있었다. 아리스토텔레스의 집안과 마케도니아 왕가의 관계는 스타게이라와 마케도니아 왕국의 관계보다 더 밀접했다. 그의 아버지 니코마코스가 마케도니아 왕의 주치의였기 때문이다. 어린 시절의 아리스토텔레스도 아버지와 함께 마케도니아의 왕궁에 머물렀을 것이다. 그의 어머니 역시 의사 집안 출신이었으니, 이런 집안 내력은 자연 관찰자이자 탐구자로서의 아리스토텔레스 삶을 이해하는 데 중요한 배경이 된다.

10대 중반에 부모가 세상을 떠난 뒤 17세의 아리스토텔레스는 아테네로 가서 플라톤(Platon)의 아카데미아에 입학했다. 그리고 이 시점을 기준으로 따져 보면, 그의 삶은 크게 세 시기로 나뉜다. 플라톤 문하에 머물던 아카데미아 시기, 아카데미아를 떠나 그리스의 동쪽 지역을 여행하던 방랑의 시기, 다시 아테네로 돌아와 새 학교를 세우고 그동안의 연구를 집대성한 뤼케이온 시기가 그렇다. 이 세 시기에 걸쳐 이루어진 아리스토텔레스의 연구 활동은 저마다 뚜렷한 특징을 보여준다.

1) 아카데미아 시기(기원전 367년~기원전 347년): 아리스토텔레스는 17세부터 37세까지 20년 동안 아카데미아의 구성원이었다. 입학하고 10년쯤 지난 뒤부터는 강의도 맡았을 것이다. 이 시기에 아리스토텔레스는 플라톤의 대화편들을 본보기 삼아 대화편들을 지었고 강의록들도 남겼다. 훗날 '오르가논'(organon)이라는 이름으로 묶인 논리학 저술들 가운데도 이 시기에 쓰인 글들이 포함되어 있다. 아리스토텔레스는 아카데미아의 '지성'(nous)이라고 불리면서 뛰어난 역량을 발휘했지만, 플라톤 철학의 추종자는 아니었다. 아카데미아에 머물던 시기에 벌써 그는 스승의 철학에 대한 비판적 발언들을 서슴지 않았다. 특히 어렸을 때 아버지 곁에서 사람의 몸을 관찰하고 질병 현상들을 탐구하는 데 익숙했던 아리스토텔레스에게는 진리를 보이지 않는 세계에서 찾는 이데아론은 받아들이기 힘든 주장이었다. 그는 이데아론을 '매미 소리'에 지나지 않는다고 공격하기도 했다.

2) 방랑의 시기(기원전 347년~기원전 335년): 플라톤이 세상을 떠난 해(기원전 347년) 아리스토텔레스는 아테네를 떠난다. 스승의 죽음 이후 아카데미아의 분위기가 바뀌었을 뿐만 아니라 정치적 상황도 그에게 불리하게 작용했기 때문이다. 그리스 전역에 걸쳐 마케도니아의 군사적 위협이 확대되자 아테네에서도 반(反)마케도니아 정서가 팽배해졌고, 이런 분위기 속에서 친(親)마케도니아 인사로 알려져 있던 아리스토텔레스는 생명의 위협을 느끼지 않을 수 없었을 것이다. 아테네를 떠난 아리스토텔레스는 한때 아카데미아의 동료였고 그 뒤 아소스(Assos)의 지배자로 군림하던 헤르메이아스(Hermeias)의 궁정으로 초대되어 그곳에 3년 정도 머물며 작은 학문 공동체를 이끌었다. 하지만 3년 뒤에는 인근 레스보스섬으로 이주한다. 이 섬에서의 체류 기간은 2년 정도에 불과하지만, 아리스토텔레스에게 새로운 학문의 길을 열어 주었다는 점에서 큰 의미를 갖는 시간이었다. 섬의 물고기들과 새들을 관찰하면서 그는 타고난 관찰자의 재능과 관심을 발전시켰고 이를 통해 새로운 학문의 길을 열었기 때문이다.

그의 자연 관찰과 연구는 마케도니아 왕 필립포스(Philippos)의 초청을 받아 펠라의 왕궁으로 옮아가기까지 지속되었다. 아리스토텔레스는 마케도니아에서 2~3년 정도 왕자 알렉산드로스를 가르친 것으로 보이지만 이어진 5년 동안의 행적은 베일에 가려져 있다. 아리스토텔레스 연구자들은 그가 고향 도시에서 지내거나 흑해나 크림반도까지 먼 연구 여행에 나섰을 것으로 추측한다.

3) 뤼케이온 시기(기원전 335년~기원전 323년): 기원전 335년, 아리스토텔레스는 12년 만에 아테네로 돌아온다. 마케도니아 왕으로 등극한 젊은 알렉산드로스가 그리스 전역에 대한 패권을 장악하고 아테네의 반마케도니아 세력을 무력화시킨 뒤의 일이다. 돌아온 아리스토텔레스는 늑대의 신(神) '아폴론 뤼케이오스'에게 봉헌된 성소와 주변 건물들을 빌려 새로운 학교 뤼케이온(Lykeion)을 열었다. 뤼케이온은 위치에서뿐만 아니라 연구 방향에서도 아카데미아와 정반대였다. 보이지 않는 이데아 세계가 아니라 보이는 자연에 대한 관찰과 탐구가 뤼케이온의 연구와 교육에서 중심을 이루었기 때문이다. 뤼케이온에는 자료실, 도서관 등 연구와 교육에 필요한 시설이 잘 갖춰져 있었고 회랑들(peripatoi)과 산책로들 덕분에 산책하면서 이야기를 나누기에 안성맞춤이었다. 아리스토텔레스와 그의 제자들은 이 회랑들을 돌면서 대화를 나누었는데, 이 때문에 그들은 'Peripatetikoi'(소요학파)라는 이름을 얻었다. 뤼케이온의 교육은 이 학교의 정식 구성원들을 위한 오전 강의와 일반 청강자들을 위한 오후 강의로 이루어졌다. 뤼케이온을 운영하던 12년 동안 아리스토텔레스는 그동안 수집하고 조사한 내용들을 정리하면서 연구 범위를 점점 더 넓혔고, 그 결과 인류 역사상 가장 방대하고 다양한 연구가 결실을 거두게 되었다. 그런 뜻에서 뤼케이온의 열두 해는 아리스토텔레스의 학문이 집대성된 시기일 뿐만 아니라 서양 학문의 새로운 역사가 열린 시기이기도 하다.

하지만 학문적 활동이 정치적 상황에서 얼마나 자유로울 수 있을까? 뤼케이온의 생산적인 연구와 저술 활동은 알렉산드로스가 동방 원정에서 돌아오는 길에 급사하고(기원전 323년) 다시 그리스 전역에서 반마케도니아 운동의 불길이 타오르기 시작하면서 끝날 수밖에 없었다. 또다시 아리스토텔레스에 대한 재판과 살해의 위협이 가시화했고 그런 상황에서 그는 "아테네인들이 철학에 대해 두 번 잘못을 저지르지 않도록" 아테네를 떠나 어머니의 고향 에우보이아(Euboia)의 칼키스(Chalkis)로 도피했다. 아테네인들이 그의 도피를 묵인한 것은 아마도 마케도니아에 의해 아테네가 점령될 당시 두 도시 사이의 갈등을 중재한 그의 노력을 포함해 그가 아테네를 위해 이룬 공헌들 때문이었을 것이다. 하지만 칼키스에서 아리스토텔레스의 생애는 두 해를 넘기지 못했다. 기원전 322년 가을, 아리스토텔레스는 집안 노예들을 포함해 가족을 위한 따뜻한 유언을 남기고 세상을 떠났다. 그의 삶은 격동의 시대에 자연과 인간을 관찰하고 탐구하는 데 바쳐진 관찰자의 삶(vita contemplativa)이었다.

아리스토텔레스는 서양 사상사에서 그 유례를 찾아볼 수 없을 정도로 방대한 규모의 저술을 남겼다. 그리스의 전기 작가 디오게네스 라에르티오스(Diogenes Laertios, 기원전 3세기 초반)가 소개한 목록에 따르면, 아리스토텔레스는 115개 주제에 대해 550권의 글을 썼다. 오늘날 통용되는 방식에 따라 계산하면 대략 6천 쪽에 이르는 엄청난 분량이다. 하지만 아리스토텔레스의 저술에서 놀라운 점은 그런 방대한 분량뿐만 아니라 거기서 논의된 내용의 다양함이다. 그가 다룬 주제는 논리학, 자연학, 기상학, 화학, 생물학, 형이상학, 윤리, 정치학, 수사학, 시학 등 거의 모든 학문 분야에 걸쳐 있는데, 아리스토텔레스는 당시 인간이 생각할 수 있는 모든 문제를 다루었다고 해도 크게 지나친 말이 아닐 것이다.

아리스토텔레스의 저술은 뤼케이온에서 이루어진 강의 방식에 따라 크게 두 부류로 나뉜다. 'exoterikoi'와 'esoterikoi'로 불리는 저술들이 있다. '엑소테리코이' 혹은 '엑소테리코이 로고이'는 외부인들이 읽을 수 있도록 출판을 위해 저술된 글들을 가리킨다. 이것들은 '외부인들을 위한 글들'이다. 반면에 '에소테리코이' 혹은 '에소테리코이 로고이'는 '내부 구성원들을 위한' 강의록이나 논문들이다. 우리에게 전해진 아리스토텔레스의 글들은 — 일부 단편들을 제외하면 — 거의 모두 두 번째 범주에 속한다.

대중용 저술들에는 대략 19편의 대화편들, 『그리스 도시국가들의 정체』와 같은 자료집, 철학을 권유하는 『프로트렙티코스』와 같은 글들이 포함된다. 하지만 이 글들은 단편들만 남아 있거나 제목만 전해질 뿐이다. 그 내용을 우리는 자세히 알 수 없지만 매우 유려한 문체로 쓰인 글들이었음이 틀림없다. 이 저술들을 직접 읽었던 로마의 정치가이자 철학자인 키케로(Cicero)는 "황금의 강물이 흐르는 것 같은 대화"(flumen orationis aureum)라고 칭찬을 아끼지 않았다.

반면에 뤼케이온의 구성원들을 위한 내부용 저술들은 문체가 아주 딱딱하다. 서술상의 공백도 있고 논변이 고르지 않은 부분이 많으며 메모처럼 단편적인 부분도 있다. 이는 이 부류의 저술들이 수강생들을 위한 강의에서 유래한 것임을 보여준다. 하지만 내부용 저술들 가운데는 수강생들뿐만 아니라 독자들을 위한 저술들도 포함되어 있는데, 대표적으로 『동물지』가 그렇다.

아리스토텔레스의 저술들은 보관과 전승 과정에서 온갖 우여곡절을 겪다가 그의 사후 280년 뒤 로마에서 출판되었다(기원전 40년 무렵). 편집자는 당시 페리파토스학파의 수장으로 널리 알려져 있던 안드로니코스(Andronikos)였다. 안드로니코스는 여러 경로를 통해 아리스토텔레스의 저술들을 입수했을 텐데 자세한 내용을 확인하기는 어렵다. 그는 또 편찬 과정에서 독립된 글들을 하나의 저술로 편찬하기도 했다. 예를 들어 오늘날 우리가 아리스토텔레스의 대표 저서로 알고 있는 『자연학』이나 『형이상학』이 이렇게 탄생한 책들이다. 아쉬운 점은 안드로니코스가 당시에 쉽게 구할 수 있었을 대화편들을 '아리스토텔레스 전집'(*Corpus Aristotelicum*)에 포함시키지 않았다는 점이다. 이 전집에 포함된 저술들은 크게 네 부류로 나뉘어 있었다.* 1) 『범주론』 『분석론』 『변증론』과 같은 논리학 저술

---

* H. Flashar, *Aristoteles. Lehrer des Abendlandes*, München: C. H. Beck, 2013, pp. 64ff. 참조.

들, 2) 윤리학과 수사학 저술들(『시학』 포함), 3) 자연학, 생물학, 심리학 저술들, 4) 편집 순서상 '자연학적 저술들 뒤에' 오는 다수의 독립적 글들로 이루어진 『형이상학』.

안드로니코스가 편찬한 '아리스토텔레스 전집'은 이후 아리스토텔레스의 철학과 학문에 대한 연구에 많은 기여를 하고 역사 속으로 사라졌다. 19세기 이후에는 프로이센 아카데미의 의뢰를 받아 이마누엘 베커(Immanuel Bekker)가 편집한 '아리스토텔레스 저작집'(*Aristotelis opera*, 1831~70)이 아리스토텔레스 연구의 전통에 새로운 토대를 놓았다. 오늘날 아리스토텔레스의 저술을 인용할 때 사용되는 '980a21'과 같은 기호도 바로 베커의 편집체제를 따른 것이다. 예를 들어 980a21은 베커판 980쪽, a단, 21행을 가리킨다. 안드로니코스의 전집에서 그랬듯이 베커의 전집에서도 논리학 관련 저술들이 가장 앞에 나온다. 하지만 그 뒤의 순서는 다르다. 베커는 논리학 저술들에 이어 자연학 관련 저술들, 『형이상학』, 실천철학 관련 저술들, 『시학』과 『수사학』 등을 차례로 배치했다. 대체적으로 모든 학문의 도구로서 논리학, 실용성을 벗어나 순수한 이론적 관찰(theoria)을 목적으로 하는 이론학, 개인·가정·정치 영역에서의 인간 활동에 대해 탐구하는 실천학, 인간의 창작과 관련된 제작학의 순서로 저술들이 배치되어 있다.

베커가 편집한 '아리스토텔레스 저작집'에 포함된 저술들은 아래와 같다. 삭제한 저술은 위서(僞書)로 인정되는 것들을, '*' 표시는 진위가 논란이 되는 것들을 가리킨다.

이마누엘 베커(Immanuel Bekker),

'아리스토텔레스 저작집'(*Aristotelis opera*, 1831~70)

라틴어	영어	우리말(시작 페이지와 단)
논리학 저술		
Categoriae	Categories	범주론(1a)
De interpretatione	On Interpretation	명제론(16a)
Analytica priora	Prior Analytics	분석론 전서(24a)
Analytica posteriora	Posterior Analytics	분석론 후서(71a)
Topica	Topics	토피카/변증론(100a)
De sophistici elenchi	Sophistical Refutations	소피스트식 반박(164a)
자연학 저술		
Physica	Physics	자연학(184a)
De caelo	On the Heavens	천체에 대하여/ 천체론(268a)
De generatione et corruptione	On Generation and Corruption	생성과 소멸에 대하여/ 생성·소멸론(314a)
Meteorologica	Meteorology	기상학(338a)
De mundo	On the Universe	우주에 대하여(391a)
생물학 저술/ 기타		
De anima	On the Soul	영혼론(402a)
Parva naturalia:	Little Physical Treatises:	자연학 소논문집(436a)
De sensu et sensibilibus	On Sense and Sensibles	감각과 감각물에 대하여(436a)
De memoria et reminiscentia	On Memory and Recollection	기억과 상기에 대하여(449b)
De somno et vigilia	On Sleep and Waking	잠과 깸에 대하여(453b)
De insomnis	On Dreams	꿈에 대하여(458a)
De divinatione per somnum	On Divination in Sleep	잠에서의 계시에 대하여(462b)

De longitudine et brevitate vitae	On Longness and Shortness of Life	장수와 단명에 대하여(464b)
De iuventute et senectute, De vita et morte, De respiratione	On Youth, Old Age, Life and Death, and Respiration	젊음과 노령, 삶과 죽음, 호흡에 대하여(467b)
De spiritu	On Breath	숨에 대하여(481a)
Historia animalium	History of Animals	동물지(486a)
De partibus animalium	Parts of Animals	동물 부분에 대하여/ 동물부분론(639a)
De motu animalium	Movements of Animals	동물 운동에 대하여/ 동물운동론(698a)
De incessu animalium	Progression of Animals	동물 이동에 대하여/ 동물이동론(704a)
De generatione animalium	Generation of Animals	동물 발생에 대하여/ 동물발생론(715a)
De cororibus	On Colors	색깔에 대하여(791a)
De audibilibus	On Things Heard	청각대상에 대하여(800a)
Physiognomonica	Physiognomincs	관상학(805a)
De plantis	On Plants	식물에 대하여(815a)
De mirabilibus auscultationibus	On Marvellous Things Heard	경이로운 것들에 대하여(830a)
Mechanica	Mechanics	역학(847a)
Problemata	Problems	문제집(859a)*
De lineis insecabilibus	On Indivisible Lines	불가분적인 선들에 대하여(968a)*
Ventorum situs	The Situations of Winds Problems	바람의 위치들(973a)*
De Melisso, Xenophane, Gorgia	On Melissus, Xenophanes, and Gorgias	멜리소스, 크세노파네스, 고르기아스(974a)*

형이상학 저술

Metaphysica	Metaphysic	형이상학(980a)

실천철학 저술

Ethica Nicomachea	Nicomachean Ethics	니코마코스 윤리학(1094a)
Ethica Eudemia	Magna Moralia	대 윤리학(1181a)*
Magna moralia	Eudemian Ethics	에우데모스 윤리학(1214a)
De virtutibus et vitiis.	On Virtues and Vices	덕과 악덕에 대하여(1249a)*
Politica	Politics	정치학(1252a)
Oeconomica	Economics	가정관리술(1343a)*

수사학과 시학 저술

Rhetorica	Rhetorics	수사학(1354a)
Rhetorica ad Alexandru,	Rhetorics to Alexander	알렉산드로스를 위한 수사학(1420a)
Poetica	Poetics	시학(1447a)

이 선집은 '아리스토텔레스 저작집'에 실린 주요 저술의 일부를 발췌해 번역한 것이다. 아리스토텔레스의 생물학 관련 저술들이 빠져 있지만, 대다수의 주요 저술을 망라한다. 선집에서 발췌할 부분을 선별하는 데에 T. Irwin & G. Fine, *Aristotle. Selections*(Indianapolis/Cambridge, 1995)를 참고했지만, 각 본문은 그리스어 원전에서 직접 옮겼고 각주 역시 옮긴이들이 덧붙인 것이다. 선집 뒤에 오는 '용어 해설'은 주로 테런스 어윈(Terence Irwin)의 '용어 사전'(Glossary)을 옮긴 것이다.(조대호)

2. 저술 소개

- 『범주론』(*Categoriae*)과 『명제론』(*De Intepritatione*)

'오르가논'(Organon)은 아리스토텔레스 전체 저작의 맨 앞부분을 차지하는 일련의 논리학적 저술들이다. 『범주론』, 『명제론』, 『분석론 전서』, 『분석론 후서』, 『변증론(토피카)』, 『소피스트적 논박에 대하여』가 여기에 포함된다. 『범주론』은 '오르가논'의 맨 앞에 위치하는 저술로, 주어와 술어를 문장(명제) 형성 이전의 낱말 형태로 다룬다. 이 낱말들을 범주들이라고 부르는데, 『범주론』에는 실체, 양, 질, 관계, 장소, 시간, 상태, 소유, 능동, 수동이라는 총 10개의 범주가 등장한다. 범주는 문장을 이루는 주어와 술어로서 언어를 분석하기 위한 논리, 문법적인 도구로 볼 수도 있고, 존재하는 것들을 분석하기 위한 형이상학적 도구로 볼 수도 있다. 우리가 어떤 사물에 대해 물을 때, 물음에 대한 답으로 제시될 수 있는 것이 10개의 범주들이다. 예를 들어 사물이 "무엇이냐?"는 물음에는 실체 범주가, "얼마만큼이냐?"는 물음에는 양 범주가, "언제냐?"고 물을 때는 시간 범주가 답으로 제시된다. 이 중 가장 중요한 것은 실체(ousia) 범주가 답으로 주어지는 물음이다. 실체 범주는 다른 범주들이 술어 노릇만 할 때 유일하게 주어 자리를 차지할 수 있다. 존재론적으로 말하면, 다른 존재자들은 홀로 존재할 수 없고 반드시 이 실체에 의존해서 존재한다.

『범주론』이 문장 형성 이전의 주어와 술어를 낱말 형태로 다루는 데 반해, 『명제론』은 주어와 술어로 이루어진 문장들을 다룬다. 이 작품에서 아리스토텔레스의 주된 목적은 어떤 문장의 쌍들이 서로 반대가 되며 어떤 방식으로 그렇게 되는지를 결정하는 것이다. 이 저술의 제9장에서는 현대 논리철학에서도 심심치 않게 논의되는 주제이자 '내일 해전의 논변'으로 알려져 있는 미래 우연명제(futura contingentia)와 결정론의 문제가 깊이 있게 논의되고 있다. 이곳의 논의가 나중에 현대의 다치논리학(many-valued logic) 체계의 싹을 틔우는 역사적 계기가 되었다는 것은 잘 알려져 있다. 또 현대 양상 논리의 효시로 볼 수 있는 필연과 가능 개념

의 논리적 관계를 문제 삼는 양상 논리 체계가 저술의 후반부에서 논의된다.(유재민)

• 『분석론 전서』(*Analytica priora*)와 『분석론 후서』(*Analytica posteriora*)

『분석론』은 제목 자체가 시사하듯이 학문적 추론에 대한 분석이다. 추론(syllogismos)이라는 점에서는 학문적인 추론이나 변증술의 추론이나 똑같지만, 어떤 것을 추론의 전제들로 삼는지에 따라 차이가 난다. 변증술의 추론은 개연적인 전제를 출발점으로 삼는 데 반해, 학문적인 추론은 참인 전제들을 출발점으로 삼는다. 추론을 구성하는 용어들, 이를 테면 '대개념', '소개념', '중개념' 등이 자세히 설명된다. 변항의 기호로서 문자들을 사용했다는 점에서 아리스토텔레스의 『분석론 전서』는 형식 논리학의 원조이다. 나아가 아리스토텔레스는 중개념의 위치에 따라서 학문적 삼단논법의 세 형식을 나눈다. 제1권의 두 번째 부분(제27~30장)에서는 상이한 추론 절차 속에서 전제들을 발견하는 규칙들이 제시된다. 제32~45장은 어떻게 삼단논법적 추론들이 세 개의 형식으로 형식화되는지를 보여준다. 제2권에서는 추론의 특징들과 그와 관련해서 제기되는 어려움들이 논의된다(제1~15장).

『분석론 전서』는 형식 논리학에 대한 연구서의 성격에 걸맞게 매우 엄밀한 언어로 쓰였다. 논리학을 높은 수준의 완성도를 갖춘 새로운 창조물로 만들어냈다는 점에서 아리스토텔레스의 업석은 놀랄 만하다. 이 서술은 2000년 이상 이어온 논리학의 토대이자 모델 역할을 했다.

『분석론 후서』는 학문적 인식(epistēmē)을 낳는 논증(apodeixis)과 그 원리들(archai)을 다룬다. 이 저술의 구성은 다음과 같다. 제1권의 제1~6장은 학문적 인식이 가능하기 위해서 논증의 전제들이 충족해야 하는 조건들을 다룬다. 이에 따르면 "참이고 첫째가며 무매개적이고 더 잘 알려지고 선행하며 원인이 되는" 전제들을 출발점으로 전개되는 논증만이 학문적 인식을 낳을 수 있다. 제1권의 제7~34장은 논증의 성격에 대한 일련의 규정들을 포함하고 있다. 오류와 무지도 다루어진다. 제2권은 논증의 요소들과 그것들을 인식하는 방법들을 탐구한다. 아리스토텔레스는 어떤 것의 존재 사실과 그것의 본질 사이의 구별을 강조하고, 또 우리에게 더 잘 알려진 것과 그 자체로서 더 잘 알려진 것을 구별한다. 특히 중요한 것은 정의들(horismoi)에 대한 그의 설명이다. 제2권의 마지막 장은 우리가 어떻게 감각으로부터 시작해서 학문의 원리들에 대한 앎에 도달하는지를 보여준다. 그에 따르면 먼저 감각으로부터 기억과 경험이 형성되고, 이로부터 기술적인 앎과 학문적인 앎의 단계에 도달한다. 이 저술은 학문적 인식과 관련해서 중요한 통찰들을 담고 있으며 거기서 제시된 과학 방법론은 여전히 중요한 시사점들을 담고 있다.(조대호)

• 『변증론(토피카)』(*Topica*)

『변증론(토피카)』이라는 제목은 중성 복수형으로 '토포스에 관한 것들', '토포스를 사용하는 논의들'을 의미한다. '토포스'란 논의의 출발점이 되는 '공통의 터'를 의미한다. 이 저술은 대화자들 사이에 성립할 수 있는 다양한 토포스들을 한데 모아 저장해 놓은 일종의 '창고'라고 할 수 있다. 질문자와 답변자는 논의를 진전시킬 실마리를 가지고 있는 이야기 터로서의 '토포스들'을 활용해 진리를 찾아 들어가게 된다. 『변증론』은 크게 두 부분으로 나뉠 수 있다. 제1권은 변증술(dialektikē), 즉 '토포스를 사용하는 논의들'을 이해하기 위해 도움이 되는 중요한 기본 개념들을 논의하고, 제8권은 주어진 결론을 위한 변증술적 논의를 구성하는 능력을 요구하는 지침과 조언을 제시한다. 이와 달리 제2권부터 제7권까지는 변증술에서 중요한 기능을 차지하는 '토포스들의 창고'이다. 이 부분은 토포스의 응용과 적용을 논의하는 부분이라고 할 수 있고, 제1권과 제8권과는 구분된다.(유재민)

• 『자연학』(*Physika*)과 『생성소멸론』(*De generatione et corruptione*)

『자연학』이라는 저술의 원래 명칭은 그리스어로 'physikē akroaseōs'(자연에 대한 강의)이다. 선대 자연철학자들의 저술이 대부분 『자연에 대하여』(*peri physeōs*)였던 것과 마찬가지로 아리스토텔레스는 이 저술에서 이전 사상가들의 자연에 대한 탐구를 비판적으로 종합하려 했던 것으로 보인다. 아리스토텔레스에게 '자연'(physis, 퓌시스)은 어떤 사물이 갖는 '운동의 원리'였고, 『자연학』은 '자연', '운동'과 연관된 자연철학의 다양한 원리들을 다룬다.

전체 8권으로 구성되어 있는 『자연학』은 '운동' 개념을 어떤 관점에서 다루는지에 따라 크게 두 부분으로 구분할 수 있다. 제1권에서 그는 운동이 성립하기 위해 몇 개의 원리가 필요한지 논의한다. 파르메니데스, 엠페도클레스, 아낙사고라스, 데모크리토스의 견해가 비판적으로 검토되며, '운동'에는 '기체'와 '형상' 그리고 '결여'라는 세 개의 설명 원리가 필요하다는 견해가 제시된다. 제2권에서는 '자연' 개념을 중심으로 '형상과 질료', '기체', '목적', '우연과 필연' 등의 개념들을 중점적으로 다룬다. 그리고 운동의 내적 원리로서의 '자연'을 '질료'보다는 '형상'에서 찾아야 한다고 주장하면서 형상 우위의 이론철학을 예비한다. 또한 '4원인설'과 '목적' 개념이 처음 등장하고, 이를 통해 목적론적 세계관의 초석을 다진다.

게다가 아리스토텔레스는 『자연학』 제3권을 시작하면서 조금 다른 기조에서 자연학의 대상을 규정한다. '운동'은 연속적인 것들 중 하나이며, '연속'은 '무한'하게 분할될 수 있다. 여기서 운동의 정의가 제시되고, 가능적 무한의 가능성이 탐색된다. 제4권에서는 운동의 조건으로서 '장소', '시간', '진공'의 문제가 다루어진다. 제5권에서는 운동을 생성과 소멸, 성질의 변화, 양적 변화, 장소의 변화 넷으로 분류한다. 크기와 운동과 시간을 주된 탐구 대상으로 하는 것이 '자연학'이라고 할 때, 크기와 운동과 시간은 연속적인 것에 속하므로 자연학은 무엇보다 연속을 다루어야 한다. 제6권에서 시작된 연속 개념의 논의는 제8권으로 이어지며, 여기에는 우리가 잘 알고 있는 제논의 역설에 대한 아리스토텔레스의 답변과 스스로는 움직이지 않으면서 다른 것들을 움직이게 하는 최초 원동자에 대한 논의가 담겨 있다.

'자연학'(ta physika)은 좁은 의미로는 『자연학』이라고 불리는 저술만을 가리키지만, 넓은 의미로는 『자연학』을 필두로 『생성소멸론』, 『천체론』, 『기상학』으로 이어지는 일련의 '자연학적 저술들'을 통칭하기도 한다. 『형이상학』은 그래서 넓은 의미의 '자연학적 저술들 다음에 오는 저술'(ta meta ta physika)이라는 뜻을 갖는다. 이렇게 『자연학』은 아리스토텔레스의 이론철학적 저술들 맨 앞을 차지하면서 '자연', '운동', '형상', '질료', '기체', '목적', '연속' 등의 아리스토텔레스의 전 사유를 떠받치는 핵심 개념들을 중점적으로 논의한다. 난해하기로 유명한 그의 이론철학을 이해하기 위해서는 개념이 처음 제기된 문맥 속으로 돌아가야 한다. 아리스토텔레스의 자연학은 일반적으로 서양 과학의 기초로 간주되며, 하이데거는 "『자연학』이 없었다면 갈릴레오는 존재하지 않았을 것"이라고 말했다고 한다. 아리스토텔레스의 『자연학』은 서양의 물리학, 화학, 생물학이 자연이 숨겨놓은 비밀을 놀라울 정도로 밝혀낼 수 있었던 '보고(寶庫)'였다.

『천체론』의 탐구 대상은 달 위 세계이고, 『생성소멸론』의 대상은 달 아래 세계이다. 『생성소멸론』은 달 아래 세계의 구성 물질들과 운동 법칙을 다루며, 『천체론』의 논리적 연속으로서 달 아래 세계에서 일어나는 다양한 운동의 종류들에 천착한다. 아리스토텔레스는 『생성소멸론』 제1권에서 일원론자들과 다원론자들, 그리고 원자론자들을 비판하고, 생성과 소멸이라는 실체적 운동과 성질 변화, 양적 변화 등 운동의 여러 종류를 다루며, 운동의 조건으로서의 '접촉' 개념과 상이한 두 물질의 '혼합'을 다룬다.

제2권에서 아리스토텔레스는 물, 불, 공기, 흙이라는 달 아래 세계를 이루는 4원소가 어떻게 상호 변환되는지를 중점적으로 설명한다. 그는 각 원소를 두 개의 근본 성질들의 조합으로 환원해 이로써 원소의 상호 변환을 해명한다. 불은 뜨겁고 건조하며(온-건), 공기는 뜨겁고 축축하다(온-습). 물은 차갑고 축축하며(냉-습), 흙은 차갑고 건조하다(냉-건). 예컨대. 물에 일정한 온도가 가해지면 수증기 형태로 증발한다. 물이 공기로 바뀌는 것은 물의 차가움과 축축함이 공기의 뜨거움과 축축함으로 바뀌는 것이다. 같은 방식으로 뜨겁고 축축한 공기는 뜨거움이 차가움으로 바뀌어 차갑고 축축한 공기로 변환될 수도 있고, 축축함이 건조함으로 바뀌어 뜨겁고 건조한 불로 바뀔 수도 있다. 이렇게 아리스토텔레스는 엠페도클레스의 4원소설을 확장하고, 이후 연금술로 이어지는 화학적 세계관을 예비한다.(유재민)

• 『영혼론』(*De anima*)

『영혼론』은 생명의 원리로서 영혼(psychē)과 그것에 속하는 고유한 능력들을 다룬다. 제1권은 영혼에 대한 전래의 철학적인 견해들을 개관한다. 영혼을 운동을 낳는 힘, 조화 혹은 미세한 불로 보는 입장들이 소개된다. 제2권에서 아리스토텔레스는 영혼에 대한 정의를 제시하고 뒤이어 다섯 개의 감각과 감각대상들을 논의한다. 여기서 영혼은 "가능적으로 생명을 가진 자연적 신체의 첫째 완성태"로 정의된다. 아리스토텔레스는 겉으로 드러나는 작용들을 단서로 삼아 보이지 않는 작용들을 추리해 낸다. 제3권은 감각(aisthēsis), 상상(phantasia), 지성(nous)과 같은 인지능력들과 운동능력을 다룬다. 제3권의 제1~3장에서 아리스토텔레스는 감각과 상상을 다루고 이어서 제4~8장에서는 영혼의 사유하는 부분, 즉 지성에 대한 논의를 펼친다. 그에 따르면 지성은 신체와 혼합되지 않고 작용을 받지 않으며 모든 것을 생각할 수 있고 두 종류로 구별된다. 하나는 밀랍판처럼 모든 형상을 받아들이고 그럼으로써 모든 것이 될 수 있는 '수동 지성'이고, 다른 하나는 빛처럼 모는 것을 비춰주는 '능동 지성'이다. 제5장의 서술은 매우 압축되어 있어서 역사적으로 수많은 논란을 낳았다. 제3권의 마지막 네 장은 운동능력으로서 욕망(orexis)을 다루면서 영양섭취 능력에 대해 몇 가지 규정들을 덧붙인다.

『영혼론』은 서양철학사에서 가장 많이 논의된 아리스토텔레스의 저술들 가운데 하나이다. 특히 제3권 제4~7장의 지성에 대한 논의가 가장 큰 관심을 끌었다. 하지만 최근에는 감각과 상상에 대한 『영혼론』의 논의가 새롭게 각광을 받고 있다. 넓은 의미에서 '감각능력'(to aisthētikon)에 해당하는 이런 능력들에 대한 논의는 판단, 운동, 감정과 같이 인간과 동물에게 공통된 생명현상들을 이해하는 데 매우 현재적인 통찰들을 제공하기 때문이다. 20세기 후반 이래 아리스토텔레스의 생물학과 연관지어 『영혼론』을 해석하려는 시도도 많다.(조대호)

• 『동물부분론』(*De partibus animalium*)과 『동물운동론』(*De motu animalium*)

생물학 연구는 아리스토텔레스의 학문활동에서 큰 비중을 차지한다. 이제까지 전해진 그의 전체 저술 가운데 생물학 저술이 1/3을 넘는다는 사실이 이를 입증한다. 아리스토텔레스의 생물학 연구는 500종이 넘는 동물들에 대한 관찰을 담은 기록인 『동물지』(*Historia animalium*)에서 시작해서 생명의 다양한 능력들을 다룬 『영혼론』(*De anima*)과 『자연학 소논문집』(*Parva naturalia*)을 거쳐 영혼의 다양한 능력을 가능케 하는 신체적 부분들에 대한 연구인 『동물부분론』(*De partibus animalium*)으로 이어지고, 뒤이어 동물의 여러 능력 가운데 특히 운동능력, 이동능력, 생식능력을 다룬 『동물운동론』, 『동물이동론』(*De incessu animalium*), 『동물발생론』(*De generatione animalium*)으로 귀결된다. 이 선집에는 그중 『동물부분론』과 『동물운동론』의 일부를 실었다.

『동물부분론』 전체는 4권으로 이루어진 방대한 저술이다. 제목이 시사하듯이 이 저술의 목적은 동물의 부분들에 속한 기능과 그것이 전체 유기체를 위해서 수행하는 기능을 다루는 데 있다. 그런 뜻에서 『동물부분론』은 아리스토텔레스의 목적론이 가장 잘 드러난 저술이다. 제1권은 생물학의 방법론을 다루는 서론이다. 이에 따르면 탐구는 사실들에 대한 확인에서 시작해서 원인들에 대한 탐구로 나아가야 하며, 특히 목적인과 형상인이 중요한 역할을 한다. 이어서 아카데미아의 이분법에 대한 비판과 동물세계에 대한 탐구를 권유하는 부분이 제1권의 주요 내용을 이룬다. 제2~4권은 하나의 전체를 이루고 있다. 전체 논의의 기본이 되는 것은 단순한 요소들로 이루어진 동질적인 부분들과 이런 부분들로 이루어진 비동질적인 부분들의 구별이다. 『동물부분론』은 이 가운데 비동질적인 부분들에 해당하는 기관들, 예를 들어 뇌, 귀, 눈, 심장, 갈비뼈 등을 자세히 기술한다. 아리스토텔레스는 특히 피와 심장의 중요성을 강조한다.

전체가 11장으로 이루어진 『동물운동론』은 동물의 운동능력을 탐구한 짧은 논문이다. 아리스토텔레스는 동물들의 전진운동(걷기, 기어다니기, 헤엄치기, 날아다니기 등)에 공통된 것을 탐구하면서 전진운동에 필요한 기관들 사이의 대응성을 강조한다. 운동의 지렛대 역할을 하는 지점이 적어도 네 개 존재한다는 것이 그의 기본 생각이다. 다리는 항상 짝을 이루고 운동은 항상 오른발에서 시작한다. 신체의 중심기관(심장)은 운동의 중심점이기도 하다. 아리스토텔레스는 운동하는 것이 모두 다른 것에 의해 운동한다는 인과법칙을 근거 삼아 자기운동의 가능성을 반박한다. 욕망(orexis)과 그 실현 수단으로서 타고난 프뉴마(pneuma)에 대한 논의는 『동물운동론』의 주요 주장 가운데 하나이다. 그에 따르면 동물 안에는 욕망 대상을 추구하는 본성이 있으며, 동물들은 운동을 통해 그 대상을 얻으려고 한다. 타고난 프뉴마는 이 욕망을 실현하는 수단이 된다. 프뉴마는 줄어들 수도, 늘어날 수도 있기 때문이다. 이런 프뉴마의 운동은 감각, 상상, 사고 등 다양한 의식 상태에 상응해서 이루어진다. 전체적으로 보면 이 논문은 운동을 두 가지 수준에서, 즉 생리학적 수준과 심리학적 수준에서 설명한다.

이 선집에 실린 『동물부분론』 제1권 제5장은 동물세계에 대한 탐구를 권유하는 글로서 독립된 학문으로서 생물학의 의의를 선포한 서양 최초의 문헌이다. 아리스토텔레스는 신적인 것들이 더 고상하긴 하지만 우리는 동물세계에서 더 풍부한 지식을 얻을 수 있다는 점을 강조하면서 동물세계에 대한 앎은 놀라움을 안겨주며 가장 낮은 수준의 동물들에게서도 놀라운 것이 존재한다고 말한다. 이어지는 『동물운동론』의 제6~7장에는 동물의 운동에 대한 심리학적 설명이 담겨 있다. 아리스토텔레스는 매우 함축적인 기술을 통해 동물의 운동에 관여하는 두 가지 계기, 즉 욕망적 계기와 인지적 계기를 구별하면서 이것들이 어떻게 동물의 운동에 관여하는지를 명쾌하게 보여준다. 동물의 운동을 기술하는 형식인 이른바 '실천적 삼단논법'도 그런 맥락에서 소개된다. 그런 점에서 『동물운동론』의 제6~7장은 현대 도덕심리학의 출발점을 제공한다고 할 수 있다.(조대호)

- 『형이상학』(*Metaphysica*)

『형이상학』은 아리스토텔레스 사후 250여 년이 지난 뒤, 페리파토스 학파의 수장으로서 로마에서 활동한 안드로니코스 로도스(Andronikos of Rhodos)에 의해 편찬되었다. 안드로니코스는 '아리스토텔레스 전집'(Corpus Aristotelicum)을 간행하는 과정에서 이론철학에 관한 내용을 담고 있으면서도 자연학에 속하지 않는 글들을 함께 묶어 하나의 책으로 편찬하면서 편찬서를 'ta meta ta physica'(자연학 저술들 뒤에 오는 것들)라고 불렀다는 것이 정설이다. 따라서 『형이상학』은 하나의 통일된 저술이 아니라 매우 다양한 종류의 글들로 이루어져 있다. 제1권은 있는 것들의 첫째 원리들이자 원인들에 대한 학문으로서 철학을 소개한 뒤 주로 '4원인설'의 관점에서 이전 철학자들의 원리론에 대한 학설사를 제시한다. 제2권은 철학 연구에 대한 짧은 안내글이다. 원인들의 계열은 무한할 수 없다는 사실과 탐구 내용에 따른 방법의 차이를 강조한다. 제3권은 형이상학에서 다루어야 할 14개의 핵심 문제들을 '의문'(aporia)의 형태로 소개한다. 제4권은 '있는 것(on)을 있는 것인 한에서' 다루는 학문을 탐구 대상으로 내세우면서 이 학문이 실체에 대한 학문임을 천명한다. 제4권에는 모순율을 포함한 사유의 근본 공리들의 정당성에 대한 논의도 포함되어 있다. 제5권은 일종의 철학사전이다. 여기서 아리스토텔레스는 『형이상학』에서 사용되는 30개 용어들의 다양한 의미를 소개한다. 제5권은 '있는 것', '실체' 등의 다양한 의미를 요약한 최초의 철학사전인 셈이다. 제6권은 이론적 학문을 세 가지(자연학, 수학, 신학)로 분류하고 우연적인 존재의 본성을 해명한다. 존재론과 신학의 관계에 대한 중요한 발언도 제6권에 담겨 있다. 제7~9권은 통일성을 갖는 일련의 논문들이다. 중심 주제는

'실체란 무엇인가'이다. 제7~8권에서는 이 물음을 중심으로 실체의 다양한 의미들을 분석하고 이어서 제9권에서는 현실태(energeiai on)와 가능태(dynamei on)의 의미, 그리고 둘 사이의 관계를 규명한다. 제10권은 '하나', '동일성', '유사성' 등의 개념을 탐구하고 정의한다. 제11권은 『형이상학』의 제3~4권, 제6권과 『자연학』의 제3~4권에서 일부 내용을 발췌해서 편찬한 글이다. 반면에 제12권은 첫째 원동자(prōton kinoun)에 관한 독립적 논문으로 아리스토텔레스의 신학이 담겨 있다. 제12권은 감각적 실체에 대한 논의에서 시작해서 비물질적이고 운동하지 않는 실체로서 첫째 원동자의 존재를 증명하고 그 본성을 밝힌다. 제13~14권은 아카데미아에서 논의된 이데아론과 원리론에 대한 검토와 그에 대한 논박이 담겨 있다.

『형이상학』은 '첫째 철학'(prōtē philosophia)의 이름으로 인간이 생각할 수 있는 가장 근본적이고 본질적인 물음들을 다룬다. 모순율, 배중률과 같은 논리적 사유의 원리들, 실체를 중심으로 한 있는 것의 근본 구조, 모든 것의 궁극적 원인으로서의 신 등이 '첫째 철학'의 탐구 주제이다. 아리스토텔레스는 이 주제들과 관련해 집요하게 의문들을 제기하고 그것들에 대한 다양한 의견들을 세심하게 검토하고 설득력 있는 대답을 찾으면서 독자들을 사유로 이끈다. 시대의 경계를 뛰어넘어 서양의 존재론과 신학의 정수를 보여준다. 『형이상학』이 21세기 과학 기술의 시대에서도 현재성을 갖는 것은 그 안에 담긴 질문들과 그에 대한 탐구가 갖는 현재성 때문이다.(조대호)

• 『니코마코스 윤리학』(*Ethica Nicomachea*)과 『정치학』(*Politica*)

아리스토텔레스는 윤리학과 정치학을 '실천철학'으로 분류한다. 사변적이며 이론적인 진리를 탐구하는 분야인 이론철학과 달리 실천철학은 사람들의 실제 행동과 삶의 방식을 이끄는 원리들을 탐구하는 분야이다. 그의 실천철학은 저작의 성격에 따라 윤리학과 정치학으로 나뉜다. 윤리학과 정치학의 목적은 '인간의 좋음'(agathon)인데, 윤리학은 개인 차원에서, 정치학은 국가(polis) 차원에서 인간의 좋음을 탐구한다. 이처럼 윤리학과 정치학은 서로 구분되면서도 '인간의 좋음'이라는 동일한 주제를 다루기에 서로 긴밀하게 연결되어 있다. 아리스토텔레스의 정치학을 다루고 있는 저술은 『정치학』인 반면에 그의 윤리학을 다루고 있는 저술은 『니코마코스 윤리학』, 『에우데모스 윤리학』, 『대윤리학』이다. 이중에서 원숙한 윤리학적 담론들을 담고 있는 저술은 『니코마코스 윤리학』이기에 이 선집에는 『니코마코스 윤리학』과 『정치학』의 일부를 실었다.

『니코마코스 윤리학』은 인간의 행위가 궁극적으로 지향하는 목적이 행복(eudaimonia)이라는 것과 이 행복은 인간의 고유한 기능이 탁월하게 발휘되는 품성상태(hexis)인 탁월성(aretē)에 따른 활동임을 밝히고자 한다. 제1권은 인간의 최고선을 행복이라고 말하는데, 행복은 탁월성에 따른 영혼의 활동으로 정의되며, 탁월성에는 영혼의 부분에 따라 지적 탁월성과 성격적 탁월성이 있다. 제2권은 성격적 탁월성의 기원이 습관(ethos)이고, 그것의 유는 품성상태이며, 그것의 종차는 중용(mesotes)임을 밝힌다. 제3권 제1~5장은 합리적 선택(prohairesis)의 문제를 다루고, 제3권 제6장부터 제4권은 성격적 탁월성에 속하는 용기, 절제, 자유인다움 등을 논의한다. 제5권은 성격적 탁월성에 속하는 정의(dikaiosynē)와 관련해 분배적 정의, 시정적 정의, 정치적 정의 등의 문제를 다룬다. 제6권은 지적 탁월성에 속하는 학문적 인식(epistēmē), 기예(technē), 실천적 지혜(phronēsis), 직관적 지성(nous), 철학적 지혜(sophia)를 논의하는데, 성격적 탁월성과 긴밀하게 관련 있는 실천적 지혜를 중점적으로 다룬다. 제7권 제1~10장은 자제력 없음(akrasia)의 문제를 논의하고, 제7권 제11~14장은 즐거움(hēdonē)의 문제를 다룬다. 제8~9권은 친애(philia)와 관련해 친애의 종류, 친애와 정의의 관계, 자기애의 문제 등을 논의한다. 제10권 제1~5장은 제7권에서 논의된 즐거움의 문제를 다루고, 제10권 제6~8장은 제1권에서 논의된 행복의 문제를 다른 관점에서 다루는데, 행복은 제1권에서는 인간적인 차원에서 논의된 반면에 제10권에서는 신적인 차원에서 논의되기 때문이다. 마지막으로 제10권 제9장은 윤리학과 법, 정체(politeia)의 관계를 밝히며, 이를 통해 『니코마코스 윤리학』의 논의는

『정치학』의 논의로 이어진다.

『정치학』은 그 전체를 관통하는 하나의 주제를 발견하기 쉽지 않아서 국가 및 정체와 관련된 논의들의 모음집처럼 보인다. 제1권은 국가의 기원과 목적이 무엇인지를 말하면서 시작하는데, 제1권의 대부분은 가정, 특히 노예와 여성 문제를 다룬다. 제2권은 플라톤이 『국가』에서 제시한 최선 정체를 비판하고, 아리스토텔레스 당대에 현존한 좋은 국가인 스파르타, 크레타, 카르타고를 비판한다. 제3권은 국가와 정체의 정치철학적 문제를 본격적으로 다루기 시작하는데, 먼저 국가의 구성원인 시민이 누구인지를 밝히고, 다음으로 정체가 무엇인지, 정체가 어떻게 분류되는지, 누가 지배해야 하는지, 왕의 지배가 정당한지 등의 문제를 다루며, 마지막으로 최선 정체에 대한 논의를 암시한다. 그런데 제4~6권은 최선 정체가 아니라 현실 정체를 논의한다. 제4권은 민주정, 과두정 등 각각의 현실 정체를 상세히 논하면서 중산층이 지배하는 혼합 정체를 현실 정체 중에 가장 좋은 정체로 추천한다. 제5권은 정체의 다양한 변화 원인을 논의하고, 정체의 여러 가지 보존 방법을 제시한다. 제6권은 제4권에서 논의된 민주정과 과두정을 다시 논의한다. 최선 정체는 제7~8권에서 논의되는데, 제7권은 최선의 시민이 행복하게 살 수 있는 최선 정체의 여러 가지 조건을 고찰한 다음에 최선 정체의 특징을 보여준다. 제7권 제13장부터 제8권은 최선 정체의 시민을 위한 교육을 논의하는데, 특히 음악 교육의 필요성을 역설한다. 제3권 마지막에 최선 정체에 대한 논의가 암시되었기 때문에 제4권에서 현실 정체가 아니라 최선 정체가 논의되는 것이 자연스럽다고 주장하는 학자들은 『정치학』의 순서를 바꾸어서 제7~8권을 제3권 뒤에 배치하고, 제4~6권을 제7~8권 뒤에 배치한다. 이들은 소수의 입장이지만, 이들의 주장을 반영해서 『정치학』을 제1~3권, 제7~8권, 제4~6권 순으로 배치한 판본과 번역본이 일부 있다.

『니코마코스 윤리학』과 『정치학』은 2500년이 지난 지금까지 윤리학과 정치학에 관한 가장 체계적인 저술이자 고전으로 손꼽히고 있다. 아리스토텔레스는 이 저술들을 통해 인간의 삶이 궁극적으로 추구하는 것은 무엇인지, 그러한 궁극적인 목표를 위해 인간은 무엇을 추구해야 하고 어떤 삶을 살아야 하며 어떤 국가와 어떤 정체를 수립해야 하는지를 독자들로 하여금 묻고 또한 깊은 사유를 통해 나름의 해답을 찾도록 유도한다. 아리스토텔레스의 윤리학은 '덕 윤리'(virtue ethics)를 통해 지금까지도 강력한 윤리 이론으로 자리매김되고 있으며, 그의 정치학도 현대의 정치철학에 이르기까지 계속해서 영향력을 행사하고 있다.(임성진)

• 『시학』(*Poetica*)과 『수사학』(*Rhetorica*)

『시학』과 『수사학』은 대중을 상대로 글 쓰는 일을 다룬다. 먼저 『시학』은 이야기를 짓는 시인의 작업을 모방(mimēsis)으로 규정하고, 제1장에서 제3장은 모방의 수단과 대상, 방식을 다루면서 비극과 희극, 서사시의 장르를 구분한다. 제4~5장은 시의 발생과 장르의 분화 과정을 추적한다. 모방에 관한 서론적인 통찰을 마친 후, 제6장부터 비극(tragoidia)에 관한 논의가 시작되어 제19장까지 이어진다. 비극의 구성 요소를 이야기(mythos), 성격(ēthos), 생각(dianoia), 노래(melos), 언어표현(lexis), 볼거리(opsis) 등 6개로 제시한 뒤, 각각에 적합한 방법론을 검토한다. 이 가운데 가장 중요한 요소인 '이야기'에 가장 많은 부분이 할애된다. 탐구 과정에서 갈등과 해소, 발견과 반전 등 극작의 주요 개념들이 다루어진다. 제20~22장의 '말하기', 즉 창작의 '언어표현(lexis)'을 논의하는데, 비극에 대한 논의의 연장선상에서 진행되는 것처럼 보이지만, 서사시와 희극에도 적용될 수 있는 공통 분모의 성격을 띤다. 이어지는 제23~26장은 서사시에 관한 논의가 진행된다. 그러나 서사시에 대한 독립적인 탐구라기보다는 비극을 기준으로 서사시의 특징을 부각시키는 방식으로 논의되며, 특히 마지막 제26장은 서사시와 비극을 비교해 비극의 우수성을 강조한다. 반면에 '희극'에 관한 본격적인 논의가 없는데, 아마도 사라진 것으로 추정되는 『시학』 제2권에서 희극이 다루어졌을 것으로 추정된다. 또한 『시학』에서 비극, 더 나아가 시학의 효과를 말할 때, 가장 핵심 개념이면서도 제대로 다루어지지 못한 '카타르시스'도 사라진 제2권에서 다루어졌을 가능성이 있다.

『수사학』(*rhētorikē*)은 말 그대로 '연설가(rhētōr)의 기술(-ikē)'이다. 연설가의 목적이 대중을 설득하는 것인 한, 수사학은 설득의 기술이라고 규정될 수 있는데, 아리스토텔레스는 설득의 성취보다는 설득을 가능하게 하는 근본적인 원리(archē)와 이유(aitia)를 고찰하는 이론적 측면을 강조하면서 참된 지식(epistēmē)으로서의 수사학이 성립 가능하다고 본다. 그는 설득이 성공하려면 청중의 마음을 움직여야 하는데, 그것은 이성(logos), 성격 혹은 품성(ēthos), 감성(pathos)이 세 가지 요소를 통해 가능하다고 보았다.

제1권 제1~2장은 수사학의 개념 정립과 과제 등을 논의하는 서론에 해당하며, 제3장은 연설의 종류를 법정연설, 심의연설, 부각연설로 나눈 뒤, 그에 맞추어 정치적 심의를 위한 의회연설(제1권 제4~8장), 예식과 시범을 위한 부각연설(제9장), 재판을 위한 법정연설(제10~15장)로 나누어 각각에 어떤 내용이 어떻게 다루어져야 하는지를 세부적으로 논의한다. 제2권 제1~11장에서는 설득을 위해 청중의 감정을 어떻게 다루어야 하는가를, 제12~17장은 연설가가 알아두어야 할 청중의 일반적인 품성을 정리한다. 그리고 제18~25장은 수사학의 논리적 방법론을 다룬다. 이는 『분석론 전서』와 『분석론 후서』에서 소개한 이른바 연역추론의 삼단논법과 귀납법을 수사학에 새롭게 적용한 것이다. 학문적인 엄밀성이 요구되는 영역과는 달리 수사학적인 영역에서는 청중이 일반적으로 인정하는 통념이나 상식을 전제로 출발해 개연성이 높은 결론에 도달할 때 설득력을 높일 수 있는데, 수사학적 귀납법인 예증법(paradeigma, 제20장)과 수사학적 연역추론인 '엔튀메마'(enthymēma, 제21~26장)가 중요하다. 특히 엔튀메마는 수사학의 논리적 요체라고 할 수 있는데, 엔튀메마 28가지 유형과 '유사 엔튀메마' 9가지 유형이 소개된다(제2권 제24~25장).

제1~2권에 "무엇을 말할 것인가?"라는 '발견'(heuresis, inventio) 또는 '착상'의 문제를 다루었다면, 제3권에서는 "어떻게 말할 것인가?"의 문제를 다룬다. 이것은 "언어표현(lexis, elocutio)은 어떠해야 하는가?"(제1~12장)와

'말을 어떻게 배치(taxis, dispositio)해야 하는가?'(제13~19장), 즉 '서론-본론-결론의 구성을 어떻게 할 것인가?'라는 두 가지 물음으로 나뉘어 설득 전략이 탐구된다.

이와 같이 아리스토텔레스는 그리스-로마 고전 수사학의 5가지 주요 개념 가운데 '발견/착상'(heuresis, inventio), '언어표현'(lexis, elocutio), '배열/배치'(taxis, dispositio)를 다루었다. 이에 덧붙여 연단에서 연설가가 어떤 태도와 표정, 어투와 동작을 취해야 하는지, '연기/실연'(hypokrisis, actio)의 중요성을 언급하지만 본격적으로 다루진 않았다. 또한 후대 수사학자들은 연설가가 연설을 할 때 필요한 '기억'(mnēmē, memoria)은 언급하지 않았다. 하지만 아리스토텔레스는 수사학의 틀을 학문적으로 정립한 이론가로 평가받기에 충분할 만큼 공헌했다.(김헌)

* * * * *

이 선집이 나오기까지 오랜 시간이 걸렸다. 선집을 내기로 계획하고 일을 시작한 지 10년 넘는 시간이 훌쩍 지나가 버렸다. 옮긴이들이 모여 번역문을 함께 읽고 검토하는 일에서 공동 번역작업이 시작되었지만 이런 윤독 모임은 옮긴이들의 개인 사정 등 여러 가지 어려움 때문에 오래 지속되지 못했다. 나중에는 각자 맡은 부분을 번역하고 이를 취합한 다음, 가능한 한 용어를 통일하고 문장을 다듬는 방식으로 일을 진행했다. 계획보다 한참 늦어지기는 했지만 늦게라도 선집이 이렇게 번듯한 모습으로 나올 수 있게 되어 다행이다.

이 책이 나오기까지 관심을 보여준 주변의 동료 연구자들께 감사한다. 번역작업에 실질적인 도움을 준 이들에게도 감사한다. 김정환 박사님은 『분석론 후서』의 번역 일부를 참고할 수 있도록 제공해 주었으며, 이정석 씨과 이대일 씨는 번역문을 검토하고 '용어 사전'을 만드는 데 도움을 주었다. 긴 시간 동안 인내심을 가지고 기다려 준 도서출판 길과 이승우 편집장께도 고마움을 전한다.

우리나라에서도 지난 20년 동안 아리스토텔레스 연구자들의 수가 제법 늘어나 이제는 전집 번역도 기대할 수 있게 되었다. 이 선집이 가까운 장래의 전집 번역과 출간으로 이어지는 튼튼한 다리 역할을 할 수 있기를 바란다.

2023년 3월
옮긴이들을 대신해
조대호

차 례

범주론

유재민 옮김

말과 사물이 맺는 다양한 관계

제1장

이름만 공통으로 가지고 이름에 대한 실체의 정의는 서로 다른 것들을 일컬어 동음이의적인 것들[1)]이라고 한다. 가령 인간과 그림은 '동물'[2)]이라고 불리는데, 이것들의 이름만 공통적일 뿐, 이름에 대한 실체의 정의는 서로 다르기 때문이다. 왜냐하면 누군가 인간과 그림 각각에 속하는 '동물이다'[3)]가 무엇인지를 제시한다면, 그는 이것들 각각에 대해 고유한 정의를 제시할 것이기 때문이다. **1a**1

반면에 이름을 공통으로 가지고 이름에 대한 실체의 정의도 동일한 것들을 일컬어 동의적인 것들[4)]이라고 한다. 가령 인간과 소는 '동물'이라고 불리는데, 이것들 각각은 공통적인 이름에 의해 '동물'이라고 불리면서 실체의 정의도 동일하기 때문이다. 왜냐하면 누군가 이것들 각각에 속하는 '동물이다'가 무엇인지 정의를 제시한다면, 그는 동일한 정의를 제시할 것이기 때문이다. **1a**6

그리고 자신의 이름을 어미만 변형해 다른 것으로부터 취하는 것들을 일컬어 파생적인 것들[5)]이라고 한다. 가령 '문법학자'라는 (이름은) '문법'에서,[6)] '용기 있는 자'라는 (이름은) '용기'에서 온 것들이다. **1a**12

---

1) '동음이의적인 것들'(homōnyma) ☞ homōnymon.

2) 'zōion'은 살아 있는 동물을 의미할 수도 있고, 이 동물을 그린 그림이나 모방품을 의미할 수도 있다. 우리말 '동물'을 가지고 이 두 의미를 정확하게 설명할 수는 없다. 우리는 물 위에서 타고 다니는 운송수단도 '배'라고 부르며, 가슴과 하체 사이 신체의 부분도 '배'라고 부른다. 하지만 이름만 같은 뿐, 두 '배'의 본질도 정의도 다르다.

3) '동물이다'(to zōiōi einai) ☞ to ti en einai.

4) '동의적인 것들'(synōnyma) ☞ synōnymon.

5) '파생적인 것들'(parōnyma).

6) '문법학자'(grammatikos), '문법'(grammatikē). 'grammatikos'는 '문법학자'일 수도 있으나, 보통은 '읽고 쓸 줄 아는 자'를 의미한다. 여기서는 '문법학자'로 번역한다.

말해지는 것들의 구분

제2장

1a16 말해지는 것들 중에는 결합되어 말해지는 것들이 있고, 결합되지 않고 말해지는 것들이 있다. 결합되어 말해지는 것들에는 '인간이 달린다', '인간이 이긴다' 등의 예들이 해당된다. 반면에 결합되지 않고 말해지는 것들에는 '인간', '소', '달린다', '이긴다' 등의 예들이 해당된다.

기체와의 관계에 의한 존재자들의 구분

1a20 있는 것들 가운데 기체(基體)에 대해 말해지지만[7] 기체 안에 내재하
지[8] 않는 것들이 있는데, 예를 들어 인간은 기체가 되는 특정한 인간에
대해 말해지지만, 기체 안에 내재하지 않는다. 그리고 (있는 것들 중에는)
기체에 내재하지만 기체에 대해 말해지지 않는 것들도 있는데, ('기체 안
에 내재함'이란 어떤 것 안에 있기는 하지만 그것의 한 부분으로서 그것
안에 있는 것이 아니면서 자신이 내재해 있는 그것과 분리되어 존재할 수
없음을 의미한다) 예를 들어 특정한 문법지식은 기체인 영혼 안에 내재하
지만 어떤 기체에 대해서도 말해지지 않으며, 특정한 하양은 기체인 물체
안에 내재하지만(모든 색은 물체 안에 있기 때문이다) 어떤 기체에 대해
서도 말해지지 않는다. 그리고 (있는 것들 중에는) 기체에 대해 말해질 뿐만
1b1 아니라 기체 안에 내재하는 것들이 있다. 예를 들어 학문적 인식[9]은 기체
인 영혼 안에 내재할 뿐만 아니라 기체인 문법지식에 대해 말해진다. 그
리고 (있는 것들 중에는) 기체 안에 내재하지도 않고, 기체에 대해 말해지지
도 않는 것들이 있다. 예를 들어 특정한 인간이나 특정한 말이 그렇다. (이
런 종류의 것들 중 어떤 것도 기체 안에 내재하지 않고, 또 기체에 대해
말해지지도 않기 때문이다.) 그런데 불가분적이면서 수적으로 하나인 것

---

7) '기체에 대해 말해진다'(kath' hypokeimenou legesthai) ☞ hypokeimenon.

8) '기체 안에 내재한다'(en hypokeimenoi einai).

9) '학문적 인식'(episteme) ☞ epistasthai.

들은 어떤 기체에 대해서도 말해지지 않지만, 그것들 중 일부가 기체 안에 내재하는 것을 가로막는 것은 아니다. 특정한 문법지식은 기체 안에 내재하는 것들의 일부이기 때문이다.

서술관계

제3장

B가 기체인 A에 대해 술어가 될 때,[10] 술어 B에 대해 말해지는 모든 1b10
C 역시 기체 A에 대해 술어가 될 것이다. 가령 인간은 특정한 인간에 대해 술어가 되고 동물은 인간에 대해 술어가 되는데, 그렇다면 동물은 특정한 인간에 대해서도 술어가 될 것이다. 특정한 인간은 인간이기도 하고 동물이기도 하기 때문이다.

유가 서로 다르면서 상호간에 포섭되지 않는 것들의 경우에 (그런 것들 1b16
에 속하는) 차이들[11]도 종적으로 서로 다르다. 예를 들어 동물과 학문적 인식의 차이는 다르다. 왜냐하면 동물의 차이에는 '육지에 삶', '날개 달림', '물속에 삶', '두 발 가짐'이 있지만, 이것들 중 어느 것도 학문적 인식의 차이가 아니기 때문이다. 이 학문적 인식이 '두 발 가짐'이라는 점에서 저 학문적 인식과 다른 것은 아니니까. 하지만 서로 포섭되는 유들의 경우에, 동일한 차이들을 갖는 것을 가로막는 것은 없다. 왜냐하면 상위 유들은 하위 유들에 대해 술어가 되고, 따라서 술어가 되는 (상위) 유의 모든 차이는 (하위 유인) 기체의 차이이기도 할 것이기 때문이다.

10개의 범주 구분

제4장

결합되지 않고 말해지는 것들 각각은 실체를 가리키거나 양, 성질, 관 1b25

10) '술어가 되다'(katēgoreisthai) ☞ katēgoria.

11) '차이들' 혹은 '종차들' ☞ diaphora. '차이'는 같은 유에 포섭되는 종들을 나누는 특징이다.

계, 장소, 시간, 상태, 소유, 능동, 수동을 가리킨다. 개략적으로 기술하자면 다음의 사례들을 들 수 있다.

실체의 예는 '인간'이나 '말'이다. 양은 '두 완척[12]'이나 '세 완척', 성질은
2a '하양'이나 '문법적임', 관계는 '두 배'나 '절반'이나 '더 큼', 장소는 '뤼케이온에서'나 '아고라에서', 시간은 '어제'나 '작년', 상태는 '누워 있음'이나 '앉아 있음', 소유는 '신을 신음'이나 '무장함', 능동은 '자름'이나 '태움', 수동은 '잘려짐'이나 '태워짐'이다.

2a5 그리고 언급된 것들 각각은 그것 자체로서는 긍정진술(이나 부정진술)을 이루지 못하지만, 이것들이 서로 결합하면 긍정진술(과 부정진술)이 생긴다. 모든 긍정진술(과 부정진술)은 참이거나 거짓으로 여겨지는데, 결합되지 않고 말해지는 것들, 가령 '인간', '하양', '달린다', '이긴다'는 참도, 거짓도 아니기 때문이다.

실체

첫째 실체와 둘째 실체의 구분

제 5 장

2a11 가장 지배적이고 첫째가며 가장 엄밀한 뜻의 실체는 특정한 기체에 대해 말해지지도 않고, 기체 안에 내재하지도 않는 것이다. 예를 들면 '특정한 인간'이나 '특정한 말'이다. 첫째가는 뜻에서 실체라고 말해지는 것들을 그 안에 포함하는 종들과 이 종들의 유들은 둘째 실체라고 말해진다. 가령 특정한 인간이 종으로서의 인간 안에 포함되고, 이 종의 유가 동물이다. 그래서 이것들이 둘째 실체라고 말해지는데, 예를 들면 인간이나 동물이다.

12) 'pechy'는 원래 가운뎃손가락에서 팔꿈치까지의 길이(대략 46.32센티미터)이다. 정확한 번역어는 없으나, '완척'이나 '큐빗'이 대충 비슷한 길이의 측정 단위이다.

기체에 대해 말해짐과 기체에 내재함의 차이

이상에서 언급된 것으로 미루어 보아 분명한 것은, 기체에 대해 말해지는 것들의 경우에 이것들의 이름과 정의도 그 기체에 대해 반드시 술어가 되어야 한다는 것이다. 예를 들어 인간은 기체로서의 특정한 인간에 대해 말해지는데, 인간의 이름도 역시 술어가 되며(인간은 특정한 인간에 대해 술어가 될 테니까), 인간의 정의 역시 특정한 인간에 대해 술어가 될 것이다(왜냐하면 특정한 인간은 인간이기도 하기 때문이다). 그러므로 이름뿐만 아니라 정의도 기체에 대해 술어가 될 것이다. 반면에 기체에 내재하는 것들은 대부분의 경우에 이것들의 이름도, 정의도 기체에 대해 술어가 되지 않는다. 하지만 몇몇 경우에는 그 이름이 기체에 대해 술어가 되는 것이 불가능한 것은 아니다. 그러나 정의는 그럴 수 없다. 가령 하양은 기체로서의 물체 안에 내재하고, 기체에 대해 술어가 되지만('물체가 하얗다'라고 말해지기 때문이다), 하양의 정의는 결코 그 물체에 대해 술어가 되지 않을 것이다. **2a**19

다른 것들이 첫째 실체에 의존하는 방식

그리고 (첫째 실체를 제외한) 다른 모든 것들은 기체로서의 첫째 실체에 **2a**34
대해 말해지거나, 기체로서의 첫째 실체 안에 내재한다. 이는 사례들을 검토해 보면 분명하다. 예를 들어 동물은 인간에 대해 술어가 되며, 따라서 특정한 인간에 대해서도 술어가 된다(어떠한 특정한 인간에 대해서도 술어가 되지 않는다면, 인간 일반에 대해서도 그럴 것이기 때문이다). 또한 **2b**
색은 물체 안에 내재하며, 따라서 특정한 물체 안에도 내재한다. 그것이 어떤 특정한 것 안에도 내재하지 않는다면, 물체 일반에 대해서도 그럴 것이기 때문이다. 그러므로 다른 모든 것들은 기체로서의 첫째 실체에 대해 말해지거나 기체로서의 첫째 실체 안에 내재한다. 그래서 첫째 실체가 존재하지 않는다면, 다른 모든 것들도 존재하지 않을 것이다.

둘째 실체들 간의 차이

2b7 둘째 실체 중에서는 종이 유보다 더 실체인데, 첫째 실체와 더 가깝기 때문이다. 왜냐하면 첫째 실체가 무엇인지를 제시해야 한다면, 유보다는 종을 제시하는 것이 더 많은 정보를 주며, 보다 적절할 것이기 때문이다. 예를 들어 특정한 인간에 대해서라면, 동물보다는 인간을 제시하는 것이 더 많은 정보를 줄 것이고(특정한 인간에 대해 인간이 더 고유하고 동물이 더 공통적이기 때문이다), 특정한 나무가 무엇인지를 제시해야 한다면, 식물보다는 나무를 제시하는 것이 더 많은 정보를 줄 것이다. 게다가 첫째 실체들이 가장 높은 수준의 실체라고 말해지는 이유는 그것이 다른 모든 것들의 기체이고 다른 모든 것들은 그것들에 대해 술어가 되거나 그것들 안에 내재하기 때문에, 바로 이 때문에 가장 높은 수준의 실체라고 불린다. 그리고 첫째 실체가 다른 것들과 관계하듯이, 종이 유와 관계한다(종이 유의 기체이기 때문이다. 유는 종에 대해 술어가 되지만, 반대로 종은 유에 대해서 술어가 되지 않으니까). 그러므로 이상의 논의들로부터 보자면 종이 유보다 더 높은 수준의 실체이다.

2b22 하지만 유들이 아닌 종들 자체만을 비교하자면, 이 종이 저 종보다 더 높은 수준의 실체인 것은 아니다. 특정한 인간에 대해 (술어로) 인간을 제시하는 것이 특정한 말에 대해 (술어로) 말을 제시하는 것보다 더 적절한 것은 아니기 때문이다. 첫째 실체들을 비교해도 마찬가지로 이 첫째 실체가 저 첫째 실체보다 더 높은 수준의 실체인 것은 아니다. 특정한 인간이 특정한 소보다 더 높은 수준의 실체인 것은 아니기 때문이다.

둘째 실체가 실체인 이유

2b29 그리고 첫째 실체 다음으로 다른 것들 중에 종과 유만이 둘째 실체라고 말하는 것은 합리적이다. 술어가 되는 것들 중에서 오직 그것들만이 제일 실체를 보여줄 것이기 때문이다. 누군가 특정한 인간이 무엇인지를 제시하는 경우에, 종이나 유를 제시한다면 적절하겠지만(동물보다는 인간을 제시하는 것이 보다 많은 정보를 주겠지만), 누군가 다른 것들 중에

서 가령 '하얗다'나 '달리다'를 제시한다면 부적절할 테니까. 그러므로 다른 것들 중에서 종과 유만이 실체라고 말하는 것은 합리적이다. 게다가 첫째 실체들은 다른 모든 것들의 기체라는 이유에서 가장 지배적인 뜻으로 실체들이라고 말해진다. 그러나 첫째 실체들이 다른 모든 것들과 관계 맺는 것과 같은 방식으로 첫째 실체들의 종들과 유들은 나머지 모든 것들과 관계 맺는다. 나머지 모든 것들이 이것들에 대해서 술어가 되기 때문이다. 당신은 특정한 인간이 '문법적'이라고 말할 것이고, 그 결과 인간뿐만 아니라 동물이 '문법적'이라고 말할 것이기 때문이다. 다른 경우들에서도 사정은 마찬가지이다.

실체는 기체에 내재하지 않는다

그리고 기체 안에 내재하지 않는다는 것은 모든 실체에 공통적인 특징 3a7 이다. 첫째 실체는 기체에 대해 말해지지도 않고, 기체 안에 내재하지도 않기 때문이다. 그리고 둘째 실체들의 경우에도, 이런 식으로 기체 안에 내재하지 않는다는 것이 분명하다. 인간은 기체로서의 특정한 인간에 대해 말해지지만, 기체 안에 내재하지는 않기 때문이다(특정한 인간 안에 인간이 내재하지 않으니까). 그리고 이와 마찬가지로 동물은 기체로서의 특정한 인간에 대해 말해지지만, 특정한 인간 안에 내재하지 않는다. 게다가 기체에 내재하는 것들의 경우, 그 이름이 기체에 대해 술어가 되는 것을 가로막는 것은 없지만, 그 정의는 (기체에 대해) 술어가 될 수 없다. 그러나 둘째 실체들의 경우, (그것들에 대한) 정의뿐만 아니라 이름도 기체에 대해서 술어가 된다(인간의 정의는 특정한 인간에 대해 술어가 될 것이며, 동물의 정의도 그럴 것이기 때문이다). 그러므로 실체는 기체 안에 내재하지 않을 것이다.

그런데 이는 실체에 고유한 것이 아니고, 차이 역시 기체 안에 내재하 3a21 지 않는다. '육지에 삶'과 '두 발 가짐'은 기체로서의 인간에 대해 말해지지만, 기체 안에 내재하지는 않기 때문이다('두 발 가짐'도, '육지에 삶'도 인간 안에 내재하지 않으니까). 그리고 차이의 정의는 그 차이가 (술어로서)

말해지는 것에 대해 술어가 된다. 예를 들어 '육지에 삶'이 인간에 대해 말해진다면, '육지에 삶'에 대한 정의 역시 인간에 대해 술어가 될 것이다(인간은 육지에 살기 때문이다).

3a29 그러나 실체의 부분들이 기체로서의 전체 안에 내재한다는 이유로 이 부분들[13]을 실체들이 아니라고 말해야 하는 것은 아닌지 혼란스러워할 필요는 없다. (앞에서) '기체 안에 내재한다'는 것은 어떤 것들이 부분들로서 다른 어떤 것 안에 내재한다는 뜻으로 말한 것이 아니기 때문이다.

실체로부터 나오는 모든 술어는 동의적이다

3a31 실체들과 차이들로부터 나오는 모든 것들은 이것들[14]에 대해 동의적으로[15] 말해진다. 이것들로부터 나오는 모든 술어가 불가분적인 것들[16]과 종들에 대해 술어가 되기 때문이다. 그 이유는 다음과 같다. 첫째 실체로부터는 어떤 술어도 나오지 않는다. (첫째 실체는 어떤 기체에 대해서도 말해지지 않으니까). 반면에 둘째 실체의 경우, 종은 불가분적인 것에 대해 술어가 되고, 유는 종뿐만 아니라 불가분적인 것에 대해 술어가 되기
3b 때문이다. 이와 마찬가지로 차이들도 종들뿐만 아니라 불가분적인 것들에 대해 술어가 된다. 또한 첫째 실체들은 종들에 대한 정의와 유들에 대한 정의를 받아들이고, 종은 유에 대한 정의를 받아들인다. (술어가 되는 것에 대해 (또 다른 술어로서) 말해지는 것들은 기체에 대해서도 발언될 것이기 때문이다). 이와 마찬가지로 종들과 불가분적인 것들 역시 차이들에 대한 정의를 받아들인다. 공통의 이름과 동일한 정의를 갖는 것들은 (앞에서 말했듯이) 동의적인 것들이기 때문이다. 그러므로 실체들과 차이들로부

13) 아리스토텔레스가 이런 말을 하는 것은 실체의 부분들, 예를 들어 인간의 머리와 손도 '실체'라고 불릴 수 있기 때문이다. 『형이상학』 VIII 1, 1042a3 이하 참조.

14) 즉 실체들과 차이들.

15) '동의적으로'(synonymos) ☞ synōnymon.

16) '불가분적인 것들'이라고 옮긴 'atoma'는 특정한 것들을 가리킨다. ☞ atomon.

터 나오는 모든 것은 동의적이라고 불린다.

모든 실체가 '이것'을 가리키는 것은 아니다

모든 실체는 '이것'[17]을 가리키는 것으로 보인다. 그런데 첫째 실체들의 3b10
경우에, 그것들이 '이것'을 가리킨다는 것은 논란의 여지 없이 참이다. 드러나 있는 것은 불가분적인 것이고 개수가 하나이기 때문이다. 반면에 둘째 실체들의 경우, 이들의—인간이나 동물이라고 말할 때 그렇듯이—호칭의 생김새가 (첫째 실체들의 경우와) 비슷하게 '이것'을 가리키는 것처럼 보이지만, 이는 참이 아니고 (둘째 실체들은) 오히려 '어떠함'[18]을 가리킨다. 왜냐하면 첫째 실체처럼 기체가 하나가 아니라, 인간이나 동물은 여럿에 대해 술어가 되기 때문이다. 하지만 (둘째 실체들은) 하양처럼 아무 조건 없이 '어떠함'을 가리키는 것은 아니다. 하양은 어떠함 말고는 다른 아무것도 가리키지 않는 반면에, 종과 유는 실체와 관련된 어떠함을 한정하기 때문이다(실체를 어떠한 것으로서 지시하니까). 그런데 종보다는 유에 의한 한정이 범위가 더 넓다. (어떤 것에 대해) '동물'이라고 말하는 자가 '인간'이라고 말하는 자보다 더 넓은 범위를 포괄하기 때문이다.

실체에는 대립자가 없다

실체에는 대립자[19]가 없다는 것이 실체가 가진 특징이다. 첫째 실체의 3b24
대립자가 무엇이겠는가? 예를 들어 어떤 인간에게도, 인간이나 동물에게도 대립자는 없다. 하지만 이것이 실체에게만 고유한 것은 아니고, 다른 많은 것들의 경우에도, 예를 들어 양의 경우에도 그러하다. 2완척에 대립하는 것은 없으며, 10에도, 양의 범주에 속하는 어떤 것에게도 대립자들은 없기 때문이다. 다만 많음이 적음에, 큼이 작음에 대립자라고 하는 경

---

17) '이것' 혹은 '개별자' ☞ tode ti.

18) '어떠함' 혹은 '어떤 성질'(poion ti).

19) '대립자' 혹은 '반대자'(to enantion).

우는 예외일 수 있겠다. 하지만 한정된 양의 경우에는 대립자가 없다.

실체는 많고 적음의 정도차를 허용하지 않는다

3b33 실체는 많고 적음의 정도 차이를 허용하지 않는 것으로 보인다. 내가 하려는 말은 어떤 실체가 다른 실체보다 더 많이 실체가 아니라는 것이 아니라 (이것이 그렇다는 것은 이미 이야기했으니까), 각각의 실체에 대해 그것이 더 많이 실체라거나 더 적게 실체라고 말해지지 않는다는 것이다. 실체의 예를 인간으로 들어본다면, 인간은 더 많이 인간이지도 더 적게 인간이지도 않을 것이다. 즉 인간은 자기 자신과 비교하든 다른 인간과 비교하든 간에 더 많이 인간이지도 더 적게 인간이지도 않을 것이다. 왜
4a 냐하면 하양이 다른 하양보다 더 하얗고, 아름다움이 다른 아름다움보다 더 아름다운 것과 달리 실체는 다른 실체보다 더 많이 인간이지 않기 때문이다. 또한 하양이나 아름다움은 자기 자신과 비교해서도 많고 적음의 정도 차이를 허용한다. 예를 들어 하얀 물체가 이전보다 지금 더 많이 하얗거나 덜 하얗다고 말해지고, 뜨거운 물체가 더 많이 뜨겁거나 덜 뜨겁다고 말해진다. 하지만 실체만큼은 그렇게 말해지지 않는다. 왜냐하면 인간은 이전보다 지금 더 많이 인간이거나 더 적게 인간이라고 말해지지 않으며, 다른 실체들의 경우도 그렇게 말해지지 않기 때문이다. 그러므로 실체는 많고 적음의 정도 차이를 허용하지 않을 것이다.

실체는 대립자들을 수용할 수 있다

4a10 그런데 동일하고 개수가 하나인 것으로서 대립자들을 수용할 수 있음[20]은 실체가 가진 가장 고유한 특징으로 보인다. 가령 〔실체를 제외한〕 다른 것들의 경우에는 개수가 하나인 채로 대립자들을 수용할 수 있는 것을 보여줄 수 없을 것이다. 예를 들어 개수가 하나이고 동일한 색이 하

20) '대립자들을 수용할 수 있음'(tōn enantiōn dektikon).

얗기도 하고 검기도 할 수는 없을 것이고, 동일한 행위가 개수가 하나이면서 나쁘기도 하고 훌륭하기도 할 수는 없을 것이다. 실체를 제외한 다른 것들의 경우에도 이와 마찬가지일 것이다. 하지만 실체만큼은 개수가 하나이고 동일한 것이 대립자들을 수용할 수 있다. 예를 들어 특정한 인간은 하나이고 동일한 것이면서 이 시점에서 하얗다가 저 시점에서 검게 되고, 따뜻하다가 차가워지며, 나쁘다가 훌륭하게 되는 것이다. 하지만 다른 것들의 경우에는 이런 일을 볼 수 없다.

반대 사례들을 논박함

하지만 누군가는 말과 의견[21]이 대립적인 것들을 수용할 수 있는 것이 4a22
라고 하면서 반대할 수 있을 것이다. 동일한 말이 참으로도 거짓으로도 보이기 때문이다. 예를 들어 '누군가 앉아 있다'는 말이 참이라면, 그가 자리에서 일어나자마자 동일한 말은 거짓이 된다. 의견의 경우도 마찬가지이다. 만일 '누군가 앉아 있다'는 의견은 참인데, 그가 자리에서 일어난 후에도 그에 관해 동일한 의견을 갖는다면, 그의 의견은 거짓이 될 것이다. 하지만 이 점을 인정한다 하더라도 방식에서만큼은 서로 다르다. 그 이유는 다음과 같다. 실체의 경우에는 그 자체 변화하는 것이 대립적인 것들을 수용하는 것이기 때문이다. 따뜻하다가 차가워지고, 하얗다가 검게 되고, 나쁘다가 훌륭하게 되는 것이 (성질이 바뀌는 것이어서) (실체 자체가) 변하는 것이니 말이다. 반면에 말과 의견은 자체로는 모든 측면에서 전혀 변하지 않고 그대로 있고, 사실이 변함에 따라 대립하는 말과 의견이 생기는 것
이기 때문이다. 누군가 앉아 있다는 말은 동일하게 남아 있지만, 사실이 4b
변함에 따라 이 시점에 참이었다가 저 시점에 거짓이 되는 것이니 말이다. 의견의 경우도 마찬가지이다. 그러므로 실체 자체가 변함에 따라 대립적인 것들을 수용하는 방식만큼은 실체에 고유한 특징일 것이다. 하지만

21) '말'(logos), '의견'(doxa).

이 점을 인정한다 하더라도 의견과 말이 대립적인 것들을 수용할 수 있기는 하다. (엄밀하게 말해) 참이 아니긴 하지만 말이다. 왜냐하면 말과 의견이 대립적인 것들을 수용할 수 있다고 하는 것은 이것들 자체가 수용하는 것이어서가 아니라 다른 것[22]과 관련해 무언가를 겪게 되어 그런 것이기 때문이다. 말이 참이거나 거짓이라고 하는 것은 사실이 그렇거나 그렇지 않거나 해서이지 말 자체가 대립적인 것들을 수용할 수 있어서가 아니니 말이다. 말도 의견도 어떤 것에 의해 결코 움직이거나 하는 것이 아니어서, 그것들에는 어떤 일도 일어나지 않는 것이기 때문에 대립적인 것들을 수용할 수 없을 것이다. 하지만 실체만큼은 그 자체가 대립적인 것들을 수용함에 의해 대립적인 것들을 수용할 수 있다고 하는 것이다. 병과 건강을 수용하고, 하양과 검정을, 그리고 이런 것들을 그 자체가 수용하는 것이어서 대립적인 것들을 수용한다고 하기 때문이다. 그러므로 동일하고 개수가 하나인 것이 대립적인 것들을 수용할 수 있는 것은 실체의 고유한 특징일 것이다. 실체에 대해서는 이 정도로 해두자.

[……]

22) 즉 말이나 의견이 대상으로 삼는 사실.

명제론[1)]

김재홍 옮김

1) 이 작품은 '진술을 구성하는 문장'의 구조를 분석하고 있다. '진술을 구성하는 문장'이란 '참과 거짓을 가릴 수 있는 문장'을 의미한다. 오늘날의 철학적 개념으로는 '언어철학' 분야를 다루는 것으로 볼 수 있다. 특히 제9장은 이른바 역사적으로 문제가 되었던 '미래 우연명제'(futura contingentia)에 대한 기원적 출처가 되는 자료이다. 또 논리학적으로는 '다치 논리'(many-valued logic)의 싹을 틔워준 기본적 자료가 된다. 이 작품은 현대 양상 논리(modal logic)의 효시가 되는 작품으로 평가를 받기도 한다.

언어, 사고, 실재

제1장

먼저 우리는 이름[2)]이 무엇인지 또 풀이말[3)]이 무엇인지 규정해야만 한다. 그런 다음 부정, 긍정, 진술[4)] 그리고 문장이 무엇인지를 규정해야만 한다. 16a

그런데 말소리들은 영혼에서 겪은 상태들의 상징들이며, 글로 쓰인 것들은 말소리들의 상징이다. 그리고 글자들이 모든 인간에게 동일한 것이 아니듯이 또한 말소리들도 그렇다. 그러나 이것들이 일차적으로 영혼에서 겪은 것들의 기호인데, 영혼이 겪는 상태들은 모든 인간에게 동일하다. 그리고 그런 상태들은 대상들과 유사물인데, 이때 대상들 또한 모든 인간에게 동일하다. 그런데 이 문제들에 관해서는 『영혼론』에서 논의했다. 이것들은 다른 연구 분야에 속하는 것이기 때문이다. 영혼 안에 있는 어떤 생각은 때로는 참이라고도 거짓이라고도 할 수 없지만, 다른 어떤 생각들은 때로는 이 둘 중 하나에 필연적으로 속해야만 하는데, 말소리들도 이와 마찬가지이다. 왜냐하면 거짓과 참은 결합 및 분리와 관계하기 때문이다. 그런데 이름이나 풀이말은 그 자체로 결합이나 분리가 없는 생각과 유사하다. 예를 들어 무언가가 덧붙여 있지 않을 때의 '인간'과 '하얗다'가 그러하다. 이것들은 아직 거짓도 참도 아니기 때문이다. 이에 대한 증거는 다음과 같다. '반염소반사슴'은 무언가를 의미하지만, 무제한적인 뜻에서 16a3

---

2) 원어 'onoma'는 기본적으로 인간을 지칭하는 '이름'을 의미한다. 여기서는 술어 노릇을 하는 '동사와 형용사'(rhēma)에 대하여 주어 노릇을 할 수 있는 이름, 즉 명사를 의미한다. 다시 말해 '어떤 대상을 지칭하는 말, 즉 이름'이라 할 수 있다.

3) '풀이말'로 옮긴 'rhēma'는 간단히 '말해지는 것'이다. 단순 문장에서 '이름'(onoma)의 술어 노릇을 담당하는 부분이다. 우리말 '동사'와 '형용사'를 포괄하는 단어로, 제3장에서 자세하게 논의된다.

4) '진술'(apophansis)이란 '참과 거짓을 가릴 수 있는 말'을 말한다. 현대 논리학에서 말하는 '명제'(proposition)에 정확히 해당하지는 않는다. 그밖에 『명제론』 제1장에서 사용된 낱말들의 원어는 다음과 같다. '상징들'(symbola), '글로 쓰인 것들'(ta graphomena), '글자들'(grammata), '기호들'(semeia).

나 시간에 따라서 '있다' 혹은 '있지 않다'[5]가 덧붙여지지 않는 한, 아직 참도 거짓도 아니기 때문이다.

이름

제2장

16a19 그런데 이름은 시간적 의미 없이 규약에 따라 의미를 갖는 말소리이다. 이것의 어떤 부분도 따로 떨어져서 의미를 갖지 않는다. 왜냐하면 '칼립포스'(Kallippos)에서 '입포스'(ippos)는 '힙포스가 아름답다'는 말에서와 달리 그 자체로 의미를 갖지 않기 때문이다. 하지만 단순한 이름들과 복합된 이름들의 경우는 사정이 다르다. 왜냐하면 단순한 이름들 안에 있는 부분은 아무 의미도 갖지 않는 데 반해, 복합된 이름들 안에 있는 부분은 의미를 가질 수 있지만 분리되어 있지 않기 때문이다. 예를 들어 '에팍트로켈레스'(해적선) 안에 있는 '켈레스'(선)처럼 말이다.

16a26 '규약에 따라'[6]라는 것은 이름들 중 어떤 것도 자연적으로는 이름이 아니지만, (영혼이 겪은 상태들의) 상징이 될 때만 이름이라는 것을 말한다. 분절되지 않은 소리,[7] 예컨대 짐승들의 소리도 무언가를 보여주지만, 이것들 중 어떤 것도 이름이 아니니 말이다.

16a29 '인간 아님'[8]은 이름이 아니다. 또한 이것을 무엇이라고 마땅히 불러줄 이름도 없다. 이것은 말도 부정도 아니니까. 이것을 '부정 이름'[9]이라고 해두자.

16a32 '필론의'나 '필론에게' 그리고 이와 유사한 모든 것들은 명사가 아니라 명사의 변형태들이다. 동일한 설명이 명사들에서처럼 이것들에도 적용된

5) 혹은 '~이다', '~이 아니다'.

6) '규약에 따라서'(kata syntheken).

7) '분절되지 않은 소리'(agrammatoi psophoi).

8) 혹은 '비-인간'(ouk anthropos).

9) '부정(不定, aoriston) 이름'.

다. 단 '있다' 혹은 '있었다' 혹은 '있을 것이다'를 덧붙인 격변화는 참이나 거짓이 아니지만 명사는 항상 참이거나 거짓이라는 점을 제외하면. 예를 들어 '필론의가 있다'거나 '필론의가 있지 않다'를 보자. 여기에는 아직까지 참이거나 거짓인 그 어떤 것도 없기 때문이다.

풀이말

제3장

풀이말은 덧붙여서 시간을 의미하는 것인데, 그것의 어떤 부분도 떨어 16b6
져서는 의미를 갖지 않는다. 그리고 이것은 다른 어떤 것에 대해 말해지는 것들의 기호이다. 그런데 '덧붙여서 시간을 의미한다'는 말로써 내가 의미하는 바는, 이를테면 '건강'은 이름이고, '건강하다'는 풀이말이라는 것이다. 왜냐하면 그것은 '지금' 그런 상태가 존재한다는 것을 덧붙여서 의미하기 때문이다. 그리고 그것은 항상 무언가에 속해 있는 것들, 즉 기체에 대해 말해지는 것들에 대한 기호이다.

그런데 나는, '(그는) 건강하지 않다'와 '(그는) 아프지 않다'를 '풀이말'이 16b11
라고 부르지 않는다. 왜냐하면 이들은 덧붙여서 시간을 의미하고 항상 무언가에 속하는 것으로 존재하지만, (둘의) 차이를 보여주는 이름이 없기 때문이다. 그래서 나는 이것들을 '부정 풀이말'[10]이라고 부르겠다. 이것들은 있는 것과 있지 않은 것 그 무엇에 똑같이 속할 수 있으니 말이다.

마찬가지로 '(그는) 건강했다'나 '(그는) 건강할 것이다'는 풀이말이 아니 16b16
라 풀이말의 변형태들이다. 그런데 풀이말은 덧붙여서 현재 시간을 의미하는 반면에, 풀이말의 변화들은 현재 이외의 시간을 의미한다는 점에서 풀이말과 다르다.

그런데 풀이말이 그 자체로 말해질 때는 이름이고, 무언가를 의미한 16b19
다.—말하는 자는 생각을 멈춰 세우고, 듣는 자는 정지한다.—하지만

10) '부정(不定, aoriston) 풀이말'.

풀이말은 그 자체로 무언가가 있는지 없는지를 결코 의미하지 않는다. 왜냐하면 있음이나 있지 않음은 사물의 기호가 아니며, 또한 단적으로 있는 것을 말한다고 할지라도 또한 기호가 아니기 때문이다. 그 자체로 아무것도 아니지만, 풀이말은 함께 결부된 것들 없이는 생각될 수 없는 어떤 결합을 덧붙여서 의미하기 때문이다.

문장과 진술의 구별

제4장

16b26 말[11]은 의미를 갖는 말소리인데, 이것의 부분들 가운데 어떤 것은 따로 떨어져 의미를 갖지만, 언표로서 그런 것이지 진술[12]로서 그런 것은 아니다. 내가 말하는 바는, 이를테면 '인간'은 무언가를 의미하지만, ('인간'이라는 말이 가리키는 것이) 있거나 있지 않다는 것을 의미하지는 않는다. (하지만 거기에 무언가가 덧붙여진다면, 긍정이나 부정[13]이 될 수 있다.) 하지만 '인간'의 한 음절은 아무것도 의미하지 않는다. 왜냐하면 '쥐'(mys)에서 'ㅟ'(ys)는 아무것도 의미하지 않으며, 단지 (의미를 갖지 않는) 말소리에 불과하기 때문이다. 앞서 말한 대로 복합어의 경우에 부분은 무언가를 의미하지만, 그 자체로는 의미를 갖지 않는다.[14]

16b33 그런데 모든 말은 의미를 갖지만, (자연의) 도구로서가 아니라 앞서 말한 대로 규약[15]에 의해 의미를 갖는다. 그러나 모든 말이 명제는 아니고, 참이나 거짓이 속하는 말이 명제[16]이다. 모든 말 안에 참과 거짓이 속하는 것은 아니다. 이를테면 기원은 말이지만, 참도 거짓도 아니다. 다른 말들

11) '말'(logos).

12) '언표'(phasis). '진술'(kataphasis, 문장).

13) '긍정'과 '부정'이라고 옮긴 'kataphasis'와 'apophasis'는 '인간이 있다' 혹은 '인간이 없다'는 식의 '긍정진술' 혹은 '부정진술'을 뜻한다.

14) 제2장 참조.

15) 플라톤, 『크라튈로스』 386d-390e.

16) '명제'(apophantikos logos).

은 제쳐놓자. 이것들에 대한 탐색은 수사학이나 시학에 더 고유한 일이기 때문이다. 지금 고찰 대상은 명제적 말이다.

[……]

단칭진술과 보편진술

제7장

사물들 중에서 어떤 것은 보편적인 것이고, 어떤 것은 개별적인 것이다. **17a**38
나는 본성상 여럿에 술어가 되는 것을 '보편적'이라 하고, 그렇지 않은 것을 '개별적'이라고 한다. 예를 들어 인간은 보편자들 가운데 하나이고, 칼리아스는 개별자들 가운데 하나이다. 그리고 '그렇다' 혹은 '그렇지 않다'고 보편자들에 대해 진술해야 할 때가 있고, 개별자들에 대해 진술해야 할 때가 있다.

그런데 보편자에 대해 '그렇다' 혹은 '그렇지 않다'고 보편적인 명제로 **17b**3
진술한다면, 반대명제들이 될 것이다. 나는 이를테면 '모든 인간은 희다', '모든 인간은 희지 않다'와 같은 것을 두고 '보편자에 대해 보편적으로 진술한다'라고 말한다.

그러나 보편자에 대해 보편적으로 진술하지 않을 때, 그것들은 반대명 **17b**7
제들이 아니다. 하지만 거기서 드러나는 것들은 반대되는 것일 수 있다.[17] 이를테면 '인간은 희다', '인간은 희지 않다'와 같은 것을 두고 나는 '보편자에 대해 보편적으로 진술하지 않는다'라고 말한다. 왜냐하면 인간은 보편자이지만, 그 명제에서는 보편자로 사용된 것은 아니기 때문이다. ('모든 인간'에서) '모든'은 보편자를 의미하는 것이 아니라 보편적으로 사용되었음을 의미하는 것이기 때문이다.

---

17) 여기서 '보편자에 대해 보편적으로 진술하지 않는' 명제는 부정(不定)명제를 가리킨다. 부정명제는 '모든', '일부의' 등의 양화사 없이 주어만 사용된 명제이다. 전칭과 특칭 둘 다를 의미할 수 있다. 보통은 특칭명제로 사용되지만, 전칭명제로 쓰이기도 한다.

17b12 그런데 술어 대상이 되는 것[18]에 대해 보편적으로, 보편자를 술어로 사용하는 것은 참이 아니다. 왜냐하면 술어 대상이 되는 것에 대해 보편적으로, 보편자가 술어로 사용되는 긍정진술은 있을 수 없기 때문이다. 예를 들어 '모든 인간은 모든 동물이다'가 그렇다.

17b16 그런데 나는 (주어에 대해) 보편적으로 의미하는 긍정문이 같은 것에 대해 보편적으로 의미하지 않는 부정문에, 그리고 (주어에 대해) 보편적으로 의미하는 부정문이 같은 것에 대해 보편적으로 의미하지 않는 긍정문에 모순적인 방식으로 대립한다고 말한다. 예를 들어 "모든 인간은 희다"와 "모든 인간이 희지 않다"가 그렇고, "어떤 인간도 희지 않다"와 "어떤 인간은 희다"가 그렇다.[19]

17b20 그리고 보편적으로 의미하는 긍정문과 보편적으로 의미하는 부정문은 반대의 방식으로 대립한다. 예를 들어 "모든 인간은 정의롭다"와 "어떤 인간도 정의롭지 않다"가 그렇다. 이런 이유로 이것들은 동시에 참일 수 없지만, 이것들의 대립문장들은 같은 주어에 대해 동시에 참일 수 있다. 예를 들어 "모든 인간이 흰 것은 아니다"와 "어떤 인간은 희다"가 그렇다.[20]

17b26 보편적으로 말해진 보편자들에 대한 모순진술들 중 하나가 참이면 하나는 필연적으로 거짓이고, 개별자들에 대한 모순진술들의 경우도 마찬가지이다. 예를 들어 "소크라테스는 희다"와 "소크라테스는 희지 않다"가 그렇다.

17b29 그러나 보편자들에 대해 보편적으로 말해지지 않은[21] 모순진술들 중 항상 하나는 참이고 하나는 거짓이다. '(어떤) 인간이 희다'와 '(어떤) 인간

---

18) 즉 주어.

19) 보편자 주어에 대한 긍정문 A와 같은 주어에 대한 부정문 O가 모순적으로 대립하고, 어떤 주어에 대한 부정문 E와 같은 주어에 대한 긍정문 I가 모순적으로 대립한다.

20) 보편적으로 의미하는 긍정문 A와 보편적으로 의미하는 부정문 E는 반대관계이고, 이것과 각각 대립하는 부정문 O와 긍정문 I도 마찬가지로 반대관계이다.

21) 부정명제, 17b7-12 참조.

이 희지 않다'라고 말하는 것은 동시에 참이고, '(어떤) 인간이 아름답다'와 '(어떤) 인간이 아름답지 않다'라고 말하는 것은 동시에 참이기 때문이다. (추하다면 아름답지 않으니 말이다. 아름다워지고 있으면, 아직 아름답지 않다.) 그런데 이것은 '(어떤) 인간이 희지 않다'가 동시에 '(어떤) 인간도 희지 않다'를 의미하는 것으로 보이기 때문에 언뜻 보기에는 불합리한 것으로 보일 것이다. 그러나 그것은 동일한 것을 의미하는 것도 아니고 필연적으로 동시에 성립한다는 것을 의미하는 것도 아니다.

그런데 하나의 긍정이 하나의 부정을 갖는다는 것은 분명하다. 부정문 **17b**37
은 긍정문이 긍정한 바로 그것과 동일한 것을 부정해야만 한다. 동일한 주어에 대해 그 주어가 개별적인 어떤 것이든 보편적인 어떤 것이든 간에, 혹은 그 주어가 보편적으로 사용된 것이든 보편적으로 사용된 것이 아니든 간에 말이다. 내가 말하는 바는, 이를테면 '소크라테스는 희다'와 '소크 **18a**2
라테스는 희지 않다' 같은 것이다. (그러나 만일 다른 어떤 것이 부정되거나, 동일한 것이 다른 어떤 것에 대해 부정된다면, 대립진술이 아니라 다른 진술이 될 것이다.) 그리고 '모든 인간은 희다'의 대립진술은 '모든 인간이 희지 않다'이고, '어떤 인간이 희다'의 대립 진술은 '어떤 인간도 희지 않다'이고, '인간이 희다'의 대립 진술은 '인간이 희지 않다'이다.

이렇게 해서 하나의 긍정은 하나의 부정에 모순적으로 대립한다는 것 **18a**8
과 이것들이 무엇인지를 말했다. 또한 반대문장들은 다르다는 것과 이것들이 무엇인지, 그리고 모순진술이 모두 참이거나 거짓인 것은 아니라는 것과 이것이 왜 그런지, 그리고 언제 참이거나 거짓인지를 말했다.

[……]

미래 우연명제, '내일 해전은 벌어질 것인가'

제 9 장[22)]

18a28 (현재) 있는 것들[23)]과 (과거에) 일어난 것들의 경우에, 그것들에 대한 긍정진술과 부정진술은 필연적으로 참이거나 거짓이어야만 한다. 또 앞서 말했듯이 보편자들에 대한 보편진술들의 경우에 한 진술이 참이고 다른 진술이 거짓인 것은 필연적이며, 앞서 말한 바처럼 개별자들의 경우도 그렇다. 그러나 보편자에 대한 보편적이 아닌 진술은 필연적으로 그런 것이 아니다. 이것들에 대해서도 앞서 말했다.[24)] 그런데 개별적이고 장래에 일어날 것들의 경우에는 이와 사정이 동일하지 않다.[25)]

18a34 만일 모든 긍정진술 혹은 부정진술이 참이거나 거짓이라면, (그 진술의 대상이 되는) 모든 사태도 사실이거나 사실이 아니어야 하는 것은 필연적이다. 즉 누군가 "S는 P일 것이다"고 말하고 그에 반해 다른 누군가는 "S는 P가 아닐 것이다"고 말한다면, 이들 중 한 사람의 말이 참인 것은 필연적이다. 모든 긍정진술은 참이거나 거짓이기 때문이다. (미래에 일어날 일에 대한) 그런 종류의 진술들의 경우에, 두 진술 모두 동시에 사실일 수는 없기

---

22) 제9장의 논변은 세 부분으로 나누어진다. (1) 18a28-18a34, (2) 18a35-19a6, (3) 19a7-b4 등이다. 첫째 부분은 "있는 것과 있어 왔던 것에 관련해 그것에 대해 긍정적으로 진술하든 혹은 부정적으로 진술하든 간에 그 진술은 필연적으로 참이든가 거짓"이라는 어떤 논리적 원리, 즉 배중률 내지는 양가의 원리를 제시한다. 그러나 이 논리적 원리는 '미래 우연명제'에는 적용될 수 없다. 둘째 부분은 첫째 부분에서 제시된 원리가 미래 개별자에 대해 제한 없이 적용된다면, '일어나는 모든 사태는 필연적으로 일어날 수밖에 없다'는 결정론 논변을 제시한다. 결정론이 이 세계를 지배한다면 인간의 숙고가 더 이상 필요하지 않은 운명론에 빠질 수밖에 없다. 셋째 부분에서는 결정론적 논변의 난점을 제시하고 이것을 거부한다. 결국 미래 우연명제는 앞서 제시된 어떤 논리적 원리 영역 너머에 있는 것이라는 주장으로 마무리하고 있다.

23) '(현재) 있는 것들'(ta onta)은 '(현재) 이러저러하게 있는 것들' 혹은 '(현재) ~인 것들'로 이해하는 것이 좋다.

24) 앞의 17b29 참조.

25) 이어지는 논의는 방금 언급한, '개별적이고 장래에 일어날 것들'(ta kath' hekasta kai mellonta)에 대한 것이다.

때문이다.

그 이유는 이렇다. "S는 하얗다"는 말과 "S는 하얗지 않다"는 말 가운데 어느 하나가 참이라면, S가 (실제로) 하얗거나 하얗지 않은 것은 필연적이다. 그리고 그것이 (실제로) 하얗거나 하얗지 않다면, (S가 하얗다는 것을) 긍정하거나 부정하는 것 중 하나는 참이었다. 만일 실제로 그렇지 않다면, ("S는 하얗다"는 진술은) 거짓이고, 그 진술이 거짓이라면, 실제로 그것은 하얗지 않다. 그러므로 긍정진술이나 부정진술 가운데 하나가 참이라는 것은 필연적이다. 18a39

따라서 S가 P이거나 P가 된다면, 그것은 결코 우연에 의해서나 혹은 우연적으로 그런 것이 아니며, S가 장래에 P이거나 P가 아닐 경우도 마찬가지이다. 즉 (S가 P이거나 P가 아니거나) 모든 것은 필연성에 따라서 그런 것이지 우연적으로 그런 것이 아니다. (왜냐하면 긍정하는 사람이나 부정하는 사람 중 한 사람의 말은 참이기 때문이다.) 그렇지 않다면, S가 P가 될 가능성이나 P가 되지 않을 가능성이 똑같이 존재할 것이기 때문이다. 우연적으로 일어나는 것은 지금 이렇거나 이렇지 않거나, 장래에 이렇게 되거나 이렇게 되지 않거나 아무 차이가 없기 때문이다.[26) 18b5

게다가 S가 지금 하얗다고 해보자. 어떤 사람이 "S는 하얄 것이다"고 이전에 말하는 것은 참이었다. 그러므로 그렇게 된 일이 어떤 것이든 "S는 P일 것이다"고 말하는 것은 항상 참이었다. 그러나 "S는 P이다" 혹은 "S는 P일 것이다"는 말이 항상 참이라면, S는 (지금) P가 아닐 수도, (미래에) P가 아닐 수도 없다. 그런데 만일 S가 P가 되는 것이 불가능하다면, S가 P가 되는 것은 필연적이다. 따라서 (미래에) 있을 모든 것은 필연적으로 그렇게 되어야 한다. 그렇다면 미래에 있을 것 가운데 어떤 것도 우연적으로 그렇거나 우연성에 의해 그렇지 않다. 왜냐하면 우연성에 따라 이러저러하게 되는 것은 필연성에 따라 그렇게 되는 것이 아니기 때문이다. 18b9

26) 원문의 'mallon e ……'는 저렇게 될 이유가 이렇게 될 이유보다 특히 더 많지 않다는 뜻이다.

18b17 그러나 "S는 P일 것이다"와 "S는 P가 아닐 것이다"와 같은 두 진술 중 어느 것도 참일 수 없다는 것도 옳지 않다. 왜냐하면 (그것이 옳다면) 먼저 긍정진술이 거짓이라고 해도 부정진술은 참이 아니며, 부정진술이 거짓이라고 해도 긍정진술은 참이 아니기 때문이다.

18b20 더욱이 "S는 하얗고 검다"라고 말하는 것이 참이라면, 그 두 사태가 모두 사실이어야 한다. 그리고 내일 그 사태가 사실일 것이라면, 내일 그 사태는 사실일 것이다. 그러나 만일 내일 S가 P이지도 않을 것이고 P가 아니지도 않다면, 우연적으로 있는 것, 예를 들어 해전은 존재하지 않을 것이다. 왜냐하면 (그렇지 않다면) (내일) 해전은 일어나지도 않고, 안 일어나지도 않아야 할 것이기 때문이다.

18b26 다음과 같이 가정한다면, 그로부터 불합리하게도 이런 결과들과 이와 같은 종류의 다른 결과들이 따라 나온다. 즉 모든 긍정진술과 부정진술에서 — 이 진술들이 보편자들에 대해 보편적으로 이루어지건 아니면 개별자들에 대해 이루어지건 간에 — 그렇게 대립되는 진술 중의 하나는 참이고 다른 하나는 거짓이라고 해보자. 또 일어나는 일들 가운데 어떤 것도 우연적으로 있지 않고 모든 것이 필연성에 의해 있고, 또 있게 된다고 해보자. 그렇다면 숙고하는 것도 행동하는 것도 불필요할 것이다. 즉 우리가 A를 수행한다면, B가 있을 것이고, A를 수행하지 않는다면, B가 있지 않을 것이라고 숙고할 필요가 없을 것이다. 그리고 1천 년 전에 누군가 A가 있을 것이라고 말하고, 다른 누군가는 그렇지 않을 것이라고 말해도 아무 문제가 되지 않을 것이다. 두 사람 중 누군가는 그때 한 말이 참이라면, 그것은 필연성에 의해 있게 될 것이다.

18b36 물론 어떤 사람이 모순적인 진술을 하건 그렇지 않건 간에 여기에는 아무 차이가 없다. 누군가 사정이 그렇다고 긍정하고 다른 누군가는 그것을 부정하는 일이 없더라도 실제 사정이 그렇다는 것은 분명하기 때문이다. 왜냐하면 긍정이나 부정과 무관하게 S는 장차 P이거나 P가 아닐 것이고, 이는 1만 년 뒤에나 또한 어떤 다른 시점에서나 마찬가지일 것이기 때문이다.

그러므로 어느 시점에서나 두 진술 중 하나가 결과적으로 참이 되는 상황이라면, (해당 진술이 참이 되는) 상황이 일어나는 것은 필연적이었고, 각각의 일어난 일들도 항상 그럴 수밖에 없어 결국 필연성에 의해 일어나야 한다. 누군가가 "장차 S는 P일 것이다"라고 한 말이 참이라면, 그렇게 되지 않을 수 없기 때문이다. 또 (이미) 일어난 일의 경우에도 그 일이 일어날 것이라고 말하는 것은 항상 참이었다. **19a**1

하지만 이는 불가능하다. 왜냐하면 우리가 보기에 장래에 있을 것들의 시작은 숙고함과 행위 안에 있고, 또 일반적으로 항상 현실적이지 않은 것들에는 있음과 있지 않음의 가능성[27]이 들어 있어 일어날 수도 있고 일어나지 않을 수도 있기 때문이다. **19a**7

많은 것들이 이와 같은 사정에 있다는 것은 우리에게 분명하다. 예컨대, 이 겉옷은 잘릴 수 있지만 잘리지 않고 그에 앞서 낡아서 해질 수 있다. 마찬가지로 잘리지 않을 가능성도 있다. 왜냐하면 잘리지 않는 것이 가능하지 않다면, 그에 앞서 낡아서 해지는 것도 옷에 속할 수 없기 때문이다. 그러므로 이런 종류의 가능성에 따라 말해지는 다른 일들의 경우에도 마찬가지이다. **19a**12

따라서 모든 것이 필연성에 따라 있는 것도 일어나는 것도 아니다. 어떤 것들은 우연적으로 일어나고, (이런 일들의 경우) 긍정진술이나 부정진술이 똑같이 참이다. 반면에 다른 것들의 경우 대체로 두 진술 중 어느 하나가 다른 것보다 더 참일 수 있지만, 그렇다고 하더라도 그것과 다른 것도 일어날 수 있고 일어나지 않을 수도 있다. **19a**18

그런데 있는 것은 그것이 있을 때 (그렇게) 있는 것이 필연적이고, 있지 않은 것은 그것이 있지 않을 때 (그렇게) 있지 않는 것이 필연적이다. 하지만 있는 것이 모두 필연적으로 있는 것도, 있지 않은 것이 모두 필연적으로 있지 않은 것도 아니다. 이렇게 말하는 까닭은 있는 것은 모두 '그것이 **19a**23

27) 혹은 '~임과 ~이 아님의 가능성'.

있을 때' 필연적으로 있다는 것과 있는 것은 모두 '단적으로' 필연적으로 있다는 것은 동일한 것이 아니기 때문이다. 있지 않은 것의 경우에도 마찬가지이다.

19a27 동일한 논의가 모순되는 것에 대해서도 적용된다. 즉 모든 것이 있거나 있지 않은 것[28]은 필연적이고, 또 장래에 있거나 있지 않을 것이라도 필연적이다. 그러나 (모순관계에 있는 항들을) 나누어서 둘 중 하나가 필연적이라고 말할 수는 없다.[29]

19a29 내 말뜻은 이런 것이다. 예를 들어 내일 해전이 일어나거나 혹은 일어나지 않는다는 것은 필연적이다. 그러나 내일 해전이 일어나는 것은 필연적이 아니며, 일어나지 않는 것도 필연적이 아니다. 그렇지만 (내일 해전이) 일어나거나 일어나지 않는 것은 필연적이다.

19a32 그러므로 진술들은 실제 사태들이 어떠한가에 따라 참이 되기 때문에, 다음과 같은 점도 분명하다. 즉 우연히 (실제로 일어난 것과) 반대되는 사태도 성립될 수 있는 사정에 놓여 있는 것들의 경우, (실제로 일어난 그 일에) 모순되는 사태도 성립될 수 있다는 것은 필연적이다. 항상 그렇지 않은 것들이나 항상 그렇지 않은 것이 아닌 것들[30]의 경우에 바로 그런 일이 일어난다. 이것들 중 서로 모순관계에 있는 두 부분 가운데 하나가 참이거나 거짓이라는 것은 필연적이다. 그러나 이것 혹은 저것이 참이 되도록 (필연적으로 정해진) 것은 아니고, (이것이나 저것이 참이 되는 것은) 우연적으로 결정된다. 또 둘 중 하나가 참이 될 가능성이 더 많지만, 그렇다고 해서 그것이 이미 참이거나 거짓인 것은 아니다.

19a39 그러므로 서로 대립관계에 있는 모든 긍정진술과 부정진술 가운데 하나

---

28) 혹은 '~이거나 ~이지 않은 것'.

29) 즉 'N(P or nonP)'으로부터 'NP' 혹은 'NnonP'를 추리해낼 수 없다(N=necessarily).

30) '항상 그렇지 않은 것들'(ta me aei onta)과 '항상 그렇지 않은 것이 아닌 것들'(ta me aei me onta)은 각각 보편적인 긍정명제에 대응하지 않은 것들과 보편적인 부정명제에 대응하지 않는 것들을 가리킨다.

가 참이고 다른 하나가 거짓이라는 것은 분명 필연적이 아니다. 왜냐하면 (항상) 있는 것들에 대해 타당한 것이 (지금은) 있지 않지만 (장래에) 있을 수도 있고 있지 않을 수도 있는 것들에 대해 똑같이 타당한 것은 아니고, 그 사정은 앞에서 이야기한 바와 같기 때문이다.

[……]

분석론 전서

조대호 옮김

제1권

추론의 논리

추론의 주요 특징들

제1장

먼저 우리의 탐구가 무엇에 대한 것이며 무엇에 속하는지 말하면, 우리 24a10
의 탐구는 논증과 논증적 학문[1]에 관한 것이다. 다음으로 전제가 무엇이고, 항이 무엇이고 추론이 무엇인지[2] 그리고 어떤 종류의 추론은 완전하고 어떤 종류의 추론은 불완전한지 규정해야 한다. 그다음에 '어떤 것이 전체로서 어떤 것 안에 있다'거나 '어떤 것이 전체로서 어떤 것 안에 있지 않다'는 것이 무엇인지, 그리고 '모든 것에 대해 술어가 된다'거나 '어떤 것에 대해서도 술어가 되지 않는다'라는 것이 무엇인지 규정해야 한다.

전제란 어떤 것에 대해 어떤 것을 긍정하거나 부정하는 진술이다. 그런 24a16
데 진술은 보편적이거나 부분적이거나 무규정적이다. 나는 모든 것에 속하거나 어떤 것에도 속하지 않는 것을 '보편적'[3]이라고 하고, 어떤 것에 속하거나 어떤 것에는 속하지 않거나 모든 것에는 속하지 않는 것을 '부분적'이라고 하며, 보편적이거나 부분적이 아닌 방식으로 속하거나 속하지 않는 것을 '무규정적'이라고 한다. 예를 들어 '동일한 학문이 반대자들에 관계한다'는 진술이나 '쾌락은 좋은 것이 아니다'와 같은 진술이 무규정적[4]이다.

1) '논증'과 '논증적 학문' ☞ apodeixis와 epistasthai.

2) '전제', '항', '추론' ☞ protasis, horos, syllogismos.

3) ☞ katholou.

24a22 논증의 전제와 변증술의 전제[5]는 다른데, 그 이유는 논증의 전제가 모순 쌍의 어느 한 부분을 취한 것인 데 반해(이렇게 말하는 까닭은 논증하는 사람은 질문을 하지 않고 (전제를) 취하기 때문이다), 변증술의 전제는 모순 쌍에 대한 질문이기 때문이다. 그러나 각각의 경우 추론이 생겨나는 과정에서는 아무 차이도 없다. 왜냐하면 논증하는 사람과 질문하는 사람은 (모두) 어떤 것에 어떤 것이 속하는지 그렇지 않은지를 취한 다음 추론을 하기 때문이다. 따라서 추론의 전제는 이미 말한 방식으로, 무제한적으로 어떤 것에 대해 어떤 것을 긍정하거나 부정하는 것이다. 그렇지만 전제가 참이고 (각 학문의) 원리가 되는 전제들을 통해 취한 것이라면 그런 것은 논증적 전제이고, 질문자의 입장에서는 모순 쌍에 대해 질문해 취한 것이며 추론하는 사람의 입장에서는 그렇게 보이고 통념에 맞는 것으로 취한 것이라면 그 전제는 변증술의 전제이다. 이에 대해서는 『변증론』에서 이미 이야기한 바와 같다.[6]

24b3 전제가 무엇이고, 어떤 점에서 추론적인 것과 논증적인 것과 변증적인 것이 다른지에 대해서는 이어지는 논의에서 자세하게 이야기할 것이다. 현재 필요한 것으로는 지금 말한 것으로 충분하다.

24b16 '항'[7]이란 전제를 나누면 그 부분이 되는 것들을 가리키는데, 예를 들어 술어가 되는 것과 술어가 진술되는 것[8]이 그렇다. 여기에 '이다'와 '아니다'가 덧붙여진다. 반면에 '추론'은 어떤 것들이 정립된 다음 그렇게 놓인 것들과 다른 어떤 것이, 정립된 것들이 참이라는 이유 때문에 필연적으로 따라 나오는 진술이다. '정립된 것들이 참이다'는 "이것들 때문에 결론이 따라 나온다"라는 뜻이고, '이것들 때문에 결론이 따라 나온다'는 말

4) '무규정적'(ahoriston) ☞ apeiron #3.

5) '변증술' ☞ dialektikē.

6) 『변증론』 100a25-30 참조.

7) '항' ☞ horos.

8) 즉 주어.

은 "결론이 필연적인 것이 되는데 그밖의 다른 항이 추가될 필요가 없다"라는 뜻이다.

어떤 추론이 결론의 필연성을 긍정하기 위해 이미 말해진 것 이외에 다 **24b**22
른 어떤 것이 추가로 필요하지 않다면, 그런 추론을 일컬어 나는 '완전하다'라고 말하고, 어떤 추론이 이미 전제로 놓인 항들에 의해 필연적이 되기는 하지만 전제들을 통해 취한 것이 아닌, 하나 혹은 그 이상의 항들을 추가로 필요로 한다면, 그런 추론을 일컬어 '불완전하다'라고 말한다.

'어떤 것(A)이 전체로서 다른 어떤 것(B) 안에 있다'는 "어떤 것(A) 모 **24b**26
두에 대해 다른 어떤 것(B)이 술어가 된다"라는 말과 똑같다. 하지만 나는 B가 술어로 말해지지 않는 어떤 A도 취할 수 없을 때 "모든 A에 대해 B가 술어가 된다"라고 말한다. '어떤 A에 대해서도 B가 술어가 되지 않는다'의 경우도 마찬가지이다.

[……]

추론의 조건들

제 4 장

이런 점들은 규정되었으므로 무엇을 통해, 언제 그리고 어떻게 각각의 **25b**26
추론이 생겨나는지 이야기해보자. 그런 다음에 논증에 대해 이야기해야 한다. 논증에 앞서 추론에 대해 이야기해야 하는 까닭은 추론이 더 보편적이기 때문이다. 이렇게 말하는 이유는 모든 논증은 일종의 추론이지만, 모든 추론이 논증인 것은 아니기 때문이다.

마지막 항이 전체적으로 중간 항에 포함되고 중간 항이 전체적으로 첫 **25b**32
째 항에 포함되거나 포함되지 않는 방식으로 세 개의 항이 서로 관계를 맺을 때, 필연적으로 양극 항들[9]을 연결하는 완전한 추론이 있다. ('중간 항'이라는 말로써 나는 그것이 다른 것 안에 포함되고 셋째 것이 그것 안

9) 추론(syllogismos)의 대개념 항과 소개념 항을 말한다. ☞ syllogismos #2.

에 포함된다는 사실과 그것이 중간 위치에 온다는 사실을 뜻한다. '양극 항들'이라는 말로써 나는 (중간 항 안에) 포함되는 항과 (중간 항이 그것에) 포함되는 항을 뜻한다.) 왜냐하면 A가 모든 B에 대해 술어가 되고 B가 모든 C에 대해 술어가 된다면, 필연적으로 A는 모든 C에 대해 술어가 되기 때문이다('모든 것에 대해 술어가 된다'는 것이 무슨 뜻인지는 앞에서 이미 말했다). 이와 마찬가지로 A가 어떤 B에 대해서도 술어가 되지 않고 B는 모든 C에 대해 술어가 된다면, A는 어떤 C에도 속하지 않을 것이다.

26a2 그런데 첫째 항은 중간 항의 모든 사례에 수반되지만 중간 항은 마지막 항의 어떤 사례에도 속하지 않는다면, 양극 항들을 연결하는 추론은 없을 것이다. 왜냐하면 이 둘이 참이라는 것으로부터 어떤 것도 필연적으로 따라 나오지 않기 때문이다. 이런 경우에 첫째 항은 마지막 항의 모든 사례에 속할 수도 있고 그것의 어떤 사례에도 속하지 않을 수 있으며, 따라서 부분적인 결론도 보편적인 (결론도) 필연적으로 생겨나지 않는다. 그리고 이것들을 통해 아무것도 필연적이 되지 않는다면, 어떤 추론도 성립하지 않을 것이다. 모든 사례에 속하는 경우의 항들을 동물-사람-말이라고 하고, 어떤 사례에도 속하지 않는 경우의 항들을 동물-사람-돌이라고 하자.[10)]

26a9 나아가 만일 첫째 항이 중간 항의 어떤 사례에도 속하지 않고 중간 항은 마지막 항의 어떤 사례에도 속하지 않는다면, 이 경우에도 추론이 없을 것이다. 속하는 경우의 항들을 학문-선분-의학이라고 하고, 속하지 않는 경우의 항들을 학문-선분-단위라고 해보자.[11)]

26a13 그렇다면 항들이 보편적으로 (속한다면), 이 형식에서는 어떤 경우에 추

10) 다음의 두 경우를 가리킨다. (1) 모든 사람은 동물이다, 어떤 말도 사람이 아니다, 따라서 모든 말은 동물이다. (2) 모든 사람은 동물이다, 어떤 돌도 사람이 아니다, 어떤 돌도 동물이 아니다.

11) 다음의 두 경우를 가리킨다. (1) 어떤 선도 학문이 아니다, 어떤 의학도 선이 아니다, 모든 의학은 학문이다. (2) 어떤 선도 학문이 아니다, 어떤 단위도 선이 아니다, 어떤 단위도 학문이 아니다.

론이 있고 어떤 경우에 추론이 없을지 분명하다. 또한 추론이 있다면 항들은 필연적으로 우리가 기술한 방식으로 관계를 맺어야 한다는 사실과 항들이 이런 방식으로 관계를 맺는다면 추론이 있으리라는 사실도 분명하다.

26a16 항들 가운데 하나가 다른 항에 대해 보편적으로 적용되고 이 다른 것은 나머지 항에 대해 부분적으로 적용된다고 해보자. 보편적인 귀속관계는 긍정적으로나 부정적으로 극단의 대개념 항[12]에 대해 적용되고, 부분적인 귀속관계는 긍정적으로 극단의 소개념 항에 대해 적용된다면, 필연적으로 완전한 추론이 존재한다. 하지만 보편적인 귀속관계가 극단의 소개념 항에 대해 적용되거나 항들이 다른 어떤 방식으로 관계한다면 (완전한 추론이 성립하기는) 불가능하다. (나는 중간 항이 속하는 극단을 대개념 항이라고 부르고, 중간 항에 속하는 극단을 소개념 항이라고 부른다.) A가 모든 B에 속하고 B가 몇몇 C에 속한다고 해보자. 그렇다면 '모든 것에 대해 술어가 된다'가 처음에 말해진 것이라면, A가 몇몇 C에 속하는 것은 필연적이다. 그리고 A가 어떤 B에도 속하지 않고 B가 몇몇 C에 속한다고 해보자. 그렇다면 A가 몇몇 C에 속하지 않는 것은 필연적이다. (왜냐하면 '어떤 것에 대해서도 술어가 되지 않는다'가 어떤 뜻인지는 이미 규정되었고, 따라서 완전한 추론이 있을 것이기 때문이다.) B와 C가 무규정적이라고 하더라도 그것들이 긍정관계에 있다면 사정은 똑같다. (왜냐하면 무규정적인 전제를 취하건 부분 전제를 취하건 간에 동일한 추론이 있을 것이기 때문이다.)

26a30 그러나 보편적 귀속관계가 긍정적이건 부정적이건 간에 극단의 소개념에 적용된다면, 추론이 존재하지 않을 것이다. 무규정적이거나 부분적인 것이 긍정적일 때도 그렇고, 부정적일 때도 그렇다(예를 들어 A가 몇몇 B에 속하거나 속하지 않고 B가 모든 C에 속한다면, 이런 경우가 그렇다). 속

12) 예를 들어 생물-동물-사람을 세 개의 항으로 삼는 추론에서 생물은 한쪽 끝에 오는 대개념이고, 사람은 다른 쪽 끝에 오는 소개념이다.

하는 경우의 항들을 좋음-상태-실천적 지혜라고 하자. 속하지 않는 경우의 항들을 좋음-상태-무지라고 하자. 그다음 만일 B가 어떤 C에도 속하지 않고 A가 몇몇 B에 속하거나 속하지 않거나, 혹은 모든 B에 속하지 않는다면, 이런 방식으로는 추론이 존재하지 않을 것이다. (속하는 경우의) 항들을 하얀 것-말-백조, (속하지 않는 경우의 항들을) 하얀 것-말-까마귀라고 하자. A와 B가 무규정적인 관계에 있을 때도 동일한 항들이 있다.

26a39 극단의 대개념 항과 관계하는 항은 긍정적으로나 부정적으로나 보편적이지만, 소개념과 관계하는 항이 부분적으로 부정적이라면 이 경우 추론은 없을 것이다. (예를 들어 A는 모든 B에 속하지만 B는 몇몇 C에 속하지 않거나 B가 모든 C에 속하는 것은 아니라면, 이 경우가 그렇다.) 왜냐하면 중간 항이 몇몇 C에 속하지 않는다면, 첫째 항은 (B가 속하지 않는 C들 중) 모두에 수반될 수도 있고 어느 것에도 수반되지 않을 수도 있기 때문이다. 예를 들어 항들이 동물-사람-하얀 것이라고 해보자. 그렇다면 사람이 술어가 되지 않는 하얀 것들 가운데 백조와 눈(雪)을 취해 보자. 분명히 동물은 모든 백조에 대해 술어가 되지만 어떤 눈에 대해서도 술어가 되지 않는데, 따라서 추론이 존재하지 않을 것이다. 또 A가 어떤 B에도 속하지 않고 B는 몇몇 C에 속하지 않는다고 해보자. 그리고 그런 항들을 생명 없는 것-사람-하얀 것이라고 해보자. 그때 사람이 술어가 되지 않는 하얀 것들 가운데서 백조와 눈을 취해 보자. 이렇게 말하는 이유는 생명 없는 것은 모든 눈에 대해 술어가 되지만 어떤 백조에 대해서도 술어가 되지 않기 때문이다.

26b14 나아가 'B는 몇몇 C에 속하지 않는다'는 진술을 무규정적이라고 하자. 그렇다면 B가 어떤 C에도 속하지 않건 B가 모든 C에 속하는 것은 아니건 간에 이 진술은 참이다. ((후자의 경우) B는 몇몇 C에 속하지 않는다.) 또 B가 어떤 C에도 속하지 않는 방식으로 항들이 취해진다면, (우리가 앞서 말한 대로) 어떤 추론도 따라 나오지 않는다. 그래서 지금 우리가 기술한 방식으로 항들이 관계를 맺는다면, 어떤 추론도 존재하지 않을 것이다. 왜냐하면 만일 (그런 경우에) 추론이 있다면, 다른 경우들에도 추론이

있어야 할 것이기 때문이다. 보편적인 귀속관계가 부정적인 경우에도 똑같은 증명이 적용될 수 있을 것이다.

(두 전제의) 관계들이 둘 다 — 긍정적이건 부정적이건 간에 — 부분적인 경우, 하나는 긍정적이고 다른 하나는 부정적인 경우, 하나는 무규정적이고 다른 하나는 규정된 경우, 혹은 둘 다 무규정적인 경우, 이런 경우에는 추론이 존재하지 않을 것이다. 그 모든 경우에 해당하는 항들로 동물-하얀 것-말, 동물-하얀 것-돌을 취해 보라. **26b**21

그렇다면 지금까지 말한 것들로부터 다음과 같은 점이 분명하다. 즉 만일 이런 형식의 추론이 부분적이라면, 항들은 우리가 기술한 방식으로 관계를 맺어야 한다. 왜냐하면 그것들이 다른 어떤 방식으로 관계한다면, 어떤 경우에도 추론이 생겨나지 않기 때문이다. 또 분명히 (모든 것은 처음에 취한 것들을 통해 완전해지기 때문에) 이 형식의 추론들은 완전하고 모든 문제들이 이 형식을 통해 증명된다.[13] 왜냐하면 '모든 것에 속한다', '어떤 것에도 속하지 않는다', '몇몇에 속한다', '몇몇에 속하지 않는다'는 모두 이런 방식으로 증명되기 때문이다. 이 형식을 일컬어 나는 '첫째 형식'이라고 부른다. **26b**26

[……]

적절한 전제의 발견

제30장

(전제를 발견하는) 길은 어떤 경우나 동일한데, 그것이 철학과 관련된 것이든 어떤 종류의 기술과 관련된 것이든 수학과 관련된 것이든 간에 똑같다. 그 이유는 이렇다. 각 항을 놓고 그것에 속하는 것들과 그것이 속하는 것들을 살펴보고 이런 것들을 가능한 한 많이 갖춰야 한다. 그리고 어떤 때는 반박하고 어떤 때는 확정하는 방식으로 세 개의 항들을 통해 그것 **46a**3

13) 추론의 '형식'(figure) ☞ syllogismos #2와 #3.

들을 탐색해야 한다. 참에 따라 (이루어지는 추론은) 참으로 인정된 전제들로부터 성립하고, 변증적인 추론들의 경우 의견에 부합하는 전제들로부터 성립해야 한다.

46a10 추론의 원리들에 대해서는 그것들이 어떤 방식으로 있고, 또 그것들을 어떻게 찾아야 하는지 일반적으로 이야기했다. 그렇게 함으로써 우리는 어떤 것에 대해 진술되는 것을 모두 살펴보지 않아도 되고, 반박하거나 확정할 때 똑같은 것들을 살펴보지 않아도 되며, 또 모든 것이나 어떤 것에 대해 긍정하거나 모든 것이나 어떤 것에 대해 부정할 때도 똑같은 것들을 살펴볼 필요 없이 이미 정의된 더 적은 것들을 살펴보면 되기 때문이다.

46a16 하지만 우리는 있는 것들 중에서 개별적으로, 예를 들어 좋음에 대해서나 학문에 대해 선택을 해야 한다. 대다수 (원리들은) (학문마다) 개별적으로 고유하다. 그렇기 때문에 각 대상에 대한 원리들을 제공하는 것은 경험[14]이 할 일이다. 예를 들어 별에 대한 학문의 경우에 천문학적 경험이 있고(이처럼 현상들[15]이 충분히 얻어진 뒤에 천문학적 논증들이 발견되었다), 다른 어떤 기술이나 학문의 경우에도 사정은 똑같다.

46a22 그러므로 각 주제에 대해 주어진 사태들을 얻는다면, 그다음에 우리가 할 일은 그렇게 준비된 상태에서 논증들을 제시하는 것이다. 왜냐하면 사실의 기록을 통해 대상들에 참으로 속하는 것들 가운데 아무것도 누락된 것이 없다면, 우리는 논증의 대상이 되는 각각의 문제에 대해 논증을 발견해 이를 증명하고, 본성상 논증되지 않는 것에 대해서는 이를 분명히 할 수 있기 때문이다.

46a28 그렇다면 어떤 방식으로 전제들을 선택해야 하는지는 일반적으로 대략 이야기했다. 엄밀한 논의는 변증술에 대한 논문에서 우리가 이미 진행했다.

[……]

14) '경험'(empeiria)에 대해서는 『분석론 후서』 II 19, 100a3 이하 참조.

15) ☞ phainomena.

분석론 후서

조대호 옮김

제1권

앎과 배움

배움은 선행하는 앎을 필요로 한다

제1장

각종 가르침과 사고[1]를 통해 얻는 배움은 모두 선행하는 앎에서 생겨 71a1
난다. 이는 여러 경우를 하나하나 살펴보면 분명하다. (1) 학문적 인식들[2] 중 수학적인 것들이 이런 방식을 통해 생겨나며, 나머지 각각의 기술도 그렇다. (2) 논변들,[3] 즉 추론을 통한 논변들뿐만 아니라 귀납[4]을 통한 논변들도 마찬가지이다. 왜냐하면 둘 다 앞서 알려진 것들을 통해 가르침을 낳기 때문인데, 앞의 경우는 (선행하는 앎이) 그것을 이해하는 상대자에게서 오는 것으로 상정하고,[5] 뒤의 경우는 개별적인 것이 명백하다는 사실을 통해 보편적인 것을 제시한다. (3) 연설술의 논변들도 똑같은 방식으로 사람들을 설득하는데, 이렇게 말하는 이유는 그런 논변들이 예시들을 통해 이루어진다면 이는 귀납이고, 축약논변[6]을 통해 이루어진다면 이것은

1) '사고'(dianoia).

2) 『분석론 후서』에서 '앎'을 가리키는 용어로 'gnosis'나 'episteme' 등 여러 가지 낱말이 쓰인다. 또한 '알다'에 해당하는 용어로도 'epistasthai', 'gnorizein', 'eidenai', 'gignoskein' 등이 사용된다. 그 가운데 'episteme'와 'epistasthai'는 논증을 통해 얻는 '학문적' 앎을 가리키는 낱말로서 분명한 뜻을 갖기 때문에, 이를 고려해 'episteme'는 '학문적 인식', '학문적 앎', '학문'으로, 'epistastha'는 '학문적으로 알다', '학문적으로 인식하다'로 옮긴다. ☞ epistasthai.

3) ☞ logos.

4) ☞ epagōgē.

5) 변증술적인 논변은 대화 상대자가 인정하는 것을 전제로 해서 진행된다.

바로 추론이기 때문이다.

71a11 선행하는 앎에는 필연적으로 두 가지가 있어야 한다. 어떤 경우 우리는 앎의 대상들이 존재한다는 사실을 미리 가정해야 하고, 또 어떤 경우 우리는 낱말이 가리키는 것이 무엇인지를 이해해야 하기 때문이다. 둘 다 필요할 때도 있다. 예를 들어 어떤 것이든 그것에 대한 긍정과 부정 가운데 하나가 참이라는 사실을 아는 것은 존재 사실에 대한 앎이고, '삼각형'을 아는 것은 그것이 지시하는 대상에 대한 앎이며, '단위'[7]에 대해서는 둘 다, 즉 '단위'가 지시하는 것과 단위가 존재한다는 사실에 대해 알아야 한다. 이렇게 말하는 이유는 이것들 하나하나가 우리에게 모두 똑같이 자명하지는 않기 때문이다.

71a17 우리가 '안다'[8]고 할 때, 어떤 것들은 그에 앞서 미리 알았을 수도 있고, 또 어떤 것들에 대한 앎은 우리가 가진 앎과 동시에 얻을 수 있다. 예를 들어 우리가 (이미) 알고 있는 보편자에 포섭되는 것들은 뒤의 방식으로 얻어진다. 그 이유는 이렇다. 모든 삼각형의 내각의 합이 두 직각이라는 사실을 우리는 미리 알고 있다. 하지만 반원 안에 있는 '이' 도형이 삼각형이라는 사실은 (이 도형의 내각의 합이 두 직각이라는 결론에) 이르는 동시에 알게 된다. 어떤 경우 배움은 이런 방식으로 일어난다. 즉 마지막 항에 대한 앎이 중간 항을 매개로 하지 않는데[9] 개별적인 것들, 즉 다른 기

6) ☞ enthymēma.

7) '단위'(monas)에 대해서는 72a22 참조.

8) '안다'(gnōrizein)는 말은 'epistasthai' 등과 비교해 볼 때 가장 넓은 뜻에서 앎의 소유를 가리킨다.

9) 『분석론 전서』 25b32 이하 참조. 아리스토텔레스의 말은 삼단논법을 고려한 것이다. 삼단논법의 가장 기본적인 형태('첫째 형식')는 중개념(중간 항 M)의 매개를 통해 대개념(P)이 소개념(S)에 적용되는 것이다. 아리스토텔레스의 표현 방식에 따르면, 첫째 형식의 삼단논법에서는 P가 M에 대해 술어가 되고(P-M), M이 S에 대해 술어가 된다(M-S). 그 결과 결론으로 P가 S에 대해 술어가 된다(P-S). 하지만 그렇지 않은 경우도 있다. 예를 들어 '둘째 형식'의 삼단논법에서는 P가 M에 대해 술어가 되고(P-M), P가 S에 대해 술어가 되어(P-S), 결론적으로 M이 S에

체에 대해 술어가 되지 않는 것들의 경우에 이런 일이 일어난다.

앎과 무지의 여러 가지 방식

어떤 뜻에서는 결론으로 인도되기에 앞서, 즉 추론을 얻기에 앞서 (이미) 학문적 인식을 가지고 있다고 말할 수도 있겠지만, 다른 뜻에서 보면 그렇지 않다.[10] 어떤 것에 대해 그것이 단적으로 존재하는지 여부를 우리가 이미 알고 있지 않다면, 그것이 단적으로 내각의 합으로 두 직각을 갖는다는 사실을 어떻게 알 수 있을까? 그러나 분명 우리가 어떤 것을 보편적으로 인식한다면 그런 이유 때문에 우리는 그것을 '어떤 뜻에서' 인식하는 것이지만, 그렇다고 해서 단적으로 그것을 인식하는 것은 아니다. 만일 그것이 사실이 아니라면, 『메논』의 아포리아가 따라 나오게 될 것이다.[11] 즉 우리는 아무것도 배우지 못하게 되거나, 아니면 이미 알고 있는 **71a**24

대해 술어가 된다(M-S). 다시 말해 이런 삼단논법은 '모든 M은 P이고 모든 S는 P이므로 모든 S는 M이다'의 형식을 취한다. '반원 안에 있는 이 도형이 삼각형이다'라는 명제를 결론으로 갖는 추론은 둘째 형식의 삼단논법을 취한다. '내각의 합이 두 직각'(P)이 '삼각형'(M)에 대해 술어가 되고, '내각의 합이 두 직각'이 '반원 안에 있는 이 도형'(S)에 술어가 되어, 결과적으로 '삼각형'(M)이 '반원 안에 있는 이 도형'(S)에 술어가 되기 때문이다. (모든 삼각형은 내각의 합이 두 직각이다, 반원 안에 있는 이 도형은 내각의 합이 두 직각이다. 따라서 반원 안에 있는 이 도형은 삼각형이다.) 여기서 '반원 안에 있는 이 도형'(S)에 대한 앎(즉 '반원 안에 있는 이 도형은 삼각형이다')은 M('삼각형')을 통해서가 아니라 P(내각의 합이 두 직각)를 통해 획득된다.

10) 어떤 사람이 '이것은 M이고, 따라서 이것은 P이다'라는 추론을 갖고 있다고 하자. 이 추론을 하는 사람은 '모든 M은 P이다'라는 전칭명제를 '이미' 알고 있다. 하지만 그는 '이것'이 M이라는 사실을 '지금' 알았다. 이전에는 M의 사례로 '이것'의 존재에 대해 알지 못했다. 그렇다면 그는 M의 사례로서 '이것'의 존재에 대해 알기도 전에 어떻게 '모든 M이 P이다'를 이미 알고 있다고 말할 수 있을까? 그는 M의 모든 사례에 대해 알고 있었던 것은 아니지 않을까? 아리스토텔레스에 따르면, 그런 사람은 '이것이 M이다'에 대해서나 M의 개별 사례로서 '이것'의 존재에 대해서는 알지 못해도 '모든 M은 P이다'에 대해 '보편적인' 앎을 이미 가지고 있다.

11) 개별자를 모르고서도 보편자를 알 수 있는 가능성(즉 '이것이 M이고 따라서 이것은 P이다'를 모른 채 '모든 M은 P이다'를 알 수 있는 가능성) 혹은 개별자를 알면

것(만)을 배우게 될 것이다.

71a30 우리는 어떤 사람들이 이 문제를 해결하려고 할 때 취하는 방식에 따라 이야기해서는 안 된다. 그들은 "너는 모든 쌍이 짝수라는 것을 아는가, 알지 못하는가?"라고 묻는다. 이 물음에 대해 "안다"라고 대답하면, 그들은 네가 이제껏 존재한다고 생각하지 못했고, 그래서 짝수라고 생각하지 못했던 어떤 쌍을 앞에 내놓는다. 그들은 모든 쌍이 짝수임을 안다는 것을 부정하고 (이제까지) 쌍으로 알고 있는 수만 짝수임을 안다고 말함으로
71b 써 이 문제를 해결한다.[12] 하지만 사람들은 자신이 논증의 대상으로 삼는 것과 이미 (논증을) 획득한 것에 대해 알지만, 이 논증은 그들이 (현재 시점까지) 삼각형이라고 알고 있거나 수라고 알고 있는 것 모두에 대해 적용되는 것이 아니라 단적으로 모든 수와 모든 삼각형에 대해 적용된다. 왜냐하면 우리가 (논변 과정에서) 가정하는 전제는 "네가 수라고 알고 있는 것은 ……"이나 혹은 "네가 삼각형이라고 알고 있는 것은 ……"과 같은 종류의 명제가 아니라 (수나 삼각형의) 모든 사례에 적용되는 명제이기 때문이다.

서도 그것을 포섭하는 보편자를 알지 못할 가능성('a가 M이면서 P'이고, 'b가 M이면서 P'이고, 'c가 M이면서 P'임을 알면서도 '모든 M은 P이다'를 알지 못할 가능성)을 부정한다면, 『메논』(*Menon*)(80A-D)의 아포리아가 출현한다. 덕(arete)에 대한 배움이나 탐구가 어떻게 가능한지를 다루는 대화 속에 등장하는 이 아포리아는 다음과 같다. (1) 모든 x에 대해 우리는 x를 알거나 x를 알지 못한다. (2) 만일 우리가 x를 안다면, 우리는 x에 대해 탐구할 수 없다. 왜냐하면 우리는 이미 알고 있는 것을 탐구하지 않기 때문이다. (3) 만일 우리가 x를 알지 못한다면, 우리는 x에 대해 탐구할 수 없다. 왜냐하면 그 경우 무엇을 탐구할지조차 우리는 알지 못하기 때문이다. (4) 따라서 우리는 x에 대해 알건 모르건 간에 우리는 x에 대해 탐구할 수 없다. 아리스토텔레스는 (2)를 부정한다. 왜냐하면 우리는 예를 들어 개별적인 사람들을 알면서도 그것들을 포섭하는 보편자 '사람'이 무엇인지를 탐구할 수 있기 때문이다. 같은 이유에서 그는 (3)도 받아들이지 않을 것이다. 즉 우리는 '사람'에 대해 현재 알고 있지 못해도 개별적인 사람들을 통해 '사람'에 대해 탐구할 수 있기 때문이다.

12) 이들은 "너는 모든 쌍이 짝수라는 것을 아는 것이 아니라 네가 지금까지 알고 있는 쌍이 짝수라는 것을 알 뿐이다"라고 말함으로써 문제를 해결한다는 뜻이다.

하지만 그렇다고 하더라도 우리가 배우고 있는 것을 한편으로는 학문 71b5 적으로 알면서, 다른 한편으로는 모르는 일이 있을 수 있다. 배우고 있는 것을 우리가 어떤 방식으로든 (이미) 알고 있다고 말한다면, 이는 불합리하지 않지만, 배우고 있는 것을 우리가 어떤 특정한 방식으로 알고 있다고 말한다면, 예를 들어 우리가 그것을 배우고 있는 방식으로, 그리고 그런 뜻에서 알고 있다고 말한다면, 이는 불합리하다.[13]

학문적 인식과 논증

학문적인 인식은 필연성과 설명을 포함한다

제2장

우리는 한 사태가 (이러저러하게) 존재하는 데 대한 원인을 찾아 그것이 71b9 바로 그 사태의 원인이며, 그 사태가 달리 있을 수 없다는 사실을 안다고 생각할 때, 소피스테스의 방식에서, 즉 우연한 방식에서가 아니라 단적으로 그것을 학문적으로 안다고 생각한다. 학문적으로 안다는 것이 이러한 종류의 어떤 것이라는 사실은 분명하다. 왜냐하면 학문적 인식을 갖지 못한 사람들도 학문적 인식을 가진 사람들과 똑같아서 앞의 사람들은 자신들이 학문적으로 아는 상태에 있다고 생각하고, 뒤의 사람들은 학문적으로 알고 있고 실제로 그런 상태에 있기 때문이다. 따라서 단적으로 학문적 인식 대상이 되는 것은 달리 있을 수 없다.

13) 어떤 것에 대해 이미 알고 있지 않다면 그것에 대해 배우지 못하고, 그것에 대해 이미 알고 있다면 배울 필요가 없다는 데 메논의 역설이 있다. 그에 대해 아리스토텔레스는 이렇게 말한다. "우리가 x에 대해 배운다면, 우리는 이미 x에 대해 무언가를 알고 있다. 하지만 x에 대해 우리가 이미 알고 있는 그 '무언가'는 우리가 배움을 통해 x에 대해 얻으려는 앎이 아니다. 즉 우리는 x에 대해 우리가 이미 알고 있는 것과 다른 것을 알려고 한다."

그러므로 학문적 인식은 논증을 수반한다

71b16 다른 방식의 학문적 인식이 있는지의 문제는 나중에 이야기하고,[14] 지금 우리는 그것을 일컬어 논증을 통한 앎이라고 부른다. '논증'[15]이라는 말로써 나는 학문적 추론[16]을 가리킨다. 그리고 '학문적'이라는 말로써 나는 학문적 앎을 얻기 위해 가져야 하는 추론을 가리킨다.

71b20 그런데 '학문적으로 안다'는 것이 우리가 가정하는 것과 같은 종류의 것이라면, 논증적인 학문적 인식은 필연적으로 참이고 첫째가며 무매개적이고 결론보다 더 잘 알려져 있고 결론에 선행하며 결론의 원인이 되는 것들을 출발점으로 삼아야 한다. 왜냐하면 이렇게 해야 원리들도 증명의 대상에 고유하게[17] 될 것이기 때문이다. 그런 것들에서 출발하지 않는다면, 추론이 성립해도 논증은 존재하지 않을 것이다. 왜냐하면 그런 추론은 학문적 앎을 낳지 못하기 때문이다.

71b25 (학문적 인식을 낳는 논증의 전제들은)[18] 참이어야 한다. 왜냐하면 사실이 아닌 것[19]은 학문적으로 알려질 수 없기 때문이다. 예를 들어 대각선이 통약 가능하다는 것은 학문적 인식의 대상이 될 수 없다.[20] (논증은) 첫째가며 논증 불가능한 것들에서 출발해야 하는데, (그렇지 않은 경우) 우리가 그것들에 대한 논증을 갖지 못하는 한, 학문적 인식을 가질 수 없을 것이기 때문이다.[21] 왜냐하면 논증의 대상들을 — 우연적이 아닌 방식으

14) 아래의 72b19-22와 76a16-22 참조. 하지만 100b5-17에서 제시되는 견해는 그와 다르다.

15) ☞ apodeixis.

16) 학문적 추론(syllogismos episthēmonikos) ☞ syllogismos.

17) 아래의 72a7 참조.

18) 71b25의 주어가 생략되어 있어 '논증의 전제들'을 가리키는지, '논증의 결론'을 가리키는지 논란의 여지가 있다.

19) 원문의 'to mē on'은 '참이 아닌 것'으로 옮길 수도 있다.

20) 『형이상학』 I 2, 983a16 참조.

21) 논증(B)의 전제들 자체가 다른 논증(A)에 의해 증명된다면, 이 논증(A)을 갖지

로 — 학문적으로 안다는 것은 (그것들에 대해) 논증을 가짐을 뜻하기 때문이다.

또한 (논증의 전제들은) (결론의) 원인이고, (결론보다) 더 잘 알려지고 선행해야 한다. 원인이어야 하는 이유는 우리가 원인을 알 때 어떤 것을 학문적으로 알기 때문이고, 원인인 한에서 선행하며 먼저 알려진다. 다른 방식으로 그것을 '이해한다'는 뜻에서뿐만 아니라 그것이 존재한다는 사실을 '안다'는 뜻에서도 그렇다.[22] '선행한다' 혹은 '더 잘 알려져 있다'는 말에는 두 가지 뜻이 있다. 왜냐하면 본성적으로 선행하는 것과 우리와의 관계에서 선행하는 것은 같지 않으며, 또한 본성적으로 더 잘 알려진 것과 우리와의 관계에서 더 잘 알려진 것은 같지 않기 때문이다.[23] 감각에 더 가까이 있는 것들은 우리와의 관계에서 선행하며 더 잘 알려져 있고, (감각에서) 멀리 있는 것들을 무제한적인 뜻으로 선행하며 더 잘 알려져 있다고 나는 말한다. 가장 보편적인 것들이 (감각에서) 가장 멀리 있고, 개별적인 것들은 (감각에) 가장 가까이 있다. 이들은 서로 반대된다.

논증의 요소들

'첫째가는 것들[24]로부터'라는 말은 '고유한 원리들로부터'와 같은 뜻이다. 나는 '첫째가는'이라는 말과 '원리'[25]라는 말을 같은 뜻으로 사용하기 때문이다. 논증의 원리는 무매개적인 전제이고, '무매개적'이란 선행하는

못하는 한, 우리는 논증(B)를 통한 학문적 인식에 도달할 수 없다.

22) 71b32에는 71a13에서와 똑같이 '이해한다'(xynienai)라는 낱말이 쓰였고, 그 뒤 '사실을 안다'고 할 때는 'eidenai'가 쓰였다. 각각 낱말의 뜻에 대한 '이해'와 존재하는 사실에 대한 '앎'을 가리킨다.

23) '본성적으로 선행하는 것'(proteron tēi physei)과 '우리와의 관계에서 선행하는 것'(proteron pros hemas)의 구별에 대해서는 xxx 참조.

24) 첫째가는 것들(ta prōta).

25) ☞ archē.

다른 원리가 없는 것을 가리킨다. 전제[26]는 모순 쌍의 어느 한쪽으로서, 어떤 것에 대해 어떤 것을 긍정하거나 부정한다. 긍정과 부정 가운데 어느 하나를, 차이를 두지 않고 취한 전제는 변증적인 것이고,[27] 확정적으로 어느 하나를, 그것이 참이라는 이유에서 취한 전제는 논증적이다. '진술'이란 모순 쌍의 한 부분이고, '모순'[28]이란 그 자체로서 중간에 아무것도 갖지 않는 반대이다. 모순 쌍의 한 부분은 어떤 것에 대해 어떤 것을 부가하는 긍정진술이고, 다른 부분은 어떤 것으로부터 어떤 것을 분리하는 부정진술이다.

72a14 추론의 무매개적인 원리 가운데 증명될 수 없고 무언가를 배우려는 사람이 반드시 가지지 않아도 되는 것을 일컬어 나는 '입론'[29]이라고 부른다. 누구든 배우려는 사람이 반드시 가져야 하는 것을 일컬어 나는 '공리'[30]라고 부른다. 왜냐하면 그런 공리들이 몇 가지 있는데, 우리는 무엇보다도 그런 것들에 대해 그 이름을 붙이곤 하기 때문이다.

72a20 입론 가운데 어느 쪽이든 모순 쌍의 한 부분을 취한 것, 예를 들어 "A가 존재한다" 혹은 "A가 존재하지 않는다"와 같은 입론을 나는 '가설적 전제'[31]라고 부르고, 그렇지 않은 것을 '정의'[32]라고 부른다. 왜냐하면 정의는 입론이기 때문이다. 왜냐하면 산술학자는 '양적으로 더 이상 분할될 수 없는 것'을 '단위'로 내세우지만[33] 그것은 가설적 전제가 아니기 때문이다. 단위가 무엇인지와 그것이 존재하는지는 같은 문제가 아니다.

---

26) ☞ protasis.

27) 변증적인 논변은 어떤 것이든 대화 상대방이 받아들인 것에서 출발한다.

28) '진술'(apophansis), '모순'(apophasis).

29) '입론'(thesis).

30) ☞ axiōma.

31) ☞ anankē.

32) '정의' ☞ horizein과 horismos.

33) '내세우다'(titeisthai)와 '입론'(thesis)'의 어원은 같다. 그래서 '입론'은 내세워진 주장, 정립된 주장을 뜻한다.

논증의 전제들

우리가 '논증'이라고 부르는 추론을 가진 사람은 사태에 대해 확신을 가지고 알아야 하며, 그런 추론은 추론의 출발점이 되는 것들의 존재에 의존하기 때문에, 그는 첫째가는 것들에 대해 그것들의 전부나 일부를 미리 알아야 할 뿐만 아니라 그것들에 대해 더 높은 정도로 알아야 한다. 어떤 것이 있을 때 그것의 원인이 되는 것은 항상 (그 어떤 것보다) 더 높은 정도로 존재하기 때문이다. 이는 마치 우리가 어떤 것을 사랑할 때 그 원인이 되는 것은 더 높은 정도로 사랑할 만한 것과 같다. 따라서 우리가 첫째가는 것들 때문에 알고 확신을 갖는다면, 우리는 그 첫째가는 것들을 더 높은 정도로 알고 그것에 대해 확신을 갖는데, 그 이유는 바로 그것들 때문에 우리는 나중에 따라 나오는 것들을 알고 그것에 대해 확신하기 때문이다. 72a25

우리가 어떤 것들을 실제로 알고 있거나 실제로 아는 것보다 더 우월한 상태에 있지 않다면, 우리는 그것들에 대해, 어떤 것들에 대해 아는 것보다 더 높은 정도의 확신을 가질 수 없다. 논증을 통해 확신을 갖는 사람들 가운데 어떤 사람이 미리 알지 못한다면, 그와 반대되는 결과가 따라 나올 것이다. 결론보다 원리들에 대해 — 전부이건 일부이건 간에 — 더 큰 확신을 가져야 한다. 72a32

논증을 통한 학문적 인식을 갖고 싶은 사람은 증명되는 것보다 원리들에 대해 더 많이 알고 그것들에 대해 더 큰 확신을 가져야 한다. 뿐만 아니라 그 원리들에 반대되는 것들은 (올바른 것에) 반대되는 기만적인 추론의 출발점들이 되는데, 그가 그런 것들에 대해 더 큰 확신이나 더 큰 앎을 가져도 안 된다. 단적인 뜻에서 학문적 인식을 가진 사람은 확신에 흔들림이 없어야 한다. 72a37

학문적 인식은 어떻게 가능한가

제3장

어떤 사람들은 첫째가는 것들을 학문적으로 알아야 하기 때문에 (1) 72b5

학문적 인식은 존재하지 않는다고 생각하고, 그에 반해 또 (2) 어떤 사람들은 모든 것에 대해 논증이 있다고 생각한다. 하지만 이 가운데 어떤 의견도 참이 아니며 필연적이지도 않다.

72b7 (1) 학문적 인식이 전혀 존재하지 않는다고 가정하는 사람들은 무한소급[34]이 일어난다고 주장한다. 그들은 첫째가는 것들이 없다면 선행하는 것들을 통해 후행하는 것들을 인식하지 못한다는 이유를 들어 그렇게 주장하는데, 이 말은 옳다. 왜냐하면 무한한 것을 모두 거치는 것은 불가능하기 때문이다. 만일 그 과정이 정지하고 원리들이 있다면, 이들에 대해서는 논증이 없기 때문에 그것들이 알려질 수 없다는 말인데, 그들의 주장에 따르면 '학문적으로 안다'는 것은 바로 그런 것이기 때문이다. 하지만 첫째가는 것들을 아는 것이 가능하지 않다면, 그로부터 따라 나오는 것들을 학문적으로 아는 것은 단적으로도[35] 주된 의미에서도 가능하지 않고, "그것들이 존재한다면"이라는 가설에 의해 학문적으로 아는 것이 가능할 뿐이라고 그들은 주장한다.

72b15 (2) 다른 쪽 사람들은 학문적으로 아는 것에 동의한다. 논증을 통해서만 학문적 인식이 존재한다는 것이 그 이유이다. 하지만 그들의 주장에 따르면 모든 것에 대해 논증이 존재하는 것을 가로막는 것은 없다. 논증이 서로 의존하면서 순환적으로 존재할 수 있다고 그들은 주장한다.

72b18 우리는 (a) 모든 학문적 인식이 논증적인 것은 아니고 무매개적인 것들[36]에 대한 학문적 인식은 논증이 될 수 없다고 주장한다. (이것이 필연적이라는 것은 분명하다. 왜냐하면 만일 선행하는 것들을 학문적으로 아는 것이 필연적이고 그것들로부터 논증이 성립한다면, 이 과정은 언젠가 무매개적인 것들에서 멈출 텐데 이것들은 어쩔 수 없이 논증될 수 없기

34) '무한소급'(eis apeiron) ☞ apeiron.

35) '단적으로' ☞ haplōs.

36) '무매개적인 것들'(amesa)이란 다른 것에 의해 논증되는 되지 않는 원초적인 것들을 가리킨다.

때문이다.)

우리는 이렇게 주장한다. (b) 학문적 인식이 존재할 뿐만 아니라 학문 적 인식의 출발점이 되는 어떤 원리[37]도 존재하며, 이것에 의해 정의들을 안다. **72b**23

순환논증은 불가능하다

(a) 만일 논증이 선행하고 더 잘 알려진 것들에서 나온다면, 무제한적 인 뜻의 논증이 순환적으로 이루어질 수 없다는 것은 분명하다. 왜냐하면 동일한 것들이 자기 자신들에 선행하면서 동시에 후행하는 것은 불가능하기 때문이다. 그런 것은 다른 방식으로만, 예를 들어 우리와의 관계에서 앞선 것과 무제한적인 뜻에서 앞선 것[38]을 나눌 때만 가능한데, 바로 이런 방식으로 귀납은 어떤 것에 대한 앎을 낳는다. 그렇다면 "무제한적인 뜻에서 안다"라는 말은 올바로 정의된 용어가 아니고 거기에는 두 가지 뜻이 있다. 아마도 다른 종류의 논증[39]은 무제한적 뜻에서의 논증이 아니며, 그런 논증은 우리와의 관계에서 더 잘 알려진 것들로부터 나온다고 말할 수 있을 것이다. **72b**25

(b) 논증이 순환적으로 존재한다고 주장하는 사람들은 지금 말한 문제에 직면하는 데서 끝나지 않는다. 그들의 주장은 "A가 있다면, A가 있다"라는 말에 지나지 않는다. 하지만 이런 식으로 하면 모든 것을 쉽게 증명할 수 있다. 세 개의 항을 지정해 놓으면 이런 결과가 따라 나오는 것이 명백하다. 왜냐하면 여러 개의 항을 통해 순환논증이 이루어진다고 말하건 몇 개의 항을 통해 이루어진다고 말하건 간에, 몇 개의 항을 통해 이루어진다고 말하건 두 개의 항을 통해 이루어진다고 말하건 간에 아무 차이 **72b**32

37) '원리' ☞ nous #3.

38) '우리와의 관계에서 앞선 것과 무제한적인 뜻에서 앞선 것' ☞ proteron.

39) 본성적으로 더 잘 알려진 것이 아니라 우리에게 더 잘 알려진 것을 전제로 삼는 논증을 가리킨다. ☞ epistasthai #2.

가 없기 때문이다. 그 이유는 이렇다. A가 있다면 필연적으로 B가 있고, 다시 이 B가 있다면 필연적으로 C가 있는 경우에, A가 있다면 C가 있을 것이다. 그런데 만일 A가 있다면 필연적으로 B가 있고, B가 있다면 필연
73a 적으로 A가 있다고 하자(이것이 '순환적'[40]이라는 말의 뜻이었다). 이런 조건에서 A가 C의 자리에 온다고 하자. 이 경우 "B가 있다면 A가 있다"라는 말은 "(B가 있다면) C가 있다"라는 말이고, 이는 곧 "A가 있다면 C가 있다"라는 말과 같다. 그러나 C는 A와 같은 것이다. 따라서 논증이 '순환적'이라고 말하는 사람들은 "A가 있다면 A가 있다"라고 말하는 데 지나지 않는다. 이런 식으로 모든 것을 증명하는 것은 쉽다.

73a6 (c) 더욱이 고유속성들처럼 서로 따르는 것들[41]의 경우가 아니면 그런 증명조차 가능하지 않다. 그런데 이미 앞에서 증명되었듯이[42] 하나가 주어져 있다고 해서 다른 어떤 것이 필연적으로 따라 나오는 것은 아니다. (내 말은 하나의 항이나 하나의 입론이 주어져 있다고 해서 논증이 성립하는 것은 아니라는 뜻이다.) 어떤 결론이 추론된다면, 이는 최소한 두 개의 입론이 첫째가는 것으로서 주어져 있을 때 가능하다. 그런데 한편으로 A가 B와 C에 따르고, 다른 한편으로 B와 C가 서로를 따르면서 또 (B와 C가) A를 따른다면, 그렇게 요청된 것들 모두는 첫째 형식으로 서로를 전제로 삼아 증명될 수 있다.[43] 이는 추론에 대한 논의에서 이미 증명되었

---

40) '순환적'(kyklos).

41) '내각의 합이 180도'는 '삼각형'의 고유속성(idion)이다. 이 경우 "모든 삼각형은 내각의 합이 180도이다"와 "모든 내각의 합이 180도인 도형은 삼각형이다"가 둘 다 성립한다. ☞ symbebēkos #3.

42) An. pr. I 25, 41b36-42a40.

43) All B is A, All C is A & All B is C, All C is B, All A is B, All A is C → [(All B is A, All C is B → All C is A) → (All C is A, All C is B → All B is A)] (∵ 환위: All C is B → All B is C). 다음과 같은 명제들이 요청되었다고 하자. (i) All B is A, All C is A, (ii) All B is C, All C is B, All A is B, All A is C. 이로부터 추론(A) All B is A, All C is B → All C is A가 성립하고, (All B is A, All C is B → All C is A)로부터 다시 추론(B) All C is A, All C is B → All B is A

다.[44] 다른 형식에서는 추론이 (전혀) 성립하지 않거나 (전제로) 취해진 것들에 대해 추론이 성립하지 않는다는 사실도 증명되었다. 하지만 쌍방향으로 술어가 되지 않는 것들[45]은 결코 순환적으로 증명될 수 없다. 따라서 논증들 가운데 그런 성질을 갖는 것들은 몇몇에 불과하기 때문에, "쌍방향의 논증이 존재하고 이런 이유 때문에 모든 것에 대해 논증이 존재할 수 있다"라고 말하는 것은 공허하거나 불가능함이 분명하다.

논증의 조건들

제4장

무제한적인 뜻에서 학문적 앎이 관계하는 대상은 달리 있을 수 없는 **73a**21
것이기 때문에, 논증적인 학문을 통해 학문적으로 알려질 수 있는 것은 필연적이어야 할 것이다. 논증을 가짐으로써 우리가 소유하는 학문적 앎은 논증적이다. 그러므로 논증은 필연적인 것들을 출발점으로 갖는 추론이다. 따라서 논증들이 어떤 것들, 어떤 종류의 것들을 출발점으로 삼는지 파악해야 한다. 먼저 '모든 사례에 대해'가 무엇을 뜻하고, '그 자체로서'가 무엇을 뜻하며, '보편적'이 무엇을 뜻하는지 규정해보자.

모든 사례에 대해

'모든 사례에 대해'라는 말로써 나는 어떤 것에 대해서는 적용되고 다 **73a**28
른 어떤 것에 대해서는 적용되지 않는 일이 없는 것, 어떤 때는 적용되고 어떤 때는 적용되지 않는 일이 없는 것을 가리킨다. 예를 들어 '모든 사람에 대해' '동물'이 적용된다고 해보자. 이 경우 (우리 앞에 있는) 이 대상을 '사람'이라고 말하는 것이 참이라면, 그것을 '동물'이라고 말하는 것도 참이다. 그리고 그가 지금 '사람'이라면, 그는 (지금) '동물'이기도 하다. 그리

가 성립한다. 왜냐하면 환위에 의해 All C is B → All B is C가 성립하기 때문이다.

44) 『분석론 전서』 II 5-7 참조.

45) 예를 들어 '삼각형'과 '내각의 합이 180'도는 쌍방향으로 술어가 된다.

고 모든 '선분' 안에 '점'이 있다고 말한다면, 이 경우도 마찬가지이다. 그 증거는 이렇다. 우리는 어떤 것이 모든 사례에 대해 적용되는지 질문을 받는 경우에 반론들을 이런 방식으로 제시한다. 만일 그것이 어떤 것에 적용되지 않는지, 혹은 언제 적용되지 않는지 물음으로써 반론들을 제시한다.

그 자체로서

73a34 '그 자체로서'[46]라는 말로써 나는 (a) '무엇'[47]에 속하는 것들을 가리킨다. 예를 들어 삼각형에는 '그 자체로서' 선분이, 선분에는 '그 자체로서' 점이 속한다. (왜냐하면 삼각형이나 선분의 실체[48]가 이것들로 이루어지고, 삼각형이나 선분이 '무엇'인지를 말하는 로고스 안에 그것들이 속하기 때문이다.) (b) 어떤 대상에 속하는 것들 가운데 이것들이 '무엇'인지를 제시하는 로고스 안에 그 대상이 속한다면, 바로 그런 것들을 가리켜 '그 자체로서'라는 말을 쓴다. 예를 들어 곧음과 굽음은 '그 자체로서' 선분에 속하고, 홀과 짝, 소수와 복합수, 정사각형과 직사각형은 '그 자체로
73b 서' 수에 속한다.[49] 이런 방식으로 어떤 것에 속하는 것들의 경우에 그것들이 각각 '무엇'인지를 말하는 로고스 안에는 앞의 경우 선분이, 뒤의 경우 수가 속한다. 이와 똑같이 다른 경우들에 대해서도 그런 종류의 것들은 각각의 대상들에 '그 자체로서' 속한다고 말하지만, 그에 반해 어떤 것에 속하긴 하지만 앞의 (1)와 (2) 가운데 어떤 뜻으로도 속하지 않는 것들은 그것에 '우연적으로' 속한다고 말한다. 예를 들어 '음악적' 혹은 '하얗다'는 동물에 '우연적으로' 속한다.

---

46) ☞ kath' hauto.

47) '무엇'(ti esti) ☞ horizein #1.

48) ☞ ousia #2(b).

49) 피타고라스학파에 따르면, 수에는 정사각형의 수와 직사각형의 수가 있다.

(c) 또 '그 자체로서'는 다른 어떤 기체[50]에 대해 술어가 되지 않는 것 73b5
을 가리킨다. 예를 들어 '걷다'는 다른 어떤 것에 의존해 '걷다'이고, '하얗다'도 그렇다. 그에 반해 실체, 즉 '이것'이 지칭하는 것은 다른 어떤 것에 의존함이 없이 그것 자체로서 존재한다.[51] 분명 기체에 대해 술어가 되지 않는 것들을 일컬어 나는 '그 자체로서' 있는 것이라고 말하고, 기체에 대해 술어가 되는 것들을 '부수적으로' 있다고 말한다.

(d) 또 다른 방식은 이런 것이다. 즉 A가 그 자체로서 B와 관계한다면, 73b10
A는 '그 자체로서' B와 관계하지만, A가 B와 관계를 맺는 근거가 A 자체에 있지 않다면 그때 A는 B와 '우연적으로' 관계한다. 예를 들어 만일 사람이 걷는 중에 번개가 쳤다면, 이 둘은 우연적인 관계에 있다. 왜냐하면 걷는 것 (자체) 때문에 번개가 친 것은 아니고 번개가 친 것은 (걷는 것 자체와 관계없이) 우연히 일어난 결과라고 우리는 말하기 때문이다. 반면에 A가 그 자체 때문에 B와 관계한다면, 이는 그 자체로서 그런 것이다. 예를 들어 만일 어떤 것이 제사의 희생물로 바쳐져서 죽는다면, 그것이 죽는 것은 희생 제의에 따라 생긴 결과이다. 왜냐하면 그것이 죽는 것은 제사에서 희생되기 때문이지 우연적으로 그런 것이 아니기 때문이다.

그렇다면 무제한적인 뜻에서 학문적으로 인식될 수 있는 것들의 영역 73b16
에서 '그 자체로서' 속하는 것들에는 두 가지가 있다.[52] 즉 (1) 술어의 기체가 되는 것들 안에 (그것들의 본질의 일부로서) 내재하는 것들과 (2) 그렇게 술어의 기체가 되는 것들을 자신 안에 내재하는 것으로 갖는 것들이 그에 해당한다. 이런 것들은 그 자체 때문에, 그리고 필연적으로 속하는 것들이다. 이렇게 말하는 이유는 그것들은 — 단적으로 속하거나 혹은 그것의 반대자들이 속한다는 뜻에서 — 해당 기체에 속하지 않을 수 없기 때문이다. 예를 들어 곧음이나 굽음은 그런 뜻에서 선분에 속하고, 또 홀

50) ☞ hypokeimenon.

51) ☞ ousia #2(a).

52) 아래의 74b5 이하 참조.

과 짝이 그런 뜻에서 수에 속한다. 왜냐하면 반대란 동일한 부류에 속하는 결핍 혹은 모순이기 때문이다. 예를 들어 짝수는 수들 가운데 홀수가 아닌 것이며, 어떤 수가 짝수라는 사실로부터 그것이 홀수가 아니라는 결과가 따라 나온다. 그러므로 어떤 것을 긍정하거나 부정하는 것이 필연적이라면, 그 자체로서 속하는 것들도 필연적이다.

보편성

73b25 '모든 사례에 대해서'나 '그 자체로서'는 이런 방식으로 규정한 것으로 하자. 나는 모든 사례에 속하고, 그 자체로서 그리고 그것인 한에서 속하는 것을 일컬어 '보편적'[53]이라고 부른다. 그렇다면 분명히 보편적으로 속하는 것은 대상들에 필연적으로 속한다. '그 자체로서'와 '그것인 한에서'[54]는 동일한데, 예를 들어 선분에는 그 자체로서 점이 속하고 곧음이 속하며(곧음은 선분인 '한에서' 선분에 속하기 때문이다), 삼각형에는 삼각형인 '한에서' (내각의 합으로) 두 직각이 속한다(왜냐하면 삼각형은 그 자체로서 (내각의 합이) 두 직각과 같기 때문이다).

73b32 어떤 것이 임의적으로 주어진 첫째가는 대상에 속하는 것으로 증명된다면, 그것은 그 대상에 보편적으로 속한다. 예를 들어 (내각의 합으로) 두 직각을 갖는 것은 도형에 보편적으로 속하지 않는다('두 직각을 갖는다'는 것이 도형에 속한다는 사실을 증명할 수 있지만, 그것은 임의적으로 취한 도형에 속하는 것도 아니고 그런 사실을 증명하는 과정에서 아무 도형이나 사용하는 것도 아니다. 왜냐하면 사각형은 도형이지만, 이 도형의 내각의 합은 두 직각과 같지 않기 때문이다). 반면에 임의적으로 취한 이등변삼각형은 (내각의 합이) 두 직각과 같지만, 이등변삼각형은 (그런 성질을 가진) 첫째가는 것이 아니고 이등변삼각형에 앞서서 삼각형이 그렇다. 그렇다면 임의적으로 취한 어떤 것이 다른 것에 앞서 첫째가는 것으로서

53) ☞ katholou.

54) ☞ hēi.

(내각의 합으로) 두 직각을 갖는 것으로 증명된다면, 바로 그 첫째가는 것에 그런 성질이 보편적으로 속하며 논증은 바로 그것에 그 자체로서 보편 **74a**
적으로 관계한다. 나머지 것들에도 다른 방식으로 논증이 관계하지만 그 자체로서 그런 것은 아니며, (내각의 합으로 두 직각을 갖는다는 것은) 이등변삼각형에 보편적으로 속하는 것이 아니라 그것보다 더 많은 것에 속한다.

언제 우리는 진정으로 보편적인 앎을 갖는가

제 5 장

우리가 잘못해서 첫째가는 보편자가 아닌 것을 증명의 대상으로 삼는 **74a**4
일이 자주 있다는 사실을 놓쳐서는 안 된다. 첫째가는 보편자를 대상으로 증명이 이루어지는 것처럼 보이는 한에서 그런 일이 일어난다. 우리는 다음과 같은 경우 이런 잘못을 범한다. (1) 개별자[55] 이외에 상위의 어떤 것도 취할 수 없거나 (2) 그런 상위의 것이 있긴 하지만 이름이 없는 상태로, 종적으로 다른 대상들에 적용되거나 또는 (3) 증명이 적용되는 것이 부분적 전체일 때 그렇다.[56] 왜냐하면 부분적인 것들에 속하는 이 논증이 모든 사례에 대해 적용될 수도 있지만, 그럼에도 불구하고 그 논증은 첫째가는 그것에 보편적으로 관계하지 않기 때문이다.[57] 논증이 첫째가는 보편자에 속할 때, 그때 나는 그 논증이 첫째가는 그것에, 바로 그것인 한에서 속한다고 말한다.

만일 어떤 사람이 여러 개의 직각이 서로 만나지 않는다는 사실을 증 **74a**13
명했다면, 그는 이 논증이 성립하는 이유가 모든 직각에 그 사실이 적용된다는 데 있다고 생각할 수 있다. 하지만 그렇지 않다. 왜냐하면 그것들이 이런 방식으로 똑같기 때문이 아니라 어떤 조건에서나 똑같은 한에서

55) 여기서의 '개별자'(to kath' hekaston)는 물론 감각적 개별자가 아니다. ☞ kath' hekaston #2.

56) 아래의 74a15 참조.

57) 예를 들어 이등변삼각형의 내각의 합이 180도임을 증명하는 경우가 그렇다.

그런 결과가 따라 나오기 때문이다.[58]

74a15 그리고 만일 이등변삼각형 이외에 다른 삼각형이 없다면, (내각의 합이 두 직각이라는 사실은) '이등변삼각형인 한에서'라고 생각될 수 있을 것이다.

74a17 또한 비례관계가 교차한다는 사실[59]은 (주어진 대상들이) 수들인 한에서, 선분들인 한에서, 평면인 한에서, 시간인 한에서 그렇게 교차한다고 서로 다른 시점에서 독립적으로 증명되곤 하지만, 실제로 하나의 논증을 통해 그 모든 것에 대해 증명이 이루어질 수 있다. 하지만 이 모든 것, 즉 수와 길이와 시간과 평면은 (그것들을 포괄하는) 하나의 이름을 갖지 않고 종적으로 다르기 때문에, 우리가 그 각각을 독립적으로 취하는 것이다. 하지만 증명은 보편적으로 이루어진다. 왜냐하면 (비례관계가 교차한다는 사실은 주어진 대상들이) 선분들인 '한에서' 혹은 수들인 '한에서' 적용되는 것이 아니라 이것, 즉 보편자로서 존재하는 것으로 가정된 바로 그것인 '한에서' 적용되기 때문이다.

74a25 이런 이유에서 어느 누구도 삼각형을 개별적으로 취한 다음 단일한 논증이나 다른 어떤 논증을 통해 그 각각이 (내각의 합으로) 두 직각을 갖는다는 사실을 증명할 수 없을 것이다. 즉 등변삼각형, 부등변삼각형, 이등변삼각형을 독립적으로 취해 그런 사실을 증명할 수 없다. 그가 소피스트적인 방식으로 아는 것이 아니라면, 그는 아직 삼각형이 (내각의 합으로) 두 직각을 갖는다는 사실을 아는 것이 아니고, 모든 삼각형에 대해 그 사실을 아는 것도 아니다. 그런 개별적 삼각형들 이외에 다른 어떤 삼각형이 존재하지 않는다고 하더라도 사정은 마찬가지이다. 그 경우 그 사람은 삼각형인 '한에서' 아는 것도 아니고 모든 삼각형을 아는 것도 아니며, 다만 수적으로 (많은 삼각형에 대해) 아는 것에 지나지 않는다. 그는 종적으로 모

58) 수직인 두 선분은 제3의 선분과 서로 만나지 않는다. 하지만 이는 두 선분이 모두 제3의 선분에 수직이기 때문이 아니라 두 선분의 교차각(angles of intersection)이 똑같기 때문이다. 예를 들어 제3의 선분과 30도 기울기로 만나는 두 선분도 서로 만나지 않을 수 있다.

59) $a:b=c:d \rightarrow a:c=b:d$.

든 삼각형에 대해 아는 것이 아닌데, 그가 알지 못하는 삼각형이 전혀 없다고 하더라도 사정은 마찬가지이다.

그렇다면 우리는 언제 보편자를 알지 못하고, 언제 보편자를 무제한적으로 아는 것일까? 만일 각각의 개별적인 경우나 모든 경우에 '삼각형이다'와 '등변삼각형이다'가 동일하다면, 우리는 분명 그런 뜻에서 (주어진 도형이 내각의 합으로 두 직각을 갖는다는 사실을) 안다. 하지만 그 둘이 동일하지 않고 다르다면, 우리는 (그 도형이) 삼각형인 한에서 (내각의 합으로 두 직각을 갖는다는 사실을) 알지 못하는 것이다. 74a32

(내각의 합이 두 직각이라는 속성은) 삼각형인 한에서 주어진 대상에 속하는가, 아니면 이등변삼각형인 한에서 그것에 속하는가? 그리고 그 속성은 언제 그것에 일차적으로 속하는가? (삼각형과 등변삼각형 중) 어떤 것에 논증이 보편적으로 속할까? 분명 다른 것들을 사상(捨象)[60]하고 난 뒤에 남은 첫째가는 것에 (그 속성이) 속할 때 그렇다. 예를 들어 두 직각은 청동 이등변삼각형에 속하지만, 그 삼각형이 청동이라는 사실이나 이등변이라는 사실을 사상하고 난 뒤에도 그렇다. 하지만 (삼각형에 속하는 나머지 것들을 모두 사상했을 때 남는) '도형'이나 '경계'에 두 직각이 속하는 것은 아니다. (이런 뜻에서) 첫째가는 것들에 (내각의 합이 두 직각이라는 속성이 속하는 것은) 아니다. 그렇다면 '어떤' 첫째가는 것에 속하는가? (내각의 합으로 두 직각을 갖는다는 속성이) 삼각형에 속한다면, 바로 그것에 따라 (그런 속성이) 다른 삼각형들에도 속하는데, 바로 이런 뜻에서의 보편적인 것에 대해 논증이 성립한다. 74a35 74b

60) '사상' 혹은 '추상' ☞ aphairesis.

논증은 주어진 것에 그 자체로서, 그리고 필연적으로 속하는 것들과 관계한다

제6장

74b5 따라서 논증적인 학문은 필연적인 원리들에서 출발하고(학문적으로 인식되는 것은 달리 있을 수 없는 것들이기 때문이다), 대상들에 그 자체로서 속하는 것들이 그것들에 필연적으로 속한다(그런 방식으로 속하는 것들 가운데 일부는 그 대상들의 '무엇'에 속하고, 다른 일부는 그 대상들 자체가 그것들에 부가되는 술어들의 '무엇'에 속하기 때문인데, 후자의 경우 서로 대립된 술어들 가운데 어느 하나는 필연적으로 그 대상들에 속한다).[61] 사실이 그렇다면, 이런 점들에 비추어 볼 때, 논증적 추론이 그런 종류의 것들을 전제로 가질 것이라는 점이 분명하다. 왜냐하면 모든 것은 이런 방식으로 속하거나 아니면 우연적으로 속하는데, 우연적인 것들은 필연적이 아니기 때문이다.

74b13 우리는 이렇게 말하거나, 아니면 (1) 논증이 필연적인 것들을 대상으로 한다는 것, 즉 만일 어떤 것이 이미 논증되었다면 논증된 것은 달리 있을 수 없다는 것을 출발점으로 내세워야 한다. 이로부터 추론은 필연적인 것들을 전제로 가져야 한다는 사실이 따라 나온다. 왜냐하면 참인 전제들로부터 논증 없이 추론이 성립할 수 있지만, 필연적인 전제들로부터는 논증 없이 추론이 성립할 수 없기 때문이다. 바로 이것이 논증의 특성이기 때문이다.

74b18 (2) 논증이 필연적인 것들로부터 출발한다는 데 대한 징표는 다음과 같다. 즉 우리는 논증을 했다고 생각하는 사람들에 대해 반론으로—우리가 어떤 사태가 전적으로 달리 있을 수 있다고 생각하거나 적어도 설명의 목적상 달리 있을 수 있다고 생각한다면—(논증된 것으로 주장하는 것이) 필연적이 아니라고 말한다.

61) 앞의 73b16 이하 참조.

이로부터 전제가 통념에 맞고 참이라면 출발점들을 잘 취한 것이라고 생각하는 사람들은 소박하다는 결론이 따라 나온다. 예를 들어 '학문적으로 안다'는 것은 '학문적 인식을 갖는다'는 뜻이라고 생각하는 소피스테스들이 그렇다.[62] 왜냐하면 우리에게 있어 원리가 되는 것은 통념이 아니라 증명이 관계하는 유 가운데 첫째가는 것이고,[63] 참인 것 모두가 (논증에) 적합하지는 않기 때문이다. 74b21

앎은 필연성을 필요로 한다

(3) 추론이 필연적인 것들에서 출발해야 한다는 것은 다음의 사실들을 놓고 보아도 분명하다. 즉 논증이 존재한다고 하더라도 이유에 대한 설명[64]을 갖지 못한 사람은 학문적으로 아는 것이 아니다. 그러나 (결론에서) A가 C에 대해 필연적으로 술어가 되지만 논증을 매개하는 중간 항 B가 (C에 대해) 필연적인 관계에 놓여 있지 않다면, (이런 추론을 가지고 있는 사람은 A가 C에 대해 필연적으로 술어가 되는) 이유를 알지 못한다. 왜냐하면 이 추론의 결론은 중간 항에 의해 매개된 것이 아니기 때문이다. 왜냐하면 (전제 가운데) 하나가 사실이 아닐 수 있는데, (그렇다고 해도) 결론은 필연적이기 때문이다. 74b26

(4) 나아가 어떤 사람이 설명을 소유하고 있고 문제의 대상이 계속 존속해 그가 잊지 않고 (설명을 소유한) 상태를 유지한다고 하더라도 그가 '지금' 알지 못한다면, 그는 '이전에' 알지 못했다. 필연적이 아니라면 중간 74b32

62) 일반적인 통념에 따르면, '학문적으로 안다'(epistasthai)와 '학문적 인식을 갖는다'(epistēmēn echein)는 것은 같은 뜻이다. 하지만 그 둘을 동일시하는 사람들은 인식의 두 단계, 즉 가능적 인식(epistēmēn echein)과 현실적 인식(epistasthai)을 구분하지 않는다. 어떤 것에 대해 '학문적 인식을 갖는다'고 하더라도 '현실적으로' 그것에 대해 학문적으로 알지 못하는 경우나 그것에 대해 현실적으로 인식활동을 하고 있지 않은 경우가 있을 수도 있다.

63) 앞의 74a35 이하 참조.

64) '이유에 대한 설명'(logos tou dia ti).

항은 사라질 수 있고, 그 결과 대상의 상태가 보존되고 우리의 상태도 보존되면서 설명은 갖겠지만 (그렇다고 해서) 아는 것은 아니다.[65] 따라서 이전에도 알지 못한 것이다. 반면에 (현실적으로) 사라지지 않지만 사라질 가능성이 있다면, 거기서 따라 나오는 것은 (사라질) 가능성이 있고 그렇게 될 수 있다. 하지만 앎은 이런 상태에 있을 수 없다.

75a 그런데 결론이 필연성을 갖는 경우에도 증명을 매개하는 중간 항은 필연적이 아닐 수 있다. (왜냐하면 필연적인 것이 필연적이 아닌 전제들로부터도 추론될 수 있는데, 이는 참이 참이 아닌 것들로부터 추론될 수 있는 것과 마찬가지이다.) 하지만 중간 항이 필연성을 갖는 경우에 결론도 필연성을 가지며, 이는 참인 전제들로부터 항상 참인 결론이 따라 나오는 것과 마찬가지이다. (A가 B에 필연적으로 술어가 되고, B가 C에 필연적으로 술어가 된다고 하자. 그렇다면 A가 C에 속한다는 것은 필연적이다.) 하지만 결론이 필연적이 아닌 경우에 중간 항도 필연적이 아닐 수 있다. (A가 C에 필연적으로 속하지 않지만, B에는 (필연적으로) 속하고 B도 C에 필연적으로 속한다고 해보자. 그렇다면 A도 C에 필연적으로 속할 것이다. 하지만 가정상 이는 사실이 아니다.)

75a12 그런데 논증을 통한 학문적 인식이 성립하려면 (이 인식이 관계하는 사태는) 필연적이어야 하기 때문에, 필연적인 중간 항을 통해[66] 논증을 가져야 한다는 것이 분명하다. 그렇지 않다면 우리는 이유도, 그 사태가 필연적이라는 것도 학문적으로 알지 못하고, 다음과 같은 두 가지 상황에 처하게 된다. 즉 필연적이 아닌 것을 필연적인 것으로 가정한다면, 알지 못하는 상태로 그렇게 생각하게 되거나 (학문적 인식을 가지고 있다는) 생각도 하지 못할 것이다. 후자의 경우 중간 항들을 통해 사실을 알건 무매개적인 것

65) AaB & BaC → AaC인 추론에서 앞의 전제들이 사실적으로 참이라고 해보자. 즉 중간 항 B가 A나 C에 대해 갖는 관계가 필연적이 아니라고 해보자. 그렇다면 그것들은 t1에서는 참이어도 t2에서 거짓이 될 수 있다. 이 경우 아직 t2의 시점이 오지 않았다고 하더라도 우리는 t1의 시점에서도 그것을 아는 것이 아니다.

66) 즉 대개념과 소개념과 필연적 관계에 있는 중간 항을 통해.

들을 통해 이유를 알건 간에 아무 차이가 없다.

우리는 '그 자체로서 속하는 것들'이 무슨 뜻인지 정의했다.[67] 이런 방 **75a**18
식에 따라 그 자체로서 속하지 않는 우연적인 것들에 대해서는 논증적 학문이 존재하지 않는다. 왜냐하면 우연적인 것들은 있지 않을 수 있는 탓에 우리는 필연성에 따라 결론을 증명할 수 없기 때문이다. 나는 그런 성질의 것을 일컬어 '우연적'이라고 말한다. 그렇지만 누군가 이런 의문을 가질 수 있다. 즉 결론이 필연적이 아니라면, 무엇 때문에 그것들[68]에 대해 질문을 해야 할까? 왜냐하면 아무것이나 질문한 다음 결론을 이끌어낸다고 해도[69] 아무 차이가 없기 때문이다. 하지만 (결론이 필연적이 아닌 경우에도) 질문을 해야 하는 이유는 질문이 된 것들을 통해 (결론이) 필연성을 갖게 되기 때문이 아니라 그런 말을 하는 사람에게 (그 결론을) 말하는 것이 필연적이고, (그 말이 전제로서) 참이라면 결론을 참으로 주장하는 것도 필연적이기 때문이다.[70]

각각의 유와 관련해 그것에 그 자체로서, 그리고 그것인 한에서 속하 **75a**28
는 것들이 그 유에 필연적으로 속하기 때문에 학문적 논증들은 그 자체로 속하는 것들에 관계하고 또 그런 성질을 갖는 것들을 전제로 갖는다. 왜냐하면 우연적인 것들은 필연적이 아니고, 따라서 결론이 성립하는 이유를 아는 것은 필연적이 아니기 때문이다. 또 결론이 항상 (참이라고) 하더라도 그 자체로서 그렇지 않다면, 결론이 성립하는 이유를 필연적으로

67) 앞의 73a34 이하 참조.

68) 즉 필연적이 아닌 결론을 낳는 전제들.

69) 상대방의 주장을 반박하기 위한 변증법적 논변에서 질문자는 상대방의 주장에 모순되는 결론을 이끌어내는 데 필요한 전제들을 구성하는 데 적합한 질문을 던진다.

70) 변증적 논변에서는 실제로는 참이 아닐 수도 있는 전제들을 참이라고 가정한 다음, 그것들로부터 어떤 결론을 '연역적으로' 도출해낸다. 즉 이런 추론에서는 전제들과 결론의 내용이 필연적인 것이 아니라 전제와 결론의 형식적 관계가 필연적이다.

아는 것이 아니다. 그것은 마치 징표를 통한 추론들[71]과 같은 것이다. 왜냐하면 이 경우 우리는 그 자체로서 속하는 것을 알지만 그것을 '그 자체로서' 아는 것은 아니며 이유를 아는 것도 아니기 때문이다. (이유를 학문적으로 안다는 것은 원인을 통해 학문적으로 안다는 것을 뜻한다.) 중간 항은 그 자체에 의해 셋째 항에 속하고 첫째 항은 중간 항에 속해야 하기 때문이다.

논증의 전제들

제7장

75a38 다른 유로부터 넘어가 증명하는 것은 불가능하다. 예를 들어 기하학적인 것을 산술적 논증을 통해 증명하는 것은 불가능하다. 그 이유는 이렇다. 논증들을 구성하는 것으로 셋이 있는데, 하나는 논증되는 것, 즉 결론이고(이것은 특정한 유에 그 자체로서 속하는 것이다), 다른 하나는 공리들이며(공리들이란 논증의 출처이다), 셋째는 (논증의) 기체가 되는 유인데, 논증은 이 유에 속하는 속성들, 즉 이 유에 그 자체로서 부수적인 것들[72]을 보여준다. 논증의 출처들은 동일한 것일 수 있다. 하지만 산술과 기하학처럼 유가 서로 다른 것들의 경우에 — 크기들이 수들이 아니라면 — 크기에 부수적으로 속하는 것들에 산술의 논증을 적용할 수 없다.

---

71) 원문의 'hoi dia semeion syllogismoi'는 결론이 필연성을 갖지만, 전제들이 그 결론이 성립하는 이유를 제시하기보다는 그 결론과 관련된 부수적 상황을 제시하는 추론을 가리킨다. 예를 들어 다음과 같은 추론이 있다고 하자. '용수에 용해되는 것(B)은 xy의 구조를 가진다(A). 황금(C)은 용수에 용해된다(B). 황금(C)은 xy의 구조를 갖는다(A).' 이 경우 B-C(황금은 용수에 용해된다)에서 B는 어떤 의미에서도 C에 그 자체로서 술어가 되지 않는다. 왜냐하면 (1) 용수에서의 용해는 황금에 대한 정의의 요소가 아니며, (2) 용수에서의 용해를 정의하는 데 황금이 들어가지 않기 때문이다. 이런 추론은 '징표를 통한 추론'이다. An. post. II 13에서 '원인추론'(dioti syllogismos)과 함께 소개되는 '사실추론'(hoti syllogismos)도 이에 해당할 것이다.

72) 앞의 73a37ff. 참조 ☞ symbebēkos.

이런 논증이 어떤 대상들에 대해 가능한지 나중에 이야기될 것이다.[73)]

산술의 논증은 항상 그 논증이 관계하는 유를 가지며, 다른 논증들도 똑같다. 따라서 (논증을 위해) 동일한 유가 존재하는 것은 무제한적인 뜻에서 필연적이다. 혹은 그렇지 않고 만일 논증이 (다른 유로) 넘어가려고 한다면, 동일한 유의 존재는 제한된 뜻에서[74)] 필연적이다. 다른 방식으로는 (다른 유로) 넘어갈 수 없다는 것이 명백하다. 왜냐하면 마지막 항들과 중간 항들은 동일한 유에 속해야 하기 때문이다. (그런 유에) 그 자체로서 속하지 않는 것들은 우연적으로 속할 것이다.[75)] **75b**7

이런 이유 때문에 기하학의 논증을 통해 반대자들에 대해 하나의 학문이 있다는 사실을 증명하는 일은 있을 수 없고, 두 개의 정육면체가 정육면체라는 사실도 증명할 수 없다.[76)] 한 학문에 속하는 것을 다른 학문을 통해 증명하는 것은 불가능하다. 그런 일은 예를 들어 광학과 관련된 것들이 기하학에 대해, 화성학이 산술에 대해 그런 관계에 있듯이 둘 중 어느 하나가 다른 하나에 포섭되는 관계에 있지 않다면 불가능하다. 또 어떤 것이 선분들에 속하지만 선분들인 한에서, 혹은 고유한 원리들로부터 이루어진 한에서 그런 것이 아니라면, 예를 들어 선분 가운데 직선이 아름답거나 직선이 원환의 반대라면, 이런 것 역시 (기하학의 논증을 통해 증명할 수 없다). 왜냐하면 그런 사실은 그렇게 속하는 것들에 대해 고유한 유가 존재하는 한에서 성립하는 것이 아니라 무언가 공통적인 것이 존재하는 한에서[77)] 성립하기 때문이다. **75b**12

---

73) 아래의 75b14 이하 참조.

74) 이런 넘어감(metabainein)이 가능한 경우에 대해서는 아래의 75b14ff. 참조.

75) 이렇게 우연적으로 속하는 것들에 대해서는 논증이 존재하지 않는다.

76) 여기서 '정육면체'(kybos)는 기하학의 정육면체가 아니라 '정육면체의 수'를 가리킨다. 이런 수에 대한 기하학의 논증은 존재할 수 없다.

77) 75b20의 "무언가 공통적인 것이 존재하는 한에서"(hei konon ti)라는 표현에 대해서는 아래의 76a15 참조.

논증되는 것은 영원해야 한다

제8장

75b21 추론의 출처가 되는 전제들이 보편적이라면 그런 논증의 결론 역시 영원할 수밖에 없고, 단적으로 말해 논증의 결론이 영원할 수밖에 없다. 그러므로 소멸하는 것들에 대해서는 무제한적인 뜻에서의 논증도, 학문적인 인식도 존재하지 않으며, 만일 그런 것이 있다면 우연적으로 그럴 뿐이다. 왜냐하면 (그런 경우에 논증이나 학문적 인식은) 유 전체에 대해 적용되지 않고 특정한 때, 특정한 방식으로 적용되기 때문이다. 하지만 (소멸하는 것들에 대해 논증이) 있다면, 전제 가운데 하나는 보편적이 아니고 소멸하는 것일 수밖에 없다. (그것이 소멸하는 것인 이유는 전제가 소멸한다면 결론도 소멸할 것이기 때문이고, 그 전제가 보편적이 아닌 이유는 그것이 관계하는 것들 가운데 어떤 것에 대해서는 그 전제가 참이고, 어떤 것에 대해서는 그렇지 않기 때문이다.) 따라서 (그런 경우) 보편적으로 추론하는 것은 불가능하고 다만 '지금' 추론하는 것이 가능할 뿐이다.

75b30 이는 정의들과 관련해서도 똑같은데, 정의는 (1) 논증의 원리이거나 (2) 배치에서 논증과 다르거나[78] (3) 논증의 어떤 결론이기 때문이다.

75b33 달의 식(蝕)처럼 자주 일어나는 사건들에 대한 논증들과 학문적 인식들은 그런 사건들이 이런저런 종류의 것들인 한에서 항상 참이고, 그런 사건들이 항상 일어나지 않는 한에서 부분적으로 참이다.[79] 식의 경우가 그렇듯이 다른 것들의 경우도 마찬가지이다.

78) 논증과 배치(thesis)가 다른 정의에 대해서는 아래 94a2ff. 참조.

79) 월식에 대한 법칙은 특정한 시점의 월식이 아니라 보편적으로 참이다. 하지만 기하학이나 중력 법칙과 달리 그 법칙을 예화한 사건이 항상 일어나는 것은 아니다. 월식은 특정한 시점에 일어나기 때문이다.

전제들, 결론, 유

제 9 장

증명되는 것이 어떤 대상에 그 대상인 한에서 속한다면,[80] 각 대상에 75b37
대해 논증하는 것은 분명히 그 대상의 원리들에서 출발하지 않고서는 가
능하지 않다. 또 참이고 더 이상 논증 불가능하고 무매개적인 것들에서
출발해 증명이 이루어진다고 해서 (단지 그것만으로) 각 대상에 대한 학문
적인 앎이 성립하는 것은 아니다. (실제로 그렇다면) 브뤼손이 원 안에 사각
형을 만드는 것과 같은 방식으로 증명이 가능할 것이기 때문이다.[81] 왜냐
하면 그런 종류의 설명들은 다른 것에도 속하는 공통적인 것에 따라 증
명을 제시하기 때문이다. 이런 이유에서 그런 설명들은 같은 부류가 아닌 76a
다른 것들에 대해서도 적용된다. 그렇다면 그런 경우의 학문적 인식은 그
대상을 그것인 한에서 아는 것이 아니라 우연적으로 알 뿐이다. (그렇지
않다면) 그런 증명이 다른 유에 대해서도 적용되는 일은 없을 것이기 때문
이다.

어떤 속성이 특정한 대상에 속한다고 하자. 이 사실을 해당 속성이 그 76a3
대상에 속하게 하는 바로 그것에 따라 알고, 또 (다른 어떤 것이 아니라) 그
대상인 한에서 그에 속하는 원리들로부터 알 때, 우리는 그 사실을 우연

80) 예를 들어 내각의 합이 180도라는 것이 삼각형에 속한다는 사실을 증명한다고 하자. 그렇다면 증명되는 것(내각의 합이 180도)은 삼각형에 삼각형인 '한에서' 속한다. 하지만 내각의 합이 180도라는 것이 이등변삼각형에 속한다는 것을 증명하는 경우, 그때 증명되는 것은 이등변삼각형인 '한에서' 이등변삼각형에 속하는 것이 아니다.

81) 75b40f.의 '브뤼손의 사각형 만들기'(Bryson ton tetragonismon)는 원으로 사각형을 만들거나 원과 같은 넓이의 사각형을 만들 수 있다는 것을 증명하려는 시도를 말한다. 브뤼손의 증명은 아마도 다음과 같은 방식으로 이루어졌을 것이다. 원에 내접한 도형들의 집합 A= {a1, a2, a3 ……}, 원에 외접한 도형들의 집합 B= {b1, b2, b3 ……}, 원의 크기 K가 있다고 하자. 그렇다면 A<K<B일 것이다. K의 크기와 같은 사각형도 있다. 따라서 A보다 크고 B보다 작은 사각형이 무수히 있다면, 그 가운데 K와 크기가 같은 사각형도 있을 것이다.

적이 아닌 방식으로 아는 것이다.[82] 예를 들어 (삼각형이 내각의 합으로) 두 직각과 같은 각을 갖는다는 사실을 우리가 우연적이 아닌 방식으로 안다면, 이는 그 속성이 그 자체로서 속하는 대상을 알고 그 속성을 그것이 속하는 바로 그 대상에 속하는 다른 원리들로부터 알 때 그렇다. 따라서 만일 P가 S에 속할 때 그 P가 그 자체로서 S에 속한다면, (이 사실을 증명하는 데 필요한) 중간 항은 P와 같은 부류일 수밖에 없다.

76a9 그렇지 않다면 이는 화성학과 관련된 것들이 산술적 논증에 의해 알려지는 것과 같을 것이다. 그런 종류의 것들은 실제로 이와 같은 방식으로 증명되지만, 거기에는 차이가 있다. 왜냐하면 (그런 경우 증명되는) 사실은 (논증을 제공하는 학문과) 다른 학문에 속하지만(기체에 해당하는 유가 다르기 때문이다), (증명을 통해 제시되는) 이유는 상위의 학문에 속하기 때문이다. (논증에 관계하는) 속성들 자체는 이 상위의 학문에 속한다. 따라서 각 대상의 (고유한) 원리들에서 출발하지 않고서는 그 대상에 대한 무제한적인 뜻의 논증이 있을 수 없다는 것은 분명하다. 하지만 이런 학문들의 원리들은 공통성을 갖는다.[83]

보편 학문의 불가능성

76a16 이것이 분명하다면 각 대상의 고유한 원리들을 증명할 수 없다는 것도 분명하다. 왜냐하면 (고유한 원리들에 대한 증명을 가능하게 하는 상위의 원리들이 있다면) 그것들이 모든 것의 원리들이 될 것이고, 그것들을 다루는 학문이 모든 것을 다루게 될 것이기 때문이다. 상위의 원인들에서 출발해 아는 사람이 더 높은 정도로 학문적인 앎을 갖는데, 그 이유는 (어떤 사람이) 더 이상 원인을 갖지 않는 원인들에서 출발해 앎을 갖는다면, 그때 그

82) 풀어서 말하면 이런 뜻이다. "어떤 속성 P가 특정한 대상 S에 속한다고 하자. 이 사실을, P를 S에 속하게 하는 바로 그것(F)을 근거로 해서 알고, 또 다른 어떤 것 T가 아니라 바로 S인 한에서 그 S에 속하는 원리들로부터 알 때, 우리는 P가 S에 속한다는 것을 우연적이 아닌 방식으로 안다."

83) '공리들'을 가리킨다. ☞ axioma.

는 더 앞선 것들에서 출발해 아는 것이기 때문이다. 그러므로 어떤 사람이 더 높은 정도로, 그리고 가장 높은 정도로 안다면, 바로 이 학문이 더 높은 수준에, 그리고 가장 높은 수준에 속할 것이다. 하지만 논증은 다른 유에 적용되지 않거나, 혹은 앞서 말했듯이[84] 기하학적 논증들이 공학적 논증들이나 광학적 논증들에 적용되거나 산술적 논증들이 화성과 관련된 논증들에 적용되는 것과 같은 방식으로 그런 일이 가능하다.

참된 논증을 찾는 것의 어려움

어떤 사람이 앎을 가지고 있는지 그렇지 않은지를 알기는 어렵다. 왜냐하면 우리가 각 대상의 원리들에서 출발해 아는지 그렇지 않은지 알기 어렵기 때문이다. 그런데 바로 그렇게 각 대상의 원리들에서 출발해 아는 것이 (실제로) 아는 것이다. 우리는 참이고 첫째가는 것들에서 출발해 추론을 취할 때 학문적으로 안다고 생각한다. 하지만 이것은 (아직) 실제로 아는 것이 아니고, (실제로 알기 위해서는) 그밖에도 (결론이) 첫째가는 것들과 동류에 속해야 한다. **76a**26

고유 원리들과 공통 원리들

제10장

나는 각 유의 범위 안에서 (더 이상) 증명될 수 없는 것들을 일컬어 '원리들'이라고 부른다. '첫째가는 것들'과 '그것들로부터 따라 나오는 것들'이 어떤 것을 가리키든 간에 우리는 그것들이 존재한다는 사실과 원리들을 (전제로) 취해야 하며, 나머지 것들은 증명해야 한다. 예를 들어 단위가 무엇이고 곧음이 무엇이고 삼각형이 무엇이든 간에 단위와 크기가 존재한다는 사실이 먼저 취해지고, 다른 것들은 증명되어야 한다. **76a**31

논증적 학문들에서 쓰이는 것들 가운데 어떤 것들은 각각의 학문에 고 **76a**37

84) 앞의 75b14ff. 참조.

유하고 어떤 것들은 공통적이다. 또 어떤 것들은 비례적으로 공통적인데, 그 학문에 포섭되는 유에서 통용되는 정도에 따라 제한적으로 유용하기 때문이다. 예를 들어 선분과 곧음이 이런저런 것이라는 것은 고유하고, 같은 것에서 같은 것을 빼면 같은 것이 남는다는 것은 공통적이다. 이 공통적인 것들은 각각 해당되는 유에 통용되는 만큼 받아들이는 것으로 충분하다. 왜냐하면 우리가 그 원리를 모든 것에 적용하는 것이 아니라 크기에 한해 적용한다고 하더라도 수들을 다루면서 산술을 하는 사람과 똑같은 일을 할 것이기 때문이다.

[……]

논증과 그 자체로 속하는 것들

술어와 주어

제22장

82b37 그렇다면 '무엇' 안에서 술어가 되는 것들[85]에 대해서는 분명하다. 왜냐하면 본질[86]은 정의되거나 알려질 수 있는데, 무한한 것들을 모두 거칠 수 없다면 필연적으로 '무엇' 안에서 술어가 되는 것들을 한정해야 하기 때문이다.

83a1 우리는 일반적으로 다음과 같이 말한다. "하얀 것이 걷는다"거나 "저기 있는 큰 것은 나무이다"라는 말이 참일 수 있다. 또한 "나무는 크다"거나 "사람이 걷는다"도 참일 수 있다. 그렇지만 뒤의 방식으로 말하는 것과 앞의 방식으로 말하는 것은 다르다. 그 이유는 이렇다. 내가 "하얀 것은 나무이다"라고 말하는 경우에, 내가 의미하는 바는 '하얗다'가 우연히 속하는 것이 나무라는 뜻이지, 하얀 것이 나무에 대해 기체가 된다는 뜻이 아

85) 앞의 73a34ff. 참조.

86) '본질' ☞ to ti en einai.

니다. 왜냐하면 그 어떤 것도 하얀 것으로서나 특정한 하얀 것인 바로 그 것으로서 나무일 수 없고, 따라서 (하얀 것은) 오직 우연적으로 나무이기 때문이다. 반면에 내가 "나무가 하얗다"라고 말한다면, 이는 — 예를 들어 "음악적인 것이 하얗다"라고 말할 때 그렇듯이 — 다른 어떤 것, 즉 '나무이다'가 우연히 속하는 그것이 하얗다는 뜻이 아니다. (왜냐하면 그때 내가 말하는 바는 사람이 하얗고, 그에게 '음악적이다'가 우연히 속한다는 뜻이기 때문이다.) 그와 달리 나무는 기체이며, 나무이거나 특정한 나무인 바로 그것과 다른 어떤 것으로서 하얀 것이 아니다.

만일 어떤 법칙을 세워야 한다면, 이렇게 말해보자. 즉 뒤의 방식으로 **83a**14
말하는 것은 '진술한다'[87]라고 하고, 앞의 방식으로 말하는 것은 결코 '진술한다'라고 말하지 않거나, 아니면 무제한적인 뜻이 아니라 '우연적인 뜻에서 진술한다'라고 하자. '하얗다'는 술어가 되는 것이고, 나무는 술어의 주체이다.

그 자체로서 속하는 것들과 우연적으로 속하는 것들

이렇게 가정해보자. 우연적인 뜻에서가 아니라 무제한적인 뜻에서 술어 **83a**18
가 되는 것은 항상 그 술어가 진술되는 것에 대해 술어가 된다. 왜냐하면 이런 방식으로 논증들은 논증을 수행하기 때문이다. 그러므로 어떤 것이 다른 것에 대해 술어가 될 때, (그런 진술에서 술어가 되는 것은) '무엇'에 속하거나, 혹은 어떤 성질이거나 어떤 크기이거나 어떤 관계에 있거나 어떤 것을 능동적으로 하거나 수동적으로 겪거나 어디에 있거나 어떤 때에 있다는 사실을 가리킨다.[88]

또한 실체를 가리키는 것들[89]은 진술의 주체가 되는 바로 그것이나 특 **83a**24

87) '진술한다', '술어가 된다' ☞ katēgorein.

88) 『형이상학』 VII 1 참조.

89) 예를 들어 '사람'이나 '소크라테스'는 실체를 가리키지만, '하얗다'는 실체를 가리키지 않는다.

정한 종의 한 사례로서의 바로 그것을 가리킨다. 반면에 실체를 가리키지 않고 다른 기체에 대해 말해지는 것들은 (기체가 되는 개별자로서의) 바로 그것도, 특정한 종의 사례로서의 바로 그것도 아닌 것, 즉 우연적인 것들을 가리키는데, 예를 들어 '하얗다'는 사람에 대해 (우연적인 것으로서) 술어가 된다. 왜냐하면 사람은 하얀 것 자체도, 하양의 사례 자체도 아니고 동물이기 때문이다. 사람은 그 자체로서 동물이기 때문이다. 반면에 실체를 가리키지 않는 것들은 기체가 되는 다른 어떤 것에 대해 술어가 되어야 하며, 다른 어떤 것으로서 존재하면서 하양이지 않은 것[90]은 하양의 사례로서 존재할 수 없다. 형상들에 대해 작별을 고하자. 형상들은 헛소리이며, 만일 그것들이 있다고 해도 설명하는 일에 아무 쓸모도 없다. 왜냐하면 논증들은 (우리가 지금까지 말한) 그런 종류의 것들과 관계하기 때문이다.

그 자체로 속하는 것들이나 우연적으로 속하는 것들의 무한한 계열은 존재할 수 없다

83a36 또한 이것이 저것의 질이 되고 저것이 다시 이것의 질이 되는 것은 불가능한 일이고 질의 질이 있을 수도 없다면, 이런 방식으로 서로 역으로 술어가 되는 것은 불가능하다. 그런 말이 참일 수는 있지만, 참으로 주어와 술어를 바꾼 발언이 있을 수는 없다.[91] 왜냐하면 그렇지 않다면 (주어와 술어의 자리에 오는 것들이) 서로에 대해 실체[92]로서 술어가 되는 것이기 때문이다. 예를 들어 유나 종차가 어떤 대상에 대해 술어가 되어 그것의 실체를 드러낸다면, 다시 그 대상이 유나 종에 대한 술어가 되어 그것들의 실체를 드러내게 될 것이다.

---

90) 예를 들어 하얀 눈이나 하얀 얼굴에 속해 있는 하양처럼 다른 어떤 것 안에 존재하지 않고, 하양 그 자체로 자립적으로 존재하는 것.

91) 앞의 83a2 이하 참조.

92) ☞ ousia #2(b).

이것들이 아래쪽으로도 위쪽으로도 무한할 수 없다는 사실은 앞에서 이미 증명되었다. (예를 들어 사람은 두 발을 갖고, 두 발을 가진 것은 동물이고, 동물은 다른 어떤 것이 되는 식으로 (사람에 대한 진술이 위쪽이므로) 무한히 계속될 수 없다. 또한 동물은 사람에 대해 술어가 되고, 사람은 칼리아스에 대해 술어가 되며, 칼리아스가 다른 어떤 것에 대해 술어가 되어 그것의 '무엇'에 속하는 식으로 (아래쪽으로 진술이) 무한히 계속될 수도 없다.) 왜냐하면 그런 종류의 모든 실체는 정의될 수 있지만, 우리가 사고를 통해 무한한 것을 다 거칠 수는 없기 때문이다. 따라서 이런 과정은 위쪽으로도 아래쪽으로도 무한할 수 없다. 왜냐하면 무한히 많은 술어를 갖는 것은 정의될 수 없기 때문이다. 상대방에 대한 유로서 서로 술어가 되는 것도 불가능하다. 왜냐하면 그런 경우에 동일한 것이 (하나의 유이면서) 자신의 종이 될 것이기 때문이다. 83b1

질이나 다른 범주에 속하는 어떤 것도 — 우연적인 뜻에서 그렇게 진술되는 경우가 아니라면 — 역으로 술어가 될 수 없다. 그 모든 것은 우연적으로 속하고 실체들에 대해 술어가 되기 때문이다. 83b9

하지만 위쪽으로 진술이 무한히 진행되는 일도 없다. 왜냐하면 각각의 것에 대해 술어가 되는 것은 특정한 질이거나 특정한 양, 혹은 그런 종류의 다른 어떤 것이거나 실체의 범주에 속하는 것일 것이기 때문이다. 이런 것들에는 한계가 있고, 술어들의 유들에도 한계가 있다. 왜냐하면 그것들은 질이거나 양이거나 관계이거나 능동적 작용이거나 수동적 작용이거나 장소이거나 때이기 때문이다. 83b12

그러므로 논증은 무한한 길이를 가질 수 없다

하나가 다른 하나에 대해 술어가 되지만, '무엇'을 가리키지 않는 것들은 서로 간에 술어가 되지 않는다는 것이 우리 논의의 전제이다. (실체를 제외한) 모든 것은 부수적으로 속하는데, 그 가운데 일부는 그 자체로서 부수적으로 속하고, 다른 일부는 다른 방식으로 속한다.[93] 우리는 이 모든 것들이 어떤 기체에 대해 술어가 되고, 부수적으로 속하는 것은 어떤 83b17

기체도 아니라고 말한다. 이렇게 기체에 부수적으로 속하는 것들 중 아무 것도 다른 어떤 것에 의존하지 않고서는 자신에게 붙여진 이름으로 불리지 못하며, 그것은 다른 어떤 것에 속하고 또 다른 것에 대해 술어가 된다. 어떤 것이 다른 것에 대해 (무한히) 술어가 되는 일은 위쪽으로도 아래쪽으로도 일어나지 않는다고 말할 수 있을 것이다.

83b26 부수적인 것들은 각자의 실체 안에 있는 것들[94]에 대해 말해지고, 각자의 실체 안에 있는 것들은 무한하지 않다. 이것들뿐만 아니라 부수적인 것들도 위쪽으로 올라가지만 둘 다 무한하지 않다. 그러므로 그것들이 술어로서 진술될 때 (그 진술의 주어 자리에 오는) 첫째가는 어떤 것이 있어야 하고, 이것에 대해 다른 것이 술어로서 진술되며, 이 과정은 (어떤 지점에서) 정지해 선행하는 다른 어떤 것에 대해서도 더 이상 술어가 되지 않고, 또 선행하는 다른 어떤 것도 자신에 대한 술어로 삼지 않는 것[95]이 있어야 한다.

83b32 이것이 (우리의 주장에 대한) 한 가지 논증 방식이고, 그에 대한 다른 (논증) 방식도 있다. (어떤 주체에 대해 현재의 술어들에) 선행하는 것들이 술어로서 진술된다면, 그런 술어들에 대한 논증이 있다. 그런데 어떤 것들에 대해 논증이 있다면, 우리는 그것들과 관련해 앎보다 더 나은 상태가 있을 가능성을 인정하지 않고, 또 논증 없이 그런 앎이 있다는 것도 인정하지 않는다. 한편, 어떤 것이 다른 것들을 통해 알려지는데, 우리가 이 다른 것들을 알지 못하고 그것들과 관련해 앎보다 더 나은 상태에 있지 못하다면, 우리는 그것들을 통해 알려지는 것 역시 학문적으로 인식할 수 없을 것이다.

---

93) 앞의 73a37 이하 참조 ☞ symbebēkos.

94) '각자의 실체 안에 있는 것들'(hosa en tēi ousiai hekastou)이란 각 대상의 본질에 속하는 것들, 즉 각 대상의 본질에 대한 정의에서 언급되는 것들을 가리킨다.

95) 예를 들어 '동물'은 '사람'에 대해 술어가 되지만, '동물'에 대해서는 '생물'이 다시 술어가 된다. '선행하는 다른 어떤 것도 자신에 대한 술어로 삼지 않는 것'이란 다른 어떤 것도 술어로 삼지 않는 것을 가리킨다.

그러므로 만일 어떤 전제들이나 가설적 전제에서 시작하지 않고 무제 83b38
한적인 뜻에서 논증을 통해 어떤 것에 대해 앎을 가질 수 있다면, 중간에 오는 술어들은 (어떤 지점에서) 정지해야 한다. 만일 정지 없이 우리가 취한 것보다 더 상위의 것이 항상 존재한다면, 모든 것에 대해 논증이 존재할 것이기 때문이다. 그런 경우에 우리가 무한한 것을 모두 거칠 수 있다는 것을 인정하지 않는다면, 논증 대상이 되는 것들을 논증에 의해 알 수 없을 것이다. 그래서 만일 우리가 그것들과 관련해 앎보다 더 나은 상태를 갖지 못한다면, 어떤 것에 대해 학문적으로 인식하는 것은 무제한적인 뜻에서의 논증을 통해서가 아니라 가설적 전제에서 시작해서 가능할 것이다.

추가 논증

그러므로 논리적 관점에서는 이제까지의 논의를 근거로 방금 이야기된 84a7
것에 대해 확신을 가질 수 있을 것이다. 하지만 분석적 관점에서는 아래의 논의를 근거로 보다 간략하게 사실이 밝혀질 것이다. 즉 우리의 탐구가 관여하는, 논증을 통한 학문적 인식들에서는 술어가 되는 것들이 위쪽으로도 아래쪽으로도 무한할 수 없다.

그 이유는 이렇다. 논증은 대상들에 그 자체로서 속하는 것들에 관계 84a11
한다.[96] 그런데 P가 S에 '그 자체로서' 속한다고 할 때, 거기에는 두 가지 의미가 있다. (1) P가 S의 '무엇' 안에 속하거나, (2) S가 P의 '무엇' 안에 속한다면, 그런 P와 같은 것들이 S에 '그 자체로서' 속한다. 예를 들어 홀은 수에 '그 자체로서' 속하는데, 홀이 수에 속하고, 수 자체가 홀 자체에 대한 정의 안에 속한다. 또 다수성이나 분할 가능성은 수에 대한 정의 안에 속한다. 이 가운데 어느 하나도 무한할 수 없다.

또한 수에 속하는 홀과 같은 속성도 무한할 수 없다. (그 이유는 이렇 84a18

96) 앞의 73a34 이하 참조.

다. 그럴 경우에 홀 안에 다른 것이 있을 것이고, 홀에 속하는 이것에 홀이 현재할 것이다. 만일 이것이 사실이라면, 수가 첫째가는 것으로서 홀에 속하는 것들에 현재할 것이다.[97] 그래서 만일 어느 하나에 그런 것들이 무한히 속할 수 없다면, 위쪽으로도 무한히 진행할 수 없고, 모든 것은 첫째가는 것, 예를 들어 수에 속하고 수는 그것들에 속할 수밖에 없어 결과적으로 그 경계를 넘어섬이 없이 상호 진술이 이루어질 것이다.)

84a25 또 '무엇'에 속해 있는 것들, 이것들도 무한하지 않다. 그렇다면 정의가 불가능할 것이기 때문이다.

84a26 술어들이 모두 (주어에 대해) '그 자체로서' 말해지는데, 이것들이 무한하지 않다면 위쪽의 술어들도 어떤 지점에서 정지할 것이고, 따라서 아래쪽 술어들도 그럴 것이다. 만일 사실이 이렇다면, 두 항 사이의 중간에 있는 것들도 항상 한계가 정해져 있다.

84a30 그런데 만일 이것이 사실이라면, 논증들의 경우 그것들에 속하는 원리들이 있어야 하고 모든 것에 대해 논증이 있을 수 없다는 것도 분명하다. 그렇게 말하는 사람들이 있다는 사실에 대해 우리는 처음에 이야기한 바 있다.[98] 그 이유는 이렇다. 만일 원리들이 있다면, 모든 것이 논증 가능하지는 않고 무한히 진행될 수도 없다. 왜냐하면 이들 가운데 어느 하나를 받아들이는 것은, 무매개적이고 분할 불가능하지 않은 간격은 어떤 것도 없고 모든 것이 분할 가능하다는 것을 받아들이는 것과 다를 바 없기 때문이다. 논증되는 것은 (외부에 어떤 것이) 추가됨으로써가 아니라 내부에 어떤 항이 개입됨으로써 논증되고, 따라서 이런 과정이 무한히 진행된

97) 수(number)에는 홀(oddness)이나 짝(evenness)이 속성으로 속한다. 그런데 이런 부류의 속성은 무한할 수 없다. 만일 그런 속성들이 수에 무한히 속한다고 해보자. 그렇다면 홀이 수에 속성으로 속하듯이 홀에 속성으로 속하는 성질(f)이 있을 것이다. 그리고 '홀'에 대한 정의에 '수'가 속한다면, 이와 마찬가지로 속성 f에 대한 정의에는 '홀'이 속할 것이고, 따라서 f에 대한 정의에는 '홀'에 대한 정의에 속하는 '수'도 속할 것이다.

98) 앞의 72b16 이하 참조.

다면, 두 항 사이에 무한히 많은 중간 항이 존재할 수 있을 것이다. 하지 84b
만 위쪽으로나 아래쪽에서 술어들이 정지한다면, 이는 불가능하다. 그런데 술어들이 정지한다는 사실은 앞에서는 논리적으로, 지금은 분석적으로 증명되었다.

[……]

제2권

논증과 정의

앎, 논증, 정의

제8장

93a1 이 가운데 어떤 것이 옳은 말이고 어떤 것이 옳지 않은 말인지, 정의가 무엇이고 어떤 뜻에서 '무엇'에 대해 논증과 정의가 있는지 아니면 전혀 없는지 다시 고찰해보자.

93a3 앞서 말했듯이[99] '무엇'을 아는 것과 사실 여부의 원인을 아는 것은 똑같다. (이에 대한 설명은 다음과 같다. 즉 (어떤 사실의 경우나 그 사실에 대한) 특정한 원인이 있으며, 이것은 (무엇과) 동일한 것이거나 다른 것이고, 다른 것인 한 그것은 논증될 수 있거나 논증될 수 없다.) 그런데 만일 (사실의 원인이) ('무엇'과) 다른 것이고 논증될 수 있다면, 그 원인은 중간 항이어야 하고 제1형식을 통해 증명되어야 한다.[100] 증명되는 것은 보편적이고 긍정진술이기 때문이다.

93a9 그렇다면 한 가지 방식은 방금 검토된 것,[101] 즉 다른 어떤 것에 의해 '무엇'을 증명하는 방식일 것이다. 왜냐하면 '무엇'에 관한 증명들의 경우에 중간 항이 '무엇'이어야 하고, 고유한 것들에 관한 증명들의 경우에 중간 항이 고유한 것이어야 하기 때문이다. 그러므로 우리는 동일한 사물에 대해 어떤 경우에는 그것의 본질을 증명할 것이고, 다른 경우에는 그렇지

99) 앞의 90a31 참조.

100) 앞의 각주 x 참조.

101) 앞의 91a14-b11, 특히 91a26 이하 참조.

못할 것이다. 그런데 이런 방식이 논증이 될 수 없다는 것은 앞에서 이미 이야기했다. 하지만 '무엇'에 관한 논리적 추론[102]이 존재한다.

어떤 방식으로 그것이 가능한지 처음부터 다시 이야기를 시작해서 논 **93a**15
의해 보자. 우리는 사실에 대한 앎을 가진 상태에서 이유[103]를 탐구한다. 때때로 그것들은 동시에 밝혀지기도 하지만 사실보다 이유가 먼저 알려질 수는 없다. 이와 똑같이 사실 없이는 본질도 존재할 수 없다는 것이 확실하다. 왜냐하면 사실 여부를 알지 못하는 상태에서 '무엇'을 아는 것은 불가능하기 때문이다.

어떤 경우에 우리는 사실 여부에 대한 (앎을) 우연히 갖지만, 어떤 경우 **93a**21
에는 사태 자체의 일부를 (미리) 아는 상태에서 (사실에 대한 앎을) 얻는다. 예를 들어 천둥의 경우에 우리는 그것이 구름 속에서 나는 소리라는 사실을 알고 있고, 식(蝕)이 빛의 부재라는 사실을, 사람은 특정한 동물이라는 사실을, 영혼은 자기 자신을 움직이는 것이라는 사실을 알고 있다.

그런데 우리가 사실을 우연적으로 알게 되는 경우에, (그 사실에 대해 아 **93a**24
직 알지 못한다면) 우리는 '무엇'에 관해 아무것도 알지 못할 수밖에 없다. 왜냐하면 우리는 사실조차 알지 못하기 때문이다. 사실에 관한 앎을 갖지 못한 상태에서 '무엇'을 탐구하는 것은 아무것도 탐구하는 것이 아니다. 우리가 (사실의) 일부를 알고 있는 경우에 ('무엇'을 탐구하는 것은) 쉬운 일이다. 그러므로 우리는 사실에 대한 앎을 가지고 있는 만큼 그와 똑같은 정도로 '무엇'에 대한 앎을 갖는다.

그렇다면 우리가 '무엇'의 일부를 알고 있는 경우에, 그 사정은 먼저 다 **93a**29
음과 같다고 하자. A가 '식'이고, C가 '달'이고, B가 '지구에 의한 가림'이라고 하자. 그렇다면 식이 일어나는지 그렇지 않은지를 탐구하는 것은 B에 대해 그것이 있는지 있지 않은지를 탐구하는 것이다. 그런데 이것을 탐구

102) '논리적 추론'(logikos syllogismos).

103) '사실'(to hoti), '이유'(to dioti) ☞ aition.

하는 것은 A에 대한 설명[104]이 있는지를 탐구하는 것과 전혀 다르지 않다. 그 설명이 있다면, 우리는 A도 있다고 말한다. 혹은 그 설명이 모순 쌍 가운데 어떤 쪽에 속하는지, 예를 들어 (내각의 합으로) 두 직각을 갖는지 그렇지 않은지 우리는 묻는다.

94a35 그런데 우리가 (설명을) 발견할 때 사실과 이유를 동시에 아는 경우가 있는데, 중간 항들에 의해[105] 설명이 이루어질 때 그렇다. 하지만 만일 그렇지 않다면, 우리는 사실을 알아도 이유는 알지 못한다. 예를 들어 C가 '달'이고, A가 '식'(蝕)이라고 하자. 또 우리와 달 사이에 눈에 보이는 것이 아무것도 없음에도 불구하고 보름달이 아무 그림자도 만들어낼 수 없는 것을 B라고 하자. 그런데 B[106]가 C에 속하고, A가 B에 속한다고 해보자. 그렇다면 식이 있다는 사실은 분명하지만, 이유는 분명치 않다.[107] 그리고 우리는 식이 있다는 사실을 알지만, 그것이 '무엇'인지는 알지 못한다.

93b3 A가 C에 속하는 것이 분명한 상태에서 왜 A가 C에 속하는지를 묻는다면, 이는 B가 무엇인지 탐구하는 것이다. 즉 그것이 (지구에 의한) 가림인지 달의 회전인지 (빛의) 소멸인지를 탐구하는 것이다. 이것은 다른 극항[108]에 대한 설명, 예컨대 우리가 논의하는 사례의 경우에 A에 대한 설명이다. 왜냐하면 실제로 식은 지구에 의한 가림이기 때문이다.

93b7 천둥은 무엇인가? 구름 안에서 일어나는 불의 소멸이다. 천둥은 왜 일

---

104) '설명'(logos).

105) 조너선 반스(Jonathan Barnes)를 따라 'dia meson'으로 읽었다.

106) 즉 우리와 달 사이에 아무것도 없음에도 불구하고 보름달이 아무 그림자도 만들어낼 수 없음.

107) 'B가 C에 속한다'(달이 아무 그림자도 만들어내지 못한다). 그리고 'A가 B에 속한다'(달이 아무 그림자도 만들어내지 못하는 것은 식이다). 이 경우에 우리는 'A가 C에 속한다'(달이 식을 겪는다)는 것을 안다. 하지만 '왜 A가 C에 속하는지'(왜 달이 식을 겪는지) 알지 못한다. 중간 항 B는 A가 C에 속하는 원인을 제시하지 않기 때문이다.

108) '극항'(akron)이란 삼단논법을 구성하는 세 개의 항 가운데 중간 항(중개념)의 양쪽에 오는 대개념과 소개념을 가리킨다.

어나는가? 불이 구름 속에서 소멸하기 때문이다. C가 '구름'이고, A가 '천둥'이고, B가 '불의 소멸'이라고 하자. B가 C에 속하고, 즉 B가 구름에 속하고(구름 안에서 불이 소멸하기 때문이다), A, 즉 소리가 B에 속한다. 사실 B는 A, 즉 첫째 극항에 대한 설명이다. 그런데 B를 설명하는 또 다른 중간 항이 있다면, 그것은 (A에 대한) 나머지 설명들에서 출발해 찾아낼 수 있을 것이다.

그렇다면 '무엇'이 어떻게 얻어지고 어떻게 알려지는지 이야기되었다. 따 93b15
라서 '무엇'에 대해서는 추론도 논증도 없지만, 추론을 통해서나 논증을 통해 그것이 분명해진다. 따라서 그것의 원인이 다른 것일 경우에 논증 없이 '무엇'을 아는 것은 불가능하고, 그것에 대해 논증도 존재하지 않는데, 이는 문제들을 소개한 곳에서[109] 우리가 이미 이야기한 바와 같다.

제 9 장

어떤 것들의 경우에 그것들과 다른 원인이 있고, 또 어떤 것들의 경우 93b21
에는 그렇지 않다. 따라서 '무엇'에 해당하는 것들 가운데도 어떤 것들은 무매개적이고 원리들인데, 이런 것들의 존재와 '무엇'을 우리는 전제하거나 다른 어떤 방식으로 분명히 해야 한다. (산술학자가 바로 이런 일을 한다. 왜냐하면 단위가 '무엇'인지 전제되고, 그것이 존재한다는 사실도 전제되기 때문이다.) 반면에 중간 항을 가진 것들, 즉 그것들의 실체에 대해 다른 어떤 원인이 있는 것들의 경우에, 그것들은 — 우리가 앞서 말했듯이[110] — '무엇'을 논증함이 없이 논증에 의해 분명해져야 한다.

---

109) II 2와 II 3에서는 각각 자기 자신과 다른 것을 원인으로 갖는 것에 대한 정의는 논증 없이는 불가능하다는 사실과 정의 자체는 논증될 수 없다는 사실이 밝혀졌다.

110) II 8 참조.

명목적 정의

제10장

93b29 정의는 '무엇'에 대한 정식[111)]이기 때문에, (1) 한 가지 정식은 어떤 낱말이 가리키는 것이 무엇인지에 대한 정식, 혹은 낱말과 같은 종류의 다른 정식임이 분명하다. 예를 들어 '삼각형'이 가리키는 것이 무엇인지에 대한 정식이 그렇다. 바로 이것이 있다는 사실에 대해 앎을 가진 상태에서 우리는 그것이 '왜' 있는지 탐구한다. 하지만 이런 방식으로 그것들이 있다는 사실을 우리가 알지 못하는 것들은 파악하기 어렵다. 어려움의 원인은 앞에서 이야기했는데, 어떤 것이 있는지 그렇지 않은지를 우리는 단지 우연적으로 알기 때문이다. (하나의 정식은 두 가지 방식으로 성립한다. 어떤 때는 『일리아스』처럼 함께 묶음에 의해 성립하고, 어떤 때는 우연적이지 않은 방식으로 하나를 다른 하나에 대해 명시함으로써 성립한다.)[112)]

실제적 정의와 논증의 차이

93b38 정의에 대한 한 가지 정의는 방금 말한 것이고, (2) 다른 것은 '어떤 것이 왜 있는지를 밝히는 정식이라는 것이다. 그러므로 앞에서 말한 정의는 (어떤 대상을) 가리키지만 증명하지 않고, 뒤의 정의는 분명 '무엇'에 대한 논증과 같겠지만 배치의 측면에서 논증과 다르다. 왜냐하면 '천둥이 왜 치는가?'와 '천둥이 무엇인가?'를 말하는 것은 다르기 때문이다. ('천둥이 왜 치는가?'에 대해) 우리는 '구름 속에서 불이 꺼지기 때문에'라고 말할 것이다. 하지만 천둥은 무엇인가? 천둥은 '불이 꺼져서 구름 속에서 나는 소리'이다. 따라서 (이런 경우에) 동일한 정식이 다른 방식으로 발언되는 셈인데, 그중 하나는 연속적 논증이고, 다른 하나는 정의이다. 또한 천둥에 대한 정의는 '구름 속에서 나는 소리'이며, 이것은 (3) '무엇'에 대한 논증의

---

111) '정의'(horismos), '정식'(logos) ☞ horismos, logos #4.

112) 이 두 가지 경우의 사례에 대해서는 『형이상학』 1030a5 이하 참조.

결론이다.

(4) 무매개적인 항에 대한 정의는 '무엇'에 대한 논증 불가능한 입론이 **94a**9
다. 그러므로 한 가지 정의는 '무엇에 대한 논증 불가능한 정식'이고, 다른 하나는 배열이 논증과 다른 '무엇'에 대한 추론이며, 세 번째 것은 '무엇'에 대한 논증의 결론이다.[113]

지금까지의 이야기로부터 (i) '무엇'에 대한 논증이 어떤 방식으로 존재 **94a**14
하고 어떤 방식으로 존재하지 않는지, (ii) 어떤 것들에 대해 논증이 존재하고 어떤 것들에 대해서는 존재하지 않는지, (iii) 정의가 얼마나 여러 가지 뜻으로 사용되는지, (iv) 그것이 어떻게 '무엇'을 증명하고 어떻게 증명하지 않는지, (v) 어떤 것들에 대해 존재하고 어떤 것들에 대해서는 존재하지 않는지, (vi) 정의와 논증의 관계는 어떤 것인지, 동일한 것에 대해 어떻게 정의와 논증이 함께 존재하고 어떻게 존재할 수 없는지가 분명하다.[114]

[……]

첫째 원리들에 대한 앎은 타고난 것이 아니다

제19장

추론과 논증에 대해 그것들이 각각 무엇이고 어떻게 생겨나는지는 분 **99b**15
명하다. 논증적인 학문에 대해서도 그렇다. 그 둘은 같은 것이기 때문이다. 하지만 원리들에 대해 그것들이 어떻게 알려지고 그것들을 아는 상태가 어떤 것인지는 우리가 먼저 의문을 제기한 뒤 그에 따르는 논의로부터 분명해질 것이다.

첫째가며 무매개적인 원리들을 알지 못하는 사람은 논증을 통해 학문 **99b**20

113) 75b30-32 참조.

114) (i) II 8, 93a15-b14, (ii) II 9, (iii) II 10, (iv) II 8, 93a15-b14, (v) II 9, (vi) II 3-8.

적으로 인식할 수 없다는 데 대해 앞서 이야기한 바 있다.[115] 무매개적인 것들에 대한 앎과 관련해 어떤 사람은 이런 의문을 가질 것이다. (1) 이것은 (논증을 통한 학문적 인식과) 똑같은 것인가, 그렇지 않은가? (2) 각각의 경우에 대해 학문적 인식이 있는가(그렇지 않은가), 혹은 한 경우에 대해서는 학문적 인식이 있고 다른 경우에는 다른 어떤 부류의 학문적 인식이 있는가? 또한 (3) 이런 (앎의) 상태들이 우리 안에 없다가 생겨나는가, 아니면 우리 안에 있지만 의식되지 않았던 것일까?

99b26 우리가 그런 상태들을 가지고 있다고 가정하는 것은 불합리하다. 그렇게 가정하면 우리는 의식하지 못한 상태로 논증보다 더 엄밀한 지식들을 가지고 있다는 결과가 따라 나오기 때문이다. 하지만 만일 우리가 그것들을 미리 가지고 있지 않다고 파악한다면, 우리는 그것들을 어떻게 알게 되고, 선행하지 않는 앎으로부터 배움을 얻을 수 있을까? 우리가 앞에서 말했듯이[116] 논증과 관련해서도 이는 불가능한 일이다. 그렇다면 우리가 그것들을 (미리) 가지고 있을 수도 없고, 무지하면서 아무것도 없는 상태에서 우리에게 생겨나지도 않는다는 것이 분명하다. 그러므로 우리는 어떤 종류의 능력[117]을 가지고 있어야 하는데, 이 능력은 그 특성상 엄밀성의 측면에서 볼 때 그런 (앎의) 상태들보다 더 고귀하지 않을 것이다.

보편자에 대한 앎의 확대

99b34 그런데 분명 다음과 같은 사실이 모든 동물에게 속한다. 즉 모든 동물은 타고난 판별능력[118]을 가지고 있는데, 이것을 일컬어 '감각'[119]이라고 부른다. 감각이 갖추어져 있는 경우에 어떤 동물들에게서는 감각내용의

---

115) 앞의 I 2 참조.

116) 앞의 71a1-11 참조.

117) ☞ dynamis.

118) '타고난 판별능력'(dynamis symphytos kritikē).

119) ☞ aisthēsis.

안착이 일어나고, 어떤 동물들의 경우에는 그런 일이 일어나지 않는다. 그런 일이 일어나지 않는 동물들의 경우에 — 전적으로 혹은 그런 일이 일어나지 않은 것들과 관련해 — 감각활동을 떠나서는 그들에게 앎이 존재하지 않는다.[120] 반면에 어떤 동물들의 경우에는 감각활동이 끝난 뒤에도 (감각내용을) 영혼 안에 소유하는 것이 가능하다. 이런 종류의 일들이 여러 차례 일어나면 그때는 이미 어떤 차이가 생겨 어떤 동물들의 경우에는 그런 것들이 안착된 결과 로고스[121]가 생기고, 어떤 동물들의 경우에는 그렇지 않게 된다.

그러므로 앞서 말했듯이 감각으로부터 기억이 생기고, 똑같은 것에 대해 여러 차례 기억이 생기면 그로부터 경험[122]이 생긴다. 왜냐하면 수적으로 많은 기억은 하나의 경험을 이루기 때문이다. 그런데 경험으로부터 혹은 영혼 안에 머물게 된 모든 보편자, 즉 여럿과 독립된 하나로부터, 다시 말해 그 모든 것 안에서 동일한 하나로 내재할 수 있는 것으로부터 기술과 학문적 인식이 시작되는데, 생성과 관련해서는 기술이, 존재와 관련해서는 학문적 인식이 시작된다. **100a**3

그렇다면 (원리들에 대한 앎과 관련된) 상태들은 확정된 상태로 내재하는 것도 아니고, 다른 우월한 앎의 상태들로부터 생겨나는 것도 아니며 감각으로부터 생겨난다. 이는 마치 전투에서 퇴각이 일어나는 경우에 한 사람이 멈춰서면 다른 사람이 멈춰서고, 또 다른 사람이 멈춰서면서 마침내 **100a**10

---

120) 아리스토텔레스에 따르면, 인간 이외의 동물도 감각으로부터 상상(phantasia)과 기억(mneme)을 가질 수 있고, 어떤 경우에는 경험(emperia)까지 쌓을 수 있다. 하지만 추론(logismos)이 필요한 의견(doxa), 숙고(bouleusis), 기술(techne), 학문적 인식(episteme)에는 도달할 수 없다. 『형이상학』 I 1, 980a27 아래; 『니코마코스 윤리학』 VII 3, 1147b1 아래; 『영혼론』 III 11, 434a5 아래 참조. 인간과 동물의 인지적 차이에 대한 『동물지』(I 1, 488b24)의 말도 같은 뜻이다. "동물들 가운데 오직 인간만이 숙고할 수 있다. 많은 동물이 기억과 학습에 참여하지만, 인간 이외에 어떤 동물도 (추론을 통해) 상기하는 능력이 없다."

121) ☞ logos, 특히 #3과 #4 참조.

122) '경험'(empeiria).

처음 상태에 이르게 되는 것과 같다. 그런데 영혼은 본성상 이런 일을 받아들일 수 있는 능력을 갖추고 있다.

100a14 앞서 이야기했지만 분명하게 이야기하지 못한 것으로 되돌아가 보자. 분할 불가능한 것들 가운데 하나가 멈춰서면 영혼 안에 최초의 보편자가 자리를 잡는다. (왜냐하면 감각되는 것은 개별자이지만, 감각은 보편자에 관계하기 때문이다. 예를 들어 사람에 관계하는 것이지 사람 칼리아스에 관계하는 것이 아니다.) 다시 이것들 사이에서 멈춰서는 일이 일어나고 마침내 부분을 갖지 않는 것들, 즉 보편자들이 멈춰선다. 예를 들어 이러저러한 동물이 멈춰서고 마침내 동물이 멈춰선다. 또 이런 것 안에서 같은 과정이 일어난다. 그렇다면 우리가 최초의 것들을 귀납에 의해 알아야 한다는 것이 분명하다. 왜냐하면 감각은 이런 방식으로 (영혼 안에서) 보편자를 만들어 넣기 때문이다.

우리는 사고에 의해 근본 원리들을 파악한다

100b4 우리가 진리를 아는 데 사용하는, 사고와 관련된 상태들 중 어떤 것들은 항상 참인 데 반해, 어떤 것들은 거짓이 될 수 있다. 예를 들어 의견과 추론이 그런 반면에, 학문적 인식과 지성적 직관은 항상 참이다.[123] 직관을 제외한 다른 어떤 부류도 학문적 인식보다 더 엄밀하지 않고, 원리들은 논증들보다 더 높은 정도로 알려진다. 그런데 모든 학문적 인식은 로고스를 동반하지만, 원리들에 대해서는 학문적 인식이 존재하지 않을 것이다. 그런데 지성적 직관을 제외한 그 어떤 것도 학문적 인식보다 더 참일 수 없기 때문에 직관이 원리들과 관계할 것이다.

100b12 이런 사실들로부터 우리는 논증의 원리는 논증이 아니며, 따라서 학문적 인식의 원리도 학문적 인식이 아니라는 사실을 확인한다. 그러므로 만일 학문적 인식 이외에 다른 어떤 참된 부류도 우리가 가지고 있지 않다

123) '의견'(doxa), '추론'(logismos), '학문적 인식'(epistēmē), '지성적 직관'(nous).

면, 지성적 직관이 학문적 인식의 원리일 것이다. 그리고 이 원리는 원리와 관계할 것이고, 전체로서의 학문은 그와 똑같이 전체로서의 사태와 관계할 것이다.

변증론

김재홍 옮김

제1권

변증술적 탐구 방법에 대한 총설

이 논구의 목표와 대상

제1장

이 논고[1]의 목표는 제기된 온갖 문제에 대해 일반적으로 그렇다고 생각되는 것[2]으로부터 추론[3]할 수 있는, 또 우리 자신이 하나의 논의를 지지하려는 경우에 모순되는 그 어떤 것도 말하지 않는 탐구의 길[4]을 발견하는 것이다.[5] 그래서 먼저 추론이란 무엇인지, 그리고 그 종차에는 어떤 것이 있는지를 말해야만 한다. 그렇게 함으로써 변증술적 추론[6]을 파악할 수 있도록 해야만 한다. 우리에게 제시된 논고에서 탐구하는 것은 바로 그 추론이니까. **100a**18

1) '논고'('연구', '임무')에 해당하는 원어는 'pragmateia'이다. 이 말은 '주제를 탐구하는 활동 과정 및 이러한 탐구의 결과를 제시하는 기록된 저작을 탐구하는 활동'을 의미한다. 'theōria'(연구), 'methodos'(탐구 방법)와 치환될 수 있는 말이다. 『변증론』이라는 작품은 청강생 앞에서 행해진 일련의 강의 주제를 모아 정리한 것으로 판단된다.

2) '일반적으로 그렇다고 생각되는 것'은 '통념'을 뜻한다. ☞ endoxa.

3) '추론' ☞ syllogismos. '추론'의 정의에 대한 전거들로는 『수사학』 1356b16-18; 『분석론 후서』 76a38, 91b5; 『소피스트적 논박에 대하여』 164b27-165a2, 168a21-22 등 참조.

4) ☞ methodos.

5) ☞ dialektikē.

6) 기본적으로 한 쌍의 대화 상대자 간의 '문답을 통한 추론'을 말한다.

추론의 본질과 종류: 논증, 변증술적 추론, 쟁론적 추론

100a25 추론이란 거기서 몇 가지 것이 규정됨으로써 그 규정된 것들과 다른 무언가가 필연적으로 그 규정된 것들을 통해 따라 나오는 논의이다. 그런데 (1) 추론이 참이고 첫째가는 것들로부터 성립되는 경우이거나 혹은 몇 개의 제일의 것들과 참인 것들을 통해 이것들에 대한 앎의 출발점[7]을 획득하는 그런 것들로부터 성립하는 경우에 그것은 논증[8]이다. (2) 반면에 통념으로부터 출발해 추론하는 것을 변증술적 추론이라고 한다.

100b18 그러나 참이고 첫째가는 것들은 다른 어떤 것들을 통해서가 아니라 그것들 자체를 통해 그 확실성을 갖는 것이지만(학문적 지식의 출발점들에서는 그것들이 '왜 그러한지'를 그 이상으로 탐구할 필요가 없으며, 오히려 출발점들 각각이 그 자체로서 확실성이 있으면 되니까), 이와 달리 통념은 (a) 모든 사람에게 혹은 (b) 대다수 사람에게 그렇다고 생각되는 것, 혹은 (c) 지혜로운 사람들에게 그렇다고 생각되는 것이지만 — 요컨대, (i) 그들 모두에게 혹은 (ii) 그 대다수에게 혹은 (iii) 가장 유명하고 평판이 높은 지혜로운 사람들에게 그렇다고 생각되는 것이다.

100b23 그러나 (3) 쟁론적 추론은 '일반적으로 그렇다고 생각되는 것'[9]으로 보이지만 실상은 그렇지 않은 것으로부터 추론하는 것이며, 또한 일반적으로 그렇다고 생각되는 것으로부터 하든지 혹은 일반적으로 그렇다고 생각되는 것으로 보이는 것으로부터 하든지 간에 (단지) 추론인 것처럼 보이는 것뿐이다. 일반적으로 그렇다고 생각되는 것으로 보이는 모든 것이 실제로 일반적으로 그렇다고 생각되는 것은 아니니까. 왜냐하면 쟁론적 논의의 출발점에 관련해서는 실제로 그렇게 보이는 것처럼 언급된 것들을 일반적으로 그렇다고 생각되는 것이라고 말하지만, 그 어느 것도 표면적인 표상만을 가질 뿐 완전히 그렇게 보이는 것은 아니기 때문이다. (왜냐

---

7) '출발점' 혹은 '원리', '제일 원리' ☞ archē #3.

8) ☞ apodeixis.

9) 즉 통념.

하면 사소한 것이라도 알아낼 수 있는 사람들에게는 그 쟁론적 논의들
안에서 거짓의 본성이 당장에, 또한 대부분의 경우에 아주 명백하기 때문
이다.) 그래서 방금 언급한 쟁론적 추론 중에서 앞의 것은 실제로 추론이 101a
라고 부를 만하지만, 남은 다른 것은 쟁론적 추론이긴 하지만 실상은 추
론이 아니다. 그것은 추론하고 있는 것처럼 보이지만 추론하고 있는 것이
아니니까.

오류 추론

게다가 (4) 앞에서 말한 모든 추론 이외에도, 이를테면 기하학이나 그 101a5
와 동일한 부류의 학문에서 찾아볼 수 있는 것처럼 어떤 개별 학문에만
고유한 것들에서 생겨난 오류 추론들이 있다. 왜냐하면 이런 유형의 추론
방식은 앞에서 말한 추론들과는 다른 것으로 여겨지기 때문이다. 즉 잘
못된 도형을 그리는 사람은 참이고 첫째가는 것들로부터도 또 일반적으
로 그렇게 생각되는 것으로부터도 추론하지 않는다. 이것은 앞에서 규정
한 추론의 정의에 포섭되지 않으니까. 사실상 그러한 논의는 모든 사람에
게 그렇다고 생각되는 것, 혹은 대다수의 사람에게 그렇다고 생각되는 것
을 다루는 것도 아니고, 지혜로운 사람들에게 그렇다고 생각되는 것, 또
이들 모두에게 혹은 대다수의 지혜로운 사람에게 혹은 가장 평판이 높은
지혜로운 사람에게서 그렇다고 생각되는 것을 다루는 것도 아니며, 오히
려 해당하는 학문에 고유한 가정에서, 그러나 참이지 않은 전제들로부터
추론해나가는 것이니까 말이다. 왜냐하면 그는 마땅히 그려야 하는 방식
대로 반원을 그리지 않거나 혹은 마땅히 이을 수 없는 방식으로 어떤 선
분을 그음으로써 오류 추론을 만들어내기 때문이다.

그렇기에 앞서 언급한 것들이 추론의 여러 가지 종류에 대한 개략적인 101a18
파악이라고 해두자. 일반적으로 말해 이미 앞에서 말한 것과 앞으로 말하
게 될 모든 것들에 관련해서 이런 정도만이 우리에 의해 규정된 것이라고
해두자. 이런 이유로 우리는 그것들 중 어느 종류에 대해서도 엄밀한 설
명[10]을 주는 것을 선택하지 않고, 그것들에 대해 개략적으로 기술해 나

가기를 바라는 것이며, 당면한 탐구에서는 그것들 각각을 어떤 방식으로 인식하는 것이 가능하다면 그것으로 전적으로 충분하다고 생각하는 것이다.

이 논고의 세 가지 유용성에 대해

제2장

101a25 지금까지 말해 왔던 것에 이어서 이 논고가 얼마만큼 또 어떤 것에 유용한지를 말해야 할 것이다. 이 논고는 세 가지의 것에 대해 유용한데, 즉 훈련을 위해, 다중과의 토론을 위해, 철학적 학문을 위해 유용하다.

101a28 (1) 그런데 (지적) 훈련을 위해 유용하다는 것은 사안 그 자체로서 명백하다. 실제로 탐구를 위한 방법을 가지고 있다면, 제기된 사안[11]에 대해 더 쉽게 공격할 수 있을 것이기 때문이다. (2) 또한 토론에 대해 유용한 것은 많은 사람의 견해를 낱낱이 들어 말한 다음이라면 우리는 사람들을 상대로 다른 사람의 생각으로부터가 아니라 그들 자신의 믿음으로부터 그들이 적절하게 논하고 있지 않다고 우리에게 생각되는 점에 대해서는 그들 자신의 믿음을 수정하면서 그들과 논할 수 있을 테니까. (3) 거기다가 또 철학적 성격을 지닌 여러 학문에 대해 유용한 것은 대립되는 양쪽의 입장에서 생겨난 난제를 풀어나갈[12] 수 있다면, 우리는 각각의 사안에 대해 참과 거짓을 판별하는 것이 손쉬울 수 있을 테니까.

101a36 게다가 또한 그것은 각각의 학문에 관련된 사안들 중 첫째가는 것들을

10) '엄밀한 설명을'(ton akribē logon)은 앞서 '개략적으로 파악함'(hōs tupō perilabein)과 대조되어 사용되었다. 그 밖에도 후자의 용례에 대해서는 101a22, 103a1, 103a7, 105b19 등 참조. 주제가 허용하는 만큼의 정확성(akribeia)을 추구하는 방법에 대해서는『니코마코스 윤리학』I 3의 논의 참조 ☞ akribes.

11) '제기된 사안' 혹은 '제기된 주제'(to protethen).

12) '난제를 풀어나가다'의 원어는 'diaporēsai'이다. 이 기술적인 말은 '변증술의 철학적 기능'을 나타내는 중요한 용어이다. 아리스토텔레스는 으레 철학적 논구의 시작을 '아포리아'(난제, 의문)를 제시하고, 대립되는 견해를 풀어나가는 방식을 취한다.

위해서도 유용하다. 왜냐하면 각 해당하는 학문의 원리들은 모든 것 중 제일의 것이므로 그 학문에 고유한 원리들로부터 원리들 그 자체에 대해 무엇인가를 말한다는 것은 불가능하기 때문이다.[13] 그러한 출발점을 따 101b
져 묻는 것은 필연적으로 각각의 것에 관해 일반적으로 그렇다고 생각되는 것들을 통해야만 하니까. 이것은 변증술에만 특유한 혹은 적어도 가장 고유한 것이다.[14] 왜냐하면 변증술의 검토능력은 모든 탐구의 출발점에 이르는 길을 가지기 때문이다.

성취될 수 있는 목표의 한계

제3장

우리가 탐구 방법을 완전하게 소유할 수 있게 되는 것은 우리가 수사 101b5
술과 의술, 그리고 그것들과 유사한 능력[15]의 경우와 동일한 상태에 있을 때이다. 이것은 사용 가능한 모든 수단을 사용해 우리가 원하는 것을 달성한다는 것을 의미한다. 사실상 연설가는 아무 방식으로나[16] 청중을 설득할 수 있는 것이 아니며, 또한 의사도 아무 방식으로나 환자를 치유할 수 있는 것이 아니라 오히려 사용 가능한 수단 중 무엇 하나라도 빠뜨리지 않은 상태에 있다면, 우리는 그 사람이 충분히 지식을 가지고 있다고 말하는 것이니까 말이다.[17]

---

13) 『분석론 후서』 I 2 참조.

14) '고유한'(idion)이라는 말은 변증술만이 '학적 원리' 혹은 '학문의 원리'를 탐구하는 유일한 방법이라는 의미가 아니라 학적 원리를 탐구하는 여러 가지 방법들(귀납과 경험을 통한 인식 과정에서 등장하는 감각과 정신의 연관성, 직관에 호소하는 지성 등, 『분석론 후서』 II 19 참조) 중에서 변증술이 담당하는 학적 역할의 고유한 기능(dynamis)을 의미한다.

15) '능력'이라고 옮긴 'dynamis'는 여기에서는 '기술'과 동일한 의미로 쓰였다. ☞ dynamis.

16) 즉 모든 상황에서.

17) 의술은 건강을 목표로 하고 수사술은 설득을 목표로 한다. 그렇다고 해서 의사, 수사술가와 연설가가 언제나 그 목적을 달성할 수 있다는 것은 아니다. 그들은 어

변증술적 논의의 주제와 구성요소

제4장
명제와 문제: 정의, 고유속성, 유, 부수성

101b11 그렇기에 먼저 이 탐구 방법이 어떤 것으로부터 이루어지는지를 살펴봐야만 한다. 그래서 만일 (1) 변증술의 논의가 얼마만큼의, 어떤 종류의 사안과 관련해, 어떤 요소들로 이루어지는지,[18] 그리고 (2) 어떻게 이것들을 다룰 수 있을지를 충분히 파악할 수 있게 된다면, 우리에게 제기된 과제를 만족스럽게 성취할 수 있을 것이다. 문답을 통한 변증술적 논의를 구성하는 재료[19]와 추론이 관계하는 것은 수적으로도 같고 또 그 성질도 동일하다.[20] 왜냐하면 이 논의는 전제명제[21]들로부터 구성되는 것이지만, 반면에 추론이 관계하는 주제는 문제들이며, 모든 명제와 모든 문제는 고유속성이나 유 또는 부수적인 것[22] 중 하나를 나타내기 때문이다. (종

떤 상황에 직면했더라도 그 경우에 사용 가능한 모든 수단과 방책을 온전하게 이해할 수 있으며, 자신이 원하는 것을 달성할 수 있는 최선의 방책을 선택할 수 있는 능력이 있어야 한다는 말이다. 『수사학』에서도 아리스토텔레스는 수사술이 할 일은 설득이기보다는 설득 수단을 찾아내는 것이며, 의술이 할 일은 환자의 질병을 치유해서 건강하게 만드는 것이 아니라 환자를 최대한 건강하게 만드는 것이라고 말하고 있다. 이 점은 문답을 통한 변증술과 다른 기술의 경우에서도 마찬가지이다(『수사학』 I 1, 1355b9-15).

18) 변증술의 '문제'들과 '전제'(명제)들에 대해서는 1 4-11에서 논의된다.

19) 즉 변증술적 논의의 구성요소.

20) '전제'는 '문제'로 바뀔 수 있다. 그 역도 마찬가지이다. '문제'와 '명제'는 말해지는 방식에서 차이가 난다. 아래의 101b28-36 참조.

21) '전제명제'라고 번역한 원어는 'protasis'('앞서 제시된 것', 동사 'proteinein'은 '내뻗다', '내놓다'를 의미한다)로서 논의의 '전제'(premiss)로 번역할 수 있다. 오늘날 명제(proposition)라는 말이 유래한 라틴어 'propositio'는 'protasis'의 직접 번역어이다. 논의의 구성요소로서, 여기서 이 말은 추론의 '전제'라기보다는 변증가가 질문의 형태로 상대방에게 제기하고, 상대가 승인한다면 자신의 논의를 확립해주는 '주장'을 의미한다. '명제'로도 옮길 수 있다. 문답을 행하는 변증술에서 전제는 답변자에게 질문자가 제시한 물음이다.

22) '부수적인 것' ☞ symbebekos.

차를 언급하지 않은 것은) 종차는 유에 속하는 것이므로 유와 같은 계열 아래에 놓아야만 하니까.[23]

그러나 고유속성 중 어떤 것은 '그것이 무엇이라는 것'[24]을 표시하고, 다른 것은 표시하지 않기 때문에, 고유속성을 말해진 두 개의 부분으로 나누기로 하자. '그것이 무엇이라는 것'을 나타내는 부분을 정의[25]라고 부르고, 나머지 부분은 그런 것들에 대해 부여되는 공통의 이름에 따라서 고유속성[26]이라고 부르기로 하자. 앞에서 말한 것으로부터 분명하게 드러난 바는 방금 이루어진 분류에 따라 모든 것들에는 정확히 네 개의 것, 즉 고유속성, 정의, 유, 부수성[27] 등이 있다는 것이다. 그러나 이것들 각각을 단독적으로 말할 때[28] 명제 혹은 문제[29]를 말하는 것으로 그 누구도 받아들여서는 안 된다. 오히려 이것들로부터 문제와 명제가 생길 수 있다는 것을 말하는 것이다. 101b19

문제와 명제는 말해지는 방식에서 그 차이가 드러난다. 한편으로 "두 발을 가진 육상의 동물은 인간의 정의식인가?" 혹은 "동물은 인간의 유인 101b29

23) '종차'(diaphora)는 유의 성질을 나타낸다'(IV 6, 128a26). '정의'는 종차와 유로 구성된다.

24) '그것이 무엇이라는 것' 혹은 '본질' ☞ to ti ēn einai.

25) ☞ horos.

26) 원어로는 'idion'이다. 보통 영어로는 '속성'(property)으로 옮긴다. 그러나 나는 이 말이 지닌 의미를 그대로 살리기 위해 '속성'이라는 말 대신에 더 강한 의미를 내포하는 그 사물에 본디 속하는 '고유속성'으로 옮긴다. 제5장에서는 "고유속성을 그 사물(혹은 한 주어)에 대해 '그것이 무엇이라는 것'(본질)을 보여주지는 않지만 그 사물에만 속하는 것"으로 정의하고 있다. ☞ symbebēkos #2.

27) 이 넷은 고대 후기에 '대상에 대해 말해질 수 있는 것들'로 네 가지의 '술어 형식'인 'praedicabilia'로 불리게 된다. 논리학과 형이상학에서 중요한 개념으로 사용된다. 스콜라 철학에서는 '종차'가 더해져 다섯 개가 된다.

28) 원어로는 'kath' hauto'이다. ☞ kath' hauto. 이 말은 흔히 플라톤 철학의 경우에 이데아(형상)를 의미하는 '그 자체적으로'로 옮겨지나, 여기서는 비기술적인 의미로 사용되었다.

29) '명제'(protasis), '문제'(problema).

가?"라는 방식으로 말한다면 명제가 만들어진다. 다른 한편으로 "두 발을 가진 육상의 동물은 인간의 정의식인가 혹은 그렇지 않은가?"[30]라고 말한다면 문제가 만들어진다. 다른 경우에서도 마찬가지이다. 따라서 당연히 문제와 명제는 수적으로 같다. 왜냐하면 표현 방식을 바꿈으로써 모든 명제에서 문제를 만들어낼 수 있을 것이기 때문이다.

네 가지 술어들에 대한 설명

제5장

정의

101b37 이제 정의는 무엇인지, 고유속성은 무엇인지, 유는 무엇인지, 부수성은 무엇인지를 말해야만 한다. 정의[31]는 '그것이 무엇이라는 것', 즉 본질을
102a 나타내는 설명식[32]이다. 정의는 이름 대신에 설명식이 주어진 것도, 혹은 하나의 설명식 대신에 다른 설명식이 주어진 것도 있다(또한 설명식에 의해 나타내진 무언가가 정의될 수도 있으니까).[33] 그러나 어떠한 방식으로든지 이름을 가지고 설명식을 제시하는 사람들은 그 사물[34]의 정의식을

30) 변증술의 전제명제(protasis)는 질문 형식("이것은 그 경우인가?")의 문장으로 주어진다. 전제명제들은 확증을 받기 위해 상대방에게 '내미는 혹은 내놓는'(proteinein) 것이다. 이 말에서 'protasis'가 나왔다. 이 질문을 선언적 형식으로("이것은 그 경우인가 혹은 아닌가?"(poteron …… ē …… ou)) 내놓는다면, 하나의 '문제'가 생겨난다. 이러한 질문 방식은 변증술적 물음의 전형적 형식이다. 이러한 외견상의 차이를 넘어서 선언적 형식은 관련된 사실에 관해 반대되는 견해들이 있다는 것을 말한다(I 11, 104b 1-17 참조).

31) ☞ horos.

32) '본질을 나타내는 설명식'(logos ho to ti en einai semainon).

33) 이름('인간')이 지시하는 정의 대상에 대해 어떤 설명식 혹은 정식('두 발을 가진 육상의 동물')으로 정의하는 경우와 설명식('육상의 동물')에 의해 제시된 정의 대상에 대해 이와 다른 설명식('지상에 사는 감각을 지닌 혼을 가진 존재')으로 정의하는 경우가 있다는 것이다.

34) '사물'(pragma).

제시하고 있지 않다는 것은 분명하다. 모든 정의식은 어떤 종류의 설명식이니까. 그렇지만 예를 들면 "아름다운 것은 어울리는 것이다"[35] 같은 그런 설명 또한 정의적이라고 해둬야만 한다.[36] 마찬가지로 '감각과 지식은 동일한 것인가 혹은 다른 것인가'라는 질문도 정의적이어야만 한다. 왜냐하면 우리가 정의식을 다루는 한, 그것들이 '동일한 것인지 혹은 다른 것인지'를 토론하는 데 가장 많은 부분을 보내기 때문이다.

한마디로 말하자면, 정의식과 같은 동일한 탐구 방법에 포섭되는 모든 것들을 '정의적'이라고 부르도록 하자. 방금 앞에서 말해진 모든 것이 이러한 부류의 것들이라는 것은 그것들 자체로부터 분명하다. 왜냐하면 두 개의 것들이 동일한 것인지 혹은 다른 것인지를 논의할 수 있다면, 우리는 같은 동일한 방식으로 정의식에 대해 공격하는 것에도 충분한 논의를 펼칠 수 있을 것이기 때문이다(그것들이 동일한 것이 아니라는 것을 보인다면, 제안된 정의식을 파기한 것이 될 테니까). 어쨌든 지금 말한 것을 뒤집을 수는 없다. 동일하다는 것을 보이는 것만으로 정의를 확립하기에는 충분하지 않기 때문이다. 그러나 정의를 파기하는 데는 그것들이 동일하지 않다는 것을 보여주는 것으로 충분하다. **102a**9

고유속성

고유속성이란 (사물 혹은 하나의 주어에 대해) '그것이 무엇이라는 것', 즉 본질을 보여주지는 않지만 그 사물에만 속하고, 즉 바꾸어도[37] 그것의 술어가 될 수 있는[38] 것이다. 예를 들면 "읽고 쓰는 지식을 배울 수 있다"는 **102a**18

---

35) 플라톤, 『대(大)히피아스』(*Hippias Meizōn*) 290C 아래, 293E 아래 참조.

36) 개별적인 명사들이 올바른 정의를 나타내고 있지는 못하지만, 대체로 정의의 기능을 수행하고 있다면 '정의적'이라고 말할 수 있다. 즉 '정의와 비슷한' 것이다. 한 단어로 된 정의는 '지식은 지각이다', '덕은 지식이다'와 같은 것이다.

37) 논리적 절차로서 '환위'를 뜻한다.

38) 두 진술, 즉 'A는 B의 고유속성이다'와 'A는 B와 교환해도(환위해도) 그것의 술어가 된다'는 서로 동치관계에 있다.

것은 인간의 고유속성이다. 어떤 것이 인간이라면 읽고 쓰는 지식을 배울 수 있고, 또한 만일 읽고 쓰는 지식을 배울 수 있다면 인간이기 때문이다. 다른 것에도 속할 수 있는 것을 고유속성이라고 누구도 말할 수 없을 테니까. 설령 '잠자기'가 어떤 시점에서 이따금 단지 인간에게만 속한다고 할지라도 '잠자기'를 인간에게 고유한 것이라고 말할 수는 없기 때문이다. 그러므로 이러한 어떤 것을 고유속성이라고 말할 수 있다고 해도 그것은 무조건적으로 그런 것이 아니며, 어떤 시점에서 혹은 무엇에 대한 관계에서 고유한 것이라고 말해지는 것이다. 왜냐하면 '오른쪽에 있음'은 어떤 시점에 고유한 것이지만, '두 발'은 무엇에 대한 관계에서 고유하다고 말해지기 때문이다. 예를 들면 말과 개와의 관계에서 두 발이 인간에게 고유한 경우가 그렇다. 다른 것에 속할 수 있는 그 어떤 것도 바꾸어서 술어에 부과될 수 없다는 것은 명백하다. 어떤 것이 자고 있다고 해서 그것이 인간이라는 것이 필연적으로 따라 나오지는 않기 때문이다.

유

102a31 유[39]는 종적으로 차이를 드러내는 다수의 것들에 대해 '그것이 무엇인가'라는 점에서 술어가 되는 것이다. '그것이 무엇인가라는 점에서 술어가 되는 것'은, 문제의 대상이 '무엇인가'라고 물었을 때 답변으로서 주어지는 데 적합할 수 있는 그런 것들이라고 말해두기로 하자. 예를 들면 인간의 경우에 (인간이) '무엇인가'라고 물었을 때, '동물이다'라고 답하는 것이 적합하다. '하나의 것이 다른 것과 동일한 유 안에 있는지 혹은 다른 유 안에 있는지' 하는 질문도 유적[40] 질문이다. 이러한 질문도 유의 탐구 방법과 동일한 탐구 방법에 포섭되는 것이니까. '동물'은 인간의 유이며, 마찬가지로 소(牛)의 유라고 논한다면, 우리는 그것들을 동일한 유에 포섭하려

39) ☞ genos.

40) '유적'이라고 옮긴 'genikon'은 '유와 비슷한'의 뜻을 갖는다. 앞서 102a9와 102b34에서 '정의적'(horikon)과 유비적으로 사용되었다.

고 논의한 것이 될 것이다. 그러나 그것이 한쪽의 것의 유이기는 하지만, 102b
다른 쪽의 것의 유가 아니라는 것을 보이고자 한다면, 이것들이 동일한 유 안에 있지 않다는 것을 논하게 될 것이다.

부수성

부수성[41]은 (1) 이것들 중 어느 것도 아닌, 즉 정의도, 고유속성도, 유 102b4
도 아니지만 해당하는 사물에 속하는 것이다. 또 부수성은 (2) 그것이 무엇이 되었든 하나의 동일한 것에 속하거나 속하지 않는 것이 가능할 수 있다.[42] 예를 들면 '앉아 있음'은 어떤 동일한 것에 속하거나 속하지 않는 것이 가능하다. '하양'의 경우도 마찬가지이다. 동일한 것이 때로는 하얗고, 때로는 하얗지 않더라도 아무런 지장이 없으니까.

그러나 부수성에 대한 정의식 (1)과 (2) 중에서 두 번째 것이 더 낫다. 102b10
첫 번째 정의식이 말해질 때, 누군가가 그것을 이해하고자 한다면 정의가 무엇인지, 유가 무엇인지, 또 고유속성이 무엇인지를 필연적으로 미리 알아야만 하지만, 이와 달리 두 번째 것은 그 자체로 말해진 것이 도대체 무엇인지를 알기 위해서는 그것만으로 충분하기 때문이다.

또한 상호 비교도 어떤 방식으로든 부수하는 것의 관점에서 말해지는 102b15
것은 부수성에 포함해 생각할 수 있어야 한다. 예를 들면 '아름다운 것과 유익한 것 중 어느 것이 더 바람직한 것일까'라든가, '덕에 따르는 삶과 향락에 따르는 삶 중 어느 쪽이 더 즐거운 것일까', 혹은 그밖에도 비슷한 방식으로 말해지는 것이 있다면 그 경우 또한 그렇다. 왜냐하면 이와 같은 것들의 모든 경우에 그 술어가 두 개의 것 가운데 어느 것에 더 부수

41) '부수성' ☞ symbebēkos.

42) 우연적 속성(부수성)은 일시적인 속성이다. 'A는 X의 우연적 속성이다'=A는 어떤 때에 X에 속하지만 다른 때는 아니다. (1) A는 X의 우연적 속성이다=A는 X에 속하지만, 필연적으로는 속하지 않는다. '항상'과 '때로는'은 '모든 것에 대해'와 '약간의 것에 대해'를 의미할 수 있다. (2) A는 B의 우연적 속성이다=어떤 A들은 X들이고, 어떤 A들은 B들이 아니다.

하고 있는가에 대한 탐구가 생겨나기 때문이다.

102b20 이것들로부터 분명해지는 것은, 부수성이 어느 때 혹은 어떤 것에 대해[43] 고유속성이 되는 것은 아무런 지장을 받지 않는다는 점이다. 예를 들면 '앉아 있음'은 부수성이지만, 그 사람 한 사람만이 앉아 있을 때, 그 때는 그 사람에게 일시적인 고유속성이 될 테지만, 한 사람만이 앉아 있지 않고 (여러 사람이 앉아 있을 경우에도) 앉아 있지 않은 사람들에 대해서는 앉아 있는 것이 관계적인 고유속성이 될 것이기 때문이다. 따라서 다른 무엇인가에 대해 또 어느 때에 부수성이 고유속성이 되는 것은 아무런 지장을 받지 않는다. 그러나 무조건적으로는 고유속성이 될 수 없다.

[……]

10개의 범주와 술어들과의 관계

제 9 장

103b20 이제 이것들 다음으로 앞서 언급되었던 네 가지 것이 속해 있는 '술어들의 유'들[44]을 구별해야만 한다. 이것들은 숫자상 열 개이다. 즉 '무엇인가', '얼마인가', '어떠한가', '무언가에 대해', '어디인가', '언제', '놓여 있는 모양', '가지고 있음', '행함', '겪음'[45] 등이다. 부수성, 유, 고유속성 그리고 정의식은 항시 이 술어들[46] 중의 하나 안에 있을 것이다. 왜냐하면 이것들을 통해 만들어진 모든 전제명제[47]는 실체나 양, 혹은 성질이나 다른 술어들 중 어떤 것을 나타내기 때문이다.

---

43) '어느 때'(pote), '어떤 것에 대해서'(pros ti).

44) '술어들의 유들'은 '범주들'을 가리킨다. ☞ katēgoriai.

45) '무엇인가'(실체/본질, ti esti), '얼마인가'(양, poson), '어떠한가'(성질, poion), '무언가에 대해'(관계, pros ti), '어디인가'(장소, pou), '언제'(시간, pote), '놓여 있는 모양'(keisthai), '가지고 있음'(소유, echein), '행함'(능동, poiein), '겪음'(수동, paschein).

46) '술어들'(katēgoriai).

47) '전제명제'(protasis).

이것들로부터 분명해지는 것은, '무엇인가'를 나타내는 '사람'이 때로는 실체를, 때로는 질을, 때로는 다른 술어들 중 어떤 것을 나타낸다는 점이다. 실제로 사람이 눈앞에 있어 그 눈앞에 있는 것을 '사람'이라거나 '동물'이라고 말하는 경우에, 그는 '무엇인가'를 말하고 또 실체[48]를 나타내고 있기 때문이다. 그러나 하양색이 눈앞에 있어 그 눈앞에 있는 것을 '하얗다' 혹은 '색깔'이라고 말할 경우에, 그는 '무엇인가'를 말하고 또 '성질'을 나타내고 있다. 또한 마찬가지로 1완척[49] 크기만한 것이 눈앞에 있어 그 눈앞에 있는 것을 '1완척의 크기를 가진 것'이라고 말하는 경우에, 그는 '무엇인가'를 말하고 또 '양'을 나타내는 것이다. 다른 술어들의 경우에서도 이와 마찬가지이다. 왜냐하면 이것들 각각은 해당하는 것에 대해 그 자체가 말해지는 경우이든, 그것에 대해 그 유가 말해지는 경우이든 간에 '무엇인가'를 나타내는 것이지만, 다른 것에 대해 말해지는 경우에는 '무엇인가'를 나타내는 것이 아니라 양이나 성질 혹은 다른 술어들 중의 하나를 나타내기 때문이다. **103b**27

따라서 논의가 그것들에 관해 행해지고, 또 논의를 구성하는 것들을 이렇게 말한 것이며, 또 이만큼의 숫자가 있다는 것이다.[50] 그러나 우리가 어떻게 그것들을 획득할 수 있을지, 또 무엇을 통해 우리가 논의의 수단을 충분하게 취급할 수 있게 되는지는 이것들에 이어 나중에 말해야만 한다. **103b**39

변증술적 전제명제들

제10장

그래서 먼저 변증술적 전제명제는 무엇이고 또 변증술적 문제는 무엇인 **104a**4

48) ☞ ousia.

49) 팔꿈치에서 가운뎃손가락 끝까지의 길이 정도의 단위(cubit), 약 45~50센티미터.

50) 앞의 제4장에서 논의했던 네 가지 종류의 술어들(정의, 고유속성, 유, 부수성)을 말한다.

지를 규정해보자. 모든 명제와 모든 문제가 변증술적인 것으로 간주되는 것은 아닐 테니까. 왜냐하면 지성을 가진 사람이라면 아무도 생각할 수 없는 것을 명제로 제기할 수 없을 것이며, 또한 모든 사람에게 혹은 대다수의 사람에게 명백한 것을 문제로 내놓는 일은 할 수 없을 것이기 때문이다.[51] 후자는 난제를 가지고 있지 않으며, 전자는 누구도 주장하지 않을 테니까.[52]

104a8 변증술적 전제명제는 모든 사람에게서 혹은 대다수의 사람에게서 혹은 지혜로운 사람에게서 (다시 말해 지혜로운 사람들 모두에게서 혹은 그 대다수에게서, 가장 지혜로운 사람에게서) 그렇다고 생각되는 것[53]이 질문의 형식으로 나오는 것으로 통념에 어긋나지 않는 것이다.[54] 사람들은 많은 사람이 생각하는 것[55]과 반대되는 것이 아닌 한, 지혜로운 사람들이 생각하는 것을 인정할 테니까.

104a12 변증술적 명제에는 일반적으로 그렇다고 생각되는 것과 비슷한 것들, 일반적으로 그렇다고 생각되는 것으로 여겨지는 것에 대한 반대를 부정하는 방식으로 제기된 것들, 또 이미 발견된 학문 내지는 기술에 따르는 그러한 견해들이 있다. 만일 "동일한 지식이 반대되는 것들을 대상으로 한다"라는 것이 일반적으로 그렇다고 생각되는 것이라면, "동일한 감각이 반대되는 것들을 대상으로 한다"라는 것도 일반적으로 그렇다고 생각되는 것처럼 보일 수 있을 테니까. 또 '글을 읽고 쓰는 지식이 수적으로 하나'라

---

51) 논의에 사용되는 전제는 동의를 얻어야 한다는 것이다. 또 설령 동의를 얻는다고 하더라도 누구나 다 받아들이는 사실이라면 문제로 물을 필요가 없다.

52) 아리스토텔레스의 학문 탐구의 출발점은 어떤 주제에 대한 아포리아(난제)를 제시하는 것이고, 철학적 활동은 그 난제를 '풀어가는 것'(diaporein, euporein)임을 기억하자. 아리스토텔레스에게서 '문제의 해결'(euporia)이 곧 '철학함'(philosophein)이다.

53) '그렇다고 생각되는 것' 혹은 '통념'(doxa).

54) 역설(paradoxos)을 말한다. 즉 '많은 사람에 의해 받아들여지는 의견에 반하는 것'은 제외된다.

55) 원어는 'doxa'(의견, 믿음)이다. ☞ doxa.

는 것이 통념이라면 '피리 부는 기술도 수적으로 하나'라는 것이 통념이다. 반면에 '글을 읽고 쓰는 기술이 다수라는 것'이 통념이라면, '피리 부는 기술도 다수'라는 것이 통념인 것처럼 보일 것이다. 이 모든 것들은 유사하고 같은 부류인 것처럼 보이니까.

마찬가지로 일반적으로 그렇다고 생각되는 것과 반대되는 것들도 그것 104a20
을 부정하는 명제의 형식으로 제기된다면, 일반적으로 그렇다고 생각되는 것으로 보일 수 있다. 사실상 "친구에게 잘 대해줘야만 한다"라는 것이 통념이라면 '그들에게 악하지 않은 것'도 통념일 테니까. 여기서 통념에 반대된 것은 '친구에게 악해야 한다는 것'이고, 한편 애초의 것과 반대된 것을 부정하는 방식으로 제기된 것은 "친구에게 악하지 않아야만 한다"라는 것이다.

이와 마찬가지로 "친구에게 잘 대해줘야만 한다"가 통념이라면, "적들에 104a25
게는 잘 대해주지 않아야만 한다"도 통념일 것이다. 이것 역시 반대된 것들의 부정의 형식을 따르고 있다. "적들에게 잘 대해줘야만 한다"는 것은 ("친구에게 잘 대해줘야만 한다"는 것의) 반대이기 때문이다. 그밖의 다른 경우에서도 마찬가지이다.

또한 제기된 명제와 비교해 반대인 것에 대해 반대인 것을 말하는 명제 104a30
도 통념으로 보일 수 있을 것이다. 예를 들면 "친구에게 잘 대해줘야만 한다"가 통념이라면, "적들에게는 악해야만 한다"도 통념이기 때문이다. "친구에게 잘 대해줘야만 한다"는 것이 "적들에게 악해야만 한다"는 것과 반대되는 것처럼 보일 수도 있으나, 그러나 이것이 정말로 그런지 혹은 그렇지 않은지는 반대인 것들에 대해 말하게 되는 곳에서 설명할 것이다.[56]

또 (학문 내지는) 기술에 따르는 그러한 견해도 변증술적 명제라는 것은 104a33
분명하다. 왜냐하면 누구나 이 주제들에 대해 검토한 사람들이 그렇다고 생각하는 것들[57]을 인정할 것이기 때문이다. 예를 들면 의술에 관한 것들

---

56) 『변증론』 I 7, 112b27-113a14 참조.

57) '그렇다고 생각하는 것들'(ta dokounta).

에 대해서는 의사의 견해를 인정하고, 또 기하학에 관한 것들에 대해서는 기하학자의 견해를 인정하려는 경우가 그렇다. 그밖의 것들[58]에서도 이와 마찬가지이다.

[……]

변증술적 추론: 귀납과 추론

제12장

105a10 이러한 것들이 규정되었으므로 이제 문답을 통한 변증술적 논의에는 얼마나 많은 종류가 있는지를 구별해야만 한다. 하나는 귀납[59]이고 다른 하나는 추론이다. 추론이 무엇인지는 앞에서 말한 바 있다. 귀납은 개별자들로부터 보편자로 이르는 통로이다. 예를 들면 지식을 가진 키잡이가 최고의 키잡이라면, 또한 전차를 모는 사람이 마찬가지로 그렇다면, 일반적으로 말해 각각의 일에 대해 지식을 가진 사람이 가장 뛰어난 사람이다. 귀납은 (추론보다) 더 설득력이 있으며 더 명료하고, 감각에 의해 더 잘 알려지는 것으로 많은 사람에게 공통되는 것이다. 이에 반해 추론은 더 강제적인 것으로 쟁론에 능한 사람에게 더 효과적이다.

[……]

58) 기술적 지식에 관련된 전문 분야.

59) ☞ epagōgē.

제 6 권

정의가 본질을 규정하고 있는지를 검사하는 토포스

제 4 장

그렇기에 정의하는 방식이 적절한지 적절하지 않은지는 앞에서 설명한 141a23
방식들과 그와 같은 방식들을 통해 검토되어야만 한다. 그에 반해 '그것이 무엇이라는 것'[60]을 말하고 정의를 부여하고 있는 것인지, 아니면 그렇지 않은 것인지는 다음과 같은 여러 가지 방식으로부터 검토되어야만 한다.

정의에서 사용된 명사는 더 앞선 것이고 더 잘 알려진 것이어야 한다

첫째로 상대방이 더 앞선 것과 더 잘 알려지는 것[61]을 통해 정의식을 141a26
구성하지 못했는지를 살펴봐야 한다. 왜냐하면 정의는 말해진 것[62]을 알게 하기 위해 부여된 것이지만,[63] 우리는 임의로 주어지는 것들로부터가 아니라 논증의 경우에서처럼 더 앞선 것과 더 잘 알려지는 것으로부터 아는 것이기 때문에 (모든 가르침과 배움은 그러한 방식이니까), 그러

60) 즉 '본질'(to ti en einai).

61) '더 앞선 것과 더 잘 알려지는 것'(protera kai gnōrimōtera)에 대해서는 아래의 141b3-142a16 참조. 이외에도 『자연학』 I 5, 189a5 아래; 『분석론 전서』 II 23, 68b35-37; 『형이상학』 VII 3, 1029b3-12; 『니코마코스 윤리학』 I 4, 1095b2-4 등 참조.

62) '말해진 것'(to lechthen)은 진술의 주어를 뜻한다.

63) 정의의 인식적 기능은 『변증론』 VI 전체의 논의 주제이다. 정의는 명사(名辭)의 의미를 설명하는 것이 아니라 정의된 사물의 본질(ousia)을 밝히는 데 그 목적이 있다(101b38).

한 것들을 통해 정의하지 않는 사람은 정의하지 않은 것임이 명백하다. 그렇지 않으면[64] 동일한 것에 대해 다수의 정의식이 있게 될 것이다. 더 앞선 것과 더 잘 알려진 것을 통해 정의하는 사람이 더 나은 정의를 줄 수 있다는 것은 분명하며, 따라서 어느 쪽도 동일한 것의 정의식이 되겠지만, 이러한 것은 일반적으로 받아들여지지 않는다. 왜냐하면 존재하는 각각의 것에 대해서 '바로 그 있음이라는 것'[65]은 하나이기 때문이다.[66] 따라서 동일한 것의 정의식이 다수 있게 된다면, 그 각각의 정의식에 따라서 분명하게 드러나는 '바로 그 있음'은 정의를 주는 것과 동일한 것이 될 것
141b 이다. 그러나 정의식들이 다른 이상, 이것들[67]은 동일한 것이 아니다.[68] 그러므로 더 앞선 것과 더 잘 알려지는 것을 통해 정의를 부여하지 않았던 사람은 전혀 정의하지 않았다는 것이 분명하다.

더 잘 알려진 말로 정의가 이루어지지 않았다는 것을 탐지하는 토포스

141b3 그런데 "더 잘 알려지는 것들을 통해 정의가 말해지지 않았다"라는 말은 두 가지 의미로 이해될 수 있다. 즉 '무조건적으로 더 잘 알려지지 않은 것'으로부터이거나, 아니면 '우리에게 더 잘 알려지지 않은 것'으로부터이다. 양자의 방식으로 다 가능할 수 있으니까. 그런데 무조건적으로 앞

64) '정의를 내리는 또 다른 방식이 있다고 하면'으로 의미를 새기면 전후 맥락에 대한 이해가 더 쉬울 것이다.

65) 원어는 'to einai hoper estin'이다. '본질'을 가리키는 표현이다.

66) 존재하는 것들 각각에 대해 하나의 '본질'밖에 없다는 것을 말한다.

67) 각각의 정의에 따라 드러나게 되는 '본질'을 의미한다.

68) 사물은 '하나의' 본질을 가진다. 정의는 사물의 본질을 나타낸다. 만일 동일한 것에 대해 '정의식', 즉 정의를 제시하는 정식이 여럿이라면 그것들 각각이 보여주는 본질은 동일한 것이어야만 한다. 그러나 정의식이 다른 이상, 그것이 보여주는 본질도 다르다. 그렇다면 모순이 발생한다. 따라서 앞선 가정은 논리적으로 부정된다.

선 것은 뒤진 것보다 더 잘 알려진 것이다. 예를 들면 일(一)[69]이 (뒤에 오는 다른) 수보다 더 잘 알려지는 것처럼 점은 선보다, 선은 면보다, 면은 입체보다 더 잘 알려진 것이다. 일(一)은 수보다 앞서고, 모든 수의 시작이니까. 이와 마찬가지로 자모[70]가 음절보다 더 잘 알려진다. 그러나 우리에게는 경우에 따라 그 역의 순서가 일어난다. 왜냐하면 입체는 특히 감각 아래에 들어오고, 면은 선보다 더 많이, 또 선은 점보다 더 많이 우리 감각의 대상이 되기 때문이다. 사실상 많은 사람은 이러한 것들을 앞서 알고 있으니까.[71] 왜냐하면 전자를 이해하는 것은 일상적 생각의 작용에 속하는 것이지만, 후자를 이해하는 것은 엄밀하고도 보통 이상의 생각 방식에 속하기 때문이다.

그렇기에 무조건적으로 더 앞선 것들을 통해 더 뒤진 것들을 알려고 141b15
시도하는 것이 더 나은 것이다. 그렇게 하는 것이 더 학문적이니까. 그렇다고 하더라도 그러한 것들을 통해 아는 것이 불가능한 사람들에 대해서는 어쩌면 그 사람들에게 알려진 것들을 통해 설명식을 구성하는 것이 필연적인 일이다. 그와 같은 정의식들의 유형에는 점, 선, 면의 정의식이 포함되어 있다. 이 모든 정의식은 더 뒤진 것들을 통해 더 앞선 것들을 분명하게 드러내는 것이니까. 요컨대, 점은 선의 한계이고 선은 면의 한계이며, 면은 입체의 한계라고 사람들은 말하고 있으니까.[72]

그러나 우리는 다음과 같은 점을 간과해서는 안 된다. 즉 적절하게 정 141b22
의하는 사람은 유와 종차를 통해 정의해야만 하며, 유와 종차는 종보다 무조건적으로 더 잘 알려지는 것이고 종보다 앞선 것들인 한, 우리에게 더 잘 알려진 것과 무조건적으로 더 잘 알려진 것이 공교롭게도 동일한

69) '일' 혹은 '단위'(monas).

70) '자모'라고 옮긴 'stoicheion'은 알파벳의 낱글자를 가리킨다.

71) 다시 말해 선과 점을 알기 앞서 면과 입체를 이미 알고 있다는 것을 말한다.

72) 플라톤, 『메논』 76A 참조. 이에 따르면 "입체를 한계짓는 것이 바로 형태(schēma) …… 형태는 입체의 한계"이다.

것이 아니라고 한다면, 뒤진 것을 통해 정의를 내리는 사람들은 정의되는 것의 '그것이 무엇이라는 것'을 분명하게 드러낼 수 없다고 하는 점이다. 실제로 유와 종차가 파기되면 종도 파기될 것이다. 따라서 이것들이 종보다 앞선다. 그러나 이것들이 종보다 더 잘 알려진 것이다.[73] 왜냐하면 종이 알려진다면 유와 종차도 알려지는 것이 필연적이지만('사람'을 아는 사람은 '동물'도 '육상의'도 알아야 하니까), 이에 반해 유와 종차를 알 수 있다고 하더라도 종을 안다고 하는 것이 필연적으로 따라 나오는 것이 아니므로 따라서 종은 더 잘 알려지는 것이 아니기 때문이다.[74]

141b34 게다가 그와 같은 정의식, 즉 각자에게 잘 알려진 것으로부터 이루어진 정의식들이 참으로 정의라고 주장하는 사람은 결국 동일한 것에 대해 많은 정의식이 있다고 말하게 될 것이다. 왜냐하면 더 잘 알려진 것은 다른 사람에게는 다른 것이어서 모든 사람에게 동일하지 않으며, 따라서 각자
142a 에게 더 잘 알려진 것들로부터 정의식이 구성되어야만 한다면 각각의 사람에 대해 다른 정의식이 부여되어야만 할 것이기 때문이다.

142a2 게다가 동일한 사람에게도 때에 따라 더 잘 알려지는 것이 다른데, 처음에는 감각적인 것이 더 잘 알려지지만, 그들의 사물을 꿰뚫어 보는 능

73) 'synanairein'은 문자적으로 '함께 파괴하다'이다. '사실상 유와 종차의 파기(synanairein)는 종의 파기를 초래할 것이다.' 이것은 존재론적 우선성과 인식론적 우선성을 포함하는 말이다. 만일 A와 B가 A의 존재를 파괴하는 그러한 것이라면, B의 존재의 파괴를 수반한다. 그 역은 참이 아니다. 그렇다면 A가 존재론적으로 B에 앞선다. 만일 A와 B가 A의 존재를 파괴하는 그러한 것이라면, B의 인식의 파괴를 수반한다. 그 역은 참이 아니다. 그렇다면 A는 B에 인식론적으로 앞서는 것이다.

74) 이것은 하나의 기준이다. "A를 아는 것이 B를 아는 것을 필연적으로 수반하지만, B를 아는 것이 A를 아는 것을 필연적으로 수반하지 않는다면, A가 B보다 더 잘 알려지는 것이다." 여기서 아리스토텔레스는 교차대구법(chiasmus)을 사용한다. 앞서 언급한 대로 유와 종차는 종보다 존재론적으로 앞선다(141b27-29). 또한 인식론적으로도 앞선다(제27행, 제29-34행). 종에 비해 종차의 우선성을 인정함으로써 아리스토텔레스는 종차가 종과 유를 함축하지 않는다는 주장을 받아들인다. 따라서 동일한 종차는 서로를 포함하지 않는 두 개의 유에 속하지 않게 된다. 그러나 이에 대한 의문은 아래의 144b12-20에서 논의된다.

력이 더 엄밀하게 되면 그 반대가 일어난다. 따라서 각각의 사람들에게 더 잘 알려지는 것들을 통해 정의식을 부여해야 한다고 주장하는 사람들에게는 동일한 사람에 대해서조차 부여해야만 할 정의식이 항상 동일하다고 할 수 없을 것이다. 그렇기에 그러한 것들을 통해 정의하는 것이 아니라 오히려 무조건적으로 더 잘 알려지는 것들을 통해 정의해야 한다는 것은 분명하다. 단지 그러한 방식으로만이 하나의 동일한 정의가 항상 생길 수 있을 테니까. 아마도[75] 또한 무조건적으로 더 잘 알려지는 것은 모든 사람에게 알려지는 것이 아니라 생각이 (지성능력에서) 좋은 상태에 놓여 있는 사람들에게 더 잘 알려지는 것이다. 그것은 마치 무조건적으로 건강한 것이 신체가 양호한 상태에 있는 사람들에게 건강한 것이 있는 것과 마찬가지이다. 그래서 (변증술적으로 논의하는 자들은) 앞에서 언급한 그러한 점들 그 각각을 엄밀히 논해야만 하겠지만, 또한 문답법적으로 논의하는 상황에 맞추어 이것들을 유익하도록 사용해야만 한다. 그러나 정의하는 사람이 무조건적으로 더 잘 알려지는 것들로부터도, 또한 우리에게 더 잘 알려지는 것으로부터도 설명식을 구성하지 못했다면, 그런 경우에 그 정의식은 가장 일반적으로 일치된 동의를 받아 파기하는 것이 가능하다.

그런데 정의하는 경우에 더 잘 알려지는 것들을 통해 행하지 않는 (1) **142a**17
하나의 방식은 우리가 앞서 말한 것처럼[76] 더 뒤진 것들을 통해 더 앞선 것들을 명확하게 드러내는 것이다. (2) 또한 다른 방식은 정지해 있는 것과 한정된 것의 설명식을 한정되지 않은 것과 움직이는 것을 통해 우리에게 부여하는 경우이다.[77] 왜냐하면 멈춰 있는 것과 한정된 것은 한정되지

75) 여기서 '아마도'(isōs)는 '틀림없이'라는 의미로 쓰였다. 아리스토텔레스 자신의 확신을 표현한다.

76) 『변증론』 VI 4, 141a26-27 참조.

77) 움직이는 것과 한정되지 않은 것을 통해 정지된 것과 한정된 것을 정의하는 오류를 지적하고 있다.

않은 것과 움직이는 것보다 더 앞서는 것이기 때문이다.

더 앞선 것들로 정의하지 않은 것을 탐지하는 방법

142a22 정의가 더 앞선 것으로부터 구성되지 않는 경우에는 세 가지 방식이 있다. (1) 첫째는 대립되는 것이, 예를 들면 좋음을 나쁨을 통해 정의하는 것처럼 그 대립하는 것을 통해 정의하는 경우이다. 대립되는 것들은 본성상 동시적이니까. 더구나 어떤 사람들의 생각으로는 동일한 지식이 대립되는 양자를 대상으로 삼기 때문에, 따라서 한쪽이 다른 쪽보다 더 잘 알려지는 것이 아니다. 그러나 몇몇의 것은 아마도 다른 방식으로[78] 정의할 수 없다는 것을 빠뜨려서는 안 된다. 예를 들면 절반이 없이는 두 배를 정의할 수 없으며, 또 그 자체로서 무언가와 관계적으로 말해지는 것들[79] 모두가 그렇다. 왜냐하면 그러한 모든 것에서 그 '있음'[80]은 무언가와의 관계에서 어떤 방식을 맺고 있는 것과 동일한 것이어서, 따라서 한쪽을 빼고 다른 쪽을 인식한다는 것은 불가능하기 때문이다. 바로 이런 이유로 한쪽의 설명식 안에 다른 쪽이 필연적으로 함께 포함되어 있어야만 한다. 그렇기에 그러한 모든 것을 아는 것이 필요하지만, 한편으로 실제로 유용하다고 생각되는 범위에서 이것들을 이용해야만 한다.[81]

---

78) 대립되는 것을 다른 한쪽의 대립되는 것을 통해 정의하는 것과 다른 방식으로.

79) '그 자체로 무언가에 관계적으로 말해지는 것들'이란 그 본질 규정이 '다른 것의', '다른 것보다'와 같은 관계를 포함해 성립되는 것을 말한다. 예를 들어 두 배는 '절반의' 두 배이고, 주인은 '노예의' 주인이다. 누군가가 노예의 주인이었다고 해도 그 사람은 '그 자체로 어떤 관계에서 말해진 것'이 아니다. 아리스토텔레스는 그 자체로 관계적인 것과 그렇지 않은 것(즉 부수적인 것)을 구별하고 있다. 그 자체로 관계적인 것의 본질은 무언가와 어떤 관계(pros ti pōs echein)를 가진다 (146b3).

80) '있음'이라고 옮긴 'einai'는 여기서 '본질'(to ti en einai)과 같은 뜻이다.

81) 앞서 논의한 바처럼 지적인 앎을 위해 '그 자체로 무언가와 관계적으로 말해지는 것'을 제대로 이해해야만 올바른 정의를 내릴 수 있다. 대립되는 것들의 인식이라는 측면에서는 한쪽이 다른 쪽을 빼놓고는 정의할 수 없다는 것을 알 필요가 있다. 한편, 실천적 방법인 문답을 통한 변증술에서는 대립하는 것들의 한쪽을 정의

(2) 또 다른 방식은 정의되는 것 자체를 사용하는 경우이다.[82] 그 142a34
러나 정의되는 것의 이름 그 자체를 사용하지 않을 경우에는 알아채
지 못하고 그대로 지나칠 수 있다. 예를 들면 해를 '낮 동안에 빛나는 142b
(hēmerophanes) 별'이라고 정의한 경우가 그것이다. '낮'(hēmera)을 사용한 사람은 '해'(hēlios)를 사용하는 것이니까. 그러나 이러한 유형의 (잘못된 정의의) 예를 찾아내기 위해서는 이름 대신에 설명식을 받아들여야만 한다. 예를 들면 '낮'은 '땅 위로 해의 운행'[83]이라고 하는 것처럼. 왜냐하면 '땅 위로 해의 운행'을 말한 사람은 '해'를 말했던 것이고, 따라서 '낮'을 사용한 사람은 '해'를 사용했다는 것이 분명하기 때문이다.[84]

(3) 또 하나는 대립 분할된 것[85] 중 하나를 그 다른 것에 의해 정의한 142b7
경우를 살펴보는 것이다. 예를 들면 '홀수'는 '짝수보다 단위 1만큼 큰 것'이라고 정의한 경우이다. 왜냐하면 동일한 유로부터 대립 분할된 것들은 본성상 동시적인 것이지만, 홀수와 짝수는 동일한 유에서 대립 분할된 것이기 때문이다. 이 둘은 수의 종차이니까.

(4) 또한 상위의 것을 하위의 분류에 속하는 것들에 의해 정의한 경우 142b11
도 마찬가지이다. 예를 들면 '짝수'를 '두 부분으로 나누어질 수 있는 수'라고 정의했는지, 혹은 '좋음'을 '덕의 소유'라고 정의했는지를 살펴봐야 한다. 왜냐하면 '둘로'(dicha)는 '둘'(dyo)에서 나온 것이고, '둘'은 짝수이고 또

하는 데 다른 쪽을 사용하고 있으며, 더 앞선 것을 통해 정의하고 있지 않다고 상대방을 비난하는 데 이용할 수 있다.

82) 정의되어야 하는 말(피정의항)을 정의 그 자체에 사용하는 경우를 말한다. 『형이상학』 VII 4, 1029b19 이하 참조.

83) 위서(僞書)-플라톤, 『정의들』 411B 참조("해가 떠서 질 때까지의 태양의 운행").

84) '해'(太陽)의 주어진 정의식이 '낮 동안에 빛나는 별'이라면, '낮'이란 말이 정의식인 '땅 위로 해의 운행'에 의해 대체되었다. 그러면 "해는 땅 위로 해의 운행 동안에 빛나는 별이다"가 된다. 그렇다면 이것은 정의되는 것인 '해'가 그 정의 안에 나타나고 있음을 보여준다.

85) 짝수와 홀수와 같이 '동일한 유에서 분할된 것들 간의 동계열적(同系列的)으로 대립하는 구성원들'을 말한다.

덕은 어떤 좋음이기 때문에, 따라서 둘과 덕은 각각 짝수와 좋음의 하위에 있는 것들이기 때문이다.[86] 게다가 하위의 것을 사용하는 사람은 필연적으로 정의되는 것 그 자체도 사용하지 않을 수 없다. 왜냐하면 덕을 사용하는 사람은 덕이 좋음의 일종이므로 좋음을 사용하는 것이며, 마찬가지로 또한 '둘로'를 사용하는 사람은, '둘로' 나누어지는 것이 '두 개로' 나누어지는 것을 의미하고[87] 또 둘은 짝수이므로 '짝수'를 사용하는 것이기 때문이다.

[……]

86) '둘로'와 '덕'(aretē)은 '둘'과 '좋음'의 하위에 속한다. 그러므로 둘에 의해 나누어질 수 있는 수인 '짝수'를 '둘로'의 견지에서, 또 '좋음'을 '덕'의 견지에서 정의하는 것은 앞서 '예로서 제시된 정의'와는 반대가 되는 셈이다.

87) '둘로' 나누어지는 것은 '두 개로' 나누어지는 것(eis duo diērēsthai)이며, '둘로'는 '둘'에서 나온 것이기에 그 하위에 속하는 것이다.

자연학

유재민 옮김

제1권

『자연학』[1]의 범위와 탐구 방법

원리에 관한 앎

제1장

원리들과 원인들과 원소[2]들을 갖는 모든 탐구 분야에 있어 안다거나 184a10
인식한다는 것은 이것들에 친숙해짐으로부터 따라 나오는 것이니(제일 원인들과 제일 원리들을 파악하고 그 원소들까지 파악한 후에야 비로소 우리는 개별 학문 분야를 안다고 생각하기 때문이다) 분명히 자연[3]에 관한 인식에 있어서도, 가장 먼저 해당 원리들과 관련된 것들의 구분을 시도해 보아야 한다. 그런데 자연을 따르는 탐구의 길이란 우리에게 더 잘 알려지고 더 분명한 것으로부터 자연에 있어서 더 분명하고 더 잘 알려지는 것으로 진행하는 것이다. 우리에게 알려지는 것들과 아무 조건 없이 알려지는 것들은 같지 않기 때문이다. 그러므로 우리는 이 방법대로 자연에 있어서는 덜 분명하지만 우리에게는 더 분명한 것으로부터 자연에 있어 더 분명하고 더 잘 알려지는 것으로 나아갈 수밖에 없다.[4] 그런데 우리에게

1) 제목은 (『범주론』 등의 경우와 달리) 아리스토텔레스 자신이 붙인 것으로 보인다. 그는 『자연학』 전체나 일부를 '*ta physika*', 즉 '자연(physis)에 대한 저술'이라고 불렀다. 부분적으로는 소크라테스 이전 자연철학자들의 '자연에 대하여'라는 저술명에서 영향받았을 것이다. 아리스토텔레스는 이들의 사유 일부를 제1권에서 다루고, 제2권 시작 부분에서 '자연' 개념을 어떻게 이해하고 있는지 설명한다.

2) '원리', '원인', '원소' ☞ archē, aition, stoicheion.

3) 『자연학』의 명목상의 주제는 '자연'(physis)이다. 자연은 어떤 물체 안에서 그 물체의 운동과 정지의 원리, 원인 노릇하는 구성성분을 가리킨다. 문맥에 따라 '자연'보다는 '본성'이 더 맞는 경우도 있다. 맥락에 맞춰 혼용해서 사용한다.

가장 먼저 명확하고 분명한 것은 오히려 복합적인 것들이다. 그런데 원소들과 원리들은 나중에 우리가 복합적인 것들을 분할함에 따라 이것들로부터 우리에게 친숙해지는 것이다.

보편자와 개별자

184a23 따라서 우리는 보편적인 것들로부터 개별적인 것들로[5] 나아가야 한다. 왜냐하면 전체는 감각에 더 잘 알려지는 것인데, 보편적인 것은 일종의 전체이기 때문이다. 보편적인 것은 여러 가지 부분들과 같은 것들을 포함
184b 하고 있기 때문이다. 그런데 이름들도 정의와의 관계에서 이와 똑같은 일을 겪는다. 이름은 가령 '원'처럼 막연히 일종의 전체를 가리키는데 반해, 원의 정의는 원을 개별적인 것들로 분할하기 때문이다. 아이들도 처음에는 모든 남자를 아빠라고 부르고 모든 여자를 엄마라고 부르지만, 나중에는 그것들 각각을 구분한다.

[……][6]

생성의 일반 원리

생성은 무작위의 과정이 아니며, 반드시 대립자를 포함한다

제5장

188a19 실로 그들은 모두 대립자들을 원리로 삼는다. 모든 것이 하나이며 움직이지 않는다고 말하는 사람들도(파르메니데스도 뜨거움과 차가움을 원리

4) 이런 방식의 인식에 대해서는 ☞ episthasthai #2.

5) 이 방법을 통해 우리는 처음 완전히 알지 못하던 일반 원리들을 분명하게 알게 된다. 이와 반대의 방법이 '귀납'이다. ☞ epagōgē.

6) I 2-4에서 아리스토텔레스는 (1) 생성의 실재성을 부인하는 엘레아학파(파르메니데스, 멜리소스)의 논변과 (2) 생성을 설명하는 데 요구되는 원리들에 대한 다른 소크라테스 이전 철학자들의 견해를 다룬다.

들로 삼는데, 그는 이것들을 불과 흙이라고 부르기 때문이다) 희박과 응축을 원리들로 삼는 사람들도 그러하다. 데모크리토스도 찬 것과 빈 것을 원리들로 삼는데, 그는 이것들 중 전자를 있는 것이라고, 후자를 있지 않은 것이라고 말한다. 게다가 그는 이것들이 자세, 형태, 배열에 의해 (다르게) 있다고 말한다. 그리고 이것들이 반대자들의 유들이다. 자세에는 위와 아래, 앞과 뒤가 있으며, 형태에는 각이 있음과 각이 없음, 곧음과 둥긂이 있다.

그러므로 분명히 그들 모두 어떤 식으로 대립자들을 원리로 삼는다. 이 188a26
것은 합리적이기도 하다. 왜냐하면 원리들은 서로로부터 생겨나거나 이외의 다른 것들로부터 생겨나서는 안 되고, 오히려 (다른) 모든 것들이 이것들로부터 생겨나는 것이어야 하기 때문이다. 그런데 제일의[7] 대립자들이야말로 이 조건들을 만족시킨다. 제일의 것들이어서 다른 것들로부터 생겨나지 않으며, 대립자여서 서로로부터 생겨나지 않는다.

하지만 이것이 어떻게 귀결되는지 언어 차원에서도 검토해 보아야 한 188a30
다. 먼저 모든 있는 것들은 어떤 것도 본성상 임의의 것이 임의의 것에 작용을 가하지도 임의의 것에 의해 작용받지도 않으며, 아무것이나 아무것으로부터 생겨나지 않는다고 상정해야 한다. 단 부수적이지 않은 방식으로 그렇다는 말이다. 그 이유는 이렇다. 교양 있음[8]이 하얗지 않음이나 검정에 부수하지 않는다면,[9] 하양이 교양 있음으로부터 어떻게 생겨날 수 있겠는가? 하양은 하얗지 않음으로부터 생겨나는데, 하얗지 않은 아무것에서나 생겨나는 것이 아니라 검정으로부터 혹은 (검정과 하양) 중간의 어떤 것으로부터 생겨나는 것이고, 교양 있음은 교양 없음으로부터 생겨나

7) 여기서 '제일의'라는 말은 '더 이상 환원 불가능한'을 의미한다.

8) '중성 관사+형용사'는 '상태'를 가리킬 수도 있고 '상태의 기체'를 가리킬 수도 있다. 그래서 '교양적임'으로 번역한 'to mousikos'는 '교양적인 것'을 가리킬 수도 있다. 하양이나 하얗지 않음도 마찬가지로 하얀 것과 하얗지 않은 것을 가리킬 수 있다.

9) 하얀 사람은 부수적으로 교양 있다. 교양 있음이 하얀 사람에게 본질적이지 않기 때문이다. 『형이상학』 1017a7-13 참조.

는데, 교양 없는 아무것에서나 생겨나는 것이 아니라 무교양적임으로부터 혹은 만일 그런 것이 있다면 (교양 있음과 무교양) 중간의 어떤 것으로부터 생겨나기 때문이다. 그리고 처음 임의의 것으로 소멸하지도 않는다. 가령
188b5 부수적인 방식으로 그런 것이 아니라면, 하양은 교양 있음이 아니라 하얗지 않음으로 소멸하며, 임의의 것으로 소멸하는 것이 아니라 검정이나 중간의 어떤 것으로 소멸하는 것이다. 마찬가지로 교양 있음은 교양 없음으로 소멸하는데, 임의의 것으로 소멸하는 것이 아니라 무교양적임이나 혹은 그런 것이 있다면 중간의 어떤 것으로 소멸한다.

188b8 이는 다른 경우들에도 마찬가지인데, 있는 것들 중에 단순하지 않은 결합된 것들의 경우조차 우리는 동일한 설명을 적용하기 때문이다. 다만 반대되는 상태들에 해당하는 이름이 없어서 우리가 이런 일이 일어나는 것을 알아차리지 못할 뿐이다. 왜냐하면 모든 조립된 것은 조립되지 않은 것으로부터, 조립되지 않은 것은 조립된 것으로부터 생겨날 수밖에 없으며, 조립된 것은 조립되지 않은 상태로 소멸할 수밖에 없기 때문인데, 이때 조립되지 않은 것은 임의의 것이 아니라 조립된 것과 반대되는 것이다. 그리고 이는 조립을 두고 말하건 배열이나 결합을 두고 말하건 간에 아무 차이가 없다. 설명이 동일하다는 것은 분명하기 때문이다. 그리고 집이든 동상이든 다른 어떠한 것이든 간에 마찬가지이다. 집은 특정 방식으로 특정의 것들이 결합해 있음으로부터가 아니라 분할되어 있음으로부터 생겨나며, 조각상이나 형태를 갖추고 있는 어떤 것은 형태 없는 상태로부터 생겨나기 때문이다. 이것들 각각에 있어서 어떤 것들은 배열이며, 어떤 것들은 결합의 일종이다. 그러므로 만일 이것이 참이라면, 생겨나는 모든 것은 대립자로부터 생겨나며, 소멸하는 모든 것도 대립자나 그 중간 것으로 소멸한다. 그런데 중간 것도 대립자들로부터 생겨난다. 가령 (중간의) 색깔들은 하양과 검정으로부터 생겨난다. 그 결과 자연에 의해 생겨나는 모든 것들은 (그 자체가) 대립자들이거나 대립자들로부터 생겨난 것이다. ……

[……][10)]

대립자 이외에 생성에는 기체가 필요하다

제6장

그리고 어떤 이들은 있는 것들의 본성을 이루는 구성요소를 더 많이 상정하기도 한다. 게다가 여기에 더해서 만일 대립자들 아래에 다른 어떤 본성[11]을 놓지 않으면, 누군가 다음의 의문을 제기할 수 있을 것이다. 우리는 있는 것들 중 그 어떤 것의 실체[12]가 대립자들인 경우를 결코 본 적이 없는데, 원리란 어떤 기체에 대해 말해지는 것이어서는 안 되기 때문이다. 그렇게 되면 원리의 원리가 있게 될 테니 말이다. 기체가 원리이고, 서술되는 것보다 앞서는 것으로 보이기 때문이다. 게다가 우리는 실체가 실체에 대립하지 않는다고 말한다.[13] 그러니 어떻게 실체 아닌 것들로부터 실체가 나올 수 있겠는가? 또 어떻게 실체 아닌 것이 실체보다 앞설 수 있겠는가?[14] 이런 까닭에 만일 누군가 앞선 논의와 이 논의[15]가 참되다고 생각하는 경우, 이 둘을 모두 보존하고자 한다면 제3의 것을 아래에 놓아야 한다. 모든 것은 하나의 본성, 가령 물이나 불 혹은 이것들 사이의 것으로 이루어져 있다고 말하는 자들이 하듯이 말이다. 그런데 사이의 것이 더 나아 보인다. 불과 흙과 공기와 물은 이미 대립들과 함께 섞여 있기 **189a**26

---

10) 제5장 나머지 부분에서는 아리스토텔레스 자신의 견해를 지지해 주는 여러 소크라테스 이전 철학자들의 견해를 검토한다.

11) 여기서 본성(자연, physis)은 밑에 놓여 있는 것으로, 존재론적으로 대립된 속성들을 받아들이는 담지자이자 언어적으로 대립자들이 그것에 대해 말해지는 주어이다.

12) 즉 대립자들 아래에 놓인 본성.

13) 여기서 “실체가 실체에 대립하지 않는다”(189a32-33)는 실체 자체의 대립자가 없다는 의미이다. 여기에 대해서는 『범주론』 3b24, 4a10 참조.

14) 실체가 실체에 대립한다면, 이 두 실체의 담지자가 필요할 것이다. 만일 이 담지자를 실체로 놓는다면 또다시 다른 담지자를 상정하게 되어 무한퇴행에 빠지게 된다. 따라서 실체가 실체에 대립한다면 두 실체의 담지자는 실체 아닌 것이어야 한다.

15) 앞선 논의는 ‘원리들은 대립자이다’이고, 지금 이 논의는 ‘제3의 원리가 필요하다’이다.

때문이다.

[……]

생성 일반: 단순한 생성과 복합 생성

제7장

189b30 그러므로 먼저 공통의 것들을 말하고 나서 그렇게 각각에 고유한 것들을 고찰하는 것이 자연에 따르는 것이니, 먼저 모든 생성(됨)[16]에 대해 다음과 같이 접근하면서 말해보자. 우리는 단순한 것들을 말하든 결합된 것들을 말하든 하나가 다른 하나로부터 생겨난다(된다)고 말하며, 어떤 것이 다른 어떤 것으로부터 생겨난다(된다)고 말하니 말이다. 나는 이를 다음과 같은 의미로 말하고 있다. 즉 사람이 교양 있게 될 수 있고, 교양 없음이 교양 있음이 되거나 교양 없는 사람이 교양 있는 사람이 될 수 있다.

190a1 한편으로 사람과 교양 없음처럼 '생겨나는(되는) 것'은 단순한 것을 의미하며, 교양 있음처럼 '생겨나는(되는) 무언가'[17]도 단순한 것을 의미한다. 다른 한편 교양 없는 사람이 교양 있는 사람이 된다고 말할 때는 '생겨나는(되는) 무언가'도 '생겨나는(되는) 것'도 결합된 것들을 의미한다. 그런데 어떤 경우에는 이러저러한 것이 된다고 말해질 뿐만 아니라 이러저러한 것으로부터 생긴다(된다)고도 말해지는데, 가령 교양 없음으로부터 교양 있음이 생긴다(된다)고도 말해진다. 하지만 모든 경우에 그렇게 말해지

---

16) 이곳 제1권에서 '모든 생성'(genesis)이란 '실체, 성질, 양, 장소 변화' 일체를 포괄하는 용어이다. 좁은 의미의 생성은 실체상의 변화만을 가리킨다. 아리스토텔레스는 여기서 '생성 일반'을 '무조건적인 생성'과 '조건적인 생성'으로 구분하는데, 전자에는 실체 변화가 후자에는 나머지 성질, 양, 장소 변화가 포함된다. 하지만 그가 생성을 여기서처럼 변화와 같은 의미로 사용하는 경우는 흔하지는 않다.

17) '생겨나는 무언가'(ho gignetai)는 생성의 산물을 의미한다. 해당 문맥에서 이는 사람이 교양 있는 것이 되었을 때 결과로서 '교양 있는 것'을 가리킨다. 이와 대조적으로 '생겨나는 것'(to gignomenon)은 생성 과정에 참여하고 있는 것, 사람이 교양 있는 것이 되거나, 교양 없는 것이 교양 있는 것이 될 때 과정을 겪는 '교양 없는 것'이나 '사람'을 가리킨다.

지 않는다. 왜냐하면 사람으로부터 교양 있게 된(생긴) 것이 아니라 사람이 교양 있게 된 것이기 때문이다.

그리고 우리가 단순한 것들이 생겨난다(된다)고 말할 때 생겨나는(되는) 것들[18] 중에서 존속하면서 생겨나는(되는) 것도 있고, 존속하지 않으면서 생겨나는(되는) 것도 있다. 왜냐하면 사람이 교양 있게 되는 경우 사람으로는 존속하고 (여전히) 있지만, 교양 없음과 무교양적임은 단순하게든 함께 놓인 것으로든 존속하지 않기 때문이다. **190a**9

이것들이 구분되면, '생겨나는(되는) 모든 것들'로부터 다음을, 즉 누군가 우리가 말한 대로 살펴본다면, 항상 생겨나는(되는) 어떤 것이 밑에 놓여 있어야 한다고 상정할 수 있다. 그런데 이것은 개수로는 하나이지만, 형상에 있어서만큼은 하나가 아니다. 나는 여기서 형상에 의한 것과 정의에 의한 것을 같은 의미로 말하는 것이기 때문이다. 사람의 본질과 무교양적임의 본질은 같지 않으니 말이다.[19] **190a**13

하나는 존속하지만, 다른 하나는 존속하지 않는다. 한편으로 대립자가 아닌 것은 존속하지만(사람은 존속하기 때문이다), 다른 한편으로 교양 없음, 즉 무교양적임은 존속하지 않고, 무교양적인 사람과 같이 둘로 결합된 것도 존속하지 않는다. 그런데 존속하지 않는 것들의 경우에는 무언가가 무언가로부터 생겨난다(된다)고 더 자주 말해지지, 이 무언가가 무언가가 된다고 말해지지 않는다. 가령 무교양적임으로부터 교양 있음이 생겨난다(된다)고는 말해져도 사람으로부터 교양 있음이 생겨난다(된다)고는 말해지지 않는다. 하지만 때때로 존속하는 것들의 경우에도 그렇게 말해진다. 왜냐하면 우리는 청동으로부터 조각상이 생겨난다(된다)고는 말해도 동이 조각상이 된다고는 말하지 않기 때문이다. 하지만 대립하면서 존속하지 않는 것은 두 가지 방식으로, 즉 이것으로부터 저것이 생겨난다(된다)고도, 이것이 저것이 된다고도 말해진다. 왜냐하면 무교양적임으로부터 **190a**17

18) 즉 사람이나 교양 없음.

19) ☞ to ti ēn einai #2.

(교양적임이) 생겨나기도(되기도) 하고, 무교양적임이 교양 있음이 되기도(생겨나기도) 하기 때문이다. 이런 이유로 결합된 것의 경우에도 그러하다. 무교양적인 사람으로부터 (교양적인 사람이) 생겨난다(된다)고도, 무교양적인 사람이 교양 있게 된다고도 말해지기 때문이다.

실체의 생성

190a31 그런데 '생겨난다(된다)'는 여러 가지 방식으로 말해지는데, 어떤 것들은 생겨난다고 말해지지 않고, 이것이 무언가가 된다고 말해지는데 반해, 실체들만큼은 무조건적으로 생겨난다(된다)고 말해진다. 다른 것들의 경우에는 분명히 생겨나는(되는) 어떤 것이 밑에 놓여 있어야 한다. (양, 성질, 관계, 시간, 장소 등은 밑에 놓여 있는 어떤 것에 속한 것으로 생겨나기 때문이다. 실체만 유일하게 다른 기체에 대해 말해지지 않고, 다른 모든 것들은 실체에 대해 말해지니[20] 말이다.)

190b1 그리고 실체들도, 무조건적으로 있는 (다른) 것들도 밑에 놓여 있는 어떤 것(기체)으로부터 생겨난다(된다)는 것은 탐구하는 자들에게 분명해질 것이다. 왜냐하면 생겨나고(되고) 있는 것이 그것으로부터 생겨나는(되는) 바로 그것이 항상 밑에 놓여 있기 때문이다. 식물들과 동물들이 그것으로부터 생겨나는(되는) 씨앗이 있는 것처럼 말이다. 그리고 무조건적으로 생겨나는(되는) 것들 중에서 조각상[21] 같은 것들은 변형에 의해, 성장하는 것들은 덧붙임에 의해, 어떤 것들은 헤르메스 상이 돌로부터 생겨나듯이(되듯이) 떼어냄에 의해, 또한 집처럼 결합에 의해 생겨나는(되는) 것들이 있고, 질료에 있어서 변화된 것들처럼 성질 변화에 의해 생겨나는(되는) 것들도 있다. 그런데 이런 식으로 생겨나는(되는) 모든 것들은 밑에 놓

20) 여기서 아리스토텔레스가 사용한 '기체에 대해 말해지다'의 의미는 『범주론』 1a21보다 넓다. 이곳과 다른 곳들(『형이상학』 1017b24, 1028b26)에서는 비본질적 속성들도 포함하는 데 반해, 『범주론』에서는 본질적 속성들로 의미 사용이 제한된다. '실체'와 '기체'에 대해서는 ☞ hypokeimenon.

21) 실체로서의 기술의 산물에 대해서는 ☞ technē.

여 있는 것[22]들로부터 생겨난(된)다는 것이 분명하다. 따라서 언급된 것들로부터 다음의 사실이 분명해진다. 생겨나는(되는) 모든 것은 항상 복합적이어서 한편으로는 생겨나(되어) 있는 어떤 것이 있고, 다른 한편으로는 이것이 되는(생겨나는) 어떤 무언가가 있다. 그런데 이것은 이중적이다. 밑에 놓여 있는 것이거나 대립해 있는 것이기 때문이다. 여기서 한편 무교양적임은 대립해 있다는 것을, 사람은 밑에 놓여 있는 것을 의미하고, 다른 한편 대립해 있는 것은 모양 없음, 형태 없음, 질서 없음을 의미하며, 밑에 놓여 있는 것은 동이나 돌, 금을 의미한다.

따라서 만일 자연에 의해 있는 것들의 원인들과 원리들이 있다면—그런데 자연에 의해 있는 것들은 그것들로부터 부수적으로 있고 생겨난 것이 아니라 이것들 각각이 실체에 따라 말해지는 것으로 있고 생겨난 것들인데—분명히 모든 것은 밑에 놓여 있는 것과 형태로부터 생겨난다. 왜냐하면 교양 있는 사람은 어떤 방식으로 보자면 사람과 교양 있음으로 구성되어 있는 것이기 때문이다. 이것[23]을 저 ('사람'과 '교양 있다'는) 말들로 분해할 수 있으니 말이다. 그러므로 생겨나는(되는) 것들이 그것들[24]로부터 생겨날(될) 것이라는 점은 분명하다. 그런데 한 편으로 밑에 놓여 있는 것은 개수로는 하나이지만, 형상으로는 둘[25]이다(한편으로 사람과 금과 질료 일반은 셀 수 있는 것이다. 이것이 오히려 개체[26]이고, 생겨나는(되는) 것은 부수적이지 않은 방식으로 이것으로부터 생겨난다(된다). 다른 한편으로 부수적인 것인 결여와 대립이 있다). 그리고 다른 한편으로 형상이 있다. 가령 질서나 교양이나 이런 식으로 서술되는 것들 중 또 다른 190b17

22) 즉 '기체' ☞ hypokeimenon.

23) 즉 교양 있는 사람.

24) 즉 기체와 형태. 여기서 '형태'로 옮긴 'morphē'는 '물리적 모양'이다. 하지만 190b28의 'morphē'는 형상(eidos)이다. ☞ eidos #4.

25) 형상으로는 둘=본질에 있어서는 둘, 즉 질료와 결여.

26) '개체' 혹은 '이것' ☞ tode ti.

어떤 것처럼 말이다.

원리는 두 개 혹은 세 개이다

190b29 이런 까닭에 원리들을 둘로 말해야 하는 방식도 있고, 셋으로 말해야 하는 방식[27]도 있다. 그리고 가령 누군가 교양과 무교양, 뜨거움과 차가움, 짜맞춰짐과 짜맞춰지지 않음을 말할 때, 원리들을 대립자들로 말해야 하는 방식도 있는 반면에, 대립자들은 서로에 의해 영향을 받을 수 없으므로 그렇지 않다고 말해야 하는 방식도 있다. 그런데 이 문제는 대립자와 다른 것으로 밑에 놓여 있는 것이 존재한다는 이유로 해결된다. 왜냐하면 밑에 놓여 있는 것은 대립자가 아니기 때문이다. 그래서 원리들은 어떤 방식으로는 대립자들보다 많지 않아서, 말하자면 개수로는 둘이라고 할 수 있지만, 그것들의 '본질'(임)[28]이 서로 다르기 때문에 단적으로 둘이라고 할 수는 없어서, 셋이라고 할 수 있을 것이다.[29] 왜냐하면 사람의 본질(임)과 무교양의 본질(임)이 다르고, 모양 없음의 본질(임)과 동의 본질(임)이 다르기 때문이다.

191a3 그러므로 생성(됨)과 관련된 자연물들의 원리들이 몇 개인지, 그리고 어떤 방식으로 그러한지가 이야기되었다. 분명히 대립자들 밑에는 무언가가 놓여 있어야 하며, 이 대립자들은 둘이다. 그런데 또 어떤 방식으로는 반드시 그런 것은 아니다. 왜냐하면 대립자들 중의 하나는, 그것이 떨어져 있느냐 곁에 있느냐에 의해 변화를 일으키기에 충분할 것이기 때문이다. 그런데 밑에 놓여 있는 자연은 유비적으로 알려질 수 있는 것이다. 왜냐하면 청동이 조각상과, 목재가 침대와, (질료나) 형상을 갖추기 전 형상 없는 것이 형상을 가지고 있는 것과 관계 맺는 방식으로, 그것이 실체, 이

27) 189b30 이하 참조.

28) '임' 혹은 '존재'(to einai).

29) 둘은 기체와 형상이고, 셋째가 결여이다. 결여는 형상에 있어서 기체와 다를 뿐, 수에서는 기체와 다르지 않다.

것,[30] 있는 것과 관계 맺기 때문이다.[31] 그러므로 이것이 비록 개체의 방식으로 하나이거나 있는 것은 아니긴 하지만 하나의 원리, 그 정의의 대상이 다른 하나의 원리이며, 이것의 대립자가 결여이다. 이것들이 어떻게 둘인지, 어떻게 이보다 많은지가 앞서 논의되었다. 처음에는 대립자들만이 원리들이라고 하다가[32] 나중에는 반드시 다른 어떤 것이 밑에 놓여 있기도 해야 하고, 세 개이기도 해야 한다고 논의되었다. 그리고 지금까지의 논의들로부터 무엇이 대립자들의 차이인지, 원리들이 어떻게 서로 관계를 맺는지, 밑에 놓여 있는 것이 무엇인지가 분명하다. 그런데 형상이 실체인지 밑에 놓여 있는 것이 실체인지는 여전히 분명하지 않다.[33] 하지만 원리들이 셋이며 어떻게 셋인지, 그리고 어떤 방식으로 그것들 각각이 원리인지는 분명하다. 따라서 원리들이 몇 개인지와 원리들이 무엇인지를 이 논의들을 통해 살펴본 것으로 하자.

생성이 불가능하다는 난제

제8장

다음으로 선대 사상가들의 난제도 오직 이런 식으로 풀린다는 것을 논 **191a**23
의해 보자. 진리, 즉 있는 것들의 본성을 찾아가던 최초의 철학자들은 무경험으로 인해 떠밀려서 말하자면 다른 길로 접어들어, 있는 것들 중 어떤 것도 생겨나거나(되거나) 소멸하지 않는다고 말한다. 생겨나는 것은 필

---

30) '개체' 혹은 '이것' ☞ tode ti.

31) 밑에 놓여 있는 본성(자연)을 X로 놓고 보자면 다음과 같은 관계가 성립한다. 동 : 동상=나무 : 침대=형상 없음 : 형상=X : 실체(개체, 존재자). 따라서 밑에 놓여 있는 본성 X는 어떤 실체나 개체를 놓고 그것과의 관계 속에서만 파악되는 것이지, 그 자체로 무엇이라고 말할 수 있는 것이 아니다.

32) 여기까지가 I 5-7의 요약이다.

33) 여기서 논의되는 후보는 '질료'와 '형상'뿐이다. 이 둘 외에 이 둘의 '결합물'이 실체의 후보로 유력하게 제시되는 다른 구절들은 다음을 보라. 『형이상학』 VII 3, 10-11, 1042a26-31 ☞ eidos.

연적으로 있는 것이나 있지 않은 것으로부터 생겨날 수밖에 없는데 이 둘 어느 쪽으로부터든 생성은 불가능하기 때문이다. 있는 것은 생겨날 수 없고(이미 있는 것이니 말이다), 있지 않은 것으로부터는 어떤 것도 생겨날 수 없다고(무언가 밑에 놓여 있어야 하니 말이다) 말하기 때문이다. 그들은 뒤따르는 결론을 부풀려서 여럿은 있지 않고 오직 있는 것 자체[34]만 있다고 말한다.

난제의 해결

191a33 그래서 그들은 언급된 이유들로 이러한 견해를 취했던 것이다. 반면에
우리는 '있는 것이나 있지 않은 것으로부터의 생겨남(됨)'이나 '있지 않은
것이나 있는 것이 무언가를 만들거나 겪거나 어떤 것이든 그것이 됨'은 어
떤 측면에서는 '의사가 무언가를 만들거나 겪거나 의사로부터 무언가가
있거나 생겨남(됨)'과 아무런 차이도 없으니, 후자가 두 가지 의미로 말해
지는 이상 '있는 것으로부터 무언가가 있거나 생겨남, 있는 것이 무언가를
191b4 만들거나 겪음'도 그럴 것임이 분명하다고 말한다.[35] 그래서 의사가 집을
짓는 것은 의사인 한에서가 아니라 집을 짓는 자인 한에서 그런 것이고,
그가 하얗게 되는 것은 의사인 한에서가 아니라 검은 자인 한에서 그렇
게 되는 것인 반면에, 의사인 한에서 그는 치료도 하고 의사 아닌 자도 되
는 것이다.

191b6 하지만 만일 의사가 의사인 한에서 이와 같은 일들을 겪거나 무언가를 만들거나 무언가가 생겨나는(되는) 것이라면, 우리는 가장 고유한 의미에서 의사는 무언가를 만들거나 겪거나 의사로부터 무언가가 생겨난다(된다)고 말하는 것이기 때문에, 있지 않은 것으로부터의 생겨남(됨)도 (가장

34) 파르메니데스의 일원론.

35) 논증 구도는 이렇다. "A라고 말하는 것은 어떤 방식에서는 B라고 말하는 것과 아무 차이가 없다. 그런데 B라고 말하는 것은 두 가지 의미를 갖는다. 따라서 A라고 말하는 것도 두 가지 의미를 갖는다." 있는 것, 'to on'을 주어로 하는 명제 A와 의사를 주어로 하는 명제 B의 관계를 설명하고 있다.

고유한 의미로는) 이것, 즉 있지 않은 한에서 그렇다는 것을 의미하는 것이 분명하다. 그들은 바로 이것을 구분하지 않아서 멀어졌던 것이고, 이 무지로 인해 그만큼 더 무지해져서 그 결과 그들은 (있는 것 이외에) 다른 것들 중에는 생겨나는(되는) 것도, 있는 것도 없다고 생각한 것이고, 모든 생성을 제거해 버린 것이다. 그런데 우리 자신도 무조건적으로는 있지 않은 것으로부터 어떤 것도 생겨나지(되지) 않지만, 부수적인 방식과 같은 방식으로는 있지 않은 것으로부터 생겨난다(된다)고 말한다. (왜냐하면 결여, 즉 그 자체로는 있지 않은 것으로부터 안에 들어 있지 않은 무언가가 생겨나는데(되는데), 이것이 놀라움을 일으키는 것이며, 있지 않은 것으로부터는 이런 식으로 무언가가 생겨나는(되는) 것은 그들에게 불가능해 보였기 때문이다.) 그리고 마찬가지로 부수적인 방식이 아니라면 있는 것으로부터의 생겨남(됨)도 없으며, 있는 것이 생겨나지도(되지도) 않는다. 하지만 그런 (부수적인) 방식으로 다음의 것도 생겨나는데, 동물로부터 동물이, 즉 특정 동물로부터 특정 동물이 생겨나는 것처럼 말이다. 예를 들어 개는 말로부터 생겨난다. 왜냐하면 개는 특정 동물로부터 생겨날 뿐만 아니라 동물로부터도 생겨날 텐데 동물인 한에서 동물로부터는 아닐 것이기 때문이다. 이것[36]은 이미 안에 있는 것이니 말이다. 하지만 만일 부수적이지 않은 방식으로 어떤 것이 동물이 될 것이라면, 동물로부터 있게 되지는 않을 것이고, 만일 어떤 있는 것이 생겨날 것이라면, 있는 것으로부터 있게 되지도, 있지 않은 것으로부터 있게 되지도 않을 것이다. 왜냐하면 '있지 않은 것으로부터'가 무엇을 의미하는지, 즉 있지 않은 한에서 그런 것임을 우리가 언급했기 때문이다. 게다가 '모든 것은 있거나 있지 않다'도 부정한 것은 아니다.

36) 즉 동물.

변화에서 기체의 중요성

191b27 이것이 (난제를 해결하는) 한 가지 방식이며, 또 다른 방식으로 같은 것을 가능태와 현실태를 통해 말할 수 있다. 그런데 이것은 다른 여러 곳에서[37] 보다 정확하게 구별되었다. 따라서 우리가 말했던 대로 앞서 언급된 것들 중 몇 가지를 그들로 하여금 부정할 수밖에 없게 만드는 이유인 난제들이 해결된다. 왜냐하면 이전 사람들도 이 이유로 이만큼이나 생성과 소멸, 변화 일반에 이르는 길에서 벗어났기 때문이다. 만일 그들이 바로 이 자연을 보았더라면, 이것이 그들을 무지로부터 벗어나게 해주었을 것이다.

플라톤주의자들 비판

제 9 장

191b35 그런데 이것에 접한 또 다른 이들[38]도 있긴 하지만, 충분히 그런 것은 아니다. 그 이유는 다음과 같다. 먼저 그들은 무언가가 무조건적으로 생겨나는 것은 '있지 않은 것으로부터'라고 하면서 이 점에서 파르메니데스

192a 가 올바로 말한다는 데 동의한다.[39] 다음으로 그들이 보기에 만일 이것이 개수로 하나라면, 가능적으로도 하나일 뿐이다. 하지만 이것은 아주 큰 차이를 갖는다. 왜냐하면 우리는 질료와 결여가 다르고, 그 중 하나인 질료는 부수적인 뜻에서 있는 것이 아니지만, 결여는 그 자체로 (있는 것이

---

37) 여기서 '다른 여러 곳'은 (1) 『형이상학』 V 7, 1017a35-b9의 가능태와 현실태 논의와 V 12의 가능태에 관한 논의, (2) 『형이상학』 제IX권(특히 제6장)과 제VIII권, 그리고 제I권의 몇 구절, (3) 소실된 저술의 일부일 수 있다.

38) 아래 192a6-8로 보건대, 이들은 '쓰이지 않은 학설'의 저자인 플라톤과 이를 따르는 플라톤주의자들로 보인다. 『형이상학』 I 9; 『자연학』 IV 2, 209b7-16, 209b33-210a2 참조.

39) 파르메니데스는 (1) '생성은 있지 않은 것으로부터' 있어야 하는데, (2) '있지 않은 것으로부터의 생성'은 불가능하므로 이로부터 (3) '생성'이 불가능하다고 논증한다. 플라톤주의자들은 (1)은 받아들이지만, (2)를 거부하기 때문에, 결과적으로 (3)을 받아들이지 않는 것이다.

아니라고) 주장하면서, 전자인 질료는 실체와 가까운 것이면서 어떤 점에서는 실체이기도 하지만, 후자는 결코 그렇지 않다고 주장하는 것이다. 반면에 그들은 큼과 작음을, 같이 묶어서 보든 하나씩 따로 보든 간에 (그 자체로든 부수적으로든) 똑같이 비존재자[40]라고 주장하기 때문이다.

그러므로 이 삼항 도식과 저 삼항 도식은 완전히 다르다. 왜냐하면 그 192a9
들은 여기, 즉 어떤 본성이 밑에 놓여 있어야 한다는 데까지는 도달했지만, 이것을 하나로 상정하고 있기 때문이다. 설사 누군가 이것을 큼과 작음이라고 말하면서 둘로 상정한다고 해도 (하나라고 하는 것과) 별반 다를 바 없이 같은 것을 상정하는 것이기 때문이다. 다른 것[41]을 간과했으니 말이다. 왜냐하면 밑에 남은 것[42]은 마치 어머니처럼 형상과 더불어[43] 생겨나는 것들의 공동의 원인 노릇을 하는 데 반해, 대립의 다른 부분[44]은 종종 그것이 갖는 부정적인 측면에 정신을 집중하는 자들에게는 전적으로 존재하지 않는 것으로 떠오를 수 있기 때문이다.[45] 만일 신적이고 좋으며 목표가 될 만한 무언가가 존재한다면, 결여는 그것에 대립하는 것이고, 질료는 자신의 본성에 따라 그것을 본성적으로 지향하며 욕구하는 것이라고 말할 것이기 때문이다. 그러나 그들에게는 그 대립자가 자기 자신의 소멸을 욕구하는 것으로 귀결된다.[46] 하지만 형상은 그 자체로 자신을 지향할 수 없고(부족한 게 없기 때문이다), 대립자도 그럴 수 없다(대

40) 혹은 '있지 않은 것'(to me on).

41) 즉 결여의 측면.

42) 즉 질료.

43) 이런 뜻의 '형상'에 대해서는 ☞ to ti ēn einai #6.

44) 즉 결여.

45) 질료(공간, chōra)가 형상을 받아들이기 전에는 형상이 없는(formless) 상태이다. 플라톤, 『티마이오스』 50c 이하 참조.

46) 밑에 놓여 있는 본성(기체)이 갖는 질료와 결여의 성격을 분명하게 인식하지 않으면, 결여가 형상을 욕구하게 된다. 사실은 질료가 형상을 욕구하는 것임에도 불구하고 말이다.

립자들은 서로를 소멸시키기 때문이다). 그게 아니라 이것[47]은 질료로, 마치 여자는 남자를, 추한 것은 아름다운 것을 지향한다. 단 그 자체로 추한 것이 아니라 부수적으로 추한 것을 배제한다면, 그 자체로 여자가 아니라 부수적으로 여자인 것을 배제한다면 그렇다.

질료는 생겨나거나 소멸하지 않는다

192a25 질료는 어떤 측면으로는 생겨나고 소멸하지만, 어떤 측면으로는 생겨나고 소멸하지 않는다. 안에 있는 것의 측면에서 보자면 이것은 그 자체로 소멸하는 반면에(소멸하는 것이, 즉 결여가 그것 안에 있는 것이니 말이다), 가능성 측면에서 보자면 그것은 그 자체로 소멸하지 않고, 소멸도 생성도 불가능할 수밖에 없기 때문이다. 그 이유는 이렇다. 만일 한편으로 그것이 생겨난다면, 먼저 어떤 것, 즉 안에 들어 있으면서 그것으로부터 생겨나는 바로 그 어떤 것이 밑에 놓여 있어야 하는데, 이것이 본성 자체이고, 따라서 그것은 생겨나기 전에 있게 될 것이다(질료란 각 개체의 가장 밑에 놓여 있는 것을 의미하며, 그것이 부수적이지 않은 방식으로 안에 들어 있다가 그것으로부터 무언가가 생겨나는 것을 의미하니 말이다). 그리고 다른 한편으로 만일 그것이 소멸한다면, 이것에 마지막으로 이르게 될 것이므로 그것은 소멸하기 전에 소멸해 있을 것이기 때문이다. 형상에 속하는 원리와 관련해 이것이 하나인지 여럿인지, 그리고 그것 혹은 그것들이 무엇인지 정확하게 규정하는 것은 제일 철학이 할 일이니, 그 적
192b 절한 때를 위해 제쳐놓도록 하자.[48] 하지만 우리는 다음 논의들 속에서 자연적이고 소멸 가능한 형상들에 관해 말하게 될 것이다. 그러니 이렇게 원리들이 있다는 것, 원리들은 무엇인지, 개수로 몇 개인지를 규정한 것으로 하자. 다시 다른 시작점을 잡아서 논의를 해보자.

47) 즉 형상을 지향하는 것.

48) 『형이상학』 VII-IX, XII 참조.

제 2 권

질료로서의 자연과 형상으로서의 자연

자연적 대상과 비자연적 대상 간의 차이

제1장

존재하는 것들 중에 어떤 것들은 자연에 의해 존재하고, 어떤 것들은 **192b**8
다른 원인들 때문에 존재하는데, 자연에 의해 존재하는 것들에는 동물들과 그 부분들, 식물들, 그리고 단순한 물체들, 예컨대 흙, 불, 공기, 물[49]이 있다(우리는 이것들과 그 비슷한 것들이 자연에 의해 존재하는 것들이라고 말하기 때문이다). 그런데 이것들 모두는 자연에 의해 결합되지 않은 것들과는 분명 다르다.

자연에 의해 존재하는 각각의 것들은 — 장소가 바뀌거나, 커지고 작아 **192b**13
지거나, 성질이 바뀌는 — 운동과 정지의 원리[50]를 자신 안에 가지고 있다. 반면에 침대나 겉옷 그리고 이런 종류의 것들과 관련해 한편으로 이것들이 각각의 명칭을 갖는 한에서는, 그리고 기술을 통해 생겨난 한에서는 아무런 타고난 변화의 추동력도 가지지 않지만, 다른 한편으로 이것들이 마침 돌로 혹은 흙으로 혹은 이 양자의 혼합물로 이루어진 한에서, 그리고 그만큼인 한에서는 자연적인 변화의 추동력을 갖는다. 자연은 이것이 일차적으로 그 자체로 속하는, 즉 부수적이지 않게 속하는 것의 운동과 정지의 원리이자 원인이라는 이유에서 말이다. (내가 부수적이지 않다

49) 원소들의 자연운동 ☞ physis #1.

50) '운동', '원리' ☞ kinēsis, archē. 여기서 언급된 세 범주상의 운동은 제1권 제7장에서 '조건적인 생성'(ti genesis)과 같다. '변화'로 번역할 수도 있다.

고 말한 의미는 다음과 같다. 어떤 사람 자신이 의사이면서 자신의 건강의 원인이라고 할 때, 그는 의사이기는 하지만 치료 받는 자인 한에서 의술을 가진 자는 아니고, 같은 사람이 의사이면서 부수적으로 치료 받는 자가 된 것일 뿐이다. 이런 이유로 이것들이 늘 함께 발견되지 않는 것이다.) 다른 제작물들 각각의 경우에도 마찬가지이다. 이것들 중 어느 것도 제작의 원리를 자신 안에 지니는 것은 없다. 이것들 중에서 어떤 것들, 가령 집이나 손으로 만들어진 것들 각각은 외부의 다른 것들 안에 제작의 원리를 가지며, 또 어떤 것들은 자신 안에 갖기는 하지만, 그 자체로가 아니라 부수적으로 자신들에게 원인이 될 수 있는 것들이다.

자연을 지닌 것이 실체이다

192b32 따라서 자연은 앞서 언급된 바의 것이다. 이런 원리를 지닌 것들이 자연을 지닌 것들이다. 그리고 이것들은 모두 실체이기도 하다. 왜냐하면 실체는 일종의 밑에 놓여 있는 것[51]이고, 자연은 밑에 놓여 있는 것 안에 항상 있기 때문이다. 이것들과 이것들에 그 자체로 속하는 것들, 가령 불에 있어 상향운동 같은 것들은 자연을 따르는 것들이다. 왜냐하면 이것은 자연도 아니고 자연을 지닌 것도 아니지만, 자연에 의한 것이고 자연을 따르는 것이기 때문이다. 따라서 자연이 무엇인지, 그리고 자연에 의한 것과 자연을 따르는 것이 무엇인지가 논의되었다.

193a3 하지만 자연이 존재하는지를 증명하려는 시도는 우스운 일이다. 이와 같은 존재자들이 많이 있다는 것은 분명한 것이기 때문이다. 그리고 분명한 것을 분명하지 않은 것을 통해 증명하는 일은 그 자체를 통해 알려지는 것[52]과 그 자체를 통해 알려지지 않는 것을 판별하지 못하는 자에게

51) 실체와 밑에 놓여 있는 것의 관계 ☞ hypokeimenon #3. 앞의 190b36 이하 참조.

52) '그 자체를 통해 알려지는 것'에 대해서는 『분석론 전서』 64b35; 『변증론』 100b1-2; 『분석론 후서』 II 19 참조.

나 어울리는 일이다. 그런데 이런 일이 일어날 수 있음이 불확실한 것은 아니다. 날 때부터 장님인 누군가는 색에 대해 추론할 수 있을 테니 말이다. 그러므로 이런 자들에게는 논의가 이름들에 관한 것일 뿐, (그 자체에 대해서는) 아무것도 사유하지 못할 수밖에 없다.

어떤 사람들은 질료를 자연이라고 생각한다

어떤 사람들에게는 자연에 의해 존재하는 것들의 자연이자 실체는 각 개체에 일차적으로 들어 있는 것,[53] 즉 그 자체로는 형체 없는 것으로 보인다. 가령 침대의 자연은 나무이고, 조상의 자연은 청동이다. 그 표지로 안티폰은 다음과 같이 말한다. 만일 누군가가 침대를 묻었는데, 썩어서 싹을 틔울 정도의 힘을 얻는다면, 생겨난 것은 침대가 아니라 나무일 것이다. 이때 부수적으로 속하는 것은 침대를 만드는 관습적 배열이자 기술이지만, 실체는 이런 것들을 겪으면서도 연속해서 남아 있는 것이기 때문이다. 하지만 만일 이것들 각각이 또한 (보다 하위의) 다른 것과 동일한 관계를 맺는다면(가령 청동과 금이 물과, 뼈와 나무가 흙과,[54] 그리고 임의의 다른 것들이 마찬가지의 관계를 맺는다면), 이것은 저것들의 자연과 실체일 것이다. 이런 이유로 어떤 이들은 불이, 어떤 이들은 흙이, 어떤 이들은 공기가, 어떤 이들은 물이, 어떤 이들은 이것들 일부가, 어떤 이들은 이것들 전부가 있는 것들의 자연이라고 말하는 것이다. 왜냐하면 이들 중 누군가가 선택한 것이 하나이든 여럿이든 그 무엇이 되었든 간에 이것을 혹은 이것들을 그들은 모두 실체라고 말하고, 다른 모든 것들은 이것들의 193a9

53) '제일 질료'가 아니라 '근접(proximate) 질료'를 가리킨다. 침대가 나무를 질료로 가지고, 나무가 4원소를 질료로 가질 때 침대에 '처음으로 들어 있는 것'은 침대의 관점에서 가장 근접해 있는 나무이지, 한 단계 건너 확인되는 4원소나 그보다 한 단계 이전의 이른바 제일 질료가 아니다. ☞ hyle #2-3.

54) 물과 흙은 모든 물질을 구성하는 네 개의 원소들 중 둘이다(192b10). 이것들은 변화의 존속하는 기체들이자 서로 결합해서 보다 복잡한 유형의 (동질적) 물질들(동이나 금, 뼈나 피 등)을 구성한다. 『생성소멸론』 II 3-5 참조.

성질들, 상태들, 배열들이라고 말하면서, 또한 이것들 중 일부는 그게 무엇이든 영원하지만(이것들에는 자신들로부터의 변화가 없으니까), 다른 것들은 끝없이 생겨나고 소멸한다고 말하기 때문이다. 그러므로 한 가지 방식으로 자연은 자신 안에 운동과 변화의 원리를 지니는 것들 각각에 일차적으로 밑에 놓여 있는 질료라고 말해지고, 다른 방식으로는 정의를 따르는 모양과 형상[55]이라고 말해진다.

형상도 자연이다

193a31 왜냐하면 기술을 따르는 것과 기술적인 것이 기술로 불리듯이 자연을
따르는 것과 자연적인 것은 자연으로 불리는데, 전자의 경우 만일 침대가
가능적으로만 있지 아직 침대의 형상을 갖추지 않고 있다면, 우리는 이것
에 대해 아직 기술을 따른 것이라고도 기술적인 것이라고도 말하지 않을
테니, 자연에 의해 결합된 것들의 경우에도 그럴 것이기 때문이다. 가능적
으로 살이거나 뼈인 것은 우리가 그것에 의해 살이나 뼈가 무엇인지를 규
정하게 되는 정의를 따르는 형상을 이것들이 취하기 전까지는 아직 자신
의 자연을 갖추지 않은 것이고, 자연에 의해 존재하는 것도 아니기 때문
193b3 이다. 따라서 다른 방식으로 자연은 자신들 안에 운동의 원리를 지닌 것
들의 형태와 형상일 것이며, 정의를 따라 규정할 때가 아니라면 분리될
수 없을 것이다.[56] (이것들로부터 이루어진 것, 예컨대 사람은 자연이 아
니라 자연에 의한 것이다.)

193b6 그런데 형상이 질료보다 더 자연이다. 그 이유는 이렇다. 각각의 것은 가능적으로 있을 때보다 현실적으로 있을 때 더 각각의 것이라고 말해진다. 게다가 사람은 사람으로부터 생겨나지만,[57] 침대는 침대로부터 생겨나지 않는데, 이런 까닭에 꼴이 아니라 나무를 침대의 자연이라고 말하는

55) '모양, 즉 형상'으로 옮길 수 있다. ☞ eidos #5.

56) '분리될 수 있는' ☞ chōriston #3.

57) '사람이 사람에서 생겨난다' ☞ eidos #6.

자들도 있다. 싹이 나면 침대가 아니라 나무가 생겨날 테니 말이다. 따라서 만일 이것(침대)이 기술이면, 형태도 자연이다. 사람은 사람으로부터 생겨나기 때문이다.

게다가 이른바 생성으로서의 '자연'은 자연을 향하는 과정이기 때문이다.[58] 이는 치료 과정과 같지는 않은데, 치료 과정은 치료술을 향하는 것이 아니라 건강을 향하는 것이라고 말해지기 때문이다. 치료 과정은 치료술을 향하는 것이 아니라 치료술에서 시작될 수밖에 없는데, '자연'과 자연의 관계는 그렇지 않고, 자라는 것은 자라는 한에서 무언가로부터 시작해서 무언가를 향하기 때문이다. 그렇다면 무엇을 향해 자라는가? 시작점이 아니라 끝점이다. 그러므로 형태가 자연이다. 193b12

형태와 자연은 두 가지로 말해진다. 결여 역시 어떤 방식으로는 형상이기 때문이다. 하지만 무조건적인 생성과 관련해서 결여, 즉 (형상의) 대립자가 있는지 없는지는 나중에[59] 고찰해야 한다. 193b18

수학자와 달리 자연학자는 질료를 탐구한다

제2장

자연을 여러 방식으로 구분했으니, 다음으로 우리는 수학자가 자연학자와 무엇이 다른지 탐구해야 한다. (자연적인 물체들도 면과 입체, 선과 점을 갖는데, 수학자가 이것들을 연구하기 때문이다.) 게다가 우리는 천문학이 자연학과 다른지, 아니면 그 일부인지 탐구해야 한다. 해와 달의 무엇임을 아는 것은 자연학자가 할 일인데, 이것들에 그 자체로 부수하는 것들[60]은 할 일이 아니라면, 이는 이치에 어긋나기 때문이고, 특별히 자연에 관해 말하는 자들은 달과 해의 모양에 관해서도, 이에 더해 땅과 천체가 구형인지 그렇지 않은지에 관해서도 말하는 것이 분명하기 때문이다. 193b22

58) 그리스어에서 'physis'는 '성장'이라는 의미도 갖는다. ☞ physis #1.

59) 『자연학』 V 1.

60) '그 자체로 부수하는 것들'은 논증 이론의 고유한 관심사이다. ☞ symbebēkos #3.

193b31 그런데 이것들에 관해서는 수학자도 다루는데, 다만 각각의 것을 자연적인 물체의 경계인 한에서는 다루지 않을 뿐이다. 그리고 부수하는 것들도 자연적인 물체에 부수하는 한에서 탐구하지 않는다. 이런 까닭에 그는 (탐구하면서) 이것들을 분리하기도 하는 것이다. 이것들은 사유에 의해 운동으로부터 분리될 수 있는 것들인데, 분리해낼 때 아무런 차이도 없고 어떤 잘못도 생기는 것이 아니기 때문이다.

193b35 이데아를 말하는 자들도 이렇게 하면서 이를 알아차리지 못한 것이다. 이들은 수학적인 것들보다 덜 분리되는 것들임에도 자연적인 것들을 분리하기 때문이다. 이 점은 만일 누군가가 두 경우 각각에 저것들[61]의 정의와 거기에 부수하는 것들의 정의를 말해보려고 시도해 본다면 분명해질
194a3 것이다. 홀과 짝, 곧음과 굽음, 게다가 수와 선과 모양은 운동 없이 존재할 수 있는 반면에, 살과 뼈와 사람은 그렇지 않기 때문인데, 이것들은 굽은 것이 아니라 딱부리 눈[62]처럼 말해지는 것들이다.

194a7 그런데 수학의 분과들 중에서 자연학에 가까운 분과들, 즉 광학, 화성학, 천문학을 보더라도 분명해질 것이다. 왜냐하면 어떤 의미에서 이것들은 기하학의 반대편에 있기 때문이다. 기하학은 자연적인 선을 연구하지만 자연적인 한에서 연구하지 않는 반면에, 광학은 수학적인 선을 연구하지만 수학적인 한에서가 아니라 자연적인 한에서 연구하기 때문이다.[63]

61) 달과 해를 가리키는 것으로 볼 수 있다.

62) 아리스토텔레스에게 '딱부리'는 딱부리 눈에서 형상에 해당하는 말이지만 그 안에 눈의 의미(질료, 운동의 성격)를 포함하고 있어서 딱부리가 곧 딱부리 눈을 의미하지만, 볼록한 눈의 '볼록함'은 그렇지 않다. 또한 그는 정의 안에 특정한 기체(눈)와 단어가 직접 가리키는 속성(딱부리)이 결합해 있는 대상을 가리킬 때, 종종 '딱부리'를 사용한다. (딱부리는 '툭 튀어나온 눈'이나 '눈의 그러한 속성'을 가리키며, 그 자체로 눈에 속하는 속성이다.)

63) 광학, 화성학, 천문학은 기하학과 달리 자연학이 하듯 대상을 연구하며, 자연학의 분과들이다. 기하학은 실제로는 자연물의 경계로서의 선을 다루지만, 이 선이 가지는 자연적 측면을 추상해 다루는 반면에, 광학은 선의 수학적 속성을 다루긴 하지만, 이 선을 자연적 성격을 지닌 한에서 다룬다. 가령 '딱부리 모양'은 '볼록함'이라는 수학적 속성이기는 하지만, 자연학자는 그 볼록함을 딱부리 모양인 한에

기술자와 마찬가지로 자연학자는 형상과 질료를 탐구한다

자연은 형상과 질료 둘로 있으니, 딱부리에 대해 그것이 무엇인지를 우 194a12
리가 연구하듯이 그렇게 (자연을) 고찰해야 한다. 따라서 이와 같은 것들은 질료 없이 탐구해서도 안 되지만, 질료에 따라서(만) 탐구해서도 안 된다. 물론 누군가 자연이 둘로 있으니 이 중 어느 것이 자연학자의 대상인지 의문을 제기할 수도 있을 것이기 때문이다.[64] 그게 아니면 둘 다로 이루어진 것일까? 만일 그렇다면, 양쪽 각각이 모두 자연학자의 대상이 될 것이다. 그러면 양쪽 각각을 아는 것은 같은 학문에 속할까, 다른 학문에 속할까?

① 한편, 우리가 예전 사람들로 눈길을 돌리면, (자연학은) 질료에 관한 194a18
것으로 보일 것이다. (엠페도클레스와 데모크리토스는 형상과 본질을 아주 작은 일부만 건드렸기 때문이다.) 반면에 만일 기술이 자연을 모방한 것이고, 형상과 어느 정도까지의 질료를 아는 것이 같은 학문의 일이라면 (예컨대, 건강과 건강의 거처인 담즙과 점액을 아는 것은 의사의 일이고, 마찬가지로 집의 형상과 벽돌과 목재 같은 질료를 아는 것은 집 짓는 자의 일이고, 다른 것들의 경우에도 마찬가지라면), 양쪽 자연을 모두 아는 것이 자연학의 일이기도 할 것이다.

게다가 '위함의 대상', 즉 목적을 아는 것과 이 위함의 대상을 위하는 194a27
것들을 아는 것은 같은 학문의 일이다. 그런데 자연이 목적이자 위함의 대상이다(운동이 연속적이고, 여기에 어떤 목적이 있는 경우, 이 끝이 곧 위함의 대상이기도 하다. 이런 이유로 어느 시인도 "그것을 위해 태어난 그 마지막에 도달했다"라고 말하면서 웃음거리가 되고 만 것이다. 모든 끝이 아니라 가장 좋은 끝이 목적을 의미하기 때문이다).

그리고 기술들이 자신의 질료를 만드는데, 어떤 것들은 아무런 조건 없 194a33
이 만들고, 어떤 것들은 기능에 잘 부합하도록 만든다. 그리고 우리는 모

서, 즉 이런저런 자연적 속성을 지닌 볼록함인 한에서 다루는 것이다.

64) 이런 종류의 '의문'에 대해서는『영혼론』403a27;『동물부분론』641a22 참조.

든 것들이 마치 우리를 위해 있는 것으로 여기고 (그것들을) 사용한다. (어떤 점에서는 우리 자신도 목적이기 때문이다. 위함의 대상은 『철학에 관하여』에서 두 가지 방식으로 언급되었기 때문이다.)[65]

194a36 그런데 질료를 지배하고 그것의 앎을 지닌 기술은 둘인데, 하나는 사용하는 (총괄) 기술이고, 다른 하나는 제작 기술의 총괄 기술이다. 이런 이유로 사용하는 기술도 어떤 점에서는 총괄 기술인데, 하나는 형상을 아는 기술, 즉 (참된) 총괄 기술인 데 반해, 제작 기술로서의 다른 하나는 질
194b5 료를 아는 기술이라는 점에서 서로 다르다. 왜냐하면 키잡이(선장)는 키의 형상이 어떤 것인지를 알고 지시하는 반면에, 키 제작자는 어떤 나무로부터 어떤 변화들로부터 이것이 만들어질지를 알기 때문이다.[66] 그래서 기술을 따르는 것들의 경우에는 우리가 이 기능을 위해 질료를 제작하는 것이고, 자연적인 것들에는 그 안에 질료가 들어 있는 것이다. 게다가 질료는 관계적인 것이다. 다른 형상에는 다른 질료가 있기 때문이다.

194b9 그렇다면 자연학자는 어느 정도까지 형상, 즉 무엇임을 알아야 하는가? 의사가 힘줄을 알고 대장장이가 청동을 아는 만큼 각각의 것이 무엇을 위해 있는지까지는 알아야 하고, 형상에 있어서는 분리될 수 있지만 질료 안에 있는 것들에 관해서도 알아야 하는가? 왜냐하면 사람이 사람을 낳고, 해도 사람을 낳기 때문이다.[67] 그런데 분리될 수 있는 것이 어떻게 있

---

65) 『철학에 대하여』는 아리스토텔레스의 저술 중 하나이자 대화편으로 알려져 있지만, 몇 편의 조각글로만 살아 남아 있다. 여기서 위함의 대상의 두 가지 의미는 'that which is aimed at'과 'that which is benefited'이다. 두 종류의 '위함의 대상' ☞ heneka tou #5.

66) 총괄 기술의 플라톤적 쓰임에 대해서는 플라톤의 『정치가』 259E, 키잡이와 키 제작자의 플라톤적 쓰임에 대해서는 『크라튈로스』 390D 참조.

67) 사람이 만들어지려면 '아버지의 몸에 구현되어 있는 사람의 형상'이 필요하고, 보조 원인으로서(causa assistens) '해 안에 구현되어 있는 열'이 필요하다. 모든 자연물이 생겨나기 위해서는 보조 원인으로서 해의 열이 필요하다. 『형이상학』 1071a14; 『생성소멸론』 II 10 참조.

고 그것이 무엇인지 결정하는 일은 제일 철학[68]이 할 일이다.

4원인

제3장

이상의 것들이 구분되었으니 원인들에 대해 어떤 것들이 있는지, 수적으로 몇 개나 있는지를 탐구해야 한다. 그 이유는 다음과 같다. 우리의 탐구는 앎을 목표로 하는데, 각각의 경우에 무엇 때문에 그러한지를 파악(이것이 제일 원인을 파악하는 것이다)하기 전까지는 안다고 생각하지 않으니, 우리는 또한 생성, 소멸, 모든 자연적인 변화와 관련해서도 이 일을 해야 한다는 것이 분명하다. 이것들의 원리들을 알아내고 나서 우리가 추적하는 것들 각각을 이 원리들로 소급해 볼 수 있도록 말이다. **194b**16

그래서 한 가지 방식으로, '어떤 것 안에 들어 있는 것으로, 그것으로부터 어떤 것이 생겨나는 바의 것', 예컨대 조상의 경우에는 청동, 그릇의 경우에는 은, 그리고 이런 부류의 것들이 원인이라고 말해진다. **194b**23

또 다른 방식으로 형상, 즉 본보기가 원인이라고 말해지는데, 이것은 본질에 대한 정의이며 그런 부류들(예컨대, 옥타브의 경우에 2:1의 비율, 일반적으로는 수)이고 그 정의 안에 있는 부분들이다. **194b**26

게다가 '변화나 정지가 처음으로 시작되는 바로 그것'이 원인이라고 말해지는데, 예컨대 숙고한 자가 (행위의) 원인이고, 아버지가 아이의 원인이며, 일반적으로는 작용을 가하는 것이 작용받는 것의 원인이고, 변화시키는 것이 변화되는 것의 원인이다. **194b**29

게다가 목적으로서의 원인이 있는데, 이것은 위함의 대상으로, 예컨대 건강이 산책의 목적이다. "무엇 때문에 그는 산책하는가?"라고 물으면, 우리는 "건강을 위해서"라고 말하는데, 우리는 이렇게 말하면서 원인을 제시 **194b**32

68) '제일 철학'은 형이상학을 일컫는 아리스토텔레스 본인의 용어이다. 그는 '형이상학'이라는 용어를 사용한 적이 없다. 그리고 『형이상학』 VII, VIII, XII는 형상의 원리 탐구를 다룬다.

했다고 생각한다.

194b35 그런데 어떤 것에 의해 움직이기 시작한 것들로, 목적으로 가는 중간에 있는 것들은 무엇이든, 예컨대 체중감량요법, 설사요법, 약, 수술 도구 등은 건강을 위한 것들이다. 이것들 모두는 목적을 위한 것들인데, 어떤 것들은 행위이고, 어떤 것들은 도구라는 점에서 서로 다르다.

같은 것이 하나 이상의 원인을 가지기도 한다

195a3 따라서 원인들이 몇 가지 방식으로 있는지는 거의 말해진 것인데, 원인들은 여러 가지 방식으로 말해지므로 같은 것에 여러 개의 원인들이 부수적이지 않은 방식으로 있기도 할 것이다. 예컨대, 조상의 원인이 조각기술이기도 청동이기도 한 경우, 이것들은 다른 어떤 것 때문이 아니라 조상과 관련된 한에서 원인인데, 같은 방식으로가 아니라 하나는 질료로서의, 다른 하나는 운동의 시작으로서의 원인이다.

195a8 서로가 서로의 원인인 경우도 있다. 예컨대, 힘쓰는 일이 좋은 몸 상태의 원인이며, 좋은 몸 상태는 힘쓰는 일의 원인이다. 하지만 같은 방식으로 원인은 아니고, 하나는 목적으로서의 원인이며, 다른 하나는 운동의 시작으로서의 원인이다.

195a11 게다가 같은 것이 반대되는 것들의 원인인 경우도 있다. 그것이 있을 때 어떤 것의 원인인 것을, 그것이 없을 때 우리는 반대되는 것의 원인이라고 말하는 경우도 있기 때문이다.[69] 예컨대, 키잡이가 있는 것은 배의 안전의 원인이지만, 키잡이가 없는 것은 배의 전복의 원인이다.

195a15 이제까지 언급된 모든 원인들은 네 개의 가장 두드러진 방식으로 분류된다. (1) 음소들이 음절들의 원인이며, 질료[70]가 인공물들의, 불과 이런 부류의 것들이 물체들의, 부분들이 전체의, 전제들이 결론의 원인인데, 이

69) A의 존재가 B의 원인인 경우, 경우에 따라 우리는 A의 부재가 not B의 원인이라고 할 수 있기 때문이다.

70) ☞ hyle #1.

때 원인은 '그것으로부터 어떤 것이 생겨나는 바의 것'으로서의 원인이다. 그런데 이것들 중에서 전자의 것들, 예컨대 부분들은 밑에 놓인 것〔기체〕으로서의 원인인 반면에, (2) 후자의 것들은 본질로서의 원인인데, 전체, 결합, 형상이다. (3) 그리고 씨앗, 의사, (행위를) 숙고한 자, 일반적으로 작용을 가하는 자는 모두 '변화나 정지가 시작되는 바로 그것'으로서의 원인이다. (4) 그리고 다른 것들의 목적이자 좋음으로서의 원인인 것들도 있다. 위함의 대상이 가장 좋은 것이자 다른 것들의 목적이 되기 마련이기 때문이다. 우리가 이것을 좋은 것이라고 부르든, 좋아 보이는 것이라고 부르든[71] 아무 차이가 없다고 하자. 그러므로 원인이란 이런 것들이며, 이만큼의 종류를 갖는다.

원인을 설명하는 다양한 방식들

원인이 사용되는 방식은 수적으로 여럿이지만, 이것들도 요약해서 더 **195a**27
적게 만들 수 있다. 왜냐하면 원인들은 여러 가지로 말해지지만, 같은 부류에 속하는 것들 그 자체에도 어떤 것이 어떤 것보다 앞서는 것이 있고, 뒤에 오는 것이 있기 때문이다. 예를 들어 건강의 원인은 의사도 되고 기술자도 되며, 옥타브의 원인은 두 배이기도 하고 수이기도 하며, 항상 ① 개별적인[72] 원인에 대해 ② 이것들을 포괄하는 원인이 있다.

게다가 ③ 부수적인 것으로서의 원인들과 ④ 그것들의 유가 있다. 예를 **195a**32
들어 폴뤼클레이토스가 조상의 원인인 것과 조각가가 조상의 원인인 것은 다른데, 조각가에 폴뤼클레이토스가 마침 부수적으로 따라가기 때문이다.[73] 그리고 포괄하는 것들도 부수적인 것일 수 있는데, 예컨대 조상

71) '좋은 것'과 '좋아 보이는 것'의 차이는 『영혼론』 433a28; 『니코마코스 윤리학』 1113a22-24 참조.

72) '개별자' ☞ kath' hekaston #2.

73) 이 사람이 폴뤼클레이토스라는 사실이 그가 조상을 만들었다는 사실을 설명하지 않는다. '부수적인 원인' ☞ aitia #5.

의 원인은 (폴뤼클레이토스의 유인) 사람이기도 하고, 동물 일반이기도 하다. 그리고 부수적인 원인들 중에서도 어떤 것이 어떤 것보다 먼 원인이 있고 가까운 원인이 있다. 예컨대, 하얀 사람과 교양 있는 사람이 조상의 원인이라고 말해질 수도 있다.

195b3 그리고 모든 고유하게 말해진 원인들과 부수적으로 말해진 원인들 중에서 어떤 것들은 ⓐ 가능적인 원인들이라고, 어떤 것들은 ⓑ 현실적인 원인들이라고 말해진다. 예컨대, 집 지어짐의 고유한 원인은 집 지을 수 있는 자일 수도, 집 짓고 있는 자일 수도 있다.

195b6 지금까지 말해진 원인들을 원인들로 갖는 것들에 대해서도 똑같이 말해질 것이다. 예를 들어 이 조상이나 조상이나 상 일반에 대해서 그러하고, 이 청동이나 청동이나 질료 일반에 대해서 말해질 것이다. 부수적인 것들에도 마찬가지이다. 게다가 이것들과 저것들(고유한 원인과 부수적인 원인)이 합쳐진 것들, 예컨대 ⑥ 폴뤼클레이토스나 조각가가 아니라 ⑤ 조각가인 폴뤼클레이토스가 원인으로 말해질 수도 있을 것이다.

195b12 하지만 그럼에도 이 모든 것들은 여섯 개로 나뉘는데, 이것들 각각은 둘로 말해진다. 즉 ① 개별적인 원인, ② 유적 원인, ③ 부수적인 원인, ④ 부수적인 것의 유적 원인, ⑤ 이것들이 합쳐진 원인, ⑥ 단순하게 말해지는 원인으로 나뉘며, 이 모든 것들은 각각 ⓐ 현실적인 원인, ⓑ 가능적인 원인으로 나뉜다.

195b16 하지만 다음과 같은 만큼은 다르다. 현실적으로 작용하는 원인들과 개별 원인들은 이것들을 원인들로 갖는 것들과 동시에 있거나 동시에 없다. 예컨대, 치료하고 있는 자와 치료로 건강해지고 있는 바로 그 자가, 집 짓고 있는 자와 지어지고 있는 바로 그 집이 그러하다.[74] 반면에 가능적인 원인들은 항상 그런 것은 아니다. 왜냐하면 집과 집 짓는 자가 동시에 없

74) 여기서 작용하는 원인을 아리스토텔레스는 특정 조건 속의 실체(집짓기라는 조건 속에 있는 건축가)로 간주하지, 사건(건축가에 의해 집이 지어지고 있는 사건)이나 사실(그 건축가가 집을 짓고 있다는 사실)로 간주하지 않는다.

어지는 것은 아니기 때문이다.

다른 경우들에서도 마찬가지로 각각의 것에 대해 항상 가장 정확한 원 **195b**21
인을 탐구해야 한다. (예를 들어 사람이 집 짓는 이유는 그가 집 짓는 자이기 때문인데, 집 짓는 자가 집 짓는 이유는 그가 집 짓는 기술에 따라 집짓기 때문이다. 따라서 집 짓는 기술이 보다 앞선 원인이며, 모든 경우에도 이런 식이다.) 게다가 유적인 원인들은 유적인 결과들과, 개별적인 원인들은 개별적인 결과들과 관계를 맺는다. (예를 들어 조각가는 조상과 관계 맺는데, 이 조각가는 이 조상과 관계 맺는다.) 가능적인 원인들은 가능적인 결과들과, 현실적으로 작용하는 원인들은 현실적으로 작용받는 결과와 관계 맺는다. 이렇게 해서 원인들이 몇 개이고, 어떤 방식으로 있는지 충분히 규정된 것으로 하자.

운과 우연

제4장

운과 우연도 원인들에 속한다고 말해지고, 많은 것들이 운과 우연 때문 **195b**31
에 존재하고 생겨난다고 말해진다.[75] 따라서 운과 우연이 어떤 방식으로 이상의 원인들에 속하는지, 운과 우연은 같은지 다른지, 일반적으로 운과 우연이 무엇인지를 탐구해야 한다.[76]

---

75) 운(tychē)과 우연(automaton): 운은 "행위에 의해 달성될 수 있고"(6, 197a36-b3), 숙고적 선택을 통해 달성될 수 있다(『형이상학』 XI 8, 1065a30-32)는 점에서 우연과 구분된다. 우연은 일반적으로 부수적 원인 전체에 적용될 수 있고, "그 원인을 한정할 수 없으며, 아무런 목적 없이 생겨난 것들과, 항상 혹은 대체로 생겨나지 않은 것들"(『수사학』 1 10, 1369a32-34)을 대상으로 한다. 우연으로 말미암은 것들은 때때로 '저절로(spontaneously) 생겨난 것들'이라고 말해지기도 한다. ☞ tychē.

76) 순서대로 6, 198a2-5; 6, 197a36-b37; 제5장에서 다루어진다.

운의 실재성에 대한 의심은 정당하지 않다

195b36 어떤 이들은 심지어 이것들이 있는지 없는지에 대해서도 의문을 제기
한다. 왜냐하면 이들은 운으로 말미암아 생기는 것은 없으며, 우리가 우
연이나 운으로 말미암아 생긴 것이라고 말하는 것들은 무엇이든 (우연이나
운이 아니라) 어떤 정해진 원인이 있다고 말하기 때문이다. 이들은 예를 들
어 운으로 말미암아 시장에 갔는데, 거기서 만나고 싶기는 했지만 그러리
라고 생각하지 않았던 자를 만난 것에는 시장에 가고 싶어 함이라는 원
196a5 인이 있었다고 말한다. 이들은 운으로 말미암은 것이라고 말해지는 다른
것들의 경우에도 마찬가지로 운이 아니라 항상 어떤 원인을 취할 수 있다
고 말한다. 왜냐하면 (이들이 생각하기에는) 운이라고 하는 무언가가 존재하
는 것이었다면, 이는 참으로 불합리하게 보일 것이고, 누군가는 도대체 무
엇 때문에 생성과 소멸에 대해 원인을 말하던 예전 현인들 중 어느 누구
도 운에 대해서는 어떤 규정도 하지 않은 것인지 의문을 제기할 수 있을
것이고, 오히려 이들은 운으로 말미암은 것은 존재하지 않는다고 생각했
던 것으로 보이기 때문이다. 하지만 다음의 것도 놀라운 일인데, 왜냐하
면 많은 것들은 운과 우연으로 말미암아 생기고 존재하는데, 운을 제거
한 오래전 속담이 말하듯 생겨나는 것들 각각에 대해 어떤 원인을 귀속
시킬 수 있음을 모르지 않을 텐데도 여전히 모든 이들은 이것들 중 일부
는 운으로 말미암은 것이라고 말하지만, 일부는 운으로 말미암은 것이 아
니라고 말하기 때문이다.

196a16 이런 이유로 이들은 적어도 어떤 식으로든 언급해야만 했다. 하지만 이들은 적어도 저것들[77] 중 어떤 것, 예를 들어 사랑, 불화, 지성, 불 혹은 이런 종류의 것들 중에 어떤 것을 운이라고 생각하지는 않았다. 따라서 운을 있다고 상정하지 않은 것도, 있다고 생각은 하면서도 제외해 놓은 것도 이상한 일이다. 그리고 이것들[78]을 경우에 따라 사용한 것도 이상한

77) 그들이 정해진 원인으로 제시한 것들.

78) 즉 운과 우연.

데, 마치 엠페도클레스가 공기는 가장 높은 곳으로 항상 분리되어 나가는 것은 아니지만, 그럼에도 운에 의해 그럴 수도 있을 것이라고 말했듯이 말이다. 어쨌든 그는 우주발생론에서 "그때는 (보통) 그렇게 (위쪽으로) 달렸으나, 다르게 달리는 적도 여러 번 있었다"라고 말하고 있다.[79] 그는 동물들의 부분들도 대개 운으로 말미암아 생긴 것들이라고 말한다.

우주발생론에서 우연의 역할

그런데 여기 이 하늘과 모든 천체의 원인을 우연 탓으로 돌리는 사람들이 있다.[80] 왜냐하면 이들은 전체 우주를 현재의 질서로 분리하고 결합한 운동, 즉 소용돌이의 발생이 우연으로 말미암은 것이라고 말하기 때문이다. 이것이야말로 그 자체로 놀라움을 불러일으킬 만한 것이다. 왜냐하면 이들은 한편으로 동물과 식물은 운으로 말미암아 있거나 생겨난 것이 아니라, 자연이나 지성이나 다른 어떤 것이 원인이라고 말하면서(각각의 씨앗으로부터 아무것이나 생겨나는 것이 아니라,[81] 이 씨앗으로부터는 올리브나무가 저 씨앗으로부터는 사람이 생겨나기 때문에) 다른 한편으로 하늘과 눈에 잘 띄는 것들 중에서 가장 신적인 것들은 우연으로 말미암아 생긴 것이라고 말하면서 이런 원인은 결코 동물들과 식물들이 갖는 그런 종류의 원인이 아니라고 말하기 때문이다. **196a**24

그럼에도 사정이 이러하다면, 이것은 그 자체로 검토할 만한 가치가 있고, 이것에 대해 뭔가 말해진다면 좋은 것이다. 왜냐하면 그들의 말은 이 점에서도 또 다른 점에서도 이상하지만, 이보다 더 이상한 것은 한편으로는 하늘 안에 있는 것들 중에서는 우연으로 말미암아 생긴 것을 아무것도 보지 못하면서, 다른 한편으로는 운으로 말미암지 않은 것들 중에서 **196a**35

79) DK31b53.

80) 특히 원자론자, 데모크리토스를 가리킨다.

81) ☞ tychē #2.

많은 것들[82]은 운으로 말미암아 귀결된 것이라고 말하기 때문이다. 그렇지만 반대로 생긴다고 하는 것이 그럴듯하기는 할 것이다.

196b5 그리고 운이 원인이라고 생각하면서도 신적이거나 초자연적인 어떤 것이어서 인간의 생각에는 불분명하다고 생각하는 사람들이 있다. 그러므로 각각의 것이 무엇인지, 우연과 운이 같은지 다른지, 어떻게 이것들을 우리가 규정한 원인들로 분류할 수 있을지 탐구해야 한다.

운으로 말미암은 일의 성격

제 5 장

196b10 따라서 먼저 우리가 보기에 어떤 일들은 항상[83] 동일한 방식으로 생겨나고, 어떤 일들은 대다수의 경우에 생겨나니까, 운과 운으로 말미암은 것은 필연적이고 항상 생겨나는 일들과 대다수의 경우에 생겨나는 일들 둘 다의 원인이라고 말해지지 않는 것이 분명하다. 하지만 이것들 말고도 생겨나는 것들이 있는데, 모든 이들이 이것들을 운으로 말미암은 것이라고 하니, 운이나 우연과 같은 어떤 것이 존재한다는 것은 분명하다. 왜냐하면 우리는 이런 부류의 것들이 운으로 말미암은 것이며, 운으로 말미암은 것들이 바로 이런 것들임을 알고 있기 때문이다.

196b17 그리고 생겨나는 일들 중에는 무언가를 위해 생겨나는 일들이 있고, 그렇지 않은 일들이 있지만, 전자의 일들 중에서 일부는 선택에 의한 것이고, 일부는 선택에 의한 것이 아니지만, 둘 다 무언가를 위한 일들에 포함되고, 그래서 (마찬가지로) 분명 필연적인 일들과 대다수의 경우에 생겨난 일들이 아닌 것들의 영역에도 위함의 대상이 그 안에 있을 수 있는 일들이 있는 것이다. 그리고 사고로부터, 그리고 자연으로부터 행해질 수 있는 것들은 모두 무언가를 위한 것들이다. 실로 이런 일들이 부수적으로 생기는 경우, 우리는 이를 운으로 말미암는다고 말하는 것이다. (왜냐하면 그

82) 즉 하늘 안에 있는 것들.

83) '항상' ☞ aiei #2.

자체적인 것들이 있고 부수적인 것들이 있듯이 그렇게 원인도 있을 수 있기 때문이다. 예컨대, 집 지을 수 있는 사람은 그 자체로 집의 원인이지만, 하얀 사람이나 교양 있는 사람은 부수적으로 집의 원인이다.[84] 그런데 그 자체적 원인은 한정되어 있지만, 부수적인 원인은 한정될 수 없다. 하나에 무한히 많은 것들이 부수할 수 있기 때문이다.)

그래서 말해진 바와 같이 무언가를 위해 생겨나는 일들 중에서 (부수적으로) 저런 일이 생겼을 때, 우리는 이를 우연이나 운으로 말미암은 일이라고 말한다. (이 둘 간의 차이는 나중에 규정될 것이다. 지금은 분명 둘 다 무언가를 위한 일들과 연관되어 있다고 하자.) 예를 들어 B가 기부금[85]을 회수하고 있을 때, (채권자) A가 이를 알았더라면 돈을 돌려받기 위해 거기에 갔을 것이다.[86] 그런데 A는 (시장에) 이것을 위해 간 것은 아니지만, 그가 시장에 간 일, 다시 말해서 빌려준 돈을 회수하기 위해 그렇게 한 일이 그에게 부수적인 것이다. 196b29

그런데 이는 A가 그 장소에 간다고 해서 대다수의 경우 일어나는 일도, 필연적으로 일어나는 일도 아니다. 그리고 (달성된) 목적인 돈의 회수는 (처음) A 자신 안에 있던 원인들 중 하나는 아니지만, (알았더라면) 선택될 만한 일이며 사고를 통해 일어났을 법한 일이다. 바로 이런 경우 A는 운으로 말미암아 시장에 간 것이라고 말해진다. 하지만 만일 A가 선택하고서, 그리고 그것(돈의 회수)을 위해 항상 혹은 대다수의 경우에 시장에 간 것이라면, 이때에는 운으로 말미암은 일이 아니다. 196b36 197a2

84) "'집 지을 수 있는 능력'은 그 자체로 집의 원인이지만, '하얗이나 교양 있음'은 부수적으로 집의 원인이다"로 옮길 수 있다.

85) 『향연』 177C 참조. 그리스에서는 공동의 행사를 위해 신분에 맞게 돈을 추렴하여 공동의 행사비를 나누어 기부하는 문화가 있었다.

86) "어떤 사람이 기부금을 걷어들일 때, 그는 사람들이 어디 있는지 알았더라면, 기부금을 걷기 위해 거기로 갔을 것이다"로 옮길 수도 있다.

운은 어떤 의미에서 원인인가: 통념들

197a5 그러므로 운은 무언가를 위한 일들 중에서 선택에 의한 일들과 연관되어 있는 부수적인 원인임이 분명하다. 이런 이유로 사고와 운은 같은 것에 관계한다. 선택은 사고 없이는 불가능하기 때문이다.

197a8 그런데 운으로 말미암은 일이 그것들로부터 생길 수 있는 원인들은 규정될 수 없음이 필연적이다. 이로부터 ③ 운도 규정될 수 없는 것으로 보이고, ② 인간에게 불분명한 것으로 보이며, ① 어떤 방식으로는 (그 자체로는) 운으로 말미암아 일어나는 일이 하나도 없는 것으로 보일 수도 있을 것이다. 실로 이 모든 통념들이 올바르게 말해진 것이라는 데에는 타당한 점이 있다. 그 이유는 이렇다. ① 한편, 어떤 식으로는 (부수적으로는) 운으로 말미암아 생기는 일이 있기는 하다. 이것은 부수적으로 생기는 일이고, 운은 부수적인 원인이니 말이다. 다른 한편, 운은 무조건적으로는 그 무엇의 원인도 아니다. 예를 들어 집의 원인은 집 짓는 자이지만, 플루트 연주자도 부수적으로는 원인이다. 그리고 어떤 이가 시장에 가서 돈을 회수한 일의 원인은 그가 이것을 위해 간 것이 아니라면, 무한하게 많을 수 있다. 왜냐하면 그는 누군가를 보고 싶어서, 혹은 고소를 하거나 변호를 하러 가다가, 혹은 공연을 보려고 하다가 그렇게 했을 수 있기 때문이다.

197a18 ② 그리고 운이란 합리적 설명을 벗어난 어떤 것이라고 말하는 것은 올바르다. 왜냐하면 합리적 설명이란 항상 있거나 대다수의 경우에 있는 일들에 속하지만, 운은 이것들을 벗어난 일들에 속하기 때문이다. ③ 따라서 이런 식의 (부수적인) 원인들이 규정될 수 없으므로 운도 규정될 수 없다.

197a21 그럼에도 어떤 경우에는 아무것이나 운(으로 말미암아 생긴 일)의 원인일 수 있는지 의문을 제기할 수 있을 것이다. 예를 들어 바람이나 따뜻한 햇빛은 건강의 원인이지만, 이발함이 원인은 아니다. 그런 의문을 제기한 이유는 부수적인 원인들 중에서도 어떤 원인들은 어떤 원인들보다 더 가깝기 때문이다.[87]

197a25 그런데 좋은 결과가 나왔을 때는 운이 좋다고 말해지며, 나쁜 결과가

나왔을 때는 운이 나쁘다고 말해진다.[88] 그리고 이 결과들이 중대한 것일 때, 우리는 이를 행운이라고 또는 불운이라고 말한다. 이런 이유로 간발의 차로 중대한 나쁜 결과를 피하거나, 중대한 좋은 결과를 놓쳤을 때 이를 행운이라고, 불운이라고 하는데, 왜냐하면 우리의 사고는 이 일들을 이미 있는 것으로 여기고서 말하고 있기 때문이다. 간발의 차이로 어긋난 것은 그런 일이 일어나지 않은 것과 다름없어 보이기 때문이다. ④ 게다가 행운이 안정적이지 않다는 것에는 타당한 점이 있다. 운이 안정적이지 않기 때문이다. 운으로 말미암은 일들은 결코 항상 그런 것도, 대다수의 경우에 그런 것도 아니니 말이다.

따라서 언급된 대로 운과 우연은 둘 다 부수적 원인으로, 무조건적으 197a32
로나 대다수의 경우에 일어날 수 없는 일들의 영역에서, 그리고 무언가를 위해 일어날 수 있는 일들의 영역에서 발견된다.

운과 우연의 차이

제6장

그런데 우연은 범위가 더 넓다는 점에서 (운과) 다르다. 왜냐하면 운으 197a36
로 말미암은 모든 일은 우연으로 말미암은 일이지만, 우연으로 말미암은 모든 일이 운으로 말미암은 일은 아니기 때문이다. 운과 운으로 말미암은 일은 행운이 있을 수 있는 영역, 즉 일반적으로 행위가 있을 수 있는 영역
안에서 발견되기 때문이다. 이런 이유로 필연적으로 운은 행위로 달성될 197b2
수 있는 것들에 관한 것이다. (그 증거는 행운은 행복과 같거나 거의 같은 것으로 보이는데, 행복은 행위의 일종으로 보인다는 것이다. 행복이란 잘한 행위이니 말이다.[89]) 그래서 행위할 수 없는 것은 무엇이든 운으로 말

87) 누군가 짧게 이발을 했더니 바람과 햇빛에 노출되게 되었고, 이로써 그가 건강해지게 되었다고 해보자. 이때 바람과 햇빛은 그의 이발보다 가까운 원인이다.

88) '운이 나쁘다' ☞ tychē #3.

89) 『니코마코스 윤리학』 1139b3. 행운과 행복에 대해서는 『니코마코스 윤리학』

미암은 일도 할 수 없다.[90] 이런 까닭에 영혼이 없는 것도, 짐승도, 아이도 운으로 말미암은 일을 할 수 없는 것이다. 이것들은 선택능력을 가지고 있지 않기 때문이다. 쌓여서 제단으로 만들어진 돌들[91]을 가리켜 프로타르코스가 근처의 다른 돌들은 발에 밟히지만, 이것들은 숭배를 받으니 운이 좋다고 말한 것처럼 비유적으로가 아니라면, 이것들에 운이 좋다거나 운이 나쁘다고 할 수 없다. 하지만 이것들도 어떤 경우에는 운으로 말미암은 일에 영향을 받을 수 있다. 이것들과 관련해 무언가를 하는 행위자가 운으로 말미암아 행할 때 말이다. 하지만 다른 방식으로는 그럴 수 없다.

197b13 반면에 우연은 다른 동물들과 영혼이 없는 많은 것들에도 적용된다. 예를 들어 우리는 말이 와서 구조되었지만, 구조되기 위해서 온 것이 아닐 때, 이 말이 우연히 왔다고 말한다. 또한 삼발이 받침대가 우연히 (누군가 거기에 앉기 위해) 떨어졌다고 하는 이유는 누군가 앉기 위해 있게 된 것이기는 해도 그것을 위해 떨어진 것은 아니기 때문이다.

197b18 그러므로 ① 아무 조건 없이 무언가를 위해 일어난 일들의 영역에서 일어난 일이 (이 일에) 마침 부수한 것을 위해 생긴 것이 아니고, ② 그 원인이 밖에 있을 때, 우리는 이 일을 우연으로 말미암은 것이라고 말하는 것이 분명하다. 반면에 이것들 중에서 선택으로 달성될 수 있는 일들에 속하며 선택능력을 가진 것들에게 일어나는 일은 운으로 말미암은 것이라고 말하는 것이 분명하다. 그 증거는 무언가를 위해 한 일이 그 무언가를 위한 일이 되지 않았을 때, 이 일을 헛된 일이라고 말한다는 점이다. 예를 들어 만일 산책 행위를 소화촉진을 위해 했는데, 산책한 후에도 소화촉

1099b6-8 참조.

90) 아리스토텔레스가 언제나 '운'을 합리적인 행위의 영역에 제한하는 것은 아니다. ☞ tychē #2.

91) 어떤 행위자가 의도적으로 돌을 쌓아 제단이 만들어졌을 수도 있고, 돌들이 우연히 떨어져 쌓이다가 제단이 만들어졌을 수도 있다. 후자로 해석한다.

진이 일어나지 않으면, 우리는 헛되이 산책했고, 그래서 그 산책이 헛되었다[92]고 말한다. 본성상 무언가를 위한 것이 그 위함의 대상을, 본성상 그 위함의 대상을 달성하지 못했을 때, 이를 헛된 일이라고 생각하니 말이다. 누군가가 일식이 나타나지 않았으니 목욕한 일이 헛되었다고 말한다면 웃음거리가 될 것이기 때문이다. 목욕은 일식을 위해 한 일이 아니기 때문이다. 이런 식으로 우연은 그 이름이 알려주는 바에 따라서도 그 자체로 헛된 것[93]이 되었을 때 사용된다. 돌이 누군가를 맞추기 위해 떨어진 것이 아니었다. 따라서 돌은 우연으로 말미암아 떨어진 것이니 (실제 그렇지 않지만) 누군가가 맞추기 위해 던졌을 수도 있었을 테니 말이다. 우연으로 말미암은 일은 자연에 의해 생기는 것들의 영역에서 운으로 말미암은 일과 가장 많이 떨어져 있다. 왜냐하면 어떤 것이 자연에 반해 생겨난 경우, 우리는 이를 운으로 말미암은 것이 아니라 오히려 우연으로 말미암아 생겼다고 말하기 때문이다. 하지만 이것[94]도 (우연으로 말미암은 것과는) 다르다. 왜냐하면 후자의 원인은 밖에 있지만 전자의 원인은 안에 있기 때문이다.

운, 우연과 4원인의 관계 방식

그러므로 우리는 우연이 무엇인지, 운이 무엇인지, 그리고 이 둘 간의 **198a**1
차이는 무엇인지 논의했다. 그런데 이 둘은 원인의 방식들 중에서 운동 원인에 포함된다. 이것들은 항상 자연에 의한 원인들과 생각으로 말미암은 원인들 중 하나이기 때문이다. 하지만 그 개수는 규정할 수 없다. 그리고 우연과 운은 사유와 자연이 원인일 수 있는 일들에 대해 원인인데, 사유와 자연이 바로 이런 것들의 일종의 부수적인 원인이 될 때, 부수적인 원

92) ☞ physis #6.

93) "우연(automaton)은 그 이름이 알려주는 바에 따라서도 그 자체로(auto) 헛된 것(matēn)이다."

94) 즉 자연에 반해 생겨난 것.

인도 자체적인 원인보다 앞서지 않는다는 것은 분명하다. 따라서 우연과 운은 사유와 자연보다 나중의 것이어서 우연은 기껏해야 하늘의 원인일 수는 있겠으나, 사유와 자연은 다른 많은 것들과 심지어 저 전체 우주의 앞선 원인일 수밖에 없다.

4원인들 간의 관계

제7장

198a14 원인들이 있다는 것, 그리고 그 개수가 우리가 말한 그만큼이라는 것은 분명하다. 왜냐하면 '무엇 때문에?'라는 물음이 포괄하는 개수가 그만큼이기 때문이다. '무엇 때문에?'라는 물음에 대한 답변은 움직이지 않는 것들의 경우에 궁극적으로 ① '무엇임'으로 소급되거나(예를 들어 수학적 대상들의 경우에 궁극적으로 직선이나 통약 가능한 것 혹은 다른 어떤 정의로 소급된다), ② '최초의 원동자'로 소급되거나(예를 들어 무엇 때문에 전쟁을 시작했는가? 저들의 약탈 때문이다), ③ '위함의 대상'으로 소급되거나(지배하기 위해서이다),[95] ④ 생겨나는 것들의 경우에 '질료'로 소급된다.

198a21 따라서 원인은 이것들이고, 이만큼이라는 것은 분명하다. 그런데 원인의 개수가 넷이니, 이것들 모두에 관해 아는 것이 자연학자의 일이고, (이것들 모두를) 원인들 전부, 즉 ④ 질료, ① 형상, ② 원동자, ③ 위함의 대상으로 소급한다면, (그는) 자연학적으로 '무엇 때문에'라는 물음에 답변을 제시하게 될 것이다. 그런데 종종 이것들 중 셋은 하나로 수렴한다. 왜냐하면 ① 무엇임과 ③ 위함의 대상이 하나이고, ② 운동이 처음으로 일어나는 출처는 종적으로 이것들과 같기 때문이다. 사람이 사람을 낳으니 말

95) "나는 '건강'을 위해 달리기를 한다", "나는 '좋은 성적'을 위해 공부한다". 이 두 문장 구조에서 '건강'과 '좋은 성적'은 각각 달리기와 공부의 목적이다. 어떤 사람이 'X'를 위해 어떤 행위를 할 때, '위함의 대상' 혹은 지향 대상으로서의 'X'가 목적이다. 그래서 『자연학』 II에서 아리스토텔레스는 목적을 '위함의 대상'(지향 대상)으로, 목적인을 '위함의 대상으로서의 원인'으로 자주 부른다.

이다.[96] 일반적으로 말해 움직여지면서 움직이게 하는 것들은 모두 그러하다.

(그런데 그렇지 않은 것들은 모두 자연학의 탐구 대상이 아니다. 이것들은 자신 안에 운동이나 심지어 운동의 시작도 갖지 않은 채 움직이게 하는 것들인데, 움직이지 않으면서 그렇게 하는 것들이기 때문이다. 이런 이유로 세 연구 영역이 있는 것이다. 하나는 움직이지 않는 것들, 하나는 움직이지만 소멸되지 않는 것들, 또 하나는 (움직이면서) 소멸되는 것들이다.[97]) 그러므로 '무엇 때문에'라는 물음에 대한 답변은 ④ 질료, ① 무엇임, ② 최초 원동자로[98] 소급하는 자에게 주어진다. 그 이유는 이렇다. 사람들은 대부분 생성에 관해 이런 식으로 원인들을 탐구한다. 무엇 다음에 무엇이 생기는가? 처음 작용한 것은 무엇이고, 작용받은 것은 무엇인가? 이렇게 계속해서 연이어 오는 것을 탐구하는 식으로 말이다. **198a**28

자연학적으로 움직이게 하는 원리는 둘이지만, 그중 하나는 자연적이지 않다.[99] 자신 안에 움직임의 시작을 가지고 있지 않기 때문이다. 그런데 이런 종류의 것으로는 움직여지지 않으면서 움직이게 하는 어떤 것이 있다. (전적으로 움직여지지 않는 가장 최초의 것처럼 말이다.) 그리고 무엇임, 즉 형상이 있는데, 목적이자 위함의 대상이기 때문이다. 그러므로 자연이 무언가를 위한 것이니, 우리는 이것도 알아야 한다. **198a**35

96) "사람이 사람을 낳는다." ☞ eidos #6.

97) 신학은 움직여지지 않으면서 움직이게 하는 지성적 존재자들, 즉 신과 천체들을 다룬다. 천체론은 움직여지지만 영원하여 소멸되지 않는 것들을 다룬다. 마지막으로 자연학은 움직여지면서 소멸될 수 있는 것들을 다룬다.

98) 목적인이 빠져 있는데, 198a25에서 목적인과 형상인은 같은 것으로 제시되었다. 운동인은 형상인과 완전하게 같지는 않다. 운동인의 거처와 형상인의 거처는 종적으로 같을 뿐 개체상 다르기 때문이다.

99) '자연학적으로 움직이게 하는 원리'는 '자연운동의 원리'를 의미하는 것으로 보인다. 그리고 이는 기술이나 선택에 의한 운동과는 그 성격이 다르다. 자연운동의 원리 중 하나는 '움직여지면서 움직이게 하는 것들'이고, 다른 하나의 원리는 '움직여지지 않는 최초 원동자와 각 자연물의 형상인'이다.

198b5 그리고 우리는 '무엇 때문에?'라는 물음에 다음과 같이 모든 면에서 답변해야 한다. ② 이것으로부터 필연적으로 (무조건적으로 혹은 대체로) 저것이 나오기 때문이다, ④ 이것이 있으려면 (저것이 있어야 하기 때문이다) (마치 결론이 전제들로부터 귀결되듯이) ① 이것이 본질이기 때문이다, ③ 이렇게, 즉 무조건적으로가 아니라 각 실체와의 관계상 더 낫기 때문이다. 이런 식으로 말이다.

목적인과 자연적 필연성

자연은 목적인을 가지지 않는다는 견해

제8장

198b10 먼저 자연이 어떤 이유에서 무언가를 위한 원인들에 속하는지를, 그다음으로 필연에 대해, 즉 자연적인 것들 안에서 그 존재 방식을 말해야 한다. 왜냐하면 열이나 냉이나 다른 것들은 자연적으로 이러한 것들이어서 필연에 따라 저러한 것들이 존재하고 생겨나니까, 모든 이들은 이 원인[100]으로 소급하기 때문이다. 이 사람이 사랑과 투쟁을 언급하고 저 사람이 지성을 언급한 것처럼[101] 누군가 (필연 말고) 다른 원인을 말한다면, 그들은 건드리기만 하고 작별을 고한 것이기 때문이다.

198b16 다음과 같은 물음이 제기될 수 있다. 자연이 무언가를 위해 작용하거나 더 좋아서 작용하지 못하게 방해하는 것은 무엇인가? 마치 제우스가 곡식을 자라게 하기 위해 비를 내린 것이 아니라 (이전 조건으로부터) 필연에 따라 비가 내린 것처럼 말이다. (위로 올라간 것은 차가워질 수밖에 없고, 차가워진 것은 물이 되어 아래로 떨어질 수밖에 없는데, 이런 일이 일어났을 때, 곡식이 자란 일이 마침 부수적으로 따르는 것일 뿐이기 때문이

100) 즉 필연.

101) 엠페도클레스와 아낙사고라스를 가리킨다.

다.) 마찬가지로 만일 누군가의 곡식이 타작마당에서 (비 때문에) 못쓰게 되었다면, 이것을 위해, 즉 곡식을 상하게 하려고 비가 내린 것이 아니라, 이 일(곡식이 상한 일)이 마침 부수적으로 따른 것일 뿐이다.

그러므로 자연으로 말미암은 것의 부분들도 그런 식으로 되는 것을 막을 이유가 있겠는가? 예를 들어 앞니가 날카롭게 나서 찢기 적합하게 된 것이 필연에 따른 것이 아니라고 할 이유가 있겠는가? 또 어금니가 넓적하게 나서 씹기 유용하게 된 것이 필연에 따른 것이 아니라고 할 이유가 있겠는가? 이것을 위해[102] 난 것이 아니라 마침 함께 일어난 것이기 때문이다. 그리고 무언가를 위함이 들어 있는 것으로 보이는 다른 부분들도 마찬가지이다. 따라서 무언가를 위해 생겨난 것처럼 동반해 생겨난 것들 전부와 관련하여 이것들은 우연으로 말미암아 무언가에 적합하게 구성되어 살아남은 것이고, 다른 한편으로 그러지 못한 것들은 엠페도클레스가 언급한 인간의 얼굴을 한 소의 변종처럼 소멸했고 소멸하는 것이다. **198b**23

반대에 대한 응답

따라서 이것은 누군가 의문을 제기할 수 있는 논의이고, 이와 비슷한 또 다른 논의들도 있을 것이다. 하지만 실제가 이런 방식일 수는 없다. 왜냐하면 앞서 언급된 것들과 모든 자연으로 말미암은 것들은 항상 혹은 대체로 그렇게 생기는 것인 반면에, 운과 우연으로 말미암은 것들은 전혀 그런 것이 아니기 때문이다. 겨울에 비가 자주 내리는 것은 운이나 우연의 일치로 말미암은 것이 아니지만, 여름에 비가 자주 내린다면 그렇게 보일 것이고, 여름의 폭염에 대해서는 그렇지 않지만, 겨울의 폭염이 있다면 그렇게 보일 것이기 때문이다. **198b**32

따라서 (이것들은)[103] 우연의 일치로 말미암은 것이거나 무언가를 위한 **199a**3

102) 즉 씹기 위해.

103) '이 일들'은 ① 자연으로 말미암은 모든 것들, 가령 앞에서 언급된 겨울에 자주 내리는 비나 여름의 폭염을 의미할 수도 있고, ② 198b34의 '이 부분들', 가령 앞

것으로 보이는데, 우연의 일치나 우연으로 말미암은 것일 수 없다면, 무언가를 위한 것일 것이다. ③ 그런데 이러한 모든 것들은 자연으로 말미암은 것들이다. 이것들을 (처음) 언급한 자들 스스로도 주장한 것처럼 말이다. 그러므로 자연으로 말미암아 생긴 것들과 그렇게 존재하는 것들은 무언가를 위한 것들이다.

기술과 자연의 유비논변

199a8 게다가 어떤 목적을 갖는 것들에서 이전 것과 연달아 오는 것은 목적을 위해 행해진다. 행위가 일어나는 방식으로 자연의 일도 일어나며, 자연의 일이 일어나는 방식으로 행위 각각도 일어난다. 방해하는 것이 없다면 말이다. 그런데 행위는 무언가를 위해 일어난다. 따라서 자연의 일도 무언가를 위한 것이다. 예를 들어 만일 집이 자연으로 말미암아 생겨난 것들 중 하나라면, 이 집은 지금 기술에 의해 생기듯이 그렇게 생길 것이다. 반대로 자연으로 말미암은 것들이 자연뿐만 아니라 기술에 의해서도 생긴다면, 이것들은 자연으로 말미암아 생겨나는 방식과 같은 식으로 생겨날 것이다. 따라서 이것은 저것을 위한 것이다. 그리고 일반적으로 말해 기술은 어떤 경우에는 자연이 완수할 수 없는 것들을 완성하고, 또한 (기술은) 어떤 경우에는 자연을 모방한다. 따라서 기술의 산물이 무언가를 위한 것이라면, 자연의 산물들도 무언가를 위한 것임이 분명하다. 기술의 산물들과 자연의 산물들의 경우에, 이후의 것들과 이전 것들은 서로 간에 동일한 관계를 맺고 있기 때문이다.

199a20 그런데 이는 기술에 의해 무언가를 만들지도 않고, 탐구나 숙고를 통해 무언가를 만들지 않는 (사람 이외의) 다른 동물들의 경우에 가장 분명하게 드러난다. 이것으로부터 어떤 사람들은 거미들과 개미들과 이런 종류의 것들이 지성이나 다른 어떤 것에 의해 무언가를 만들어내는 것이 아닌가

니나 어금니 그리고 다른 유기체의 부분들을 의미할 수도 있다.

라는 의문을 제기하는 것이다. 그리고 이런 식으로 조금씩 나아가는 자에게는 식물들에서도 어떤 목적에 이바지하는 것들이 생기는 것으로, 예를 들어 잎들은 과실의 보호를 위해 생기는 것으로 보인다. 그러므로 만일 제비가 둥지를, 거미가 거미줄을 만드는 것이 자연으로 말미암은 일이고, 무언가를 위한 일이라면, 또한 식물들이 잎을 내는 것이 과실을 (보호하기) 위해서이고, 뿌리를 위가 아니라 아래로 내리는 것이 영양섭취를 위해서라면, 이런 종류의 원인이 자연으로 말미암아 생겨나는 것들과 그렇게 존재하는 것들 안에 들어 있다는 것은 분명하다. 자연은 이중적으로, 즉 형상으로서의 자연과 질료로서의 자연이 있는데, 형상이 목적이고 다른 것들이 이 목적을 위해 있으니까, 형상이 원인, 즉 위함의 대상으로서의 원인일 것이다.

자연의 불규칙성

기술의 산물에도 실수가 일어난다. (문법학자도 올바르지 않게 쓰기도 하고, 의사도 약을 올바르지 않게 처방하기도 하니까.) 그러므로 자연의 산물에도 그럴 수 있다는 것은 분명하다. 만일 기술의 산물들 중 어떤 것들은 '무언가를 위해 올바르게'가 들어 있는 것들이 있고, 실수한 것들은 무언가를 위해 시도하다가 적중하지 못한 것이라면, 자연의 산물들도 마찬가지여서 기이한 현상들[104)]도 무언가를 위하다가 생긴 실수들일 것이다. 그래서 처음 구성된 것들에서도 어떤 규정과 목적에 도달할 수 없나고 한다면, 마치 오늘날에도 씨가 잘못되면 그럴 수 있듯이 어떤 원리상의 결함으로 말미암아 소의 변종이 생길 수 있었던 것이다. 게다가 씨가 처음에 생길 수밖에 없으며, 동물들이 바로 생기는 것이 아니다. '통째로인 처음의' 씨앗이 있었다.

199a33

199b5

게다가 위함의 대상은 식물들의 경우에도 들어 있다. 동물보다 덜 분절 199b9

104) '기이한 현상들'(terata).

되어 있음에도 말이다. 따라서 식물들의 경우에도 사람의 얼굴을 한 소의 변종처럼 올리브가 달린 포도나무가 생긴 적이 있었는가? 이치에 맞지 않으니 그런 적이 없었는가? 하지만 동물들의 경우에 그렇다고 한다면, 식물들의 경우에도 그래야만 할 것이다.

199b13 게다가 (엠페도클레스의 견해대로라면) 씨들 사이에서도 운이 작동하는 방식이 적용되어야 한다. 하지만 이렇게 말하는 자는 자연으로 말미암은 것들과 자연을 완전히 부정하는 자이다. 자연으로 말미암은 것들은 자기 자신 안에 있는 어떤 원리를 시작으로 연속적으로 변해서 어떤 목표에 도달하는 것들이기 때문이고, 각각의 원리들로부터 각각의 것들에게 같은 것이 생기지 않고, 우연히 아무것이나 생기는 것도 아니고, 아무런 방해만 없다면 항상 같은 것을 향해 가기 때문이다.

199b18 위함의 대상과 그것을 위해 일어난 것[105]은 운으로 말미암아 생길 수도 있다. 예를 들어 외지인 친구가 와서 몸값을 지불하고 떠난 것을 운으로 말미암은 것이라고 말할 수 있다. 그가 바로 그것을 위해 온 것처럼 행동했지만, 그것을 위해 온 것이 아니었을 때 말이다. 이 일은 부수적으로 일어난 일이지만(운은 앞서도 우리가 말했듯이 부수적인 원인들 중 하나이기 때문이다), 이런 일이 항상 혹은 대체로 일어난 경우에, 이것은 부수적이지도 운으로 말미암은 것이지도 않다. 그런데 자연으로 말미암은 것들의 경우에는 아무런 방해만 없다면 항상 그런 식으로 일어난다.

199b26 그리고 숙고해서 움직이게 하는 것을 보지 못한다고 해서 이 생성이 무언가를 위하는 것이 아니라고 생각하는 것은 불합리하다. 심지어 기술조차도 숙고하지 않는다. 만일 배 만드는 기술이 목재 안에 들어 있다면, 이 기술은 자연과 마찬가지로 배를 만들 것이다.[106] 그러므로 무언가를 위

105) 즉 목적과 수단.

106) 기술과 자연은 둘 다 움직이게 하는 원리인데, 기술은 움직이게 하는 것과 움직여지는 것이 분리되어 있는 데 반해, 자연은 움직이게 하는 원리가 움직여지는 것 안에 있다는 점에서 다르다. 그러니까 만일 배 만드는 기술이 기술자의 머리(움직이게 하는 것) 안이 아니라 목재(움직여지는 것) 안에 있다면, 기술의 작동

함이 기술 안에 들어 있다면, 자연 안에도 들어 있을 것이다. 그리고 이는 어떤 이가 스스로 자기 자신을 치료할 때 가장 분명하게 드러난다.[107] 자연은 바로 이것[108]과 비슷하기 때문이다. 따라서 자연이 원인이라는 것, 그리고 이런 식으로 무언가를 위함으로서의 원인이라는 것은 분명하다.

자연의 필연성과 목적인의 관계

제 9 장

(자연 안에) '필연적으로'는 조건적으로[109] 있는가 무조건적으로도 있는 **199b**34
가? 사람들은 '필연적으로'가 생성 안에 있다고 생각하기 때문이다. 마치 누군가가 필연적으로 벽이 생겨나는 모습을 생각하듯이 말이다. 자연에 따라 무거운 것들은 아래로, 가벼운 것들은 위로 이동하고, 바로 이런 이유로 돌들과 토대는 아래에 놓이는 반면에, 흙은 가벼우니까 그 위에, 목재는 가장 가벼우니까 맨 위에 놓여서 벽이 생겨나기 때문이다.

하지만 이것들 없이 벽은 생겨나지 않겠지만, 그렇다고 해서 이것들 때 **200a**5
문에 — 다만 단 '질료 때문에'라는 의미는 제외하고 — 벽이 생겨나는 것은 아니고,[110] 어떤 것들을 보호하고 보존하기 위해서 생겨나는 것이다. 무언가를 위해 있는 다른 모든 것들의 경우에도 마찬가지여서 필연적인 자연을 갖는 것들 없이는 아무것도 있을 수 없지만, 그럼에도 이것들 때문에 — 다만 '질료 때문에'라는 의미는 제외하고 — 있는 것이 아니라 무언가를 위해 있는 것이다.

예를 들어 톱은 무엇 때문에 이러저러하게 있는가? 이렇게 되려고, 즉 **200a**10

방식은 자연의 작동 방식과 같을 것이다.

107) 움직이게 하는 기술이 움직여지는 것 안에 들어 있는 경우도 있다. 의사가 스스로를 치료하는 경우이다. 기술의 경우는 예외적이지만, 자연은 항상 이런 식으로 작동한다.

108) 즉 스스로를 치료하는 자의 기술.

109) '조건적 필연성' ☞ anankē #4.

110) 단 이것들이 벽의 재료로 없어서는 안 되는 것들이기는 하지만.

이것을 위해서 있다. 물론 이 위함의 대상은 톱이 쇠로 만들어지지 않으면 이루어질 수 없다. 따라서 톱과 톱의 기능이 있으려면, 톱은 필연적으로 쇠로 만들어져야 한다. 필연은 조건적으로 필연적이지, 목적으로써 필연적인 것이 아니다. 필연은 질료 안에 있지만, 위함의 대상은 정의 안에 있기 때문이다.

자연의 필연성과 수학의 필연성

200a15 수학의 필연과 자연에 따라 생겨난 것들의 필연은 어떤 방식으로는 비슷하다. 그 이유는 다음과 같다. 직선은 이런 것이니까,[111] 필연적으로 삼각형의 내각의 합은 두 직각과 같지만, 후자 때문에 전자인 것은 아니다. 하지만 후자가 아니라면, 직선도 그렇지 않을 것이다. 반면에 무언가를 위해 생겨난 것들의 경우에는 만일 끝이 있거나 있을 것이라면, 앞의 것도 있거나 있을 것이다. 하지만 만일 앞의 것이 없다면, 생겨나는 것들의 경우에도 마치 수학에서 결론이 없다면 시작도 없듯이 끝과 위함의 대상이 없을 것이다. 끝도 시작이기 때문인데, 단 행위의 시작이 아니라 추론의 시작이다. (수학의 경우에도 시작은 추론의 시작이다. 여기에는 행위가 없기 때문이다.) 그러므로 만일 집이 있으려면, 필연적으로 저것들이 생기거나 있어야 한다. 즉 일반적으로 말해 무언가를 위해 있는 질료 말이다. 예를 들어 집이 있으려면, 벽돌과 돌이 있어야 한다. 하지만 이것들 때문에 (다만 질료 때문에라는 의미는 제외하고) 목적이 있는 것은 아니고, 또한 이것들 때문에 있게 되지도 않을 것이다. 하지만 일반적으로 말해서 이것들이 없으면 집도 톱도 없을 것이다. 돌이 없으면 집도 없고, 쇠가 없으면 톱도 없을 것이다. 수학에서도 삼각형이 두 직각이 아니면 시작들도 성립하지 않을 것이다.

---

111) 직선의 수학적 정의는 직선의 '형상인'이다.

자연학자는 질료인과 목적인 모두를 연구해야 한다

따라서 자연적인 것들 안에 있는 필연은 질료라고 말해지는 것이고 질료의 운동들임이 분명하다. 자연학자는 두 원인을 모두 논의해야 하지만, 목적으로서의 원인을 더 논의해야 한다. 이것이 질료의 원인이지, 질료가 끝의 원인은 아니기 때문이다. 끝은 위함의 대상이고, 시작은 (목적에 대한) 정의와 규정으로부터이다. 이는 기술에 따르는 것들의 경우에, 집이 이런 것이니까 필연적으로 저런 것들이 생기고 들어 있어야 하며, 건강이 이런 것이니까 저런 것들이 필연적으로 생기고 들어 있어야 하는 것과 같다. 마찬가지로 사람이 이런 것이라면 저런 것들이 있어야 하고, 저런 것들이 이런 것이라면 또 다른 저런 것들이 있어야 한다. **200a**30

그리고 필연은 아마도 규정 안에도 있을 것이다. 왜냐하면 톱질의 기능을 이러한 자름이라고 정의한 자에게는 저러한 톱니를 가지고 있지 않으면 이러한 자름은 없을 것이고, 쇠로 되어 있지 않으면 저러한 톱니를 가질 수 없을 것이기 때문이다. 규정 안에도 규정의 질료와 같은 것으로서 어떤 부분들이 있으니 말이다. **200b**4

[……]

제 3 권

논의의 서론

제1장

200b12 자연은 운동과 변화[112]의 원리인데, 우리의 탐구가 자연에 관한 것이니, 운동이 무엇인지를 간과해서는 안 된다. 이것을 알지 못하면 자연도 모를 수밖에 없기 때문이다. 운동에 관해 정의하고서 동일한 방법으로 연달아 따라 나오는 것들에 관해서도 접근을 시도해야 한다. 운동은 연속적인 것들에 속하고, 무한은 우선적으로 연속적인 것 안에서 나타난다. 이런 이유로 연속을 정의하는 자들도 무한이라는 말을 사용하는 일이 종종 벌어지는 것이다. 무한하게 분할할 수 있음을 연속이라고 여기니 말이다.

200b20 이것들에 더해 장소와 진공과 시간 없이 운동은 불가능한 것으로 보인다. 따라서 이것들 때문에, 즉 이것들이 모든 것들에 공통적이고 보편적이기 때문에, 우리가 이것들 각각에 관한 탐구에 착수해야 한다는 것이 분명하다. (개별적인 것들에 관한 고찰은 공통적인 것들에 관한 고찰보다 나중에 오기 때문이다.)

운동의 정의

200b25 그러면 앞서 말했듯이 가장 먼저 운동에 관한 탐구에 착수해보자. 한편으로 완성태로[113]만 있는 것이 있고, 다른 한편으로 가능태로도 완성

---

112) 운동의 정의를 다루는 III 1-3에서 '운동'(kinēsis)과 '변화'(metabolē)는 동의어로 사용된다.

113) '완성태' ☞ energeīa #1.

태로도 있는 것이 있다. 이 어떤 것[114]이 그렇게 있고, 이만큼의 것, 이러한 것, 마찬가지로 존재의 범주들 중에 다른 것들이 그렇게 있다. 그런데 어떤 것에 관계함이라는 것은 초과와 부족에 따라 말해지고, 작용할 수 있는 것과 작용받을 수 있는 것에 따라 말해지며, 일반적으로 움직이게 할 수 있는 것과 움직여질 수 있는 것에 따라 말해진다.[115] 움직이게 할 수 있는 것은 움직여질 수 있는 것을 움직이게 할 수 있으며, 움직여질 수 있는 것은 움직이게 할 수 있는 것에 의해 움직여질 수 있기 때문이다. 사물들[116]을 떠나 운동은 존재하지 않는다. 변하는 것은 항상 실체에 따라, 양에 따라, 성질에 따라, 장소에 따라 변하는데, 앞서 말한 대로 실체, 양, 성질, 혹은 다른 어떤 범주들에도 속하지 않으면서 이것들 (모두)에 적용되는 공통적인 것을 아무것도 취할 수 없기 때문이다. 그러므로 언급된 것들을 떠나서는 어떤 것도 존재하지 않기 때문에, 언급된 것들을 떠나서는 어떤 것의 운동도 변화도 없는 것이다. 그리고 각각의 범주는 모든 것들에 두 가지 방식으로 속한다. 예를 들어 실체가 그렇고(여기에 형상과 결여[117]가 있으니 말이다), 성질에 따르는 것이 그렇다(흰 것과 검은 것이 있으니 말이다). 또한 양에 따르는 것에는 다 된 것과 덜 된 것이 있다. 장소이동에 관해서도 마찬가지로, 위와 아래가 있고, 가벼운 것과 무거운 것이 있다. 그러므로 운동과 변화에는 있는 것만큼의 종류가 있다.

그런데 각각의 유와 관련해 완성태로 있는 것과 가능태로 있는 것이 구 **201a**9

114) '개체' 혹은 '이것' ☞ tode ti.

115) 여기서 운동은 크게 능동운동과 피동운동, 이렇게 둘로 분류된다. 능동운동은 '운동을 일으킨다', '운동을 하게 한다' 등으로 번역된다. 피동운동은 '운동을 겪는다'가 의미상 정확한 번역이지만, '운동한다', '움직인다'가 일상적으로 사용된다. 번역자는 이 두 번역을 혼용했다. '어떤 물체가 움직인다'는 것은 '이 물체가 다른 물체에 의해 운동을 겪는다', 혹은 '움직여진다'는 의미를 함축한다. 마찬가지로 '변화한다'는 것은 '변화를 겪는다'는 의미이다.

116) 즉 범주들.

117) 『자연학』 I 5, 7에서 설명되었다.

분되었으니 가능태로 있는 것의, 그러한 것인 한에서의 완성태가 운동이다. 예를 들어 성질이 변할 수 있는 것인 한에서 성질이 변할 수 있는 것의 완성태가 성질 변화[118]이고, 증가할 수 있는 것과 그것과 대립하는 감소할 수 있는 것의 완성태가 (양자에 공통된 이름이 없으니까) 증가와 감소이며, 생성될 수 있는 것과 소멸할 수 있는 것의 완성태가 생성과 소멸이고, 장소이동 할 수 있는 것의 완성태가 장소이동이다. 그런데 이것이 운동이라는 것은 다음 경우에 분명하다. 집으로 지어질 수 있는 것이 우리가 지어질 수 있는 것이라고 말하는 그러한 것인 한에서, 완성태로 있을 때, 집이 지어지고 있는 것이며, 이것이 바로 집짓기이다. 배우기, 치료하기, 구르기, 뛰어오르기, 성숙하기, 늙어가기도 마찬가지이다. 그런데 어떤 것들은 가능태로도 완성태로도 같은 것일 수 있다. 하지만 동시에 그렇다거나 동일한 관점에서 그렇다는 것은 아니고, 예컨대 완성태로는 뜨겁지만 가능태로는 차가운 것처럼 있다. 이런 이유로 다수의 것들이 서로 작용하면서 작용받을 수 있다. 왜냐하면 이것들 모두는 동시에 작용을 가할 수도 있고 작용받을 수도 있기 때문이다. 그러므로 자연적으로 움직이게 할 수 있는 것은 움직여질 수 있는 것이기도 하다. 이와 같은 것은 모두 움직여지면서 자신 또한 움직이게 하는 것이기 때문이다. 따라서 어떤 이들은 움직이게 하는 것이면 모두가 움직여지는 것이라고 생각하는데, 그렇지만 이것과 관련해서 사태가 어떠한지는 다른 논의들을 통해[119] 분명해질 것이다(움직이게는 하지만 움직여질 수 없는 것이 있기 때문이다). 그런데 가능적으로 있는 것이 그 자체가 아니라 움직여질 수 있는 한에서 완성태로 있으면서 활동할 때, 이 가능적으로 있는 것의 완성태가 운동이다.

201a29 나는 '~인 한에서'[120]를 다음과 같은 의미로 말한다. 청동은 가능적으

118) '성질 변화' 혹은 '변이' ☞ alloiōsis.

119) 『자연학』 VIII 1-6, 특히 제5장 참조.

120) ☞ hēi.

로 조각상이지만, 그럼에도 불구하고 청동인 한에서 청동의 완성태는 운동이 아니다. 왜냐하면 청동의 본질은 가능적으로 있는 무언가[121]와 같지 않기 때문이다. 그 이유는 이것들이 무조건적으로, 그리고 정의에 있어 같은 것이면, 청동인 한에서 청동의 완성태가 운동이 될 것이기 때문이다. 하지만 앞서 말한 대로 이것들은 동일하지 않다. (이는 반대되는 것들을 살펴보면 분명해진다. 왜냐하면 건강할 수 있음과 아플 수 있음은 다르지만, — 그렇지 않으면 아픔과 건강함을 같다고 해야 할 테니 말이다 — 밑에 놓인 것은 (체액이건 피이건 간에 말이다) 건강한 것이든 아픈 것이든 하나이자 동일한 것이기 때문이다.) 색과 보일 수 있는 것[122]이 같은 것이 아니듯이 이것들은 같은 것이 아니므로 가능적인 것인 한에서 가능적인 것의 완성태가 운동[123]이라는 것은 분명하다.

따라서 운동이 이런 것이라는 점, 그리고 이전도 이후도 아니고 현실태 **201b**5
가 위와 같은 한에서 있을 때 움직임이 일어난다는 점은 분명하다. 왜냐하면 각각은 현실태로 있을 때가 있고, 그렇지 않을 때가 있을 수 있기 때문이다. 예를 들어 집으로 지어질 수 있는 것의 경우에, 집으로 지어질 수 있는 한에서 집으로 지어질 수 있는 것의 현실태가 집 지어짐이다. (왜냐하면 (집으로 지어질 수 있는 것의) 현실태는 집 지어짐이거나 집인데, 집이 있을 때는 더 이상 집으로 지어질 수 있는 것은 없지만, 반면에 집 지어짐은 집으로 지어질 수 있는 것이 겪는 과정이기 때문이다. 따라서 집 지어짐이 완성태일 수밖에 없다). 그리고 집 지어짐은 운동의 일종이다. 그리고 다른 운동들의 경우에도 동일한 논리가 적용될 것이다.

---

121) 청동은 청동 자체로 볼 수도 있고, 조상의 재료로 볼 수도 있다. 청동의 본질은 청동인 한에서의 청동을, 가능적으로 있는 것은 조상이 될 수 있는 무언가의 재료로서의 청동을 의미한다.

122) 색 자체와 시각작용에 들어온 색.

123) '운동'의 정의 ☞ kinesis #2.

정의 논의의 확장

제2장

201b16 그런데 지금까지의 논의가 잘 진행되었다는 것은 운동에 대해 다른 이들이 주장한 것으로부터, 그리고 다른 방식으로는 이것을 규정하기가 쉽지 않다는 점에서도 분명하다. 왜냐하면 운동과 변화를 다른 부류 안에 넣을 수 없을 것이기 때문인데, 운동을 다름, 같지 않음, 있지 않음이라고 말하는 자들이[124] 이것을 (어느 부류에) 넣는지 그 방식을 탐구해보면 분명해질 것이다. 이것들 중 어떤 것도 — 다른 것이든 같지 않은 것이든 있지 않은 것이든 — 필연적으로 움직여지는 것은 아니다. 게다가 이것들에 대립되는 것들을 끝이나 시작으로 해서 변화가 일어나는 것보다 더 이것들 자체를 끝이나 시작으로 해서 변화가 일어나는 것은 아니다.[125] 그런데 이들이 운동을 이것들 안에 넣는 까닭은 운동이 규정할 수 없는 무언가로 보이는데, (피타고라스학파의) 대립자 목록의 한쪽 원리들이[126] 결여되어 있다는 이유로 규정할 수 없는 것들로 보이기 때문이다.[127] 이것들 중 어떤 것도 실체나 성질이나 다른 어떤 범주들로도 보이지 않으니 말이다. 또한 운동이 규정할 수 없는 것으로 보이는 까닭은 운동을 (아무 조건 없이) 존재자들의 가능태나 현실태 안에 넣을 수 없기 때문이다. 가능태적인 양도 현실태적인 양도 필연적으로 움직여지는 것은 아니다. 운동은 일종의 현실태이기는 하지만, 완결되지 않은 것으로 보이기 때문이다. 그 까닭은 가능태적인 것의 현실태가 운동이기는 하지만, 가능태적인 것은 완결되지 않은 것이기 때문이다. 이런 이유로 운동이 무엇인지 파악하기가 힘든 것이다. 왜냐하면 운동을 결여 안에 넣건 가능태 안에 넣건 아무 조

124) 플라톤, 『소피스테스』 256D-E; 『티마이오스』 57E7-58A1.

125) "게다가 이것들과 대립하는 것들이 변화의 끝이 되거나 시작이 되는 것보다 더 이것들 자체가 변화의 끝이나 시작이 되는 것은 아니다"로 옮길 수도 있는 구문이다.

126) 『자연학』 I 5, 189a1 이하; 『형이상학』 986a22-26.

127) 『자연학』 I 7, 190b27 이하.

건 없이 현실태 안에 넣건 간에 이것들 중 어떤 것도 받아들일 수 있는 것으로 보이지 않기 때문이다. 따라서 우리가 언급했던 방식만 남는다. 즉 운동이란 일종의 현실태이지만, 우리가 말했던[128] 그런 종류의 현실태이다.[129] 이것은 밝혀내기는 쉽지 않지만 있을 수 있는 것이다.

그런데 앞서 말한 대로 움직이게 하는 것은 모두 움직여진다. 이것이 가능태적으로 움직이게 할 수 있는 것이고, 이것의 움직이지 않음이 정지라면 말이다(운동이 속하는 것의 움직이지 않음이 정지이니 말이다). 왜냐하면 움직여질 수 있는 한에서 움직여질 수 있음에 관계하는 현실태가 바로 움직이게 함이기 때문이다. 그리고 이런 식의 작용을 가함은 접촉에 의해 이루어지고, 따라서 (작용을 가함과) 동시에 작용을 받기도 하는 것이다. 이런 이유로 운동은 움직여질 수 있는 한에서 움직여질 수 있는 것의 완성태인데, 이것은 움직이게 할 수 있는 것과의 접촉에 의해 일어나며, 따라서 (작용을 가함과) 동시에 작용을 받기도 하는 것이다. 그런데 움직이게 하는 것은 항상 어떤 형상을 전달할 것이다. 실체이건 성질이건 양이건 간에 말이다. 그리고 움직이게 하는 것이 움직이게 할 때마다 이 형상이 운동의 원리이자 원인이 될 것이다. 예를 들어 완성태상의 사람이 가능태상의 사람으로부터 사람을 만들어낼 때처럼 말이다. **202a**3

변화는 변화를 일으키는 것이 아니라 변화하는 것에서 일어난다

제3장

문제는 운동이 움직여질 수 있는 것 안에 있다는 것이고, 이는 분명하다. 운동은 움직여질 수 있는 것의 완성태, 즉 이것을 움직이게 할 수 있는 것에 의해 발생하는 완성태이기 때문이다. 움직이게 할 수 있는 것의 현실태도 이것과 다르지 않다. 완성태가 양쪽에 속한다는 것이 분명하니 **202a**13

128) 운동의 정의에 대해서는 『자연학』 III 1, 201a10-11 참조.

129) 운동이란 "현실태이기도 하고 현실태가 아니기도 하다". 『형이상학』 XI 9, 1066a25-26 참조.

말이다. 왜냐하면 움직이게 할 수 있는 것은 능력을 가지고 있기 때문이고 움직이게 하는 것은 실제 활동하는 것이기 때문이지만, 활동할 수 있는 것은 움직여질 수 있는 것에 대해 활동할 수 있는 것이어서, 그렇게 되면 두 개의 활동이 하나가 되기 때문이다. 마치 2에서 1까지의 간격과 1에서 2까지의 간격이 같고 오르막길과 내리막길이 같듯이 말이다. 물론 이것들은 하나이지만, 이것들의 정의는 하나가 아니다. 움직이게 하는 것과 움직여지는 것의 경우도 마찬가지이다.

202a21 그런데 여기에는 논리적 차원의 문제가 있다. 아마도 작용할 수 있는 것의 어떤 활동이 있고, 작용받을 수 있는 것의 어떤 활동이 필연적으로 있을 것이다. 작용함과 작용받음이 그것이다. 그런데 전자의 산물과 끝은 작용함의 결과이고, 후자의 산물과 끝은 작용받는 결과이다. 따라서 둘 다 운동이므로 이것들이 서로 다르다면, 이것들은 어디에 있겠는가? 둘 다 작용받는 것 즉 움직여지는 것 안에 있거나, 작용함은 작용하는 것 안에 작용받음은 작용받는 것 안에 있을 것이다(그런데 이것도 작용함이라고 불러야 한다면, 동음이의적으로 그럴 것이다).[130] 하지만 이것이 맞다면 운동이 움직이게 하는 것 안에 있게 될 것이고(움직이게 하는 것과 움직여지는 것에 같은 설명이 적용되니 말이다), 그 결과 움직이게 하는 것은 모두 움직여지거나 운동을 가지고 있음에도 움직여지지 않게 될 것이다.[131] 그런데 만일 둘 다 움직여지는 것 즉 작용받는 것 안에 있고, 작용함과 작용받음 말하자면 가르침과 배움이 둘임에도 배우는 자 안에 있다면, 우선 각각의 활동이 각각에 들어 있지 않게 될 것이며, 다음으로 두 개의 움직임이 동시에 움직여지게 될 텐데 이는 이치에 맞지 않다. 어떻게

130) 작용받음을 작용함이라고 불러야 한다면, 작용함은 엄밀한 의미와 동음이의적 의미를 갖게 된다. 수업을 듣는 행위나 치료받는 행위는 엄밀하게 선생님이나 의사에 의한 '작용받음'이지만, 수업을 듣는 것도 치료를 받는 것도 무언가를 '하는' 행위인 이상, 이를 '(작용)함'이라고 할 수 있을 것이다. '동음이의'에 대해서는 『범주론』 1, 1a1-6 참조.

131) 앞의 198a27 이하 참조.

두 성질 변화가 하나에 속할 것이며 하나의 형상을 향할 수 있겠는가? 이는 불가능한 일이다.

오히려 하나의 활동이 있을 것이다. 하지만 형상에 있어 상이한 두 사물에 하나의 동일한 활동이 속한다는 것은 이치에 맞지 않는다. 그리고 가르침이 배움과 같고 작용함이 작용받음과 같다면, 가르치는 것과 배우는 것이 같고 작용하는 것이 작용받는 것과 같을 것이며, 그 결과 가르치는 자가 모두 필연적으로 배우기도 할 것이며 작용하는 것이 모두 작용받기도 할 것이다. 오히려 어떤 것의 활동이 다른 것 안에 있다는 것은 이치에 어긋나지 않을 것이다. (가르침은 가르칠 수 있는 자의 활동이지만, 배우는 자 안에서 일어나는 활동 즉 (가르칠 수 있는 자와) 단절되지 않은 채로, 배우는 자 안에서 일어나는 가르칠 수 있는 자의 활동이기 때문이다.) 또한 둘에 같은 하나의 활동이 있지 못하도록 막는 것도 없다. (본질이 같은 방식으로는 아니지만 가능태상의 것이 현실태상의 것과 관계 맺는 방식에 있어서 같은 것이다.) 또한 작용함과 작용받음을 같은 것이라고 해도 가르치는 자가 필연적으로 배우는 것은 아니다. 코트와 외투처럼 본질을 말해주는 정의가 하나라는 식으로가 아니라, 앞서 언급했듯 테베에서 아테네로 가는 길과 아테네에서 테베로 가는 길이 하나라는 식이라면 말이다. **202b**1

[……]

현실적 무한논박

자연장소를 통한 논박

제5장

다음의 논의를 통해 모든 경우에 무한한 감각 가능한 물체가 있을 수 있는지 없는지 살펴보아야 한다. 일반적으로 말해 그러한 물체가 있을 수 없다는 것은 다음의 논의들을 볼 때 분명하다. 감각 대상은 모두 본성적 **205a**8

으로 어떤 곳에 있으며, 감각 대상 각각에 일정한 장소가 있다. 부분과 전체에 같은 장소가, 예를 들어 흙 전체와 그 한 덩이에, 그리고 불과 불꽃에 같은 장소가 있다. 그래서 무한한 감각 가능한 물체가 동질적이라면, 그것은 움직이지 않거나 항상 이동할 것이다. 하지만 이는 불가능하다. (왜 (물체가 있는 곳이) 위가 아니라 아래이거나 다른 어느 곳이어야 하는가? 예를 들어 한 덩이가 있다면, 이것은 어디로 움직이고 어디서 정지할까? 이것과 동류인 (전체) 물체의 장소가 무한한데 말이다. 그렇다면 그 한 덩이가 (전체) 장소를 차지하게 될까? 어떻게 그럴 수 있을까? 그것이 갖는 정지와 운동은 도대체 무엇이고, 어디서 일어날까? 모든 곳에서 정지해 있을까? 그러면 움직이지 않을 것이다. 혹 그게 아니라면 모든 곳에서 움직일까? 그러면 멈춰 있지 않을 것이다.)

205a20 그러나 만일 우주 전체가 비동질적이라면, (부분들의) 장소들도 비동질적이다. (그렇다면) 먼저 몸 전체는 (부분들의) 접촉에 의한 하나 말고는 하나일 수 없고, 다음으로 부분들은 종류가 유한하거나 무한할 것이다. 그런데 부분들은 (종류가) 유한할 수 없다. (그 이유는 이렇다. (부분들이 유한한 경우) 어떤 부분들은 무한하고, 어떤 부분들은 그렇지 않을 것이다. 우주 전체가 무한하다면 말이다. 예컨대, 불이나 물이라고 해도 그렇다. 앞서 말했듯이 그런 것은 반대자들에게는 소멸이기 때문이다.)

205a29[132] 반면에 부분들이 (종류가) 무한하고 단순하다면, 장소들도 무한할 것이고 원소들도 무한할 것이다. 그러나 이것이 불가능하고 장소들이 유한하다면, 전체 우주도 필연적으로 유한해야 한다. 장소와 물체가 딱 들어맞지 않는다는 것은 불가능하기 때문이다. 장소 전체는 물체가 미칠 수 있는 양보다 더 클 수 없고(이와 더불어 물체가 더는 무한하지 않을 것이고), 물체는 장소보다 더 클 수 없기 때문이다. 그렇지 않으면 (장소가 물체보다 커서) 빈 곳이 있게 되거나 (물체가 장소보다 커서) 어디에도 없는 물체가 있

132) 윌리엄 D. 로스(William D. Ross)를 따라 205a26-29는 205b1 앞으로 옮겼다.

게 될 테니 말이다. 이런 이유로 옛 자연철학자들은 아무도 하나의 무한한 것을 불이나 흙으로 상정하지 않고, 물이나 공기 또는 이것들의 중간에 있는 것으로 상정한 것이다. 왜냐하면 앞의 두 장소는 분명하고 규정되어 있지만, 뒤의 것들은 위나 아래 어느 하나로 확정되어 있지 않기 때문이다.

무한한 것의 정지에 관한 아낙사고라스의 말은 이상하다. 그는 말하기 205b1
를, 이 무한한 것 자체는 스스로를 붙들어 매고 있는데, 그 이유는 그것이 자신 안에 있기 때문이라는 것이다(다른 어떤 것도 둘러싸지 않으니 말이다). 무언가가 있을 수 있는 곳, 바로 그곳에 그것이 있도록 본성적으로 되어 있다는 것이다. 하지만 이는 참이 아닌 말이다. 무언가가 어딘가에 강제로 있을 수도 있고, 본성적으로 있도록 되어 있는 곳이 아닌 다른 곳에 있을 수도 있기 때문이다. 설사 전체 우주가 움직이지 않는다고 하더라도 (자신에 의해 붙들려 매어지고 자기 자신 안에 있어서 필연적으로 움직일 수 없으니 말이다.) 무엇 때문에 그것이 본성적으로 움직이지 않는 것인지를 말해야 한다. 그런 식으로 말하고서 자리를 뜨는 것으로는 충분하지 못하니 말이다. 움직이지 않는 이유가 달리 움직일 곳이 없어서 그런 것이지 본성상 움직이지 못하도록 방해하는 것은 있을 수 없기 때문이다. 흙도 중심에 의해 속박되어 있어서 설사 무한하다 하더라도 이동하지 않는 것이니 말이다. 하지만 그것이 (우주의 중심부에) 머무를 수 있는 이유는 달리 옮겨갈 곳이 없어서가 아니라, 본성적으로 그렇게 되어 있기 때문이다. 그럼에도 그것이 자기 자신을 붙들어 맨다고 말할 수 있을 것이다. 그런데 흙에 있어 흙이 무한한 원인이 이것 때문이 아니라 무거움을 가지고 있기 때문이라면, 또 무거운 것은 중심부에 머무르는데 흙이 중심부에 있는 것이라면, 무한한 것이 자신 안에 머무를 수 있는 이유도 마찬가지로 그것이 무한하고 스스로 자기 자신을 붙들어 매기 때문이 아니라 다른 어떤 원인 때문일 것이다.

이와 더불어 어떤 부분이라 하더라도 머물러 있어야 할 것이라는 점은 205b18
분명하다. 무한한 것이 자신 안에서 붙들어 매면서 머물러 있듯이, 어떤 부분이 취해졌다 해도 자신 안에 머물러 있을 것이다. 왜냐하면 전체와 부분의 장소가 동질적이기 때문이다. 예를 들어 흙 전체와 흙덩이의 장소는 아래이며, 불 전체와 불꽃의 장소는 위이다. 그러므로 무한한 것의 장소가 자신 안이라면, 부분의 장소도 그럴 것이다. 따라서 이것도 자신 안에 머물러 있을 것이다.

기타 논박들

205b24 일반적으로 감각 가능한 물체가 모두 무거움이나 가벼움을 갖는다면, 무한한 물체가 있다는 주장과 이런 물체들에게 어떤 장소가 있다는 주장을 동시에 할 수 없음이 분명하다. 무거우면 본성에 의해 중심부로 가는 이동을 할 것이고, 가벼우면 위로 가는 운동을 할 것이다. 무한한 것도 필연적으로 그럴 수밖에 없는데, 우주 전체가 둘 중 하나를 겪는다는 것은 불가능하며, 또 절반이 어느 하나를 겪는다는 것도 불가능하다. 어떻게 분할하겠는가 말이다. 어떻게 무한에서 아래와 위, 끝과 가운데가 있을 수 있겠는가?

205b31 게다가 감각 가능한 물체는 모두 장소 안에 있는데, 장소의 종류와 차이에는 위와 아래, 앞과 뒤, 오른쪽과 왼쪽이 있다. 이것들은 우리와 관련해서만, 그리고 위치상으로만 성립하는 것이 아니라 바로 전체 우주 안에서도 구분될 것이다. 그러나 무한한 것 안에서는 그런 구분들이 있을 수 없다. 단순히 말해 무한한 장소가 있을 수 없다면, 그리고 모든 물체는 장소 안에 있다면, 무한한 물체는 있을 수 없다. 어느 곳에 있다는 것은 장소 안에 있다는 것을 뜻하고, 장소 안에 있다는 것은 어느 곳에 있다는 것을 뜻하기 때문이다. 그런데 무한한 것이 얼마만큼의 양일 수 없듯이 — 그럴 경우 그것은 2큐빗이나 3큐빗과 같은 특정한 양이어야 할 것이기 때문이다. '양'은 바로 그런 것들을 뜻한다 — 마찬가지로 무한은 장소 안에 있을 수도 없다. 왜냐하면 장소 안에 있음은 특정한 곳에 있음을 뜻하고, 그것은 위나 아래, 또는 여섯 개 중 어떤 쪽을 뜻하는데, 이것들
206a7 각각은 일종의 경계이기 때문이다. 위와 같은 논리로 보건대 분명 완성태

상 무한한 물체는 있을 수 없다.

가능적 무한

제6장

그런데 무한이 어떤 의미로도 없다고 한다면, 분명히 여러 불가능한 결 206a9
과가 도출될 것이다. 무한이 없다면 시간에 시작과 끝이 있게 될 것이고, 크기들로 분할되지 않는 크기들이 있게 될 것이고, 수가 무한하지 않을 것이기 때문이다. 두 개의 대안이 이렇게 규정되어 어떤 식으로도 불가능해 보이는 경우에는[133] 중재안이 필요하다. 그리고 분명히 무한이란 어떤 의미로는 있고 어떤 의미로는 없는 것이다.

있다고 이야기될 때는 가능적으로 있다고 이야기되거나, 현실적으로 있 206a14
다고 이야기되거나 둘 중 하나이고, ① 무한은 부가에 의해서 있거나 ② 분할에 의해서 있거나 둘 중 하나이다. ② 크기는 현실적으로는 무한하지 않지만, 분할에 의해서는 무한하다고 이야기된다. (분할에 의한 무한을 부정하는) 분할 불가능한 선들을 논박하기는 어렵지 않다. 그러므로 가능적으로 무한이 있다는 것이 남는다. 가능적으로 조각상인 것이 (현실적으로) 조각상이 되듯이 가능적으로 있는 무한이 현실적으로 있게 될 것이라고 이해해서는 안 된다. 그게 아니라 있다는 것은 여러 가지 의미를 가지는데, 무한이 있다고 할 때는 마치 날과 경기가 하나 다음에 다른 하나가 계속해서 생기는 방식으로 있듯이 그런 식으로 있는 것이다. (이것들도 가능적으로 있거나 현실적으로 있다. 올림픽 경기가 있다고 할 때는 경기가 치러질 수 있다는 의미일 수도 있고, 경기가 치러지고 있다는 의미일 수도 있기 때문이다.) 무한은 시간의 경우와 인류의 경우, 그리고 크기들의 분할의 경우에 다른 모습을 보인다. 이유는 다음과 같다. 일반적으로 말해 무한은 하나 다음에 다른 하나가 계속해서 취해지는 방식으로 있는

133) 즉 무한은 있는 것도 아니고, 없다고 해도 문제가 발생한다면.

것이며, 이때 취해진 부분은 계속해서 유한하지만, 어쨌든 계속해서 이것 다음에는 또 다른 저것이 취해진다. 하지만 (차이도 있는데) 크기들의 경우에는 취해진 부분이 그대로 남아 있지만, 시간과 인류의 경우에는 취해진 부분이 소멸해 버린다. 그렇다고 해서 모두 소진되어 버릴 정도가 되는 것은 아니다.

206b3 ① 부가에 의한 무한과 분할에 의한 무한은 어떤 점에서 보면 같다. 어떤 유한한 크기를 두고 이야기하자면, 부가에 의한 무한은 (분할에 의한 무한과) 반대 방식으로 있을 수 있기 때문이다. 분할이 무한하게 이루어지는 방식으로 정해져 있는 것을 향해 (무한하게) 부가되는 모습을 볼 수 있기 때문이다. 이유는 다음과 같다. 크기가 유한하게 정해져 있는 경우, 정해진 만큼을 취해 같은 비율로 덧붙인다고 해도 이때 같은 비율을 전체의 크기와 관련된 비율로 받아들여서는 안 되지만, 처음의 유한한 크기를 통과해 건너갈 수는 없을 것이기 때문이다. 하지만 만일 계속해서 같은 크기를 취하는 방식으로 비율을 늘려나간다면, 그것을 통과해 건너가게 될 것이기 때문이다. 모든 유한한 크기는 임의의 정해진 크기에 의해 소진되는 것이니 말이다.

206b12 무한은 다른 방식으로는 존재할 수 없고, 이런 식으로 가능적으로 그리고 줄어드는 방향으로 존재할 수 있다(하지만 우리가 날과 경기가 무한하다고 하는 방식으로는 현실적으로도 존재한다). 이런 식으로 무한은 질료처럼 가능적으로 존재하지만, 유한한 것처럼 그 자체로 존재하지는 않는다. 실로 무한은 부가에 의해서도 가능적으로도 존재한다. 이는 우리가 분할에 의한 무한과 어떤 방식으로는 같은 것이라고 보는 방식이다. 왜냐하면 (두 경우 모두) 계속해서 바깥에서 무엇인가를 취하게 될 것이기 때문이다. 비록 전체의 크기를 넘어서지는 않겠지만 말이다. 마치 분할의 경우에 임의의 일정한 크기를 전부 넘어서서 계속해서 더 작은 크기가 생기게 되듯이 말이다.

206b20 그런데 부가에 의해서는 전체의 일정한 크기를 넘어서는 무한이 가능적으로도 있을 수 없다. 만일 자연학자들이 공기나 해당 부류의 어떤 것

을 두고 실체라고 말하는, 우주 바깥에 있는 무한한 물체처럼 부수적인 방식으로 현실적인 무한이 존재하는 것이 아니라면[134] 말이다. 오히려 만일 이런 식의 무한한 감각적 물체가 현실적으로 있을 수 없다면, 부가에 의한 무한은 이야기한 대로 분할과 반대 방식이라면 모를까, 가능적으로라도 있을 수 없음이 분명하다. 이런 이유로 플라톤도 무한을 두 개로 만든 것이다. 늘어나는 쪽으로도 줄어드는 쪽으로도 무한하게 넘어가는 것으로 보이기 때문이다. 비록 이 둘을 만들어 놓기만 했을 뿐, 사용하지는 않았지만 말이다. 왜냐하면 수와 관련해서는 분할에 의한 무한도 없고 (1이 최소이기 때문이다), 늘어나는 무한도 없기 때문이다. (수는 10에서 끝나기 때문이다.)

무한은 사람들이 말하는 것과는 반대되는 것으로 귀결된다. 왜냐하면 206b33
그 바깥에 아무것도 없는 것이 아니라 그 바깥에 계속해서 무엇인가가 있는 것, 이것이 무한이(라고 말하)기 때문이다. 다음의 사례가 이를 보여준다. 사람들은 반지를 두고, 만일 이것이 거미발을 가지지 않는 것이라면 무한하다고 말하는데, 그 이유는 계속해서 그 바깥에서 뭔가를 취할 수 있기 때문이다. 하지만 이들은 유사한 어떤 것을 말하고 있기는 하지만,
우선적인 의미에서 말하는 것은 아니다. 왜냐하면 이 점도 포함되어야 하 207a5
지만, 같은 것을 (두 번) 취해서도 안 되기 때문이다. 하지만 원에서는 이 조건들이 충족되지 않고 계속해서 연달아 온다는 점에서만 다를 뿐이다. 그러므로 무한이란 양에 따라 그 바깥에서 계속해서 뭔가를 취할 수 있는 것이다. 반면에 그 바깥에 아무것도 없는 것은 완전한 것이고 전체이다. 우리는 전체를 이런 식으로 사람 전체, 상자 전체처럼 그 바깥에 아무것도 빠진 것이 없는 것으로 규정한다. 그런데 개별자들에 대해서처럼 그 바깥에 아무것도 없는 것이라는 규정은 우선적인 것들에 대해서도 적용된다. 그런데 그 바깥에 뭔가 빠져 있는 것은 전부가 아니다. 빠져 있는 것

134) 즉 피타고라스학파처럼 현실적인 무한이 그 자체로 존재한다면.

이 무엇이든 말이다. 그리고 전체와 완전한 것은 전적으로 같은 것이거나 본성상 같은 부류의 것이다. 목적을 갖지 않는 것은 완전할 수가 없는데, 이때 목적은 경계이다.

[……]

제4권

장소란 무엇인가

장소란 무엇인가

제4장

그렇다면 도대체 장소[135]란 무엇인가? 이는 이하의 논의에서 분명하게 **210b**32
밝혀질 것이다. 장소와 관련해 참으로 그 자체로 속하는 것으로 여겨지는 특징들을 취해보자. ① 우리는 마땅히 어떤 사물의 장소란 그 사물을 첫 번째로 둘러싸는 것이며, ② 그 사물에 속하는 것이 아니라고 생각한다. **211a**
③ 첫 번째 장소는 사물보다 작지도 크지도 않다고 생각하며, ④ (사물이 움직일 때) 각각의 사물로부터 따로 남겨지는 것이고 분리될 수 있는 것이라고 생각한다. ⑤ 이것들 이외에 모든 장소는 위와 아래를 가지는데, 본성상 각각의 물체들은 고유한 장소로 이동해서 머무른다고 생각한다. 그런데 이것이 위나 아래를 만드는 것이다.

이상의 것들을 전제로 삼아서 나머지 것들을 고찰해 보아야 한다. 그리 **211a**6
고 장소가 무엇인지를 보여줌으로써 난제들이 해결되고, 장소에 속하는 것으로 여겨지는 특징들이 실제로 속하는지를 보여주며, 장소에 관한 문제가 어려운 이유와 난제들이 제기되는 이유가 분명해지도록 탐구를 수행해야 한다. 이렇게 해야 각각의 것이 가장 훌륭하게 증명될 수 있을 테니 말이다.

그런데 우선 유념해야 할 것은 장소를 바꾸는 운동이 없으면, 장소는 **211a**12

135) '장소'(topos).

탐구될 수 없다는 것이다. 실로 우리는 무엇보다 이 때문에 우주 또한 장소 안에 있다고 생각한다. 항상 운동 중에 있다는 이유로 말이다. 그런데 장소를 바꾸는 운동에는 장소이동도 있고, 증가와 감소도 있다. 증가와 감소에 있어서도 사물은 변하는데, 이전에 이곳에 있던 것이 다시 더 작거나 더 큰 곳으로 변한 것이기 때문이다.

211a17 그런데 움직이는 것들 중 일부는 그 자체로 완성태로, 일부는 부수적으로 움직인다. 그리고 부수적인 것들 중 일부는 가령 몸의 부분들이나 배의 돛처럼 그 자체로 움직일 수 있지만, 일부는 그 자체로 움직일 수 없는 것들이어서 하양이나 지식처럼 항상 부수적으로 움직인다. 이것들이 장소를 바꾼 것은 자신들이 속해 있는 것이 장소를 바꿨기 때문이니 말이다.

211a23 우리가 장소 안에 있다는 의미로 우주 안에 있다고 말하는 이유는 우리가 공기 안에 있는데, 이 공기가 우주 안에 있기 때문이다. 그런데 공기 전체가 아니라 우리를 둘러싸는 공기의 끝 때문에 우리가 공기 안에 있다고 말한다. (만일 공기 전체가 장소라면, 어떤 사물의 장소와 그 사물 자체가 같은 크기가 아니게 될 텐데, 어쨌든 같은 크기로 여겨지기 때문이다. 어떤 사물이 그 안에 있는 첫 번째 장소는 이와 같은 것이다.) 그런데 한편으로 둘러싸는 것이 (둘러싸이는 것과) 나뉘어 있지 않고 연속해 있는 경우에, 앞서 말한 것(둘러싸는 것) 안에 있다는 것은 장소 안에 있다는 의미가 아니라 부분이 전체 안에 있다는 의미로 말해진다. 반면에 나뉘어 있고 접촉하는 경우에, (둘러싸이는 것은) 둘러싸는 것의 첫 번째 끝 안에 있다고 말해지는데, 이 끝은 안에 있는 것의 부분도 아니고 그 연장보다 크지도 않으며 딱 그만큼이다. 접촉하는 것들의 끝들이 같이 있기 때문이다.

211a34 연속하는 경우에는 (둘러싸이는 것은) 둘러싸는 것 안에서 움직이는 것이 아니라 그것과 함께 움직이지만, 나뉘어 있는 경우에는 그 안에서 움직이고, 이는 둘러싸는 것이 움직이든 움직이지 않든 마찬가지이다.[136]

---

136) 배가 움직이든 정지해 있든 선원은 배 안에서 움직인다.

게다가 한편으로 나뉘어 있지 않은 경우에는 부분이 전체 안에 있듯 211b
이, 가령 시각이 눈 안에 혹은 손이 몸 안에 있듯이 말해지지만, 반면에 나뉘어 있는 경우에는 가령 물이 병 안에 혹은 포도주가 병 안에 있듯이 말해진다. 왜냐하면 손은 몸과 함께 움직이지만, 물은 병 안에서 움직이기 때문이다.

그러므로 장소가 무엇인지는 이상의 논의들을 통해 이미 분명해졌다. 211b5
장소는 거의 틀림없이 다음 넷 중 하나일 수밖에 없기 때문이다. ① 형태[137]이거나 ② 질료이거나 ③ (둘러싸는 물체의) 끝들 사이의 어떤 연장이거나 ④ 안에 있게 되는 물체의 크기를 제외하고 어떤 연장도 없다면 끝들(자체)일 테니 말이다. 그런데 이것들 중 셋은 분명히 장소일 수 없다.

① 그런데 둘러싼다는 점에서 보자면, 형상이 장소인 것 같다. 둘러싸 211b10
는 것과 둘러싸이는 것의 끝이 같이 있으니 말이다. 그런데 이 둘 모두 경계이기는 하지만 같은 것의 경계는 아니어서 형상은 사물의 경계이고, 장소는 둘러싸는 물체의 경계이다.

③ 그리고 둘러싸는 것은 머물러 있지만, 나뉘어 있으면서 둘러싸이 211b14
는 것이 종종 바뀐다는 점에서 보자면, 예컨대 그릇에 있다가 물이 밖으로 나올 때처럼 자리를 바꾸는 물체와는 별도의 어떤 것이 있다는 생각에 장소가 사이에 있는 어떤 연장으로 여겨진다. 하지만 그런 것은 없고, 오히려 자리를 바꾸어 본성상 (둘러싸는 것과) 접촉하게 되는 물체들 중 임의의 물체가 그 안에 들어오게 된다. 하지만 만일 어떤 연장이 본성상 그 자체로 있고 머물러 있다면, 장소가 같은 곳에 무한하게 있게 될 것이다. (물과 공기가 자리를 바꿀 때, 물 전체가 그릇 안에서 작용하듯이 물의 모든 부분들이 전체 안에서 똑같이 할 테니 말이다.) 그리고 동시에 장소도 변할 텐데, 그 결과 장소에 다른 장소가 있게 될 것이고, 많은 장소가 동시에 있게 될 것이다. 하지만 전체 그릇이 자리를 바꿀 때, 부분이 그 안

137) '형상'과 같은 의미이다.

에서 변하는 장소는 다른 장소가 아니라 같은 장소이다. 왜냐하면 공기와 물 혹은 물의 부분들은 그것들이 들어 있는 곳에서 서로 자리를 바꾸는 것이지, 그것들이 생겨나는 장소에서 그러는 것이 아니기 때문이다. 이때 후자는 전체 우주의 장소의 부분이다.

211b29 ② 그리고 만일 누군가 정지해 있으면서 분리되어 있지 않고 연속해 있는 무언가를 탐구한다면, 질료도 장소처럼 보일 것이다. 왜냐하면 성질 변화가 일어나는 경우, 이전에 검정이었는데 지금은 하얗고, 이전에 부드럽다가 지금은 딱딱한 어떤 것이 존재하듯이(이 때문에 우리는 질료가 존재하는 어떤 것이라고 말한다) 마찬가지로 이런 식의 표상을 통해 장소도 존재하는 것으로 보이기 때문이다. 단 전자의 경우에는 공기였던 것이 지금은 물이어서 그러하고, 장소의 경우에는 공기가 있던 곳에 지금은 물이 있어서 그렇다는 점을 제외한다면 말이다. 하지만 질료는 앞서 말해진 대로 사물과 분리되지도 않고 둘러싸지도 않지만, 장소는 이 두 특징을 갖는다.

212a2 따라서 만일 장소가 이 셋 중 어느 것도 아니라면, 즉 형상도 질료도 아니며 자리를 바꾸는 사물과 별도로 항상 존재하는 어떤 연장도 아니라면, 장소는 필연적으로 넷 중 나머지, 즉 거기에서 둘러싸이는 물체와 접촉하는 둘러싸는 물체의 경계일 수밖에 없다.

212a6 여기서 둘러싸이는 물체란 이동의 측면에서 운동할 수 있는 것을 의미한다. 그런데 이 장소는 다음과 같은 이유들로 뭔가 대단하고 파악하기 어려운 것으로 보인다. 질료와 형태가 그 안에서 같이 모습을 드러내며, 장소이동 하는 것의 자리 바꾸기가 정지해 있으면서 둘러싸는 것 안에서 일어나기 때문이다. 왜냐하면 바뀌는 크기들과 다른 어떤 연장이 (그 경계) 사이에 존재할 수 있는 것으로 보이기 때문이다. 그리고 공기도 비물체적인 것으로 보여서 어려움을 더한다. 왜냐하면 장소는 그릇의 경계로 보이기도 하지만, 진공처럼 사이에 있는 것으로도 보이기 때문이다.

212a14 그런데 그릇이 옮겨질 수 있는 장소이듯이 장소는 움직일 수 없는 그릇이다. 이런 까닭에 안에 있는 것의 운동과 변화가 움직이는 것 안에서 일

어날 때, 예컨대 배의 운동이 흐르는 강 안에서 일어나듯이 둘러싸는 것은 장소가 아니라 오히려 그릇과 같이 작동한다. 하지만 장소는 움직일 수 없게 되어 있다. 이런 이유로 오히려 강 전체가 장소이다. 전체로서의 강은 움직이지 않기 때문이다. 따라서 둘러싸는 물체의 움직일 수 없는 첫 번째 경계, 이것이 바로 장소이다.

[……]

시간이란 무엇인가

시간에 관한 문제들

제10장

지금까지의 논의에 이어 탐구해야 할 것은 시간이다. 그런데 먼저 그것에 대해 대중 강연에서 했던 논의들[138]을 통해서도 문제를 제기하는 것이 좋을 것이다. 그것이 있는 것들에 속하는지 없는 것들에 속하는지, 그리고 그것의 본성이 무엇인지 말이다. 그런데 사람들은 다음의 논의를 통해 그것이 아예 없는 것인지 혹은 있다 해도 모호하게만 있는 것인지 의심할 수 있을 것이다. 그 이유는 다음과 같다. (1) 시간의 일부는 있었지만 있지 않고, 또 다른 부분은 있을 예정이지만 아직 있지 않다. 그런데 시간은 무한한 시간이든 아무 때나 취해진 시간이든 이것들이 결합된 것이다. 하지만 있지 않는 것들이 결합된 것은 실체에 참여할 수 없을 것으로 보인다. 여기에 덧붙여 부분으로 나뉠 수 있는 전체에 있어 그것(부분의 전체)이 있다면, 그것이 있을 때 필연적으로 그 부분들 전체가 있거나 그 일부라도 있어야 한다. 하지만 시간은 부분으로 나뉠 수 있는 것임에도 일부는 있었고 일부는 있을 예정이지, 가분될 수 있는 부분들 중 어느 **217b**29 **218a**3

138) 대중을 대상으로 한 강연이거나 아리스토텔레스가 썼다고 하는 소실된 작품들일 수 있다.

것도 있는 것이 아니다.[139] 그리고 지금은 부분이 아니다. 부분은 (전체를) 재는 것이고, 전체는 부분들로 결합되어야 하는데, 시간은 지금들로 결합되지 않는 것으로 보이기 때문이다.[140]

218a8 (2) 게다가 과거와 미래를 구분하는 것으로 보이는 지금이 항상 하나이자 같은 것으로 남아 있는지, 아니면 항상 다른지를 파악하기란 쉽지 않다. 그 이유는 다음과 같다. 만일 지금이 항상 다르다면, 그리고 시간 안에 있는 그 어떤 상이한 부분들도 동시에 있지 않다면(더 짧은 시간이 더 긴 시간에 둘러싸이듯 하나가 둘러싸고 다른 하나가 둘러싸이는 경우를 제외하고), 그리고 이전에 있었지만 있지 않는 (과거의) 지금은 (과거) 언젠가 소멸했음이 필연적이라면, 지금들도 서로 동시에 있지 않을 것이고, 이전의 지금은 항상 소멸했음이 필연적일 것이다. 그래서 이전의 지금은 (과거의) 자신 안에서 소멸했을 수도[141] 없고(그때는 있었으니 말이다), (과거가 아닌) 다른 지금에서 소멸했다는 것도 가능하지 않다. 그 이유는 이렇다. 점과 점이 그럴 수 없듯이 지금들이 서로 붙어 있을 수 없다고 해보자. 그래서 연달아 오는 지금에서가 아니라 다른 지금에서 소멸했다고 한다면, 이것들 사이에 무한하게 존재하는 지금들 안에 이전의 지금이 동시에 있게 될 텐데, 이는 불가능하기 때문이다.[142]

218a21 그렇다고 동일한 지금이 항상 남아 있을 수도 없다. 분할 가능하고 유한한 그 어떤 것의 — 그것이 한쪽 방향으로 연속해 있건 여러 방향으로 연속해 있건 간에 — 경계도 하나가 아닌데, 지금은 경계이며 (두 개의 경

---

139) "전체가 있으려면 최소한 일부라도 있어야 한다. 그런데 시간은 있었던 것들과 있을 예정인 것들, 즉 있지 않는 것들의 결합이어서 일부도 있지 않다."

140) 이 구절의 시간관에 따르면, 시간은 일정한 길이나 연장을 가져야 한다. 따라서 일정한 길이나 연장 없는 지금들로는 시간이 결합될 수 없다.

141) 과거의 순간이 과거에 사라져버릴 수는 없는 노릇이다.

142) 다른 지금들을 상정한다는 것은 지금들이 서로 연속된 것이 아니라 단절되어 있다는 것이다. 이는 과거의 지금, 현재의 지금, 미래의 지금이 서로 단절되어 있고, 이것들을 합쳐 시간이라고 부르는 경우를 가정하는 것이다.

계가) 유한한 시간을 취할 수 있기 때문이다.[143] 게다가 만일 시간에 따라 이전이나 이후가 아니라 동시에 있음이 같은 하나의 지금 안에 있음을 의미한다면, 그리고 만일 이전과 이후의 일들이 바로 지금 안에 있다면, 1만 년 전의 일들이 오늘 벌어지는 일들과 동시에 있을 것이며, 임의의 이 사건이 임의의 저 사건보다 이전이나 이후에 일어날 수 없을 것이다. 이렇게 시간에 속하는 것들에 대해서는 이만큼의 문제가 제기된 것으로 해두자.

그런데 시간이 무엇인지 그리고 그것의 본성이 무엇인지는 전승된 바의 218a31
것들을 통해서든, 그것들과 관련해서 이전에 우리가 다루게 된 것들을 통해서든 분명하지 않기는 마찬가지이다. 왜냐하면 어떤 이들은 전체의 운동이 시간이라고 말하는 한편, 어떤 이들은 천구 자체가 시간이라고 말하기 때문이다.[144] 그런데 그 회전운동의 일부도 어떤 시간이다. 이것이 물론 회전운동은 아니지만 말이다. 취해진 (유한한) 것은 회전운동의 일부이지, 회전운동은 아니기 때문이다. 게다가 우주가 여럿이라면, 그것들 중 218b3
어떤 것의 운동이든 마찬가지로 시간일 것이고, 그 결과 동시에 여러 시간들이 있게 될 것이다.

반면에 전체의 구가 시간이라고 말하는 자들은 모든 것들은 시간 안에 218b5
도 있고, 전체의 구 안에도 있다고 생각했다. 하지만 이 말은 관련된 불가능한 점들을 살펴보기에는 너무 단순하다.

(3) 그런데 시간은 무엇보다 운동이나 변화의 일종으로 보이니까 이 점 218b9
을 살펴보아야 할 것이다. 각 사물의 변화와 운동은 변하는 것 자체 안에만 있거나 움직이고 변하는 것 자체가 마침 있게 되는 곳에 (변화나 운동이) 있다. 하지만 시간은 어디에나 모든 것에 걸쳐 똑같이 있다. 게다가 변화는 더 빠르거나 더 느리지만, 시간은 그렇지 않다. 그 이유는 이렇다. 느

143) 지금이 하나면 임의의 유한한 시간을 취할 수가 없다. 유한한 시간은 두 개의 지금을 필요로 하기 때문이다.

144) (1) 플라톤의 『티마이오스』. (2) 심플리키우스는 피타고라스주의자 아르퀴타스가 주장한 것으로 보지만, 어느 철학자의 생각인지는 분명치 않다.

림과 빠름은 시간에 의해 정해진다. 즉 적은 시간에 많이 움직이는 것은 빠르고, 많은 시간에 적게 움직이는 것은 느리다. 하지만 시간은 시간에 의해 정해지지 않는다. 양적인 시간에 의해서든 질적인 시간에 의해서든[145] 말이다. 따라서 시간이 운동이 아니라는 것은 분명하다. 운동을 가지고 말하건 변화를 가지고 말하건 간에 지금으로서는 우리에게 아무 차이가 없다고 하자.

시간에 대한 규정

제11장

218b21 하지만 시간은 적어도 변화 없이는 존재할 수 없다. 왜냐하면 우리 스스로가 생각을 전혀 변화시키지 않거나 혹은 생각의 변화를 의식하지 못하는 동안에는 우리에게 시간이 생긴 것으로 보이지 않기 때문이다. 마치 신화 속 사르디니아의 영웅들 곁에서 잠들어 있었던 자들이 깨어났을 때 그랬듯이 말이다. 그들은 지각이 없었다는 이유로 중간의 시간을 삭제해 이전의 지금을 이후의 지금과 묶어 하나로 붙여 놓았기 때문이다. 그래서 그 지금이 다른 게 아니라 같은 하나라면 (중간의) 시간은 없었을 것이고, 이런 식으로 그것이 다른 것임을 알아차리지 못해 그들에게 중간의 시간은 없는 것으로 보인다. 실로 만일 우리가 어떤 변화도 특정하지 못하고 오히려 분할되지 않은 하나 안에 우리의 영혼이 머무는 것으로 나타나는 경우에는 우리에게 시간이 없다는 생각이 들게 되지만, 반면에 우리가 지각하고 특정하는 경우에는 시간이 생긴다고 말한다면, 시간은 운동이나 변화 없이는 존재하지 않는다는 것이 분명하다.

219a1 따라서 시간은 운동이 아니기도 하고, 운동 없이 존재하지도 않는다는 것은 분명하다.[146] 우리는 시간이 무엇인지를 탐구하고 있으니, 시간이 운

145) 양적인 시간은 장소이동을 측정하는 시간, 질적인 시간은 성질이나 실체 변화를 측정하는 시간으로 이해할 수 있다.

146) "시간은 운동이 아니다"라는 주장은 제10장 전체의 논의이며, "시간은 운동 없

동의 어떤 측면인지를 파악하면서 시작해야 한다. 우리는 운동과 시간을 함께 지각하니 말이다. 만일 사방이 어둡고 우리가 몸으로는 아무것도 겪지 않지만, 영혼 안에 어떤 움직임이 있게 된다면, 즉시 어떤 시간도 함께 생긴 것으로 보이기 때문이다. 또한 어떤 시간이 생긴 것으로 보인다면, 어떤 운동도 함께 생긴 것으로 보인다.[147] 그러므로 시간은 운동이거나 운동의 어떤 측면이다. 그런데 운동은 아니므로 그것은 운동의 어떤 측면일 수밖에 없다.

움직이는 것은 어떤 것에서 어떤 것으로 움직이고, 모든 크기는 연속적 **219a**10
이므로 운동은 크기를 따른다. 왜냐하면 크기가 연속적이니까 운동도 연속적이고, 운동이 연속적이니까 시간도 연속적이기 때문이다. 운동이 있는 그만큼 항상 시간도 생긴 것으로 보이니 말이다.

그런데 일차적으로 장소에 앞과 뒤가 있다. 여기서 앞과 뒤는 배치에 의 **219a**14
해[148] 결정된다. 그리고 (이런 식으로) 크기에 앞과 뒤가 있으니 유비적으로 (크기에서) 앞과 뒤가 운동과 관련되는 것은 필연적이다. 또한 이것들 중 하나가 항상 다른 하나를 따르므로 앞과 뒤는 시간에도 있는 것이다. 그런데 운동에서 앞과 뒤는 존속하는 것의 측면에서는 운동이지만, 본질에 있어서는 운동이 아니라 다른 것이다.[149]

이 존재하지 않는다"라는 주장은 제11장 전반부(218b21-219a10)의 논의이다. 후자는 "시간은 운동과 모종의 관계를 맺고 있다"라는 뜻이 되며, 그래서 곧이어 아리스토텔레스는 '시간은 운동의 수'라는 자신의 견해를 제시하게 된다.

147) 의식의 자각→시간의 자각, 시간의 자각→운동의 발생. 이때 운동은 의식의 흐름일 수도 있고, 외부 운동일 수도 있다.

148) A 지점과 B 지점이 있을 때, 운동은 A에서 B로 향할 수도 있지만 B에서 A로 향할 수도 있다. A에서 B로 향할 때는 A가 앞, B가 뒤가 되며, B에서 A로 향할 때는 B가 앞, A가 뒤가 된다.

149) 여기서 '존속하는 것의 측면에서'로 옮긴 'ho pote on'은 아리스토텔레스의 조어로 이해하기가 쉽지 않다(219b9, 220a4, 223a25 이하). 운동 과정 중에 '앞이면서 뒤인 것'은 운동하는 물체의 속성이며, 운동 또한 운동하는 물체의 속성이다. 따라서 운동하는 물체(존속하는 것)의 입장에서 보면, '앞이면서 뒤인 것'과 운동은 같은 것이다. 하지만 성질 변화가 '하양이면서 까만 상태'가 아니듯이 둘

219a22 그런데 우리가 앞과 뒤를 한정해서 운동을 한정할 때 시간을 알게 되고, 운동에서의 앞과 뒤를 지각할 때 시간이 있었다고 말하는 것이다. 그리고 이것들[150]이 서로 다른 것들이고, 이것들 사이에 뭔가 다른 것이 있음을 파악해 시간을 한정하는 것이다. 왜냐하면 양끝이 중간과 다르다고 생각할 때, 그리고 우리의 영혼이 두 개의 지금을 하나는 앞의 것, 하나는 뒤의 것으로 보고할 때, 우리가 이를 시간이라고 말하기 때문이다. 시간이란 지금(들)에 의해 한정되는 것으로 보이기 때문이다. 이를 받아들여 보자. 그래서 한편으로 우리가 지금을 하나로 지각할 때, 즉 지금을 운동에서의 앞과 뒤로 지각하지 않거나 동일한 지금을 앞의 것에 속하는 것이면서 뒤의 것에 속하기도 하는 것으로 지각할 때, 운동이 없었으니 어떤 시간도 있지 않았던 것으로 보이는 것이다. 하지만 다른 한편으로 우리가 지금(들)을 앞과 뒤로 지각할 때, 시간이 있었다고 말한다.

219b1 시간이란 이런 것, 즉 앞과 뒤를 따르는 운동의 수이기 때문이다. 따라서 시간은 운동이 아니지만, 운동이 그것에 의해 수를 갖게 되는 것이다.[151] 그 증거는 다음과 같다. 우리는 수를 가지고 많고 적음을 판가름하지만, 운동의 많고 적음은 시간을 가지고 판가름한다. 따라서 시간은 일종의 수이다. 그리고 수에는 두 가지가 있는데(우리는 세어지는 것이나 세어질 수 있는 것도 수라고 말하지만, 그것을 가지고 세는 것도 수라고 말하니 말이다[152]), 시간은 세어지는 것이지 그것을 가지고 (다른 무언가

은 본질 혹은 개념상 다르다.

150) 즉 앞과 뒤.

151) "시간에 의해 운동이 수를 갖는다." 지구의 한 바퀴 운동을 24(시간)라는 수로, 운동장을 한 바퀴 도는 운동을 10(분)이라는 수로 환원할 수 있게 된다. 그리고 이때 모든 운동마다 다른 시간 단위가 적용되어 각각의 운동마다 상이한 시간 단위가 생긴다. 24는 '시간'이고, 10은 '분'이다. 열 마리 말이라는 '개수' : 말의 수=10분이라는 '시간' : 운동의 수. 몇 마리라는 '개수'를 통해 말이 수를 가지듯이 몇 분 몇 초라는 '시간'을 통해 운동은 수를 갖는다.

152) 일, 이, 삼, 사를 가지고 세는데, 시간은 이런 세는 수가 아니라 한 마리, 두 마리가 세어진 양의 개수이듯이 일 분, 이 분도 세어진 운동의 개수, 즉 시간이다.

를) 세는 것이 아니다. 그것을 가지고 세는 것과 (그 자체로) 세어지는 것은 서로 다르다.

운동이 계속해서 다르듯이 시간도 그렇다. (하지만 함께 있는 시간 전체는 같은 것이다. 왜냐하면 '지금'은 존속하는 것의 측면에서는 (서로) 같고 (본질적으로는 다르지만), 앞과 뒤인 한에서 지금이 시간을 한정하기 때문이다.) 그리고 '지금'은 어떤 관점에서는 같지만, 어떤 관점에서는 같지 않다. 왜냐하면 '지금'은 (계속해서) 다른 것들 안에 있다는 점에서는 다르지만 (이것이 '지금'의 본질이다), 존속하는 것의 측면에서는 같기 때문이다. 앞서 말해진 대로 운동은 크기를 따르고, 시간은 주장했듯이 운동을 따르기 때문이다. 그리고 마찬가지로 우리가 그것에 의해 운동과 운동에서의 앞과 뒤를 알게 되는, 운동하는 물체는 점을 따른다. 그리고 이동하는 물체는 (점이거나 돌이거나 그런 종류의 다른 어떤 것이거나) 존속하는 것의 측면에서는 같지만, 규정상으로는 다르다. 소피스트들이 리케이온에 있는 코리스코스와 시장에 있는 코리스코스를 다르다고 파악하듯이 말이다. 따라서 이동하는 물체도 (매번) 다른 위치에 있다는 점에서 다른 것이다. 그런데 시간이 운동을 따르듯이 지금은 이동하는 물체를 따른다. (우리는 이동하는 물체에 의해 운동에서의 앞과 뒤를 알게 되는데, 세어질 수 있는 한에서의 앞과 뒤가 지금이기 때문이다.) 그 결과 이것들[153]에서도 지금은 존속하는 것의 측면에서는 같지만(운동에서의 앞과 뒤이기 때문이다), 본질적으로는 다르다. (지금은 세어질 수 있는 한에서의 앞과 뒤이기 때문이다.) 그런데 지금이 우리에게 가장 잘 알려지는 것이다. 왜냐하면 운동은 움직이는 물체를 통해, 이동은 이동하는 물체를 통해 가장 잘 알려지기 때문이다. 이동하는 물체가 개체[154]이지 운동이 개체는 아니기 때문이다. 따라서 어떤 식으로는 지금이 계속해서 같지만, 어떤 식으로는 같지 않다. 이동하는 물체도 그렇기 때문이다.

219b9

153) 즉 앞과 뒤.
154) '개체' 혹은 '이것' ☞ tode ti.

219b33 그리고 시간이 없으면 '지금'이 없고, '지금'이 없으면 시간이 없을 것임도 분명하다. 왜냐하면 이동하는 것과 이동이 함께 있듯이 이동하는 것의 수와 이동의 수도 함께 있기 때문이다. 시간은 이동의 수이고, 지금은 이동하는 것에 대응하는 것으로, 이를테면 수의 단위 같은 것이기 때문이다.

220a4 그리고 시간은 '지금'에 의해 연속을 이룰 뿐만 아니라 '지금'으로 분할된다. 그 관계가 이동과 이동하는 것을 따르기 때문이다. 운동도 이동도 이동하는 것에 의해 하나가 되니 말이다. 그 이유는 이동하는 것은 하나, 즉 존속하는 것의 측면에서 하나가 아니라(그렇게 되면 사이에 단절이 있게 되니 말이다), 규정상으로 하나이기 때문이다. 그리고 이것이 이 운동을 앞의 운동과 뒤의 운동으로 한정한다. 그리고 이것은 어떤 식으로는 점을 따른다. 점도 길이를 연속이게 할 뿐만 아니라 한정하기도 하는 것이기 때문이다. 점은 어떤 것에게는 시작이고 어떤 것에게는 끝이기 때문이다. 하지만 한편으로 누군가 이런 식으로 받아들여 하나(의 점)를 두 개로 다루게 될 때, 같은 점이 시작점이 되고 끝점이 된다면, 멈춘 것일 수밖에 없다. 다른 한편으로 이동하는 것은 움직이기 때문에 지금은 계속해서 다른 것이다. 그러므로 시간이 수인 것은 같은 점이 시작점이 되고 끝점도 되는 방식으로가 아니라 오히려 선의 양 끝점이 되는 방식으로 그런 것인데, 점이 부분들이 되는 방식으로 그런 것은 아니다. 왜냐하면 앞서 언급한 이유 때문이기도 하고(그렇게 되면 중간의 어떤 점을 둘로 다루게 될 것이고, 그 결과 정지하게 될 것이기 때문이다), 게다가 점이 선의 부분이 아니듯이 지금은 시간의 부분이 아니며, (운동의) 분할도 운동의 부분이 아니라는 분명한 이유 때문이기도 하다. 선 하나의 부분은 두 개의 선인 것이다. 그래서 경계인 한에서의 지금은 시간에 부수하지만, 그것을 가지고 세는 한에서는 수이다. 경계는 경계가 속해 있는 것에만 속하는 데 반해, 여기 이 말들의 수 10은 다른 곳에도 있기 때문이다. 그러므로 시간은 분명히 앞과 뒤의 관점에 따른 운동의 수이며, 연속적인 것이다. (연속적인 것(운동)의 수이기 때문이다.)

[……]

시간과 영혼

제14장

그런데 도대체 시간은 영혼과 어떻게 관련되어 있는지, 그리고 무엇 때문에 시간은 땅과 바다, 하늘을 비롯한 모든 것 안에 존재하는 것으로 보이는지는 탐구할 만한 가치를 갖는다. 혹시 그 이유가 시간은 수인 한에서 운동의 어떤 속성이나 상태인데, 저 모든 것들은 움직일 수 있는 것들이기 때문이고(모든 것들은 장소 안에 있다는 점에서 말이다), 시간은 운동과 함께 가능태이기도 하고 완성태이기도 하기 때문일까? 그런데 영혼이 없다면 시간이 있을지 없을지 의문이 제기될 수 있을 것이다. 왜냐하면 셀 수 있는 주체가 존재할 수 없다면 세어질 수 있는 무언가도 존재할 수 없을 것이고, 그 결과 수도 존재할 수 없을 것임이 분명하기 때문이다. 세어진 것이나 세어질 수 있는 것이 수이니 말이다. 그리고 영혼이나 영혼에 속하는 정신 말고는 본성상 셀 수 있는 어떤 것도 존재하지 않는다면, 영혼이 존재하지 않고서는 시간이 존재할 수 없다. 단 예를 들어 운동이 영혼 없이 존재할 수 있다면, 이런 경우처럼 시간이 (객관적으로) 존속하는 것으로 있는 경우를 제외한다면 말이다. 그리고 앞에 있는 것과 뒤에 있는 것은 운동 안에 있는데, 세어질 수 있는 것인 한에서 앞에 있는 것과 뒤에 있는 것이 시간이다. **223a**16

[……]

제6권

제논의 운동 역설

무한분할

제2장

233a13 또한 통상적으로 논의되는 이야기들을 놓고 보자면, 분명 시간이 연속적이면 크기도 연속적이다. 반만큼의 시간 동안 반만큼의 거리를 건너가고, 단순하게 말해 더 짧은 시간 동안에 더 짧은 거리를 건너간다면 말이다. 시간과 크기에 같은 분할들이 있을 것이기 때문이다. 그리고 만일 둘 중 하나가 무한하다면 다른 하나도 무한할 텐데, 하나가 무한한 것과 똑같은 방식으로 다른 하나도 무한할 것이다. 가령 시간이 양끝의 관점에서 무한하다면, 길이도 양끝의 관점에서 무한할 것이고, 시간이 분할의 관점에서 무한하다면, 길이도 분할의 관점에서 무한할 것이다. 또한 시간이 두 가지 관점에서 모두 그러하다면, 크기도 두 가지 관점에서 그럴 것이다.

233a21 이런 이유로 제논의 논변도 유한한 시간 동안에 무한한 것들을 거쳐갈 수 없다고, 혹은 무한한 것들 각각에 접촉할 수 없다고 가정한 점에서 틀렸다. 왜냐하면 길이와 시간, 일반적으로 모든 연속적인 것들은 두 가지 방식, 즉 하나는 분할의 관점에서 하나는 양끝의 관점에서 무한하다고 말해지기 때문이다. 따라서 유한한 시간 동안 양적으로 무한한 것들과는 접촉할 수 없지만, 무한하게 분할된 것들과는 접촉할 수 있다. 후자의 관점에서는 시간 자체도 무한하(게 분할되)기 때문이다. 그러므로 유한한 시간이 아니라 무한한 시간 동안 무한한 거리를 거쳐가고, 유한한 것들이 아니라 무한한 것들에서 무한한 것들과 접촉한다는 결론이 따라 나온다.

[……]

제논의 운동논변[155] 비판

제9장

(3) 제논은 잘못 추론하고 있다. 즉 만일 어떤 것이든 (자신과) 같은 양의 연장을 점유하고 있을 때 계속해서 멈춰 있다면, 그런데 움직이는 것은 계속해서 순간에 있다면, 이동하는 화살이 움직일 수 없는 것이라고 그는 말한다. 그런데 이것은 틀렸다. 왜냐하면 다른 크기처럼 시간도 분할될 수 없는 순간들로는 구성되지 않기 때문이다. 그런데 운동에 관한 제논의 논변은 넷이고, 이를 해결하려는 자들에게 어려움을 제공한다. **239b**5

반분[156]논변

(1) 첫째는 이동하는 것은 끝에 도달하기 전에 먼저 그 반에 도달해야 하기 때문에 운동이 불가능하다는 논변인데, 이것에 대해서는 앞선 논의들에서[157] 분석한 적이 있다. **239b**11

아킬레우스 논변

(2) 둘째는 이른바 아킬레우스[158] 논변이다. 그런데 이는 가장 느린 주자가 가장 빠른 자에 의해 절대로 따라잡히지 않을 것이라는 논변이다. **239b**14

---

155) 현재 우리에게 전해져 내려오는 제논의 네 운동 역설의 전거는 이곳 『자연학』이다.

156) '이분법의 역설'로 많이 불리지만, 아킬레우스 논변과의 차이를 명확히 하기 위해 '반분 역설'로 불렀다. 반분 역설도 아킬레우스 역설도 공간을 '이분'(二分)하지만, 반분 역설은 아킬레우스 역설과 달리 정확하게 반으로 '반분'(半分)한다는 특징을 갖는다. 이분법의 역설은 의미상 저 두 역설을 포괄하는 개념이다.

157) 233a21 이하 참조. 또한 끝점으로 수렴하는 운동, 시작점으로 수렴하는 운동이 있을 수 있는데. 운동이 불가능하려면 시작점으로 수렴해야 한다. 끝점으로의 수렴은 운동은 가능하지만, 끝에 도달할 수 없다는 논변이다.

158) 보통 아킬레우스와 거북이의 역설로 알려져 있는데, '아킬레우스'의 상대자를 '거북이'로 놓은 것은 아리스토텔레스 본인이 아니다. 고대 주석가들에 따라서는 '아킬레우스' 대신에 '아드레스토스의 빠른 말'이 사용되기도 한다.

쫓는 자는 (따라잡기 전에) 먼저, 쫓기는 자가 출발한 지점에 도달해야만 하고, 따라서 더 느린 자가 항상 얼마만큼이라도 앞서 있을 수밖에 없다는 것이다. 이는 반으로 자르기 논변과 같은 논변이다. 다만 뒤따라 취해지는 크기를 절반으로 분할하는 것이 아니라는 점에서 차이가 나기는 하지만 말이다. 이러하니 한편으로 이 논변으로부터 더 느린 자가 따라잡히지 않는다는 결과는 나왔고, 다른 한편으로 이 결과는 반으로 자르기 논변과 같은 방식으로 나온다. (왜냐하면 두 논변 모두에서 어떤 식으로든 크기가 분할되니까, 경계에 도달할 수 없다는 결론이 나오기 때문이다. 하지만 이 논변에 덧붙은 내용은 저 유명한 가장 빠른 아킬레우스조차 가장 느린 자를 쫓으면서 경계에 도달할 수 없다는 것이다.) 그러므로 두 논변의 해결책은 같을 수밖에 없다.

두 논변에 대한 첫 번째 답변

239b26 그런데 앞서 있는 자가 따라잡히지 않는다는 생각은 틀렸다. 왜냐하면 앞서 있는 동안에는 따라잡히지 않지만, 그럼에도 불구하고 만일 일정 거리를 건넌다는 것을 인정한다면, 따라잡히기 때문이다.[159] 이상이 두 개의 논변이다.

날아가는 화살 논변

239b30 (3) 셋째는 방금 전 말한 것으로 이동하는 화살이 정지해 있다는 논변

159) 아킬레우스의 역설은 거북이가 '수렴점'을 넘어갈 수 없게 구성되어 있고, '수렴하는 무한급수'의 형태를 갖는다. 가령 왜 100미터는 가는데, 그 두 배인 200미터는 못 가는가? 102미터가 결승점이라고 하자. 거북이가 100미터 앞서서 출발하고, 아킬레우스가 거북이보다 100배 빠르다고 해보자. 거북이가 101미터를 지날 때, 아킬레우스는 100미터 지점을 지날 것이다. 결승점인 102미터를 거북이가 통과할 때, 아킬레우스는 200미터를 지나고 있을 것이다. 결승점인 102미터는 누가 먼저 지난 것인가? 몇 미터 지점에서 따라잡혔는가? 거북이가 어느 정도의 거리를 앞서서 출발하는지(100미터)와 상대적인 빠르기(100배)가 주어지면, 거북이가 따라잡히는 거리는 쉽게 계산될 수 있다.

이다. 그런데 이 논변은 시간이 순간들로 구성된 것임을 받아들여야 따라 나오는 논변이다. 이것이 인정되지 않으면, 추론은 성립하지 않을 테니 말이다.

경주로 논변

(4) 넷째는 경주로에서 움직이는 것들에 관한 논변이다. 이것들은 같은 239b33
크기의 덩어리들로 반대편에서, 즉 하나는 경주로 끝에서, 하나는 (경주로) 중간에서 같은 빠르기로 같은 개수를 지나쳐 움직인다.[160] 그런데 그는 이 논변에서 반의 시간이 (그것의) 두 배의 시간과 같다는 결론이 따라 나
온다고 생각한다. 그런데 이는 움직이는 것을 지나치는 크기가 멈춰 있는 240a
것을 지나치는 크기와 같은 빠르기로 같은 시간 동안 이동한다고 생각한다는 점에서 잘못된 추론이다. 그리고 이 생각은 틀렸다. 예컨대, 서로 같은 크기를 가지고 멈춰 있는 덩어리들을 AA, 이것들과 같은 개수와 크기로 중간에서 출발하는 덩어리들을 BB, B들[161]과 같은 개수와 크기로 끝에서 출발하고 같은 빠르기를 갖는 덩어리들을 CC라고 해보자. 그렇다면 이렇게 (BB와 CC가) 서로를 지나쳐 움직일 때, 첫 번째 B와 첫 번째 C는 (서로 다른 덩어리들의) 끝에 동시에 있는 결과가 따라 나온다. 그런데 이것으로부터 C는 (B들을) 다 지나쳐 건너갔고, B는 (A들의) 반을 지나쳐 건너갔다는 결과를 얻게 된다. 그러므로 (B가 건넌) 시간은 (C가 건넌 시간의) 반이 되는 것이다. 어느 쪽이든 덩어리 하나를 지나는 데 같은 시간이

---

160) 아래 240a4-9행에 따르면, A열은 정지해 있고, B열은 경주로의 출발지점에서, C열은 경주로의 중간지점에서 출발한다. 그리스의 경주로는 다음과 같은 형태이다.

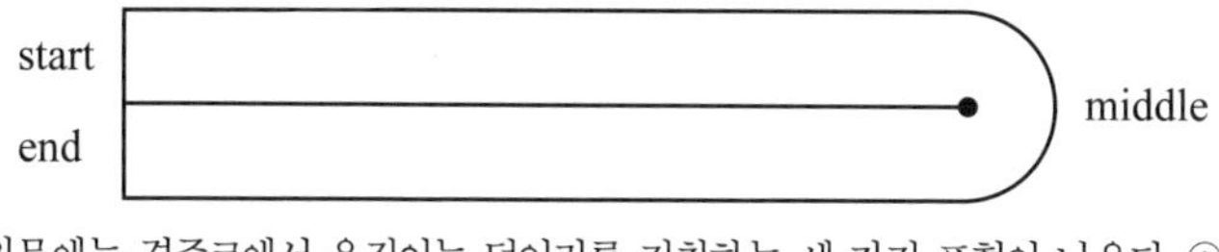

161) 원문에는 경주로에서 움직이는 덩어리를 지칭하는 세 가지 표현이 나온다. ① B, ② B들, ③ BB. 의미상 ②와 ③은 같겠지만, 원문대로 구분해 번역했다.

걸리기 때문이다. 그리고 동시에 첫 번째 B가 C들 전체를 지나갔다는 결과가 따라 나온다. 첫 번째 C와 첫 번째 B가 동시에 반대편 끝에 있을 것이기 때문이다. (그가 말한 대로 A의 한 칸을 지나는 데 걸린 시간과 같은 시간에 B의 한 칸을 지나가게 된다는 조건에서라면,) 둘 다 A들을 같은 시간 동안 지나치게 되었기 때문이다. 이상이 네 번째 논변인데,[162] 앞서 언급된 잘못된 생각에서 따라 나온 것이다.

[……]

162)

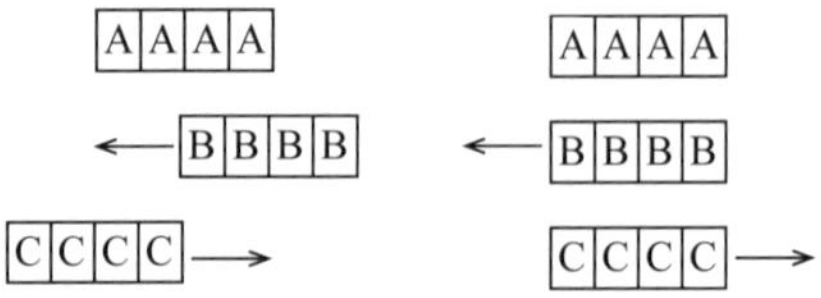

(i) (ii)

제 8 권

움직이지 않고 움직이게 하는 존재

움직이지 않고 움직이게 하는 것이 있어야 한다

제 5 장

(움직이는 것은 어떤 것에 의해 움직이는데) 이는 두 가지 방식으로 그러하 256a4
다. 움직이게 하는 것 B가 자신을 통해 C를 움직이게 하는 것이 아니라 B를 움직이게 하는 또 다른 A를 통해 B가 C를 움직이게 하는 방식이 있고, 움직이게 하는 것 A가 자신을 통해 B를 움직이게 하는 방식이 있다. 두 번째 방식에는 움직이게 하는 것이 맨 끝의 것 바로 앞에 있는 경우와 둘 사이에 여러 개의 중간 것들을 통하는 경우가 있다. 예를 들어 막대기가 돌을 움직이게 하는데, 이 막대기는 손에 의해 움직이고 손은 사람에 의해 움직이지만, 사람은 더 이상 다른 것에 의해 움직이지 않는 경우가 그러하다. 우리는 움직이게 하는 것들 중에서 최초의 것과 최후의 것[163] 둘 다 움직이게 하는 것이라고 말하지만, 최초의 것이 더 높은 정도로 움직이게 한다고 말한다. 왜냐하면 최초의 것은 최후의 것을 움직이게 하지만 최후의 것은 최초의 것을 움직이게 할 수 없고, 최후의 것은 최초의 것 없이는 움직이게 할 수 없지만 최초의 것은 최후의 것 없이도 움직이게 할 수 있기 때문이다. 예를 들어 막대기는 사람이 움직이게 하지 않으면 (돌을) 움직이게 할 수 없다.[164]

163) 위 사례에서 움직이게 하는 최초의 것은 사람이고, 움직이게 하는 최후의 것은 막대기이다.

164) 반면에 사람은 막대기 없이도, 즉 막대기 이외의 다른 것을 가지고도 돌을 움직

256a13 따라서 움직이는 모든 것은 필연적으로 어떤 것에 의해 움직인다. 이때 (움직이게 하는) 어떤 것 자체가 또 다른 것에 의해 움직일 수도 있고, (움직이게 하는) 어떤 것 자체가 또 다른 것에 의해 움직이는 것이 아닐 수도 있다. 만일 전자의 경우라면, 더 이상 다른 것에 의해 움직이지 않는 최초의 움직이게 하는 것이 필연적으로 있을 테지만, 움직이는 것 자체가 최초로 움직이게 하는 경우, 더 이상의 움직이게 하는 것은 없을 것이다. (왜냐하면 움직이게 하면서도 다른 것에 의해 움직이는 것들의 개수가 무한할 수는 없기 때문이다. 무한한 것들에는 최초의 것이 없으니 말이다.)

256a19 그러므로 움직이는 모든 것은 어떤 것에 의해 움직이며, 최초의 움직이게 하는 것이 움직이는 것은 다른 것에 의해서가 아니라 필연적으로 스스로 자신에 의해 움직일 수밖에 없는 것이다.

256a21 게다가 동일한 논리가 다음과 같은 방식으로도 제시될 수 있다. 움직이게 하는 모든 것은 무언가를 수단으로 해서 무언가를 움직이게 한다. 자신이나 다른 것을 수단으로 해서 움직이게 하기 때문이다. 예를 들어 사람은 스스로 혹은 막대기를 수단으로 해서 (돌을) 움직이게 하며, 바람은 스스로 (무언가를) 쓰러뜨리거나 돌을 밀어서 쓰러뜨린다. 움직이게 하는 것은 이 수단 없이는 움직이게 할 수 없다. 하지만 만일 움직이게 하는 것이 스스로를 수단으로 움직이게 한다면, 필연적으로 수단이 되는 다른 것은 없겠지만, 수단이 되는 다른 것이 있는 경우라면, (여기에는) 더 이상 다른 것을 수단으로 하지 않고 스스로 움직이게 하는 어떤 것이 있을 것이다. 그렇지 않으면 무한하게 소급될 것이다.

256a28 따라서 무언가를 움직이게 하는 것이 (항상 어떤 것에 의해) 움직인다면, (움직이게 하는 것을 찾아가는 과정은) 반드시 멈춰야 하며 무한퇴행에 빠져서는 안 된다. 왜냐하면 막대기가 손에 의해 움직여서 (돌을) 움직이게 한 것이라면, 손이 막대기를 움직인 것이고, 만일 다른 어떤 것이 손을 수단

이게 할 수 있다.

으로 해서 움직이게 한 것이라면, 다른 어떤 것이 손을 움직이게 한 것이기 때문이다. 따라서 어떤 것이 어떤 것을 수단으로 해서 다른 것을 움직이게 하는 모든 경우에, 필연적으로 자기 자신을 수단으로 해서 움직이게 하는 이전 것이 있을 것이다. 만일 이것이 움직였는데, 이것을 움직이게 하는 다른 것이 없다면, 필연적으로 스스로가 자신을 움직이게 한 것이다.

그러므로 이상의 논변에 따르면, 움직이는 것은 직전에 스스로 움직이 256b1
게 하는 것이 있어서 이것에 의해 움직이거나, 결국 앞에서 설명한 대로 (최초의) 움직이게 하는 것에 이를 것이다.

[……]

움직이지 않고 움직이게 하는 영원한 것이 있어야 한다

제6장

운동은 계속해서 있어야 하고 단절되면 안 되기 때문에, 필연적으로 최 258b10
초로 움직이게 하는 것은 한 개든 여러 개든 간에 영원한 것이어야 한다. 그리고 최초로 움직이게 하는 것은 (스스로는) 움직이지 않는 것이어야 한다. 하지만 움직이지 않으면서 움직이게 하는 것들 각각이 영원한 것인지는 지금의 논의와 관련 없다. 그런데 스스로 움직이지 않는 것은 단적으로든 부수적으로든 필연적으로 모든 변화의 외부에서 다른 것을 움직이게 하는 것임은 다음의 논의를 통해 볼 때 분명하다.

누군가 원한다면, 어떤 것들은 생성이나 소멸 과정을 겪지 않으면서 경 258b16
우에 따라서는 있는 것도 가능하고, 경우에 따라서는 없는 것도 가능하다고 해보자. (만일 경우에 따라 있기도 하고 없기도 한 것이 부분 없는 것이라면, 이런 종류의 것은 모두 필연적으로 아무런 변화 과정을 겪지 않으면서 경우에 따라 있기도 하고 없기도 할 것이다.)[165] 그리고 움직이지

165) 아마도 아리스토텔레스가 여기서 염두에 두고 있는 '크기 없는 것'에는 '지금'이나 '점', '본질이나 형상' 등이 포함될 것이다.

않고 움직이게 하는 원리들 중에서 어떤 것들이 경우에 따라 있기도 하고 없기도 한 것들이라고 해보자.

258b22 하지만 움직이지 않고 움직이게 하는 원리들 모두가 그럴 수 있는 것은 아니다. 왜냐하면 자기 자신을 움직이게 하는 원인이 어떤 경우에는 있고 어떤 경우에는 없음이 분명하기 때문이다. 그 까닭은 부분 없는 것이 움직이는 것이 아니라면, 자기 자신을 움직이게 하는 모든 것은 필연적으로 크기를 가지고 있을 텐데, 지금까지 논의로부터 움직이게 하는 모든 것이 필연적으로 크기를 가지고 있음이 귀결되지는 않기 때문이다.[166] 따라서 어떤 것들은 생겨나고 어떤 것들은 소멸하는 연속적인 과정의 원인은 움직이지 않는 것이지만, 이것이 항상 존재하는 것이 아닐 수는 없다. 또한 어떤 것들은 생겨나고 어떤 것들은 소멸하는 과정의 일부는 이 원인에서, 또 다른 일부는 저 원인에서 찾을 수도 없다. 왜냐하면 이것들은 하나이든 전부이든 항상 연속적으로 일어나는 과정의 원인일 수 없기 때문이다. 그 까닭은 이 과정은 영원하고 필연적이지만, 모든 것들은 무한하게 많은 데다 동시에 존재하는 것이 아니기 때문이다.

258b32 그러므로 분명히 움직이지 않으면서 움직이게 하는 셀 수 없이 많은 것들과 자기 자신을 움직이게 하는 많은 것들은 다른 소멸하고 생겨나는 것들에 따라 생겨나며, 또한 움직이지 않는 이것이 저것을 움직이게 하고 저것은 또 다른 저것을 움직이게 하면서 이 모두를 포괄해 각각의 것들과 떨어져 있는 어떤 것이 있는 것들과 없는 것들의 원인이자 연속적인 변화의 원인이다. 바로 이것이 저것들의 운동의 원인이며, 저것들이 또 다른 것들의 운동의 원인이다.

259a6 따라서 운동이 영원하다면, 최초의 움직이게 하는 것도 영원할 것이다.

166) 움직이게 하는 것들 중에는 자신을 움직이게 하는 것과 자신을 움직이게 하지는 않으면서 다른 것을 움직이게 하는 것이 있는데, 그중 전자는 스스로 움직이는 것이어서 '크기'를 가져야 하지만, 후자는 스스로는 움직이는 것이 아니어서 '크기 없는 것'일 수 있다.

하나라면 하나의 영원한 것이 있을 것이고, 여럿이면 여러 개의 영원한 것들이 있을 것이다. 하지만 여럿보다는 하나가, 개수상 무한한 것보다는 유한한 것이 더 낫다고 생각해야 한다. 왜냐하면 결과가 동일하다면, 항상 유한한 개수의 원인을 택하는 편이 더 낫기 때문이다. 자연에 의한 것들 안에는 만일 이것이 가능하다면, 유한하고 더 나은 원인이 있어야 한다고 보는 것이 더 낫다는 이유에서 말이다. 하나로도 충분하다. 그리고 이것이 움직이지 않는 것들 중에서 영원한 최초의 것이며, 다른 것들의 운동의 원리일 것이다.

[……]

제논의 반분논변 추가 논의

제8장

운동에 관한 처음 논변들을 검토하면서 우리는 시간이 자신 안에 무한 263a11
한 부분들을 가지고 있다는 점을 들어 제기된 역설들을 해결했다.[167] 왜냐하면 무한한 시간에 무한한 것들을 건넌다는 것은 전혀 이상하지 않으며, 무한은 길이 안에도, 시간 안에도 똑같이 들어 있기 때문이다. 하지만 이 해결이 한편으로 질문자에게는 그 자체로 충분하지만(무한한 것들을 유한한 시간에 건너가거나 세는 것이 가능하냐고 질문했으니 말이다), 사실과 진리의 관점에서는 충분하지 않다. 왜냐하면 만일 질문자가 거리를 무시하고, 또 무한한 것들을 유한한 시간에 건널 수 있느냐고 질문했던 것을 무시하고서는 시간 자체에 대해서도 같은 것이 가능한지를 탐구한다면(시간은 무한한 분할들을 가지니 말이다), 이 해결은 그 자체로 더 이상 충분하지 않을 것이고, 방금 전 논의 속에서 말했던 진리(에 입각한 답변)를 제시해야만 할 것이기 때문이다.

그 이유는 다음과 같다. 만일 누군가 하나의 연속선을 두 개의 연속선 263a23

167) 『자연학』 VI 9에서 주어졌던 반분 역설에 대한 답변.

으로 분할한다면, 그는 하나의 점을 시작점이자 끝점으로 만들어서 둘로 다루는 것이다. 그런데 반을 세는 자도 반을 분할하는 자도 이렇게 하는 것이다. 하지만 이렇게 (하나를 둘로) 분할하면, 선도 운동도 연속이 아니게 될 것이다. 연속운동은 연속체상의 운동이고, 연속체 안에는 무한한 반들이 있기는 하지만, 이것들은 가능적으로 들어 있지 현실적으로 들어 있는 것이 아니기 때문이다.[168] 그리고 만일 현실적으로 하나를 둘로 다루는 자는 연속을 끊고 정지하는 자이며, 바로 이것이 반들을 세는 자에게 일어나게 되는 일임이 분명하다. 왜냐하면 그는 하나의 점을 둘로 셀 수밖에 없기 때문이다. 만일 그가 연속선을 하나로 센 것이 아니라 두 개로 센 것이라면, 점은 이쪽 반선의 끝이고, 저쪽 반선의 시작이 되어 있을 테니 말이다.

263b3 그러므로 우리가 시간이 됐든 거리가 됐든 무한한 것들을 건널 수 있느냐고 질문한 자에게는 어떤 의미에서는 가능하고 어떤 의미에서는 가능하지 않다고 말해줘야 한다. 왜냐하면 현실적으로는 가능하지 않지만 가능적으로는 가능하기 때문이다. 연속해서 움직이는 자는 부수적으로는 무한한 것들을 건넌 것이지만 무조건적으로는 그렇지 않은 것이기 때문이다. 선이 마침 무한하게 많은 반들을 부수적으로 가질 수는 있지만 선의 실체와 정의는 이와는 다른 것이니 말이다.

[……]

168) 무한과 가능태에 대해서는 ☞ apeiron #1.

생성소멸론

유재민 옮김

제2권

네 가지 대립적 성질

제1장

감각 물체들에는 소위 원소들이 그것으로부터 생겨나는 어떤 질료가 329a24
있는데, 이 질료는 독립해서 존재하지는 않지만 항상 대립자와 함께 있다. 이것들[1]에 대해서는 다른 곳에서 보다 정확하게 설명했다. 하지만 이것이 바로 제일 물체들[2]이 질료로부터 있게 되는 방식이므로 이것들에 대해서도 설명해야 한다. 질료는 독립적일 수 없지만 대립자들에 존속하는 것으로 원리이자 제일의 것이라고 생각하는 사람들에게 말이다. (뜨거움이 차가움의 질료이거나 차가움이 뜨거움의 질료가 아니라 기체가 이 양자의 질료이기 때문이다.) 그러므로 첫 번째로 가능적인 감각 물체가 원리이고, 두 번째로 대립자들(가령 뜨거움과 차가움)이, 세 번째로 불, 물, 기타 이런 부류의 것들이 원리이다. 왜냐하면 이것들은 서로 변화하지만(이것들은 엠페도클레스나 다른 사상가들이 말하는 방식의 변화는 아닌데, 그렇게 되면 성질 변화가 아예 없어질 것이기 때문이다), 대립자들은 변화하지 않기 때문이다.

그럼에도 불구하고 질문은 남는다. 대립자들 중 어떤 부류가, 그리고 대 329b3
립자들 중 몇 개가 물체의 원리들로 간주될 수 있는가? 다른 사상가들

1) '이것들'은 '소위 원소들'일 수도, '질료와 대립자'일 수도 있다. 전자인 경우에 '다른 곳'은 『천체론』 III과 IV를, 후자인 경우에는 『자연학』 I 6-9를 가리킨다.

2) '제일 물체들'은 '소위 원소들'을 의미한다. 아리스토텔레스는 『생성소멸론』에서 '원소'와 '소위 원소'를 엄밀하게 구분한다. 원소는 '대립적 성질'을 가리키며, 뜨거움, 차가움, 건조함, 습함 넷이다. 반면에 소위 원소는 '제일 물체'나 '단순 물체'를 가리키는데, 물, 불, 공기, 흙이 여기에 해당한다.

전부는 왜 이것들이 그런 것인지, 왜 이것들이 그만큼인지 아무 설명도 하지 않은 채로 가정하고 사용했을 뿐이기 때문이다.

[……]

단순 물체의 상호 변화

제3장

330a30 원소들은 넷이고, 모든 넷은 여섯 개의 쌍으로 묶일 수 있지만, 어떤 대립자들은 본성상 쌍으로 묶일 수 없기 때문에(같은 것이 뜨거우면서 차가울 수도, 습하면서 건조할 수도 없으니 말이다), 분명히 원소들은 뜨겁고 건조함, 습하고 뜨거움, 차갑고 건조함, 차갑고 습함 이렇게 네 개의 쌍
330b 으로 묶일 것이다. 그리고 이것들이 이론적으로 보자면 경험으로 확인되는 네 개의 단순 물체들(불, 공기, 물, 흙)에 대응한다. 불은 뜨겁고 건조하며, 공기는 (수증기 같은 것으로) 뜨겁고 습하며, 물은 차갑고 건조하며, 흙은 차갑고 건조하기 때문이다.

[……]

330b30 단순 물체들은 네 개인데, 둘씩 묶인 두 개의 쌍이 두 개의 장소에 속한다. (불과 공기는 경계를 향해 상승운동하는 물체의 장소에, 흙과 물은 중심을 향해 하강운동하는 물체의 장소에 속하기 때문이다.) 게다가 불과 흙은 끝에 있는 것들로 가장 순수한 반면에, 물과 공기는 중간에 있는 것
331a 들로 좀더 섞여 있다. 게다가 어떤 쌍의 구성원들은 어떤 쌍의 구성원들과 대립해 있는데, 물은 불과 흙은 공기와 대립해 있다. 이것들은 대립적 성질들로 구성되어 있기 때문이다. 그럼에도 이것들의 개수는 넷이어서 이것들 각각은 단순하게 하나의 성질로 특징지어질 수 있다. 흙은 차가운 것이라기보다는 건조한 것이고, 물은 습한 것이라기보다는 차가운 것이며, 공기는 뜨거운 것이라기보다는 습한 것이며, 불은 건조한 것이라기보다는 뜨거운 것이다.

제4장

앞서 단순 물체들의 생성은 서로로부터 일어나는 것임이 밝혀졌다. 동시에 감각을 통해 확인할 수 있듯이 이것들은 생겨나는 것임이 분명하다. (그렇지 않다면 성질 변화는 없을 것이기 때문이다. 성질 변화란 촉각 대상들의 성질들과 관련되어 있으니 말이다.) 이런 이유로 이것들이 서로를 향해 일어나는 변화 방식은 무엇인지, 이것들 전부가 다른 전부로부터 생겨날 수 있는지, 혹은 어떤 것은 그럴 수 있지만 다른 것들은 그럴 수 없는지를 말해야 한다. 331a7

그런데 이것들 전부가 본성상 서로를 향해 변화될 수 있는 것임이 분명하다. 왜냐하면 생성이란 대립자들로부터 대립자들을 향해 일어나는 것이고, 원소들은 전부 서로와의 관계에서 종차들이 대립자들이므로 대립성을 포함하기 때문이다. 왜냐하면 이것들 중 일부의 경우에는 두 성질들이 모두 대립적이어서, 예를 들어 불과 물의 경우와 같고(전자는 건조하고 뜨거우며 후자는 습하고 차가우니까), 다른 경우에는 성질들 중 하나만 대립적이어서, 예를 들어 공기와 물의 경우와 같기 때문이다(전자는 습하고 뜨거우며 두 번째 것은 습하고 차가우니까.) 그러므로 만일 일반적으로 보자면 이것들 전부가 본성상 다른 전부로부터 생겨나는 것이 분명하고, 개별적으로 보자면 어떻게 일어나는지를 이해하기가 어렵지 않은 것이다. 비록 전부가 전부로부터 생겨나기는 하겠지만, 어떤 것은 더 빨리 어떤 것은 더 느리게 생겨날 것이고, 어떤 것은 더 쉽게 어떤 것은 더 힘들게 생겨날 것이기 때문이다. 331a12

따라서 변화 과정은 서로 공통표식을 갖는 것들 간에는 빠를 테지만, 그렇지 않은 것들 간에는 느릴 텐데, 하나가 여러 개보다 더 쉽게 변하기 때문이다. 예를 들어 공기는 하나의 성질이 변하면 불에서 생겨날 것이고(불은 뜨겁고 건조하지만 공기는 뜨겁고 습해 건조함이 습함에 굴복하면 공기가 있게 될 테니 말이다), 뜨거움이 차가움에 굴복하면 공기로부터 물이 있게 될 것이다(공기는 뜨겁고 습하지만 물은 차갑고 습해 뜨거움이 변하면 물이 있게 될 테니 말이다). 같은 방식으로 흙은 물로부터 불 331a23

은 흙으로부터 있게 될 것이다. 왜냐하면 흙과 불, 물과 흙은 공통표식을 갖는 것들이기 때문이다. 물은 습하고 차갑지만 흙은 차갑고 건조해 만일 습함이 굴복하면 흙이 있게 될 것이고, 불은 건조하고 뜨겁지만 흙은 차갑고 건조해 차가움이 소멸하면 흙으로부터 불이 있게 될 것이기 때문이다.

331b2 그러므로 단순 물체들의 생성은 순환적일 것임이 분명하다. 그리고 이 변화 방식은 인접한 단순 물체들이 공통표식을 가지기 때문에 가장 쉽게 일어날 것임이 분명하다. 그런데 불로부터 물의 생성, 공기로부터 흙의 생성, 물과 흙으로부터 불과 공기의 생성은 가능하기는 하지만, 더 많은 것이 변해야 하므로 더 어려운 것이다. 왜냐하면 물로부터 불이 생기려면 반드시 차가움과 습함이 소멸해야 하기 때문이고, 흙으로부터 공기가 생기려면 반드시 차가움과 건조함이 소멸해야 하기 때문이다. 마찬가지로 불과 공기로부터 물과 흙이 생기려면 반드시 둘이 변해야 하기 때문이다.

영혼론

조대호 옮김

제1권

영혼에 대한 연구 입문

방법의 문제들

제1장

우리는 앎이 아름답고 고귀한 것들 가운데 하나라고 생각한다. 어떤 앎 402a1
은 다른 것과 비교해서 더 그런데, 엄밀성[1] 때문에 그렇기도 하고 더 좋고 놀라운 것들을 다루기 때문에 그렇기도 하다. 이 두 가지 이유에서 우리는 마땅히 영혼에 대한 연구를 첫손에 꼽아야 할 것이다. 한편, 영혼에 대한 지식은 다른 모든 진리를 얻는 데 크게 기여하는 것 같고, 특히 자연에 대한 진리를 얻는 데 가장 크게 기여하는 것 같다. 왜냐하면 영혼은 생명체들의 원리[2]에 해당하기 때문이다. 우리는 영혼의 본성 및 실체와, 그와 관련해 부수적으로 속하는 것들을 이론적으로 고찰하고 인식하려고 한다. 그 가운데 일부는 영혼에 고유한 상태들[3]이고, 다른 일부는 영혼으로 말미암아 생명체들에게도 속하는 것들인 것 같다.

영혼에 대해 어떤 확신을 얻기는 어떤 측면에서 보든 지극히 어려운 일 402a10
가운데 하나이다. 탐구 대상은 다른 모든 연구의 경우에도 공통적이기 때문에 — 나는 실체, 즉 '무엇'[4]과 관련된 것을 두고 말하고 있다 — 어떤 사람은, 예컨대 부수적인 뜻에서 고유한 것들에 대해 논증[5]이 있듯이 우

1) '엄밀성'(akribeia) ☞ akribēs.

2) ☞ archē.

3) '고유한 상태들'(idia pathē). 아래의 각주 17 참조 ☞ pathos.

4) '무엇'(to ti esti) ☞ ousia #2(b), horizein.

리가 그 실체를 알기 원하는 모든 것에 통용되는 어떤 하나의 방법[6]이 있으며, 따라서 그 방법을 찾아야 한다는 의견을 가질 수 있을 것이다.[7] 하지만 만일 '무엇'에 대해 어떤 하나의 공통적인 방법이 있는 게 아니라면, 연구작업은 한층 더 어려운 일이 될 것이다. 왜냐하면 각 대상에 대해 (그에 적절한) 방식이 무엇인지를 파악해야 할 것이기 때문이다. 설령 그 방법이 논증인지 분할[8]인지, 아니면 또 다른 어떤 방법인지 분명하다고 하더라도 여전히 어떤 것들을 탐구의 출발점으로 삼아야 하는지는 여러 가지 혼란스런 의문을 낳는다. 왜냐하면 서로 다른 것들, 예컨대 수나 평면은 서로 다른 원리들을 갖기 때문이다.

첫 질문들

402a23 가장 먼저 필요한 일은 아마도 영혼이 어떤 유에 속하고 그것이 '무엇'인지를 구분해 내는 일일 것이다. 다시 말해 그것이 '이것', 즉 실체[9]인지, 성질인지, 양인지, 아니면 그밖의 다른 분류 범주인지를 구분하고, 나아가서는 그것이 가능적으로 있는 것들 가운데 하나인지, 아니면 오히려 일종의 완성태[10]인지를 구분하는 일이 필요할 것이다. 왜냐하면 이는 결코 사소한 문제가 아니기 때문이다. 또한 영혼이 부분을 갖는지 혹은 부분이 없는지, 그리고 모든 영혼이 동종적인지 그렇지 않은지도 탐색해야 한다. 또한 (모든 영혼이) 동종적이 아니라면, 그것들 사이의 차이가 종적인 것인지, 아니면 유적인 것인지 탐색해야 한다. 그런데 요즘 영혼에 대해 주장을 펼치면서 탐구하는 사람들은 인간의 영혼만을 대상으로 삼아 탐색을

---

5) ☞ apodeixis.

6) ☞ methodos.

7) 『분석론 후서』 I 7, 75b1 참조.

8) '분할'(dihairesis).

9) ☞ ousia #2.

10) '완성태'(entelecheia) ☞ energeia.

하는 것 같다. 하지만 영혼에 대한 정식[11]이 생명체에 대한 정식처럼 하나인지, 아니면 말, 개, 사람, 신에 대한 정식이 그렇듯이 저마다 서로 다른지의 문제를 간과하지 않도록 주의해야 한다. 보편자로서 '생명체'는 (그 자체로서는) 아무것도 아니거나 (논리적으로) 뒤서는 것이다. 다른 어떤 공통적인 것이 술어가 된다고 하더라도 사정은 마찬가지이다.

또한 영혼이 여럿이 아니라 그 부분들이 여럿이라면, 영혼 전체를 탐구 **402b**9
해야 할까 아니면 부분들을 탐구해야 할까? 하지만 이들이 어떤 본성에 의해 서로 다른지, 그리고 부분들을 먼저 탐구해야 하는지, 아니면 부분들의 작용들을 먼저 탐구해야 하는지, 예컨대 사유활동과 지성, 감각활동과 감각능력[12] 가운데 어떤 것을 먼저 탐구해야 하는지 규정하기는 어려운 일이다. 다른 것들의 경우에도 사정이 마찬가지이다. 하지만 만일 작용들이 앞선다면, 어떤 사람은 다시 이런 의문을 가질 수 있을 것이다. 이것들과 맞서 있는 것들[13]을, 예컨대 감각능력보다는 감각 대상을 먼저 탐구하고 지성보다는 사유 대상[14]을 먼저 탐구해야 하는 것이 아닐까?

본질, 부수성, 정의

'무엇'을 아는 것은 실체들에 부수적인 것들[15]의 원인들을 고찰하는 데 **402b**16
유용한 것 같다. (수학에서 '직선'이 무엇이고 '곡선'이 무엇인지, '선'이 무엇이고 '평면'이 무엇인지를 이론적으로 고찰하는 것은 삼각형의 내각의

11) ☞ logos #4.

12) 여기서 아리스토텔레스는 실제적인 활동과 활동을 위한 능력을 구별하기 위해 '사유활동'(noein), '지성'(nous), '감각활동'(aisthanesthai)과 '감각능력'(to aisthetikon)을 구분해 소개한다.

13) '맞서 있는 것들'이라고 옮긴 'ta antikeimena'는 '대립하는 것들', 즉 모순관계가 아니라 반대관계에 있는 것들을 뜻하지만 여기서는 더 넓은 뜻으로 주체와 객체의 관계를 가리킨다. 아래 415a20 참조.

14) '감각 대상'과 '사유 대상'이라고 옮긴 'to aistheton'과 'to noeton'은 각각 '감각될 수 있는 것'과 '사유될 수 있는 것'을 가리킨다.

15) '실체들에 부수적인 것들' ☞ symbebēkos #2.

합이 얼마나 되는지를 아는 데 유용하다.) 거꾸로 부수적인 것들이 '무엇'을 인식하는 데 크게 기여하기도 한다. 왜냐하면 우리가 겉으로 나타나는 것에 따라 — 그 모두에 대해 그렇게 하건 대다수에 대해 그렇게 하건 간에 — 부수적인 것들에 대해 논증을 제시할 수 있다면, 그때 우리는 실체에 대해 가장 훌륭한 주장을 할 수 있겠기 때문이다. 왜냐하면 '무엇'은 모든 논증의 원리이며, 따라서 만일 부수적인 것들을 인식하는 데도 기여하지 못하고 그것들에 대한 추측을 쉽게 하는 데도 기여하지 못하는 정의들이 있다면, 분명히 그런 것들은 모두 변증술적 논변을 위한 것[16]일 뿐 내용이 없는 것이기 때문이다.

영혼의 상태와 신체 사이의 관계

403a3 영혼의 상태들[17]도 의문을 낳는다. 그것들은 모두 (영혼과) 영혼을 갖는 것에 공통적인 것들인가, 아니면 영혼 자체에 속하는 고유한 것도 있을까? 이를 파악하는 것은 필요한 일인데 쉽지 않다.

403a5 (영혼에 속하는) 상태들 가운데 대다수가 신체 없이는 겪을 수도 없고 행할 수도 없는 것처럼 보이는데, 예컨대 화 내는 것, 자신감을 갖는 것, 욕구하는 것이 그렇고 일반적으로 감각활동이 그렇다. 반면에 사유활동은 무엇보다도 (영혼에만) 고유한 것 같지만, 만일 이것 역시 일종의 상상이거나 혹은 상상[18] 없이는 일어날 수 없다면, 그 역시 신체 없이는 존재할 수

---

16) '변증술적 논변을 위한 것' 혹은 '변론 자체를 위한 것'(dialektikos) ☞ dialektikē.

17) 'pathos'는 영혼에서 주로 수동적으로 일어나는 여러 종류의 일회적 사건들을 가리킨다. 이어지는 사례들에서 드러나듯이 감정, 욕구, 감각 등이 상태라고 불린다. 따라서 상태를 영혼의 '속성'으로 옮기는 것은 적절해 보이지 않는다. 감정, 욕구, 감각 등은 영혼 안에 지속적으로 존재하는 성질이 아니기 때문이다. 영어 번역에서는 주로 'affection'이 번역어로 쓰인다. 이 선집에서도 여러 가지 번역어가 쓰였지만, 『영혼론』에서는 '파토스'가 외부의 자극에서 오는 수동적 상태, 고통의 상태, 감정 상태 등을 아우른다는 점을 고려해서 '상태'로 옮겼다. ☞ pathos.

18) '사유활동'(noein), '상상'(phantasia) ☞ nous, phantasia.

없을 것이다. 그러므로 만일 영혼에 속한 이 (능동적) 작용들이나 상태들[19] 가운데 (영혼에만) 고유한 어떤 것이 있다면, 그것은 분리될 수 있을 것이다. 하지만 만일 영혼에 고유한 것이 아무것도 없다면, 영혼은 분리될 수 없을 것이고, 오히려 그 사정은 직선의 경우와 같을 것이다. 직선인 한에서[20] 직선에는 많은 것이 부수적으로 속한다. 예컨대 직선은 한 점에서 청동 구와 만난다. 하지만 분리된 경우 직선은 그렇게 만나지 않는다. 왜냐하면 (직선이) 항상 어떤 물체와 함께 있다면 그것은 분리될 수 없기 때문이다.[21]

그런데 영혼의 상태는 모두 신체와 공존하는 것처럼 보인다. 분노, 평 **403a**16
정심, 두려움, 연민, 자신감, 기쁨을 비롯해 사랑함과 미워함도 그렇다. 왜냐하면 그런 일들과 동시에 신체가 어떤 수동적인 작용을 겪기[22] 때문이다. 다음과 같은 사실이 이를 드러낸다. 어떤 때는 (외부의) 충격들이 강렬하고 눈에 띄게 일어나도 흥분하거나 두려움을 갖지 않을 때가 있는가 하면, 사소하고 분명치 않은 충격들에 의해 운동이 일어나기도 하는데, 신체가 달아올라 분노에 사로잡힐 때와 같은 상태에 처할 때 그렇다. 다음과 같은 경우에는 이런 점이 더 분명하다. 즉 두려워할 일이 전혀 없어도 사람들은 두려움에 사로잡힐 때와 같은 상태에 놓인다.

사정이 이렇다면 영혼의 상태들은 질료 안에 있는 정식들[23]임이 분명 **403a**24
하다. 따라서 그에 대한 정의들은 다음과 같은 성질을 갖는다. 예컨대, '화

19) '(능동적) 작용들'(erga), '수동적 상태들'(pathemata).

20) ☞ hēi.

21) 원문에서 생략된 주어가 '영혼'인지 '직선'인지가 분명치 않다. 여기서는 윌리엄 D. 로스(William D. Ross)나 테런스 어윈(Terence Irwin)과 같이 해당 문장의 주어를 '직선'으로 읽었다.

22) '겪다' ☞ pathos.

23) '질료 안에 있는 정식들'(logoi enhyloi)은 영어 번역에서는 'abstractions involving matter'(Ross), 'forms that involve matter'(Irwin), 'accounts in matter'(Christopher Shields) 등으로 옮겼다.

냄은 어떤 원인에 의해 어떤 것을 지향해서 일어나는, 일정한 성격을 가진 신체나 부분이나 (그에 속한) 능력의 일정한 운동'이다. 그리고 이런 이유 때문에 영혼에 대한 이론적인 고찰은—영혼 전체에 대한 것이건 아니면 그런 성격을 가진 영혼에 대한 것이건 간에—자연학자의 과제이다.

정의의 문제들

403a29 하지만 자연학자와 변증론자[24]는 그것들 각각을 서로 다른 방식으로 정의할 것이다. 예컨대, 화는 무엇인가? 한쪽 사람은 화를 '복수의 욕망'이나 그런 성격의 어떤 것이라고 정의하겠지만, 다른 쪽 사람은 '심장 주변의 피나 열기의 끓어오름'이라고 정의할 것이다. 이 가운데 한 사람은 질료를 제시하는 반면에, 다른 사람은 형상과 정식[25]을 제시한다. 왜냐하면 이 정식은 특정한 사태[26]에 속하지만, 그것이 존재하려면 반드시 일정한 성질을 가진 질료 안에 있어야 하기 때문이다. 예컨대, 집의 정식은 '바람과 비와 더위에 의한 훼손을 막는 보호처'이다. 하지만 어떤 사람은 집이 돌이나 벽돌이나 나무라고 말할 것이고, 또 다른 사람은 집이 이런저런 목적들을 위해 그런 재료들 안에 있는 형상이라고 말할 것이다. 이들 가운데 누가 자연학자인가? 정식에 대해 무지한 채 질료에 대해 말하는 사람인가, 아니면 정식에 대해서만 말하는 사람인가? 아니면 오히려 그 둘로 이루어진 복합체에 대해 말하는 사람인가? 그렇다면 앞서 말한 두 사람은 각각 누구인가?

403b9 아마도 그 사정은 이럴 것이다. 질료에 속하는 (영혼의) 상태들로서 분리 가능하지도 않고, 분리 가능한 한에서 고찰될 수도 없는 상태들을 다루는 한 사람(만)이 있는 것이 아니라 자연학자는 일정한 성질의 신체, 즉 일

24) '변증론자'(ho dialektikos) ☞ dialektikē.

25) ☞ logos #4, 5.

26) '사태'(pragma).

정한 성질의 질료에 속하는 모든 작용과 상태를 다룬다. 반면에 이런 성질을 갖지 않는 것들을 다루는 것은 다른 사람이다. 그 중 일부를 다루는 것은 기술자, 예컨대 목수나 의사이고, 분리 가능하지 않지만 그런 성질을 가진 물체의 상태가 아닌 한에서, 즉 추상적으로 상태들을 다루는 것은 수학자이며, 분리된 것인 한에서 그것들을 다루는 것은 첫째 철학자이다.

하지만 우리 논의의 출발점으로 되돌아가야 한다. 우리는 영혼의 상태 **403b**16
들은 생명체들이 가진 자연적인 질료와 분리 불가능하고, 분노와 두려움과 같은 것들은 그런 질료에 속하며 선이나 평면과는 같지 않다고 말했다.

영혼의 주된 특징들

제2장

영혼에 대한 탐색에서 우리는 먼저 해결해야 할 의문들을 제기하는 동 **403b**20
시에 그에 대해 무언가를 주장했던 이전 사람들의 의견들을 함께 비교해 보아야 한다. 이렇게 하는 것은 올바른 주장들은 취하고 무언가 옳지 않은 것이 있다면 (같은 주장을 되풀이하지 않도록) 주의하기 위해서이다. 탐구의 출발점은 가장 일반적인 의견에 비추어 볼 때 영혼에 본성적으로 속하는 것을 먼저 전제하는 것이다.

일반적인 의견에 따르면, 영혼이 있는 것과 영혼이 없는 것[27)]은 무엇보 **403b**25
다도 두 가지 점에서 차이가 나는데, 운동과 감각활동이 그것이다. 우리는 앞선 세대의 사람들로부터도 거의 예외 없이 영혼과 관련된 이 두 가지 사항을 물려받았다.

[……]

27) '영혼이 있는 것'과 '영혼이 없는 것'이라고 옮긴 'to empsychon'과 'to apsychon'은 각각 '생명이 있는 것'과 '생명이 없는 것'으로도 옮길 수 있다.

영혼은 어떻게 운동할 수 있을까

제3장

405b31 먼저 운동[28]에 대해 탐색해야 한다. 왜냐하면 영혼이 자기 자신을 운동하게 하는 것 혹은 그런 능력을 가진 것이라고 말하는 사람들이 있는데, 영혼의 실체가 이들이 주장하는 것과 같은 성질을 갖는다는 주장은 거짓일 뿐만 아니라 (그런 경우) 영혼에 운동이 속하는 것은 불가능한 일이겠기 때문이다.

406a3 앞서 말했듯이 원동자 자체가 반드시 (스스로) 운동해야 할 필요는 없다.[29] 운동하는 것은 모두 두 가지 방식으로 운동한다. 즉 다른 것에 의해 운동하거나 그 자체로서 운동한다. 그런데 운동하는 것 안에 있음으로써 운동하는 것들, 예컨대 뱃사람들을 일컬어 우리는 '다른 것에 의해' 운동한다고 말한다. 왜냐하면 이들은 '배가 운동한다'고 말할 때 그런 것과 같은 뜻에서 운동하는 것이 아니기 때문이다. 이 가운데 배는 그 자체로서 운동하고, (배에 탄) 사람들은 운동하는 것 안에 있음으로써 운동한다. 그런데 이는 부분들의 경우에 분명하다. 왜냐하면 발에 고유한 운동은 보행이고 이것은 사람들에게도 속한다. 하지만 그런 운동은 앞서 말한 뱃사람들에게는 속하지 않는다. '운동한다'는 말에는 분명 두 가지 뜻이 있으므로 이제 우리는 영혼에 대해 그것이 그 자체로서 운동하고 운동에 관여하는지 탐색하기로 하자.

[……]

406b15 어떤 사람들은 영혼은 그 자체가 운동하고, 그렇기 때문에 그것이 속에 있는 신체를 운동하게 한다고 말한다. 예컨대, 데모크리토스가 그렇게 말한다. 그의 말은 희극 작가 필립포스가 한 말과 비슷하다. 왜냐하면 이 작가는 다이달로스가 그 안에 수은을 부어 넣어 목각 아프로디테를 운동하게 했다고 말하는데, 데모크리토스 역시 그와 똑같이 말하기 때문이다.

---

28) ☞ kinēsis.

29) '원동자' 혹은 '운동을 낳는 것'(to kinoun).

그에 따르면 분할 불가능한 구체들[30]은 본성상 한순간도 머물러 있지 않기 때문에 운동하고 신체 전체를 함께 이끌어 운동하게 한다.

406b22 하지만 우리는 바로 이 작용이 정지도 낳는지 묻고자 한다. 하지만 어떻게 그렇게 할 수 있을지는 대답하기 어렵거나 불가능하다. 전체적으로 볼 때 영혼은 이런 방식을 통해서가 아니라 어떤 선택이나 사유[31]를 통해 생명체를 운동하게 하는 것처럼 보인다.

[……]

신체와 영혼의 관계

407b13 영혼에 대한 이런 이론이나 대다수의 이론에는 그런 불합리한 결과가 따라붙는다. 왜냐하면 그 이론들은 영혼을 신체와 결합된 것으로 보면서 신체 안에 두지만, 어떤 원인에 의해 그런 일이 일어나고 그때 신체는 어떤 상태에 있는지에 대해 아무 추가 규정도 덧붙이지 않기 때문이다. 하지만 이는 꼭 필요한 일일 것 같다. 왜냐하면 하나가 능동적인 작용을 하고 다른 하나가 수동적인 작용을 하며, 하나는 운동을 하고 다른 하나는 운동을 낳는 것은 (그 둘의) 공속성[32] 때문이지만, 이런 상호작용 가운데 어떤 것도 임의적인 것들 사이에서[33] 일어나지는 않기 때문이다.

407b20 어떤 사람들은 영혼이 어떤 성질을 갖는 것인지 설명하려고 할 뿐, (영혼을) 수용하는 신체에 대해서는 아무 추가 규정도 덧붙이지 않는다.[34] 그들은 마치 피타고라스학파의 신화대로 아무 영혼이나 아무 신체에 들어갈 수 있는 것처럼 말한다. 하지만 각각의 (신체는) 고유한 형상과 형

30) '분할 불가능한 구체들'(adihairetoi sphairai)이란 둥근 원자들을 뜻한다.

31) '선택'(prohairesis)이나 '사유'(noesis)를 통한 운동은 물론 인간의 행동을 염두에 둔 것이다. ☞ prohairesis.

32) '공속성'(koinonia).

33) 즉 임의적인 것들이 서로 상호작용해서.

34) 아래의 414a22 이하 참조.

태[35]를 갖는 것 같다. 그들의 주장은 마치 어떤 사람이 건축술이 피리 안에 들어간다고 말하는 것과 비슷하다. 이런 말을 하는 이유는 기술이 도구들을 사용하고 영혼이 신체를 사용하기 때문이다.

영혼은 신체의 조화일 수 있을까

제4장

407b26 영혼에 대한 다른 의견도 전해온다. 이 의견은 앞서 말한 어떤 이론에 못지않게 많은 사람에게 설득력을 발휘하는데, 마치 재판관들 앞에서 그렇게 하듯 공개적으로 이루어진 논변들을 통해 이미 근거가 밝혀진 의견이다. 즉 (이 의견을 지지하는) 사람들은 영혼이 일종의 조화라고 말한다.[36] 조화는 반대자들의 혼합이자 합성이고 신체 역시 반대자들로 구성된다는 것이다.

407b32 하지만 조화는 혼합된 것들이 갖는 일종의 비율이거나 합성체[37]인데, 영혼은 둘 중 어떤 것일 수도 없다. 또한 운동을 낳는 일은 조화의 몫이 아니지만, 누구나 그 일을—사람들 말대로—가장 많이 영혼에 귀속시킨다. 영혼과 관련해 그렇게 말하기보다는 건강과 관련해, 그리고 일반적으로는 신체적인 탁월성들과 관련해 그것들이 조화라고 말하는 것이 더 조화롭다.[38] 우리가 영혼의 여러 상태나 작용을 특정한 조화를 통해 설명하려고 해보면, 이것이 더없이 분명히 드러난다. 왜냐하면 그것들을 조화와 조화시키기 어렵기 때문이다.

[……]

---

35) '고유한 형상과 형태'(idion eidos kai morphē) ☞ eidos, 특히 #5.

36) 영혼을 '조화'(harmonia)라고 보는 견해에 대해서는 플라톤, 『파이돈』 85b 아래 참조.

37) '일종의 비율'(logos tis), '합성체'(synthesis) ☞ logos #6.

38) 아리스토텔레스는 '조화롭다'(harmonzein)라는 말을 쓰는데, 'harmonia'라는 같은 어원의 동사를 사용한 말장난이다.

영혼이 운동할 수 있을까

우리는 영혼이 고통을 느끼고 기뻐하며 자신감을 보이고 두려워하며, 408b1
또한 분노하고 감각하고 사고한다고 말한다. 일반적 의견에 따르면, 이것들은 모두 운동이다. 이로부터 어떤 사람은 영혼이 운동한다고 생각할 수도 있겠지만, 이런 결론이 필연적인 것은 아니다.

그 이유는 다음과 같다. 이렇게 가정해보자. 무엇보다도 고통을 느끼거 408b5
나 기뻐하거나 사유하는 일은 운동이며, 그것들은 각각 운동에서 성립한다. 한편, 운동은 영혼에 의해 일어나는데, 예컨대 '분노하다'거나 '두려워하다'는 "심장이 일정한 방식으로 운동한다"라는 뜻이고, '사고하다'는 이와 똑같은 것이거나 그와 다른 어떤 것이다. 그리고 그 가운데 일부는 어떤 것들이 장소운동을 할 때 일어나는 결과이고, 일부는 변이[39]에 따라 일어나는 결과이다(이런 것들이 어떤 성질을 갖고 어떻게 일어나는지는 또 다른 논의거리이다). — 그렇다고 해도 "영혼이 분노한다"라고 말하는 것은 마치 "영혼이 옷을 짠다" 혹은 "영혼이 집을 짓는다"라고 말하는 것과 같다. 아마도 "영혼이 연민을 느낀다", "영혼이 배운다", "영혼이 사고한다"라고 말하는 것보다 "사람이 영혼에 의해 그렇게 한다"라고 말하는 것이 더 나을 것이다. 이런 일이 일어나는 것은 영혼 안에서 운동이 일어나기 때문이 아니라 어떤 때는 운동이 영혼까지 미치고 어떤 때는 운동이 영혼으로부터 시작되기[40] 때문인데, 예컨대 감각은 (우리 주변의) 개별적인 대상들로부터 시작되고 상기[41]는 영혼으로부터 시작해 감각기관들 안에

---

39) '변이' 혹은 '성질 변화' ☞ alloiosis.

40) "운동이 영혼까지(mekri ekeinēs) 미치고 어떤 때는 운동이 영혼으로부터(ap' ekeinēs) 시작된다"라는 말은 심장의 감각중추를 염두에 둔 발언이다. 감각기관을 통해 수용된 정보는 감각중추에 도달함으로써 감각을 낳고, 이 감각이 남긴 '흔적들'은 외부 대상에 대한 감각 없이도 상상이나 상기를 통해 다시 재현될 수 있다. 이에 대해서는 『분석론 후서』 II 19, 99b36; 『기억과 상기에 대하여』 2 참조.

41) '상기'(anamnēsis)에 대해서는 『기억과 상기에 대하여』 2, 453a4 이하 참조.

있는 운동들이나 정지된 흔적들에 미친다.

[……]

제2권

영혼에 대한 정의

실체: 형상, 질료, 복합체

제1장

영혼에 대해 이전 세대 사람들로부터 전해오는 주장들에 대해서는 이 정도로 이야기해두자. 다시 처음부터 시작하는 자세로 우리의 주제로 되돌아가서 영혼이 무엇이고, 그에 대한 가장 공통적인 정식[42]이 무엇인지 규정해보자. **412a**3

우리는 실체가 있는 것들의 한 가지 유[43]라고 말하는데, 실체 가운데 어떤 것은 그 자체로서는 '이것'이 아닌 질료이고, 또 어떤 것은 (특정한 대상이) '이것'이라고 불리는 데 근거가 되는 형태와 형상이며, 세 번째는 그 둘의 복합체이다. 그런데 질료는 가능태이고, 형상은 완성태이다. 그리고 이것은 두 가지 뜻으로 쓰이는데, 어떤 때는 학문적 인식과 같은 뜻으로, 또 어떤 때는 이론적 고찰[44]과 같은 뜻으로 쓰인다. **412a**6

자연적 신체들은 복합체로서 실체이고, 영혼은 형상 및 첫째 현실태로서 실체이다

일반적인 의견에 따르면 물체들[45]이 가장 본래적인 뜻의 실체들인데, **412a**11

---

42) '가장 공통적인 정식'(koinotatos logos).

43) ☞ ousia, katēgoriai, genos.

44) '학문적 인식'(epistēmē)과 '이론적 고찰'(thēorein)에 대해서는 아래의 412a22 이하 참조.

특히 자연적인 물체들이 그렇다. 왜냐하면 이것들은 다른 것들의 원리들이기 때문이다. 자연적인 것들 가운데 어떤 것들은 생명[46]이 있고 어떤 것들은 없다. 자기 자신의 힘으로 이루어지는 영양 및 생장과 소멸을 일컬어 우리는 생명이라고 부른다.

412a15 따라서 생명에 관여하는 모든 자연적 물체는 실체일 텐데, 합성체[47]라는 뜻에서 실체일 것이다. 하지만 신체 역시 그 성질상 생명에 관여하기 때문에 — 신체는 생명을 갖기 때문이다 — 영혼은 신체가 아닐 것이다. 신체는 기체에 대해 술어가 되는 것들 중의 하나가 아니라 오히려 기체와 질료에 해당한다. 따라서 영혼은 가능적으로 생명을 가진 자연적 신체의 형상이라는 뜻에서의 실체일 수밖에 없다. 하지만 실체는 완성태이다. 그러므로 영혼은 그런 성질을 가진 신체의 완성태이다.

412a22 하지만 완성태[48]에는 두 가지 뜻이 있으니, 학문적 인식과 같은 뜻으로 쓰이기도 하고 이론적 고찰이라는 뜻으로 쓰이기도 한다. 그렇다면 분명 영혼은 학문과 같은 뜻에서 완성태이다. 왜냐하면 영혼을 가진 것에는 잠든 상태뿐만 아니라 깨어 있는 상태가 속하는데, 깨어 있는 상태는 이론적 고찰에 대응하고 잠든 상태는 (학문적 인식을) 가지고 있지만 실제로 (학문적 인식) 활동을 하지 않는 상태에 대응하기 때문이다. 그런데 동일한 주체에서 보면, 생성의 측면에서는 학문적 인식이 (학문적 인식활동보다) 앞선다. 따라서 영혼은 가능적으로 생명을 가진 자연적 신체의 첫째 완성태이다.

412a28 기관을 갖춘 유기체는 그 성질상에 있어 가능적으로 생명을 가진다. 식
412b 물들에 속한 부분들도 기관들[49]이지만 이들은 모든 측면에서 단순한데,

---

45) '물체들'(somata).

46) '생명'(zōē).

47) '합성체'(synthete).

48) ☞ energeia.

49) '기관들'(organika).

예컨대 잎사귀는 열매껍질의 보호기관이고, 열매껍질은 열매의 보호기관이다. 뿌리는 입의 유비적 대응물[50]이다. 둘 다 영양분을 끌어들이기 때문이다. 모든 영혼에 공통된 정식을 제시해야 한다면, 영혼은 기관을 가진 자연적 신체의 첫째 완성태라고 말할 수 있을 것이다.

그렇기 때문에 영혼과 신체가 하나인지 탐구할 필요가 없다. 이는 밀랍 **412b6** 과 모양새가 하나인지, 혹은 일반적으로 말해서 각 사물의 질료와 이것을 질료로 갖는 것이 하나인지를 물을 필요가 없는 것과 마찬가지이다. 왜냐하면 '하나'와 '있다'[51]는 여러 가지 뜻으로 쓰이지만, 완성태는 주도적인 뜻에서[52] '하나'이고 '있는 것'이기 때문이다.

이제 영혼이 무엇인지 보편적으로 이야기되었다. 즉 그것은 정식에 따르 **412b10** 는 실체[53]이다. 그리고 이것은 이런저런 성질을 지닌 신체의 본질이다. 그 사정은 다음과 같다. 도구들 가운데 어느 하나, 예컨대 도끼가 자연적 신체라고 해보자. 그렇다면 도끼의 본질은 도끼의 실체이고, 영혼이 바로 그런 것이다. 그런 실체가 분리되어 떨어져 나가면 더 이상 도끼가 존재하지 못하거나 이름만의 도끼일 것이다. 하지만 (실제로) 도끼는 존재한다. 영혼은 그런 성질을 가진 물체가 아니라 자기 안에 운동과 정지의 원리를 가진 자연적 신체의 본질이자 정식이다.

부분들에 대해서도 우리는 지금 말한 것과 같은 방식으로 고찰해야 한 **412b17** 다. 만일 눈이 생명체라면, 시각은 그것의 영혼일 것이다. 왜냐하면 시각은 눈에 속하는 정식에 따르는 실체이기 때문이다. 한편, 눈은 시각의 질료이고, 시각이 떨어져 나가면 눈은 이름만 같을 뿐 더 이상 눈이 아닌데, 그런 눈은 마치 돌로 된 눈이나 그림 속의 눈과 같다. 부분에 적용되는 이런 점을 우리는 생명이 있는 신체 전체에서도 파악해야 한다. 부분이 부

---

50) '유비적 대응물'(analogon).

51) '하나', '있다' ☞ hen, einai.

52) '주도적인 뜻에서'(kyriōs) ☞ kyrion.

53) '정식에 따르는 실체'(ousia kata ton logon) ☞ logos #4, 5.

분에 대해 갖는 것과 동일한 유비적 대응관계가 전체 감각과 감각능력을 갖는 신체 전체 사이에 성립하기 때문이다. 이는 감각능력을 갖는 한에서의 신체에 대해 그렇다. 가능적으로 살아 있는 것은 영혼을 박탈당한 것이 아니라 소유하고 있는 것이다. 씨나 열매는 가능적으로 그런 성질을 갖는 물체이다.

412b27 그렇다면 절단이나 시각활동[54]과 같은 뜻에서 깨어 있는 상태가 완성
413a 태라고 한다면, 시각이나 도구의 능력과 같은 뜻에서 영혼은 완성태이다. 신체는 가능적으로 있는 것이다. 하지만 눈이 눈동자와 시각으로 이루어지듯이 생명체는 영혼과 신체로 이루어진다.

영혼의 일부는 신체와 분리될 수 있다

413a2 그렇다면 영혼이 신체와 분리되어 존재할 수 없다거나 혹은 영혼이 본성상 여러 부분으로 이루어져 있다면, 영혼의 어떤 부분들은 신체와 분리되어 존재할 수 없다는 데는 분명치 않은 점이 없다. 왜냐하면 영혼의 어떤 부분들의 완성태는 신체의 부분들에 속하기 때문이다. 그렇지만 (영혼의) 어떤 부분들이 그렇게 신체와 분리되어 존재하는 것을 가로막는 점은 아무것도 없는데, 그런 것들은 아무 신체에도 속하지 않는 완성태이기 때문이다. 하지만 영혼이 배 안에 있는 뱃사람과 같은 뜻에서 신체의 완성태인지의 문제는 여전히 분명치 않다.

이 정도로 영혼에 대해 대략적으로 규정하고 밑그림을 그린 것으로 해두자.

정의의 기준들

제2장

413a11 명백하지 않지만 현상적으로 분명한 것들로부터 명백하고 이론적으로

54) 시각(opsis)과 시각활동(horasis)은 시각능력과 시각작용으로서 서로 대비된다.

더 인식 가능한 것이 출현하기 때문에, 다시 이런 방식으로 영혼의 문제에 접근해 보아야 한다. 왜냐하면 정의하는 정식[55]은 대다수의 정의들이 그렇듯이 사실을 드러낼 뿐만 아니라 그 안에는 원인이 들어 있고 표현되어야 하기 때문이다. 그런데 정의에 대한 정식들은 (추론의) 결론과 비슷하다.[56] 정사각형의 작도는 무엇인가? 부등변의 직각을 등변의 직각과 같게 만드는 것이다. 이런 정의는 결론에 대한 정식이다. 하지만 정사각형 작도가 비례 중항의 발견이라고 말하는 사람은 그런 사태의 원인을 제시한다.

살아 있음의 다양한 형태

탐색의 출발점을 취해 영혼이 있는 것과 영혼이 없는 것은 살아 있음에 의해 구별된다고 해보자. 그런데 '살아 있다'[57]는 여러 가지 뜻으로 쓰여, 예컨대 지성, 감각, 장소운동과 정지, 영양의 측면에서의 운동, 소멸과 성장에 대해 그 말이 쓰인다. 그렇기 때문에 이 가운데 하나만을 가지고 있어도 우리는 그것이 '살아 있다'라고 말한다.

그렇기 때문에 일반적인 의견에 따르면, 생장하는 것들[58]은 모두 살아 있다. 왜냐하면 이들은 분명 자신 안에 일정한 능력과 원리를 가지고 있어 이것 때문에 서로 반대되는 곳으로 성장하고 소멸하기 때문이다. 위쪽으로는 자라고 아래쪽으로 그렇지 않은 것이 아니라 양쪽으로 똑같이 모든 방향에서 자란다. 그런 것들은 항상 영양을 섭취하고, 영양을 섭취할 수 있는 능력이 남아 있는 한, 끝까지 살아 있다. 이런 능력은 다른 능력들과 분리되어 존재할 수 있지만, 죽는 것들이 가진 다른 능력들은 그것 없이는 존재할 수 없다. 이는 식물들을 보면 분명한데, 그들에게는 다른

55) '정의하는 정식'(horistikos logos).

56) 『분석론 후서』 II 10, 93b38 이하 참조.

57) '살아 있다'(zen).

58) '생장하는 것들'(ta phyomena)에는 물론 식물(phyomena)과 동물(to zōion)이 함께 포함된다.

어떤 영혼의 능력도 속하지 않기 때문이다.

413b 그런데 살아 있음은 이런 성질의 원리에 의해 생명체들에 속하지만, 동물은 일차적으로 감각에 의존한다. 왜냐하면 운동하지 못하고 장소를 바꾸지 못하지만 감각을 가진 것들도 일컬어 우리는 단순히 '살아 있다'고 말하는 것이 아니라 '동물'이라고 부르기 때문이다. 감각 가운데 촉각이 가장 먼저 모든 것에 속한다. 영양능력[59]이 촉각을 비롯해 모든 감각과 분리되어 존재할 수 있듯이 촉각은 나머지 감각과 분리되어 존재할 수 있다.

영혼의 부분들

413b7 우리는 식물들도 공유하는 영혼의 부분을 일컬어 '영양능력'이라고 부른다. 하지만 모든 동물은 분명 촉각을 갖는다. 어떤 원인 때문에 이 두 가지 결과가 각각 일어나는지는 나중에 이야기할 것이다. 지금으로서는 이 정도로 이야기해두자. 즉 영혼은 방금 말한 것들의 원리이며 영양능력, 감각능력, 사고능력, 운동[60]에 의해 규정된다.

413b13 이들 각각은 영혼인가, 아니면 영혼의 부분인가? 만일 부분이라면 단지 정식에서 분리 가능한가, 아니면 장소에서 분리 가능한가? 어떤 경우에 이런 물음들과 관련해 관찰이 어렵지 않지만, 어떤 경우에는 의문을 낳는다. 왜냐하면 식물들 가운데 어떤 것들은 절단되어 서로 분리된 상태에서도 분명히 살아 있기 때문이다. 그럴 수 있는 것은 그들 안에 있는 영혼이 각 식물 안에서 완성태의 측면에서는 하나이지만, 가능태의 측면에서는 그 이상이기 때문이다. 영혼에 속하는 다른 부분들의 경우에도 사정이 비슷해 우리는 곤충들[61]의 경우에도 절단된 두 부분에서 그런 일이 일어나

59) '촉각'(hapē), '영양능력'(to threptikon).

60) '영양능력'(threptikon), 감각능력(aisthētikon), 사고능력(dianoētikon), 운동능력(kinēsis).

61) '곤충들'(entoma).

는 것을 관찰한다. 그 두 부분은 각각 감각을 가지고 장소운동을 하며, 감각을 가지면 상상과 욕망도 함께 갖기 때문이다. 감각이 있는 경우 고통과 쾌감이 있고, 이것들이 있다면 필연적으로 욕구도 있다.

하지만 지성과 이론적인 능력[62]에 대해서는 아직 아무것도 분명치 않다. 그것은 다른 부류의 영혼인 것 같고, 오직 이것만이—마치 소멸하는 것 안에 있는 영원한 것처럼—분리되어 존재할 수 있다. **413b**24

이로부터 분명한 것은 영혼의 나머지 부분들이—어떤 이들이 말하는 것처럼—(서로) 분리 가능하지 않다는 사실이다. 그것들이 정식상에서 다르다는 것은 분명하다. 왜냐하면 감각활동과 의견형성이 다르다면, 감각능력의 본질과 의견을 형성하는 능력의 본질[63]이 다르기 때문이다. 앞에서 말한 나머지 능력들 각각도 이와 사정이 비슷하다. **413b**27

또한 동물들 가운데 일부에게는 이런 능력들이 모두 속하지만, 어떤 것들에는 그 가운데 몇몇만이 속하고 또 다른 것들에는 하나밖에 속하지 않는다(이것이 동물들 사이의 차이[64]를 만들어낸다). 어떤 원인 때문에 그런지는 나중에 더 살펴보아야 한다. 감각들과 관련해 따라 나오는 결과도 비슷하다. 왜냐하면 어떤 것들은 모든 감각을 갖고 어떤 것들은 그 가운데 일부를 가지며, 또 어떤 것들은 그 가운데 가장 필요한 것 하나, 즉 촉각을 갖기 때문이다. **413b**32

영혼의 정의에 대한 또 다른 접근

우리가 '어떤 것에 의해' 살고 감각한다고 말할 때는 두 가지 뜻이 있는데, 이는 우리가 '어떤 것에 의해' 인식한다고 말할 때와 사정이 같다. (그에 해당하는 것으로는 우리는 학문과 영혼을 든다. 왜냐하면 그 둘 각각 **414a**4

---

62) '지성'(nous), '이론적인 능력'(theōrētikē dynamis) ☞ nous, theōrein.

63) '감각활동'(aisthanesthai), '의견형성'(doxazein), '감각능력의 본질'(aisthētikoi einai), '의견을 형성하는 능력의 본질'(doxastikoi einai).

64) ☞ diaphora.

에 '의해' 우리는 '인식한다'라고 말하기 때문이다.) 이와 마찬가지로 우리가 건강한 것은 한편으로는 건강에 '의해서', 다른 한편으로는 신체의 일부나 신체 전체에 '의해서'이다. 그런데 이들 가운데 인식과 건강은 일종의 형태, 형상, 정식이자 수용자[65]의 현실태와 같은 것이며, 이때 수용자에 해당하는 가운데 하나는 인식하는 주체이고 다른 하나는 건강의 주체이다. (왜냐하면 일반적인 의견에 따르면, 능동적 작용능력을 가진 것들의 현실태는 수동적으로 작용하고 일정한 성향을 가진 것 안에 속하기 때문이다.)

414a12 반면에 영혼은 그것에 '의해' 우리가 첫째가는 뜻에서 살고 감각하고 사고하는 데 쓰이는 것이기 때문에, 그것은 일종의 정식이자 형상이지 질료나 기체가 아닐 것이다. 이렇게 말을 하는 이유는, 앞서 말했듯이 실체에는 세 가지 뜻이 있어서 그 가운데 하나는 형상이고, 다른 하나는 질료이며, 또 다른 하나는 그 둘의 복합체이기 때문이다.[66] 그 가운데 질료는 가능태이고, 형상은 완성태이다. 그 둘의 복합체는 영혼이 있는 것이기 때문에, 신체가 영혼의 완성태가 아니라 영혼이 일정한 신체의 완성태이다.

영혼과 신체의 관계

414a19 그리고 이런 이유 때문에, 영혼은 신체 없이 존재하지 않을 뿐만 아니라 신체의 일종도 아니라고 생각하는 사람들의 판단이 옳다. 영혼은 신체가 아니라 신체에 속한 어떤 것이며, 이런 이유 때문에 신체 안에, 즉 이런 저런 성격을 가진 신체 안에 속한다. 하지만 그 사정은 이전 세대 사람들이 영혼을 신체에 귀속시킨 것과는 다르다. 이들은 현상적으로 볼 때 아무것이나 아무것을 받아들이는 것이 아님에도 불구하고, 영혼이 어떤 성질을 지닌 어떤 신체 안에 있는지 추가적인 설명을 하지 않았다.[67] 논리

65) '수용자'(to dektikon).

66) 앞의 412a6 이하 참조.

67) 앞의 407b20 이하 참조.

적으로 따져보아도 같은 결과가 나온다. 왜냐하면 본성적으로 각 사물의 완성태는 가능적으로 주어진 것 안에서, 즉 고유한 질료 안에서 출현하기 때문이다. 그렇다면 영혼이 그런 종류의 것이 될 수 있는 가능성을 가진 것에 속하는 일종의 완성태이자 정식이라는 사실은 이로부터 분명하다.

영혼의 다양한 부분들

제3장

앞에서 거론된 영혼의 여러 능력 가운데 어떤 생명체들에는 — 앞서 말했듯이 — 그 능력들이 모두 속하지만, 어떤 것들에는 그 가운데 일부가 속하며 또 몇몇에는 하나밖에는 속하지 않는다. 능력들을 일컬어 우리는 영양능력, 욕망능력, 감각능력, 장소에 따른 운동능력, 사유능력[68]이 414a29
라고 부른다. 식물들에는 영양능력밖에 속하지 않지만, 다른 것들에는 이 414b
능력과 더불어 감각능력이 속한다. 그런데 감각능력이 있다면, 욕망능력도 있다. 왜냐하면 욕망에는 욕구와 격정과 바람[69]이 있기 때문이다. 모든 동물은 적어도 감각들 가운데 한 가지는 갖는데, 촉각이 바로 그것이다. 그리고 감각을 갖는 것은 쾌감과 고통, 즐거움과 고통스러움도 함께 가지며, 이것들을 갖는 것들은 욕구도 갖는다. 욕구는 즐거움에 대한 욕망이기 때문이다.

또한 동물들은 영양에 대한 감각을 가진다. (왜냐하면 촉각은 영양에 414b6
대한 감각이기 때문이다. 모든 생명체는 마른 것과 물기 있는 것, 뜨거운 것과 차가운 것을 영양으로 삼는데, 촉각은 바로 이들에 대한 감각이다.) 반면에 다른 감각 대상들에 대한 감각은 부수적[70]이다. 왜냐하면 소리도,

---

68) '영양능력'(to threptikon), '욕망능력'(to orektikon), '감각능력'(to aisthētikon), '장소에 따른 운동능력'(to kinētikon), '사유능력'(to noētikon).

69) 아리스토텔레스의 심리학에서 '욕망'(orexis)은 (i) 비이성적인 욕구(epithymia), (ii) 분노 등을 주관하는 격정(thymos), (iii) 이성적인 욕망으로서 바람(boulesis)을 포괄하는 상위 범주이다. ☞ orexis.

70) ☞ symbebēkos.

색깔도, 냄새도 영양에 아무 역할도 하지 않기 때문이다. 하지만 맛은 촉각 대상들 가운데 하나이다. 허기와 갈증은 욕구인데, 허기는 마르고 뜨거운 것에 대한 욕구이고, 갈증은 물기 있고 차가운 것에 대한 욕구이다. 맛은 일종의 양념 같은 것으로서 그것들에 속한다.

414b14 이들에 대해서는 나중에 더 명백하게 해야 하지만, 지금으로서는 다음과 같은 점을 이야기하는 정도로 해두자. 생명체들 가운데 촉각을 갖는 것들에는 욕망도 속한다. 상상에 대해서는 분명치 않아 나중에 더 탐색해야 한다. 하지만 일부 동물에는 이것들과 더불어 장소에 따르는 운동능력도 속하고, 다른 일부에게는 사고능력[71]과 지성도 속하는데, 예컨대 사람들이 그렇고 그와 본성이 같거나 혹은 그보다 더 고귀한 어떤 것이 있다면 그럴 것이다.

영혼에 대한 완전한 정의는 이 부분들을 기술해야 한다

414b20 이제 영혼에 대한 정식과 (기하학적) 도형에 대한 정식이 동일한 방식으로 하나일 것이라는 점은 분명하다. 왜냐하면 삼각형이나 그에 이어지는 도형들과 따로 떨어져[72] 도형이 존재하지 않으며, 앞에서 말한 능력들과 따로 떨어져 영혼이 존재하지 않기 때문이다. 도형들에 적용되는 공통의 정식이 있을 것이고, 이 정식은 모든 도형에 통용되고 어떤 도형에도 고유한 것이 아닐 것이다. 앞에서 말한 영혼들의 경우에도 사정은 똑같다. 그렇기 때문에 이들의 경우뿐만 아니라 다른 경우에서도 그런 종류의 정식을 배제하고 나서 있는 것들 중 어떤 것에 대해서도 고유한 정식이 아니고, 또 고유하고 불가분적인 종에 들어맞지도 않는 공통의 정식을 찾는 것은 우스운 일일 것이다.

414b28 (영혼과 관련된 상황들도 도형들을 둘러싼 사정과 비슷하다. 왜냐하면

71) '사고능력'(to dianoētikon).

72) '따로 떨어져서'라고 옮긴 원문의 'para'는 '나란히', '분리되어' 등의 뜻을 함께 갖는다.

도형들의 경우에서나 영혼을 가진 것들의 경우에서나 앞서는 것은 언제나 뒤에 이어지는 것 안에 가능적으로 속하기 때문이다. 예컨대, 사각형에는 삼각형이 속하고, 감각능력에는 영양능력이 속한다.) 그러므로 개별적인 관점에서 각각의 영혼이 무엇인지, 예컨대 식물의 영혼이 무엇이고 사람의 영혼이 무엇이며 짐승[73]의 영혼이 무엇인지 탐구해야 한다. 어떤 이유 때문에 그런 계속성이 존재하는지는 탐구해야 할 과제이다. 이렇게 말 415a
하는 이유는 영양능력 없이 감각능력은 존재하지 않지만, 식물들의 경우에는 영양능력이 감각능력과 분리되어 존재하기 때문이다. 또한 촉각능력 없이는 다른 감각들 가운데 어떤 것도 존재하지 않지만, 촉각은 다른 것들 없이 존재한다. 왜냐하면 많은 동물이 시각도, 청각도, 냄새에 대한 감각도 갖지 않기 때문이다. 감각능력을 가진 것들 가운데 어떤 것들은 장소상의 운동능력이 있고, 어떤 것들은 그렇지 않다. 마지막으로 극소수가 추론과 사고를 갖는다.[74] 소멸하는 동물들 중 추론을 하는 것들에는 나머지 능력이 모두 속한다. 하지만 동물들이 그런 능력을 개별적으로 갖는다고 해서 그들 모두에게 추론이 속하는 것은 아니며, 어떤 것들에는 상상조차 속하지 않는 반면에, 또 어떤 것들은 (추론 없이) 오직 상상에 의존해서 산다.[75]

이론적 지성[76]은 또 다른 논의의 대상이다. 그렇다면 분명 이런 능력들 415a11
하나하나에 대한 정식이 있으며, 이것은 (서로 다른 유형의) 영혼에 대해서도 가장 고유한 정식일 것이다.

---

73) 아리스토텔레스는 '동물'을 가리키는 말로 'zoion' 이외에 'therion'이라는 낱말을 사용한다. 이 낱말은 보통 야생동물을 뜻하는데 '짐승'이라고 옮겼다.

74) 추론(logismos)과 사고(dianoia)는 인간에게만 속하는 인지능력이다.

75) 『니코마코스 윤리학』 VII 3, 1147b3-5.

76) 아리스토텔레스는 지성을 이론적 지성(theōretikos nous)과 실천적 지성(praktikos nous)으로 나눈다. ☞ nous #4.

영양과 생식

제4장

415a14 이것들에 관한 탐색을 수행하려는 사람은 그 각각을 취해 그것이 무엇인지를 파악하고, 그런 다음에 그 뒤에 이어지는 것들과 여타의 것들에 대해 추가로 탐구해야 한다. 그런데 그것들 각각에 대해 그것이 무엇인지, 예컨대 사유능력이 무엇이고, 감각능력이 무엇이고, 영양능력이 무엇인지를 논의하려면, 먼저 사유활동이 무엇이고 감각활동이 무엇인지를 이야기해야 한다. 왜냐하면 정식의 측면에서 현실적인 활동들과 실행들은 능력들보다 앞서기 때문이다.[77] 한편, 사정이 이렇다면 다시 그런 활동과 행동들에 앞서 그것들에 맞서 있는 것들[78]에 대한 고찰을 완료해야 한다. 이런 이유에서 우리는 먼저 다음과 같은 것들, 즉 영양분이나 감각 대상이나 사유 대상에 대해 먼저 규정해야 할 것이다.

415a22 그러므로 영양섭취와 생식에 대해 먼저 이야기해야 한다. 왜냐하면 영양섭취의 영혼[79]은 다른 것들에도 속하고, 영혼에 속하는 가장 공통적인 첫째 능력이며, 이것 때문에 모두는 삶을 영위하기 때문이다.

415a25 이 영혼의 작용은 생식하고 영양을 섭취하는 것이다. 왜냐하면 여러 작용 가운데 완전히 자라 결함이 없거나 혹은 저절로 생겨나는[80] 생명체들에게 가장 본성적인 작용은 자기 자신과 동일한 다른 생명체를 낳는 데 있기 때문이다. 즉 동물은 동물을 낳고, 식물은 식물을 낳는데, 그 목적은
415b 능력이 미치는 한에서 영원하고 신적인 것에 관여하기 위해서이다. 모든

---

77) '현실적 활동들'(energeiai)과 '실행들'(praxeis)이 어떻게 정식에서 '능력들'(dynameis)에 앞서는지에 대해서는 『형이상학』 IX 8 참조 ☞ dynamis, energeia.

78) 앞의 402b15 참조.

79) '영양섭취의 영혼'(threptikē psychē).

80) 아리스토텔레스는 일부 동물들, 예를 들어 벼룩, 파리, 풍뎅이 등이 부패한 진흙 등에서 저절로 생겨난다고 보았다. 이른바 '자연발생'의 사례들에 대해서는 『동물발생론』 I 16, 721a2 이하; III 11, 762a8 이하 참조 ☞ tychē, to automaton #4.

생명체는 이것을 욕망하며 그들이 본성에 따라 행하는 것들은 그 목적을 지향해 일어난다. 그런데 지향하는 목적에는 두 종류가 있으니, 하나는 지향 대상이라는 뜻의 목적이고, 다른 하나는 실현 대상이라는 뜻의 목적이다.[81] 그런데 소멸하는 것들 가운데 어떤 것도 항상 동일하고 수적으로 하나인 상태로 지속할 수는 없어 영원한 것이자 신적인 것에 연속적으로 동참하기는 불가능하기 때문에, 각자 관여할 수 있는 능력이 미치는 한에서 그 일에 동참하는데, 여기에는 정도의 차이가 있다. 각자는 동일한 것으로서 존속하는 것이 아니라 자기 자신과 같은 것으로서, 즉 수적인 하나가 아니라 종적인 하나로서 존속한다.

영혼은 형상인, 작용인, 목적인이다

영혼은 살아 있는 신체의 원인이자 원리이다. 이 둘은 여러 가지 뜻으 415b8
로 쓰이지만, 영혼은 앞에서 규정한 세 가지 뜻에서 원인이다. 즉 영혼은 운동의 출처이자 지향 대상이자 영혼이 있는 신체의 실체라는 뜻에서 원인이다.

그것이 실체라는 뜻에서 원인임은 분명하다. 왜냐하면 모든 것에 있어 실체는 있음의 원인인데, 살아 있는 것에게는 삶이 바로 있음이며, 영혼은 바로 그것의 원인이자 원리이기 때문이다. 더욱이 완성태는 가능적으로 있는 것의 정식이다.

81) '지향하는 목적'(to hou heneka)을 두 종류, 즉 지향 대상(to hou)과 실현 대상(to hoi)으로 나누는 것에 대해서는 『형이상학』 XII 7, 1072b2 이하 참조. 예를 들어 두 가지 활동, 예컨대 생각과 산책을 비교해보자. 두 활동 모두 그것들이 겨냥하는 것, 즉 지향점 및 목적이 있다. 생각의 지향점은 생각의 대상이고, 산책의 지향점은 건강이다. 산책의 목적인 건강은 산책함으로써 얻어지며, 그렇기 때문에 산책은 건강에 유용하다. 반면에 우리가 어떤 대상을 지향해서 생각한다면, 이때는 사정이 다르다. 생각의 대상은 생각의 지향점이지만, 그 대상 자체가 생각에 의해 어떤 이익을 얻지 않기 때문이다. 이런 구분에 따르면 건강은 'to hoi'의 의미에서 산책의 지향점 또는 목적이고, 사유의 대상은 'to hou'라는 뜻에서 사유의 목적 또는 지향 대상이다. ☞ heneka tou, hou heneka #5.

415b15 하지만 분명히 영혼은 지향 대상이라는 뜻에서도 원인이다. 왜냐하면 지성이 무언가를 위해서 작용하듯이 자연도 그와 똑같은 방식으로 작용하는데 바로 이것이 자연의 목적이기 때문이다. 생명체들의 경우에는 본성적으로 영혼이 그런 것이다. 왜냐하면 모든 자연적인 신체는 영혼의 기관들이기 때문이다. 동물의 신체들이나 식물의 신체들이나 사정은 마찬가지인데, 그것들은 모두 영혼을 위해 있기 때문이다. 하지만 지향 대상은 (앞에서 말했듯이) 두 가지가 있는데, 하나는 지향 대상이고 다른 하나는 실현 대상이다.

415b21 더욱이 영혼은 장소상의 운동의 첫 출처이기도 한데, 살아 있는 것 모두에 이 능력이 속하는 것은 아니다. 하지만 변이[82]와 성장도 영혼에 의해 일어난다. 왜냐하면 일반적인 의견에 따르면 감각은 일종의 변이이고, 영혼을 갖지 않은 것은 그 어떤 것도 감각하지 못하며 성장과 소멸의 경우에도 사정은 다르지 않다. 왜냐하면 영양섭취가 없다면 자연적인 성장도 소멸도 없는데, 생명에 동참하지 못하는 것은 어떤 영양섭취도 하지 못하기 때문이다.

영양과 생식은 영혼이 원인이 되는 다양한 방식을 보여준다

415b28 엠페도클레스는 식물들에도 성장이 일어난다고 한 뒤 덧붙여 말하길,
416a 식물이 아래로 뿌리를 내리는 것은 흙이 본성상 아래로 움직이기 때문이고, 식물이 위로 자라는 것은 불이 (본성상) 그렇게 움직이기 때문에 그렇다고 하는데, 이는 옳은 말이 아니다. 왜냐하면 그는 '위'도 '아래'도 올바로 파악하지 못하고 있기 때문이다. (왜냐하면 '위'와 '아래'는 모든 것들이나 우주 전체에 대해 동일한 것이 아니고, 작용들에 맞추어 기관들이 서로 다르거나 동일하다고 우리가 말하는 것이 옳다면, 머리와 동물들의 관계는 뿌리와 식물들의 관계와 똑같기 때문이다.) 더욱이 불과 흙이 반대

82) ☞ alloiōsis.

쪽으로 움직인다면 그것들을 결속하는 것[83)]은 무엇인가? (그런 움직임을) 저지하는 어떤 것이 없다면 그것들은 갈라져 흩어져 버릴 것이기 때문이다. 반면에 만일 (그렇게 결속하는 것이) 있다면, 영혼이 바로 그것일 터이니 영혼은 성장과 영양의 원인이다.

어떤 사람들의 의견에 따르면, 불의 본성은 무제한적인 뜻에서 영양과 성장의 원인이다. 그들이 그렇게 주장하는 이유는 현상적으로 볼 때 불은 물체들 가운데 유일하게 영양을 취해 자라기 때문이다. 이런 이유 때문에 어떤 사람은 동일한 것이 식물들이나 동물들에서도 작용의 주체[84)]라고 가정할 것이다. 하지만 그것은 어떤 뜻에서 보조원인[85)]이기는 하지만, 무제한적인 뜻에서 원인은 그게 아니라 영혼이다. 왜냐하면 불의 성장은 탈 것이 있는 한 무한정 이루어지지만, 본성적으로 합성된 것들[86)]에는 모두 크기와 성장의 한계 및 비율[87)]이 있기 때문이다. 이것들은 영혼에 속하는 것이지 불에 속하는 것이 아니며, 질료가 아니라 정식[88)]에 속한다. 416a9

영양에 대한 다양한 설명은 일관성을 갖춘 것으로 드러난다

영혼에 속한 동일한 능력이 영양섭취와 생식을 주관하기 때문에 먼저 영양[89)]에 대해 규정해야 한다. 왜냐하면 그 능력은 바로 이런 작용에 의해 다른 능력들과 구별되기 때문이다. 416a19

서로 반대되는 것[90)] 가운데 하나가 다른 하나에 대해 영양이 되는 것처럼 보이는데, 모든 반대관계에서 그런 것은 아니고, 반대자들 가운데 상 416a21

83) '결속하는 것'(to synechon).

84) '작용의 주체'(to ergazomenon).

85) '보조원인'(synaition).

86) '본성적으로 합성된 것들'(ta physei synistamena).

87) '한계'(peras), '비율'(logos) ☞ logos #6.

88) ☞ logos #5.

89) '영양' 혹은 '영양분'(trophē).

90) '반대되는 것'(to enantion).

대편으로부터 발생하기도 하고 성장하기도 하는 것들이 그렇다. 이렇게 말하는 이유는 많은 것이 서로 상대편으로부터 생겨나지만 그 모든 것이 양적인 것은 아니기 때문인데, 예를 들어 건강한 것이 병든 것으로부터 생겨날 때 그렇다. 심지어 그렇게 생겨나는 것들도 동일한 방식으로 상대편에 영양분이 되는 것 같지는 않다. 물은 불에 영양분이지만, 불은 물에 영양분을 제공하지 않는다. 그렇다면 이런 것들, 즉 영양분과 영양을 취하는 것은 단순한 물체들 가운데서 가장 눈에 두드러지는 것 같다.

416a29 하지만 이 문제는 의문을 낳는다. 그 이유는 이렇다. 어떤 사람들은 성장의 경우에 그렇듯이 동질적인 것이 동질적인 것에 의해 영양을 얻는다고 말한다. 반면에 앞에서 말했듯이 다른 사람들은 그와 반대되는 의견을 가지고 반대되는 것이 반대되는 것에 의해 영양을 얻는다고 말한다. 동질적인 것은 동질적인 것에 의해 수동적인 작용을 받지 않지만, 영양은 변화이고 소화이며 어떤 경우이든 변화는 대립자 혹은 중간자로의 변화라는 것이다. 더욱이 영양분은 영양을 얻는 것에 의해 어떤 수동적인 작용을 겪지만, 영양을 얻는 것은 영양분에 의해 수동적인 작용을 겪지 않는데, 이는 목수가 목재에 의해 수동적인 작용을 겪는 것이 아니라 목수에 의해 목재가 수동적인 작용을 겪는 것과 사정이 같다. 이때 목수는 활동하지 않는 상태에서 현실적인 활동으로 변화할 따름이다.

416b3 이는 영양분이 마지막 형태로 더해진 것을 가리키는지, 아니면 처음 형태로 더해진 것을 가리키는지에 달려 있다. 하지만 만일 둘 다라면, 즉 소화되지 않은 상태에 있는 것도 영양분이고 이미 소화된 것도 영양분이라면, 영양분은 두 가지 상태에 있다고 말할 수도 있을 것이다. 왜냐하면 소화되지 않은 상태에서 보면 반대되는 것이 반대되는 것에 의해 영양을 얻고, 소화된 상태에서 보면 동질적인 것이 동질적인 것에 의해 영양을 얻기 때문이다. 그러므로 분명 양쪽 사람들의 주장은 어떤 측면에서 보면 옳기도 하고 옳지 않기도 하다.

416b9 한편, 생명에 관여하지 않는 것은 어떤 것도 영양을 얻지 않기 때문에, 영양을 얻어 자라는 것이 영혼이 있는 물체인 까닭은 영혼이 있는 한에

서 그럴 것이고, 따라서 영양은 영혼이 있는 것과 상관적이며, 이 둘의 관계는 우연적인 것이 아니다. 하지만 사실 '영양분이다'와 '성장하게 할 수 있다'는 서로 다른 것이다. 왜냐하면 영혼이 있는 것을 (일정한) 양을 가진 것으로 보면 영양분이 그것을 성장하게 할 수 있는 것이지만, 영혼이 있는 것을 '이것',[91] 즉 실체로 보면 그것은 영양분이기 때문이다. 즉 영양분은 실체를 보존하며 영양분을 얻는 동안 실체가 존재한다. 그리고 영양은 생성을 낳지만, 이때 생겨나는 것은 영양을 얻는 것 자체가 아니라 영양을 얻는 것과 동종적인 것이다. 이렇게 말하는 이유는 그것의 실체는 이미 존재하고, 어떤 것도 자기 자신을 생겨나게 하지는 못하고 다만 보존할 뿐이기 때문이다.

그러므로 영혼에 속하는 이런 원리는 영혼이 있는 것을 그 자체로 보존 **416b**17
하는 능력인 데 반해, 영양은 그것에 현실적인 활동을 제공한다. 그 때문에 영양이 없으면 영혼이 있는 것은 존재할 수 없다. 그런데 어떤 것이든 그것을 규정하려면 목적을 그 기본으로 삼는 것이 옳고, 자기 자신과 같은 종의 개체를 낳는 것이 목적이기 때문에, 첫째 영혼은 자기 자신과 동종의 개체를 낳을 수 있는 생식능력일 것이다.

세 가지가 있다. 즉 영양을 얻는 것과 영양이 이루어지는 수단과 영양 **416b**20
의 주체가 있으니, 영양의 주체는 첫째 영혼이고 이런 영혼을 가지고 영양을 얻는 것은 신체이며 영양이 이루어지는 수단은 영양분이다.

'영양이 이루어지는 수단'에는 '항해를 하는 수단'이 그렇듯이 두 가지 **416b**25
뜻이 있다. 즉 손과 노가 '항해를 하는 수단'이라고 불리는데, 그 가운데 하나는 운동을 낳으면서 운동하는 것이고, 다른 하나는 단지 운동하는 것이다. 그런데 모든 영양분은 소화될 수 있는 능력을 가지고 있어야 하는데, 소화작용을 수행하는 것은 열기를 가진 것이다. 그렇기 때문에 영혼이 있는 것은 모두 열기를 가지고 있다.[92] 그렇다면 영양이 무엇인지를

91) ☞ ousia #2.

92) '열기를 가진 것'(to thermon), '열기'(thermotēs).

대략 이야기된 셈이다. 나중에 그것을 다루는 개별적인 글에서 더 분명하게 다루어야 한다.

감각

운동으로서의 감각지각

제 5 장

416b32 이런 점들이 규정되었으니 감각 전체에 대해 일반적으로 이야기해보자. 앞서 말했듯이 감각은 운동이 일어나 작용받는 데서 일어난다. 왜냐하면 일반적인 의견에 따르면, 그것은 일종의 변이이기 때문이다.[93] 어떤 사람들은 동질적인 것이 동질적인 것에 의해 작용받는다고 말하기도 한다. 어떻게 이것이 가능하고 불가능한지는 능동적 작용과 수동적 작용에 대한 일반적인 저술에서[94] 이야기했다.

417a2 그런데 다음과 같은 물음들이 의문을 낳는다. 감각기관들[95] 자체에 대해 감각이 생겨나지 않는 이유는 무엇인가? 감각이 그 자체로서나 그것들에 부수적인 속성들의 측면에서 대상으로 삼는 불이나 흙을 비롯한 다른 요소들이 〈감각기관들〉 안에 있음에도 불구하고 외부 대상이 없이 감각기관들이 감각을 낳지 못하는 이유는 무엇인가? 그렇다면 분명 감각능력은 현실적이 아니라 가능적으로만 존재하며, 그렇기 때문에 감각하지 못한다. 이는 발화능력을 가진 가연성 물질이 그 자체로서 타오르지 못하는 것과 마찬가지이다. 〈저 혼자 힘으로 타오른다면〉 그것은 자기 자신을 태우는 셈이 될 것이고, 완전한 상태의 불[96]을 전혀 필요로 하지 않는 셈

93) ☞ aisthēsis, alloiōsis.

94) 『생성소멸론』 I 7.

95) 원문의 'aisthēseis'는 '감각들'로도 옮길 수 있지만, 여기서는 '감각기관들'을 뜻한다.

96) '완전한 상태의 불'이라고 옮긴 원문의 'tou entelecheiai pyros'는 실제로 타오르

이 될 것이다.

그런데 우리는 '감각한다'[97]라는 말을 두 가지 뜻으로 사용한다(듣고 볼 수 있는 가능성을 가진 것을 일컬어 우리는 — 그것이 설령 잠든 상태에 있다고 하더라도 — '듣는다' 혹은 '본다'고 말하기도 하고, 이미 현실적으로 듣고 보고 있는 것을 일컬어 그렇게 말하기도 한다). 그렇기 때문에 '감각'이라는 말에도 두 가지 뜻이 있을 것이다. 즉 그 말은 가능적인 뜻으로 쓰이기도 하고, 현실적인 뜻으로 쓰이기도 한다. '감각 대상'[98]의 경우에도 똑같아 가능적인 것이 있고 현실적인 것이 있다. 417a10

그렇기 때문에 우리는 먼저 '작용을 받고 운동한다'를 '현실적으로 활동한다'[99]와 동일한 뜻으로 받아들여 이야기하자. 왜냐하면 다른 곳에서도 이야기했지만,[100] 운동은 불완전하긴 하지만 일종의 현실적 활동이기 때문이다. 하지만 모든 것은 능동적으로 작용할 수 있고, 현실태에 있는 것의 작용에 의해 작용을 받고 운동한다. 그러므로 어떤 뜻에서는 수동적인 작용은 동질적인 것에 의해 일어나기도 하지만, 또 어떤 뜻에서는 동질적이지 않은 것에 의해 일어나기도 하는데, 이는 이미 말한 바와 같다. 왜냐하면 동질적이 아닌 것은 작용을 받고 작용을 받고 나면 동질적인 상태에 있기 때문이다. 417a14

가능태의 다양한 유형

'가능태'뿐만 아니라 '완성태'도 우리는 뜻을 나누어야 한다. 왜냐하면 방금 우리가 그것들에 대해 한 말은 뜻에 제한을 두지 않은 것이기 때문 417a21

는 불을 뜻한다.

97) '감각한다'(aisthanēsthai).

98) '감각 대상'(to aisthēton).

99) '작용을 받고 운동한다'(paschein kai kineisthai), '현실적으로 활동한다'(energein) ☞ energeia.

100) 『자연학』 III 1 ☞ kinēsis #2.

이다. 우리가 어떤 것을 일컬어 '안다'고 말할 때는 여러 가지 뜻이 있다. 어떤 경우 우리는 사람을 일컬어 '안다'고 말하는데, 이는 사람이 앎과 학문적 인식을[101] 가진 것들에 속하기 때문이다. 하지만 우리는 문법적인 지식을 가지고 있는 사람을 일컬어 '안다'고 말하기도 한다(이 둘은 똑같은 뜻으로 가능적인 것이 아니다. 하나는 일반적인 유와 질료이기 때문에 그렇게 불리고, 다른 하나는 그가 그런 바람을 갖고 외부의 방해가 없다면 이론적인 고찰을 할 수 있기 때문에 그렇게 불린다). 하지만 셋째로, (지금 이 순간) 이론적인 고찰을 하고 있는 사람이 그렇게 불리기도 하는데, 그는 완전한 상태에서 주된 뜻으로 이 개별적인 A를 알고 있기 때문이다. 처음의 둘은 가능적인 뜻에서 아는 상태에 있고, 그로부터 현실적으로 아는 상태가 된다. 하지만 그 가운데 하나는 배움에 의해 변이를 겪고 반복적으로 반대 상태로부터 변화함으로써 그렇게 되고, 다른 하나는 산술적인 지식이나 문법적인 지식을 가지고 있지만 그것을 현실적으로 실행하지 않는 상태로부터 현실적인 활동으로 진행하는데, 그 두 방식은 서로 다르다.

417b2 '작용받다'[102]도 그 뜻이 단순하지 않아 어떤 뜻에서는 반대되는 것의 작용에 의해 일어나는 일종의 소멸이고, 어떤 뜻에서는 완성태에 있는 것의 작용에 의해 일어나는 가능적인 것의 보존인데, 그 관계는 가능태가 완성태에 대해 갖는 관계와 똑같다. 왜냐하면 학문적 인식을 가진 것은 (현실적으로) 이론적인 고찰을 하는 상태로 되는데, 이것은 변이가 아니거나(그것은 자기 자신으로의 이행, 즉 완성태로의 이행이기 때문에 그렇다) (만일 변이라고 부른다면) 다른 종류의 변이이기 때문이다. 그런 이유 때문에 사려의 주체[103]가 사려할 때 변이를 겪는다고 말하는 것은 옳지 않다. 집을

101) 즉 앎과 학문적 인식의 능력을.

102) '작용받다'(paschein) 혹은 '겪다' ☞ pathos, paschein.

103) '사려의 주체'(to phronoun)와 아래에서 '사유의 주체'(to nooun)는 각각 실천행동과 관련된 사유(phronein)와 이론적인 사유(noein)의 차이를 염두에 둔 표

짓는 사람이 집을 지을 때 그렇지 않은 것과 마찬가지이다.

그러므로 사유의 주체나 사려의 주체를 가능적인 것으로부터 완성태로 이끄는 것은 '가르침'이라고 부를 것이 아니라 다른 이름으로 불러야 옳다. 하지만 어떤 사람이 가능적 상태로부터 배움을 얻고 학문적인 인식을 획득한 상태의 주체로 된다면 이런 일은 완전한 상태에 있는 교사에 의해 일어나는데, 앞에서 말한 대로 이를 일컬어 우리는 '작용받는다'라고 불러서는 안 된다. 그렇지 않다면 두 가지 방식의 변이가 있는 셈인데, 하나는 결여상태 쪽으로의 변화이고 다른 하나는 소유상태와 본성 쪽으로의 변화이다.[104) **417b**9

가능태와 현실태의 지각

감각능력을 가진 것에서 일어나는 첫째 변화는 낳는 것에 의해 태어날 때 발생하고, 이때 이미 그것은 학문적 인식을 가진 것과 같은 상태[105)]로 감각을 가지고 있다. 하지만 '현실적으로 감각하다'는 '이론적으로 고찰하다'와 같은 뜻으로 쓰인다. 둘의 차이는 다음과 같다. 감각의 경우 현실적인 활동을 만들어내는 것, 즉 시각 대상과 청각 대상이 외부에 존재하며 다른 감각 대상들의 경우에도 사정이 같은데, 그 원인은 현실적인 감각이 개별적인 것들을 대상으로 한다는 데 있다. 반면에 학문적 인식은 보편자들을 대상으로 하는데, 이것들은 어떤 뜻에서 영혼 자체 안에 있다. 그런 이유 때문에 사유활동은 자기 자신에게 달려 있고 원할 때면 언제나 일어나지만, 감각활동은 자기 자신에게 달려 있지 않다. 왜냐하면 감각 대상이 필연적으로 있어야 하기 때문이다. 감각 대상들에 대한 학문적 인식들의 경우도 똑같은데, 똑같은 이유 때문이다. 즉 감각 대상들은 개별적인 **417b**16

현으로 보인다.

104) 앞의 417b2 이하에서 언급한 '반대되는 것의 작용에 의해 일어나는 일종의 소멸'과 '완성태에 있는 것의 작용에 의해 일어나는 가능적인 것의 보존' 참조.

105) 417a21 이하에서 말하는 문법적 지식을 가진 상태를 가리킨다.

것들이며 밖에 있는 것들이기 때문이다.

417b29 하지만 이런 점들에 대해 분명하게 논의할 기회가 나중에 또 있을 것이다. 지금은 이 정도로 해두자. 즉 '가능적'이라는 말의 뜻은 단순하지 않아 어린아이가 '군대를 지휘할 수 있다'라고 말할 때와 같은 뜻으로 쓰이기도 하고, (군대를 실제로 지휘할 정도로) 나이가 든 사람을 두고 그렇게 말할 때와 같은 뜻으로 쓰이기도 한다. '감각능력을 가진 것'의 경우에도 똑같다. 그것들 사이의 차이를 가리키는 낱말은 없지만 그것들이 다르다는 점과 어떻게 다른지는 이미 규정했으므로 우리는 '작용받다'와 '변이를 겪다'를 주도적인 뜻의 낱말로 사용해야 한다.[106]

418a3 이미 말했듯이 감각능력을 가진 것은 이미 완전한 상태에 있는 감각 대상[107]과 동질적이다. 동질적이 아닌 상태에서 작용을 받지만, 작용을 받은 뒤에는 동질적이 되고 그것과 같게 된다.

감각의 고유한 대상, 공통적인 대상, 부수적인 대상

제 6 장

418a7 먼저 각각의 감각과 관련해 감각 대상들에 대해 이야기해야 한다. '감각 대상'[108]은 세 가지 뜻으로 쓰이는데, 그중 둘을 일컬어 우리는 (어떤 대상이) '그 자체로서' 감각된다고 말하고, 하나는 '부수적인 뜻에서' 감각된다고 말한다. 앞의 두 대상 가운데 하나는 각각의 감각에 고유한 대상이고, 다른 하나는 모든 감각에 공통적이다.

418a11 나는 다른 감각을 통해 지각될 수 없고 잘못을 범할 수 없는 것을 일컬어 '고유하다'[109]고 말한다. 예컨대, 시각은 색깔을, 청각은 소리를, 미각은

106) '작용받다'(paschein), '변이를 겪다'(alloiousthai)가 여러 가지 의미를 갖지만, 가장 기본적인 뜻으로 사용해야 한다는 말이다.

107) '이미 완전한 상태에 있는 감각 대상'(to aistheton dede entelecheiai)이란 현실적인 감각을 통해 지각되는 감각 대상을 가리킨다.

108) '감각 대상'(to aistheton).

109) '고유하다'(idion).

맛을 지각하고, 반면에 촉각은 여러 가지 차이를 갖는다. 하지만 각각의 감각은 적어도 그 대상들에 대해 판별[110]하고, (해당 감각 대상이) 색깔이라는 사실이나 소리라는 사실에 대해서는 잘못을 범하지 않고, (잘못을 범한다면) 색깔을 가진 것이 무엇인지, 그것이 어디에 있는지, 혹은 그 소리가 무엇인지, 어디서 나는지에 대해 잘못을 범한다. 그렇다면 그런 것들을 일컬어 각각의 감각에 '고유하다'고 말한다.

반면에 운동, 정지, 수, 형태, 크기는 '공통적'[111]이라고 불리는데, 왜냐하면 그런 것들은 어떤 감각에도 고유하지 않고, 모든 감각에 공통적이기 때문이다. 왜냐하면 특정한 운동은 촉각뿐만 아니라 시각에 의해서도 감각될 수 있기 때문이다. **418a**17

하지만 예컨대 하얀 것이 디아레스의 아들이라면, 이 경우에는 (디아레스의 아들이) '부수적으로 감각된다'는 말을 쓴다. 왜냐하면 이것에 대한 감각은 감각 대상이 하얀 것에 속한다는 이유 때문에 부수적으로 일어나기 때문이다. 그렇기 때문에 (감각은) 그런 것인 한에서[112] 감각 대상에 의해 아무런 작용도 받지 않는다. **418a**20

그 자체로서 감각될 수 있는 것들 가운데 고유한 것들이 주도적인 뜻에서 감각 대상이고, 각 감각의 실체는 본성적으로 그것들과 관계를 맺고 있다. **418a**24

[……]

110) '판별'이라고 옮긴 'krinein'은 '믿음'이나 '의견'(doxa)에 해당하는 '판단'보다 더 기본적인 인지작용을 가리킨다. 예를 들어 동물들이 가진 감각도 판별능력이다.

111) '공통적'(koinon).

112) 즉 '디아레스의 아들인 한에서'. 우리는 "디아레스의 아들을 본다"라고 말할 수 있지만, 실제로 우리가 눈으로 보는 것은 그가 입고 있는 하얀 옷의 하얀 색깔일 뿐이다. 아래의 425a22 이하도 함께 참조.

감각은 적절한 기관들을 필요로 한다

제11장

423b27 물체가 물체인 한에서 갖는 차이들이 촉각 대상이다. 나는 요소들에서 나타나는 차이들, 즉 내가 앞서 요소들에 대한 저술[113]에서 말했던 열기와 냉기, 건기와 습기를 두고 말하는 것이다.[114] 이것들을 지각하는 감각기관은 촉각기관이고, '촉각'이라고 불리는 감각이 첫째로 속하는 그 기관은 가능적으로 앞에서 열거한 성질을 갖는 부분이다. 왜냐하면 '감각한다'는 것은 일종의 작용받음[115]이기 때문이다. 그러므로 능동적으로 작용하는 것은 그 자체로서 현실적으로 그런 성질을 가진 상태에서 가능적인 상태에 있는 감각기관[116]을 (현실적으로) 그런 성질을 갖는 것으로 만든다.

424a2 그렇기 때문에 우리는 (감각기관과) 똑같은 열기나 냉기, 혹은 딱딱함과 부드러움을 갖고 있는 것을 감각하지 못하고 과도한 것들을 감각하는데, 감각은 감각 대상들에 속하는 반대상태에 대한 일종의 중간과 같은 것이기 때문이다.[117] 그리고 이것 때문에 감각은 감각 대상들을 판별한다. 왜냐하면 중간에 있는 것이 판별할 수 있기 때문이다. 이것은 양쪽에 있는 것들 각각에 대해 하나의 극단[118]이 되기 때문이다. 하양과 검정을 지각하려는 주체는 현실적으로 그 둘 중 어느 것이어서도 안 되지만, 가능적으로 둘 모두여야 한다. (다른 경우들에서도 마찬가지이다.) 촉각의 경우에도 (촉각기관은) 뜨겁지도 차갑지도 않아야 한다.

---

113) 『생성소멸론』 II 2-3.

114) 물, 불, 흙, 공기와 같은 물질적 요소들(stoicheia)에 속하는 온, 냉, 건, 습의 성격을 말한다.

115) '일종의 작용받음'(ti paschein) ☞ pathos, paschein.

116) 즉 감각 대상이 가진 성질을 감각작용을 통해 받아들일 수 있는 능력을 가진 감각기관.

117) '일종의 중간'(mesotēs tis). 예를 들어 감각 대상의 열기와 냉기를 감각기관이 지각할 수 있는 까닭은 그 기관이 열기와 냉기의 중간상태에 있기 때문이다.

118) '극단'(akron).

나아가 시각이 어떤 뜻에서는 볼 수 있는 것과 볼 수 없는 것을 대상으 424a10
로 하고, 나머지 감각들도 대립자들을 대상으로 하듯이 촉각 역시 감지될 수 있는 것과 감지될 수 없는 것을 대상으로 한다. 하지만 촉각 대상이 되지 않는 것들이 있는데, 감지될 수 있는 것들 가운데 예를 들어 공기처럼 차이가 너무 적은 것과 그것들 가운데 과도한 것들이 그렇다. 뒤의 것들은 감각을 파괴한다. 그렇다면 감각들 하나하나에 대해서는 대강 말한 셈이다.

감각은 질료 없는 형상의 수용이다

제12장

모든 감각과 관련해 일반적으로 다음과 같은 사실을 파악해야 한다. 즉 424a16
감각은 질료 없이 감각적 형상들을 수용할 수 있는 것이다. 예컨대, 그것은 밀랍이 쇠붙이나 황금 없이 반지의 문양[119]를 수용하는 것과 같다. 밀랍은 청동이나 황금에 새겨진 문양을 받아들이지만, 청동이나 황금으로 된 것인 한에서[120] 그 문양을 받아들이지는 않는다. 이와 마찬가지로 감각은 색깔이나 냄새나 소리를 가진 각 사물에 의해 작용을 받지만, 이는 각자 이러저러하게 불리는 사물인 한에서 일어나는 것이 아니라 이런저런 (감각적) 성질을 갖고 있는 한에서, 그리고 정식[121]에 따라 일어난다.

첫째 감각기관[122]은 그런 성질을 가진 능력이 놓여 있는 곳이다. 그런 424a24
데 그 둘은 (서로 분리될 수 없다는 점에서) 동일한 것이지만 본질은 서로 다르다. 감각하는 것은 크기를 가진 것이겠지만, 감각능력의 본질[123]도 감

---

119) '문양'(semeion).

120) ☞ hēi.

121) 여기서 '정식'(logos)은 앞에서 말한 '감각적 형상'(aisthēton eidos)을 가리킨다. ☞ logos #5.

122) '첫째 감각기관'(proton aistheterion)은 심장의 감각중추를 가리킨다.

123) '감각능력의 본질'(to aisthetikoi einai).

각도 크기를 갖지 않으며, 감각기관에 속하는 일종의 정식이자 능력이기 때문이다.

424a28 감각 대상 가운데 과도한 것들이 왜 감각기관들을 파괴하는지도 이로부터 분명하다(운동이 너무 강해 감각기관이 감당할 수 없으면 정식은 — 이것이 바로 감각이다 — 해체되는데, 이는 마치 현을 너무 세게 튕기면 협화음과 현의 긴장이 해체되는 것과 마찬가지이다).

424a32 또한 왜 식물들이 영혼의 특정 부분을 가지고 촉각 대상들에 의해 어떤 작용을 받음에도 불구하고 — 즉 식물들은 차가워지거나 뜨거워진다 — 감각을 못하는지 그 이유도 분명하다. 그 이유는 식물들이 중간을 갖지 못하고 감각 대상의 형상들을 수용할 수 있는 원리가 없으며, 오히려 질료와 함께 작용을 받기 때문이다.

424b3 어떤 사람이 이런 의문을 제기할 수 있을 것이다. 냄새 맡는 능력 없는 것이 냄새에 의해 작용받을 수 있으며, 보는 능력 없는 것이 색깔에 의해 작용받을 수 있을까? 다른 경우에도 똑같이 이런 의문이 들 수 있다. 후각대상은 냄새이고 냄새가 무언가 만들어낸다면, 그것이 만들어내는 것은 후각이다. 그러므로 냄새를 맡을 수 없는 것들은 그 어떤 것도 냄새에 의해 작용을 받지 않는다. (다른 경우에도 똑같은 설명이 적용된다.) 각자는 다른 어떤 능력을 갖고 있는 한에서가 아니라 감각능력을 갖고 있는 한에서 감각 대상에 의해 작용을 받는다. 이는 다음과 같은 점을 통해서도 분명하다. 즉 물체에 작용을 미치는 것은 빛도 어둠도 소리도 냄새도 아니고, 이것들을 담고 있는 것들인데, 예컨대 천둥을 동반하는 공기가 나무를 쪼갠다.

424b12 하지만 촉각 대상들과 맛은 (신체나 물체에) 작용한다. 만일 그렇지 않다면, 무엇에 의해 생명이 없는 것들이 작용을 받아 변이를 겪을 수 있겠는가? (감각 대상이 되는) 다른 것들도 작용할까? 아니면 모든 물체가 냄새나 소리에 의해 작용을 받을 수 있는 것은 아니고, 작용을 받는 것들은 — 예컨대, 공기가 그렇듯이 — 무한하고 멈춰 있지 않는 것일까? (왜냐하면 공기는 어떤 작용을 받은 것처럼 냄새를 풍기기 때문이다.)

그렇다면 수동적으로 어떤 작용을 받는 것을 떠나 냄새를 맡는다는 것 424b16
은 무슨 말일까? 냄새를 맡는 것은 감각활동이지만, 공기는 작용을 받아 순식간에 감각 대상이 되는 것일까?

[……]

제3권

감각들 사이의 연관관계

공통감각

제1장

425a14 〔……〕 그렇지만 공통적인 것들[124]에 대해서는 어떤 고유한 감각기관도 있을 수 없다. 우리는 이들을 각각의 감각을 통해 부수적으로 감각하는데, 예컨대 운동, 정지, 형태, 크기, 수, 단일성이 그런 것들이다. 우리는 이 것들을 모두 운동을 통해 감각하는데, 예컨대 우리는 크기를 운동을 통해 감각한다. 따라서 형태도 마찬가지인데, 형태는 일종의 크기이기 때문이다. 그런가 하면 정지해 있는 것을 우리는 그것이 운동하지 않는다는 사실을 통해 감각하고, 수는 연속성의 부정을 통해 고유한 감각들을 가지고 감각한다. 각각의 감각은 하나의 대상을 감각하기 때문이다. 그러므로 그런 것들 가운데 어느 것에 대해서도, 예컨대 운동에 대해서는 고유한 감각[125]이란 있을 수 없다. 이는 우리가 마치 시각을 통해 단것을 감각하는 것과 마찬가지의 일이 될 것이기 때문이다.

425a22 물론 시각을 통해 맛을 지각하는 경우가 있다. 이런 일이 일어나는 것은 우리가 두 대상에 대한 감각을 부수적으로 함께 가지기 때문인데, 그 둘이 어떤 대상에 함께 속할 때 우리는 그 둘을 함께 인지한다. (만일 그럴 경우가 아니라면 그런 일은 결코 일어날 수 없거나, (일어난다면) 이는

124) '공통적인 것들'(ta koina)에 대해서는 앞의 418a17 이하 함께 참조.

125) 즉 시각이 빛을, 청각이 소리를 지각하듯이 운동을 지각하는 '고유한 감각'(idia aisthēsis)은 없다는 말이다.

마치 클레온의 아들을 감각하는 것과 같은 일이다. 우리가 감각하는 것은 (감각 대상이) 클레온의 아들이라는 사실이 아니라 하얗다는 사실이지만, 하얀 것에는 그것이 클레온의 아들이라는 사실이 부수적으로 속한다.)[126]

공통적인 것들에 대해 우리는 공통적인 감각[127]을 갖지만, 이는 부수 425a27
적인 뜻에서 그런 것이 아니다. 그것들에 고유한 감각은 없다. 앞서 말한 것과 같은 뜻이 아니고 다른 뜻에서는 그것들을 감각하지 못할 것이기 때문이다.[128]

[……]

감각들은 다른 감각 대상들을 어떻게 감각하는가

감각들이 다른 감각의 고유한 대상들을 부수적으로 지각한다면, 이는 425a30
그 자체의 본성대로 작용하는 한에서 그런 것이 아니라 하나의 통일체로서 작용하는 한에서 그렇다. 동일한 것을 겨냥해 감각이 동시에 일어날 때 그런 일이 생기는데, 예컨대 담즙을 대상으로 해서 그것이 쓰면서 노랗다는 사실을 감각할 때 그렇다. 왜냐하면 그 둘이 하나라고 말하는 것은 (시각과 미각 이외에) 다른 어떤 감각이 하는 일이 아니기 때문이다. 그러므로 잘못을 범하는 경우가 있고, 색깔이 노랗다면 담즙이라고 생각하게 되는 것이다.

[……]

126) 앞의 418a20 이하에서 소개된 사례 참조.

127) 이 구절에서 '공통적인 감각'(koinē aisthēsis)이라는 낱말을 사용한 이유는 운동, 수 등에 대한 감각이 시각이나 청각 등의 개별 감각들에 공통적이라는 뜻이다. 이와 달리 아리스토텔레스는 개별 감각들이 제공한 감각적 정보들을 통합하는 능력을 가리켜 '공통감각'(koinē aisthēsis)이라는 용어를 사용하기도 한다. 다음의 『꿈에 대하여』 2, 455a12 아래; 『기억과 상기에 대하여』 1, 450a10-2; 『동물부분론』 IV 10, 686a31 참조.

128) 425a29-30의 'ton Kleonos hyion hēmas horan'은 빼고 읽었다.

우리는 우리가 감각한다는 사실을 어떻게 감각하는가

제2장

425b12 우리는 우리가 보고 듣는다는 사실을 감각하기 때문에, 본다는 사실에 대한 감각은 (A) 시각을 통해 이루어지거나 아니면 (B) 다른 감각을 통해 이루어져야 한다. 하지만 (둘 중 어떤 경우이든 간에) 동일한 감각이 시각과 밖에 놓여 있는 색깔에 관계할 것이다. 따라서 (B일 경우) 두 가지가 동일한 것에 관계하거나, 아니면 (A일 경우) 시각 자체가 자기 자신의 대상이 될 것이다. 또한 (B에서 가정한 대로) 시각에 대한 감각이 다른 어떤 것이라면 이는 무한히 퇴행하거나, 아니면 자기 자신을 감각하는 다른 어떤 감각이 있을 것이다. 그러므로 첫 번째 감각의 단계에서 그렇다고 해야 한다.

425b17 이 문제는 의문을 낳는다. 그 이유는 이렇다. 시각을 통한 감각은 봄이고, 보이는 것은 색깔이나 색깔을 가진 것이다. 만일 누군가가 보는 것[129]을 본다면 처음에 보는 것도 색깔을 가질 것이다.

425b20 그렇다면 분명 '시각을 통해 감각한다'라는 말의 뜻은 하나가 아닐 것이다. 왜냐하면 우리가 보고 있지 않을 때도 우리는 어둠과 빛을 시각을 통해 판별하지만, 이는 똑같은 방식으로 일어나는 것이 아니기 때문이다. 또한 보는 것도 (어떤 뜻에서) 색깔을 가진 것으로서 존재한다. 왜냐하면 각각의 감각기관은 질료 없이 감각 대상을 수용할 수 있기 때문이다. 그렇기 때문에 감각 대상이 사라지고 난 뒤에도 감각들이나 상상들은 감각기관들 안에 존속한다.

감각의 현실태와 감각 대상의 현실태는 동일하다

425b26 감각 대상의 현실태와 감각의 현실태는 — 그 둘의 본질은 동일하지 않지만 — 하나이자 동일하다. 나는 예컨대 현실적인 소리와 현실적인 청각

129) '보는 것'(to horōn).

을 두고 하는 말이다. 청각을 가지고 있는 사람이 듣지 못할 수 있으며, 소리를 가지고 있는 것이 항상 소리를 내는 것은 아니다. 소리를 들을 수 있는 것이 현실적으로 소리를 듣고 소리를 낼 수 있는 것이 현실적으로 소리를 낼 때, 현실적인 청각과 현실적인 소리는 언제나 동시에 발생한다. 이 가운데 하나를 '청취'라고 하고, 다른 하나를 '발성'[130]이라고 한다.

운동, 즉 능동적인 작용이[131] 작용을 받는 것 안에서 이루어진다면, 소 **426a**2
리와 현실적인 청각은 필연적으로 가능적인 청각 안에 있어야 한다. 왜냐하면 능동적으로 작용할 수 있는 것과 운동할 수 있는 것의 현실태는 작용을 받는 것 안에서 발생하기 때문이다. 이런 이유 때문에 운동을 낳는 것이 필연적으로 운동을 해야 하는 것은 아니다. 그런데 소리를 낼 수 있는 것의 현실태는 소리 혹은 발성이고, 소리를 들을 수 있는 것의 현실태는 청각 혹은 청취이다. 청각에는 두 가지 뜻이 있고, 소리에도 두 가지 뜻이 있다.

동일한 논변이 다른 감각과 감각 대상에도 적용된다. 왜냐하면 능동적 **426a**8
인 작용과 수동적인 작용이 작용하는 것이 아니라 작용받는 것 안에 놓여 있는 것과 마찬가지로 감각 대상의 현실태와 감각능력의 현실태는 감각될 수 있는 것 안에 놓여 있기 때문이다. 하지만 어떤 경우에는 '발성'이나 '청각'처럼 이름이 있지만, 어떤 경우에는 그 둘 하나하나에 대해 이름이 없다. 시각의 현실태는 '봄'[132]이라고 불리지만 색깔의 현실태에는 이름이 없고, 미각의 현실태는 '맛봄'[133]이라고 불리지만 맛의 현실태에는 이름이 없다.

감각될 수 있는 것과 감각할 수 있는 것의 현실태는 그 본질이 달라도 **426a**15

---

130) '청취'와 '발성'이라고 옮긴 'akousis'와 'psophesis'는 현실적으로 소리를 들음과 현실적으로 소리를 냄이다.

131) 426a2의 'to pathos'는 빼고 읽었다.

132) '봄'(horasis).

133) '맛봄'(geusis).

현실적으로 하나이기 때문에, 이런 뜻에서 청각과 소리는 필연적으로 동시에 소멸하거나 보존되고, 냄새나 미각이나 다른 경우에도 사정이 똑같다. 가능태의 의미로 그렇게 불리는 것들은 꼭 그래야 할 필연성이 없다. 앞 세대의 자연학자들은 시각이 없다면 하양도 검정도 없고, 맛을 보는 일이 없다면 맛도 없다고 생각했는데, 이는 옳은 말이 아니다. 그들의 말은 한편으로는 옳지만 다른 한편으로는 옳지 않은데, 감각과 감각 대상에는 두 가지 의미가 있어 어떤 것들은 가능태로 있고, 어떤 것들은 현실태로 있기 때문이다. 자연학자들의 말은 그 가운데 하나에 적용되지만 다른 하나에는 적용되지 않는다. 그들은 단순한 뜻을 갖지 않는 것들에 대해 단순하게 말했다.

[……]

상상

상상과 지각

제 3 장

428a1 상상[134]이 ― 우리가 전이된 뜻에서 그런 말을 쓰는 경우를 제외한다면 ― 상상물[135]을 우리에게 생겨나게 하는 능력이라면, 그것은 우리가 판별하고 참이나 거짓인 상태에 있게 되는 능력 또는 상태 가운데 하나일까?[136] 그런 것들에는 감각과 의견과 학문적 인식과 지성이 있다.

428a5 그렇다면 상상이 감각이 아니라는 것은 다음의 논의로부터 분명하다. (1) 감각은 시각이나 봄처럼 가능태이거나 현실태인 데 반해, 예를 들어

134) ☞ phantasia.

135) '상상물'(phantasma).

136) 이에 대한 대답은 428b16 이하 참조.

꿈에서 그렇듯이 그런 것들 가운데 아무것이 없어도 무언가 나타난다.[137] (2) 또한 감각은 항상 현재하는 대상에 관계하지만 상상은 그렇지 않다. (감각과 상상이) 현실적으로 동일한 것이라면, 모든 동물에게 상상이 속하겠지만 사실은 그렇지 않은데, 예컨대 개미나 벌은 상상을 갖지만 유충은 그렇지 않다. (3) 또한 감각은 항상 참이지만 상상은 대부분 거짓이다. (4) 또한 우리의 감각이 감각 대상과 관련해 정확하게 현실적으로 작용하고 있을 때, "그것이 우리에게 사람으로 나타난다"라고 말하지 않는다. 우리가 그런 말을 하는 것은 분명하게 감각을 하고 있지 않을 때이다. 그리고 우리가 앞서 말했듯이 (5) 눈을 감고 있을 때도 우리에게 시각상[138]이 나타난다.

상상과 의견

또한 상상은 인식이나 지성[139]처럼 항상 참인 것들 가운데 속하는 것 428a16
이 아니다. 왜냐하면 상상은 거짓일 수도 있기 때문이다. 그것이 의견인지를 살펴보는 일이 남아 있다. 왜냐하면 의견은 참이 되기도 하고 거짓이 되기도 하기 때문이다. 하지만 의견에는 믿음이 따른다(믿음이 가지 않는 것들을 의견으로 삼는 것은 불가능한 일이기 때문이다). 하지만 믿음은 짐승들 가운데 어떤 것에도 속하지 않지만, 상상은 여럿에 속한다. 또한 모든 의견에는 믿음이 따르지만, 설득이 되었을 때 믿음이 생기고 논변[140]이 설득을 낳는다. 짐승들 가운데 여럿에 상상이 속하지만 논변은 속하지 않는다.

137) '나타남' 혹은 '현상'(phainesthai)과 상상의 관계 ☞ phantasia.

138) '시각상'(horamata).

139) 원문의 'nous'는 능력으로서의 지성보다 지성능력의 활동으로서 '지성적 지각'이라고 보아야 할 것이다.

140) '의견'(doxa), '믿음'(pistis), '논변'(logos). 여기서 '논변'이라고 옮긴 'logos'는 '추론'(logismos)을 뜻한다. 상상, 의견, 추론의 관계에 대해서는 아래의 434a5 이하 참조.

428a24 그렇다면 상상은 감각을 동반하는 의견도, 감각을 통한 의견도, 의견과 감각의 결합도 아닐 것이다.[141] 이는 앞에 말한 것들에 의거해서뿐만 아니라 (이런 견해에 의하면) 의견은 다른 어떤 것을 대상으로 삼는 것이 아니라 ― 무언가를 대상으로 삼는다면 ― 감각이 대상으로 삼는 것을 대상으로 삼을 것이라는 이유에서 보아도 분명하다.

428a28 내 말의 뜻은 이렇다. (그런 견해에 따르면) 하양에 대한 의견과 하양에 대한 감각의 결합이 상상이 될 것이다. 왜냐하면 상상은 (예를 들어) 좋음에 대한 의견과 하양에 대한 감각으로부터 유래하는 것이 아니기 때문이다. 그렇다면 '나타난다'는 말은 부수적이 아닌 뜻에서 "어떤 것에 대해 감각되는 그대로 의견을 갖는다"[142]라는 뜻이 될 것이다.

428b2 하지만 나타나는 현상은 거짓이지만, 그것에 대해 동시에 참인 판단[143]을 갖는 경우가 있다. 예컨대, 태양은 한 보폭의 넓이를 가진 것처럼 (현상적으로) 나타나지만, 우리는 그것이 우리가 사는 땅보다 더 크다고 믿는다.

428b4 그렇다면 (우리가 비판하는 견해에 따르면) 사태가 그대로 보존되고 우리가 간과한 것도 없고 믿음이 달라지지 않은 상태에서도 우리가 가졌던 자신의 참된 의견을 포기하는 일이 일어날 것이다. 혹시 그 의견을 여전히 가지고 있다면, 필연적으로 동일한 것이 참이면서 거짓이 될 수밖에 없을 것이다. 하지만 참인 의견은 우리가 모르는 사이에 사태가 변화했을

141) '감각을 동반하는 의견'(doxa met' aisthēseos)도, '감각을 통한 의견'(doxa di' aisthēseos)도, '의견과 감각의 결합'(symplokē doxēs kai aisthēseos)도 모두 플라톤을 겨냥한 표현이다. 플라톤은 『소피스테스』에서 의견이 그 자체로서가 아니라 감각을 통해(di' aistheseos) 생겨날 경우, 이를 상상(phantasia)이라고 부른다(264a). 또한 '나타남'(phainesthai)을 '감각과 의견의 혼합'(symmexis aisthēseos kai doxēs)이라고 규정한다(264b). 한편, 『티마이오스』에서는 이데아를 닮은 감각물이 "감각을 동반하는(met' aisthēseos) 의견에 의해 포착될 수 있는 것"이라고 말한다(52a).

142) "어떤 것에 대해 감각되는 그대로 의견을 갖는다"(doxazein hoper aisthanetai).

143) '참인 판단'(hypolepsis alēthes)은 '참인 의견'이라고 바꿀 수도 있다. 'hypolepsis'에는 학문적 인식(epistēmē), 의견(doxa), 실천적 지혜(phronēsis) 등이 포함되기 때문이다. 앞의 427b24-26 참조.

때 거짓이 된다. 그렇다면 상상은 그런 것들 가운데 하나가 아니며 그것들로부터 생겨나지도 않는다.

상상과 감각의 관계

어떤 것이 운동하면 그것에 의해 다른 것이 운동한다. 또한 상상은 일 **428b**10
종의 운동처럼 보이며 감각 없이는 일어나지 않고 감각하는 주체들에게 감각 대상과 관련해 일어난다. 하지만 (이런 상상의) 운동은 감각의 현실적 활동에 의해 일어날 수 있고 이런 운동은 필연적으로 감각과 동질적일 수밖에 없다.

사정이 이러하다면, 그런 운동은 감각 없이는 일어나지도 않고, 감각하 **428b**14
지 않는 주체들에게는 속하지도 않을 것이다. 또한 (그런 운동을) 가진 것은 그것에 의거해 많은 것을 능동적으로 행하고 수동적으로 겪을 것이며, 그 운동은 참일 뿐만 아니라 거짓일 것이다.

[……]

지성

지성과 지각

제4장

영혼이 사물을 인지하고 사려할 때 쓰이는 영혼의 부분에 대해 그것이 **429a**10
분리 가능한지, 아니면 (공간적인) 연장의 측면에서는 분리 가능하지 않지만 정식에 따라 그런지, 우리는 그 부분이 어떤 차이를 가지고 도대체 어떻게 사유가 일어나는지 살펴보아야 한다.

만일 사유활동이 감각활동과 같다면, 사유활동은 사유 가능한 것에 **429a**13
의한 작용받음이거나 그런 성질을 갖는 다른 어떤 과정일 것이다. 그렇다면 그것은 작용받음이 없이[144] 형상을 수용할 수 있고, 형상과 동일하지 않더라도 가능적으로 그런 성질을 가져야 한다. 그 사정은 감각의 경우와 똑같아 감각능력이 감각 대상에 대해 갖는 관계와 지성이 사유 대상에 대해 갖는 관계는 똑같아야 한다.

429a18 그렇다면 지성은 모든 것을 사유하기 때문에 필연적으로—아낙사고라스가 말하듯이—(다른 어떤 것과) 섞이지 않아야 하는데, 지배하기 위해, 다시 말해 인지하기 위해 그래야 한다. 왜냐하면 이질적인 것이 개입하면 사유를 방해하고 가로막기 때문이다. 그러므로 지성은 이런 본성, 즉 가능성을 제외하고 어떤 본성도 가져서는 안 된다. 영혼에 속하는 이른바 지성은—나는 영혼이 분별해 사고하고 판단을 내릴 때 쓰이는 능력을 일컬어 지성이라고 부른다—사유활동이 일어나기 전에는 현실적으로 있는 것들 가운데 어떤 것도 아니다. 그러므로 지성이 신체와 혼합되어 있지 않다는 것은 합리적이다. 그럴 경우 지성은—차가운 것이든 뜨거운 것이든—일정한 성질을 갖거나 감각능력의 경우에 그렇듯이 지성에 대해 어떤 기관이 있을 것이기 때문이다.

429a27 영혼이 형상들의 장소[145]라고 하는 사람들의 말은 옳다. 다만 영혼 전체가 그런 것은 아니고 사유능력을 가진 영혼이 그렇고, 이것은 현실적인 상태가 아니라 가능적인 상태로 형상들이다.

429a29 감각능력이나 사유능력의 질적인 불변성[146]이 동질적이 아니라는 사실은 감각기관과 감각을 놓고 볼 때 분명하다. 그 이유는 이렇다. 감각은 과도한 감각 대상을 접하고 나면 감각할 수 없다. 예컨대, 큰 소리를 듣거나 강렬한 색깔이나 냄새를 지각한 뒤에는 보거나 냄새 맡을 수 없다. 그러나 지성은 과도하게 사유 가능한 것을 사유한다고 하더라도 더 열등한 것을 사유하지 못하는 것이 아니라 더 잘 사유한다. 왜냐하면 감각능력은

144) '작용받음이 없이'라고 옮긴 'apathes'는 '질적인 변화 없이'라고도 옮길 수 있다.

145) '형상들의 장소'(topos eidōn).

146) '질적인 불변성' 혹은 '작용받지 않음'(apatheia). 여기서의 감각능력이나 사유능력이 작용받지 않는다는 것은 외부 대상의 작용에 의해 소멸되지 않는다는 뜻이다. 앞의 417b2 이하 참조.

신체 없이 존재하지 않지만 지성은 분리 가능하기 때문이다. 그리고 '아는 자'가 '현실적으로 아는 자'의 뜻으로 쓰일 때(자기 힘으로 인식 활동을 수행할 수 있을 때 그렇다)와 같은 뜻에서 지성이 각 대상들이 된다면,[147] 그때도 지성은 어떤 뜻에서 가능적인 상태에 있지만, 그렇다고 해서 배우거나 발견하기 이전과 똑같은 상태에 있는 것은 아니다. 지성은 그때 자기 자신을 사유할 수 있는 능력이 있다.

지성의 대상

크기와 크기의 본질은 다르고 물과 물의 본질은 다르기 때문에(다른 **429b**10
여럿의 경우에도 사정이 똑같지만, 모든 것의 경우에 그런 것은 아니다. 어떤 것들의 경우에는 (각 사물과 그것의 본질이) 동일하기 때문이다),[148] 살의 본질과 살을 판별하는 것은 다른 기능이거나 아니면 다른 상태에 있는 (동일한) 기능이다. 왜냐하면 살은 질료 없이 존재하지 않고, 마치 안장코와 같아서 '이것 안의 이것'[149]이기 때문이다. 그런데 뜨거운 것이나 차가운 것을 판별하는 것은 감각능력이며, 살은 그것들의 일정한 비율이다. 하지만 우리가 살의 본질을 판별하는 것은 다른 기능, 즉 분리되어 있거나 혹은 굽은 선이 곧은 선에 대해 갖는 것과 같은 방식으로 감각능력과 관계하는 기능에 의해서이다.

다시 추상물들의 경우 곧은 것은 안장코와 같다. 왜냐하면 그것은 연 **429b**18
속성을 갖기 때문이다. 곧음의 본질과 곧은 것이 서로 다르다면, 본질은 다른 어떤 것이다. 이것들을 둘이라고 하자. 그러므로 우리는 이것을 다른

147) 앞의 417a21 이하에서 제시된 사례에 따르면, 문법적인 지식을 갖춘 상태가 이 단계에 해당한다. 이 단계는 '형상들의 장소'로서 지성에 형상들이 이미 갖추어진 상태이기 때문에 언제든 자기 힘으로 사유활동을 수행할 수 있다. 앞의 417b24도 함께 참조: "사유활동은 자기 자신에 달려 있고 원할 때면 언제나 일어나지만, 감각활동은 자기 자신에게 달려 있지 않다."

148) 『형이상학』 VII 11, 1037a33 이하 참조.

149) '이것 안의 이것'(tode en toide)에 대해서는 『형이상학』 VII 11, 1036b23 참조.

기능을 통해서나 혹은 다른 상태에 있는 기능을 통해 판별한다. 일반적으로 말해 사물들이 질료와 분리될 수 있는 것과 같은 방식으로 지성과 관련된 것들은 분리될 수 있다.

지성을 둘러싼 의문들

429b22 어떤 사람은 이런 의문을 가질 수도 있다. 지성이 — 아낙사고라스의 말대로 — 단순하고 작용을 받지 않고 다른 어떤 것과도 공유하는 것이 없다고 가정해보자. 사유활동이 일종의 작용받음이라면, 지성은 어떻게 사유할 수 있을까? (둘 사이에 무언가 공통적인 것이 있는 한에서 하나는 작용을 하고, 다른 하나는 작용을 받기 때문이다). 또한 지성 자체는 어떻게 사유 대상이 될 수 있을까? 가능성은 두 가지이다. 지성 자체가 다른 것에 의존해 사유될 수 있는 것이 아니고 사유될 수 있는 것은 형상의 측면에서 하나라면, 지성은 다른 것들에 속할 것이다. 혹은 그렇지 않다면 그것은 지성을 다른 것들과 마찬가지로 사유될 수 있는 것으로 만드는 무언가 혼합된 것을 가질 것이다.

429b29 무언가 공통적인 것에 의거한 작용받음에 대해서는 앞에서 이야기했다. 그에 따르면 지성은 어떤 방식으로든 가능적으로 사유 가능한 것들이지만 사유를 하기 이전에는 현실적으로 아무것도 아니다. 즉 (가능적으로는 글자들이 쓰일 수 있지만) 현실적으로는 아무것도 쓰여 있지 않은 칠판과 마찬가지로 (지성은) 가능적으로 (사유 가능한 대상들일 것이다). 바로 이것이 지성의 경우에 해당한다. 그리고 그것 자체도 다른 사유 가능한 대상들처럼 사유될 수 있다. 왜냐하면 질료가 없는 것들의 경우에는 사유의 주체와 사유 대상이 동일하기 때문이다. 왜냐하면 이론적인 인식과 그렇게 인식될 수 있는 것은 동일하기 때문이다. 지성이 왜 항상 사유하고 있지 않은지, 그 이유에 대해서는 더 탐구해야 한다. 질료를 갖는 것들의 경우 각 대상은 가능적으로 사유 가능한 것들에 속한다. 그러므로 그것들 안에는 지성이 속하지 않지만 (지성은 질료 없이 그것들을 수용할 수 있는 능력이기 때문이다) 지성 안에는 사유 가능성이 속한다.

수동지성과 능동지성

제5장

모든 자연물 안에는 각 유에 합당한 질료가 있고(이것은 가능적으로 (그 유에 속하는) 모든 것이다), 또 다른 것으로는 예컨대 기술과 질료의 관계가 그렇듯이 모든 것을 만든다는 뜻에서 원인이자 능동적인 것이 있기 때문에, 필연적으로 영혼 안에도 그와 같은 차이가 있어야 한다. 즉 모든 것이 된다는 점에서 그런 (질료적) 성질을 가진 지성과 모든 것을 만든다는 뜻에서 (능동적인 원인의 성질을 가진) 지성이 있으니, 이것은 빛과 같은 일종의 상태이다. 왜냐하면 어떤 뜻에서 빛은 가능적으로 있는 색깔들을 현실적인 색깔들로 만들기 때문이다. **430a**10

능동적으로 작용하는 것은 수동적으로 작용을 받는 것보다 언제나 더 고귀하고 원리는 질료보다 더 고귀하다. 그런데 현실적인 인식은 그 사물과 동일하다. 한 대상 안에서는 가능적인 것이 시간적으로 더 앞서지만, 전체적으로 보면 (가능적인 것이) 시간적으로도 앞서지 않는다. 그것의 경우에는 사유할 때와 사유하지 않을 때가 있는 것이 아니다. 이것은 분리되어서 유일하게 그 자체로서 있는 것이고, 오직 이것만은 불멸하고 영원하다(하지만 이것은 작용을 받지 않기 때문에 우리는 (그것의 사유활동을) 기억하지 못한다. 하지만 수동적인 지성은 소멸한다). 그것이 없이는 어떤 사유도 일어나지 않는다. **430a**18

[……]

욕망과 행동

행동에서 사유와 욕망의 역할

제10장

상상을 일종의 사유 과정이라고 한다면, 운동을 낳는 것들이 이 둘, 즉 욕망과 지성이라는 것이 분명하다. 왜냐하면 많은 동물은 학문적 인식에 **433a**9

반해 상상들을 따르는데, (사람을 제외한) 다른 동물들에게는 사유활동이나 추론은 없고 상상이 있다. 따라서 이 둘, 즉 지성과 욕망이 운동을 낳을 수 있다. 하지만 여기서 말하는 지성은 어떤 것을 위해 추론하는 지성, 즉 실천적 지성[150]이다.

433a14 실천적 지성은 추구하는 목적에서 이론적 지성[151]과 차이가 난다. 그리고 모든 욕망은 무언가를 지향한다. 왜냐하면 욕망이 대상으로 삼는 것, 바로 이것이 실천적 지성의 출발점인 반면에, 실천적 지성의 마지막은 행동의 출발점이기 때문이다. 그러므로 이 둘, 즉 욕망과 실천적 사고[152]가 운동의 원인들이라는 것은 분명 이치에 맞는다. 욕망의 대상은 운동을 낳고 이것을 통해 사고는 운동을 낳는데, 욕망의 대상은 사고의 출발점이기 때문에 그렇다.

433a20 상상이 운동을 낳는 경우, 그런 운동은 욕망 없이 일어나지 않는다. 욕망의 능력은 운동을 낳는 하나의 원인이다. 그 이유는 이렇다. 만일 둘, 즉 지성과 욕망이 운동을 낳는다면, 그 둘에 공통된 어떤 형상에 따라 운동을 낳을 것이다. 하지만 지성은 분명 욕망 없이 운동을 낳지 못한다. 바람[153]은 욕망이기 때문이다. 운동이 추론에 따라 이루어진다면, 이 운동은 바람에 따라 일어난다. 그런데 욕망은 추론에 어긋나게도 운동을 낳는다. 욕구는 욕망의 일종이기 때문이다.[154]

433a26 지성은 항상 옳지만, 욕망과 상상은 옳을 때도 있고 옳지 않을 때도 있

150) 『니코마코스 윤리학』 III 3에서는 이렇게 '어떤 것을 위해 추론하는'(heneka tou logizomenos) 실천적 지성(nous praktikos)의 작용을 숙고(bouleusis)라고 부른다.

151) 『니코마코스 윤리학』 VI 7-8에 따르면, '이론적 지성'(nous theōrētikos)이 지향하는 것은 지적 직관(nous)과 지혜(sophia)이다.

152) '실천적 사고'(dianoia praktikē)의 작용에 대해서는 『니코마코스 윤리학』 III 3 참조.

153) '바람'(boulēsis)에 대해서는 『니코마코스 윤리학』 III 4 참조 ☞ orexis.

154) '욕구'(epithymia) ☞ orexis.

다. 이런 이유 때문에 운동을 낳는 것은 언제나 욕망의 대상이지만, 이것은 (실제로) 좋은 것일 때도 있고 현상적으로 좋은 것일 때도 있다. 물론 여기서 말하는 좋은 것이란 모든 좋은 것을 두고 하는 말이 아니라 실천적으로 좋은 것을 두고 하는 말이다. 달리 있을 수 있는 것이 실천적인 것이다.

그렇다면 영혼에 속하는 그런 성격의 능력, 즉 욕망이라고 불리는 능력이 운동을 낳는 것이 분명하다. 영혼의 부분들을 나누는 사람들이 기능들에 따라 그것들을 나누고 분리한다면, 그 부분들은 여럿인데, 섭생능력, 감각능력, 사유능력, 숙고능력, 욕망능력이 그것이다. 이런 것들은 욕구적인 것과 기개적인 것 사이의 차이보다 훨씬 더 큰 차이를 보이기 때문이다. **433a**31

욕망의 갈등

하지만 서로 반대되는 욕망들이 발생하는 일이 있고 — 이성과 욕구들이 서로 반대될 때 이런 일이 일어난다 — 시간에 대한 감각을 가진 것들의 경우에는 (지성은 앞으로 일어날 일을 이유로 들어 한쪽으로 가라고 명령하고, 욕구는 눈앞의 일을 이유로 들어 다른 쪽으로 가라고 명령하기 때문에) 종적으로 보면 욕망능력인 한에서 욕망능력은 하나이고 모든 것에 앞서는 것이 욕망의 대상이겠지만(이것은 (스스로) 운동함이 없이 사유되거나 상상됨으로써 운동을 낳는다) 수적으로 보면 운동을 낳는 것들은 더 많다. **433b**5

욕망은 어떻게 행동으로 귀결되는가

(운동에 관여하는 것이) 셋이 있는데, 하나는 운동을 낳는 것이고 둘째는 운동의 수단이 되는 것이고 셋째는 운동하는 것이다. 그래서 운동을 낳는 것은 둘인데, 그중 하나는 운동하지 않는 것이고 다른 하나는 운동을 낳으면서 운동을 하는 것이다. 이때 운동하지 않는 것은 실천적으로 좋은 것이고, 운동을 낳으면서 운동하는 것은 욕망능력이며(왜냐하면 운동하는 것은 욕망하는 한에서 운동하는데 욕망은 일종의 운동이거나 현실적 **433b**13

활동이기 때문이다), 운동하는 것은 동물이다. 욕망이 운동을 낳을 때 그 도구가 되는 것은 이미 신체적인 것이다.[155] 그렇기 때문에 영혼과 신체에 공통된 작용들을 다룰 때는 그것에 대해 고찰해야 한다.

433b21 대강 말하면 기관을 통해 운동을 낳는 것은 시작과 끝이 일치하는 지점인데, 이것은 마치 돌쩌귀와 같다. 왜냐하면 여기서 솟은 면과 파인 면은 끝이면서 시작이기 때문이다. 따라서 하나는 정지하고 하나는 운동하는데, 정식에서는 서로 다르지만 연장성에서는 분리되지 않는다. 왜냐하면 모든 동물은 원에 중심이 있듯이 무언가 정지해 있는 것이 있어야 하며 바로 여기서 운동이 시작해야 한다.

433b27 그렇다면 일반적으로 볼 때, 앞에서 말했듯이 동물은 욕망능력을 갖는 한에서 운동능력도 갖는다. 하지만 동물은 상상 없이는 욕망능력을 갖지 못한다. 그런데 모든 상상은 추론적이거나 감각적이다.[156] 그렇다면 감각적 상상에는 다른 모든 동물도 참여한다.

욕망과 상상의 관계

제11장

433b31 이제 촉각밖에 없는 불완전한 동물들에 대해서도 무엇이 그들을 움직이는지, 그리고 그들에게 상상과 욕망이 있는지 없는지 살펴보아야 한다. 왜냐하면 그들에게 고통과 즐거움이 속하는 것은 분명하기 때문이다. 하지만 이런 것들이 있다면, 욕망도 필연적으로 있어야 한다. 하지만 어떻게 그들에게 상상이 속할 수 있을까? 아니면 그들의 운동이 무규정적으로[157] 이루어지듯이 그들에게도 상상이 있지만, 무규정적으로 속해 있

155) 『동물운동론』 7, 701b16 이하 참조.

156) 감각적 상상(aisthētikē phantasia)과 추론적 상상(logikē phantasia)의 구별은 434a5 이하의 감각적 상상(aisthētikē phantasia)과 숙고적 상상(bouleutikē phantasia)의 구별에 상응한다.

157) '무규정적으로'라고 옮긴 'aoristōs'는 '정해진 것 없이'라고 옮길 수도 있을 것이다. 운동의 목표와 방향이 분명히 정해지지 않은 것을 가리키는 것 같다.

을까?

그렇다면 감각적 상상은 앞서 말했듯이 다른 동물들에게도 속하지만, 434a5
숙고적 상상은 추론능력을 갖는 것들에게 속한다. 왜냐하면 이것을 할지 저것을 할지 따지는 것은 추론능력의 작용[158]이기 때문이다. 그리고 이 경우 반드시 하나의 척도에 따라 측정을 해야 하는데, 그 이유는 더 큰 것을 찾기 때문이다. 그러므로 여러 상상으로부터 하나를 만들어낼 수 있다.

이들이[159] 의견을 갖는다고 생각되지 않는 이유는 그들이 추론에서 유 434a10
래하는 상상을 갖지 않기 때문이다.

욕망의 갈등

이런 이유 때문에 (인간을 제외한 다른 동물들의) 욕망은 숙고능력을 갖 434a11
지 않는다.[160] 하지만 (인간의 경우) 어떤 때는 욕망이 바람을 제압해 운동하게 하고, 어떤 때는 뒤의 것이 앞의 것을 제압해 운동하게 하는데, 이는 마치 천구가 천구를 운동하게 하는 것과 같다. 자제력 없음[161]이 발생할 때는 욕망이 욕망을 이겨 운동하게 한다. 하지만 본성상 언제나 위에 있는 것이 더 지배적이고 운동을 낳는다. 그래서 벌써 세 가지 운동이 일어난다. 하지만 인식능력은 운동하지 않고 머물러 있다.

(행동을 좌우하는 앎 가운데) 한쪽의 판단과 명제는 보편적이지만 다른 434a16
쪽의 것들은 개별적인 것들을 대상으로 하기 때문에[162] (그 이유는 이렇다.

158) '추론능력의 작용'(logismou ergon).

159) 즉 추론능력을 가진 사람 이외의 다른 동물들.

160) 따라서 다른 동물들은 엄밀한 뜻에서의 선택, 즉 'prohairesis'를 할 수 없다. 선택은 숙고를 거친 욕망이기 때문이다. ☞ prohairesis.

161) ☞ akrasia.

162) 행동의 동기를 삼단논법의 형태로 제시하는 이른바 '실천적 삼단논법'에 대해서는 『동물운동론』 7, 701a7 이하; 『니코마코스 윤리학』 VII 3, 1147a24 이하 참조.

하나는 이러저런 사람은 이러저런 것을 해야 한다고 말하는 반면에, 다른 것은 지금 있는 이것은 이러저러한 것이고, 나는 이러저런 사람이라고 말한다) 분명 운동을 낳는 것은 이런 (개별적인 것에 대한) 의견이지 보편적인 의견이 아니다. 아니 둘 다 운동을 낳지만, 보편적인 것은 더 정지해 있는 반면에, 개별적인 것은 그렇지 않다.

동물부분론

조대호 옮김

제1권

자연에 대한 연구 입문

일반 교양의 중요성

제1장

모든 이론적 고찰이나 연구[1)]에는—그것이 하찮은 것이든 고귀한 것이든—두 종류의 상태가 있는 것처럼 보인다. 그 가운데 하나는 대상에 대한 학문적 인식[2)]이라고 부르고, 다른 하나는 일종의 교양[3)]이라고 부르는 것이 좋다. 왜냐하면 말하는 사람이 제시하는 설명 가운데 무엇이 올바르고 무엇이 올바르지 않은지를 적확하게 분간해 판별하는 능력을 갖는 것은 적절하게 교육받은 교양인의 특징이기 때문이다. 우리는 일반적으로 교육받은 교양인은 그런 특징을 가진 사람이고, 교육받았다는 것은 방금 말한 것을 행할 수 있는 능력을 갖추는 것이라고 생각하기 때문이다. 그밖에 우리는 사람들 말대로 모든 것에 대해 판별능력을 갖춘 사람과 독립된 특정한 자연 분야에 대해 판별능력을 가진 사람을 다른 사람으로 여긴다. 왜냐하면 다른 어떤 사람이 (자연이 특정한) 부분에 대해 앞에서 말한 사람과 똑같은 상태에 놓여 있을 수 있기 때문이다. 639a1

그러므로 분명 자연에 대한 탐구에도 몇 가지 규정들이 속해 있어 사람들은 이것들을 준거로 삼아—사태의 진상과 무관하게—이런 방식으로든 저런 방식으로든 일정한 방식의 설명들을 제시해야 한다. 639a12

1) '이론적 고찰'(theōria) ☞ theōrein, '연구'(methodos) ☞ methodos.

2) '학문적 인식'(epistēmē) ☞ epistasthai.

3) '일종의 교양'(paideia tis) ☞ paideia.

연구의 올바른 순서

639a15 내 말뜻은 이렇다. 예를 들어 우리는 각각의 단일한 실체[4]를 취해 이것에 대해 그 자체로 규정해야 할까, 예를 들어 사람, 사자, 소나 그밖에 다른 어떤 것의 본성에 대해 개별적으로 접근해 규정해야 할까, 아니면 어떤 공통적인 것에 따라 모든 것에 공통적으로 속하는 것들을 전제해야 할까? 왜냐하면 많은 점들은 서로 다른 다수의 부류에 동일하게 속하기 때문인데, 예를 들어 수면, 호흡, 성장, 소멸, 죽음과 그밖의 나머지 상태들[5]과 배치상태들[6]이 그렇다.

639a22 지금도 이것들에 대해서는 논의가 분명하지 않고 규정된 것이 없다. 그런데 개별적으로 논의를 진행하는 경우 우리는 다수에 대해 동일한 것을 여러 차례 말하게 될 것이라는 점은 분명하다. 왜냐하면 방금 말한 것들 각각은 말, 소, 사람들에게 속하기 때문에 어떤 사람이 그렇게 부수적으로 속하는 것들[7]을 개별적으로 말한다면, 그는 어쩔 수 없이 동일한 것들에 대해 여러 번 말할 수밖에 없을 것이기 때문이다. 그런 것들은 종이 다른 여러 동물들에 동일하게 속하며, 어떤 차이도 갖지 않는다. 동일한 범주에 속하면서도 종적인 차이에 따라 서로 다른 것들, 예를 들어 동물들의 이동은 서로 다를 텐데, 동물들의 이동은 분명 종적으로 하나가 아니기 때문이다. 즉 날아다니는 것, 헤엄치는 것, 기어 다니는 것은 서로 다르다.

639b3 그러므로 어떻게 탐색해야 하는지, 즉 먼저 유에 따라 공통적으로 고찰하고 그다음에 고유한 것들(idia)에 대해 고찰해야 하는지, 아니면 곧바로 개별적으로 고찰해야 하는지에 대해 주목하지 않으면 안 된다. 왜냐하면

4) 여기서는 'ousia'가 종(種, eidos)을 가리키는 낱말로 쓰였다. ☞ ousia.

5) '상태들'(pathē) ☞ pathos.

6) 『형이상학』 V 19, 1022b1의 정의에 따르면, '배치상태'(diathesis)는 "부분들을 가지고 있는 것들의 질서"를 뜻한다. 여기서는 동물들의 신체적 부분들의 배치상태를 뜻할 것이다.

7) '부수적으로 속하는 것들'(ta symbebēkota) ☞ symbebēkos #2.

이제껏 이 문제에 대해 논의된 적이 없기 때문이다.

지금 논의할 문제의 경우에도 마찬가지이다. 예를 들어 수학자들이 천 639b5
문학과 관련된 것들을 제시할 때처럼 자연학자도 처음에는 동물들과 관련된 현상들과 개별적인 동물의 부분들을 논의하고 그다음에 왜 그런지, 즉 그 원인들을 논의해야 하는지, 아니면 다른 방식을 취해야 하는지도 규정된 바 없다.

연구의 올바른 방법

게다가 우리의 관찰에 따르면 자연적인 생성과 관련해 여러 가지 원인 639b11
이 있기 때문에, 예를 들어 지향점과 운동이 시작되는 원천[8]이 있기 때문에, 이와 관련해서도 어떤 것이 본성상 첫째 자리에 오고, 어떤 것이 두 번째 자리에 오는지 규정해야 한다.

그런데 분명 우리가 '어떤 것을 위해서'[9]라고 부르는 것이 첫째간다. 왜 639b14
냐하면 이것은 로고스[10]이고 로고스는 기술에 의해 형성된 것들이나 본성적으로 형성된 것들에서나 똑같이 시작이기 때문이다. 추측컨대, 의사와 건축가는 추론적 사고나 감각[11]에 의해 각각 건강과 집을 규정한 다음, 다른 로고스들과 그들이 만드는 각 대상의 원인들을, 즉 왜 이러저러한 방식으로 만들어야 하는지 그 이유를 제시하기 때문이다.[12] 그런데 기술의 제작물들보다 자연의 제작물들 안에 지향점과 아름다움[13]이 더 높은 수준으로 속해 있다.

---

8) '지향점'(hou heneka)과 '운동이 시작되는 원천' ☞ aition.

9) '어떤 것을 위해서'(heneka tinos).

10) 로고스(logos) ☞ logos #4.

11) 추론적 사고(dianoia)나 감각(aisthēsis).

12) 이런 목적 지향적 과정에 대해서는 『형이상학』 VII, 1032b6 이하 참조.

13) '아름다움'(to kalon) ☞ kalos.

필연성의 다양한 유형

639b21 한편, 필연적인 것[14]은 본성에 따라 있는 것들 모두에 똑같은 방식으로 속하지 않는다. 거의 모든 사람이 로고스들을 그것으로 환원하려고 노력하지만, '필연적'이라는 말의 여러 가지 뜻을 나누지는 않는다.

639b23 그런데 무조건적 필연성은 영원한 것들에 속하는 반면에, 전제에 따르는 필연성[15]은 집이나 그런 성질의 다른 것들과 같은 기술적인 것들에 속하고, 그와 마찬가지로 모든 생성하는 것에도 속한다. 장차 집이나 다른 어떤 목적이 존재하려면, 필연적으로 이런저런 질료가 먼저 주어져 있어야 한다. 그리고 처음 이것이, 다음에는 다른 것이 생겨나고 움직여야 하며, 이런 방식으로 목적이나 지향점에 이르는 연속적인 과정을 통해 각 대상은 생겨나고 그렇게 해서 존재한다. 본성적으로 생겨나는 것들도 똑같다.

논증의 올바른 방법

639b30 하지만 자연에 관한 학문과 다른 이론적인 것들에 대한 학문의 경우, 논증과 필연성의 방식이 서로 다르다. (이에 대해서는 다른 곳에서 이야기한 바 있다.) 왜냐하면 한쪽의 경우에는 있는 것(to on)이, 다른 쪽이 경우에는 장차 있을 것(to esomenon)이 시작(archē)이기 때문이다. 왜냐하면 건강이나 사람은 이런저런 성질을 가지고 있기 때문에, 필연적으로 이것이 있거나 생겨나야 하는 것이지, 거꾸로 이것이 있거나 생겨났기 때문에 다른 것이 필연적으로 있거나 장차 있게 되는 것이 아니다. 또한 그런 종류의 논증에 속하는 필연성이 영원히 이어져 이것이 있고 그렇기 때문에 저것이 있다고 항상 말할 수 있는 것도 아니다. 이런 문제들을 비롯해 어떤 필연성이 어떤 것들에 속하는지, 어떤 것들이 역전될(anastrephei) 수 있는

14) '필연적인 것'(to ex anankes) ☞ anankē #4.

15) '전제에 따르는 필연성'(to ex hypotheseos).

지, 그리고 그 원인이 무엇인지에 대해서는 다른 곳에서[16] 이미 말한 바 있다.

결과는 그에 이르는 과정에 앞서서 연구되어야 한다

선행자들이 이론적으로 고찰할 때 그랬듯이 각 대상에서 본성적으로 **640a**10
일어나는 생성 방식을 말하는 것이 적절한지, 아니면 그것의 존재 방식을 말하는 것이 더 적절한지 놓쳐서는 안 된다. 왜냐하면 그 둘의 차이가 작지 않기 때문이다.

그런데 존재 방식에서 출발해 생성에 대해서까지 이야기해야 한다. (그 **640a**13
순서는 앞서 말한 것과 마찬가지이다. 처음에는 각 부류에 대해 현상적인 것들을 파악하고, 그다음에 그것들의 원인들에 대해 말해야 한다.) 왜냐하면 집짓기와 관련해서도 집의 형상이 이런저런 것이기 때문에 이것이 따라 나오는 것이지 이런저런 방식으로 집이 생겨나기 때문에 집이 이런저런 것은 아니기 때문이다. 즉 생성이 실체를 위해 있는 것이지 실체가 생성을 위해 있는 것은 아니다.

그러므로 동물들에게 많은 특성이 속하는 이유는 생성에서 이런저런 **640a**19
방식으로 과정이 진행되기 때문이라고 엠페도클레스는 말하는데, 이 말은 옳지 않다. 예를 들어 그는 등뼈가 이런저런 성질을 갖는 것은 그것이 돌면서 조각났기 때문이라고 말한다. 그는 우선 동물을 산출하는 스페르마가 이런저런 능력을 가져야 한다는 사실과 그다음 낳는 자[17]가 정식에서뿐만 아니라 시간에서도 더 앞서 존재했다는 사실을 몰랐다. 왜냐하면 사람이 사람을 낳고, 따라서 앞의 것이 이런저런 것이기 때문에 생성이 이런저런 방식으로 일어나기 때문이다.

(자발적으로[18] 생겨난다고 여겨지는 것들의 경우도 기술적으로 생겨나 **640a**27

16) 『생성소멸론』 II 11.

17) '낳는 자'(to poiesan).

18) '자발적으로'(automatōs) ☞ tychē #4.

는 것들과 똑같다. 왜냐하면 어떤 경우 기술에 의해 생겨나는 것들과 똑같은 것들이 자발적으로 생겨나는데, 예를 들어 건강이 그렇다. 그런데 만들어내는 능력을 가진 것이 선재하는 경우, 예를 들어 조각술의 경우 생성은 자발적으로 생겨나지 않는다. 기술은 제작물에 속하는, 질료 없는 로고스이다. 우연[19]에 의해 일어나는 것들의 경우도 사정이 똑같다. 왜냐하면 기술의 경우와 같은 방식으로 생성이 일어나기 때문이다.)

640a33 그러므로 가장 좋은 설명 방법은 "사람의 본질[20]이 이것이고 이런 이유 때문에 이런 것들을 갖는데, 그 이유는 이런 부분들 없이는 사람의 본질이 존재할 수 없기 때문이다"라고 말하는 것이다. 그렇지 않다면, 이 설명에 가장 근접한 것은, '다른 방식으로는 사람의 본질이 전적으로 존재 불가능하기 때문에', 혹은 '적어도 이런 방식으로 사람이 훌륭한 상태에 있기 때문에'라고 말하는 것이다. 그 뒤에 다음과 같은 설명이 이어진다. 사람의 본질이 이런저런 것이기 때문에, 생성은 필연적으로 이런저런 방식으로 일어나고 이런저런 성질을 가져야 한다. 그러므로 먼저 부분들 가운데 이것이 생겨나고, 그다음에는 이것이 생겨난다. 본성에 따라 구성된 모든 것의 경우에도 그 방식은 똑같다.

우리는 질료인뿐만 아니라 형상인을 연구해야 한다

640b4 그런데 옛날 자연에 대해 철학을 했던 최초의 사람들은 질료적 원리와 그런 성질의 원인에 대해 그것이 어떤 것이고 어떤 성질을 가지며 그런 성질의 원인으로부터 전체가 어떻게 생겨나는지 어떤 것이 운동해서 그런 일이 일어나는지 탐구했다. 그들은 예를 들어 불화나 사랑 혹은 지성이 운동을 일으키거나 자동적인 운동이 일어나고 밑바탕에 놓여 있는 기체가 필연적으로 일정한 본성을 가진다고 말한다. 예를 들어 불은 열기를, 흙은 냉기를, 앞의 것은 가벼움을, 뒤의 것은 무거움을 갖는다는 것이다.

19) ☞ tychē.

20) '사람의 본질'(to anthrōpōi einai) ☞ to ti ēn einai #2.

그들은 이런 방식으로 전체 세계가 생겨난다고 말한다.

그들은 동물들과 식물들의 발생에 대해서도 똑같이 말한다. 예를 들어 신체 안에서 물이 흘러 위와 영양분과 배설물의 모든 수용기관이 생기고, 공기가 뚫고 나가면서 콧구멍이 뚫린다는 것이다. 하지만 공기와 물은 신체의 질료이다. 모든 것은 본성상 이런 성질의 물체로 이루어지기 때문이다. **640b**11

그런데 만일 사람과 동물들과 그 부분들이 본성적으로 존재한다면, 살, 뼈, 피를 비롯해 모든 동질적인 것과 얼굴, 손, 발 같은 비동질체에 대해 똑같이 그것들 각각이 어떤 성질을 가지며 어떤 능력에 의해 있는지 설명해야 할 것이다.[21] **640b**17

왜냐하면 불이나 흙 같은 '어떤 것으로부터'는 충분치 한다. 이는 마치 우리가 침대나 그런 성질을 가진 다른 어떤 것에 대해 말을 하더라도 우리는 청동이나 목재 같은 질료보다 형상을 규정하려고 할 것이고, 그렇지 않다면 전체(to synolon)의 질료를 규정하려고 할 것이다. 왜냐하면 침대는 '이것 안의 이것' 혹은 '이런저런 성질을 가진 이것'[22]이어서 모양에 대해, 즉 그 형태가 어떤지를 말해야 할 것이기 때문이다. 형태라는 의미의 본성이 질료적인 본성보다 더 중요하다. **640b**22

그렇다면 동물들이나 그 부분들이 각각 모양과 색깔에 의해 존재한다면, 데모크리토스의 말이 옳을 것이다. 왜냐하면 그는 다음과 같이 가정하고 있는 것처럼 보이기 때문이다. 즉 사람이 어떤 형태를 갖는지는 누구에게나 분명하다고 그는 말하는데, 그가 그렇게 말하는 이유는 모양과 색깔에 의해 사람이 식별된다고 생각하기 때문이다. 하지만 죽은 사람도 겉모양은 동일한 형태를 갖고 있지만, 그럼에도 불구하고 사람이 아니다. 놓 **640b**29

21) ☞ meros, morion.

22) '이것 안의 이것'(tode en tode)이나 '이런저런 성질을 가진 이것'(tode toionde)에 대해서는 Met. VII 8, 1033b20; 11, 1036b23 등의 구절 참조. 아리스토텔레스는 보통 '이것'과 '이런저런 것'을 각각 지시 가능한 대상과 기술 가능한 것을 가리킬 때 사용한다. ☞ tode ti.

여 있는 상태와 무관하게 손이 존재할 수 있는 것은 아니다. 예를 들어 청동이나 나무로 만든 손은 이름만 같을[23] 뿐이며, 이는 마치 그림 속의 화가와 같다. 왜냐하면 그런 것은 자신의 기능을 수행할 능력이 없기 때문인데, 이는 마치 목각 아울로스나 그림 속의 의사가 자신의 기능을 수행할 능력이 없는 것과 마찬가지이다. 이와 마찬가지로 죽은 자에게 속한 부분들은 그 어느 것도 여전히 그런 부분들, 즉 눈이나 손이 아니다.

641a5 그렇다면 데모크리토스의 말은 지나치게 단순해 마치 목수가 나무로 만든 손에 대해 말하는 것과 다를 바 없다. 이와 같은 방식으로 자연학자들[24]도 생성들이나 모양의 원인들에 대해 이야기한다. 어떤 힘들에 의해 그것들이 만들어졌을까? 어떤 목수는 '도끼에 의해'나 '송곳에 의해'라고 말할 것이고, 자연학자는 '공기에 의해'나 '흙에 의해'라고 말할 것이다. 이 경우 목수의 말이 더 낫다. 왜냐하면 목수에게는 그 정도의 대답, 즉 연장이 충격을 가해 한쪽에는 파인 곳이, 다른 쪽에는 평면이 생겼다고 말하는 것으로 충분치 않고, 그는 왜 자신이 그런 타격을 가했는지, 어떤 목적으로 그렇게 했는지, 즉 이런 것 혹은 저런 것의 형태가 생겨나도록 하는 원인을 제시할 것이기 때문이다.

641a14 그렇다면 분명 자연학자들의 말은 옳지 않으며 동물이 어떤 종류의 것인지, 즉 침대의 형상에 대해 말할 때 그렇듯이 동물에 대해서도 그것이 무엇이고 어떤 성질을 갖는지 말해야 하고, 각 부분에 대해서도 똑같은 방식으로 말해야 한다.

우리는 형상인을 연구해야 하므로 영혼을 연구해야 한다

641a17 그래서 이에 해당하는 것이 영혼 혹은 영혼의 부분이거나 영혼 없이는 있을 수 없다면(영혼이 사라진다면, 생명체는 더 이상 존재하지 않는다. 부분들 가운데 그 어떤 것도 똑같은 상태로 남아 있지 않다. 단지 겉모양

---

23) '이름만 같다'(homonymos) ☞ homōnymon.

24) '자연학자들'(hoi physiologoi).

뿐이고 돌로 굳어버린 이야기 속의 동물들과 다를 바 없다), 사실이 이렇다면 영혼에 대해 말하고 아는 것은 자연학자[25]의 과제일 것이다. 만일 영혼 전체에 대해서가 아니라면 동물이 동물로 불리도록 하는 그 부분과 관련해 영혼 혹은 방금 말한 그 부분이 무엇인지 아는 것은 자연학자의 과제이다. 그는 또 영혼이 그런 성질의 실체를 가짐으로써 말미암아 부수적으로 따라오는 것들에 대해서도 알아야 한다.

게다가 '본성'은 두 가지 뜻으로 쓰이고 두 가지가 있다. 즉 질료라는 뜻 **641a**25
의 본성과 실체라는 뜻의 본성이 있다. 그리고 후자는 운동인과 목적을 뜻한다. 그런데 동물의 경우, 그런 성질을 갖는 것은 영혼 전체이거나 영혼의 한 부분이다. 그러므로 이와 같은 방식으로 자연에 대해 이론적인 탐구를 하는 사람은 질료보다 영혼에 대해 말해야 할 것인데, 질료는 그것에 의해 (생명체의) 본성이 되는 것이지 그 반대가 아니기 때문이다. 왜냐하면 나무는 침대이자 의자인데, 가능적으로 보면 그것은 둘 다이기 때문이다.

어떤 사람은 지금 이야기된 것에 주목해 자연학의 과제가 영혼 전체에 **641a**32
대해 논의하는 것인지 아닌지, 일부에 대해 논의하는 것인지 의문을 제기할 수도 있을 것이다. 전체에 대해서라면 자연을 다루는 학문 이외에 어떤 철학도 남지 않는다. 왜냐하면 지성[26]은 지성의 대상들[27]을 대상으로 하며, 결과적으로 자연학은 모든 것에 대한 앎이 될 것이기 때문이다. 왜냐하면 지성과 지성의 대상이 상관관계에 있다면, 그 둘에 대해서 고찰하는 것은 동일한 학문에 속하는 일이고, 동일한 고찰이 상관관계에 있는 것들 모두를 대상으로 삼기 때문이다. 이는 마치 감각 및 감각대상과 관련해 동일한 학문이 있는 것과 마찬가지이다.

혹은 달리 말하면 영혼 전체가 운동의 원리인 것은 아니다. 또한 모든 **641b**4

---

25) '자연학자'(ho physikos).

26) ☞ nous.

27) '지성의 대상들'(ta noēta).

부분이 그런 것도 아니다. 식물들 안에도 있는 것은 생장의 원리이고, 감각능력은 질적 변화의 원리이고, 장소 이동의 원리는 다른 어떤 것이지만 지성능력은 아니다. 왜냐하면 장소 이동은 다른 동물들에게도 속하지만 추론적 사고[28]는 어떤 것에도 속하지 않기 때문이다. 그렇다면 분명 영혼 전체에 대해 말해야 하는 것은 아니다. 왜냐하면 영혼 전체가 동물의 본성을 이루는 것은 아니고, 그것의 특정 부분 혹은 다수의 부분들이 그렇다.

본성적 과정들은 목적인을 갖는다

641b10 더욱이 추상적인 것들[29]에 대해서는 어떤 자연에 대한 고찰도 있을 수 없는데, 자연은 무언가를 지향해 모든 것을 만들어내기 때문이다. 왜냐하면 기술에 의해 생겨난 것들의 경우 기술이 있듯이, 자연적인 대상들 자체에도 그런 성격의 다른 어떤 원리와 원인이 있는데, 우리는 이것을 뜨거운 것이나 차가운 것과 마찬가지로 전체 세계로부터 갖는다. 그러므로 천계[30]는 만일 그것이 생겨났다면, 이런 성격의 원인에 의해 생겨났으며, 가멸적인 동물들 이상으로 이런 성격의 원인에 의존한다고 보는 것이 더 그럴듯하다. 질서와 한정성은 우리 주변에 있는 것들보다는 하늘에 있는 것들에서 더 많이 나타나며, 사멸하는 것들 주변에서는 그때그때 다른 방식으로 우연적으로 일이 일어나기 때문이다.

641b20 그런데 어떤 사람들은 각각의 동물이 본성에 따라 존재하고 생겨나지만 천계는 우연에 의해 자발적으로 지금과 같은 상태로 짜여 있다고 말하는데, 사실 그 안에 있는 어떤 것도 우연이나 무질서하게 있는 것처럼 보이지 않는다.

641b23 아무 방해 요인이 없을 때 특정한 운동이 그것을 향해 진행되는 어떤

28) '추론적 사고'(dianoia).

29) '추상적인 것들'(ta ex apahireseos) ☞ aphairesis.

30) '천계'(ouranos).

목적이 분명하다면, 그런 경우 이 운동은 언제나 어떤 것을 위해[31] 이루어진다고 우리는 말한다. 그러므로 우리가 본성[32]이라고 부르는 것과 같은 성질의 어떤 것이 있음이 분명하다. 왜냐하면 각각의 씨[33]로부터 아무것이나 생겨나는 경우는 없고, 특정한 것은 특정한 것으로부터 생겨나기 때문이다. 씨도 아무것이나 임의적인 신체에서 생겨나지는 않는다. 씨는 그것으로부터 생겨나는 것의 원리이고 그것을 낳는 능력을 갖추고 있다. 왜냐하면 이것들은 본성적으로 있고 그것으로부터 생명체가 자연적으로 자라기 때문이다.

그렇지만 씨에 앞서서 씨가 속하는 것이 있는데, 그 이유는 씨는 생성 641b30
이고 목적은 실체이기 때문이다. 게다가 그 둘에 앞서서 씨의 원천이 되는 것이 있다. 즉 '어떤 것으로부터'와 '어떤 것의'는 씨에 대해 두 가지 뜻으로 사용된다. 왜냐하면 씨는 그것의 출처가 되는 것, 바로 이것의 씨인데, 예를 들어 말의 씨이고, 장차 그것으로부터 있게 될 것, 예를 들어 노새의 씨이다. 하지만 그 방식은 똑같지 않고 '어떤 것의' 씨라고 말할 때, 이는 앞에서 말한 두 가지 방식 중 어느 하나에 해당한다. 게다가 씨는 가능적으로 존재하는데, 가능성과 완성태[34]의 관계가 어떤 것인지 우리는 알고 있다.

목적인과 필연성

그렇다면 두 가지 원인이 있는데, 하나는 지향점이고, 다른 하나는 필연 642a1
적인 것이다. 많은 것이 생겨나는 것은 그것들이 필연적이기 때문이다. 어떤 사람은 '필연적으로'[35]라는 말을 사용하는 사람들이 어떤 종류의 필

31) '어떤 것을 위해'(tou heneka).
32) '본성'(physis).
33) '씨'(sperma).
34) '가능성'(dynamis)과 '완성태'(entelecheia)에 대해서는 『영혼론』 II 5, 417a21 이하 참조.

연성을 가리키는 것인지 의문을 제기할 수도 있을 것이다. 왜냐하면 두 가지 방식 중 어느 것도 철학적인 저술 가운데 정의된 것들 가운데 하나일 수 없기 때문이다.

642a6 그런데 적어도 생성을 갖는 것들 가운데는 세 번째 종류의 필연성이 있는데, 그 까닭은 우리가 영양이 필연적인 것이라고 말할 때 이는 앞의 두 방식 가운데 어느 것도 아니고, 그것이 없이는 생명체가 존재할 수 없다는 뜻에서 그렇게 말하기 때문이다. 이것은 '가설적인'[36] 필연성과 같은 것이다. 왜냐하면 도끼를 가지고 절단하려면 그것은 필연적으로 단단한 것이어야 하고 단단하다면 청동이나 쇠붙이로 이루어져야 하는데, 이와 마찬가지로 신체는 기관이기 때문에 (각각의 부분은 어떤 것을 위해 있고, 전체 역시 마찬가지이다) 그런 신체가 존재하려면 그것은 필연적으로 이런저런 성질을 갖고 이런저런 것으로 이루어져야 하는 것이다.

642a13 그런데 두 종류의 원인이 있기 때문에, 설명하는 사람들은 대다수의 경우 그 둘을 모두 말해야 하고, 만일 그렇지 못하다면 그렇게 하도록 노력해야 함이 분명하다. 또 이렇게 하지 않는 사람들은 모두 이른바 자연에 대해서는 아무것도 말하지 않는 것도 분명하다. 왜냐하면 본성이 질료보다 더 높은 정도로 원리이기 때문이다.

앞 세대의 자연철학자들은 형상인과 목적인을 희미하게 의식했을 뿐이다

642a18 (엠페도클레스도 어딘가에서 이런 원리에 도달하는데, 이는 그가 진리 자체에 인도되어, 예를 들어 뼈가 무엇인지를 제시할 때는 실체와 본성이 로고스라고 말할 수밖에 없게 된다. 왜냐하면 그는 그것이 요소들 가운데 어느 하나라고도 말하지 않고, 두 요소나 세 요소라고도, 모든 것이라고도 말하지 않고, 그것들의 결합의 로고스[37]라고 말하기 때문이다. 그렇다

---

35) ☞ ex anankēs.

36) '가설적인'(ex hypotheseos).

면 분명 살도 그와 똑같은 방식으로 존재하며, 그와 같은 성질을 갖는 다른 부분들 하나하나도 그렇다.)

앞서 살았던 사람들이 이런 설명 방식에 이르지 못한 이유는 본질 개념과 실체를 정의하는 일[38]이 없었기 때문이다. 데모크리토스가 맨 처음 이런 문제를 건드렸지만 자연에 대한 연구를 위해 필요해 그랬던 것은 아니고 사태 자체에 이끌렸기 때문이다. 소크라테스의 시대에 이르러 이런 쪽으로 발전이 이루어졌지만, 그는 자연에 대한 탐구를 중단하고, 그때 철학을 하는 사람들은 실제적으로 유용한 탁월함, 즉 정치적 탁월함으로 방향으로 돌렸다. **642a**24

두 유형의 원인의 적절한 제시

하지만 다음과 같은 방식으로 설명이 제시되어야 한다. 예를 들어 호흡은 이런저런 것을 위해 있고, 바로 이런 사실 때문에 필연적으로 이런저런 것이 생긴다고 설명해야 한다. 그런데 어떤 경우 '필연성'은, 지향하는 어떤 것이 이루어지려면 이런저런 것들이 일정한 방식으로 존재하는 것이 필연적이라는 사실을 뜻하고, 또 어떤 경우 무조건적으로 이런저런 것들이 본성상 일정한 방식으로 존재한다는 사실을 뜻한다. 왜냐하면 뜨거운 것은 필연적으로 밖으로 나갔다가 저항에 부닥치면 다시 안으로 들어오고, 공기는 필연적으로 안으로 흐른다. 이것은 확실히 필연적인 사건이다. 내부의 뜨거운 것은 냉기의 저항을 받으면 밖에서 오는 공기의 유입과 방출이 있다. 이런 방식이 설명 방식이며, 우리가 그것들의 원인들을 포착해야 하는 것들은 바로 이런 성질을 갖는다. **642a**31

[……]

37) '결합의 로고스'(logos tes mixeos). DK31B96 참조 ☞ logos #6.

38) ☞ to ti en einai, horismos.

자연철학의 가치

제5장

644b22 자연적으로 구성된 실체들 가운데 어떤 것들은 영원토록 생성하지도 소멸하지도 않는 데 반해, 어떤 것들은 생성하고 소멸한다. 가치와 신성함을 가지는 전자에 대해서는 우리가 연구할 수 있는 바가 매우 적다. 왜냐하면 연구의 출발점이나 우리가 알고자 하는 것들이 관찰[39]을 통해 거의 드러나지 않기 때문이다. 반면에 우리에게는 소멸하는 식물들이나 동물들에 대해 앎을 얻을 준비가 더욱 잘 되어 있다. 왜냐하면 그것들은 우리 곁에서 자라나고 있기 때문이다. 만일 충분한 노력을 기울이면 우리는 존재하는 각각의 부류에 대해 많은 것을 배울 수가 있다.

644b31 물론 두 가지 연구는 저마다 매력이 있다. 비록 우리가 앞의 것에 대해서는 단지 작은 부분만을 파악할 수밖에 없지만, 그럼에도 불구하고 그 정보가 가치 있기 때문에 우리는 그 무엇보다도 큰 기쁨을 얻게 된다. 우리가 사랑하는 것들은 스쳐 보기만 해도 다른 것들을 자세히 보는 것보다도 더 큰 기쁨을 준다. 그러나 뒤의 것은 그 정보의 풍부함으로 인해 지식의 문제에 관한 한 이점을 갖는다. 또한 그것들은 우리에게 가까이 있고 또 본성에도 부합하기 때문에, 신성한 것에 대한 철학[40]과 비교해 보더라도 나름대로 강점을 갖는다.

645a4 이런 것들에 관한 논의는 마무리되었으니 남은 일은 동물의 본성에 관해 이야기하는 것이다. 가능하다면 빠짐없이 그 가치의 경중에 구애받지 말고 논의하도록 하자. 보기에 징그러운 동물들에 대한 연구에서조차도 그런 동물들을 만들어낸 자연은 그 원인들을 알아내고 본성적으로 지혜를 사랑하는 사람들에게는 헤아릴 수 없는 즐거움을 안겨준다.

645a10 그것들을 제작한 예술(예를 들어 그림이나 조각)을 연구한다는 명분 아래 동물들의 그림들을 보고 즐거움을 느끼면서 정작 자연적으로 이루어진

---

39) '관찰'(theōria) ☞ theōrein.

40) '신성한 것에 대한 철학'(hē peri ta theia philosophia).

실물들에 대해서는 연구하기를 달가워하지 않는다면, 그리고 그와 관련된 원인들을 파악할 수 있는 능력을 우리가 갖추고 있음에도 불구하고 그렇게 한다면, 이는 합당하지 않은 일이요 부조리한 일이 아닐 수 없다.

이런 이유 때문에 우리는 덜 가치 있는 동물들을 연구하는 데 대한 유 645a15
아적인 혐오증을 떨쳐 버려야 한다. 왜냐하면 자연적인 사물들 속에는 무언가 놀라운 것이 존재하기 때문이다. 그리고 예전에 헤라클레이토스는 만나러 온 방문객들이 자신이 불 가에서 불을 쪼이고 있는 것을 보고서 멈추어 서자, 그들에게 걱정하지 말고 이리로 가까이 오라고 하면서 "여기에도 역시 신들이 있다"라고 말했다고 한다. 우리도 각각의 동물들에 대해 연구를 진척시켜 나가야 하며, 그것들 모두에 자연적이고 아름다운 어떤 것이 있다는 것을 알아야만 한다.

왜냐하면 아무렇게나 있는 것이 아니라 무언가를 위해 있는 것이 자연 645a23
적인 것들 안에 두드러지게 존재하기 때문이다. 그것들이 구성되고 존재하게 된 목적은 아름다운 것 가운데 한 자리를 차지하고 있다. 만일 누군가가 다른 동물들에 대한 연구가 무가치하다고 보았다면, 그는 자기 자신에 대해서도 마찬가지로 생각해야만 할 것이다. 왜냐하면 상당한 혐오감이 없이는 인간을 구성하는 부분들, 즉 피, 육신, 뼈, 혈관 등도 바라볼 수 없을 것이기 때문이다.

부분이나 장비에 대한 모든 논의에서 그렇듯이 우리의 앎이 지향해야 645a30
하는 것, 논의의 관심 대상이 질료라고 생각해서는 안 된다. 중요한 것은 오히려 전체이다. 예를 들어 벽돌이나 시멘트, 목재가 아니라 집이 중요하다. 마찬가지로 우리는 자연에 대한 논의는 전체로서의 존재와 그 구성[41] 에 관한 것이지 그것이 속해 있는 전체와 분리해서는 결코 생겨날 수 없는 부분에 관한 것이 아니라고 생각해야 한다.

41) '구성'(synthesis).

기능과 부분들

(1) 먼저 공통의 본질적 속성들을 구별하고, 그런 다음 원인들을 구별하라

645a36 먼저 각각의 부류와 관련해 모든 동물에 그 자체로 속하는 부수적인 것들[42]을 나누고, 그런 다음 그에 대한 원인들을 나누려고 시도하는 것이 필요하다. 그런데 앞에서도 말했듯이 많은 것은 여러 동물에 공통적으로 속하는데, 그중 일부는 (예를 들어 다리, 날개, 비늘을 비롯해 그와 같은 방식의 상태들이 그렇듯이) 무제한적인 뜻에서 그렇고, 일부는 유비적인 뜻에서[43] 그렇다. ('유비적'이란 이런 뜻이다. 어떤 것들에게는 폐가 속해 있지만, 다른 것들에게는 폐를 가진 것들에게 속하는 폐가 아니라 그것을 대신하는 다른 어떤 것이 속한다. 또 어떤 것들에게는 피가 속하지만, 어떤 것들에게는 피 있는 동물들에게서 피가 갖는 것과 동일한 능력을 가진 대응물[44]이 속한다.) 각각의 동물에 대해 개별적으로 분리해 말한다고 하자. 동물들에게 속하는 것들을 모두 말하려고 한다면, 이는 앞에서 말했듯이 똑같은 것을 여러 번 말하는 결과를 낳을 것이다. 똑같은 것들이 여러 동물들에게 속한다. 이 문제는 이런 방식으로 규정된 것으로 하자.

(2) 신체 부분들은 활동들을 위해 있다. 그러므로 먼저 활동들에 대해 말해야 한다

645b14 모든 도구는 무언가를 위해 있고 신체의 부분들도 저마다 무언가를 위해 있으며 그 지향점은 특정한 활동이기 때문에, 신체 전체는 어떤 다면적인 활동을 위해 구성되어 있음이 분명하다. 왜냐하면 톱질이 톱을 위해 생겨난 것이 아니라 톱이 톱질을 위해 생겨난 것이기 때문이다. 톱질은 일

---

42) ☞ symbebēkos #2(1).

43) '유비적인 뜻에서'(analogon).

44) '대응물'(to analogon).

종의 활용이기 때문이다. 그러므로 신체는 어떤 면에서 영혼을 위해 있고, 부분들은 그것들이 각각 본성상 지향하는 기능들을 위해 있다.

그렇다면 먼저 공통적인 활동들에 대해 말하고, 그다음에 유적인 활동들과 종적인 활동들에 대해 말해야 한다. 모든 동물에 속하는 것들은 공통적이고, 서로 간에 양적인 정도의 차이들을 보이는 것들은 유적이다. 예를 들어 새는 유의 단위이다. 그런가 하면 사람이나 보편적인 정의의 관점에서 볼 때, 아무런 차이도 나지 않는 것은 모두 종의 단위이다. 공통적으로 속하는 것들 가운데 어떤 것들은 유비적이고, 어떤 것들은 유적이고, 어떤 것들은 종적이다. **645b**20

(3) (i) 목적에 대한 수단들처럼 다른 것들에 종속되는 활동들과 부분들, (ii) 목적으로 선행하는 활동들과 부분들, (iii) 생물에 속하는 것들을 필연적으로 만드는 것들을 구별하라

그런데 여러 활동 가운데 어떤 것은 다른 것을 위해 있기 때문에, 활동들이 속하는 것들 역시 활동들이 구별되는 것과 똑같은 방식으로 구별된다. 어떤 활동이 다른 활동에 비해 앞서고 목적이 된다면, 그런 활동들이 속하는 부분들도 각각 그와 똑같은 관계에 있을 것이다. 셋째 경우도 있다. 어떤 것들이 있을 때 거기에 필연적으로 속하는 것들이 그렇다. ('상태들'과 '활동들'은 발생, 증가, 짝짓기, 깨어남, 잠, 이동을 비롯해 동물들에게 속하는 그런 성질의 다른 것들을 가리킨다. '부분들'이란 코, 눈, 얼굴 전체를 가리키는데, 그것들은 각각 '부분'이라고 불린다. 나머지도 마찬가지이다.) **645b**28

(4) 원인들은 동일한 순서로 진술되어야 한다. 먼저 공통적 속성들의 원인들을, 그다음에 고유한 속성들의 원인들을 진술해야 한다

탐구 방법에 대해서는 이 정도로 말해두자. 우리는 공통적인 것들과 고유한 것들에 대해 그것들의 원인들을 말해야 할 텐데, 앞서 규정한 대로 먼저 첫째가는 것들에서 이야기를 시작해보자. **646a**1

동물운동론

조대호 옮김

동물운동의 목적

제6장

영혼에 대해 그것이 운동하는지 그렇지 않은지, 만일 운동한다면 어떻게 운동하는지에 대해서는 앞서 『영혼론』에서 이야기되었다. 영혼이 없는 것들은 모두 다른 것에 의해 운동하기 때문에, 첫째로 운동하는 것과 항상 운동하는 것에 대해 그것이 어떤 방식으로 운동하고 어떻게 첫째 원동자[1]는 운동을 낳는지에 대해서는 앞서 첫째 철학[2]에 대한 논의에서 이야기되었다. 남은 일은 어떻게 영혼이 신체를 움직이는지 동물운동의 원리는 무엇인지를 살펴보는 일이다. 700b4

우주 전체의 운동을 제외한다면 다른 것들의 경우에는 영혼을 가진 것들이 그 운동의 원인인데, 서로 충돌함으로써 상대방에 의해 운동하는 것만이 거기서 예외이다. 따라서 그것들의 모든 운동에는 한계가 있으니, 영혼을 가진 것들의 운동도 그렇기 때문이다. 모든 동물은 어떤 것을 위해 운동을 낳고 운동을 하는 까닭에 바로 그것, 즉 목적이 그들에게서 일어나는 모든 운동의 한계이다. 우리의 관찰에 따르면 동물을 운동하게 하는 것들에는 사고와 상상과 선택과 바람과 욕구가 있다. 이것들은 모두 지성과 욕망으로 환원된다.[3] 왜냐하면 상상뿐만 아니라 감각도 지성과 동일한 영역에 속하고, 그것들은 모두 판별적[4]이고 다른 곳에서[5] 언급한 차이들에 의해 서로 차이가 나기 때문이다. 바람과 기개와 욕구는 모두 욕망이고, 선택은 사고와 욕망에 한께 관여한다.[6] 따라서 첫째 욕구 대상 700b11

1) '첫째 원동자'(to proton kinoun)에 대해서는 『형이상학』 XII 8, 1073a23 이하 참조.

2) '첫째 철학'(prōtē philosophia), 즉 신학(thēologia)에 대한 논의는 『형이상학』 XII 에서 이루어진다.

3) 사고(dianoia), 상상(phantasia), 선택(prohairesis), 바람(boulēsis), 욕구(epithymia), 지성(nous), 욕망(orexis).

4) '판별적'(kritika).

5) 『영혼론』 III 참조.

과 사고 대상이 운동을 낳는다. 하지만 모든 사고 대상이 그런 것은 아니고 실천적 행동의 목적이 그렇다. 따라서 좋은 것들 가운데 그런 성질을 갖는 것이 원동자이지만, 아름다운 것 모두가 그런 것은 아니다. 왜냐하면 다른 어떤 것이 그것을 목적으로 하는 한에서, 그리고 그것이 어떤 목적을 지향하고 있는 것들의 목적인 한에서 그것은 운동을 낳기 때문이다. 하지만 현상적으로 좋은 것, 즉 즐거운 것도 좋은 것의 영역에 속하는 것으로 쳐야 한다. 왜냐하면 그것은 현상적으로 좋은 것이기 때문이다. 그러므로 분명히 어떻게 보면 항상 운동하는 것과 각각의 동물들은 똑같은 방식으로 항상 운동을 낳는 것에 의해 운동하고, 또한 어떻게 보면 그 둘의 운동 방식은 다른데, 그중 한쪽의 것들은 항상 운동하는 반면에 동물들의 운동은 한계가 있기 때문이다. 영원한 것은 훌륭하고 첫째가는 뜻으로 참으로 좋은 것이면서 시시각각으로 변하지 않는 것은 보다 신적이고 고귀한 것이거나 그런 이유 때문에 더 앞선 것일 것이다.

700b35 첫째가는 것은 운동함이 없이 운동을 낳는 반면에, 욕망이나 욕망의 능력은 운동을 하면서 운동을 낳는다. 하지만 운동하는 것들 가운데 마지막이 다른 어떤 것을 운동하게 해야 할 필연성은 없다. 이로부터 따라 나오는 또 한 가지 점은, 이치를 따지면 이동은 운동하는 것들에서 일어나는 운동들 가운데 마지막이라는 사실이다. 왜냐하면 감각이나 상상에 의해 어떤 변이가 발생하면 동물은 욕망이나 선택에 의해 운동하고 앞으로 나아가기 때문이다.

사유, 욕망, 행동

제7장

701a7 그렇다면 사유를 통해 어떤 때는 행동이 일어나고 어떤 때는 행동이 일어나지 않으며, 또 어떤 때는 운동이 있고 어떤 때는 운동이 없는 것은 어

6) ☞ prohairesis.

떤 이유 때문일까? 그 사정은 운동하지 않는 것들에 대해 생각하거나 추론하는 사람들에게 일어나는 것과 사정이 비슷한 것 같다. 하지만 이 경우에는 그 완결점이 이론적인 것[7]이지만(왜냐하면 어떤 사람이 두 전제들을 생각했다면, 그때 그는 결론[8]을 생각해 이미 (결론을) 결합해낸 셈이기 때문이다), 우리가 논의하는 경우에는 두 전제들로부터 결론으로 행동이 생겨난다. 예컨대, 어떤 사람이 i) 모든 사람은 걸어야 하고 그 자신도 사람이라고 생각했다면 그는 즉시 걷는다. 하지만 그가 지금은 어떤 사람도 걸어서는 안 되고 자신이 사람이라고 생각했다면 그는 즉시 멈춘다. 그리고 이런 일을 방해하거나 다른 어떤 강제가 없다면 이런 행동은 둘 다 수행된다. 또한 ii) 내가 좋은 것을 실행해야 하고, 집은 좋은 것이라면, 나는 즉시 집을 짓는 일을 실행한다. iii) 나는 몸을 감쌀 것이 필요하고, 겉옷이 감쌀 것이라면, 나는 겉옷이 필요하다. 내게 필요한 것을 나는 실행해야 하고, 겉옷은 내가 필요로 하는 것이며, 겉옷을 만들어야 한다. 그리고 이 결론, 즉 겉옷을 만드는 것은 행동이다.

그런데 행동에는 시작점[9]이 있다. 만일 겉옷이 생겨나려면, 우선 이런 저런 것이 있어야 하고, 이런저런 것이 있으려면 그런저런 것이 있어야 한다. 그리고 바로 이것은 즉시 행동으로 이루어진다. 그렇다면 결론이 행동이라는 것은 분명하다. 하지만 행동과 관련된 전제들에는 두 유형이 있는데, 그중 하나는 좋은 것이고, 다른 하나는 가능한 것이다.

(질문과 대답으로 이루어지는 변증 과정에서) 질문하는 어떤 사람들이 그렇게 하듯이 사고[10]는 결코 멈춘 상태에서 두 번째 분명한 전제를 탐색하지 않는다. 예를 들어 i) 걷는 것이 사람에게 좋은 일이라면 그는 그 자신이 사람이라는 사실을 확인하는 데 지체하지 않는다. 그러므로 추론을

7) '완결점'(telos), '이론적인 것'(theōrema).

8) '결론'(symperasma).

9) ☞ archē.

10) '사고'(dianoia).

거치지 않고[11] 우리가 행동으로 옮기는 것들의 경우 우리는 그것들을 순식간에 행한다. 즉 감각이나 상상이나 지성을 통해 목적과 관련된 행동을 실제로 행할 때, 그 행동은 곧바로 실행된다. 왜냐하면 질문이나 사유 과정[12]을 거치지 않고 욕망의 현실적 작용이 발생하기 때문이다. iv) 나는 마셔야 한다고 욕구가 말하고, 이것은 마실 것이라고 감각이나 상상이나 지성이 말한다. 그렇다면 곧바로 마시는 일이 일어난다.

그렇다면 동물들은 이런 방식으로 운동이나 행동으로 돌진하는데, 운동의 궁극적인 원인은 욕망이고 이것은 감각이나 상상이나 사유를 통해 일어난다. 행동하려는 욕망을 가진 자들 가운데 어떤 것들은 욕구와 기개에 의해, 어떤 것들은 욕망 혹은 바람에 의해 그렇게 한다.

701b1 감긴 줄이 풀려 다른 줄을 치면서 작은 운동이 일어나면 자동인형은 운동한다. 어린이용 마차도 마찬가지이다. 타고 있는 아이는 똑바로 운동하지만 두 바퀴의 크기가 동일하지 않기 때문에 원을 그리면서 운동한다(작은 바퀴는 (자동인형의) 원통들의 경우에서 그렇듯이 중심이 되기 때문이다). 동물들도 이와 같은 방식으로 운동한다. 그런 기구들은 본성상 힘줄이나 뼈와 성질이 같아 뼈는 자동인형의 나무나 철사와 같고, 힘줄은 줄들과 같다. 이것들이 풀리면서 움직이면 운동이 일어난다.

701b10 그런데 자동인형이나 마차들의 경우에는 변이[13]가 없는데, 내부의 바퀴들이 작아졌다가 다시 커지면 동일한 것이 회전운동을 할 것이기 때문이다. 반면에 동물들의 경우에는 부분들이 열기에 의해 팽창했다가 냉기에 의해 다시 수축하면서 변이가 일어나고, 이에 따라 동일한 것이 커졌다가 작아지고 모양새들이 바뀔 수 있다.

701b16 상상들, 감각들, 생각들[14]은 변이를 일으킨다. 왜냐하면 감각은 그 자체

11) '추론을 거치지 않고'(mē logisamenoi).

12) '사유 과정'(noēsis).

13) ☞ alloiōsis.

14) '생각들'(ennoiai).

가 곧바로 일종의 변이이고, 반면에 상상과 사유는 실제 사물들이 갖는 능력을 갖기 때문이다. (뜨거운 것이나 차가운 것,) 즐거운 것이나 두려운 것에 대한 사유된 형상[15]은 실제 사물들 각각이 갖는 것과 같은 성질을 갖고 있어 사람들은 생각을 해냄으로써 몸서리를 치고 두려워한다. 이런 것들은 모두 양태이며 변이이다.

신체 안에서 변이가 일어나면 어떤 부분은 커지고 어떤 부분은 작아진 **701b**23
다. 출발점에서 작은 변화가 일어나면 멀리서는 크고 다양한 변화를 만들어낸다는 것은 분명하다. 예컨대, 노의 위치가 미세하게 바뀌면 뱃머리의 위치에 큰 변화가 온다. 또한 열기나 냉기가 원인이 되거나 그런 성격의 다른 어떤 상태가 원인이 돼서 심장 주변에 변이가 일어나면—비록 규모에서는 그 안에 있는 감지하기 어려운 부분의 변이라고 하더라도—이는 얼굴이 붉어지거나 창백해지거나 몸서리가 나거나 떨리는 것을 비롯해 그와 반대되는 형태의 큰 신체적 차이를 만들어낸다.

[……]

15) '사유된 형상'(to eidos to nooumenon).

형이상학

조대호 옮김

제I권

첫째 원인들에 대한 앎

학문적 인식과 기술은 감각, 기억, 경험으로부터 생긴다

제1장

모든 사람은 본성적으로 알고 싶어 한다. 다양한 감각에서 오는 즐거움 980a
이 그 징표인데, 사람들은 필요와 상관없이 그 자체로서 감각을 즐기고 다른 감각보다 특히 눈을 통한 감각을 즐기기 때문이다. 왜냐하면 우리는 행동을 하기 위해서뿐만 아니라 아무 행동 의도가 없을 때도—사람들 말대로—만사를 제쳐두고 보기를 선택하기 때문이다. 그 이유는 감각들 가운데 시각이 우리가 사물을 아는 데 가장 큰 구실을 하고 많은 차이점을 밝혀준다는 데 있다.

동물들은 본성적으로 감각을 가지고 태어나지만, 그중 몇몇의 경우에 980a27
는 감각으로부터 기억이 생겨나지 않는 데 반해, 몇몇의 경우에는 생겨난다.[1] 그리고 그 때문에 뒤의 경우에 해당하는 동물들은 기억하는 능력이 없는 것들보다 더 사려가 있고 학습능력이 뛰어난데, 소리를 듣는 능력이 없는 동물들은 사려는 있지만 배우지는 못하고(예를 들어 벌들과 그런 유의 다른 동물들이 그렇다), 기억에 덧붙여 청각능력이 있는 것들은 배운다. 사람을 제외한 다른 동물들은 상상이나 기억에 의존해 살아가지만, 경험[2]에는 별로 관여하지 못한다. 반면에 인간 종족은 기술과 추론[3]에

1) 감각(aisthēsis)에서 시작해 기억(mnēmē)과 경험(empeiria)을 거쳐 기술(technē)과 학문적 인식(epistēmē)에 이르는 앎의 발전 단계에 대해서는 『분석론 후서』 II 19, 99b34 아래 참조.

의해 살아간다. 사람들에게는 기억으로부터 경험이 생겨나는데, 왜냐하면 똑같은 일에 대한 여러 번의 기억은 마침내 하나의 경험능력을 낳기 때문이다. 그리고 경험은 학문적인 인식이나 기술과 거의 동질적인 것처럼 보이지만, 사실 학문적인 인식과 기술은 경험을 통해 사람들에게 생겨난다.
981a5 왜냐하면 폴로스가 옳게 말했듯이 경험은 기술을 만들어내지만, 무경험은 우연적 결과를 낳기 때문이다.[4] 기술은 경험에서 얻은 많은 생각들로부터 성질이 같은 것들에 대해 하나의 일반적인 관념[5]이 생겼을 때 생겨난다. 그 이유는 이렇다. 이 병을 앓는 칼리아스에게 이 치료가 통했고 소크라테스를 비롯한 여러 개인들의 경우에도 그랬다는 관념을 갖는 것은 경험에 속하는 일이다. 그에 반해 종(種)에 따라 하나로 구별되는 체질을 가진 모든 사람이 이 질병을 앓고 있을 때, ((예컨대, 점액 체질의 사람들이나 담즙액 체질의 사람들이 몸에 열이 날 때)), 이 치료가 통했다고 판단하는 것은 기술에 속하는 일이다.

기술은 원인을 알기 때문에 경험보다 우월하다

981a12 그런데 실제 행동과 관련해 보면, 경험은 기술과 아무 차이가 없어 보이며, 오히려 우리는 유경험자들이 경험 없이 이론을 가지고 있는 사람들보다 더 능숙하게 일을 처리하는 것을 보게 된다. (왜냐하면 경험은 개별적인 것에 대한 앎이지만, 기술은 보편적인 것에 대한 앎이요, 모든 행동과 생성은 개별적인 것과 관계하기 때문이다. 말하자면 의사는 — 부수적인 뜻에서가 아니라면 — 사람을 치료하는 것이 아니라 칼리아스, 소크라

2) '경험'(empeiria)에 대해서는 『분석론 후서』 I 19, 100a4-5 참조.

3) '추론'(logismos).

4) 플라톤, 『고르기아스』(*Gorgias*) 448C 참조.

5) '관념'이라고 옮긴 'hypolēpsis'는 어떤 대상에 대해 무엇인가를 긍정하거나 부정할 때 그 기본이 되는 '생각', '관념', '의견', '판단'을 뜻한다. 그것은 i) 주관적인 믿음이나 의견(doxa), ii) 학문적인 인식(epistēmē), iii) (실천적) 지혜(phronēsis)를 모두 포괄하는 광범위한 개념으로 쓰인다. 『영혼론』 III 3, 427b24-5 참조.

테스 또는 그렇게 불리는 것들 가운데 어떤 사람, 곧 사람임이 속하는 것을 치료한다.[6] 그래서 만일 어떤 사람이 경험 없이 이론만 가지고 있다면, 그는 보편적인 것은 알지만 그에 속하는 개별적인 것은 알지 못해 치료할 때 자주 잘못을 범하게 되는데, 치료 받아야 할 대상은 개별적인 사람이기 때문에 그렇다.) 하지만 그럼에도 불구하고 우리는 학문적인 앎과 전문적인 앎[7]이 경험보다 기술에 더 많이 속한다고 생각하며, 기술자들이 유경험자들보다 더 지혜롭다고 믿는데, 지혜는 어떤 경우에나 학문적인 앎을 따른다고 생각하기 때문이다. 왜냐하면 앞의 사람들은 원인을 알지만, 뒤의 사람들은 그렇지 않기 때문이다. 왜냐하면 유경험자들은 사실을 알지만 이유는 알지 못하는 반면에, 다른 사람들은[8] 이유와 원인을 알기 때문이다.

원인들에 대한 앎이 지혜의 특징이다

그러므로 우리는 일꾼들에 비해 감독자들[9]이 각각의 일에 대해 더 권 981a30
위가 있고 더 많이 알고 더 지혜롭다고 생각하는데, 그 이유는 이들은 행 981b
해지는 일들의 원인들을 알고 있기 때문이다. 〔(반면에 다른 사람들[10]은 몇몇 생명이 없는 것들과 같아서 일은 하지만 자기가 무엇을 하는지 모르

6) 의사가 치료하는 칼리아스나 소크라테스는 모두 '사람이다'. 그런 뜻에서 소크라테스를 치료하는 의사는 '부수적인 뜻에서'(kata symbebēkos) '사람'을 치료한다고 말할 수 있다. "소크라테스는 사람이다"라는 문장은 그리스어에서 "소크라테스에게는 사람임이 속한다"("Sōkratei symbebēke to anthrōpōi einai")의 형태로 표현되기 때문에, 소크라테스나 칼리아스를 가리켜 '사람임이 속하는 것'(hōi symbebēken anthrōpōi einai')이라고 부를 수 있다.

7) '학문적인 앎'(eidenai)과 '전문적인 앎'(epaiein). 'epaiein'은 '지각하다', '이해하다'라는 뜻도 갖지만, 여기서는 특정한 주제에 대해 '전문적인 지식을 갖다'는 뜻으로 쓰였다.

8) 기술자들(technitai)을 가리킨다.

9) '감독자들'(architektones)은 '일꾼들'(cheirotechnai), 즉 전문적인 지식 없이 몸으로 일하는 '손노동자들'을 지도한다.

10) 즉 일꾼들.

는 채 일을 하는데, 이는 예컨대 불이 타오르는 것과 같다. — 그런데 생명이 없는 것들은 어떤 본성에 의해 하나하나 기능을 수행하지만, 일꾼들은 습관에 의해 일을 한다.]] 감독자들이 더 지혜롭다고 생각되는 것은 행동 능력이 있어서가 아니라 그들이 이론을 가지고 원인들을 알기 때문이다. 일반적으로 아는 자와 알지 못하는 자를 가리는 징표는 가르칠 수 있는 능력의 유무에 있으며, 이런 이유 때문에 우리는 경험보다 기술을 더 높은 수준의 인식으로 여기는데, 기술자들은 가르칠 수 있는 능력이 있지만, 유경험자들은 그렇지 않기 때문이다. 더욱이 우리는 다양한 감각 가운데 어떤 것도 지혜로 여기지 않는데, 분명 그것들은 개별자들에 대해서는 가장 주도적인 지식들이지만, 그 어떤 것에 대해서도 그것이 왜 그런지를 말해주지 않으니, 그것이 알려주는 것은 예컨대 불이 뜨거운 이유가 아니라 불이 뜨겁다는 사실뿐이다.

이론적 지혜의 특징은 그 자체를 목적으로 추구된다는 데 있다

981b13 그렇다면 그 종류 여하를 불문하고 공통적인 감각들[11]을 넘어선 어떤 기술을 맨 처음 발명한 사람은 발명된 기술들 가운데 어떤 것이 유용하다는 이유에서뿐만 아니라 그가 지혜롭고 다른 사람들보다 뛰어나다는 이유에서도 당연히 사람들의 놀라움을 불러 일으켰을 것이다. 하지만 더 많은 기술이 발명되었고 그 가운데 어떤 것들은 필요 때문에, 어떤 것들은 여유 있는 삶을 위해 있으니, 우리는 언제나 뒤의 기술들을 발명한 사람들이 앞의 기술들을 발명한 사람들보다 더 지혜롭다고 믿는다. 그 이유는 그들이 가진 인식들은 유용한 쓰임을 위해 있는 것이 아니기 때문이다. 그러므로 그런 종류의 모든 발명이 이미 구비되고 난 뒤에야 즐거움이나 필요, 그 어느 것에도 매이지 않는 학문들이 발견되었으니, 이 일은 사

11) '공통적인 감각들'(koinas aisthēseis)은 모든 사람들이 공통적으로 갖는 있는 감각들을 가리킨다. 보다 전문적인 뜻의 '공통감각'(koinē aisthēsis)에 대해서는 『영혼론』 III 1 참조.

람들이 여가를 누렸던 여러 곳에서 최초로 일어났다. 그래서 이집트 지역에서 수학적인 기술들이 맨 처음 출현했으니, 그곳에서는 제사장 족속이 삶의 여가를 허락받았기 때문이다.

〔(기술이나 학문적 인식을 비롯해 그와 동류의 다른 것들 사이의 차이 981b25
가 무엇인지는 윤리학 저술에서 이미 논의한 바 있지만,[12] 지금 우리 설명의 지향점은 다음과 같다. 지혜라고 불리는 것은 첫째 원인들과 원리들에 관한 것이라고 누구나 생각한다.)〕 그러므로 앞서 말했듯이 유경험자는 어떤 종류의 것이든 감각을 가지고 있는 사람들보다 더 지혜롭고, 기술자는 유경험자들보다 더 지혜로우며(일꾼들보다는 감독자들이 더 지혜롭다), 이론적인 학문들이 제작적인 것들보다 더 지혜롭다는 것이 일반적인 의견이다. 그러므로 지혜는 어떤 원리들과 원인들에 관한 학문적인 인식임이 분명하다.

지혜와 지혜로운 자들에 대한 일반적인 관념

제2장

우리는 이런 학문을 찾고 있기 때문에, 어떤 성질의 원인들과 어떤 성 982a4
질의 원리들에 대한 학문이 지혜인지 살펴보아야 할 것이다. 지혜로운 사람에 대해 우리가 가지고 있는 일반적 관념들을 취해 보면, 그로부터 곧 사정이 더 분명해질 수 있을 것이다. 첫째로, 지혜로운 자는 모든 것에 대해 개별적으로 학문적 인식을 갖고 있지는 않지만 가능한 한, 모든 것을 안다고 우리는 생각한다. 다음, 어렵고 사람이 알기 쉽지 않은 것을 알 수 있는 능력을 갖춘 사람, 이런 사람이 지혜로운데, 왜냐하면 감각은 모든 사람에게 공통된 것이어서 감각을 갖는 것은 쉬운 일이요 결코 지혜로운 일이 아니기 때문이다. 또한 어떤 학문 분야에서나 더 엄밀하고, 원인들에 대해 가르치는 능력이 더 뛰어난 사람이 더 지혜롭고, 학문들 중에서

12) 『니코마코스 윤리학』 VI 3, 1139b14 아래 참조.

는 자기 목적적이요 앎을 목적으로 선택된 것이 파생적인 결과들을 위해서 있는 것보다 지혜에 더 가까우며, 더 지배적인 위치에 있는 것이 예속된 것보다 지혜에 더 가까우니, 그 까닭은 지혜로운 자는 지시를 받는 것이 아니라 지시를 내리고, 그가 다른 사람의 말을 따르는 것이 아니라 지혜가 부족한 사람이 그의 말을 따르기 때문이다.

이런 일반적인 관념들은 최고의 원리들에 대한 학문에 들어맞는다

우리는 지혜와 지혜로운 자들에 대해 이런 종류의 관념들을 가지고 있다. 그런데 그 가운데 모든 것을 안다는 특징은 필연적으로 보편적인 학문을 가장 많이 소유한 사람에게 속해야 하는데, 왜냐하면 이 사람은 어떤 방식으로든 그 밑에 놓여 있는 것들을 모두 알기 때문이다.[13] 하지만 이것들, 즉 가장 보편적인 것들은 일반적으로 사람들이 알기에 가장 어려운데, 왜냐하면 그것들은 감각들로부터 가장 멀리 떨어져 있기 때문이다. 첫째가는 것들을 가장 많이 다루는 학문들이 학문들 가운데 가장 엄밀한 것이니, 왜냐하면 더 적은 수의 원리를 전제로 삼는 것들은 부가적인 설명들을 필요로 하는 것들보다 더 엄밀하기 때문인데, 예컨대 산수가 기하학보다 더 엄밀하다. 또한 가르치는 능력에서 보면, 원인들에 대한 이론적인 학문이 상대적으로 더 많이 그런 능력을 갖는데, 왜냐하면 각 대상에 대해 원인들을 말해주는 사람들이 가르침을 베풀기 때문이다. 그것들을 겨냥한 앎과 인식활동은 최고의 인식 대상에 대한 학문에 속하는데, 왜냐하면 그 자체를 위해 인식활동을 선택한 사람은 최고의 인식을 가장 우선적으로 선택할 것이니, 최고의 인식 대상에 대한 학문적 인식이 바로 그런 종류의 인식이다. 한편, 첫째가는 것들과 원인들이 최고의 인식 대상인데, 왜냐하면 바로 이것들에 의해, 그리고 바로 이것들로부터 다른 것들

13) 보편적인 것에 대해 학문적 인식을 가진 사람은 '그 밑에 놓여 있는 것'(ta hypokeimena), 즉 보편자에 포함되는 것을 모두 안다. 그런 뜻에서 보면, 가장 보편적인 것을 아는 사람은 가능한 한 모든 것을 아는 사람이다.

이 알려지는 것이지 그것들 밑에 놓여 있는 것들에 의해 그것들이 알려지는 것은 아니기 때문이다. 또한 각 행동의 지향점을 아는 학문은 학문들 가운데서 가장 선도적인 위치에 있고 그에 예속된 학문에 비해 더 선도적인데, 그 지향점은 각자에게 좋은 것이요, 전체적으로 볼 때 자연 전체 속에는 가장 좋은 것이 자리 잡고 있다. 그러므로 지금까지의 논의 전체로부터 따라 나오는바 우리가 찾는 이름은 (하나의) 동일한 학문에 붙는 것이니, 그 까닭은 그것은 바로 첫째 원리들과 원인들에 대한 이론적인 학문이어야 하기 때문이다. 왜냐하면 좋음과 지향 대상은 원인들 가운데 하나이기 때문이다.

지혜는 필요의 결과가 아니라 놀라움의 결과이고, 다른 어떤 쓰임을 위해서가 아니라 그 자체를 위해서 추구된다

그것이 제작적인 학문이 아님은 최초로 철학을 했던 사람들의 경우를 982b11
보더라도 분명하다. 지금이나 그 첫 단계에서나 사람들은 놀라움 때문에 철학을 하기 시작했으니, 처음에는 눈앞의 갖가지 기이한 현상들에 대해 놀랐고 그 뒤에는 조금씩 앞으로 발전하면서 더 중요한 것들에 대해 의문에 사로잡혔는데, 예를 들어 달 표면의 현상들, 태양과 별들 주변에서 일어나는 현상들, 온 세계의 생성이 그런 것들에 해당한다. 의문에 사로잡혀 놀라워하는 사람은 자기가 무지하다고 생각한다(이런 이유에서 보면 신화를 사랑하는 사람도 어떤 뜻에서는 지혜를 사랑하는 사람인데, 그 까닭은 신화는 놀라운 사건들로 이루어지기 때문이다). 그러므로 무지를 피하기 위해 사람들이 철학을 시작했다면, 분명히 앎 때문에 인식활동을 추구한 것이지 유용성 때문에 그렇게 한 것이 아니다. 바로 다음과 같은 (역사적) 결과가 이를 입증한다. 즉 삶에 필요한 것들과 편리함과 여유 있는 삶을 위한 것들이 거의 모두 마련되고 난 뒤에 그런 종류의 지혜[14]가 탐구되기 시작했던 것이다. 그러므로 분명 우리는 다른 어떤 편리함을 얻기 위해 그것을 찾는 것이 아니다. 다른 어떤 사람을 위해서가 아니라 자기 자신을 위해 사는 사람이 자유로운 사람이듯이 여러 학문 가운데 오직 그런 것만 자유로운 것이라고 우리는 말한다. 왜냐하면 그것만이 유일하게 자기 자신을 위해 있기 때문이다.

그래서 이 앎은 신적인 학문이다

982b28 그런 까닭에 마땅히 그런 학문의 소유는 사람의 일이 아니라고 생각할 수도 있을 것이다. 왜냐하면 여러 가지 측면에서 볼 때 사람들의 본성은 노예적이어서 시모니데스의 말대로 "오직 신만이 그런 특권을 가질 수 있을 것"[15)]이고 자신에게 어울리는 학문을 찾지 않는 것은 사람에게 가치 있는 일이 아닐 것이기 때문이다. 실제로 시인들의 말에 무언가 뜻이 있고 신적인 존재가 본성적으로 질투심이 있다면, 이는 다른 무엇보다도 그 일에 해당될 것이고 (그런 학문적 인식에서) 남보다 뛰어난 사람들은 불행한 자일 수도 있다. 하지만 신적인 존재는 질투할 줄 모르고, 속담에 있듯이 "노래꾼들은 거짓말을 많이 한다". 다른 어떤 학문도 그것보다 더 고귀한 것으로 여겨서는 안 된다. 왜냐하면 가장 신적인 것은 가장 고귀한 것이기도 하기 때문이다. 오직 그 학문만이 두 가지 뜻에서 그런 성질을 가질 텐데, 그것은 여러 학문 가운데 신적인 것이기 때문이다. 한편으로는 신이 소유하기에 가장 알맞다는 이유에서 그렇고, 다른 한편으로는 그것이 신적인 것들을 다룬다는 이유에서 그렇다. 이 두 가지 특징을 함께 갖는 것은 그 학문뿐인데, 일반적인 의견에 따르면 신은 모든 것을 주재하는 원인들 가운데 하나이고 일종의 원리이기 때문이다. 바로 그런 학문은 신이 혼자서 또는 가장 많이 소유할 것이다. 필요성을 따지면 어떤 학문도 그것보다 더 필요하지만, 그것보다 더 좋은 것은 없다.

---

14) 원어 'phronēsis'는 윤리학에서 '실천적 지혜'를 뜻하지만 여기서는 더 넓은 뜻으로 쓰였다. ☞ phronēsis.

15) 플라톤, 『프로타고라스』(*Protagoras*) 341E, 344C 참조.

지혜는 놀라움에서 생겨나서 놀라움을 없앤다

하지만 그런 학문적 인식의 획득은 어떤 뜻에서 우리의 시작 단계의 탐구들과 반대되는 상태로 종결되어야 한다. 그 이유는 이렇다. 앞서 말했듯이 자동인형이나 태양의 회귀나 대각선의 통약 불가능성[16]과 — 어떤 것을 가장 작은 수로써도 측정할 수 없다면, 이는 〈그 원인을 한번도 생각해 보지 않은〉 사람 누구에게나 놀라움을 낳는다 — 같은 사태를 대할 때 그렇듯이 모든 사람은 사물들의 존재 방식에 대한 놀라움에서 출발하지만, 마지막에는 그것과 반대되는 것과 — 속담에서 말하듯이 — 더 좋은 것으로 완결되는데, 위에서 말한 사례들의 경우 우리는 앎을 얻을 때 그런 상태에 도달한다. 대각선이 측정 가능하게 될 때만큼 기하학 연구자를 놀라게 할 일은 없을 것이기 때문이다. **983a11**

지금까지 탐구되는 학문의 본성이 무엇이고, 그 탐구와 과정 전체가 도달해야 할 목표점이 어떤 것인지를 이야기했다. **983a21**

선대 철학자들에 대한 개관

네 가지 원인

제3장

그런데 시작이 되는 원인들에 대해 학문적 인식을 얻어야 하는 것은 분명한데 — 왜냐하면 우리는 첫째 원인을 안다고 생각할 때, 각 대상을 알고 있다고 말하기 때문이다 —, 원인들에는 네 가지 종류가 있다. 그 가운데 한 가지 원인은 실체와 본질[17]이고(왜냐하면 '무엇 때문에'[18]라는 **983a24**

---

16) '태양의 회귀'(heliou tropai)는 '하지와 동지'를 가리킨다. '대각선의 통약 불가능성'(asymmetria tou diametrou)이란 예컨대 두 변이 1미터인 정사각형의 대각선의 길이를 두 변의 길이를 재는 수적 단위인 정수를 통해 측정할 수 없다는 사실을 가리킨다.

17) '실체'와 '본질'(to ti ēn einai)의 동일성 ☞ ousia.

물음은 궁극적으로 정식[19]으로 환원되는데, 그 첫째 '무엇 때문에'는 원인이요 원리이기 때문이다), 다른 원인은 질료이자 기체[20]이며, 셋째는 운동이 시작되는 출처[21]이고, 넷째는 그것과 대립하는 원인, 즉 지향 대상과 좋은 것이다(이것은 모든 생성과 운동의 목적이기 때문이다).[22] 그것
983b 들에 대해서는 이미 자연에 대한 저술[23]에서 충분히 고찰했지만, 그럼에도 불구하고 우리보다 먼저, 있는 것들에 대한 탐색에 발을 들여놓고 진리에 대해 철학을 했던 사람들의 말을 들어보자. 왜냐하면 분명히 그들도 어떤 원리들과 원인들에 대해 말하기 때문이다. 그렇다면 그들의 주장을 돌이켜보는 것은 지금의 탐구 과정에 유익한 점이 있을 것이다. 왜냐하면 그렇게 함으로써 우리는 (지금 우리가 말한 것들과) 다른 부류의 원인을 발견하거나 또는 우리가 방금 말한 것들에 대해 보다 큰 확신을 갖게 될 것이기 때문이다.

질료인

983b6 최초로 철학을 했던 사람들 가운데 대다수는 오직 질료의 형태를 가진 것들만이 모든 것의 원리들이라고 생각했다. 있는 것들 모두의 구성요소이고 그것들이 생겨날 때는 그 첫 출처가 되고 소멸할 때는 마지막 귀환처가 되는 것, ― 실체는 밑에 남아 있지만 그 양태들은 변화한다 ― 바로 그런 것을 일컬어 그들은 있는 것들의 요소[24]이자 원리라고 말한다. 이 때문에 그들은 생겨나는 일도 사라지는 일도 없다고 생각했는데, 그런 종

---

18) '무엇 때문에'(dia ti).

19) '정식' ☞ logos.

20) '기체' ☞ hypokeimonon.

21) '운동이 시작되는 출처'(hē archē tēs kinēseos).

22) '지향 대상'과 '목적' ☞ hou heneka.

23) 『자연학』 II 3, 7 참조.

24) '요소' ☞ stoichein.

류의 자연적 원리는 언제나 온전히 보존되기 때문이라고 한다. 이는 마치 소크라테스가 멋지게 되거나 음악적[25]이 될 때 우리가 이를 두고 소크라테스가 무제한적인 뜻에서 생겨난다고 말하지 않고, 또한 그가 그런 상태들을 잃어버릴 때 그가 사라진다고 말하지 않는데, 그 이유는 기체, 즉 소크라테스 자신은 밑에 남아 있기 때문이니 이와 마찬가지로 그들은 그밖의 어떤 것도 생겨나거나 사라지지 않는다고 말한다. 왜냐하면 어떤 자연적 원리가 — 하나이건 하나 이상이건 간에 — 있어서 그것 혹은 그것들로부터 다른 것이 생겨나지만 그것 자체는 보존되어야 하기 때문이다.

그런 종류의 원리의 수나 종(種)에 대해 사람들이 모두 똑같은 말을 하지는 않는데, 그런 철학의 시조(始祖) 탈레스는 물이 그런 원리라고 천명했다. (이런 이유에서 그는 땅도 물 위에 떠 있다고 말한다.) 아마도 그는 모든 것의 양분 속에는 습기가 있고 열기조차도 그것으로부터 생겨나고, 또 그것에 의해 살아 있는 것을 보고서 그런 관념을 취했을 것이다. (생성이 유래하는 출처, 이것이 모든 것의 원리이다.) 이런 이유 이외에 모든 것의 씨앗은 본성상 습기를 포함하고 물은 습기 있는 것들이 가진 본성의 원리라는 사실도 그가 그런 관념을 취하게 된 이유가 되었을 것이다. 983b18

어떤 이들은 먼 옛날의 선인(先人)들, 즉 지금 세대보다 훨씬 앞서 살면서 최초로 신들을 설명 원리로 삼았던 사람들도 자연에 대해 이와 비슷한 생각을 가졌다고 말한다. 왜냐하면 그들은 오케아노스와 테튀스가 생성의 아비들이고, 물은 신들이 하는 맹세의 대상이라고 주장했으니, 시인들 자신들은 그것을 이른바 스튁스의 물이라고 불렀다. 가장 오래된 것은 가장 고귀하고 가장 고귀한 것은 맹세의 대상이라는 것이 그 이유였다. 그런데 이런 것이 자연에 대한 최초의 의견이자 오래된 의견인지는 분명치 않을 수 있지만, 어쨌건 전해 오는 말에 따르면 탈레스는 첫째 원인에 대해 그런 주장을 펼쳤다. (힙폰을 그런 사람들 틈에 끼워 넣는 것이 옳다고 983b27 984a

25) 원문의 'mousikos'는 무사 여신(Mousa)과 관계된 것들을 가리키는데 '음악적', '교양 있는' 등으로 옮길 수 있다.

생각하는 사람은 아무도 없을 것인데, 그의 생각은 고려할 가치가 없는 것이기 때문이다.)

984a5 반면에 아낙시메네스와 디오게네스는 공기를 물보다 앞선 것으로 여겼고 그것을 단순한 물체들 가운데 더 앞서는 원리로 내세운 데 반해, 메타폰톤의 힙파소스와 에페소스의 헤라클레이토스는 불을, 엠페도클레스는 지금까지 말했던 것들에 흙을 네 번째 것으로 부가해 네 가지를 원리로 내세웠다. (그는 이것들은 항상 남아 있고 생겨나는 일이 없이 (다양한 자연물 안에서) 다수와 소수의 (양적인) 차이를 보일 뿐이며, 두 방향으로, 즉 하나의 상태를 향해서나 하나의 상태로부터 출발해 서로 결합되고 분리된다고 말한다.)

984a11 클라조메나이의 아낙사고라스는 나이는 엠페도클레스보다 앞섰지만 활동은 그보다 늦었는데, 그는 원리들이 무한히 많다고 말한다. 그는 거의 모든 동질체들[26]이—물이나 불과 같은 방식으로—오직 결합과 분리에 의해 (어떤 것이) 되고 해체될 뿐, 다른 방식으로는 생겨나는 일도 해체되는 일도 없이 영원히 머물러 있다고 말하기 때문이다.[27]

운동인

984a16 이런 사실들을 근거로 어떤 사람은 질료의 형태를 가진 원인이 유일한 원인이라고 생각할 수도 있을 것이다. 하지만 세대가 진행되면서 대상 자체가 그들에게 길을 터놓았고 탐구의 길로 그들을 함께 내몰았다. 모든 생성과 소멸이 어떤 하나의 원리나 그 이상의 원리들에서 유래한다고 하자. 이런 결과가 일어나는 것은 무엇 때문이며 그 원인은 무엇인가? 이런 물음이 생기는 이유는 기체 자체는 자기 자신을 변화시키지 못하기 때문이다. 예컨대, 나무나 청동은 그것들 각각에게서 일어나는 변화의 원인이 아니며, 나무가 침대를 만들고 청동이 조각상을 만드는 일은 없으며, 변화

26) '동질체들'(homoiomerē) ☞ meros.

27) 『자연학』 I 4, 187a20 아래 등 참조.

의 다른 어떤 원인이 있다. 이것을 탐구한다는 것은 다른 원리를 탐구한
다는 뜻인데, 우리는 이것을 일컬어 운동이 시작하는 출처라고 부를 수
있을 것이다. 그런데 맨 처음 그런 종류의 탐구 과정에 손을 대서 기체가
하나라고 말했던 사람들[28]은 스스로 불만이 전혀 없었지만, 기체가 하나
라고 주장했던 사람들 가운데 몇몇[29]은 — 마치 (두 번째 형태의 원인에 대
한) 탐구에 굴복한 듯이 — 그 하나와 자연 전체는 생성과 소멸의 측면에
서뿐만 아니라(이런 생각은 오래된 것이고 모든 사람이 거기에 동의했다)
다른 어떤 변화의 측면에서도 운동하지 않는다고 주장한다. 그리고 이것 **984b**
은 그들의 고유한 생각이다. 그런데 모든 것이 하나라고 말했던 사람들
가운데 어느 누구도 이런 종류의 원인을 찾아내는 데 성공하지 못했지
만, 파르메니데스는 예외이다. 그가 하나만이 아니라 어떤 뜻에서는 두 가
지 원인을 내세웠다는 점만을 두고 하는 말이다. 예컨대, 열기와 냉기 또
는 불과 흙처럼 질료적 요소들이 여럿이라고 말하는 사람들은 주장을 펴
기가 훨씬 더 쉬울 것인데, 왜냐하면 이들은 불은 본성상 운동할 수 있는
능력을 가진 것으로, 물이나 흙을 비롯해서 그런 종류의 다른 것들은 그
반대의 성질을 가진 것으로 활용하기 때문이다.

이런 사람들과 그런 종류의 원리들이 득세한 뒤 그것들이 있는 것들의 **984b**8
본성을 생겨나게 하는 데 충분치 않았던 까닭에 사람들은 다시 — 앞서
말했듯이 — 진리 자체의 힘에 강제로 이끌려 또 다른 원리를 찾게 되었
다. 왜냐하면 있는 것들 가운데 어떤 것들은 좋고 아름다운 상태에 있으
며, 또 어떤 것들은 생성을 통해 그런 상태에 도달하는데, 불이나 흙을 비
롯해 그런 종류의 다른 어떤 것이 그 원인이라는 것은 그럴듯하지 않고,
앞서 말한 사람들도 그렇게는 생각하지 않았기 때문이다. 또한 그토록 대
단한 일을 자생성이나 우연[30] 탓으로 돌리는 것도 옳지 않았다. 그래서

---

28) 탈레스, 아낙시메네스, 헤라클레이토스 등.

29) 엘레아(Elea)의 철학자들.

30) '자생성' 혹은 '자발성'이나 '우연' ☞ tychē.

어떤 사람이, 생명체들의 경우에 그렇듯이 자연 안에도 코스모스와 모든 질서의 원인으로서 지성이 내재해 있다고 말하자, 그는 앞 세대 사람들의 임기응변과 비교해 볼 때 마치 깨어 있는 사람처럼 보였다. 그렇다면 우리가 알기에 아낙사고라스는 분명히 이런 이론을 택했지만, 클라조메나이의 헤르모티모스가 먼저 그런 주장을 했다고 생각할 만한 근거가 있다. 따라서 이렇게 믿었던 사람들은 아름다운 상태의 원인을 동시에 있는 것들의 원리로 내세웠고, 그런 종류의 원리를 있는 것들에게서 일어나는 운동의 출처로 삼았다.

운동인에 대한 최초의 단상들

제 4 장

984b23 헤시오도스가 처음 그런 종류의 원리를 탐구했다고 추측하는 사람이 있을 수도 있고, 에로스나 욕구를 있는 것들 안에 내재하는 원리로 내세웠던 다른 어떤 인물, 예컨대 파르메니데스 같은 사람이 그랬을 수도 있다. 왜냐하면 이 사람은 만물의 생성 과정을 꾸며내면서 처음에 이렇게 말하기 때문이다.

> "(모든 것을 다스리는 여신은) 모든 신 가운데 에로스를 생각해 냈다."

그에 반해 헤시오도스는 이렇게 말한다.

> "모든 것 가운데 가장 먼저 카오스가 생겼고, 그다음
> 가슴이 넓은 가이아와 ……
> 모든 불멸의 신들 가운데 남다른 에로스가 생겼다."[31]

984b30 이렇게 말한 것은 사물들을 운동하게 하고 함께 모으는 어떤 원인이 있는 것들 가운데 주어져 있어야 한다고 생각했기 때문이다. 그런데 누가 맨 처음 그런 생각을 했는지를 두고 이들 사이에 어떤 선후관계를 세워야

---

31) 헤시오도스(Hesiodos), 『신들의 계보』(*Theoginia*) 116-120 참조.

할지에 대해 판별하는 일은 나중으로 미루자. 하지만 자연 안에는 분명
좋은 것들과 반대되는 것들도 있어서 질서와 아름다움뿐만 아니라 무질 985a
서와 추함도 있고, 나쁜 것들이 좋은 것들보다 더 많고, 못난 것들이 아름
다운 것들보다 더 많기 때문에, 또 어떤 사람은 사랑과 싸움을 끌어들여
이것들 각각을 위에서 말한 두 부류 하나하나의 원인으로 삼는다. 왜냐하
면 만일 우리가 엠페도클레스를 따르면서 그가 서툴게 말했던 점들은 제
쳐두고 그의 기본 생각을 취한다면, 우리는 사랑이 좋은 것들의 원인이고
싸움은 나쁜 것들의 원인임을 발견할 것이기 때문이다. 따라서 만일 우
리가, 어떤 뜻에서는 엠페도클레스가 좋음과 나쁨을 두 원리로 주장했고
또 맨 처음 그렇게 주장했다고 말한다면, 이는 옳은 말일 수 있다. 만일
모든 좋은 것의 원인은 그 자체도 좋은 것이고 〔나쁜 것의 원인은 그 자체
도 나쁜 것이라고〕 말한다면 그렇다.

그렇다면 이 사람들은 우리가 말하듯이 우리가 자연에 대한 저술[32] 985a10
에서 나누었던 두 가지 원인, 즉 질료와 운동의 출처를 어느 정도 포착한
것이 분명하지만, 그 점에서 모호할 뿐 전혀 분명치 않아 마치 훈련이 안
된 사람들이 전쟁터에서 하는 것과 같은 행태를 보여주었다. 왜냐하면 그
들은 좌충우돌 가끔 멋진 타격을 가하긴 하지만, 학문적 인식에 의거해
그렇게 하는 것은 아닌데, 앞 세대의 사람들 역시 자기들이 무엇을 말하
고 있는지 알지 못했던 것 같기 때문이다. 분명 그들은 그런 원리들을 거
의 활용하지 않으며, 그렇지 않으면 미미하게 활용하고 있을 뿐이다. 왜냐
하면 아낙사고라스는 세계질서를 설명하기 위해 지성을 기계장치[33]로 활
용하는데, 어떤 원인에 의해 어떤 것이 필연적으로 있는가라는 의문에 맞
닥뜨리면 그는 지성을 끌어들이지만, 나머지 경우에는 지성이 아니라 다
른 모든 것을 생성하는 것들의 원인으로 삼기 때문이다. 엠페도클레스는

32) 『자연학』 II 3, 7 참조.

33) '기계장치'(mechanē)는 비극의 마지막 장면에서 분규를 해결하기 위해 등장하는 신을 태운 기계장치를 가리킨다.

이보다 더 많이 두 가지 원인들을 활용하지만, 이는 충분치 않고 그 원인들을 다루면서 일관적인 설명을 찾아내지도 못한다. 왜냐하면 그에 따르면 적어도 여러 경우에 사랑은 분리를 낳고 싸움은 결합을 낳기 때문이다. 그 이유는 이렇다. 싸움에 의해 모든 것이 요소들로 갈라질 때 언제나 불이 함께 결합해 하나가 되고 다른 요소들도 모두 그렇다. 하지만 다시 사랑에 의해 그 요소들이 함께 모여 하나가 될 때는 언제나 그 각각으로부터 부분들이 다시 분리될 수밖에 없다. 그런데 엠페도클레스는 그의 선배들과 달리 그런 원인을 나누어 끌어들인 첫 번째 사람으로서 운동의 원리를 하나만 내세운 것이 아니라 서로 반대되는 운동에 대해 서로 다른 원리들을 내세웠고, 또한 질료적인 형태의 요소들이 넷이라고 말한 첫 번째 인물이다. 하지만 그는 이 넷을 다 활용하지는 않고 그것들이 마치
985b 둘에 지나지 않는 것처럼 다루는데, 그는 불을 그 자체로 다루고 그것과 대립하는 것들, 즉 흙과 공기와 물을 단일한 자연물처럼 다룬다. 그의 시들을 살펴보면 이것을 알 수 있을 것이다.

985b3 우리의 말대로 이 철학자는 이렇게 생각했고 방금 말한 만큼의 원리들에 대해 이야기했다. 하지만 레우키포스와 그의 동료 데모크리토스는 충만한 것과 공허한 것을 요소들이라고 부르면서, 〔하나를 있는 것, 다른 하나를 있지 않은 것이라고 말하고〕 그 가운데 충만하고 단단한 것을 있는 것이요, 공허한 것을 있지 않은 것이라 하고(공허한 것도 물체에 못지않게 있다는 이유를 들어 그들은 있는 것이 있지 않은 것보다 있음의 정도가 결코 더 높지 않다고 말한다), 이것들을 일컬어 있는 것들의 질료적 원인이라고 말한다. 그리고 밑에 놓인 실체가 하나라고 여기는 사람들은 그것이 겪는 여러 양태에 의해 다른 모든 것들이 생겨난다고 보고 느슨함과 조밀함을 그런 양태들의 원리들로 내세우는데, 이와 똑같은 방식으로 이들 역시 (요소들의) 차이들이 다른 것들의 원인이라고 말한다. 그런데 그들은 차이에는 세 가지, 즉 모양과 질서와 위치가 있다고 말한다. 왜냐하면 그들의 주장에 따르면 있는 것은 오직 리듬과 상호접촉과 회전에 의해 차이가 나기 때문이다. 그 가운데 리듬은 모양이고 상호접촉은 질서이며 회

전은 위치이다.[34] 왜냐하면 A는 N과 모양이 다르고, AN은 NA와 질서가 다르며 Z는 N과 위치가 다르기 때문이다. 운동에 대해 말하자면, 그것의 출처가 무엇이고 그것이 어떻게 있는 것들에 속하는지에 대해 그들 역시 다른 사람들과 비슷하게 등한시해 제쳐두었다.

그렇다면 우리가 말하듯이 두 가지 원인에 관한 한, 선대 사람들은 이 985b20
정도의 탐구를 진행했던 것 같다.

[……]

플라톤에 대한 비판들

이데아론의 기원

제6장

지금까지 소개한 철학들에 뒤이어 플라톤의 연구가 출현했는데, 이 연 987a29
구는 많은 점에서 앞사람들을 따랐지만 이탈리아의 철학자들과 구별되는 고유한 점들이 있다. 플라톤은 젊은 시절 처음으로 크라튈로스와 헤라클레이토스의 의견들에 친숙하게 되었다. 이런 의견들에 따르면 모든 감각물은 언제나 흘러가는 상태에 있어 이것들에 관한 학문적 인식은 존재하
지 않는데, 그는 나중까지 이런 생각을 그대로 견지했다. 하지만 소크라테 987b
스는 윤리적인 것들에 대해 연구하면서 자연 전체에 대해서는 아무 관심도 두지 않았지만, 윤리적인 것들에서 보편자를 찾고, 최초로 정의들에 생각의 방향을 맞추었다. 플라톤은 그의 가르침을 받아들이면서 다음과 같은 이유 때문에 정의는 감각물들이 아니라 그와 다른 것들에 대해 성립한다고 생각했다. 즉 그는 감각물들이 언제나 변화하고 있기 때문에 그것들 중 어떤 것에 대해서도 공통의 정의가 있을 수 없다고 생각했던 것이

34) '모양'(schēma), '질서'(taxis), '위치'(thesis)는 각각 '리듬'(rhythmos), '상호접촉'(diathigē), '회전'(tropē)에 해당한다.

다. 플라톤은 그런 종류의 있는 것들을 이데아들이라고 불렀고, 모든 감각물은 그것들과 떨어져 있으면서 그것들에 따라 이름을 얻는다고 말했다. 형상들과 같은 이름의 여러 사물들은 관여에 의해 있기 때문이라는 것이다. 그러나 그는 '관여'라는 말을 쓰면서 이름만 바꿨을 뿐이다. 왜냐하면 피타고라스학파는 있는 것들이 수들의 모방에 의해 있다고 말하는데, 플라톤은 이름만 바꾸어 관여에 의해 있다고 말하기 때문이다. 그렇지만 형상들에 대한 관여나 모방이 어떤 것인지는 공동의 탐구 과제로 남겨두었다.

이데아, 수학적 대상들, 수

987b14 더 나아가 플라톤은 감각물들과 형상들 이외에 이것들 중간에 수학적인 것들이 있다고 말하면서 이것들은 영원하고 운동하지 않는 점에서는 감각물들과 다르지만, 형상 그 자체는 각각 하나뿐인 데 비해 수학적인 것들은 같은 것이 여럿 있다는 점에서 형상들과 다르다고 한다.

987b18 형상들이 다른 것들의 원인이라는 이유를 들어 그는 그 형상들의 요소들이 있는 것 모두의 요소들이라고 생각했다. 그래서 질료라는 뜻에서는 큼과 작음이 원리들이고 실체라는 뜻에서는 하나가 원리라는 말인데, 왜냐하면 그것들을 출처로 해서 하나에 관여함으로써 형상들이 존재하기 때문이라는 것이다. 하지만 하나는 실체이지 다른 어떤 것에 대해 진술되는 술어가 아니라고 말하는 점에서 그는 피타고라스학파와 비슷하게 주장했으며, 또한 수들이 다른 것들의 실체의 원인들이라고 말하는 점에서도 이 학파와 같은 입장을 취한다. 하지만 그는 무한자를 하나로 보는 대신에 둘을 내세워 무한자가 큼과 작음으로 이루어진다고 보는데, 이 점은 플라톤에 고유한 점이다. 또한 플라톤은 수들이 감각물들과 떨어져 존재한다고 말하는 반면에 피타고라스학파는 사물들이 그 자체로서 수들이라고 말하면서 수학적인 것들을 형상들과 감각물들 중간에 놓지 않는다. 그런데 그가 하나와 수들을 사물들과 떨어져 있는 것으로 보는 점은 피타고라스학파와 같지 않고, 그가 형상들을 도입한 것은 정의들을 통해 이루

어지는 고찰 탓이며(왜냐하면 앞 세대 사람들은 변증술에 관여하지 않았기 때문이다), 그가 둘을 하나와 다른 별개의 실체로 만든 것은 수들이 — 소수(素數)들을 제외하고는 — 마치 거푸집에서 생겨나듯이 그것으로부터 쉽게 생겨난다고 믿었기 때문이다.

하지만 실제 결과는 그와 반대인데, 그의 주장은 이치에 맞지 않기 때문이다. 왜냐하면 그들은 질료로부터 여럿이 생겨나는 데 반해, 형상은 단 한 번 다른 것을 낳는다고 주장하지만, 현상적으로 보면 하나의 질료로부터는 하나의 탁자가 생겨나지만 형상을 부여하는 사람은 혼자서 여럿을 만들어내기 때문이다. 암수의 관계도 이와 마찬가지이다. 왜냐하면 암컷은 한 차례의 교접에 의해 임신을 하지만, 수컷은 여러 상대를 임신시키기 때문이다. 하지만 이것들은 앞서 말한 원리들의 닮은 꼴들이다.[35) **988a**

플라톤은 네 원인 가운데 두 원인만을 고려했다

그렇다면 플라톤은 우리가 찾는 것들과 관련해 이런 설명을 했다. 즉 **988a7**
지금까지 말했던 것을 통해 볼 때 분명한 점은 그가 두 가지 원인, 즉 '무엇'이라는 뜻의 원인과 질료라는 뜻의 원인만을 활용했다는 사실이다(왜냐하면 형상들은 다른 사물들에 있어 '무엇'의 원인이고, 형상들에 있어서는 하나가 그런 원인이기 때문이다). 기체에 해당하는 질료가 어떤 것인지도 분명한데, 감각물들의 경우에는 형상들이 그것들에 대해 술어가 되고 형상들의 경우에는 하나가 그것에 대해 술이가 되는네, 이 질료는 둘, 즉 큼과 작음이다. 또한 그는 좋음과 나쁨의 원인을 요소들 탓으로 돌리면서 그중 하나는 한 요소의 탓으로, 다른 하나는 다른 요소의 탓으로 여겼으니, 이는 우리가 이미 말했듯이[36) 선대 철학자들 가운데 어떤 사람들, 즉 엠페도클레스와 아낙사고라스가 시도했던 작업과 다를 바 없다.

---

35) 수컷과 암컷은 각각 플라톤이 말하는 하나와 둘을 닮았다는 점에서 '원리들의 닮은꼴들'(mimēmata tōn archōn)이라고 불린다.

36) 앞의 984b15-19와 32-b10 참조.

[……]

이데아론은 설명해야 할 것들의 수를 배가시킬 뿐이다

제 9 장

990a34-990b …… 이데아들을 원인들로 내세우는 사람들에 대해 말하자면, 이들은 첫째로 우리 눈앞에 있는 것들의 원인들을 파악하려고 탐구하면서 그것들과 같은 수의 다른 것들을 끌어들였으니, 이는 마치 수를 세려고 하는 사람이 (눈앞에) 있는 것들의 수가 적으면 셈을 할 수 없다고 생각하고서 셈할 것을 더 많이 만들어 수를 세려고 하는 것과 비슷하다. 왜냐하면 그들은 우리 눈앞에 있는 것들의 원인들을 탐구하면서 이것들로부터 그 형상들로 나아갔는데, 이 형상들은 우리 앞에 있는 것들과 수가 거의 같거나 그것들보다 적지 않기 때문이다. 왜냐하면 각 개별자에 대해 그것과 이름이 같으면서 그 (개별적) 실체들과 떨어져 있는 어떤 것이 있으며, 다른 것들의 경우에도 여럿에 대한 하나가 있으니 이는 그 여럿에 해당하는 것이 우리 (여기 있는) 이 개별적인 것들인 경우나 영원한 것들인 경우나 사정이 다르지 않기 때문이다.

형상들을 옹호하는 논변들은 설득력이 없다

990b8 또한 우리가 형상들이 있다는 사실을 밝힐 때 사용하는 여러 증명 가운데 분명한 것은 아무것도 없다. 어떤 경우에는 추론의 필연성이 없고, 어떤 경우에는 우리가 생각하기에 형상들을 갖지 않는 것들에 대해서도 형상들이 있게 되는 결과가 따라 나온다. 학문적 인식들에 의거한 증명에 따르면 학문의 대상이 되는 모든 것에 대해 형상이 있고, 여럿에 대한 하나의 증명에 따르면 부정적인 것들에 대해서도 형상이 있으며, 어떤 것이 소멸한 뒤에라도 사유의 대상이 되는 어떤 것이 있다는 증명에 따르면 가멸적인 것들에 대해서도 형상들이 있다. (이런 것들에 대한 어떤 상상내용[37]이 존재하기 때문이다.) 또한 보다 엄밀한 증명들의 경우, 어떤 증명들은 우리가 그 자체로서 독립된 유를 인정하지 않는 관계들에 대해 이데

아들을 만들어내고, 또 어떤 증명들은 제3의 인간을 낳는다.

이데아론은 다른 플라톤주의자들의 주장들과 상충한다

그리고 일반적으로 형상들에 대한 논변들은 우리가 이데아들의 존재보 **990b**17
다 더 높은 수준의 존재를 부여하길 원하는 것들을 부정하게 되는 결과에 이른다. 왜냐하면 그 논변들에 따르면 둘이 아니라 수가 먼저 있고 수보다는 관계가 있으며 이것이 그 자체로서 있는 것보다 앞선다는 결론과 함께 다른 결론들이 따라 나오기 때문인데, 이데아 이론을 따르는 사람들 중 몇몇은 그런 결론들에 반대한다.

또한 우리가 이데아들이 있다고 말하면서 그 근거로 삼았던 관념에 따 **990b**22
르면 실체들에 대해서뿐만 아니라 다른 많은 것들에 대해서도 형상들이 있을 것이다(왜냐하면 실체들에 대해서뿐만 아니라 다른 것들에 대해서도 하나의 개념이 있으며, 실체에 대해서만 학문이 있는 것이 아니기 때문이다. 그런데 이로부터 앞서 말한 것과 같은 종류의 다른 문제들이 수없이 따라 나온다). (추론의) 필연성에 따르거나 이데아 이론에 따르면, 형상들은 다른 것들이 관여할 수 있는 것이므로 실체들의 이데아들밖에는 있을 수 없기 때문이다. 그 이유는 그것들이 관여의 대상이 되는 것은 부수적인 방식에 의해서가 아니고, (이데아들에 관여하는) 다른 것들은 다른 어떤 기체에 대해 술어가 되지 않는 방식으로 있는 한에서 각각의 이데아에 관여하기 때문이다. (예컨대, 어떤 것이 두 배 자체에 관여한다면, 그것은 또한 영원함 자체에도 관여하지만, 이는 부수적인 방식으로 그런데, 그 까닭은 두 배에는 영원함이 부수적으로 속하기 때문이다.) 따라서 형상들은 실체일 것이다. 그렇다면 동일한 낱말들이 우리 주변에 있는 실체들과
거기 이데아계에 있는 실체들을 가리키는 셈이다. (그렇지 않다면 여기 있 **991a**
는 것들과 떨어져서 어떤 것이 있다는 말, 즉 여럿에 대한 하나가 있다는

37) '상상내용'(phantasma) ☞ phantasia.

말은 무슨 뜻인가?) 그리고 만일 이데아들과 그것들에 관여하는 것들에 대해 하나의 동일한 형상이 있다면, 그것은 그 둘 모두에 공통된 어떤 것일 것이다. 왜냐하면 가멸적인 2들과 수는 많지만 영원한 2들에 대해 하나이자 동일한 2가 있다면 어째서 2 자체와 개별적인 2들에 대해서는 그렇지 않겠는가? 그러나 만일 동일한 형상이 없다면, 그것들은 이름만 같은 것들일 터여서 마치 어떤 사람이 그것들 사이의 어떤 공통성도 고려하지 않은 채 칼리아스와 목상(木像)을 '사람'이라고 부르는 것과 사정이 같을 것이다.

이데아론은 감각적인 대상들을 설명할 수 없다

991a9 그러나 무엇보다도 도대체 형상들이 감각물들에 대해 — 이것들이 영원한 것이건 생성하고 소멸하는 것이건 간에 — 무슨 도움이 되는가라는 의문을 제기하는 사람이 있을 수 있다. 왜냐하면 형상은 그 두 종류의 감각물들이 겪는 어떤 종류의 운동과 변화에 대해서도 원인이 되지 못하기 때문이다. 더욱이 형상들은 다른 것들에 대한 학문적인 인식에도 아무 도움을 주지 못하며(왜냐하면 형상들은 감각물들의 실체가 아닌데, (그것들이 만일 감각물들의 실체라면) 그것들 안에 있을 것이기 때문이다), 그것들에 관여하는 것들 안에 내재하지 않기 때문에 그것들의 있음에도 도움을 주지 못한다. 따라서 하양이 다른 것과 뒤섞여 하얀 것의 원인이 되는 것과 같은 뜻으로 형상들이 원인이 된다고 생각해 볼 수는 있을 것이다. 하지만 가장 먼저 아낙사고라스가, 나중에는 에우독소스[38]와 다른 사람들이 의문을 품고 내세운 그런 설명은 너무 유동적이다(그런 생각에 상충하는 여러 가지 불가능한 점들을 끌어 모으기는 쉽기 때문이다).

991a19 더욱이 일상어법의 어떤 용법에 비추어보더라도 다른 것들이 형상들'로부터' 유래한다는 말은 이해하기 어렵다. 그것들은 본보기이며 다른 것들

38) 에우독소스(Eudoxos, 기원전 4세기)와 관련해서는 XII 8, 1073b17 아래 참조.

은 그것들에 '관여한다'는 것은 공허한 말이며 시적인 비유에 지나지 않는다. (만일 이데아들이 본보기라면) 이데아들을 바라보면서 작용을 하는 것은 무엇인가? 어떤 것이든 다른 것을 모방하지 않고서도 그것과 닮거나 닮게 될 수 있으니, 소크라테스가 있건 없건 소크라테스와 같은 사람이 생겨날 수 있는 것과 마찬가지이다. 소크라테스가 영원하다고 하더라도 사정은 분명 똑같다. 그리고 동일한 것에 대해 여러 본보기가 있어, 예컨대, 사람에 대해서는 '동물'과 '두 발 가짐'이 있을 것이고 그와 동시에 '사람 자체'도 있을 것이다. 또한 형상들은 감각물들뿐만 아니라 형상들 자체의 본보기일 것인데, 예컨대, 유는 그 유에 속하는 종들의 본보기일 것이다. 따라서 동일한 것이 본보기이면서 모방물일 것이다.

또한 생각건대, 실체와 그 실체가 속하는 것은 분리 가능하지 않을 텐 **991b**
데, 어떻게 이데아들이 사물들의 실체들이면서 그것들과 분리되어 있을 수 있겠는가? 『파이돈』에서는 이런 방식으로 형상들이 있음과 생성의 원인이 된다고 말한다.[39] 하지만 형상들이 있다고 하더라도 운동을 낳는 것이 없는 한, 그것들에 관여하는 것들은 생겨나지 않으며, 우리가 그것들에 대해서는 형상들을 인정하지 않는 다른 많은 사물, 예컨대, 집이나 반지도 생겨나는데, 그렇다면 우리가 이데아들을 인정하는 다른 것들 역시, 방금 말한 것들을 낳는 원인들과 같은 종류의 원인들에 의해 있거나 생겨날 수 있음이 분명하다.

또한 형상들이 수라면 그것들은 어떻게 원인일 수 있는가? 있는 것들은 **991b**9
서로 다른 수들이기 때문인가? 예컨대, 어떤 수는 사람이고, 어떤 수는 소크라테스이며, 또 어떤 수는 칼리아스인가? 어떤 이유에서 그런 수들은 이런 수들의 원인이라는 말인가? 설령 앞의 것들은 영원하고 뒤의 것들은 그렇지 않다고 하더라도 아무 차이가 없을 것이다. 하지만 만일 우리 주변에 있는 것들, 예컨대 협화음이 수적인 비율이기 때문에 그렇다면, 분명

39) 『파이돈』 100C-E 참조.

그런 비율들이 속하는 다른 어떤 부류의 것들이 있다. 그런데 만일 그에 해당하는 것, 즉 질료가 특정한 어떤 것이라면, 분명 그 수들 자체 역시 서로 다른 것들 사이의 비율일 것이다. 예컨대, 만일 칼리아스가 불과 흙과 물과 공기의 수적인 비율이라면, 그의 이데아 역시 다른 어떤 종류의 기체들의 수일 것이다. 그리고 사람 자체는 — 그것이 어떤 수이건 그렇지 않건 간에 — 다른 어떤 것들의 수적인 비율이지 엄밀한 뜻에서의 수는 아닐 것이고, 이런 이유에서 볼 때 어떤 〈이데아도〉 수가 아닐 것이다.

[……]

플라톤주의자들은 보편적 학문에 대해 잘못된 생각을 했다

992b18 일반적으로 '있는 것'의 여러 가지 뜻을 분석함이 없이 있는 것들의 요소들을 발견하기는 불가능하다. 특히 어떤 성격의 요소들로 있는 것이 이루어지는지에 대한 탐색이 이런 방식으로 이루어질 경우에는 더욱더 그렇다. 왜냐하면 '능동'이나 '수동'이나 '직선'이 어떤 것들로 이루어지는지 파악하기란 사실 가능하지 않고, 만일 그런 일이 가능하다면, 이는 오로지 실체들의 경우에만 가능하기 때문이다. 따라서 있는 것들 모두의 요소들을 탐색하는 것이나 누군가가 그것들을 가지고 있다고 생각하는 것은 옳은 일이 아니다.

992b24 또한 어떻게 우리는 모든 것의 요소들에 대해 배움을 얻을 수 있을까? 왜냐하면 분명 미리 어떤 것을 알고서 시작할 수는 없기 때문이다. 그 이유는 이렇다. 기하학을 배우는 사람은 다른 것들에 대해서는 미리 알고 있을 수 있지만, 그 학문의 대상이 되고 그가 장차 배우려고 하는 것들에 대해서는 아무것도 미리 알고 있는 것이 없는데, 이는 다른 학문들의 경우에도 마찬가지이다. 따라서 만일 어떤 사람들이 말하는 것과 같은 성격을 가진 모든 것에 대한 학문이 있다면, 그것을 배우고 있는 사람은 아무것도 미리 알 수 없을 것이다. 하지만 모든 배움은 — 그 전체이건 일부이건 간에 — 미리 알려져 있는 것들을 수단으로 해서 이루어지는데, 이는 논증을 통한 배움의 경우나 정의들을 통한 배움의 경우나 마찬가지이다.

왜냐하면 정의를 이루는 것들은 미리 알려져 있어야 하고 친숙한 것이어
야 하기 때문이다. 귀납을 통한 배움의 경우도 마찬가지이다. 다른 한편,
만일 우리가 앎을 본성적으로 타고난다면, 어떻게 우리가 학문들 가운데 **993a**
가장 우세한 것을 갖고 있으면서도 그것을 망각하고 있는지 놀라운 일이
아닐 수 없다.

또한 어떻게 우리는 사물들이 무엇으로 이루어져 있는지를 알며, 어떻 **993a**2
게 이것이 분명히 밝혀질 수 있을까? 왜냐하면 여기서도 의문이 생겨나기
때문이다. 마치 일부 음절들의 경우에 그렇듯이 거기에 대해서는 논란이
있을 수 있기 때문이다. 왜냐하면 어떤 사람들은 ζα가 ς와 δ와 α로 이
루어진다고 주장하는 반면에, 또 어떤 사람들은 그것이 독립적인 말소
리이며 우리에게 친숙한 것들에 속해 있지 않은 것이라고 주장하기 때
문이다.[40]

또한 감각이 대상으로 삼는 것들의 경우 우리는 그것들에 대한 감각을 **993a**7
갖지 않은 상태로 어떻게 그것들을 알 수 있을까? 하지만 마치 합성된 말
소리들이 저마다 고유한 철자들로 이루어져 있듯이 모든 것에 대해 그것
을 이루는 요소들이 동일하다면 우리는 그렇게 말할 수밖에 없을 것이다.

40) 그리스어의 철자 'ζ'(zēta)는 'd' 소리와 's' 소리가 합쳐진 복음(復音), 즉 '합성된 말소리'(synthetoi phōnai)이다.

제2권

철학에 대한 연구

제1장

993a30 진리에 대한 이론적인 고찰은 어떤 면에서는 어렵고 어떤 면에서는 쉽다. 그 징표는 다음과 같은 사실에 있다. 어느 누구도 진리를 합당하게 찾
993b 아낼 수 있는 능력이 없지만 우리가 완전히 진리에서 벗어나 있는 것은 아니며, 사람들은 각자 자연에 대해 무언가 말을 하고 혼자서는 진리에 기여하는 것이 전혀 없거나 그 기여의 정도가 사소하지만, 그것들이 함께 모이면 그로부터 무언가 대단한 것이 생겨난다. 따라서 우리가 "누가 대문을 못 맞추겠는가?"라는 속담을 말할 때와 사정이 같다면, 그런 면에서는 진리를 찾는 것은 쉬운 일이지만, 그 전체는 가져도 (세세한) 부분은 가질 수 없다는 사실을 놓고 보면 진리를 찾는 것은 어렵다.

993b7 하지만 아마도 그 어려움은 두 가지 유형으로 나뉠 텐데, 그 원인은 사물 안에 있는 것이 아니라 우리 안에 있을 것이다. 왜냐하면 박쥐의 눈이 한낮의 햇빛에 대해 갖는 관계는 우리의 영혼 안에 있는 지성이 모든 것 가운데 본성적으로 가장 분명한 것에 대해 갖는 관계와 같기 때문이다.

993b11 하지만 우리는 우리가 공유할 수 있는 의견들을 가지고 있는 사람들뿐만 아니라 피상적으로 생각을 천명한 사람들에게도 마땅히 고마워해야 한다. 왜냐하면 이들도 무언가 기여한 바가 있기 때문인데, 우리의 현재 상태는 그들이 앞서 연마한 결과이다. 만일 티모테오스[41]가 없었다면, 우

41) 티모테오스(Timotheos, 기원전 446년경~기원전 357년경)는 유명한 시인이자 음악가인데, 밀레토스(Miletos) 출신이지만 주로 아테네에서 활동했다.

리는 우리가 지금 가진 시가(詩歌)의 많은 부분이 없을 것이고, 만일 프뤼니스[42]가 없었다면, 티모테오스는 없었을 것이다. 진리에 대해 생각을 천명했던 사람들의 경우에도 똑같다. 왜냐하면 몇몇 사람들로부터 우리는 어떤 의견들을 물려받았고, 다른 사람들은 그들이 등장한 원인이 되었기 때문이다.

철학이 진리에 대한 학문이라고 불리는 것은 옳은 일이다. 왜냐하면 이 **993b**20
론적인 학문의 목적은 진리이고, 실천적인 학문의 목적은 행동이기 때문이다(설령 실천적인 사람들이 사실이 어떤지를 살펴본다고 하더라도 그들은 영원한 것이 아니고 관계적인 것이나 눈앞의 문제[43]를 고찰하기 때문이다). 그런데 원인을 모르고서는 우리는 진리를 알지 못한다. 하지만 어떤 것이 있어 그것에 따라 다른 것들에 같은 이름이 속한다면, 그런 이름의 근거가 되는 것은 다른 것들에 비해 가장 높은 수준으로 그런 이름을 갖는다(예컨대, 불이 가장 뜨거운데, 그것은 다른 것들에 속하는 열기의 원인이기 때문이다). 따라서 뒤에 오는 것들이 진리가 되게 하는 원인은 가장 높은 수준의 진리이다. 그런 까닭에 항상 있는 것들의 원리들은 필연적으로 〈항상〉 가장 높은 수준의 진리일 수밖에 없다(왜냐하면 그것들은 단순히 특정한 때 진리가 아니고, 그것들을 진리이게 하는 다른 어떤 원인이 있는 것도 아니며, 오히려 그것들이 다른 것들을 진리이게 하는 원인이기 때문이다). 그러므로 각 사물에 있어 그것의 있음의 정도와 진리의 정도는 서로 상응한다.

[……]

42) 프뤼니스(Phrynis)에 대해서는 알려진 것이 거의 없다.

43) 올바른 행동을 하려는 사람은 '우리와의 관계에서 중간'(to meson to pros hēmas)에 오는 행동을 선택한다. 『니코마코스 윤리학』 II 3, 1106a29 아래 참조.

제3권

철학의 문제들

의문들에 대한 논의의 중요성

제1장

995a24 탐구되는 학문[44]과 관련해 우리는 먼저 의문을 가져야 할 주제들에 먼저 눈을 돌려야 한다. 사람들마다 서로 다른 생각을 내세웠던 것들과 이런 것들과 별도로 그냥 간과된 것들이 그런 주제들에 해당한다. 의문을 해결할 뜻을 세운 사람들에게는 의문을 올바로 제기하는 것이 유익하다.[45] 왜냐하면 뒤에 오는 의문의 해결은 앞선 의문거리들에 대한 풀이이므로 결박을 알아차리지 못하는 사람들은 그것을 풀어낼 수 없지만, 우리의 생각에 담긴 의문은 대상을 둘러싼 그 결박을 밝혀주기 때문이다. 어떤 사람이 의문을 가진다면, 그런 점에서 그는 결박되어 있는 사람들과 비슷한 상태에 놓여 있어 그는 어느 쪽으로도 앞으로 나아갈 수 없다. 이 때문에 모든 어려움을 미리 고찰한 상태에 있어야 하는데, 지금 말한 이유에서뿐만 아니라 첫 단계에서 의문을 제기하지 않은 채 탐구를 하는 사람들은 어디로 가야 할지 알지 못하는 사람들과 같다는 이유에서도 그렇다. 더욱이 그런 사람은 자기가 찾고 있는 것을 발견했는지 그렇지 않은

44) '탐구되는 학문'(epizētoumenē epistēmē)은 '우리가 찾는 학문'을 뜻한다. I 2, 982a4, 21 참조.

45) 여기서부터 '의문을 갖다'(aporēsai), '의문을 해결하다'(euporēsai), '의문을 제기하다'(diaporēsai), '의문의 해결'(euporia) 등 'aporia'를 어원으로 갖는 낱말들이 많이 등장한다.

지도 분간하지 못한다.[46] 그런 사람에게는 목적이 분명치 않지만, 먼저 의문을 가졌던 사람에게는 분명하다. 또한 재판에서 쌍방의 말을 듣고 난 사람처럼 서로 상충하는 주장들을 모두 듣고 난 사람이 판정을 내리기에 더 좋은 입장에 있을 수밖에 없다.

지혜의 본성과 범위에 대한 의문들

(1) 첫째 의문은 예비논의에서 우리가 의문을 제기했던 것들과 관련된 **995b**4
것인데, 다음과 같은 물음들이 그에 해당한다. 원인들을 이론적으로 고찰하는 일은 하나의 학문에 속하는가 아니면 여러 학문에 속하는가?

(2) 그리고 실체의 첫째 원리들을 아는 것만이 (우리가 탐구하는) 그 학 **995b**6
문에 속하는가 아니면 모든 논증의 출발점이 되는 원리들을 아는 것도 그 학문에 속하는가? 예컨대, 동일한 하나의 사태를 동시에 긍정하면서 부정하는 것이 가능한가 그렇지 않은가라는 물음을 비롯해 그런 종류의 다른 물음들이 그에 해당한다.

(3) 또한 만일 그 학문이 실체에 대한 것이라면, 한 학문이 모든 실체를 **995b**10
다루는가 아니면 더 많은 학문이 그렇게 하는가, 그리고 더 많은 학문이 그렇게 한다면, 그 학문들은 모두 같은 부류인가, 아니면 그중 일부는 지혜들이라고 부르고 일부는 다른 어떤 것이라고 불러야 하는가?

학문의 대상에 대한 의문들

(4) 그리고 이것도 우리가 반드시 탐구해야 할 물음에 속하는데, 감각 **995b**13
적인 실체들만 있다고 말해야 하는가 아니면 그것들과 떨어져서 다른 실체들도 있다고 말해야 하는가,[47] 그리고 실체들은 한 종류인가 아니면 여러 부류의 실체들이 있는가, 예컨대 형상들을 내세우고 그것들과 감각적

46) 플라톤, 『메논』 80A-E 참조. 또한 『분석론 후서』 I 1, 71a29 아래 참조.

47) VII 2, 1028b27 아래 참조.

인 것들 중간에 수학적인 것들을 내세우는 사람들이 주장하듯이[48] 여러 부류의 실체들이 있는가? 우리가 주장하는 바와 같이 우리는 이런 것들에 대해 살펴보아야 한다.

995b19 (5) 또한 그 이론적 고찰이 실체들만을 다루는지, 아니면 실체들에 그 자체로서 부수적인 것들[49]도 함께 다루는지도 살펴보아야 한다. 하지만 이런 것들에 덧붙여 동일함과 다름, 질(質)의 같음과 다름, 반대, 앞서는 것과 뒤서는 것[50]을 비롯해 그런 종류의 다른 모든 것에 대해서도 살펴보아야 한다. 이런 것들에 대해 변증가들은 오로지 일반적 통념들에 의지해 고찰하면서 탐색하려고 하는데, 그 모든 것에 대해 고찰하는 것은 어떤 학문에 속하는 일일까? 또한 이런 것들에 그 자체의 본성에 따라 부수적으로 속하는 것들도 다루어야 하는데, 이것들 각각이 무엇인가라는 물음뿐만 아니라 어느 하나가 다른 하나에 반대되는지도 함께 다루어야 한다.[51]

학문이 탐구해야 할 원리들에 대한 의문들

995b27 (6) 또한 원리들과 요소들이 유들인지 아니면 각 대상이 나뉠 때 그 마지막에 오는 내재적인 것들[52]인지가 의문거리이다.

995b29 (7) 그리고 만일 그것들이 유들이라면, 불가분적인 것들에 대한 진술에서 최종(最終)의 유들이 그런가 아니면 첫째가는 것들이 그런가, 예컨대 '생

48) 플라톤주의자들이 이런 주장을 편다. I 6, 987b27-8 참조.

49) '그 자체로서 부수적인 것들'(ta symbebēkota kath' hauta)에 대해서는 ☞ symbebēkos #2(1).

50) '동일함'(tauton), '다름'(heteron), '질의 같음'(homoion) 혹은 동질성, '질의 다름'(anomoion), '반대'(enantiotēs), '앞서는 것'(proteton), '뒤서는 것'('hysteron).

51) IV 2, 1003b22-1005a18 참조.

52) '그 마지막에 오는 내재적인 것들'(eis ha diairetai enhyparchonta)이란 분석의 결과 마지막에 도달하는 내재적 원리들을 가리킨다. 예컨대, 복합 실체를 이루는 질료와 형상이 그런 원리에 해당한다.

명제'와 '사람' 가운데 어떤 것이 원리이고 개별자로부터 더 독립적인가?

(8) 그리고 가장 무게를 두어 탐구하고 연구해야 할 물음은 질료와 떨어져서 어떤 자립적인 원인이 있는가 그렇지 않은가, 이것은 분리가능한가 그렇지 않은가, 그것은 수가 하나인가 아니면 여럿인가라는 물음이다. 그리고 복합체와 떨어져 (질료에 대해 어떤 것이 술어가 될 때, 그것을 일컬어 나는 복합체라고 한다[53]) 어떤 것이 있는가 아니면 아무것도 없는가, 아니면 어떤 것들의 경우에는 그런 것이 있고 어떤 것들의 경우에는 없는가, 그리고 그런 것들은 어떤 성격을 가진 것들인가가 의문거리이다. **995b**31

(9) 또한 원리들은 수적으로 제한되어 있는지 아니면 종적으로 제한되어 있는지가 의문거리인데, 이는 정식[54] 안에 있는 원리들의 경우나 기체 안에 있는 원리들의 경우나 똑같이 의문거리이다. **996a**1

(10) 그리고 가멸적인 것들과 불멸하는 것들의 원리들이 동일한가 다른가, 그리고 그런 원리들은 모두 불멸하는가 아니면 가멸적인 것들의 경우 그 원리들이 소멸하는가가 의문거리이다. **996a**2

(11) 또한 모든 것 중에서 가장 어렵고 가장 큰 의문을 낳는 것은 다음과 같은 물음이다. 피타고라스학파나 플라톤이 말한 바 있는 하나와 있는 것은 (그것들을 술어로 삼는 것과) 다른 어떤 것이 아니라 있는 것들의 실체인가, 혹은 만일 그렇지 않다면, 기체가, 예컨대 엠페도클레스는 사랑이라고 말하고, 어떤 사람은 불, 어떤 사람은 물, 어떤 사람은 공기라고[55] 말하는 것이 다른 어떤 것인가? **996a**4

(12) 또한 원리들은 보편적인지 개별적인 사물들과 같은 방식으로 있는지가 의문거리이다. **996a**9

---

53) VII 3, 1029a23-4 참조.

54) '정식'(logos) ☞ logos.

55) 불을 기체로 여긴 사람은 힙파소스(Hippasos)와 헤라클레이토스(D-K, 22 B 30)이고, 물을 기체로 여긴 사람은 탈레스(D-K, 11 A 12)이다. 공기를 기체로 여긴 사람은 아낙시메네스(D-K, 13 B 2)와 아폴로니아의 디오게네스(D-K, 64 A 5)이다.

996a11 (13) 또한 그것들은 가능적으로 있는지 현실적으로 있는지, 또한 운동과 관련해 그렇게 불리는 것과 다른 뜻에서 그런지가 의문인데, 왜냐하면 이런 것들은 많은 의문을 낳을 수 있기 때문이다.

996a12 (14) 더욱이 수들과 선들과 도형들과 점들은 일종의 실체인가 그렇지 않은가, 그리고 그것들이 실체라면 감각물들과 분리된 상태에 있는가 아니면 이것들에 내재하는가?

996a15 이런 모든 문제에 대해서는 의문을 해결해 진리를 찾아내기 어려울 뿐만 아니라 논리적으로 올바른 의문을 제기하기도 쉽지 않다.

제4권

있는 것에 대한 학문

철학자는 있는 것을 있는 것인 한에서 탐구한다

제1장

있는 것을 있는 것인 한에서,[56] 그리고 그것에 그 자체로서 속하는 것들을 이론적으로 고찰하는 어떤 학문이 있다. 하지만 그것은 개별 학문들 가운데 어느 것과도 같지 않은데, 그 이유는 다른 학문들 가운데 어떤 것도 있는 것을 있는 것인 한에서 보편적으로 탐색하지 않기 때문이다. 그런 학문들은 있는 것의 한 부분을 떼어내 그것에 속하는 부수적인 것[57]을 이론적으로 고찰하는데, 예컨대 수학적인 학문들이 그렇다.[58] 우리는 원리들과 최고의 원인들을 찾고 있기 때문에, 분명 그 자체로서 이런 것들을 갖는 어떤 자연적인 것이 반드시 있어야 한다. 그래서 만일 있는 것들의 요소들을 찾는 사람들이 찾았던 것이 바로 그런 원리들이라면, 그 요소들은 필연적으로 있는 것에 속하되 부수적인 뜻에서가 아니라 그것이 있는 것인 한에서 속해야 한다. 그러므로 우리는 있는 것인 한에서 있는 것에 속하는 첫째 원인들을 파악해야 한다. 그러므로 우리는 첫 번째 뜻에 1003a21

56) 'on hēi on'은 '있는 것을 있는 것인 한에서', '있는 것을 있는 것으로서', '있는 것을 있음의 측면에서' 등으로 옮길 수 있다. ☞ hēi.

57) '부수적인 것' ☞ symbebēkos.

58) 모든 학문은 있는 것(on)을 다룬다. 하지만 수학적인 학문들도 있는 것을 다루지만, '양적이고 연속적인 측면에서'(hēi posa kai synechē, XI 3, 1061a34-5) 다룰 뿐, 있는 것을 있는 것인 한에서 '그 자체로서'(kath' hauto) 고찰하지는 않는다.

서 있는 것, 즉 실체를 탐구하고, 하나와 여럿, 그것으로부터 파생되는 반대자들, 그리고 있는 것과 실체에 속하는 부수적인 것들을 탐구해야 한다.

철학자는 첫 번째 뜻에서 있는 것, 즉 실체를 탐구한다

제2장

1003a33 '있는 것'은 여러 가지 뜻으로 쓰이지만, 하나와의 관계 속에서, 즉 어떤 하나의 자연적인 것과의 관계 속에서 쓰이는 것이지 동음이의적으로[59] 쓰이는 것이 아니다. 그 사정은 이렇다. '건강한'은 모두 건강과의 관계 속에서 쓰이는데, 어떤 것은 건강을 지켜준다는 뜻에서, 어떤 것은 건강을 낳는다는 뜻에서, 어떤 것은 건강의 징후라는 뜻에서, 어떤 것은 건강의 수용자라는 뜻에서 그렇게 불리고, '의술적'이라는 말 역시 의술과의 관계 속에서 쓰인다. (그 까닭은 어떤 것은 의술을 소유하고 있다는 뜻에서, 어떤 것은 의술에 본성적으로 적합하다는 뜻에서, 어떤 것은 의술의 작용이라는 뜻에서 '의술적이다'고 불리기 때문인데, 우리는 이와 똑같은
1003b5 방식으로 쓰이는 다른 말들을 찾아내게 될 것이다.) 이와 마찬가지로 '있는 것' 역시 여러 가지 뜻으로 쓰이지만 그 모두가 하나의 원리와 관계를 맺고 있으니, 그 까닭은 어떤 것들은 실체라는 이유에서 있는 것이라고 불리고, 어떤 것들은 실체의 양태들이라는 이유에서, 어떤 것들은 실체에 이르는 과정, 실체의 소멸이나 결여나 성질, 실체를 만들어내는 것이나 낳는 것이라는 이유에서나 혹은 실체와의 관계에 따라 일컬어지는 것들 가운데 속해 있다는 이유에서, 또는 그것들 가운데 어느 하나의 부정이거나 실체의 부정이라는 이유에서 있는 것이라고 불리니, 그런 이유 때문에 우리는 있지 않은 것에 대해서도 그것이 '있지 않다'고 말한다. 그런데 건강한 것들 모두에 대해 하나의 학문이 있으니, 다른 것들의 경우도 사정이 같다. 왜냐하면 하나에 따라 일컬어지는 것들뿐만 아니라 하나의 자연적

59) '동음이의적' ☞ homōnymon.

인 것과의 관계 속에서 일컬어지는 것들을 이론적으로 고찰하는 것 또한 하나의 학문이 할 일이기 때문인데, 그것들도 어떻게 보면 하나에 따라 있는 것들이기 때문이다. 그러므로 있는 것들을 있는 것들인 한에서 이론적으로 고찰하는 것은 하나의 학문 과제임이 분명하다.—그러나 어디서나 학문은 주로 첫째가는 것을 다루며, 다른 것들은 그것에 의존하고 또 그것에 의해 그 이름을 얻는다. 그런데 만일 이것이 실체라면, 철학자는 마땅히 실체들의 원리들과 원인들을 소유해야 할 것이다.

철학의 부분들

실체들의 수만큼 철학의 부분들도 많이 있으며, 따라서 그것들 가운데 **1004a**2
는 필연적으로 첫째가는 것과 그에 이어지는 것이 있을 수밖에 없다. 왜냐하면 있는 것은 즉시 유들로 나뉘기 때문이다. 그러므로 여러 학문도 이런 유들에 상응한다. 왜냐하면 철학자는 수학자라고 불리는 사람과 똑같은 처지에 놓여 있으니, 수학적인 학문에는 부분들이 있어서 첫째 학문과 둘째 학문이 있고, 계속해서 다른 것들이 있기 때문이다.

어떤 경우든 하나의 유에 대해서는 감각도 하나이고 학문도 하나인데, **1003b**19
예컨대 문법학은 하나의 학문으로서 모든 말소리를 이론적으로 고찰한다. 그러므로 있는 것인 한에서 있는 것에 속하는 종들을 고찰하는 것은 유(類)적으로 하나인 학문에 속하는 일이며, 그것의 종들을 연구하는 것은 그 학문의 여러 종에 해당하는 여러 분과에 속하는 일이다.

철학자는 있는 것과 하나를 다루고, 그것에 대립하는 것들도 다룬다

〔(그런데 '있는 것'과 '하나'는, 하나의 정식에 의해 그 뜻이 밝혀진다는 **1003b**22
뜻에서 그렇지는 않지만, '원리'와 '원인'이 그렇듯이 서로 따른다는 뜻에서는 동일한 것이요 본성적으로 하나이다. (설령 우리가 앞에서 말한 것과 같은 뜻에서 그렇다고 상정해도 아무 차이가 없으며 오히려 그렇게 하는 것이 더 유익할 것이다.) 왜냐하면 '한 사람'과 '사람'은 동일하고 '있는 사람'과 '사람'도 그와 마찬가지이며, '한 사람이고 있는 한 사람'이라고 표현을 중첩시켜도 그것이 드러내는 것은 다른 것이 아니기 때문이다. (분명 그 둘은 생성의 측면에서나 소멸의 측면에서나 분리되지 않으며, 이는 하나의 경우에도 마찬가지이다.) 그러므로 분명 이런 경우에는 어떤 것을 부가해도 그것이 지시하는 것은 동일하며 하나는 있는 것과 떨어져 있는 다른 어떤 것이 아니다. 또한 각자의 실체는 — 부수적인 뜻에서 하나라는 것과 다른 뜻에서 — 하나인데, 어떤 것의 '무엇'에 해당하는 것의 경우에도 이와 마찬가지이다. 그러므로 하나의 종들이 있는 만큼 있는 것의 종들도 여럿이다. 그 종들에 대해, 예컨대 동일성이나 질의 동일성을 비롯한 그런 종류의 다른 것들에 대해 그것들이 각각 '무엇'인지를 고찰하는
1004a 것은 유적으로 동일한 학문에 속하는 일이다. 그리고 거의 모든 반대자는 동일한 원리로 환원된다. 이런 것들은 '반대자들에 대한 선별적 탐구'[60] 에서 우리가 이미 고찰한 것으로 해두자.〛

1004a9 그런데 대립자들을 이론적으로 고찰하는 것은 하나의 학문에 속하는 일이고 다수는 하나와 대립한다. 〚부정과 결여를 고찰하는 것은 하나의 학문에 속하는 일인데, 그 이유는 두 경우 모두 부정이나 결여를 갖는 하나가 고찰의 대상이기 때문이다. 〈그 이유는 이렇다.〉 어떤 것이 주어져 있지 않다고 말할 때 우리는 무제한적인 뜻에서 그렇게 말하거나, 또는 그것이 어떤 유에 속해 있지 않다는 뜻에서 그렇게 말한다. 그런데 뒤의 경우 †그 하나에는 그것이 부정되고 있다는 점과 별도로 차이가 덧붙는데, †[61] 그 이유는 부정은 그것의 부재(不在)이기 때문이다. 반면에 결여의 경우에는 어떤 자연물이 밑에 놓여 있고 결여는 그것에 대해 술어가 된다.〛 〔다수는 하나와 대립해 있으며〕, 따라서 앞에서 말한 것들에 대한

60) 디오게네스 라에르티오스(V 21)의 아리스토텔레스 저술 목록에 소개된 『반대자들에 대하여』(*Peri enantiōn*)를 가리키는 듯하다.

61) 문헌학자들은 필사본에는 적혀 있으나 해독하기 어려운 부분을 무덤과 같은 것이라며 † †표시를 한다.

대립자들, 즉 다름, 질의 비동일, 양의 비동일을 비롯해 이것들에 따라 또는 다수 및 하나에 따라 일컬어지는 것들에 대해 아는 것도 앞에서 말한 학문에 속한다. 반대도 그것들 가운데 하나인데, 그 이유는 반대는 일종의 차이이고, 차이는 다름이기 때문이다. 그러므로 '하나'가 여러 가지 뜻으로 쓰이기 때문에, 지금 말한 것들도 여러 가지 뜻으로 쓰이지만, 그럼에도 불구하고 그것들 모두에 대해 아는 것은 하나의 학문이 할 일이니, 그 이유는 어떤 개념이 서로 다른 학문에 속한다면, 이는 그 개념이 여러 가지 뜻으로 쓰이는 탓에 그런 것이 아니라 그것에 대한 개념 규정들이 하나에 따라 쓰이지도 않고, 또한 하나와의 관계 속에서 쓰이지도 않는 탓이기 때문이다.

철학자는 있는 것 자체에 속하는 것들을 모두 탐구한다

그러나 예컨대, '하나'라고 불리는 것들이 모두 첫 번째 뜻에서의 하나 **1004a**25
와의 관계 속에서 그렇게 불리듯이 모든 것은 첫째가는 것으로 환원되는데, 동일성과 다름 및 그와 반대되는 것들의 경우에도 사정이 똑같다고 말해야 한다. 그러므로 우리는 각 개념의 여러 가지 뜻을 나눈 뒤 각 범주 안에서 첫째가는 것과 관련해 다른 것들이 어떻게 그것과의 관계 속에서 쓰이는지 설명을 제시해야 한다. 왜냐하면 어떤 것들은 그것을 가진다는 이유에서, 어떤 것들은 그것을 만들어낸다는 이유에서 또 어떤 것들은 그런 종류의 다른 방식에 따라 그렇게 불릴 것이기 때문이다.

그렇다면 분명 〔의문들에 대한 글[62]에서 말한 바와 같이〕 그런 것들[63] **1004a**31
이나 실체에 대해 설명을 하는 것은 하나의 학문이 할 일이며(이것은 의문점들에 대한 글에서 다룬 문제들 가운데 하나였다[64]), 모든 것에 대해

---

62) III 1, 995b18-27 참조.

63) '하나'(hen)와 관련된 개념들, 예컨대 '동일성'(auto), '양적인 동일성'(ison), '질적인 동일성'(homoion)이나 그에 반대되는 개념들을 가리킨다.

64) III 1, 995b18-27 참조.

1004b 이론적으로 고찰할 수 있는 능력을 갖추는 것은 철학자의 일이다. 왜냐하면 만일 그것이 철학자의 일이 아니라면, 소크라테스와 앉아 있는 소크라테스가 동일한지, 그 가운데 어느 하나가 다른 하나와 반대되는 것인지, 반대되는 것은 무엇이고 얼마나 여러 가지 뜻으로 쓰이는지를 탐색하는 사람은 누구이겠는가? 그런 종류의 다른 것들에 대해서도 마찬가지이다. 그런데 그것들은 하나인 한에서 하나와 있는 것인 한에서 있는 것에 그 자체로서 속하는 속성들이지, 어떤 것이 수인 한에서 또는 선(線)인 한에서 또는 불(火)인 한에서 속하는 속성들이 아니기 때문에, 그것들이 무엇이고 그것들에 속하는 부수적인 것들이 어떤 것인지를 아는 것도 바로 그 학문이 할 일이다. 그것들에 대해 탐색하는 사람들의 잘못은 그들이 철학을 하지 않는다는 데 있는 것이 아니라 실체가 그것들에 앞서는 것임을 헤아리지 못하는 데 있으니 그들은 실체에 대해 전혀 전문적으로 알지 못한다. 수인 한에서 수에 속하는 고유한 속성들이 있고(예컨대, 홀수성과 짝수성, (공통적인 단위에 의한) 측정 가능성과 양적인 동일성, 초과와 부족이 그렇다), 이것들이 그 자체로서 그리고 다른 것들과의 관계 속에서 수들에 속하는 것과 마찬가지로(입체와 운동하지 않는 것과 운동하는 것과 무게가 없는 것과 무게를 가진 것에는 다른 고유한 속성들이 있다) 있는 것인 한에서 있는 것에 속하는 고유한 것들이 있고, 바로 이것들에 대해 철학자는 진리를 탐색한다. 그 징표는 이렇다. 변증가들과 소피스테스들은 철학자와 겉모양이 똑같은데, 그 이유는 소피스테스의 기술은 단지 겉보기의 지혜일 뿐이기 때문이다. 변증가들도 모든 것에 대해 대화를 하는데, 있는 것은 모든 것에 공통적이며, 그 사람들이 모든 것에 대해 대화를 하는 것은 분명 그것이 철학에 고유한 일이기 때문이다. 그 이유는 소피스테스의 기술과 변증술은 철학이 다루는 것과 동일한 유의 주변을 맴돌지만, 철학은 그 능력을 쓰는 방식에서 변증술과 다르고, 삶의 목적을 선택하는 데서 소피스테스의 기술과 다르기 때문이다. 실제로 변증술은 철학이 인식하는 것들에 대해 시험을 일삼고, 소피스테스의 기술은 겉모양이 철학처럼 보이지만 실제로는 그렇지 않다.

또한 반대자들 가운데 한 축은 결여이고, 모든 반대자는 있는 것과 있 1004b27
지 않은 것, 하나와 다수로 환원되는데, 예컨대 정지는 하나에 속하고 운
동은 다수에 속한다. 그런데 거의 모든 사람은 있는 것들과 실체가 반대
자들로 구성된다는 데 생각이 일치한다. 적어도 반대자들을 원리들로 내
세우는 점에서는 모두가 똑같은데, 왜냐하면 어떤 사람들은[65] 홀수성와
짝수성을, 어떤 사람들은[66] 뜨거운 것과 차가운 것을, 어떤 사람들은[67]
한계와 무한자를, 어떤 사람들은[68] 사랑과 싸움을 원리들이라고 주장하
기 때문이다. 그리고 다른 모든 것들은 분명 하나와 다수로 환원되며 (이 1005a
환원을 그대로 받아들이도록 하자[69]), 전체적으로 볼 때 다른 사람들이
주장하는 원리들은 이 부류들에 속한다. 그렇다면 이런 것들로부터도 있
는 것인 한에서 있는 것을 이론적으로 고찰하는 것이 하나의 학문이 할
일임이 분명하다. 왜냐하면 모든 것은 반대자들이거나 반대자들로부터 유
래하며, 하나와 다수는 반대자들의 두 원리이기 때문이다. 이것들은 하나
의 학문에 속하는데, 그것들이 한 가지 뜻을 갖건 한 가지 뜻을 갖지 않
건 간에 사정은 다르지 않다. 아마도 두 번째 경우가 진리일 것이다. 하지
만 비록 '하나'가 여러 가지 뜻으로 쓰인다고 하더라도 나머지 것들은 모
두 첫째가는 것과의 관계 속에서 쓰일 것이며, 반대자들도 이와 마찬가
지이다. 〔〔그리고 이는 비록 있는 것이나 하나가 보편자가 아니고 모든 것
들에 대해 동일하다고 해도 그렇고 그것들이 (개별적인 것들과) 분리 가능
하다고 하더라도 그렇다. 아마도 분리 가능하지 않을 것이다. 어떤 것들
은 하나와의 관계 속에서, 또 어떤 것들은 계열을 이루면서 통일성을 가
진다.〕〕 그리고 이런 이유에서 반대, 완전성, 하나, 있는 것, 동일성 또는

65) 피타고라스학파를 말한다. I 5, 986a15 아래 참조.

66) '의견의 길'에서 파르메니데스가 그런 주장을 한다.

67) 플라톤주의자들을 가리킨다. I 6, 987b26 아래 참조.

68) 엠페도클레스를 가리킨다. D-K, 31 B 17 참조.

69) 앞의 1004b29 참조.

다름이 무엇인지를 고찰하는 것은 기하학자가 할 일이 아닌데, 기하학자는 전제들에서 출발한다. 그렇다면 있는 것인 한에서 있는 것과 있는 것인 한에서 그것에 속하는 것들을 고찰하는 것은 하나의 학문이 할 일임이 분명하며, 동일한 이론적인 학문이 실체들뿐만 아니라 그에 속하는 것들도 함께 고찰해야 한다는 것도 분명한데, 앞에서 말한 것들[70]을 비롯해 앞서는 것과 뒤에 오는 것, 유와 종, 전체와 부분 및 그런 종류의 다른 것들이 그에 해당한다.

철학자들은 추론의 원리들, 특히 확고한 원리들을 탐구한다

제 3 장

1005a19 수학에서 이른바 공리들이라고 불리는 것들을 다루는 일과 실체를 다루는 일이 하나의 학문이 할 일인지 아니면 다른 학문이 할 일인지 말해야 한다. 그것들에 대한 고찰도 하나의 학문, 즉 철학자의 학문 과제임이 분명한데, 왜냐하면 그것들은 있는 것 모두에 속하는 것이지 다른 것들과 분리돼 특정한 유에만 고유하게 속하는 것이 아니기 때문이다. 모든 사람이 그런 공리들을 사용하는데, 그 이유는 그것들은 있는 것인 한에서 있는 것에 속하고 각각의 유는 있는 것이기 때문이다. 하지만 사람들은 자신들이 만족할 만한 범위 안에서만, 즉 그들이 논증들의 대상으로 삼는 유가 미치는 범위 안에서만 그것들을 제시한다. 따라서 그것들이 있는 것인 한에서 모든 것에 속한다는 사실은 분명하기 때문에(왜냐하면 그것은[71] 모든 것에 공통적인 것이기 때문이다), 그것들에 대한 이론적인 고찰 역시 있는 것인 한에서 있는 것에 대해 아는 사람이 할 일이다. 그렇기 때문에 (있는 것을) 부분적으로 탐색하는 사람들 가운데 어느 누구도 그런 공리들에 대해 그것들이 참인지 그렇지 않은지 설명하려고 하지 않는데, 기하학자도 산수학자도 그렇다. 다만 몇몇 자연학자들이 그런 시도를

70) 앞의 1005a12를 가리킨다.

71) 앞의 '있는 것인 한에서'(hēi on) '있는 것'을 가리킨다.

했으니, 이들은 그럴듯한 방식으로 이 일을 수행했다. 왜냐하면 그들은 오
직 자신들만이 자연 전체와 있는 것에 대해 주목한다고 생각했기 때문이
다. 하지만 자연학자보다 상위에 있는 사람도 있기 때문에(자연은 있는 것
들의 한 가지 유이기 때문이다) 그 공리들에 대한 고찰 역시 보편적으로
있는 것과 첫째 실체에 대해 고찰하는 사람이 할 일일 것이다. 자연학도 1005b
일종의 지혜이지만 첫째 지혜는 아니다. 〔(그 공리들을 다루는 사람들 가
운데 어떤 이들은 어떤 방식으로 그것들을 받아들여야 하는지에 대해 진
리를 말해 보려고 시도했는데,[72] 그들이 그렇게 하는 것은 분석론의 이론
들에 대한 무지 탓이다. 왜냐하면 그것들에 대해 미리 탐색한 뒤에 다른
연구에 접근해야지 그 이론들에 대해 강의를 듣는 처지에 그것들에 대해
탐구해서는 안 될 일이기 때문이다.)〕

그렇다면 추론의 원리들에 대해 탐색하는 것도 철학자, 즉 자연적으로 1005b7
있는 모든 실체에 대해 이론적으로 고찰하는 사람의 과제임이 분명하다.
각각의 유에 대해 가장 잘 아는 사람은 마땅히 그 대상에 속하는 가장
확고한 원리들을 설명할 수 있어야 하며, 따라서 있는 것인 한에서 있는
것들을 다루는 사람 역시 모든 것 가운데 가장 확고한 원리들을 설명할
수 있어야 한다. 철학자가 바로 그런 사람이다.

철학자들은 모순율을 탐구하는데, 이 원리는 가장 확고한 원리이기 때문이다

그리고 모든 원리 가운데 가장 확고한 원리에 대해서는 잘못을 범하는 1005b11
것이 불가능하다. 왜냐하면 그런 원리는 필연적으로 가장 잘 알려져 있고
(왜냐하면 모든 사람은 자신들이 알지 못하는 것들에 대해 잘못을 범하
기 때문이다), 무전제적인 것[73]이어야 하기 때문이다. 왜냐하면 있는 것들

72) 안티스테네스(Antisthenes)를 염두에 둔 말인 것 같다.

73) '무전제적인 것'(to anhypotheton)에 대해서는 플라톤, 『국가』 VI, 511B 참조 ☞ hypothesis.

가운데 어떤 것이든 그것을 아는 사람은 필연적으로 그런 원리를 소유하고 있어야 하기 때문인데, 이런 원리는 전제가 아니다. 어떤 대상이든 그것을 아는 사람은 필연적으로 그 원리를 알아야 하며, 반드시 이 원리를 지니고 다른 연구에 접근해야 한다. 그런 원리가 모든 것 가운데 가장 확고한 원리임은 분명하다. 그러면 어떤 것이 그런 원리인가, 이제 이 문제에 대해 논의해보자. 동일한 것이 동일한 것에 동일한 측면에서 속하면서 동시에 속하지 않기는 불가능하다는 것이 그런 원리이다. (우리는 여기서 다른 부가적 규정들을 덧붙일 수 있을 텐데, 이런 규정들은 논리적인 어려움에 맞서 이미 덧붙여진 것으로 치자.) 사실 이것은 모든 원리 가운데 가장 확고한 원리인데, 왜냐하면 이것은 앞에서 말한 규정에 부합하기 때문이다. 어느 누구도 동일한 것이 있으면서 있지 않다고 생각하기는 불가능하다.[74] 헤라클레이토스가 그런 말을 했다고 생각하는 사람들이 있지만, 어떤 사람이 말을 하면서 그 말을 꼭 믿어야 할 필연성은 없기 때문이다. 그런데 만일 반대되는 것들이 동일한 것에 동시에 속할 수 없다면(이런 전제에도 일반적인 규정들이 이미 덧붙여져 있다고 하자), 또한 어떤 의견을 부정하는 의견은 그 의견에 반대되는 것이라고 전제한다면, 똑같은 사람이 동일한 것을 두고 그것이 있으면서 동시에 있지 않다고 생각하는 것은 분명 불가능하다. 왜냐하면 어떤 사람이 이와 관련해 잘못을 범했다면, 그는 반대되는 두 가지 의견을 동시에 가질 수 있을 것이기 때문이다. 그러므로 논증을 하는 사람들은 모두 이 궁극적인 의견으로 논증을 환원하는데, 그것은 본성적으로 다른 모든 공리에 대해서도 그것들의 원리이기 때문이다.

74) 여기서 'einai'와 'mē einai'는 물론 '있다'와 '있지 않다'라고 옮긴 'einai'와 'mē einai'는 '~이다'와 '~이 아니다'는 뜻을 함께 갖는다.

모순율의 옹호

이 원리는 논증을 통해 옹호될 수 없지만, 논변을 통해서는 옹호될 수 있다

제4장

앞서 말했듯이 동일한 것이 있으면서 있지 않는 것이 가능하다고 스스 1005b35
로 말하면서 또 그렇게 믿는 사람들이 있다.[75] 자연학자들 가운데서도 여 1006a
러 사람들[76]이 그런 말을 쓴다. 하지만 이제 우리는 어떤 것이 있으면서 동시에 있지 않기는 불가능하다고 말했으며, 이를 통해 이것이 모든 원리 가운데 가장 확고한 원리임을 밝혔다. 이 원리마저 논증하기를 요구하는 사람들이 있지만,[77] 이런 요구는 무지에서 나오는 것이다. 왜냐하면 논증을 찾아야 할 것과 찾을 수 없는 것을 가리지 못하는 것은 교육의 부재를 드러내는 일이기 때문이다. 완전히 모든 것에 대한 논증은 있을 수 없다. (이는 무한히 진행될 것이고 그 결과 논증이란 존재할 수 없게 될 것이기 때문이다.)[78] 하지만 만일 논증을 찾아서는 안 될 것들이 있다면, 그들은 어떤 것을 두고 (우리가 지금 말하는 원리보다) 더 높은 수준으로 그런 성격을 가진 원리라고 주장하려는 것인지 설명할 길이 없을 것이다.

하지만 우리는 그 주장에 대해서도 그것이 불가능하다는 사실을 반박 1006a11
을 통해 논증할 길이 있는데, 만일 우리의 반대자가 어떤 말이든 말만 내뱉으면 그렇게 할 수 있다. 하지만 만일 그가 아무 말도 하지 않는다면, 아무것에 대해서도 주장을 하지 않는 사람을 상대로 해서—그가 아무것에 대해서도 주장을 하지 않는다는 바로 그 점을 두고—그에 반대하는 논변을 찾는 것은 우스운 일일 것이다. 왜냐하면 그런 사람은 그런 상태에 놓여 있다는 측면에서 보면 식물과 유사하기 때문이다. 하지만 나는

75) 1005b23-5에서 말한 헤라클레이토스나 그를 따르는 사람들을 가리키는 듯하다.

76) 메가라(Megara)학파를 두고 하는 말인 듯하다.

77) 안티스테네스를 두고 하는 말인 듯하다.

78) 『분석론 후서』 I 3, 72b5 아래 참조.

반박을 통한 논증은 (일반적인) 논증과 서로 차이가 있다고 말하는데, 왜냐하면 논증을 하는 사람은 출발점에 놓인 것을 되묻는 듯이 보일 수 있겠지만, 그에 반해 다른 사람이 그런 일의 원인 제공자라면 그에 맞서 반박이 있을 수 있으니 이것은 논증이 아니기 때문이다. 그런데 그런 모든 경우 출발점에 해당하는 요구 조건은 어떤 것이 있거나 또는 없다고 말해야 한다는 것이 아니라 (어떤 사람은 이것을 논증되어야 할 것을 처음부터 요구하는 것으로 생각할 수도 있을 것이다), 자기 자신에게나 다른 사람에게나 말이 뜻을 가져야 한다는 것인데, 이것은 어떤 사람이 말을 한다면 그 말이 성립하기 위한 필연 조건이기 때문이다. 왜냐하면 만일 어떤 사람이 그런 요구 조건을 충족하지 못한다면, 그런 사람은 진술능력이 없는 사람일 것이다. 자기 자신과의 관계에서도 그렇고 타인과의 관계에서도 그렇다. 그런데 어떤 사람이 이 점을 인정한다면, 논증이 가능할 텐데, 왜냐하면 이미 무엇인가 확정된 것이 있을 것이기 때문이다. 하지만 그런 논증이 필요하도록 원인을 제공한 사람은 논증하는 사람이 아니라 논변을 기다리는 사람이다. 왜냐하면 그는 논변을 부정하면서 논변을 기다리고 있기 때문이다.[79] ([또한 이것을 인정한 사람은 논증과 따로 참인 것이 있다는 사실을 이미 받아들인 셈이다]).

모순율을 옹호하는 논변들

(1) 지시를 위한 요구 조건들

1006a28 그렇다면 첫째로, 적어도 이것만큼은 진리임이 분명하다. 즉 '있다'나 '있지 않다'는 낱말은 어떤 것을 가리키며, 따라서 모든 것이 어떤 특정한 상태에 있으면서 그런 상태에 있지 않은 것은 아니라는 사실이 그것이다.

---

79) 모순율을 부정하는 사람은 한편으로는 그 원리를 부정함으로써 그것을 기초로 이루어지는 논증을 부정하면서, 다른 한편으로는 모순율을 전제로 해서 이루어질 수밖에 없는 논증을 기다리고 있다.

(2) 어떤 것을 지시하는 것은 모순율에 의존한다

또한 '사람'이 한 대상을 가리키고, 이것이 두 발 가진 동물이라고 해보 **1006a**31
자. '한 대상을 가리킨다'는 말의 뜻은 다음과 같다. 즉 만일 '사람'이 'X'라면, 어떤 대상이 '사람'인 한, 이 'X'는 (이 사람에게 있어) '사람임'을 뜻할 것이다.[80] (어떤 사람은 낱말이 여러 대상을 가리킨다고 말할 수도 있겠지
만, 그 수가 제한되어 있기만 하다면 아무 차이가 없는데, 각 정식에 대 **1006b**
해 다른 이름을 붙일 수 있을 것이기 때문이다. 예를 들어보자. 만일 그가 '사람'이 가리키는 것이 하나가 아니라 여럿이라고 말한다면, 그중 하나에는 '두 발 가진 동물'이라는 정식이 속할 것이고, 그 낱말이 가리키는 것들의 수가 제한되어 있다면 그것들에 대해 여러 개의 다른 정식들이 있을 것이다. [왜냐하면 각 정식마다 그에 고유한 낱말을 붙일 수 있겠기 때문이다.] 하지만 만일 그럴 수 없고 그 낱말이 가리키는 것이 무한하다고 말한다면, 그 경우에는 분명 어떤 정식도 존재할 수 없을 것이다. 왜냐하면 '하나를 가리키지 않는다'는 것은 곧 아무것도 가리키지 않는다는 뜻이며, 이름들이 아무것도 가리키지 않는다면 사람들 사이의 대화는 단절될 터이니, 진리의 관점에서 보아도 그렇고 자기 자신과 나누는 대화의 관점에서 보아도 그렇다. 왜냐하면 어느 누구도 하나의 대상을 사유하지 않고서는 사유를 할 수 없고, 만일 사유가 가능하다면 그 대상에 대해 하나의 이름을 붙일 수 있을 것이기 때문이다.)

그렇다면 처음에 반박했던 대로[81] 낱말이 어떤 것을 가리키며 하나의 **1006b**11
대상을 가리킨다고 해보자. '사람'이 하나의 대상에 대해 쓰일 뿐만 아니라 하나의 대상을 가리킨다면, '사람이다'가 사람이 아닌 것을 가리키는

---

80) 로스의 영어 번역이 본래의 진술을 이해하는 데 도움을 준다. "…… if 'man' means 'X', then if A is a man 'X' will be what 'being a man' means for him." 예컨대 '사람'이 '두 발 가진 동물'이라고 하자. 소크라테스가 '사람'이라면, 그는 동시에 '두 발 가진 동물'일 것이다. 다시 말해서 '두 발 가진 동물임'은 소크라테스에게 속한다.

81) 앞의 1006a21과 31 참조.

일은 있을 수 없다. ('한 대상을 가리킨다'는 말은 '한 대상에 대해 무엇인가를 가리킨다'와 뜻이 같지 않다. 왜냐하면 뒤의 경우에는 '음악적', '하얀', '사람'은 하나의 대상을 가리킬 수 있게 될 것이고,[82] 따라서 모든 것이 하나가 될 것이기 때문이다. 왜냐하면 그것들은 같은 이름이 될 것이기 때문이다.)

1006b18 그리고 동음이의적인 것의 경우를 제외한다면 동일한 것이 있으면서 있지 않기란 불가능하다. 우리가 '사람'이라고 부르는 것을 다른 사람들은 '사람이 아닌 것'[83]이라고 부를 때가 그런 경우에 해당한다. 하지만 여기서 우리가 의문으로 삼는 것은 이름에서가 아니라 실제 사물에 있어 동일한 것이 사람이면서 사람이 아닐 수 있는가라는 문제이다. 하지만 만일 '사람'과 '사람이 아닌 것'이 다른 것을 가리키지 않는다면, '사람이 아니다'도 '사람이다'와 다른 것을 가리키지 않을 것이고, 결과적으로 '사람이다'는 '사람이 아니다'일 것인데, 그것들은 하나이겠기 때문이다.[84] 왜냐하면 '하나이다'가 뜻하는 것은 바로 이것, 즉 '의복'과 '옷'이 그렇듯 그것에 대한 정식이 하나라는 사실이기 때문이다. 그리고 만일 '사람이다'와 '사람이 아니다'가 하나라면, 그것들은 하나의 대상을 가리킬 것이다. 하지만 그것

82) 예컨대, 소크라테스에 대해(kata) "소크라테스는 사람이다", "소크라테스는 (얼굴이) 하얗다", "소크라테스는 음악적이다"라고 말할 수 있다. 여기서 '사람', '하얗다', '음악적이다'는 모두 '하나의 대상에 대해 무언가를 가리킨다'. 즉 그것들은 한 대상에 대해 술어가 된다. 그럼에도 불구하고 '사람', '하얗다', '음악적이다'가 가리키는 것은 모두 다르다. 그것들은 각각 하나의 개체, 하나의 색깔, 하나의 상태를 가리키기 때문이다.

83) 원어는 'mē anthrōpos'('not-man')이다. 전체 문장은, 예컨대 우리가 '인간'이라고 부르는 것을 일컬어 다른 사람은 '비인간'(非人間)이라고 부르는 경우를 염두에 두고 하는 말이다.

84) 1006b22-5에 대해서는 로스의 영어 번역 참조. "Now if 'man' and 'not-man' mean nothing different, obviously 'not being a man' will mean nothing different from 'being a man'; so that 'being a man' will be 'not being a man'."

들이 다른 것을 가리킨다는 것은 이미 밝혀진 바 있다.[85] 그렇다면 어떤 것에 대해 그것이 '사람'이라고 말하는 것이 참이라면, 그것은 필연적으로 두 발 가진 동물일 수밖에 없다 (왜냐하면 '사람'이 가리켰던 것은 바로 그것이기 때문이다[86]). 하지만 이것이 필연적이라면, 동일한 것이 〈그때〉 두 발 가진 동물이 아닐 수는 없다('필연적이다'가 뜻하는 것은 바로 이것, 즉 그것이 〔사람이〕 아니기는 불가능하다는 것이기 때문이다). 그렇다면 동일한 것이 사람이면서 동시에 사람이 아니라는 말은 참일 수 없다.

동일한 논변이 '사람이 아니다'에도 적용된다. '하얗다'와 '사람이다'가 서 **1006b**34
로 다르다면, '사람이다'와 '사람이 아닌 것이다'는 다른 것을 가리키는데, 그 이유는 이 둘은 ('하얗다'와 '사람이다'보다) 더 많이 대립하며, 따라서 다
른 것을 가리키기 때문이다. 하지만 만일 그가 '하얗다'가 ('사람이다'와) 동 **1007a**5
일한 하나의 대상을 가리킨다[87]고 말한다면, 우리는 앞서 했던 말[88]을 다시 한 번 되풀이하게 될 것이다. 즉 우리는 대립자들뿐만 아니라 모든 것이 하나가 될 것이라고 말하게 될 것이다. 하지만 이것이 있을 수 없는 일이라면, 앞서 주장했던 것이 결론으로 따라 나온다. 우리에게 반대하는 사람이 우리의 질문에 대답하기만 하면 그렇게 된다.

그리고 만일 그가 단순한 질문에 대해 부정적인 대답들을 덧붙인다면, **1007a**8
그는 그 질문에 대답을 하고 있는 것이 아니다. 그 이유는 이렇다. 동일한 것이 사람이면서 하얗고 수없이 많은 다른 것들이 되는 것을 가로막는 것은 전혀 없다. 하지만 그렇다고 하더라도 "이것은 사람이다"라는 말이 참인지 아닌지를 묻는 사람이 있다면, 하나를 가리키는 것을 대답으로 제시해야지 "그것은 하얗고 키가 크다"라고 덧붙여서는 안 된다. 왜냐하면 부

85) 앞의 1006b11-5 참조.

86) 앞의 1006a31-2에서 '사람'은 이미 '두 발 가진 동물'로 정의되었다.

87) "'하얗다'가 '사람이다'가 가리키는 것과 동일한 하나의 대상을 가리킨다"는 뜻일 것이다.

88) 앞의 1006b17 참조.

수적인 것들은 무한히 많기 때문에 그것들을 하나하나 열거하기란 불가능하기 때문이다.[89] 그렇다면 (우리의 주장에 반대하는 사람이) 그런 것들을 모두 열거하건 아무것도 열거하지 않건 그대로 내버려두자. 이때도 사정은 마찬가지여서 동일한 것이 수천 번 사람이면서 사람이 아니라고 하더라도 "이것은 사람인가?"라는 질문에 대답할 때 "그것은 동시에 사람이 아니다"는 대답을 덧붙여서는 안 된다. 부수적으로 그것에 속하는 다른 것들을 덧붙여 해당 주체가 그런지 아닌지를 말하는 경우가 아니라면 말이다.[90] 그리고 만일 그가 앞에서 말한 것과 같은 대답을 덧붙인다면, 그는 대화를 하고 있지 않은 셈이다.

(3) 모순율에 반대하는 자들은 실체의 존재를 부정할 수밖에 없다

1007a20 일반적으로 볼 때 그런 말을 하는 사람은 실체와 본질을 부정한다. 왜냐하면 그들은 모든 것이 부수적이며 본질적으로 사람임에 해당하는 것이나 동물임[91]에 해당하는 것은 없다고 말하는 결과에 이를 수밖에 없기 때문이다. 그 이유는 이렇다. 만일 '사람임'에 해당하는 어떤 것이 있다면, 이것은 사람이 아닌 것임이나 사람이 아님과 다를 것이다. (하지만 그 둘은 '사람임'의 부정태들이다.) 왜냐하면 그것이 가리킨 것은 하나였고, 바로 이것은 어떤 것의 실체이기 때문이다. 그런데 X가 어떤 것의 실체를

89) 예컨대, 눈앞에 있는 소크라테스를 가리켜 "이것은 사람이다"라고 말하는 것은 참이지만, 그런 진술 이외에도 "이것은 하얗다", "이것은 키가 크다", "이것은 교양이 있다" 등 소크라테스에게 부수적으로 속하는 것들을 진술하는 무수히 많은 참인 진술들이 있다.

90) "이것은 사람인가?"라는 물음에 대해 "이것은 사람이다"라고 대답하고 "이것은 하얗다", "이것은 키가 크다"라고 말하는 것은 충분히 가능하다. 그러나 '하양'은 '사람'이 아니라는 이유를 들어 "이것은 하얗다"를 "이것은 사람이 아니다"로 대치해 말하는 것은 부적절하다.

91) '본질적으로 사람임에 해당하는 것'(hoper anthrōpōi einai)이라는 표현은 "소크라테스는 사람이다"라고 말할 때 바로 술어의 자리에 오는 '사람이다'의 구체적 내용을 이루는 것 전체, 즉 '사람의 본질'을 가리킨다.

가리킨다고 함은 그 X가 바로 어떤 것에 〈본질적으로〉 속하는 존재임을 뜻한다. 왜냐하면 그 어떤 것에 속해서 그것의 사람임을 이루는 것이 사람이 아닌 것임을 이루는 것이나 사람이 아님을 이루는 것과 똑같다면, 그 어떤 것의 실체는 〈사람임이 아니라〉 다른 어떤 것이 될 것이기 때문이다. 따라서 우리의 반대자들은 필연적으로 어떤 것에 대해서도 정식[92]이 존재하지 않으며, 모든 것은 부수적이라고 주장해야 할 것이다. 왜냐하면 실체와 부수적인 것은 바로 그런 점에 의해 규정되기 때문이다. 즉 하양이 사람에 부수적인 것은 사람이 하얗기 때문이지 사람이 하양 그 자체이기 때문이 아니다. 그러나 만일 모든 것이 부수적인 뜻에서 술어로 쓰인다면, 그것들의 주체가 되는 첫 번째 것은 아무것도 없을 텐데, 부수적인 것은 언제나 어떤 기체에 대한 술어를 가리키기 때문이다. 그렇다면 이로부터 무한퇴행이 생겨날 수밖에 없다. 하지만 이는 불가능한데, 그렇 1007b
게 되면 두 개 이상의 항들도 서로 연결되지 못하기 때문이다. 그 이유는 이렇다. (1) 부수적인 것은 다른 부수적인 것에 부수적으로 속할 수 없다. 이것이 가능한 것은 두 개의 부수적인 것이 동일한 것에 속하는 경우, 예컨대 하양이나 음악성이 둘 다 사람에게 부수적으로 속해서 "하얀 것은 음악적이다" 또는 "음악적인 것은 하얗다"고 말하는 경우뿐이다. 그러나 (2) 소크라테스가 음악적이라면, 그 이유는 그 둘이 다른 어떤 것에 부수적으로 속한다는 데 있는 것이 아니다. 그렇다면 어떤 것들은 뒤의 방식에 따라, 어떤 것들은 앞의 방식에 따라 '부수적'이라고 불리기 때문에 (a) 하양이 소크라테스에게 속한다는 뜻에서 그렇게 불리는 것들은 위쪽 방향으로 무한히 진행될 수 없다. 예컨대, 하얀 소크라테스에게 다른 어떤 것이 부수적으로 속하는 일은 없으니, 그 이유는 그것들 모두로부터 어떤 통일체가 생겨나지 않기 때문이다.[93] 또한 (b) 다른 어떤 것, 예컨대 음악

92) '정식' ☞ logos #4.

93) '하얀 소크라테스'(Sōkrates leukos)는 본래적인 의미에서의 통일체(hen)가 아니다.

성이 하양에 부수적으로 속할 수도 없는데, 그 이유는 음악성이 하양에 부수적으로 속하지 않듯이 뒤의 것도 앞의 것에 부수적으로 속하지 않기 때문이다. 그리고 그와 동시에 우리가 이미 규정했듯이 어떤 것들은 이런 방식으로 부수적인 관계에 있지만, 또 어떤 것들은 음악적인 것이 소크라테스에게 속한다는 뜻에서 부수적인 관계에 있다. 그리고 뒤의 방식에 해당하는 것들은 부수적인 것이 다른 부수적인 것에 부수적으로 속하는 경우가 아니고, 다른 방식에 해당하는 것들만이 그런데, 결과적으로 모든 것이 부수적일 수는 없다. 그렇다면 이렇게 보아도 실체를 가리키는 것이 있을 것이다. 그런데 이것이 사실이라면, 모순적인 것들이 동시에 술어가 될 수 없다는 것은 이미 밝혀진 셈이다.

(4) 모순율에 반대하는 자들은 서로 다른 것들을 구별할 수 없다

또한 만일 모순적인 것들이 모두 동일한 대상에 대해 동시에 참이라면, 분명 모든 것은 하나가 될 것이다. 왜냐하면 프로타고라스의 이론[94]을 따르는 사람들이 필연적으로 그런 결과에 이르게 되듯이 만일 모든 것에 대해 어떤 것을 긍정하거나 부정할 수 있다면, 동일한 것이 삼단군선(三段軍船)이고 벽이고 사람일 것이기 때문이다. 왜냐하면 만일 어떤 사람이 보기에 사람이 삼단군선이 아닌 것으로 보인다면, 그것은 분명 삼단군선이 아닐 것이고, 따라서 그들의 말대로 모순적인 진술이 둘 다 참이라면 사람은 삼단군선이기도 할 것이기 때문이다. 그리고 아낙사고라스가 말한 대로 모든 것이 혼재해 있으며,[95] 따라서 어느 것 하나도 참이 될 수 없을 것이다. 그렇다면 그들은 불확정적인 것을 두고 말을 하고 있는 듯하며, 그들 자신은 있는 것에 대해 말하고 있다고 생각하지만 실제로는 있지 않은 것에 대해 말하고 있으니, 불확정적인 것은 가능적으로는 있지만 완전

94) 이른바 '인간 척도설'(Homo-mensura-Satz)을 염두에 두고 하는 말이다.

95) 1007b26의 "모든 것이 혼재"(homou panta chrēmata)에 대해서는 D-K, 59 B 1 참조.

한 상태에는 있지 않은 것이기도 하기 때문이다. 그렇지만 그들은 모든 것에 대해 〈모든 속성을〉 긍정하거나 부정해야 하는데, 각 대상에 그것 자체를 부정하는 진술은 속하지만 그것에 속하지 않는 다른 것을 부정하는 진술은 속하지 않는다고 생각하는 것은 불합리하기 때문이다. 예컨대, 사람에 대해 "그는 사람이 아니다"라고 말하는 것이 참이라면, "그는 삼단군선이다"라거나 "그는 삼단군선이 아니다"라는 말도 분명 참일 것이다. 그래서 만일 긍정이 성립한다면, 필연적으로 부정도 성립해야 한다. 반면에 긍정이 성립하지 않는다면, 적어도 부정은 그 진술의 주체 자체에 대한 부정보다는 더 높은 정도로 그 주체에 속할 것이다.[96] 그래서 만일 앞의 부정 1008a
이 성립한다면, 〈사람이〉 삼단군선임을 부정하는 진술도 성립할 것이고, 만일 이것이 성립한다면, 긍정하는 진술도 성립할 것이다.

(5) 모순율에 반대하는 자들은 배중율로 부정할 수밖에 없다

그런 의견을 주장하는 사람들에게는 이와 같은 결론이 따라 나오며, 더 1008a2
나아가서는 긍정이나 부정이 필연적이 아니라는 결론도 따라 나온다. 왜냐하면 어떤 것이 사람이면서 사람이 아니라는 말이 참이라면, 그것은 분명 사람도 아니고 사람이 아닌 것도 아닐 것이다. 왜냐하면 그 두 발언에 상응해 그것들에 대한 부정이 있을 것이고, 만일 앞의 것[97]이 두 개의 술어로 이루어진 하나의 단일한 진술이라면, 뒤의 것도 그것을 부정하는 하나의 단일한 진술일 것이기 때문이다.

(6) 모순율에 반대하는 자들은 자기 자신을 반박하는 셈이다

또한 그 주장은 두 가지 가능성을 가진다. 즉 그것은 모든 경우에 똑같 1008a7

96) 예컨대, "사람은 삼단군선이다"라는 말이 성립하지 않는다면, 적어도 "사람은 삼단군선이 아니다"라는 말은 "사람은 사람이 아니다"라는 말에 비해 더 높은 정도로 '사람'에 대해 진술될 수 있을 것이다.

97) 어떤 것이 "사람이면서 사람이 아니다"(anthrōpos kai ouk anthrōpos, 1008a4-5)라는 말을 가리킨다.

이 적용되어 어떤 대상이 하야면서 하얗지 않고 있으면서 있지 않고, 다른 모든 긍정과 부정도 이와 똑같은 방식으로 양립 가능하거나, 아니면 그 주장은 어떤 진술들의 경우에는 적용되고 어떤 진술들의 경우에는 그렇지 않을 것이다. 그리고 만일 그 주장이 모든 경우에 적용되는 것이 아니라면, 이에 해당하는 경우의 진술들은 사람들이 의견일치를 본 진술들일 것이다. 반대로 만일 그 주장이 모든 경우에 적용된다면, 다시 두 가지 가능성이 있다. 즉 어떤 것들에 대한 진술이 있다면 그것에 대한 부정도 있을 것이고, 부정이 있다면 긍정도 있을 것이다. 혹은 어떤 것들에 대해 긍정이 있다면 그것들에 대해 부정도 있겠지만, 어떤 것들에 대해 부정이 있다고 해서 항상 긍정이 있는 것은 아닐 것이다. 그리고 (a) 뒤의 경우라면 확고부동하지 않은 어떤 것이 있을 것이고 이것은 확고한 의견일 것이며, '있지 않다' 또는 '~이 아니다'가 확고하고 인식 가능한 것이라면, 그것에 반대되는 진술은 더욱더 인식 가능한 것일 것이다. 하지만 (b) 부정이 가능한 모든 것에 대해 진술하는 것이 똑같이 가능하다면, 술어를 나누고서 (예컨대, 어떤 것이 하얗다고 말하고, 다시 그것이 하얗지 않다고 말한다고 해보자) 참인 진술을 해야 하거나 그렇지 않거나 둘 중의 하나이다. 그리고 (i) 만일 술어를 나누어 사용하는 것이 참이 아니라면, 우리의 반대자는 일관된 말을 하지 않는 셈이고, 아무것도 존재하지 않는다(있지 않은 것이 어떻게 말을 하거나 걸을 수 있겠는가?). 그리고 앞서 말했듯이[98] 모든 것이 하나가 될 터이니 동일한 것이 사람이자 신이자 삼단군선이자 〈돌〉일 것이고, 그것들에 모순적인 것들 역시 똑같을 것이다. (왜냐하면 모순된 것들이 각각의 대상에 대해 똑같이 술어가 될 수 있다면, 어떤 것도 다른 것과 다르지 않을 것이니, 만일 그것들이 서로 다르다면, 이 차이는 그것에 참된 것이고 고유한 것이 될 것이기 때문이다.) 그리고 (ii) 어떤 사람이 술어를 나누어서 참인 진술을 할 수 있다고 하더

98) 앞의 1006b17, 1007a6 참조.

라도 역시 같은 결과가 따라 나오며, 거기에 덧붙여 모든 사람이 하는 말이 참이고 모든 사람이 하는 말이 거짓일 수 있을 것이며, 말을 하는 사람은 자기 자신이 거짓을 말하고 있다는 사실을 인정하는 셈이다. 그리고 그를 대상으로 하는 탐색은 아무 대상도 갖지 못할 것이 분명한데, 그가 말하는 것은 아무것도 없기 때문이다. 왜냐하면 그는 긍정하지도 부정하지도 않고, 긍정하면서 부정하기 때문이다. 그런 다음에는 또다시 그는 이 둘을 부정하면서 긍정하지도 않았고 긍정하지 않지도 않았다고 말할 것이기 때문이다. 왜냐하면 만일 그렇지 않다면, 거기에는 어떤 정해진 것이 있을 것이기 때문이다.

(7) 모순율에 반대하는 자들은 참과 거짓의 의미를 무시한다

또한 만일 어떤 긍정이 참일 때 그에 대한 부정은 거짓이고, 이것이 참 1008a34
일 때 긍정은 거짓이라면, 동일한 것을 동시에 긍정하면서 부정하는 말은
참일 수 없다. 하지만 그럼에도 불구하고 그들은 이것이 처음부터 놓여 1008b
있던 문제[99]라고 주장할 것이다.

(8) 모순율에 반대하는 자들은 아무 말도 할 수 없다

또한 어떤 것이 이러저러하다고 말하거나 이러저러하지 않다고 생각하 1008b2
는 사람은 잘못을 범하는 것이고, 그 둘을 모두 긍정하는 사람은 진리를 말하는 것인가? 그 둘을 모두 긍정하는 사람의 말이 진리라면, 있는 것들의 본성이 그렇다는 말은 무엇을 뜻하는가? 반면에 만일 그가 진리를 말하고 있는 것은 아니지만 다른 사람에 비해 상대적으로 더 큰 진리를 말하고 있다면, 그때 이미 있는 것들은 어떤 확정된 성격을 가질 것이니 이것은 참일 것이고, 참이면서 동시에 참이 아닐 수는 없을 것이다. 반면에 만일 모든 사람이 똑같이 거짓과 참을 말한다면, 그런 상태에 있는 사람

99) '선결(先決) 문제'를 뜻한다.

은 발설도 발언도 할 수 없을 것이다. 왜냐하면 그는 동일한 것을 말하면서 말하지 않는 셈이기 때문이다. 그리고 만일 그가 아무것도 판단하지 않으면서 (어떤 것이 이러저러하다고) 생각하면서 생각하지 않는다면, 그는 식물과 무엇이 다르겠는가?

(9) 그들은 행동으로써 자신들이 모순율을 받아들이고 있음을 시인한다

1008b12 이로부터 따라 나오는 더 없이 분명한 사실은 그런 주장을 하는 사람들을 비롯해 다른 어느 누구도 그런 입장을 견지할 수 없다는 점이다. 메가라로 걸어가야 한다고 생각한 사람이 그곳으로 걸어가고, 집에 머물러 있지 않는 것은 무엇 때문인가? 그가 우연히 그 길을 택해 날이 밝기 무섭게 우물 속이나 낭떠러지 아래로 가지 않는 것은 무엇 때문인가? 분명히 그는 그곳으로 가는 것이 좋지 않으면서 좋다고 생각하지 않았기 때문에 그런 일을 회피하는 것이 아닌가? 그렇다면 그는 어떤 것이 더 좋고 어떤 것이 더 좋지 않다고 판단하고 있음이 분명하다. 그러나 만일 이것이 사실이라면, 그는 필연적으로 어떤 것은 사람이고 어떤 것은 사람이 아니며, 또 어떤 것은 달고 어떤 것은 달지 않다고 판단해야 한다. 왜냐하면 물을 마시는 것이나 사람을 만나는 것이 좋다고 생각하고 나서 이것들을 찾아 나선다면, 이 경우 그는 아무 차이도 두지 않고 어떤 것을 찾아 나서거나 판단하는 것이 아니기 때문이다. 그렇지 않고 그가 보기에 동일한 것이 사람이고 사람이 아니라면, 그는 앞의 경우와 달리 행동을 해야 한다. 하지만 방금 말했듯이 회피할 것과 그렇지 않은 것을 구분하지 않는 사람이 없다는 것은 분명한 사실이다. 그러므로 생각건대, 모든 사람은—비록 모든 것에 대해 다 그런 것은 아니라고 해도—더 좋은 것과 더 나쁜 것에 대해 단적으로 그렇다고 믿는다. 그리고 만일 그들이 학문적 인식 없이 의견을 가진 상태에 있다면, 더더욱 진리에 마음을 써야 하는데, 이는 마치 병든 사람이 건강한 사람보다 건강에 더 관심을 써야 하는 것과 마찬가지이다. 왜냐하면 의견을 가지고 있는 사람은 학문적 인식

이 있는 사람과 비교해 볼 때 진리의 관점에서 건강하지 못한 상태에 놓여 있는 셈이기 때문이다.

(10) 참에 다가가는 것이 가능하려면, 모순율이 참이어야 한다

또한 만일 아무리 모든 것이 이러저러하면서 이러저러하지 않은 상태 1008b31
에 있다고 하더라도 있는 것들의 본성 가운데는 상대적으로 많고 적은 것이 있으니, 그 이유는 우리가 둘과 셋을 똑같이 짝수라고는 말할 수 없고, 넷을 다섯이라고 생각하는 사람과 넷을 천(千)이라고 생각하는 사람은 둘 다 잘못 생각하고 있어도 그 둘이 똑같지는 않기 때문이다. 만일 그들이 똑같지 않다면, 분명 한 사람은 다른 사람보다 틀린 정도가 덜하며, 따라
서 더 많이 참이다. 따라서 만일 어떤 것을 더 많이 가지고 있는 것이 기 1009a
준에 더 가깝다면, 더 많이 참인 것에 가까이 있는 참인 어떤 것이 있을 것이다. 설령 그런 것이 없다고 하더라도 더 확고하고 더 참인 것이 이미 존재하며, 이제 우리는 사고를 통해 어떤 것을 확정하는 일을 방해하는 극단적인 주장을 물리친 셈이 될 것이다.

객관적 실재에 대한 앎으로서 철학

프로타고라스는 모순율을 부정한다

제5장

프로타고라스의 이론도 동일한 의견을 출발점으로 삼으며,[100] 필연적 1009a6
으로 그 두 이론은 똑같이 참이거나 참이 아닐 것이다. 그 이유는 이렇다. 한편에서 볼 때 만일 주관적인 의견들이나 겉으로 나타나는 현상들이 모두 참이라면, 모든 것은 동시에 참이면서 거짓일 수밖에 없다. 왜냐

100) 1007b20 아래 참조.

하면 수많은 사람들은 서로 반대되는 생각을 하고 있고, 자신들과 동일한 의견을 갖지 않은 사람들은 잘못을 범하고 있다고 생각하며, 따라서 동일한 것이 있으면서 있지 않을 수밖에 없기 때문이다. 그리고 다른 한편으로 볼 때 만일 이것이 사실이라면, 주관적인 의견은 모두 참이어야 한다. 왜냐하면 잘못된 의견을 가진 사람들과 참인 의견을 가진 사람들은 서로 대립하는 의견을 갖고 있기 때문이다. 그래서 만일 있는 것들이 실제로 그렇다면, 모든 사람은 저마다 옳은 셈이 된다.

1009a15 그렇다면 그 두 이론 모두 동일한 생각을 출발점으로 삼고 있음이 분명하다. 하지만 그 모든 반대 의견에 통용되는 동일한 대응 방식이 있는 것은 아니다. 왜냐하면 어떤 사람들에게는 설득이 필요하고 어떤 사람들에게는 강제가 필요하기 때문이다. 의문에 사로잡혀 그런 처지에 놓인 사람들의 경우는 무지를 치료하기가 쉽다. (왜냐하면 그들에 대한 대응은 논변과 관련된 것이 아니라 생각과 관련된 것이기 때문이다.) 하지만 어떤 논변을 내세우기 위해 말을 하는 사람들의 경우에 그들을 치료하는 길은 말소리와 낱말들 안에 담긴 논변을 반박하는 데 있다.

1009a22 의문을 가진 사람들의 경우, 그들이 가진 의견은 다양한 감각에서 온 것이다. (1) 즉 사람들이 모순적인 것들이나 반대되는 것들이 동시에 성립한다고 생각한 것은 그들이 동일한 것으로부터 서로 반대되는 것들이 생겨나는 것을 보았기 때문이다. 그런데 있지 않은 것이 생겨날 수 없다면, 그 둘에 똑같이 해당하는 것이 미리 주어져 있어야 하는데,[101] 이는 모든 것이 모든 것 안에서 뒤섞여 있다는 아낙사고라스의 말[102]이 뜻하는 바와 같고, 데모크리토스도 같은 말을 한다. 왜냐하면 그는 모든 부분 안에는 공허한 것과 충만한 것이 똑같이 들어 있지만, 그 가운데 하나는 있는 것이고 다른 것은 있지 않은 것이라고 말하기 때문이다.[102] 그렇다면

---

101) 어떤 주체 S가 F가 되기도 하고 ~F가 되기도 한다면, 그 S는 반대자들인 F와 ~F에 대해 동일한 기체이다.

102) D-K, 59 B 11을 함께 참조.

이런 것들을 생각의 근거로 삼는 사람들에 대해 우리는 이렇게 대답한다. 즉 그들은 어떤 뜻에서는 옳은 말을 하고 있지만 어떤 뜻에서는 모르는 것이 있으니, 그 이유는 '있는 것'은 두 가지 뜻으로 쓰이기 때문이다. 그래서 어떤 뜻에서는 있지 않은 것으로부터 무언가가 생겨날 수 있다고 말할 수 있지만, 어떤 뜻에서는 그렇지 않은데, 동일한 것이 있으면서 있지 않을 수 있지만, 동일한 뜻에서 그런 것은 아니다. 즉 가능적으로는 동일한 것이 반대상태에 있을 수 있지만, 완전한 상태에서는 그렇지 않다. 또한 우리는 있는 것들 가운데, 운동이나 소멸이나 생성이 전혀 속하지 않는 다른 어떤 실체가 있다고 생각해야 한다는 것을 그들이 받아들이기를 요구할 것이다.

현상의 진리에 대한 믿음과 변화에 대한 결론들

그리고 (2) 이와 마찬가지로 어떤 사람들은 겉으로 나타나는 현상들에 1009a38-1009b
속한 진리를 내세우는데, 이들의 생각도 다양한 감각에서 온 것이다. 그 이유는 이렇다. 그들의 생각에 따르면, 진리는 다수에 의해서도 소수에 의해서도 판별되어서는 안 되고, 동일한 것이 거기서 단맛을 느끼는 사람들에게는 단것 같고 쓴맛을 느끼는 사람들에게는 쓴것처럼 보인다. 따라서 만일 모든 사람이 병든 상태에 있거나 모든 사람이 정신 나간 상태에 있고, 두세 사람만이 건강하거나 지성을 가진 상태에 있다면, 이 두세 사람들은 병든 상태에 있고 정신 나간 것처럼 보이고, 다른 사람들이 그렇지 않은 것으로 보일 것이다.

또한 그들의 주장에 따르면, 동일한 대상들의 경우에도 그것들이 우리 1009b7
에게 나타내는 현상과 여러 다른 동물에게 나타내는 현상은 서로 반대되며, 심지어 각 개인 자신의 감각에 비추어 보더라도 사물들이 항상 똑같이 보이지 않는다. 그렇다면 이것들 가운데 어떤 것이 참이고 어떤 것이

103) D-K, 67 A 6(=I 4, 985b5 아래).

거짓인지 분명치 않다. 그런 까닭에 데모크리토스는 어떤 것도 참이 아니거나 적어도 우리에게는 그것이 불분명하다고 말한다.[104)]

1009a12 그리고 일반적으로 이들은 사려가 감각이며 그때의 감각은 변이라고 생각하기 때문에 감각적으로 나타나는 현상은 필연적으로 참일 수밖에 없다고 말한다. 왜냐하면 바로 이런 것이 계기가 되어 엠페도클레스나 데모크리토스는 물론 거의 모든 사람이 그와 같은 의견에 말려들게 되었기 때문이다. 왜냐하면 엠페도클레스는 사람들의 (신체) 상태가 바뀌면 사려작용도 바뀐다고 말하기 때문이다.

> "현재 놓인 상태에 따라 지혜가 사람들 안에서 생겨난다."[105)]

다른 곳에서 그는 이렇게 말한다.

> "사람들의 본성이 변화하는 정도에 따라 그들의 사려작용도 항상 달라진다."[106)]

파르메니데스도 같은 뜻으로 이렇게 말한다.

> "굴절 많은 지체들의 혼합이 시시각각 처한 상태에 따라
> 서로 다른 상태의 지각이 사람들에게 다가온다. 왜냐하면
> 생각은 동일한 것이니, 이것은 지체들의 본성으로서 사람들
> 모두에게 개인마다 속해 있어 더 많은 것이 지각내용이기 때문이다."[107)]

아낙사고라스가 그의 몇몇 동료들에게 했던 말도 기억나는데, 있는 것들은 그들이 생각하는 대로 자신들에게 존재한다는 말이 그것이다. 헥토르가 돌에 맞아 정신을 잃었을 때 "다른 것을 사려하면서 뻗어 있었다"[107)]라고 노래한 것을 미루어 호메로스도 그런 의견을 가졌음이 분명

104) D-K, 68 A 112. 다음의 D-K, 68 A 134, B 7, B 8, B 117 단편들도 함께 참조.

105) D-K, 31 B 106(=『영혼론』 III 3, 427a21) 참조.

106) D-K, 31 B 108. B 106과 108은 둘 다 인간의 신체상태에 앎이나 생각(phronein, phronēsis)이 좌우됨을 뜻한다.

107) D-K, 28 B 16.

하다고 그들은 말한다. 정신 나간 사람들도 동일한 것들을 사려하지는 않지만 무언가를 사려한다는 뜻으로 그들은 그 구절을 풀이했던 것이다. 그렇다면 두 가지 사려가 있다면 있는 것들도 이러저러한 상태에 있으면서 동시에 그런 상태에 있지 않음이 분명하다.[109] 그런 관점에서 보면 거기서 따라 나오는 결론은 더없이 해결하기 어렵다. 왜냐하면 가능한 한 참일 수 있는 것을 가장 잘 파악한 사람들이 — 이들은 그것을 가장 잘 탐구하고 사랑하는 사람들이다 — 그런 의견들을 가지고 있고 진리에 대해 그런 주장들을 내세운다면, 철학을 하는 데 처음 손을 댄 사람들이 기가 죽는 것이 어찌 당연한 일이 아니겠는가? 왜냐하면 진리를 탐구하는 것은 새 꽁무니를 쫓는 것과 다를 바 없을 것이기 때문이다.

그들에게 그런 의견이 생겨난 이유는, 그들이 한편으로는 있는 것들과 1010a1
관련해 진리에 주목했지만, 다른 한편으로는 감각물들만 있는 것들이라고 생각한 데 있다. 감각물 안에는 불확정적인 것에 속하는 본성, 즉 우리가 앞서 말한 뜻에서[110] 있는 것에 속하는 본성이 많이 들어 있다. 그런 까닭에 그들은 말을 그럴듯하게 하지만 그 말은 옳지 않다. (왜냐하면 이렇게 말하는 것이 에피카르모스가 크세노파네스에 맞서 했던 말보다 더 적절하기 때문이다.)[111] 또한 그들은 이 자연 전체가 운동 중에 있는 것을 보았고 변화하는 것에 대해서는 전혀 참인 진술이 존재하지 않기 때문에 온갖 방식으로 모든 측면에서 변화하는 것에 대해서는 참인 진술이 가능하지 않다고 생각했다. 바로 이런 생각으로부터 앞서 언급했던 사람들의 더없이 극단적인 의견이 생겨났으니, 이것은 바로 헤라클레이토스를 추종한다고 자처하는 사람들의 의견이고, 크라튈로스가 가졌던 것과 같은 종류의 의

---

108) 『일리아스』 XXIII 698행.

109) 1009a38-b33에 대해서는 XI 6, 1063a35-b7 참조.

110) 1009a32 참조.

111) 에피카르모스(Epicharmos)는 크세노파네스(Xenophanes)의 의견들이 "그럴듯하지도 않고 참도 아니다"라고 말했거나 그 의견들은 "참이지만 그럴듯하지 않다"라고 말했을 것으로 추측된다.

견이다. 이 사람은 궁극적으로 어떤 말도 해서는 안 된다고 생각했고 손가락만을 움직였을 뿐이며, "동일한 강물에 두 번 들어갈 수 없다"[112]라고 말했다는 이유로 헤라클레이토스를 비난했으니, 그 자신은 단 한 번도 들어갈 수 없다고 생각했기 때문이다.

변화에 관한 논변들에 대한 대답

하지만 우리는 이런 이론에 맞서 이렇게 말한다. 즉 변화하는 것이 변화 과정에 있을 때 있지 않다고 생각한 점에서 그들의 주장은 근거가 있지만, 거기에는 논란의 여지가 있다. 그 이유는 이렇다. 어떤 성질을 상실하는 것은 상실되는 것에 속하는 어떤 것을 아직 가지고 있으며, 생겨나는 것의 일부는 필연적으로 미리 있어야 한다. 일반적으로 어떤 것이 소멸한다면, 무언가 있는 것이 놓여 있어야 하고, 어떤 것이 생성한다면, 생성의 출처와 생성의 작용인이 놓여 있어야 한다. 그리고 이런 과정은 무한히 진행될 수 없다. 하지만 이런 것들은 제쳐두고 이렇게 말해보자. 질적인 측면에서의 변화와 양적인 측면에서의 변화는 동일한 것이 아니다. 그렇다면 어떤 것이 양의 측면에서 불변하지 않는다고 해도 형상의 측면에서 우리는 각 대상을 인식한다. 또한 그렇게 생각하는 사람들에 대한 비판이 정당한 이유는 그들이 감각물들 중에서도 소수가 그렇다는 것을 보고, 우주 전체에 대해 똑같이 주장하기 때문이다. 왜냐하면 우리 주변의 감각세계는 끊임없는 소멸과 생성 과정 중에 놓여 있지만 이것은 — 말하자면 — 전체의 일부도 되지 않기 때문에, 우리 주변에 있는 것들을 이유로 들어 그렇지 않은 것들을 배척하기보다는 뒤의 것들을 이유로 들어 앞의 것들을 용인하는 것이 더 옳은 일일 것이다. 또한 우리는 이 사람들에게 앞서 말했던 것들[113]과 똑같은 대답을 하게 될 것이다. 왜냐하면 운동하지 않는 어떤 자연적 원리가 있다는 사실을 그들에게 보여주어야 하

112) D-K, 22 B 91 참조.

113) 1009a36-8 참조.

며 그렇게 그들을 설득해야 한다. 실제로 어떤 것이 있으면서 동시에 있지 않다고 말하는 사람들은 모든 것은 운동하는 것이 아니라 정지해 있다고 말해야 하는 결과에 이른다. 왜냐하면 그런 대상이 변화를 통해 도달하는 것이 존재하지 않기 때문인데, 그 이유는 모든 것이 모든 것에 속하기 때문이다.

현상의 진리에 관한 논변들에 대한 대답

진리에 대해 우리는 겉으로 나타나는 현상이 모두 참은 아니라고 말해 1010b1
야 한다. 첫째로, 비록 감각은 그에 고유한 대상에 대해 잘못을 범하는 일이 없지만,[114] 그럼에도 불구하고 상상은 그런 감각과 동일한 것이 아니다. 또한 그들이 이런 문제, 즉 크기와 색깔은 멀리 있는 사람에게 보이는 크기나 성질을 가지고 있는가 아니면 가까이 있는 사람에게 보이는 크기나 성질을 갖고 있는가, 그리고 그것들은 건강한 사람들에게 보이는 성질을 갖고 있는가 아니면 병든 사람들에게 보이는 성질을 갖고 있는가, 사물들은 허약한 사람에게 보이는 상태의 무게를 가지고 있는가 아니면 힘센 사람에게 보이는 무게를 가지고 있는가, 그리고 잠자는 사람에게 보이는 것이 참인가 깨어 있는 사람들에게 보이는 것이 참인가 등의 문제에서 의문을 제기한다면, 이는 놀랄 만한 일이다. 왜냐하면 그들이 실제로 그렇게 오락가락하는 생각을 갖고 있지 않다는 것은 분명한 사실이기 때문이다. 실제로는 리비아에 있으면서 어느 날 밤 아테네에 있다고 생각하고서 공회당으로 발길을 옮길 사람은 아무도 없기 때문이다. 또한 플라톤도 말했듯이[115] 앞으로 일어날 일에 대해, 예컨대 환자가 앞으로 건강하게 될지 그렇지 않을지에 대해 의사가 가진 의견과 무지한 자가 가진 의견이 똑같이 주도권을 갖지는 못한다. 또한 감각들 자체를 놓고 보아도 이질적인 대상에 대한 감각과 고유한 대상에 대한 감각 또는 가까운 대상에 대한 감

114) 『영혼론』 II 6, 418a12; III 3, 427b12; III 6, 430b29 참조.

115) 『테아이테토스』 178B-179A.

각과 멀리 있는 대상에 대한 감각이 동일한 주도권을 갖지는 못하고, 색깔에 대해서는 미각이 아니라 시각이, 냄새에 대해서는 시각이 아니라 후각이 주도권을 가진다. 이런 감각 하나하나가 동일한 시점에 동일한 대상에 대해 그것이 이러저러하면서 동시에 이러저러하지 않다고 말해주는 일은 결코 없다. 심지어 다른 시점에서도 특정한 성질에 대해 하나하나의 감각이 우왕좌왕하는 일은 없으며, 그런 성질이 부수적으로 속하는 대상에 대해서만 그런 일이 일어난다. 내 말의 뜻은 이런 것이다. 예컨대, 동일한 포도주가 그 상태가 변화하거나 사람의 몸 상태가 변화함에 따라 어떤 때는 달 수도 있고 어떤 때는 달지 않게 여겨질 때가 있다. 하지만 그것이 있을 때 갖는 것과 같은 성질의 단맛만큼은 결코 바뀌지 않고, 그것에 대한 의견은 언제나 참이며, 앞으로 단맛을 가질 것은 필연적으로 특정한 성질을 가질 수밖에 없다. 그런데 그 모든 주장은 이런 필연성을 부정하면서 어떤 것에 대해서도 실체가 없듯이 어떤 것도 필연적으로 존재하지 않는다는 결론을 낳는다. 왜냐하면 필연적인 것은 달리 있을 수 없으며, 따라서 어떤 것이 필연적으로 있다면 이러저러하면서 그렇지 않게 있을 수 없기 때문이다.

1010b30 일반적으로 볼 때 만일 있는 것이 감각물뿐이라면, 생명이 있는 것들이 없을 경우 아무것도 없을 것인데, 왜냐하면 그런 경우에는 감각이 없을 것이기 때문이다. 그런데 그럴 경우 감각물도 감각내용도 존재하지 않는다는 것은 옳을 수 있지만(왜냐하면 그런 것들은 감각하는 것에게 속하는 양태이기 때문이다), 감각이 없으면 감각을 낳는 기체도 존재하지 않는다는 것은 불가능한 일이다. 왜냐하면 감각은 분명 자기 자신을 대상으로 하는 것이 아니며, 감각과 떨어져 있는 어떤 것이 있으니, 이것은 필연적으로 감각에 앞서 있어야 하기 때문이다. 왜냐하면 운동을 낳는 것은
1011a 운동하는 것보다 본성적으로 앞서며, 그것들이 서로 관계적인 것들이라고 해도 사정은 마찬가지이기 때문이다.

적절한 논변들에 대한 무지를 보여주는 몇 가지 의문들

제6장

그런 확신을 가지고 있거나 그런 논변들만을 내세우는 사람들 중에는 의문을 가진 사람들도 일부 있다. 왜냐하면 이들은 건강한 사람을 판별하는 사람은 누구이며 일반적으로 각 대상을 올바로 판별하는 사람을 판별하는 사람은 누구인가라는 물음을 탐구하기 때문이다. 이런 종류의 의문점들은 우리가 지금 잠을 자고 있는가 깨어 있는가라는 의문과 성질이 같으며, 그런 종류의 의문들은 모두 동일한 것으로 귀착된다. 즉 그들은 모든 것에 대해 논변이 있기를 요구한다. 왜냐하면 그들은 원리를 찾고 있으며, 그런 원리를 논증을 통해 파악하는 길을 찾기 때문인데, 그들이 그 일에 확신이 없다는 사실은 그들의 행동에서 분명하게 드러난다. 하지만 방금 우리가 말한 점에서 그들은 곤경에 처해 있으니, 그 이유는 그들은 논변이 존재하지 않는 것들에 대해서 논변을 찾고 있기 때문이다. 왜냐하면 논증의 원리 자체는 논증이 아니기 때문이다. **1011a**3

이제 이들은 이에 대해 쉽게 확신을 갖겠지만(왜냐하면 그 점을 파악하기란 어려운 일이 아니기 때문이다), 논변에 속한 강제만을 찾는 사람들은 불가능한 것을 찾고 있으니, 왜냐하면 그들은 애당초 반대되는 것을 말하면서 다른 사람이 그것에 반대되는 것을 말하기를 요구하기 때문이다. **1011a**13

우리의 반대자들은 반박을 피하기에 급급하다

하지만 모든 것이 다른 것과의 관계 속에 있는 것이 아니고 어떤 것들은 그 자체로서 있다면, 현상이 모두 참일 수는 없을 것이다. 왜냐하면 현상은 어떤 사람에게 겉으로 나타나는 것이기 때문이다. 따라서 모든 현상이 참이라고 주장하는 사람은 있는 것들을 모두 관계적인 것으로 만든다. 그런 이유 때문에 논변 안에서 강제를 찾으면서 동시에 논변 제시를 요구하는 사람들은, 현상은 (그 자체로서) 있는 것이 아니라 일정한 사람에게 일정한 때 일정한 방식에 따라 일정한 모습으로 나타난다는 데 주의해야 **1011a**17

한다. 그리고 만일 그들이 자신들의 의견에 대한 논변을 제시하되 그 방식이 이와 같지 않다면, 그들은 곧바로 (본래 의도에) 반대되는 것을 말하는 결과에 이르게 될 것이다. 왜냐하면 동일한 것이 시각에는 꿀처럼 보이지만 미각에는 그렇지 않을 수 있고, 우리 눈은 둘이기 때문에 두 눈의 시각능력이 같지 않다면 대상들은 각 시각에 똑같지 않게 보일 수 있기 때문이다. 앞에서 말한 근거들을 내세워 현상은 참이며 그런 이유에서 모든 것은 똑같이 거짓이면서 참이라고 말하고, 그 이유를 사물들이 모든 사람에게 똑같이 보이지 않으며 동일한 사람에게도 항상 동일하게 보이는 것이 아니라 동일한 시간에 반대되는 모습을 보이는 일도 자주 있다는 데서 찾는 사람들에 맞서 (왜냐하면 손가락을 겹쳤을 때 촉각은 그것들이 둘이라고 말해주지만, 시각은 하나라고 말해주기 때문이다) 우리는 이렇게 말한다. "그렇다. 하지만 동일한 감각에 대해 그 감각의 동일한 부분에서 동일한 방식으로 동일한 시간에 그런 것은 아니며, 따라서 (이런 제한 조건을 둔다면) 현상적인 것은 참일 수 있을 것이다."

한 가지 극단적 입장에 대한 반박들

1011b1 하지만 아마도 이런 이유에서 보자면 의문에 이끌린 탓이 아니라 논변을 내세우기 위해 주장을 펴는 사람들은 불가불 현상은 (그 자체로서) 참이 아니라 어떤 사람에게 참이라고 말할 수밖에 없다. 그리고 앞서 말했듯이 그 사람들은 불가불 모든 것이 관계 속에 있는 것, 즉 의견이나 감각과의 관계 속에 있는 것이라고 주장할 수밖에 없으며, 결과적으로 먼저 그런 의견을 가진 사람이 없다면 어떤 것도 생겨나거나 있을 수 없을 것이다. 하지만 만일 어떤 것이 (그 자체로서) 생겨났거나 있다면, 모든 것이 의견과의 관계 속에 있는 것이 아님은 분명하다. 또한 만일 어떤 것이 하나라면, 어떤 하나와의 관계나 어떤 확정된 것과의 관계 속에서 그럴 것이다. 그리고 만일 동일한 것이 양적으로 절반이면서 같다면, 그것이 (그것보다) 두 배인 것과의 관계에서 양적으로 같은 것은 아니다. 그래서 만일 의견을 갖는 것과의 관계 속에서 사람과 의견의 대상이 동일하다면, 의견을

갖는 것이 아니라 의견의 대상이 사람일 것이다. 각 사물이 의견을 갖는 것과의 관계 속에 있다면, 의견을 갖는 것은 그 종류에 있어 무한히 많은 것들과의 관계 속에 있게 될 것이다.

결론

(1) 서로 대립하는 발언들이 동시에 참이 아니라는 것이 모든 것 가운 1011b13
데 가장 확고한 의견이라는 사실과, (2) 그렇게 말하는 사람들이 이르게 되는 결과가 무엇이며 (3) 무엇 때문에 그들이 그렇게 말하는지에 대해서는 이 정도 이야기로 충분하다. 그러나 모순적인 진술이 동일한 대상에 대해 동시에 참이기는 불가능하기 때문에, 서로 반대되는 것들이 동일한 것에 동시에 속하는 것이 불가능하다는 것도 분명하다. 왜냐하면 서로 반대되는 것들 가운데 한쪽은 다른 쪽의 반대자임에 못지않게 그것의 결여, 즉 본질의 결여인데, 결여는 어떤 일정한 유에 속하는 술어의 부정이다. 그런데 만일 긍정과 부정이 동시에 참일 수 없다면, 반대되는 것들이 동시에 어떤 것에 속하는 것도 불가능하며, 그런 일은 그 둘이 특정한 관계 속에서 동일한 것에 속하는 경우나, 아니면 하나는 어떤 특정한 관계 속에서 그것에 속하고 다른 하나는 무제한적으로 그것에 속하는 경우에나 가능할 것이다.

[……]

제5권

주요 철학 용어들의 다양한 의미

있는 것

(1) 술어적인 뜻의 '있다' 혹은 '~이다'

1017a7 '있는 것'(또는 '~인 것')은 어떤 때는 부수적인 뜻에서 쓰이고, 어떤 때는 '그 자체로서'라는 뜻에서 쓰인다. 부수적인 뜻에서 있는 것은, 예컨대 우리가 "그 정의로운 사람은 음악적이다", "그 사람은 음악적이다", "음악적인 것은 사람이다"라고 말하는 경우에 해당하는데, 이는 "음악적인 사람이 집을 짓고 있다"라고 말하는 것과 비슷하고 이렇게 말하는 것은 집을 짓는 자에게 음악적임이 부수적으로 속하거나 또는 음악적인 자에게 집을 짓는 자임이 부수적으로 속하기 때문이다. 왜냐하면 "갑이 을이다"는 "을이 갑에 부수적으로 속한다"라는 뜻을 갖기 때문이다. 앞서 말한 것들의 경우에도 이와 같은데, 그 이유는 이렇다. "그 사람은 음악적이다" 또는 "음악적인 자는 사람이다"라고 말하거나 "하얀 사람은 음악적이다"라거나 "음악적인 사람은 하얗다"라고 말하는 경우, 둘이 동일한 것에 부수적으로 속하기 때문에 그럴 수 있고, 어떤 것이 있는 것에 부수적으로 속하기 때문에 그럴 수도 있으며, "음악적인 자는 사람이다"의 경우에는 음악적인 것이 이것에 부수적으로 속하기 때문에 그렇게 말할 수 있다. (이런 뜻에서 하얗지 않은 것에 대해서도 그것이 '있다'라고 말하는데, 이는 그것을 부수적인 뜻에서 속하는 것으로 갖는 것이 있기 때문이다.) 따라서 부수적인 뜻에서 '있다'('~이다')라고 불리는 것들은, 둘이 동일한 것에 속하거나 어떤 부수적인 것이 있는 것에 속하거나 진술의 주어 자리에 오는 것이 속하는 것 자체가 있기 때문에 그렇게 불린다.

'그 자체로서 있다(~이다)'라고 불리는 것에는 범주 형태들이 가리키는 것만큼 그 수가 많은데, 왜냐하면 범주 형태들의 수만큼 여러 가지 뜻으로 '있다'('이다')가 쓰이기 때문이다. 그런데 술어들 가운데 어떤 것들은 '무엇'을 가리키고, 어떤 것들은 성질을, 어떤 것들은 양을, 어떤 것들은 관계를, 어떤 것들은 능동이나 수동을, 어떤 것들은 장소를, 어떤 것들은 때를 가리키는데, '있다'는 이것들 하나하나와 동일한 것을 가리킨다. 왜냐하면 "사람이 건강하게 있다"와 "사람이 건강하다" 사이에는 아무 차이도 없고, "사람이 걷고 있다"와 "사람이 자르고 있다"는 "사람이 걷는다"와 "사람이 자른다"와 아무 차이도 없으며, 다른 경우에도 이와 같기 때문이다.

(2) 참이라는 뜻의 '있다' 혹은 '~이다'

또한 '있다'('~이다')는 어떤 사실이 참이라는 것을 뜻하고, '있지 않 1017a31
다'('~이 아니다')는 어떤 사실이 참이 아니라 거짓임을 뜻하며, 긍정과 부정의 경우에도 이와 같다. 예컨대, "소크라테스는 음악적이다"[116]는 이 진술이 참임을 뜻하고, "소크라테스는 하얗지 않다"[117]도 이 진술이 참임을 뜻한다. 반면에 "대각선은 (다른 변들과 같은 단위로) 측정 가능하지 않다"는 그것이 거짓임을 뜻한다.

(3) 가능적 존재나 현실적인 존재라는 뜻의 '있다' 혹은 '~이다'

(4) 또한 '있다'('~이다')와 '있는 것'('~인 것')은 앞에서 말한 것들 가운 1017a35
데 어떤 것들은 가능적으로 있고, 어떤 것들은 완전한 상태에 있음을 가리킨다. 왜냐하면 우리는 가능적으로 보는 것과 완전한 상태에서 보는 것에 대해 똑같이 우리는 그것이 '보고 있다'라고 말하고, '알다'의 경우에도

116) 원문은 'esti Sōkratēs mousikos'이다. 동사 'esti'(is)가 문장의 첫머리에 온다. 이런 경우 'esti'는 소크라테스가 음악적이라는 사실이 '참이다'는 것을 강조한다.

117) 원문은 'esti Sōkratēs ou leukos'이다. 이 경우에도 'esti'가 소크라테스가 하얗지 않다는 사실이 '참이다'는 것을 강조하기 위해 문장의 첫머리에 온다.

마찬가지로 앎을 사용할 수 있는 능력을 가진 사람과 그것을 (현실적으로) 사용하고 있는 사람에 대해 그 말을 사용하며, 정지상태에 있는 것과 정지할 수 있는 능력을 가진 것에 대해 똑같이 '정지한다'라고 말하기 때문이다. 실체들의 경우에도 이와 같다. 왜냐하면 우리는 헤르메스가 돌덩이 안에 있다고 말하고, 반선(半線)이 선 안에 있다고 말하며, 아직 익지 않은 것을 두고 그것이 곡식이라고 말하기 때문이다. 언제 가능적으로 있다고 말하고, 언제 그렇게 말하지 않는지에 대해서는 다른 곳에서 규정해야 한다.[118]

기체나 형상으로서의 실체

제8장

'실체'는 다음과 같은 것들을 뜻한다. (1) 단순한 물체들, 예컨대 흙, 불, 물이나 그런 종류의 것들과 일반적으로 물체들과 그것들로 이루어진 것들, 즉 생물과 다이몬들[119]과 그것들의 부분들이 실체라고 불린다. 이것들이 모두 실체라고 불리는 것은, 그것들은 다른 기체에 대해 술어가 되지 않지만 다른 것들은 그것들에 대해 술어가 되기 때문이다.[120] (2) 다른 뜻에서는 있음의 원인으로서 다른 기체에 대해 술어가 되지 않는 것들 안에 내재해 있는 것이 실체라고 불리는데, 예컨대 생명체의 경우에는 영혼이 그렇다.[121] (3) 또한 그런 것들 안에 내재하는 부분들로서 그것들을 제한하고 '이것'이 되게 하는 것들이 실체인데, 이것들이 사라지면 전체도 사라진다. 예컨대, ― 어떤 사람들의 주장에 따르면 ― 평면이 사라지면 물체가 사라지고, 선이 사라지면 평면이 사라진다. 어떤 사람들의 의견에 따르면, 일반적으로 수가 그런 성격을 가진다. (왜냐하면 수가 사라지

118) IX 7 참조.

119) '다이몬들'(daimonia)은 달 위 세계(月上界)의 천체들을 가리킨다.

120) '기체'(hypokeimenon)로서의 실체 개념에 대해서는 ☞ ousia #2.

121) 『영혼론』 II 4, 415b12-4; VII 10, 1035b14-5 참조.

면 아무것도 없고, 수는 모든 것을 제한하기 때문이다.) (4) 또한 정의를 자신에 대한 정식으로 갖는 본질이 실체인데, 이것은 각자의 실체이다.

결과적으로 '실체'는 두 가지 용법으로 쓰이는데, 한편으로는 다른 것에 **1017b**23
대해 더 이상 술어가 되지 않는 최종적인 기체와, 다른 한편으로는 '이것'이며 분리 가능한 것이 실체이니, 이런 성질을 갖는 것은 각 대상의 형태와 형상이다.

제7권

실체에 대한 탐구

실체는 있는 것의 첫째 범주이다

제1장

1028a10 앞서 낱말의 여러 가지 뜻에 대한 글[122]에서 우리가 나누어 설명했듯이 '있는 것'은 여러 가지 뜻으로 쓰인다. 왜냐하면 그것은 어떤 때는 '무엇'과 '이것'[123]을 가리키고, 어떤 때는 성질, 양 또는 그와 같은 방식으로 술어가 되는 것들 가운데 어느 하나를 가리키기 때문이다. '있는 것'은 이처럼 여러 가지 뜻으로 쓰이지만, 분명히 그 가운데 첫째로 있는 것은 실체를 가리키는 '무엇'인 반면에(그 이유는 이것이 어떤 성질의 것인지를 말할 때 우리는 '좋다'거나 '나쁘다'고 말하지, '(크기가) 세 완척이다'라거나 '사람이다'라고 말하지 않고, 반면에 그것이 '무엇'인지 말할 때는 '하얗다'거나 '뜨겁다'거나 '(크기가) 세 완척이다'라고 말하는 대신 '사람이다', '신이다'라고 말하기 때문이다), 다른 것들은 모두 그렇게 있는 것에 속하는 양이라거나 성질이라거나 상태라거나 그런 유의 다른 어떤 것이라는 이유에서 '있는 것'이라고 불린다. 그러므로 걸음과 건강함과 앉아 있음을 두고 어떤 사람은 그것들 하나하나가 있는 것인지 있지 않은 것인지 의문을 가질 수 있을 것이고, 그와 같은 종류의 다른 것들에 대해서도 동일한 의문을 품을 수 있을 터인데, 그 까닭은 그것들 가운데 어느 것도 본성상 그 자체로서 있거나 실체와 분리되어 있을 수는 없고, 오히려 만일 어떤 것

122) V 참조.

123) '무엇'과 '이것'에 대해서는 ☞ ousia.

이 있다면, 걷는 것, 앉아 있는 것, 건강한 것이 있는 것들에 속하기 때문이다. 하지만 이것들은 분명 그것들 밑에 확정된 기체가 (이것은 실체요 개별자이다) 놓여 있기 때문에 있는 것이고, 그것은 그런 종류의 진술 안에 출현하는데, 그 까닭은 '좋은'이나 '앉아 있는'이라는 말은 그것 없이는 쓰이지 않기 때문이다. 그렇다면 앞서 말한 것들 각각은 바로 이것[124] 때문에 있다는 것이 분명하며, 따라서 첫째로 있는 것, 즉 어떤 제한된 뜻에서 있는 것이 아니라 무제한적으로 있는 것은 실체일 것이다.

실체는 어떤 뜻에서 첫째가는 것인가

그런데 '첫째'는 여러 가지 뜻으로 쓰이지만, 모든 측면에서 실체는 첫째 **1028a**31
인데, 정식에서, 지식에서, 시간에서 그렇다. 그 이유는 이렇다. 술어가 되는 다른 것들 가운데 어떤 것도 분리 가능하지 않고, 오로지 실체만이 그럴 수 있다. 또한 그것은 정식에서 첫째이며(왜냐하면 각 대상에 대한 정식 가운데는 실체에 대한 정식이 내재하기 때문이다), 우리는 사람이나 불이 '무엇'인지 알았을 때 각 대상을 가장 잘 알고 있다고 생각하며, 성
질이나 양이나 장소 등을 두고도 그것들 각각에 대해 양이 '무엇'인지 성 **1028b**
질이 '무엇'인지를 알았을 때 그것을 알고 있다고 말한다.

있는 것에 대한 오래된 의문은 사실 실체에 대한 것이다

그러므로 옛날이나 지금이나 언제나 탐구 대상이 되고 언제나 의문거 **1028b**2
리인 것, 즉 있는 것은 무엇인가라는 물음은 실체란 무엇인가라는 물음이니(왜냐하면 그것을 두고 어떤 사람들은 그것이 하나라고 말하는 반면에 어떤 사람들은 하나 이상이라고 말하고, 또 어떤 사람들은 수가 유한하다고 말하고, 어떤 사람들은 수가 무한하다고 말하기 때문이다) 우리는 가장 많이, 가장 먼저 그리고 전적으로 그런 뜻으로 있는 것에 대해 그것이

124) 실체, 즉 개별자를 가리킨다.

무엇인지를 이론적으로 고찰해야 한다.

실체의 후보자들

제2장

1028b8 일반적인 의견에 따르면, 실체가 물체들에 속한다는 것은 더없이 분명하다. (그런 이유 때문에 우리는 동물들과 식물들과 그것들의 부분들이 실체라고 부르며, 자연적 물체들, 예컨대 불, 물, 흙을 비롯해 그런 종류의 것들 각각과 그것들의 부분들이나 그것들로 이루어진 것들 — 그것들 가운데 일부로부터 유래하건 그것들 모두로부터 유래하건 간에 아무 차이가 없다 —, 이를테면 하늘과 그것의 부분들인 별들과 달과 태양을 우리는 실체라고 부른다.) 하지만 오로지 이것들만이 실체인지 아니면 다른 실체들도 있는지, 그것들 가운데 일부가 실체인지 아니면 다른 것들도 그런지, 또는 그것들 가운데 어떤 것도 실체가 아니고 다른 어떤 것들이 실체인지 이런 문제들을 살펴보아야 한다.

1028b16 어떤 사람들의 의견에 따르면 물체들이 갖는 한계들, 이를테면 표면, 선, 점, 하나가 실체들이며, 그것들이 물체나 입체보다 더 높은 수준의 실체이다. 또한 어떤 사람들은 그런 종류의 것들 가운데 아무것도 감각적인 것들과 떨어져 있지 않다고 생각하는 데 반해, 다른 사람들은 수도 더 많고 더 높은 수준에 있는 영원한 것들이 있다고 생각하는데, 플라톤은 형상들과 수학적인 것들을 두 부류의 실체로 내세우고, 세 번째 실체로 감각적인 물체들을 내세운다. 그런가 하면 스페우시포스는 하나에서 시작해 여러 부류의 실체들을 이끌어내고, 각각의 실체에 대해 서로 다른 원리들을 상정하는데, 그는 수들의 원리와 연장물들의 원리와 영혼의 원리를 내세우면서 이와 같은 방식으로 실체들을 늘려간다. 한편, 어떤 사람들은 형상들과 수들은 본성이 동일하며, 이것들에 이어지는 다른 것들, 즉 선과 면이 오고, 마침내 우주의 실체와 감각적인 것들이 있게 된다고 말한다.

1028b27 그러면 그런 의견들을 두고 어떤 이론이 옳고 어떤 이론이 옳지 않은

지, 어떤 것들이 실체들인지, 감각적인 실체들과 떨어져서 어떤 실체들이 있는지 없는지, 그것들은 어떤 방식으로 있는지, (감각적 실체들과) 분리 가능한 어떤 실체가 있는지, 왜 그것이 있고 어떤 방식으로 있는지, 아니면 감각적인 실체들과 떨어져서는 어떤 실체도 없는지를 고찰해야 하는데, 먼저 실체가 무엇인지 개관한 뒤에 그렇게 해야 한다.

기체로서의 실체

실체의 주요 기준들

제3장

'실체'라는 말은 더 많은 뜻에서가 아니라면, 주로 네 가지 뜻으로 쓰이 1028b33
는데, 그 까닭은 일반적인 의견에 따르면 본질, 보편자, 유가 각자의 실체이고, 그 가운데 네 번째 것은 기체이기 때문이다.

실체는 첫째 기체이다

그런데 기체는 다른 것들은 그것에 대해 술어가 되지만 그것 자체는 다 1028b36
른 어떤 것에 대해서도 술어가 되지 않는 것이다. 따라서 우리는 첫째로
이것에 대해 규정해야 하는데, 그 까닭은 첫째 기체가 실체라는 것은 가 1029a
장 일반적인 의견이기 때문이다. 그런 종류의 것으로는 어떤 뜻에서 보면 질료가, 어떤 뜻에서는 형태가, 셋째로는 그것들의 복합체가 있는데(내가 말하는 질료는 예컨대 청동과 같은 것이고, 형태는 겉보기의 모양이며, 그것들의 복합체는 사람의 조각상〔전체〕이다), 따라서 형상이 질료보다 더 앞서고 더 높은 수준에 있는 것이라면, 동일한 논변에 의해 그것은 그 둘의 복합체에 비해서도 그럴 것이다. 실체가 도대체 무엇인가라는 물음에 대해, 그것은 기체에 대해 술어가 되지 않지만 다른 것들은 그것에 대해 술어가 된다는 사실을 이제 개괄적으로 이야기했다.

이 대답은 질료를 유일한 실체로 인정하는 결과를 낳는다

1029a9 하지만 그렇게 남겨두어서는 안 되는데, 그것만으로는 충분하지 않기 때문이다. 왜냐하면 그런 말 자체가 불분명할 뿐만 아니라 그렇게 보면 질료가 실체가 되기 때문이다.

왜냐하면 만일 질료가 실체가 아니라면, 다른 어떤 것이 있는지 시야에서 사라져 버린다. 왜냐하면 다른 것들을 모두 제거하고 나면, 분명 밑에 남는 것이 아무것도 없기 때문이다. 그 이유는 이렇다. 다른 것들은 물체들의 양태들이거나 그것들로써 만들어진 것이거나 그것들의 능력이고, 그런가 하면 길이나 넓이나 깊이는 양적인 것들이지 실체들이 아니요(양적인 것은 실체가 아니기 때문이다), 반대로 그런 것들을 자기 안에 속하는 것으로 가지고 있는 첫째가는 것, 바로 이것이 실체이다. 그러나 길이와 넓이와 깊이를 덜어내면, 우리는 이것들에 의해 제한된 어떤 것을 빼놓고는 아무것도 남지 않는 것을 보게 되는데, 결국 이런 관점에서 그 문제를 고찰하는 사람들에게는 질료가 유일한 실체로 나타날 수밖에 없다. 내가 여기서 말하는 질료란 그 자체로 보아서는 어떤 종류의 것도 아니고 양적인 것도 아니며, 있는 것을 정의하는 수단이 되는 다른 어떤 것이라고도 부를 수 없는 것이다. 왜냐하면 이것들 하나하나를 술어로 취하는 어떤 것이 있으니, 그것에게 속하는 있음은 술어들 하나하나와 다른 것이어서(왜냐하면 다른 것들은 실체에 대해 술어가 되지만, 그것 자체는 질료에 대해 술어가 되기 때문이다) 결국 그 최종적인 것은 그 자체로서는 어떤 종류의 것도 아니요, 양적인 것도 아니요, 다른 어떤 것도 아니기 때문이다. 심지어는 그것들의 부정태들도 아닌데, 그 이유는 이것들이 부수적인 뜻에서 그것에 속할 것이기 때문이다.

하지만 이런 결과는 받아들이기 어렵기 때문에 우리는 형상을 검토해야 한다

1029a26 이런 관점을 따르는 사람에게는 질료가 실체라는 결론이 따라 나온다. 하지만 이는 불가능한 일이다. 왜냐하면 일반적인 의견에 따르면 분리 가

능성과 '이것'은 주로 실체에 속하기 때문인데, 이런 이유로 말미암아 형상과 둘로 이루어진 것이 질료보다 더 높은 수준의 실체로 생각될 것이다.

그런데 두 부분으로 이루어진 실체는—즉 질료와 형상으로 이루어진 1029a30
실체를 말한다—제쳐두어야 한다. 이것은 뒤에 오는 것이요 분명하기 때문이다. 질료 역시 어떻게 보면 분명하다. 그래서 세 번째 실체에 대해 고찰해야 하는데, 이것은 가장 어려운 주제이기 때문이다. 실체들이 감각적인 것들 가운데 있다는 데는 사람들이 동의하는데, 이것들 중에서 먼저 실체를 찾아야 한다.

본질로서의 실체

우리는 본질에 대한 탐구를 통해 형상을 탐구해야 한다

제4장

처음에[125] 우리는 실체를 정의하는 여러 방식을 나누었는데, 일반적인 1029b1
의견에 따르면 그 가운데 하나는 본질이었으므로 이것에 대해 고찰해야 한다. 〚 왜냐하면 그런 뒤에 더 잘 알 수 있는 것으로 나아가는 것이 유용하기 때문이다. 왜냐하면 이렇듯 배움은 어떤 경우에든 본성적으로 덜 인식 가능한 것을 거쳐 더 인식 가능한 것들로 나아가기 때문이다. 이것이 바로 해야 할 일이니, 여러 가지 행동의 경우 각자에게 좋은 것들에서 시작해 무제한적으로 좋은 것들을 각자에게 좋은 것으로 만들어야 하듯이 자신에게 더 인식 가능한 것에서 시작해 본성적으로 인식 가능한 것을 자신에게 인식 가능한 것으로 만들어야 한다. 개개인들에게 인식 가능하고 가장 먼저 있는 것들은 흔히 아주 적은 정도로 인식 가능한 것이며, 실재성이 적거나 전혀 없다. 그렇지만 하찮은 정도이긴 하지만 각자에게

125) VII 3, 1028b33-6 참조.

인식 가능한 것들에서 시작해서 무제한적으로 인식 가능한 것을 아는 데 이르도록 힘써야 하는데, 앞서 말했듯이 그런 것들을 거쳐 앞으로 나아가야 하는 것이다.〕〉

본질은 무엇인가

1029b 먼저 논리적인 관점에서 그것과 관련된 몇 가지 점을 말해보기로 하자. 어떤 대상이 그 자체로서 무엇인지를 말하는 진술 속에서 드러나는 것, 그것이 각자의 본질이다. 이를테면 너의 본질은 음악적임이 아닌데, 그 까닭은 너는 너 자체로서 음악적이 아니기 때문이다. 네가 너 자체로서 무엇이라고 일컬어진다면, 그 '무엇'에 해당하는 것이 너의 본질이다. 하지만 이런 것 전부가 본질은 아닌데, 그 까닭은 "표면은 하얗다"라고 말할 때와 같은 방식으로 각 대상이 그 자체로서 무엇인지 말하는 진술 속에서 드러나는 것은 본질이 아니기 때문인데, 표면의 본질은 하양임이 아니기 때문에 그렇다. 나아가 그 둘의 복합체, 하얀 표면임 역시 표면의 본질은 아닌데, 그 까닭은 표면 자체가 거기에 부가되어 있기 때문이다. 그러므로 (정의의) 대상 자체는 포함하지 않으면서 그 대상이 무엇인지 말하는 정식, 이것이 각자의 본질에 대한 정식이니, 따라서 하얀 표면임이 부드러운 표면임과 같다면, 하양의 본질과 부드러움의 본질은 동일한 것이요 하나일 것이다.[126)]

복합체는 본질을 갖는가

1029b22 하지만 다른 범주들에 두루 걸쳐 합성체가 있기 때문에(왜냐하면 성질, 양, 때, 장소, 운동과 같은 것 각각의 경우 어떤 기체가 그 밑에 놓여 있기 때문이다), 그런 것들 각각의 본질에 대한 정식이 있는지, 이를테면 하얀 사람과 같은 종류의 것들에 본질이 속하는지를 살펴보아야 한다. 그것의

---

126) 이것은 물론 받아들일 수 없는 결론이다.

이름을 '두루마기'라고 해보자. 두루마기의 본질은 무엇인가? 그것은 어떤 것이 그 자체로서 무엇인지를 말하는 진술 대상이 아니다. 아니, 어떤 것이 그 자체로서 무엇인지를 말하는 진술이 아니라고 말할 때, 거기에는 두 가지 뜻이 있는데, 하나는 부가에 의해 진술이 이루어질 경우이고 다른 하나는 그렇지 않은 경우이다. 한 경우는 정의 대상이 다른 것에 부가되어서 진술이 이루어지는 경우인데, 이를테면 하양의 본질을 정의하면서 하얀 사람에 대한 정식을 제시하는 경우가 그에 해당한다. 다른 경우는 다른 것이 정의 대상에 부가되어 있는 경우인데, 이를테면 '두루마기'가 하얀 사람을 가리키는데 그 '두루마기'를 '하얀 것'으로 정의한다면 그
런 사태가 빚어진다. 하얀 사람은 하얗지만, 그렇다고 하더라도 하양의 본 1030a
질은 아니다.

실체들만이 무제한적인 뜻에서 본질을 갖는다

아니, 두루마기의 본질은 도대체 본질에 해당하는 것인가, 그렇지 않은 1030a2
가? 왜냐하면 '이것'이 무엇인지를 말할 때, 바로 이 '무엇'에 해당하는 것이 본질이기 때문이다. 어느 하나가 다른 하나에 대해 진술될 때, 이런 진술은 '이것'이 본질적으로 무엇인지를 드러내는 것이 아니다. 이를테면 '하얀 사람'은 '이것'이 본질적으로 무엇인지를 드러내는 표현이 아닌데, '이것'은 오직 실체들에만 속하기 때문이다. 그러므로 어떤 대상들에 대한 정식이 정의일 때 그런 대상들에 본질이 속한다. 그런데 이름이 정식이 가리키는 것과 동일한 것을 가리킨다고 해서 정의가 성립하는 것은 아니고(왜냐하면 그렇다면 모든 정식이 정의일 것이니, 그 까닭은 어떤 종류의 정식에 대해서나 이름이 있을 것이고, 결국 『일리아스』 역시 정의에 해당할 것이기 때문이다[127]), 정식이 첫째가는 것[127]을 대상으로 할 때 정의가 성립

127) 이름(onoma)과 정식(logos)이 동일한 것을 가리킨다고 해서 그때 사용된 정식이 모두 정의(horismos, horos)가 되는 것은 아니다. 이를테면 '일리아스'라는 이름과 서사시 작품 『일리아스』—이 또한 넓은 의미에서 정식이다—는 동일한

하는데, 그런 것들에 대한 진술은 어느 하나가 다른 하나에 대해 술어가 되는 진술 형태를 취하지 않는다. 그러므로 어떤 유에 속하는 종들을 제외하고는 어떤 것에도 본질은 속하지 않을 것이고, 오직 그런 것들에게만 속할 것이다. (왜냐하면 일반적인 의견에 따르면 이것들에 대한 정식은 관여의 관계나 기체와 속성의 관계에 의한 것도, 부수적인 관계에 의한 것도 아니기 때문이다.) 다른 것들 각각의 경우 그것에 대해 이름이 있다면 그 이름이 가리키는 것이 무엇인지를 진술하는 정식, 즉 이것이 저것에 속한다는 사실을 말하는 정식이 있을 것이고, 또한 단순한 정식 대신 더 엄밀하게 부연 설명을 하는 정식이 있을 것이지만, 그렇다고 해서 정의나 본질이 있는 것은 아닐 것이다.

실체가 아닌 것들은 제한적인 뜻에서 본질을 갖는다

1030a17 아니, 정의나 '무엇'은 여러 가지 뜻으로 쓰이는가? 왜냐하면 '무엇'은 어떤 방식으로는 실체와 '이것'을 가리키지만, 어떤 방식으로는 술어가 되는 것 하나하나를, 즉 양이나 성질이나 그런 종류의 다른 것들을 가리키기 때문이다. 그 이유는 이렇다. '있다'('~이다')는 모든 것에 속하지만 똑같은 방식으로 그런 것이 아니라 어떤 것에는 첫 번째 뜻에서, 다른 것에는 후속적인 뜻으로 속하는데, 이와 마찬가지로 '무엇'은 무제한적으로는 실체에, 제한된 뜻으로는 다른 것들에게 속한다.[129] 왜냐하면 우리는 성질에 대해서도 그것이 '무엇'인지 말할 것이기 때문인데, 결국 성질은 '무엇'에 해당하는 것들 가운데 하나이지만, 무제한적인 뜻에서 그렇지는 않고, 마치 있지 않은 것을 두고 어떤 사람들이—언어적으로—있지 않은 것

것을 가리키지만, 그렇다고 해서 『일리아스』 전체가 정의는 아니다.

128) '첫째가는 것'(prōton ti)은 1028a14의 첫째로 있는 것(prōton on)을 가리킨다.

129) '있다'(~이다, esti)라는 말이 첫째로는 실체의 범주에 속하는 것들에 대해, 파생적으로는 혹은 후속적인 뜻으로(hepomenōs) 다른 범주에 속하는 것들에 대해 쓰이듯이 '무엇'(ti esti)도 첫째로는 실체의 범주 안에서, 후속적으로는 다른 범주 안에서 쓰일 수 있다.

이 있다고 말할 때 이것이 무제한적인 뜻에서 그런 것이 아니라 있지 않다는 뜻에서 그렇듯이[130] 성질의 경우에도 마찬가지이다. 그렇다면 우리는 각 대상이 있는 방식보다는 각 대상에 대한 진술이 따라야 하는 방식에 대해 고찰해야 한다. 그런데 지금까지 말한 것은 이제 분명하기 때문에, 본질은 — '무엇'이 그렇듯이 — 첫 번째 뜻에서나 무제한적인 뜻에서는 실체에 속하고 그다음으로는 다른 것들에 속할 것이니, 이것은 무제한적인 뜻의 본질이 아니라 성질의 본질이거나 양의 본질이다. 왜냐하면 그것들이 '있는 것'이라고 불리는 것은 동음이의적인 뜻으로 그렇거나 또는 부가나 생략에 의해 그렇기 때문인데, 이는 마치 인식될 수 없는 것이 인식될 수 있다고 말하는 것과 같다.[131] 사실 말의 그런 쓰임은 동음이의적인 것도 아니고, 일의적인 것도 아니며, 마치 '의술적'이라는 말이 그렇듯이 동일한 하나와의 관계 속에서 쓰이는 것이지, 동일한 하나를 뜻하는 1030b
것도, 그렇다고 해서 동음이의적인 뜻으로 쓰이는 것도 아닌데, 그 까닭은 육체와 치료작용과 도구는 모두 '의술적'이라고 불리지만 그 말은 동음이의적인 것도 아니고, 하나의 뜻에 따라 그런 것도 아니며, 하나와의 관계 속에서 그렇게 쓰이기 때문이다. 하지만 둘 중 어떤 방식으로 사실을 표현하려고 하건 아무런 차이가 없지만, 분명한 것은 첫 번째이자 무제한적인 뜻에서 정의와 본질은 실체들에 속한다는 사실이다. 그것들은 다른 것들에도 똑같이 속하지만, 다만 첫 번째 뜻에서는 그렇지 않다. 왜냐하면 우리가 이런 사실을 내세운다면, 〈이름과〉 정식이 동일한 것을 가리킬 경우, 그런 대상에 대해 정의가 있다는 결론이 필연적으로 따라 나오는 것은 아니기 때문인데, 특정한 정식만이 정의 구실을 한다. 이런 경우는 정식이 어느 하나를 대상으로 하되, 『일리아스』나 서로 연결된 말들처럼 연

130) 우리는 '둥근 삼각형'이나 '황금산'처럼 있지 않은 것(to mē on)들을 두고 "있지 않은 것이 있다"라고 말할 수 있다.

131) 불가지론자들이 "신들이 알 수 없는 존재임을 알았다"라고 말한다면, 이 경우가 그에 해당할 것이다.

속성에 의해 형성된 하나가 아니라 '하나'라는 말의 여러 가지 뜻에 상응해서 하나일 때 성립한다. '하나'는 '있는 것'과 똑같은 방식으로 쓰이는데, '있는 것'은 어떤 때는 '이것'을, 어떤 때는 양을, 어떤 때는 성질을 가리킨다. 그러므로 하얀 사람에 대해서도 정식과 정의가 있겠지만, 하양이나 사람에 대한 것과는 다른 방식으로 정의가 있다.

실체와 부수적인 것이 결속된 것들은 본질을 갖지 않는다

제5장

1030b14 만일 어떤 사람이 부가에 의해 생겨난 정식이 정의임을 부정한다면, 단순하지 않고 결속된 것들 가운데 어떤 것에 대해 정의가 있을까라는 의문이 생기는데, 그 까닭은 그것들에 대한 정식은 분명 부가에 의해 생겨날 수밖에 없기 때문이다. 내 말의 뜻은 이렇다. 예컨대, 눈과 볼록한 형태가 있고, 그 가운데 '이것'이 '이것' 안에 있음으로써 그 둘로부터 생겨난 것이 딱부리 형태인데,[132] 볼록한 형태나 딱부리 형태는 부수적인 뜻에서 눈에 속하는 양태가 아니라 그 자체로서 눈에 속한다.[133] 이는 하양이 칼리아스나 사람에게 속하는 방식을 따르는 것이 아니라(왜냐하면 사람임은 하얀 칼리아스에 속해 있기 때문이다) '수컷'이 동물에, '같음'이 양에 속하는 방식을, 즉 '그 자체로서' 속한다고 일컬어지는 모든 것들이 속

132) 아리스토텔레스가 '단순하지 않고 결속된 것들'(ta ouch hapla alla syndedyasmena) 혹은 '이것 안에 있는 이것'(tode en tōide)의 예로 들고 있는 것은 'simotēs'(snubness, 안장코의 형태)이다. 이 용어는 콧날이 오목하게 들어간 코, 즉 안장코(simon)의 형태를 가리킨다. 아리스토텔레스는 질료와 형상이 결합된 복합체의 사례로서 'simon'을 자주 드는데, 안장코는 코(질료)와 콧날의 오목한 형태(형상)가 결합되어 이루어진 것이기 때문이다. 그리고 이때 그는 코의 오목한 형태를 가리키는 말인 'simotēs'를 일반적으로 오목한 형태를 가리키는 말인 'koilon'과 구별하는데, 후자의 낱말은 굽은 다리나 콧날 등 오목하거나 굽어 있는 것들 모두에 대해 쓰이지만, 'simotēs'는 오직 콧날의 오목한 형태만을 가리키기 때문이다. 이 번역에서는 'simon'과 'simotēs' 대신 볼록 튀어나온 눈을 가리키는 우리말인 '딱부리'(=눈딱부리)와 '볼록한 형태'로 예를 바꿨다.

133) '그 자체로서'(kath' hauten) ☞ symbebēkos #2.

하는 방식을 따른다. 그런데 그것들에 대한 말 가운데는 그 속성의 담지자에 대한 정식이나 이름이 들어가며, 분리되어서는 밝혀질 수 없으니 이는 마치 '하양'에 대해서는 '사람'을 언급하지 않고서도 말을 할 수 있지만, '암컷'에 대해서는 '동물'을 언급하지 않고서는 말을 할 수 없는 것과 같다. 그러므로 그것들 가운데 어떤 것에 대해서도 본질과 정의가 존재하지 않거나, 만일 존재한다면 앞서 말했듯이 다른 방식으로 있을 것이다.

그것들과 관련된 또 다른 의문도 있다. 그 이유는 이렇다. 만일 딱부리 1030b28
눈과 볼록한 눈이 동일한 것이라면, 딱부리 형태와 볼록한 형태는 동일할 것이다. 그러나 만일 그렇지 않고 그 이유가 딱부리 형태에 대해서는 그런 형태를 그 자체에 속하는 속성으로서 갖는 것을 떠나서는 말을 할 수 없다는 데 있다면(왜냐하면 딱부리 형태는 눈 안에 있는 볼록한 형태이기 때문이다), '딱부리 눈'이라는 말을 쓰는 것이 불가능하거나 아니면 동일한 말을 두 번 써서 '볼록한 눈 눈'이라고 말할 수밖에 없을 것이다. (왜냐하면 '딱부리 눈'은 '볼록한 눈 눈'이 될 것이기 때문이다.) 그런 이유 때문에 그런 것들에는 본질이 속하는 것은 당치 않게 될 것이다. 그렇지 않다면 무한히 이어져 딱부리 눈에는 또다시 다른 것이 내재할 것이기 때문이다.

그렇다면 분명 실체에 대해서만 정의가 있다. 왜냐하면 만일 다른 범 1031a
주들에 대해서도 정의가 있다면, 그 정의는 어떤 것을 부가함으로써 얻을 수밖에 없기 때문이다. 예컨대, [성질이 그렇고] 홀수성이 그런데, 홀수성은 '수' 없이는 정의될 수 없고, 암컷 또한 '동물' 없이는 정의될 수 없기 때문이다. (내가 '부가에 의해'라고 말한다고 할 때, 그것은 이런 사례들에서 그렇듯이 우리가 동일한 것을 두 번 말하게 되는 경우들을 두고 말하는 것이다.) 하지만 만일 이것이 참말이라면, 홀수처럼 결속된 것들에 대해서도 정의가 존재하지 않을 것이다. (그러나 이 점은 우리가 사용하는 정식들이 엄밀하지 않기 때문에 눈에 드러나지 않는다.) 반면에 만일 이것들에 대해서도 정의들이 있다면, 이는 다른 어떤 방식에 따라 그렇거나, 아니면 우리가 말했듯이 정의와 본질은 여러 가지 뜻으로 쓰여서 어떤 뜻에서는 실체들 이외에는 어떤 것에도 정의와 본질이 속하지 않지만, 어떤 뜻에서는 그렇지 않다고 말해야 한다. 그렇다면 분명 정의는 본질에 대한 정식이며, 본질은 가장 높은 수준으로 첫 번째이자 무제한적인 뜻에서는 오로지 실체들에만 속한다.

각 사물과 본질의 관계

제 6 장

1031a15 우리는 본질과 각 사물이 동일한지 다른지를 고찰해야 한다. 이것은 실체에 대한 고찰에 얼마간 유용하기 때문인데, 그 까닭은 일반적인 의견에 따르면 각 사물은 그 자신의 실체와 다른 것이 아니고 각자의 실체를 일컬어 본질이라고 부르기 때문이다.

1031a19 그런데 부수적인 통일체의 경우, 그 둘은 다를 것 같은데, 예컨대 하얀 사람은 하얀 사람의 본질과 다를 것이다. (그 이유는 이렇다. 만일 그 둘이 동일하다면, 사람의 본질과 하얀 사람의 본질이 동일할 텐데, 그 까닭은 사람들의 말대로 사람과 하얀 사람은 동일한 것이어서 결과적으로 하얀 사람의 본질과 사람의 본질은 동일할 것이기 때문이다.[134] 아니 부수적인 통일체들이 (자신들의 본질과) 동일하다는 결론이 필연적으로 따라 나오지는 않을 텐데, 그 까닭은 끝에 오는 것들은 똑같은 뜻에서 (중개념과) 동일한 것이 아닐 터이기 때문이다. 하지만 그런 결론이 따라 나온다고 주장할 수도 있을 것이다. 즉 끝에 오는 것들이, 예컨대 하양임과 음악적임이 그렇듯이 부수적인 뜻에서 동일하다고 주장할 수도 있을 것이다. 하지만 그럴 것 같지 않다.)

---

134) 아리스토텔레스의 논증은 귀류법의 형식을 취한다. (1) 하얀 사람(leukos anthrōpos)=하얀 사람의 본질(to leukōi anthrōipōi einai)이라고 가정해보자. (2) 사람=하얀 사람이고, (3) 사람=사람의 본질이기 때문에, 결국 사람의 본질=하얀 사람의 본질이라는 결론이 나온다. 하지만 이 결론은 참이 아니다. 따라서 가정 (1)은 참이 아니다.

플라톤의 형상들에 있어 각 형상과 본질의 관계

그에 반해 그 자체로서 있는 것들의 경우, 그 각각은 각자의 본질과 필 1031a28
연적으로 동일한가? 예컨대, 만일 자신들에 앞서는 다른 어떤 실체도 자
연물도 갖지 않는 어떤 실체들, 즉 사람들이 이데아들이라고 부르는 것과
같은 종류의 실체들이 있다면 어떨까? 만일 좋음 자체와 좋음의 본질이
다르고, 동물과 동물의 본질이 다르고, 있는 것의 본질과 있는 것이 다르
다면, 방금 말한 것들[135] 이외에 다른 실체들과 자연물들과 이데아들이 1031b
있게 될 것이며, 또한 만일 본질이 실체라면, 그 다른 것들이 (상대적으로)
앞서고 〈더 높은 수준의〉 실체일 것이다. 또한 그것들이 서로 떨어져 있다
면, 그들 중 한 부류에 대해서는 학문적 인식이 있을 수 없을 것이고, 다
른 것들은 있는 것이 될 수 없을 것이다. (좋음 자체에 좋음의 본질이 속
하지 않고, 뒤의 것에는 '좋다'가 속하지 않는다면, 이를 두고 나는 '떨어
져 있다'라고 말한다.) 그 이유는 이렇다. 각 사물에 대한 학문적 인식은
우리가 그것의 본질을 알았을 때 성립한다. 그런데 좋음에 대해서나 다
른 것들에 대해서나 사정은 똑같아서 결국 좋음의 본질이 좋지 않다면,
있는 것의 본질은 있지 않고 하나의 본질은 하나가 아닐 것이니, 모든 본
질은 똑같이 있거나 전부 없거나 하기 때문에, 결국 있는 것의 본질이 있
는 것이 아니라면, 다른 본질들 가운데 어느 것도 있지 않을 것이다. 더욱
이 좋음의 본질이 속하지 않는 것은 좋지 않다. 따라서 필연적으로 좋음
과 좋음의 본질, 아름다움과 아름다움의 본질은 하나여야 하는데, 다른
것에 의존해 있지 않고 그 자체로서 첫 번째 뜻에서 있는 것들은 모두 그
렇다. 이는 그런 것들이 굳이 형상들이 아니라고 하더라도 충분히 성립되
는 점이지만, 그것들이 형상들이라면 더욱 그럴 것이다. (그와 동시에 분
명한 점은 만일 어떤 사람들의 말대로 이데아들이 있다면, 기체는 실체일
수 없으리라는 사실이다. 왜냐하면 그것들은 실체들이지만, 다른 기체에

135) 좋음 자체(auto to agathon), 동물 자체, 있는 것 자체를 가리킨다.

대해 술어가 되지 않아야 하는데, 만일 그렇지 않다면, 그것들은 관여에 의해 있을 것이기 때문이다.)

그 자체로 있는 것들의 경우 그것과 본질은 같은 것이다

1031b18 이런 논변들에 따르면, 각 사물 자체와 그것의 본질은 결코 부수적인 뜻에서 하나이고 동일한 것이 아니며, 이는 또한 각 사물을 인식한다는 것이 본질을 인식한다는 것을 뜻한다는 이유에서도 그런데, 결과적으로 사례 제시를 통해 보더라도 그 둘은 필연적으로 하나로 드러난다. (그러나 '음악적인 것'이나 '하얀 것'과 같은 부수적인 술어의 경우, 그것들은 두 가지를 가리키기 때문에, 본질과 그것들 각각이 동일하다고 말하는 것은 참이 아니다. 하양이 속하는 대상과 부수적 성질이 모두 하얀 것이기 때문에, 어떤 뜻에서는 부수적인 것과 그것의 본질은 동일하지만, 어떤 뜻에서는 그렇지 않다. 왜냐하면 하양의 본질은 하얀 것에 해당하는 사람이나 하얀 사람과는 동일하지 않지만, 하양이라는 양태와는 동일하기 때문이다.) 만일 본질들 하나하나에 어떤 이름을 내세운다면, 그로부터 불합리성이 분명하게 드러날 터인데, 그 까닭은 첫째가는 것 이외에 또 다른 본질이 있을 것이기 때문이니, 예컨대 말(馬)의 본질에 두 번째 본질이 속할 것이다. 하지만 본질이 실체라고 한다면, 어째서 처음부터 어떤 것들이 즉
1032a 시 본질이 될 수 없다는 말인가? 하지만 지금까지 했던 말로부터 분명하게 드러나듯이 사실 각 사물과 그것의 본질은 하나일 뿐만 아니라 그것들에 대한 정식 역시 동일하다. 왜냐하면 하나의 본질과 하나가 하나임은 부수적인 일이 아니기 때문이다. 더욱이 그것들이 서로 다르다면, 그 과정은 무한히 진행될 것이니, 그 까닭은 하나의 본질과 하나가 있을 것이고, 그것들에 대해서도 동일한 논변이 적용될 것이기 때문이다.

1032a5 그렇다면 분명 첫 번째 뜻에서 그 자체로서 있는 것들의 경우 각 사물과 각자의 본질은 동일한 것이고 하나이다. 이 전제에 대한 소피스테스식 반박들이나 소크라테스와 소크라테스의 본질이 동일한가라는 문제는 동일한 해결 방법을 통해 해결된다. 왜냐하면 어떤 예들을 취해 문제를 제

기하건 어떤 예들을 취해 해답을 제시하건 아무 차이도 없기 때문이다. 그렇다면 우리는 지금까지 어떻게 본질이 각 사물과 동일하고 어떻게 동일하지 않은지를 이야기했다.

생성과 변화에서 형상과 질료의 역할

여러 가지 유형의 생성

제7장

생겨나는 것들 중에서 어떤 것은 본성에 따라, 어떤 것들은 기술에 의 1032a12
해, 또 어떤 것들은 자생적으로 생겨나지만 생겨나는 것은 모두 어떤 것의 작용에 의해 어떤 것으로부터 어떤 것이 된다. 그런데 여기서 내가 말하는 '어떤 것'은 어떤 범주에나 속하는데, 그것은 '이것'일 수도 있고, 어떤 양일 수도 있고, 어떤 성질일 수도 있고, 어떤 장소일 수도 있기 때문이다.

본성적인 생성들이란 본성에서 시작해 생겨나는 것들의 생성들을 말 1032a15
하는데, 생성의 출처를 일컬어 질료라고 하고, 생성의 작용인은 본성에 따라 있는 것들 가운데 하나이며, (생성의 결과로서 생겨나는) 어떤 것은 사람이거나 식물, 또는 우리가 가장 일반적으로 실체라고 부르는 그런 것들 중의 어느 하나이다 — 생겨나는 것은 본성에 따라 생겨나건 기술에 의해 생겨나건 간에 모두 질료를 갖는데, 그 까닭은 그것들 각각은 있을 수도 있고 있지 않을 수도 있으니, 이런 가능성은 바로 각 사물 안에 있는 질료에 있기 때문이다. 일반적으로 생성의 출처도 본성이고, 생성의 종결점도 본성이며(왜냐하면 생겨나는 것은 본성을 갖기 때문인데, 이를테면 식물이나 동물이 그렇다), 또한 생성의 작용인은 형상이라는 뜻의 본성인데, 이 본성은 동종적이다. (하지만 그것은 다른 것 안에 있으니, 그 까닭은 사람이 사람을 낳기 때문이다.)

본성에 의해 생겨나는 것들은 이런 방식으로 생겨나지만, 다른 생성들 1032a25

은 제작이라고 불린다. 모든 제작은 기술이나 능력 혹은 사고에서 비롯한다. 하지만 그것들 가운데 어떤 것들은 자생적으로 또는 우연에 의해 생겨나는데, 그 과정은 본성으로부터 생겨나는 것들의 생성 과정과 비슷하다. 왜냐하면 그런 경우 동일한 것이 씨로부터 생겨나기도 하고 씨 없이 생겨나기도 하기 때문이다. 이런 것들에 대해서는 나중에 살펴보아야 한다.

기술적인 제작에서 형상의 역할

1032a32-**1032b** 하지만 기술로부터 생겨나는 것들의 경우, 형상은 영혼 안에 있다(나는 각 사물의 본질과 첫째 실체를 일컬어 형상이라고 부른다). 서로 반대되는 것들에는 어떤 측면에서 보면 동일한 형상이 속하는데, 그 까닭은 결여의 실체가 그것과 대립하는 실체인바, 예컨대 건강은 질병의 실체이며, 건강이 부재(不在)함으로써 질병이 있고, 건강은 영혼 속에 있는 정식이고 인식이기 때문이다. 건강한 것은 다음과 같은 사유 과정을 거쳐 생긴다. 이것이 건강이기 때문에, 건강해지려면 필연적으로 이것, 이를테면 (육체의) 균형상태가 먼저 있어야 하고, 이것이 있으려면 열기가 있어야 한다. (의사는) 이렇게 자신이 실행할 수 있는 최종적인 것에 이르기까지 계속 사유해 나간다. 그런 다음 (사유 과정의) 최종적인 것으로부터 시작되는 운동을 제작이라고 하는데, 그 목적은 건강하게 하는 데 있다. 그러므로 어떤 측면에서 보면 건강은 건강으로부터 생겨나고, 집은 집으로부터 생겨나는 결과가 되는데, 즉 질료 없는 것으로부터 질료를 가진 것이 생겨난다. 왜냐하면 의술이나 건축술은 건강의 형상이요, 집의 형상이기 때문인데, 질료 없는 실체를 일컬어 나는 본질이라고 부른다. 생성과 운동 과정들 가운데 하나는 사유라고 불리고 다른 하나는 제작이라고 불리는데, 시작, 즉 형상으로부터 진행되는 것은 사유이고, 사유의 마지막 지점으로부터 진행되는 것은 제작이다. 중간에 있는 다른 것들도 각각 이와 같은 방식으로 생겨난다. 내 말뜻은 이렇다. 예컨대, 사람이 건강하려면 (육체가) 균형상태에 있어야 한다. 그러면 (육체가) 균형상태에 있다는 것은 무엇인가? 그것은

이런저런 것이고, 이것은 몸이 열기를 얻을 때 생겨날 것이다. 그러나 이것은 또 무엇인가? 그런저런 것이다. 그리고 이것은 실현 가능한 것으로 주어져 있으며, 이 가능성은 이미 의사의 수중에 놓여 있다.

제작의 원리와 건강하게 하는 운동이 시작하는 출처는 그 운동이 기 1032b21
술로부터 진행되는 경우에 영혼 안에 있는 형상이다. 그에 반해 자생적으
로 그렇게 되는 경우에 그 과정은 어떤 사람이 기술에 의해 제작을 할 때
그 제작의 시작이 되는 것으로부터 진행되는데, 이는 마치 치료를 할 때
그 과정이 열기를 만들어내는 일로부터 진행되는 것과 마찬가지이다. (의
사는 마찰을 통해 그런 일을 한다.) 따라서 육체 안의 열기는 건강의 일
부이거나, 아니면 그 열기에 뒤이어 〈직접 또는〉 여러 단계를 거쳐 건강의
일부가 따라 나온다. 그런데 이것, 즉 (건강의) 일부를 만들어내는 것은 최
종적인 것이면서 동시에 그 자체가 건강의 한 부분인데, 집의 경우나 (예
를 들어 돌이 그에 해당한다) 다른 경우나 이와 같다. 그러므로 사람들이
말하듯이 아무것도 먼저 주어져 있지 않으면 생성은 불가능하다. 그렇다
면 어떤 부분이 필연적으로 주어져 있어야 함이 분명한데, 왜냐하면 질료
는 부분이기 때문이다(이것은 생성 과정에 내재하고 바로 그것이 생성을 1033a
거쳐 어떤 것이 되기 때문이다). 그러나 그것은 정식 안에 있는 것들에도
속하는가? 우리는 청동 원(圓)에 대해 그것이 무엇인지 두 가지 방식으로
말할 수 있는데, 질료를 두고 말할 때는 그것이 청동이라고 말할 수 있고,
형상을 두고 말할 때는 그것이 이런저런 모양이라고 말할 수 있다. 그리고
이것[136]은 (청동 원이) 속하는 첫째 유이다. 청동 원은 그래서 자신의 정식
안에 질료를 포함한다.

질료와 그로부터 생겨나는 것의 관계

질료라는 뜻에서 생성의 출처가 되는 것을 두고 말하자면, 생겨나는 것 1033a5

136) 원의 이런저런 모양.

들을 부를 때 (그 질료의 이름을 따라) '어떤 것'이라고 부르지 않고 '어떤 것으로 된'이라고 부르는데, 예를 들어 조각상은 '돌'이 아니라 '돌로 된' 것이다. 하지만 건강하게 되는 사람은 건강하게 되는 과정의 출처에 해당하는 것에 따라 일컬어지지 않는다. 왜냐하면 이 경우 생성의 출처는 결여이고 밑에 놓인 기체이기 때문인데, 이것을 우리는 질료라고 부른다(예를 들어 "사람이 건강하게 된다"라고 말할 수도 있고, "병자가 건강하게 된다"라고 말할 수도 있다). 하지만 보통, 사람으로부터 건강하게 된다고 말하기보다는 결여, 예를 들어 병든 상태로부터 건강하게 된다고 말할 때가 더 많은데, 그 이유는 건강한 사람은 병자라고 불리지 않지만 사람이라고는 불리며, 사람이 건강하기 때문이다. 하지만 결여를 일컫는 분명한 이름이 없을 때가 있으니, 예를 들어 청동이 어떤 모양을 결여한 상태에 있거나 벽돌이나 목재가 집이 되지 않은 상태에 있을 경우가 그런데, 병든 상태로부터 (건강이 생기듯이) 바로 그것들로부터 생성이 이루어진다. 그러므로 앞서 말한 경우 그것이 생겨날 때 출처가 된 것에 따라 생겨난 것에 이름을 붙이지 않듯이 방금 말한 경우에도 조각상은 나무가 아니라 나무로 된 것이고, 청동이 아니라 청동으로 된 것이고, 돌이 아니라 돌로 된 것이다. 집은 벽돌로 된 것이지 벽돌이 아니다. 왜냐하면 자세히 살펴보면 나무로부터 조각상이 생겨나고 벽돌로부터 집이 생겨난다고 아무런 조건 없이 말하지는 않기 때문인데, 그 까닭은 생성의 출처가 되는 것은 그대로 머물러 있는 것이 아니라 변화를 겪어야 하기 때문이다. 그래서 우리는 그렇게 표현한다.

형상과 질료는 생성에 앞서 존재해야 한다

제8장

1033a24 생겨나는 것은 어떤 것의 작용에 의해 (생성의 시작이 유래하는 출처를 두고 하는 말이다) 어떤 것으로부터(이것을 결여가 아니라 질료라고 하자. 어떤 뜻에서 우리가 그렇게 말하는지는 앞에서 이미 언급했다) 어떤 것이(이것은 구형이나 원형 또는 그런 것들 가운데 어느 하나이다) 되

기 때문에, 밑에 놓인 기체, 예컨대 청동을 만들지 않듯이 구형도 만들지 않는다. (형상을) 만든다고 말하면, 이는 오직 부수적인 뜻에서, 즉 청동 구는 구형이고 그 청동 구를 만든다는 뜻에서 그럴 뿐이다. '이것'을 만든다는 것은 말 그대로 밑에 놓인 기체로부터 '이것'을 만든다는 것을 뜻한다(청동을 둥글게 만든다는 것은 둥근 형태나 구형을 만든다는 것이 아니라 다른 어떤 것을 만든다는 것을 염두에 두고 하는 말이다. 즉 이 형상을 다른 어떤 것 안에 만든다는 뜻이다. 왜냐하면 만일 이 형상을 만든다면, 다른 어떤 것으로부터 그것을 만들어야 할 것이고, 그 어떤 것이 1033b
밑에 놓여 있어야 할 것이기 때문이다. 예를 들어 청동 구를 만든다면, 이는 곧 이것, 즉 청동으로부터 이것, 즉 구형을 만드는 것이다). 그래서 만일 이것 자체까지 만든다면, 그 만드는 방식은 앞서와 똑같을 것이 분명하고, 생성들은 무한히 진행될 것이다. 그렇다면 분명 형상은 — 우리가 감각적인 것 안에 있는 형태를 어떤 이름으로 부르건 상관없다 — 생겨나지 않고 그것의 생성은 없으며, 본질도 생겨나지 않는다. (왜냐하면 이것은 기술의 작용이나 본성의 작용에 의해 또는 어떤 능력에 의해 다른 것 안에 생겨나는 것이다.) 만드는 사람은 청동 구가 있도록 만드는데, 청동과 구형으로부터 그렇게 만든다. 이것 안에 형상을 만드는데, 이것이 바로 청동 구이다. 구형의 본질도 마찬가지여서 만일 그것이 무제한적인 뜻에서 생겨난다면, 그것은 어떤 것으로부터 어떤 것이 될 것이다. 왜냐하면 생겨나는 것은 언제나 나뉠 수 있는 것이어야 할 것이고, 그 한 부분은 이것이고, 다른 부분은 저것이니, 즉 하나는 질료이고 하나는 형상이기 때문이다. 그래서 구형이 '중심으로부터 모든 방향으로 같은 거리에 있는 도형'이라고 한다면, 그 가운데 한 부분은 사람이 만드는 것을 자기 안에 포함하는 것이고, 다른 부분은 이것 안에 속하는 것이며, 그 전체가 바로 생겨난 것, 예컨대 청동 구이다. (e) 그러므로 지금까지 말한 것으로부터 다음과 같은 사실이 분명해진다. 형상이나 실체라고 불리는 것은 생겨나지 않지만, 이것에 따라 이름을 얻는 복합 실체는 생겨난다. 모든 생겨나는 것 안에는 질료가 들어 있으며, 그 한 부분은 이것이고, 다른 한 부분은 저것이다.

플라톤의 이데아들은 생성을 설명하는 데 쓸모없다

1033b20 그러면 (여기 있는) 이 개별적인 구들과 떨어져서 어떤 구가 있거나 이 벽돌들과 떨어져서 집이 있는가? 만일 그렇다면 '이것'은 결코 생겨나지 못할 것이다. 그런 것은 '이런저런 것'을 가리키는 것이지, '이것'이면서 확정된 것은 아니다. '이것'으로부터 '이런저런 것'을 만들거나 낳는다. 그리고 어떤 것이 생겨났을 때, 그 생겨난 것은 이런저런 이것이다. 이것 전체, 칼리아스와 소크라테스는 이 청동 구와 같고, 사람이나 생명체는 일반적인 청동 구와 같다. 그렇다면 분명 형상들로 이루어진 원인[137]은 만일 형상들을 주장하는 어떤 사람들이 습관적으로 주장하듯 정말 그것들이 개별적인 것들과 떨어져 있다면, 생성이나 실체와 관련해서 아무 쓸모가 없다. 그리고 이런 이유에서 그것들은 그 자체로 있는 실체들일 수 없을 것이다. 어떤 경우 분명히 낳는 자는 생겨나는 것과 성질이 같은데, 수적으로 동일하다거나 하나라는 뜻이 아니라 종적으로 그렇다는 말이다. 예컨대, 자연물의 경우가 그런데 — 사람이 사람을 낳기 때문이다 — 암말이 노새를 낳듯이 본성에 어긋나게 어떤 것이 생겨날 때를 제외하고는 언제나 그렇다. (하지만 이 경우에도 사정은 유사하다. 말과 나귀에 공통적으로 적
1034a 용될 수 있는 것, 즉 최근류는 이름이 없지만, 그것은 그 둘을 똑같이 포섭할 것이니 노새의 경우가 그렇다.) 그러므로 형상을 본보기로 꾸며내야 할 이유가 전혀 없음이 분명하고(왜냐하면 (만일 형상들이 있다면) 그것을 무엇보다도 이것들에 대해 찾아야 할 것이기 때문인데, 이것들이 가장 높은 수준의 실체들이기 때문이다), 낳는 자는 무엇을 만들어내고 또 질료 안에 형상이 있도록 하는 원인이 되기에 충분하다. 전체, 즉 이 개별적인 살과 뼈 속에 있는 이런저런 형상이 바로 칼리아스이고 소크라테스이다.

137) '형상들로 이루어진 원인'에서 '형상들'은 물론 플라톤의 이데아들을 가리킨다.

그것들은 질료 때문에 서로 다르지만(질료는 서로 다르기 때문이다), 종은 동일하다(종은 불가분적이기 때문이다).

어떻게 어떤 것들은 기술을 통해서도 자생적으로도 생겨나는가

제 9 장

어떤 사람은 이런 의문을 가질 수 있을 것이다. 무엇 때문에 어떤 것들, 1034a9
예를 들어 건강은 기술을 통해 생겨나기도 하고 자생적으로 생겨나기도 하는데, 어떤 것들, 예를 들어 집은 그렇지 않은가? 그 이유는 이렇다. 어떤 경우 질료는 기술적인 제작물 가운데 어떤 것을 만들거나 그것이 생겨날 때 생성의 출발점이 되고 그것 안에는 생겨날 것의 한 부분이 들어 있는데, 어떤 질료는 제 힘으로 운동할 수 있는 성질을 갖고 있는 반면에, 어떤 것은 그렇지 않다. 그리고 그런 성질을 갖고 있는 질료 가운데 또 어떤 것은 일정한 방식으로 운동할 수 있는 데 반해, 어떤 것은 그럴 수 없으니 그 까닭은 많은 것들은 제 힘으로 운동할 수는 있지만, 그 운동이 일정한 방식으로 이루어지지는 않기 때문인데, 예를 들어 춤이 그렇다. 그러므로 그런 성질의 질료, 예를 들어 돌로 된 것들은 다른 것의 작용에 의하지 않고서는 일정한 방식으로 운동할 수 없지만, 다른 방식으로는 제 힘으로 운동할 수 있다. 〔불의 경우도 그렇다.〕 이런 이유 때문에 어떤 것들은 기술을 가진 자 없이는 있을 수 없지만, 어떤 것들은 기술을 가진 자 없이도 있을 수 있다. 왜냐하면 운동은 기술을 갖지 않은 것들의 작용에 의해 일어날 수도 있으니, 그런 것들은 다른 것의 작용에 의해서나 또는 (생겨날 것의) 어떤 부분을 출처로 삼아 운동할 수 있는 능력을 갖고 있기 때문이다. 지금 말한 것으로부터 따라 나오는 분명한 사실은, 어떤 측면에서는 모든 것은 이름이 같은 것으로부터 생겨나거나(예를 들어 자연적으로 있는 것들이 그렇다), 같은 이름으로 불리는 부분으로부터 생겨나거나(예를 들어 집은 집으로부터, 즉 지성에 의해 파악된 집으로부터 생기는데, 그 까닭은 기술은 형상이기 때문이다), 또는 (생겨날 것의) 어떤 부분을 안에 가진 것으로부터 생긴다. 생성이 부수적인 뜻에서 이루어지는 경우를 제외하면 모두 이와 같은데, 그 이유는 제작의 원인은 그 제작에 본질적인 첫 부분이기 때문이다. 말하자면 운동 가운데 있는 열기가 몸의 열기를 만들어냈다. 이것은 건강이거나 (건강의) 한 부분이다. 또는 그것에 뒤이어 건강의 한 부분이 뒤따라 나오거나 건강 자체가 따라 나온다. 그러므로 (건강하게) 만든다는 말을 하는 이유는 열기가 어떤 것을 만들어내고, 이것을 뒤따라 건강이 따라 나오기 때문이다. 그러므로 추론에서 그렇듯이 모든 것의 시작은 실체이다. 왜냐하면 '무엇'에 해당하는 것으로부터 추론들이 시작하듯이 생성들도 거기서 시작하기 때문이다.

자연적 생성에서 우연성

1034a33 자연적으로 이루어진 것들의 경우에도 사정은 유사하다. 왜냐하면 씨가 어떤 것을 만들어내는 방식은 기술자가 기술에 의해 제작물들을 만들
1034b 어내는 방식과 같은데, 씨는 가능적으로 형상을 그 안에 가지고 있다. 그리고 씨의 출처는 어떤 뜻에서 (태어나는 것과) 이름이 같다. 왜냐하면 사람에게서 사람이 생겨난다는 식으로 모든 것을 탐구해서는 안 되는데, 남자에게서 여자가 생겨나기 때문이다. 〔태어난 것이 불완전한 것일 때는 예외인데, 그런 이유 때문에 노새에게서는 노새가 생겨나지 않는다.〕 하지만 앞서 말했듯이[138] 자생적으로 생겨나는 것들의 경우 그것들의 질료는 그 자신의 힘으로 씨가 만들어내는 것과 동일한 방식의 운동을 수행할 수 있는 능력을 갖는 반면에, 그런 능력이 없는 질료를 가진 것들의 경우, (그것들과 종이) 같은 것들로부터 생겨나는 것 이외의 다른 방식으로는 생성이 이루어질 수 없다.

실체가 아닌 것들의 생성

1034b7 〔〔그러나 우리의 논변은 실체에 대해 그것의 형상이 생겨나지 않는다는

138) 1034a9-32 참조.

사실을 밝혀줄 뿐만 아니라 그 논변은 첫째가는 모든 것, 예컨대 양과 성질과 다른 범주들에 대해 공통적으로 적용된다. 왜냐하면 청동 구는 생겨나지만 구형도 청동도 생겨나지 않으며, 청동 자체의 경우에도 만일 그것이 생겨난다면 사정이 같을 터인데(왜냐하면 질료와 형상은 언제나 미리 주어져 있어야 하기 때문이다), 이는 실체의 범주뿐만 아니라 성질, 양을 비롯한 다른 범주들의 경우에도 마찬가지이다. 왜냐하면 생겨나는 것은 성질이 아니라 그 성질의 나무이며, 양이 아니라 그런 양의 나무나 동물이기 때문이다. 그러나 우리는 이러한 사례들로부터 실체의 고유성을 파악해야 하는데, 그것은 바로 (실체가 있으려면) 필연적으로 그것을 만들어내는 또 다른 실체가 완전한 상태에 미리 주어져 있어야 한다는 사실이니, 예컨대 동물이 생겨난다면 다른 동물이 미리 있어야 한다. 하지만 성질이나 양이 그런 방식으로 있어야 할 필연성은 없고, 그것은 다만 가능적으로 있을 뿐이다.]]

형상, 본질, 정의

어떤 경우에 전체의 부분들이 그것의 본질의 부분들인가

제10장

정의는 정식이고 모든 정식은 부분들을 갖는데, 정식이 사물에 대해 갖는 관계는 정식의 부분들이 사물의 부분들에 대해 갖는 관계와 똑같기 1034b20
때문에 부분들에 대한 정식이 전체에 대한 정식 안에 내재하는가 그렇지 않는가라는 의문이 생긴다. 왜냐하면 어떤 경우에는 분명히 내재하고 어떤 경우에는 그렇지 않기 때문이다. 그 까닭은 원에 대한 정식은 분선(分線)들에 대한 정식을 포함하지 않지만, 음절에 대한 정식은 철자들에 대한 정식을 포함하기 때문이다. 그렇지만 음절이 철자들로 나뉘듯이 원 또한 분선들로 나뉜다. 더욱이 부분들이 전체에 앞선다면 예각은 직각의 부분이고 손가락은 동물의 부분이기에 예각은 직각에 앞서고 손가락은 사람에 앞설 것이다. 그러나 뒤의 것이 앞서는 것 같은데, 그 까닭은 부분들에 대한 정식 가운데 전체가 언급되고, 떨어져 있을 수 있다는 사실을 보더라도 전체가 부분들에 앞서기 때문이다.

다른 유형의 부분들

1034b32 아마도 '부분'은 여러 가지 뜻으로 쓰일 터인데, 그 가운데 하나는 양적인 척도를 의미한다. 하지만 이런 뜻은 논의에서 제쳐두고, 실체를 이루는
1035a 부분들이 어떤 것인지를 고찰해야 한다. 이제 질료와 형상과 그것들의 복합체가 있고 질료와 형상과 그것들의 복합체가 실체라면, 어떤 때는 질료 역시 어떤 것의 부분이라고 불리지만, 어떤 때는 그렇지 않고 형상에 대한 정식을 이루고 있는 것들이 어떤 것의 부분이라고 불린다. 예를 들어 볼록한 형태의 경우 살은 그것의 부분이 아니지만 (살은 볼록한 형태가 생겨나는 질료이기 때문이다), 딱부리 형태의 경우에는 살이 그것의 부분이다. 또한 청동상이라는 복합체의 경우 청동은 그것의 부분이지만, 청동상의 형상에 대해 말하자면 청동은 그것의 부분이 아니다. (형상과 형상을 갖는 것은 '어떤 것'이라고 불려야 하지만, 질료적인 것은 그 자체로서 그렇게 불릴 수 없다.)

어떤 정의들에는 형상의 부분들만 속하고, 어떤 정의들에는 질료적 부분들도 속한다

1035a9 그렇기 때문에 원에 대한 정식은 분선들에 대한 정식을 포함하지 않지만, 음절에 대한 정식은 철자들에 대한 정식을 포함하는데, 그 까닭은 철자들이 질료가 아니라 형상에 대한 정식의 부분들이지만, 분선들은 (원의) 형상이 거기에서 생겨나는 질료라는 뜻에서 부분들이기 때문이다. 그렇지만 둥근 형태가 청동 안에 생길 때와 비교해보면, 이런 경우의 청동보다는 분선들이 형상에 더 가깝다. 그러나 어떤 뜻에서 보면 모든 종류의 철자가 음절에 대한 정식 안에 내재하지는 않는데, 예를 들어 특정한 밀랍 글자들이나 공기 중에 있는 글자들의 경우가 그렇다. 그 까닭은 이것

들 역시 감각적인 질료라는 뜻에서 음절의 부분이기 때문이다. 그런데 선은 반선들로 나뉘면 소멸하고, 사람은 뼈, 근육, 살로 나뉘면 소멸하며, 그런 이유에서 선이나 사람은 그런 부분들을 실체의 부분들로 갖기는 하지만, 그것들은 다만 질료라는 뜻의 부분들이니 그것들은 복합체의 부분들이기는 하지만, 정식이 대상으로 삼는 형상의 부분은 아니며, 따라서 정식들 안에도 내재하지 않는다. 그렇다면 어떤 경우에는 그런 부분들에 대한 정식이 내재하겠지만, 다른 경우, 〔(즉 질료와 결합된 형상에 대한 정식이 아닐 경우)〕 그 안에는 (그런 부분들에 대한 정식이) 내재할 필요가 없다. 바로 이런 이유 때문에 어떤 것들은 그들이 소멸해 되돌아가는 것들을 원리들로 삼아 이루어지지만, 다른 것들은 그렇지 않다.

그렇다면 형상과 질료가 함께 결합되어 이루어진 것들, 예컨대 딱부리 1035a25
나 청동 원의 경우에 그것들은 소멸되어 그 구성부분들로 되돌아가며 질료가 그것들의 부분이다. 그에 반해 질료와 결합되지 않고 질료 없이 있는 것들의 경우에, 그것들에 대한 정식들은 오로지 형상만을 그 대상으로 삼으며, 그것들은 소멸하지 않는데, 전혀 소멸하지 않는다는 뜻에서 그렇거나 아니면 앞의 경우와 같은 방식으로는 소멸하지 않는다는 뜻에서 그렇다.[139] 따라서 형상과 질료가 함께 결합되어 이루어진 것들의 경우에는 질료적인 부분들이 그것들의 원리들이자 부분들이지만, 형상의 경우에는 그것의 부분들도 원리들도 아니다. 이런 이유 때문에 진흙 조각상은 소멸해 진흙으로 되돌아가고, 청동 구는 청동으로, 칼리아스는 살과 뼈로, 원은 분선들로 되돌아가는데, 질료와 결합된 원이 있기 때문이다. 왜냐하
면 '원'이라는 이름은 무제한적인 뜻의 원[140]과 개별적인 원에 대해 의미 1035b
구분 없이 동음이의적으로 쓰이는데, 개별적인 것들에 고유한 이름이 없기 때문이다.

139) VII 15, 1039b25 아래 참조.

140) 질료를 배제한 형상으로서의 원.

전체의 부분들이 전부 그것의 본질에 속하는 것은 아니다

1035b3 이제 이상의 논의를 통해 진리가 밝혀졌지만, 그럼에도 불구하고 문제를 다시 취해 더 분명하게 이야기해보자. 정식의 부분들이면서 정식이 나뉘는 것들—이것들은 전부나 그 일부가 정식에 앞선다. 그러나 직각에 대한 정식은 예각에 대한 정식으로 나뉘지 않지만, 예각에 대한 정식은 직각에 대한 정식으로 나뉜다. 왜냐하면 '예각'을 정의하는 사람은 '직각'을 사용하기 때문인데, 예각은 '직각보다 작은 각'이기 때문에 그렇다. 원과 반원의 경우에도 사정이 같은데, 왜냐하면 반원은 원을 통해 정의되고, 손가락은 (사람) 전체를 통해 정의되는데, 손가락은 '사람의 이런저런 부분'이기 때문이다. 그러므로 질료라는 뜻에서 부분들이면서 분할의 종결점인 질료적인 것들은 뒤에 온다. 반면에 정식의 부분들이면서 정식에 따르는 실체의 부분들인 것들은 그 전부 또는 일부가 (전체에) 앞선다. 그런데 동물들의 영혼은—이것은 생명이 있는 것의 실체이기 때문에—정식에 따르는 실체이자 형상이며, 이런저런 성질을 가진 육체의 본질이다. (왜냐하면 각 〔부분〕을 올바로 정의하려면, 기능을 떠나서는 정의가 이루어질 수 없고, 그런 기능은 감각을 떠나서는 있을 수 없기 때문이다.) 따라서 영혼의 부분들은 그 전부나 일부가 복합체인 동물에 앞서고, 이는 다른 개별자들의 경우에도 마찬가지이다. 반면에 육체와 그것의 부분들은 이런 실체[141] 뒤에 오는데, 이런 것들, 즉 질료적인 부분들로 나뉘는 것은 실체가 아니라 복합체이다. 이런 부분들은 어떤 뜻에서는 복합체에 앞서지만, 어떤 뜻에서는 그렇지 않다(왜냐하면 그것들은 분리되어 있을 수 없기 때문인데, 손가락은 어떤 상태에서나 동물의 부분이 아니니, 죽은 손가락은 이름만 같다). 하지만 어떤 것들은 동시적이다. 즉 중추적 부분들 및 정식과 실체가 놓여 있는 첫째 부분, 예컨대 심장이나 뇌가 그런데, 둘 중 어떤 것이 그런 부분이건 아무 상관이 없다.

141) 형상이라는 뜻의 실체, 즉 첫째 실체(prōtē ousia).

보편자의 부분들과 개별자의 부분들

하지만 사람이나 말을 비롯해 그와 같은 방식으로 개별자들에 적용되는 것들, 즉 보편적인 것들은 실체가 아니라 보편적인 관점에서 취한 개별적인 정식과 개별적인 질료로 이루어진 일종의 복합체이다. 반면에 소크라테스는 최종적인 질료로 이루어진 개별자이고, 다른 경우도 마찬가지이다. 1035b27

그러므로 '부분'은 형상(내가 말하는 형상이란 본질을 일컫는다)의 부분이거나 형상과 질료의 복합체의 부분이거나 아니면 〈질료〉 자체의 부분이다. 그러나 오직 형상의 부분들만이 정식의 부분들이지만, 정식은 보편자를 대상으로 삼는데, 그 이유는 원의 본질은 원과 동일하고 영혼의 본질은 영혼과 동일하기 때문이다. 반면에 복합체, 예컨대 이 원을 비롯해 감각적이거나 지성적인 개별자들 가운데 어느 것 — 지성적인 것들이란 이를테면 수학적인 것들을 말하고, 감각적인 것들은 청동 원들이나 나무 원들을 말한다 —, 그런 것들에 대해서는 정의가 존재하지 않고, 그것들은 (직관적) 사유나 감각을 통해 알려지며, 이런 완전한 상태를 벗어난 뒤에는 그것들이 있는지 없는지 분명하지 않지만, 그것들은 언제나 보편적인 정식에 의해 진술되고 알려진다. 그에 반해 질료는 그 자체로서는 알 수 없다. 〔(하지만 질료에는 감각적인 것과 지성적인 것이 있는데, 감각적인 것이란 청동과 나무를 비롯해 운동할 수 있는 질료를 말하고, 지성적인 것이란 감각 대상들 안에 있긴 하지만 감각적이 아닌 측면에서 파악된 것, 예컨대 수학적인 것들을 말한다.)〕 1035b31 1036a

형상의 부분들

지금까지 우리는 전체와 부분이 어떤 관계에 있고 앞서는 것과 뒤에 오는 것이 어떤 관계에 있는지에 대해 이야기했다. 이제 어떤 사람이 직각, 원, 동물이 앞서는지, 아니면 그것들이 나뉘어져 되돌아가고 그것들을 이루는 것들, 즉 부분들이 앞서는지 묻는다면, 이런 물음에 대해 그것은 아무 조건 없이 단순하게 대답할 수 있는 문제가 아니라고 대응할 수밖에 1036a12

없다. 그 이유는 이렇다. 영혼과 영혼을 가진 것이 생명체라면, 달리 말해 각자의 영혼이 하나의 생명체라면, 그리고 원의 본질이 원이고 직각의 본질과 직각의 실체가 직각이라면, 어떤 것이 다른 어떤 것 뒤에 온다고, 예컨대 정식 안에 있는 부분들과 개별적 직각 뒤에 온다고 말해야 하지만 (왜냐하면 직각에는 질료와 함께 있는 것, 즉 청동으로 된 직각과 그림으로 그린 개별적인 선들 안에 있는 직각도 있기 때문이다), 질료 없는 직선은 어떤 측면에서는 정식 안에 있는 부분들 뒤에 오지만, 어떤 측면에서는 개별자 안에 있는 부분들보다 앞서기에 아무 조건 없이 단순하게 말해서는 안 된다. 그러나 영혼과 생명체가 다르고 그 둘이 똑같지 않다면, 앞서 말한 바와 같은 방식으로 어떤 부분들은 앞서고 어떤 부분들은 그렇지 않다고 말해야 한다.

수학적 대상에 대한 정의와 자연물에 대한 정의의 차이

제11장

1036a26 당연히 생겨나는 또 다른 의문은 형상에 속하는 부분들이 어떤 것이고, (형상에는 속하지 않고) 결합된 것에 속하는 부분들이 어떤 것인가이다. 이것이 분명하지 않다면, 각 대상을 정의하기가 불가능한데, 그 까닭은 정의가 보편자와 형상을 대상으로 하기 때문이다. 그래서 만일 어떤 종류의 부분들이 질료에 해당하고 어떤 것들이 그렇지 않은지가 분명하지 않다면, 사물에 대한 정식 역시 분명치 않을 것이다.

1036a31 종이 다른 것들에 생겨나는 것들의 경우, 예컨대 청동이나 돌이나 나무에 생겨나는 원(圓)의 경우, 사정은 분명해 보인다. 즉 이 경우에 청동도 돌도 원의 실체에 속하지 않는데, 그 까닭은 원의 실체는 그것들과 분리되어 있기 때문이다. 반면에 보기에 분리되지 않은 것들의 경우, 이 경우
1036b 에도 앞의 경우와 사정이 같다고 말하지 못할 이유는 없다. 이를테면 모든 원이 청동으로 이루어져 있다고 하더라도 앞에서 말했던 것과 똑같이 말할 수 있는데, 청동이 형상의 〈부분〉이 아니라는 사실에는 아무 차이가 없기 때문이다. 하지만 사고를 통해 그것을 떼어내기는 어려운 일이다. 예

컨대, 사람의 형상은 항상 살과 뼈나 그런 종류의 부분들 안에서 겉으로 나타나는데, 그렇다면 이런 것들 역시 형상과 정식의 부분들인가? 아니, 그렇지 않고, 그것들은 질료이다. 하지만 (사람의 형상이) 다른 것들에도 생겨나는 일은 없기 때문에 우리는 그 형상을 분리할 수 없다. 그런 분리는 가능할 것 같지만, 언제 그런지 분명하지 않기 때문에, 어떤 사람들은 원이나 삼각형을 두고 이미 의문을 제기했다. 그들의 의견에 따르면, 선들이나 연속성에 의거해 원이나 삼각형을 정의하는 것은 적절치 않으며, 그것들에 대한 정식 가운데 그런 것들이 쓰인다면, 그 방식은 살과 뼈가 사람에 대한 정식 가운데 쓰이고 청동과 돌이 조각상에 대한 정식 가운데 쓰이는 것과 똑같다. 그리고 그들은 모든 것을 수들로 환원해 '선'에 대한 정식은 '2'에 대한 정식이라고 말한다. 그리고 이데아들을 주장하는 사람들 가운데 어떤 사람들은 '2'가 선(線) 자체라고 말하고, 또 어떤 사람들은 그것이 선의 형상이라고 말하는데, 그들에 따르면 어떤 경우에는 형상과 그 형상이 속하는 것(예컨대, '2'와 2의 형상)이 동일하지만, 선의 경우에는 이미 그렇지 않기 때문이다. 그 결과 겉으로 보기에 서로 다른 형상을 가지고 있는 여럿에 대해 하나의 형상이 있다는 결론이 따라 나오며(이 결론은 피타고라스학파가 도달한 결론이다), 하나를 모든 것의 형상 자체로 내세우면서 다른 것들은 형상들이 아니라고 주장할 수 있게 되는데, 이렇게 되면 모든 것은 하나가 될 것이다.

정의에 대한 논의가 어떤 어려움을 수반하는지, 어떤 이유에서 그런지 1036b21
는 지금까지 이야기한 바와 같다. 따라서 이렇게 모든 것을 형상으로 환원하면서 질료를 떼어내는 것은 쓸데없는 일이다. 왜냐하면 어떤 것들은 확실히 '이것 안에 있는 이것'[142] 혹은 이런저런 상태에 있는 개별적인 것들이기 때문이다. 그리고 연하의 소크라테스[143]가 사용하곤 했던 동물의

142) '이것 안에 있는 이것'(tode en tōide)은 특정한 개별적인 질료 안에 있는 특정한 개별적인 형상을 가리킨다.

143) '연하의 소크라테스'(Sōkratēs ho neōteros)는 테아이테토스와 동년배인 소크라

비유는 올바른 것이 아닌데, 왜냐하면 그것은 우리를 진리에서 멀어지게 하고, 마치 원이 청동 없이 있을 수 있듯이 사람도 몸의 부분들 없이 있을 수 있다고 가정하게 만들기 때문이다. 하지만 두 경우는 같지 않은데, 그 까닭은 동물은 감각물 가운데 하나이며 운동을 떠나서는 정의될 수 없고, 따라서 부분들이 어떤 일정한 상태에 있다는 사실을 떠나서는 정의될 수 없기 때문이다. 손은 어떤 상태에서나 사람의 부분이 아니라 기능을 수행할 능력을 갖추어 생명이 있을 때 사람의 부분이기 때문이다. 살아 있지 않으면 부분이 아니다.

감각적 질료와 지성적 질료

1036b32 〔(수학의 대상들에 관해 보자. 왜 부분들에 대한 정식들은 전체에 대한 정식의 부분들이 아닌가? 예컨대, 왜 반원들은 원에 대한 정식 안에 포함되지 않은가? 그것들은 감각물이 아니기 때문이다. 아니, 아마도 이 점은 별 차이를 낳지 않을 것이다. 왜냐하면 어떤 것들은 감각 대상이 아니지
1037a 만 질료를 가질 것이기 때문인데, 본질과 형상 그 자체가 아니라 '이것'인 것에는 모두 어떤 질료가 들어 있다. 그렇다면 앞서 말했듯이 반원들은 보편적인 원의 부분들이 아니지만, 개별적인 원들의 부분들이기는 할 것인데, 그 까닭은 질료에는 감각적인 것과 지성적인 것이 있기 때문이다.)〕

형상과 복합체, 개별자와 보편자

1037a5 영혼은 첫째 실체이고 육체는 질료이며 사람이나 동물은 보편적인 관점에서 취한 그 둘의 복합체이다.[144] 그에 반해 '소크라테스'나 '코리스코스'는, 만일 영혼도 그렇게 불릴 수 있다면, 두 가지 의미를 갖는데(왜냐하면 어떤 사람들은 그런 이름으로써 영혼을 가리키고, 또 어떤 사람들은 복합체를 가리키기 때문이다), 만일 그 이름들이 무제한적인 뜻에서 이 개별

테스학파의 인물이다.

144) 1035b27-31 참조.

적인 영혼과 이 개별적인 몸을 뜻한다면, 개별자도 보편자와 같은 방식으로 이루어져 있다.

감각적 실체와 비감각적 실체

그런 종류의 실체들에 속하는 질료와 떨어져 다른 종류의 질료가 있는지, 이것들과는 다른 실체, 예컨대 수들이나 그런 종류의 것들을 탐구해야 하는지의 문제는 나중에 고찰해야 한다.[145] 왜냐하면 우리는 이를 위해 감각적 실체들의 본성을 규정하려고 하는데, 감각적인 실체들에 대한 이론적 고찰은 어떤 측면에서 보면 자연학, 즉 둘째 철학의 일이기 때문인데, 자연학자는 질료에 대해서뿐만 아니라 정식에 따르는 〈실체에 대해서〉도 알아야 하고, 뒤의 것에 대해 더 많이 알아야 한다. **1037a**10

정의의 통일성

하지만 정의들의 경우, 정식 안에 있는 것들이 어떻게 정의의 부분들이 되며, 무엇 때문에 정의는 하나의 정식인지가 문제로 제기되는데(사물은 분명 하나이지만, 그것은 부분들을 가지고 있기 때문에 어떤 것에 의해 그 대상이 하나인가라는 물음이 제기되기 때문이다), 이에 대해서는 나중에 살펴보아야 한다.[146] **1037a**18

형상과 본질에 관한 결론들의 요약

이제까지 본질이 무엇이고 어떤 뜻에서 그것이 그 자체로서 있는 것인지에 대해 모든 것에 적용되는 보편적인 논의를 진행했다. 또한 어떤 경우에 본질에 대한 정식이 정의되는 것의 부분들을 포함하고 어떤 경우에 그렇지 않은지 그 이유와 실체에 대한 정식 안에는 질료에 해당하는 부분들이 내재하지 않는다는 사실에 대해서도 이야기했는데, 그 까닭은 그 부 **1037a**21

145) XIII, XIV.

146) VII 12, VIII 6 참조.

분들은 그런 뜻의 실체에 속하는 부분들이 아니라 복합 실체에 속하는 것이라는 데 있으니, 이것에 대해서는 어떤 뜻에서는 정식이 있지만 어떤 뜻에서는 없다. 다시 말해 질료와 함께 있을 때는 그것에 대한 정식이 없고(질료는 불확정적이기 때문이다), 첫째 실체에 의거해서는 정식이 있으니, 예컨대 사람의 경우에는 영혼에 대한 정식이 있다. 왜냐하면 실체는 안에 있는 형상이고, 이것과 질료가 합쳐져 복합 실체가 생겨나기 때문인데, 예컨대 볼록한 형태가 그런 형상에 해당한다. (왜냐하면 이것과 눈이 합쳐져 딱부리 눈과 딱부리 형태가 생기기 때문이다.) 하지만 복합 실체,
1037b 예컨대 딱부리 눈이나 칼리아스 안에는 질료가 내재한다. 어떤 것들, 예컨대 첫째 실체들의 경우에(내가 말하는 첫째 실체란 어떤 것, 즉 기체로서 밑에 놓여 있는 것 안에 다른 어떤 것이 속함으로써 있는 것이 아닌 것을 말한다) 각 대상과 본질은 동일하지만, 질료에 해당하는 것이나 질료와 함께 결합된 것에 해당하는 것들은 자신들의 본질과 동일하지 않으며, 소크라테스와 음악적인 소양처럼 부수적으로 하나인 경우에도 마찬가지인데, 그것들은 부수적인 뜻에서 동일하기 때문이다.

정의되는 것은 어떻게 여럿이 아니라 하나인가

제12장

1037b8 이제 『분석론』에서 정의에 대해 말하지 않고 남겨두었던 내용에 대해 먼저 이야기하기로 하자.[147] 왜냐하면 거기서 제기된 의문은 실체에 대한 논의에 유용하기 때문이다. 내가 말하는 의문은 이런 것이다. 우리가 어떤 대상을 두고 그것에 대한 정식이 정의라고 말할 때, 예컨대 사람을 대상으로 삼는 정식인 '두 발 가진 동물'이 — 이것을 사람에 대한 정식이라고 하자 — 정의라고 말할 때, 그 대상은 도대체 무엇 때문에 하나인가? 무엇 때문에 그것은 하나이고 여럿, 즉 동물과 두 발 가진 것이 아닌가?

147) 『분석론 후서』 II 3-11, 13 참조.

사람과 하양을 놓고 보면, 그 가운데 어느 하나가 다른 하나에 속하지 않을 때는 여럿이 있지만, 그렇지 않고 하나가 다른 하나에 속하고 기체, 즉 사람이 어떤 상태를 수용할 때는 하나가 있다. (왜냐하면 그럴 때 하나가 생겨나서 하얀 사람이 있기 때문이다.) 한편, 그때 어느 하나가 다른 것에 관여하는 것은 아닌데, 그 까닭은 유는 차이들[148]에 관여하는 것 같지 않기 때문이다. (왜냐하면 그렇지 않다면, 동일한 것이 반대되는 것들에 관여하게 될 터이기 때문인데, 차이들은 반대되는 것들이며 그것들에 의해 유가 서로 다른 것으로 나뉘기 때문에 그렇다.) 하지만 설령 관여의 관계가 성립한다고 하더라도 차이들이 여럿 있다면, 예컨대 '발이 있는', '두 발 가진', '날개 없는' 등 여럿 있다면, 동일한 논변이 제기된다. 어떤 이유 때문에 이것들은 하나이고 여럿이 아닌가? 그것들이 어느 한 대상에 내재한다는 이유 때문에 그런 것은 아니다. 왜냐하면 그런 방식으로라면 모든 것들로부터 하나가 생겨날 것이기 때문이다. 하지만 정의 안에 있는 것들은 하나여야 하는데, 그 까닭은 정의가 단일성을 가진 정식이고, 실체를 대상으로 삼으며, 그 결과 정의는 하나인 어떤 것에 대한 정식이어야 하기 때문이다.[149] 왜냐하면 우리가 말하듯이 실체는 어떤 것 하나이자 '이것'을 가리키기 때문이다.

유와 종차에 의한 분할

우리는 먼저 분할 방법에 의거한 정의들에 대해 살펴보아야 한다. 왜냐 **1037b**27
하면 정의 안에는 첫째 유와 차이들 이외에는 다른 아무것도 없고, 그밖에 다른 유들은 첫째 유와 그것과 함께 결합된 차이들로 이루어지기 때문인데, 예컨대 첫째 유는 동물이고, 그에 이어져서 두 발 가진 동물이 오며, 그 뒤에 다시 두 발 가진 날개 없는 동물이 온다. 더 많은 용어를 써서 말하는 경우에도 사정은 똑같다. 일반적으로 말하자면, 더 많은 용어 **1038a**

148) 여기서 '차이들'(diaphorai)은 종차를 가리킨다. ☞ diaphora.

149) VII 4, 1030a7 아래 참조.

를 써서 말하건 더 적은 용어를 써서 말하건 간에, 다시 말해 보다 적은 용어를 써서 말하건 오로지 두 개의 용어를 써서 말하건 간에 아무런 차이가 없으니, 그 둘 가운데 하나는 차이이고 하나는 유인데, 예컨대 '두 발 가진 동물'에서 '동물'은 유이고 다른 것은 차이이다. 그런데 만일 유가 그 유에 속하는 종들과 떨어져서 무제한적으로 존재하지 못한다면, 혹은 달리 말해 만일 그것은 있긴 하지만 질료라는 뜻에서 있다면(왜냐하면 말소리는 유이자 질료이고, 차이들이 그것으로부터 여러 종류의 말소리들, 즉 철자들을 만들어내기 때문이다), 분명 정의는 차이들로 이루어진 정식이다.

1038a9 하지만 차이의 차이를 따라 분할을 진행해야 한다. 예컨대, '발이 있는'은 동물에 속하는 하나의 차이이며, 다시 발이 있는 동물에 속하는 차이를 찾을 때는 바로 발이 있는 한에서 그것에 속하는 차이를 알아내야 하며, 따라서—올바로 논의를 진행할 경우에는—발을 가진 것 중 일부는 날개 있는 것이고 일부는 날개 없는 것이라고 말해서는 안 되고(그렇게 하는 것은 무능력한 탓이다), (발이 있는 것 가운데) 일부는 발이 갈라진 것이고 일부는 발이 갈라지지 않은 것이라고 말해야 하는데, 이런 것들이 발의 차이이기 때문인데, 그 이유는 갈라진 발이 발의 일종이기 때문이다. 그리고 그 과정은 언제나 차이가 없는 것들에 이를 때까지 진행되어야 하는데, 그때는 차이들의 수만큼 여러 종의 발이 있을 것이고, 발이 있는 동물들의 종은 그 차이들과 수가 같을 것이다.

우리가 정의하는 실체는 어떻게 하나인가

1038a17 사정이 이렇다면 분명 마지막 차이는 각 사물의 실체이자 정의일 것이니, 정의들 속에서 동일한 것들을 여러 번 언급하는 것은 옳지 않은데, 그것은 불필요한 일이기 때문이다. 하지만 이런 일이 실제로 일어나는데, 왜냐하면 '발이 있고 두 발이 있는 동물'이라고 우리가 말한다면, 이는 '발을 가지고 두 발을 가진'이라고 말하는 것과 다를 바 없기 때문이다. 그리고 이것을 고유한 분할의 절차에 따라 나눈다면, 우리는 차이들이 있는

만큼 여러 번 동일한 것을 말하게 될 것이다. 만일 우리가 차이의 차이를 취한다면, 단 하나의 마지막 차이가 형상이고 실체이겠지만, 그렇지 않고 만일 부수적인 것들에 따라 나눈다면, 예컨대 발이 있는 것을 하얀 것과 검은 것으로 나눈다면, 그 갈래의 수만큼 차이들이 있을 것이다. 그러므로 분명 정의는 차이들로 이루어지는 정식, 다시 말해 차이들 가운데 올바른 절차에 따라 얻어진 마지막 차이로 이루어지는 정식이다. 만일 누군가 사람에 대한 정의와 같은 종류의 여러 정의들을 취해 그 순서를 바꾸어 '두 발이 있고 발이 있는 동물'이라고 말해보면, 그 점이 분명하게 드러날 것인데, 왜냐하면 '두 발이 있는'을 말하고 나면 '발이 있는'이라는 말은 불필요한 것이기 때문이다. 실체 안에는 아무 순서도 없는데, 어떻게 한 요소는 앞서고 다른 요소는 뒤에 온다고 생각할 수 있겠는가? 그러면 분할 방법에 의거한 정의들에 대해 그것들이 어떤 본성을 갖고 있는지에 대해 말하는 첫 시도로서는 이 정도로 만족하기로 하자.

실체, 형상, 보편자

보편자가 실체일 수 있을까

제13장

우리의 탐색은 실체에 대한 것이니, 다시 그 문제로 되돌아가기로 하자. 1038b
기체와 본질과 그것들의 복합체가 실체라고 불리지만, 보편자도 그렇게 불린다.[150] 그런데 둘에 대해서는 이미 말했지만(본질과 기체에 대해서는 이미 말했는데, 어떤 것이 '밑에 놓여 있다'고 말할 때는 두 가지 뜻이 있다. 동물이 상태들 밑에 놓여 있을 때처럼 어떤 것이 '이것'으로서 밑에 있는 경우와 어떤 것이 질료로서 완전한 상태의 밑에 있는 경우이다), 어떤

150) VII 3, 1028b33 아래 참조.

사람들의 의견에 따르면, 보편자 또한 최고 수준의 원인이요 보편자는 원리이다. 그러므로 이것에 대해서도 검토해보자.

1038b8 왜냐하면 보편적으로 일컬어지는 것들 가운데 어떤 것도 실체일 수 없기 때문이다. 그 이유는 첫째로 각자의 실체는 각 대상에 고유하고 다른 것에 속하지 않지만, 보편자는 공통적이기 때문인데, 그 본성상 여럿에 속하는 것을 일컬어 보편자라고 부른다. 그렇다면 그것은 어떤 것의 실체이겠는가? 모든 것의 실체이거나 아무것의 실체도 아닐 터인데, 모든 것의 실체일 수는 없다. 그리고 그것이 어느 것 하나의 실체라면, 다른 것들도 그것과 똑같을 것인데, 그 까닭은 그것들의 실체가 하나이고 본질도 하나인 것들이 있다면, 그것들 역시 하나일 것이기 때문이다.

실체는 기체인데, 보편자는 그렇지 않다

1038b15 또한 기체에 대해 술어가 되지 않는 것이 실체라고 불리지만, 보편자는 항상 어떤 기체에 대한 술어가 된다.

보편자가 실체라면 그것은 어떤 것의 본질 안에 속해 있을 수 없다

1038b16 하지만 본질과 같은 뜻에서 실체일 수는 없다고 하더라도 마치 '동물'이 '사람'이나 '말' 안에 있듯이 본질 안에 내재할 수는 있을까? 그렇다면 분명 그것에 대한 어떤 정식이 있을 것이다. 하지만 실체 안에 있는 것들 모두에 대해 어떤 정식이 있는 것이 아니라고 해도 상관없다. 그것은 마치 '사람'이 그것이 속한 사람의 실체가 되는 것과 같은 방식으로 어떤 것의 실체일 것이며, 따라서 동일한 결과가 따라 나올 터이니, 그 까닭은 보편자, 예컨대 동물은 어떤 종 안에 그에 고유한 것으로 속해서 그것의 실체가 될 것이기 때문이다. 더욱이 '이것'이자 실체가 어떤 것들로 이루어진다고 할 때, 이 어떤 것들이 실체나 '이것'이 아니고 어떤 성질이 되는 것은 불가능하고 불합리한 일이니, 그 까닭은 그럴 경우 실체가 아닌 성질이 실체, 즉 '이것'에 앞설 것이기 때문이다. 이것은 불가능한 일이니, 속성들은 정식에서도 시간에서도 생성에서도 실체를 앞서지 않기 때문인데, 그것들

은 분리 가능하지 않다는 이유에서 그렇다. 더욱이 보편자는 실체인 소크라테스 안에 실체로서 내재할 것이고, 그 결과 그것은 둘의 실체가 될 것이다. 만일 사람이나 그와 같은 방식으로 일컬어지는 것들이 실체라면, 일반적으로 다음과 같은 결론이 따라 나온다. (그것들에 대한) 정식에 속하는 것들 가운데 어떤 것도 실체가 아니고, 또한 그 어떤 것도 그것들과 분리되어 있지 않고, 다른 어떤 것 안에 있지도 않다. 내 말뜻은 동물이 특정한 종들과 떨어져 있을 수 없고, 정식들 안에 있는 다른 어떤 것도 그럴 수 없다는 말이다.

보편자는 '이것'일 수 없고 따라서 실체일 수 없다

이런 점들을 통해 살펴보면, 보편적으로 속하는 것들 가운데 어떤 것도 **1038b**34
실체가 아니라는 사실과 공통적으로 술어가 되는 것들 가운데 어떤 것도 **1039a**
'이것'이 아니라 '이런저런 것'을 가리킨다는 사실이 분명하다.[151] 만일 그렇지 않다면, 다른 많은 어려운 결과들뿐만 아니라 '제3의 인간'도 따라 나온다.[152]

가능태와 현실태를 구별해보면, 보편자가 실체일 수 없는 이유가 분명해진다

이런 점은 다음과 같이 살펴보아도 분명하다. 실체가 완전한 상태로 내 **1039a**3
재하는 실체들로 이루어지기란 불가능한데, 그 까닭은 이렇게 완전한 상태에 있는 둘은 결코 완전한 상태의 하나가 될 수 없고, 가능적으로 있는 둘이 있다면, 그것들이 하나가 될 수 있을 것이기 때문이다. (예컨대, 길이가 두 배인 선이 두 반선들로 이루어진다면, 이때 두 반선들은 가능적으로 있는 것인데, 그 까닭은 완전한 상태는 (반선들을) 분리시키기 때문이다.) 따라서 만일 실체가 하나라면, 그것은 이러한 방식으로 내재해 있

151) '이것'(tode ti)과 '이런저런 것'(toionde)에 대해서는 VII 8, 1033b19 아래 참조.
152) '제3의 인간'(ho tritos anthrōpos)에 대해서는 I 9, 990b17 아래 참조.

는 실체들로 이루어질 수는 없을 것이다. 이 점에서 데모크리토스의 말이 옳다. 그는 하나가 둘로 이루어질 수도 없고, 둘이 하나로부터 생겨날 수도 없다고 말하는데, 그는 크기에서 불가분적인 것들을 실체들이라고 주장한다.[153] 그렇다면 분명 어떤 사람들의 말대로 수가 모나스들의 합성이라면, 수의 상태에 대해서도 똑같이 말할 수 있을 것인데, 그 까닭은 둘은 하나가 아니거나 그것 안에는 모나스가 완전한 상태로 내재하지 않거나 둘 중의 하나일 것이기 때문이다.

1039a14 하지만 이런 결과는 어려움을 낳는다. 그 이유는 이렇다. 보편자가 '이것'이 아니라 '이런저런 것'을 가리킨다는 이유 때문에 어떤 실체도 보편자들로 이루어질 수 없다면, 그리고 어떠한 실체도 완전한 상태의 실체들로 이루어진 합성체일 수 없다면, 모든 실체는 합성적이 아닌 것일 테고, 따라서 어떤 실체에 대해서도 정식이 존재할 수 없을 것이다. 하지만 정의가 오직 실체만을 대상으로 삼거나 아니면 주로 그것을 대상으로 삼는다는 것이 모든 사람들의 의견이고 또한 우리가 이미 이야기한 바인데,[154] 이제 그것에 대해서도 정의가 있을 수 없게 된다. 그러면 어떤 것에 대해서도 정의가 있을 수 없거나, 아니면 어떤 뜻에서는 있을 것이고 어떤 뜻에서는 있지 않을 것이다. 그리고 우리가 말하는 바는 뒤에 오는 논의에서 보다 분명해질 것이다.[155]

플라톤의 분리된 이데아들은 존재할 수 없다

제14장

1039a25 이데아들이 실체들이고 분리 가능하다고 말하면서 동시에 형상이 유와 차이들로 이루어진다고 주장하는 사람들에게 따라 나오는 결과가 어떤 것인지는 바로 이 사실들을 놓고 볼 때 분명하다. 형상들이 있고 또 동물

153) '불가분적인 것들'(atoma)은 원자들을 가리킨다. ☞ atomon.

154) VII 4, 1031a12 아래 참조.

155) VII 15, VIII 6 참조.

이 인간과 말 안에 있다면, 동물의 이데아는 수적으로 하나이자 동일한 것이거나 아니면 다른 것이다. 정식에서 보면 그것은 하나임이 분명한데, 그 까닭은 진술을 하는 사람이 둘 가운데 어느 경우에나 동일한 정식을 사용할 것이기 때문이다. 그런데 만일 그 자체로 있는 어떤 사람 자체가 '이것'이면서 분리된 상태에 있다면, 그것의 구성부분들, 예컨대 동물과 두 발 가진 것 역시 '이것'을 가리키고 분리 가능하고 실체들이어야 하며, 따라서 동물도 그럴 것이다.

유적인 이데아는 서로 다른 종들 안에서 똑같은 것으로 있을 수 없다

그런데 만일 네가 너 자신과 하나이고 동일하듯이 말 안에 있는 것과 1039a33
사람 안에 있는 것이 하나이고 동일한 것이라면, 어떻게 분리되어 있는 것 1039b
들 안에 있는 것이 하나일 수 있으며, 또 무엇 때문에 이 동물이 자기 자신과 분리되지 않을까? 나아가 만일 그것이 '두 발 가진'과 '많은 발을 가진'에 관여한다면, 그로부터 어떤 불가능한 결과가 따라 나오는데, 그 까닭은 하나이며 '이것'인 동물의 이데아에 동시에 반대되는 것들이 속할 것이기 때문이다. 하지만 만일 그렇지 않다면, 누군가 동물은 두 발을 가지거나 또는 많은 발을 가진다고 말할 때, 그 방식은 어떤 것일까? 아마도 그 둘이 '함께 있다', '붙어 있다', '섞여 있다'고 말할지도 모르지만, 그것들은 모두 불합리하다.

그것은 서로 다른 종들 안에서 다른 것으로서 있을 수도 없다

각자 안에 있는 것이 다른 것이라고 해보자. 그러면 동물을 자신의 실 1039b7
체로 갖는 것들은 말 그대로 무한할 것인데, 그 까닭은 사람이 동물을 구성부분으로 갖는 것은 부수적인 일이 아니기 때문이다. 또한 동물 자체가 여럿 있을 터인데, 그 까닭은 개별 종 안에 있는 동물이 (그 종의) 실체일 것이기 때문이다. (왜냐하면 그 종은 다른 어떤 것에 따라서 일컬어지지 않기 때문인데, 만일 그렇지 않다면 사람은 어떤 것으로 이루어질 것이고 그의 유가 그 어떤 것이 될 것이다.) 또한 사람을 이루고 있는 것들은 모두 이데아들이 될 것이다. 그런데 갑의 이데아가 을의 실체일 수는 없는 일이니(이는 불가능하기 때문이다), 결국 동물들 안에 있는 각각의 동물이 동물 자체가 될 것이다. 더욱이 각각의 종 안에 있는 이 동물은 무엇으로부터 생겨나며, 그것은 어떻게 동물 자체로부터 생겨나는가? 동물 자체가 동물의 실체라면, 어떻게 동물이 동물 자체와 떨어져 있을 수 있는가?

1039b16 감각물들의 경우에도 동일한 결과가 따라 나오며 그것들보다 더 불합리한 결과들도 따라 나온다. 사정이 이렇듯 불가능하다면, 어떤 사람들이 주장하는 것과 달리 감각물들의 형상들이 없음은 분명하다.

개별적 실체들과 관련된 어려움들

제15장

1039b20 복합체와 정식은 서로 다른 종류의 실체이기 때문에(내가 말하는 한 종류의 실체는 질료와 결합된 정식이고, 다른 종류의 실체는 단순한 정식이다), 앞의 뜻에서 실체라고 불리는 것들은 소멸하지만(왜냐하면 그것들은 생성하기 때문이다), 정식은 소멸 과정을 거친다는 뜻에서는 소멸하지 않고[156] (왜냐하면 그것은 생성하지 않는데, 생겨나는 것은 집의 본질이 아니라 이 집의 본질이다), 생성과 소멸 없이 있고 있지 않은데, 그 까닭은 이미 밝혀졌듯이 어느 누구도 그것들을 낳거나 만들어내지 않기 때문이다.

개별적 실체들은 소멸하고, 따라서 정의 대상도, 학문적 인식 대상도 될 수 없다

1039b27 이 때문에 개별적인 감각적 실체들에 대해서는 정의도 없고 논증도 없으니, 그 이유는 이렇다. 그런 실체들은 질료를 갖는데, 질료는 본성상 있

156) VIII 3, 1043b15; VI 3, 1027a29-30 참조.

을 수도 있고 없을 수도 있으며, 그로 말미암아 모든 개별적인 실체들은 소멸한다. 그런데 논증은 필연적인 것들과 관계하고 학문적인 정의 또한 그렇다. 그리고 학문적 인식이 어떤 때는 학문적 인식이고 어떤 때는 무지인 경우는 있을 수 없고 그런 가변성을 갖는 것은 의견인 것과 마찬가지로 논증과 정의 역시 그런 가변성을 가질 수 없고 달리 있을 수 있는 것 1040a
에 관계하는 것은 의견이다. 사실이 이렇다면 감각적 실체들에 대해서는 정의도 논증도 있을 수 없음이 분명하다. 왜냐하면 소멸하는 것들은 그것들이 감각에서 벗어나고 나면, 그것들에 대한 학문적 인식을 갖고 있는 사람에게 분명하게 드러나지 않게 되고, 설령 그것들에 대한 정식들이 영혼 속에 보존된다고 하더라도 정의나 논증은 더 이상 존재하지 않을 것이다. 그러므로 정의에 뜻을 둔 사람들 가운데 어떤 사람이 개별자들 가운데 어느 하나를 정의한다면, 그는 그 정의가 항상 부정될 수 있다는 사실을 잊지 말아야 한다. 왜냐하면 그것들은 정의될 수 없기 때문이다.

플라톤의 이데아들도 개별자들인 한, 정의 대상이 될 수 없다

어떤 이데아도 정의될 수 없다. 그 이유는 이렇다. 사람들의 주장에 따 1040a8
르면, 이데아는 개별자이고 분리 가능하다. 그러나 정식은 필연적으로 이름들로 이루어지는데, 정의를 하는 사람이 그 이름들을 만들지는 않을 것이다(왜냐하면 그럴 경우 사람들은 그 이름의 뜻을 알 수 없을 것이기 때문이다). 그런데 이미 정립된 이름들은 모든 것에 공통적으로 쓰이며, 따라서 그것들은 (정의 대상에 대해서뿐만 아니라) 다른 것에도 속한다. 예컨대 어떤 사람이 너를 정의하려고 한다면, 그는 '마른 동물'이라고 부르거나 '창백한 동물'이라고 부르거나 또는 다른 대상에도 속하는 다른 어떤 말을 사용할 것이다. 만일 이에 맞서 어떤 사람이, 이 모든 이름은 독립적으로는 여럿에 속하지만, 함께 쓰일 때는 오직 이것 하나에만 속하지 못할 이유가 없다고 말한다면, 이에 대해 다음과 같이 대답해야 한다. 첫째로, 예컨대 '두 발 가진 동물'이라는 이름이 동물과 두 발 가진 것에 속하듯이, '마른 동물'이나 '창백한 동물'도 둘에 속한다. (그리고 영원한 것들의 경우에는 더욱더 그럴 수밖에 없는데, 그것들은 합성체에 앞서며 그것의 부분들이기 때문이다. 더욱이 사람이 분리 가능하다면, 그것들도 분리 가능하다. 왜냐하면 어떤 것도 분리 가능하지 않거나 둘 다 분리 가능할 것이기 때문이다. 그래서 만일 어떤 것도 그렇지 않다면, 유는 종들과 떨어져 있을 수 없을 것이고, 만일 모두 떨어져 있다면, 차이도 떨어져 있어야 할 것이다.) 또한 동물과 두 발 가진 것은 있음의 측면에서 (두 발 가진 동물보다) 앞서서 (뒤의 것이 소멸해도 앞의 둘은) 함께 소멸하지 않을 것이다. 또한 만일 이데아가 이데아들로 이루어진다면(구성부분들은 (복합체보다) 더 단순하기 때문에), 이데아를 이루고 있는 것들, 예컨대 '동물'과 '두 발 가진 것' 역시 여럿에 대해 술어가 되어야 할 것이다. 만일 그렇지 않다면, 그것들이 어떻게 인식될 수 있겠는가? 왜냐하면 그 경우에는 하나 이상 여럿에 대해 술어가 될 수 없는 이데아가 있을 터이기 때문이다. 하지만 이는 불가능한 일처럼 보이는데, 모든 이데아는 다른 것들이 관여할 수 있는 것이다.

개별적인 것들을 정의하는 데 따르는 어려움들

1040a27 그렇다면 앞서 말했듯이 영원한 것들에 속하는 것들, 특히 태양이나 달처럼 하나뿐인 것들은 정의가 불가능하다는 사실을 사람들은 모르고 있다. 왜냐하면 사람들은, '땅 둘레를 도는'이나 '밤에 사라지는'과 같은 술어처럼 그것들이 없다고 해도 태양은 남아 있게 될 것들을 부가함으로써 잘못을 범하기 때문이다(왜냐하면 그들의 생각에 따르면, 만일 태양이 멈추거나 밤에도 볼 수 있다면, 그것은 더 이상 태양이 아니라는 결론이 따라 나오는데, 사실이 그렇다면 이는 터무니없는 일이기 때문이다. '태양'은 어떤 실체를 가리키기 때문에 그렇다). 또한 (태양을 정의하면서) 다른 것에도 술어가 될 수 있는 것들을 제시하는 것도 잘못이니, 예컨대 다른 천체
1040b 가 그런 성질을 갖게 되면, 그것은 분명 태양이 될 것이다. 결국 정식은 공통적인 반면에, 태양은 클레온이나 소크라테스가 그렇듯 개별자들 중 하나이다. 이데아론의 지지자들 가운데 어느 누구도 이데아에 대한 정의를

제시하지 못하는 이유는 무엇인가? 그들이 이데아를 정의하려고 시도해 본다면, 지금까지 한 말이 참이라는 것이 분명하게 드러날 것이다.

감각물의 부분들은 가능적인 것들에 지나지 않는다. '하나'와 '있는 것'은 사물들의 실체가 아니다

제16장

사람들이 실체라고 생각하는 것들 가운데 대다수는 분명 가능태들에 1040b5
불과하다. 이를테면 동물들의 부분들과(이것들 가운데 어떤 것도 분리되어 있을 수 없고, 분리될 경우 그 모두는 질료로서 있기 때문이다) 흙, 불, 공기가 그런데, 그 까닭은 그것들 가운데 어떤 것도 하나가 아니고, 그것들이 열처리되어 그로부터 어떤 하나의 통일체가 생겨나기 전까지는 단순한 더미에 지나지 않기 때문이다.[157] 물론 어떤 사람은 생명이 있는 것들의 부분들과 그것들과 관계가 밀접한 영혼의 부분들이 그 둘 모두에 해당한다고, 즉 완전한 상태에 있기도 하고 가능적으로 있기도 하다고 가정할 수도 있다. 어떤 동물들은 몸의 여러 마디에 운동 원리들을 가지고 있기 때문에,[158] 몸이 절단되어도 살아 있다고 그들은 주장한다. 하지만 그것이 사실이라고 하더라도 신체의 모든 부분들은 그것들이 — 강제나 유기적 통일성에 의해서가 아니라 — 본성상 하나이면서 연속적일 경우, 언제나 가능적으로 있을 터인데, 앞의 경우에 해당하는 현상은 정상이 아니기 때문이다.

'하나'는 '있는 것'과 같은 방식으로 쓰이고, 하나인 것의 실체는 하나이 1040b16
고, 하나의 실체를 갖는 것들은 수적으로 하나이기 때문에, 분명 하나도, 있는 것도 여러 대상들의 실체일 수 없으니, 이는 요소임이나 원리임이 실체일 수 없는 것과 마찬가지이다. 하지만 우리는 그렇다면 원리가 무엇인지를 탐구하고 있으니, 이렇게 하는 것은 대상을 더 잘 알려질 수 있는 것

157) VII 17, 1041b11-2 참조.

158) 예컨대, 곤충들이나 식물들이 그렇다.

으로 이끌어가기 위해서이다. 따라서 그것들 중에서 있는 것이나 하나는 원리나 요소나 원인에 비해 상대적으로 더 실체이긴 하지만, 그것들 역시 실체는 아닌데, 그 까닭은 어떤 공통적인 것도 실체가 아니기 때문이다. 왜냐하면 실체는 자기 자신이나 그것을 갖고 있는 것에 — 이것에 그 실체가 속한다 — 속할 뿐 그밖의 다른 어떤 것에도 속하지 않기 때문이다. 더욱이 하나는 동시에 여러 곳에 있을 수 없는 반면에, 공통적인 것은 동시에 여러 곳에 속한다. 그러므로 보편자들 가운데 어떤 것도 개별자들과 떨어져서 분리되어 존재하지 않는다.[159)]

1040b27 하지만 형상들을 주장하는 사람들은 그것들을 분리된 것으로 여기는데, 만일 형상들이 실체라면 그 말은 옳다. 하지만 그들은 여럿에 대한 하나가 형상이라고 말하는데, 이 말은 옳지 않다. 그들이 이데아론을 내세우는 이유는 개별적이고 감각적인 실체들과 떨어져 있는 그런 종류의 불멸하는 실체들이 어떤 것인지를 제시할 수 없는 데 있다. 그래서 그들은 감각적인 것들에 (우리는 이것들을 알고 있기 때문이다) '자체'라는 말을 덧붙인 뒤 가멸적인 사물들과 종적으로 동일한 것들, 즉 사람 자체나 말 자체를 만들어낸다. 하지만 설령 우리가 별들을 본 적이 없다고 하더라도 그럼에도 불구하고 그것들은 항상 우리가 알고 있던 실체들과 떨어져 있
1041a 는 영원한 실체들이었다고 나는 생각한다. 그러므로 비록 우리가 지금은 (감각적이 아닌 실체들로) 어떤 것들이 있는지 알지 못한다고 하더라도 그런 실체들이 있다는 것은 필연적이다. 그렇다면 보편자들 가운데 어떤 것도 실체가 아니라는 사실과 어떤 실체도 실체들로 이루어지지 않는다는 사실은 분명하다.

159) VII 8, 1033b20 아래 참조.

원인이자 본질로서의 실체

제17장

실체가 무엇이고 어떤 종류의 것이라고 말해야 하는지, 다른 출발점을 1041a6
취해 다시 이야기해보자. 왜냐하면 그런 논의를 통해 감각적인 실체들과 분리된 실체에 대해서도 분명해질 것이기 때문이다. 그런데 실체는 일종의 원리이자 원인이기 때문에, 이로부터 찾아나가야 한다.

'무엇 때문에'라는 물음은 항상 "무엇 때문에 어떤 것이 다른 어떤 것 1041a10
에 속하는가?"의 형태로 탐구된다. 그 이유는 이렇다. 무엇 때문에 음악적인 사람이 음악적인 사람인지를 탐구한다는 것은—이미 말했듯이—무엇 때문에 그 사람이 음악적인지를 탐구하는 것이거나 아니면 다른 어떤 것이다. 그런데 "무엇 때문에 어떤 것이 그 자체인가?"라는 물음에서는 아무것도 탐구되는 것이 없다. (왜냐하면 사실과 있음은—예컨대, 달이 월식을 한다는 사실을 두고 하는 말이다—분명하게 (그런 질문에 앞서 미리) 주어져 있어야 하는데, 어떤 것이 그 자체라는 것은 "무엇 때문에 사람이 사람인가?" 또는 "무엇 때문에 음악적인 사람이 음악적인가?"와 같은 모든 물음에 대한 하나의 설명이자 하나의 원인이며, 이런 물음들에 대해서는 기껏해야 각 사물은 자기 자신과의 관계에서 분할 불가능하며, 이것이 바로 하나임을 뜻한다고 말할 수 있을 뿐이기 때문이다. 이는 모든 것에 공통된 것이요, 간단한 대답에 지나지 않는다.) 하지만 "무엇 때문에 사람은 이런저런 동물인가?"를 탐구하는 것은 가능하다. 그렇다면 무엇 때문에 이 사람이 사람인지를 탐구하는 일이 없음은 분명하며, 따라서 무엇 때문에 어떤 것이 다른 어떤 것에 속하는지가 탐구 대상이다. (어떤 것이 어떤 것에 속한다는 사실은 분명해야 하는데, 그렇지 않다면 탐구 대상이 전혀 없기 때문이다.) 예를 들어 "무엇 때문에 천둥이 치는가?"는 "무엇 때문에 구름 속에서 소리가 나는가?"와 같다. 이렇듯 무엇 때문에 어떤 것이 다른 어떤 것에 속하는지가 탐구 대상이다. 또한 무엇 때문에 이것들, 예컨대 벽돌들과 돌들은 집인가? 분명 이 물음은 원인을 찾고 있으니 〔이것은 정식의 관점에서 보면 본질이지만〕, 어떤 때는 지향 대상이 그것에 해당하는데 예컨대 집이나 침대의 경우에 그렇고, 어떤 때는 운동을 낳은 첫째 원인이 그런데, 이것 또한 원인이기 때문이다. 하지만 그런 원인은 생성 과정과 소멸 과정을 다룰 때 탐구되고, 앞의 것은 있음을 다룰 때 탐구된다.

본질은 실체이자 형상이다

1041a32 주어와 술어가 구분되어 있지 않은 경우에는 대체로 탐구 대상이 눈에
1041b 드러나지 않는다. 예컨대, "무엇 때문에 사람이 있는가?"를 탐구할 때 그런데, 그 이유는 이 진술은 단순해서 어떤 것이 주어이고 어떤 것이 술어인지 구분이 안 되기 때문이다. 그러니 마땅히 그 둘을 구분하고 난 뒤에 탐구해야 하는데, 만일 그렇게 하지 않으면 아무것도 탐구하지 않는 것과 무언가를 탐구하는 것에 공통적으로 걸쳐 있는 셈이 되기 때문이다. 우리는 어떤 것이 있다는 사실을 미리 주어져 있는 것으로 가지고 있어야 하기 때문에, 우리가 탐구하는 것은 무엇 때문에 질료가 〈어떤 것〉인가라는 물음임이 분명하다. 예컨대, 무엇 때문에 이것들[160]은 집인가? 그 이유는 집의 본질인 것이 그것들에 속하기 때문이다. 무엇 때문에 이것은 사람인가? 또는 무엇 때문에 이 육체는 이런저런 상태에 놓여 있는가? 그러므로 우리가 탐구하는 것은 질료에 대한 원인인데 〔이것은 형상이며〕, 그것에 의해 질료는 (특정한 종에 속하는) 어떤 것으로 있으니, 그 원인이 바로 실체이다. 그렇다면 단순한 것들에 대해서는 탐구도 가르침도 없고 그런 것들과는 다른 방식의 탐구가 있음이 분명하다.

형상은 질료적 부분들 가운데 하나일 수 없고, 그런 부분들로 이루어진 것일 수도 없다

1041b11 어떤 것으로 이루어진 합성체는 그 전부가 하나의 통일체를 이루고 있

160) 예컨대, 이 벽돌과 돌들.

어서 더미와 같은 상태가 아니라 음절과 같은 상태로 있다. 음절은 여러 개의 철자가 아니고, ba는 b와 a와 동일한 것이 아니며, 살 역시 불과 흙이 아니다. (왜냐하면 (전체가) 해체되면 어떤 것들, 예컨대 살과 음절은 더 이상 남아 있지 않지만, 철자들은 남아 있고, 불과 흙도 그렇기 때문이다.) 그렇다면 음절은 단순히 철자들, 즉 모음과 자음에 지나지 않는 것이 아니라 다른 어떤 것이기도 하며, 살은 단순히 불과 흙 또는 뜨거운 것과 차가운 것에 지나지 않는 것이 아니라 다른 어떤 것이기도 하다. 그러면 만일 그 어떤 것 자체도 필연적으로 요소이거나 요소들로 이루어질 수밖에 없다고 생각해보자. 만일 그것이 요소라면 동일한 논변이 다시 성립될 것이다. (왜냐하면 그 요소와 불과 흙으로 살이 이루어지고 그것들 이외에 또 다른 어떤 것이 있다면, 결과적으로 이런 과정은 무한히 진행되기 때문이다.) 반면에 만일 그것이 요소로 이루어져 있다면, 그것은 분명 하나의 요소가 아니라 여러 요소로 이루어진 것일 테고, 만일 그렇지 않다면 그것 자체가 요소일 것이다. 결과적으로 그 합성체에 대해 살이나 음절에 대해 말한 것과 동일한 논변을 사용할 수 있을 것이다. 그래서 그것은[161] 요소가 아닌 어떤 것이며, 바로 그것이 이것을 살이게 하고, 이것을 음절이게 하는 원인이라고 생각할 수 있으며, 다른 경우에도 마찬가지이다.

실체는 형상이자 본성이다

그것은 각자의 실체이다(왜냐하면 그것은 있음의 첫째 원인이기 때문이다). 하지만 어떤 것들은 사물들의 실체들이 아니지만, 본성적으로 〔본성에 의해〕 이루어진 여러 종류의 실체들이 있는데, 그런 경우에는 바로 그 본성이 그것들의 실체로 밝혀질 것이니, 그것은 요소가 아니라 원리이다. 그에 반해 요소는 어떤 것이 해체되어 되돌아가는 것이면서 질료로서 사물에 내재하는 것인데, 예컨대 a와 b는 음절의 요소이다. **1041b**27

161) 요소들(stoicheia)을 하나의 통일된 전체로 만들어주는 어떤 것을 가리킨다.

제8권

실체와 형상에 대한 추가 질문들

실체에 대한 논의의 요약

제1장

1042a3 지금까지 말했던 것들로부터 결론을 끌어내고, 그 요점을 간추린 다음 끝을 맺어야 한다.

(1) 앞서 말했듯이 우리의 탐구 대상은 실체들의 원인들과 원리들, 요소들이다.[162]

(2) 그런데 어떤 것들은 누구나 실체로 인정하지만, 어떤 것들에 대해서는 사람들마다 고유한 주장을 천명했다. 자연적인 실체들은 일반적으로 인정되는 것들인데, 예컨대 불, 흙, 물, 공기를 비롯해 다른 단순한 물체들, 그다음 식물들과 그 부분들 및 동물들과 그 부분들, 마지막으로는 하늘과 그 부분들이 그렇다. 한편, 어떤 사람들은 고유한 이론을 내세워 형상들과 수학적인 것들이 실체라고 말한다.

(3) 하지만 또 어떤 논변에 따르면 본질과 기체가 실체라는 결론이 따라 나온다. 달리 보면 종들보다는 유가 더 높은 수준의 실체이고, 보편자가 개별자들보다 더 높은 수준의 실체인데, 이데아들도 보편자나 유와 일치한다(왜냐하면 그것들이 실체라는 생각은 동일한 논변에 의거한 것이기 때문이다).

(4) 그런데 본질은 실체이고 그것에 대한 정식은 정의이기 때문에, 이런

162) VII 1 참조.

이유에서 우리는 정의와 그 자체로서 있는 것에 대해 규정했다.[163)]

(5) 그리고 정의는 정식이고 정식은 부분들을 갖기 때문에, 우리는 반드시 그 부분들을 대상으로 삼아 어떤 성질의 부분들이 실체의 부분들이고 또 어떤 성질의 부분들이 그렇지 않은지를 간파해야 했고, 또 실체의 부분들이 정의의 부분들인지도 살펴보아야 했다.[164)]

(6) 또한 우리는 보편자도 유도 실체가 아니라는 결론을 얻었다.[165)]

(7) 하지만 이데아들과 수학의 대상들에 대해서는 나중에 살펴보아야 하는데,[166)] 왜냐하면 어떤 사람들은 그것들이 감각적인 실체들과 떨어져 있다고 말하기 때문이다.

기체로서의 실체

그러면 이제 일반적으로 인정되는 실체들에 대해 논의해 보자. 이에 해 **1042a**24
당하는 것은 감각적 실체들인데, 모든 감각적 실체는 질료를 가진다. 하지만 기체가 실체인데, 그에 해당하는 것은 어떤 뜻에서 보면 질료이고(현실적으로 '이것'이 아니지만 가능적으로는 '이것'인 것을 일컬어 나는 질료라고 부른다), 어떤 뜻에서 보면 정식과 형태인데, 이것은 '이것'으로서 정식에서 분리 가능하다. 세 번째로는 그 둘의 복합체가 있는데, 오직 이것만이 생성과 소멸을 겪으며[167)] 무제한적인 뜻에서 분리 가능하다. 정식에 따르는 실체들 가운데 어떤 것들은 분리 가능하지만 어떤 것들은 그렇지 않다.

163) VII 4-6, 12, 15 참조.

164) VII 10-1 참조.

165) VII, 13-4; VII 16, 1040b16-1041a5 참조.

166) 이는 XIII과 XIV의 주제이다.

167) VIII 3, 1043b15 참조.

질료로서의 실체

1042a32 하지만 질료도 실체라는 것은 분명한 사실이다. 그 이유는 이렇다. 모든 대립적인 변화에는 그 변화의 밑에 놓여 있는 어떤 기체가 있으니, 예컨대 장소의 측면에서는 지금은 여기 있지만 다시 다른 곳에 있는 것이 있고, 증가의 측면에서는 지금은 이 정도의 크기이지만 다시 더 작아지거나 더 커지는 것이 있고, 변이의 측면에서는 지금은 건강하지만 다시 병을 얻는 것이 있다. 그런데 이와 똑같이 실체의 측면에서도 지금은 생성 과정에 있지만 다시 소멸 과정에 있는 것이 있으며, 지금은 '이것'이라는 뜻의 기체이지만 다시 결여라는 뜻의 기체가 되는 것이 있다. 사실 다른 변화들은 이 변화를 따르지만, 그와 반대로 나머지 변화들 가운데 어느 하나나 둘을 그런 실체적 변화가 뒤따르는 것은 아니다. 왜냐하면 어떤 것이 장소적 질료를 가진다고 해서 그것이 생성과 소멸의 질료를 가져야 할 필연성은 없기 때문이다.[168] 무제한적인 뜻의 생성 과정과 무제한적이 아닌 생성 과정 사이의 차이가 무엇인지는 자연학 저술에서 이미 이야기한 바 있다.[169]

현실태로서의 실체

제 2 장

1042b9 기체와 질료라는 뜻의 실체는 일반적으로 인정을 받지만, 그것은 가능적 실체이기 때문에 감각적 실체들 가운데 어떤 것이 현실적 실체인지를 이야기하는 일이 남아 있다.

질료의 조건들과 현실태 사이에 상응관계가 있다

1042b11 그런데 데모크리토스는 세 가지 종류의 차이가 있다고 생각한 것 같다. 그에 따르면 기체에 해당하는 물체, 즉 질료는 하나이자 동일한 것이

---

168) VIII 4, 1044b8 참조.

169) 『자연학』 V 1, 225a12-20; 『생성소멸론』 I 2, 317a17-31 참조.

지만, 리듬, 즉 모양이나 회전, 즉 위치나 상호접촉, 즉 질서에 의해서 차이가 나기 때문이다.[170] 하지만 분명 차이에는 여러 가지가 있다. 예컨대, 어떤 것들은 그것들이 가진 질료의 합성구조에 의해 이름이 불리는데, 꿀물처럼 혼합에 의해 차이가 나는 것들이 그렇고, 어떤 것들은 다발처럼 묶음에 의해, 어떤 것들은 서책(書冊)처럼 접착에 의해, 어떤 것들은 상자처럼 못질에 의해, 또 어떤 것들은 이 가운데 여러 방식에 의해 이름이 불린다. 또 어떤 것들은 문지방과 상인방처럼 위치에 의해(이것들은 놓여 있는 방식에 차이가 나기 때문이다), 어떤 것들은 아침식사와 저녁식사처럼 시간에 의해, 어떤 것들은 바람(風)처럼 장소에 의해 이름이 불린다. 또 어떤 것들은 딱딱함과 부드러움, 조밀함과 느슨함, 마름과 젖음 같은 감각적인 성질들에 의해 이름이 불리는데, 그 가운데 어떤 것들은 이런 성질들 가운데 일부에 의해, 다른 것들은 이것들 모두에 의해 이름이 불리며, 일반적으로 어떤 것들은 초과에 의해, 어떤 것들은 부족에 의해 그 이름을 얻는다.

따라서 분명 '있다'('~이다')도 이와 똑같이 여러 가지 뜻으로 쓰인다. 왜 1042b25
냐하면 문지방이 있는 것은 그것이 이런저런 방식으로 놓여 있기 때문인데, 〈문지방의〉 있음[171]은 그것이 그런 방식으로 놓여 있음을 뜻하며, 얼음의 있음은 그것이 이런저런 방식으로 굳어 있음을 뜻한다. 한편, 어떤 것들의 경우 그것들의 있음은 이 모든 것에 의해 정의될 터인데, 그 가운데 어떤 것들은 뒤섞임에 의해, 어떤 것들은 혼합에 의해, 어떤 것들은 묶임에 의해, 어떤 것들은 응집에 의해 정의될 것이고, 또 어떤 것들은 다른 차이들을 통해 정의될 것이니, 예컨대 손이나 발이 그렇다.

그렇다면 우리는 차이들의 부류들을 파악해야 하는데(왜냐하면 그것 1042b31
들은 있음의 원리들일 것이기 때문이다), 있는 것들은 예컨대 상대적인 많음과 적음이나 조밀함과 느슨함을 비롯해 그런 종류의 다른 것들에 의해

170) I 4, 985b13-9 참조.

171) 문지방을 문지방으로 만드는 것, 즉 문지방의 본질을 가리킨다.

차이가 나는데, 왜냐하면 이것들은 모두 초과와 부족이기 때문이다. 그러나 모양이나 부드러움과 거침에 의해 차이가 나는 것은 모두 곧음과 굽음에 의한 것이다. 또 어떤 것들의 경우 그것들의 있음은 뒤섞임 때문일 것이고, 그것들의 있지 않음은 그것과 대립적이다.

따라서 우리는 어떻게 실체가 현실태인지 이해해야 한다

1043a2 실체가 각 사물의 있음의 원인이라면, 그런 것들 각각의 있음의 원인은 그런 차이들 안에서 찾아야 한다는 사실이 이로부터 분명하다. 그런 것들 가운데 어떤 것도―설령 그것이 (질료와) 함께 결속된 것이라고 하더라도―실체가 아니지만, 각 경우에는 실체에 상응하는 유비적 대응자가 있다. 즉 실체들의 경우 질료에 대해 술어가 되는 것은 현실태 자체이듯이 다른 정의들의 경우에도 그에 해당하는 것이 가장 중요하다. 예컨대, 만일 문지방을 정의해야 한다면, 우리는 이런저런 방식으로 놓여 있는 나무나 돌이라고 말하고, 집은 이런저런 방식으로 놓여 있는 벽돌과 목재들이라고 말하며(어떤 경우에는 지향 대상도 있을 수 있다), 만일 얼음을 정의해야 한다면, 우리는 이러저런 방식으로 응결되었거나 딱딱해진 물이라고 말하고, 협화음은 높은 소리와 낮은 소리의 이런저런 결합이라고 말하며, 다른 경우에서도 이와 똑같다.

질료가 다르면 현실태가 다르고 정식도 다르다는 것이 이로부터 분명하다. 왜냐하면 어떤 경우에는 (현실태에 해당하는 것이) 합성구조이고, 어떤 경우에는 결합이며, 또 어떤 경우에는 우리가 앞서 말한 것들 가운데 어느 하나이기 때문이다.

실체를 정의하는 여러 가지 방법

1043a14 따라서 정의를 하는 사람들 가운데 어떤 사람들은 집이 무엇인지를 말하면서 그것이 돌, 벽돌, 목재라고 말하는데, 이들은 가능적인 집에 대해 말하는 셈이니, 왜냐하면 그것들은 질료이기 때문이다. 그러나 (집이 무엇인지를 말하면서) 육체와 재산을 보호하는 처소라고 하거나 또는 그와 같

은 것을 제시하는 사람들은 현실적인 집에 대해 말하는 셈이며, 이 둘을 함께 붙여 정의하는 사람들은 세 번째 실체, 즉 그 둘로 이루어진 실체에 대해 말하고 있는 것이다(왜냐하면 생각건대, 차이들을 제시하는 정식은 형상과 현실태를 대상으로 하는 반면에, 내재적인 부분들을 제시하는 정식은 오히려 질료를 대상으로 하기 때문이다). 그리고 아르퀴타스[172]가 받아들이곤 했던 것과 같은 종류의 정의들 역시 사정이 마찬가지인데, 왜냐하면 그것들은 복합체를 대상으로 하기 때문이다. 예컨대, 무풍(無風)상태란 무엇인가? 그것을 공기층 안의 평온이라고 정의한다면, 공기는 질료이고 평온은 현실태이자 실체이다. 평정이란 무엇인가? 그것을 바다의 고요함이라고 정의한다면, 질료라는 뜻의 기체는 바다이고 현실태와 형태는 균형상태이다. 그러면 이상의 논의로부터 감각적 실체가 무엇이고 어떻게 있는지는 분명하다. 그 가운데 어떤 것은 질료라는 뜻에서 그렇고, 다른 것은 형태와 현실태라는 뜻에서 그러하며, 세 번째 것은 이 둘의 복합체이다.

하나의 이름이 형상으로서의 실체를 가리킬 수도 있고, 복합 실체를 가리킬 수도 있다

제3장

우리는 하나의 이름이 합성 실체를 가리키는지, 아니면 현실태와 형태 **1043a**29
를 가리키는지 드러나지 않을 때가 가끔 있다는 사실을 알아야 한다. 예컨대, '집'이 공통적인 것[173]에 대한 기호로서 이런저런 방식으로 놓인 벽돌과 돌로 이루어진 보호처를 가리키는지, 아니면 현실태와 형상에 대한 기호로서 보호처를 가리키는지 드러나지 않을 때가 가끔 있고, '선'이 길이 안에 있는 둘인지 아니면 둘인지, '생명체'가 몸 안에 있는 영혼인지 아

172) 아르퀴타스(기원전 427년경~기원전 347년)는 남부 이탈리아의 타렌툼(Tarentum) 출신으로 피타고라스학파의 철학자이자 수학자이다.

173) 질료와 형상의 복합체.

니면 영혼인지 — 왜냐하면 이것은 어떤 몸의 실체이자 현실태이기 때문이다 — 드러나지 않을 때가 가끔 있다. 하지만 '생명체'는 그 양쪽 모두에 대해 쓰일 수 있지만, 그 말은 하나의 정식을 가진다는 뜻에서가 아니라 하나와의 관계를 갖고 있다는 뜻에서 그렇게 불린다.

1043a37 하지만 그런 점은 다른 목적에서는 중요하지만 감각적 실체에 대한 탐구 목적에서는 중요하지 않은데, 본질은 형상과 현실태에 속하기 때문이다. 왜냐하면 영혼과 영혼의 본질은 동일하지만 사람과 사람의 본질은 동일하지 않은데,[174] 영혼도 사람이라고 불릴 수 있다면 그때는 예외가 될 것이다. 이와 마찬가지로 어떻게 보면 대상과 그것의 본질은 똑같지만 어떻게 보면 그렇지 않다.

형상은 실체의 질료적인 구성부분이 아니다

1043b5 탐구를 해보면 알 수 있지만, 음절은 분명 철자들과 합성구조로 이루어진 것이 아니고, 집도 벽돌들과 합성구조로 이루어진 것이 아니다. 그리고 이는 올바른 관찰인데, 왜냐하면 합성구조나 결합은 그런 합성구조나 결합이 속하는 것들을 구성부분으로 해서 이루어지지 않기 때문이다.[175] 이는 다른 모든 경우에도 마찬가지인데, 예컨대 문지방이 위치에 의해 구별된다면, 위치가 문지방을 구성부분으로 해서 이루어지는 것이 아니라 문지방이 위치를 구성부분으로 해서 이루어지기 때문이다. 사람 역시 동물과 두 발 가진 것이 아니라 만일 이것들이 질료라면 이것들과 별도로 어떤 것이 있어야 하는데, 이것은 요소도 아니고 요소로 이루어진 것도 아니며 실체인데, 이것을 배제하고서 사람들이 제시하는 것은 질료이다. 그래서 만일 그런 것이 있음의 원인이자 실체의 원인이라면, 우리는 그것을 실체 자체라고 부를 수 있을 것이다.

---

174) VII 10, 1036a1-2 참조.

175) VII 17, 1041b11 아래 참조.

소멸하는 형상과 소멸하지 않는 형상

(그렇다면 이것은 영원하거나 아니면 소멸 과정을 거치지 않고 소멸하 1043b14
고 생성 과정을 거치지 않고 생겨나야 한다. 그러나 다른 곳에서[176] 이미 증명을 통해 밝혔듯이 어느 누구도 형상을 만들거나 낳지 않는다. 만들어지는 것은 '이것'이고, 생겨나는 것은 (질료와 형상의) 복합체이다. 소멸하는 것들의 실체들이 분리 가능한지는 아직 분명치 않다. 다만 어떤 경우에는 분리될 수 없음이 분명한데, 개별적인 사례들과 떨어져 있을 수 없는 것들, 예컨대 집이나 도구의 경우에 그렇다. 그렇다면 바로 이것들은 물론, 자연적으로 이루어지지 않은 것들에 속하는 어떤 것도 실체들에 해당하지 않을 것이다. 왜냐하면 우리는 오로지 본성만을 소멸하는 것들 안에 있는 실체로 내세울 수 있을 것이기 때문이다.)[177]

형상은 구성부분이 아니다

따라서 안티스테네스학파[178]와 그처럼 무식한 사람들이 제기하곤 했 1043b23
던 문제가 맞을 때가 있는데, 그들에 따르면 어떤 것이 '무엇'인지는 정의될 수 없고(정의란 장광설[179]이기 때문이다), 어떤 성질의 것인지를 가르칠 수 있을 뿐인데, 예컨대 은이 '무엇'인지 정의할 수는 없고, 그것이 주석과 같다고 말할 수 있을 뿐이다. 그러므로 정의와 정식이 대상으로 삼을 수 있는 실체가 있으니, 예컨대 합성 실체가 그런데, 이것은 감각적인 것일 수도 있고 지성적인 것일 수도 있다. 하지만 이 실체를 이루는 첫째 구성부분들은 정의될 수 없으니, 그 까닭은 정의를 하는 정식은 어떤 것을 어떤 것에 대해 진술하며, 그 한 부분은 질료에 해당하고, 다른 부분

176) VII 8, 특히 1033b1 아래 참조.

177) VII 17, 1041b29-31 참조.

178) 안티스테네스(Antisthenes, 기원전 446년경~기원전 366년경)는 소크라테스의 제자로 견유파의 창시자이다.

179) 안티스테네스학파는 '긴 말'이 단순한 본질을 제시하는 '정의'가 될 수 없다고 보았다.

은 형태에 해당해야 하기 때문이다.

1043b32 또한 만일 실체들이 어떤 뜻에서 수들이라면, 그것들이 이런 방식으로 있고 무엇 때문에 어떤 사람들이 주장하듯 모나스들로 이루어지지 않는지 그 이유도 분명한데, 왜냐하면 정의는 일종의 수이기 때문이다.[180] 그 이유는 이렇다. (1) 그것은 나뉠 수 있는 것이어서 나뉠 수 없는 것으로 환원되는데(정식들은 무한하지 않기 때문이다), 수 역시 그런 본성을 가진다. 그리고 (2) 수를 이루는 것들 가운데 어느 하나가 빠지거나 부가되면, 비록 극히 적은 부분이 빠지거나 부가된다고 하더라도 그 수는 더 이상 똑같은 수가 아니라 다른 수가 되는데, 이와 마찬가지로 정의와 본질은 어떤 부분이 그로부터 빠지거나 부가되면 더 이상 존재하지 않는다. (3) 수에는 그것을 하나로 만드는 어떤 것이 있어야 하는데, 앞서 말한 사람들은 그것을 〔하나라면〕 하나로 만드는 것이 무엇인지를 말할 능력이 없다(그렇지 않다면 그것은 (하나로서) 있지 않고 마치 더미와 같고, 만일 그것이 (하나로서) 있다면 여러 구성부분으로부터 그것을 하나로 만드는 것이 무엇인지를 말해야 하기 때문이다). 그리고 정의는 하나인데, 이와 마찬가지로 그들은 그것을 하나로 만드는 것이 무엇인지를 말할 능력이 없다. 그리고 이는 당연한 결과인데, 동일한 논변이 거기에 적용될 수 있기 때문이다. 그리고 우리가 이미 설명한 방식으로 실체는 하나이지만, 그것은 어떤 사람들이 주장하듯이 모나스나 점과 같은 종류의 것이 아니고, 어떤 완전한 상태이자 본성이다. 그리고 (4) 수에 많고 적음이 없듯이[181] 형상이라는 뜻의 실체도 마찬가지이며, 많고 적음이 있는 경우가 있다면, 질료와 함께 있는 실체가 그렇다. 그렇다면 이른바 실체들의 생성과 소멸에 대해 그것이 어떻게 일어날 수 있고, 어떻게 불가능한지, 그리고 (사물들을) 수로 환원하는 이론에 대해서는 이 정도로 해두자.

[……]

180) XIII 6 참조.

181) 2는 1보다 더 많다. 하지만 모든 2는 똑같다.

실체와 정의의 통일성: 형상과 질료, 유와 종차

제 6 장

정의들과 수들에 대해 앞서 거론한 문제로 되돌아가보자.[182] 그것들이 하나인 원인은 무엇인가? 여러 부분들을 포함하고 있으면서 그 전부가 단순한 더미가 아니라 그 부분들과 별도로 어떤 전체가 있는 것들의 경우에는 모두 어떤 원인이 있으니, 물체들의 경우 어떤 때는 접촉이 원인이 되어 그것들이 하나이고, 어떤 때는 접착성이나 그런 종류의 다른 어떤 성질이 원인이 되어 그렇게 되기 때문이다. 하지만 정의가 하나의 정식인 것은 『일리아스』의 경우처럼 함께 묶음 때문이 아니라 그것이 하나를 대상으로 삼기 때문이다.[183] 그렇다면 사람을 하나로 만드는 것은 무엇인가? 또 무엇 때문에 그것은 여럿, 예컨대 동물+두 발 가짐이 아니라 하나인가? 게다가 어떤 사람들의 말대로 동물 자체와 두 발 가짐 자체가 있다면, 어떻게 그럴 수 있겠는가? 무엇 때문에 사람이 동물 자체와 두 발 가짐 자체가 아닌가? 그리고 무엇 때문에 사람들은 사람에도, 어떤 하나에도 관여하지 않고, 둘, 즉 동물과 두 발 가짐에 관여함으로써 사람이게 된다는 말인가? 일반적으로 말해 무엇 때문에 사람은 하나가 아니라 여럿, 즉 동물과 두 발 가짐일까? 사람들이 정의와 진술에 대해 습관적으로 취하는 태도에 의거해 그 문제에 접근한다면, 분명 원인을 제시할 수도 없고 그 의문을 해결할 수도 없다. 1045a7

하지만 우리가 말하듯이 하나는 질료이고 다른 하나는 형상이며, 하나는 가능태이고 다른 하나는 현실태라면, 우리가 탐구하는 것은 더 이상 의문거리가 아닐 것이다. 왜냐하면 그 문제는 '두루마기'[184]에 대한 정의가 '둥근 형태의 청동'이라면, 그때 생길 수 있는 것과 동일한 의문거리이기 때문인데, 그 까닭은 그 이름(즉 '두루마기')은 그 정식('둥근 형태의 청 1045a23

182) VII 12; VIII 3, 1044a2-6 참조.

183) 서사시 『일리아스』는 여러 이야기들을 함께 묶은 하나의 작품이다.

184) VII 4, 1029b27-8 참조.

동')에 대한 기호일 것이며, 따라서 둥근 형태와 청동이 하나인 원인이 무엇인가가 탐구거리이기 때문이다. 하나는 질료이고 다른 하나는 형상이라고 그 이유를 댄다면, 의문은 더 이상 나타나지 않는다. 그렇다면 생성하는 것들의 경우, 가능적으로 있는 것이 현실적으로 있게 된다면, 그런 일의 원인으로서 제작자를 제외하고 달리 무엇이 있는가? 가능적인 구(球)가 현실적인 구로 되는 데는 다른 어떤 원인도 없고, 그것이 바로 둘 각각의 본질이었을 뿐이다. 하지만 질료 가운데 어떤 것은 지성적이고 어떤 것은 감각적이며, 정식의 한 부분은 질료이고 다른 부분은 현실태인데, 〔예컨대, 원은 평면도형이다.〕 반면에 지성적인 것이든 감각적인 것이든 간에 아무 질료도 갖지 않는 것들의 경우에, 그 각각은 즉시 본성적으로 하나
1045b 인 어떤 것인데, 이는 본성적으로 있는 어떤 것, 즉 '이것', 성질, 양의 경우와 마찬가지이며 — 이런 이유 때문에 '있는 것'도 '하나'도 그것들에 대한 정의 안에 내재하지 않는다 —, 본질도 있는 어떤 것과 마찬가지로 즉시 하나인 것이기 때문에, 그것들 가운데 어떤 것을 하나이게 만드는 원인이나 있는 것의 한 부류를 하나이게 만드는 원인이 달리 어디에 있지 않다. 왜냐하면 그 각각은 직접적으로 있는 것이자 하나인 것일 뿐, '있는 것'이나 '하나'를 유로 삼아 그것 안에 있지도 않고, 개별적인 것들과 떨어져 분리 가능한 것으로서 있지도 않기 때문이다.

형상과 질료에 대한 우리의 논의는 몇 가지 의문들을 제거해준다

1045b7 (하나와 관련된) 이런 의문으로 말미암아 어떤 사람들은 '관여' 이론을 내세우면서 관여의 원인은 무엇이고, 관여한다는 것은 무엇인지 의문을 제기한다. 그런가 하면 또 어떤 사람들은 '공존'이라는 것을 내세우는데, 이를테면 뤼코프론[185]은 학문적 인식이 인식활동과 영혼의 공존이라고 말한다. 또한 어떤 사람들은 삶이란 영혼과 육체의 '합성' 또는 '결속'이라

185) 뤼코프론(Lykophrōn, 기원전 4세기 전반)은 고르기아스학파의 연설가이자 소피스테스이다.

고 말한다. 하지만 모든 경우에 대해 동일한 논변이 적용된다. 왜냐하면 건강은 영혼과 육체의 '공존'이거나 '합성'이거나 '결속'이고, 청동 삼각형이 있다는 것은 청동과 삼각형의 '합성'일 것이며, 하얀 것은 표면과 하양의 '합성'이기 때문이다. 그런 주장들이 생기는 이유는 사람들이 가능태와 완전한 상태의 단일성을 만들어내는 정식과 그것들 사이의 차이를 찾는 데 있다. 〔(하지만 이미 말했듯이 최종적인 질료와 형태는 동일한 것이자 하나이고, 〈하나는〉 가능태이고 다른 하나는 현실태이니, 결과적으로 (그것들이 하나인 이유를 묻는 것은) 하나에 대해 그것이 하나인 원인이 무엇인지를 찾는 것과 다를 바 없다. 왜냐하면 각 대상은 하나인 어떤 것이기 때문인데, 가능태와 현실태는 어떤 뜻에서 하나이다. 따라서 가능태로부터 현실태로 운동하게 하는 것 말고는 달리 어떤 원인도 없다. 반면에 질료를 갖지 않은 것들은 모두 무제한적인 뜻에서 본성적으로 하나인 어떤 것이다.)〕

제9권

가능태와 현실태

이전 논의의 요약. 가능적으로 있는 것과 현실적으로 있는 것

제1장

1045b27 그러면 첫 번째 뜻에서 있으며, 있는 것의 다른 모든 범주가 준거점으로서 관계하고 있는 것, 즉 실체에 대해서는 지금까지 이야기했다.[186] 이렇게 말하는 이유는 다른 것들, 즉 양이나 성질을 비롯해 그런 방식으로 불리는 다른 것들은 실체에 대한 정식에 따라 '있다'라고 일컬어지기 때문이다. 왜냐하면 이 논의의 첫머리에 우리가 이야기했듯이 모든 것은 실체에 대한 정식을 포함할 것이기 때문이다.[187] 그런데 '있는 것'은 어떤 뜻에서는 '무엇'이나 성질이나 양이라는 이유에서 그렇게 불리지만, 또 어떤 뜻에서는 '가능태'와 '완전한 상태'에 따라, 그리고 기능에 따라 불리기 때문에, 우리는 '가능태'와 '완전한 상태'에 대해서도 규정하자.

가능태의 여러 가지 유형

1045b35 먼저 가장 주도적인 뜻에서의 '가능태'[188]에 대해 규정하기로 하자. 물
1046a 론 이런 뜻의 '가능태'가 우리가 지금 의도하는 것과 관련해 가장 유용한 것은 아니다. 왜냐하면 '가능태'와 '현실태'는 단순히 운동과 관련된 용법들을 넘어 더 광범위하게 쓰이기 때문이다. 하지만 우리는 그 첫 번째 뜻

186) VII과 VIII.

187) VII 1, 1028a35 아래 참조.

188) ☞ dynamis.

의 '가능태'에 대해 다룬 뒤 '현실태'를 설명하면서[189] 다른 뜻에 대해서도 다루게 될 것이다.

그런데 '뒤나미스'(가능태)와 '할 수 있다'가 여러 가지 뜻으로 쓰인다는 **1046a4** 것은 우리가 이미 다른 곳에서 설명한 바 있다.[190] 하지만 그 가운데 동음이의적인 뜻에서 '뒤나미스'라고 불리는 것들은 제쳐두기로 하자. 왜냐하면 어떤 것들은 어떤 유사성 때문에 그렇게 불리는데, 우리가 기하학에서 어떤 것이 일정한 방식으로 있는지 그렇지 않은지에 따라 '거듭제곱'과 그렇지 않은 것을 나누는 경우가 그렇다.[191]

여러 유형의 가능태들과 첫 번째 의미의 가능태 사이의 관계

하지만 같은 종에 속하는 것들은 모두 일종의 원리들이며 첫째가는 것 **1046a9** 하나와의 관계 속에서 그렇게 불리는데,[192] 이에 해당하는 것은 다른 것 안에 또는 다른 것인 한에서의 자기 안에 있는 변화의 원리이다. 그 이유는 이렇다. 어떤 것은 수동적 작용의 능력인데, 이것은 수동적인 주체 자체 안에 있는, 다른 것에 의해서나 다른 것인 한에서의 자기 자신에 의해 일어나는 수동적 변화의 원리이다. 또 어떤 것은 악화(惡化)나 소멸을 향한 수동적인 변화를 겪지 않음의 상태인데, 이런 것은 다른 것 또는 다른 것인 한에서의 자기 자신에 의해, 즉 (그 안에 있는) 변화의 원리에 의해 일어난다. 이 모든 정의 안에는 첫 번째 능력에 대한 정식이 포함되어 있다. 또한 이런 뜻에서 능력이라고 불리는 것에는 단순한 능동적 작용이나 수동적 작용의 능력이 있고, 그런 작용이 잘 이루어지는 경우의 능력이 있으니, 결과적으로 이런 것들에 대한 정식 안에는 어떤 방식으로든 그것들

189) IX 6, 1048a27-b6을 가리킨다. ☞ energeia.

190) V 12 참조.

191) 영어의 'power'처럼 dynamis는 '능력'이라는 뜻과 '거듭제곱'이라는 뜻을 함께 가진다.

192) 같은 종에 속하는 '뒤나미스'란 모두 '능력'이라는 뜻의 '뒤나미스'를 가리킨다.

에 앞서는 여러 능력에 대한 개념들이 포함되어 있다.

1046a19 그렇다면 분명 어떤 뜻에서 능동적 작용과 수동적 작용의 능력은 하나이지만(왜냐하면 어떤 것이 '능력이 있다'라고 불리는 것은 그것 자체가 수동적 작용의 능력을 가진다는 이유에서 그렇기도 하고, 그것 자체에 의해 다른 것이 수동적 작용의 능력을 가진다는 이유에서 그렇기도 하기 때문이다), 어떤 뜻에서는 (능동적 작용과 수동적 작용의 능력은) 다르다. 그 이유는 이렇다. 그 하나는 수동적 주체 안에 있다. 왜냐하면 이 주체는 어떤 원리를 가지고 있으며, 질료도 일종의 원리이기 때문인데, 그런 수동적 주체는 변화를 겪고, 이는 저마다 다른 것의 작용에 의해 일어난다. 왜냐하면 기름진 것은 연소할 수 있고, 타격을 받을 수 있는 것은 깨질 수 있으며, 다른 것들의 경우에도 이와 같기 때문이다. 다른 능력은 능동적 주체 안에 있으니, 예컨대 열기와 건축술이 그런데, 앞의 것은 열을 낳는 것 안에 있고, 뒤의 것은 건축가 안에 있다. 이런 이유 때문에 유기적 통일성을 갖는 한, 동일한 것이 자기 자신에 의해 작용받을 수는 없는데, 그것은 하나이지 다른 것이 아니기 때문이다. 그리고 '무능력'과 '능력이 없다'는 그런 능력에 반대되는 결여이므로 결국 모든 경우 동일한 것에 속하면서 동일한 것과 관련된 능력과 그에 상응하는 무능력이 있다. 하지만 결여는 여러 가지 뜻으로 쓰인다. 왜냐하면 (1) 어떤 것을 갖지 않은 것뿐만 아니라 (2) 어떤 것을 본성적으로 가질 수 있음에도 불구하고 갖지 못하는 것도 그렇게 불리기 때문인데, 뒤의 것과 관련해서는 (a) 일반적으로 그런 경우와 (b) 본성적으로 가질 만한 때 그런 경우가 있고, 또한 (α) 어떤 특정한 방식으로, 예컨대 완전히 그런 경우가 있고 (β) 방식의 차이와 무관하게 그런 경우가 있다. 하지만 어떤 경우 본성적으로 가질 수 있지만 강제에 의해 갖지 못한 경우가 있는데, 이를 두고 우리는 '박탈되었다'고 말한다.

이성적 가능태와 비이성적 가능태가 반대되는 현실태와 맺는 관계는 서로 다르다

제2장

그런 원리들은 어떤 경우 생명이 없는 것들 안에 내재하고 어떤 경우 1046a36
생명이 있는 것들, 즉 영혼이나 영혼의 이성적인 부분 안에 있기 때문에, 1046b
분명 능력들 중 어떤 것들은 비이성적이고, 어떤 것들은 이성을 동반할 것이다. 이런 이유에서 모든 기술과 제작적인 학문들은 능력들이다. 왜냐하면 그것들은 다른 것 안에 또는 다른 것인 한에서의 자기 안에 있는 변화의 원리들이기 때문이다.

그리고 이성을 동반하는 모든 능력은 동일한 것이 반대 결과를 낳을 수 1046b4
있는 반면에, 비이성적인 것들은 단 하나의 결과를 낳는데, 예컨대 뜨거운 것은 뜨겁게 할 뿐이지만 의술은 질병과 건강을 만들어낼 수 있다. 그 이유는 이렇다. 학문은 이성능력인데, 동일한 이성능력이 — 비록 똑같은 방식으로 그렇게 하는 것은 아니지만 — 어떤 대상과 그것의 결여를 밝혀내고, 어떤 뜻에서는 그 둘 모두에, 또 어떤 뜻에서는 (결여보다는) 주어져 있는 사태에 보다 많이 관계한다. 그 결과 그런 학문들은 반대되는 것들을 다루는데, 그 하나는 그것들 자체의 본성에 따라, 다른 하나는 그것들 자체의 본성과 직접적인 관계없이 다룬다. 왜냐하면 이성능력은 어떤 것은 그 자체의 본성에 따라 다루고, 어떤 것은 어떤 부수적인 뜻에서 다루기 때문인데, 이성능력이 부정과 배제를 통해 반대되는 것을 밝힌다는 이유에서 그렇다. 첫째 결여는 반대되는 것인데, 그것은 다른 것의 배제이기 때문이다. 하지만 반대되는 것들은 동일한 주체 안에 생겨나지 않고, 학문은 이성능력을 가진 능력이며, 영혼은 운동 원리를 소유하기 때문에, 건강한 것은 건강을 만들어내고 뜨거운 것은 뜨거움을 만들어내며 차가운 것은 차가움을 만들어낼 뿐이지만, 학문을 아는 사람은 둘을 함께 만들어낸다. 왜냐하면 이성능력은 — 그 방식이 똑같지는 않아도 — 둘을 함께 다루며 운동 원리를 갖는 영혼 안에 있기 때문이다. 그러므로 이성능력은 동일한 원리에서 출발해 동일한 것에 그 둘을 결부시킴으로써 이들을 운동하게 할 것이다. 이런 이유 때문에 이성적으로 무언가를 할 수 있는 것들은 이성능력이 없이 그런 것들에 반대되는 것들을 만들어내는데, 왜냐하면 반대되는 것들은 하나의 원리, 즉 이성능력에 포섭되기 때문이다.

1046b24 그리고 분명히 단순한 능동적 작용이나 수동적 작용의 능력은 그런 일을 잘 수행하는 능력을 따르는 반면에, 뒤의 것이 항상 앞의 것을 따르는 것은 아니다. 왜냐하면 어떤 일을 잘 하는 사람은 반드시 그 일을 하지만, 어떤 일을 단순히 하는 데 불과한 사람이 반드시 그것을 잘 하는 것은 아니기 때문이다.

[……]

타고난 능력들과 이성적인 능력들

제 5 장

1047b31 모든 능력 가운데 어떤 것들은 감각처럼 타고난 것이고 어떤 것들은 피리 연주 능력처럼 습관에 의해 생겨나며 또 어떤 것들은 다양한 기술능력처럼 배움을 통해 생겨나기 때문에 그중 일부, 즉 습관과 이성능력에 의해 생겨나는 것들은 선행(先行)활동을 통해 생겨날 수밖에 없지만,[193] 그렇지 않고 수동적 작용과 관련된 능력들은 그런 일이 필요하지 않다.

서로 다른 유형의 능력들 혹은 가능태들은 서로 다른 조건에서 현실화된다

1047b35 그런데 '능력이 있다'는 어떤 것을 할 수 있는 능력이 있음을 뜻하고, 이는 일정한 때 일정한 방식으로, 그리고 그것에 대한 규정에 부가되어 있어야 하는 다른 모든 측면과 관계해서 이루어지기 때문에, 어떤 것들은 이성능력에 따라 운동을 낳을 수 있고 그런 것들에 속하는 능력들은 이성

193) 『니코마코스 윤리학』 II 1, 1103a26 아래 참조.

능력을 동반하는 반면에, 어떤 것들은 비이성적이고 그것들에 속하는 능력들도 비이성적이다. 앞의 것들은 반드시 생명이 있는 것에 속해 있을 수밖에 없지만, 뒤의 것들은 (생명체와 무생물) 둘 다에 속한다.

비이성적인 능력들은 작용할 수 있는 것과 작용받을 수 있는 것이— 1048a5
가능한 방식으로—만날 때 필연적으로 그중 하나는 작용을 하고 다른 하나는 작용을 받지만, 이성적인 능력들의 경우는 그럴 필요가 없다. 그 이유는 이렇다. 비이성적인 능력들은 모두 단 하나의 결과를 만들어내지만, 이성적인 능력들은 반대 결과들을 만들어낼 수 있고, 따라서 반대되는 것들을 함께 만들어낼 것이다. 하지만 이는 불가능하다. 따라서 불가불 다른 주도적인 것이 있어야 하는데, 욕망이나 선택이 그에 해당한다. 왜냐하면 행위자가 주도적인 것에 이끌려 (반대되는 것들) 둘 중 어느 하나에 대한 욕망을 가지면, 그는 능력에 알맞은 조건이 마련된 상태에서 (수동적으로) 작용할 수 있는 것과 만날 때 자신이 욕망하는 것을 행할 것이기 때문이다. 그러므로 이성능력에 따라 무언가를 할 수 있는 능력이 있는 행위자는 어떤 경우든 자신이 할 수 있는 능력 범위 안에서 주어진 조건에 따라 자신이 욕망하는 것을 행할 수밖에 없는데, 그는 작용받을 수 있는 것이 앞에 있고 일정한 조건이 마련된 상태에서 그런 능력을 갖는다. 그렇지 않다면 행위자는 행동을 할 수 없을 것이다.

('외부의 방해 요인이 아무것도 없다면'이라는 규정을 덧붙이는 것은 더 1048a16
이상 필요하지 않다. 왜냐하면 행위자가 (행동) 능력을 갖는 것은 행동을 행할 수 있는 능력의 존재 방식에 상응하는데, 이 능력은 모든 조건이 아니라 일정한 조건에서 존재하며 외적인 방해 요인들은 그 조건에서 배제되기 때문이다. (그 능력에 대한) 규정에 포함된 몇몇 내용들이 그것들을 배제한다.) 그러므로 설령 어떤 사람이 두 가지 일이나 반대되는 것들을 동시에 행하려는 의지나 욕구를 갖는다고 해도 그렇게 하지 못할 터인데, 그는 이런 방식으로 그것들을 행할 능력이 없고, 함께 행할 수 있는 능력도 없기 때문이다. 그는 자신의 능력 범위 안에 있는 것들을 지금까지 말한 방식으로 행할 것이다.

현실태는 명시적인 정의에 의해서가 아니라 유비적 대응관계에 의해 설명되어야 한다

제 6 장

1048a25 운동과 관련된 능력에 대해서는 이미 이야기했으니, 현실태에 대해 현실태가 무엇이고 그 본성이 어떤지 규정해보자. 왜냐하면 (이런 설명을 하는 가운데) 우리는 능력이 있는 것과 관련해서도 그것이 ― 무제한적인 뜻에서건 특정한 뜻에서건 간에 ― 본성상 다른 것을 운동하게 할 수 있는 것이나 다른 것에 의해 운동할 수 있는 것을 뜻할 뿐만 아니라 다른 뜻으로도 쓰인다는 사실을 분명하게 알게 될 터이니, 이런 이유 때문에 우리는 탐구를 진행하면서 그것들에 대해 두루 살펴보았던 것이다.

1048a30 우리가 '가능적'이라고 부르는 것과 같지 않은 방식으로 어떤 대상이 주어져 있을 때, 그것이 바로 현실태이다. 우리는 예컨대, 나무 안에 헤르메스가 가능적으로 있고 전체 선 안에는 절반의 선이 가능적으로 있으며 (그것이 떨어져 나올 수 있기 때문이다) 학문을 알고 있지만 이론적인 고찰활동을 하지 않는 사람을 일컬어 가능적으로 있다고 말하는데, 그는 이론적인 활동을 할 수 있는 능력이 있기 때문이다. 그와 대비되는 것이 현실적으로 있는 것이다. 개별적인 것들의 경우 우리가 말하려는 점은 귀납에 의해 분명해지는데, 모든 것에 대해 정의를 찾아서는 안 되고 유비
1048b 적 대응관계에 의해 전체를 개관해야 한다. 집을 지을 수 있는 자에 대해 집을 짓고 있는 자, 잠자는 자에 대해 깨어 있는 자, 눈을 감았지만 시력이 있는 자에 대해 보고 있는 자, 질료에 대해 질료를 깎아낸 것, 그리고 제작될 수 있는 것에 대해 제작된 것은 서로 유비적 대응관계에 있다. 이런 비교항들 가운데 한쪽은 현실태로, 다른 한쪽은 가능태로 분류된다고 해보자.

현실태의 다양성

1048b6 모든 것은 똑같은 방식에 따라서가 아니라 유비적 대응관계에 의해, 즉 갑이 을 안에 있거나 을에 대해 갖는 관계는 병이 정 안에 있거나 정에

대해 갖는 관계와 같다는 이유에서 현실적으로 있다고 불린다. 왜냐하면 어떤 때는 능력에 대한 운동이, 어떤 때는 질료에 대한 실체가 현실적인 것이라고 일컬어지기 때문이다.

무한한 것과 공허한 것이나 그런 종류의 다른 것들이 가능적으로 있 1048b9
다거나 현실적으로 있다고 말할 때, 이는 다른 많은 것들, 예컨대 보는 것과 걷는 것과 보이는 것에 대해 그런 말을 할 때와 그 뜻이 다르다. 그 이유는 이렇다. 뒤의 것들은 특정한 시점에 아무 제한 없이 참이 될 수 있는데, 왜냐하면 보이는 것은 (지금) 보이기 때문에 그렇게 불리기도 하지만, 보일 수 있는 능력이 있기 때문에 그렇게 불리기도 하기 때문이다. 하지만 무한한 것이 가능적으로 있다면, 이는 그것이 장차 현실적으로 분리 가능한 것이 될 수 있다는 뜻에서가 아니라 지식의 대상으로서 분리 가능하다는 뜻에서 그렇기 때문이다. 왜냐하면 분할이 끝나지 않는다는 사실은 이러한 (분할의) 현실적인 활동이 가능적으로 존재한다는 사실을 보여줄 뿐, 그 무한한 것이 분리되어 존재한다는 것을 보여주지는 않기 때문이다.

완전한 현실태와 운동의 구별

〔〔한계를 갖는 행동들 가운데 그 어떤 것도 목적은 아니고 목적과 관 1048b18
계를 맺고 있으니, 예컨대 살을 빼는 일이나 살빼기가 그렇다. 어떤 사람이 살을 뺄 때 신체의 부분들 자체는 운동하고 있어도 그 운동이 지향하는 목적이 아직 주어져 있지 않은데, 이런 운동은 행동, 적어도 완전한 행동은 아니다. (왜냐하면 그런 운동은 목적이 아니기 때문이다.) 반면에 어떤 운동 안에 목적이 내재한다면 그것은 행동이다. 예컨대, 사람은 보면서 〈보았고〉 이해하면서 〈이해했고〉 사유하면서 사유했지만, 배우면서 이미 배웠거나 건강해지면서 건강을 얻은 것은 아니다. 우리는 잘 살면서 잘 살았고, 행복하면서 행복했다. 그렇지 않다면 살을 빼는 과정 중에 있을 때 그렇듯이 지금은 그렇지 않아도 언젠가 그런 일이 끝나겠지만, 우리는 살고 있고 이미 살았다. 분명 이것들 중 어떤 것들은 운동이라고 부르고, 어떤 것들은 현실적인 활동이라고 불러야 한다. 왜냐하면 모든 운동은 불완전하기 때문인데, 살빼기, 배움, 걷기, 집짓기가 그렇다. 이것들은 운동들이고 분명히 불완전하다. 왜냐하면 우리가 걸으면서 동시에 이미 걸은 것은 아니고, 집을 지으면서 이미 집을 지은 것은 아니며, 생겨나면서 동시에 이미 생겨난 것은 아니기 때문이다. 운동을 하면서 이미 운동을 완료한 것은 아니고, 그 둘은 다른데, 운동과 운동의 완료는 다르다. 반면에 동일한 주체가 동시에 이미 보았고 보고 있으며, 사유하면서 이미 사유를 완료했다. 그러므로 이런 것을 나는 현실적인 활동이라고 부르고, 앞의 것을 운동이라고 부른다.]] 현실태가 무엇이고 어떤 본성을 갖는지는 지금까지의 논의나 그런 종류의 논의들에 의해 우리에게 분명해진 것으로 해두자.

언제 어떤 것은 가능적으로 다른 것일 수 있는가

제7장

1048b37 그러나 각 대상이 언제 가능적으로 있고 언제 그렇지 않은지를 규정해
1049a 야 한다. 왜냐하면 아무 때나 그렇지는 않기 때문이다. 예컨대, 흙은 가능적으로 사람인가? 아마 그렇지 않고, 씨가 이미 생겼을 때 그렇거나, 아마 그때도 그렇지 않을 것이다. 따라서 이는 다음과 같은 경우와 마찬가지이다. 의술에 의해서나 우연에 의해서나 모든 것이 건강하게 되는 것은 아니고 그럴 수 있는 능력이 있는 어떤 것이 있는데, 이것이 가능적으로 건강한 것이다.

1049a5 (1) 사고에서 시작해 가능적으로 있는 것으로부터 완전한 상태에 있는 것이 생겨난다고 할 때, 그런 생성에 대한 정의는 (사고의 주체가) 그것을 바라고 외부의 방해가 전혀 없을 때 그런 일이 생긴다는 데 있다. 반면에 다른 경우, 즉 건강해지는 것 안에서 (우연히) 그런 일이 일어날 때, 그에 대한 정의는 그것 안에 있는 것들 가운데 어떤 것의 방해도 없을 때 그런 일이 생긴다는 데 있다. 집이 가능적으로 있다고 말할 때도 마찬가지이다. 만일 그것, 즉 질료 안에 있는 것들 가운데 집이 생기는 것을 방해하는 것이 아무것도 없고 부가해서 생겨나거나 떨어져 나가거나 변화되어야 할

것이 아무것도 없다면, 그것은 가능적인 집이다. 그리고 이는 생성의 원리가 밖에 있는 다른 것들의 경우에도 마찬가지이다.

(2) (생성의 원리가) 생성하는 것 자체 안에 있는 것들의 경우, 그런 것들 1049a13
은 외부의 방해가 아무것도 없을 때 자신의 힘으로 어떤 것이 될 것이다. 예컨대, 씨는 아직 가능적인 사람이 아닌데, 왜냐하면 그것은 다른 것 안에서 변화를 거쳐야 하기 때문이다. 하지만 어떤 것이 자기 자신에게 속한 원리에 의해 그렇게 될 수 있는 성질을 가진다면, 그것은 이미 가능적인 사람이다. 반면에 앞의 것은 다른 원리를 필요로 하는데, 이는 흙이 아직 가능적인 조각상이 아닌 것과 마찬가지이다. (왜냐하면 그것은 변화를 거친 뒤에야 청동이 될 것이기 때문이다.)

질료와 가능태

생각건대, 우리가 어떤 이름으로 부르는 대상은 '이것'이 아니라 '어 1049a18
떤 것으로 된' 것이다.[194] 예컨대, 상자는 나무가 아니라 나무로 된 것이고, 나무는 흙이 아니라 흙으로 된 것이며, 흙은 다시—만일 이런 식으로 나간다면—다른 '어떤 것'이 아니라 '어떤 것으로 된' 것이다. 언제나 그 어떤 것은 가능적으로 무제한적인 뜻에서 그다음에 오는 것이다. 예컨대, 상자는 흙으로 된 것도 흙도 아니고 나무로 된 것이다. 왜냐하면 나무는 가능적인 상자이며 상자의 질료는 바로 그것인데, 무제한적인 뜻에서의 나무는 무제한적인 뜻에서 상자의 질료이고, 이 나무는 이 상자의 질료이다. 그런데 만일 더 이상 다른 어떤 것에 의거해 '어떤 것으로 된'이라고 불리지 않는 첫째가는 것이 있다면, 이것은 첫째 질료인데, 예컨대 흙은 공기로 된 것이지만, 공기는 불이 아니라 불로 된 것이라면, 불은 첫째 질료이고 '이것'이 아니다. 왜냐하면 주체[195]와 기체는 바로 이 점에서, 즉 '이것'인가 그렇지 않은가에 의해 구별되기 때문이다. 예컨대, 양태들의 기

194) VII 7, 1033a6-7 함께 참조.

195) V 8, 1017b13-4의 실체에 대한 정의 참조.

체는 사람, 즉 육체와 영혼이고, 양태에 해당하는 것은 음악적인 교양과 하양이다. (어떤 사람에게 음악적인 교양이 생겨날 경우에 그 사람은 '음악'이라고 불리는 것이 아니라 '음악적'이라고 불리며, 사람은 '하양'이 아니라 '하얀 것'이라고 불리며, '걸음'이나 '운동'이 아니라 '걷는 것'이나 '운동하는 것'이라고 불리는데, 이는 '어떤 것으로 된'[196]이라는 표현과 같다.) 이렇게 불리는 것들의 경우에 그 최종적인 것은 실체이지만, 이렇게 불리지 않고 어떤 형상과 '이것'이 술어일 경우 그 최종적인 것은 질료와
1049b 질료적 실체이다. 그리고 '어떤 것으로 된'이라는 명칭이 질료와 상태들과 관련해서 쓰이는 것은 결과적으로 옳다. 왜냐하면 그 둘은 불확정적이기 때문이다.[197]

1049b2 지금까지 우리는 어떤 대상이 언제 가능적으로 있다고 말해야 하고 언제 그렇다고 말할 수 없는지에 대해 이야기했다.

[……]

196) VII 7, 1033a7 참조.

197) VII 13, 1038b4 아래 참조.

제12권

신적인 지성으로서 실체

영원하고 비물질적인 실체가 있어야 한다

제6장

실체에는 세 가지가 있는데 둘은 자연적인 것들이고 하나는 부동적인 1071b3 것이기 때문에, 뒤의 것과 관련해 우리는 영원하고 부동적인 어떤 실체가 있는 것이 필연적이라고 말해야 한다. 그 이유는 이렇다. 실체들이 있는 것들 가운데 첫째가는 것인데, 만일 그것들 모두가 가멸적이라면 모든 것이 가멸적일 것이다. 하지만 운동이 생겨나거나 소멸하기는 불가능한 일이며[198](왜냐하면 그것은 항상 있었기 때문이다), 시간 역시 그렇다. 왜냐하면 시간이 없다면 앞서는 것과 뒤에 오는 것도 있을 수 없기 때문이다. 그래서 시간이 그렇듯이 운동 또한 연속적인데, 그 까닭은 그것은 운동과 동일한 것이거나 또는 운동의 어떤 속성이기 때문이다.[199] 장소운동을 빼놓고는 어떤 운동도 연속적이 아니며, 장소운동 가운데는 원환운동이 연속적이다.[200]

하지만 운동하게 하거나 만들어내는 능력은 갖지만 현실적으로 활동하 1071b12 지 않는 어떤 것이 있다면, 운동은 있지 않을 것이다. 왜냐하면 능력을 가진 것은 현실적으로 활동하지 않을 수도 있기 때문이다. 그래서 설령 우리가 형상들을 주장하는 사람들처럼 영원한 실체들을 만들어낸다고 하

198) 『자연학』 VIII 1-3 참조.

199) 『자연학』 IV 10, 219b2 아래 참조.

200) 『자연학』 VIII 8, 261b27-263a3, 264a7-265a12 참조.

더라도 만일 그것들 가운데 변화를 낳을 능력을 가진 어떤 원리가 없다면 아무 쓸모도 없을 것이다. 아니, 실제로는 그런 원리도, 형상들과 떨어져 있는 다른 실체[201]도 충분하지 않으니, 그 까닭은 만일 그것이 현실적으로 활동하지 않는다면 운동은 있지 않을 것이기 때문이다. 또한 그것이 현실적으로 활동한다고 하더라도 만일 그것의 실체가 능력이라면 그것도 충분하지 않은데, 그 까닭은 그 경우 운동은 영원하지 않을 것이기 때문이다. 왜냐하면 가능적으로 있는 것은 있지 않을 수 있기 때문이다. 그러므로 현실적인 활동을 실체로 갖는 원리가 있어야 마땅하다. 더욱이 그런 실체들은 질료 없이 있어야 하는데, 만일 무엇인가 영원한 것이 있다면, 바로 그것들이 영원해야 하기 때문이다. 그러므로 그것들은 현실적으로 있어야 한다.

가능적으로 있는 것과 현실적으로 있는 것에 대한 의문들

1071b22 그런데 의문이 하나 있다. 왜냐하면 일반적인 의견에 따르면 현실적으로 활동하는 것은 모두 활동할 수 있지만, 활동할 수 있는 것이 모두 현실적으로 활동하는 것은 아니며, 그 결과 가능태가 앞서는 것처럼 보이기 때문이다. 그런데 만일 이것이 사실이라면, 있는 것들 가운데 어떤 것도 있지 않을 터이니, 왜냐하면 그것들은 있을 수 있는 가능성은 갖지만 결코 있지 않을 수 있기 때문이다. 더욱이 세계가 밤으로부터 생겨났다고 말하는 신학자들의 말이 맞거나 또는 "모든 것이 혼재해 있다"라고 말하는 자연학자들의 말이 맞다면,[202] 똑같이 불가능한 결과가 따라 나온다. 만일 현실적으로 활동하는 어떤 원인이 없다면, 어떻게 다른 것들이 운동을 부여받을 수 있을 것인가? 왜냐하면 분명 목재 자체가 자기 자신을 운동하게 하는 것이 아니라 목수의 기술이 그렇게 하며, 경혈이나 흙도 자기 자신을 운동하게 하지는 못하고 씨나 정액이 그것들을 운동하게 하기 때

201) 이를테면 수학적 대상들.

202) 아낙사고라스의 단편 D-K, 59 B 1 참조.

문이다.

그렇기 때문에 어떤 사람들, 예컨대 레우키포스와 플라톤은 영원한 현 1071b31
실적인 활동을 내세우는데,[203] 그 까닭은 그들은 운동이 영원하다고 말하기 때문이다. 하지만 그것이 무엇 때문에 있고 어떤 것인지에 대해 그들은 말하지 않으며, 또한 이렇게 〈또는〉 저렇게 있는 이유에 대해서도 말하는 바가 없다. 왜냐하면 우연히 운동이 이루어지는 경우는 없고, 언제나 (운동을 낳는) 어떤 것이 주어져 있어야 하기 때문인데, 본성에 따라서는 어떤 것이 이러저러하게 움직이지만, 강제력이나 지성이나 그밖의 다른 어떤 것의 작용에 의해서는 그와 다른 방식으로 움직이는 것과 같은 이치이다. 더욱이 첫째가는 것은 어떤 성질을 갖는가? 이 문제에 대해서는 이
루 따질 수 없을 만큼 의견 차이가 있다. 하지만 플라톤으로서는 그가 때 1072a
때로 원리로 내세우는 것, 즉 스스로 운동하는 것이 (첫째 원리로서) 있다고 말할 수 없는데, 그 까닭은 그의 설명에 따르면 영혼은 뒤에 오는 것이고 천체들과 동시적이기 때문이다.[204]

가능태에 대한 현실태의 우선성

그렇다면 가능태가 현실태에 앞선다고 생각하는 것은 어떤 점에서는 1072a3
옳지만, 어떤 점에서는 그렇지 않다(그 의미에 대해서는 이미 설명한 바 있다[205]). 현실태가 앞선다는 사실을 입증한 사람으로는 아낙사고라스가 있고(왜냐하면 그의 '지성'은 현실적으로 있기 때문이다), 사랑과 싸움을 내세우는 엠페도클레스도 그렇고, 운동이 언제나 있다고 말하는 레우키포스도 그렇다.

따라서 카오스나 밤이 무한한 시간 동안 있었던 것이 아니고, 만일 현 1072a7
실적인 것이 가능적인 것보다 앞선다면, 항상 동일한 것들이 원환운동 속

203) 『천체론』 III 2, 300b8 아래; 『티마이오스』 30A 참조.

204) 『티마이오스』 34BC 참조.

205) 1071b22-6 참조.

에 있거나[206] 아니면 그와 다른 방식으로 있었던 셈이다. 그런데 동일한 것이 항상 원환운동 속에 있다면, 어떤 것[207]이 동일한 방식으로 현실적으로 활동하면서 항상 그대로 머물러 있어야 한다. 한편, 생성과 소멸이 있으려면 항상 다른 방식으로 현실적으로 활동하는 다른 어떤 것[208]이 있어야 한다. 그러면 이것은 불가불 어떤 방식으로는 자기 자신의 힘으로 활동하지만, 또 어떤 방식으로는 다른 어떤 것의 힘으로 활동할 수밖에 없으니, 결국 제3자[209]나 첫째가는 것이 그 다른 어떤 것에 해당할 것이다. 그런데 그것은 불가불 첫째가는 것에 의존할 수밖에 없으니, 왜냐하면 그렇지 않다면 제3자로 설정된 것이 그것의 운동의 원인이 될 뿐만 아니라 그 제3자에 대해서도 운동의 원인이 또 있을 것이기 때문이다. 그러므로 첫째가는 것이 그런 것이 더 나으니, 그 까닭은 그것은 언제나 동일한 방식으로 이루어지는 운동의 원인이었으며, 다른 방식으로 이루어지는 운동의 원인은 다른 어떤 것이었고, 그 둘이 언제나 다른 운동의 원인임이 분명하다. 그러므로 여러 운동들은 이런 방식으로 이루어진다. 그렇다면 왜 다른 원리들을 찾아야 하는가?

영원한 원동자는 운동을 낳는 방식

제7장

1072a19 이것이 (1) 문제에 대해 있을 수 있는 설명이고, (2) 그렇지 않을 경우 세계는 밤이나 모든 것의 혼재상태나 있지 않은 것으로부터 유래할 것이기 때문에, 의문들이 해결된 것으로 볼 수 있을 것이다. 그렇다면 쉼 없는 운동 속에서 항상 운동하는 어떤 것이 있으니, 원환운동이 바로 그런 운

206) 『천체론』 I 9, 279b14; 『자연학』 VIII 1, 250b26 참조.

207) 항성들(붙박이별들)의 하늘을 가리킨다. 이 하늘의 회전에 따라 다른 천체들의 원환운동이 일어난다.

208) 태양을 가리킨다. 태양은 해마다 황도를 따라 운동하고 날마다 적도를 따라 운동한다.

209) 태양도 첫째 하늘도 아닌 제3의 어떤 것을 말한다.

동이다. (이는 논리적으로 보나 실제적으로 보나 분명하다.) 따라서 첫째 하늘은 영원할 것이다.[210)]

그렇다면 그것을 운동하게 하는 어떤 것도 있다. 그리고 운동을 하면서 운동을 낳는 것은 중간자이기 때문에 …… 결국 운동하지 않으면서 운동을 낳는 어떤 것, 영원하고 실체이며 현실적인 것이 있다. 그런데 욕망 대상과 사유 대상은 그런 방식으로 운동을 낳는데, 그것들은 운동하지 않으면서 운동을 낳는다. 욕망의 첫째 대상과 사유의 첫째 대상은 서로 똑같다. 왜냐하면 겉보기에 아름다운 것은 욕구 대상이 되지만, 의지의 첫째 대상은 실제로 아름다운 것이기 때문이다.[211)] 우리가 욕망을 갖기 때문에 좋게 여기는 것이 아니라 좋다고 여기기 때문에 우리가 욕망을 갖게 되는 것이니, 그 까닭은 사유가 시작이기 때문이다. **1072a**23

그러나 지성은 사유 대상에 의해 운동하게 되는데, 대립 쌍의 한 축은 그 자체로서 사유 가능하고,[212)] 실체는 그 가운데 첫째가는 것이며, 실체 가운데는 단순하고 현실적인 것이 첫째간다. (하나와 단순한 것은 똑같지 않은데, 그 까닭은 하나는 척도를 가리키고, 단순하다는 것은 어떤 것의 존재 방식을 가리키기 때문이다.) 그러나 좋은 것과 그 자체 때문에 선택되는 것은 같은 축에 속하며, 어떤 부류에서나 첫째가는 것은 항상 가장 좋은 것이거나 혹은 그것의 유비적 대응자이다. **1072a**30

하지만 지향 대상이 운동하지 않는 것들에 속한다는 사실은 그 의미를 나누어보면 분명하게 드러나는데, 지향 대상에는 (a) 어떤 활동을 통해 **1072b**

---

210) '첫째 하늘'(prōtos ouranos)이란 붙박이별들의 천구를 말한다.

211) 『영혼론』 II 3, 414b2; III 10, 433a23 아래 참조.

212) I 5에 등장하는 피타고라스학파의 대립자 이론에 따르면, 한계-무한자, 홀수-짝수, 하나-여럿, 오른쪽-왼쪽, 수컷-암컷, 정지-운동, 곧음-굽음, 빛-어둠, 좋음-나쁨, 정사각형-직사각형이 두 축(systoichia)의 대립자들이다. 이 대립자들의 한축은 그 자체로서 실질적인 내용을 가진 것이고, 다른 한축은 그 내용의 결여태이다. 그래서 앞의 것은 그 자체로서 사유 가능하다(noētē kath' hautēn). ☞ stoicheia.

실현되는 것과 (b) 어떤 활동의 지향 대상이 있으니, 그 가운데 뒤의 것은 운동하지 않는 것들에 속하지만 앞의 것은 그렇지 않다. 그것은 사랑받음으로써 운동을 낳고 나머지 것들은 운동을 함으로써 운동을 낳는다.

1072b4 그런데 어떤 것이 운동을 한다면, 그것은 달리 있을 수 있다. 그러므로 그것의 현실적인 활동이 첫째 형태의 (공간적) 이동이라면, 그런 상태에서 운동을 하는 한, 그것은 달리 있을 수 있다. 즉 실체에서가 아니라면 장소에서 달리 있을 수 있다. 그러나 운동을 낳지만 그 자신은 운동하지 않고 현실적인 활동 가운데 있는 것이 있다면, 그것은 어떤 방식으로도 달리 있을 수 없다. 왜냐하면 이동은 변화들 가운데 첫째가는 것이요, 이동 가운데는 원환운동이 첫째가는 것이기 때문이다. 이것은 바로 그것[213]에 의해 운동을 부여받는다. 그것은 필연적으로 있는 것이며, 필연적인 한에서 그것은 좋은 상태에 있으며, 그런 뜻에서 원리이다. 왜냐하면 필연적인 것에는 여러 가지 종류가 있으니, 그것은 어떤 때는 내적인 추동력에 반대되는 강제에 의한 것을, 어떤 때는 좋은 것이 있기 위해서 없어서 안 될 것을, 또 어떤 때는 달리 있을 수는 없고 단 한 가지 방식으로만 있는 것을 가리키기도 하기 때문이다.

신적인 실체의 삶

1072b13 그러므로 천계와 자연세계는 그런 원리에 의존한다. 그것은 여유 있는 삶이며, 우리에게는 짧은 시간 동안 허락된 최선의 여유 있는 삶과 같은 것이다. 왜냐하면 (우리는 그럴 수 없지만) 그것은 영원히 그런 상태에 있기 때문인데, 그 까닭은 그것의 현실적인 활동은 즐거움이기도 하기 때문이다. (그리고 이런 이유 때문에 깨어 있음, 감각, 사유는 가장 즐거운 것이요, 희망과 기억은 그것들로 말미암아 즐거움을 준다.) 그리고 사유활동 자체는 그 자체로서 가장 좋은 것과 관계하며, 가장 좋은 것은 가장 좋은

213) 그 자신은 운동하지 않으면서 현실적인 활동 가운데 있는 것(1072b8).

것과 관계한다.

그런데 지성은 사유 대상을 포착함으로써 자기 자신을 사유하는데, 그 1072b19
까닭은 지성은 대상과 접촉하고 사유하는 가운데 사유 대상이 되고, 결
과적으로 지성과 사유 대상은 동일한 것이 되기 때문이다. 왜냐하면 사
유 대상, 즉 실체를 수용하는 능력이 지성이요, 그것은 사유 대상을 소유
함으로써 현실적으로 활동하기 때문이다. 따라서 수용능력보다는 소유가
지성이 가진 것으로 보여지는 신적인 것이며, 이론적 활동은 가장 즐겁고
가장 좋은 것이다.

그런데 만일 우리가 한순간 누리는 좋은 상태를 신이 항상 누리고 있 1072b24
다면, 이는 놀라운 일이요, 그 정도가 더하다면 더욱 놀라운 일이다. 하지
만 실제로 그렇다. 그리고 신에게는 삶이 속하는데, 그 까닭은 지성의 현
실적인 활동이 삶이요, 그 현실적인 활동이 바로 신이기 때문이다. 현실적
인 활동은 그 자체로서 신에게 속한 것으로서 가장 좋고 영원한 삶이다.
우리는 신이 영원하고 가장 좋은 생명체이며, 그래서 끊임없는 영원한 삶
이 신에게 속한다고 말하는데, 신은 바로 그런 것이기 때문이다.

논변의 옹호와 요약

피타고라스학파나 스페우시포스처럼 식물과 동물의 원리들이 원인들 1072b30
이며 아름다움과 완전함은 그 원인들로부터 생겨난 것들 안에 있다는 이
유를 들어 가장 아름다운 것과 가장 좋은 것이 시초에 놓여 있지 않다고
믿는 사람들은 잘못 생각하는 것이다. 왜냐하면 씨는 그에 앞선 다른 완
전한 개별자들로부터 오며, 첫째가는 것은 씨가 아니라 완전한 것이기 때 1073a
문인데, 예를 들어 씨에 앞서 사람이 있다고 말할 수 있으니, 이때 말하는
사람은 씨에서 나온 사람이 아니라 씨의 출처가 되는 다른 사람을 가리
킨다.

그러면 영원하고 부동적이며 감각물들과 분리된 어떤 실체가 있다는 1073a3
것은 이제까지의 논의를 놓고 볼 때 분명하다. 동시에 이 실체는 어떠한
크기도 가질 수 없으며 부분이 없고 분할 불가능한 것이라는 점도 이미

밝혀졌다. (왜냐하면 그것은 무한한 시간에 걸쳐 운동을 낳는데, 어떤 유한자도 무한한 능력을 갖지 못하기 때문이다. 따라서 만일 모든 크기가 무한하거나 유한하다면, 그 실체는 위에서 말한 이유로 말미암아 유한한 크기를 가질 수 없을 것이며, 그렇다고 무한할 수도 없으니, 그 까닭은 무한한 크기란 결코 있을 수 없기 때문이다.[214]) 한편, 그것이 수동적인 변화를 겪지 않고 변이를 겪지 않는 것이라는 사실도 이미 분명해졌으니, 그 까닭은 다른 모든 운동은 장소운동 뒤에 오기 때문이다. 어째서 그런지 그 이유는 분명하다.

다수의 부동의 원동자가 있어야 한다

제 8 장

1073a14 하지만 그런 실체로 내세워야 할 것이 하나인지 아니면 하나 이상인지, 그리고 (뒤의 경우라면) 그 수가 몇 개인지를 간과해서는 안 된다. 다른 사람들의 발언들을 놓고 볼 때, 그들이 그런 실체의 수에 대해 분명히 말할 수 있는 것을 전혀 말하지 않았다는 것을 우리는 기억해야 한다. 왜냐하면 이데아 이론에는 그에 대한 고유한 고찰이 없기 때문이다(왜냐하면 이데아들을 주장하는 사람들은 이데아들이 수라고 말하지만, 그들은 수들에 대해 어떤 때는 그것들이 무한하다고 말하고, 어떤 때는 10으로 제한되어 있다고 말하며, 뒤의 경우 어떤 이유에서 수들의 수가 그만큼인지에 대해 엄격한 논증을 통해 제시되는 설명이 전혀 없기 때문이다). 반면에 우리는 우리가 앞서 내세운 전제들과 구별들을 바탕으로 이야기해야 한다.

1073a23 원리이면서 있는 것들 가운데 첫째가는 것은 한편으로는 그 자체의 본성에 의해서도 부수적인 방식으로도 운동하지 않지만, 다른 한편으로는 영원하고 단일한 첫째 운동[215]으로 하여금 운동하게 한다. 한편, 운동하

214) 『자연학』 III 5; 『천체론』 I 5 참조.

215) 1073a25의 'prōtē aidion kai mia kinēsis'는 양파처럼 여러 겹의 천구들로 둘

는 것은 반드시 다른 어떤 것의 작용에 의해 운동해야 하고, 첫째 원동자는 그 자체의 본성상 운동하지 않아야 하며, 영원한 운동은 영원한 것의 작용에 의해, 하나의 운동은 하나의 원동자의 작용에 의해 운동해야 하는데, 우리의 관찰에 따르면 이른바 부동적인 첫째 실체가 운동하게 해서 움직이는 온 세계의 단순한 이동과 별도로 행성들의 영원한 이동들이 있기 때문에 (왜냐하면 원환운동을 하는 물체는 영원하고 정지하지 않는데, 이에 대해서는 자연학 저술에서 이미 밝힌 바 있다[216)]) 그 이동 하나하나는 그 자체의 본성상 부동적이고 영원한 실체의 작용에 의해 운동할 수밖에 없다. 왜냐하면 별들은 본성상 일종의 영원한 실체이고 영원한 원동자는 운동하는 것에 앞서기 때문에, 실체에 앞서는 것은 실체일 수밖에 없기 때문이다.[217)] 그렇다면 분명히 별들의 운동의 수와 같은 수의 실체들이 있어야 하고 그것들은 그 자체의 본성상 영원하고 부동적이어야 하며, 앞서 말한 이유로 말미암아 크기를 갖지 않아야 한다.[218)]

천체운동들의 수에 대한 이론들

그렇다면 분명 원동자들은 실체들이고, 별들의 이동들이 따르는 것과 **1073b**
동일한 질서에 따라 그 가운데 어떤 것은 첫째가고 어떤 것은 둘째간다.

러싸인 하늘의 가장 바깥에 있는 붙박이별들의 하늘(=항성천구)의 운동을 가리킨다.

216) 원환운동을 하는 물체는 영원하며 정지하지 않는다. 행성들(planētai)은 원환운동을 한다. 따라서 행성들은 정지함이 없이 영원히 운동한다. 그렇다면 이런 행성들을 운동하게 하는 '그 자체의 본성상 부동적이고 영원한 실체'(akinētos kath' hautēn kai aidios ousia, 1073a33-4)는 어떤 것들인가?

217) 별들, 즉 행성들이 영원한 실체(aidios ousia)로서 운동한다면, 그 운동을 있게 하는 부동의 원동자, 즉 '영원한 원동자'(to kinoun aidion)가 있어야 하고, 운동하는 실체들뿐만 아니라 부동의 원동자도 실체여야 한다. 왜냐하면 실체에 앞서는 것은 실체여야 하기 때문이다.

218) 운동하지 않는 것은 질료가 없고, 질료가 없는 것은 공간적 크기를 갖지 않는다(aneu megethous).

하지만 이동들의 수를 우리는 수학적인 학문들 가운데 철학과 가장 밀접한 학문, 즉 천문학의 관점에서 살펴보아야 한다. 왜냐하면 천문학은 감각적이지만 영원한 실체에 대해 이론적으로 연구하는 반면에, 다른 수학적인 학문들은 어떤 실체도 대상으로 삼지 않는데, 예컨대 수들에 대한 학문과 기하학이 그렇다.

이동들이 움직이는 것들보다 수가 더 많다는 것은 제한된 범위 안에서 그 문제를 다룬 사람들에게도 분명하다(왜냐하면 행성들 각각의 이동은 하나 이상이기 때문이다).[219] 그 수가 얼마인지에 대한 이해를 얻기 위해 우리는 몇몇 수학자들이 하는 말을 인용하는데, 그 목적은 (추론적) 사고를 통해 그 정확한 수를 파악하기 위해서이다. 하지만 나머지 문제에 관한 한, 우리 스스로 탐구해서 파악할 것들이 있는가 하면, 다른 탐구자들에게 들어서 파악해야 할 것들이 있으며, 만일 그 문제를 연구한 사람들이 우리가 방금 말한 것들과 어긋나는 생각을 가지고 있다면, 우리는 양쪽을 모두 존중하되 더 엄밀한 입장들을 따라야 한다.

1073b17 에우독소스[220]의 의견에 따르면 태양과 달의 이동은 각각 3개의 천구에서 이루어지는데, 그 가운데 첫째 것은 항성들의 천구이고,[221] 둘째 것은 황도대의 중심을 가로지르는 원[222]을 그리며 움직이는 천구이고, 셋째 것은 황도대의 폭을 가로지르는 경사로를 따라 원을 그리며 움직이는 천

219) '행성들'(planōmena astra), 예컨대 태양과 달에는 일주운동(日週運動)뿐만 아니라 연주운동(年週運動)이 있다.

220) 아래에서 아리스토텔레스는 당대 최고의 천문학자로 알려져 있던 크니도스(Knidos)의 에우독소스(Eudoxos)와 그의 제자인 퀴지코스(Kysikos)의 칼리포스(Kallipos)의 천문학 이론을 소개한다.

221) 태양의 운동을 낳는 첫째 천구(prōtē sphaira)가 항성들의 천구와 같은 방식으로 운동한다는 말이다. 에우독소스는 동쪽에서 서쪽으로 진행되는 태양의 일주운동을 이 천구의 운동 탓으로 여겼다.

222) 이 원은 1071a16의 '기울어진 원'(ho loxos kyklos)과 똑같이 황도대의 중심을 가로지르는 태양의 궤도(황도)를 일컫는다. 태양의 연주운동을 설명하기 위해 도입된 것이다.

구[223]이다(하지만 달이 움직이는 원의 기울기는 태양이 움직이는 원의 기울기보다 더 크다[224]). 반면에 행성들 각각의 이동은 네 개의 천구에서 이루어지며, 그 가운데 첫째 천구와 둘째 천구는 앞서 언급한 것들에 속하는 천구들과 동일하다(왜냐하면 항성들의 천구는 다른 모든 천구들을 움직이게 하며, 그것 아래 놓여 있으면서 황도대의 중심을 가로지르는 원을 그리며 운동하는 천구는 그것들 모두에 공통되기 때문이다). 각 행성의 셋째 천구의 운동축은 황도대의 중심을 가로지르는 원 위에 놓여 있으며, 넷째 천구의 이동은 셋째 천구의 적도와 각을 이루면서 기울어진 원을 따라 진행된다. 셋째 천구의 운동축은 각 항성마다 서로 다르지만 금성과 수성의 운동축은 동일하다.

---

223) 황도와 경사각을 이루면서 원환운동을 하는 천구.

224) 이런 천문학적 체계에 대해서는 로스의 다음과 같은 요약 참조. "태양과 달을 비롯한 행성들의 운동들은 한 벌의 동심천구 가설에 의해 설명된다. 이 설명에 따르면 각 천구의 축들은 그 천구 밖에 있는 인접 천구의 표면에 고정되어 있다. 따라서 각 천구는 자기 자신의 운동을 그것 안에 있는 다음 천구에 전달하고, 첫째 원동자(prime mover)는 가장 바깥에 있는 천구를 움직임으로써 다른 모든 천구들을 움직인다. 첫째 원동자는 태양이 24시간에 한 번씩 지구 둘레를 돌면서 움직이게 만들고, 그렇게 함으로써 낮과 밤의 리듬을 산출하며, 그런 뜻에서 지상에 있는 모든 생명체의 원인이 된다. 하지만 파종과 추수, 동물들의 짝짓기에 영향을 미치는 계절의 리듬은 지상세계의 운영에서 더욱 중요한데, 그 리듬은 황도를 따라 이루어지는 태양의 연주운동(yearly movement) 탓이다. 생성이 어떤 곳에서 일어나건 그 일은 태양이 지상의 그 장소에 접근할 때 이루어지고, 태양이 멀어지면 소멸이 일어난다(『생성소멸론』 336a32, b6). 그리고 이런 운동은 태양이나 달이나 행성들이 갖는 각자의 천구들의 다른 운동들이 그렇듯이 '지성체들'(intelligences) 탓이다. 이것들 역시 '목적'으로서 운동을 낳는다(XII 1074a23). 다시 말해 지성체들은 욕망과 사랑의 대상으로서 운동을 낳는다. 그것들이 첫째 원동자에 대해 갖는 관계는 분명치 않지만, 첫째 원동자는 우주의 단일한 지배자이고(1076a4) '하늘과 자연 전체가 의존하는'(1072b13) 것이기 때문에, 첫째 원동자는 욕망과 사랑의 대상으로서 지성체들을 움직인다고 가정할 수밖에 없다. 이 체계의 세세한 측면은 모호하게 남아 있지만, 천구(heavenly sphere) 하나하나는 각자에게 해당하는 '지성체'가 영혼과 육체의 통일체로서 각자에게 해당하는 '지성체'를 욕망하고 사랑한다고 생각해야 할 것이다."

1073b32 칼리포스는 천구들의 위치를 〔즉 그것들의 거리의 질서를〕 에우독소스와 똑같이 정해 놓았지만, 그는 한편으로는 목성과 토성의 운동에 대해 에우독소스가 배당했던 것과 똑같은 수의 천구들을 제시하면서도, 다른 한편으로는 현상들을 해명하려고 한다면 태양과 달에 두 개의 천구를 추가해야 하고 나머지 행성들에 대해서는 각각 하나의 천구를 추가해야 한다고 생각했다.

1073b38-1074a 하지만 모든 천구가 합성되어 천체 현상들을 해명하려면 행성들 각각에 대해 (칼리포스가 가정한 천구들보다) 하나 적은 수의 다른 천구들이 있어, 이것들은 (다른 천구들에) 역행하면서 각각 바로 아래에 놓인 행성의 첫째 천구[225]를 똑같은 위치로 되돌려 놓아야 한다. 왜냐하면 그런 방식을 통해서만 그 전체가 행성들의 이동을 낳을 수 있기 때문이다.

1074a6 그런데 행성들 자체의 이동이 이루어지는 천구들은 8개와 25개이며,[226] 이들 가운데 가장 아래 위치한 행성을 움직이는 천구들만이 역행의 작용을 받지 않기 때문에 처음 두 행성의 천구들에 역행하는 천구들은 6개일 것이고,[227] 그다음에 있는 4개의 행성의 천구들에 역행하는 천구들은 16개일 것이다.[228] 그러므로 운반하는 천구들과 그것들에 역행하는 천구들 전체의 수는 55개일 것이다.[229] 그리고 달과 태양에 우리가 언급한 운

225) 바깥의 다른 행성을 기준으로 볼 때 더 안쪽에 위치한 행성. 예컨대 금성은 수성 바깥의 궤도를 따라 움직이는데, 금성에는 그에 속하는 순행(巡行) 천구들과 더불어 그것들에 역행(逆行)하는 천구들이 있고, 이때 금성에 속하는 역행 천구들의 운동은 그 아래 있는 수성의 첫째 천구 — 즉 수성에 속하는 천구들 중 가장 바깥에 있는 천구 — 를 제자리로 돌려놓는다고 생각해 볼 수 있다.

226) 칼리포스에 따르면, 목성과 토성의 경우에는 각각 4개의 천구가 있고, 나머지 다섯 행성(달, 태양, 수성, 금성, 화성)의 경우에는 각각 5개씩 모두 25개의 천구가 있다.

227) '처음 두 행성'은 가장 바깥에 있는 두 행성, 즉 목성과 토성을 가리킨다. 이 두 행성에는 각각 3개의 역행 천구들이 있다.

228) 태양, 수성, 금성, 화성에는 각각 5개의 순행 천구들과 그보다 하나 적은 4개의 역행 천구가 있다.

229) 이 추정치를 도표로 표시하면 다음과 같다.

동들[230)]을 덧붙이지 않는다면, 전체 천구는 47개가 될 것이다.

부동의 원동자들의 수

이제 천구들의 수가 이 정도라고 해보자. 그렇다면 부동적인 실체들과 원리들도 그만큼 수가 많다고 가정해야 이치에 맞다(필연성 있는 설명은 더 능력 있는 사람들에게 맡겨 두기로 하자). **1074a**14

하지만 별의 이동에까지 미치지 않는 이동은 존재하지 않으며, 다른 것의 작용을 받지 않고 그 자체로서 가장 좋은 상태에 있는 자연적인 것과 실체는 모두 목적이라고 생각해야 한다면, 그런 실체들과 별도로 다른 어떤 자연적인 것이 있을 수는 없는 일이고 실체들의 수는 지금까지 말한 만큼 있어야 한다. 왜냐하면 만일 다른 실체들이 있다면, 그것들은 이동의 목적으로서 운동을 낳겠지만, 앞에서 말한 것들 이외에 다른 이동은 있을 수 없기 때문이다. 그리고 이동하는 것들[231)]을 놓고 볼 때 그렇게 가정하는 것이 이치에 맞다.[232)] 그 이유는 이렇다. 만일 다른 것을 운반하는 것이 모두 본성상 이동하는 것을 위해 있고 모든 이동이 이동하는 어떤 것을 위해서 있다면, 어떤 이동도 자기 자신을 위해서나 다른 어떤 이 **1074a**17

	토성	목성	화성	금성	수성	태양	달	
에우독소스	4	4	4	4	4	3	3	26
칼리포스	4	4	5	5	5	5	5	33
아리스토텔레스	7	7	9	9	9	9	5	55

230) 1073b35, 38-1074a4 참조.

231) 1074a25에는 'ta kinoumena'가 아니라 'ta pheromena'가 쓰였다. 지금 논의되는 것이 장소운동 혹은 이동(phora)을 하는 것이기 때문에 이 표현을 쓴 것 같다. 어쨌든 이 표현은 행성들을 가리킨다.

232) 앞에서 아리스토텔레스는 행성들의 운동을 설명하기 위해 55개 또는 47개의 천구의 운동을 가정했다. 그리고 목적인으로서 각 천구의 운동을 낳는 부동의 원동자를 가정했다. 아리스토텔레스는 이것들 이외에 다른 실체를 추가 가정할 필요를 인정하지 않는다.

동을 위해서가 아니라 별들을 위해 있기 때문이다. 왜냐하면 어떤 이동이 다른 이동을 위해 있다면, 이 뒤의 이동 역시 다른 어떤 것을 위해 있어야 할 것이기 때문이다. 따라서 이런 과정이 무한히 진행될 수는 없기 때문에, 모든 이동의 목적은 하늘에서 이동하는 신적인 물체들[233] 가운데 하나일 것이다.

하늘은 하나밖에 없다

1074a31 하지만 하늘은 분명히 하나이다. 왜냐하면 사람들이 여럿인 것처럼 하늘도 여럿이라면, 각각의 하늘과 관계하는 (운동의) 원리는 종은 하나지만 수가 여럿일 것이기 때문이다. 하지만 수가 여럿인 것은 질료를 갖는다(왜냐하면 하나의 동일한 정식, 즉 사람에 대한 정식은 여러 대상에 적용되지만 소크라테스는 하나이기 때문이다). 하지만 첫째 본질은 질료를 갖지 않는데, 그것은 완전한 상태이기 때문이다.[234] 그러므로 첫째 부동의 원동자는 정식에서뿐만 아니라 수에서도 하나이다. 그 결과 움직여지는 것 역시 영원하고 연속적으로 움직인다. 그러므로 하나의 하늘이 있을 뿐이다.

신들에 관한 전승들에 담긴 진리

1074a38-**1074b** 먼 옛날의 선인들은 신화의 형태를 빌려 이들이 신들이고 신적인 것이 전체 자연세계를 에워싸고 있다는 전승을 후대에 남겼다. 하지만 그런 전승의 나머지 부분은 대중에 대한 설득을 고려하거나 관습법과 이익에 부합하는 활용 가능성을 고려해 나중에 신화적으로 덧붙여졌는데, 왜냐하면 그들은 이 신들이 사람의 모습을 가지고 있고 다른 동물 중 몇몇과 유사하다고 말하기 때문이다. 그들은 또한 이것들에 부합하는 다른 것들과 앞서 말한 것들과 비슷한 것들에 대해 말한다. 우리가 이런 것들을 떼어

233) 바로 앞에서 말한 '별들'(astra)을 가리킨다.

234) '첫째 본질'은 첫째 부동의 원동자(to prōton kinoun akinēton)를 가리킨다. XII 7, 1072a25 참조.

놓고 그 첫 번째 점, 즉 사람들은 첫째 실체들을 신들이라고 생각했다는 것만을 취한다면, 이런 말을 신적 영감에서 유래한 것이라고 여겨야 할 것이다. 또한 각각의 기술과 철학이—능력이 미치는 만큼—수시로 발명되었다가 다시 사라졌지만, 앞에서 우리가 소개한 의견들은 말하자면 그런 기술과 철학이 남긴 유물처럼 오늘날까지 보존되어왔다. 그렇다면 선조들의 의견과 선대인들이 남긴 의견 가운데 우리에게 분명한 것은 이 정도뿐이다.

신적인 지성에 대한 의문들

제 9 장

지성에 대한 논의는 몇 가지 의문을 낳는다. 일반적인 의견에 따르면 그 **1074b**15
것은 현상적인 것들 가운데 가장 신적인 것이지만, 그것이 어떻게 그런 성질을 가질 수 있는지는 몇 가지 어려움을 낳기 때문이다. 만일 지성이 아무것도 사유하지 않는다면, 거기에 무슨 위엄이 있겠는가? 그것은 마치 잠자는 자와 같은 상태에 있을 것이다. 한편, 만일 그것이 사유하지만 다른 어떤 것이 그 사유를 주도한다면, 그것의 실체는 사유가 아니라 능력일 것이기 때문에, 그것은 가장 좋은 실체일 수 없을 터인데, 그 이유는 그것에 고귀함이 속하는 것은 사유함을 통해서이기 때문이다.

더욱이 그것의 실체가 지성이건 사유이건 간에 도대체 그것은 무엇을 **1074b**21
사유하는가? 그것은 자기 자신을 사유하거나 다른 어떤 것을 사유할 것이다. 그리고 다른 어떤 것을 사유한다면, 그것은 항상 동일한 것이거나 항상 다른 것일 것이다. 그렇다면 (신적인 지성이) 훌륭한 것을 사유하는가 아무것이나 사유하는가에 따라 어떤 차이가 있는가 그렇지 않은가? 그것이 (추론을 통해) 사고하기에 불합리한 것들이 있지 않을까? 그것은 분명 가장 신적이고 고귀한 것을 사유하며 변화하지도 않는다. 왜냐하면 (이러한 경우의) 변화란 더 나쁜 것으로의 이행일 것이며, 그런 것은 이미 일종의 운동일 것이기 때문이다.

의문들에 대한 대답들

1074b28 그렇다면 첫째로, 만일 (신적인 지성이) 사유가 아니라 능력이라면, 연속적인 사유는 당연히 그에게 피곤한 일이 될 것이다. 둘째로, 그럴 경우 지성보다 더 고귀한 어떤 것, 즉 사유되는 것이 있을 것이다. 왜냐하면 사유함과 사유는 가장 나쁜 것을 사유하는 자에게도 속할 것이므로 그런 일을 삼가는 것이 마땅하다면(왜냐하면 어떤 경우에는 보지 않는 것이 보는 것보다 더 낫기 때문이다) 사유는 가장 좋은 것일 수 없기 때문이다. 그러므로 사유는 만일 그것이 가장 좋은 것이라면 자기 자신을 사유하고, 그 사유는 사유에 대한 사유이다.

1074b35 하지만 분명 학문적 인식, 감각, 의견, (추론적인) 사고는 언제나 다른 어떤 것을 그 대상으로 삼으며, 부수적으로 자기 자신을 대상으로 삼는다. 더욱이 만일 사유와 사유됨이 서로 다르다면, 둘 중 어떤 방식으로 좋은 상태가 그것에 속하는 것일까? 왜냐하면 사유활동임과 사유 대상임은 동일한 것이 아니기 때문이다.

1074b38-1075a 하지만 우리는 어떤 경우 학문적 인식이 곧 대상 자체라고 말할 수 있을 것인데, 제작적인 학문들의 경우에는 질료가 없는 실체와 본질이 대상이요, 이론적인 학문들의 경우에는 정식과 사유활동이 대상이다. 그렇다면 질료를 갖지 않는 것들의 경우에, 사유되는 것과 지성은 서로 다르지 않기 때문에 동일할 것이며, 사유활동은 사유되는 것과 하나일 것이다.

1075a5 또한 사유되는 것이 합성체인가라는 문제가 남아 있으니, 그 까닭은 그럴 경우에 (신적인 지성은) 전체의 부분들 사이를 오가며 변화할 것이기 때문이다. 아마도 질료를 갖지 않는 것은 모두 분할 불가능할 것이다. 그래서 마치 합성체들에 대한 인간의 지성이 시간 속에 놓여 있듯이(왜냐하면 그것은 이런 순간 저런 순간에 좋은 상태에 놓여 있는 것이 아니고, 그것의 가장 좋은 상태는 — 이것은 다른 어떤 것이기 때문에 — 어떤 전체 시간 안에 놓여 있기 때문이다) 자기 자신에 대한 사유활동 자체는 영원한 시간에 걸쳐 있을 것이다.

세계 안에 있는 신적인 지성

제10장

우리는 또한 세계 전체의 본성이 둘 가운데 어떤 방식으로 좋음과 최고선을 갖는지, 즉 그것이 분리된 상태로 그 자체로서 있는지 아니면 질서 가운데 있는지 살펴보아야 한다. 아마도 군대가 그렇듯이 그 두 방식 모두에 따라 그럴 것이다. 그 경우 좋음은 질서 안에도 있지만 사령관도 좋은 것이며, 뒤의 것이 더욱 그렇다. 왜냐하면 그가 그 질서에 의존하는 것이 아니라 그 질서가 그에게 의존하기 때문이다. 그런데 모든 것은 어떤 방식으로든 함께 질서를 이루고 있지만 그 방식은 똑같지 않다. 물고기들과 새들과 식물들이 그런데, 이것들은 서로 아무 관계없이 있는 것이 아니라 어떤 관계 속에 놓여 있다. 왜냐하면 그 모든 것은 하나와의 관계 속에서 함께 질서를 이루고 있지만, 그 방식은 마치 집 안의 사정과 똑같아서 자유민들은 집 안에서 우연히 닥치는 것을 아무것이나 할 수 있는 여지가 거의 없이 모든 일 또는 거의 모든 일이 질서에 따라 정해져 있지만, 노예들과 짐승들은 공통적인 것을 위해 하는 일이 적고 대다수의 경우 우연히 닥치는 것을 아무것이나 하는 것과 똑같으니, 그 까닭은 그것들[235] 각각의 본성은 바로 그런 종류의 원리이기 때문이다. 모든 것은 필연적으로 서로 분리된 상태로 돌아갈 수밖에 없고, 이런 방식으로 모든 것들이 전체를 위해 공유하는 다른 점들이 있다. **1075a**11

[……]

235) 세계를 구성하는 모든 것을 말한다.

제13권

학문적인 앎, 보편자, 실체

사물들의 원리들은 보편자인가 개별자인가? 두 견해 모두 의문을 낳는다

제10장

1086b14 이데아를 주장하는 사람들과 그렇지 않은 사람들에게 일정한 어려움을 제공하는 점에 대해서는 처음에 의문들에 대한 논의에서 먼저 거론되었지만[236] 이제 그 점에 대해 이야기해보자.

1086b16 그 내용은 이렇다. 만일 어떤 사람이 실체들이 분리되어 있다고 말할 때, 개별자들이 그렇다고 말할 때와 그 뜻이 똑같지 않다면, 그는 우리가 주장하려고 하는 실체를 부정하는 셈이 될 것이다. 하지만 만일 누군가 분리 가능한 실체들을 내세운다면, 어떻게 그것들의 요소들과 원리들을 내세울 것인가? (1) 만일 그것들이 보편자가 아니라 개별자라면, (a) 있는 것들은 그 요소들이 있는 만큼 많이 있을 것이고, (b) 그 요소들은 학문적 인식의 대상이 될 수 없을 것이다.

1086b22 (a) 말소리를 이루는 음절들이 실체들이고 음절의 철자들이 실체들의 요소들이라고 해보자. 그 음절들이 보편자이면서 종이 하나가 아니라 각각 수가 하나이고 '이것'이어서 이름만 같은 것이 아니라면, 필연적으로 BA는 하나밖에 없고 각 음절은 단 하나일 수밖에 없다. 〔(또한 그들은 각 대상의 무엇을 이루는 것 자체[237]를 하나로 내세운다.)〕 그러나 만일 음

236) III 4, 999b24-1000a4; III 6, 1003a5-17 참조.

237) 이데아.

절들이 유일하다면, 그것들로 이루어진 것들 역시 마찬가지일 것이고, 그렇다면 하나 이상의 A는 있을 수 없을 것이며, 다른 철자들의 경우도 그럴 텐데, 이는 똑같은 음절이 여기저기 여럿 있지 않은 경우와 사정이 같을 것이다. 하지만 만일 이것이 사실이라면, 요소들과 떨어져 있는 다른 것들은 없을 것이고 오로지 요소들만 있을 것이다. (b) 또한 요소들은 학문적 인식의 대상이 되지 못한다. 왜냐하면 그것들은 보편자가 아닌데, 학문은 보편자들을 대상으로 삼기 때문이다. 이는 논증들과 정의들을 놓고 볼 때 분명하다. 만일 모든 삼각형이 내각의 합이 두 직각과 같지 않다면, 이 삼각형은 내각의 합이 두 직각과 같다는 추론은 성립하지 않으며, 만일 모든 사람이 동물이 아니라면, 이 사람은 동물이라는 추론도 성립하지 않는다.

(2) 그러나 만일 원리들이 보편자라면, 그것들로 이루어진 실체들도 보 1086b36-
편자이거나 아니면 실체가 아닌 것이 실체보다 앞설 것이다. 왜냐하면 보 1087a
편자가 실체가 아니고 요소와 원리가 보편자라면, 요소와 원리는 그것들을 원리와 요소로 삼아서 있는 것들보다 앞설 것이기 때문이다.

이데아들이 요소들로 이루어진 것이라고 주장하면서 동일한 형상을 가 1087a4
진 실체들과 떨어져 단일한 어떤 것이 분리된 상태에 있다는 생각을 고수하는 한, 이 모든 결과가 언제나 따라 나오게 마련이다.

의문들의 해결

(a) 하지만 예컨대, 말소리의 음절들을 놓고 볼 때, a와 b가 여럿이고 이 1087a7
런 다수의 철자들과 따로 떨어져 a 자체와 b 자체가 존재하지 않는다고 해도 아무 문제가 없다면, 이로 말미암아 동질적인 음절들이 무수히 많게 될 것이다. (b) 그에 반해 모든 학문적 인식이 보편적이며, 따라서 있는 것들의 원리들도 보편적이고 결코 분리상태의 실체들이 아니라는 주장은 지금까지 이야기했던 것들 가운데 가장 큰 의문을 제공하지만, 그럼에도 불구하고 그런 주장은 어떤 뜻에서는 참이고 어떤 뜻에서는 참이 아니다. 그 이유는 이렇다.

1087a15 학문적 인식은 — 학문적 인식활동[238]이 그렇듯이 — 두 가지 뜻을 갖고, 그 가운데 하나는 가능적 인식이고 다른 하나는 현실적 인식이다. 그래서 가능적인 것은 질료가 그렇듯이 보편적이고 불확정적이어서 보편자와 불확정적인 것을 대상으로 삼는 데 반해, 현실적인 것은 확정된 것이기에 확정된 것을 대상으로 삼는다. 즉 그것은 '이것'으로서 '이것'을 대상으로 삼는다. 하지만 부수적인 뜻에서 보면 시각은 보편적인 색깔을 보는데, 그것이 보는 이 색깔은 색깔이고 문법학자가 이론적으로 고찰하는 이 a는 a이기 때문이다.[239]

1087a21 왜냐하면 원리들이 필연적으로 보편자일 수밖에 없기 때문에 그것들로 이루어진 것들도 필연적으로 보편자일 수밖에 없는데, 예컨대 논증들이 그렇다.[240] 그리고 이것이 사실이라면 어떤 것도 분리 가능하지 않을 것이고 실체도 없을 것이다. 하지만 학문적 인식이 어떤 뜻에서는 보편적이지만 어떤 뜻에서는 그렇지 않다는 것은 분명한 사실이다.

---

238) '학문적 인식활동'(epistasthai)은 '학문적 인식'(epistēmē)과 달리 이 인식을 실제로 활용하는 상태를 가리킨다. ☞ energeia #2.

239) '이 색깔'이나 '이 a'는 '보편적인 색깔'이나 '보편적인 2' 등과 대비된다.

240) 학문적인 논증의 대전제와 소전제, 결론은 모두 보편적인 명제들이기 때문이다.

니코마코스 윤리학

김재홍·강상진·이창우 옮김

제1권

행복

최고선

제1장

§1 모든 기예와 탐구,[1] 또 마찬가지로 모든 행위와 선택은 어떤 좋음을 1094a
목표로 하는 것 같다. 그렇기 때문에 사람들은 좋음을 모든 것이 추구하는 것이라고 옳게 규정해 왔다. §2 그러나 추구되는 여러 목적들에는 어떤 차이가 있는 것처럼 보인다. 왜냐하면 어떤 것들의 경우 그 목적은 활동[2]이며, 다른 것들의 경우에 있어서는 활동과 구별되는 어떤 성과물[3]이기 때문이다. 행위와 구별되는 목적이 있는 경우에 있어서는 그 성과물이 본성적으로 활동보다 더 낫다.

§3 그런데 행위, 기예, 학문들에는 여러 종류가 있기에 그 목적들 또한 많게 되는 것이다. 의술의 목적은 건강이며, 배를 만드는 기술의 목적은 배, 병법(兵法)의 목적은 승리, 가정관리술[4]의 목적은 부(富)이니까. §4 그런데 이러한 것들 중에서 모두 하나의 능력[5] 아래에 있는 것들은, 가령 말굴레 제작술과 마구(馬具)의 제작에 관계되는 다른 모든 기술들은 마술(馬術) 아래에 놓이며, 마술 자체와 전쟁에서의 모든 행위는 병법 아래

1) '기예와 탐구' ☞ technē, methodos.

2) '활동' ☞ energeia.

3) '성과물' ☞ ergon.

4) '가정관리술' ☞ oikonomikē.

5) '능력' ☞ dynamis.

에 놓이게 되고, 같은 방식으로 다른 기예들도 또 다른 것들 아래 놓이게 된다. 그래서 이 모든 경우에 있어 총기획적인 것의 목적이 그것 아래에 놓이는 다른 모든 목적보다 더 선택할 만한 것이다. 전자를 위해 후자가 추구되는 것이니까. §5 여기서 활동 자체가 행위의 목적인가 아니면 활동과는 구별되는 다른 무엇이 목적인가는 앞에서 언급했던 학문들의 경우에서와 같이 아무런 차이가 없다.

실천적 학문

제2장

§1 그래서 만약 '행위될 수 있는 것들'[6]의 목적이 있어 이것을 우리가 그 자체 때문에 바라고 다른 것들은 이것 때문에 바라는 것이라면, 또 우리가 모든 것을 다른 것 때문에 선택하는 것은 아니라고 한다면(만약 그렇다고 한다면 이렇게 무한히 나아갈 것이며, 그 결과 우리의 욕구는 공허하고 헛된 것이 되겠기 때문이다), 이것이 좋음이며 최상의 좋음[7]일 것이라는 사실은 명백하다. §2 그러니 이것에 대한 앎이 우리의 삶을 위해서도 큰 무게를 가지지 않겠는가? 또한 마치 과녁을 가지고 있는 궁수처럼 마땅히 그래야 할 바에 더 잘 적중할 수 있지 않겠는가? §3 만일 그렇다고 한다면 우리는 적어도 개략적으로나마 이것이 과연 무엇인지, 또 어떤 학문에 혹은 어떤 능력에 속하는 것인지 파악하도록 노력해야 할 것이다.

§4 그것은 으뜸가는 학문, 가장 총기획적인 학문에 속하는 것 같아 보인다. §5 그런데 정치학이 바로 그러한 학문인 것 같다. §6 왜냐하면 국
1094b 가[8] 안에 어떤 학문들이 있어야만 하는지, 또 각각의 시민들이 어떤 종

6) '행위에 의해 성취될 수 있는 것들'로 번역할 수도 있다. 원어 'prakton'은 행위의 대상이나 결과를 가리킨다.

7) 혹은 '최고선'(ariston) ☞ agathos.

8) '국가' ☞ polis.

류의 학문을 얼마만큼 배워야 하는지를 정치학이 규정하기 때문이다. 또한 우리는 가령 병법이나 가정관리술, 수사학처럼 가장 높이 평가받는 능력들까지도 정치학 밑에 놓여 있음을 보기 때문이다. §7 또 정치학은 나머지 실천적인 학문들을 이용하면서 더 나아가 무엇을 행해야만 하고 무엇을 삼가야만 하는지를 입법하기에 그것의 목적은 다른 학문들의 목적을 포함할 것이며, 따라서 정치학의 목적은 '인간적인 좋음'일 것이다. §8 왜냐하면 설령 그 좋음이 한 개인과 한 국가에 대해 동일한 것이라 할지라도 국가의 좋음이 취하고 보존하는 데 있어 보다 크고 더 완전한 것으로 보이기 때문이다. 그 좋음을 취하고 보존하는 일이 단 한 사람의 개인에게 있어서도 만족스러운 일이라면, 한 종족과 국가들에 있어서는 더 고귀하고 한층 더 신적인 일이니까. 따라서 우리의 탐구[9]는 일종의 정치학적인 것으로서 이런 것들을 추구하는 것이다.

논의 방법

제3장

§1 우리의 주제가 허용하는 만큼의 정확성에 도달한다면 충분히 논의된 셈일 것이다. 기술에 의해 만들어지는 것들의 경우에도 똑같은 정확성[10]이 추구되지는 않는 것처럼 정확성은 모든 논의에서 똑같이 추구되어야 하는 것은 아니기 때문이다. §2 그런데 정치학이 고찰하는 고귀한 것들과 정의로운 것들은 많은 차이와 가변성을 가지고 있어 오직 관습[11]적으로만 그러할 뿐, 본성적으로 그런 것은 아닌 것으로 보일 정도이다.[12]

---

9) '우리의 탐구'는 다른 책에서 가끔 'ēthika'(윤리학, 직역하면 '품성, 성격에 관한 논의들')라고도 언급되는데(『정치학』 II 2, 1261a31), 이것을 '정치학'이라고 부르는 것은 그것이 정치학의 기본적 원리들과 관련되어 있고, 개인과 공동체를 위한 최상의 좋음에 대해 설명하기 때문이다(『정치학』 VII 1-2). 윤리학과 정치학의 연결에 대해서는 X 9에서 다시 논의된다.

10) '정확성' ☞ akribēs.

11) '관습' ☞ nomos.

§3 좋음들 역시 그러한 어떤 가변성을 갖는데 그것들이 많은 사람에게 오히려 해가 된다는 사실 때문이다. 어떤 사람들은 그들의 부(富)로 말미암아 다른 사람들은 그들의 용기 때문에 망한 적이 있었으니까. §4 따라서 이런 것들에 관해 논의하고 이와 같은 전제들로부터 출발하는 우리들은 그 대강에 있어 개략적으로 참을 밝히는 것으로 만족해야 할 것이다. '대부분의 경우에 있어 그런 것'들에 대해 논의하고 '대부분의 경우에 있어 그런 전제'들로부터 출발하는 것이기에 '대부분의 경우에 있어 그런 것'을 추론하는 데 만족해야 할 것이다. 따라서 우리가 논의한 것들 하나하나도 동일한 방식으로 받아들여야 할 것이다. 각각의 영역에 있어 주제의 본성이 허용하는 만큼의 정확성을 추구하는 것이 교양 있는 사람이 하는 일이기 때문이다. 개연적 논변을 전개하는 수학자를 받아들이는 것이나 수사학자에게 엄밀한 증명을 요구하는 것이나 거의 비슷한 일이니까.

1094b27 §5 그런데 각자는 자신이 알고 있는 것을 올바르게 판단하며 이것들에
1095a 대한 좋은 판단자이다. 따라서 각각의 개별 분야에서는 그 분야의 교육받은 사람이 좋은 판단자이며, 전 분야에 대해 교육받은 사람이 단적으로 좋은 판단자이다. 그런 까닭에 젊은이는 정치학에 적합한 수강자가 아니다. 젊은이에게는 인생의 여러 행위들에 대한 경험이 없는데, 정치학의 논의는 이런 것들로부터 나오고 이런 것들과 관련된 것이기 때문이다. §6 게다가 젊은이는 자신의 감정에 따르기 쉬워 강의를 들어봐야 헛되고 도움도 되지 않을 것이다. 정치학의 목적은 앎이 아니라 행위이니까. §7 또한 그가 나이에 있어 젊은이이건 품성에 있어 풋내기이건 간에 아무 차이가 없다. 그 모자람은 세월로부터 오는 것이 아니라 감정에 따라 살며 각각을 감정에 따라 추구하는 데서 오는 것이기 때문이다. 이렇게 성숙하지 않은 사람들에게 앎은 마치 '자제력 없는 사람'[13]에게 그런 것과 마찬

12) 올바른 것과 훌륭한 것에 대해서는 객관적 참이 없다고 주장하는 프로타고라스와 같은 입장이 있을 수 있다. 플라톤, 『테아이테토스』 172a-b 참조.

13) '자제력 없는 사람'(hoi akrateis)에 대한 논의는 『니코마코스 윤리학』 VII에서 본

가지로 아무런 이익도 가져다주지 않는다. 반면에 이성에 따라 자신들의 욕구를 이끌고 실행하는 사람들에게는 이런 것들에 대해 아는 것이 많은 이득을 가져다줄 것이다. §8 이것으로 수강자에 대한, 또 우리의 주장이 어떻게 받아들여져야 하는지에 대한, 또 우리가 무엇을 목표로 하고 있는지에 대한 서론이 이야기된 것으로 하자.

행복에 관한 통념들

제4장

§1 이제 다시 주제로 돌아가 살펴보도록 하자. 모든 종류의 앎과 선택이 어떤 좋음을 욕구하고 있으므로[14] 정치학이 추구한다고 지적했던 좋음은 무엇인지, 그리고 행위를 통해 성취할 수 있는 모든 좋음 중에서 최상의 것은 무엇인지 논의해 보자. §2 그것을 어떤 이름으로 부르는지에 관해서는 거의 대부분의 사람들이 동의하고 있다. 대중과 교양 있는 사람들 모두 그것을 '행복'이라고 말하고, '잘 사는 것'과 '잘 행위하는 것'을 '행복하다는 것'과 같은 것으로 생각하고 있기 때문이다.[15] 그러나 행복이 무엇인지에 대해서는 논란이 있으며 대중과 지혜로운 사람들이 동일한 답을 내놓는 것은 아니다. §3 어떤 사람들은 눈에 보이고 누구나 알 수 있는 어떤 것을, 가령 즐거움이나 부나 명예라고 말하고, 다른 사람들은 제각각 다른 것을 이야기하기 때문이다. 심지어는 같은 사람이 사정에 따라 행복이라고 말하는 것이 달라지는 경우도 종종 있다. 병들었을 때는 건강을, 가난할 때는 부(富)를 행복이라고 하니까. 또 자신들의 무지를 의식할 때에는 그들의 이해력을 넘어서는 어떤 위대한 것을 말하는 사람들에 경탄하기도 한다. 또 어떤 사람들은 이러한 많은 좋음과 구별되는 다

1095a14

격적으로 시작된다. ☞ akratēs.

14) 1 §1, 1094a에서 언급되었던 네 가지 항목(기예, 탐구, 행위, 선택)이 여기서는 두 가지로, 즉 앎(gnosis)과 선택(prohairesis)으로 좁혀 언급되고 있다.

15) '행복'(eudaimonia), '잘 사는 것'(eu zēn), '잘 행위하는 것'(eu prattein).

른 어떤 것이 그 자체로 존재하며, 이것이 이 모든 좋음이 좋음이게끔 하는 원인이라고 생각했다.[16)]

1095a28 §4 그런데 이 모든 의견을 검토한다는 것은 아마 다소 공허한 일일 것
이며, 차라리 가장 널리 퍼져 있는 주도적인 의견, 일리 있어 보이는 의견
들만을 검토하는 것으로 충분할 것이다. §5 하지만 우리가 잊지 말아야
할 것은 첫째 원리들로부터 출발하는 논의와 첫째 원리들을 향해 나아가
는 논의는 서로 다르다는 것이다. 플라톤 역시 탐구의 길이 첫째 원리들
로부터 난 것인지 아니면 첫째 원리들을 향해 나아가는 것인지를 물으며
1095b 올바르게 이 점을 문제로 지적했던 것이다.[17)] 마치 달리기 경기장에서 심
판들이 있는 곳으로부터 반대편 끝[18)]까지 달리는 것과 그 역으로 달리는
것에는 차이가 있듯이 말이다. 우리는 물론 알려져 있는 것에서부터 출발
해야 한다. 그런데 '알려져 있다'는 것은 두 가지 방식으로 그러하다. 어떤
것들은 우리에게 알려져 있고, 다른 어떤 것들은 단적으로 알려져 있기
때문이다.[19)] 그렇다면 아마도 우리는 우리에게 알려져 있는 것으로부터

---

16) 아리스토텔레스는 여기서 플라톤의 '좋음'(to agathon)의 이데아를 염두에 두고 있다. 플라톤의 '좋음의 이데아'는 감각될 수 있는 좋은 것들과 독립적으로, 그 자체로 있는 것으로 이해된다. '좋음'의 이데아에 대해서는 제6장에서 자세히 논의될 것이다.

17) 플라톤, 『국가』 VI, 510 b-c; VII, 533 c-d.

18) 그리스의 달리기 경주로는 말발굽 모양(∩)을 하고 있기 때문에 코스의 중간이 출발선상에서 가장 먼 끝쪽에 위치하고 있다.

19) 여기서 아리스토텔레스는 두 종류의 원리를 구분하고 있다. 하나는 '우리에게 알려진 것'(ta gnōrima hēmin)이고, 다른 하나는 '단적으로 알려진 것'(ta gnōrima haplos)이다. '단적으로 알려진 것'은 '본성적으로 알려진 것'('자연에 따라 알려진 것', 『분석론 후서』 I, 71b33-72a5; 『자연학』 I 1, 184a16-b14)이고, '우리에게 알려진 것'은 '우리가 관련된 한에서 알려진 것' 혹은 '우리의 견해에서 알려진 것'을 의미한다. 따라서 이것은 '우리에게 친숙한 것'이다. '우리에게 알려진 것'은 아직 '참'이 아니다(『형이상학』 1092b4, 8-10). 이와는 달리 '본성적으로 혹은 자연에 따라 알려진 것'은 누군가가 그것을 알고 있는지와 관계없이 '자연적으로 그러한 것으로 알려진 것'이다. 이것의 '참'은 누군가가 그것을 믿지 않는다고 할지라도 '자연에 따라'(혹은 본성적으로) 알려진다. 이렇게 두 종류의 원리를 구분함으

출발해야 할 것이다.

§6 이런 까닭에 고귀하고 정의로운 것에 관해, 그리고 일반적으로 정치학의 문제들에 관해 제대로 배우고자 하는 학생은 좋은 습관을 통해 훌륭하게 자랐어야 한다. §7 첫째 원리[20]는 사실이며, 이것이 충분히 분명하다면 왜 그런지에 대한 이유는 전혀 필요하지 않을 것이기 때문이다. 좋은 습관을 통해 훌륭하게 자란 사람은 첫째 원리들을 이미 가지고 있거나 쉽게 취할 것이다. 가지고 있지도 않고 쉽게 취하지도 못하는 사람이라면 헤시오도스의 다음 말을 명심해야 할 것이다.[21] 1095b4

> 모든 것을 스스로 깨닫는 사람은 더할 나위 없이 훌륭한 사람이요,
> 좋은 말을 하는 사람에게 귀를 기울이는 사람 역시 고귀한 사람이지만,
> 스스로 깨닫지도 못하고 다른 사람에게서 들은 말을
> 가슴속에 받아들이지 않는 사람은 아무 쓸데가 없는 사람이니라.

제 5 장

§1 이제 우리가 곁길로 빠졌던 곳에서부터[22] 다시 논의를 진행해 보도록 하자. 그들의 삶으로부터 판단해 보건대, 대중, 특히 대단히 통속적인 사람들은 좋음과 행복이란 즐거움[23]이라고 생각하는 것처럼 보이는 1095b14

로써 아리스토텔레스는 이 탐구에 있어 우리에게 알려진 원리로부터 본성적으로 (자연에 따라) 알려진 원리로 나아가야 한다고 말하고 있다. 이것이 원리로부터 출발해야 할 것인지, 아니면 원리로 향해 나아가야 하는지를 물었던 플라톤의 물음에 대한 대답인 셈이다.

20) '첫째 원리' ☞ archē.

21) 헤시오도스, 『일과 날』 293행, 295-297행.

22) 4 §5, 1095a30 이하. 행복이란 무엇인가에 대한 통념들을 논의하다가 '원리들'의 논의로 접어들었던 대목.

데, 이러한 그들의 생각에 일리가 없는 것은 아니다. §2 그런 까닭에 그들은 향락적인 삶을 좋아하는 것이다. 가장 두드러진 삶의 유형은 세 가지인데,[24] 지금 막 이야기한 삶과 정치적 삶, 그리고 세 번째로 관조적 삶이 그것이다. §3 많은 사람들은 짐승들의 삶을 선택함으로써 완전히 노예와 다름없음을 보여주지만 그래도 이유가 없지는 않다. 높은 지위에 있는 많은 사람들이 사르다나팔로스[25]가 느끼는 것과 같은 것을 느끼기 때문이다. §4 반면에 교양 있는 사람이나 실천적인 사람은 명예를 선택한다. 대개 이것이 정치적 삶의 목적이니까. 그렇지만 명예는 우리가 추구하기에는 너무 피상적인 것 같다. 명예는 명예를 받는 사람보다 수여하는 사람에게 더 의존하는 것으로 보이는 반면에, 좋음은 고유한 어떤 것으로 쉽게 우리에게서 떼어낼 수 없는 것이라는 예감 때문이다.

1095b26 §5 게다가 사람들이 명예를 추구하는 것은 자신들이 좋은 사람이라는 확신을 얻기 위해서이다. 어쨌든 그들은 실천적 지혜를 가진 사람들에 의해 또 그들을 알고 있는 사람들에게서, 또 그들의 탁월성을 근거로 명예를 얻고자 한다. 따라서 적어도 이들에게는 탁월성이 명예보다 더 나은 것이라는 사실은 분명하다. §6 어쩌면 명예보다 탁월성이 오히려 정치적 삶의 목적이라고 생각하는 사람도 있을 것이다. 그러나 이것 역시 불완전한 것으로 보인다. 탁월성을 가지고 있으면서도 일생 동안 잠을 자거나 아무런 활동도 하지 않을 수 있으며, 더 나아가 나쁜 일을 당하거나 아주

23) '즐거움' ☞ hēdonē.

24) 『에우데모스 윤리학』 1214a31-35, 1215a32-b14 참조.

25) 사르다나팔로스(Sardanapallos, Ashur-bani-pal, 기원전 668년~기원전 627년)는 니네베(Nineveh)에 수도를 정한 앗시리아 전성기 시대의 왕이다(헤로도토스, 『역사』 II, 151). 전해 오는 바로는 쾌락주의자로서 호사스러운 삶을 살았다고 한다. 그러나 최근의 연구에 따르면, 그는 종종 자신의 지식을 자랑할 정도의 식자였으며, 니네베에 있는 궁전에 도서관을 세운 것으로 알려져 있다. 아리스토텔레스가 보고하는 것과 같은 '쾌락주의자'로서의 '사르다나팔로스'에 대한 이야기는 완전히 전설이 아니라면 다른 왕에게서 유래하는 것으로 보인다.

큰 불행을 겪을 수도 있기 때문이다. 어떻게든 주장[26]을 방어해야 하는 경우가 아닌 한, 누구도 이렇게 살아가는 사람을 행복하다고 하지 않을 것이다. 이제 이것에 관해서는 이 정도로 마무리짓자. 일상적 논의작업[27]에서도 그 문제에 관해 충분히 이야기했으니까. §7 세 번째 삶의 유형은 관조적인 삶이지만 이것에 관해서는 나중에[28] 검토하도록 하자. §8 돈을 버는 삶은 일종의 강제된 삶이다. 또 부(富)가 우리가 추구하는 좋음이 아니라는 사실은 분명하다. 돈은 다른 것을 위해 유용할 따름이니까. 그런 까닭에 차라리 우리가 앞에서 이야기한 것들을 목적으로 생각하는 것이 더 나을 수도 있겠다. 그것들은 그 자체 때문에 사랑받는 것들이므로. 그렇지만 그것들도 우리가 추구하는 좋음인 것 같지는 않다. 또한 실로 많은 논변이 이것에 대항해 제기되어 왔다. 그렇지만 그런 것들은 그냥 놔두도록 하자. 1096a

좋음의 이데아 비판

제 6 장

§1 아마도 보편적 좋음을 검토하고 그것이 어떤 방식으로 이야기되는지를 따져보는 것이 더 좋을 것이다.[29] 물론 이러한 탐구는 이데아들을 1096a11

---

26) 『변증론』 I, 104b19-20에서 '주장' 혹은 '입론'(thesis)은 '통상적 의견에 위배되는(paradoxos), 저명한 철학자의 믿음', 즉 '역설'이라고 정의되고 있다. 『천체론』 306a12 참조.

27) '일상적 논의작업'으로 번역한 원어 'enkyklos'는 『정치학』에서 세 번 사용되었고 '매일같이 행하는 일상적인 일'로 이해된다. (1) 그것이 지금은 전해지지 않는 대외용 저술인지, 아니면 (2) 아카데미아 학원에서 이루어졌던 것처럼 대중을 상대로 일상적으로 행해진 철학적 담론을 가리키는지는 분명하지 않다.

28) 『니코마코스 윤리학』 X 6-8, 특히 1177a12-1178a8, 1178a22-29, 1179a32 참조.

29) 4 §3, 1095a26에서 아리스토텔레스는 좋음의 보편적이고 분리된 형상에 대한 플라톤적 입장을 언급했다. 여기서는 플라톤의 입장을 비판하고 있다(『에우데모스 윤리학』 I 8, 1217b1; 『대윤리학』 I 1). 플라톤의 형상 이론에 대한 아리스토텔레스의 비판은 『형이상학』 I 9에서도 이루어지고 있다.

도입한 사람들이 우리의 벗들이기에 달갑지는 않은 것이다. 그래도 진리의 구제를 위해서는, 더구나 철학자로서는 우리와 아주 가까운 것들까지도 희생하는 것이 더 나을 것 같아 보인다. 친구와 진리 둘 다 소중하지만 진리를 더 존중하는 것이 경건하기 때문이다.

1096a17 §2 이 견해를 도입한 사람들은 선후가 이야기되는 것들에 대해서는 이데아를 설정하지 않았다. 그런 까닭에 그들은 수들의 이데아 또한 세우지 않았던 것이다.[30] 그러나 좋음은 무엇임에 있어서도 어떠함에 있어서도, 또 관계에 있어서도 이야기된다. 그런데 그 자체로 존재하는 것, 즉 실체[31]는 본성상 관계보다 먼저이다. 관계는 존재하는 것의 곁가지, 존재하는 것에 부수하는 것처럼 보이기 때문이다. 따라서 이러한 것들에 대해 하나의 공통된 이데아가 있지는 않을 것이다.

1096a23 §3 또 좋음은 존재가 이야기되는 방식만큼이나 많은 방식으로 이야기된다. 좋음은 신과 지성이 좋다고 이야기될 때처럼 어떤 것을 염두에 둔 것이기도 하고, 탁월성[32]이 좋다고 이야기될 때처럼 성질을 염두에 둔 것이기도 하며, 적당량이 좋다고 할 때처럼 양을, 무엇에 대해 유용하다고 할 때처럼 관계를, 적시를 이야기할 때처럼 시간을, 적절한 거처를 이야기할 때처럼 장소를, 그리고 그밖에 다른 것들을 염두에 둔 것이기 때문이다. 그렇기에 좋음이 어떤 공통적이며 단일한 보편자로 존재하지 않을 것이라는 점은 분명하다. 만약 그렇다고 한다면 모든 범주에서 좋음이 이야기되지 않고 오직 하나의 범주에서만 이야기되어야 했을 터이니까. §4 또

30) 수의 계열에는 선후가 있다. 가령 1은 2에 선행하는데, 2가 있다면 반드시 1이 있어야 하지만 그 역은 성립하지 않기 때문이다. 그런데 수 일반의 이데아가 있다면, 이 이데아는 수의 계열에서 가장 먼저 오는 1보다 더 먼저여야 할 것이다. 그러나 이것은 불합리하다. 『형이상학』 III 3, 999a6 이하 참조.

31) '실체' ☞ ousia.

32) 탁월성(aretē)도 범주적으로는 질(質) 범주에 속한다. 문제가 되고 있는 사람이 어떤 성질의 사람인지를 물었을 때 '용감하다' 혹은 '온화하다'라고 이야기하지, 누구의 아들이라는 식으로 관계를 이야기하지는 않기 때문이다. 『범주론』 8 참조.

하나의 이데아에 따르는 것들에 대해서는 학문도 하나만 존재하기 때문에, 이 모든 좋음에 대해서도 하나의 학문만이 존재해야 했을 것이다. 그런데 실제는 하나의 범주 밑에 있는 것들에 대해서조차도 여러 학문들이 관계한다. 예를 들어 적시와 관련 있는 학문의 경우에, 전쟁에 있어 적시를 다루는 것은 병법이며, 질병에 있어 적시를 다루는 것은 의술이다. 적당량과 관련해 말하자면, 음식에 있어서의 적당량은 의술이, 운동에 있어서의 적당량은 체육이 관장하기 때문이다.

§5 또한 '인간 자체'에 있어서나 '인간'에 있어서나 하나의 동일한 설 **1096a**34
명,[33] 즉 인간에 대한 설명이 적용되는 한, 그들이 '무엇 자체'를 가지고 **1096b**
도대체 무엇을 의미하는지에 대해 의문을 제기할 수도 있을 것이다.[34] 왜냐하면 '인간 자체'나 '인간' 모두 인간인 한에서는 아무 차이가 없을 것이기 때문이다. 만약 그렇다고 한다면 '좋음 자체'나 '좋음' 역시 좋음인 한에서 아무 차이가 없을 것이다. §6 또 좋음 자체가 영원하다는 이유로 더 좋은 것일 수도 없을 것이다. 오랜 시간 동안 하얀 것이라고 해서 잠깐 동안만 하얀 것보다 더 하얀 것이 아닌 한.

§7 피타고라스학파 사람들이 일자를 좋음의 계열[35]에 놓고 있다는 점 **1096b**4
에서 이 문제와 관련해 더 그럴듯한 것을 이야기한 것처럼 보인다. 스페우시포스[36] 또한 이들을 따랐던 것으로 보인다. §8 그렇지만 이런 문제들에

---

33) '설명' 혹은 '정식' ☞ logos.

34) 『형이상학』 I 6, 987a32; XIII 4, 1078b9-1079a4; XIII 9, 1086a24-b13; 플라톤, 『파이돈』 74a-e.

35) 『형이상학』 I 5, 986a22 아래 참조. 피타고라스학파는 서로 반대되는 두 개의 계열을 중심으로 자신들의 형이상학 내지 우주론을 전개한다. 첫째 계열은 한정(peras)의 계열로 홀수, 하나, 오른쪽, 남성, 정지, 직선, 밝음, 정방형, '좋음'으로 구성되고, 다른 하나는 무한정(apeirōn)의 계열로 짝수, 다수, 왼쪽, 여성, 운동, 곡선, 어두움, 장방형, '나쁨'으로 구성된다.

36) 스페우시포스는 플라톤의 조카로서 플라톤이 죽은 후에 아카데미아 학원을 이어받아 죽을 때까지(기원전 407년~기원전 339년) 그곳의 수장(首長)으로 있었다.

대해서는 다른 기회[37]에 논하기로 하자.

1096b8 그런데 지금까지 논의된 것들에 대해 어떤 논란이 있는 것 같다. 그들
은 모든 종류의 좋음에 대해 그들의 이론을 전개한 것이 아니라 그 자체
로 추구되고 사랑받는 것들만을 단일한 이데아에 따라 좋다고 이야기하
며, 이런 것들을 만들어내는 것, 혹은 어떤 방식으로 보존하는 것, 혹은
그 반대를 방해하는 것들은 이것들 때문에 좋음이라고 불린다고 또 (앞의
것과는) 다른 방식으로 좋음이라고 불린다고 주장하기 때문이다. §9 그렇
다면 좋은 것들이 두 가지 방식, 즉 그 자체로 좋은 것들과 이것들 때문
에 좋은 것들이라는 두 가지 방식으로 이야기될 수 있음이 분명하다. 이
제 그 자체로 좋은 것들을 유용할 뿐인 것들로부터 떼어낸 후 이것들이
단일한 이데아에 따라 이야기되는지 살펴보도록 하자.

1096b16 §10 그런데 어떤 것들을 그 자체로[38] 좋은 것으로 놓아야 할까? 그것
만으로도 추구되는 모든 것들, 가령 사려하는 것이나 보는 것, 어떤 즐거
움과 명예들인가? 이것들을 우리는 비록 다른 것 때문에 추구한다고 할
지라도 어떤 사람이 그 자체로 좋은 것들에 속하는 것으로 놓을 수 있기
때문이다. 아니면 좋음의 이데아를 제외하고는 다른 어떤 것도 그 자체로
좋은 것은 아니게 되는 것인가? 그렇다면 이데아[39]는 공허한 것이 될 것
1096b21 이다. §11 반면에 (앞에서 언급했던) 이것들도 그 자체로 좋은 것들에 속한
다면, 좋음에 대한 설명[40]은 그 모든 것에 있어 동일한 것으로 드러나야
만 할 것이다. 마치 '하양'에 대한 설명이 눈(雪)과 백연(白鉛)에 있어 동일
하게 드러나는 것처럼. 그러나 명예나 사려, 즐거움에 대한 설명은 그것들
이 좋다고 이야기되는 그 관점에서 서로 구별되고 차이를 보인다. 따라서

37) 『형이상학』 I 5, 986a22-26; VII 2, 1028b21-24; XII 7, 1072b30-1073a2; XIV 4, 1091a29-1091b3, 1091b13-1092a17 참조.

38) '그 자체로' ☞ kath' hauto.

39) '이데아'(eidos) ☞ eidos.

40) '설명'(logos).

단일한 이데아에 따라 공통적인 것으로서의 좋음은 존재하지 않는다.

§12 그렇다면 좋음은 어떤 방식으로 이야기된다는 말인가? 적어도 우 1096b26
연으로부터 나온 동음이의(同音異義)[41]처럼 보이지는 않는다. 그것이 아
니라면 단일한 무엇으로부터 유래한 동음이의인가 혹은 모든 것이 하나
에 기여하는 동음이의인가, 아니면 차라리 비례(유비)에 따른 동음이의로
서의 좋음인가? 보는 것이 육체에 있어 좋은 것으로 이야기되듯이 지성
이 영혼에 있어 좋은 것으로 이야기되고, 그렇게 다른 경우에는 다른 것
이 좋은 것으로 이야기되니 말이다. 그러나 아마도 이런 문제는 현재로서
는 놔두어야 할 것이다. §13 이것들에 관해 엄밀하게 따지는 것은 철학의
다른 분야에서 더 고유하게 다루는 일일 것이기 때문이다. 좋음의 이데아
또한 마찬가지이다. 만약 공통적으로 서술되는 어떤 단일한 좋음 혹은 그
자체로 떨어져서 존재하는 어떤 좋음이 있다고 하더라도 그 좋음은 인간
적 행위로 성취할 수 있거나 소유할 수 있는 어떤 것이 아닐 것이라는 점
은 분명하기 때문이다. 그런데 우리가 지금 추구하는 것은 바로 그러한 것
이다.

§14 혹시 그래도 좋은 것들 중 인간적 행위에 의해 소유되고 성취할 수 1096b35
있는 것들을 위해서는 그것을 아는 것이 더 좋다고 생각할지도 모르겠다.
우리가 이것을 본[42]으로 가지고 있으면 '우리에게 좋은 것'들도 더 잘 알 1097a
수 있고, 또 우리에게 좋은 것들을 알고 있으면 그것들을 실제로 성취할
수 있을 것이기 때문이다.

§15 물론 이 논의는 어느 정도 수긍할 수 있지만, 여러 학문의 관행과 1097a3
는 맞지 않는 것 같다. 모든 학문은 어떤 좋음을 추구하며 그 부족한 점
을 채우려 하지만, 좋음의 이데아에 대한 앎에는 관심을 두지 않기 때문

---

41) 여기서 말해지고 있는 우연으로부터 나온 동음이의에 대해서는 『니코마코스 윤리학』 V 1 §7, 1129a29-30 참조. 이러한 예는 '목뼈(kleis)와 열쇠(kleis)'의 경우일 것이다. ☞ homōnymon.

42) '본' ☞ paradeigma.

이다. 좋음의 이데아가 그토록 큰 도움이 됨에도 불구하고 기예의 전문가들 모두가 그것을 알지 못한다는 것, 심지어 그것을 추구하지도 않는다는 것은 이치에 맞지 않는다.

1097a8 §16 또 직조 전문가나 목수가 이 좋음 자체를 앎으로써 자신의 기술을 위해 어떤 유익을 얻을 수 있을 것인가, 혹은 좋음의 이데아 자체를 봤다고 해서 의술에 더 능숙해지거나 병법에 더 익숙해질 것인가 하는 것도 쉽지 않은 문제이다. 의사는 분명 이런 식으로 건강을 돌보는 것이 아니라 인간의 건강을 돌보는 것이며, 아마 그것도 개별적인 인간의 건강을 돌보는 것이기 때문이다. 사실상 의사는 개별적인 사람들의 병을 치료하니까. 이런 문제들에 대해서는 이 정도까지 이야기하기로 하자.

행복에 대한 한 가지 설명

제7장

1097a15 §1 이제 우리가 추구하는 좋음으로 다시 돌아가 그것이 과연 무엇일지 살펴보기로 하자. 좋음은 서로 다른 행위나 기술에 있어 각기 다른 것으로 나타난다. 의술에서의 좋음과 병법에서의 좋음이 서로 다르고, 여타의 기술에서도 마찬가지이기 때문이다. 그렇다면 각각의 좋음이란 무엇인가? 그것을 위해 나머지 것들이 행해지는 것인가? 이것은 의술의 경우에는 건강이고, 병법의 경우에는 승리이며, 건축술에서는 집이고, 다른 경우에는 각기 다른 것으로, 이것이 모든 행위와 선택에 있어 그 목적이다. 사람들은 모두 이것을 위해 나머지 일들을 하는 것이니까. 따라서 만일 행위에 의해 성취할 수 있는 모든 것의 목적이 하나 있다면, 이것이 행위에 의해 성취할 수 있는 좋음일 것이며, 만약 목적이 하나 이상이라면, 이것들이 행위에 의해 성취 가능한 좋음들일 것이다.

1097a24 §2 이렇게 해서 우리의 논의는 다른 길을 따라 동일한 지점에 도착했다.[43] 이제 이것을 보다 정확하게 만들도록 시도해야 할 것이다. §3 목적들은 명백히 여럿인 것으로 보이고, 우리는 이 목적들 가운데 어떤 것은 다른 것 때문에 선택하기도 하므로—예를 들어 부(富), 피리, 그리고 일

반적으로 도구들의 선택—, 모든 목적이 다 완전한 것이 아니라는 점은 분명하다. 그런데 최상의 좋음은 분명 완전한 어떤 것이다. 따라서 만일 어떤 하나만이 완전한 것이라고 한다면, 이것이 우리가 찾고 있는 것일 터이다. 만약 여럿이 완전한 것이라면, 그것들 중에서 가장 완전한 것이 우리가 찾고 있는 것이겠다.

§4 그런데 우리는 그 자체로 추구되는 것이 다른 것 때문에 추구되는 **1097a**30
것보다 더 완전하다고 하며, 다른 것 때문에 선택되지는 않는 것이 그 자체로도 선택되고 다른 것 때문에도 선택되는 것보다 더 완전하다고 말한다. 따라서 언제나 그 자체로 선택될 뿐 결코 다른 것 때문에 선택되는 일이 없는 것을 단적으로[44] 완전한 것이라고 말한다. §5 그런데 무엇보다도 행복이 이렇게 단적으로 완전한 것처럼 보인다. 우리는 행복을 언제나 그 자체 때문에 선택하지 결코 다른 것 때문에 선택하는 것은 아니기 때문이다. 우리가 명예, 즐거움, 지성 그리고 모든 탁월성을 선택하는 것은 물론 그 자체 때문이기도 하지만(이것들로부터 아무것도 나오지 않는다고 해도 우리는 그것들 각각을 선택할 것이니까), 이것들을 통해 행복해질 것이라고 생각하며 행복을 위해서도 선택하는 것이다. 반면에 누구도 행복을 이런 것들을 위해 선택하지는 않으며 일반적으로 다른 어떤 것 때문에 선택하지도 않는다.

§6 자족성[45](에 대한 고려)로부터도 똑같은 결론이 나오는 것 같다. 완전 **1097b**6
한 좋음은 자족적인 것처럼 보이기 때문이다. 그런데 인간은 본성상 정치적 동물이기 때문에,[46] 우리가 이야기하는 자족성은 자기 혼자만을 위한

---

43) I 2 §1, 1094a19 아래에서 언급된 결론을 지적하는 것처럼 보인다.

44) '단적으로' ☞ 'haplōs.

45) '자족성' ☞ autarkēs.

46) '정치적 동물'은 '폴리스적 동물'이라는 말이다. 이 말은 인간이 그 자신의 진정한 본성과 인간다움을 폴리스(도시국가, 사회)를 통해 깨닫고 성취한다는 뜻이다. 인간의 사회적 특성과 인간의 행복에 관한 정치적-사회적 특성에 대해서는 VI 8 §4, 1142a9; VIII 5 §3, 1157b18; 6 §4, 1158a23; IX 9 §3, 1169b16; IX 9 §10,

자족성, 고립된 삶을 살아가는 사람을 위한 자족성이 아니다. 부모, 자식, 아내와 일반적으로 친구들과 동료 시민들을 위한 자족성이다. §7 물론 여기에는 어떤 한계가 부과되어야 할 것이다. 왜냐하면 만일 우리가 부모의 선조를 거슬러 올라가거나 자식과 그 밑의 후손, 친구의 친구 하는 식으로 늘려간다면 무한히 갈 것이기 때문이다. 하지만 이 문제는 추후에 검토하기로 하자.[47] 어쨌거나 우리는 '자족성'을 그것만으로도 삶을 선택할 만한 것으로 만들고 아무것도 부족하지 않도록 만드는 것으로 규정한다. 우리는 행복이 바로 그렇게 자족한 것이라고 생각한다.

1097b16 §8 또한 우리는 행복이 모든 좋음 중에서 가장 선택할 만한 것이되, 좋음들 가운데 하나로 셀 수는 없다고 생각한다. 만일 행복을 좋음들 가운데 하나로 센다면, 좋음들 중에서 가장 작은 것을 행복에 덧붙일 경우에 행복은 더 선택할 만한 것이 될 게 분명하다. 덧붙여진 것은 좋음의 증가분이 되며, 좋음들 중에서는 더 큰 것이 언제나 더 선택할 만한 것이니까. 그렇다면 행복은 완전하고 자족적인 어떤 것으로서 행위를 통해 성취할 수 있는 것들의 목적이다.

1097b22 §9 하지만 행복이 최상의 좋음[48]이라는 주장은 아마 일반적으로 동의될 것으로 보이긴 해도 보다 분명하게 행복이 무엇인지를 이야기하는 것이 요구된다. §10 그런데 인간의 기능[49]이 무엇인지 파악된다면, 아마 이것이 이루어질 것 같다. 피리 연주자와 조각가, 그리고 모든 기술자에 대해, 또 일반적으로 어떤 기능과 해야 할 행위가 있는 모든 사람에 대해 그것의 좋음과 '잘 함'은 그 기능 안에[50] 있는 것처럼 보인다. 그처럼 인간의

1170b12; IX 12 §2, 1172a6; X 8 §5, 1178b5, 그리고 『정치학』 I 2 §10, 1253a7; III 9 §12, 1280b33 참조.

47) 이 문제는 I 10-11에서 다루어진다.

48) 즉 최고선(to ariston) ☞ agathos.

49) '기능' ☞ ergon.

50) 『에우데모스 윤리학』 1218b37-1219a6 참조. 그리고 플라톤, 『국가』 I, 352d-354a 참조.

경우에도 인간의 기능이 있는 한, 좋음과 '잘 함'은 인간의 기능 안에 있
을 것 같아 보인다.

§11 그러니 목수와 제화공은 어떤 기능과 행위들을 가지고 있지만, 인 1097b28
간은 아무런 기능도 가지고 있지 않으며 본래 아무 할 일도 없는 존재라
고 할 수 있을까? 아니면 눈이나 손, 발 그리고 일반적으로 각자의 부분
들이 어떤 기능을 가지고 있듯이 그렇게 인간에게도 이 모든 기능 외에
어떤 기능이 있다고 상정해야 할까? §12 그렇다면 그것은 대체 무엇일까?
산다는 것은 심지어 식물에까지 공통인 것으로 보이지만, 우리는 (인간에
게만) 고유한 것을 찾고 있으니 말이다. 그러므로 영양을 섭취하고 성장하 1098a
는 삶은 갈라내야 할 것이다. 다음으로는 감각을 동반하는 삶이 뒤따를
것이지만 이것 또한 분명 말과 소, 모든 동물에 공통되는 삶이다.

§13 그렇다면 이제 남게 되는 것은 이성[51]을 가진 것의 실천적 삶이다. 1098a3
이성을 가진 것의 한편은 이성에 복종한다는 의미에서, 다른 한편은 그
자체 이성을 가지고 사유한다는 의미에서 '이성을 가진 것'이다. 또 이러
한 삶 역시 두 가지 방식으로 이야기되기에 우리가 여기서 찾고 있는 삶
은 활동에 따른 삶[52]이라고 해야 할 것이다. 그 삶이 보다 진정한 의미에
서의 삶이라고 이야기되는 것 같으므로.

§14 인간의 기능을 이성에 따른 영혼의 활동 혹은 이성이 없지 않은 1098a7
영혼의 활동이라고 상정할 수 있을 것이다. 또 어떤 기능을 수행하는 자
나 그 기능을 훌륭하게 수행하는 자나 종류상 동일한 기능을 가지고 있
다고 상정할 수 있을 것이다. 예를 들어 기타라 연주자와 훌륭한 기타라
연주자의 경우에 종류상 동일한 기능을 가지고 있고, 다른 모든 경우에
도 단적으로 그러하듯이 탁월성에 따른 우월성이 기능에 부가될 것이다.
(기타라 연주자의 기능은 기타라를 연주하는 것이지만 훌륭한 기타라 연
주자의 기능은 기타라를 잘 연주하는 것이니까.) 만약 그렇다고 한다면,

---

51) '이성' ☞ logos.

52) '활동'(energeia)에 따른 삶은 능력(dynamis)에 따른 삶과 대비되는 삶이다.

〔우리는 인간의 기능을 어떤 종류의 삶으로 규정하고, 이 삶을 다시 이성을 동반하는 영혼의 활동과 행위로 규정한다. 따라서 훌륭한 사람의 기능은 이것들을 잘 그리고 훌륭하게 행하는 것이다. 그래서 각각의 기능은 자신의 고유한 탁월성에 따라 수행될 때 완성되는 것이다. §15 만약 그렇다고 한다면〕[53] 인간적인 좋음은 탁월성에 따른 영혼의 활동일 것이다. 또 만약 탁월성이 여럿이라면 그중 최상이며 가장 완전한 탁월성에 따르는 영혼의 활동이 인간적인 좋음일 것이다. §16 더 나아가 그 좋음은 완전한 삶 안에 있을 것이다. 한 마리의 제비가 봄을 만드는 것도 아니며, (좋은 날) 하루가 봄을 만드는 것도 아니니까. 그렇듯이 (행복한) 하루나 짧은 시간이 지극히 복되고 행복한 사람을 만드는 것도 아니다.

1098a20 §17 이것을 좋음의 밑그림으로 삼기로 하자. 아마도 먼저 윤곽선을 그린 후 그다음에 상세하게 메워 나가야 할 터이니. 그 윤곽이 잘 그려진 것을 진척시키고 정교하게 완성하는 것은 누구든 할 수 있는 일처럼 보이며, 이러한 경우에 시간이 발견자이자 좋은 조력자인 것처럼 보인다. 바로 이것으로 말미암아 기술들의 진보도 이루어졌던 것이다. 부족한 것을 채우는 일은 누구든 할 수 있으니까.

1098a26 §18 또 우리가 앞서 언급했던 것[54]도 기억해야 할 것이다. 즉 정확성이란 모든 분야에서 한결같이 찾을 것이 아니라 각각의 경우마다, 주어진 주제에 따라 또 각각의 탐구에 적합한 바로 그만큼만 추구해야 할 것이다. §19 목수가 직각을 구하는 방식도 기하학자의 그것과는 다르기 때문이다. 목수는 자신의 일에 유용한 만큼만 직각을 구하지만, 기하학자는 진리의 관찰자로서 직각이 무엇이며 어떤 성질을 가졌는지를 구하는 것이다. 그러니 다른 경우들에 있어서도 이와 마찬가지로 곁가지의 부차적인

53) 비판본의 편집자는 '우리는 인간의 기능을'부터 여기까지를('만약 그렇다고 한다면') 앞서 이야기했던 것과 중복된 내용으로 보고 삭제할 것을 제안한다.

54) 3 §§1-4 참조(1094b11-27). 특히 '우리의 탐구 과제는 어떤 종류의 정치학'이라고 지적하는 1094b11 구절과 플라톤적인 의미에서의 '좋음 자체'와 같은 것을 탐구하지 않는다고 말하는 1095a28 참조.

문제들이 우리의 주된 과제를 압도하지 않도록 해야 한다. §20 또한 모든 1098b
경우에 있어 한결같은 방식으로 그 이유[55]를 대라고 요구할 일도 아니다. 어느 경우에 있어서는 가령 원리들에 관한 것처럼 '사실이 그렇다는 것'[56]을 잘 드러내는 것으로 충분하다. 사실이 그렇다는 것이 일차적이며 원리이다. §21 그 원리들 중 일부는 귀납[57]에 의해 파악되며, 다른 일부는 지각에 의해, 또 다른 일부는 어떤 습성화에 의해, 또 다른 것들은 다른 방식으로 파악된다. §22 각각의 원리들을 그것들이 본성적으로 그러한 대로 추적해야 할 것이며, 그것들을 잘 정의하도록 노력해야 할 것이다. §23 이 일은 뒤따르는 것들에 대해 큰 무게를 갖기 때문이다. 원리는 전체의 반 이상이며, 또 우리가 탐구하는 많은 문제가 원리를 통해 분명해지는 것처럼 보이니까.

정의된 행복과 통념의 부합

제 8 장

§1 그런데 원리에 관해 고찰할 때에는 우리 논의의 결론과 전제들로부 1098b9
터만 고찰할 것이 아니라 원리에 대해 사람들이 이야기하는 것들로부터도 고찰해야 한다. 참된 논의라면 현존하는 모든 것과 부합하겠지만, 거짓된 논의라면 진실된 것과 금방 어긋나기 때문이다.

§2 좋음들은 통상 세 가지 유형으로 나뉘어 왔다.[58] 즉 외적인 좋음이 1098b12

---

55) '이유' ☞ aitia.

56) '사실(to hoti)에 대한 앎'과 '이유(to dioti)에 대한 앎'의 차이에 대해서는 『분석론 후서』 I 13, 78a22 아래 참조. '사실'은 감각을 통해 직접적으로 받아들여진 개별적 사실이거나 혹은 귀납을 근거로 해서 '증명'(proof)을 통하지 않고 받아들여진 일반적 원리이다.

57) '귀납' ☞ epagōge.

58) 플라톤, 『에우티데모스』 279a-b; 『필레보스』 48e; 『법률』 II 661a-c, III 697a-b, V 743e, IX 870b; 『고르기아스』 477b-c. 그밖에도 아리스토텔레스, 『정치학』 VII 1, 1323a21-27; 『수사학』 I 5, 1360b18-28 참조.

라고 이야기되는 것, 영혼에 관계된 좋음, 육체와 관련된 좋음이라고 이야기되는 것이 그 세 유형이다. 우리는 영혼에 관계된 좋음이 가장 진정하고 으뜸가는 좋음이라고 말하고, 행위와 영혼의 활동을 영혼에 관계되는 좋음으로 규정한다. 따라서 실로 오래되고 철학자의 동의를 얻는 이 견해에 따르면, 앞서 내린 좋음에 대한 우리의 규정은 옳다고 할 수 있을 것이다.

1098b18 §3 또 목적은 어떤 행위와 활동이라고 이야기한 것에 있어서도 우리의 규정은 옳을 것이다. 목적은 이러한 방식으로 외적인 좋음들 가운데 하나가 아니라 영혼에 관계된 좋음들 가운데 하나가 되기 때문이다. §4 행복한 사람은 잘 살고 잘 행위한다는 견해 또한 우리의 논의에 부합한다. 행복은 대체로 어떤 종류의 잘 삶과 잘 행위함이라고 규정했으니까.

1098b22 §5 또 행복과 관련해 사람들이 추구하는 모든 것 또한 우리가 논의했던 행복 속에 들어 있는 것처럼 보인다.[59] §6 어떤 사람에게는 탁월성이 행복으로 보이고, 다른 어떤 사람에게는 실천적 지혜[60]가, 다른 사람들에게는 어떤 종류의 지혜[61]가 행복으로 보인다. 또 어떤 사람들에게는 이 모든 것이거나 혹은 이것들 중 어떤 것에 즐거움이 동반된 것 혹은 즐거움이 없지는 않은 것이 행복이다. 다른 사람들은 외적인 풍요까지 여기에 추가한다. §7 이런 견해들 가운데 어떤 것들은 많은 사람들이 오래전부터 주장했던 것이며, 다른 어떤 것들은 소수이지만 명망 있는 사람들이 주장했던 것이다. 둘 중 어느 것도 전적으로 틀렸을 것 같지는 않고 적어도 어느 한 점에서 혹은 대부분의 점에서 옳았다는 것이 이치에 맞을 것이다.

1098b30 §8 우리의 논의는 행복을 탁월성 혹은 어떤 탁월성이라고 주장하는 사람들과 부합한다. 탁월성에 따르는 활동은 탁월성에 관련되기 때문이다.

59) 행복에 대한 일반적 견해들(통념)은 『수사학』 I 5에 제시되어 있다.

60) '실천적 지혜' ☞ phronēsis.

61) '지혜' ☞ sophia.

§9 물론 최상의 좋음을 탁월성의 소유에서 성립하는 것으로 파악하는지,
아니면 탁월성의 사용에서 성립하는 것으로 파악하는지, 즉 품성상태[62]
에서 성립하는 것으로 파악하는지 아니면 활동에서 성립하는 것으로 파
악하는지에 따라 아마도 적지 않은 차이를 가져올 것이다.[63] 왜냐하면 품
성상태는 현존하면서도 아무런 좋음을 성취해 내지 않을 수 있는 반면
에 — 가령 잠자고 있는 사람이나 다른 어떤 방식으로 아무 활동도 하지 **1099a**
않는 사람처럼 —, 활동은 그럴 수 없는 것이기 때문이다. 탁월성에 따르
는 활동은 반드시 행위하며 그것도 잘 행위할 테니까. 올림피아 경기에서
승리의 월계관을 쓰는 사람은 가장 멋있고 힘센 사람이 아니라 경기에
직접 참가한 사람들인 것처럼(참가자들 중에 승자가 나오기 때문이다) 올
바르게 행위하는 사람이 삶에서 고귀하고 좋은 것들을 실제로 성취하는
자가 되는 것이다.

§10 또 이렇게 행위하는 사람들의 삶 역시 그 자체로 즐거운 것이다. 즐 **1099a**7
거워한다는 것은 영혼적인 일이며, 자신이 그것의 애호자라고 하는 것은
각자에게 즐겁기 때문이다. 예를 들어 말(馬)은 말의 애호자에게 즐거운
것이며, 볼 만한 구경거리는 구경거리를 좋아하는 사람에게 즐거운 것이
다. 이와 같은 방식으로 정의를 사랑하는 사람에게는 정의로운 일이 즐거
운 것이며, 일반적으로 탁월성을 사랑하는 사람에게는 탁월성에 따른 것
들이 즐거운 것이다.

§11 그런데 많은 사람에게 즐거운 것들은 본성적으로 즐거운 것들[64]이 아니기 때문에 서로 충돌하지만, 고귀한 것의 애호자들에게는 본성적으로 즐거운 것들이 즐겁다. 탁월성에 따른 행위들이 바로 그러한 것들이라

62) '품성상태' ☞ hexis.

63) 행복(eudaimonia)은 탁월성(aretē)을 요구할 뿐만 아니라 적절한 상황에서 탁월성을 실현하는 활동을 요구한다. 이 점은 I 10에서 더 깊이 있게 논의되고 있다.

64) '본성적[=자연적]으로 즐거운 것'과 '본성적으로 즐겁지 않은 것'의 구별에 대해서는 VII 5, 1148b15-19 참조.

고귀한 것의 애호자들에게도 즐겁고 그 자체로도 즐거운 것이다. §12 그러니 그들의 삶은 즐거움을 어떤 장식처럼 추가적으로 요구하지 않고 오히려 즐거움을 삶 자체 속에 가지고 있다. 앞에서 말했던 이유 외에도 고귀한 행위에서 기쁨을 느끼지 않는 사람은 좋은 사람이 아니기 때문이다. 누구도 정의로운 일을 행하는 것에서 기쁨을 느끼지 않는 사람을 정의로운 사람이라고 부르지는 않을 것이며, '자유인다운' 행위에서 기쁨을 느끼지 않는 사람을 '자유인다운 사람'[65]이라고 부르지는 않을 테니까. 다른 탁월성의 경우에도 마찬가지이다.

1099a21 §13 만일 사정이 그렇다고 한다면, 탁월성에 따르는 행위들은 그 자체로 즐거울 것이다. 뿐만 아니라 그 행위들은 좋기도 하고 고귀하기도 하되 각각의 경우마다 최고로 그러할 것이다. 이것들에 관해 신실한 사람[66]이 훌륭하게 판단한다고 하는 한. 그런데 신실한 사람은 우리가 이야기했던 대로 판단한다. §14 그러므로 행복은 가장 좋고 가장 고귀하고 가장 즐거운 것이며, 이 셋은 델로스의 비명(碑銘)에[67] 새겨진 것처럼 서로 분리되지 않는다.

> 가장 정의로운 것이 가장 고귀하지만, 가장 좋은 것은 건강하다는 것이며,
> 바라던 바를 얻는 것이 가장 즐겁기 마련이다.

사실 이것들은 모두 최선의 활동들에 속하는 것들이다. 그런데 우리는 이 활동들을 혹은 이 활동들 가운에 가장 뛰어난 하나의 활동을 행복이라고 한다.

---

65) '자유인다운 사람' ☞ eleutherios.

66) '신실한 사람' ☞ spoudaios.

67) 델로스에 있는 레토(Leto)의 신전에 새겨져 있는 비명에 대해서는 『에우데모스 윤리학』 1214b1-8에서 논의되고 있다.

§15 그럼에도 불구하고 우리가 앞에서 말한 바와 같이[68] 행복은 명백히 추가적으로 외적인 좋음 또한 필요로 한다. 일정한 뒷받침이 없으면 고귀한 일을 행한다는 것은 불가능하거나 쉽지 않기 때문이다. 우선 많은 일들은 마치 도구를 통해 어떤 일을 수행하는 것처럼 친구들을 통해, 또 부와 정치적 힘을 통해 수행되기 때문이다. §16 또 이를테면 좋은 태생, 훌륭한 자식, 준수한 용모와 같이 그것의 결여가 지극한 복에 흠집을 내는 것들이 있다. 용모가 아주 추하거나 좋지 않은 태생이거나 자식 없이 혼자 사는 사람은 온전히 행복하다고 하기 어려우며, 더 어렵기는 아마도 아주 나쁜 친구와 나쁜 자식들만 있는 사람, 혹은 좋은 친구와 자식들이 있었지만 지금은 죽어서 없는 사람일 것이다. §17 그래서 행복은 우리가 말한 바와 같이[69] 이런 종류의 순조로운 수급을 추가적으로 요구하는 것 같다. 바로 이런 까닭에 다른 사람들은 탁월성을 행복과 동일시하지만, 어떤 사람들은 행운[70]을 행복과 동일시하는 것이다.

1099a31 1099b

행복의 성취 방법

제9장

§1 이런 사정으로 인해 행복이 배워서 얻어지는 것인지, 아니면 습관을 들임으로써 얻어지는 것인지, 혹은 다른 어떤 훈련 방식으로 얻어지는 것인지, 그것도 아니면 어떤 신적인 운명이나 우연에 의해 생겨나는 것인지에 관한 문제가 제기된다. §2 그런데 신들이 인간에게 주는 다른 선물도 있다고 한다면, 행복 또한 신의 선물이라는 점은 당연하며, 행복이 인간적인 것들 중에서 가장 좋은 것인 만큼 다른 무엇보다도 우선적인 신의 선물이라는 점 또한 이치에 맞는다. §3 이 문제는 아마도 다른 탐구에 보다 1099b9

68) I 8 §7, 1098b 26-29.

69) 사실 명확하지는 않지만, '외적인 풍요'를 언급하는 1098b26을 지시하는 것으로 보인다.

70) '행운'(eutychia).

적합하겠지만, 설령 행복이 신들이 보내준 것이 아니라 탁월성과 어떤 종류의 배움 혹은 훈련을 통해 생겨나는 것이라 하더라도 그것은 여전히 가장 신적인 것들 중의 하나로 보인다. 탁월성에 대한 보상과 탁월성의 목적은 최고의 것이고 신적이며 지극히 복된 어떤 것으로 보이니까. §4 행복은 또한 많은 사람들에게 공통되는 것일 게다. 탁월성을 획득하는데 아주 불구이지 않은 사람이라면 누구나 어떤 종류의 배움과 노력을 통해 행복을 성취할 수 있기 때문이다. §5 그런데 만약 이러한 방식으로 행복해지는 것이 우연을 통해 행복해지는 것보다 낫다면, 실제로도 이러한 방식으로 행복해진다는 것이 이치에 맞는 일이다. 자연물들이 가능한 한 가장 훌륭한 상태로 있을 바로 그 방식에 따라 실제의 본성을 갖추는 것이 사실이라면, §6 또 마찬가지로 기예를 따른 산물과 어떤 원인이든 원인을 따른 산물도 그러하다면, 특히 최선의 원인[71]을 따른 것이 가장 그러하다는 것이 사실이라면 말이다. 또 가장 위대하고 가장 고귀한 것을 우연에 맡긴다는 것은 너무도 부조리한 일일 것이다.

1099b25 §7 우리가 탐구하고 있는 것에 대한 답은 지금까지의 논의로부터도 분명하다. 우리는 행복을 탁월성에 따른 영혼의 어떤 활동이라고 규정했다. 여타의 좋음들 중에서 어떤 것들은 필수적인 것으로서 행복에 속하며, 다른 어떤 것들은 조력자로서 또 유용한 것으로서 도구적으로 협력하기 마련이라고 말한 바 있다.[72] §8 그런데 이러한 생각은 처음에 이야기했던 것과도 일치할 것이다. 처음에 우리는 정치학의 목적을 최고의 좋음으로 규정했는데, 정치학은 시민들을 특정 종류의 성품을 가진 좋은 시민으로, 고귀한 일들의 실천자로 만드는 데 대부분의 노력을 경주하고 있기 때문이다.

1099b32 §9 그러므로 우리가 소나 말, 그밖의 다른 동물들 중 어느 것도 행복하
1100a 다고 말하지 않는 것은 당연한 일이다. 이런 동물들 중 어느 것도 그러한

71) 인간의 이성.

72) I 8 §15, 1099a33-b2.

활동에 참여할 수 없으니까.

§10 바로 이러한 이유 때문에 어린아이 또한 행복한 사람이 아니다. 나 1100a1
이 때문에 아직 그러한 일들을 실천할 수 없기 때문이다. 행복하다고 이야기되는 어린아이들은 행복에 대한 희망 때문에 그런 축복의 말을 듣는 것이다. 이미 이야기했던 것처럼[73] 행복은 완전한 탁월성도 필요로 하지만 완전한 생애도 필요로 하기 때문이다.[74] §11 일생을 살아가는 동안에 많은 변화와 갖가지 우연들이 생긴다. 트로이아 전쟁의 프리아모스[75]에 관한 이야기에서 듣는 바와 같이 가장 성공적으로 살던 사람도 노년에 엄청난 불행에 빠질 수 있다. 그런데 이렇게 불운을 당하고 비참하게 최후를 맞이하는 사람을 누구도 행복하다고는 하지 않는다.

행복과 운명

제10장

§1 그렇다면 인간 중에서 어떤 사람도 그가 살아 있는 동안에는 행복 1100a10
하다고 말할 수 없고, 솔론[76]이 이야기했던 것처럼 그 끝을 보아야만 하

73) 1098a16-18.

74) 그밖의 다른 이유에 대해서는 『에우데모스 윤리학』 1219b5 이하 참조. 어린아이들이 행복할 수 없는 이유는 행복을 이루는 '행위들'이 완전한 덕과 완전한 삶을 요구하기 때문이다.

75) 프리아모스(Priamos)는 헥토르, 파리스 등을 비롯해 50여 명의 왕자를 둔 트로이아의 국왕이다. 왕비 헤쿠바, 훌륭한 왕자들, 번성하는 트로이아와 함께 인자한 아버지와 권위 있는 국왕으로서 성공적인 삶을 살았다. 트로이아 전쟁의 여파로 그의 운명은 급전직하, 아킬레우스의 손에 아들 모두를 잃고 종국에는 트로이아의 영웅이었던 아들 헥토르의 시신을 되찾기 위해 한밤에 혈혈단신으로 아킬레우스를 찾아가 설득해야 했던 비운의 인물이다.

76) 솔론(Solon)은 기원전 6세기 초반의 아테네 입법가로서 민주주의의 토대를 구축했던 사람이다. 솔론은 온갖 부(富)를 누리면서 자만에 찬 리디아의 왕 크로이소스를 방문해 그의 모든 보물을 보았지만, 한 사람의 행복을 그 생애 동안에는 판단하지 말고 그 생애를 마쳤을 때까지 기다리라고 충고했다고 한다. 솔론은 그에게 모든 것의 끝을 주목해야만 하고, 어떻게 그 끝이 맺어지는지를 보라고 말했다고 한다. 헤로도토스, 『역사』 I §§30-33 참조.

는 것인가? §2 만일 실제로도 그렇다고 받아들여야 한다면, 사람은 죽은 다음에야 정말 행복한 것인가? 아니면 적어도 이 말은 완전히 이상한 말, 특히나 행복을 일종의 활동으로 규정한 우리에게는 더더구나 이상한 말이라고 해야 하는가?

1100a14 §3 우리가 죽은 사람이 행복하다고 말하지 않고 솔론 역시 그런 뜻으로 이야기했다기보다는 오히려 한 인간이 죽었을 때에야 비로소 온갖 악과 불운들의 바깥에 있게 됨으로써 지극히 복받은 사람으로 확실하게 찬양할 수 있음을 이야기한 것이라고 해도 이 주장 역시 논란의 소지를 가지고 있다. 왜냐하면 살아 있으되 인지하지 못하는 사람에게도 좋음과 나쁨이 있는 한,[77] 죽은 사람에게도 가령 명예나 불명예, 또 자식들 혹은 일반적으로 후손들의 번성이나 불운처럼 어떤 좋음과 나쁨이 다같이 있는 것처럼 보이기 때문이다.

1100a21 §4 그러나 이 생각도 역시 문제를 일으킨다. 어떤 사람이 노년에 이르기까지 지극히 복되게 살아왔고 이치에 맞게 삶을 마감했다고 하더라도 그에게는 자손들과 관련해서 많은 우여곡절이 일어날 수 있고, 그 후손들 중 일부는 좋은 사람이며 그들의 가치에 맞는 삶을 누리지만, 다른 일부는 이와 반대되는 형편을 겪을 수 있기 때문이다. 또 후손들이 선조에 대해서 갖는 관계는 그 멀고 가까운 정도에 따라 매우 다양할 것이라는 점도 분명하다. 그래서 만약 죽은 사람까지 이러한 자손들의 우여곡절에 함께 휘말려 어떤 때는 행복하다가 어떤 때는 도로 비참하게 된다고 한다면, 이는 이상한 일일 것이다. §5 그렇다고 후손들의 일이 조상에게 아무 영향도 주지 않고 어떤 시간에도 영향을 주는 일이 없다고 한다면, 이것 역시 이상한 일일 것이다.

1100a31 §6 이제 이전의 문제로 되돌아가야 할 것이다. 지금 따지고 있는 문제 역시 어쩌면 그 문제에서부터 고찰할 수 있을 테니까. §7 만일 우리가 삶

77) 살아 있는 사람이라도 먼 곳을 여행하고 있을 때는 부모나 가족에게 어떤 악과 선이 닥친다고 하더라도 그 소식을 듣지 못한다면 그것을 깨달을 수 없을 것이다.

의 끝을 보아야만 하고 그때 각자를 지금 진정 지극히 복된 자로서가 아니라 이전에 그러했다는 이유로 지극히 복된 자라고 해야 한다면, 이 어찌 이상하지 않단 말인가? 그가 진정 행복한 때에 그가 행복하다는 것이, 살아 있는 사람은 그 우여곡절 탓에 행복하다고 말하고 싶지 않다는 이 1100b
유로, 또 행복을 어떤 지속적인 것으로, 결코 쉽게 변할 수 없는 것으로 파악하고 있는 반면에, 운수는 동일한 사람 주변을 여러 차례 돌고 도는 것이라고 파악한다는 이유로—그에 대해 참되게 서술되지 않는다면, 이 어찌 이상하지 않단 말인가?

§8 이것은 다음과 같은 사실을 생각해 보면 분명하다. 만약 우리가 그 1100b4
때그때 변하는 운을 따라가 본다고 한다면, 동일한 사람을 행복한 사람이라고 부르다가 다시 비참한 사람으로 부르기를 여러 차례 반복할 것이며, 그로써 행복한 사람을 일종의 '카멜레온으로, 취약한 기반을 가진 사람'[78]으로 드러낼 것이다.

§9 그런데 이와 같이 어떤 사람의 운을 좇아 그의 행복 여부를 판단하 1100b7
는 것은 아주 잘못된 일이 아닐까? 잘 되고 못됨은 이런 것에 의존하는 것이 아니라 앞에서 말했던 것과 같이[79] 인간적 삶은 다만 이런 것들을 추가적으로 필요로 할 뿐이며, 행복에 결정적인 것은 탁월성에 따르는 활동이고, 그 반대활동은 불행에 결정적이기 때문이다. §10 사실 우리가 지금 당면하고 있는 어려움도 행복에 대한 우리의 논의가 옳았다는 증거를 제공한다. 인간적인 성취[80]들 중에서 탁월성에 따르는 활동들만큼 안정성을 갖는 것은 없기 때문이다. 탁월성에 따르는 활동들은 학문적 지식보다도 더 지속적인 것으로 보인다.[81] 또 이러한 활동들 중에서 가장 영예

78) 저자와 출전을 알 수 없는 시의 구절.

79) I 8 §§15-17, 1099a31-b9.

80) '성취' ☞ ergon.

81) 탁월성의 안정성(bebaiotēs)에 대해서는 II 3 §3, 1105a33; VI 5 §8, 1140b29; VIII 3 §6, 1156b12; III 8 §5, 1159b2; IX 1 §3, 1164a12 참조.

로운 활동들이 더 지속적인데, 그것은 지극히 복된 사람들이 다른 무엇보다도 이러한 활동 속에서, 그리고 가장 연속적으로 그들의 삶을 살아가기 때문이다. 이러한 활동과 관련해 망각이 일어나지 않는 것은 이런 이유 때문인 것 같다.[82]

1100b17 §11 그렇다면 행복한 사람은 우리가 추구하는 안정성을 갖게 될 것이며, 그의 일생 내내 행복한 사람으로 살 것이다. 그는 언제나 혹은 다른 누구보다도 탁월성에 따르는 것들을 행하며 그것들을 사색할 테니까. 또 그가 '진정으로 좋은 사람이며 어느 귀퉁이 빠지는 데 없이 반듯한 사람'[83]이라면 인생의 갖가지 운들을 가장 훌륭하게, 모든 점에서 전적으로 적절하게 견뎌낼 테니까.

1100b22 §12 사실 많은 일이 우연에 따라 일어나며 그 크고 작음에 따라 차이를 가진다. 행운 중에서 작은 것은 불운 중에서 작은 것과 마찬가지로 분명 삶의 균형을 변화시키지는 않는다. 다른 한편, 큰 일들이 좋은 쪽으로 많이 일어난다면 삶을 더 복 받은 것으로 만들 것이다. (이것들 자체가 원래 삶에 곁들여져 아름다운 꾸밈[84]을 보태주며, 그것들의 사용은 고귀하고 신실하기 때문이다.) 반면에 큰 일들이 나쁜 쪽으로 많이 일어나면 지극한 복을 짓누르고 상하게 한다. 그것들은 고통을 가져오고 많은 활동을 방해하니까. 그럼에도 불구하고 고귀함[85]은 이러한 불운들 가운데에서도 빛을 발한다. 누군가 크고도 많은 불운을 — 고통에 대해 무감각해서가 아니라 고결하고 담대한 성품의 소유자이기 때문에 — 침착하게 견

82) 탁월성에 관련한 망각에 대해서는 VI 5 §8, 1140b28-30 참조.

83) 케오스 출신의 그리스의 시인인 시모니데스(Simonidēs, 기원전 556년~기원전 468년)의 시구이다. 플라톤, 『프로타고라스』 339b 참조. 후반부의 직역은 나무랄 데 없는 사각형이다.

84) '꾸밈' 혹은 '장식'(kosmos)에 대한 사유는 IV 2, 1123a7(자신의 부에 걸맞은 집을 세우는 것도 일종의 장식); IV 3, 1124a1(포부의 큼은 탁월성의 장식)에도 등장한다.

85) '고귀함' ☞ kalos.

더낸다면 말이다.

§13 우리가 말했던 것처럼 활동이 삶에서 결정적인 것이라고 한다면, 1100b33
지극히 복된 사람들 중 누구도 비참하게 되지는 않을 것이다. 그는 결코 가증스러운 일이나 비열한 행위들을 하지 않을 테니까. 또 우리는 진정으 1101a
로 좋고 분별 있는 사람은 모든 운을 품위 있게 견뎌낼 것이라고, 현존하는 것으로부터 언제나 가장 훌륭한 것들을 행위할 것이라고 생각하기 때문이다. 마치 훌륭한 장군이 현존하는 부대를 전략적으로 가장 적절하게 사용하고, 좋은 제화공은 주어진 가죽으로부터 가장 훌륭한 구두를 만들어내며, 또 다른 모든 전문적인 기술자들도 같은 방식으로 행하는 것처럼.

§14 만일 사정이 이렇다고 한다면 행복한 사람은 물론, 프리아모스가 1101a6
당한 것과 같은 비운이 덮친다면야 지극히 복될 수도 없겠지만, 결코 비참하게 되지는 않을 것이다. 행복한 사람은 실로 다채롭게 변할 수 있는 사람도 아니며 쉽게 변할 수 있는 사람도 아니다. 그는 행복으로부터 쉽게 떨려 나지 않을 것이고, 그 어떤 흔한 불운에 의해서도 흔들리지 않을 것이며, 만약 그가 흔들린다면 수없이 닥치는 큰 불운에 의해서만 그럴 것이기 때문이다. 이러한 불운으로부터 그가 다시 행복해지는 일은 짧은 시간 안에 일어나지는 않을 것이다. 어느 정도 길고도 완전한 시간 안에서, 그리고 그 시간 동안 크고도 고귀한 일들을 성취한 후에야 비로소 그가 다시 행복해지는 일이 가능할 것이다.

§15 그렇다면 완전한 탁월성에 따라 활동하며 외적인 좋음들을 충분히 1101a14
구비하고 있는 사람을, 어떤 특정한 시간 동안만이 아니라 전 생애에 있어 행복한 사람이라고 부르지 말라는 법이 어디 있단 말인가? 아니면 그가 앞으로도 그렇게 살 것이며 복되게 삶을 마감할 것이라는 조건을 덧붙여야만 하는가? 미래는 우리에게 확실하지 않은 반면에, 행복은 목적이며 모든 점에서 전적으로 완전한 것[86]이라고 우리가 규정했기 때문에?
§16 만약 그렇다고 한다면 우리는 살아 있는 사람들 가운데서 우리가 이야기했던 것들을 가지고 있고 앞으로도 가질 사람들을 지극히 복된 사람

이라고, 물론 인간인 한[87]에서 지극히 복된 사람이라고 부를 것이다. 이런 문제에 관해서는 이 정도까지 규정된 것으로 하자.

[……]

영혼의 탁월성

제13장

1102a4 §1[88] 행복은 완전한 탁월성에 따르는 영혼의 어떤 활동이기 때문에, 탁월성에 관해 검토해야 할 것이다. 아마도 이런 방식으로 행복에 관해 더 잘 이해할 수 있을 테니까. §2 또 참된[89] 정치학자는 무엇보다도 탁월성에 관해 많은 연구를 했던 것으로 보인다. 그는 시민들을 좋은 시민으로, 법에 잘 따르는 시민으로 만들고자 하기 때문이다. §3 우리는 이러한 정치학자들의 모범을 크레타[90]와 라케다이모니아[91]의 입법자들에게서, 또 그들과 같은 다른 어떤 입법자들이 있다면 그들에게서 찾을 수 있다. §4 만일 지금 우리가 하고 있는 연구가 정치학에 속하는 것이라면, 탁월성에

86) '목적'(telos), '완전한 것'(teleion).

87) 인간도 신과 마찬가지로 '복된 존재'라고 말할 수 있지만, 신의 '행복'과 인간의 '행복'의 차이는 행복의 본질적 차이라기보다는 행복의 '지속성'을 어떻게 유지하는가에 달려 있는 것으로 보인다. 인간의 미래는 프리아모스의 경우처럼 불확실하기 때문이다.

88) II에서부터 본격적으로 개진되기 시작하는 탁월성에 관한 논의가 사실 여기서부터 시작되고 있다. 아리스토텔레스는 이 장에서 '지적 탁월성'(dianoētikē aretē)과 '성격적 탁월성'(ēthikē aretē) 간의 구별에 대한 근거를 지적한 다음, II와 III 1-5에서는 지적 탁월성과 성격적 탁월성의 공통된 특징들을 논의하고 있다. 이 논의는 III 5에서 요약적으로 정리되고, 계속해서 V에 이르기까지 지적 탁월성과 성격적 탁월성에 대한 상세한 설명이 이어지고 있다. VI은 지적 탁월성과 성격적 탁월성에 대한 논의로 이루어진다.

89) 아리스토텔레스는 정치학과 정치가에 대한 자신의 개념이 현실의 정치가들이 실제로 행하는 것과 맞아떨어지지 않는다는 사실을 잘 알고 있었다.

90) 『정치학』 II 7.

91) 『정치학』 II 6.

대한 검토는 우리의 애초 계획과 부합할 것임이 분명하다.

§5 그런데 검토되어야 할 탁월성이 인간적인 탁월성이라는 것 또한 분명한 일이다. 우리가 추구해 왔던 좋음도 인간적인 좋음이었으며, 행복도 인간적인 행복이었으니까. §6 우리가 인간적 탁월성을 말할 때는 육체의 탁월성을 말하는 것이 아니라 영혼의 탁월성을 말하는 것이다. 우리는 행복 또한 영혼의 활동이라고 말한다. **1102a**12

§7 만약 사정이 이렇다면 정치학자는 어떤 방식으로든 의당 영혼에 관한 것들을 알아야 할 것이다. 이것은 마치 눈을 치료하려는 사람은 신체 전체를 알아야만 하는 것과 같고, 정치학이 의술보다 더 명예롭고 더 좋은 것인 만큼 더욱 그래야 할 것이다. 의사들 가운데서도 수준 높은 사람들은 신체에 대한 앎과 관련해 많은 노력을 기울인다. §8 그렇다면 정치학자 또한 영혼에 관해 연구해야만 하지만[92] 문제되는 사안을 해결할 목적으로, 또 탐구 주제에 충분할 정도만큼만 연구해야 할 것이다. 이보다 큰 정확성을 기하는 것은 우리의 현재 계획을 수행하는 것보다 아마 더 힘든 일일 터이니.[93] **1102a**18

§9 영혼에 관해서는 일상적인 논의작업에서도 일정 부분 충분히 이야기되고 있으니 이것들을 이용해야 할 것이다. 이를테면 영혼의 한 부분은 '이성이 없는 부분'이지만, 다른 한 부분은 '이성을 가지고 있는 부분'[94]이라는 사실을 말이다. §10 이 두 부분들이 신체의 부분이나 모든 분할 가능한 전체의 부분들처럼 나누어지는지, 아니면 곡면(曲面) 안에 볼록함과 오목함이 있는 것처럼 정의(定義)상으로는 둘이지만 실제로는 나눌 수 없게 되어 있는 것인지는 우리의 현재 목적을 위해서는 별로 중요하지 않다.[95] **1102a**26

---

92) 영혼에 대한 자연학적인 방식의 본격적인 탐구는 『영혼론』에서 이루어진다.

93) 정치학과 윤리학의 탐구가 '엄밀성'을 덜 요구한다는 기본적 생각을 반영하고 있다.

94) '이성이 없는 부분'(to alogon), '이성을 가진 부분'(to logon echon) ☞ logos.

1102a32 §11 이성이 없는 부분 중 한 부분은 공통적이며 식물적인 것 같은데, 나는 이것을 영양과 성장의 원인이라고 말한다. 우리는 영혼의 이러한 능력이 배아를 포함해 영양을 섭취하는 모든 것 안에 있는 것이라고 볼 수
1102b 있을 것이다. 또 이것과 동일한 능력이 다 자란 성체에도 있다고 해야 할 것이다. 다른 어떤 능력을 상정하는 것보다 이 능력을 상정하는 것이 더 조리에 맞기 때문이다. §12 그렇다면 이 능력의 탁월성은 모든 생물에 공통적인 어떤 것이지 특별히 인간에게만 있는 것 같지는 않다. 수면 중에 가장 활발하게 활동하는 것은 바로 이 부분, 이 능력인 것으로 보이지만, 좋은 사람과 나쁜 사람은 잠잘 때 구별해 내기가 가장 어렵기 때문이다. (바로 이 때문에 사람들은 인생의 절반 동안은 행복한 사람과 비참한 사람 사이에 아무런 차이가 없다고 말하는 것이다.[96] §13 이것은 그럴 듯한 이야기이다. 영혼의 신실성과 열등성은 영혼활동이라는 관점에서 이야기되지만, 잠은 바로 그 영혼활동의 정지이기 때문이다.) 예외적인 경우가 있기는 하다. 작은 정도이지만 운동 중의 일부가 수면 중의 우리에게도 영향을 미쳐 이런 방식으로 훌륭한 사람의 꿈이 보통 사람들의 꿈보다 더 나아지는 경우가 그것이다. §14 그렇지만 이런 문제에 관해서는 충분하며, 영양 섭취적인 부분은 이제 놔두도록 하자. 그것은 본성상 인간적인 탁월성에는 아무런 몫을 가지고 있지 않게끔 되어 있기 때문이다.

1102b13 §15 영혼의 다른 어떤 본성 역시 이성이 없는 것으로 보이지만, 어떤 방식으로는 이성에 참여하고 있다. 우리는 '자제력이 있는 사람'과 '자제력이 없는 사람'[97]의 이성과 그들 영혼의 이성을 가진 부분을 칭찬한다. 이것이 그들을 최선의 것들로 나아가도록 격려하기 때문이다. 그러나 그들

95) 영혼의 부분에 관한 자연학적 논의에 대해서는 『영혼론』 II 2, 413b13-32; III 9, 432a15-b8, 10, 433a31-b13 참조.

96) 『잠과 깸』 1, 454b32-455a3 참조.

97) '자제력이 있는 사람'(ho enkratēs)과 '자제력이 없는 사람'(ho akratēs)'에 대한 본격적인 논의는 VII에서 시작된다.

속에는 이성과는 별개인 어떤 다른 것도 본성적으로 있는 것처럼 보이는데, 이것이 이성과 싸우고 이성에 맞서고 있다. 마비된 신체의 부분들을 오른쪽으로 움직이려고 해도 실제로는 그 반대인 왼쪽으로 움직이는 것과 꼭 마찬가지의 일이 영혼의 경우에도 일어난다. 자제력이 없는 사람들의 충동은 반대 방향으로 나아가니까. §16 그러나 신체의 경우에는 우리가 엇나가는 것을 눈으로 보지만, 영혼의 경우에는 직접 보지 못한다. 그렇다고 하더라도 아마 영혼에도 신체 못지않게 이성과는 별개의 무엇이 있어 이것이 이성에 대립하고 반대 방향으로 나아간다고 생각해야 할 것이다. 그것이 어떻게 다른지는 지금 중요하지 않다. §17 우리가 앞서 말한 바와 같이 이 부분 또한 이성에 참여하는 것처럼 보인다. 어쨌거나 자제력 있는 사람의 이 부분은 이성에 설복되고, 이성의 말에 훨씬 더 잘 귀 기울이기는 아마 절제 있는 사람과 용감한 사람의 이 부분일 것이다. 그들의 경우에 이 부분이 모든 점에서 이성과 한 목소리를 내기 때문이다.

§18 그렇다면 이성이 없는 부분 또한 두 부분을 가지고 있는 것처럼 보 1102b28
인다. 한 부분은 식물적인 것으로 이성을 전혀 함께 나누어 가지고 있지 않지만, 다른 한 부분은 욕망적인 것, 일반적으로 욕구적인 것으로 어떤 방식으로는, 즉 이성의 말을 들을 수 있고 설복될 수 있는 것인 한에서는 이성을 나누어 가지고 있는 것이다. 우리가 아버지의 이성을 혹은 친구들의 '이성을 가지고 있는 것'도 바로 이런 방식이지, 수학적인 것에 관한 이성을 가지고 있는 방식으로는 아니다. 이성이 없는 부분이 이성에 의해 어떤 방식으로 설득된다는 사실은 주의(注意)와 모든 종류의 꾸지람, 그리고 격려의 관행에 의해 밝혀진다.

§19 그런데 이 부분 역시 이성을 가지고 있는 부분으로 불러야 한다면, 1103a1
이성을 가지고 있는 부분 또한 두 부분일 것이다. 그 한 부분은 일차적인 의미에서 이성을, 자체 안에 이성을 가지고 있는 것이며, 다른 한 부분은 아버지의 말을 듣듯 그렇게 이성을 듣고 따를 수 있는 어떤 것이다. 탁월성 또한 이러한 차이에 따라 나누어진다. 우리는 탁월성 중 한 부분을 지적인 탁월성으로, 다른 한 부분을 성격적 탁월성으로 부른다. 지혜나 이해력,[98] 실천적 지혜는 지적 탁월성으로, '자유인다움'이나 절제는 성격적 탁월성으로 부르는 것이다. 어떤 사람의 품성에 대해 말할 때, 우리는 그가 지혜롭다거나 이해력이 있다고 하지 않고 온화하다거나 절제 있다고 말한다. 그렇지만 지혜로운 사람을 칭찬하는 것 역시 영혼의 상태에 근거한 것이다. 영혼의 상태 중에서 칭찬받을 만한 것을 우리는 탁월성이라고 부른다.[99]

98) '지혜'(sophia), '이해력'(synesis).

99) 지금까지 논의된 영혼의 부분들을 정리하면 아래와 같을 것이다.

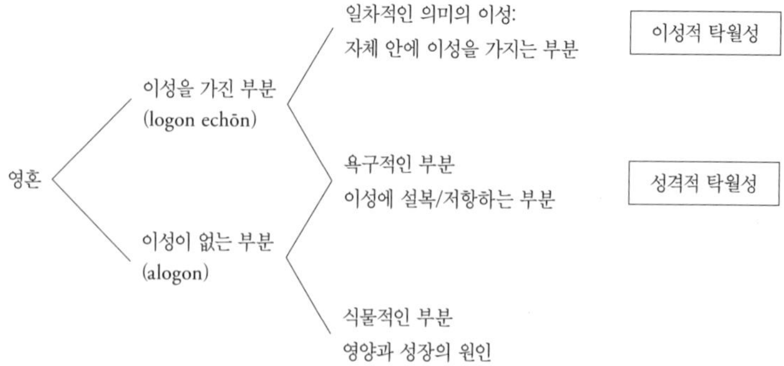

제2권

탁월성의 기원

제1장

§1 탁월성에는 두 종류가 있다. 하나는 지적 탁월성이며, 다른 하나는 성격적 탁월성이다. 지적 탁월성은 그 기원과 성장을 주로[100] 가르침에 두고 있다. 그런 까닭에 그것은 경험과 시간을 필요로 한다. 반면에 성격적 탁월성은 습관의 결과로 생겨난다. 이런 사정으로 성격이란 이름 '에토스'도 습관을 의미하는 '에토스'로부터 조금만 변형해 얻어진 것이다.[101] §2 이것으로 미루어보더라도 성격적 탁월성 중 어떤 것도 본성적으로 우리에게 생기는 것이 아님은 분명하다. 본성적으로 그런 것은 어느 것이든 본성과 다르게는 습관을 들일 수가 없으니까. 예를 들어 돌은 본성적으로 아래로 움직이도록 되어 있기에 위로 움직이도록 습관을 들일 수는 없을 것이다. 만 번을 위로 던져 습관을 들이려 해도 도저히 그렇게는 할 수 없다. 불을 아래로 움직이게끔 습관을 들일 수도 없는 일이며, 어떤 것도 1103a14

100) 이러한 유보 조항을 말하는 것은 지적 탁월성에도 본성적으로 오는 '영리함'과 습관에서 오는 '영혼의 상태'가 필요하기 때문이다. VI 13 §8, 1144a20 이하 참조.

101) 그리스어에서 성격 혹은 품성을 뜻하는 '에토스'(ēthos)와 습관을 뜻하는 '에토스'(ethos)는 첫 모음의 장단에서만 차이를 보이는 말이다. ☞ ēthos. 아리스토텔레스는 성격과 습관의 철학적 연관이 어원적으로도 담보되는 것이라고 생각하는 것 같다. 이러한 연관에 대한 지적은 아리스토텔레스가 종종 쓰는 것이지만 이러한 '철학적 어원학'이 언어학적으로도 항상 유효한 것은 아니다. 플라톤은 대화편 『크라틸로스』에서 그리스어에서 육체를 뜻하는 '소마'(sōma)와 무덤의 표시를 뜻하는 '세마'(sēma)에 대해 비슷한 종류의 '변형'을 이야기하고 있다. 400b-c, 410a도 참조.

그 본성과 다르게 습관을 들일 수는 없는 일이다.[102)]

1103a23 §3 그러니 (성격적) 탁월성들은 본성적으로 생겨나는 것도 아니요, 본성에 반해 생겨나는 것도 아니다. 우리는 그것들을 본성적으로 받아들일 수 있으며 습관을 통해 완성한다. §4 또 우리에게 본성적으로 생기는 모든 것의 경우에 우리는 먼저 그것들의 능력을 얻고 나중에 그 활동을 발휘한다. 이것은 감각들의 경우를 보면 분명하다. 우리는 자주 봄으로써 시각을 획득하거나 자주 들음으로써 청각을 획득한 것이 아니라 오히려 그 반대로 감각능력을 가지고 사용하기 시작한 것이지, 사용함으로써 가지기 시작한 것은 아니기 때문이다. 그러나 우리가 탁월성을 획득하게 되는 것은 여러 기예들의 경우에서와 마찬가지로 먼저 발휘함으로써 얻게 되는 것이다. 어떻게 만들어야만 하는지 배우는 사람은 그것을 만들어 봄으로써 배우는 것이니까. 가령 건축가는 집을 지어 봄으로써 건축가가 되며 기타라 연주자는 기타라를 연주함으로써 기타라 연주자가 되는 것처럼 말
1103b 이다. 그러니 이렇게 정의로운 일들을 행함으로써 우리는 정의로운 사람이 되며, 절제 있는 일들을 행함으로써 절제 있는 사람이 되고, 용감한 일들을 행함으로써 용감한 사람이 되는 것이다.

1103b2 §5 여러 국가에서 일어나고 있는 일도 이것을 입증한다. 입법자들은 시민들에게 습관을 들임으로써 좋은 시민으로 만들며, 이것이 모든 입법자의 바람이기 때문이다. 물론 이것을 잘 해내지 못하는 입법자들은 애초의 목표에 도달하지 못하는 것이며, 바로 이 점에서 좋은 정치체제와 나쁜 정치체제가 구별된다.

1103b6 §6 또 모든 탁월성이 생겨나는 기원이나 원인은 또한 탁월성을 파괴하는 기원이나 원인이기도 하다. 이것은 기예의 경우에도 마찬가지이다. 기타라를 연주해 봄에서부터 좋은 기타라 연주자도 생기고 나쁜 기타라 연주자도 생기니까. 건축가나 여타의 모든 기술자의 경우도 비슷한 방식으

102) 자연적 물체에 속하는 자연적 운동에 대해서는 『천체론』 I 2 참조.

로 그러하다. 집을 잘 짓는 것으로부터 좋은 건축가가 될 것이며, 잘못 짓는 것으로부터 나쁜 건축가가 될 테니까. §7 만일 사정이 이렇지 않다고 한다면, 가르치는 사람이 전혀 필요하지 않을 것이며 모든 기술자는 애초에 좋은 기술자와 나쁜 기술자로 태어났을 것이다. 탁월성의 경우에도 이와 마찬가지이다. 다른 사람들과 상관하는 거래와 관련된 일들을 행하면서 어떤 사람들은 정의로운 사람이 되고, 또 다른 어떤 사람들은 부정의한 사람이 되기 때문이다. 또한 무서운 상황 속에서 일어나는 일들을 행함으로써, 또 두려워하는 마음을 갖는 습관을 들이거나 혹은 대담한 마음을 갖는 습관을 들임으로써 용감한 사람이 되거나 비겁한 사람이 되는 것이니까.

욕망과 관련된 것이나 분노와 관련된 것들에 대해서도 사정은 유사하다. 어떤 사람들은 절제 있는 사람이나 온화한 사람이 되지만, 다른 어떤 사람들은 무절제한 사람이나 성마른 사람이 되기 때문이다. 전자의 사람들은 자신들이 처한 상황 속에서 이렇게 행동함으로써, 후자의 사람들은 반면에 저렇게 행동함으로써 이러한 혹은 저러한 사람들이 되는 것이다. 한마디로 정리하자면, 품성상태들은 (그 품성상태와) 유사한 활동들로부터 생긴다. §8 그런 까닭에 우리는 우리의 활동들이 어떤 성질의 것이 되도록 해야 한다. 이 활동들의 차이에 따라 품성상태들의 차이가 귀결되기 때문이다. 따라서 어린 시절부터 죽 이렇게 습관을 들였는지 혹은 저렇게 습관을 들였는지는 결코 사소한 차이를 만드는 것이 아니다. 그것은 대단히 큰 차이, 아니 모든 차이를 만드는 것이다. **1103b**17

성격과 습관

제2장

§1 우리가 지금 하고 있는 논의는 다른 논의들처럼 이론을 위한 것이 아니다. (우리는 탁월성이 무엇인지 알기 위해 탐구하는 것이 아니라 좋은 사람이 되기 위해 탐구하는 것이며, 그렇지 않다면 아무짝에도 쓸모없을 테니까.) 그렇기에 행위와 관련된 것들을 살펴보는 것이, 즉 어떻게 행위 **1103b**26

해야 하는지 살펴보는 것이 필수적이다. 앞에서 이야기했던 것과 같이[103]
품성상태가 특정한 성질의 품성상태가 되는 데 지배적인 것은 바로 이 행
위들이기 때문이다. §2 일단 '올바른 이성[104]에 따라 행위해야 한다는 것'
이 공통의 견해이다. 이것을 기본 가정으로 놓도록 하자. 이것에 관해, 즉
무엇이 '올바른 이성'이며 그것이 어떻게 다른 탁월성들과 관계하는지에
1103b34 대해서는 뒤에 가서 이야기할 것이다.[105] §3 다음과 같은 점도, 즉 행위들
에 관한 모든 논의는 개략적이며 엄밀한 논의를 요구할 수는 없다는 것도
미리 합의된 것으로 해두자. 논의는 주제에 따라 (다르게) 요구되어야 한다
고 처음에 이야기했던 것과 같이[106] 말이다. 행위에 관한 문제나 유용성
에 관한 문제는 건강을 가져오는 것과 관련된 문제가 그렇듯 아무것도 고
정된 것이 없다.

1104a5 §4 일반적인 논의가 이러할진대, 개별적인 것들과 관련한 논의는 더더
욱 엄밀성을 가지지 않는다. 그것들은 그 어떤 기예나 지침에도 포섭되지
않으며, 의술과 항해술의 경우가 그러하듯 개별적인 것들을 행하는 사람
들 자신이 항상 각 경우에 적절한 것을 고려해야만 하기 때문이다.

1104a10 §5 하지만 비록 우리가 지금 하고 있는 논의가 그런 성격의 것이라 하
더라도 실제적인 도움을 주도록 시도는 해야 할 것이다. §6 그래서 우리
가 통찰해야 할 첫 번째 사실은 지금 논의되고 있는 것들이 모자람이나
지나침으로 말미암아 파괴되게끔 되어 있다는 것이다. (분명하지 않은 것
들에 대해서는 분명한 증거들을 사용해야만 하니까.[107]) 체력이나 건강의
경우에서 우리가 관찰하는 것처럼 말이다. 지나친 운동이나 운동 부족은

103) 1103a31-1103b25.

104) '올바른 이성'(orthos logos) ☞ logos.

105) VI 13.

106) 아리스토텔레스는 여기서 I 3 §§1-4에서 논의된 윤리학적 논의의 부정확성에 대해 다시 언급하고 있다.

107) 아낙사고라스, 『단편』 21a(DK 59B 21a). 김인곤 외, 『소크라테스 이전 철학자들의 단편 선집』, 아카넷, 2005, 528~29쪽 참조.

다 같이 체력을 파괴하고, 마찬가지로 너무 많이 먹고 마시는 것이나 너
무 적게 먹고 마시는 것 모두 건강을 해친다. 반면에 적당한 양은 건강을
산출하고 증진하며 보존한다.

§7 따라서 절제와 용기, 그리고 다른 탁월성의 경우에도 사정은 마찬가 1104a18
지이다. 무슨 일이든 회피하고 두려워하며 어떤 자리도 지켜내지 못하는
사람은 비겁한 사람이 되는 것이며, 이와 반대로 무슨 일이든 전혀 두려
워하지 않으면서 모든 일에 뛰어드는 사람은 무모한 사람이 되는 것이다.
마찬가지로 모든 즐거움에 탐닉하면서 어떤 것도 삼가지 않는 사람은 무
절제한 사람이 되는 것이며, 이와 반대로 즐거움이라면 전부 회피하는
사람은 촌뜨기들처럼 일종의 목석같은 사람[108]이 되는 것이다. 그러므로
절제와 용기는 지나침과 모자람에 의해 파괴되고 중용[109]에 의해 보존
된다.

§8 그러나 탁월성이 생기고 성장하게 하는 기원이나 원인이 탁월성을 1104a27
파괴하는 기원이나 원인과만 동일한 것은 아니다. 탁월성의 활동 또한 동
일한 기원이나 원인에서 성립할 것이다. 이것은 보다 분명한 다른 경우에
도, 가령 체력과 같은 경우에도 맞는 말이다. 체력은 많은 음식을 섭취하
고 많은 운동을 견디는 일에서부터 생겨나며, 이런 일들을 가장 잘 할 수
있는 사람은 체력이 강한 사람일 테니까. 탁월성의 경우 또한 이와 마찬가
지이다. 우리는 즐거움을 삼가는 일에서부터 절제 있는 사람이 되며, 절제
있는 사람이 되면 즐거움을 삼가는 일을 가장 잘 할 수 있기 때문이다.
용기의 경우 또한 비슷하다. 두려운 것들을 대수롭지 않게 보며 그것들을 1104b
견뎌내는 습관을 들이는 일에서부터 우리는 용감해지며, 용감한 사람이
되면 두려운 것들을 가장 잘 견뎌낼 수 있을 터이니.

---

108) 이 점에 대해서는 7 §3 참조.

109) '중용' ☞ mesotēs.

성격적 탁월성은 즐거움과 고통에 관련한다

제3장

1104b3 §1 그런데 어떤 사람의 실제 행위에 수반되는 즐거움과 고통을 그 사람의 품성상태의 표시로 간주해야 할 것이다. 육체적인 즐거움을 삼가고 이러한 삼감 자체에서 기쁨을 느끼는 사람은 절제 있는 사람, 이를 답답해하는 사람은 무절제한 사람이며, 무서운 것들을 견뎌내고 그런 일에서 기쁨을 느끼는 사람, 혹은 적어도 고통을 느끼지 않는 사람은 용감한 사람이며, 거기서 고통을 느끼는 사람은 비겁한 사람이기 때문이다. 성격적인 탁월성은 즐거움과 고통에 관련한다. §2 우리가 나쁜 일을 행하는 것은 즐거움 때문이며 고귀한 일을 멀리하는 것은 고통 때문이니까. 그러한 까닭에 플라톤이 말하는 바와 같이[110] 어렸을 때부터 죽 마땅히 기뻐해야 할 것에 기뻐하고 마땅히 괴로워해야 할 것에 고통을 느끼도록 어떤 방식으로 길러졌어야만 한다. 이것이야말로 올바른 교육이다. §3 또한 만일 탁월성이 행위와 감정에 관계하는 것이고 모든 행위에는 즐거움과 고통이 따른다면, 이것 때문에도 탁월성은 즐거움과 고통에 관련될 것이다. §4 이 점은 또한 벌이 즐거움과 고통을 사용한다는 사실을 보더라도 알 수 있다. 벌이란 일종의 치료인데, 치료는 본성상 반대되는 것을 통해 이루어지게끔 되어 있기 때문이다.

1104b18 §5 게다가 이전에도 말한 바와 같이 영혼의 모든 품성상태는 자신들을 더 낫게 혹은 더 나쁘게 만들게끔 되어 있는 것들에 대해, 그리고 그것들에 관련되는 본성을 가지고 있다. 그런데 사람들이 나쁜 사람이 되는 것은 즐거움과 고통을 통해서이니, 이것들을 추구하고 회피하되 해서는 안 되는 것들을, 혹은 해서는 안 되는 때에, 혹은 해서는 안 되는 방식으로 추구하고 회피함으로써, 혹은 그밖에도 이성에 의해 분간된 다른 관점에서 (즐거움을 추구하고 고통을 회피함으로써) 나쁜 사람이 되는 것이다. 이런

110) 플라톤, 『법률』 653e 아래; 『국가』 401e-402a 참조.

까닭에 어떤 사람들은 탁월성을 어떤 종류의 무감정상태,[111] 평정상태로도 규정하는 것이다.[112] 하지만 이것은 잘 규정된 것이 아니다. 그들은 탁월성을 단적으로 그렇게 규정할 뿐, 어떤 방식으로 추구하고 회피해야만 하는지, 어떤 방식으로 그래서는 안 되는지, 언제 그래야 하는지를, 또 그 밖의 다른 모든 조건을 말하지 않고 있기 때문이다.

§6 그러므로 우리는 탁월성이 즐거움과 고통에 관계해 최선의 것들을 **1104b**27
행하는 품성상태인 반면에, 악덕은 그 반대상태라고 가정한다.

§7 다음과 같은 사실을 고려해보더라도 탁월성이 즐거움과 고통에 관 **1104b**29
계하는 것이라는 점이 분명해질 것이다. 우리가 선택해 취하는 것에는 세 가지가 있으니 고귀한 것, 유익한 것, 즐거운 것이 그것이다. 우리가 회피하는 것도 세 가지가 있으니 앞의 것에 반대되는 것들, 즉 부끄러운 것, 해가 되는 것, 고통스러운 것이다. 이것들 모두와 관련해 좋은 사람은 올바르게 행동할 것이지만 나쁜 사람은 잘못을 저지를 것이다. 특히 즐거움과 관련해 그렇다. 즐거움은 동물들과도 공유하는 것이며, 선택해 취하는 것 모두에 따라붙기 때문이다. 고귀한 것이나 유익한 것도 사실 즐거운 것으로 보이니까.

§8 게다가 즐거움은 어린 시절부터 우리 모두와 더불어 자라왔다. 이런 **1105a**
까닭에 우리 삶 속에 스며든 이 감정을 떨어내는 것은 어려운 일이다. 또 다소 차이는 있지만 우리는 즐거움과 고통을 우리의 행위에 대한 규준으로 사용한다. §9 이런 이유로 이것들은 우리의 논의 전체가 반드시 다루어야 할 것들이다. 제대로 기뻐하고 슬퍼하는지 아니면 나쁜 방식으로 그러는지는 행위에 대해 적지 않은 차이를 가져오는 것이니까. §10 또 헤라

111) 무감정상태로 번역한 말 '아파테이아'(apatheia)는 어원적으로 '상태'(pathos, 감정, 겪음)가 없는 상태를 뜻한다. 지금의 문맥에서는 즐거움과 고통이라는 외적인 자극의 영향으로부터 벗어난 상태를 의미한다. 이 말은 『에우데모스 윤리학』 1222a; 『형이상학』 1046a; 『수사학』 1383a에서도 사용된다.

112) '평정상태'(ēremia)에 대한 발언은 아마도 스페우시포스의 견해를 염두에 둔 것 같다(VII 12 §7, 1153a31 참조). 플라톤, 『필레보스』 42e-51a 참조.

클레이토스가 이야기한 것처럼[113] 즐거움과 싸우는 것이 분노[114]와 싸우는 것보다 더 어렵다. 그런데 기예도 탁월성도 언제나 보다 어려운 것에 관계한다. 이렇게 더 어려운 경우에 잘 해내는 것이 더 나은 것이니까. 따라서 이러한 이유에서도 탁월성과 정치학을 위한 논의 전체는 즐거움과 고통에 관련되는 것이다. 이것들을 잘 사용하는 사람은 좋은 사람이 될 것이며 나쁘게 사용하는 사람은 나쁜 사람이 될 것이기 때문이다.

1105a13 §11 이렇게 해서 탁월성이 즐거움과 고통에 관련된다는 것, 탁월성을 생기게끔 하는 행위들에 의해 탁월성은 성장하고 행위들이 그와 같은 방식으로 이루어지지 않으면 파괴된다는 것, 그리고 탁월성을 생기게 한 그 행위들과 관련해 탁월성의 활동도 발휘된다는 것이 이야기된 것으로 하도록 하자.

품성상태와 행위

제4장

1105a17 §1 그런데 어떤 사람은 이런 의문을 제기할 수도 있을 것이다. 정의로운 행위를 함으로써 정의로운 사람이 되어야 하고, 절제 있는 행위를 함으로써 절제 있는 사람이 되어야 한다는 주장[115]은 무엇을 의미하는지 물을 수 있을 것이다.[116] 만약 정의로운 일을 행하고 절제 있는 일을 행한다면, 이미 정의로운 사람이며 절제 있는 사람인 것이기 때문이다. 마치 문법에 맞는 일들을 행하고 음악적인 일들을 행하면, 이미 문법가이고 음악가인

113) 헤라클레이토스, 『단편』 85(DK22B85). "충동(thymos)과 싸우는 것은 어렵다. 그것이 무엇을 하고자 하든 간에 그것은 영혼을 대가로 치르기 때문에." 『소크라테스 이전 철학자들의 단편 선집』 264쪽.

114) '분노'(thymos) ☞ orexis.

115) 1103a31-b25, 1104a27-b3.

116) 플라톤의 『메논』(80a-e)에서 제기된 '배움'에 대한 역설적 테제와 비교될 수 있는 문제이다. '배움의 역설'에 대해서는 『분석론 후서』 71a20-b8에서 논의된 바 있다.

것처럼 말이다.[117)]

§2 그런데 혹시 이러한 생각은 기예의 경우에서조차 맞지 않는 것은 아닐까? 우연히 혹은 다른 사람의 지시에 따름으로써 문법에 맞는 어떤 것을 만들어낼 수도 있으니까. 그러므로 어떤 사람이 문법에 맞는 어떤 것을 만들어내되 '문법적으로' 그렇게 할 때, 그때 비로소 문법가가 될 것이다. 문법적으로 그렇게 한다는 것은 자기 자신 안에 있는 문법의 지식[118)]에 따라 해내는 것이다. **1105a**21

§3 또 기예의 경우와 탁월성의 경우가 서로 유사한 것도 아니다. 기예에 의해 생겨난 것들은 자신들 안에 '잘 됨'[119)]을 가지고 있어 그것들이 어떤 성질을 갖추고 생겨나는 것으로 충분할 수 있는 반면에, 탁월성에 따라 생겨난 것들은 설령 그것들이 어떤 성질을 가지고 있다고 하더라도 정의롭게 혹은 절제 있게 행해진 것이 아니며 행위자 또한 어떤 상태에서 그것들을 행해야만 정의롭게 혹은 절제 있게 행해지는 것이다. 즉 그는 우선 알면서, 또 다음으로 합리적 선택에 의거해 행위하되 그 행위 자체 때문에 선택해야 하며, 세 번째로 확고하고도 결코 흔들리지 않는 상태에서 행위해야 하는 것이다. 그런데 이것들 중에서 안다는 것 자체를 제외한 두 번째와 세 번째 조건은 여타 기예들의 소유 여부와 관련해서 고려되지 않는다. 반면에 탁월성의 소유 여부와 관련해 안다는 것은 아무런 **1105a**26 **1105b**

117) 아리스토텔레스는 기본적으로 "정의로운 행위들을 함으로써 정의로운 사람이 되고, 절제 있는 행위들을 함으로써 절제 있는 사람이 된다"는 주장을 견지하고 있다. 그런데 이 주장에 대해 의문을 제기하는 사람은, 정의로운 행위나 절제 있는 행위를 하는 사람이 이미 그 조건으로 정의로운 사람이라는 것을, 혹은 절제 있는 사람이라는 것을 이미 전제하는 것이 아니냐고 반문할 수 있을 것이다. 만약 절제 있는 행위를 한다는 것이 행위자 자신이 이미 절제 있는 사람임을 함축하는 것이라면, 절제 있는 행위를 함으로써 절제 있는 사람이 된다는 아리스토텔레스의 주장은 무너지게 될 것이다.

118) 학문적 앎이라는 뜻의 지식(epistēmē)도 일종의 품성상태(hexis)이다. 『범주론』 8, 8b25-29 참조.

119) '잘 됨'(to eu).

중요성을 가지지 않거나 작은 중요성을 가질 뿐이며,[120] 나머지 두 조건이 작지 않은, 아니 전체를 가늠하는 힘을 가지고 있다. 이 두 조건은 정의로운 일들과 절제 있는 일들을 자주 행하는 것으로부터 생겨난다.

1105b5 §4 그러므로 행해진 것들이 정의롭다고 혹은 절제 있다고 이야기되는 것은 그것들이 정의로운 사람이 혹은 절제 있는 사람이 행했을 법한 그런 종류의 행위들일 때이다. 정의로운 사람이나 절제 있는 사람은 이런 일들을 (단순히) 행하는 사람이 아니고, 마치 정의로운 사람들이나 절제 있는 사람들이 행하는 바로 그런 방식으로 이런 일들을 행하는 사람이다. §5 그러므로 정의로운 일들을 행하는 것으로부터 정의로운 사람이 되고 절제 있는 일들을 행하는 것으로부터 절제 있는 사람이 된다는 것은 맞는 말이다. 이러한 일들을 행하지 않고서는 그 누구도 좋은 사람이 되지 못하며 될 가망성조차 가지지 못할 것이다.

1105b12 §6 그러나 많은 사람들은 이런 일들을 행하지 않고 말로 도피하면서 자신들은 철학을 하고 있다고 생각하고 이런 방식으로 신실한 사람이 될 것이라고 생각한다. 이들의 태도는 의사의 말을 주의해 듣기는 하지만, 처방된 바는 전혀 행하지 않는 환자들과 비슷하다.[121] 이런 식으로 치료를 받는 저 환자들의 신체가 좋은 상태를 가질 수 없는 것처럼 이런 방식으로 철학하는 사람들의 영혼 또한 좋은 상태를 가질 수는 없을 것이다.

탁월성의 유: 품성상태

제 5 장

1105b19 §1 이제 이것 다음으로 탁월성이 무엇인지를 검토해야 한다. 영혼 속에서 생겨나는 것이 세 가지, 즉 감정과 능력, 품성상태[122]이므로 탁월성은

---

120) "탁월성은 앎으로 이루어진다"라는 소크라테스-플라톤적 주지주의 전통에 대립되는 주장으로 이해할 수 있다.

121) 의사의 지침을 듣기만 하고 실제로 행하지 않음으로써 나쁜 신체상태를 유지하는 경우에 대해서는 III 5 §14 참조.

이 셋 중의 하나일 것이다. §2 내가 말하는 감정이란 욕망, 분노, 두려움, 대담함, 시기, 기쁨, 친애, 미움, 갈망, 시샘, 연민, 일반적으로 즐거움이나 고통이 동반하는 것들이다. 또 능력이란 그것에 따라 우리가 이러한 감정들을 경험할 수 있게 된다고 말하는 것들로, 가령 화를 낼 수 있거나 슬퍼할 수 있거나 혹은 연민을 느낄 수 있게 하는 능력들이다. 품성상태란 그것에 따라 우리가 감정들에 대해 제대로 태도를 취하거나 나쁘게 태도를 취하게 되는 것이다. 예를 들어 분노함과 관련해 너무 지나치거나 너무 느슨하다면 우리는 나쁘게 태도를 취하는 것이며, 중용적이라면 제대로 태도를 취하는 것이다.

§3 그러므로 탁월성이나 악덕은 모두 감정이 아니다. 우리가 신실한 사 1105b28
람이라는, 혹은 나쁜 사람이라는 말을 듣게 되는 것은 우리의 감정에 따라서가 아니라 탁월성과 악덕에 따라 그런 말을 듣는 것이기 때문이다. 또 우리가 칭찬을 받거나 비난을 받는 것도 감정에 따라서가 아니라(어떤 사람이 두려워했다고 혹은 화를 냈다고 칭찬하지는 않는다. 또 어떤 사람이 단적으로 화를 냈다고 비난하는 것도 아니다. 다만 어떤 특정한 방식
으로 화를 냈다고 비난하기 때문이다), 탁월성과 악덕에 따라서이기 때문 1106a
이다. §4 또 우리는 합리적으로 선택하는 일 없이 화를 내거나 두려워하는 반면에, 탁월성은 어떤 종류의 '합리적 선택'[123]이거나 합리적 선택이 없지는 않은 것이다. 이런 생각들 외에도 우리는 우리의 감정에 따라 '움직여진다'고 이야기되는 반면에, 우리의 탁월성이나 악덕에 따라서는 움직여진다고 이야기되지 않고 어떤 '특정한 상태에 있다'[124]라고 이야기된다.

§5 또 이러한 이유들로 해서 탁월성은 능력도 아니다. 단적으로 감정을 1106a6
겪을 수 있는 능력이 있다고 해서 우리가 좋은 사람이나 나쁜 사람으로 이야기되지도 않고 칭찬이나 비난을 받는 것도 아니기 때문이다. 또 우리

122) '감정'(pathos), '능력'(dynamis), '품성상태'(hexis).

123) '합리적 선택' ☞ prohairesis.

124) '움직여진다'(kineisthai), '특정한 상태에 있다'(diakeisthai).

는 본성적으로 이러한 능력들을 가지고 있지만, 우리가 좋은 사람 혹은 나쁜 사람이 되는 것은 본성적으로 그렇게 되는 것이 아니다. 이 점에 관해서는 앞에서 이야기했다.[125] §6 따라서 탁월성이 감정도 아니고 능력도 아니라면, 탁월성은 품성상태라는 것만 남게 된다. 이렇게 해서 탁월성이 그 유[126]에 있어 무엇인지 이야기되었다.

탁월성의 종차: 중용

제 6 장

1106a14 §1 그렇지만 탁월성이 품성상태라고만 이야기할 것이 아니라 어떤 종류의 품성상태인지도 이야기해야 할 것이다. §2 먼저 모든 탁월성은 그것이 무엇의 탁월성이건 간에 그 무엇을 좋은 상태에 있게 하고 그것의 기능을 잘 수행하도록 한다는 점을 지적해야 할 것이다.[127] 예를 들어 눈의 탁월성은 눈과 눈의 기능을 좋은 것으로 만든다. 우리는 눈의 탁월성에 의해 잘 보는 것이니까. 마찬가지로 말(馬)의 탁월성[128]은 말을 신실하고 좋게 만드는 데, 달리기를 하는 데도, 승마자를 실어 나르는 데에도, 적과 맞서는 데에도 좋은 말로 만든다. §3 그래서 만일 다른 모든 경우에도 이와 같다고 한다면, 인간의 탁월성 역시 그것에 의해 좋은 인간이 되며 그것에 의해 자신의 기능을 잘 수행할 수 있게 만드는 품성상태일 것이다.

1106a24 §4 어떻게 이런 일이 생기는지 이미 말한 바 있지만,[129] 탁월성의 본성

125) II 1 §§2-4, 1103a18-b2.

126) ☞ genos.

127) 탁월성과 기능(ergon)의 관련성에 대해서는 I 7 §14, 1098a7 이하; VI 2 §7, 1139a16 등에서 언급된다. 플라톤도 『국가』 I, 352d, 353b-c 등에서 탁월성과 기능의 관계를 언급하고 있다.

128) 플라톤, 『국가』 I, 335b; 『일리아스』 XXIII 276행 참조.

129) 대부분의 주석가들은 II 2 §§6-7, 1104a10-16(27)을 언급하는 것으로 보지만, 4 §3, 1105a26-33을 가리키는 것으로 보는 사람도 있다. I 7 §§9-16, 1097b22-1098a20 참조.

이 어떤 성질인지를 고찰해 보는 것으로도 분명해질 것이다. 연속적이고 분할할 수 있는 모든 것에서는 더 많은 양을, 혹은 더 적은 양을, 혹은 동등한 양을 취할 수도 있다. 그리고 이때의 더 많고 적음 혹은 동등함은 대상[130] 자체에 따라 이야기될 수도 있고 우리와의 관계에 따라 이야기될 수도 있다. 이때 동등[131]은 지나침과 모자람의 어떤 중간이다.

§5 대상에 있어서의 중간은 양끝에서 같은 거리만큼 떨어진 것을 말하 1106a29
는데, 이것은 모든 사람에게 하나이며 동일하다. 반면에 우리와의 관계에서의 중간은 너무 많지도 않고 너무 모자라지도 않은 것을 말하는데, 이것은 모든 사람에게 하나이지도 않고 동일하지도 않다. §6 가령 10은 많고 2는 적다고 하면, 대상에 따른 중간으로 6을 취한다. 그것이 같은 양만큼 (2를) 초과하면서 (10에 의해) 초과되기 때문이다. §7 이것이 산술적 비례를 따르는 중간이다. 그러나 우리와의 관계에서의 중간은 이렇게 취
해서는 안 된다. 만일 어떤 선수에게 10므나[132]의 음식물이 먹기에 많고 1106b
2므나는 적다고 해서 훈련 담당자가 6므나를 처방하지는 않을 것이기 때문이다. 이 양 또한 그것을 섭취할 사람에게 어쩌면 많거나 적을 수 있으니까. 밀론[133]에게는 적겠지만 운동을 막 시작한 초보자에게는 많을 것이기 때문이다. 달리기나 레슬링의 경우에도 마찬가지이다. §8 그래서 모든 전문가는 이런 방식으로 지나침과 모자람을 피하며, 중간을 추구하고 이것을 선택하는데, 이때의 중간은 대상에 있어서의 중간이 아니라 우리 관계에서의 중간이다.

§9 따라서 만일 모든 전문적 앎이 이런 방식으로, 즉 중간을 바라보면 1106b8

130) '대상'(pragma).

131) '동등' ☞ isos.

132) 고대 그리스의 무게 단위.

133) 기원전 6세기 후반 크로톤 출신의 유명한 레슬링 선수로 올림피아 경기와 피티아 경기에서 여섯 번씩이나 우승했다고 한다. 대식가(大食家)였다고 하는데, 아테나이오스에 의하면 젊은 암소 한 마리를 들기도 하고, 일격을 가해 그놈을 죽이고 하루에 다 먹어 치웠다고 한다(Athenaeus, X 412-413).

서 또 일을 이것으로 이끌어가면서 자신의 기능을 잘 완수해내는 것이라면(바로 이런 이유에서 사람들은 잘 만들어진 작품에 대해 더 이상 뺄 수도 보탤 수도 없다고 말하곤 한다. 지나침과 모자람이 그 작품의 잘 됨을 손상시키지만, 그 중용은 그것을 보전하는 것으로 생각하면서. 또 좋은 기술자들은 우리가 이야기한 대로 중간을 눈여겨보면서 작품을 만든다), 또 자연처럼 탁월성도 모든 기술보다 더 정확하고 더 좋은 것이라면,[134] 그렇다면 탁월성은 중간을 겨냥하는 것[135]일 터이다. §10 내가 말하는 탁월성은 성격적 탁월성이다. 왜냐하면 이것이 감정들과 행위들에 관련하며, 이것들 안에 지나침과 모자람, 그리고 중간이 있기 때문이다. 예를 들면 두려워하는 일이나 대담해지는 일, 욕망하는 일이나 화를 내는 일 또 연민을 갖는 일, 일반적으로 즐거워하거나 고통스러워하는 일은 너무 많이 할 수도 있고 너무 적게 할 수도 있지만, 양자 모두 잘 하는 것은 아니다.

1106b21 §11 그러나 마땅히 그래야 할 때, 또 마땅히 그래야 할 일에 대해, 마땅히 그래야 할 사람들에 대해, 마땅히 그래야 할 목적을 위해, 또 마땅히 그래야 할 방식으로 감정을 갖는 것은 중간이자 최선이며, 바로 그런 것이 탁월성에 속하는 것이다. §12 이와 마찬가지로 행위와 관련해서도 지나침과 모자람, 그리고 중간이 있다. 그런데 탁월성은 감정과 행위에 관련되고, 이것들 안에서 지나침과 모자람이 잘못을 범하는 반면에, 중간적인 것은 칭찬을 받고 올곧게 성공한다. 이 양자가 탁월성에 속하는 일이다. §13 그

---

134) 자연과 기술의 비교는 각각에 의해 만들어진 것이 얼마나 내적 통일성을 갖는가라는 관점에서 고찰될 수 있다. 기술에 의해 만들어진 대리석 조각은 대리석의 외관만을 만들어낸 것일 뿐, 그 형태가 대리석 내부까지 관통하는 것은 아니다. 이에 반해 자연의 작품인 유기체의 경우에 겉모습뿐만 아니라 내부까지 유기체의 원리에 의해 통일되어 있다. 마찬가지 관점에서 탁월한 성격은 단순히 외적으로 드러나는 것에서 그치는 것이 아니라 그 사람의 인품 전체를 관통한다. 바로 이 점에서 탁월성은 모든 기술보다 더 정확하고 더 좋은 것이라고 할 수 있다.

135) '겨냥하는 것'(stochastikē).

러므로 탁월성은 중간적인 것을 겨냥하는 한, 일종의 중용이다.

§14 또 잘못은 여러 가지 방식으로 범할 수 있는 반면에(피타고라스학 1106b28
파 사람들이 구상적으로 이야기하듯이[136] 나쁜 것은 무한정한 것에 속하고, 좋은 것은 한정된 것에 속하니까), 올곧게 성공하는 것은 한 가지 방식으로만 가능하다. (이것이 바로 한편은 쉽고 다른 한편은 어려운 이유이다. 즉 과녁을 빗맞히기는 쉽고 맞히기는 어려운 것이다.) 따라서 이러한 이유에서도 지나침과 모자람은 악덕에 속하며 중용은 탁월성에 속하는 것이다.

고귀한 사람은 한 가지 방식으로 고귀하지만, 나쁜 사람은 여러 가지 방식으로 나쁜 법이니.[137]

§15 그러므로 탁월성은 합리적 선택과 결부된 품성상태로 우리와의 관 1106b36
계에서 성립하는 중용에 의존한다. 이 중용은 이성에 의해 실천적 지혜를 1107a
가진 사람이 규정할 그런 방식으로 규정된 것이다. 중용은 두 악덕, 즉 지나침에 따른 악덕과 모자람에 따른 악덕 사이의 중용이다.

§16 또 감정에 있어서나 행위에 있어서나 악덕의 한편은 마땅히 있어 1107a3
야 할 것에 모자라고, 다른 한편은 지나친 반면에 탁월성은 중간을 발견하고 선택한다는 것을 보아서도 그렇다는 것을 알 수 있다. §17 이런 까닭에 탁월성은 그것의 실체와 본질을 말하는 정의[138]를 따르자면 중용이지만, 최선의 것과 잘 해냄의 관점을 따르자면 극단이다.

§18 그런데 모든 행위와 모든 감정이 다 중용을 받아들이는 것은 아니 1107a8
다. 어떤 것들의 경우에는 애초부터 나쁨과 묶여 이름을 받았기 때문이다. 예를 들어 심술,[139] 파렴치, 시기와 같은 감정, 행위의 경우 간통, 절도,

136) 『형이상학』 I 5.

137) 누가 이 말을 했는지는 알려져 있지 않다.

138) '실체와 본질을 말하는 정의' ☞ ousia, to ti ēn einai, logos.

139) '심술'로 번역한 원어 'epichairekakia'는 원래 '타인의 불행을 기뻐하는 마음이나 성향'을 의미한다.

살인과 같은 것들이 그런 것이다. 이 모든 것이나 그와 같은 것들은 그것들의 지나침이나 모자람이 나쁘다고 이야기되는 것이 아니라 그것들 자체 때문에 나쁘다고 이야기된다. 그러므로 이런 것들과 관련해서는 결코 올곧게 해낼 수가 없으며 언제나 잘못을 저지를 뿐이다. 말하자면 이런 것들과 관련해서는, 가령 마땅히 해야 할 여자와 간통하는지, 혹은 마땅히 해야 할 때에, 혹은 마땅히 해야 할 방식으로 간통하는지에 있어서는 잘하는 것도 잘 하지 못하는 것도 없다. 오히려 이런 것들 중 어느 하나라도 행하는 것은 단적으로 잘못을 범하는 것이다.

1107a18 §19 따라서 (이런 것들에도 중용이 있다고 생각하는 것은) 부정의한 행위, 비겁한 행위, 무절제한 행위와 관련해서도 중용과 지나침과 모자람이 있다고 기대하는 것과 같은 일이다. 왜냐하면 이런 식으로 가면 지나침과 모자람의 중용도 있고 지나침의 지나침, 모자람의 모자람도 있게 될 것이기 때문이다. §20 그러나 절제와 용기의 지나침이나 모자람이 없는 것과 마찬가지로(중간적인 것은 어떤 방식으로 극단이기 때문에) 그렇게 앞에서 언급한 것들의 중용도 없고, 지나침이나 모자람도 없으며, 다만 어떤 방식으로든 그렇게 행위를 하기만 하면 잘못을 저지르는 것이다. 일반적으로 지나침과 모자람의 중용도 없고, 중용의 지나침이나 모자람도 없기 때문이다.

성격적 탁월성들의 소묘

제7장

1107a28 §1 하지만 이것은 이렇게 일반적으로 설명할 뿐만 아니라 개별적인 것들에도 적용해야 할 것이다. 행위와 관련한 논의들 가운데 일반적인 논의는 보다 널리 적용되는 반면에, 보다 참된 것은 그 부분들에 대한 논의이다. 행위들은 개별적인 것들과 관련되며, 우리의 논의는 이러한 것들에 부합해야 하기 때문이다. 그러니 이것들을 도표[140]에서 취해 보도록 하자.

140) 청강자에게 제시된 도표를 말한다. 아리스토텔레스는 강의할 때, 자주 도표를 사용했다고 한다. 도표(diagraphē, hypographē)를 언급하는 대목은 『명제론』

§2 두려움과 대담함과 관련해서는 용기가 중용이다. 이것과 관련해 지나친 사람들 중 '두려움 없음' 쪽으로 지나친 사람에게는 이름이 없지만(실제로 많은 경우에 이름이 없다), 대담함 쪽으로 지나친 사람은 무모한 사람이다. 또 두려워함에서 지나치고 대담함에서는 모자란 사람은 비겁한 사람이다. 1107a34-1107b

§3 즐거움과 고통과 관련해 그것들 전부에서 맞다는 이야기는 아니고, 특히 고통과 관련해 덜 그렇기는 하지만 중용은 절제이고, 지나침은 무절제이다. 즐거움과 관련해 모자란 사람은 그렇게 많지 않다. 그런 까닭에 이러한 사람들은 이름조차 가지고 있지 않은데, '목석같은 사람'이라고 해 두자. 1107b4

§4 또한 돈을 주고받는 일과 관련한 중용은 '자유인다움'[141] 이며, 지나침은 낭비, 모자람은 '인색'[142]이다. 이것들에 있어서는 서로 반대로 지나치고 모자란다. 낭비하는 사람은 지출하는 데 지나치고 받는 데 모자라는 반면에, 인색한 사람은 받는 데 지나치며 지출하는 데 모자라기 때문이다. (§5 우리는 지금 윤곽과 요점만을 말하고 있으며, 그렇게 말하는 것에 만족하지만, 나중에[143] 보다 정확하게 이것들에 관해 규정할 것이다.) 1107b8

XIII, 22a22; 『기상학』 I 8, 346a32, II 6, 363a26; 『동물지』 III 1, 510a30; 『에우데모스 유리학』 II 3, 1220b 37, III 1, 1228a28 등이다. 실제로 『에우데모스 윤리학』 1220b36-1221a13에는 여러 탁월성들의 도표(syllabus)가 정리되어 있다. 거기에는 "각각을 도표에서 취하고, 예들의 도움을 받아 따져보기로 하자"라는 말이 있다.

141) 원래 정치적인 성향을 나타내는 말인 '자유인다움'(eleutheriotēs)은 경제적인 태도에까지 전이되어 재물을 제대로 쓰는 것과 관련된 품성상태, 노예처럼 재물을 받거나 쓰지 않는 품성상태를 가리키는 말이 되었다.

142) 원어는 '자유인답지 못함'을 의미하는 'aneleutheria'이다. 내용상의 의미를 따라 '인색'으로 번역한다. 우리말의 '인색'은 주로 지출과 관련된 태도를 가리키지만, 원어는 깨끗하지 못한 '받음'과 관련된 태도까지 가리킨다. IV 1 §§40-44에서 자세히 논의될 것이다.

143) IV 1.

1107b16 §6 돈과 관련해서는 다른 성향[144]들 또한 존재하는데, 이때의 중용은 '통이 큰 것'[145]이지만('통이 큰' 사람과 '자유인다운' 사람은 서로 다르다. 전자는 큰돈과 관련되지만, 후자는 작은 돈과 관련되니까), 그 지나침은 '품위 없음'이나 '속물성향'이고 그 모자람은 '좀스러움'이다. 이것들은 '자유인다움'과 관련된 것들과는 다른데, 어떻게 다른지는 나중에[146] 지적할 것이다.

1107b21 §7 명예와 불명예에 관련된 중용은 '포부가 큰 것'이고, 그 지나침은 어떤 종류의 허영심이며 모자람은 '포부가 작은 것'[147]이다.

1107b24 §8 그런데 '자유인다움'이 '통이 큰 것'에 대해 일정한 관계를 갖되 작은 것과 관련된다는 점에서 차이를 가진다고 이야기했던 것처럼 그런 방식으로 큰 명예와 관련되는 '포부가 큰 것'에 대해 관계를 가지면서 자신은 작은 명예와 관련되는 어떤 탁월성이 있다. (작은)[148] 명예를 마땅히 욕구해야 할 방식으로 욕구할 수도, 마땅한 것보다 더 많게도 혹은 더 적게도 욕구할 수도 있기 때문이다. 이 욕구에서 지나치는 사람이 '명예욕을 가진 사람'으로, 모자라는 사람이 '명예에 무관심한 사람'으로 불리는데, 그 중간인 사람에게는 이름이 없다. '명예욕을 가진 사람'이 '명예욕'으로부터 이름을 가진 것을 제외하고는 이런 사람들에 대응하는 성향들 또한 이름이 없다. 바로 이런 사정 때문에 양끝에 있는 사람들이 중간 자리에 대해 서로 자기 것이라고 주장을 하는 것이다. 우리 또한 중간인 사람을 어떤 때는 명예욕을 가진 사람으로 부르고, 어떤 때는 명예에 무관심한 사람으
1108a 로 부르기도 한다. 또 어떤 때는 명예욕을 가진 사람을, 또 다른 어떤 때

144) '성향'(diathesis).

145) '통이 큰 것'(megaloprepeia).

146) IV 2, 4.

147) 원어는 'micropsychia'로, 직역하면 앞에서 이야기된 '포부가 큰 것'(megalopsychia)에 반대되는 '포부가 작은 것' 혹은 소심함이 될 것이다.

148) '작은'이 전승된 사본들도 있다.

는 명예에 무관심한 사람을 칭찬하기도 한다. §9 우리가 어떤 이유 때문에 이러는지에 대해서는 조금 뒤에[149] 말할 것이다. 현재로서는 지금까지 따라왔던 방식대로 나머지 것들에 대해 말해 보도록 하자.

§10 분노와 관련해서도 지나침과 모자람, 중용이 있다. 이것들도 거의 이름을 가지고 있지 않지만, 중간인 사람을 온화하다고 부르므로 그 중용을 '온화'로 부르기로 하자. 양끝에 있는 사람들 중 지나친 사람은 '성마른 사람'으로 그 악덕을 '성마름'이라고 하자. 그 부족한 사람을 '화낼 줄 모르는 사람', 그 모자람을 '화낼 줄 모름'이라고 하자. 1108a4

§11 그밖에도 서로 간에 어떤 유사성을 가지면서도 상호간의 차이를 갖는 세 가지 다른 중용이 있다. 이것들 모두 말과 행위를 서로 나누는 것[150]에 관련되지만, 그중 하나는 그것들 안에 있는 참과, 나머지 둘은 즐거움과 관련된다는 점에서 차이를 가진다. 즐거움은 다시 놀이 안에 있는 즐거움과 삶에 따르는 모든 것 안에 있는 즐거움으로 나누어진다. 따라서 모든 경우에 있어 중용은 칭찬할 만한 것이고, 극단에 있는 것들은 칭찬할 만한 것도 옳은 것도 아니며 오히려 비난받을 것임을, 우리가 보다 잘 볼 수 있도록 이것들에 대해서도 이야기해야 할 것이다. 그런데 이런 것들의 경우에도 대부분 이름을 가지고 있지 않다. 하지만 다른 분야에서 그렇게 하는 것과 같이 명확성을 위해, 또 쉽게 따라갈 수 있도록 하기 위해 우리 스스로 이름 짓기를 시도해야 할 것이다. 1108a9

§12 그러니 이제 참과 관련해 그 중간인 사람은 어떤 종류의 '진실된 사람'이라고, 중용은 '진실성'이라고 부르기로 하자. 진실보다 더 큰 쪽으로 가장하는 것을 '허풍', 허풍을 가진 사람을 '허풍선이'라 부르고, 진실보다 더 작은 쪽으로 가장하는 것을 '자기비하',[151] 그것을 가진 사람을 '자신을 비하하는 사람'이라고 부르도록 하자. 1108a19

149) IV 2, 1122b11-26; IV 4, 1125b14-18.

150) '서로 나누는 것' ☞ koinōnia.

151) '자기비하'(eirōneia).

1108a23 §13 또 놀이 안에 있는 즐거움과 관련해 중간적인 사람은 '재치 있는 사람'이며 그 성향은 '재치'이다. 그 지나침은 '(저급한) 익살'이며 그런 성향을 가진 사람은 '(저급) 익살꾼'이다. 이 점에서 모자란 사람은 일종의 '촌스러운 사람'[152]이며 그 품성상태는 '촌스러움'이다. 일상적 삶 안에 있는 나머지 즐거움과 관련해 마땅한 방식으로 즐거운 사람은 '친애(親愛)를 가진 사람'이며 그 중용은 '친애'[153]이다. 이 점에서 지나친 사람은, 만약 그가 아무 목적 없이 그러하다면 '속없이 친하려는 사람'이며, 자신의 이익을 목적으로 그러하다면 '아첨꾼'이다. 이 점에서 모자라 어떤 상황에서나 불쾌한 사람은 일종의 싸움꾼이요, '뿌루퉁한 사람'[154]이다.

1108a30 §14 그런데 감정들 안에서나 감정과 관련해서도 중용이 있다. 가령 '부끄러움'[155]은 탁월성이 아니지만 '부끄러워할 줄 아는 사람'은 칭찬받는다. 이러한 것들에 있어서도 어떤 사람은 중간이라는 말을 듣고, 다른 어떤 사람은, 가령 무슨 일에나 부끄러워하는 '숫기 없는 사람'은 지나치다는 말을 듣기 때문이다. 이 방면에서 모자라게 부끄러워하는 사람 혹은 어떤 것이든 전혀 부끄러워할 줄 모르는 사람은 파렴치한 사람이며 그 중간이 부끄러움을 아는 사람이다.

1108b §15 '부당한 것에 대한 의분(義憤)'은 시샘과 '심술'(惡意)[156] 사이의 중용인데, 이것들은 이웃에게 일어나는 일들을 보고 생겨나는 고통과 즐거움에 관련되는 것들이다. 의분을 갖는 사람은 어떤 사람이 가당치 않게 잘

152) 이 말을 정확히 이해하기 위해서는 당시의 그리스 문화와 정치, 즉 '폴리스적인 삶' 혹은 '정치적 삶'의 구조를 이해해야만 한다. 여기서 말하는 촌스러움(agroikia)이란 공적인 정치체제에 참여하지 못하고, 여러 사람들과 어울려 사는 '코이노니아'(koinōnia, 공적인 사귐)의 경험을 나누어 갖지 못한 것을 의미한다고 볼 수 있다. 즉 사회적·정치적 존재로서의 '인간됨'의 세련미를 결여한 성품을 말하는 것으로 이해할 수 있다.

153) '친애' ☞ philia.

154) '뿌루퉁한 사람'(dyskolos).

155) '부끄러움'(aidōs).

156) 제6장의 각주 139 참조.

되어 나가는 사람을 보고 고통을 느끼는 반면에, 시샘하는 사람은 이 사람을 능가해 (이웃이 잘 되는) 모든 일에서 고통을 느끼며, '심술궂은' 사람은 (이웃의 불행에 대해) 고통을 느끼는 데 한참 모자라 기뻐하기까지 할 정도인 사람이다.[157]

§16 그러나 이런 것들에 관해서는 다른 곳에서[158] 논의에 적절한 시간 1108b6
을 갖게 될 것이다. 정의에 관해서는 그것이 단적으로 이야기되지 않기 때문에, 다른 탁월성들에 관한 논의를 마친 후에 정의의 의미를 구별하고 어떻게 정의가 그 두 의미 각각에서 중용인지를 논할 것이다.[159] 마찬가지로 이지적인 탁월성[160]들에 대해서도 논할 것이다.

[……]

157) 이 문제는 『에우데모스 윤리학』 III 7; 『수사학』 II 6 §§9-10에서 논의된다.

158) 『니코마코스 윤리학』에서 이 문제는 더 이상 언급되지 않는 것으로 보인다.

159) V 1 §§7-8, 1129a26-b1; 2 §§1-9, 1130a14-b15; 3 §§12-13, 1131b9-15; 4 §8, 1132a24-30; 5 §§17-18, 1133b30-1134a10.

160) '이지적 탁월성'(logikē aretē)은 내용상 '지적인 탁월성'(dianēotikē aretē)을 가리키는 것으로 보이지만 몇 가지 문제를 가지고 있다. 무엇보다도 지적인 탁월성을 어디서도 중용과 연관해서 논의하고 있지 않으며, 사실상 '이지적 탁월성'이라는 말을 지적인 탁월성에 적용하는 예를 아리스토텔레스 저작 어디서도 찾아볼 수 없기 때문이다. 'logikē aretē'라는 표현은 단지 이곳에만 쓰이고 있다.

제 3 권

자발성과 비자발성

제1장

1109b30 §1 탁월성은 감정과 행위에 관련되고, 이것들이 자발적인[161] 경우에는 칭찬과 비난이 가해지지만, 비자발적인 경우에는 용서가, 경우에 따라서는 연민까지 생겨나므로 탁월성에 대해 탐구하는 사람은 아마도 필수적으로 자발적인 것과 비자발적인 것[162]을 규정해야 할 것이다. §2 또 이 일은 명예와 벌 양자와 관련해 입법자들에게도 유용하다.

1109b35 §3 힘에 의해 혹은 무지로 말미암아 일어나는 것은 비자발적인 것으로
1110a 보인다. 강제적이라는 것은 그것의 단초[163]가 행위자의 바깥에 있는 것으로, 행위를 하는 사람 혹은 행위를 당하는 사람이 이 단초에 전혀 관여하지 못하는 성질의 것이다. 가령 바람이 불어서 어디론가 움직이게 한다거나 혹은 그를 지배하고 있는 사람이 어디론가 데려가는 경우와 같이.

1110a4 §4 그런데 보다 큰 악에 대한 두려움 때문에 혹은 어떤 고귀한 것 때문에 행하는 모든 것에 대해서는 그것이 자발적인 것인가 아니면 비자발적인 것인가에 관한 논란이 있다. 예를 들어 한 참주가 어떤 사람의 부모나 자식을 잡아두고 그에게 어떤 부끄러운 짓을 시키며, 그 일을 행하면 부모나 자식을 살려주고 하지 않으면 죽일 것이라고 한다면 말이다.

1110a8 §5 그와 같은 일은 폭풍우 속에서 선적한 화물을 배 밖으로 던지는 일

161) '자발적인' ☞ hekousion.

162) 자발적인 것과 비자발적인 것에 대한 플라톤의 논의는 『법률』 IX에서 자세히 볼 수 있다. 플라톤, 『티마이오스』 86d; 『프로타고라스』 345d; 『법률』 731c도 참조.

163) '단초' ☞ archē.

과 관련해서도 일어난다. 단적으로는 누구도 자발적으로 짐을 배 밖으로 던지지 않지만, 자기 자신과 다른 사람들의 안위를 위해서라면 지성을 가진 사람이라면 누구라도 그렇게 할 것이기 때문이다.

§6 그렇기 때문에 이런 종류의 행위들은 (자발적인 것과 비자발적인 것이) 혼합된 것[164]이기는 하지만 자발적인 것에 더 가까운 것 같다. 왜냐하면 그런 행위들은 행위를 하는 그때에는 선택할 만한 것이고, 행위의 목적은 때와 상황에 맞는 것이기 때문이다. 그렇다면 자발적인 것이든 비자발적인 것이든 간에 행해지는 때와 관련해 이야기되어야 할 것이다. 사실 그는 자발적으로 행하고 있다. 이런 행위들에 있어 자신의 도구적 부분인 사지를 움직이는 단초 또한 자신 안에 있기 때문이다. 그 단초가 자신 안에 있는 것들의 경우에는 행위할 것인지 말 것인지 또한 자신에게 달려 있다. 그렇다면 이런 종류의 행위들은 자발적인 것이지만, 단적으로 보자면 아마도 비자발적인 것이다. 누구도 이런 행위들을 그 자체로 선택하지는 않으니까. **1110a**11

§7 이러한 종류의 행위들의 경우에는 때때로 칭찬까지도 받게 된다. 만약 그런 행위들이 크고도 고귀한 것을 위해 부끄러운 어떤 것, 혹은 고통스러운 것을 참아내는 것이라면 말이다. 물론 그 반대일 경우 비난을 받기도 한다. 전혀 고귀하지 않은 것 혹은 고만고만한 것을 위해 다시 없이 부끄러운 일을 견뎌내는 것은 나쁜 사람이 하는 일이기 때문이다. 또 어떤 경우에는, 즉 인간적인 본성을 뛰어넘으며 누구도 견딜 수 없을 그런 것들[165] 때문에 해서는 안 될 일을 한 경우라면, 칭찬은 주어지지 않지만 용서를 받을 수는 있다. **1110a**19

164) 폭풍우 속에서 짐을 버리는 행위는 폭풍우가 불지 않았다면 하지 않았을 행위라는 점에서 폭풍우에 의해 강제된 비자발적인 행위이지만, 동시에 그 상황에서 자신과 동료의 생명을 구하기 위해 짐을 버리기로 결정했다는 점에서 그 행위의 내적 주인은 여전히 숙고하는 자기 자신이었으며, 따라서 자발적인 행위이다.

165) 이러한 예들에 대해서는 III 7 §1, 1115b8, 8 §9, 1116b16; IV 1 §39, 1121b26 참조.

1110a26 §8 그렇지만 아무리 강제되었다고 하더라도 도저히 해서는 안 되고, 차라리 그 가장 끔찍한 일들을 직접 겪어 내면서 죽는 게 나은 경우도 아마 있을 것이다. 에우리피데스의 작품에 등장하는 알크마이온으로 하여금 어머니를 살해하지 않을 수 없게끔 '강제하는' 것들은 사실 우습게 보인다.[166]

1110a29 §9 그러나 경우에 따라서는 어떤 종류 대신에 어떤 종류를 선택해야만 하는지, 무엇 대신에 무엇을 견뎌내야만 하는지는 분간해 결정하기 어려운 문제이며, 우리가 판단한 바를 끝까지 지키는 것은 훨씬 더 어려운 일일 것이다. (강제에 저항해 견뎌내는) 대개의 경우에 기대되는 것은 고통스러운 것들이며, 강제에 굴복할 수밖에 없는 일들은 부끄러운 것들이기 때문이다. 바로 이것이 강제된 사람, 혹은 강제되지 않은 사람들과 관련해 칭찬과 비난이 주어지는 까닭이다.

1110b §10 그렇다면 어떤 종류의 행위를 강제적인 것이라고 해야 하는가? 그 원인이 행위자 바깥에 있고 행위자가 아무것도 관여하지 않기만 하면 단적으로 강제적인 것인가? 한편, 그 자체로는 비자발적인 것들이라도 어떤

166) 에우리피데스의 『알크마이온』(*Alkmaion*, TGF Fr. 69)이라는 작품은 현존하지 않는데, 고대 그리스 주석가가 전하는 바에 따르면 다음과 같은 일이 있었다고 한다. 아르고스(Argos)의 왕이자 알크마이온의 아버지인 암피아라오스(Amphiaraos)는 자신의 의지와는 무관하게 그의 부인으로부터 테바이(Thebai)로 출전하는 7인의 원정대에 가담하도록 강요당했다. 그는 그 원정길에서 자신이 죽을 것임을 미리 알고, 아들 알크마이온에게 자신의 부인인 에리퓔레(Eriphyle)를 죽임으로써 복수하라고 명령했다. 그리고 덧붙여 만일 이 말을 듣지 않으면, 기근이 닥칠 것이고 후손이 없을 것이라고 저주했다. 알크마이온의 상황은 자신의 어머니를 죽일 것인가, 아니면 자신의 아버지에 불복종할 것인가를 선택해야만 하는 오레스테스의 경우와도 유사하다. 알크마이온이 만일 그의 어머니를 살해하지 않는다면 심각한 결과들에 직면하고, 또 그 결과들이 그에게 다른 선택의 여지가 없었다는 주장을 정당화하는 것처럼 보여도 그 대안이 자신의 어머니를 죽이는 것일 때 정당성을 얻을 수 없다는 게 아리스토텔레스의 견해이다. 요컨대, 아리스토텔레스는 강요된 행위들에 대해 선택의 여지가 없었다는 것을 믿지 않는다. 이 주제에 관련된 『알크마이온』에 대한 언급은 V 9 §1, 1136a13에도 나타난다.

특정한 상황에서 어떤 것을 대가로 선택할 만한 것이고 그 단초가 행위자 자신 안에 있는 것들은 그 자체로는 비자발적이지만 특정 상황에서는, 그리고 어떤 것을 위해서는 자발적인 것이다. 이것들은 자발적인 것에 더 가까운 것처럼 보인다. 행위들은 개별적인 것들에 달려 있는데, 이것들은 자발적인 것들이기 때문이다. 어떤 종류를 어떤 종류 대신 선택해야만 하는지는 쉽게 대답할 수 없다. 개별적인 것들 안에는 많은 차이가 있으니까.

§11 만약 누군가 즐거운 것들과 고귀한 것들이 (우리 바깥에 있으면서 1110b9
우리를 강제하기 때문에) '강제적인 것'이라고 주장한다면, 그에게는 모든 것이 다 강제적인 것이 될 것이다. 모든 사람은 이 즐겁고 고귀한 것들을 위해 모든 일을 행하는 것이니까. 또 강제에 의해 마지못해[167] 행하는 사람들은 고통스럽게 행하는 반면에, 즐거움과 고귀함 때문에 행하는 사람들은 즐겁게 행한다. 그런데 바깥의 것을 탓으로 삼을 뿐 실제로 그런 것에 쉽게 굴복하는 자기 자신을 탓으로 삼지 않는 것은, 또 고귀한 행위는 자기 탓으로 돌리지만 부끄러운 행위는 즐거움 탓으로 돌리는 것은 우스운 일이다. §12 따라서 강제적인 것이란 그 단초가 바깥으로부터 오는 것이면서 강제를 당한 사람이 그 단초에 아무 관여도 하지 않는 것으로 보인다.

§13 그런데 무지로 말미암은 모든 것은 '내켜서 자발적으로 하지는 않 1110b18
은 것'(ouch hekousion)이지만, 고통을 동반하고 후회를 일으킨다면 '마지못해 비자발적으로 한 것'(akousion)이다. 무엇이든 무지로 말미암아 행했으며 그 행위에 대해 어떤 거리낌도 없다면 적어도 자신이 알지 못했던 그것을 내켜서 행한 것은 아니며, 그렇다고 그 행위에서 적어도 고통을 느끼는 것이 아니라면 마지못해 비자발적으로 한 것 또한 아니다. 그렇다면 무지로 말미암아 행한 사람 중 후회하는 사람은 마지못해 비자발적으로 행한 것으로 보이지만, 후회하지 않는다면 전자와는 다른 경우이므로 '내

167) '마지못해'라고 옮긴 'akōn'은 '자발적으로'(hekon, 1101a15)에 반대되는 상태를 가리킨다.

켜서 하지는 않은 것'(ouch hekōn)이라고 해두자. 차이가 있기 때문에 자신의 고유한 이름을 갖는 것이 더 낫다.[168]

1110b24 §14 그런데 무지로 말미암아 행하는 것도 모르면서 행하는 것과는 다른 것 같다. 왜냐하면 술에 취한 사람이나 화를 내는 사람은 무지로 말미암아 행하는 것이 아니라 지금 막 이야기된 것 중 어떤 것으로 말미암아 (즉 술취함으로 말미암아 혹은 화로 말미암아) 그러는 것으로 보이기 때문이다. 이때 그는 알면서 그러는 것이 아니라 모르면서 그러는 것이다. 못된 사람들은 모두 마땅히 행해야만 하는 것과 피해야만 하는 것이 무엇인지 알지 못하며, 바로 그러한 잘못으로 말미암아 부정의한 사람이 되고 일반적으로 나쁜 사람이 되는 것이다.

1110b30 §15 그러나 어떤 사람이 자신에게 유익한 것을 모른다고 해서 곧 그의 행위가 비자발적인 것을 의미하는 것은 아니다. 합리적 선택 안에 있는 무지는 비자발성의 원인이 아니라 못됨의 원인이니까. 또한 보편적인 것에 대한 무지가 아니라 (이런 것들에 대한 무지 때문에 비난받는 것이다) 개별적인 것들에 대한 무지, 즉 행위가 그것에서 성립하고 그것에 관계 있는
1111a 것들에 대한 무지가 비자발성의 원인이기 때문이다. 바로 이런 것들에서 연민과 용서가 허용된다. 이런 것들을 모르는 사람이 비자발적으로 행위하는 것이니까.

1111a2 §16 그러므로 이것들을 규정하는 것은, 즉 그것들이 무엇이며 몇 개나 되는지를 규정하는 것은 아마 나쁘지 않을 것이다. 누가, 무엇을, 무엇과 관련해 혹은 무엇 안에서 행하는지, 또 경우에 따라서는 무엇을 가지

168) 피임에 실패해 임신한 경우를 생각해 보자. 이것은 물론 내켜서 자발적으로 임신한 경우라고는 할 수 없을 터인데, 이러한 임신에 대해서는 후회할 수도 있고, 후회까지는 하지 않을 수도 있을 것이다. 전자의 경우는 전형적으로 '마지못해 비자발적으로 한' 임신으로 실패의 원인을 알았더라면 당연히 피했을 것이고, 후자의 경우라면 '내켜서 자발적으로 한' 임신은 아니지만 그렇다고 '마지못해 비자발적으로 한' 임신도 아니라는 것이 아리스토텔레스의 분석이다. 경우가 다르므로 고유한 이름을 붙인다면 '내켜서 하지는 않은' 임신이 될 것이다.

고—이를테면 도구를 가지고—, 또 어떤 목적을 위해—이를테면 구할 목적으로—, 또 어떻게—조용히 아니면 격렬하게—행하는지와 같은 것들을 모르면서 행할 수 있다.

§17 그런데 정신 나간 사람이 아니고서야 누구도 이 모든 것을 다 모르 1111a6
지는 않을 것이며 행위자가 누구인지도 모르는 일은 분명 없다. 어떻게 자기 자신을 모른단 말인가? 그러나 어떤 사람은 자신이 하는 일을 모를 수는 있다. 말하다가 자신도 모르게 비밀이 새어 나온다고 사람들이 이야기하는 경우에, 혹은 아이스퀼로스[169]가 비의(秘義)를 발설했을 때처럼 말하면 안 된다는 것을 모르는 경우에, 혹은 투석기가 어떻게 작동하는지 보여주려 했을 뿐인데 화살을 날려보낸 사람의 경우가 그것이다. 또 메로페가 그랬던 것처럼 아들을 적이라고 생각할 수도 있고,[170] 뾰족한 창인데 가죽이 씌워져 있는 창으로 생각할 수도 있고,[171] 혹은 어느 돌을 경석(輕石)[172]이라고 생각하는 수도 있을 것이다. 목숨을 구하려고 마시게 했지만 죽일 수도 있을 것이며, 손만 쓰는 레슬링 선수들처럼 단지 상대방의 손을 가볍게 건드리려고 했지만 다치게 할 수도 있을 것이다.

§18 그렇다면 그 안에 행위가 있게 되는 이 모든 것과 관련해 무지가 1111a15
있을 수 있으므로 이런 것들 중 어느 하나를 몰랐던 사람은, 특히 가장 중요한 것들을 몰랐던 사람은 비자발적으로 행위한 것으로 보인다. 여기서 가장 중요한 것들이란 행위가 행해지는 것과 행위의 목적인 것 같다. §19 그렇다면 이러한 무지에 따라 비자발적이라고 이야기되는 행위를 한

169) 아이스퀼로스(Aischylos)는 그의 어떤 극에서 엘레우시스(Eleusis)의 비의(秘義)를 누설한 바 있어 아테네의 아레오파고스(Areopagos) 법정에서 심문을 받았다고 한다(클레멘스, 『학설집』 II 14, 60).

170) 현재 전해지지 않는 에우리피데스의 작품 『크레스폰테스』에 있는 이야기. 메로페는 메세니아(Messenia)의 왕인 크레스폰테스의 부인이었다. 『시학』 1454a 참조.

171) 즉 '무엇을 가지고'에 대한 무지로, 실전용 창을 연습용 창으로 아는 경우를 말한다.

172) 이 돌을 갈아 약에 혼합해 사용했다고 한다.

사람만은 그 행위에서 고통과 후회까지 느껴야만 할 것이다.

1111a22 §20 비자발적인 것이 강제로, 혹은 무지로 말미암은 것이라면, 자발적인 것은 그것의 단초가 행위자 자신 안에 있으며 그때 행위자는 행위를 이루는 개별적인 것들을 알고 있는 경우일 것이다.

1111a24 §21 분노나 욕망[173]으로 말미암은 것을 비자발적인 것이라고 주장하는 것은 아마 옳지 않을 것이다. §22 그것이 옳지 않은 이유는 먼저, 만약 그렇다면 다른 동물들 중 어떤 것도 자발적으로 행위하지 않는 셈이 될 것이며, 아이들조차 그럴 것이기 때문이다. §23 다음으로, 이 주장은 어느 쪽을 말하는 것인가? 욕망과 분노로 말미암아 행하는 것들 중 우리는 어느 것도 자발적으로 행하지 않는다는 것인가? 아니면 그것들 중에서 고귀한 것은 자발적으로 행하지만, 부끄러운 것은 비자발적으로 행한다는 것인가? 원인이 하나인데 이것은 우습지 않은가? §24 우리가 마땅히 욕구해야 할 것들을 비자발적이라고 주장하는 것은 아마도 이상한 일일 것이다. 실제로 우리는 어떤 것들에 대해서는 마땅히 화를 내야 하며, 가령 건강이나 배움과 같은 것들은 마땅히 욕망해야 한다. §25 또 비자발적인 것은 고통스러운 반면에, 욕망에 따르는 것은 즐겁게 보인다. §26 게다가 이성적 계산에 따른 잘못이나 분노에 따른 잘못이나 비자발적이라는 점에서는 무슨 차이가 있단 말인가? 둘 다 회피해야 할 것이기 때문이다.
1111b §27 그리고 비이성적인 감정도 (이성적 계산) 못지않게 인간적인 것으로 보인다. 따라서 분노와 욕망으로부터 나온 인간의 행위 역시 인간적인 것이다. 그렇다면 이런 것들을 비자발적인 것으로 놓는 것은 이상한 일이다.

합리적 선택

제2장

1111b4 §1 이제 자발적인 것과 비자발적인 것을 규정했으므로 이어서 '합리적

173) '분노나 욕망' ☞ orexis.

선택'[174]에 관해 논의해야 할 것이다. 합리적 선택은 탁월성에 가장 고유한 것으로 보이며, 행위들보다 성격[175]을 더 잘 분간해 내는 것으로 보이기 때문이다.

§2 합리적 선택은 명백히 자발적인 것이지만 그것과 동일하지는 않고, 1111b6
자발적인 것이 더 널리 적용된다. 왜냐하면 아이들이나 다른 동물들도 자발적인 것에는 참여하지만 합리적 선택에는 그러지 못하며, 또 갑작스러운 행위를 자발적인 것이라고는 해도 합리적 선택에 따른 것이라고는 하지 않기 때문이다.

§3 그런데 합리적 선택을 욕망이라고 혹은 분노라고 혹은 바람이라고 1111b10
혹은 어떤 종류의 의견[176]이라고 말하는 사람들이 옳게 이야기하는 것 같지는 않다. 합리적 선택은 이성이 없는 것과는 공유할 수 없는 것인 반면에, 욕망이나 분노는 공유할 수 있는 것이기 때문이다. §4 또 자제력 없는 사람은 욕망하면서 행위하지만 합리적으로 선택하면서 행위하는 것은 아니다. 자제력 있는 사람은 반대로 합리적으로 선택하면서 행위하지 욕망하면서 행위하는 것은 아니다. §5 뿐만 아니라 욕망은 합리적 선택과 반대되지만, 욕망이 욕망에 대해 반대되지는 않는다. 또 욕망은 즐거운 것과 고통스러운 것에 관계하지만, 합리적 선택은 괴로운 것과 즐거운 것 어느 것에도 관계하지 않는다. §6 분노는 더더욱 합리적 선택이 아니다. 분노로 말미암은 행위들은 가장 합리적 선택에 따르지 않는 것으로 보이니까.

§7 뿐만 아니라 합리적 선택은 비록 그것과 가깝게 보이기는 하지만 바 1111b19
람도 아니다. 불가능한 것들에 대해서는 합리적 선택이 없으며, 누군가 자신은 그것을 합리적으로 선택했다고 주장한다면 그는 어리석은 사람으로 보일 것이기 때문이다. 반면에 바람은, 예를 들어 불사(不死)에 대한 바

174) '합리적 선택' ☞ prohairesis.
175) 원문의 'ēthos'는 '습성'의 뜻으로 쓰였다. ☞ ēthos.
176) '바람' ☞ boulesis, '의견' ☞ doxa.

람처럼 불가능한 것들에 대해서까지도 존재한다. §8 또 바람은 가령 어떤 연극배우[177] 혹은 어떤 운동선수가 이기기를 바라는 것과 같이 결코 자기 자신에 의해 행해질 수 없는 것들과 관련해서까지도 존재한다. 반면에 누구도 그런 것들을 합리적으로 선택하지는 않고, 오로지 자기 자신에 의해 이룰 수 있다고 생각하는 것들만 합리적으로 선택한다. §9 또 바람은 목적에 보다 관계하지만, 합리적 선택은 목적에 이바지하는 것들에 관계한다. 예를 들어 우리는 건강하기를 바라지만, 그것을 통해 우리가 건강하게 되는 것을 합리적으로 선택하는 것이다. 또 우리는 행복하기를 바라고 그렇게 말하기도 하지만, 행복하기를 '합리적으로 선택한다'라고 하는 것은 맞지 않다. 일반적으로 합리적 선택은 우리 자신에게 달려 있는 것에 관계하는 것으로 보이니까.

1111b30 §10 그렇다면 합리적 선택은 의견도 아니다. 의견은 모든 것에 관해 가능해 보이며, 우리 자신에 달려 있는 것뿐만 아니라 그것에 못지 않게 영원한 것과 불가능한 것에 대해서도 가능하기 때문이다. 또 의견은 참과 거짓에 의해 나누어질 뿐 나쁨과 좋음에 의해 나눠지지는 않는 반면에, 합리적 선택은 오히려 나쁨과 좋음에 의해 나눠진다.

1112a §11 이제 아마 누구도 합리적 선택이 일반적으로 의견과 동일하다고는 이야기하지 않을 것이다. 하지만 합리적 선택은 그 어떤 종류의 의견과도 동일하지 않다.[178] 우리는 좋은 것들을 혹은 나쁜 것들을 합리적으로 선택함으로써 어떤 성격을 가진 사람이 되는 것이지, 의견을 가짐으로써 그렇게 되는 것은 아니기 때문이다. §12 또 우리는 좋은 것이나 나쁜 것들 중 어떤 하나를 취할지 혹은 회피할지를 합리적으로 선택하는 반면에, 그것이 무엇인지, 무엇에 유익한지 혹은 어떻게 유익한지에 대해서는 의견을

177) 아테네의 연극 축제에서는 최고의 배우에게 상이 주어졌다.

178) 한국 남자농구 대표팀의 평균 신장이 2미터보다 작다고 해서 대표팀의 일원 한 사람 한 사람이 각각 2미터보다 작아야만 하는 것은 아니다. 아리스토텔레스는 이제 의견들 중에서 일부가, 가령 우리에게 달려 있는 것들 중 좋은 것과 나쁜 것에 대한 의견이 합리적 선택과 동일한 것이라는 생각을 반박한다.

가진다. 어떤 것을 취할까 회피할까 하는 것에 대해서는 전혀 의견을 가지지 않는다. §13 또 합리적 선택은 그것이 옳게 선택되기 때문이라기보다는 마땅히 선택할 것을 선택하기 때문에 칭찬을 받는 반면에, 의견은 (무엇에 대해 가지든지 간에) 참되게 가지고 있기 때문에 칭찬을 받는다. 또 우리는 좋은 것임을 확실히 알고 있는 것을 선택하지만, 우리가 (좋은지 어떤지) 전혀 알지 못하는 것에 대해서는 의견을 가진다. §14 또 최선의 선택을 하는 사람들이 최선의 의견을 가지는 사람과 동일한 것 같지는 않아 보이며, 오히려 어떤 사람들은 더 좋은 의견을 가지고 있지만 악덕 때문에 선택해서는 안 될 것을 선택하는 것으로 보인다.

§15 의견이 합리적 선택보다 먼저 생겨나는지 아니면 합리적 선택에 따 **1112a**11
라 생기는 것인지는 별로 중요하지 않다. 우리는 이것을 탐구하는 것이 아니라 합리적 선택이 어떤 의견과 동일한 것인지에 대해 문제 삼고 있기 때문이다.

§16 합리적 선택이 지금까지 언급했던 것들 중에서 어느 것도 아니라면 **1112a**13
도대체 무엇이며 어떤 성질의 것이란 말인가? 분명 자발적인 것이지만, 그렇다고 자발적인 것이 모두 합리적으로 선택할 수 있는 것은 아니다. §17 그렇다면 합리적 선택은 '미리 숙고했던 것'[179]이란 말인가? 합리적 선택은 이성과 사유를 동반하는 것이기 때문이다. '합리적 선택'이라는 그 이름까지도 다른 것들에 '앞서'(pro) '선택된 것'(haireton)[180]을 의미하는 것 같다.

숙고

제3장

§1 우리는 모든 것에 관해 숙고하고 또 모든 것은 숙고 가능한 것인가, **1112a**18

179) '미리 숙고했던 것'(probebouleumenon)이라는 표현에 대해서는 III 3, 1113a2 아래 참조.

180) '앞서'(pro), '선택된 것'(haireton).

아니면 어떤 것들에 관해서는 숙고가 불가능한 것인가? §2 아마도 숙고 가능한 것은 어떤 어리석은 사람 혹은 미친 사람이 숙고할 수 있는 것이 아니라 지각 있는 사람이 숙고할 수 있는 것이라고 말해야 할 것이다.

1112a21 §3 그런데 영원한 것들에 대해서는, 예를 들면 우주에 대해 혹은 정사각형의 한 변과 그 대각선이 통약 불가능하다는 것에 대해서는 누구도 숙고하지 않는다. §4 또 운동 중에 있지만—필연적으로 그러하건 본성적으로 그러하건 아니면 다른 원인에 의해 그러하건 간에—언제나 같은 방식으로 일어나는 것들에 대해서도 숙고하지 않는다. 예를 들어 하지나 동지의 변화나 별자리의 출현에 관해서는 숙고하지 않는다. §5 또 어떤 때는 이렇게, 다른 때는 저렇게 일어나는 것들에 대해서도, 가령 가뭄이나 강우에 대해서도 숙고하지 않는다. 아울러 보물의 발견처럼 우연에서부터 나온 것에 관해서도 숙고하지 않는다. §6 하지만 또 모든 인간적인 것에 대해 숙고를 하는 것도 아니다. 스파르타 사람 중 누구도 어떻게 하면 스키티아가 가장 잘 통치될 수 있는지에 대해 숙고하지 않는다. 이런 일들 중 어떤 것도 우리의 힘으로 이루어질 수 없기 때문이다.

1112a30 §7 우리는 우리에게 달린 것, 그리고 우리의 행위에 의해 성취 가능한 것에 관해 숙고한다. 이것들이 지금까지 언급되지 않고 남아 있던 것이다. 본성과 필연과 우연이 원인들인 것으로 보이지만, 지성 또한 원인이며 인간의 힘으로 이루어지는 모든 것 역시 원인으로 보이기 때문이다. 이 인간들 각자가 자신의 행위에 의해 성취될 수 있는 것들에 관해 숙고하는 것이다.

1112a34 §8 또 학문들 중 정확하고 자족적인 것들에 관해서는, 가령 글자에 관해서는 숙고가 있지 않다. 글자를 어떻게 써야만 하는지에 대해 망설이지 않으니까. 우리의 숙고는 오히려 우리를 통해 이루어지지만, 언제나 같은 방식으로 일어나지는 않는 것들, 바로 이것들에 관계한다. 예들 들어 의
1112b5 술이나 돈 버는 기술에 대해 숙고하며 체육술보다는 조타술에 관해 보다 많이 숙고하는데, 이것은 조타술이 체육술보다 정확성에 있어 덜 발달되었기 때문이다. 다른 것들의 경우도 이와 마찬가지로 숙고하고, §9 학문에

관해 숙고하는 것보다 기예에 관해 더 많이 숙고한다. 우리는 기예에 관해 더 많이 망설이니까.

§10 그렇다면 숙고함은 대부분의 경우에 그런 것들 안에서, 막상 그 결과가 어떻게 나올지 불분명한 것들, 즉 비결정적인 것을 포함하는 것들에서 성립한다. 중대한 사안에 관해서는 우리 자신이 충분히 잘 판단할 수 없다고 불신해 함께 숙고할 사람을 부른다. 1112b8

§11 그런데 우리는 목적들에 관해서가 아니라 목적들에 이바지하는 것들에 관해 숙고한다. 의사는 병을 치료해야 할지에 대해서 숙고하는 것이 아니며, 연설가는 설득을 해야 할지에 대해 숙고하는 것도 아니다. 정치가 역시 좋은 법질서를 세워야 할지에 대해 숙고하지 않고, 여타의 사람 중 누구도 목적에 관해서는 숙고하지 않는다. 오히려 사람들은 목적을 설정한 다음, 그 목적이 어떻게, 그리고 어떤 것들을 통해 이루어질지를 고찰한다. 이때 목적이 여러 가지 수단들을 통해 달성되는 것으로 보이면, 어떤 것을 통해 가장 쉽고 가장 훌륭하게 도달할 수 있을지를 고찰한다. 만일 목적이 오직 하나만을 통해 완성될 수 있다면, 어떻게 이것을 통해 목적이 이루어지는지, 또 그 하나는 무엇을 통해 도달하는지 고찰한다. 이러한 탐구는 발견에 있어서는 맨 마지막인, 최초의 원인에까지 이를 것이다. §12 왜냐하면 숙고하는 사람은 마치 기하학적 도형을 다루듯이 지금 언급한 방식으로 탐구하고 분석[181)]하는 것처럼 보이기 때문이다. (모든 탐 1112b10

181) 여기서 아리스토텔레스는 단순히 기하학적인 작도 문제를 고려하고 있기보다는 기하학의 문제의 해결—가령 반원에 내접하는 각은 직각임을 증명하는—을 발견하는 '증명 방법'을 염두에 두고 있다(『분석론 전서』 I 24, 41b14). 여기서 '분석'(analysis)이라 함은 증명되어야 할 명제 A를 참이라고 가정한 후, A 명제가 참이기 위해 반드시 성립해야 하는 B 명제, 다시 B 명제가 참이기 위해 반드시 성립해야 하는 C 명제 하는 식으로 올라가다가, C 명제가 성립하기 위해 반드시 성립해야 하는 D 명제가 우리에게 이미 참이라고 알려져 있다면, 이러한 연속적이고 필연적인 과정을 통해 A 명제의 참을 증명하는 방법을 말한다. 역으로 우리에게 이미 알려져 있는 D 명제로부터 C 명제를 증명하고, C 명제로부터 B 명제를, B 명제로부터 A 명제를 증명하는 방식을 종합(synthesis)의 방법이라고 한다. 이러한 기하학의 분석 방법이 행위를 추론하는 사고 과정에 적용되고,

구가 숙고인 것 같지는 않다. 가령 수학적인 탐구의 경우가 그렇다. 그러나 모든 숙고는 탐구로 보인다.) 또 분석에 있어 마지막은 생성에 있어서는 최초인 것으로 보인다.

1112b24 §13 만약 불가능한 것에 부딪히게 된다면, 예를 들어 돈이 필요한데 마련할 수 없는 것이라면 우리는 단념한다. 그러나 가능한 것으로 보인다면 행위에 착수한다. 그런데 가능한 것이란 우리의 힘으로 이룰 수 있는 것이다. 친구들을 통해 이루는 것도 어떤 의미에서는 우리의 힘으로 이루는 것이다. 그 단초가 우리 안에 있기 때문이다. §14 우리는 어떤 때 도구들을 탐구하고 또 어떤 때 그것들의 사용 방법을 탐구한다. 여타의 경우에서도 마찬가지로 어떤 때는 그것을 통해 목적이 달성되는 수단을, 또 어떤 때는 (그 수단이) 어떻게 사용되는지를, 혹은 (그러한 사용을 위해 필요한) 수단을 탐구한다.

1112b31 §15 그렇다면 지금까지 말해 온 바와 같이 인간이 행위의 원리[182]일 것이다. 그런데 숙고는 자신의 행위에 의해 성취될 수 있는 것과 관련되어 있고, 또 행위들은 다른 것들을 위한 것이다. §16 목적이 숙고의 대상이 아니라 목적에 이바지하는 것들이 숙고의 대상이기 때문이다. 또 개별적
1113a 인 것들도 숙고의 대상이 아니다. 가령 이것이 한 덩어리의 빵인지 혹은 마땅히 구워져야 하는 대로 구워졌는지 하는 것은 숙고의 대상이 아니다. 이러한 것들은 감각이 하는 일이기 때문이다. 만일 (이런 것들마저도) 항상 숙고해야 할 것이라면 숙고는 끝이 없을 것이다.

1113a2 §17 숙고할 수 있는 것과 합리적으로 선택할 수 있는 것은, 합리적으로 선택할 수 있는 것이 이미 결정되었다는 점만 제외하면 동일하다. 숙고로부터 판단된 것이 합리적 선택의 대상이기 때문이다. 각자가 어떻게 행위할 것인가라는 탐구를 멈추는 것은 그가 행위의 원리를 (찾아) 자기 자신에게로 거슬러 올라갔을 때, 즉 자신을 이끄는 부분으로 거슬러 올라갔

숙고의 구조가 이러한 방식에 따라 이루어진다는 점을 밝혀주고 있다.

182) '원리' ☞ archē.

을 때이다. 이 부분이 합리적으로 선택하는 부분이니까. §18 이것은 또한 호메로스가 묘사했던 고대의 정치체제로부터도 분명하다. 왕들은 자신들이 합리적으로 선택했던 것을 백성에게 선포했기 때문이다.

§19 그런데 합리적으로 선택할 수 있는 것은 우리에게 달린 것들에 대한 숙고와 욕구의 대상이므로 합리적 선택 또한 우리에게 달린 것들에 대한 숙고적 욕구[183]일 것이다. 우리는 숙고함을 통해 결정한 후에 그 숙고에 따라 욕구하는 것이니까. **1113a**9

§20 이렇게 해서 합리적 숙고에 대해 그것이 어떤 성질의 것인지 또 그것이 목적에 이바지하는 것들에 관계한다는 사실을 대략적으로 이야기한 것으로 하자. **1113a**12

바람

제 4 장

§1 바람이 목적에 관한 것이라는 점은 이미 이야기했다.[184] 그러나 어떤 사람에게는[185] 그 바람이 좋음에 관계하는 것처럼 보이고, 다른 어떤 사람에게는 외견상의 좋음에 관계하는 것처럼 보인다. **1113a**15

§2 그런데 바람의 대상이 좋음이라고 주장하는 사람에게는 다음과 같은 결론이 귀결된다. 즉 어떤 사람이 올바르지 않게 선택할 경우에 그 사람이 바란 것은 바람의 대상이 아닌 것이 된다. (만일 어떤 것이 바람의 대상이라면 그것은 또한 좋은 것이기도 해야 할 것이다. 그러나 만약 올바르지 않게 선택한다면, 그것은 나쁜 것이 되기 때문이다.) **1113a**17

§3 한편, 외견상의 좋음이 바람의 대상이라고 주장하는 사람에게는 다음과 같은 결론이 귀결된다. 즉 본성적인 바람의 대상이란 존재하지 않고 각자에게 좋게 보이는 것만 존재하게 된다. 그런데 각자 서로 다른 것이 **1113a**20

183) '숙고적 욕구'(bouleutikē orexis).

184) III 2, 1111b26.

185) 플라톤주의자들을 가리킨다.

좋은 것으로 보이며, 만일 이렇다고 한다면 서로 반대되는 것도 좋은 것으로 보이게 될 것이다.

1113a22 §4 따라서 만약 이러한 견해들이 만족스럽지 못하다면, 단적으로는 또 진리에 따라서는 바람의 대상이 좋음이지만, 각자에게는 자신에게 좋은 것으로 보이는 것이 바람의 대상이라고 해야 하지 않을까? 그렇다면 신실한 사람에게는 진리에 따른 좋음이 바람의 대상이지만, 나쁜 사람에게는 (그때그때) 우연히 걸리는 좋음이 바람의 대상이다.

1113a26 이것은 신체의 경우, 좋은 상태에 있는 사람에게는 진리에 따라 건강에 실제로 도움이 되는 것들이 건강을 증진하는 반면에, 병중에 있는 사람에게는 다른 것이 건강을 증진하는 것과 마찬가지이다. 쓴것, 단것, 뜨거운 것, 무거운 것, 그리고 그밖의 다른 것들 각각의 경우도 이와 유사하다. 신실한 사람은 각각의 것을 올바르게 판단하며, 또 각각의 경우에 있어 그에게 보이는 것은 진실로 그러한 것이기 때문이다.

1113a31 §5 각각의 품성상태에 따라 (나름대로) 고귀한 것과 즐거운 것을 고유하게 갖지만, 아마도 신실한 사람이 각각의 경우에서 진실된 것을 보는 데 가장 두드러질 것이다. 마치 본인이 고귀하고 신실한 것들의 규준이자 척도인 듯이. 그러나 많은 사람들에게는 즐거움으로 말미암아 기만이 일어
1113b 나는 것처럼 보인다. 즐거움은 좋음이 아닐 때에도 좋음으로 보이니까. §6 그래서 많은 사람들은 즐거운 것을 좋은 것이라고 생각해 선택하고 고통을 나쁜 것이라고 생각해 회피하는 것이다.

책임의 문제

제 5 장

1113b3 §1 이렇게 해서 바람의 대상은 목적에 관계하는 반면에, 숙고와 합리적 선택의 대상은 목적에 이바지하는 것이므로 이 후자에 관계하는 행위들은 합리적 선택에 따른 것이며 자발적인 것일 터이다. 그런데 탁월성의 활동은 바로 이것[186]에 관계한다.

1113b6 §2 그러므로 탁월성 역시 우리에게 달려 있으며, 악덕 역시 마찬가지이

다. 행위하는 것이 우리에게 달려 있는 것들의 경우에, 행위하지 않는 것 또한 우리에게 달려 있으며, 우리가 '아니오'라고 할 수 있는 것에는 또한 '예'라고도 할 수 있기 때문이다. 따라서 실제로 고귀한 일을 하는 것이 우리에게 달려 있다면, 부끄러운 일을 하지 않는 것 또한 우리에게 달려 있을 것이다. 또 실로 고귀한 것을 하지 않는 것이 우리에게 달려 있다면, 정말 부끄러운 일을 하는 것 역시 우리에게 달려 있을 것이다. §3 이렇듯 만일 고귀한 것 혹은 부끄러운 일을 행하는 것이 우리에게 달려 있고, 마찬가지로 그런 일을 하지 않는 것도 우리에게 달려 있다면, 그리고 좋은 사람이라는 것 혹은 나쁜 사람이라는 것이 바로 이것이었다면,[187] 훌륭한 사람이 되는 것이나 비천한 사람이 되는 것도 따라서 우리에게 달려 있는 것이다.

§4 그런데 자발적으로 악한 사람도 없고, 마지못해 지극한 복을 받는 1113b14
사람 역시 아무도 없다[188]라는 말은 한편으로는 틀린 것 같고, 다른 한편으로는 맞는 것 같다. 마지못해 지극한 복을 받는 사람은 아무도 없지만, 못됨[189]은 자발적인 것이기 때문이다.

§5 만일 그렇지 않다면 적어도 지금 이야기된 것들에 대한 논쟁이 있 1113b17
어야 할 것이며, 인간이 행위들의 원리라고 이야기해서도 안 되고, 인간이 마치 자식들을 낳듯이 그 행위들을 낳는 것도 아니라고 말해야만 한다. §6 그러나 앞에서 말한 것들이 명백하며 우리가 우리 안에 있는 원리 이외의 다른 원리들로 거슬러 올라갈 수 없다면, 그 원리가 우리 안에 있는 행위들 자체도 우리에게 달려 있으며 자발적인 것이다.

---

186) 목적에 이바지하는 것.

187) III 2, 1112a 이하. 본문에 등장하는 과거시제(ēn)는 고귀한 행위들과 부끄러운 행위들에 대한 합리적 선택에 따라 인간의 좋은 성품과 나쁜 성품이 나온다는 것을 이미 확립된 사실로 받아들인다는 점을 보여준다.

188) 기원전 5세기 초엽의 희극 작가였던 에피카르모스(Epicharmos)(DK 23B7)의 말로 보인다. 솔론의 시구로도 추정된다.

189) '악함'으로 옮길 수도 있다.

1113b21 §7 이것은 각 개인들에 의해 사적으로도, 입법자들 자신에 의해서도 입증되는 것으로 보인다. 왜냐하면 그들은 악한 행위를 하는 사람들을, 이 사람들이 자신들의 탓이 아닌 강제에 의해 혹은 무지로 말미암아 그런 일을 한 것이 아닌 한, 꾸짖고 벌을 주는 반면에, 고귀한 것들을 행한 사람들은 명예로써 기리기 때문이다. 후자의 사람들을 격려하고 전자의 사람들을 억제하기 위해서 말이다. 그렇지만 우리에게 달려 있지도 않고 자발적이지도 않은 것들을 하라고 격려하는 사람은 아무도 없다. 더워하지 말라고, 혹은 고통을 느끼지 말라고, 혹은 배고파하지 말라고, 또 이런 것들 중 어떤 것이나 간에 그것을 하지 말라고 설득하는 것은 아무 소용이 없는 일이라고 생각하기 때문이다. 그런다고 해서 우리가 그런 것들을 조금이나마 덜 겪는 것은 아니니까.

1113b30 §8 또 실제로는 무지마저도 만일 행위자가 그 무지의 원인이라면 처벌을 받는다. 가령 취중에 잘못을 범한 사람에게는 두 배의 형벌이 가해진다.[190] 그 원리가 자신 안에 있기 때문이다. 술에 취하지 않게 자신이 자신을 통제할 수 있었으며, 술에 취한 것이 그 무지의 원인이었기 때문이다. 또 마땅히 알아야만 하고 어렵지도 않은 어떤 법률 규정을 모르는 사
1114a 람들 또한 처벌을 받는다. §9 또 이와 마찬가지로 부주의로 말미암아 모르는 것으로 보이는 다른 경우에도 모르지 않도록 하는 것이 그들 자신에게 달려 있었다고 생각되기 때문에 처벌을 받는다. 그 자신이 주의를 기울이도록 통제할 수 있었기 때문이다.

1114a3 §10 그러나 어쩌면 그는 아예 주의를 기울이지 않을 그런 종류의 사람일 것이다. 그렇다고 하더라도 부주의하게 살아오면서 그런 종류의 사람이 된 원인은 자기 자신이며, 또 나쁜 짓을 해왔기에 부정의한 사람이 되는 것이나, 술에 취한 채, 또 그런 종류의 일들 속에 빠져 살아온 탓에 무절제한 사람이 되는 것도 자기 탓이다. 각각의 것과 관련한 활동들이 이

---

190) 미틸레네의 참주인 피타코스의 법률(『정치학』 1274b19; 『수사학』 1402b10).

러저러한 (성격의) 사람들을 만들어내는 것이니. §11 이것은 또 어떤 종류의 것이든 경쟁을 위해 혹은 (공연) 행위를 위해 훈련하는 사람들을 보아도 명백하다. 그들은 줄곧 관련된 활동을 하고 있다. §12 그런데 각각과 관련해 활동을 함으로부터 상응하는 품성상태가 생겨난다는 것을 모른다면 그야말로 몰지각한 사람일 것이다.

1114a11 §13 게다가 부정의를 행하면서 부정의한 사람이 되지 않기를 바라는 것이나, 무절제한 행위를 하면서 무절제한 사람이 되지 않기를 바라는 것은 말이 되지 않는 일이다. 그런데 누군가 그러한 행위를 하면 부정의한 사람이 된다는 것을 모르지 않으면서 그런 행위를 한다면, 그는 자발적으로 부정의한 사람일 것이며, §14 또 그가 정의로운 사람이 되기를 바라기만 하면, 그가 부정의한 사람이기를 그치고 정의로운 사람이 되는 것도 아니다. 병든 사람이 단지 바란다고 해서 건강하게 되는 것도 아니니까. 또 그가 자제력 없이 삶을 영위해 왔고 의사들의 말을 따르지 않음으로써 병에 걸린 것이라면, 그는 자발적으로 병에 걸린 것이다. 그 당시에는 그가 병에 걸리지 않을 수도 있었지만, (건강을) 일단 던져버린 후에는 더 이상 그럴 수 없었다. 마치 돌을 버리고 난 후에는 다시 그것을 잡을 수 없듯이. 그럼에도 돌을 던지는 것은 그에게 달려 있는 일이었다. 그 원리가 자신 안에 있었기 때문이다. 이렇듯 부정의한 사람과 무절제한 사람 양자에게 공히 처음부터 그러한 사람이 되지 않을 가능성이 있었으며, 그런 까닭에 그들은 자발적으로 그러한 사람이 된 것이나. 하지만 일단 그런 사람이 된 후에는 그런 사람이 되지 않을 가능성이 더 이상 없다.

1114a21 §15 그런데 어떤 사람들의 경우에는 영혼의 악덕뿐만 아니라 신체의 그것까지도 자발적이다. 우리는 이러한 사람들 또한 비난한다. 본래 볼품없는 사람은 누구도 비난하지 않지만, 운동하지 않고 돌보지 않아 볼품없는 사람은 비난하니까. 허약함이나 불구에 관련해서도 마찬가지이다. 어떤 사람도 본성적으로 눈먼 사람이나, 병 혹은 부상 때문에 눈먼 사람을 비난하지는 않을 것이며 오히려 그를 가련히 여길 것이지만, 폭음이나 그밖의 다른 무절제로부터 눈멀게 된 사람은 누구나 비난할 것이기 때문이다.

§16 그러므로 신체와 관련된 악덕들 중에서도 우리에게 달린 것들은 비난을 받지만, 우리에게 달려 있지 않은 것들은 비난을 받지 않는다. 만일 (신체의 경우가) 이렇다고 한다면, 다른 것들의 경우에 있어서도 악덕 중에서 비난받는 것은 우리에게 달린 것일 터이다.

1114a31 §17 그런데 만일 누군가가 모든 사람은 외견상의 좋음을 추구하지만,
1114b 그 인상[191]을 어떻게 통제할 수는 없는 일이며, 오히려 각자가 어떤 사람이냐에 따라 (그가 추구하는) 목적 또한 각자에게 그렇게 드러나는 것이라고 말한다면, (아마 이렇게 답해야 할 것이다) 만일 각자가 어떤 방식으로 자신의 품성상태의 원인이라면, 그 목적이 (자신에게 그렇게 보이는) 인상에 대해서까지도 어떤 방식으로 원인일 것이다. 만약 그렇지 않다면, 그 누구도 자신의 악행에 대한 원인이 아닐 것이며, 도리어 이런 일들을 통해 자신에게 최선의 것이 생겨난다고 생각하면서 목적에 대한 무지로 말미암아 이것을 행하게 될 것이다. 이 경우에 목적에 대한 추구는 스스로 선택한 것이 아니게 될 것이며, 그 목적은 훌륭하게 분간하고 참으로 좋은 것을 선택할 수 있게 해주는 일종의 (정신적) 눈처럼 본성상 가지고 태어나야 할 것이다. 이런 눈을 애초에 훌륭하게 갖춘 사람은 본성적으로 좋은 사람일 것이다. 이것이 가장 중대하고 고귀한 것이며 다른 사람에게서 취하거나 배울 수 있는 것이 아니라 애초에 본성이 그렇게 생긴 대로 그런 성품을 가질 것이며, 이 점에 있어 잘 그리고 훌륭하게 본성을 갖추고 태어났다는 것이 완전하고도 진정한 의미에서 '잘 타고났다는 것'[192]이기 때문이다. 그렇다면, 만약 이것이 참이라고 한다면 어떻게 탁월성이 악덕보다 더 자발적일 수 있단 말인가? §18 왜냐하면 좋은 사람에게든 나쁜 사람에게든, 본성상 그렇든 아니면 다른 어떤 방식으로든지 간에 그 목적은 양자에게 비슷한 방식으로 보이고 결정되며, 무슨 일을 하든 이것에 의거해 나머지 일들을 행하기 때문이다.

---

191) '인상' 혹은 '상상' ☞ phantasia.

192) '잘 타고났다는 것'(euphyia).

§19 그렇다면 목적이 각자에게 어떤 목적으로 보이든지 간에 본성적으 **1114b**16
로 그렇게 보이는 것이 아니라 어느 정도는 자신으로부터 나온 것이건, 아니면 목적은 본성적이지만 신실한 사람은 나머지 것들을 자발적으로 행한다는 점에서 탁월성도 자발적인 것이건 악덕도 (탁월성에) 못지않게 자발적인 것일 게다. 나쁜 사람에게도, 설령 그의 목적에 있어서는 자신으로 말미암은 것이 없다고 하더라도 그의 행위에 있어서는 자신으로 말미암은 것이 마찬가지로 귀속하기 때문이다.[193] §20 그러므로 주장되는 바와 같이 탁월성이 자발적인 것이라면(우리의 품성상태에 대해서도 어떤 방식으로 우리 자신이 더불어 책임지고 있으며, 우리가 어떤 성격의 사람이 되는가에 의해 목적을 이러저러한 것으로 규정하기 때문이다), 악덕 또한 자발적인 것일 게다. 악덕 역시 마찬가지이니까.

§21 이렇게 해서 우리는 일반적인 동의에 따라 탁월성에 관해 개략적 **1114b**26
으로 말했다. 즉 탁월성의 유는 중용이며, 품성상태라는 것, 탁월성은 자신이 연원하는 행위들을 자체적으로 실천에 옮길 수 있다는 것,[194] 탁월성은 우리에게 달려 있으며 자발적인 것으로 올바른 이성이 명령할 방식대로 실천에 옮길 수 있다는 것을 논의했다. §22 그런데 행위와 품성상태는 유사한 방식으로 자발적인 것이 아니다. 왜냐하면 우리가 개별적인 것들을 알고 있을 때 처음부터 끝까지 행위들을 통제할 수 있지만, 품성상
태의 경우 처음에는 통제할 수 있다가 질병의 경우에 그러하듯이 그 개별 **1115a**
적인 진행은 알지 못하기 때문이다. 그럼에도 불구하고 이런 방식으로 혹은 이렇지 않은 방식으로 대처하는 것이 우리에게 달렸던 것이기 때문에, 품성상태도 자발적인 것이다.

§23 이제 되돌아와서 개별적인 탁월성을 하나하나 논의해 보자. 그것 **1115a**4
이 무엇이며 어떤 성질의 것들과 관련되는지 또 어떻게 관련되는지를. 그러면 얼마나 많은 탁월성이 있는지도 동시에 분명해질 것이다.

---

193) III 5 §§1-2, 1113b5-7.

194) III 5 §11, 1114a7-10.

용기

제6장

1115a6 §1 먼저 용기에 대해 논의해 보자. 두려움과 대담함에 관련되는 중용이 있다는 것은 이미[195] 명백히 한 바 있다. §2 우리가 두려운 것들을 두려워한다는 것은 분명하며, 이것들은 단적으로 말하자면 나쁜 것들이다. 그런 까닭에 사람들은 두려움을 나쁜 것에 대한 예감으로 규정한다.

1115a10 §3 그런데 우리는 모든 나쁜 것을, 이를테면 불명예, 가난, 병, 친애관계의 결여,[196] 죽음 같은 것을 두려워하기는 하지만, 용감한 사람이 이 모든 것에 관계하는 것 같지는 않다. 왜냐하면 이것들 중 어떤 것들은, 이를테면 불명예 같은 것은 마땅히 두려워해야 하며, 또 그렇게 하는 것이 고귀한 것이고 그렇게 하지 않는 것은 부끄러운 일이기 때문이다. 이런 것을 두려워하는 사람은 훌륭하고 부끄러움을 아는 사람인 반면에, 두려워하지 않는 사람은 파렴치한 사람이니까. 어떤 사람들은 물론 용감하다는 말을 (이런 것을 두려워하지 않는 사람에 대해서도) 비유적으로 사용한다. 이런 사람도 용감한 사람과 유사한 어떤 것을 가지고 있기 때문이다. 용감한 사람 역시 어떤 식으로 두려워하지 않는 사람이다.

1115a17 §4 아마도 우리는 가난이나 병을 두려워해서는 안 될 것이며, 일반적으로 악덕에서 나온 것이 아니거나 자기 자신으로 말미암은 것이 아니라면 어떤 것이라도 두려워해서는 안 될 것이다. 하지만 이런 것들에 관련해 두려워하지 않는 사람이 용감한 사람은 아니다. 우리는 물론, 이런 사람도 어떤 유사성에 따라 '용감한 사람'이라고 부르기는 한다. 어떤 사람들은 전쟁의 위험 속에서는 비겁한 사람이기는 해도 자유인다운 사람이며, 돈을 잃을 위험에 대해 대담하기도 하니까.

1115a22 §5 또한 만일 누군가 자신의 자식이나 아내에 관한 모욕[197]이나 시

195) II 7 §2, 1107a33.

196) '친애관계의 결여'(aphilia).

197) '모욕'(hybris).

샘 혹은 그와 같은 것을 두려워한다고 해서 비겁한 사람인 것도 아니다. 또 누군가 (자신의 잘못 때문에) 채찍질을 당하게 될 지경에 대담하다고 해서 용감한 사람인 것도 아니다. §6 그렇다면 용감한 사람은 어떤 종류의 두려운 것과 관련된단 말인가? 혹 두려운 것들 중 가장 큰 것과 관련되는가? 어느 누구도 끔찍한 것들을 (용감한 사람보다) 더 잘 견뎌내지는 못할 테니까. 그런데 가장 두려운 것은 죽음이다. 죽음은 끝[198]이며, 죽어버린 자에게는 좋은 것이건 나쁜 것이건 간에 아무것도 없는 것처럼 보이기 때문이다. §7 그러나 용감한 사람은 모든 상황에서의 죽음에 — 예를 들어 바다에서 죽는 것이나 병들어 죽는 것에 — 관계하는 것 같지도 않다. §8 그렇다면 어떤 상황에서의 죽음과 관계한단 말인가? 혹시 가장 고귀한 상황에서의 죽음이 아닐까? 그런데 이러한 죽음은 전쟁에서의 죽음이다.[199] 이것이 가장 크고 가장 고귀한 위험 속에서의 죽음이기 때문이다. §9 국가 안에서 주어지는 명예나 군주들로부터 주어지는 명예들 또한 이러한 사정에 부합한다. §10 그렇다면 고귀한 죽음과 관련해, 또 죽음을 임박한 것으로 가져오는 모든 위험과 관련해 두려워하지 않는 사람이 주된 의미에서 용감한 사람으로 불릴 것이다. 무엇보다도 전쟁에서 일어나는 일들이 바로 이러한 것들이다.

§11 용감한 사람은 물론 바다에서의 죽음이나 질병으로 인한 죽음을 **1115a**35
두려워하지 않지만, 뱃사람들이 그러는 것과 같은 방식은 아니다. 용감한 **1115b**
사람들은 구조될 것을 단념하고 이렇게 죽게 되는 것을 가슴 아파하지만, 뱃사람들은 자신들의 경험 때문에 기대에 부풀어 있기 때문이다. §12 더구나 용감한 사람은 자신이 물리칠 힘을 발휘할 수 있는 경우나 죽는 것이 고귀한 경우에 용기를 발휘하지만, 이렇게 바다에서 죽는 경우에는 어느 쪽도 해당되지 않는다.

---

198) '끝'(peras).

199) 아리스토텔레스는 국가와 가족을 방어하는 전쟁에서의 죽음을 가장 고귀한 것으로 받아들이는 호메로스 이래의 전통에 따른다.

용기와 비겁, 무모

제7장

1115b7 §1 두려운 것이 모든 사람에게 다 똑같은 것은 아니지만, 우리는 인간을 넘어서는 어떤 것도 있다고 말한다. 그렇다면 이것은 적어도 지각[200]을 가진 모든 사람에게 두려운 것일 게다. 반면에 인간이 감당할 수 있는 한계 내에서 두려운 것들은 그 크기나 많고 적음의 정도에서 차이를 갖는다. 대담함을 불러일으키는 것 역시 마찬가지이다.

1115b10 §2 그런데 용감한 사람은 인간으로서 할 수 있는 한, 기가 꺾이지 않는 사람이다. 그렇다면 그는 (인간을 넘어서지 않는 두려운) 것들에서도 두려워할 수 있겠지만, 마땅히 그래야 하는 방식으로 두려워할 것이고, 또 이성이 명하는 대로 고귀한 것을 위해 견뎌낼 것이다. 바로 이것이 탁월성의 목적이기 때문이다.

1115b13 §3 그런데 이런 것들을 두려워하는 데는 더 많이 두려워할 수도 있고 더 적게 두려워할 수도 있으며, 사실은 두렵지 않은 것을 두려운 것인 양 두려워할 수도 있다. §4 잘못의 하나는 두려워해서는 안 될 것을 두려워하는 것이며, 다른 하나는 마땅히 해야만 하는 방식으로 두려워하지 않는 것, 또 두려워해서는 안 될 때 두려워하는 것, 혹은 이런 것들 중의 어떤 것이다. 대담함을 불러일으키는 것들의 경우 역시 마찬가지이다.

1115b17 §5 따라서 마땅히 두려워해야 할 것을, 마땅히 그래야 할 목적을 위해, 또 마땅히 그래야 할 방식과 마땅히 그래야 할 때 견뎌내고 두려워하는 사람이, 마찬가지 방식으로 대담한 마음을 갖는 사람이 용감한 사람이다. 왜냐하면 용감한 사람은 (부딪히는 사안의) 가치에 걸맞게, 또 이성이 그럴 것 같은 방식으로 느끼고 행위하기 때문이다.

1115b20 §6 그런데 모든 활동의 목적은 그 품성상태에 따르는 것이다. 이것은 용감한 사람에게도 마찬가지이다. 그런데 용기는 고귀한 것이다. 그러므로

200) '지각' 혹은 '이해' ☞ nous.

그 목적 또한 고귀한 것이다. 각각의 것은 그 목적에 의해 규정되니까. 그러니 용감한 사람은 고귀한 것을 위해 견뎌내며 용기에 따르는 일들을 행하는 것이다.

§7 지나침으로 나아가는 사람들 가운데 두려움이 없는 쪽으로 나아가 **1115b**24
는 사람에게는 이름이 없다. (우리는 앞에서 많은 것들에 이름이 없다고 했다.[201]) 그러나 켈트인들에 대해 말해지는 바와 같이[202] 지진이건 큰 파도이건 간에 아무것도 두려워하지 않는다면, 그는 미친 사람이거나 위험을 느낄 수 없는 사람일 것이다. 다른 한편, 대담함에 있어 지나친 사람은 무모한 사람이다. §8 그런데 무모한 사람은 허풍을 떠는 사람으로, 용감한 척하는 사람으로 보인다. 어쨌든 용감한 사람이 두려운 것들에 관해 갖는 태도를, 무모한 사람도 가지고 있는 것처럼 보이기를 바란다. 그래서 할 수 있는 경우에는 용감한 사람을 모방하는 것이다. §9 그런 까닭에 무모한 사람들 중 많은 이들이 '무모한 겁쟁이'이기도 하다. 모방의 경우에는 무모하게 버티다가 두려운 것들을 실제로 견뎌내지는 못하기 때문이다.

§10 두려워함에 있어 지나친 사람은 비겁한 사람이다. 그는 두려워해서 **1115b**33
는 안 될 것을 두려워하고 그래서는 안 되는 방식으로 두려워하며, 또한
이와 같은 모든 것이 그를 따르기 때문이다. 그는 또 대담함에서도 모자 **1116a**
란다. 하지만 이것보다는 고통에 있어 지나치게 두려워하는 것을 통해 그를 잘 알아볼 수 있다. §11 그렇다면 비겁한 사람은 어떤 종류의 의기소침한 사람이다. 그는 모든 것을 두려워한다. 용감한 사람은 이와 정반대이다. 대담하다는 것은 희망을 가진 사람이 하는 일이기 때문이다.

§12 그렇기 때문에 비겁한 사람이나 무모한 사람, 용감한 사람 모두 동 **1116a**4
일한 것에 관계되지만 그것들에 대해 서로 다른 방식으로 관계되는 것이다. 한편은 지나치거나 모자라는 반면에, 다른 한편은 중간적인 방식으

---

201) II 7 §2, 1107b2; §8, 1107b29; §10, 1108a5 참조.

202) 플라톤이나 아리스토텔레스는 북방민족의 성격을 분노 혹은 기개(thymos)에 의해 주로 규정되는 것으로 본다. 『정치학』 1327b23-7; 플라톤, 『국가』 435e 참조.

로, 또 마땅히 그래야 할 방식으로 관계를 갖는다. 또 무모한 사람은 경솔해 위험이 닥쳐오기 전에는 위험을 바라지만, 실제 위험에 처해서는 물러선다. 반면에 용감한 사람은 그전에는 평정을 유지하다가 실제 위험에서 빠르고 강렬하다.

1116a10 §13 따라서 이미 말한 바와 같이[203] 용기란 우리가 언급했던 상황들에서[204] 두려운 것들과 대담을 불러일으키는 것들과 관련한 중용이며, 그렇게 하는 것이 고귀하기 때문에, 또 그렇게 하지 않는 것이 부끄러운 일이기 때문에 선택하고 견뎌낸다.[205] 가난을 피하기 위해, 혹은 성적인 열망[206]을, 혹은 어떤 고통스러운 것을 피하기 위해 죽는 것은 용감한 사람이 아니라 오히려 비겁한 사람이나 하는 일이다. 고생스러운 일을 회피하는 것은 유약함이며, 그렇게 하는 것이 고귀하기 때문에 죽음을 수용하는 것이 아니라 나쁜 것을 회피하려고 죽음을 수용하는 것이기 때문이다.

[……]

203) III 6.

204) 고귀한 경우에서, 즉 전쟁의 경우에서.

205) III 7 §§2-6, 1115b11-24.

206) '성적인 열망'(erōs).

제5권

넓은 의미의 정의

제1장

§1 정의와 부정의[207]에 대해 그것들이 어떤 종류의 행위들과 관련되는 1129a
것인지, 또 정의는 어떤 종류의 중용인지, 또 정의로운 것[208]은 어떤 것들 사이의 중간인지 탐구해야 할 것이다. §2 이제 앞서 논의해 왔던 방법과 동일한 방법에 따라 우리의 탐구를 진행해 보자.

§3 우리는 모든 사람이 다음과 같은 품성상태를 정의라고 부르려 한다 1129a6
는 것을 알고 있다. 즉 사람들로 하여금 정의로운 것들을 실천할 수 있는 사람이 되게 하고, 실제로 정의로운 행위를 하며, 정의로운 것들을 바라게 만드는 품성상태를 정의라고 부르려는 것이다. 또 동일한 방식으로 부정의에 관해서도 사람들로 하여금 부정의한 행위를 하고, 부정의한 일을 바

207) '정의'로 번역한 원어 'dikaiosynē'는 일반적으로 행위의 올바름이라는 넓은 의미에서 '옳음', '올곧음'이라는 뜻을 가지고 있다. 인간의 사회적 관계 일반을 규제하는 법이 '정의의 실현'을 목표로 한다면, 이때의 법(nomos)은 문자로 고정된 성문법뿐만 아니라 넓은 의미의 규범이나 관습까지 포함하는 것이어야 아리스토텔레스가 의미하는 '정의'에 가까운 것이 될 것이다. 따라서 정의는 가장 넓게는 타자와 관련해 법이나 사회적 규범, 관례가 명시적 혹은 암묵적으로 정하는 올바른 행동을 총칭하며, 보다 좁게는 법이 명시적으로 정하는 규율에 따르는 것으로, 가장 좁게는 다른 성격적 탁월성과 구별되는 도덕적 품성상태의 하나로서 이해된다. 어떤 수준에서 그 의미를 잡아줄 것인가에 따라 여러 번역어를 사용할 수 있지만, 번역의 통일성을 위해 '정의'라는 번역어를 쓸 것이다.

208) 추상명사인 정의(dikaiosynē)와 달리 형용사 '정의로운'에 정관사를 붙여 명사로 만든 이 말(to dikaion)은 추상명사처럼 '정의로움'을 의미할 수도 있고, 애초의 형용사적 의미가 간직되면 '정의로운 것'을 의미할 수도 있다. 즉 법, 관습에 일치하는 '정의로운 행위'를 의미하기도 한다.

라게 만드는 품성상태를 부정의라고 부르려 한다. 그러니 우리도 이것을 우선 개략적인 기초로 삼기로 하자.

1129a11 §4 앎이나 능력[209]의 경우에 참인 것이 품성상태의 경우에도 적용되는 것은 아니다. 능력과 앎의 경우 동일한 하나의 능력이나 앎이 서로 반대되는 것들에 관계하는 것 같지만, 품성상태의 경우에는 하나의 품성상태가 자신과 반대되는 것들에 관계하지는 않는 것 같기 때문이다. 가령 건강한 상태로부터는 그것과 반대되는 것들이 행해지지 않고 오직 건강한 것들만 행해진다. 우리는 어떤 사람이 건강한 사람이 걷는 방식으로 걷고 있을 때 그가 '건강하게' 걷고 있다고 하니까.

1129a17 §5 그런데 흔히 어떤 한 상태[210]는 그것과 반대되는 상태로부터 알려지며, 또 품성상태들은 자주 그것을 가지고 있는 기체[211]로부터 알려진다. 예를 들어 그것의 좋은 상태[212]가 어떤 것인지 분명하다면, 그것의 나쁜 상태 또한 분명해진다. 또 좋은 상태에 있는 것들로부터 좋은 상태가 분명해지며, 이것으로부터 좋은 상태에 있는 것들도 분명해지는 것이다. 만약 좋은 상태가 살의 단단함이라면, 나쁜 상태가 살의 무름이라는 것, 또 좋은 상태를 만드는 것은 살 안에 단단함을 만들어낼 수 있는 것이라는 점은 필연적이기 때문이다.

1129a23 §6 그런데 대부분의 경우, 한쪽이 하나 이상의 방식으로 이야기되는 경우에 짝이 되는 다른 한쪽 역시 하나 이상의 방식으로 이야기된다는 결론이 나온다. 가령 정의로운 것이 하나 이상의 방식으로 이야기된다면, 부정의한 것[213] 역시 하나 이상의 방식으로 이야기된다.

1129a26 §7 그런데 정의와 부정의는 하나 이상의 방식으로 이야기되는 것 같지

---

209) '앎' ☞ epistēmē, '능력' ☞ dynamis.

210) '상태' ☞ hexis.

211) '기체' ☞ hypokeimenon.

212) '좋은 상태'(euexia).

213) '부정의한 것'(to adikon).

만, 그 하나 이상의 방식들이 서로 가까운 까닭에 그들의 동음이의[214]는 지각되지 않고, 서로 멀리 떨어진 것들의 경우와 같이 그렇게 명백히 드러나지도 않는다. (서로 멀리 떨어진 것들의 경우에는 잘 드러나는데 그것은 그 겉모습에 따른 차이가 크기 때문이다.) 가령 동물의 목 밑에 있는 뼈와 문을 잠그는 것이 동음이의적으로 '클레이스'라고 불리는 경우처럼.[215]

§8 그러니 '부정의한 사람'이 얼마나 많은 방식으로 이야기되는지 파악해 보도록 하자. 법을 어기는 사람은 부정의한 사람으로 보이며, 더 많이 가지려 하며 공정하지 않은 사람도 부정의한 사람으로 보인다. 따라서 법을 지키는 사람과 공정한 사람[216]이 정의로운 사람일 것이라는 점은 명백하다. 그러므로 정의로운 것은 법을 지키는 것이자 공정한 것이고, 부정의한 것은 법을 어기는 것이자 공정하지 않은 것이다.

§9 그런데 부정의한 사람은 더 많이 가지려는 사람인 탓에 좋은 것들 1129b
에 관심을 가질 것이다. 그렇지만 모든 좋은 것에 관심을 갖는 것이 아니라 행운[217]과 불운에 관계하는 좋은 것들에만 관심을 가질 것이다. 그런데 이런 좋은 것들은 단적으로는 항상 좋지만, 어떤 사람에게는 항상 그렇지만은 않다. 물론, 사람들은 이것들이 생기기를 간절히 빌고 추구하지만, 사실 그렇게 해서는 안 된다. 오히려 단적으로 좋은 것들이 그들에게도 좋은 것이 될 수 있도록 빌어야 하고, 또 그들에게 좋은 그것들을 선택해야 할 것이다.

---

214) '동음이의' ☞ homōnymon.

215) 여기서 아리스토텔레스는 두 유형의 동음이의를 구분한다. 하나는 동물의 목 밑에 있는 뼈(쇄골)도 '클레이스'(kleis)로, 문을 잠그는 열쇠도 '클레이스'로 불리는 경우에서 알 수 있듯이 그 두 말 사이에 '거리가 떨어져' 있을 때 드러나는 동음이의인데, 이는 I 6, 1096b27에서 '우연적으로 생겨난 동음이의'와 같은 것이다. 다른 하나는 그 의미들이 아주 가까워 그 의미들이 밀접하게 관련 맺고 있기 때문에 동음이의가 잘 드러나지 않는 경우이다. '정의'의 여러 유형들이 이런 유형의 동음이의를 가진다. 『형이상학』 IV 2, 1003a33 아래 참조.

216) '공정한' ☞ isos.

217) '행운'(eutychia) ☞ tyche.

1129b6 §10 또 부정의한 사람이라고 해서 항상 더 많이 가지는 쪽을 선택하는 것은 아니다. 단적으로 나쁜 것들의 경우에는 더 적은 쪽을 선택한다. 그러나 더 적은 악은 어떤 의미에서 좋은 것으로 보이며, 또 더 많이 가지려는 것은 좋은 것을 그렇게 하려는 것이기 때문에 부정의한 사람은 '더 많이 가지려는 사람'으로 보이는 것이다. §11 결국 그는 공정하지 않다. 이것이 앞의 이야기들을 포괄하며 (보다 큰 선과 보다 작은 악이라는 그의 선택에) 공통되는 것이기 때문이다.

1129b11 §12 법[218]을 어기는 사람은 부정의한 사람, 법을 지키는 사람은 정의로운 사람이므로 '법에 따르는 것'은 분명히 어떤 의미에서 모두 정의로운 것이다. 법 제정술에 의해 규정된 것은 (지켜야 할 것으로서) '법에 따르는 것'이며, 우리는 이것들 하나하나를 정의로운 것이라고 이야기한다. §13 그런데 법률은 모든 것에 관해 무언가를 선언하되 모든 사람에게 공통적인 이익이나 귀족들의 이익을, 혹은 탁월성이나[219] 그런 종류의 다른 어떤 방식을 따라 지배하고 있는 사람들의 이익을 겨냥하면서 선언하는 것이다. 따라서 우리는 하나의 단일한 방식에 따라 정치적 공동체를 위해 행복과 행복의 부분들을 만들어내고 그것들을 보전하는 것이 정의로운 것이라고 말한다.

1129b19 §14 또 법률은 용감한 사람이 하는 일을 하라고 명한다. 예를 들어 전투 대형의 위치를 이탈하지 말고, 도망치거나 무기를 버리지도 말라고 명한다. 또 절제 있는 사람이 하는 일을 하라고, 가령 간음하지 말고 오만하게 행동하지 말 것을 명하며, 온화한 사람처럼 행하라고, 예를 들어 다른 사람을 때리거나 험담하지 말라고 명한다. 이와 마찬가지로 다른 탁월

218) 이때의 '법'(nomos)은 이미 각주 207에서 언급했듯이 문자로 고정된 성문법뿐만 아니라 전통적인 규범이나 관행처럼 넓은 의미의 관습, 즉 쓰이지 않은 '법'까지를 포괄한다. 원어 'nomos'는 성문법과 같은 문자화된 법뿐만 아니라 문자화되지 않은 관습까지 지시한다. ☞ nomos.

219) 1129b16의 "'kat' aretēn'을" 비판본의 편집자는 삭제하고 읽기를 제안했지만 사본의 전승을 따라 살려서 번역했다.

성과 못됨에 따라서도 법률은 어떤 행위는 하라고 명하고 다른 어떤 행위는 하지 말라고 금지하되 제대로 제정된 법은 올바른 방식으로 그러는 반면에, 덜 신중하게 만들어진 법은 열등한 방식으로 그렇게 한다.

§15 따라서 바로 이러한 정의가 완전한 탁월성이다. 하지만 단적으로 1129b25
그러한 것이 아니라 다른 사람에 대한 관계에서 완전한 탁월성이다. 그리고 이런 이유로 정의는 종종 탁월성 중에서 최고의 것으로 여겨지며, '저녁별이나 새벽별도 그렇게 경탄할 만하지는 않은 것'이다.[220] 또 우리는 속담으로 정의 안에는 모든 탁월성이 다 모여 있다[221]라고 말하는 것이다. 또한 정의는 무엇보다도 완전한 탁월성인데, 그것은 정의가 완전한 탁월성의 활용이기 때문이다. 또 정의가 완전한 것은 그것을 가진 사람이라면 그 탁월성을 자기 자신뿐만 아니라 타인에 대해서도 활용할 수 있기 때문이다. 많은 사람들은 자신들에게 속한 고유한 것에서는 탁월성을 활용할 수 있지만, 다른 사람에 대한 관계에서는 활용할 수 없으니까.

§16 그리고 이런 이유로 다스림이 그 인간을 드러낼 것이라는 비아 1130a1
스[222]의 말이 좋아 보이는 것이다. 왜냐하면 다스리는 사람은 당연히 타인과 관계하며, 그들과의 동반관계 속에 있기 때문이다. §17 또 바로 이런 이유로 탁월성 중에서 정의만이 유일하게 '타인에게 좋은 것'으로 보이기도 하는 것이다.[223] 정의는 다른 사람과 관계하기 때문이다. 다스리는 사

220) 호메로스, 『일리아스』 XXII 317행 이하를 지시하는 주석가도 있고, 현존하지 않는 에우리피데스의 작품인 『현명한 멜라니페스』에서 나온 말로 설명하는 주석가도 있다.

221) 기원전 7세기 말엽 혹은 기원전 6세기 중반의 메가라 출신의 비가(悲歌) 시인인 테오그니스 말이다.

222) 프리에네(Priene) 출신의 비아스(Bias, 기원전 6세기 중반)는 고대 그리스의 정치가로 실천적 지혜를 가진 철학자들을 일컫는 칠현인 중의 한 사람이다. 칠현인 중의 한 사람으로 기록되는 피타코스도 다스림이 그 인간을 드러내 보인다라는 말을 했다고 한다(디오게네스 라에르티오스, 『유명한 철학자들의 생애와 사상』 I 77).

223) 플라톤, 『국가』 I, 343c에서는 트라시마코스의 입을 통해 동일한 표현이 부정적

람이든 공동체의 다른 구성원이든 간에 다른 사람에게 유익이 되는 것을 행하니까.

1130a5 §18 그렇기에 자기 자신과 친구에 대해 못됨을 사용하는 사람이 가장 나쁜 사람인 반면에, 가장 좋은 사람은 그 탁월성을 자기 자신이 아니라 타인을 위해 활용하는 사람이다. 이것은 어려운 일이니까. §19 그러므로 이러한 정의는 탁월성의 부분이 아니라 탁월성 전체이며, 그것과 반대되는 부정의 역시 악덕의 부분이 아니라 악덕 전체이다.

1130a10 §20 탁월성과 이러한 정의가 어떻게 다른지에 대해서는 지금까지의 이야기로부터 분명해진다. 탁월성과 정의는 같은 것이지만 그 무엇임은 동일하지 않고[224] 타인과 관련되는 한에서는 정의이며, 단적으로 어떠한 종류의 품성상태인 한에서는 탁월성이다.

탁월성의 부분으로서의 정의

제2장

1130a14 §1 그렇지만 우리는 탁월성의 부분으로서의 정의를 탐구하고 있다. 우리가 긍정하듯 그러한 (종류의) 정의가 있기 때문이다. 부분에 따른 부정의에 관해서도 이와 마찬가지이다. §2 그러한 정의와 부정의[225]가 있다는 징표는 다음과 같은 것이다. 다른 악덕들에 따라 행위하는 사람은, 가령 비겁으로 말미암아 방패를 내던지는 사람, 혹은 고약함으로 말미암아 험뜯는 사람, 혹은 인색함으로 말미암아 금전적인 도움을 주지 않는 사람들

인 평가와 함께 나온다. 그곳에서는 지배자의 이익을 위해 제정된 법을 따르는 것에서 성립하는 정의는 자신에게는 손해이며, '타인에게만 좋은 일'(allotrion agathon) 혹은 '남 좋은 일'일 뿐이라는 것이다.

224) '무엇임'으로 번역한 원어 'einai'는 '그것은 무엇인가'(ti esti)라는 물음에 등장하는 'esti'의 부정사형이다. 그러니까 어떤 것의 무엇임을 추상해낸 관점이라고 할 수 있다. 동일한 하나의 품성상태를 놓고 그것이 무엇인지 물었을 때 서로 다른 관점에서 서로 다른 대답이 가능하다는 것이다. ☞ to ti ēn einai.

225) 분배적 정의와 시정적 정의라고 불리는 두 종류의 부분적 정의를 말한다. 분배적 정의는 제3장에서, 시정적 정의는 제4장에서 논의된다.

의 경우에서 볼 수 있는 것처럼 부정의를 행하기는 하지만 '더 많이 가지려는 것'은 아니다. 그러나 누군가 '더 많이 가지려' 하기만 하면, 종종 이런 악덕들 중 어떤 것에 따라, 또 그렇다고 이 악덕들 모두에 따라 행하는 것은 아니면서 적어도 어떤 특정한 나쁨에 따라 우리는 그를 비난하니까—, 다시 말해 부정의에 따라 행하는 것이 된다. §3 따라서 전체의 부분으로서 존재하는 다른 어떤 부정의가 있으며, '법을 어기는 것'이라는 의미에서 '부정의한 것', 전체의 부분으로서 '부정의한 것'이 있다.

§4 또 만일 어떤 사람은 이익을 얻을 목적으로 간통을 하고 이익을 얻 **1130a**24
은 반면에, 다른 사람은 돈을 내고 손실을 입으면서도 욕망으로 말미암아 간통을 한다면, 후자는 '더 많이 가지려는 사람'이라기보다는 무절제한 사람으로 보일 것이며, 전자는 무절제한 사람이라기보다는 부정의한 사람으로 보일 것이다. 따라서 전자가 부정의한 사람이라는 것은 그가 이익 때문에 간통했다는 사실로부터 분명하다.

§5 또 다른 모든 부정의한 행위들은 항상 어떤 못됨[226]으로 환원된다. **1130a**28
가령 누군가 간통했다면 무절제로 환원되며, 전장에서 전우를 팽개쳤다면 비겁으로, 누군가를 폭행했다면 격노로 환원된다. 반면에 누군가 (부당한) 이익을 얻었다면, 그 경우 부정의 이외의 다른 못됨으로 환원되지 않는다.

§6 따라서 전체적인 부정의 이외에 그것과 다른 유형으로서의 부정의, **1130a**32
즉 부분으로서의 부정의가 있다는 것은 명백하나. 그 정의(定義)가 동일한 유(類) 안에 있기 때문이다. 이것은 (전체로서의 부정의와) 동음동의(同音同
義)이다.[227] 왜냐하면 양자 모두 타인에 대한 관계에서 그 힘을 가지고 있 **1130b**
기 때문이다. 하지만 부분으로서의 부정의는 명예나 돈, 안위, 혹은 이 모

226) '못됨'(mochthēria).

227) 이 주장은 1 §7에서 언급되고 있는 동음이의 주장과 긴장관계에 있다. 어느 대목이 전문적인 의미라기보다는 일상적이고 넓은 의미에서 사용되었는지에 대해서는 연구자마다 의견의 차이가 있다. 동음이의와 동음이의에 관한 전문적 의미에 대해서는 『범주론』 1 참조 ☞ synōnymon.

든 것들을 하나의 이름으로 아우를 수 있는 어떤 것이 있다면 그것과 관련되고, 이익으로부터 나오는 즐거움 때문인 반면에, 전체로서의 부정의는 신실한 사람이 관련되는 모든 것에 관계한다.

1130b6 §7 그렇다면 여러 유형의 정의가 있으며, 전체적인 탁월성 이외에 그것과 다른 어떤 정의가 있는 것이 분명하다. 이것이 무엇인지, 어떤 성질의 것인지 파악해야 할 것이다. §8 부정의한 것은 법을 어기는 것과 공정하지 않은 것으로 구분되고, 정의로운 것은 법을 지키는 것과 공정한 것으로 구분된다. 그렇다면 앞에서 이야기한 (일반적) 부정의는 법을 어기는 것이다. §9 그런데 공정하지 않다는 것과 법을 어긴다는 것은 같은 것이 아니라 부분이 전체에 대해 차이 나듯 다른 것이기 때문에, (불공정한 것은 모두 법을 어기는 것이지만, 법을 어기는 것이 모두 불공정한 것은 아니니까) (공정하지 않다는 좁은 의미의) 부정의한 것과 (법을 어긴다는 넓은 의미의) 부정의 역시 같은 것이 아니며, 한편은 부분으로서, 다른 한편은 전체로서 서로 다른 것이다. (불공정으로서의) 부정의 자체는 전체적인 부정의의 부분이기 때문이다. 마찬가지로 (공정으로서의) 정의 또한 (전체적인) 정의의 부분이다. 따라서 부분적인 정의와 부분적인 부정의에 대해, 마찬가지로 정의로운 것과 부정의한 것에 대해서도 논의해야 할 것이다.

1130b18 §10 전체적인 탁월성에 따라 정리된 정의와 부정의는 타인에 대한 전체적 탁월성의 활용 내지 전체적 악덕의 활용이므로 일단 제쳐두도록 하자. 또 이런 유형의 정의와 부정의에 따르는 정의로운 것과 부정의한 것이 어떻게 구분되어야 하는지도 분명하다. 법에 따르는 것들의 거의 대부분은 전체적인 탁월성으로부터 나온 명령들이기 때문이다. 법은 각각의 탁월성에 따라 살 것을 명하며, 각각의 못됨에 따라 사는 것을 금지하고 있으니까.

1130b25 §11 또 전체적인 탁월성을 만들어내는 것들은 공동을 위한 교육과 관련해 제정된 법에 따르는 것들이다. 각 개인에 따르는 교육, 즉 그것에 따라 단적으로 좋은 인간이 되는 교육이 정치학에 속하는지, 아니면 다른 학문에 속하는지는 나중에 따지기로 하자. 좋은 인간이라는 것과 좋은

시민이라는 것은 아마 완전히 같은 것은 아닐 터이니.[228)]

§12 부분에 따른 정의와 그 정의에 따라 정의로운 것의 한 종류는 명예 **1130b**30
나 돈, 혹은 정치체제를 함께하는 사람들 사이에서 나눌 수 있는 것들의 분배에서 성립하는 것이다. 이러한 분배에서 한 사람이 다른 사람과 동등하지 않은 몫을 가질 수도 있고 동등한 몫을 가질 수도 있기 때문이다.

§13 다른 한 종류는 상호교섭에 있어 성립하는 시정적(是正的)인 정의 **1131a**
이다. 이것은 다시 두 부분을 가지고 있다. 상호교섭의 한 부분은 자발적인 것이며, 다른 한 부분은 비자발적인 것이기 때문이다. 자발적인 교섭은 판매, 구매, 대부(貸付), 보증, 대여, 공탁, 임대와 같은 것이며(이것들은 이러한 상호교섭의 단초가 자발적인 것이기 때문에 자발적이라고 불린다), 비자발적인 것들 가운데 일부는 절도나 간통, 독살, 뚜쟁이 짓, 노예사기, 모반 살인, 위증 같은 은밀한 것들이고, 다른 일부는 폭행, 감금, 살인, 강탈, 신체 절단, 명예 훼손, 모욕처럼 강제적인 것들이다.

[……]

근원적 공정성

제10장

§1 이제 '근원적 공정성'[229)]과 '근원적으로 공정한 것'에 대해 한편으로 **1137a**31
는 근원적 공정성이 정의와 어떻게 관계하는지, 다른 한편으로는 근원적으로 공정한 것이 정의로운 것과 어떻게 관계하는지 이야기할 차례이다.

---

228) 교육에 대한 문제는 X 9 §§6-21, 1179b20-1181b12와 『정치학』 VII에서 논의되고 있다. 인간의 탁월성과 시민의 탁월성 간의 구별에 대해서는 『정치학』 III 4, 1276b16-1277b32에서 논의된다. 이에 관련해서는 그밖에도 『정치학』 III 5, 1278a40-b5, 18, 1288a32-b2; VII 14; VIII 1, 1337a11-14 등 참조.

229) 이 장에서 '근원적 공정성'으로 번역한 원어 'epieikeia'는 다른 맥락에서 일반적으로 '훌륭함'을 의미한다. 이 장의 논의에서는 모든 것을 다 규정해 놓을 수는 없는 성문법을 보충하거나 바로잡을 수 있는 근거로서 주로 이해되기에 훌륭함의 이러한 구체적 내용을 전면에 드러내고자 이 장에서만 '근원적 공정성' 내지 그와 연관된 번역어 '근원적으로 공정한 것'으로 옮긴다. ☞ epieikēs.

자세히 고찰해 보면 단적으로 동일한 것도 아니며, 아예 그 유에서 다른 것도 아닌 것으로 보이기 때문이다. 또 우리는 어느 때 근원적으로 공정
1137b 한 것과 근원적으로 공정한 사람을 칭찬해 (정의 이외에) 다른 탁월성을 보여주는 경우에도 '좋음'이라는 말 대신에 '근원적 공정'이라고 바꿔 말한다. 그럼으로써 더 근원적으로 공정한 것이 더 낫다는 점을 분명하게 드러내는 것이다. 그런데 또 어느 때 논리적으로 곰곰이 따져보면, 근원적으로 공정하다는 것이 정의로운 것과 별개인 양 칭찬받을 수 있다는 것은 이상해 보인다. 만약 서로 다른 것이라면, 정의로운 것이 신실한 것이 아니거나 근원적으로 공정한 것이 정의로운 것이 아니어야 하기 때문이다. 또 만약 양자가 다 신실한 것이라면, 양자는 동일한 것이어야 하기 때문이다. §2 따라서 대체로 이러한 주장들을 통해 근원적으로 공정한 것에 관한 문제가 생겨난다. 하지만 이 모든 주장은 어떤 방식으로 옳게 본 것이며, 상호간에 어떤 반대가 숨어 있는 것도 아니다. 근원적으로 공정한 것은 어떤 정의로움보다는 더 나은 것이긴 해도 역시 정의로운 것이며, 그것도 다른 어떤 유라서 어떤 정의로움보다 더 나은 것은 아니니까. 따라서 정의로운 것과 근원적으로 공정한 것은 동일하며, 양자 모두 신실한 것이되 근원적으로 공정한 것이 더 뛰어날 뿐이다.

1137b11 §3 그런데 여기서 문제는 근원적으로 공정한 것이 정의로운 것이긴 하지만, 법에 따른다는 의미에서의 정의로운 것이 아니라 법적인 정의를 바로잡는 것이라는 의미에서 정의로운 것이라는 점이다. §4 이것은 모든 법이 보편적이기는 하지만, 어떤 것들과 관련해서는 보편적 규정을 올바르게 말할 수 없다는 데 그 까닭이 있다. 따라서 보편적으로 규정을 세워놓기는 해야 하는데, 올바로 할 수는 없는 경우에 법은 잘못할 수 있다는 것을 모르지 않으면서 대부분의 경우에 맞는 것을 취한다. 그렇다고 법이 덜 올바른 것은 아니다. 잘못은 법 안에 있는 것도, 입법자 안에 있는 것도 아니라 사태의 본성 속에 있기 때문이다. 행위에 의해 성취할 수 있는 것들의 재료가 바로 이러하니까.

1137b19 §5 따라서 법이 보편적으로 말하지만, 어떤 경우 보편적인 규정에 어긋

나는 일이 생길 때마다 입법자가 (해결하지 않고) 지나쳐 버린 점, 단적으로 이야기함으로써 잘못을 범한 그 점, 그 부족한 점을 바로잡는 것이 옳은 일이다. 그 부족한 점은 만약 입법자가 거기 있다면 자신이 직접 규정할 점이며, 만약 그가 알고 있다면, 그렇게 입법할 점이다.

§6 이런 까닭에 근원적 공정성은 정의로운 것이면서 어떤 종류의 정의 **1137b**24
로움보다 더 나은 것이다. 즉 근원적으로 공정한 것은 단적으로 정의로운 것보다 더 나은 것은 아니지만, 단적으로 규정된 것으로 말미암은 잘못보다는 나은 것이다. 그리고 바로 이것이 근원적으로 공정한 것의 본성으로, 보편적인 규정으로 말미암아 모자라는 한에서의 법을 바로잡는 것이다.

사실 이것이 왜 모든 것이 법에 따라 이루어지지 않는지에 대한 이유이 **1137b**27
기도 하다. 어떤 문제들에 관해서는 법을 제정하는 것이 불가능해서 (특별한 상황을 고려한) 결의[230]를 필요로 하는 것이다. 마치 레스보스 섬의 건축술[231]에서 납으로 만든 표준자가 쓰이는 것처럼 (미리) 규정할 수 없는 것에 대해서는 그 규준[232]도 (미리) 규정할 수 없는 것이다. §7 그곳에서는 표준자가 돌의 형태에 따라 바뀌며 일정하지 않은데, 결의 또한 사안에 따라 바뀐다.

§8 이렇게 해서 근원적으로 공정한 것이 무엇인지, 그것이 정의로운 것 **1137b**35
이라는 점과 어떤 종류의 정의로움보다 더 나은 것이라는 점이 명백해졌다. 또 이것으로부터 근원적으로 공정한 사람이 어떤 사람이라는 것도 분

---

230) '결의' ☞ psēphisma.

231) 레스보스는 소아시아의 서해안에 있는 섬으로 레스보스의 건축술이라 함은 다각형의 거대한 돌을 쌓아 올려서 지은 건축을 말하는 듯하다. 납으로 만든 표준자는 이미 놓인 돌의 불규칙한 표면에 맞추어 낸 유연한 납 조각을 말하는 것으로 보인다. 이렇게 맞춰진 납 조각은 이미 놓인 돌에 가장 잘 맞는 돌을 골라내는 데 사용된 것으로 보인다. 이런 건축은 그리스의 선주민(先主民)인 펠라스고이(Pelasgoi)들이 시작한 것이다.

232) '규준'(kanōn).

명하다. 그는 이렇게 근원적으로 공정한 것들을 합리적으로 선택해서 실
1138a 천에 옮기는 사람이며, 보다 열등한 방식으로 엄격하게 정의에 집착하는 사람이 아니라 도움이 되는 법을 가지고 있음에도 불구하고 (자신의 몫보다) 덜 갖고자 하는 사람이다. 이런 사람이 근원적으로 공정한 사람이며, 그러한 품성상태가 근원적 공정성이다. 그것은 일종의 정의이며, 그것과 다른 어떤 품성상태는 아니다.

제6권

올바른 이성

제1장

§1 우리는 앞에서 지나침이나 모자람이 아니라 중간을 선택해야 한다 1138b18
고 말하면서[233] 그 중간이란 올바른 이성이 이야기하는 바라고 말했으므로[234] 이제 이것을 고찰해 보자. 우리가 지금까지 다뤄 온 모든 품성상태[235] 안에는 다른 경우들에 있어서도 그렇듯이 어떤 과녁[236]이 있어 이성을 가지고 있는 사람은 이것을 바라보면서 죄거나 푼다.[237] 즉 올바른 이성을 따르고 있기에 우리가 지나침과 모자람의 중간이라고 주장하는 중용상태들에는 일종의 기준[238]이 있는 것이다. §2 그런데 이렇게 이야기하는 것이 진실이기는 하지만 전혀 분명하지 않다.[239] 학문적 인식이 관계하는 다른 애씀[240]의 경우에 있어서도 이렇게 말하는 것, 즉 너무 많이 혹은 너무 적게 애를 쓰거나 가볍게 생각하지 말고 올바른 이성도 이야기하는 그런 중간적인 양만큼 애를 써야 한다고 말하는 것은 진실이니까. 그러나 이 규정만을 가지고 있는 사람은 그 이상은 전혀 알지 못할 것이

233) II 2 §§6-7, 1104a11-27; 6 §4-20, 1106a26-1107a27.

234) II 2 §2, 1103b32; III 5 §21, 1114b29 참조. 『에우데모스 윤리학』 II 5, 1222a6-10도 참조.

235) III 6-V 11까지.

236) '과녁' 혹은 '목표'(skopos).

237) 리라의 현을 조율하는 것에서 온 비유이다.

238) '기준' ☞ horos.

239) 『에우데모스 윤리학』 1216b32, 1220a16 참조.

240) '애씀' 혹은 '관심사'(epimeleia).

다. 이를테면 신체를 위해 무엇을 처방해야 하는가의 문제에 대해 의술이 명하는 것들, 의술을 가진 사람이 명하는 것들을 처방해야 한다고 이야기하는 것 이상은 알지 못하는 것이다.

1138b32 §3 그렇기 때문에 영혼의 품성상태에 관해서도 이것을 (그저) 진실되게 이야기해 놓는 것뿐만 아니라 올바른 이성이 무엇이며 그것의 정의[241]는 무엇인지까지 규정해야만 하는 것이다.

1138b35-**1139a** §4 우리는 영혼의 탁월성을 둘로 나누어 한쪽은 성격의 탁월성이며, 다른 한쪽은 사유의 탁월성이라고 했다.[242] 성격의 탁월성에 관해서는 논의를 마쳤으므로 이제는 나머지 탁월성에 관해 고찰하되 먼저 영혼에 대해 이야기한 후 논의하는 식으로 나아가자.

1139a3 §5 우리는 앞서[243] 영혼이 두 부분, 즉 이성을 가진 부분과 비이성적인 부분을 가지고 있다고 했다. 이제 이성을 가진 부분도 동일한 방식으로 나누어야 할 것이다. 이성을 가지고 있는 부분도 둘이라고 가정하자. 그중 하나는 우리가 그것으로써 '그 원리가 다르게 있을 수 없는 존재자들'을 성찰하는 것이고, 다른 하나는 그것으로써 '(그 원리가) 다르게도 있을 수 있는 존재자들'을 성찰하는 것이다. 앎이 자신이 관계하는 대상과의 어떤 유사성과 친족성에 따라 이루어지는 것인 한,[244] 종류상 다른 대상들에 대해서는 영혼의 부분들 중에서 역시 종류상 다르면서 각각의 대상에 적합하게끔 되어 있는 부분들이 대응하게 마련이니까.

1139a11 §6 이 두 부분 가운데 전자를 '학문적 인식의 부분', 후자를 '이성적으로 헤아리는 부분'[245]으로 부르도록 하자. 숙고한다는 것이나 이성적으로

241) '정의' ☞ horos.

242) I 13 §19, 1103a3-7.

243) I 13 §9, 1102a26-28.

244) '같은 것은 같은 것을 통해 인식한다'라는 명제는 엠페도클레스 이래로 인식론의 한 전통을 이룬다. 플라톤, 『티마이오스』 45b-46c; 『국가』 490b; 아리스토텔레스, 『영혼론』 I 2, 404b11-18 참조.

245) '학문적 인식의 부분'(to epistēmonikon), '이성적으로 헤아리는 부분'(to

헤아리는 것은 같은 것이며, 누구도 '달리 있을 수 없는 것'에 대해 숙고하지는 않으니까. 그렇다면 '이성적으로 헤아리는 부분'은 (영혼 중) 이성을 가지고 있는 것의 한 부분이다.

§7 따라서 이 두 부분 각각에 있어 최선의 품성상태가 무엇인지 파악해야만 한다. 이 최선의 품성상태가 각 부분의 탁월성이며, 탁월성은 다시 각 부분의 고유한 기능에 관련되는 것이니까.[246) **1139a**15

성격적 탁월성과 사유

제2장

§1 영혼 안에는 행위와 진리를 지배하는 것 세 가지가, 즉 감각과 지성과 욕구가 있다. §2 그중에서 감각은 아무런 행위의 원리도 아니다. 이것은 동물들도 감각은 가지고 있지만 행위에는 참여하지 못한다는 사실로 분명해진다. **1139a**17

그런데 사유에 있어 긍정과 부정에 해당하는 것은 욕구에 있어서는 추구와 회피이다. 따라서 성격적 탁월성이 합리적 선택과 관련한 품성상태이고, 또 합리적 선택은 숙고적 욕구이므로 합리적 선택이 신실한 것이려면, 이성도 참이며 욕구도 올바른 것이어야만 하고, 동일한 것을 이성은 긍정하고 욕구는 추구해야만 하는 것이다. 그런데 이것이 바로 실천적 사유이며 실천적 참이다. §3 그러나 이론적일 뿐 실천적이거나 제작적이지 않은 사유에 있어 그것의 잘함이나 못함은 참과 거짓이다. (이것, 즉 참과 거짓이 모든 사유적인 것의 기능이니까.) 반면에 실천적이면서 사유적인 것의 (기능은) 올바른 욕구와 합치하는 참이다. **1139a**21

§4 행위의 원리는 합리적 선택이지만 그것으로부터 운동이 시작된다는 의미에서의 원리이지 행위의 목적[247)이라는 의미에서의 원리는 아니다. **1139a**31

---

logistikon).

246) 탁월성과 기능의 긴밀한 관련성에 대해서는 I 7의 '기능논변'에서 이미 언급한 바 있다.

합리적 선택의 원리는 욕구와 어떤 목적을 지향하는 이성이다. 이런 까닭에 합리적 선택은 지성이나 사유 없이 생기지 않고, 또 성격적 품성상태 없이도 생기지 않는 것이다. 잘 행위한다는 것[248]과 행위에 있어 그 반대는 사유나 품성 없이는 있을 수 없기 때문이다.

§5 사유 그 자체는 아무것도 움직이지 못하지만 목적을 지향하는 실천적인 사유는 그렇지 않다. 사실 바로 이 사유가 제작적 사유까지도 지배한다. 제작하는 사람은 누구든 어떤 목적을 위해 제작하며, 제작될 수 있는 것은 그 자체가 단적인 목적이 아니니까. (그것은 어떤 것을 향한 것이며 또 다른 목적을 위한 것이다.) 단적으로 목적인 것은 행위에 의해 성취될 수 있는 것뿐이다. 잘 행위하는 것이 목적이며, 욕구는 이 목적을 향하기 때문이다. 그런 까닭에 합리적 선택이란 욕구적 지성이거나 사유적 욕구[249]인 것이며, 인간이 바로 그러한 원리이다.

§6 그런데 이미 일어나버린 일은 어떤 것도 합리적 선택의 대상이 아니다. 가령 그 누구도 일리온 도시가 함락된 사실을 합리적으로 선택하지는 않는다. 이미 지나버린 과거에 대해 숙고하는 것이 아니라 미래의 일에 대해, 가능한 일에 대해 숙고하는 것이며, 이미 일어나버린 일은 일어나지 않을 수 없기 때문이다. 이런 까닭에 다음과 같이 말한 아가톤[250]은 옳게 이야기한 것이다.

> 이미 일어났던 모든 일을 일어나지 않은 것으로 만드는 것,
> 이것만은 신에게도 결여되어 있으니.

---

247) '목적' ☞ heneka tou, hou heneka.

248) '잘 행위한다는 것' ☞ eupraxia.

249) '욕구적 지성'(orektikos nous), '사유적 욕구'(dianoētikē orexis) ☞ nous, orexis.

250) 아가톤(기원전 5세기 말부터 기원전 4세기 초)은 아테네 비극 시인으로 플라톤의 『향연』에 등장하는 인물이다.

지성적인 부분들 둘의 기능은 참이다. 그러니 각 부분이 그것에 따라 참을 가장 잘 인식하게 하는 품성상태, 바로 이것이 두 부분에 있어서의 탁월성이다.

학문적 인식

제3장

§1 이제 처음부터 다시 시작해[251] 참을 인식하는 품성상태들에 대해 **1139b**14
논의해 보자. 영혼이 그것에 의해 긍정하거나 부정함으로써 참을 인식하게 되는 것이 다섯 개 있다고 하자. 이것들은 기예, 학문적 인식, 실천적 지혜, (철학적) 지혜와 직관적 지성이다.[252] 추측[253]과 의견에 의해서는 허위에 빠질 수 있으니까.

§2 학문적 인식이 무엇인가 하는 것은,[254] 만약 그저 유사한 것을 따 **1139b**18
라서는 안 되고, 엄밀하게 따져야 한다면 다음과 같은 고려로부터 분명해진다. 즉 '학문적으로 인식'하는 것은 다르게 있을 수 없는 것이라고 우리 모두는 생각한다. '다르게 있을 수 있는 것들'은 우리의 관찰 바깥에서 일어나는 경우, 언제나 그것이 그러한지 혹은 그렇지 않은지를 알지 못한다. 그러므로 학문적으로 인식될 수 있는 것은 필연적으로 그러하다. 따라서 영원하다. 단적으로 필연적인 것들은 모두 영원하며, 영원한 것들은 생성되지도 않고 파괴되지도 않으니까.

---

251) 1 §5에서 이성의 두 부분을 나눈 것을 지시한다.

252) '학문적 인식'의 원어 'epistēmē'는 다른 문맥에서 보다 일반적으로 전문적 앎을 지시하기도 하며, '직관적 지성'으로 번역한 'nous' 역시 다른 문맥에서 넓은 의미의 '지성'이나 '직관'을 의미하기도 한다. '철학적 지혜'로 번역한 'sophia' 역시 보다 넓은 의미의 외연을 갖는다. ☞ episthasthai, nous. VI에서는 주로 참의 인식과 관련해 서로 구별되는 품성상태로서 토론되고 있기 때문에 특별한 언급이 없는 한, 이 권 내에서는 이러한 좁은 번역어를 유지할 것이다.

253) '추측', '판단', '관념' 등으로 옮길 수 있는 'hypolēpsis'에 대해서는 『형이상학』 I 1, 980b5 이하 참조.

254) 이에 대해서는 『분석론 후서』 I 2, 71b 이하 참조.

1139b25 §3 또 모든 학문적 인식은 가르쳐질 수 있는 것으로, 학문적으로 인식될 수 있는 것들은 배울 수 있는 것으로 생각된다. 그런데 모든 가르침은 『분석론』에서도 이야기했던 것과 같이[255] 이미 알고 있는 것들로부터 시작한다. 가르침은 어떤 때는 귀납[256]을 통해 어떤 때는 연역적 추론[257]으로써 이루어지니까. 그렇다면 귀납은 보편적인 것의 원리이기도 한 반면에, 연역적 추론은 보편적인 것들로부터 출발한다. 따라서 연역적 추론은 원리들로부터 출발하지만, 이 원리들에 대한 연역적 추론은 없다. 따라서 그것들은 귀납에 의한 것들이다.

1139b31 §4 그러므로 학문적 인식은 증명할 수 있는 품성상태[258]이며, 우리가 『분석론』에서[259] 덧붙여 규정한 다른 모든 것들을 특징으로 가지고 있다. 즉 어떤 사람이 특정한 방식으로 확신을 가지고 있고 그 원리들이 그에게 알려져 있다면, 그는 학문적 인식을 가지고 있는 것이다. 만약 결론보다 원리들을 더 잘 알고 있지 않다면, 그는 (다만) 우연적으로만 학문적 인식을 가지게 될 것이다. 학문적 인식에 관해서는 이 정도로 규정한 것으로 해두자.

기예

제4장

1140a §1 다르게 있을 수 있는 것들에는 제작의 영역에 속하는 것도 있고 행위의 영역에 속하는 것도 있다. §2 그런데 제작과 행위는 다른 것이다. (이것은 이 주제에 관한 일반적 논의[260]들로써도 (충분히) 납득되는 논점이

---

255) 『분석론 후서』 I 1, 71a1.

256) '귀납' ☞ epagōgē.

257) '연역적 추론' ☞ syllogismos.

258) '증명할 수 있는 품성상태'(hexis apodeiktikē) ☞ apodeixis.

259) 『분석론 후서』 I 3, 71b9-23.

260) '일반적 논의'라고 옮긴 'exōterikos logos'는 (뤼케이온의) 외부인들, 즉 대중을 위한 강의를 뜻한다.

다.) 따라서 이성을 동반하는 실천적 품성상태 또한 이성을 동반하는 제작적 품성상태와는 다른 것이다. 그런 까닭에 둘 중 하나가 상대편에 의해 포함되지 않는다. 행위도 제작이 아니며 제작도 행위가 아니니까.

§3 그런데 건축술은 일종의 기예이며, 기예인 한, 이성을 동반해 무엇인가를 제작할 수 있는 품성상태이기 때문에, 또 어떤 기예도 이성을 동반하지 않고는 제작적인 품성상태이지 않으며, 그러한 품성상태치고 기예가 아닌 것은 없기 때문에, 결국 기예는 참된 이성을 동반해 (무엇인가를 제작할 수 있는) 제작적 품성상태와 동일한 것이 될 것이다. 1140a6

§4 그런데 모든 기예는 생성과 관계하며, 존재할 수도 있고 존재하지 않을 수도 있는 것들, 그리고 그것들의 원리가 제작자에게 있으며 제작되는 것에 있지는 않은 것들 중 무엇이 생겨나도록 궁구하고 고안하는[261] 것에 관계한다. 기예는 필연적으로 그런 것 혹은 필연으로부터 생겨나는 것들에 관계하는 것이 아니며, 자연적으로 그런 것 혹은 자연적으로 생겨나는 것들에 관계하는 것도 아니기 때문이다. 자연적으로 그러한 것들은 자신들 안에 그 원리를 가지고 있으니까. 1140a10

§5 제작과 행위는 다른 것이므로 기예는 제작과 관계할 뿐 행위와 관계하지는 않는 것이 필연적이다. 또 어떤 의미에서는 운[262]과 기예가 서로 동일한 것에 관련된다. 아가톤도 이야기한 바와 같이 기예는 운을, 운은 기예를 사랑했던 것이다. 1140a16

§6 그러니 기예란 앞에서 이야기했던 대로 참된 이성을 동반해 무엇인가를 제작할 수 있는 일종의 품성상태이며, 기예 없음[263]은 반대로 거짓된 이성을 동반한 제작적 품성상태로서 양자 모두 달리 있을 수 있는 것들에 관계하는 것이다. 1140a20

261) '고안하다'(technazein).

262) '운' ☞ tychē.

263) '기예 없음'(atechnia).

실천적 지혜

제5장

1140a24 §1 실천적 지혜에 대해서는 우리가 어떤 사람을 실천적 지혜를 가진 사람[264]이라고 부르는지를 살펴봄으로써 파악해 보도록 하자. 자신에게 좋은 것, 유익한 것들과 관련해서 잘 숙고할 수 있다는 것이 실천적 지혜를 가진 사람의 특징으로 보인다. 그런데 (이때 잘 숙고한다는 것은) 건강이나 체력과 관련해서 무엇이 좋은지와 같이 부분적인 것에서가 아니라 전체적으로 잘 살아가는 것과 관련해 무엇이 좋고 유익한지 잘 숙고한다는 것이다.

1140a28 §2 이것의 징표는 그것에 관해 (관장하는) 기예가 없는 대상들을 어떤 진지한 목적을 향해 잘 헤아리는 사람을 '어떤 일에 있어 실천적 지혜가 있는 사람'이라고 부른다는 사실이다. 그러니 잘 살아가는 것과 관련해 일반적으로 잘 숙고하는 사람이 실천적 지혜가 있는 사람일 것이다. §3 그런데 아무도 다르게 있을 수 없는 것들에 관해 숙고하지는 않으며, 자신이 행위할 수 없는 것들에 대해서도 숙고하지 않는다. 따라서 학문적 인식이 증명을 수반하는 것이라면, 또 그 원리들이 다르게 있을 수 있는 것들에 관해서는 증명이 성립하지 않는다면(이 모든 것들은 다르게도 있을
1140b 수 있으니까), 또 필연적으로 그러한 것들에 관해서도 숙고할 수 없는 것이라면, 실천적 지혜는 학문적 인식도 아니고 기예도 아닐 것이다. 학문적 인식이 아닌 까닭은 행위 대상이 다르게 있을 수 있는 것들이기 때문이며, 기예가 아닌 까닭은 행위의 유는 제작의 유와 다르기 때문이다.

1140b4 §4 그렇다면 남는 것은 실천적 지혜가 이성을 동반한 참된 실천적 품성상태로서 인간에게 좋은 것과 나쁜 것에 관계한다는 것이다.[265] 제작은

---

264) '실천적 지혜를 가진 사람'(phronimos).

265) 그렇다면 남는 것은 실천적 지혜가 인간에게 좋은 것과 나쁜 것에 관계해 이성을 가지고 행위를 산출하는 참된 품성상태라는 것이다라고 풀어서 번역할 수도 있다.

제작 (자체)와는 다른 목적을 갖지만, 행위는 그렇지 않기 때문이다. 행위의 목적은 바로 잘 행위한다는 것 자체이니까.

§5 우리가 페리클레스나 그와 비슷한 사람들을 실천적 지혜를 가진 사 1140b7
람이라고 생각하는 것은 그들이 자신들과 사람들을 위해 좋은 것들을 분별해낼 줄 알았기 때문이다. 또 우리는 집안일을 잘 다스리는 사람과 정치가들 또한 그러한 사람들이라고 생각한다.

바로 여기에 우리가 절제를 그 이름, 즉 '소프로시네'라는 이름으로 부르는 연유가 있다. 즉 절제란 '실천적 지혜를 보존하는 것'이기 때문이다.[266] §6 그런데 절제는 (실천적 지혜와 같은) 그런 종류의 판단[267]을 보존한다. 즐거운 것과 고통스러운 것이 모든 판단을 파괴하거나 왜곡하지는 않으니까. 가령 삼각형의 내각의 합이 두 직각을 갖는지 갖지 않는지에 대한 판단은(즐거움과 고통으로 말미암아 파괴되거나 왜곡되지 않지만), 행위와 관련한 판단은 그렇지 않기 때문이다. 행위들에 관한 원리는 그 행위들의 목적이지만, 즐거움이나 고통으로 말미암아 망가진 사람에게는 그 원리가 똑바로 보이지 않으며, 바로 이 목적 때문에 행해야만 한다는 것도, 이 목적으로 말미암아 모든 것을 선택하고 행해야 한다는 것도 분명하게 보이지 않기 때문이다. 사실 악덕은 원리를 파괴하는 법이다. 따라서 실천적 지혜는 이성을 동반한 참된 실천적 품성상태로서 인간적인 좋음들과 관련하는 것이 필연적이다.

§7 다른 한편으로 기예에는 기술적 능숙함이 있지만, 실천석 지혜에는 1140b21
그런 것이 없다.[268] 또 기예에 있어서는 일부러 잘못할 수 있는 사람이 더

266) '절제'의 원어 'sōphrosynē'는, 아리스토텔레스에 따르면 '보존한다'(sōzein)는 의미의 접두어 'sō'와 '실천적 지혜'를 의미하는 'phronēsis'의 결합 형태이다. 그러므로 이러한 어원 분석에 따르면, 절제할 줄 안다는 것은 즐거움에 빠져 그릇된 판단을 할 수 있는 경우에도 '실천적 지혜를 보존할' 줄 안다는 뜻이 될 것이다. 플라톤, 『크라틸로스』 411e 참조.

267) '판단'(hypolēpsis).

268) 기예에 기술적 능숙함(aretē)이 있다는 이야기는 옳은 목적을 위해서든 나쁜 목

나은 사람이지만, 실천적 지혜와 관련해서는 다른 탁월성의 경우에서와 마찬가지로 덜 바람직한 사람이다. 따라서 실천적 지혜는 분명 일종의 탁월성이지 기예는 아니다.

1140b25 §8 이성을 가지고 있는 영혼에는 두 부분이 있는데, 실천적 지혜는 (학문적 인식이 관련되는 부분과는) 다른 부분의 탁월성, 즉 의견을 형성하는 부분[269)]의 탁월성이다. 의견도 실천적 지혜도 모두 다르게 있을 수 있는 것들에 관계하니까. 다른 한편, 실천적 지혜는 단순히 이성을 동반한 품성상태인 것만은 아니다. 단순히 이성을 동반한 품성상태에는 망각이 있지만, 실천적 지혜에는 망각이 없다는 사실이 그 징표이다.

직관적 지성

제6장

1140b31 §1 학문적 인식은 보편적인 것들과 필연적으로 그런 것들과 관련한 (참된) 판단이기에, 또 증명될 수 있는 모든 것들과 모든 학문적 인식에는 원리들이 있기에(학문적 인식은 이성을 수반하는 것이니까) 학문적으로 인식될 수 있는 것들의 원리(자체)에 대해서는 학문적 인식도, 기예도, 실천적 지혜도 있을 수 없다. 학문적으로 인식될 수 있는 것은 (엄밀하게) 논증될 수
1141a 있는 것인 반면에, 기예나 실천적 지혜는 다르게도 있을 수 있는 것들에 관련되기 때문이다. 그렇다고 (철학적) 지혜가 이것들에 관련되는 것도 아니다. 철학적 지혜를 가진 사람들의 특징은 어떤 것들과 관련해 증명을 가지고 있다는 것이니까.

1141a3 §2 그래서 만약 우리가 그것에 의해 참을 파악할 뿐 절대로 잘못 알지

적을 위해서든 간에 기술적으로 능숙할 수 있음을 의미한다. 그러나 실천적 지혜는 옳지 않은 목적을 위해 쓸 수가 없으며, 따라서 목적과 상관없이 성립하는 기술적 능숙성을 가지고 있지 않다.

269) '의견을 형성하는 부분'(to doxastikon)은 1 §6에서 나왔던 '이성적으로 헤아리는 부분'(to logistikon)과 같은 부분을 지시하는 것으로 보이며, 따라서 일정한 추론에 따라 어떻게 하는 것이 좋은지에 관한 의견을 만들어 갖는 부분이다.

는 못하는 것들이 다르게 있을 수 없는 것에 관련되건 아니면 다르게 있을 수 있는 것들에 관련되건 간에 학문적 인식, 실천적 지혜, (철학적) 지혜와 직관적 지성이라고 한다면, 또 이 가운데 셋은 (학문적 지혜, 실천적 지혜, (철학적) 지혜를 말한다) 그럴 수가, (즉 원리를 대상으로 할 수가) 없으므로 직관적 지성이 원리를 대상으로 하는 것으로 남는 것이다.

철학적 지혜

제7장

§1 우리는 각 기예에 있어 가장 정통한[270] 사람들에게 '지혜'를 인정한 1141a9
다.[271] 가령 우리는 페이디아스를 '지혜로운' 석공이라고 부르고, 폴리클리에토스를 '지혜로운' 청동조각가로 부른다.[272] 이 경우에 '지혜'라는 말로써 의미하는 바는 '기예에서의 탁월성' 이외의 다른 것이 아니다. §2 그런데 우리는 지혜로운 사람들 중 어떤 이들은 어떤 특수한 분야에서 지혜롭거나 혹은 다른 어떤 특정한 관점에서만 지혜로운 것이 아니라 전체적으로 지혜롭다고 생각한다. 호메로스가 「마르기테스」[273]에서 다음과 같이 말하는 것처럼.

> 신들은 그를 땅 파는 사람이나 농부로 만들지도 않았고, 또 다른 특정한 일에 지혜로운 사람으로 만들지도 않았다.

따라서 학문적 인식들 중에서 가장 정확한 것[274]이 (철학적) 지혜일 것

---

270) '정통한' ☞ akribēs.

271) 여기서 '지혜'를 부여한다는 말은 우리 식으로 말하자면 '지존'이나 '달인'의 칭호를 붙여준다는 말일 것이다.

272) 페이디아스(Pheidias)와 폴뤼클레이토스(Polykleitos)는 각각 기원전 5세기 조각가이자 건축가였다.

273) 「마르기테스」(Margitēs)는 호메로스가 지었다고 전해지는 서사시로 주인공 마르기테스의 우스운 모험담, 특히 결혼 당일 밤의 일화가 소재라고 한다.

이라는 점은 분명하다.

1141a16 §3 그러므로 지혜로운 사람은 원리들로부터 도출된 것을 알아야 할 뿐만 아니라 원리들 자체에 대해서도 참되게 알아야 할 것이다. 그렇기에 지혜는 직관적 지성과 학문적 인식이 합쳐진 것일 터이며, 가장 영예로운 것들에 대한 '최정점'[275]의 학문적 인식이다.[276]

1141a20 인간이 우주 안에 존재하는 것들 중 최선의 것이 아니라면, 정치술이나 실천적 지혜를 가장 진지한 것으로 생각하는 것은 불합리한 일일 것이다. §4 만약 인간에게 건강한 것과 좋은 것이 물고기에게 그런 것과는 다른 것인 반면에, 흰 것과 곧은 것의 경우에는 인간에게나 물고기에게나 동일한 것이라면 누구나 동일한 것을 지혜로운 것이라고 이야기하겠지만, '실천적으로 지혜로운 것'이라고 이야기하는 것은 서로 다를 것이다. 어떤 것이 자기 자신과 관련한 각각의 것들을 잘 성찰할 때 실천적 지혜를 가진 것으로 불려지고, 또 이것에게 이런 일들이 맡겨질 것이기 때문이다. 그런 까닭에 몇몇 동물들도 실천적 지혜를 가지고 있다고까지 이야기하는 것인데, 자신들의 삶과 관련해 분명 앞을 내다보는 능력을 가진 것처럼 보이는 모든 동물에게도 실천적 지혜가 있다고 말하는 것이다.[277]

1141a28 또 지혜와 정치술이 같은 것이 아니라는 점도 분명하다. 만일 자기 자신에게 유익한 것과 관련된 지혜를 말한다면, 지혜는 (동물의 상이한 종에 상응하는) 여럿의 지혜들이 있을 것이기 때문이다. 모든 동물에게 좋은 것

274) '정확한' 혹은 '엄밀한'(akribēs). '지혜'(sophia)의 엄밀함에 대해서는 『형이상학』 I 2, 982a20 이하 참조.

275) 직역하면 '머리를 가지는'(kephalēn echousa)으로, 가장 고귀하며 전체를 완성시킨다는 의미로 이해할 수 있다.

276) (철학적) '지혜' 개념의 외연이 장마다 변하고 있음을 지적할 수 있다. 앞 장에서는 직관적 지성의 계기를 가지지 않은 '철학적 지혜'를 이야기한 반면에, 지금은 직관적 지성의 계기까지 포함하는 '철학적 지혜'를 논하고 있는 것으로 보인다.

277) 동물들의 '실천적 지혜'에 대해서는 『형이상학』 I 1, 980b21; 『동물발생론』 III 2, 753a7-15 등 참조.

에 관련된 하나의 지혜는 없으며, 각각의 종류마다 다른 지혜가 있을 뿐이다. 존재하는 모든 것에 관한 단 하나의 의술이라는 것도 존재하지 않는다면 말이다. 또 인간이 다른 모든 동물 중에서 가장 뛰어난 것이라고 하더라도 사태가 달라지지는 않는다. 가령 우주를 구성하는, 가장 분명하게 드러나는 것들처럼[278] 그 본성에 있어 인간들보다 훨씬 신적인 다른 **1141b**
것들이 있으니까.

§5 그렇다면 지금까지 이야기한 것에서 분명한 것은 지혜가 본성상 가장 영예로운 것들에 관해 학문적 인식과 직관적 지성이 합쳐진 것이라는 점이다. 그런 까닭에 아낙사고라스와 탈레스, 그들과 같은 사람들이 자신들에게 유익한 것들을 모르고 지내는 것을 목격할 때마다 사람들은 그들을 '지혜로운 자'라고 부를 뿐, '실천적인 지혜를 가진 자'라고 부르지 않는 것이다. 또 사람들은 그들이 비범하고 놀랄 만한 것들, 어렵고 신적인 것들을 알고 있기는 하지만, 그들이 추구하는 것이 인간적인 좋음은 아닌 까닭에 쓸모는 없다고 말한다. **1141b**2

§6 반면에 실천적 지혜는 인간적인 좋음에 관계하며, 숙고가 가능한 것에 관계한다. 우리는 실천적 지혜가 있는 사람의 특징이 무엇보다도 바로 이러한 기능, 즉 잘 숙고하는 것이라고 말하는데, 아무도 다르게 있을 수 없는 것들에 대해 숙고하지 않을 뿐만 아니라 어떤 목적을 갖지 않는 모든 것에 대해서도, 그것도 행위에 의해 성취할 수 있는 좋음이라는 목적을 갖지 않는 모든 것들에 대해서도 숙고하지 않기 때문이다. 단적으로 잘 숙고하는 사람은 인간적 행위에 의해 성취될 수 있는 것들 중 최선의 것을 헤아림에 따라 적중시키는 사람이다. **1141b**8

§7 또 실천적 지혜는 보편적인 것에만 관계하는 것이 아니라 개별적인 것들까지도 알아야만 하는 것이다. 실천적 지혜는 실천적인 것인데, 실천 혹은 행위[279]는 개별적인 것들에 관련되기 때문이다. 이런 이유로 (보편적 **1141b**14

278) '천체'(heavenly bodies)를 가리키는 것으로 보인다.

279) '실천' 혹은 '행위' ☞ praxis.

인 것을) 알지 못하는 사람들이 간혹 (보편적인 것을) 아는 사람보다 더 실천적인데, 특히 다른 분야에서 경험을 많이 가진 사람들이 그러하다. 만약 누군가 연한 고기가 소화에 좋고 건강에도 도움이 된다는 것은 알지만, 어떤 것들이 연한 고기인지를 알지 못한다면, 그는 건강을 산출하지 못할 것이다. 그러나 조류의 고기가 건강에 도움이 된다는 것을 아는 사람은 오히려 건강을 산출할 것이다. 실천적 지혜는 실천적이다. 따라서 양자를 모두 알아야만 한다. (만일 한쪽만을 가질 수밖에 없다면) 차라리 개별적인 것을 알아야만 한다. 그러나 실천적 지혜에 있어서도 총기획적인 것은 있을 것이다.

실천적 지혜의 유형

제8장

1141b23 §1 정치술과 실천적 지혜는 같은 품성상태이지만, 그 무엇임은 동일하지 않다.[280] §2 국가에 관한 실천적 지혜 가운데 하나는 총기획적인 것으로 '입법적' 실천적 지혜이고, 다른 하나는 개별적인 것들에 관계하는 것으로서 양 부분에 공통되는 이름인 '정치적' 실천적 지혜이다. 이 부분이 실천적이며 심의적인 것이다. 이것이 실행될 결의[281]를 자신의 최종적 결과물로 가지고 있으니까. 그런 까닭에 사람들은 (개별적인 것들을 다루는) 이 사람들만이 "정치적으로 활동하고 있다"라고 말하는 것이다. 왜냐하면 이 사람들만이 장인들 자신들의 일을 행하는 방식처럼 그렇게 (정치술을)

280) V 1 §20 참조. 정치술과 실천적 지혜가 '무엇임' 혹은 '본질'(einai)에서 동일하지 않다는 말은 그 두 가지 상태가 달리 정의되지만 마음의 동일한 기능(faculty)으로부터 나온다는 것을 의미한다. 즉 정치적 지혜는 특별한 종류의 실천적 지혜가 아니라 그것의 특별한 적용이다. 왜냐하면 '실천적 지혜'라는 말은 그 일상적 용법에서는 개인의 사사로운 일에서의 실천적 지혜에 한정되지만, 실제로 그러한 지혜를 발휘하는 마음의 능력은 자신의 가정과 공동체까지 확장될 수 있기 때문이다.

281) '결의'(psēphisma).

행하는 사람들이기 때문이다.[282)]

§3 그런데 실천적 지혜는 무엇보다도 개별자에 관련하는 것으로 보인 1141b29
다. 그리고 이것이 공통의 이름인 '프로네시스', 즉 '실천적 지혜'라는 이름
을 갖는 것이다. 실천적 지혜의 다른 부분들 중 하나는 가정경제이며, 둘
째는 입법, 셋째는 정치술인데, 이 셋째 것에는 다시 심의적인 것과 사법
적인 것이 있다.[283)]

§4 그런데 자기 자신에게 좋은 것을 아는 것은 분명 앎의 한 종류이긴 1141b33
하지만, 다른 종류의 앎과는 큰 차이를 갖는다. 자기 자신과 관련된 것들 1142a
을 알고 마음을 쓰는 사람은 실천적 지혜를 가진 사람으로 생각되는 반
면에, 정치가들은 너무 활동적인 사람으로 여겨지기도 한다. 그런 까닭에
에우리피데스는 다음과 같이 말했다.

무수한 병졸들 틈에 끼어
그들과 같은 몫을 받아가며
아무런 활동도 할 수 없는 그때에
내 어찌 실천적 지혜를 발휘할 수 있단 말인가?
더 많은 것을 행하려는 저 특별한 사람들은[284)]

282) 마치 수공의 일에 능숙한 사람이 실제로 자신의 일을 수행하듯이 입법가도 그들의 개별적인 일을 수행한다는 점을 대조하고 있다. 다시 말해 뛰어난 장인(master) 밑에서 실제 일을 수행하는 일꾼들처럼 이들도 개별적인 일에 종사한다는 의미이다.

283) 이러한 분류에 대해서는 『에우데모스 윤리학』 I 8, §8에서 규정하려 했던 것이다.

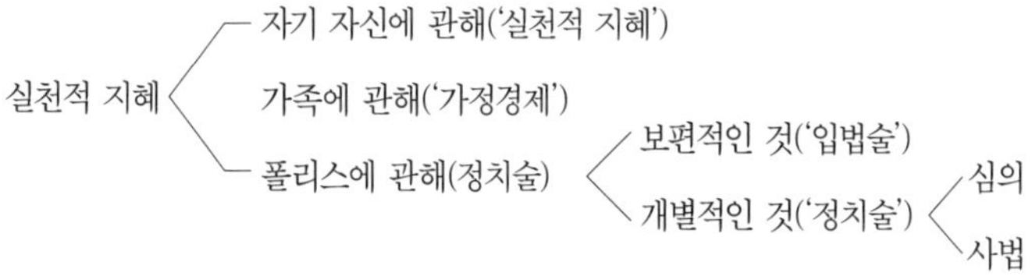

284) 에우리피데스의 상실된 작품인 『필록테테스』에 나오는 구절이다.

사람들은 자신들에게 좋은 것을 추구하며, 그것을 행해야만 한다고 생각한다. 그래서 바로 이런 생각으로부터 그런 사람들이 실천적 지혜를 가진 사람이라는 데까지 이르렀던 것이다. 하지만 자기 자신의 잘됨이라는 것은 아마도 가정경제나 정치체제 없이는 있을 수 없을 것이다. 게다가 자신의 일을 어떻게 추구해야만 하는지는 불분명하며 검토를 요한다.

§5 이상에서 말한 바의 징표는 젊어서도 기하학자나 수학자가 될 수 있고, 또 그와 같은 일에 있어 지혜로운 자가 될 수 있지만, 실천적 지혜를 가진 사람이 될 수는 없는 것 같다는 사실이다. 그 까닭은 실천적 지혜가 개별적인 것들에도 관련되는데, 개별적인 것들은 경험으로부터 알려지고 젊은이들에게는 경험이 부족하다는 데 있다. 경험을 만들어내는 것은 오랜 시간이니까.

1142a16 §6 더 나아가 왜 소년이 수학자가 될 수는 있어도 현인[285]이나 자연철학자는 될 수 없는지 탐구해 볼 수 있을 것이다. 수학적 대상들은 추상을 통해 있게 되는 데 반해, 다른 경우에는[286] 그 원리들이 경험으로부터 나오기 때문이다. 그래서 젊은이들은 이 다른 경우의 대상들을 확신하지 못하면서 그저 이야기할 뿐이지만, 수학적 대상들의 경우에 그 본질[287]이 대단히 명백하기 때문에 그런 것은 아닐까?

1142a20 §7 게다가 숙고함에 있어서의 잘못은 보편적인 것에 관련될 수도 있고 개별적인 것에 관련될 수도 있다. 무거운 물은 모두 좋지 않다는 것과 관련해 잘못을 범할 수도 있고, 혹은 바로 이 물이 무거운 물이라는 것에서 잘못을 범할 수도 있으니까.

1142a23 §8 실천적 지혜가 학문적 인식이 아니라는 것은 명백하다. 실천적 지혜

---

285) 여기서는 자연학과 수학을 넘어서는 '형이상학자', 즉 철학자를 가리키는 말이다. 현인 혹은 지혜로운 자(sophos)는 이론적인 지식뿐만 아니라 경험적인 지식도 가지고 있는 자이다.

286) 철학이나 자연학을 가리킨다.

287) '본질'(ti esti) ☞ to ti ēn einai.

는 앞에서 말한 바와 같이 최종의 것에 관련되기 때문이다. 행위에 의해 성취될 수 있는 것은 이러한 것이다. 따라서 실천적 지혜는 직관적 지성과 대립해 있다. 직관적 지성은 그것에 관한 설명이 있을 수 없는 정의[288](개념)들에 관련되는 반면에, 실천적 지혜는 그것에 관해 학문적 인식은 있을 수 없고 (오직) 지각[289]의 대상일 뿐인 최종적인 것에 관련되기 때문이다. 이때 지각이라는 것은 개별적 감각 대상에 관한 지각이 아니다. 최종의 삼각형[290]을 우리가 지각한다고 할 때의 지각을 말한다. 바로 거기서 멈출 테니까.[291] 하지만 그런 종류의 지각은 실천적 지혜라기보다는 차라리 지각이다. 물론 이 지각은 (개별적 감각 대상에 대한 지각과) 다른 종류의 지각이다.

잘 숙고함

제 9 장

§1 그런데 탐구한다는 것과 숙고한다는 것은 같지 않다. 숙고한다는 것 1142a31
은 어떤 부분에 있어서(만) 탐구한다는 것이기 때문이다. 우리는 '잘 숙고함'[292]이 무엇인지도 파악해야만 한다. 그것이 학문적 인식의 일종인지

---

288) '설명(logos)이 있을 수 없는 정의 혹은 개념 ☞ logos, horos, horismos.

289) '지각'(aisthēsis).

290) 최종의 삼각형은 구체적인 각의 형태나 변의 형태가 정해지지 않은 '삼각형'에서 그런 것들이 정해진 예각 이등변삼각형, 둔각 부등변삼각형을 거쳐 구체적인 길이까지 가져서 독립된 단위로 지각될 수 있는 삼각형을 말한다. 예를 들어 정삼각형은 아직 한 변의 길이가 주어지지 않는 한, 개별 삼각형으로 지각되지 않는다. 한 변의 길이가 5센티미터인 정삼각형은 드디어 하나의 삼각형으로 지각되기 시작하며, 이것이 수학적 삼각형으로서 최종적인 개별화의 단계까지 이른 최종의 삼각형이다.

291) 우리가 제일 원리나 정의를 찾아갈 때 더 이상 상위의 원리나 개념에 이를 수 없는 어떤 지점에서 멈추는 것과 마찬가지로 개별자에 관계할 때에도 더 이상 분석될 수 없는 어떤 궁극적 한계에 이르면 멈추게 된다.

292) '잘 숙고함'(euboulia).

혹은 의견인지 혹은 '잘 짐작하는 것'[293]인지, 아니면 다른 어떤 종류인지를 파악해야 할 것이다.

1142a34 §2 잘 숙고한다는 것은 일단 '학문적 인식'은 아니다. 사람들은 자신들
1142b 이 학문적으로 인식하고 있는 것들에 대해서는 탐구하지 않는데, 잘 숙고함은 일종의 숙고이며, 숙고하는 사람은 탐구하고 이성적으로 헤아리기 때문이다. 또 잘 숙고한다는 것은 잘 짐작하는 것도 아니다. 잘 짐작하는 것은 이성적인 따짐 없이 비교적 빠르게 진행되지만, 숙고는 오랜 시간 동안 하는 것이며, 숙고한 결과는 빨리 실행에 옮기되 숙고는 천천히 해야 한다고 하니까. §3 게다가 '빠르게 생각함'(機智)[294]도 잘 숙고하는 것과는 다르다. 빠르게 생각한다는 것은 잘 짐작해 내는 것의 일종이다.

1142b6 또 잘 숙고한다는 것은 그 어떤 종류의 의견도 아니다. 나쁘게 숙고하는 사람은 잘못을 범하게 되지만, 잘 숙고하는 사람은 올바르게 숙고하기 때문에 좋은 숙고는 일종의 올바름이지만 학문적 인식의 올바름도 아니고 의견의 올바름도 아님이 분명하다. 학문적 인식에 올바름이란 없으며(잘못도 없으니까),[295] 의견의 올바름은 곧 참이기 때문이다. 또 이것과 더불어 의견의 대상이 되는 모든 것은 이미 결정되어 있다.

1142b12 그런데 잘 숙고한다는 것은 합리적 추론[296] 없이는 있을 수 없다. 따라서 잘 숙고한다는 것은 사유의 일이라는 결론만 남게 된다. 사유는 아직 주장[297]은 아니니까. 또 의견은 탐구가 아니라 이미 어떤 종류의 주장인

293) '잘 짐작하는 것'(eustochia).

294) '빠르게 생각함'(機智, anchinoia)은 '짐작(추측)하는' 작용의 일종이다. 『분석론 후서』 I 34, 89b10에서는 매개념(중간 항)을 즉각적으로 추측하는 기능을 가리킨다. 플라톤은 『카르미데스』 160a에서 이 말을 '영혼의 어떤 재빠름'(oxytēs tis tēs psychēs)이라고 정의한다.

295) 학문적 인식은 그 자체가 올바름이다. 즉 잘못된 '학문적 인식'은 아예 학문적 인식이 아니다. 학문적 인식의 오류 불가능성에 대해서는 이미 3 §1과 6 §2에서 논의되었다.

296) '합리적 추론'(logos).

297) '사유'(dianoia), '주장'(phasis).

반면에, 숙고하는 사람은 그가 잘 숙고하는 때이건 잘못 숙고하는 때이건 간에 무엇인가 탐구하며 이성적으로 헤아리니까.

§4 잘 숙고한다는 것은 그러니까 숙고에 있어 일종의 올바름이다. 그런 까닭에 우리는 먼저 숙고가 무엇인지, 또 무엇과 관련하는지 탐구해야 할 것이다.[298] 그런데 올바름은 여러 가지 의미로 이야기되기 때문에 잘 숙고함에서의 올바름이 그 모든 의미에서의 올바름인 것은 아님이 분명하다. 왜냐하면 자제력 없는 사람과 나쁜 사람도 자신이 해야만 하는 것으로 세운 목적을[299] 이성적 헤아림에 의해 달성할 것이며, 그렇게 해서 그는 올바르게 숙고했던 사람이지만 큰 악을 취한 사람이 될 것이기 때문이다. 그런데 잘 숙고했다는 것은 일종의 좋음이라고 생각된다. 숙고에 있어서의 이런 종류의 올바름, 즉 좋은 것을 성취하게 하는 올바름이 잘 숙고함이니까. 1142b16

§5 그러나 그릇된 추론에 의해서도 좋은 것에 도달할 수 있으며, 해야만 하는 올바른 것에 도달하되 마땅히 통해야 할 과정이 아니라 그릇된 중간 항을 통해 도달할 수도 있다. 따라서 이러한 것도, 즉 마땅히 도달해야 할 것에 도달하지만, 마땅히 통해야 할 과정을 거치지 않은 것 역시 잘 숙고하는 것이 아니다. 1142b22

§6 또 어떤 사람은 오랜 시간 숙고해 도달할 수 있고, 다른 사람은 빠른 시간 숙고해 도달할 수도 있다. 오래 숙고하는 것은 아직 잘 숙고하는 것이 아니다. 잘 숙고한다는 것은 유익함에 따른 올바름이자 마땅히 도달해야 할 것, 마땅히 해야 할 방식, 마땅히 해야 할 시간을 따른 올바름이다.[300] 1142b26

298) 사실상 이것에 대한 논증은 아래에서 이루어지고 있지 않다.

299) 비판본의 'idein' 대신에 전승된 필사본에 따라 'dein'으로 읽었다.

300) 앞에서 좋은 숙고에 대한 '세 가지 필요 조건'을 언급했다. 이 대목은 앞의 논의를 요약적으로 정리하고 있다. 결국, 아리스토텔레스는 좋은 숙고자는, 즉 실천적 지혜가 있는 사람과 덕 있는 사람은 (1) 적절한 목적에 대해, (2) 적절한 방법에 의해, (3) 적절한 시간 안에 올바른 결론에 도달해야 한다는 것이다. 왜냐하

1142b28 §7 또 우리의 숙고는 단적으로 잘 숙고했을 수도 있고 특정한 목적과 관련해 잘 숙고했을 수도 있다. 그렇다면 단적으로 잘 한 숙고는 단적인 목적을 제대로 성취하는 것이며, 어떤 의미에서 잘 숙고했다는 것은 특정한 목적을 성취하는 것이다. 따라서 만일 잘 숙고했다는 것이 실천적 지혜가 있는 사람의 특징이라면, 숙고를 잘 한다는 것은 목적의 성취에 유용한 것을 따르는 올바름일 것이고, 이것에 대한 참된 파악이 바로 실천적 지혜이다.

이해력

제10장

1142b34 §1 그런데 우리가 '이해력이 있는 사람' 혹은 '좋은 이해력을 가진 사람'
1143a 이라고 이야기할 때, '이해력' 혹은 '좋은 이해력'[301]은 일반적으로 학문적 인식이나 의견과 동일한 것이 아니다. (만약 그랬다면 모든 이들이 다 이해력 있는 사람이 되었을 테니까.) 또 이해력이 있다는 것은 가령 건강에 관한 학문인 의학이나 (공간적) 크기에 관한 학문인 기하학처럼 개별적인 학문적 인식들 중의 하나도 아니다. 이해력은 언제나 그런 것들, 또 변하지 않는 것들, 혹은 생겨나는 것들 중 어떤 것이든 관계하는 것이 아니라 오직 의문을 가질 수 있고 숙고할 수 있는 대상들에만 관계하기 때문이다. 그런 까닭에 그것은 실천적 지혜의 대상이 되는 것들과 동일한 것에 관련되지만, §2 그렇다고 이해력과 실천적 지혜가 동일한 것은 아니다. 실천적 지혜는 무엇을 행해야만 하고 무엇을 행하지 말아야만 하는지에 대해 명을 내리는 것이며, 이것이 실천적 지혜의 목적인 반면에, 이해력은 오로지 판단만을 내리는 것[302]이기 때문이다. '이해력이 있다'는 것은 '좋

면 해야만 하는 행위를 결단함에 있어 지나치게 시간을 끄는 것도 좋은 것이 못되기 때문이다.

301) '이해력'(synesis), '좋은 이해력'(eusynesia).

302) '명을 내리는 것'(epitaktikē), '판단만을 내리는 것'(kritikē).

은 이해력을 가지고 있다'는 것과 같은 것이고, '이해력 있는 사람'은 '좋은 이해력을 가진 사람'과 같은 사람이다.

§3 그런데 이해는 실천적 지혜를 가지고 있는 것도 아니고 실천적 지혜 1143a11
를 획득하는 것도 아니다. 오히려 누군가 학문적 인식을 활용하는 경우에 '배워 아는 것'을 이해하는 것이라고 이야기하듯이 실천적 지혜의 대상들에 관해 남이 말했을 때 의견(doxa)을 사용해 판단하는 경우에, 그것도 훌륭하게 판단하는 경우에도 이해라고 이야기된다. 잘 판단한다는 것은 훌륭하게 판단한다는 것과 동일한 것이니까. §4 뿐만 아니라 '이해'라는 이름, 그리고 그것에 따라 '좋은 이해력을 가진 사람'이라고 이야기되는 그 이름 또한 여기에서, 즉 '배워 아는 것'에서 성립하는 이해로부터 연유한 것이다. 우리는 자주 배워 아는 것이 이해하는 것이라고 말하니까.

실천적 지혜와 개별적인 것

제11장

§1 그것에 따라 우리가 '공감적 이해'를 하고 이해심을 갖게 된다고 주 1143a19
장하는 이른바 '이해심'은 훌륭한 사람의 올바른 판단이다. 우리가 훌륭한 사람이 다른 누구보다도 공감적으로 이해하는 사람이라고, 어떤 것들에 대해 공감적 이해를 갖는 것이 훌륭한 것이라고 우리가 말한다는 사실이 그 징표이다. 그런데 공감적 이해[303]는 훌륭한 사람의 이해심으로서 올바른 판단을 가져오는 것이다. 올바르다는 것은 참을 판단해 낸다는 것이고.

§2 그런데 (위에서 말한) 모든 품성상태가 동일한 곳으로 향하는 것에 1143a25
는 충분히 그럴 만한 이유가 있다. 우리는 이해심이나 이해력, 실천적 지혜나 지성을 동일한 사람들에게 적용하면서 '이해심을 가지고 있다'라거나 '이미 지성을 가지고 있다'라거나, 혹은 '실천적 지혜를 가진 사람'이라

303) '이해심'(gnomē), '공감적 이해'(syngnomē).

거나 '이해력을 가진 사람'이라고 말하니까. 이 모든 능력은 최종적인 것들에, 즉 개별적인 것들에 관련되기 때문이다. 또 어떤 사람이 이해를 한다거나 이해심을 잘 발휘한다거나 공감적 이해를 한다는 말은 실천적 지혜를 가진 사람이 관계하는 것들에 대해 판단능력이 있을 때 하는 말이다. 훌륭한 것(근원적으로 공정한 것)들은 타인과의 관계에서 성립하는 모든 좋은 것에 공통적이기 때문이다.[304)]

1143a32 §3 그런데 행위될 수 있는 모든 것은 개별적인 것들이자 최종적인 것에 관련된다. 실천적 지혜가 있는 사람 또한 이것들을 알아야만 하며, 이해력도 이해심도 행위될 수 있는 것들에 관련되는데, 이것들은 최종적인 것들이기 때문이다. §4 지성 또한 양쪽 방향에서 최종적인 것들에 관련된다.
1143b 제일 명제[305)]에도 관련되고 최종적인 명제에도 관련되는 것은 지성이지 추론이 아니기 때문이다. 또 지성은 한편으로 증명에서는 불변하는 제일의 명제들에 관련되고, 다른 한편으로 행위될 수 있는 것들에서는 최종적이며 다르게 있을 수 있는 것들에, (즉) 소전제에 관련되는 것이니까. (지성이 관련되는) 바로 이것들이 (행위의) 목적에 도달하기 위한 출발점이기 때문이다. 개별적인 것들로부터 보편적인 것이 나오는 것이니까. §5 따라서 이런 개별적인 것들에 대한 지각[306)]을 가져야만 하는데, 이 지각이 다름

---

304) V 10의 주 229에서 지적했듯이 일상적인 의미에서 '훌륭함'을 의미하는 원어 'epieikēs'는 성문법의 어쩔 수 없는 한계를 바로잡는 근거로서 '근원적 공정성'이라는 보다 전문적인 의미도 가지고 있다. 이 장의 처음에서 '훌륭한 사람의 올바른 판단'으로 이해심을 규정하고, 지금 타인과의 관계에서 이해심을 발휘하거나 공감적 이해를 한다는 것, 혹은 실천적 지혜를 발휘한다는 것에 공통적인 것으로서 '훌륭함'을 언급할 때, 원어의 이 연관을 놓치지 말아야 할 것이다. 이런 의미에서 '훌륭한 사람'이란 법이 규정한 원칙으로 다 규정할 수 없는 미세한 차이, 사태의 정황을 참작해 '이해심을 갖고' 판단할 수 있는 사람일 것이다.

305) '명제'로 번역한 원어 'horos'는 정의(定義), 개념, 항(term)으로 번역할 수도 있다. ☞ horos. 이때 최종적인 명제는 추론에 의해 도달한 결론이라는 의미가 아니다. 보다 보편적인 것으로 나아가는 때의 맨 처음의 것을, 보편적인 것에서 개별적인 것으로 나아갈 때의 맨 나중의 것을 가리킨다.

306) 여기서 '지각'으로 옮긴 'aisthēsis'는 단순히 감각지각이 지성의 직관을 의미

아닌 지성[307]이다.

그런 까닭에 이것들은 자연적인 것으로도 보이며, 사람들은 자연적으로 지혜로운 사람은 아무도 없다고 생각하면서도 이해심이나 이해력, 직관은 자연적으로 갖게 되는 것이라고 생각한다. §6 이것의 징표는 우리가 이것들을 일정한 나이에 따르는 것이라고 생각하고 있다는 사실이며, (실제로) 그 나이가 되면 마치 자연이 원인이나 되는 듯이 직관을 갖고 이해심을 갖는다는 사실이다. (이런 까닭에 직관이 시작이며 끝[308]인 것이다. 증명들은 이것들로부터 출발하고 또 이것들에 관계하니까.)[309] 따라서 우리는 경험 많고 나이 든 사람들, 혹은 실천적 지혜가 있는 사람들의 증명될 수 없는 말과 의견들을 증명 못지않게 경청해야만 한다. 그들은 경험으로부터 나온 눈을 가지고 있어 올바르게 보기 때문이다. **1143b6**

§7 이렇게 해서 실천적 지혜가 무엇이고 (철학적) 지혜가 무엇인지, 양자는 무엇에 관련한 것인지에 대해, 양자가 영혼의 서로 다른 부분에 속하는 탁월성이라는 점에 대해 이야기했다. **1143b14**

실천적 지혜와 철학적 지혜

제12장

§1 그런데 이것들[310]이 무슨 쓸모가 있는지에 관해 누군가 의문을 제기할 수도 있을 것이다. (철학적) 지혜는 생성[311]에는 전혀 상관하지 않기 **1143b18**

한다.

307) 이 장에서 '지성'(nous)은 넓은 의미의 지적 작용 일반, 혹은 훈련에 의해 성장할 수 있는 지적 능력을 가리키기보다는 '직관' 혹은 '직관적 이해'에 가까운 정신작용 내지 그러한 정신적 능력에 가깝다. ☞ nous.

308) '시작'(arche), '끝'(telos).

309) 우리에게 전해진 필사본은 괄호 속의 이 대목을 덧붙이고 있다. 이 대목은 이 맥락에 적합하지 않아 보이며, 아마도 전승 과정에서 누군가 삽입했거나, 아니면 1143b5 다음(따라서 이런 개별적인 것들에 대한 지각(aisthēsis)을 가져야만 하는데, 이 지각이 다름 아닌 지성(nous)이다)에 이어지는 대목일 것이다.

310) 즉 영혼의 여러 탁월성들.

때문에 인간을 행복하게 만드는 것들 중 어떤 것도 탐구하지 않는다. 다른 한편, 실천적 지혜는 물론 이것들을 탐구 대상으로 가지고는 있지만 과연 무엇 때문에 있어야만 하는 것인가? 실천적 지혜는 인간을 위해 정의롭고 고귀하고 좋은 것들에 관련되는 것이지만, 이런 것들을 행하는 것이 훌륭한 사람의 특징인 한, 이것들을 앎으로써 우리가 조금이라도 더 실천적인 사람이 되는 것은 아니다. 탁월성들이 품성상태이며, '건강한 것들'이나 '좋은 상태에 있는 것들'처럼 품성상태들을 만들어낸다는 의미에서가 아니라 그 품성상태로부터 나온 것들이라는 의미에서 이야기된다면 말이다. 우리가 의술이나 체육의 기술을 가지고 있다고 해서 (건강이나 좋은 상태와 같은 품성상태들을) 보다 잘 실천할 수 있게 되는 것은 아니니까.[312)]

1143b28 §2 그런데 실천적 지혜는 이런 것들을 알기 위해 필요한 것이 아니라 신실한 사람이 되기 위해 필요한 것이라고 말해야 한다면, 이미 신실한 사람들에게는 실천적 지혜가 아무 쓸모가 없게 될 것이다. 게다가 실천적 지혜를 가지고 있지 않은 사람에게도 아무런 쓸모도 없게 될 것이다. 그들 자신이 실천적 지혜를 가지고 있건 실천적 지혜를 가진 다른 사람들의 말을 따르건 간에 아무 차이가 없을 것이기 때문이다. 우리로서는 건강과 관련한 경우에서 하는 것처럼 행하면 충분할 것이다. 우리는 건강하기를 바라지만, 그럼에도 의술을 배우지는 않으니까.

1143b33 §3 이것들 외에도 실천적 지혜가 (철학적) 지혜보다 못한 것이면서도 (철학적) 지혜보다 더 주된 것이 된다면 이상하게 보일 것이다. 무엇인가를 만들어내는 것이 각각의 것과 관련해 다스리고 명령을 내리는 것이니까.[313)]

311) '생성'으로 번역한 원어 'genesis'는 글자 그대로의 생성뿐만 아니라 어떤 상태에서 다른 상태로 되는 변화 과정 일반을 의미하기도 한다.

312) 이미 체육을 잘 하는 육체적 품성상태를 가진 사람은 체육 지식을 안다고 해서 더 체육에 능한 사람으로 되지는 않는다.

313) 실천적 지혜와 (철학적) 지혜 사이의 관계는 13 §8에서 다시 언급되고 있다.

그렇다면 이제 이것들과 관련해 논의할 차례이다. 지금까지는 이것들에 1143b35
관한 의문들만을 제기했을 뿐이니까.

§4 먼저 이것들[314]은 (영혼의) 각 부분에 고유한 탁월성이기에 설령 양 1144a
자 모두 만들어내는 것이 아무것도 없다고 하더라도 그 자체로 반드시 선택할 만한 것임을 말해 두도록 하자.

§5 다음으로 이야기해야 할 것은 이것들이 무엇인가를 만들어낸다는 1144a3
점이다. 의술이 건강을 만들어내듯이 그런 것은 아니지만, 건강이 (건강을) 만들어내듯이[315] 그렇게 (철학적) 지혜는 행복을 만들어낸다. 탁월성 전체의 한 부분인 지혜를 가지고 그것을 활동시킴으로써 행복하게 만들기 때문이다.

§6 게다가 우리의 고유한 기능은 실천적 지혜와 성격적 탁월성에 따라 1144a6
성취된다. 탁월성은 (우리가 바라보는) 목표를 올곧게 해주며, 실천적 지혜는 이 목표에 이바지하는 것들을 올곧게 해주기 때문이다. 영혼의 넷째 부분,[316] 즉 영양 섭취적 부분에는 이런 종류의 탁월성이 없다. 행위를 하거나 하지 않는 것이 이 부분에 전혀 의존하지 않으니까.

§7 실천적 지혜로 말미암아 고귀하고 정의로운 것들을 조금이라도 더 1144a11
잘 실천할 수 있게 되는 것은 아니라는 주장과 관련해서는 조금 더 거슬러 올라가서 다음과 같은 출발점을 취해 시작해야 할 것이다. 우리는 정의로운 것들을 행하는 어떤 사람들이 아직 정의로운 사람은 아니라고 주장한다. 가령 법에 의해 규정된 것들을 행하는 사람들이 그것을 마지못해서 하거나, 무지로 말미암아 하거나, 혹은 다른 어떤 것으로 말미암아 할 뿐 그것들 자체 때문에 행하는 것이 아니라면, 비록 그들이 마땅히 행해

314) 즉 실천적 지혜와 철학적 지혜.

315) 아리스토텔레스는 "건강함이 건강한 것들의 원인이다"라는 의미로 이해할 수 있다.

316) 다른 세 부분은 각각 '학문적 인식의 부분', '이성적으로 헤아리는 부분', '욕구하는 부분'이다. I 13 §11, 1102a32-b12; VI 1 §5, 1139a3-15 참조.

야 할 일들을 행하고 신실한 사람이라면 당연히 했어야 할 모든 일을 행한다고 하더라도 (아직 정의로운 사람은 아닌 것처럼) 말이다. 이와 마찬가지로 특정한 방식의 품성상태를 갖고 있으면서 행위해야, 다시 말하자면 합리적 선택으로 말미암아, 그리고 행위들 자체 때문에 각각의 것들을 행위해야 좋은 사람일 것이다.[317)]

1144a20 §8 따라서 탁월성은 합리적 선택을 올바른 것으로 만들어주는 것이지만, 그 선택이 (실현되기) 위해 당연히 행해야 할 것들을 관장하는 것은 탁월성이 아니라 그것과는 다른 능력이다. 이것들에 대해 보다 분명하게 이해한 다음 논의를 진행해야 할 것이다.

1144a23 §9 사람들이 영리함[318)]이라고 부르는 능력이 있다. 이것은 앞에 놓인 목표에 연결되는 것들을 행위할 수 있는 능력, 그 목표에 도달할 수 있게 하는 종류의 능력이다. 그래서 만약 그 목표가 고귀한 것이라면 영리함은 칭찬받을 만한 것이고, 목표가 나쁜 것이라면 그때의 영리함은 교활함[319)] 일 뿐이다. 그런 까닭에 실천적 지혜를 가진 사람과 교활한 사람을 다같이 '영리한 사람'이라고 이야기하는 것이다.

1144a28 §10 실천적 지혜는 이 (영리함의) 능력이 아니지만, 이 능력 없이는 있을 수 없다. 이미 말한 바와 같이 또 실제로도 명백한 것과 같이 탁월성이 없다면 영혼의 눈[320)]에 이 품성상태가 생기지 않는다. 실천적인 것들과 관련된 추론은 출발점을,[321)] 즉 '목적이자 최고선은 이런 것이므로'라는 출발점을 가지고 있기 때문이다. (그것이 실제로 무엇인지는 상관없다. 여기서는 논의 목적을 위해 무엇이든 좋으니까.) 최고선은 좋은 사람에게만 그

317) II 4 §3, 1105a32; V 6 §1, 1134a20; 8 §10, 1135b35 참조.

318) '영리함'(deinotēs).

319) '교활함'(panourgia).

320) '영혼의 눈'이라는 비유와 관련해서는 I 6 §12, 1096b28-29; VI 11 §6, 1143b13-14 참조.

321) 아리스토텔레스는 여기서 대전제를 염두에 두고 있다. 단지 좋은 사람만이 최고의 좋음이 무엇인지에 대한 올바른 개념을 가질 수 있다.

렇게 보일 뿐이다. 못됨이 우리의 마음을 비틀고 실천적인 출발점들에 관한 그릇된 견해에 빠지게 한다. 따라서 좋은 사람이지 않고서는 실천적 지혜를 가진 사람이 될 수 없음이 명백하다.

실천적 지혜와 성격적 탁월성

제13장

§1 그렇다면 탁월성에 관해 다시 고찰해야만 할 것이다. 탁월성 또한 실 **1144b**
천적 지혜와 영리함의 관계와 유사한 것을, 즉 동일하지는 않지만 비슷하기는 한 것을 가지고 있기 때문이다. 즉 자연적인 탁월성과 엄밀한 의미에서의 탁월성[322)]의 관계가 바로 그러하다. 품성들 각각은 어떤 방식으로든 모든 사람이 자연적으로 가지고 있는 것으로 보이니까. 우리는 나면서부터 곧바로 정의로운 품성, 절제 있는 품성, 용감한 품성 또 그밖의 것들에 있어 (훌륭한 품성들을) 가지고 있기 때문이다. 그러나 그럼에도 우리는 엄밀한 의미에서의 좋음을 이런 것들과는 다른 어떤 것으로서 바라며, 그러한 것들을 (자연적인 것들과는) 다른 방식으로 갖게 되기를 바란다. 어린아이나 동물들도 자연적 품성상태들을 가지고 있기는 하지만, 이것들은 지성 없이는 분명 해를 끼칠 수 있는 것들이다. 어떻든 우리는 이 정도만큼은 관찰할 수 있는 것 같다. 강건한 신체가 시력 없이 움직일 경우에, 시력이 없음으로 말미암아 세게 넘어지는 일이 일어나는 것과 마찬가지로 탁월성의 경우에도 그런 일이 일어날 수 있다.

§2 반면에 만약 지성을 갖추게 되면, 행위함에 있어 차이를 보일 것이 **1144b**12
다. 이 품성상태는 유사한 것이지만 (이제는) 엄밀한 의미에서의 탁월성이 될 것이다. 따라서 의견을 갖는 영혼의 부분에 두 종류, 즉 영리함과 실천적 지혜가 있듯이 품성적인 부분에도 두 가지, 즉 자연적 탁월성과 엄밀한 의미의 탁월성이 있을 것이다. 이들 중 엄밀한 의미의 탁월성은 실천적

---

322) '자연적 탁월성'(physikē aretē), '엄밀한 의미에서의 탁월성'(kyria aretē).

지혜 없이는 생겨나지 않는다.

1144b17 §3 바로 이런 까닭에 어떤 사람들은 모든 탁월성은 실천적 지혜라고 주장했던 것이며, 소크라테스 또한 어떤 측면에서는 옳게 탐구했지만, 다른 어떤 측면에서는 잘못을 저질렀던 것이다. 모든 탁월성이 실천적 지혜라고 생각했다는 점에서는 잘못을 범했던 것이며, 그것들이 실천적 지혜 없이는 있을 수 없다고 생각한 점에서는 옳게 이야기한 것이니까.[323)]

1144b21 §4 이것의 징표는 다음과 같다. 즉 지금도 모든 사람이 탁월성을 정의할 때면 그것이 어떤 품성상태인지, 어떤 대상들에 관련되는지를 이야기한 다음에 그것이 올바른 이성에 따른 품성상태라는 점을 덧붙인다. 그런데 이때 올바르다는 것은 실천적 지혜에 따른 이성이라는 것을 말한다. 그렇다면 그들은 모두 어떤 의미에서 실천적 지혜에 따르는 그런 종류의 품성상태가 탁월성이라는 것에 대해 감을 잡고 있는 듯하다.

1144b25 §5 하지만 이러한 생각은 약간 수정해야만 한다. 탁월성은 단순히 올바른 이성에 따른 품성상태일 뿐만 아니라 올바른 이성을 동반한 품성상태[324)]이기도 하기 때문이다. 또 이런 것들과 관련한 올바른 이성이란 (다름 아닌) 실천적 지혜이다. 그래서 소크라테스는 탁월성이 이성이라고 생각했던 반면에(그에게 있어서는 모든 탁월성이 앎[325)]이었으니까), 우리는 탁월성이 이성을 동반하는 것이라고 생각하는 것이다.

---

323) 플라톤의 대화록에 토대를 둔 철학사의 일반적 서술 경향에 따르면, 소크라테스가 인간의 '앎과 행위' 혹은 '지식과 탁월성'을 일치시켰다고 말해진다. 그러나 아리스토텔레스가 보고하는 플라톤의 대화록(『국가』 혹은 『법률』 편 등)에 나타나는 논의를 '소크라테스' 혹은 '소크라테스의 논변들'이라고 말할 경우에 어느 정도나 역사적 실제 인물로서의 소크라테스를 가리키는지는 불분명하다. 물론 이 맥락에서는 그리 중요하지 않을 수도 있다.

324) 이때 '따른'(kata)이라는 말은 어떤 것을 따라간다는 의미가 아니라 어떤 기준에 따른다는 의미이다. 이 기준은 외부의 힘에 의해 강제된 것일 수도 있다. 그에 반해, '올바른 이성을 동반한(meta) 품성상태'는 스스로 실천적 지혜를 갖추고 이 지혜의 명령에 따라 행동할 수 있는 상태를 가리킨다.

325) '앎'(epistēmē).

§6 따라서 지금까지 논의한 것으로부터 실천적 지혜 없이는 좋은 사람 1144b30
이 될 수 없다는 것, 또 성격적 탁월성 없이는 실천적 지혜를 가진 사람이
될 수 없다는 것이 분명해진다.

또 이와 같은 방식으로 탁월성들이 서로 분리되어 있다는 데 동원된 1144b32
논변을 반박할 수도 있을 것이다. (그 논변은 이런 식으로 진행된다.) 동일한
한 사람이 모든 탁월성에 대해 가장 잘 어울릴 수는 없으므로 그는 한
탁월성은 이미 가지고 있지만, 다른 탁월성은 아직 가지고 있지 않을 수
있다는 것이다. 이것은 자연적 탁월성의 경우에는 가능하지만, 단적으로 1145a
좋은 사람이라고 이야기하게 하는 그 탁월성들의 경우에는 불가능하다.
왜냐하면 실천적 지혜 하나만 갖추게 되면, 또한 모든 탁월성을 가지게
될 테니까.

§7 또 설령 실천적 지혜가 실천적인 것이 아니라 하더라도 그것이 영혼 1145a2
의 (사유하는) 부분의 탁월성이라는 이유 때문에 실천적 지혜를 필요로
할 것이 분명하며, 또한 실천적 지혜나 탁월성 없이는 합리적 선택이 올곧
게 되지 않으리라는 것도 분명하다. 탁월성은 목적을 결정하도록 하는 반
면에, 실천적 지혜는 그 목적에 이바지하는 것들을 행위하도록 만들기 때
문이다.

§8 그렇다고 실천적 지혜가 (철학적) 지혜를 지배하거나 영혼의 더 우월 1145a6
한 부분을 지배하는 것은 아니다. 의술이 건강을 지배하는 것은 아니듯
이 말이다. 의술은 건강을 활용하는 것이 아니라 건강이 생겨나도록 돌보
는 것이니까. 따라서 건강을 위해 명령하는 것이지 건강에 대해 명령하는
것은 아니다. 더 나아가 (실천적 지혜가 〔철학적〕 지혜를 지배하고 있다고 주장
하는 것은) 어떤 사람이 정치술은 국가 안에 있는 모든 것과 관련해 명을
내리는 것이므로 신들까지 다스리고 있다고 주장하는 것과 유사한 것일
수 있다.

제7권

피해야 할 품성

제1장

1145a15 §1 이것들 다음으로 이제 다른 출발점을 취해 다음과 같은 것을 말해야만 할 것이다. 품성과 관련해 피해야 할 것들에는 세 종류, 즉 악덕과 자제력 없음과 짐승 같은 품성상태[326]가 있다. 그런데 처음 두 개에 반대되는 것은 분명하다. 우리가 첫째 것의 반대는 탁월성, 둘째 것의 반대는 자제라고 부르고 있기 때문이다. 짐승 같은 품성상태와 관련해서는 '우리를 넘어서는 (초인간적인) 탁월성', 영웅적이고 신적인 어떤 탁월성과 대비하는 것이 가장 적절할 것이다. 호메로스가 프리아모스로 하여금 헥토르가 아주 좋은 사람이었음을 이야기하면서 이렇게 말하게 한 것처럼. 그는 죽어야만 하는 인간의 자식처럼 보이지 않고, 신의 자식인 듯이 보였으니.[327] §2 그래서 만약 세상 사람들이 말하는 바와 같이 인간들이 남달리 뛰어난 탁월성 때문에 신이 된다면, 이것이야말로 분명히 짐승 같은 품성상태에 반대되는 품성상태일 것이다. 왜냐하면 실제로 짐승에게 탁월성이나 악덕이 없는 것처럼 그렇게 신에게도 이런 것들이 없지만, 한편으로 (신적인 탁월성은) (인간적) 탁월성보다 더 존경할 만한 것이요,[328] 다른 한편으로 (짐승 같은 품성상태는) 악덕과는 다른 어떤 종류이기 때문이다.

---

326) '악덕'(kakia), '자제력 없음'(akrasia), '짐승 같은 품성상태'(theriotēs) ☞ akrasia.

327) 호메로스, 『일리아스』 XXIV 258행.

328) '신들'에 대해서는 X 8 §7, 1178b8-10을, '신들이 되는 것'에 대해서는 VIII 7 §5, 1159a5; IX 4 §4, 1166a19-22 참조.

§3 라케다이모니아 사람들은[329] 어떤 사람을 아주 높이 찬양할 때 “그 1145a27
는 신적인 사람이다”라고 말하는 습관이 있다.[330] 그러나 사람들 중에 이
런 신적인 사람이 극히 드문 것처럼 짐승 같은 사람도 매우 드물다. 이런
사람은 주로 야만인[331]들 사이에 있는데, 어떤 경우에는 질병으로 말미암
아 생기기도 하고 신체장애로 말미암아 생기기도 한다. 또 우리는 악덕에
서 다른 사람들을 능가하는 자들을 그렇게 (‘짐승 같은 사람’이라고) 폄하해
말하기도 한다. §4 하지만 이런 종류의 상태에 관해서는 나중에[332] 약간
언급을 해야 할 것이다. 악덕에 관해서는 앞서[333] 말한 바 있다. 지금은
자제력 없음과 유약함, 인내력 없음에 관해, 그리고 자제력과 인내에 관해
논해야만 한다. 왜냐하면 우리는 이 둘이, 즉 자제와 자제력 없음이 탁월 1145b
성과 못됨이라는 품성상태와 동일한 품성상태에 관련된다고 가정해서도
안 되고, 또 그것들이 다른 부류인 것처럼 보아서도 안 되기 때문이다.

§5 다른 경우들에서와 마찬가지로 우리는 현상들[334]을 (앞에) 놓으면서 1145b2
우선적으로 그 속에 있는 난점들을 조사해야만 한다. 이러한 방식으로 이
상태들에 관한 모든 통념[335]을 적시해야만 하고, 만약 모든 통념을 적시
할 수 없다면 대부분의 통념들을, 그리고 가장 중요한 것들을 적시해야만
한다. 만일 그 난점들이 풀리면서도 통념들이 살아남게 된다면, (문제가 되
는 상태들을) 충분하게 밝힌 셈이 될 것이기 때문이다.

---

329) 스파르타 사람들.

330) 플라톤, 『메논』 99d 참조.

331) ‘야만인’이라고 옮긴 원어 ‘barbaroi’는 그리스인들이 알아들을 수 없는 말을 하는 사람, 즉 그리스어를 못하는 사람을 가리킨다.

332) 제5장에서.

333) 성격적 탁월성을 다뤘던 II-V.

334) 여기서 말하는 ‘현상들’(phainomena)이란 감각에 지각된 현상들의 범위를 넘어서 사람들에게 그렇게 보이는바 어떤 것에 대해 사람들이 가지고 있는 의견이나 생각, 믿음 등을 가리킨다.

335) ‘통념’ ☞ endoxa.

1145b8 §6 그런데 자제력과 인내는 신실하고 칭찬할 만한 것들에 속하는 것처
럼 보이나 '자제력 없음'과 참을성 없음은 나쁘고 비난할 만한 것에 속하
는 것처럼 보인다. 또 '자제할 줄 아는 사람'과 '이성적으로 따져 헤아린
것을 끝까지 지키는 사람'은 같은 사람인 것처럼 보이고, 또 '자제력이 없
는 사람'과 '이성적으로 따져 헤아린 것을 쉽게 포기하는 사람'도 같은 사
람처럼 보인다. 뿐만 아니라 자제력이 없는 사람은 자기가 하는 행위가 나
쁘다는 것을 알면서도 감정 때문에 그것을 하는 데 반해, 자제할 줄 아는
사람은 자기의 욕구들이 나쁘다는 것을 알고 이성 때문에 그것들을 따르
1145b14 지 않는다. 사람들은 절제력 있는 사람이 자제할 줄 알고 인내력도 있다
고 생각한다. 그러나 어떤 사람들은 자제할 줄 알고 인내력이 있는 사람이
라면 모두 절제력 있는 사람이라고 생각하는 반면에, 다른 어떤 사람들은
그렇지 않다고 생각한다. 또 무절제한 사람은 자제력이 없고 자제력이 없
는 사람은 무절제하다고 구별 없이 이야기하는 사람도 있지만, 양자는 서
로 다르다고 주장하는 사람들도 있다. §7 사람들은 또 어떤 때는 실천적
지혜가 있는 사람이 자제력이 없을 수는 없다고 말하고, 또 어떤 때는 실
천적 지혜가 있고 영리한 사람 가운데 어떤 이들은 자제력이 없다고 말한
다. 더 나아가 사람들은 분노와 명예, 이익에 관해 "자제력이 없다"라는 말
을 듣기도 한다. 이것들이 세상 사람들이 하는 말들[336]이다.

자제력 없음에 관한 통념과 난제들

제2장

1145b21 §1 그런데 어떤 사람이 올바르게 파악했음에도 불구하고 어떻게 자제
력 없이 행동할 수 있는가라는 문제가 제기될 수 있을 것이다. 그래서 어
떤 사람들은 제대로 알고 있는 사람은 그럴 수 없다고 주장한다. 왜냐하

---

336) 원어로는 'ta legomena'로 문자적 의미로는 '말해진 것들'이다. 이 말은 앞서 언급된 '현상'(phainomena)과 같은 의미로 쓰이고 있다.

면 소크라테스가 생각했던 것처럼[337] 앎이 어떤 사람 속에 있음에도 다른 어떤 것이 그것을 지배하고 마치 노예처럼 이리저리 끌고 다닌다는 것은 끔찍한 일이기 때문이다. 소크라테스는 자제력 없음이 있을 수 없다는 생각에서 (자제력 없음에 대한) 이러한 설명에 전적으로 맞서 싸웠던 것이다. 왜냐하면 소크라테스는 그 누구도 최선의 것을 파악하면서 그것에 어긋나는 행위를 하지는 않으며, (만약 최선의 것에 어긋나는 행위를 한다면) 오직 (무엇이 최선의 것인지에 대한) 무지 때문에[338] 그런 행위를 하는 것이라고 생각했기 때문이다.

§2 하지만 이 주장은 현상과 명백히 충돌한다.[339] 만일 (그러한 상태가) 1145b27
무지로 말미암은 것이라고 한다면, 우리는 이 상태와 관련해[340] 그러한 무지가 도대체 어떤 방식으로 생겨나는지에 대해 탐구해야만 한다. 왜냐하면 자제력 없는 행위를 하는 사람도 그러한 감정(상태)에 빠지기 전에는 그렇게 (자신이 최선이라고 파악한 것에 어긋나게 행위하겠다고) 생각하지 않는다는 것이 명백하기 때문이다.

§3 그런데 또 어떤 사람들은 소크라테스의 주장에 일면 동의하면서도 1145b31
다른 면에서는 동의하지 않는다. 앎보다 강한 것이 없다는 점에는 동의하지만, 그 누구도 자신이 최선이라고 판단한 것에 어긋나게 행위하지는 않는다는 점에는 동의하지 않는다. 바로 이런 까닭에 사람들은 자제력 없는 사람이 앎이 아니라 의견을 가지고 있기에 즐거움에 의해 지배당한다고 말하는 것이다.

§4 그러나 앎을 가진 것이 아니라 믿음[341]을 가진 것이라면, 또 (즐거움 1145b36

---

337) 플라톤, 『프로타고라스』 352b-c.

338) 원문에는 단지 '무지 때문에'라고 되어 있지만, 무지에 대한 내용을 생각해 볼 때 '최선의 것과 자신의 행위가 반대된다는 것에 대해 알지 못하는 것'으로 해석할 수 있다. 소크라테스의 입장을 다른 각도에서 보고하는 것으로는 크세노폰, 『회상록』 III 9 §§4-5 참조.

339) '명백한 현상과 충돌한다'라고 번역할 수도 있다.

340) 즉 최선의 것을 알면서도 그와 반대되는 행위를 하는 자제력 없는 상황.

1146a 에) 대항하는 그 의견이 강한 것이 아니라 망설이는 사람의 경우처럼 부드러운 것이라면, 강한 욕망에 맞서 동일한 믿음 안에 머무르지 않는 것에 대해 용서하게 될 것이다. 하지만 용서는 못됨에 주어지지 않고, 그 외의 다른 비난할 만한 것들 중 어떤 것에도 주어지지 않는다.

1146a4 §5 그렇다면 실천적 지혜가 (즐거움에) 대항하면 되지 않을까? 그것이 가장 강한 것이니까. 그러나 이것은 이상한 일이다. 그렇게 되면 동일한 사람이 실천적 지혜를 가지고 있으면서 동시에 자제력이 없어야 할 터인데, 가장 나쁜 것들을 자발적으로 행하는 것이 실천적 지혜를 갖춘 사람이 할 일이라고는 어느 한 사람도 주장하지 않을 것이기 때문이다. 게다가 실천적 지혜를 갖춘 사람은 실천적이며 (그는 최종의 것들에 관계하니까) 다른 탁월성들도 가지고 있다는 점은 이미 밝혀졌다.[342]

1146a9 §6 더구나 자제력 있는 사람[343]이 강하고도 나쁜 욕망들을 가지고 있어야 자제력 있는 사람이라면, 절제 있는 사람은 자제력 있는 사람이 아닐 것이며, 자제력 있는 사람 역시 절제 있는 사람이 아닐 것이다. 절제 있는 사람의 특징은 지나침을 갖지 않고 나쁜 욕망도 갖지 않는 것이니 말이다. 그렇지만 자제력 있는 사람이라면 적어도 이 둘을 다 가지고 있어야 한다. 왜냐하면 한편으로 욕망들이 유용한 것들일 경우에 그러한 욕망에 따르지 못하게 방해하는 품성상태는 나쁜 것이고, 따라서 모든 자제력 있음이 (반드시) 신실한 것은 아닐 것이기 때문이다. 다른 한편으로 욕망들이 약하고 나쁘지 않은 경우에는 자제력이 있다는 것이 경외할 만한 것은 아니며, 또 다른 한편으로 욕망들이 나쁘지만 약한 경우에는 자제력 있음이 대단한 것은 아니기 때문이다.

1146a16 §7 더 나아가 만일 자제력 있음이 어떤 의견이든지 그 의견에 머물게 만든다면, 가령 그것이 그릇된 의견에 집착하게 한다면 자제력 있음은 나

341) '믿음' ☞ hypolēpsis.

342) VI 13 §6, 1144b30-1145a2.

343) '자제력 있는 사람'(enkratēs) ☞ akrasia.

쁜 것이다. 또 자제력 없음이 어떤 의견이든 그 의견을 버리게 만드는 것이라면 '신실한 자제력 없음' 같은 것도 있을 것이다. 소포클레스의 『필록테테스』에 나오는 네오프톨레모스의 경우처럼.[344] 네오프톨레모스는 오디세우스에 의해 (거짓말을 하게끔) 설득되었지만, 거짓말하는 것이 고통스러웠기에 설득된 바에 머무르지 않았고 이것은 칭찬받아 마땅한 일이었으니까.

§8 그밖에도 소피스트적 논변이 하나의 난제이다. 소피스트들은 자신들이 언제 어디서건 영리한 사람으로 보이게끔 역설을 통해 논박하기를 바란다. 그로 말미암아 그들이 구성한 삼단논법은 난제가 되는 것이다. 사유는 결론에 만족하지 못해 그 결론에 머물기를 바라지 않지만 논리를 풀 수 없어 앞으로 나아갈 수도 없는 경우에, 사유는 묶여 버리고 말기 때문이다. §9 그들의 어떤 논변으로부터는 자제력 없음과 결부된 어리석음[345]이 탁월성이라는 결론이 나오기도 한다. 이 경우 자제력 없음 때문에 자신이 판단한 것에 반대되는 것을 행할 텐데, 그가 좋은 것이라고 판단한 것은 실상 나쁜 것이었으며 하지 말아야 할 것이므로 (결국) 그는 좋은 것을 행하지 나쁜 것을 행하지는 않을 것이기 때문이라는 것이다.[346] **1146a**21

344) 필록테테스는 그리스 연합군의 장수로 트로이아 전쟁을 위해 항해하던 중 상처에서 나는 악취 때문에 렘노스섬에 홀로 버려지고, 10년 동안 상처 때문에 제대로 움직이지 못하면서 헤라클레스에게서 받은 활을 가지고 사냥해 연명한다. 헤라클레스의 화살이 없이는 트로이아를 함락시킬 수 없다는 신탁이 나오자 오디세우스는 필록테테스와 그의 활을 가져올 계략을 짜는데, 아킬레우스의 아들인 네오프톨레모스로 하여금 그 역시 그리스 연합군에 의해 버림받아 그리스로 되돌아가는 중이라고 거짓말을 하고, 필록테테스가 함께 귀향할 것을 요청해 배에 타게 되면 제압해 트로이아로 간다는 것이었다. 이 거짓말이 그리스 연합군의 승리를 위해 반드시 필요한 것이며, 또 성공하면 지혜롭고 용감하다고 불리게 되는 상을 받을 것이라는 오뒷세우스의 설득에 넘어가(소포클레스, 『필록테테스』 54-122행) 네오프톨레모스는 계획대로 거짓말을 하다가 임무완수를 눈앞에 두고 자신의 거짓말을 더 이상 견디지 못해 필록테테스에게 사실을 털어놓게 된다(895행 이하).

345) '어리석음'(aphrosynē).

1146a27 §10 또 확신(설득)[347]에 의해 즐거운 것들을 행하고 추구하며 선택하는 사람이 이성적 헤아림 때문이 아니라 자제력 없음 때문에 그러는 사람보다 더 나은 사람으로 보일 수도 있을 것이다. 앞의 사람은 다른 확신을 가짐으로써 보다 쉽게 치료될 수 있기 때문이다. 자제력 없는 사람에게는 "물을 마시고 체했는데 어떻게 물로 내릴 수 있다는 말인가?"라는 속담이 잘 들어맞는다. 자신이 하는 일에 대해 확신을 가진 사람이라면, 다르게
1146b 설득되어 다른 확신을 가졌을 때 그 행위를 그만둘 것이다. 그러나 자제력이 없는 사람은 다른 확신을 가지게 된 후에도 여전히 그 행위를 할 것이다.

1146b2 §11 게다가 만약 자제력 없음과 자제력 있음이 모든 것에 관계한다면, 단적으로 자제력 없는 사람은 어떤 사람이라는 말인가? 온갖 종류의 자제력 없음을 다 가지고 있는 사람은 아무도 없지만, 우리는 어떤 사람들은 단적으로 자제력 없다고 말하기 때문이다.

1146b6 이러한 것들이 (자제력 없음과 연관되어) 발생하는 난제들이다. 이것들 중 일부는 제거되어야 하고, 다른 일부는 (진실을 간직한 것으로) 남겨야만 할 것이다. 난제의 해결이 (우리가 찾는 것에 대한) 발견이기 때문이다.

자제력 없음에 관련한 무지

제3장

1146b8 §1 그러므로 (자제력 없는 사람이) 앎을 가지고 있는지 갖고 있지 않은지, 또 어떤 의미에서 가지고 있는지를 먼저 살펴보아야 한다. 다음으로는 자

346) 가령 자제력이 없고 어리석은 사람이 있다고 하자. 그는 자제력이 없기 때문에 (1) 자신의 생각과 늘 반대되는 행위를 한다. (2) 어리석기 때문에 좋은 것들을 나쁜 것이라고 생각한다. (3) 또 그는 자신이 나쁜 것이라고 생각한 것을 행위해서는 안 된다고 생각한다. 그렇다면 (1), (2), (3)으로부터 (4) 결과적으로 그는 좋은 행위들을 할 것이고, 따라서 나쁜 행위들은 하지 않는다는 결론이 나온다.

347) 원어 'pepeisthai'는 어떤 논변(logos)에 의해 확신을 가진 상태 혹은 설득된 상태를 가리킨다. 『영혼론』 III 3, 428a16 이하 참조.

제력 없는 사람과 자제력 있는 사람이 어떤 것들에 관계하는지를 규정해야 한다. 다시 말해 그들이 모든 종류의 즐거움이나 고통과 관계하는지 혹은 어떤 특정한 즐거움이나 고통에 관계하는지, 또 자제력 있는 사람과 인내력이 있는 사람은 같은 사람인지 아니면 서로 다른 사람인지를 규정해야 한다. 마찬가지 방식으로 이 문제와 연관이 있는 다른 모든 것에 관해서도 따져보아야 한다.

§2 그런데 탐구의 출발점은 바로 여기, 즉 자제력 있는 사람과 자제력 **1146b**14
없는 사람은 서로 관계하는 대상에 의해 구별되는지 아니면 대상에 관계하는 방식에 의해 구별되는지의 문제를 따져보는 것이다. 다시 말해 자제력 없는 사람은 그들이 관계하는 대상에 의해서만 자제력 없는 사람이 되는 것인가, 아니면 어떻게 관계하는지 그 방식에 의해서만 그렇게 되는 것인가, 아니면 이 둘 모두로부터 그렇게 되는가? 그다음으로는 자제력 없음과 자제력 있음이 모든 것에 관계하는지 그렇지 않은지의 문제가 있다. 단적으로 자제력 없는 사람이 모든 것에 관계하지는 않고 무절제한 사람이 관계하는 것에만 관계하며, 그 대상들에 대해서도 단적으로 관계하지 않고(만약 그렇게 되면 무절제와 동일한 것이 되었을 것이다), 특별한 방식으로 관계하기 때문이다. 무절제한 사람은 언제나 눈앞의 즐거움을 추구해야 마땅하다고 생각하면서 합리적 선택을 통해 끌려가고, 자제력 없는 사람은 그렇게 생각하지는 않으면서도 눈앞의 즐거움을 추구하니 말이다.

§3 따라서 자제력 없는 행위를 하는 것이 앎에 어긋나서 그러는 것이 **1146b**24
아니라 참된 의견에 어긋나서 그러는 것이라는 논점은 우리의 논의에 아무런 차이를 만들지 않는다. 어떤 이들은 의견을 가지고 있으면서도 의심하지 않으며, 오히려 자기들이 정확히 알고 있다고 생각하기 때문이다.

§4 그러므로 의견을 가진 사람들이 그들의 약한 확신 때문에 앎을 가 **1146b**27
진 사람들보다 더 자신들의 믿음[348]에 어긋나게 행위한다면, 앎과 의견

348) '믿음'(hypolēpsis).

사이에는 아무런 차이도 없을 것이다. 어떤 이들은 다른 사람들이 아는 것에 신뢰를 주는 것 못지않게 자신들의 의견을 믿기 때문이다. 헤라클레이토스가 이 점을 잘 보여준다.[349]

1146b31 §5 그러나 우리는 '안다'라는 말을 두 가지 의미로 이야기하고 있기에 앎을 가지고는 있지만 사용하지 않는 사람이나 그것을 사용하는 사람이나 모두 알고 있다고 이야기되니까,[350] 해서는 안 될 것들에 대한 앎을 가지고 있으면서 활용하지 않는 것과 활용하는 것에는 차이가 있을 것이다. 후자는 (해서는 안 될 것들에 대한 앎을 활용하면서도 해서는 안 되는 일을 하는 것은) 놀라울 정도로 이상해 보이지만, 앎을 활용하지 않아서 그러는 것이라면 그렇지 않기 때문이다.

1146b35-1147a §6 또 전제[351]에는 두 종류가 있으므로 두 종류의 전제를 다 가지고 있으면서도 자신의 앎에 어긋나게 행위하지 말라는 법은 없다.[352] 보편적인 전제는 사용하지만 개별적인 것에 따른 전제는 사용하지 않는다면 말이다. 실제로 행위되는 것들은 개별적인 것들이니까. 그런데 보편적인 것에도 또 차이가 있다. 즉 한편은 행위자 자신에 관한 것이며, 다른 한편은 대상에 관한 것이다. 예를 들어 마른 음식이 모든 사람에게 유익하다는 것, 그리고 자기 자신이 사람이라는 것, 혹은 이러이러한 것들이 마른 음식이라는 것에서 보이는 차이처럼. 그러나 사람들은 이것이 바로 이러이러한 것이라는 앎을 가지고 있지 않거나 활용하지 않는다. 이 방식들에 따라 상당한 차이가 발생할 것이다. 따라서 '이렇게 알면서' (자신의 앎과 어긋

349) 현존하는 헤라클레이토스의 단편 중에 정확하게 이러한 주장에 부합하는 것은 없지만, 단편들로부터 해석될 수 있는 일반적 경향에 비추어 충분히 이해될 수 있다.

350) 앎(epistēmē)의 소유와 활용 사이의 구별은 예를 들어 플라톤, 『테아이테토스』 197-198에서 볼 수 있다.

351) '전제' ☞ protasis.

352) 행위를 설명하는 이른바 '실천적 삼단논법'에 대해서는 『동물운동론』 7, 701a7 이하 참조.

나는 방식으로 행위하는 것은) 전혀 이상해 보이지 않지만, '다르게 알면서' 그러는 것은 놀랍게 보이게 될 것이다.

§7 또 사람들은 지금 이야기된 것과는 다른 방식으로 앎을 가질 수 있 1147a10
다. 앎을 가지고는 있지만 사용하지는 않는 경우 안에서 구별되는 하나의 품성상태, 가령 자고 있는 사람이나 미친 사람 혹은 취한 사람의 경우처럼 어떤 방식으로 앎을 가지고 있으면서도 가지고 있지 않은 상태를 보기 때문이다. 감정에 사로잡힌 사람들도 이러한 상태에 놓인 것이다. 분노나 성적인 욕망들, 또 그러한 종류의 것들은 명백히 신체까지 변화시키고, 어떤 사람들에게는 광기까지 일으키게 하기 때문이다. 그러므로 자제력 없는 사람들은 이 사람들과 유사한 상태에 있다고 말해야 한다는 것은 분명하다.

§8 그런데 그들이 앎으로부터 나오는 논변들을 말한다는 것은 아무런 1147a18
징표도 되지 못한다. 이러한 감정들에 사로잡힌 사람들도 엠페도클레스의 증명과 시구들을 말하고, 이제 막 배운 사람도 논변들을 엮어내기는 하니까. 그렇지만 그들이 알고 있는 것은 결코 아니다. (알기 위해서는) (앎과 영혼이) 하나가 되어야[353] 하는데, 이렇게 되는 데는 시간이 걸리기 때문이다. 따라서 자제력 없는 사람들도 무대 위의 배우들이 말하듯이 그렇게 말하는 것으로 보아야 할 것이다.

§9 또 누군가는 다음과 같은 방식으로 그 원인을 자연학적으로 살펴볼 1147a24
수도 있을 것이다. 보편적인 것에 관한 의견에 대비되는 다른 의견은 개별적인 것들에 관련되는데, 개별적인 것들에서는 지각이 주도적인 것이다. 그런데 이것들로부터 하나의 의견이 생겨날 때마다 거기서(즉 이론적인 영역에서) 추론된 결론을 영혼이 긍정해야 하며, 실천적인 영역에 있어서는 즉각 행위에 옮기는 것이 필연적이다. 예를 들면 이렇다. 만일 단것은 모두 맛보아야만 하는데, 이것이 개별적인 것들 중의 하나로서 단것이라면,

353) '하나가 되어야'라고 옮긴 'symphyēnai'는 '함께 자람'을 뜻한다.

맛볼 수 있는 능력을 가지고 있으면서 방해받지 않는 자는 동시에 이것을 행하는 것이 필연적이다. §10 그러므로 만일 한편으로 맛보는 것을 말리는 보편적인 의견을 가지고 있지만, 다른 한편으로 단것은 모두 즐거움을 주는데, 이것이 단것이라는 의견을 — 바로 이 의견이 실제로 움직이게 만든다 — 가지고 있다면, 또 마침 (단것에 대한) 욕망이 존재한다면, 한편에서 의견은 이것을 회피하라고 말하지만, 다른 한편에서 욕망은 이것을 행하는 것이다. (욕망은) 부분들 각각을 움직이게 할 수 있으니까.

1147b 그래서 어떤 의미에서는 추론과 의견 아래서 자제하지 못하는 행위가 결과하는 것이다. 그렇지만 이때의 의견은 그 자체로 올바른 이치에 반대되는 것이 아니라 부수적으로 그렇게 되는 것뿐이다. 올바른 이치에 반대되는 것은 의견이 아니라 욕망이니까. §11 이런 까닭에 동물들은 자제력이 없는 것과 상관하지 않는다. 그들은 보편적인 믿음을 가지고 있지 않고 개별적인 것에 대한 감각상[354]과 기억만을 갖고 있기 때문이다.

1147b6 §12 그런데 (자제력 없는 사람의) 무지는 어떻게 해소되고 그는 어떻게 다시 앎을 가진 사람이 되는가? (이 문제에 대한) 설명은 술 취한 사람과 자고 있는 사람에 관해서도 동일하게 적용되며, 자제력 없음이라는 이 감정상태에 고유한 것도 아니다. 그 설명은 자연학자들에게서 들어야만 한다.

1147b9 §13 그런데 마지막에 나오는 전제[355]는 감각적인 것에 대한 의견이며 행위를 주도하는 것이기에 (자제력이 없는 사람은) 감정에 사로잡혀 이것을 가지고 있지 않거나 혹 가지고 있더라도 그 소유가 앎을 실행시킬 수는 없고, 술 취한 사람이 엠페도클레스의 시구들을 말하는 정도로만 가지고 있는 것이다. 그리고 마지막에 나오는 개념[356]도 보편적인 것 같지 않고, 보편적인 것과 같은 방식으로 학문적 인식의 대상도 아닌 것으로 보이기 때문에 소크라테스가 탐구하곤 했던 그 주장이[357] 나온 것 같다. §14 현

354) '감각상' 혹은 '상상' ☞ phantasia.

355) '전제' ☞ protasis.

356) '개념' ☞ horos.

전하는 앎이 참된 앎은 아닌 것으로 보이기에 (자제력 없음이라는) 감정상태가 생기는 것이며, 감정상태 때문에 이리저리 끌려다니는 것은 참된 앎이 아니라 단지 감각적인 앎이기 때문이다.

이제 알면서 그러는지 아니면 그렇지 않으면서 자제력 없는 행위를 하는 것인지, 또 어떤 의미에서 알면서도 자제력 없는 행위를 할 수 있는 것인지에 대해서는 이 정도 이야기된 것으로 하자. **1147b**17

[……]

357) 2 §1, 1145b22-24.

제 8 권

친애에 관한 일반적 견해들과 문제들

제1장

1155a3 §1 이제 다음으로 친애[358]에 관해 논의할 차례이다. 친애는 일종의 탁월성이거나 혹은 탁월성을 수반하는 것이며, 더욱이 삶에서 가장 필요한 것이기 때문이다. 다른 모든 좋은 것들을 다 가졌다 하더라도 친구가 없는 삶은 그 누구도 선택하지 않을 것이다. 실제로 재산이 있는 사람이나 관직과 권세를 소유한 사람들에 있어서도 친구는 대단히 필요해 보인다. 선행은 친구를 향한 것일 때 가장 탁월하고 찬양받을 방식으로 이루어지는 것인데, (친구가 없어) 그러한 선행의 기회를 박탈당한 사람에게 그렇게 영화를 누리는 것이 무슨 소용이겠는가? 또 친구들 없이 어떻게 그러한 영화를 보존하고 유지할 수 있겠는가? 영화는 커질수록 위험해지게 마련이니까. §2 곤궁할 때나 그밖의 다른 어려움을 겪을 때에도 사람들은 친

358) '친애'로 번역한 원어 'philia'는 영어권에서 보통 'friendship'으로 번역되고, 따라서 '우정'이나 '우애'와 같은 번역어도 가능하지만, 그런 종류의 번역어보다는 넓은 의미의 외연을 갖는 말이다. 더구나 유교 문화권이 부모 자식 사이, 선후배 사이, 사제지간이나 군신지간 같은 수직적 인간관계를, 보통 친구, 동료 사이에서 함축되는 수평적 인간관계와 날카롭게 구별하고 있기 때문에 '친애'를 영어 번역처럼 '우정'으로 번역할 경우에 원어와 비교했을 때 상당히 축소된 영역에 관계하는 현상으로 이해하기 쉽다. 하지만 아리스토텔레스의 친애는 부부 사이의 관계나 사제지간, 선후배 사이, 더 나아가 동포애라고 할 것까지를 포괄하며, 단순한 순간적 감정(pathos) 수준에서 이해될 수 없고 상당한 시간의 사귐과 그로 인한 인격적 친밀성을 전제한다. 마찬가지로 친애와 같은 어원을 가지고 있고 보통 '친구'라고 번역되는 그리스어 'philos'도 우리의 어감에는 '친구'가 될 수 없는 선후배나 부모 자식 관계에서처럼 '친'(親)한 모든 사람, '함께 있으며 사랑을 주고받을 모든 존재'를 포괄한다. ☞ philia.

구만이 유일한 피난처라고 생각한다. 젊은이들에게는 서로의 잘못을 바로 잡아 주는 데, 나이 먹은 사람들에게는 서로 돌봐주고 노약에 따른 행위의 부족을 상쇄해주는 데, 전성기의 사람에게는 고귀한 행위를 하는 데 (친구가) 필요한 것이다. '둘이 함께 가면'[359] 사유에 있어서나 행위에서 있어 더 강해진다.

§3 친애는 본성상 부모가 자식에 대해, 또 자식이 부모에 대해 갖는 것으로 보인다. 이것은 사람에게만 있는 것이 아니라 새들이나 다른 많은 동물에게도 있는 것이며, 같은 종족에 속하는 것들이 서로에 대해 갖는 것 같다. 인간의 경우에는 더욱 특별해 우리가 '인간애를 가진 사람'[360]을 칭송하는 것은 바로 이런 이유에서이다. 여행 중에도 모든 인간이 다른 인간의 친척[361]이며 친구라는 사실을 알 수 있을 것이다. 1155a16

§4 그런데 친애는 국가들도 결속하는 것처럼 보인다. 입법자들도 정의를 (구현하기 위해) 애쓰는 것보다 친애의 (구현을 위해) 더 애쓰는 것 같다. 입법자들은 무엇보다도 친애와 비슷한 것으로 보이는 화합[362]을 추구하며, 무엇보다도 (국가에) 해악을 끼치는 분열을 몰아내기 때문이다. 또 서로 친구인 사람들 사이에서는 더 이상 정의가 필요하지 않지만, 서로 정의로운 사람들 사이에서는 친애가 추가적으로 필요하고 정의의 최상의 형태는 (서로를 향한) '친애의 태도'처럼 보인다. 1155a22

§5 그런데 친애는 필요한 것일 뿐만 아니라 고귀한 것이기도 하다. 우리는 친구를 사랑하는 사람들을 칭찬하고 친구가 많은 것은 고귀한 것들 1155a28

359) 호메로스, 『일리아스』 X 224행. 인용문은 디오메데스가 동행의 유익을 언급하는 맥락에서 나오고 있다. "두 사람이 함께 가면, 한 사람이 다른 사람보다 먼저/무엇이 유익한지 알 수 있으나, 혼자서는 무엇을 알아차리더라도/그의 지각은 느리고 그의 계략은 허술한 법이지요"(천병희 옮김).

360) '인간애를 가진 사람'(philanthropos).

361) '친척'이라고 옮긴 'oikeios'는 본래 '한 집안에 속한'(in or of the house)을 뜻한다.

362) '화합'(homonoia).

중 하나로 보이니까. 더 나아가 사람들은 좋은 사람과 친구를 동일하게 생각한다.

1155a32 §6 친애에 관해서는 적지 않은 논쟁이 있다.[363] 어떤 사람들은 친애를 일종의 유사성으로 규정하고 서로 유사한 사람들을 친구라고 한다. 그래서 사람들은 '유유상종'[364]이니 '까마귀는 까마귀끼리 모인다'[365]느니 하는 말을 하거나 또는 그와 유사한 말들을 하는 것이다. 그러나 반대로 어떤 사람들은 모든 옹기장이는 같은 옹기장이를 반가워하지 않게 마련이라고 주장한다.[366]

1155b 또 어떤 사람들은 이러한 주제에 관해 보다 높은 수준에서 자연학적으로 탐구한다. 에우리피데스는 메마른 땅이 비를 열망하며, 비를 머금은 장엄한 하늘은 땅으로 떨어지기를 갈망한다고 한다.[367] 헤라클레이토스는 대립하는 것이 도움이며, 차이 나는 것들로부터 가장 아름다운 화음이 나온다고, 또 모든 것들은 싸움에 따라 생긴다고 주장한다.[368] 그러나 엠페도클레스를 비롯한 다른 사람들은 비슷한 것은 비슷한 것을 추구한다고 말하며 이러한 의견에 반대한다.[369]

1155b8 §7 하지만 이제 이러한 난제들을 취급하는 자연학적인 논의들은 접어두기로 하자. 현재 우리의 탐구에 고유한 것이 아니니까. 우리가 탐구하는 것은 인간적인 일들이며, 품성과 감정에 관계하는 것이다. 우리가 다루

363) 플라톤, 『리시스』 214 이하 참조.

364) 호메로스, 『오뒷세이아』 XVII 218행.

365) 아리스토텔레스, 『수사학』 I 11, 1371b17.

366) 헤시오도스, 『일과 날』 25행. "그리하여 도공은 도공에게, 목수는 목수에게 화내고/거지는 거지를, 가인은 가인을 시샘하는 것이오"(천병희 옮김).

367) 에우리피데스, 단편 898(Nauck).

368) 헤라클레이토스, 단편 22B8과 80(DK). 다음의 번역도 참조하라. "대립하는 것은 한곳에 모이고, 불화하는 것들로부터 가장 아름다운 조화가 이루어진다. 그리고 모든 것은 투쟁에 의해 생겨난다"(『소크라테스 이전 철학자들의 단편선집』, 238쪽).

369) 엠페도클레스, 단편 31 B22, 62, 109(DK).

는 문제는 예를 들어 이러한 것이다. 모든 사람 사이에서 친애가 성립하는가? 못된 사람은 친구가 될 수 없는가? 친애의 종류는 하나인가 아니면 그 이상인가?

(친애의 종류가 하나라고 생각하는 사람들은 친애가 정도 차이를 받아들이기 때문에 그렇다고 생각한다. 그렇지만 이것은 충분한 설득력을 가지지 못한다. 서로 다른 종류에 속하면서도 정도의 차이를 받아들일 수 있기 때문이다. 이것들에 관해서는 이전[370]에 이미 토론했다.) **1155b**13

친애의 대상

제2장

§1 사랑할 만한 것이 무엇인지 이해하게 되면 이러한 문제들에 관해서는 아마 분명해질 것이다. 모든 것이 사랑받는 것이 아니라 사랑할 만한 것이 사랑받는 것처럼 보이기 때문이다. 그런데 사랑할 만한 것은 좋은 것이나 즐거운 것 혹은 유익한 것이다. 유익한 것은 바로 그것을 통해 어떤 좋음 혹은 즐거움이 생겨나는 것인 것 같다. 따라서 좋음과 즐거움이 목적으로서 사랑할 만한 것인 것처럼 보인다. §2 사람들은 좋음을 사랑하는 것인가 아니면 그들에게 좋아 보이는 것을 사랑하는 것인가? 경우에 따라 양자가 다르기도 하니 말이다. 즐거움과 관련해서도 마찬가지이다. 각자는 자신에게 좋은 것을 사랑하는 것으로 보이며—비록 단적으로 좋은 것이 사랑할 만한 것이긴 하지만—각자에게 좋은 것이 각자에게 사랑할 만한 것인 것 같다. 각자는 진정 자신에게 좋은 것이 아니라 그렇게 보이는 것을 사랑하니까. 그렇지만 (이러한 구별이) 어떤 차이를 가져오지는 않을 것이다. 사랑할 만한 것은 그렇게 보이는 것이 될 것이니까. **1155b**17

§3 (사람들이 사랑을 할 때) 바로 그것을 이유로 사랑하게 되는 것이 세 가지 있지만, 무생물에 대한 애호[371]는 친애라고 말하지 않는다. 무생물 **1155b**27

370) 어느 대목을 지시하는지 알 수 없다.

371) '애호'(philēsis).

에게는 호응하는 사랑이나 상대방이 잘 되기를 바라는 마음이 없기 때문이다. (포도주가 잘 되기를 바라는 것은 우스운 일일 것이기 때문이다. 만약 그렇게 바란다면 포도주가 잘 보존되어 나중에 자신이 갖기를 바랄 뿐이다.) 그런데 사람들은 친구가 잘 되기를 바랄 때는 친구를 위해 바라는 것이라고 한다. 그런데 이렇게 잘 되기를 바라지만 상대편에서는 동일한 (바람)이 생기지 않는 경우에, 우리는 그러한 바람을 가진 사람을 선의[372]를 가진 사람이라고 부른다. 사람들은 친애를 쌍방 간에 성립하는 선의라고 하기 때문이다. 그런데 혹시 "(서로의 선의를) 모르지 않는"이라는 조건을 덧붙여야 하지 않을까? §4 많은 사람이 자신들이 한 번도 본 적이 없는 사람들에 대해서도 그들이 훌륭하며 유익한 자라고 생각해 선의를 갖고 있으니까. 그리고 그들 중 누군가도 이와 동일한 선의를 가질지도 모를

1156a 일이다. 그렇다면 그들은 서로에게 선의를 가지고 있는 셈이 된다. 그러나 각자에게 어떤 태도를 가지고 있는지를 모르고 있는 사람들을 누가 감히 친구라 부를 수 있단 말인가? 따라서 (친구들은) 앞에서 언급했던 것 중 어느 하나를 이유로 서로에 대해 선의를 갖고 있고 상대방이 잘 되기를 바라며, 또 동시에 (그러한 사실을) 서로 모르지 않아야 한다.

친애의 세 종류

제3장

1156a6 §1 그런데 이것들[373]은 그 종류상 서로 구별된다. 따라서 애호와 친애 역시 종류상 구별된다. 친애의 종류에는 세 가지가 있는데, 이는 사랑할 만한 것의 수와 같은 것이다. 각각의 경우에 있어 응대하는 사랑이 있고 이를 모르지 않아야 한다. 서로 사랑하는 사람은 서로가 잘 되기를 바라는데, 그들이 사랑하는 그 관점에서 그렇게 한다. 유익을 이유로 서로를 사랑하는 사람들은 서로를 그 자체로서 사랑하는 게 아니라 상대로부

---

372) '선의'(善意, eunoia).

373) 즉 사랑할 만한 것들.

터 자신들에게 어떤 좋음이 생겨나는 한에서 사랑하는 것이다. 즐거움을 이유로 서로 사랑하는 사람의 경우도 마찬가지이다. 그들은 재담꾼을 사랑하지만, 재담꾼이 어떤 성격의 사람이어서가 아니라 그들에게 즐거움을 주기 때문에 사랑하는 것이다. §2 유익을 이유로 사랑하는 사람들은 자신들에게 돌아오는 어떤 좋음을 이유로 상대에게 애착을 갖는 것이며, 즐거움을 이유로 사랑하는 사람들은 자신들에게 어떤 즐거움이 돌아오는 것을 이유로 그러한 것이다. 그들은 사랑받는 사람을 그가 (다른 사람이 아닌 바로) 그 사람인 한에서가 아니라 유익을 주는 한에서 혹은 즐거운 한에서 사랑하는 것이다. 따라서 이러한 것들은 우연적인 의미에 따른[374] 친애이다. 사랑받는 사람이 그 자체로서 사랑받는 것이 아니라 어떤 좋음이나 즐거움을 주는 한에서 사랑받기 때문이다. §3 이러한 친애는 (사랑을 주고받는 친구들이) 계속 이전 같지는 않을 때 쉽게 해체된다. 더 이상 즐거움이나 유익을 주지 못하게 될 경우에 그들의 사랑 역시 멈추게 된다. 그런데 유익한 것은 지속적이지 않고 경우에 따라 다른 것이 유익한 것이 된다. 따라서 그들이 서로 친구였던 그 이유가 사라지고 나면 친애 역시 해체된다. 친애가 바로 그러한 것을 지향했으니까. §4 이러한 종류의 친애는 주로 나이 먹은 사람들[375]에게서 생겨나는 것으로 보인다. 나이 먹은 사람들은 즐거움이 아니라 도움이 되는 것을 추구하기 때문이다. 전성기에 있는 사람이나 젊은이들 중에서도 이익을 추구하는 사람들에게도 이러한 친애가 속하는 것 같다. 이러한 사람들에게는 다른 사람들과 함께 사는 일이 별로 없다. 어느 때에는 사실 피차 상대방이 즐겁게 느껴지지 않으니까. 서로에게 유익이 되지 않는다면 그러한 친교도 필요하지 않다. 그들이 좋음의 희망을 갖는 바로 그만큼만 (서로에게) 즐거움을 주기 때문이다. 사람들은 '손님에 대한 친애'도 이러한 범주에 넣는다.

§5 젊은이들의 친애는 즐거움을 이유로 성립하는 것 같다. 젊은이들은 **1156a**31

374) '우연적인 의미에 따른'(kata symbebekōs) ☞ symbebekōs.

375) 아리스토텔레스, 『수사학』 II 13, 1389b37 참조.

감정에 따라 살며, 주로 그들에게 즐거운 것을 추구하고, 또 지금 있는 것을 추구하기 때문이다. 나이가 듦에 따라 즐거운 것들도 달라지게 된다. 바로 이 이유 때문에 그들은 쉽게 친구가 되고, 또 쉽게 헤어진다. 그들의
1156b 친애는 즐거움과 함께 바뀌며, 그러한 즐거움의 변화는 빠르기 때문이다. 젊은이들은 또 에로스 지향적이다. 에로스적인 사랑은 대부분 감정에 따른 것이며, 즐거움을 이유로 성립하는 것이니까. 그래서 그들은 순식간에 사랑에 빠졌다가 순식간에 헤어진다. 하루에도 몇 번씩 변하면서. 이들은 함께 시간을 보내고 같이 살기를 원한다. 이들에게 친애라는 것은 이런 식으로 생겨나니까.

1156b7 §6 가장 완전한 친애는 좋은 사람들, 또 탁월성에 있어 유사한 사람들 사이에서 성립하는 친애이다. 이들은 서로가 잘 되기를 똑같이 바라는데 그들이 좋은 사람인 한에서 그렇게 바라며, 또 그들은 그 자체로서 좋은 사람들이기 때문이다. 그런데 친구를 위해 친구가 잘 되기를 바라는 사람이 최고의 친구이다. 이들이 이러한 태도를 갖는 것은 우연적인 것에 따른 것이 아니라 그들 자신을 이유로 한 것이다. 따라서 이러한 사람들의 친애는 그들이 좋은 사람인 한 유지된다. 그런데 탁월성은 지속적인 것이다.[376] 각자는 또 단적으로도 좋은 사람이고 친구에 대해서도 좋은 사람이다. 좋은 사람들은 단적으로도 좋으며, 서로에 대해서도 도움을 준다.

1156b14 마찬가지로 좋은 사람들은 즐거움을 주는 사람들이다. 그들은 단적으로도 즐거우며 서로에게도 즐거움을 주기 때문이다. 자신의 행위들은, 또 그와 같은 종류의 행위들은 좋은 사람들 각자에게 즐거운 것이며, 좋은 사람들의 행위들은 (이런 점에서) 같거나 유사하다.

1156b17 §7 그러한 친애가 지속적이라는 것은 당연한 일이다. 이 친애 안에 친구들에게 속해야 할 모든 것이 결합되어 있기 때문이다. 모든 친애는 좋음을 이유로, 혹은 즐거움을 이유로—단적으로 그렇거나 아니면 사랑하

376) I 10 §10 참조.

는 사람에게만 그렇거나 간에 — 성립하며, 또 일종의 유사성에 따라 성립하기 때문이다. 그런데 앞에서 언급한 이 모든 것이 친구들 자체에 따라 (가장 완전한) 친애에 귀속한다. 그들은 바로 이 관점에서[377] 유사하기 때문이다. 또 나머지 것들도(이 완전한 친애에 귀속한다). 단적으로 좋은 것은 또 단적으로 즐거운 것인데, 이것이 가장 사랑할 만한 것이다. 사랑하는 일이나 친애[378]는 바로 이 사람들 안에서 최고이며 최선이다.

§8 그런데 이러한 친애는 드문 것 같다. 이러한 사람들이 소수이기 때 **1156b**24
문이다. 게다가 그러한 친애는 시간과 사귐을 필요로 한다. 속담처럼 '소금을 같이 먹어 보기 전에는' 서로를 알 수 없기 때문이다. 서로가 서로에게 사랑할 만한 사람으로 보이고 그렇게 신뢰가 쌓이기 전까지는 친구로 받아들이거나 친구일 수 없다. §9 서로에게 서둘러 친구처럼 행하려는 사람들은 친구가 되기를 바라지만 친구이지는 않다. 만일 그들이 사랑할 만한 사람이 아니고, 또 이것을 모르고 있다면 말이다. 친애에 대한 바람은 빨리 생겨나지만, 친애는 그렇지 않다.

[……]

친애와 정의

제 9 장

§1 처음에 이야기했던 바와 같이[379] 친애와 정의는 동일한 것에 관계하 **1159b**25
며, 같은 사람들 사이에서 존재하는 것으로 보인다. 왜냐하면 모든 공통의 교제[380]에는 어떤 정의로움도 존재하고, 또 한편, 친애도 존재하는 것 같기 때문이다. 어쨌든 사람들은 '같은 배를 탄 사람'이나 전우를 친구라고 부르며, 마찬가지 방식으로 다른 교제들에 있어서도 상대편을 그렇게

377) 즉 그들 자체의 관점에서.

378) '사랑하는 일'(philein), '친애'(philia).

379) VIII 1 §4, 1155a22-28; 12 §8, 1162a29-33도 참조.

380) '교제' ☞ koinōnia.

부른다. 그런데 교제가 존재하는 바로 그만큼 친애가 존재한다. 정의 역시 (바로 그만큼) 존재한다. '친구들의 것은 공동의 것'이라는 속담[381] 또한 맞는 말이다. 친애는 공통의 교제 안에 있으니까.

1159b32 §2 그런데 형제들과 절친한 친우들[382]에 있어서는 모든 것이 공동 소유이고, 이와는 다른 관계의 사람들에 있어서는 제한된 사물들만이 공동 소유이다. 어떤 경우에는 더 많은 사물이 공유되고 어떤 경우에는 그보다 더 적은 사물이 공유된다. 친애에도 더 강한 정도의 친애, 더 약한 정도의 친애가 있기 때문이다.

1160a 정의로운 것들 역시 (각각의 경우에 있어) 차이를 보인다. 부모와 자식 사이에 있어야 할 정의로운 일은 형제 사이에 있어야 할 정의로운 일과 같지 않으며, 절친한 친우들 사이에 있어야 할 정의로운 일은 시민들 사이에 있어야 할 정의로운 일과도 같지 않기 때문이다. 서로 다른 친애들의 경우에 있어서도 이와 마찬가지이다. §3 그래서 부정의한 행동 역시 이러한 친구들의 부류 중 각각에 있어 서로 다른 것이며, 부정의한 행동이 보다 가까운 친구들을 향한 것이라면 부정의는 더 커지게 된다. 예를 들어 절친한 친구에게 지불해야 할 금전을 지불하지 않는 것은 동료 시민에게 그러한 경우보다 더 심한 불의이며, 형제를 돕지 않는 것은 모르는 사람을 돕지 않는 것보다 더 끔찍한 일이고, 아버지를 때리는 것은 다른 사람을 때리는 것보다 더 끔찍한 일이다. 결국, 친애와 정의가 동일한 사람들 사이에서 존재하며 서로 동일한 영역에 걸쳐 있으므로 친애와 더불어 정의(에 대한 요구) 또한 증대되게 마련이다.

1160a8 §4 모든 공통의 교제는 정치적인 공동체의 부분을 닮은 것이다. 왜냐하면 사람들이 서로 교제를 하는 것은 어떤 유익을 위해서이며, 삶을 위해 필요한 어떤 것을 산출하기 위해서이고, 정치적인 공동체 역시 어떤 유익을 목적으로 처음부터 함께 모여 지속하는 것으로 보이기 때문이다. 법을

381) 플라톤, 『파이드로스』 279c5; 『고르기아스』 507e.

382) '친우들' 혹은 '동료들'(hetairoi).

제정하는 사람들이 겨냥하는 것도 바로 이 유익이며, 사람들은 또 정의를 공통의 이익이라고 하는 것이다.[383]

§5 그런데 다른 공통의 교제관계도 어떤 유익을 추구하지만 부분적으로만 추구한다. 예를 들어 같이 항해를 하는 사람들은 항해에 따른 유익을 추구하되 돈을 벌 목적이나 그와 같은 것을 위해 (유익을) 추구하며, 전우들은 전투에 따른 유익을 추구하되 돈이나 승리, 도시를 목표로 그러는 것이다. 같은 씨족 사람이나 같은 구역[384]에 속하는 사람의 경우 역시 마찬가지이다. 1160a14

그런데 어떤 공통의 교제관계는 즐거움을 이유로 성립하는 것처럼 보인다. 예를 들어 종교적인 행렬이나 각자의 기여로써 성립하는 연회는 (공통의) 의식(儀式)과 친교를 위한 것이다. 그런데 이 모든 공통의 교제관계는 정치적인 그것 밑에 위치하는 것 같다. 정치적 공동체는 순간에 유익한 것을 추구하지 않고 삶 전체에 유익한 것을 추구하기 때문이다. 사람들이 공통의 종교의식을 행하고 같은 모임에서 만나는 것은 신들을 공경하고 그들 자신에게 즐거운 휴식을 제공하기 위해서이다. 옛날부터 내려오는 종교의식이나 집회는 '햇곡식제'와 같이 추수 이후에 열렸던 것 같은데, 이것은 사람들이 이때 가장 많은 여가를 가졌기 때문이다.[385] 1160a19

§6 모든 공통의 교제관계는 정치적인 공동체의 부분으로 보이며, 바로 그러한 종류의 공통의 교제들에 상응하는 친애들이 따르는 것이다. 1160a28

383) 『정치학』 III 4, 1279a17.

384) '구역'(區域, dēmos).

385) 이 단락은 정치적인 공동체와 사적인 교제 사이의 종속관계에 대한 설명으로 이해될 수 있다. 정치적인 공동체가 공동체 구성원의 전 인생에 걸친 관심을 갖는 반면에, 축제나 종교의식, 연회와 같은 사적인 교제들은 순간적 내지 부분적인 관심을 가지고 있다. 그러나 이러한 외견상의 대비에도 불구하고 사적인 교제가 사적인 교제로서 의미를 가질 수 있게 하는 보다 넓은 터전은 정치적인 공동체임을 논변하는 것으로 보인다.

제 9 권

친애와 자기애

제 4 장

1166a §1 가까운 사람들을 향한 '친애적인 태도나 감정들',[386] 또 여러 종류의 친애들을 규정하는 기준들은 자기 자신에 대한 친애적인 태도나 감정들에서 온 것처럼 보인다. 사람들은 상대방을 위해 좋음 혹은 그렇게 보이는 것을 바라고 행하는 사람, 혹은 바로 그를 위해 그가 존재하고 살아 있기를 바라는 사람 —어머니들이 자식들에 대해 느끼는 감정이나 서로 떨어져 있는 친구들 사이에서 느끼는 감정처럼—혹은 같이 지내고 동일한 (가치를) 선택하는 사람, 혹은 고통과 기쁨을 더불어 함께 나누는 사람을 친구로 본다. (이것도 어머니에게서 가장 잘 나타난다.) 또 사람들은 친애도 이것들 중 어느 하나로 규정한다. §2 그런데 이것들 각각은 훌륭한 사람이 자기 자신에 대해 갖는 태도에서 발견된다. (나머지 사람들의 경우에는 그들 역시 자신들이 훌륭한 사람이라고 생각하는 한, 그렇다. 앞에서 이야기했던 것처럼[387] 탁월성과 신실한 사람이 각각의 사안에 있어 척도인 것으로 보인다.)

1166a14 §3 훌륭한 사람은 자기 자신과 일치해 생각하고 전(全) 영혼에 걸쳐 동일한 것을 욕구한다. 그는 자기 자신에게 좋음과 그렇게 보이는 것을 바라며 실제로 행하는데(좋음을 노력해 만들어내는 일이 바로 좋은 사람

386) '친애적인 태도나 감정들'의 원어는 'philika'이다. 친애임을 알게 하는 행동이나 태도, 감정 등을 묶어 표현하는 말이다. 우리말에서도 보다 간결한 번역어를 선택하라면 '친애적인 특징들'이 될 것이다. 번역어가 길지만 원어의 뜻에 보다 구체적으로 접근하기 위해 구(句)로 번역했다.

387) III 4 §§4-5, 1113a22-33.

이 하는 일이니까), 바로 자기 자신을 위해 그렇게 한다. (그러니까 사유하는 부분을 위해 그렇게 한다. 각자는 바로 이것과 동일시되는 것처럼 보이기 때문이다.[388]) 그는 또 자기 자신이 살아 있기를, 또 그렇게 유지되기를 바라는데 이러한 바람은 무엇보다도 그의 사유하고 추론하는 부분에 적용된다. §4 신실한 사람에게 존재한다는 것은 좋은 것이며, 각자는 자기 자신에게 좋은 것들을 바라기 때문이다. (다른 사람이 되어 그 다르게 된 사람이 모든 것을 소유하는 일은 누구도 선택하지 않는다. 신 또한 지금도 그러한 존재로 머물면서 좋은 것을 가지고 있으니 말이다.)

그런데 각자는 그의 사유하는 부분[389]인 것으로, 혹은 무엇보다도 사유하는 부분인 것으로 보인다. §5 그리고 다른 한편, 훌륭한 사람은 자기 자신과 함께 지내기를 바란다. 그렇게 함께 지내는 일이 즐겁기 때문이다. 지난 행위들에 대한 기억은 기쁨을 주며 앞으로 올 일에 대한 희망은 선하고 그러한 희망은 또 즐겁기 때문이다. 관조 대상에 대한 사유로 그는 풍요롭다. 그는 또 주로 자기 자신과 더불어 고통과 기쁨을 함께 나누는데, 언제든 동일한 것이 고통스럽거나 기쁠 뿐 때에 따라 바뀌지 않기 때문이다. 그는 말하자면 후회하지 않는 사람이니까. **1166a**22

훌륭한 사람은 자기 자신에 대해서도 이것들 하나하나를 가지고 있고, 자기 자신에 대해 가지고 있듯이 친구에게도 (이것들을) 가지고 있으므로 (친구는 또 다른 자기이니까) 친애도 이것들 중 어떤 것으로 보이고,[390] 이런 것들을 가지고 있는 사람들이 친구들인 것으로 보인다. **1166a**29

§6 그렇지만 자기 자신에 대한 친애가 존재하는지 아니면 그렇지 않은 **1166a**33

388) 사유하는 부분을 인간의 진정한 자아로 보는 견해와 관련해서는 이어서 나오는 1166a22-23과 1168b35, 그리고 X 7 §9, 1178a2를 비교하라.

389) '사유하는 부분'(to nooun) ☞ nous.

390) 앞에서 이야기했던 친애적인 태도나 감정들 중의 어떤 것을 가리킨다. 주의해야 할 것은 그것들 중 어떤 것이라고 했을 때, 나머지가 반드시 배제되는 것은 아니라는 점이다. 훌륭한 사람들의 경우에 이 특징들이 모두 충족됨을 이야기하고 있기 때문이다.

지의 문제에 대해서는 현재로서는 물러나 있도록 하자. 그러나 앞에서 이야기한 것 중 둘이나 그 이상이 있는 한, 친애는 존재하는 것처럼 보인다.
1166b 또 아주 강렬한 친애는 자기 자신에 대한 친애와 비슷하기 때문이다.

1166b2 §7 앞에서 이야기했던 것들은 그들이 비록 실제로 나쁜 사람이라 하더라도 대중도 가지고 있는 것으로 보인다. 그렇다면 그들은 자신들에 만족하는 한, 또 자기들이 훌륭한 사람이라고 생각하는 바로 그런 한, 이 것들[391]에 동참하는 것인가? 왜냐하면 아주 나쁘고 불경한 사람들은 이러한 것들을 가지고 있지 않고, 또 그렇게 보이지도 않기 때문이다. §8 실로 열등한 사람들도 거의 가지고 있지 않다. 그들은 자기 자신과 일치하지 않으며, 마치 자제력 없는 사람들이 그러하듯이 욕망하는 것과 바라는 것이 다르기 때문이다. 그들은 자신들에게 좋아 보이는 것 대신에 실제로는 해가 되는 즐거운 것을 선택한다. 또 어떤 사람들은 비겁함이나 게으름 때문에 그들에게 최선이라고 생각하는 것을 행하는 것에서 물러선다. 또한 많은 끔찍한 일을 저지른 사람들은 그들의 못됨 때문에 증오를 받고 삶을 피하며 자신의 목숨을 끊기도 한다. §9 그리고 다른 한편, 못된 자들은 자기 자신을 피하면서 시간을 같이 보낼 사람들을 찾는다. 그들이 혼자 있을 때에는 많은 역겨운 일이 기억에 떠오르고, 또 그런 종류의 일들을 예견하는데, 다른 사람들과 함께 있으면 잊을 수 있기 때문이다. 그들은 그 어떤 사랑할 만한 것도 가지고 있지 않아 자기 자신에 대해 (친애적인 태도나 감정을) 전혀 느낄 수 없다. 이러한 자들은 자기 자신과 함께 기뻐하거나 고통을 나누지도 않는다. 그들의 영혼은 분열되어 있기 때문이다. 영혼의 한 부분은 못됨 때문에 어떤 것들을 가지지 못할 경우에 괴로워하지만 다른 부분은 즐거워하고, 한편은 이쪽으로 다른 한편은 저쪽으로 끌어 마치 찢어질 듯하다. §10 만약 동시에 괴로워하고 즐거워하는 일이 불가능하다면, 자신이 즐거워했던 그것을 바로 잠시 후에 괴로워

391) 친구에 관한 규정들.

하고 (자신이 즐거워했던) 그것들이 자신에게 즐겁지 않았기를 바란다. 악인들은 후회로 가득 차 있다. 악인에게는 그 어떤 사랑할 만한 것이 없어 자기 자신에 대한 사랑스러운 태도가 결여되어 있는 것으로 보인다. 만약 이러한 상태가 너무도 비참한 것이라면, 못됨은 있는 힘을 다해 회피해야 하며 훌륭해지도록 노력해야 한다. 이렇게 해야 자기 자신에 대해서도 사랑스러운 태도를 갖고 다른 사람과도 친구가 될 수 있을 것이기 때문이다.

[……]

선행을 베푸는 것과 받는 것

제7장

§1 선행을 베푸는 사람이 선행을 받는 사람을 사랑하는 정도가 (그 역의 경우에, 즉) 선행을 입은 사람이 선행을 행하는 사람을 사랑하는 정도보다 더 큰 것처럼 보인다. 사람들은 이치에 반하는 일이라고 생각해 (그 이유를) 따진다. 대다수의 사람들에게 한편은 빚을 준 사람, 다른 한편은 빚을 진 사람으로 보인다. 그래서 돈을 빌린 경우에 돈을 빌린 쪽은 빌려준 쪽이 존재하지 않기를 바라고 돈을 빌려준 쪽은 돈을 빌려간 사람이 무사하기를 염려하는 것처럼 선행을 베푼 사람은 선행을 되받기 위해 선행을 받은 사람이 존재하기를 바라지만, 상대편은 되갚는 일에 마음을 쓰지 않는다는 것이다. **1167b**17

에피카르모스[392]는 아마도 사물을 비관적으로 보는 사람들이 이렇게 이야기한다고 주장하겠지만, 그래도 (이런 시각은) 인간적인 것으로 보인다. 대중은 잘 잊어버리며 (남에게) 잘 하기보다는 남이 자기에게 잘 해주기를 열망하니까. **1167b**25

§2 그런데 그 원인은 보다 자연적인 것에 뿌리를 두고 있는 것 같으며, 돈 빌리는 일과는 전혀 유사하지 않다. 돈을 빌린 사람에 대해 애호의 감 **1167b**28

---

392) 에피카르모스는 시칠리아 출신의 희극 작가로 기원전 5세기 초엽에 활동한 것으로 알려져 있다.

정은 없고 빌려준 돈 때문에 그들이 무사하기를 바라는 것뿐이니까. 그런데 선행을 베푼 사람은 선행을 받은 사람이 지금도 도움이 되지 않고 앞으로도 도움이 되지 않는다고 하더라도 그들을 사랑하고 아낀다. §3 이것이 바로 장인들의 경우에 일어나는 일이다. 모든 장인은 자신의 고유한 작품을 아끼는데, 그 작품이 만약 살아나 장인을 (사랑한다고 했을 때) 사랑했을 것보다 더 아끼기 때문이다.[393)]

1168a 이것은 아마도 시인의 경우에 가장 두드러지게 나타날 것이다. 시인들은 자신의 고유한 시를 마치 자식이나 되는 것처럼 사랑하며 끔찍히 아끼니까. §4 선행을 베푼 사람의 경우에 일어나는 것도 바로 이와 같은 일이다. 선행을 받은 것이 그들의 작품[394)]이기 때문이다. 그들은 이 작품이 제작자인 그들 자신을 사랑하는 것보다 더 그 작품을 사랑한다. 이것의 원인은 다음과 같다. 존재가 모든 사람에게 선택할 만한 것이며 사랑할 만한 것이고, 우리는 (현실적) 활동[395)]을 통해 존재하는데(삶과 행위를 통해 존재하니까), 제작자는 어떤 의미에서 활동을 통해 작품으로 존재하기 때문이다. 제작자는 작품을 사랑한다. 왜냐하면 존재를 사랑하기 때문이다. 이것은 다른 한편으로 자연스러운 것이기도 하다. 어떤 것이 그 가능태에 있어 무엇이었는지는 작품이 활동을 통해 드러내주기 때문이다.[396)] §5 또 선행을 베푸는 사람에게 있어 그의 행동에 따르는 것은 고귀한 것이

393) 보다 자세히 풀어 번역하면, 다음과 같을 것이다. "모든 장인은 자신의 고유한 작품을 아끼는데, 그 작품이 만약 살아나 장인을 사랑한다고 했을 때 작품이 장인을 사랑하는 것보다 장인이 작품을 더 아낄 것이기 때문이다."

394) ☞ ergon.

395) ☞ energeia.

396) 잠을 자고 있는 상태에서는 어떤 사람이 목수인지 혹은 도공인지 알 수 없지만, 그가 활동하기 시작하면 그가 어떤 사람인지를 알 수 있게 될 것이며, 무엇보다도 그가 만들어낸 작품을 보면 그가 목수인지 혹은 도공인지를 알 수 있을 것이다. 잠을 자고 있는 사람은 잠을 자는 때 목수일을 하고 있지 않지만, 그가 목수로서 하는 활동(energeia) 혹은 그 활동의 정수로서의 작품(ergon)을 만들어 낼 수 있는 가능성에 근거해 목수로 부르는 것이다.

며, 따라서 이것이 있는 것[397]에서 기쁨을 느끼는 것이다. 반면에 선행을 받는 사람의 관점에서는 선행을 하는 사람 안에 고귀한 것이라고는 아무것도 없으며, 만약 있다면 유익이 되는 것뿐이다. 그러나 유익은 덜 즐거우며 덜 사랑할 만한 것이다. §6 현재의 활동, 미래에 대한 희망, 이루어진 것에 대한 기억이 즐거운 것들인데, 그중 활동에 따른 것이 가장 즐거운 것이고 마찬가지로 가장 사랑할 만한 것이다. 고귀한 것은 오래 지속되는 법이니, 그의 작품은 만들어낸 사람에게는 남게 되는 것이며, 받은 사람에게는 그 유용함이 흘러가 버리고 마는 것이다. 또 고귀한 것들에 대한 기억은 즐겁지만, 유용한 것들에 대한 기억은 전혀 즐겁지 않거나 덜 즐거운 것이다. (반면에 미래에 대한 기대는 그 반대인 것 같다.) 또 애호의 감정[398]은 만듦[399]을 닮았지만 사랑받음은 받는 것[400]을 닮았다. 그런데 사랑하는 일이나 친애적인 태도와 감정들은 행위에 있어 더 우월한 사람들에게 속한다.

§7 게다가 모든 사람은 힘들여 이룩한 것을 더 사랑하는 법이다. 예를 **1168a**21
들어 돈을 직접 번 사람은 돈을 물려받은 사람보다 돈을 더 사랑한다. 그런데 선행을 받는 것은 힘든 일인 것 같지 않은 반면에, 선행을 베푸는 것은 노력이 필요한 일인 것 같다. 이러한 이유에서 어머니들이 (아버지가 그러한 것보다) 자식들을 더 사랑한다. 출산이 더 힘들기 때문이며, 자신들의 아이라는 것을 더 잘 알기 때문이다. 이것이 선행을 베푸는 자들에게도 고유한 것처럼 보인다.

---

397) 자신의 선행을 받는 사람.

398) '애호의 감정'(philēsis).

399) '만듦'(poiesis).

400) 혹은 '수동'(paschein).

자기애의 분류

제8장

1168a28 §1 무엇보다도 자기 자신을 사랑해야만 하는지, 아니면 다른 사람을 사랑해야 하는지에 대해서도 문제를 제기할 수 있다. 사람들은 자기 자신을 제일 아끼는 사람들을 비난하며, '자기를 사랑하는 사람'[401]이라는 창피한 말로 낮춰 부르기 때문이다. 열등한 사람은 모든 것을 자기 자신을 위해 행하는 듯하며 못되면 못될수록 더 그러는 것 같다. 그래서 사람들은 예를 들어 '자기와 상관이 없으면 아무것도 하지 않는 사람'이라는 식으로 불평하는 것이다. 그러나 훌륭한 사람은 모든 것을 고귀함을 이유로 행하고, 그가 훌륭할수록 더 고귀함을 이유로 또 친구를 위해 행하며, 자기 자신의 것은 미루어 놓는다.

1168a35 §2 그런데 이러한 이야기들은 실제와는 거리가 있으며, 이것은 이상한
1168b 것이 아니다. 왜냐하면 사람들은 가장 친한 친구를 가장 많이 사랑해야 한다고 주장하는데, 가장 친한 친구는—비록 아무도 그 사실을 모를 것이라 하더라도—바로 그 사람 자체 때문에 좋은 것을 바라는 사람이며, 이것은 자기가 자기 자신에 대해 갖는 관계에 가장 잘 들어맞기 때문이다. 친구를 규정하는 나머지 모든 기준도 자기가 자기 자신에 대해 갖는 관계에 가장 잘 들어맞는다. 친애를 표현하는 모든 행동이나 감정이 자기 자신으로부터 나와 타인들에게로 나아간다는 사실은 이미 이야기한 바 있다.[402] 또 모든 속담은 지금 이야기와 같은 의견이다. 하나의 영혼[403]이라든가 친구들의 것은 공동 소유 혹은 친구 사이는 동등하다, 또 무릎이 정강이보다 가깝다[404]라는 속담들이 그 예이다. 이 모든 것은 자기 자신

401) '자기를 사랑하는 사람'으로 옮긴 'philautos'는 '이기적'이라는 부정적인 의미도 담겨 있지만 꼭 그런 것만은 아니다.

402) IX 4.

403) 에우리피데스, 『오레스테스』 1045행.

404) 이 속담은 후대의 시인 테오크리토스(기원전 3세기 초반)의 시구에서 확인할 수 있다.

에 대한 관계에 가장 잘 속하는 것 같기 때문이다. 각자는 무엇보다도 자기 자신의 친구이니까. 따라서 자기 자신을 가장 사랑해야 하는 것이다.

§3 지금까지 이야기했던 두 방향이 다 믿을 만한 근거를 가지고 있으니, 어느 쪽을 따라야 할지에 대해 어려움을 갖는 것은 그럴 법한 일이다. 아마 이러한 논의의 경우에 나눌 것을 나누고, 양자가 어디까지 진실인지 또 어떤 관점에서 진실인지를 규명해야 할 것이다. 만일 양자가 각각 어떻게 '자기를 사랑하는 사람'을 정의하는지 파악하게 된다면 아마 분명해질 것이다. 1168b12

§4 한편으로 자기애를 창피한 것으로 몰아가는 사람들은 금전적인 문제나 명예, 또 육체적인 즐거움에 있어 자기 자신에게 더 많은 몫을 배분하려는 사람들을 '자기를 사랑하는 사람'이라고 비난한다. 이런 것들은 대중이 제일 좋은 것이라고 생각해 추구하고 열심을 기울이는 것들이다. 그런 까닭에 이런 것들에 관한 다툼이 생기는 것이다. 이러한 것들에서 더 많은 몫을 차지한 사람들은 욕망을, 보다 일반적으로 말하자면 감정들과 영혼의 비이성적인 부분을 만족시킨다. 많은 사람(다중)은 이러한 사람들이다. 이런 까닭에 (부정적인 의미에서의) '자기를 사랑하는 사람'이라는 말도 생겨난 것이니, 흔히 볼 수 있는 자기애는 열등한 것이었기 때문이다. 따라서 이런 방식으로 자기 자신을 사랑하는 사람들을 비난하는 것은 정당한 일이다. 1168b15

§5 많은 사람들이 이러한 것들을 자기 자신에게 더 많이 배당하는 사람들을 통상 '자기 자신을 사랑하는 사람들'로 부른다는 것은 너무도 분명하다. 만약 누군가가 언제나 다른 누구보다도 자기가 정의로운 일들을 행하는 데, 혹은 절제하는 일에, 혹은 탁월성에 따른 것들 중 다른 것들을 수행하는 데 열심을 기울인다면, 일반적으로 말해 항상 자기 자신에게 고귀한 것을 만들어낸다면, 누구도 그를 '자기 자신을 사랑하는 사람'이라고 부르지 않을 것이며 비난하지도 않을 것이다. 1168b23

§6 그러나 바로 이와 같은 사람이 더 '자기 자신을 사랑하는 사람'처럼 보일 수도 있을 것이다. 자기 자신에게 가장 고귀한 것을, 또 가장 좋은 것 1168b28

들을 할당하며 자기의 가장 주인된 부분[405]을 만족시키고 모든 것에 있어 이 부분에 복종하기 때문이다. 그런데 국가에 있어 가장 주인된 부분이 바로 그 국가이고, 다른 어떤 조직에 있어서도 무엇보다 그것의 가장 주인된 부분이 바로 그 조직이다. 인간 또한 마찬가지이다. 바로 이 부분을 사랑하는 사람, 이 부분을 만족시키는 사람이 가장 '자기 자신을 사랑하는 사람'이다. 자제력이 있는 사람인가 없는 사람인가도 지성[406]이 그 사람을 지배하는가 그렇지 않은가에 따라 이야기되는데, 이것은 각 사람
1169a 이 바로 그의 지성이기에 그런 것이다. 또 무엇보다도 이유[407]가 있는 행동이 사람들 스스로, 그리고 자발적으로 행한 행동으로 여겨진다. 따라서 각자는 지성이라는 것, 혹은 다른 무엇보다도 지성이라는 것, 또 훌륭한 사람은 주로 이것을 사랑한다는 것은 너무도 명백하다.

1169a3 이런 까닭에 훌륭한 사람은 비난받는 것과는 다른 종류의 자기애에 따라 가장 자기 자신을 사랑하는 사람일 것이다. 그는 이성에 따라 사는 삶이 감정에 따라 사는 삶에 대해 갖는 차이만큼, 또 고귀한 것을 추구하는 것이 유익이 되는 것으로 보이는 것을 추구하는 것에 대해 갖는 차이만큼 비난받는 종류의 자기애와는 다른 방식으로 자기 자신을 사랑하는 사람이다. §7 그래서 모든 사람들은 고귀한 행동과 관련해 특별히 열심인 사람들을 인정하고 칭찬한다. 만일 모든 사람들이 고귀한 것을 놓고 서로 경쟁하며 가장 아름다운 것들을 행하기 위해 노력한다면, 공적 영역에서 모든 것은 마땅히 있어야 할 바대로 될 것이며, 개인적인 영역에서도 각자에게 좋은 것들 중 가장 큰 것들이 돌아가게 될 것이다. 탁월성이 바로 이러한 것인 한.

1169a11 따라서 좋은 사람은 자기 자신을 사랑하는 사람이어야 하니, 이것은 그가 고귀한 것들을 행함으로써 자신을 기쁘게 하고 다른 사람들에게 유익

405) X 7 §9 참조.
406) '지성' ☞ nous.
407) '이유' ☞ logos.

을 줄 것이기 때문이다. 반면에 못된 사람은 자기 자신을 사랑하는 사람이어서는 안 되는데, 그것은 그가 못된 감정들을 따르면서 자기 자신과 주변 사람들을 해칠 것이기 때문이다. §8 못된 사람에게 있어 그가 해야만 하는 것들과 그가 실제로 행하는 것은 서로 일치하지 않는 반면에, 훌륭한 사람은 그가 해야만 하는 바로 그것들을 실제로 행한다. 모든 지성은 자신에게 최선의 것을 선택하며,[408] 훌륭한 사람은 그 지성의 설득에 복종하기 때문이다.

§9 신실한 사람이 친구와 조국을 위해 많은 일들을 한다는 것, 필요하다면 그들을 위해 죽기까지 한다는 것은 사실이다.[409] 그는 자기 자신에게 고귀한 것을 만들어내기 위해 돈도 명예도 내놓을 사람, 한마디로 다툼의 대상이 되는 좋은 것들을 내놓을 사람이기 때문이다. 그는 오랜 기간에 걸친 그저 그런 즐거움을 누리기보다 짧은 시간 동안 강렬한 즐거움을 누리는 것을 선택할 사람이며, 여러 해를 그저 주어지는 대로 살기보다 1년을 고귀하게 사는 것을, 다수의 작은 일들을 하는 것보다 하나의 고귀하고 큰 일을 하고자 선택할 사람이니까. 아마 이것이 타인을 위해 죽는 사람들에게 생기는 일일 것이다. 그들은 자기 자신을 위해 과연 특히 고귀한 것을 선택하는 것이다. 그들은 친구들이 더 많은 돈을 가지도록 돈을 내놓을 것이다. 친구들에게는 돈이 생기지만 자기 자신에게는 고귀한 것이 생기니까. 그러므로 그는 자기 자신에게 더 큰 좋음을 나누어주는 것이다. §10 명예나 관직에 관한 일도 마찬가지이다. 그는 친구에게 이 모든 것을 내놓는데, 이것이 그에게는 고귀하고 칭송할 만한 일이기 때문이다. 신실한 사람이 다른 모든 것과 바꾸면서까지 고귀한 것을 선택하는 일은 그래서 그럴 법한 일이다. 그는 친구에게 행위(의 기회, 성취)들까지도 내놓을 수 있다. 또 자신이 직접 행위하는 것보다 친구가 행할 수 있도록 원인을 제공하는 것이 더 고귀할 수도 있다.

1169a18

408) 아리스토텔레스, 『형이상학』 XII 9, 1074b25.

409) III 12 §4, 1117b7-15에서 행해졌던 용기에 대한 토론 참조.

1169a34 §11 이 모든 칭송할 만한 것에 있어 신실한 사람은 고귀한 것 중 더 많
1169b 은 몫을 자기 자신에게 나누어주는 것 같다. 앞에서 이야기했던 대로 자기 자신을 사랑하는 사람이 되어야 한다는 것은 바로 이런 방식을 말하는 것이다. 많은 사람이 하는 방식으로 자기 자신을 사랑해서는 안 될 일이다.

행복과 친애

제9장

1169b3 §1 행복한 사람이 친구를 필요로 하는지 그렇지 않은지에 관해서도 쟁론이 있다. 어떤 사람들은 지극히 복되고 자족적인 사람들에게는 친구가 전혀 필요하지 않다고 주장한다. 그들은 이미 좋음을 가지고 있으며 자족적인 만큼 그 어떤 것도 추가적으로 필요로 하지 않는다는 것이다. 친구는 원래 자신과는 다른 타인[410]으로서 본인 스스로는 할 수 없는 것을 제공하는 사람이니 말이다. 그래서 이런 시구가 나오는 것이다.

신이 행복을 부여한다면[411] 친구가 필요한 이유가 무엇인가?[412]

1169b8 §2 그런데 모든 좋은 것을 행복한 사람에게 다 나누어주면서 외적인 좋음 중 가장 큰 것으로 보이는 친구들을 주지 않는다는 것은 이상한 일로 보인다. 친구가 하는 일이 선행을 받는 것이라기보다 잘 해주는 것이라면, 또 선행을 베푸는 것이 좋은 사람과 탁월성이 하는 일이라면, 친구에게 잘 해주는 것이 이방인에게 잘 해주는 것보다 더 고귀한 일이며, 그런

410) 1169b7. 비판본의 'auton'과 달리 'autou'로 읽었다.

411) 원문을 직역하면, '다이몬이 잘 내준다면'이다. 행복이라는 번역어의 원어 'eudaimonia' 역시 어원적으로는 '다이몬, 곧 신적인 것이 잘 맞춰주고 있는 상태'로 이해할 수 있다.

412) 에우리피데스, 『오레스테스』 667행.

한 신실한 사람은 자신의 선행을 잘 받을 사람을 필요로 하게 될 것이다. 바로 이런 까닭에 좋은 처지에 있을 때 더 친구가 필요한 것인지, 아니면 역경 중에 있을 때 더 친구가 필요한 것인지에 대한 의문도 생겨난다. 역경 중에 있는 사람은 자신에게 선행을 베풀 친구를 필요로 하고, 또 좋은 처지에 있는 사람은 자신이 잘 해줄 사람을 필요로 하기 때문이다.

§3 또 아마 지극히 복된 사람을 외로운 사람으로 만드는 것도 이상한 **1169b**16
일일 것이다. 홀로 지내면서 모든 좋은 것을 다 소유하라고 하면, 이것을 선택할 사람은 아무도 없을 테니까. 인간은 정치적이며[413] 함께 살게끔 되어 있기 때문이다. 이것은 행복한 사람에게도 맞는 말이다. 행복한 사람은 본성적인 좋음을 다 가지고 있으니까. 그리고 그가 훌륭한 친구와 함께 있는 것이 이방인이나 우연히 만난 사람과 함께 시간을 보내는 것보다 더 좋을 것이라는 점은 분명하다. 따라서 행복한 사람에게도 친구들은 필요하다.

§4 그렇다면 첫째 사람들이 주장하는 바는 무엇이며 어떤 점에서 진실 **1169b**22
을 말하고 있는 것인가? 대중은 유익한 사람을 친구로 간주한다는 것인가? 지극히 복된 사람은 좋은 것들을 가지고 있기 때문에 그러한 유익한 친구들을 전혀 필요로 하지 않을 것이다. 즐거움을 이유로 찾는 친구들도 전혀 필요하지 않거나 잠시 동안만 필요할 것이다. (그의 삶은 즐겁기에 그 어떤 외부로부터 오는 즐거움도 필요로 하지 않는다.) '그러한' 친구들을 필요로 하지 않는 탓에 친구들을 필요로 하지 않는 것처럼 보이는 것이다.

§5 그런데 이것은 분명 사실이 아니다. 처음에 이야기된 것처럼[414] 행 **1169b**28
복은 일종의 활동인데, 활동은 생겨나는 것이지 어떤 소유물처럼 속하는 것이 아니라는 점은 분명하기 때문이다. 만일 행복하다는 것이 삶과 활동 속에서 성립하며, 처음에 이야기한 것과 같이[415] 좋은 사람의 활동이 신

413) 제1권 제6장의 각주 46 참조.

414) I 7 §15.

실하고 그래서 그 자체로 즐거운 것이라면, 또 자기에게 고유한 것도 즐거운 것에 속한다면, 그런데 우리는 자신들을 볼 때보다 가까운 사람들을 볼 때 더 잘 볼 수 있고, 우리의 고유한 행위들보다 저들의 행위들을 더 잘 볼 수 있다면, 또 친구로서 신실한 사람들의 행위는 좋은 사람들에게
1170a 즐거움을 준다면(이 행위들은 본성상 즐거운 두 가지 속성[416]을 다 가지고 있으니까), 그렇다면 지극히 복된 사람은 이러한 친구들을 필요로 할 것이다. 지극히 복된 사람이 훌륭한 행위들과 자신에게 고유한 행위들을 관조하고자 선택하는 한에서, 또한 친구이면서 좋은 사람의 행위들이 바로 그런 행위들인 한에서 말이다.

1170a3 또한 사람들은 행복한 사람이 즐겁게 사는 것은 당연하다고 생각한다. 외톨이로 사는 삶은 힘겹다. 혼자서는 연속적[417]으로 활동하기 쉽지 않은 데 반해, 다른 사람과 함께라면, 또 타인과의 관계 속에서라면 쉽기 때문이다. §6 (다른 사람과 함께라면) 그 자체 즐거운 활동은 보다 연속적이 될 것이다. 이것이 지극히 복된 사람에게 있어서는 당연히 그래야 할 모습이다. 신실한 사람은 그가 신실한 한에서 탁월성에 따른 행위들을 보며 기뻐하고 악덕으로부터 나온 행위들을 역겨워할 것이기 때문이다. 마치 음악가가 아름다운 선율에 즐거워하고 열등한 선율에 괴로워하듯이. §7 또 테오그니스도 말한 바와 같이[418] 좋은 사람들과 함께 사는 것으로부터 일종의 탁월성의 연습도 생겨날 것이다.

1170a13 그런데 사태를 보다 자연학적으로 고찰하는 사람들에게는 신실한 친구는 신실한 사람들이 본성상 선택할 만한 것으로 보인다. 본성상 좋은 것은 신실한 사람에게 좋은 것이고 그 자체로 즐거운 것이라고 이야기되

---

415) I 8 §11, 1099a14.

416) 즉 좋음이라는 속성과 자신들에 고유한 것이라는 속성.

417) X 4 §9 참조.

418) 테오그니스(기원전 6세기~기원전 5세기)는 서정시인으로 전통적인 귀족윤리의 대변자로 알려져 있다.

기 때문이다.[419] 동물에게 있어 삶은 지각[420]의 능력으로 정의되며, 인간 1170a16 의 경우에는 지각 혹은 사유[421]의 능력으로 정의된다.[422] 그런데 능력은 (그것의 발현으로서의) 활동[423]으로 돌아가게 마련이며, 일차적인 것은 활동에서 성립한다. 그래서 삶은 일차적인 의미에서 지각함 혹은 사유함인 것으로 보인다. 그런데 산다는 것은 그 자체로서 좋고 즐거운 것에 속한다. 왜냐하면 그것도 규정된 것이고 규정된 것은[424] 좋음의 본성에 속하기 때문이다. 그런데 본성상 좋은 것은 훌륭한 사람에게도 좋다. 이것이 바로 산다는 것이 모든 사람에게 즐거운 것으로 보이는 이유이다. §8 (여기서 못된 삶이나 부패한 삶 혹은 고통 속의 삶을 생각해야 할 이유는 없다. 그러한 삶들은 그것에 속하는 것들처럼 규정될 수 없는 것이기 때문이다. 이어지는 고통에 관한 논의[425]에서 이 점은 보다 분명해질 것이다.) §9 그런데 (다음과 같은 사실들이 타당하다면 왜 친구가 본성상 선택할 만한 것인지 알게 될 것이다.) 산다는 것 자체가 좋고 즐거운 것이라면(모두가 그것을 추구한다는 사실, 누구보다도 훌륭하고 지극히 복된 사람들이 삶을 추구한다는 사실에 비추어 그런 것 같다. 이들에게 삶은 가장 선택할 만한 것이며 이들의 삶이 지극하고도 지극히 복된 삶이니까), 또 보는 사람은 자기가 보고 있음을,[426] 듣는 사람은 자기가 듣고 있음을, 걷는 사람은 자신이 걷고 있음을 지각하고, 마찬가지로 다른 경우에 있어서도 우리가 활동하고 있다는 것에 대한 지각이 존재해 우리가 지각하고 있음을 지각하고 우리가 사유하고 있음을 사유한다면, 그런데 우리가 지각하고 있음을

419) I 8 §10, 1099a7-11; III §§4-5, 1113a25-33.

420) '지각' ☞ aisthēsis.

421) '사유' ☞ noēsis.

422) 『영혼론』 II 2, 413b2.

423) '능력'과 '활동' ☞ dynamis, energeia.

424) II 6 §14 참조.

425) X 1-5에서의 논의를 지시하는 것으로 보인다.

426) 『영혼론』 III 2, 425b12 참조.

혹은 사유하고 있음을 지각하는 것은 우리가 존재한다는 것을 지각하는 것이라면(왜냐하면 존재한다는 것은 지각한다는 것 혹은 사유한다는 것
1170b 이었으니까), 또 살아 있음을 지각하는 것은 그 자체 즐거운 일에 속한다면(삶은 본성상 좋은 것이고, 좋음이 자기 자신에게 속한다는 것을 지각하는 일은 그 자체 즐거운 것이니까), 산다는 것은 선택할 만한 것, 특히 다른 누구보다도 좋은 사람들이 선택할 만한 것이다. 왜냐하면 그들에게는 존재가 좋고 즐겁기 때문이다. (그들은 그 자체 좋은 것을 친구와 더불어 지각하면서 (즉 서로의 존재를 지각하면서) 즐거워하니까.) §10 그런데 신실한 사람은 친구를 자기 자신처럼 대하므로 — 친구는 또 다른 자기니까 — (만약 앞의 사실들이 타당하다면) 각자에게 자신의 존재가 선택할 만한 것이듯이 친구의 존재도 선택할 만한 것 혹은 거의 그럴 만한 것이다. 존재한다는 것이 선택할 만한 것이 되는 것은 자신이 좋은 사람임을 지각하기 때문이었다. 그러한 지각은 그 자체로 즐거운 것이다. 따라서 친구가 존재한다는 것을 (친구와) 더불어 지각하는 일이 필요한데, 이것은 함께 살고 서로 말과 생각을 나누는 일[427]에서 성립한다. 인간에게 있어 함께 산다는 것은 가축의 경우처럼 같은 공간을 배정받았다는 것이 아니라 이러한 것[428]을 의미하는 것으로 보이기 때문이다.

1170b14 그러므로 지극히 복된 사람에게 존재는 본성상 좋고 즐거운 것이기 때문에 그 자체 선택할 만한 것이며, 친구의 존재도 거의 똑같이 선택할 만한 것이라면, 친구 또한 선택할 만한 것 중 하나일 것이다. 지극히 복된 사람에게 선택할 만한 것은 마땅히 그에게 속해야 한다. 그렇지 않으면 바로 이 점에서 부족하게 될 것이다. 따라서 행복하고자 하는 사람에게는 신실한 친구가 필요할 것이다.

[……]

427) 『정치학』 III 5, 1280b.
428) 서로 말과 생각을 나누는 것을 말한다.

함께 사는 것으로서의 친애

제12장

§1 그런데 에로스적인 사랑에 있어 '보는 것'이 가장 값어치 있는 것이 1171b29
고, 무엇보다도 이 지각에 따라 에로스적인 사랑이 성립하고 생겨나는 것이라고 생각해 여타의 지각들보다 이 지각을 더 선호하듯이 친구들 사이에서도 함께 사는 것[429]이 가장 선택할 만한 것이 아닐까? 친애는 공통의 교제이며 자기 자신을 대하듯 친구를 대하는 것이니까. 그런데 자기 자신에 대해서는 자기가 존재하고 있음에 대한 지각이 선택할 만한 일이며, 친구가 존재함을 지각하는 것도 마찬가지로 선택할 만한 일이다. 그런
데 그 지각의 활동은 함께 사는 것 안에서 생기므로 그들이 이것을 추구 1172a
하는 것은 그럴 법한 일이다.

§2 그들 각각에 있어 존재가 무엇을 의미하든지 혹은 그들이 삶을 선 1172a
택하는 목적이 무엇이든 바로 그 의미와 목적에 있어 그들은 친구와 함께 지내기를 바란다. 그런 까닭에 어떤 친구들은 함께 술을 마시고, 또 어떤 친구들은 함께 주사위 놀이를 하며, 또 다른 어떤 친구들은 함께 운동하고 함께 사냥하거나 함께 철학을 하는 것이니, 각자는 자신들이 그들의 삶에서 가장 사랑하는 것을 하며 친구와 함께 시간을 보내는 것이다. 친구들과 함께 살기를 바라기 때문에 그들은 이것들을 하고, 자기들과 함께 산다고 생각하는 사람들과 더불어 바로 그것들을 나누는 것이다.

§3 그래서 열등한 사람들의 친애는 못난 것이 된다. (그들은 굳건하지 1172a8
못해 열등한 것들을 함께 나누고 서로를 닮아가면서 못난 사람이 되기 때문이다.) 반면에 훌륭한 사람들의 친애는 친교에 의해 함께 성장하면서 훌륭해진다. 그들은 (친애적인) 활동과 상호 교정을 통해 더욱 좋은 사람이 되는 것으로 보인다. 각자 자기의 마음에 드는 것들을 상대방으로부터 본받기 때문이다. 이로부터 고결한 것들은 고결한 사람들로부터[430]라는

429) '함께 사는 것'(syzēn).

430) 테오그니스의 시구이지만 플라톤의 『메논』 95d에서도 인용되고 있다.

말이 나온 것이다.

§4 친애에 관해서는 이 정도로 해두자. 이제 이어서 즐거움에 관해 논의할 차례이다.

제10권

활동으로서의 즐거움

제4장

§1 이제 즐거움이 무엇이며 어떤 성질의 것인지는 처음부터 다시 살펴 1174a13
보면 더 분명해질 것이다. 보는 것은 그 어떤 시간에서도 완성된 것 같다. 본다는 것은 나중에 생겨나서 봄의 형상[431]을 완성하게 할 어떤 것도 필요로 하지 않기 때문이다. 그런데 즐거움 역시 이런 종류의 것을 닮았다. 즐거움은 어떤 전체이며, 더 많은 시간 동안 생겨났을 때 그 형상이 완성될 그런 즐거움을 어느 시간에도 만날 수 없으니까. §2 바로 이런 까닭에 즐거움은 운동[432]이 아니다. 모든 운동은 시간 안에 있으며 가령 집을 짓는 것처럼 어떤 목적을 위한 것이고, 자신이 추구했던 그것을 만들어냈을 때 완성된 것이기 때문이다. 그러니 운동은 전 시간 안에서 완성된 것이거나 혹은 바로 이 (완성의) 시간 안에 완성된 것이다.

그런데 부분들과 시간 안에 있는 모든 운동은 완전하지 않으며, 전체의 1174a21
운동에 대해서도 또 서로에 대해서도 그 종류에 있어 다르다. 돌들을 서로 맞춰 놓는 것은 원주 기둥에 홈을 파는 것과 다르며,[433] 또 이것들은 신전의 건축과는 다른 것이니까. 신전의 건축은 완성된 것인 반면에(애초에 계획했던 것과 관련해 더 이상 어떤 것이 결핍되어 있지 않으니까), 초석을 놓는 일과 (원주 기둥에) 세 줄기 홈을 파 넣는 일은 완성된 것이 아

431) '형상' ☞ eidos.

432) '운동' ☞ kinēsis.

433) 그리스 건축의 기둥은 먼저 넓적하게 북(鼓) 모양으로 쪼개낸 돌을 현지로 운반해 기둥으로 쌓아 올린 후에 새로 홈을 판 것이다.

니다. 이것들 각각은 부분을 만드는 것일 뿐이니까. 그러니까 이 일들은 종류상 다른 것들이며, 아무 때나 그 (신전) 모양에 있어 완성된 운동을 만날 수는 없다. 만약 그럴 수 있다면,[434] 그것은 운동이 지나온 전 시간 안에서일 것이다. §3 이것은 걷기나 여타의 다른 운동에 있어서도 마찬가지이다. 만일 장소 이동이 어디로부터 어느 곳으로의 운동이라면, 이것의 차이들은 (운동의) 형상들에 따라 날기, 걷기, 뛰기 혹은 그와 같은 종류의 것이 되기 때문이다. 이렇게 차이날 뿐만 아니라 걷기 자체 내에서도 차이를 갖는다. 어디서부터 어디까지라는 것은 경기장 전체에서 이야기될 때와 그 부분에서 이야기될 때가 동일하지 않으며, 서로 다른 부분에 있어서도 동일하지 않고, 이 선을 지나가는 것과 저 선을 지나가는 것도 동
1174b 일하지 않기 때문이다.[435] 우리가 통과하는 경로는 (일반적인) 선일 뿐만 아니라 어떤 장소 안에 있는 구체적 선이기도 한데, 이 선은 저 선과 다른 장소에 있으니까.

1174b2 운동에 관해서는 다른 곳에서 엄밀하게 논한 바 있지만,[436] 여하튼 운동은 그 어느 시간에서나 완성된 것은 아닌 것 같고 많은 운동은 완성되지 않은 것들이며, 서로 간에 그 종류에 있어 구별되는 것 같다. 어디로부터 어디까지가 운동의 종류를 만드는 것인 한.

§4 그런데 (이와는 달리) 즐거움의 형상은 그 어느 시간에서나 완성된 것이다. 따라서 즐거움과 운동은 서로 다른 것이라는 점, 또 즐거움이 전체로서 완성된 어떤 것이라는 점은 분명하다. 이 점은 다음과 같은 사실로

434) 즉 그 모양에 있어 완성된 운동을 파악할 수 있다면.

435) 이 설명은 강의하는 사람이 칠판에 그림을 그리면서 설명하는 것으로 보인다. 그리스 시대의 달리기 경주로는 장방형의 양끝에 반환점이 있는 형태인데, 한 반환점에서 다른 쪽 반환점까지 가는 두 경로를 지시하는 것 같다. 이렇게 되면 똑같은 곳에서 출발해 서로 반대편 방향으로 반을 돌아 똑같은 곳에 도달하게 된다. 같은 장소에서 출발해 같은 장소에 도착했음에도 불구하고, 서로 다른 길을 통해 도착했기에 '동일한 걷기'라고 볼 수 없다는 것이다.

436) 『자연학』 VI-VIII.

부터도, 즉 운동한다는 것은 시간 지속 안에 있지 않고는 불가능하지만, 즐거워한다는 것은 (시간 지속 안에 있지 않고도) 가능하다는 사실로부터도 참인 것처럼 보인다. 즐거워한다는 것은 순간 속에 있는 어떤 전체이니까.[437] 이런 사실들로부터 즐거움의 운동 혹은 즐거움의 생성[438]이 있다고 주장하는 것은 옳지 않다는 점이 명백하다. 생성이나 운동은 모든 것에 대해 이야기되는 것이 아니라 부분으로 분할될 수 있고 전체가 아닌 것들에 대해서만 이야기될 수 있기 때문이다. 본다는 것의 생성은 존재하지 않으며 점이나 (수적) 단위의 생성도 존재하지 않는다. 이것들 중 그 어떤 것도 생성이나 운동이 아니다. 마찬가지로 즐거움의 생성이나 운동도 존재하지 않는다. 즐거움은 전체로서 존재하는 어떤 것이니까.

§5 모든 감각은 자신이 감각할 수 있는 대상에 관계해 활동하되 가장 완벽하게 활동하는 것은 좋은 상태의 감각이 그 감각에 해당하는 감각 대상들 중 최선의 것에 관계할 때이다. (완전한 활동이란 무엇보다도 바로 이러한 것인 듯 보인다. 감각 자체가 활동하는 것이라고 이야기하건 감각 기관이 활동하는 것이라고 이야기하건 간에 아무 차이가 없는 것으로 하자.) 그렇다면 각각의 감각에 있어 최선의 활동이란 가장 좋은 상태의 감각이 그 감각에 해당하는 감각 대상들 중 가장 훌륭한 것에 관계할 때 나오는 활동이다. 바로 이 활동이 가장 완전하며 가장 즐거울 것이다. 모든 감각마다 그것에 따른 즐거움이 존재하며, 마찬가지로 사유와 관조에 따른 즐거움도 존재하는데, 가장 완전한 것이 가장 즐거운 것이니까. 좋은 상태의 것[439]이 자신의 것에 해당하는 대상 중 가장 신실한 대상에 관계할 때 가장 완전하다. 즐거움은 활동을 완성한다. §6 그런데 즐거움이 활 **1174b**14

437) 아리스토텔레스에 따르면, '순간'은 시간의 분할 불가능한 최소단위로서 여기에서는 운동도 정지도 불가능하며, 생성과 소멸도 불가능하다. 『자연학』 VI 3, 233b33 이하 참조.

438) 1174b10.

439) 즉 좋은 상태의 감각이나 좋은 상태의 사유.

동을 완성하는 방식은 감각 대상이나 감각이 (양자 모두 신실하다는 전제 아래서) 활동을 완성하는 방식과 동일하지 않다. 마치 건강과 의사가 동일한 방식으로 건강하게 되는 것의 원인인 것은 아니듯이. §7 각각의 감각마다 그것에 따른 즐거움이 생겨난다는 것은 분명하다. (우리는 볼거리, 들을거리들이 즐겁다고 이야기하니까.) 또 감각 역시 최선의 상태에 있으면서 그렇게 최선의 상태에 있는 대상에 관계해 활동할 때 특히 그렇다는 것 또한 분명하다. 감각 대상과 감각하는 것이 다 같이 그런 상태에 있을 경우에는 언제나 즐거움이 있을 것이다. 적어도 감각을 만들어내는 것과 감각을 수용하는 것이 존재하는 한.

1174b31 §8 그러니까 즐거움은 활동을 완성하되 내재하는 품성상태가 (활동을) 완성하듯이 그렇게 하는 것이 아니다. 한창때의 젊은이들에게 아름다움이 깃들듯이 그렇게 수반하는 정점[440]으로서 활동을 완성하는 것이다. 그러므로 사유 대상과 감각 대상이, 그리고 〔그것들을〕 분별할 줄 알거나
1175a 볼 줄 아는 것이 마땅히 그래야 할 상태에 있는 한에서 그 활동에는 즐거움이 있을 것이다. 겪을 수 있는 것과 작용을 하는 것[441]이 서로 비슷하며, 서로에 대해 동일한 방식으로 관계하는 한에서 동일한 것이 생겨나게끔 되어 있기 때문이다.

1175a3 §9 그렇다면 어째서 연속적으로 즐거워하는 사람은 아무도 없는 것인가? 피곤해지기 때문인가? 그것은 모든 인간적인 것이 연속적으로 활동할 수 없기 때문이다. 따라서 즐거움 또한 연속적으로 생겨날 수 없다. 즐거움은 활동을 따르니까. 또 새로운 것일 때 우리를 기쁘게 해 주었던 어떤 것들이 시간이 지난 후에 처음만큼 기쁘게 해주지는 못하는 것도 같은 이유에서이다. 이것은 마치 무엇인가를 응시할 때 우리의 시각이 그런 것처럼 처음에는 우리의 사유[442]가 자극을 받아 그것에 관해 왕성하게

440) 혹은 '목적' ☞ telos.

441) '겪을 수 있는 것'(pathētikos)과 '작용을 하는 것'(poiētikos) ☞ pathos #1.

442) '사유'(dianoia).

활동하지만, 얼마 후에는 우리의 활동이 그와 같지 못하고 느슨해지기 때문이다. 이런 까닭에 즐거움 또한 시들해지고 마는 것이다.

§10 모든 사람들은 삶을 추구하고 있기 때문에 우리는 모든 사람이 즐거움을 욕구한다고 생각할 수 있다. 산다는 것은 일종의 활동이며, 각자는 그가 가장 사랑하는 것[443]들을 가지고 자신이 가장 사랑하는 것들에 대해 그의 활동을 발휘한다. 예를 들어 음악가는 그의 청각을 가지고 멜로디와 관련해 활동하며, 배움을 사랑하는 사람은 사유를 가지고 관조 대상들과 관련해 활동한다. 다른 나머지 경우들 각각에 있어서도 그러하다. 그런데 즐거움은 그 활동들을 완성하고 따라서 사람들이 추구하는 삶 또한 완성한다. 따라서 사람들이 즐거움도 추구한다는 것은 충분히 일리가 있는 일이다. 즐거움은 각자에게 있어 진실로 선택할 만한 것으로서의 삶을 완성하니까. **1175a**10

§11 우리가 즐거움 때문에 삶을 선택하는 것인지, 아니면 삶 때문에 즐거움을 선택하는 것인지에 대한 문제는 지금 당장은 제쳐놓기로 하자. 왜냐하면 삶과 즐거움은 서로 결부되어 있고 분리를 허용하지 않는 것처럼 보이기 때문이다. 활동 없이 즐거움이 생겨나지는 않으며, 즐거움은 또한 모든 활동을 완성한다. **1175a**18

즐거움의 종류

제 5 장

§1 이런 연유로 즐거움들은 또한 그 종류에 있어 다른 것처럼 보인다. 우리는 그 종류에서 다른 것들은 다른 것에 의해 완성된다고 생각하니까. (자연적인 것과 기예에 의한 것들이 바로 그런 것 같다. 동물이나 나무, 그리고 그림이나 조각상, 집과 도구 같은 것들은 (다른 것에 의해 완성되는 것처럼 보인다.)) 마찬가지로 우리는 그 종류에서 다른 활동들 역시 그 종류에 **1175a**21

443) 즉 '능력'.

서 다른 것들에 의해 완성되는 것으로 생각한다. §2 그런데 사유활동은 각각의 감각들의 활동들과 그 종류에서 다르며, 감각의 활동들끼리도 종류에 따라 서로 다르다. 그래서 (그 활동들을) 완성하는 즐거움들도 종류에 따라 다른 것이다.

1175a29 이것은 또 각각의 즐거움이 자신이 완성하는 활동과 긴밀하게 연결되어 있다는 사실로부터도 분명해질 것이다. (활동에) 고유한 즐거움은 활동을 증진하기 때문이다. 즐거움과 함께 활동하는 사람이 주어진 각각의 주제에서 더 잘 분별하고 더 정확하게 판단한다. 예를 들어 기하학에서 기쁨을 느끼는 사람은 기하학자가 되고, (기하학과 관련한) 각각의 것들을 더 잘 이해한다. 마찬가지로 음악을 좋아하는 사람과 건축을 좋아하는 사람, 또 그밖의 것들을 좋아하는 사람들도 각각 자신의 영역에서 기쁨을 느낄 때 자신의 고유한 기능에서 진보하게 되는 것이다. 즐거움은 활동들을 증진하며, (그렇게) 증진하는 것은 (그 활동에) 고유한 것이다. 종류가 다른 것들의 경우에는 그것들에 고유한 것 또한 종류가 다르다.

1175b §3 또 이것은 활동들이 그것들과는 다른 종류로부터 유래한 즐거움에 의해 방해를 받는다는 사실로부터 더욱 명백해질 것이다. 피리 연주를 좋아하는 사람이 피리 소리를 듣게 되면 토론에 집중할 수 없어지는데, 이것은 그들이 현재의 활동보다 피리 연주에서 더 큰 기쁨을 느끼기 때문이다. 그러니까 피리 연주에 따르는 즐거움은 토론과 관련한 활동을 파괴하는 것이다.

1175b6 §4 이런 일은 다른 경우에 있어서도 마찬가지로, 동시에 두 가지와 관련해 활동할 때면 언제든지 생겨난다. 더 즐거운 활동이 다른 활동을 몰아내며, 만일 그 즐거움의 차이가 커질 경우에 더 많이 몰아내게 돼 마침내 다른 활동은 전혀 하지 않게 되는 것이다. 그런 까닭에 어떤 것이든 하나에 대단히 열중해 기쁨을 느낀다면, 우리는 다른 것은 거의 못하게 될 것이다. 또 어떤 일에서 조금밖에 즐거움을 느끼지 않는다면, 우리는 다른 일을 하게 될 것이다. 가령 극장에서까지 주전부리를 하는 사람들은 배우들이 형편없을 때 특히 주전부리가 심해지는 것이다.

§5 그런데 고유한 즐거움이 활동을 더 정확하고, 보다 지속적이며 보다 낫게 만드는 반면에, 이질적인 즐거움은 그 활동을 망가뜨리기 때문에 이 즐거움이 서로 아주 멀리 떨어져 있다는 것은 분명하다. 이질적인 즐거움은 고유한 고통이 만드는 것과 거의 같은 일을 만들어낸다. 고유한 고통은 활동을 파괴하는 것이니, 가령 글을 쓰는 것이 즐겁지 않고 고통스럽기까지 한 사람에게, 혹은 계산을 하는 것이 즐겁지 않고 고통스럽기까지 한 사람에게 일어나는 일을 보면 알 수 있다. 그 활동이 고통스럽기에 전자는 글을 쓰지 않을 것이며, 후자는 계산을 하지 않을 것이다. 그러므로 활동과 관련해서는 고유한 즐거움과 고유한 고통으로부터 서로 반대되는 것이 나오는 것이다. 여기서 '고유하다'는 것은 그 활동 자체에서 생겨나는 것들이다. 또 앞에서 말한 바와 같이 이질적인 즐거움은 (고유한) 고통과 유사한 작용을 한다. 물론 같은 방식은 아니지만, 이것들도 그 활동을 파괴하기 때문이다. **1175b**13

§6 그런데 활동들이 그 훌륭함과 열등함에 있어 차이가 있으며, 어떤 활동들은 선택해야 하고 어떤 활동들은 피해야만 하며, 또 어떤 활동들은 선택할 만한 것도 피해야만 하는 것도 아니듯이 즐거움의 경우에도 사정은 마찬가지이다. 각각의 활동에 따라 고유한 즐거움이 있기 때문이다. 그렇기에 신실한 활동에 고유한 즐거움은 훌륭하며, 열등한 활동에 고유한 즐거움은 나쁘다. 고귀한 것들에 대한 욕망은 칭찬할 만하지만, 부끄러운 것들에 대한 욕망은 비난받아 마땅하기 때문이다. 또 활동 안에 있는 즐거움이 (활동에 대한) 욕구보다 더 활동에 고유한 것이다. 왜냐하면 욕구는 시간의 관점에서 또 본성의 관점에서 활동과 구별되지만 즐거움은 활동과 아주 가깝고 구별될 수 없어, 활동과 즐거움이 서로 같은 것이 아닌가 하는 논란이 생겨날 정도이기 때문이다. §7 그럼에도 불구하고 즐거움은 사유활동이나 감각활동으로는 보이지 않는다. (만약 그렇다면 이상할 것이다.) 즐거움과 활동은 서로 떨어져 있지 않기 때문에 어떤 사람들에게 동일한 것으로 보일 뿐이다. 그러므로 활동들이 다른 것처럼 (거기에 상응하는) 즐거움도 다르다. 그런데 시각은 순수성에서 촉각과 다르고, 청각 **1175b**24 **1176a**

은 미각과 다르며, 후각 또한 미각과 다르다. 마찬가지 방식으로 즐거움도 사실 다른데, 사유와 관련한 즐거움은 또 이런 즐거움과 다르다. 그리고 양 부류의 즐거움 안에서도 각각의 즐거움은 서로 다르다.[444)]

1176a3 §8 그런데 각각의 동물에 고유한 기능이 있는 것처럼 고유한 즐거움도 있는 것 같다. 그 활동에 따르는 즐거움이 고유한 즐거움이니까. 이것은 우리가 구체적 동물들 각각을 살펴보면 분명해질 것이다. 말이 느끼는 즐거움, 개가 느끼는 즐거움, 인간이 느끼는 즐거움이 각각 다 다르며, 헤라클레이토스가 이야기한 것처럼 나귀는 황금보다 여물을 선택할 것이기 때문이다. 나귀에게는 황금보다 먹을 것이 더 즐거운 것이니까.[445)] 따라서 종류가 다른 동물들의 즐거움은 그 종류에 따라 다르고, 같은 종에 속하는 동물들의 즐거움은 다르지 않다는 것이 사리(事理)에 맞을 것이다.

1176a10 §9 그러나 적어도 인간의 경우에 있어서는 (선호하는) 즐거움 간에 적지 않은 차이가 있다. 동일한 것이 어떤 사람들에게는 즐거움을 주지만, 다른 어떤 사람들에게는 고통을 주고, 어떤 사람들에게 고통스럽고 싫은 반면에 다른 어떤 사람들에게는 즐겁고 사랑스럽기 때문이다. 이러한 일이 단 것과 관련해서도 일어난다. 열병을 앓고 있는 사람과 건강한 사람이 동일한 것을 달게 느끼지 않으며, 몸이 약한 사람과 활기찬 사람이 동일한 것을 따뜻하게 느끼지는 않으므로. 이러한 일은 마찬가지로 다른 경우에서도 일어난다.

1176a15 §10 그러나 이와 같은 모든 일에 있어 신실한 사람에게 그렇게 보이는 것이 실제로도 그런 것 같다. 만일 이것이 그럴 것이라고 생각되듯이 (실제로도) 올바르게 말해진 것이라면, 또 탁월성과 좋음인 한에서의 좋은 사람이 각각의 사안에 있어 척도[446)]라는 것이 사실이라면, 즐거움 또한 좋

444) 감각의 즐거움 안에서 시각의 즐거움이 촉각의 그것과 다르다는 것은 이미 언급되었다. VI에서 구별했듯이, 사유 안에서도 지성적 직관(nous)이나 실천적 지혜(phronēsis)처럼 서로 구별되는 활동들이 있다면 거기에서 나오는 즐거움끼리도 서로 다르다는 것이다.

445) 헤라클레이토스, 『단편』 22 B9(DK).

은 사람에게 즐거움으로 보이는 것이 즐거움일 것이며 이 사람이 기뻐하는 것이 즐거운 것일 것이다. 설령 그에게 불쾌한 것이 어떤 사람에게는 즐거운 것으로 보인다고 하더라도 이것은 전혀 놀랄 일이 아니다. 인간은 파괴되기 쉽고 망가지기 쉬우므로. 그러나 이것들은 실제로 즐거운 것이 아니며, 그런 사람들과 그런 상태에 빠진 사람들에게만 즐거운 것이다. §11 그러므로 부끄러운 즐거움이라고 동의되는 것들은 즐거움이 아니라고, 그렇게 타락한 사람에게만 그럴 뿐이라고 말해야만 한다는 것은 명백하다.

그런데 훌륭한 것으로 보이는 즐거움 중에서 어떤 성질의 즐거움을 혹 1176a24
은 어떤 즐거움을 인간의 것이라고 말해야만 하는가? 즐거움은 활동을 뒤따르는 것이므로 그 답은 활동으로부터 명백해지는 것이 아닐까? 완전하고 지극히 복받은 인간의 활동이 하나이건 그 이상이건 간에 이러한 활동을 완성하는 즐거움이야말로 엄밀한 의미에서 인간에게 속하는 즐거움이라고 이야기될 수 있을 것이다. 나머지 즐거움은 이차적인 의미에서, 또 한참 떨어진 의미에서 그렇다고 할 수 있을 것이다. 활동이 그런 것처럼 말이다.

행복: 지금까지 논의의 요약

제6장

§1 지금까지 우리는 탁월성과 친애, 즐거움에 대해 논의해 왔나.[447] 행 1176a30
복을 인간적인 것의 목적이라고 규정했으므로 이제 남은 것은 행복에 관해 개략적으로 이야기하는 것이다. 앞서 논의된 것을 다시 요약해 보면 논의가 보다 간결해질 것이다.

---

446) '척도'(metron).

447) 행복의 가장 중요한 부분인 탁월성에 대해서는 I 13에서 VI까지에서, '친애'에 대해서는 VIII-IX에서 논의했으며, '즐거움'에 대해서는 VII 11-14; X 1-5에서 논의했다.

1176a33 §2 우리는 행복이 품성상태가 아니라고 주장했다.[448] 만약 행복이 품성상태라면 평생을 잠만 자면서 식물적인 삶을 사는 사람도, 크나큰 비운
1176b 을 겪고 있는 사람도 행복할 수 있기 때문이다. 만약 이것이 만족스럽지 못한 생각이며, 앞에서 말했던 것과 같이[449] 행복을 일종의 활동으로 규정해야 한다면, 또 만약 활동 중 일부가 다른 것을 위해 선택되는 필수적인 것이고 다른 일부는 그 자체로 선택되는 것이라면, 행복은 분명 그 자체로서 선택되는 활동 중 하나로 놓아야 하며, 다른 것 때문에 선택되는 활동의 하나로 놓아서는 안 된다. 행복은 그 어떤 것도 부족한 것이 없고 자족적이기 때문이다. §3 활동은 그것으로부터 활동 이외에는 다른 어떤 것도 추구되지 않을 때 그 자체로 선택할 만한 것이다. 그런데 탁월성에 따르는 행위가 바로 그러한 것으로 보인다. 고귀하고 신실한 것들을 행하는 것은 그 자체 때문에 선택할 만한 것들 중 하나이니까.

1176b9 그런데 즐거운 놀이 또한 그 자체로서 선택할 만한 것들 중 하나로 보인다. 사람들은 다른 것 때문에 즐거운 놀이를 선택하는 것은 아니기 때문이다. 우리가 그것으로부터 도움을 받기보다는 오히려 몸과 재산을 소홀히 함으로써 손해를 보게 되니 말이다. 그러나 (세상에서) 행복하다고 불리는 사람들의 대부분이 이러한 일에 빠져든다. 그런 까닭에 참주들 주변에서는 이러한 일에서 재주를 발휘하는 사람들이 좋은 평판을 얻는 것이다. 그들은 참주들이 추구하는바 바로 이런 영역에서 재미있는 상대자가 되며, 참주들은 그런 사람들을 필요로 하기 때문이다. §4 정치권력을 가진 사람들이 이런 일들로 여가를 보내고 있기 때문에 이런 놀이들은 행복의 특성인 것처럼 생각된다. 그러나 아마도 이와 같은 사람들은 아무런 징표가 되지 못할 것이다. 왜냐하면 신실한 활동이 그로부터 유래하는 탁월성과 지성은 권력이라는 지위에 의존하는 것이 아니기 때문이다. 또 그들이 순수하고 자유인에게 어울리는 즐거움을 맛본 적이 없어 육체적인

448) I 5 §6, 1095b31-1096a2; VII 13 §3, 1153b19 참조.

449) I 7 §13, 1098a5-7; 8 §9, 1098b31-1099a7.

즐거움에 빠진다고 하더라도 육체적인 즐거움이 더 선택할 만한 것이라고 생각해야 하는 것은 아니다. 어린아이들조차도 자신들 사이에서 영예로운 것을 최고라고 생각하니까. 따라서 어린아이와 어른에게 서로 다른 것이 영예로운 것으로 보이듯이 열등한 사람과 훌륭한 사람에게도 역시 그러하다는 것이 일리가 있다. §5 이미 여러 차례 이야기했듯이[450] 영예로운 것이나 즐거운 것도 신실한 사람에게 그런 것이 실제로 그런 것이다. 그런데 각자에게는 그의 고유한 품성상태에 따르는 활동이 가장 선택할 만한 것이며, 따라서 신실한 사람에게는 탁월성에 따르는 활동이 가장 선택할 만한 것이다.

§6 그러므로 행복은 놀이 속에 성립하는 것이 아니다. 또 우리의 목적이 놀이이며, 고작 놀기 위해 우리가 전 삶에 걸쳐 애쓰고 어려움을 감내한다는 것은 이상한 일이기 때문이다. 행복을 제외한다면 행복이 바로 목적이니까 우리가 선택하는 거의 모든 것은 (그것과는) 다른 어떤 것을 목적으로 선택하는 것이다. 단지 놀이를 위해 열심히 노력하고 수고를 감내한다는 것은 한심하고 너무 어린아이 같은 짓으로 보인다. 아나카르시스[451]가 말한 것처럼 오히려 진지한 활동을 할 수 있도록 놀이한다는 것이 옳게 이야기된 것으로 보인다. 놀이는 휴식과 같은 것이며, 사람은 연속적으로 일을 할 수 없기에 휴식을 필요로 하는 것이니까. 그렇기에 휴식은 목적이 아니다. 그것은 활동을 위해 생겨나는 것이기 때문이다.

또 행복한 삶은 탁월성에 따르는 삶으로 보이는데, 이것은 진지함을 동 1177a
반하는 삶이지 놀이에서 성립하는 삶이 아니다. §7 우리는 또 우습고 놀이를 동반하는 것보다 진지한 것들이 더 낫다고 하며, 더 좋은 것의 활동

450) I 8 §11, 1099a13; III 4 §§4-5, 1113a22-33; IX 4 §2, 1166a12; 9 §7, 1170a14-16; X 5 §10, 1176a15-22.

451) 아나카르시스(Anacharsis)는 전설상의 스키타이 군주로 이른바 칠현인 중의 한 사람으로 꼽힌다. 기원전 6세기경에 그리스의 여러 곳을 여행하고, 기원전 594년경에 아테네에 와서 솔론과 친교를 맺었다고 전해진다. 많은 지혜로운 잠언(箴言)이 그의 것으로 알려져 있다.

이 그것이 더 나은 부분의 활동이건 더 나은 사람의 활동이건 간에 언제나 더 진지한 활동이라고 말한다. 그런데 더 나은 것의 활동은 더 우월한 것이고 보다 많은 행복의 성격을 가지고 있는 것이기도 하다. §8 또 육체적 즐거움은 아무나, 심지어 노예까지도 가장 훌륭한 사람에 못지않게 향유할 수 있다. 그러나 노예가 (진정한) 삶에 참여하고 있다는 것을 부정하지는 않더라도 행복에 참여하고 있다고까지 할 사람은 아무도 없을 것이다.[452] 행복은 이런 종류의 소일거리에서 성립하는 것이 아니라 앞에서 이야기했던 것처럼[453] 탁월성에 따른 활동 속에 성립하기 때문이다.

관조적 활동으로서의 행복

제7장

1177a12 §1 행복이 탁월성에 따르는 활동이라면, 그것은 당연히 최고의 탁월성을 따라야 할 것이다. 그런데 이 최고의 탁월성은 최선의 것의 탁월성이다. 이것이 지성[454]이건 혹은 다른 어떤 것이건 간에 이것은 본성상 우리를 지배하고 이끌며 고귀하고 신적인 것들에 대한 이해를 가지고 있는 것으로 보인다. 이것 자체가 신적인 것이든지 아니면 우리 안에 있는 것들 가운데 가장 신적인 것이든지 간에 자신의 고유한 탁월성에 따르는 이것의 활동이 완전한 행복일 것이다. 이 활동이 관조적인 것임은 이미 말한 바 있다.[455] §2 이것은 이전에 논의했던 바[456]와, 또 진리와도 일치하는

452) 『정치학』 III 9, 1280a32-34 참조. 노예들과 낮은 동물들은 폴리스를 만들 수 없다. 왜냐하면 그들은 행복에 참여할 수 없고 합리적 선택에 따른 삶에도 참여할 수 없기 때문이다.

453) I 7 §15, 1098a16; X 6 §2, 1176b1-9.

454) '지성'(nous).

455) 명시적으로 이 말을 한 데는 없는 것으로 보인다. I 5 §§1-7, 1095b14-1096a5; VI 7 §§3-5, 1141a18-b3; VI 12 §§3-5, 1143b33-1144a6; VI 13 §8, 1145a6-11 참조.

456) I 7 §§3-8, 1097a25-b21; I 8 §§10-12, 1099a7-21; X 3 §7, 1173b15-19; X 4 §5, 1174b20-23; X 5 §§7-8, 1175b36-1176a3.

것 같다. 이것이 최고의 활동이기 때문이다. 우리 안에 있는 것들 중 지성이 최고이며, 지성이 상대하는 대상 또한 앎의 대상들 중 최고이니까. 게다가 이 활동이 가장 연속적이다. 우리는 어떤 것을 행위하는 것보다 더 연속적으로 관조할 수 있기 때문이다. §3 우리는 또 행복에는 즐거움이 섞여 있어야만 한다고 생각한다. 그런데 탁월성에 따르는 활동들 중 '지혜'[457]에 따르는 활동이 동의되는 것처럼 가장 즐거운 것이다. 여하튼 '지혜에 대한 사랑'[458]은 그 순수성이나 견실성에서 놀랄 만한 즐거움을 가지고 있는 것 같다. 물론 앎을 가지고 있는 사람이 앎을 추구하는 사람보다 그러한 관조에서 더 즐겁게 삶을 영위할 것이라는 점은 당연하다. §4 더욱이 우리가 논의하는 자족(自足)도 다른 무엇보다 관조활동과 관련 있다. 철학적 지혜를 가진 사람이나 정의로운 사람이나 다른 탁월성을 가진 사람이나 모두 삶을 위해 필수적인 것들을 필요로 하지만, 이것들이 충분히 갖춰졌을 경우에 정의로운 사람은 그가 그 사람에 대해 정의로운 행동을 하게 될 상대방, 혹은 그들과 더불어 정의로운 행동을 하게 될 동반자를 필요로 하며, 절제 있는 사람이나 용감한 사람 또 그밖의 탁월한 사람들 각각도 역시 마찬가지이다. 하지만 (철학적) 지혜를 가진 사람은 혼자 있어도 관조할 수 있으며, 그가 지혜로우면 지혜로울수록 더욱 그러할 것이다. 그가 동반자를 가지면 아마 더 잘 관조할 수도 있겠지만, 그럼에도 그가 가장 자족적이다.

§5 또한 이 관조활동만이 그 자체 때문에 사랑받는 것 같다. 관조활동 1177b
으로부터는 관조한다는 사실 외에 아무것도 생겨나지 않는 반면에 실천적 활동으로부터는 행위 자체 외의 무엇인가를 다소간 얻고자 하기 때문이다. §6 행복은 또 여가 안에 들어 있는 것 같다. 우리는 여가를 갖기 위해 여가 없이 바쁘게 움직이며, 평화를 얻기 위해 전쟁을 하기 때문이다. 따라서 실천적인 탁월성의 활동은 정치나 전쟁에서 성립하는 것이며, 이

457) '지혜'(sophia).

458) 즉 '철학'(philosophia).

것들과 관련된 행위는 여가와는 거리가 먼 것으로 보인다. 특히 전쟁과 관련한 행위들은 전적으로 그런 것 같다. (누구도 전쟁을 위한 전쟁을 선택하거나 시작하지는 않으니까. 만약 누군가 전투와 살육이 생겨나게 하려고 친구를 적으로 만든다면, 그는 완전히 피에 굶주린 사람으로 보일 것이다.) 정치가들의 행위 또한 여가와는 거리가 먼 것이다. 그리고 정치적 행위 자체 이외에 권력과 명예를 얻으려 하거나, 자기 자신과 동료 시민들에게 행복을 마련해주려 한다. 이러한 행위들은 정치적 행위와는 실로 다른 것이며, 우리가 그것들을 그렇게 다른 것으로서 추구한다는 것은 분명하다.

1177b16 §7 그래서 만약 탁월성에 따른 행위들 중 정치적 행위와 전쟁과 관련한 행위들이 그 고귀성이나 위대성에 있어 뛰어나다고 할지라도 이 행위들은 여가와 거리가 먼 것이며 어떤 목적을 지향하는 것이고 그 자체 때문에 선택될 만한 것이 아니라면, 반면에 지성의 활동은 관조적인 것으로서 그 진지성에 있어 특별한 것이며 활동 자체 이외에는 어떤 다른 목적도 추구하지 않고 자신의 고유한 즐거움을 (이 즐거움이 활동을 증진한다) 갖는 것이라면, 또 (마지막으로) 만약 인간에게 가능한 한에 있어 자족성과 여가적인 성격, 싫증나지 않는 성질, 그리고 지극히 복된 사람에게 귀속하는 모든 성질이 바로 이 활동에 따르는 것임이 분명하다면, 그 활동이 삶의 완전한 길이를 다 받아들이는 한에 있어 이 활동이야말로 인간의 완전한 행복일 것이다. 행복에 속하는 것들 중 불완전한 것은 아무것도 없으니까.

1177b26 §8 그러나 이러한 삶은 인간적 차원보다 높은 것일 것이다. 왜냐하면 인간인 한, 이렇게 살 수 있다기보다는 인간 안에 신적인 어떤 것이 존재하는 한, 그렇게 살 수 있을 것이기 때문이다. 그런데 이 신적인 어떤 것이 복합적인 것에 대해 차이 나는 바로 그만큼 신적인 것의 활동 또한 다른 탁월성에 따른 활동에 대해 차이를 가진다. 그러므로 만약 지성이 인간에 비해 신적인 것이라면, 지성을 따르는 삶 또한 인간적인 삶에 비해 신적인 것이다. 그러나 인간이니 인간적인 것을 생각하라 혹은 죽을 수밖에 없는 운명이니 죽을 수밖에 없는 것들을 생각하라라고 권고하는 사람들을 따

르지 말고, 오히려 우리가 할 수 있는 데까지 우리가 불사불멸의 것이 되도록, 또 우리 안에 있는 것들 중 최고의 것에 따라 살도록 온갖 노력을 기울여야만 한다. 이 최고의 것이 크기에서는 작다 할지라도 그 능력과 영 1178a 예에 있어서는 다른 모든 것을 훨씬 능가하기 때문이다. §9 그런데 각 개인은 바로 이 최고의 것이라고 할 수 있다.[459] 그것이 지배적이고 더 좋은 것인 한. 그렇기에 각 개인이 자신의 삶을 선택하는 것이 아니라 다른 어떤 것의 삶을 선택한다면, 사리에 맞지 않게 될 것이다. 또 앞에서 이야기했던 것[460]이 지금 이야기와도 잘 연결될 것이다. 각각에게 고유한 것이 본성적으로 각각에게 가장 좋고 가장 즐거운 것이기 때문이다. 따라서 무엇보다도 지성이 '인간'인 한에서 인간에게서도 지성을 따른 삶이 가장 좋고 가장 즐거운 것이다. 그러므로 이 삶이 가장 행복한 삶이기도 하다.

정의된 행복과 통념의 부합

제 8 장

§1 반면에 다른 (종류의) 탁월성에 따른 삶은 이차적인 의미에서 행복한 1178a9 삶이다. 그러한 탁월성에 따르는 활동들은 인간적인 것들이니까. 우리는 계약과 봉사 또 온갖 종류의 행위들에 있어, 그리고 그 감정[461]들에 있어 각자에게 적절한 것을 유지함으로써 다른 사람에 대해 정의로운 일, 용감한 일, 또 탁월성에 따른 다른 일들을 행하기 때문이다. 그런데 이 모든 것은 명백히 인간적인 것들로 보인다. §2 실제로 어떤 감정들은 육체로부터도 연유하는 것처럼 보이고, 성격의 탁월성은 많은 면에서 감정들과 깊숙이 연결되어 있는 것으로 보인다.

§3 또 실천적 지혜는 성격의 탁월성과 결부되며, 성격의 탁월성 또한 실 1178a16 천적 지혜와 결부된다. 실천적 지혜의 원리가 성격적 탁월성에 따라 주어

459) IX 4 §§3-4의 논의 참조.

460) IX 9 §5, 1169b33; X 6 §5, 1176b26.

461) ☞ pathos.

지며, 성격적 탁월성들의 옳음이 실천적 지혜에 따라 주어지기 때문이다. 또 성격의 탁월성은 감정들에 대해서도 연결을 가지고 있기에 복합적인 것과 관련될 것이다. 그런데 복합적인 것의 탁월성은 인간적인 것이다. 따라서 이러한 탁월성에 따른 삶도 행복도 또한 인간적인 것이다. 반면에 지성의 탁월성은 분리된 것이다.[462] 이 점에 관해서는 이 정도까지만 이야기해 두기로 하자. 이 점을 정확하게 설명하는 것은 우리의 애초 과제보다 더 큰 일이니까.

1178a23 §4 또 지성의 탁월성은 외적인 수단을 아주 적게 필요로 하거나 성격의 탁월성보다 더 적게 필요로 하는 것 같이 보인다. 먼저 지성의 탁월성이나 성격의 탁월성 모두 필수적인 것을 필요로 하며 동일한 양을 필요로 한다고 하자. 비록 정치가가 육체와 관련해, 또 그와 같은 일들과 관련해 더 많은 노력을 한다고 하더라도 그런 종류의 차이는 미미할 것이니까. 그러나 그 활동을 위해 필요한 것에서는 많은 차이가 날 것이다. 왜냐하면 자유인다운 사람은 자유인다운 일을 행하기 위해 돈을 필요로 할 것이며, 정의로운 사람 역시 빚을 되갚기 위해 돈을 필요로 할 것이고(하고자 하는 바람[463]은 분명하게 드러나지 않기에 실제로 정의롭지 않은 사람들까지도 정의로운 행동을 하고자 했다고 변명을 한다), 용감한 사람은 그 탁월성에 따르는 어떤 것을 완수하는 한 힘[464]을 필요로 할 것이며, 절제 있는 사람은 (절제를 발휘할) 기회를 필요로 할 것이다. 그렇지 않고서는 어떻게 이런 탁월성을 갖춘 사람인지 혹은 다른 탁월성을 갖춘 사람인지를 분명하게 보여줄 수 있단 말인가?

1178a34 §5 또 탁월성이 합리적 선택과 행위 양자에 모두 의존한다고 생각해

462) 『영혼론』 III 5, 430a17 이하에서 아리스토텔레스는 능동적 지성과 수동적 지성을 구별하면서 능동적 지성은 육체와 질료로부터 분리될 수 있고, 외부로부터의 영향을 받지 않으며, 혼합되어 있지 않은 것이라고 말하고 있다.

463) '바람'(boulēsis) ☞ orexis.

464) ☞ dynamis.

둘 중 어느 것이 탁월성에서 더 주도적인 것인지에 관해 논란이 있어 왔다. 탁월성의 완성이 양자 모두에 의존할 것이라는 점은 실로 명백하다. 1178b
그런데 행위를 위해서는 많은 (외적인) 것을 필요로 하며, 행위들이 위대하고 고귀한 것일수록 더 많은 것을 필요로 한다. §6 반면에 관조하는 사람에게는 적어도 자신의 활동을 위해서라면 그런 것들 중 어떤 것도 필요로 하지 않는다. 오히려 관조[465]를 위해서는 그런 것들이 장애물이라고까지 말할 수 있을 것이다. 물론 그가 인간인 한, 또 많은 사람과 함께 사는 한, 그는 탁월성에 따른 행위들을 선택한다. 그러므로 '인간으로 살아가기'[466] 위해 그는 이런 (외적인) 것들을 필요로 하게 될 것이다.

§7 또 완전한 행복이 어떤 종류의 관조활동이라는 것은 다음과 같은 1178b7
고찰에서도 분명해질 것 같다. 우리는 신들이 가장 지극하게 복되며 가장 행복하다고 생각한다. 그런데 어떤 종류의 행위들을 신들에게 할당해야 하는가? 정의로운 행위들인가? 아니 신들이 거래를 하고 맡긴 돈을 되돌려주고, 또 모든 그런 종류의 일을 하는 것은 우습지 않은가? 그렇다면 용감한 행위인가? 두려운 것들을 견뎌내고 위험에 맞서는 것이 고귀한 일이기 때문에 신들이 그렇게 한단 말인가? 아니면 자유인다운 행위인가? 도대체 신들은 누구에게 준단 말인가? 만일 신들에게 돈이나 그와 같은 것이 있다고 한다면 그것은 이상한 일이다. 또 (신들에게) 절제 있는 행위란 무엇일 수 있을까? 신들은 나쁜 욕망을 가지고 있지 않기 때문에 신들의 절제에 대한 찬양은 하찮은 것이지 않을까? 이 모든 것을 살펴본다면 행위와 관련된 것들은 작고 신들에게 어울리는 가치를 갖고 있지 않은 것으로 보일 것이다.

그럼에도 모든 사람은 신들이 살아 있으며 활동도 하고 있다고 생각한 1178b18
다. 신들이 엔디미온[467]처럼 잠을 자고 있다고는 생각하지 않으니까. 그

465) ☞ theōrein.

466) '인간으로 살아가기'(anthropeuesthai).

467) 엔디미온(Endymion)은 달의 여신인 셀레네(Selene)가 사랑한 미남 청년으

러니 살아 있는 존재에게서 행위함을 떼어내고 더 나아가 제작함까지 떼어낸다면, 관조 이외에 무엇이 남겠는가? 따라서 지복의 관점에서 빼어난 것으로서 신의 활동은 관조활동일 것이다. 그렇다면 인간적인 활동들 중에서도 이것을 가장 닮은 활동이 행복의 특성을 가장 많이 가지게 될 것이다. §8 이것에 대한 징표는 여타의 동물들이 그러한 활동을 완전히 결여하고 있기에 행복에 참여하지 못하고 있다는 사실이다. 신들에게 있어 삶 전체가 지극히 복된 것인 반면에 인간에게 있어서는 그러한 활동과의 유사성이 있는 만큼만 지극히 복될 뿐이다. 다른 동물은 관조에 전혀 참여하지 않기 때문에 어느 것도 행복하지 않다. 따라서 관조가 지속되는 만큼 행복도 지속되며, 더 많이 관조하는 사람에게 행복도 더 많이 돌아가는 것이고, 우연에 따른 행복이 아니라 관조에 따른 행복이 더 많이 귀속되는 것이다. 관조는 그 자체로 영예로운 것이니까. 따라서 행복은 어떤 종류의 관조일 것이다.

1178b33 §9 물론 행복한 자도 인간이라 외적인 유복함을 필요로 할 것이다. 인간의 본성은 관조를 하기 위한 자족성을 갖추고 있지 못하며, 오히려 (관조를 위해서는) 육체도 건강해야 하고, 음식이나 여타의 보살핌이 존재해
1179a 야 하기 때문이다. 그렇긴 해도 비록 외적인 좋음이 없이 지극히 복될 수는 없다고 하더라도 장차 행복하게 되기 위해 많고 큰 것들이 필요하다고 생각해서는 안 된다. 자족이나 행위는 지나침에 의존하지 않으며, §10 비록 땅과 바다를 다스리지 않는다 하더라도 고귀한 것들을 행할 수 있기 때문이다. 또 적당한 정도의 외적 조건들로부터도 탁월성에 따라 행위할 수 있기 때문이다. (이것은 명백하게 관찰될 수 있다. 보통 사람들도 권력을 가진 사람 못지않게, 아니 오히려 더 많이 훌륭한 일을 하는 것으로 보이기 때문이다.) 그 정도만 가지면 충분하다. 탁월성에 따라 활동하는 사

로 라트모스(Latmos)산의 동굴에서 영원한 잠에 빠졌다고 한다. 달이 뜨지 않는 날에는 셀레네가 그를 찾아간다고 전해진다. 플라톤, 『파이돈』 72c 참조.

람의 삶이 행복할 것이니까. §11 솔론이 '행복한 사람'이란 외적인 좋음이 적당하게 주어져 있었으나 자신이 가장 훌륭한 행위들로서 여기는 것을 행했으며, 또 절제 있게 (자신의 삶을) 살아왔던 사람이라고 말했을 때,[468] 아마도 그는 행복한 사람의 모습을 잘 그려낸 것일 터이다. 사람은 외적인 조건들을 적당히 가지고 있으면서도 행해야만 하는 일들을 행할 수 있기 때문이다. 아낙사고라스[469] 역시 행복한 사람이 많은 사람에게는 이상한 사람으로 보일지라도 그는 놀라지 않을 것이라고 말한 것을 보면, 행복한 사람이 부자나 권력자라고 생각하지는 않았던 것 같다. 많은 사람은 외적인 것들만을 지각하며 그것을 가지고 판단하니까. 따라서 지혜로운 사람들의 견해도 우리의 논의와 일치하는 것 같다.

§12 이런 종류의 이야기들도 물론 일종의 신뢰[470]를 갖긴 하지만, 실천 **1179a**16
적인 문제들에 있어 진실[471]은 실제의 삶으로부터 판단된다. 중요한 것은 이것 안에 들어 있기 때문이다. 따라서 앞서 이야기된 것들을 실제 삶에 적용하면서 살펴보아야만 한다. 실제와 부합하는 것은 받아들여야 하지만, 일치하지 않는 것은 말에 불과한 것으로 간주해야 할 것이다.

§13 그런데 지성에 따라 활동하면서 이것을 돌보는 사람이 최선의 상 **1179a**22
태에 있으며 신들로부터 가장 많은 사랑을 받는 사람인 것 같다. 만일 사람들이 그렇게 생각하듯이 신들이 인간적인 것에 관해 관심을 대체 가진다면, 신들이 가장 뛰어나고 가장 그들을 닮은 것(지성이 바로 이것일 것이다)에서 기뻐한다는 것은 이치에 맞을 것이기 때문이다. 또 신들이 무엇보다 지성을 사랑하고 가장 영예롭게 여기는 사람들을, 신들에게 사랑스러운 것을 아끼는 사람으로 또 옳고도 고귀하게 행위하는 사람으로 생각해

468) 헤로도토스, 『역사』 I, §§30-32에 나오는 솔론과 크로이소스의 대화 참조. 솔론과 크로이소스는 이미 제1권 제10장의 각주 76에서 언급되었다.

469) 이 구절은 아리스토텔레스의 다른 언급과 함께 아낙사고라스의 『단편』 59 A30 (DK)로 정리되었다. 『에우데모스 윤리학』 I 4, 1215b6 이하 참조.

470) '신뢰'(pistis).

471) '진실'(alēthes).

응분의 보답을 한다는 것도 이치에 맞을 것이다. 그런데 이 모든 것이 지혜로운 사람[472]에게 가장 많이 속한다는 것은 명명백백하다. 따라서 그는 신의 사랑을 가장 많이 받는 사람이다. 동일한 그 사람이 가장 행복하기도 하다는 것은 그럴듯한 일이다. 그러므로 이런 방식으로도 지혜로운 사람이 누구보다도 더 행복한 사람일 것이다.

윤리학, 입법, 정치체제

제 9 장

1179a33 §1 이렇게 해서 이런 문제들과 탁월성에 관해서, 더 나아가 친애와 즐거움에 대해 개략적으로 충분히 이야기했다면, 우리의 애초 계획은 그 목적을 성취했다고 생각해야만 할 것인가? 아니면 우리가 말한 것과 같이[473]
1179b 실천적인 일에 있어 목적은 각각을 관조하고 아는 것이 아니며 오히려, 그것들을 행하는 것이기에 §2 탁월성에 관해서는 아는 것으로 충분하지 않고, 탁월성을 소유하고 사용하도록 노력해야 하는 것인가? 혹은 다른 어떤 방법으로 우리가 훌륭하게 된다면 그런 방법으로 노력해야 하는 것인가?

1179b4 §3 만약 훌륭한 사람을 만들어내는 데 말만으로 족했다면, 테오그니스가 말한 것처럼[474] 그런 말들은 많고도 큰 상을 받는 것이 정당했을 것이며, 또 그런 보상이 마땅히 주어졌어야 했을 것이다. 물론 말은 젊은이들 중 자유인다운 사람들을 돌이키고 격려할 수 있는 힘을 가지고 있는 것처럼 보이며, 고결한 품성, 고귀한 것을 진정으로 사랑할 줄 아는 품성의 젊은이들을 탁월성에 의해 사로잡히도록 만들 수도 있는 것처럼 보인다.

472) '지혜로운 사람'(sophos).

473) II 2 §1, 1103b26.

474) 테오그니스의 시에 "만일 신이 의사들에게 사람들의 나쁜 근성과 생각들을 치료할 수 있는 능력을 부여했더라면, 그들은 많고도 큰 보상을 얻었을 것이다"라는 말이 있다.

그러나 다중을 고귀하고 선한 것[475]으로 나아가게 할 수는 없는 것처럼 보인다. §4 다중은 수치심이 아니라 두려움에 설복당하게 되어 있으며, 나쁜 것을 삼가는 것도 수치심 때문이 아니라 벌 때문에 그러는 것이기 때문이다. 그들은 감정에 따라 살면서 그들의 고유한 즐거움과 그 즐거움이 생겨나게 될 수단들을 추구하며 그와 반대되는 고통을 회피한다. 그들은 또 고귀하고 진정으로 즐거운 것들에 대해서는 개념[476]조차 가지고 있지 않은데, 이는 그들이 그것을 맛본 적이 없기 때문이다. §5 그렇다면 어떤 말이 이런 종류의 사람들을 개조할 수 있단 말인가? 품성 속에 오래전부터 머물러 있던 것을 말로 바꾼다는 것은 불가능까지는 아니더라도 대단히 어렵기 때문이다. 어쩌면 우리가 훌륭하게 되는 데 필요한 수단이라고 생각하는 것들이 모두 현존할 때, 탁월성의 한 몫을 가지게 된다면 그것으로 만족해야 할지도 모를 일이다.

§6 그런데 좋은 사람이 되는 것과 관련해 어떤 사람들은 본성적으로 **1179b**20
그렇게 되는 것이라고 생각하고, 다른 어떤 사람들은 습관에 의해, 또 다른 어떤 사람들은 가르침에 의해 그렇게 되는 것이라고 생각한다. 본성에 의해 그렇게 되는 것은 우리의 노력에 달린 것이 아니라 어떤 신적인 원인으로 말미암은 것이며, 진정으로 운 좋은 사람에게만 귀속된다는 것은 분명하다. 다른 한편으로 말과 가르침은 아마도 모든 경우에 힘을 발휘하는 것이 아니며, 듣는 사람들의 영혼이 습관을 통해 고귀하게 기뻐하고 미워하는 것으로 미리 준비되어 있어야만 할 것이다. 마치 씨앗을 자라게 하기에 적당하도록 땅을 준비하듯이. §7 감정에 따라 사는 사람은 (감정으로부터) 되돌리려는 말을 듣지 않을 것이며 이해도 못할 것이기 때문이다. 이런 상태의 사람에게 어떻게 변화하도록 설득할 수 있단 말인가? 또 일반적으로 감정은 말에 복종하지 않고 힘에 복종하는 것 같다. §8 그렇다면 고귀한 것을 사랑하고 부끄러운 것을 싫어하는 탁월성에 고유한 품성상

475) '고귀하고 선한 것'(kalokagathia).

476) '개념'(ennoia).

태를 어떤 방식으로 미리 가지고 있어야만 할 것이다.

1179b31 그런데 어린 시절부터 탁월성을 향한 올바른 지도를 받는다는 것은 그러한 (올바른) 법률에 의해 길러지지 않고서는 어려운 일이다. 절제 있고 강인하게 사는 것은 다중들에게, 특히 젊은이들에게 즐거운 일이 아니니까. 그런 까닭에 그들의 교육과 그들이 해야 할 일은 법에 의해 규정되어야만 한다. 일단 익숙해지고 나면 고통스럽지 않을 터이니 말이다. §9 그
1180a 렇지만 어린 시절에 올바른 교육과 보살핌을 받는 것만으로는 아마 충분하지 않을 것이다. 성인이 된 후에도 같은 일을 계속해서 해야 하고 습관을 들여야만 하기에 이 점에 관해서도 우리는 법률을 필요로 하며, 따라서 일반적으로 삶 전체에 관한 법률을 필요로 하는 것이다. 다중들은 말에 따르기보다 강제[477]에 따르고, 고귀한 것에 설복되기보다는 벌에 설복되기 때문이다.

1180a5 §10 그런 까닭에 어떤 사람들은[478] 이런 생각을 한다. 즉 입법을 함에 있어 사람들을 탁월성으로 격려하고 고귀한 것을 위해 나아가도록 몰아가야 하며, 습관을 통해 훌륭하게 길러진 사람들은 (그러한 말에) 귀 기울일 것이라고 생각해 한편으로는 법률의 말을 듣지 않거나 부족한 본성을 가진 사람에게는 벌과 징계를 부과해야 하고, 다른 한편으로는 아무리 해도 고칠 수 없는 사람은 완전히 추방해야만 한다[479]고 생각하는 것이다. 고귀한 것을 위해 살아가는 훌륭한 사람은 말에 귀 기울이지만, 즐거움을 욕구하는 나쁜 사람은 가축처럼 고통으로 벌을 주어야 한다는 것이 그들의 생각이니까. 그런 까닭에 그들은 부과되는 고통은 추구되는 즐거움에 가장 반대되는 것이어야만 한다고 주장하는 것이다.

1180a14 §11 따라서 우리가 말한 것과 같이[480] 좋은 사람이 되기 위해 올바르

477) '강제'☞ anankē.

478) 플라톤, 『법률』 722d 이하 참조.

479) 플라톤, 『프로타고라스』 325a 참조.

480) §§8-9, 1179b31-1180a4 참조.

게 길러지고 올바른 습관을 들여야 한다면, 또 이렇게 훌륭한 일들 속에 서 살아가며 비자발적으로든 자발적으로든 나쁜 행위를 하지 말아야 한다면, 이런 일은 힘을 가진 어떤 종류의 지성과 힘을 가진 올바른 질서에 따라 사는 사람에게서 생겨날 것이다.

§12 물론 아버지의 명령은 이러한 힘이나 강제력을 가지고 있지 않으 1180a18
며, 일반적으로 한 사람의 명령은 그가 왕이나 그런 종류의 사람이 아닌 한에서 힘을 갖고 있지 않다. 그러나 법률은 어떤 종류의 실천적 지혜와 지성으로부터 나오는 말로서 강제하는 힘을 가지고 있다. 그리고 사람들은 자신들의 충동에 반대하는 사람들을, 설령 그들이 그렇게 반대하는 것이 옳다고 하더라도 미워하지만, 훌륭한 것을 명하는 법률이 미움의 대상이 되지는 않는다.

§13 그러나 오직 스파르타 사람들의 국가에서만 혹은 소수의 국가에서 1180a24
만 입법자들이 시민들의 교육과 종사해야 할 일들에 대해 관심을 가져왔던 것 같다. 대부분의 다른 국가들에서는 이런 일들에 관해 소홀히 취급했으며, 각자가 자신이 원하는 대로 살아간다. 아이들과 아내에게 키클롭스들[481]처럼 법을 부여하면서. §14 그렇다면 이런 문제에 관해서는 공동의 관심이자 옳은 관심이 생겨나는 것이 최선이지만, 공동의 관심이 기울여지지 않을 때에는 각자가 자기의 아이들과 친구들을 탁월성으로 이끌어 나아가며, 본인도 그런 일을 할 수 있는 능력을 갖추는 것, 적어도 그것을 목표로 선택하는 것이 적절할 것 같다.

그런데 이 일은 지금까지 논의된 것에 비추어보건대, 입법의 능력을 구 1180a32

---

481) 호메로스, 『오뒷세이아』 IX 112행 이하. "그들은 의논하는 회의장도 없고, 법규도 없으며,/ 높은 산들의 꼭대기에 있는 속이 빈 동굴들 안에/ 살면서, 각자 자기 자식들과 아내들에게 법규를/ 정해주고, 자기들끼리는 서로 상관하지 않아요"(천병희 옮김). 퀴클롭스(Kyklōps)는 눈이 하나 뿐인 거구(巨軀)의 야만인으로 공동의 법률 없이 살았다고 한다. 아리스토텔레스는 호메로스의 이 구절을 『정치학』 I 2, 1252b22에서 사회의 가부장적 지배 단계를 서술하는 데에서도 인용하고 있다.

비하게 된다면 더 잘 할 수 있을 것처럼 보인다. 공동의 보살핌은 법을 통해 이루어지고 훌륭한 보살핌은 훌륭한 법을 통해 이루어진다는 것은 분
1180b 명하기 때문이다. 이때의 법은 문자로 쓰인 것이건 쓰이지 않은 것이건 간에, 또 그 법에 의해 한 사람이 혹은 여러 사람이 교육되었는지 간에 아무 차이가 없을 것 같다. 음악이나 체육이나 다른 일의 경우에서도 차이가 없는 것과 마찬가지로. 왜냐하면 국가에서 법과 관습이 힘을 가지고 있는 것과 마찬가지로 집에서는 아버지의 말과 습관이 힘을, 더구나 혈연관계와 (아버지가 베푸는) 선행으로 말미암아 더욱 큰 힘을 가지고 있기 때문이다. 자식들은 아버지를 좋아하며 말을 잘 듣는 본성을 갖고 태어나는 것이니까.

1180b7 §15 또 의술의 경우에서 그런 것처럼 개별적인 수준의 교육은 공동체 수준의 그것보다 낫다. 열병을 앓고 있는 사람에게 일반적으로는 휴식과 금식이 도움이 되지만, 어떤 사람에게는 아마도 아닐 것이기 때문이다. 권투를 가르치는 사람도 모든 사람에게 동일한 경기 방식을 가르치지 않으니까. 그러니 개별적인 것은 보살핌이 각 개인에게 맞춰졌을 때 보다 정확하게 되는 것처럼 보인다. 그래야 각 개인이 자신에게 맞는 것을 더 많이 얻게 되기 때문이다. 그러나 한 사람 한 사람을 최선으로 보살피는 일은 의사이건 체육 지도자이건 혹은 그밖의 다른 어떤 사람이건 간에 보편적인 것이 무엇인지를 아는 사람에 의해, 무엇이 모든 경우에 적용되는지 혹은 특정 유형에 적용되는지 아는 사람에 의해 가능할 것이다. ('전문적인 앎'[482]은 공통적인 것에 대한 앎이라고 설명되며, 또 실제로도 그렇기 때문이다.) §16 그럼에도 불구하고 전문적인 앎을 가지고 있지 않은 사람이라도 어느 한 사람을 잘 보살피는 일이 일어나지 말라는 법은 없다. 만일 그가 경험을 통해 각각의 경우에 일어나는 일을 정확히 관찰했다면 말이다. 마치 다른 사람은 전혀 도와줄 수 없으면서도 자기 자신에 대해

482) ☞ epistēmē.

서만은 가장 훌륭한 의사인 것처럼 보이는 어떤 사람들처럼. 물론 전문가 혹은 이론가가 되려는 사람은 그에 못지않게 보편적인 것으로 나아가야 하며, 가능한 한 보편적인 것을 알아야 하는 것으로 보인다. 이미 이야기했던 대로 전문적인 앎은 바로 이것에 관계하니까.

§17 아마도 보살핌을 통해 사람들을 보다 좋게 만들려는 사람 역시 그가 많은 사람을 그렇게 하건 소수의 사람을 그렇게 하건 간에 입법능력을 갖추도록 노력해야 할 것이다. 우리가 법을 통해 좋은 사람이 되는 것인 한. 왜냐하면 어떤 사람이든 혹은 자신에게 맡겨진 사람이든 그를 올바른 상태로 만드는 것은 아무나 할 수 있는 일이 아니며, 누군가 그 일을 할 수 있다면, 그는 전문적 앎을 가진 사람일 테니까. 마치 의술의 경우나 혹은 어떤 보살핌과 실천적 지혜가 있어야 하는 다른 기술의 경우에서처럼 말이다. **1180b**23

§18 그래서 이것 다음으로 우리가 검토해야 할 것은 어디서부터 또 어떻게 해야 입법의 능력을 획득할 수 있는가라는 것이다. 다른 경우에 그렇듯이 정치학자들에게서 배워야 하는가? 우리는 입법이 정치학의 한 부분이라고 생각하기 때문이다.[483] 아니면 정치학의 경우는 여타의 전문적 앎이나 능력의 경우와는 유사하지 않은 것인가? 다른 경우들에서는 가령 의사나 화가의 경우는 분명 동일한 사람이 그 능력을 전수하기도 하고 그 능력으로부터 활동하기도 하는 것이다. 반면에 정치적인 것을 가르친다고 선전하는 사람은 소피스트들이지만, 그들 중 누구도 정치적 행위를 하고 **1181a** 있지는 않다. 정치적 행위를 하는 것은 오히려 정치인들[484]인데, 그들은 사유[485]를 가지고 한다기보다는 어떤 종류의 능력과 경험을 가지고 정치적 행위를 하는 것처럼 보인다. 그들은 이런 것들에 관해 글을 쓰거나 강연을 하지 않으며(그렇게 하는 것이 법정이나 민회에서 하는 연설보다 아 **1180b**28

483) VI 8 §2, 1141b24 이하 참조.

484) '정치인들'(politeuomenoi).

485) '사유'(dianoia).

마 더 고귀한 것임에도 불구하고), 자신의 아들이나 친구들 중 다른 사람을 정치가로 만들지 않았다는 것도 분명하기 때문이다. §19 그들이 할 수 있었더라면 그렇게 하는 것이 이치에 맞았을 것이다. 국가에 남겨줄 수 있는 것 중 이 정치적 능력보다 좋은 것은 없으며, 자기 자신이 가지게 되기를, 따라서 가장 가까운 친구들도 가지게 되기를 선택해 마지않을 것으로 이 정치적 능력보다 나은 것은 없기 때문이다. 물론 경험도 적지 않게 기여하는 것으로 보인다. 그렇지 않았더라면 정치판에서의 오랜 경험을 통해 정치가가 되는 일은 없었을 테니까. 그런 까닭에 정치에 대해 알고자 하는 사람들에게는 경험도 필요한 것처럼 보인다.

1181a12 §20 그런데 소피스트들 중 정치학을 가르친다고 공언하는 사람들은 가르침으로부터 한참 떨어져 있는 것 같다. 정치학이 무엇이며 어떤 종류의 것인지 그들은 전혀 알지 못하고 있기 때문이다. 만약 그들이 알았더라면, 정치학을 수사학과 같은 것으로 놓거나 혹은 수사학보다 더 못한 것으로 놓지는 않았을 것이며,[486] 법률들 중에서 좋은 평을 받는 것들을 모아놓기만 하면 되는 것이니 입법은 쉬운 것이라고 생각하지도 않았을 것이기 때문이다.[487] 그들은 법률들을 그렇게 골라 모을 수 있다고 생각했던 것이다. 음악에서 그러하듯이 그 선별 작업 자체가 (정확한) 이해를 필요로 하지 않으며 올바르게 판단한다는 것이 가장 중요한 일은 아닌 듯 생각하면서 말이다. 각각의 영역에서 경험 있는 사람들은 그 성과물들을 올바르게 판단하며, 무엇으로 말미암아 혹은 어떻게 완성되는지를, 또 어떤 것들이 어떤 종류의 것들과 어울리는지를 안다. 반면에 경험이 없는 사람들은 그림의 경우에서처럼 성과물이 잘 만들어졌는지 혹은 잘못 만들어졌는지를 모르지만 않으면 그것으로 만족해야 할 것이다. 그런데 법률들은 정
1181b 치학의 성과물인 것 같다. 그렇다면 법률들로부터 어떻게 입법능력을 얻으며, 또 최선의 법을 분간해낸단 말인가? §21 의학 책을 읽는다고 의사

486) 이소크라테스, 『안티도시스』(*Antidosis*) 80절.

487) 같은 책, 82-83절.

가 되는 것 같아 보이지도 않기 때문이다. 물론 의학 책은 치료법만을 설명하려 하지 않고 여러 상태들을 구분함으로써 어떻게 치료가 되며 각각의 환자들을 어떻게 돌봐야 하는지를 설명하려 한다. 그러나 이러한 설명은 경험 있는 사람들에게는 유용해 보이지만, 전문적 앎이 없는 사람에게는 아무 소용이 없어 보인다.

그렇기에 여러 가지 법률들과 정치체제들의 수집 또한 아마도 그것들 **1181b**6
을 이론적으로 고찰할 수 있고 무엇이 올바른 것인지 혹은 그 반대의 것인지, 또 어떤 것이 어떤 것에 어울리는지 판단할 수 있는 사람에게는 잘 쓰일 수 있을 것이다. 그러나 그러한 (경험의 적절한) 상태 없이 이런 것들을 샅샅이 훑어보는 사람은 저절로 그렇게 되지 않는 한, 올바른 판단능력을 가지지 못할 것이며, 다만 이런 분야에서 더 많이 이해할 수 있게 될 수도 있을 뿐이다.

§22 입법에 관한 것은 선대의 연구자들에 의해 탐구된 적이 없으므로 **1181b**12
이제 우리가 직접 검토하는 것이, 또 일반적으로 정치체제에 대해 검토하는 것이 아마 더 나을 것이다. 그럼으로써 우리의 능력이 미치는 데까지 '인간적인 것에 관한 철학'이 완결될 수 있도록 하자. 그러므로 먼저 우리 이전의 사상가들에 의해 올바르게 이야기된 부분이 있다면 그것을 살펴보도록 하자. 그다음으로는 우리가 수집한 정치체제들로부터[488] 어떤 종류의 것들이 국가를 보전 혹은 파괴하는지, 또 어떤 종류의 것들이 개별적인 국가들을 보전 혹은 파괴하는 것인지, 그리고 어떤 국가들은 정치를 잘 해나가는 반면에 어떤 국가들은 그 반대로 나아가는 것은 무슨 이유 때문인지 고찰해 보기로 하자. §23 이런 것들이 다 고찰된 후에야 어떤 종류의 정치체제가 최선의 것인지, 각각의 정치체제들이 어떻게 질서를 부여하는지, 또 어떤 법과 습관을 사용하면서 그러는지를 아마 더 잘

488) 아리스토텔레스가 작성했다고 전해지는 158개의 그리스 폴리스들의 정치체제에 대한 서술을 말하는 것 같다. 이 가운데 아테네에 관한 부분만이 현재 남아 있다.

알게 될 것이다.

자 이제 논의를 시작해 보자.

정치학

임성진 옮김

제1권

인간의 좋음과 정치 공동체

국가는 최고의 좋음을 겨냥하는 인간 공동체이다

제1장

모든 국가[1]는 일종의 공동체이고, 모든 공동체는 어떤 좋음을 위해 세워져 있다. 왜냐하면 각자는 자기에게 좋음으로 여겨지는 것을 위해 모든 것을 하기 때문이다. 분명히 모든 공동체는 어떤 좋음을 겨냥하는데, 특히 모든 공동체 가운데 최고이면서도 다른 공동체를 모두 포괄하는 공동체가 모든 좋음들 가운데 최고의 좋음을 겨냥한다. 이것은 이른바 국가, 정치 공동체이다. 1252a1

정치적인 지배와 다른 형태의 지배의 차이

따라서 정치가, 왕, 가장, 노예 주인이 동일하다고 생각하는 사람들[2]의 주장은 옳지 않다. 왜냐하면 이들은 정치가, 왕, 가장, 노예 주인이 종(種)적으로 다른 것이 아니라 지배 대상의 많고 적음에서 다르다고 생각하기 1252a7

---

1) 고대 그리스의 국가는 엄밀하게 말하자면 '도시-국가'(polis)인데, 정치적인 주권, 예컨대 군대 보유, 동맹 체결, 전쟁 수행의 측면에서는 국가의 성격을 갖고 있지만, 정치, 종교, 문화적으로 단일한 소규모 공동체를 이루고 있다는 측면에서는 도시의 성격을 갖고 있다. 이런 이유에서 그리스어 'polis'는 '도시-국가'로 번역하는 것이 가장 적절하겠지만, 『정치학』에서는 도시-국가가 갖고 있는 국가의 성격에 논의의 초점이 맞추어져 있는데다가 현대사회에 살고 있는 우리에게는 국가라는 정치 공동체가 친숙하기 때문에 '국가'로 번역한다. ☞ polis.

2) 플라톤, 『정치가』 258e-259d.

때문이다. 예컨대, 소수는 노예 주인이, 더 많은 사람은 가장이, 훨씬 더 많은 사람은 정치가나 왕이 지배하는데, 큰 가정(家庭)은 작은 국가와 다르지 않다고 생각하니까. 정치가와 왕의 경우에, 혼자 주재하면 왕이고, 이와 같은 앎[3]의 원칙들에 따라 번갈아가면서 지배하고 지배받으면 정치가이다. 하지만 이런 주장은 사실이 아니다.

1252a17 우리를 인도했던 탐구 방법에 따라 고찰하면, 방금 전에 말한 것은 분명해질 것이다. 왜냐하면 마치 다른 경우들에서 합성된 것을 합성되지 않은 것들(이것들은 전체의 가장 작은 부분들이니까)로 나눌 수밖에 없는 것처럼, 우리가 국가의 구성요소들을 살펴보면, 이 요소들이 서로 어떻게 다른지, 그리고 앞서 말했던 것들 각각에 관해 일종의 전문 지식을 얻을 수 있는지 여부를 더 잘 알게 될 것이기 때문이다.

국가에 도달하기 전의 기본적인 공동체

제2장

1252a24 다른 경우들과 마찬가지로 만약 누군가가 사물이 성장하는 모습을 시작에서부터 바라본다면, 이 경우에도 가장 잘 관찰할 것이다. 우선 상대방이 없이는 존재할 수 없는 사람들은 한 쌍으로 맺어질 수밖에 없다. 예컨대, 수컷과 암컷은 생식을 위해 그럴 수밖에 없다. 생식은 선택의 결과가 아니라 다른 동식물의 경우와 마찬가지로 자기와 동일한 종류의 다른 것을 남기려는 자연적인 열망의 결과이다.

1252a30 본성상 지배자와 피지배자는 생존을 위해 한 쌍으로 맺어질 수밖에 없다. 왜냐하면 생각[4]을 통해 앞일을 내다볼 수 있는 자는 본성상 지배자이며 본성상 주인이지만, 본성상 지배자가 앞일을 내다본 것을 신체로 행할 수 있는 자는 피지배자이며 본성상 노예[5]이기 때문이다. 이런 이유에

3) 플라톤은 『정치가』 259d에서 왕의 앎(basilikē)을 정치가의 앎(politikē)과 동일시한다.

4) '생각'(dianoia).

서 동일한 것이 주인과 노예에게 이롭다.

여자와 노예는 본성상 구별된다. 왜냐하면 자연은 대장장이가 델포이 1252a34
칼을 만들듯이 아무것도 인색하게 만들지 않으며, 한 가지 용도에 맞는 한 가지 사물을 만들어내기 때문이다. 각각의 도구는 여러 가지 용도가 아니라 한 가지 용도를 위해 쓰이면, 가장 잘 만들어질 테니까. 그러나 그리스인이 아닌 사람들 사이에서 여자와 노예의 지위는 동일하다. 왜냐하면 이들에게는 본성상 지배자가 없어 이들의 공동체는 남자 노예와 여자 노예로 구성되기 때문이다. 이런 이유에서 시인들은 "그리스인들은 그리스인이 아닌 사람들을 지배하는 것이 적합하다"[6]라고 말하는데, 그리스인이 아닌 사람과 노예가 본성상 동일하다고 생각하니까.

남자와 여자의 결합, 주인과 노예의 결합으로부터 처음으로 가정(家庭) 1252b9
이 생겼다. 헤시오도스가 자기의 시에서 "가장 먼저 집과 여자와 쟁기 끄는 황소"[7]라고 말한 것은 옳다. 가난한 사람에게는 황소가 노예를 대신하니까. 매일 되풀이되는 필요를 충족하기 위해 자연스럽게 세워진 공동체가 가정이다. 가정의 성원들을 카론다스[8]는 '식사를 함께하는 사람들'이라고, 크레테 사람 에피메니데스[9]는 '같은 여물통을 지닌 사람들'이라고 부른다.

매일 되풀이되는 수준을 넘어선 필요를 충족하기 위해 여러 가정들로 1252b15
구성된 최초의 공동체가 마을[10]이다. 가장 자연스럽게 마을은 가정에서 떨어져나가 형성된 것 같은데, 어떤 사람들이 '같은 젖을 먹고 자란 사람들'이라고 부르는 자식들과 자식들의 자식들을 포함한다. 이런 이유에서

---

5) 노예 ☞ doulos.

6) 에우리피데스, 『아울리스의 이피게네이아』 1400행.

7) 헤시오도스, 『일과 날』 405행.

8) 아마도 기원전 6세기에 활동한 시칠리아 카타나의 입법자를 말하는 것 같다.

9) 에피메니데스는 기원전 600년경에 활동한 크레테의 예언자이다.

10) '마을'(kōmē).

국가들도 처음에는 왕의 지배를 받았고, 지금도 민족들은 여전히 왕의 지배를 받는다. 왜냐하면 왕의 지배를 받았던 사람들로부터 형성되었기 때문이다. 최고 연장자가 모든 가정을 왕처럼 지배하고, 분가해나간 가정의 성원들은 혈연관계에 있기 때문에 분가해나간 가정들도 최고 연장자가 왕처럼 지배하니까. 이는 호메로스가 "각자 자식과 아내에게 법규를 정해준다"[11]라고 말한 것이다. 흩어져 살았으니까. 옛날에는 이런 식으로 살았다. 모든 사람은 신들도 왕의 지배를 받는다고 말하는데, 왜냐하면 자기도 옛날에는 왕의 지배를 받았고, 일부는 지금도 여전히 왕의 지배를 받고 있기 때문이다. 사람들은 신들의 모습을 자신들과 닮게 만들듯이 신들의 생활 방식도 자신들과 닮게 만든다.

1252b27 여러 마을로 구성된 완전한 공동체가 국가인데, 이미 국가는 흔한 말로 모든 점에서 자족의 한도에 이르렀다. 국가는 삶을 위해 생겨났지만, 잘 삶을 위해 있다. 이런 이유에서 최초의 공동체들도 본성에 따라 있기 때문에 모든 국가는 본성에 따라 있다. 왜냐하면 국가는 최초의 공동체들의 목적이고 본성은 목적이기 때문이다. 생성이 끝났을 때 각각(예컨대, 인간, 말, 집)이 처하게 되는 상태를 우리는 각각의 본성이라고 말한다. 게다가 지향 대상, 즉 목적[12]은 가장 좋은 것이며, 자족은 목적이자 가장 좋은 것이다.

국가는 인간의 본성을 실현한다

1253a1 따라서 이로부터 국가는 본성상 존재하며, 인간은 본성상 국가를 형성하는 동물[13]이라는 것은 분명하다. 불운 때문이 아니라 본성 때문에 국가를 갖지 못한 자는 보잘것없는 자이거나 인간보다 우월한 자이다. 그는 호메로스가 "종족도 없고 법도 없으며 화덕도 없는 인간"[14]이라고 비난하

11) 호메로스, 『오뒷세이아』 IX 114-115행.

12) '지향 대상', '목적' ☞ heneka tou, telos.

13) '국가를 형성하는 동물' 혹은 '정치적 동물'(politikon zoion).

는 자와 같다. 본성상 이와 같은 자는 동시에 전쟁도 열망하는데, 장기에 서 외딴 말처럼 있으니까.

인간이 왜 모든 벌이나 모든 군집동물보다 더욱 국가를 형성하는 동물 1253a7
인지는 분명하다. 그 이유는 이렇다. 우리가 말하듯이 자연은 아무것도 헛되이 만들지 않는다. 그런데 인간만이 언어[15]를 가진 유일한 동물이다. 목소리는 고통과 쾌락을 알리며, 이런 이유에서 다른 동물들에게도 목소리는 있다. 왜냐하면 다른 동물들의 본성은 고통과 쾌락을 감지해 기껏해야 이를 서로에게 알릴 뿐이기 때문이다. 그러나 언어는 이로움과 해로움을 드러내고, 정의로움과 부정의함도 드러내기 위해 있다. 다른 동물들과 달리 인간에게 고유한 것은, 인간만이 좋음과 나쁨, 정의로움과 부정의함 등을 감지하는 것이다. 이런 것들의 공유가 가정과 국가를 만든다.

그래서 국가는 본성상 가정과 우리 각자보다 앞선다. 전체는 부분보다 1253a18
앞설 수밖에 없으니까. 몸 전체가 파괴되면, 손이나 발은 존재하지 않을 것이다. 다만 누군가가 돌로 만들어진 손을 말하듯이 이름만 같은 손은 있을 것이다. 왜냐하면 죽은 손은 돌로 만들어진 손과 같을 것이기 때문이다. 모든 것은 기능과 능력[16]으로 정의되며, 따라서 자신의 기능과 능력을 상실한 것은 동일한 것이 아니라 이름만 같은 것이라고 말해야 한다.

따라서 국가는 본성상 존재하고, 각자보다 앞선다는 것은 분명하다. 왜 1253a25
냐하면 만약 각자가 국가로부터 분리되어 자족하지 못하면, 다른 부분들이 전체보다 앞서지 못하듯이 각자는 국가보다 앞서지 못할 것이기 때문이다. 공동체 성원이 될 수 없거나, 자족하기 때문에 공동체 성원이 될 필요가 없는 자는 국가의 일부가 아니며, 따라서 그는 짐승이거나 신이다.

따라서 본성상 모든 사람에게는 이런 공동체를 향한 충동이 있지만, 이 1253a29
런 공동체를 처음으로 세운 사람 때문에 최고의 좋음들이 생겼다. 인간은

---

14) 호메로스, 『일리아스』 IX 63행.

15) '언어'(logos) ☞ logos.

16) '기능', '능력' ☞ ergon, dynamis.

완전해지면 가장 좋은 동물이지만, 법과 정의에서 분리되면 가장 나쁜 동물이다. 부정의는 무기를 가질 때 가장 다루기 힘들다. 인간은 실천적 지혜와 덕[17]을 위해 무기들을 갖고 태어나지만, 이런 무기들은 반대되는 목적을 위해서도 아주 쉽게 사용될 수 있다. 이러한 까닭에 덕이 없으면 인간은 가장 불경하고 가장 야만적이며, 성행위와 음식을 추구할 때에도 가장 나쁘다. 그런데 '정의'라는 덕은 국가에서 실현된다. 왜냐하면 정의는 국가 공동체의 질서이고, '정의'라는 덕은 정의로운 것에 대한 판단이기 때문이다.

가정

제3장

1253b1 어떤 부분들이 국가를 구성하는지가 분명하기 때문에, 먼저 가정관리술[18]에 관해 논의해야 한다. 모든 국가는 가정들로 구성되니까. 가정관리술의 부분들은 가정을 구성하는 부분들이다. 완전한 가정은 노예와 자유인으로 구성된다. 먼저 가장 작은 부분들에서 각각을 탐구해야 하는데, 가정의 일차적인 가장 작은 부분들은 주인과 노예, 남편과 아내, 아버지와 자식이기 때문에, 이 세 가지 각각은 무엇이고, 어떤 특성을 가져야 하는지를 고찰해야 할 것이다. 이 세 가지는 주인의 노예지배술, 혼인술(남자와 여자의 결합에 관한 이름이 없으니까), 세 번째로 출산술(이 또한 고유한 이름이 없으니까)이다. 우리가 말했던 세 가지 기술이 있다고 치자. 어떤 사람들은 가정관리술이라고, 다른 사람들은 가정관리술의 가장 중요한 부분이라고 여기는 어떤 부분이 있는데, 이것이 어떤 상태로 있는지를 고찰해야 한다. 나는 이른바 '재화획득술'[19]을 말한다.

---

17) '실천적 지혜'와 '덕' ☞ phronēsis, aretē.

18) '가정관리술'(oikonomia).

19) '재화획득술'(chrēmatistike).

노예제

먼저 주인과 노예에 관해 논의해 보자. 우리가 일상생활의 필요를 충족 1253b14
하는 것들을 알고, 이것들을 아는 것과 관련해 현재 통용되는 견해들보다 더 좋은 견해를 지닐 수 있는지 없는지를 알기 위해서이다. 어떤 사람들은 주인의 앎이 일종의 앎이며, 우리가 시작할 때 말했듯이[20] 가장의 앎, 주인의 앎, 정치가의 앎, 왕의 앎은 동일하다고 여긴다. 그러나 다른 사람들[21]은 주인이 지배하는 것은 본성에 반한다고 여기는데, 관습상 어떤 사람은 노예이고 다른 사람은 자유인이지만, 본성상 이들 사이에는 아무런 차이가 없기 때문이다. 이런 이유에서 그들은 주인이 지배하는 것은 정의롭지도 않다고 말하는데, 이는 강제에 의거하니까.

제4장

재산은 가정의 일부이고, 재산 획득은 가정관리술의 일부이다. 왜냐하 1253b23
면 필수품이 없으면 사는 것도 잘 사는 것도 불가능하기 때문이다. 어떤 사람이 임무를 완수하려면 특정 기술에 있어 적합한 도구들이 필수적으로 있어야 하듯이 가정을 관할하는 사람도 도구를 가질 수밖에 없다. 그런데 도구들 중에는 생명이 없는 도구가 있고, 생명이 있는 도구가 있다. 예컨대, 선장에게 키는 생명이 없는 도구이지만, 망보는 선원은 생명이 있는 도구이다. 기술에 관한 한, 도와주는 사람은 도구의 부류에 속하니까. 이와 같이 재물은 삶을 위한 도구이고, 재산은 도구들의 집합이며, 노예는 일종의 생명이 있는 재물이다. 그리고 모든 도와주는 사람은 다른 도구들보다 우위에 있는 도구와 같다.

만약 각각의 도구가 명령을 받거나 이를 미리 감지해 자기 임무를 완수 1253b33
할 수 있다면, 사람들이 말하는 다이달로스[22]의 조각상이나 "자동적으

---

20) 1252a7-16.

21) 예컨대, 소피스트 고르기아스의 제자 알키다마스가 있는데, 그는 "자연은 결코 어떤 사람도 노예로 만들지 않는다"라고 말했다.

로 신들의 회의장으로 갔다"[23]라고 시인이 말하는 헤파이스토스[24]의 세발솥처럼 북이 자동적으로 베를 짜고 채가 자동적으로 키타라를 연주한다면, 도편수는 도와주는 사람을, 주인은 노예를 필요로 하지 않을 것이다.

1254a1 이른바 도구들은 제작을 위한 도구이지만, 재물은 행위를 위한 도구이다. 왜냐하면 북으로부터는 북의 사용과는 다른 무엇인가가 생기지만, 옷과 침대는 오직 사용될 뿐이기 때문이다. 게다가 제작과 행위는 종(種)이 다르고, 둘 다 도구를 필요로 하기 때문에, 각각의 도구도 이와 마찬가지로 다를 수밖에 없다. 그런데 삶은 행위이지, 제작[25]이 아니다. 이런 이유에서 노예도 행위를 위한 것들에 속해 있는 도와주는 사람이다.

1254a8 재물은 부분[26]과 마찬가지 방식으로 말해진다. 왜냐하면 부분이라는 것은 다른 것의 부분일 뿐만 아니라 완전히 다른 것에 속하는데, 재물도 이와 마찬가지이기 때문이다. 이런 이유에서 주인은 노예의 주인일 뿐 노예에 속하지 않지만, 노예는 주인의 노예일 뿐만 아니라 일반적으로 주인에 속한다.

1254a13 따라서 이로부터 노예의 본성과 능력이 무엇인지는 분명하다. 사람이지만 본성상 자기가 아니라 다른 사람에 속하는 자, 바로 그가 본성상 노예이다. 그리고 사람이지만 재물이면 그 사람은 다른 사람에 속하는데, 이런 재물은 소유자와 분리된, 행위를 위한 도구이다.

---

22) 다이달로스는 크레테의 미궁을 지은 전설적인 기술자이자 발명가이다.

23) 호메로스, 『일리아스』 XVIII 376행.

24) 그리스 신화에 나오는 대장장이의 신.

25) '행위'(praxis), '제작'(poiēsis) ☞ praxis.

26) '부분'(morion) ☞ meros, morion.

자연적인 노예는 존재하는가

제 5 장

다음으로 본성상 어떤 사람이 노예근성을 갖는지 아닌지, 그리고 누군가에게 노예가 되는 것이 더 좋고 정당한지 아닌지, 오히려 모든 노예제가 본성에 반하는지를 고찰해야 한다. 이는 논변에 따라 살펴보든 실제 일어나는 사건들에서 배우든 어렵지 않다. **1254a**17

지배와 피지배는 필수적일 뿐만 아니라 이롭기도 하다. 어떤 것들의 경우에는 태어날 때부터 곧장 구별되어서 일부는 지배하고 다른 일부는 지배받는다. 여러 종류의 지배자와 피지배자가 있고, 예컨대 짐승보다는 인간에 대한 지배가 더 좋듯이 더 좋은 피지배자들에 대한 지배가 항상 더 좋다. 더 좋은 피지배자들이 완수한 일이 더 좋으니까. 일부는 지배하고 다른 일부는 지배받는 곳에는 이 둘에 의해 이루어지는 어떤 일이 있다. **1254a**21

여러 부분들(연속적인 부분들이든 분리되어 있는 부분들이든 간에)로 구성되어 하나의 공동체가 되면, 그 모든 경우에서 지배자와 피지배자는 나타나며, 이런 현상은 자연 전체로 비추어 볼 때 생명이 있는 것들에 속한다. 가령 생명이 없는 것들에도 선법[27]처럼 일종의 지배가 있으니까. 그러나 아마도 이러한 것들은 보다 더 대중을 위한 탐구 주제일 것이다. **1254a**28

먼저 생물은 영혼과 신체로 구성되는데, 영혼은 본성상 지배자이고, 신체는 피지배자이다. 그런데 망가진 것들이 아니라 본성을 따르는 것들에서 본성적으로 있는 것을 고찰해야 한다. 따라서 신체와 영혼이 최상의 상태에 있는 사람도 살펴봐야 한다. 그의 경우에 영혼이 신체를 지배하는 것은 분명하다. 왜냐하면 악한 사람들이나 악한 상태에 있는 사람들의 경우에는 이들의 상태가 나쁘고 이들이 본성에 반하기 때문에 종종 신체가 영혼을 지배한다고 여겨질 수 있기 때문이다. **1254a**34

우리가 말하듯이 먼저 생물 안에서 주인의 지배와 정치가의 지배를 관 **1254b**2

---

27) 중간 현인 메세(mesē, 라)가 현들을 지배하는 위치에 있다.

찰할 수 있다. 신체에 대한 영혼의 지배는 주인의 지배이고, 욕망[28]에 대한 지성의 지배는 정치가의 지배이거나 왕의 지배이다. 이런 경우들에서 신체가 영혼의 지배를 받고, 감정적인 부분이 지성과 이성[29]을 지닌 부분의 지배를 받는 것이 자연스럽고 이롭다는 것은 분명하다. 반면에 이 둘의 관계가 대등하거나 역전되면 모두에게 해롭다.

1254b10 인간과 다른 동물들의 관계도 마찬가지이다. 길들인 동물은 본성상 야생동물보다 더 좋고, 모든 길들인 동물은 인간의 지배를 받는 것이 더 좋다. 이런 방식으로 생존을 보장받으니까. 게다가 수컷은 본성상 더 우월하고 암컷은 더 열등하며, 수컷은 지배자이고 암컷은 피지배자이다. 그리고 모든 인간의 경우도 그럴 수밖에 없다.

1254b16 따라서 신체가 영혼보다 열등하고, 짐승이 인간보다 열등한 만큼 다른 사람들보다 열등한 자들은 본성상 노예이다. 신체를 사용하는 것이 자기의 임무이며, 신체를 사용함으로써 최상의 결과를 산출하는 자들이 이런 상태에 있다. 우리가 말했던 다른 것들처럼 이들은 주인의 지배를 받는 것이 더 좋다.

1254b20 다른 사람에 속할 수 있는 사람(이런 이유로 그는 또한 다른 사람에 실제로 속해 있다), 그리고 이성을 갖지는 못하고 이성을 감지할 정도로만 이성에 참여하는 사람은 본성상 노예이다. 다른 동물들은 이성이 아니라 감정에 복종하기 때문이다. 노예의 사용과 길들인 동물의 사용은 별로 다르지 않다. 노예와 길들인 동물 모두 필수품 마련을 위해 신체로 도움을 주니까.

1254b27 자연은 자유인과 노예의 신체를 다르게 만들려고 한다. 노예는 필수품 마련을 위해 강한 신체를 갖는 반면에, 자유인의 신체는 곧아서[30] 신체를 쓰는 일을 하는 데는 쓸모없지만 정치적인 삶(이 삶은 전쟁 시기의 필

28) '욕망' ☞ orexis.

29) '지성', '이성' ☞ nous, logos.

30) 『동물부분론』 686a25-b8.

요와 평화 시기의 필요에 따라 나뉜다)을 위해서는 쓸모가 있다. 그러나 종종 이와 반대되는 일이 발생해 어떤 사람들은 자유인의 신체를 갖고, 어떤 사람들은 자유인의 영혼을 갖는다.[31] 적어도 다음은 분명하다. 만약 어떤 사람들이 신체만 놓고 볼 때 신상(神像)만큼 특출하면, 열등한 사람들은 그들에게 노예가 되는 것이 적합하다고 모든 사람은 말할 것이다. 만약 신체에 있어 이것이 사실이라면, 영혼에 있어 이런 구별은 훨씬 정당하다. 그러나 영혼의 아름다움은 신체의 아름다움만큼 눈에 잘 보이지 않는다.

따라서 분명히 어떤 사람들은 본성상 자유인이고, 다른 사람들은 본성 1255a1
상 노예이며, 후자는 노예가 되는 것이 이롭고 정당하다.

자연적인 노예의 존재를 의심할 이유들

제 6 장

그러나 이에 반대해 노예제가 본성에 반한다고 주장하는 사람들도 어 1255a3
떤 방식으로는 옳다는 사실을 쉽게 알 수 있다. '노예상태'와 '노예'는 두 가지 의미로 말해진다. 법적으로 노예와 노예상태로 있는 자도 있으니까. 이런 법은 일종의 협약으로, 이것에 의해 전쟁에서 진 사람들은 전쟁에서 이긴 사람들의 소유가 된다고 사람들은 말한다. 법에 종사하는 많은 사람은 이런 정의(正義)를 연설가에게 제기할 법한 위법 혐의로 고발한다.[32] 그들은 강제에 굴복당한 쪽이 강제력을 행사할 수 있고 더 우월한 힘을 지닌 쪽의 노예가 되고 피지배자가 되는 것은 끔찍하다고 생각하기 때문에 고발한다. 어떤 사람들은 이런 견해를 갖지만, 다른 사람들은 이와 다른 견해를 가지며, 지혜로운 사람들 사이에서도 이와 마찬가

31) "어떤 노예들은 자유인의 신체를 갖고, 어떤 노예들은 자유인의 영혼을 갖는다"라고 번역할 수도 있다.

32) 아테네 민회에서 연설가가 현행법에 어긋나는 법안을 발의하면 위법 혐의로 고발당할 수 있었다.

지이다.

1255a12 이런 논쟁의 원인과 논의들이 중복되는 이유는 다음과 같다. 어떤 의미에서 덕이 필요한 수단을 구비할 때, 강제력을 가장 잘 행사할 수 있으며, 이긴 자는 항상 어떤 좋음에 있어서 우월하다. 따라서 강제는 덕이 없으면 존재하지 않아 단지 정의에 관해서만 논쟁이 벌어지는 것처럼 보인다. 이런 이유에서 어떤 사람들은 정의를 '선의'로 여기지만, 다른 사람들은 정의를 '더 강한 자의 지배'로 여긴다. 이런 입장들이 서로 분리될 때, 덕의 측면에서 더 우월한 자가 지배하거나 주인이 되어서는 안 된다고 주장할 힘과 설득력이 없다.[33]

1255a21 어떤 사람들은 자기가 생각하는 특정 정의(법은 일종의 정의니까)에 전적으로 집착해 전쟁으로 인한 노예제는 정당하다고 주장한다. 그러나 그들은 동시에 정당하지 않다고도 말한다. 왜냐하면 전쟁의 시작이 정당하지 않을 수도 있고, 노예가 되는 것이 마땅하지 않은 사람을 노예라고 어느 누구도 말할 수는 없을 것이기 때문이다. 그렇지 않으면 출생이 아주 좋다고 여겨지는 사람들이 포로로 잡혀 팔리게 될 경우에, 노예나 노예의 자식이 되고 말 것이다. 이런 이유에서 그들은 그리스인이 아니라 그리스인이 아닌 사람만을 노예라고 부르고 싶어 한다. 그렇지만 그들은 이 점을 말할 때, 우리가 시작할 때 말했던 본성상 노예만을 찾고 있다. 왜냐하면 그들은 어떤 사람들은 어느 곳에서나 노예이지만, 어떤 사람들은 어느

33) 논쟁의 두 당사자는 '강제는 덕이 없으면 존재하지 않음'을 공통적으로 받아들이지만, 정의에 관해서는 입장이 달라 전쟁에서 진 사람들이 노예가 되는 것이 부당한지에 대해서도 입장이 다르다. '정의가 더 강한 자의 지배'라고 믿는 사람들은 노예제가 정당하다고 믿는데, 전쟁에서 이긴 사람들의 승리는 이들이 더 큰 강제력을 갖고 있음을 보여준다는 이유에서 정의가 항상 이들에게 있기 때문이다. 반면에 '정의가 선의'라고 믿는 사람들은 노예제가 부당하다고 믿는데, 노예제는 노예에게 이롭지 않기 때문이다. 일단 이 두 가지 입장이 '강제는 덕이 없으면 존재하지 않음'을 거부해 더 이상 공통적으로 받아들이는 것이 없어 서로 분리되면, 각각은 지배를 위해서는 덕은 필요 없으며, 호의나 강제력으로 충분하다는 입장이 된다. 하지만 두 가지 입장 각각은 덕을 지닌 사람이 지배해야 한다는 아리스토텔레스의 견해를 논박할 수 없다.

곳에서도 노예가 아니라고 말할 수밖에 없기 때문이다.

좋은 출생의 경우도 마찬가지이다. 왜냐하면 그들의 생각에 따르면, 자기들은 고향에서뿐만 아니라 어느 곳에서도 출생이 좋지만, 그리스인이 아닌 사람들은 그들의 고향에서만 출생이 좋기 때문이다. 그들은 좋은 출생과 자유에는 무조건으로 있는 것과 무조건으로 있지 않은 것이 있다고 생각하니까. 이는 테오덱테스[34]의 헬레네가 "부모가 모두 신(神)이고, 신적인 뿌리에서 태어난 나를 하녀라고 부르는 것이 누가 감히 당연하다고 생각할 수 있는가?"[35]라고 말한 것과 같다. 그들은 이런 말을 할 때, 노예와 자유인, 출생이 좋은 사람들과 출생이 나쁜 사람들을 오직 덕과 악덕[36]에 근거해 구별한다. 왜냐하면 그들은 마치 사람에게서 사람이, 짐승에게서 짐승이 태어나듯이 좋은 사람에게서 좋은 사람이 태어나는 것은 당연하다고 생각하기 때문이다. 그러나 이런 일을 행하는 것이 자연의 의도이지만, 자연은 종종 이런 일을 행할 수 없다. 1255a32

그렇다면 다음은 분명하다. 논쟁에는 어떤 근거가 있다. 어떤 사람들은 본성상 노예이고, 다른 사람들은 본성상 자유인이라는 것이 항상 참은 아니다. 그러나 본성상 노예와 본성상 자유인이 구별되는 경우가 있어 전자는 노예가 되고, 후자는 주인이 되는 것이 이롭고 정당하다. 전자는 지배를 받아야 하는 반면에 후자는 지배[37]도 하고 주인도 되어야 한다. 그러나 주인의 지배가 잘못되면, 주인과 노예 모두에게 해롭다. 왜냐하면 신체와 영혼의 경우처럼 부분에 이로운 것과 전체에 이로운 것이 동일한데, 노예는 주인의 한 부분, 즉 생명이 있는, 주인의 신체로부터 분리된 부분이기 때문이다. 이런 이유에서 본성상 노예와 주인의 관계가 당연한 경우에는 둘 다에게 이득이 되는 것이 있고 상호 우정이 있지만, 이런 방식이 1255b4

34) 테오덱테스는 기원전 4세기 중반의 비극 시인이다.

35) 나우크, 『그리스 비극 단편들』 단편 3.

36) 혹은 '탁월함과 열등함' ☞ aretē.

37) 즉 본성상 타고난 지배.

아니라 법에 따라 강제당한 경우에는 이와 정반대되는 일이 일어난다.

[……]

제2권

이상국가 제안에 대한 비판

탐구의 목적

제1장

우리는 가능한 한 자기 소원대로 살 수 있는 사람들에게 모든 국가 공동체들 중에 어떤 것이 가장 좋은지를 살펴보기로 했기 때문에 다른 정체들,[38] 즉 좋은 정부를 지닌다고 말해지는 일부 국가들에서 통용되는 정체들에 더해, 어떤 이들이 제안하고 이들에게 좋아 보이는 다른 정체들이 혹시 있다면 이것들도 고찰해야 한다. 우리가 이런 정체들에서 올바른 것과 쓸모 있는 것을 알기 위해서이다. 게다가 이런 정체들과는 다른 무엇인가를 추구하는 것은 우리가 전적으로 영리함을 뽐내고 싶은 사람들에 속하는 것으로 보이려고 해서가 아니라 기존 정체들이 좋지 않기 때문에 우리가 이런 탐구에 착수했다고 보이기 위함이다. 1260b27

[……]

시민들 사이의 어떤 차이들은 국가에 필수적이다

제2장

모두가 아내를 공유해야 한다는 주장에는 많은 어려움이 있다. 특히 소크라테스가 이런 방식으로 입법이 이루어져야 한다고 주장하는 이유가 그의 논의들에서 따라 나오지 않음은 분명하다. 게다가 국가가 가져야 한다고 그가 주장하는 목적의 실현은 『국가』에 기술된 방식으로는 불가능 1261a10

38) ☞ politeia.

하다. 그리고 국가의 목적을 어떻게 달리 규정해야 하는지에 관해 그는 아무런 설명도 하지 않았다. 이는 "국가 전체가 가능한 한, 하나로 있는 것이 가장 좋다"라는 것을 염두에 두고서 하는 말이다. 이것은 소크라테스가 취하고 있는 전제이다.[39] 하지만 국가가 계속해서 점점 더 하나가 되면 더 이상 국가가 아닐 것임은 분명하다. 왜냐하면 국가는 본성상 여럿으로 이루어진 복합체이며, 점점 더 하나가 될수록 국가는 가정이 되고, 가정은 개인이 될 것이기 때문이다. 우리는 가정이 국가보다, 개인이 가정보다 더욱 하나라고 말하니까. 따라서 설사 누군가가 국가를 하나로 만들 수 있을지라도 이렇게 해서는 안 된다. 국가는 없어져버릴 테니까.

1261a22 국가는 여러 사람들뿐만 아니라 여러 종류의 사람들로도 구성되어 있다. 국가는 같은 종류의 사람들로는 형성되지 않으니까. 국가는 동맹[40]과 다르다. 동맹은 본성상 상호 원조를 위해 형성되었기 때문에 동맹의 성원들이 같은 종류의 사람들일지라도 동맹은 양적인 측면에서 도움이 된다. 이는 마치 추가 더욱 무거워져 저울이 기울어지는 것과 같다. 이러한 점에서 국가는 민족[41]과도 다를 것이다. 민족의 성원들이 마을마다 흩어져 사는 것이 아니라 아르카디아인들[42]처럼 살아도 국가는 민족과 다를 것이다. 그러나 하나를 구성하는 것들은 종류가 달라야 한다.

1261a30 그래서 앞서 『윤리학』에서 말했듯이 되갚음의 동등함[43]이 국가를 보존한다. 이것은 자유롭고 동등한 사람들 사이에서도 통용되어야 한다. 모든 사람이 동시에 지배할 수는 없고, 1년이나 일정 기간만 지배하니까. 결

---

39) 플라톤, 『국가』 462a.

40) '동맹'(symmachia)은 말 그대로 '공격과 방어를 위한 연합'을 뜻한다.

41) '민족'(ethnos).

42) 아르카디아인들의 마을은 국가로 성립하는 데 필수적인 제도는 결여했지만 연합은 형성했다.

43) '되갚음의 동등함'(to ison to antipeponthos)에 대해서는 『니코마코스 윤리학』 1132b32-1134a30, 1163b32-1164a2; 『에우데모스 윤리학』 1242b1-21, 1243b29-36 참조.

과적으로는 모든 사람이 이런 방식으로 지배한다. 이는 마치 같은 사람이 평생 제화공이나 목수로서 하나의 직업만을 갖는 것이 아니라 제화공과 목수가 서로 직업을 바꾸는 것과 같다. 그러나 국가 공동체의 경우에는 동일한 사람이 항상 동일한 직업에 종사하는 것이 더 좋기 때문에 가능하다면 동일한 사람들이 항상 지배하는 것이 더 좋다는 것은 분명하다. 그러나 모든 사람은 본성상 동등하기 때문에 이럴 수가 없는 경우에, 그리고 이와 동시에 지배하는 것이 좋든 나쁘든지 간에 모든 사람이 지배하는 데 참여하는 것이 정당한 경우에, 동등한 사람들이 번갈아가면서 관직에서 물러나고, 관직에서 물러난 후에는 서로가 같은 사람들로 있는 것은 동일한 사람이 항상 동일한 직업에 종사하는 것을 모방한다. 마치 다른 사람들이 되듯이 번갈아가면서 어떤 사람들은 지배하고 다른 사람들은 지배받는다. 마찬가지 방식으로 관직에 있는 사람들 각자가 서로 다른 관직을 맡는다.

따라서 이로부터 어떤 사람들이 주장하는 방식대로 국가가 본성상 하 **1261b**6
나로 있는 것은 아니며, 국가에서 가장 좋다고 말해진 것이 국가를 없애는 것은 분명하다. 하지만 각각의 좋음은 각각을 보존한다.[44]

다른 방식으로도 국가가 과도하게 하나가 되는 것을 추구하는 것이 더 **1261b**10
좋지 않음은 분명하다. 왜냐하면 가정은 개인보다, 국가는 가정보다 더 자족적이며, 여럿으로 이루어진 공동체는 자족적일 때야 비로소 국가가 될 수 있기 때문이다. 더 자족적인 것이 더 바람직하다면, 더 약한 정도의 하나가 너 상한 정도의 하나보다 더 바람직하다.

---

44) 플라톤, 『국가』 608e.

플라톤은 자기 것에 대한 배타적인 애착의 중요성을 과소평가한다

제3장

1261b16 그러나 설령 공동체가 가능한 한, 하나로 있는 것이 가장 좋다 하더라도 모두가 동시에 '내 것'과 '내 것이 아닌 것'을 말한다면, 공동체가 하나로 있는 것이 논리적으로 증명된 것 같지는 않다. 이렇게 말하는 이유는 소크라테스가 이것이 국가가 완전히 하나로 있음의 징표라고 생각해서이다.[45]

1261b20 '모두'는 두 가지 의미를 지닌다. '모두'가 '각자'를 의미하면, 소크라테스는 아마도 자기가 원하는 바를 더 많이 이루었을 것이다. 왜냐하면 각자는 같은 소년을 '자기 아들'로, 같은 여자를 '자기 아내'로 부를 것이고, 재산과 각각의 자기 소유물에 대해서도 '자기 것'으로 말할 것이기 때문이다. 그러나 실제로는 처자식을 공유하는 사람들은 이렇게 말하지는 않을 것이다. 그들은 '각자'가 아니라 '전부 다' 처자식을 '자기 것'으로 부를 것이다. 재산의 경우도 마찬가지로 그들은 '각자'가 아니라 '전부 다' 재산을 '자기 것'으로 부를 것이다. 따라서 "모두가 말한다"라는 말은 일종의 오류임이 분명하다. 왜냐하면 '모두'와 '둘 다', '홀수'와 '짝수'는 두 가지 의미를 갖는 까닭에 논의에서도 쟁론적인 추론들[46]을 발생시키기 때문이다. 따라서 모두가 동일한 것을 말하는 것은 한편으로는 아름답지만 불가능하고, 다른 한편으로는 화합을 저해한다.

1261b32 게다가 소크라테스가 말한 제안에는 또 다른 해악도 있다. 많은 사람이 공유하는 것일수록 관심을 덜 받게 되니까. 사람들은 자기 것에는 최대한 신경을 쓰지만, 공동의 것에는 신경을 덜 쓰거나 각자에게 관련된 만큼만 신경을 쓴다. 왜냐하면 다른 이유들은 제쳐두고, 다른 사람이 어떤 것에 신경을 쓴다는 생각이 들면, 그것에 더욱 소홀해지기 때문이다. 때때로 집

45) 플라톤, 『국가』 462a-e.

46) '쟁론적인 추론'(eristikos syllogismos)은 전제의 진리나 논의의 정당성을 고려하지 않고 논의의 승리만을 겨냥하는 추론이다.

안일에서 다수의 하인이 소수의 하인보다도 일을 못하는 것처럼 말이다. 『국가』에서 각 시민은 1천 명의 아들을 갖는데, 여기서 아들은 오직 한 시민의 아들인 것이 아니라 아무 아들이나 똑같이 아무 시민의 아들이다. 따라서 모든 아버지는 똑같이 아들에게 소홀해질 것이다.

[……]

사유와 사적인 애착을 제거한 나쁜 결과

제4장

일반적으로 처자 공유를 인정하는 법의 결과는 올바르게 제정된 법들이 가져다주는 결과에도 반대되고, 처자 공유제가 마련되어야 한다고 소크라테스가 생각하는 이유에도 반대될 수밖에 없다. 그 이유는 다음과 같다. 우리는 친애[47]가 국가를 위해 가장 좋은 것이라고 생각한다. 친애가 있을 경우에 국가는 내분에 잘 빠지지 않으니까. 소크라테스는 무엇보다도 국가가 하나로 있음을 칭찬하는데, 국가가 하나로 있음은 친애의 산물로 보이며, 그도 그렇다고 말한다. 우리가 알고 있듯이 사랑에 관한 연설들에서 아리스토파네스는 사랑하는 사람들이 극히 사랑하기 때문에 함께 한 몸을 이루어 둘 다 하나가 되기를 욕망한다고 말한다.[48] 이런 경우에 둘 다든 둘 중 하나든 소멸될 수밖에 없다. 그런데 처자 공유는 국가에서 친애를 묽게 해서 아버지가 아들을 '자기 아들'로, 아들이 아버지를 '자기 아버지'로 부르기 어렵게 만든다. 마치 수량의 달콤한 포도주는 다량의 물과 섞이면 섞였다는 사실을 느끼지 못하게 하듯이 이런 이름들에서 비롯되는 혈연관계도 마찬가지이다. 왜냐하면 이러한 정체에서 아버지가 자기 아들에게, 아들이 자기 아버지에게, 형제들이 서로에게 신경을 쓸 일은 거의 없기 때문이다. 사람들이 관심을 받게 하고 사랑하게 만드는 것으로는 주로 두 가지, 즉 '자기 것'과 '소중한 것'이 있다. 이러한 정체

1262b3

47) ☞ philia.

48) 플라톤, 『향연』 192c-193a.

에 사는 사람들에게는 두 가지 가운데 어느 것도 있을 수 없다.

[……]

사유의 이익

제5장

1263a21 재산의 공유에는 이런 어려움들과 다른 어려움들이 있다. 현재의 재산 소유 방식은 성품과 올바른 법질서에 의해 개선될 경우에 굉장히 좋아질 것이다. 왜냐하면 두 가지, 즉 재산의 공유와 사유에서 나오는 좋음을 지닐 것이기 때문이다. 재산은 어떤 방식에서는 공유되어야 하지만, 일반적으로는 사유되어야 하니까. 사람들이 각자 자기 것을 돌보면 서로를 고발할 일이 없을 것이고, 각자가 자기 것에 몰두한다는 이유에서 더 많은 개선을 가져올 것이다. 반면에 사람들은 덕이 있으면 '친구의 것은 공동의 것'이라는 속담에 따라 재산을 사용할 것이다.

1263a30 지금도 이런 방식의 윤곽은 몇몇 국가에 남아 있는데, 이는 이런 방식이 불가능하지 않음을 암시한다. 특히 잘 관리되는 국가들에서는 이런 방식 중 일부는 이미 있고, 일부는 있을 수 있다. 각자가 자기 재산을 갖되 친구가 자기 재산을 사용하게 해주고, 친구의 재산을 공동의 재산으로 사용한다. 예컨대, 라케다이몬에서는 서로의 노예와 말과 개를 자기 것인 양 사용하고, 여행 중에 먹을 것이 필요하면 시골의 밭에 있는 것을 사용한다.

1263a37 따라서 분명히 재산은 사유하되 공동으로 사용하는 것이 더 좋다. 사람들을 이와 같은 자들로 만드는 것이 입법자의 고유한 임무이다.

1263a40 게다가 즐거움[49]과 관련해서도 무엇인가를 자기 것으로 간주하는 것은 이루 말할 수 없는 차이가 있다. 각자가 자기를 사랑하는 것은 헛된 것이 아니며 자연스러우니까. 그러나 이기적인 자기애(自己愛)[50]는 비난받는 것

49) ☞ hēdonē.

50) '자기애'(to philauton)에 대해서는 『니코마코스 윤리학』 IX 8 참조.

이 정당하다. 하지만 이기적인 자기애란 자기를 사랑하는 것이 아니라 정도 이상으로 자기를 사랑하는 것이다. 또한 돈을 사랑하는 사람도 마찬가지이다. 모든 사람은 자기 자신이나 돈과 같은 것을 사랑하기 마련이니까. 특히 친구나 손님이나 동료에게 호의를 베풀거나 이들을 돕는 것은 더할 나위 없이 즐겁다. 이런 일은 재산이 사유되어야 가능하다.

이런 일은 국가를 과도하게 하나의 통일체로 만드는 사람들에게는 일어나지 않는다. 게다가 이들은 명백히 두 가지 덕의 작용을 파괴한다. 여자와 관련된 작용은 절제에 속하고(절제 때문에 남의 아내를 가까이하지 않는 것은 고귀한 행위니까), 재산과 관련된 작용은 자유인다움에 속한다. 어떤 사람도 분명히 자유인답지 못할 것이고, 자유인다운 행위도 못할 테니까. 자유인다움의 작용은 재물의 사용에 달려 있으니 말이다. 1263b7

[……]

제3권

시민의 자격과 국가

시민의 정의(定義)

제1장

1274b32 각각의 정체[51]가 무엇이고, 그것이 어떤 특성을 갖고 있는지를 고찰하는 사람은 먼저 국가란 무엇인지를 살펴봐야 한다. 현재 이에 대해서는 논쟁이 있다. 왜냐하면 어떤 사람들은 행위의 주체가 국가라고 주장하는 반면에, 다른 사람들은 국가가 아니라 과두정이나 참주라고 주장하기 때문이다. 우리가 볼 때 정치가와 입법자의 모든 활동은 국가와 관련 있으며, 정체는 국가에 거주하는 사람들을 위한 일종의 질서이다.

1274b38 많은 부분으로 구성되고 전체를 이루는 다른 어떤 것과 마찬가지로 국가는 그런 구성원들로 이루어진 복합체이기 때문에,[52] 먼저 시민[53]을 탐구해야 한다는 것은 분명하다. 국가는 일종의 시민들 집단이니까. 따라서 누구를 시민으로 불러야 하고, 시민은 누구인지를 탐구해야 한다. 시민에 관한 논쟁이 종종 벌어진다. 동일한 사람을 놓고도 시민이라고 모두가 동의하지는 않으니까. 민주정에서는 시민인 사람이 과두정에서는 종종 시민이 아니다.

1275a5 예외적인 방식으로 시민의 칭호를 얻은 사람들, 예컨대 '만들어진' 시민들은 제쳐둬야 한다.[54] 어딘가에 거주한다고 해서 그곳의 시민이 되지는

---

51) ☞ politeia.

52) 복합체는 항상 부분들로 분해된다(1252a17-20).

53) '시민'(politēs).

않는다. 거류외인과 노예도 함께 거주하니까. 그리고 재판을 받거나 고소할 수 있는 법적인 권리를 갖는다고 해서 시민이 되지는 않는다. 국가 간에 조약이 체결된 다른 나라 사람들도 이런 권리를 갖는다. 많은 곳에서 거류외인들은 이런 권리를 완전하게 갖는 것은 아니지만, 반드시 후견인을 택해야만 어떻게든 불완전하게나마 이런 공동체에 참여한다.

나이가 안 차서 시민명부에 등재되지 못한 아이들과 의무에서 면제 1275a14
된 노인들은 어떤 의미에서는 시민이지만, 아주 완전한 의미에서는 시민이 아니라고 말해야 한다. 아이들에게는 '미성숙한'을, 노인들에게는 '전성기가 지난' 등을 덧붙여야 한다. 어떤 말이 덧붙여지는지는 아무런 차이를 가져오지 않는다. 우리가 무엇을 말하고자 하는지는 분명하니까. 우리는 완전한 의미의 시민, 즉 바로잡아야 할 아무런 결격사유가 없는 시민을 찾고 있다. 시민권을 박탈당한 사람들과 추방당한 사람들에게도 이러한 문제들이 제기되고 해결될 수 있다.

일차적인 시민의 자격

완전한 의미의 시민은 무엇보다도 재판과 관직에 참여[55]하는 사람으로 1275a22
정의(定義)된다. 일부 관직은 제한적인 것이라서 같은 사람이 같은 관직을 두 차례 맡을 수 없거나 일정 기간이 지나야 다시 맡을 수 있다. 다른 종류의 관직자는 무제한적인 관직자, 예컨대 재판관이나 민회의원[56]이다. 아마도 누군가는 이러한 사람들은 관직자가 아니며, 이들은 재판관이나 민회의원에 불과하기 때문에 관직에 참여하는 것이 아니라고 말할지 모른다. 물론 최고 권위를 가진 그런 사람들을 관직에서 배제하는 것은 우습지만, 여기에서 이것이 중요하지는 않다. 이것은 이름에 관한 논의에 불과하다. 재판관과 민회의원을 모두 포괄해 부를 공통 명칭이 없으니 말이다.

54) 이러한 사람들은 아마도 명예시민일 것이다.

55) '재판과 관직에 참여'(metechein kriseōs kai archēs).

56) '재판관'(dikastēs), '민회의원'(ekklēsiastēs).

구별을 위해 이런 관직을 '무제한적인 관직'이라 부르자. 따라서 우리는 무제한적인 관직에 참여하는 사람들을 시민으로 간주한다.

이 정의(定義)가 다른 정체들에 들어맞는다

1275a33 이것이 시민으로 일컬어지는 모든 사람에게 가장 잘 들어맞는 정의이다. 그러나 다음과 같은 사실을 잊어서는 안 된다. 밑바탕에 놓여 있는 기체(基體)들이 서로 종류가 달라 으뜸가는 것, 버금가는 것 등의 서열을 가질 경우에, 대상들도 서열을 갖는다.[57] 서열을 갖는 한에서 대상들 사이에는 공통점이 없거나 희박하게만 있다. 우리가 볼 때, 정체들은 서로 종류가 달라 어떤 정체는 열등하고, 어떤 정체는 우수하다. 잘못되고 타락한 정체들이 잘못되지 않은 정체들보다 더 열등할 수밖에 없으니까. 우리가 '타락한 정체들'을 어떤 의미로 말하는지는 나중에 분명해질 것이다.[58] 그래서 시민도 각각의 정체마다 다를 수밖에 없다.

1275b5 이런 이유에서 앞서 정의된 시민은 특히 민주정에서의 시민이고, 다른 정체들에서는 시민이 될 수 있긴 하지만 반드시 시민이 되지는 않는다. 일부 정체에서는 '민중'[59]이라고 불릴 수 있는 집단이 없어 민회가 아닌 비상소집회만 인정되며, 재판을 맡는 관직자가 사안별로 다르다. 예컨대, 라케다이몬에서는 계약에 관한 재판은 감독관마다 달리 맡고, 살인에 관한 재판은 원로원 의원마다 달리 맡으며, 아마도 다른 재판은 관직자마다 달리 맡는다. 카르타고의 경우도 이와 마찬가지이다. 일부 관직자가 모든 재

57) 시민('대상')의 밑바탕에 놓여 있는 정체('기체')들은 서로 종류가 달라 서로 간에 서열이 있으며, 시민들 사이에도 서열이 있다. 예컨대, 민주정의 시민과 과두정의 시민 사이에 서열이 있다.

58) III 6-7.

59) '민중'이라고 옮긴 'dēmos'는 아테네의 민주정의 경우 부족(phylē), 소부족(trittys, 부족의 1/3), 데모스(dēmos)로 이루어진 행정구조에서 최소 행정 단위를 가리킨다. 민주정의 토대를 마련한 클레이스테네스의 개혁을 통해 아테네를 포함하는 아티카 지역은 10개의 부족, 30개의 소부족, 150여 개의 'dēmos'로 구성되었다.

판을 맡기 때문이다.

그러나 시민의 정의는 수정될 수 있다. 왜냐하면 다른 정체들에서 재판 관과 민회의원은 무제한적인 관직자가 아니라 제한적인 관직자이기 때문이다. 이들 모두나 일부에게 모든 사안이나 일부 사안을 심의[60]하고 재판하는 임무가 부여되니까. 따라서 이로부터 누가 시민인지는 분명하다. 우리는 심의하거나 재판하는 관직에 참여할 자격을 가진 사람을 그 국가의 시민이라고 말하는데, 국가는 무조건적으로 말해 자족적인 삶을 위해 충분한 이와 같은 사람들로 구성된 집단이다. 1275b13

[……]

좋은 사람과 좋은 시민은 다르다고 여겨진다

제4장

방금 말한 것에 이어 고찰할 문제는 좋은 사람의 덕과 훌륭한 시민의 덕을 같다고 간주해야 하는지의 여부이다. 그러나 이 문제를 탐구해야 한다면, 먼저 대략적으로 시민의 덕을 파악해야 한다. 1276b16

선원이 공동체의 한 성원이듯이 시민도 공동체의 한 성원이라고 우리는 말한다. 선원들은 능력이 서로 달라 노잡이, 조타수, 망꾼 등의 이름을 갖는다. 선원들 각자의 탁월함에 대한 가장 정확한 규정은 각자마다 고유하겠지만, 선원들 모두에게 적절한 공통된 규정도 있다는 것은 분명하다. 모든 선원의 임무가 항해의 안전이고, 각 선원이 이것을 추구하니까. 이와 마찬가지로 시민들은 서로 다르지만, 시민들의 임무는 공동체의 안전이다. 그런데 공동체는 정체이다. 따라서 시민의 덕은 정체와 관련이 있어야 한다. 1276b20

만약 정체가 여럿이라면, 훌륭한 시민의 덕은 하나의 완전한 것일 수 없다는 것은 분명하다. 그런데 우리는 좋은 사람이란 하나의 완전한 덕을 1276b31

60) '심의'라고 옮긴 'bouleuesthai'는 정치적인 문제에 대한 '숙고'를 뜻한다. '숙고'에 대해서는 『니코마코스 윤리학』 III 3 참조.

지닌 사람이라고 말한다. 따라서 훌륭한 사람을 만들어내는 덕을 획득하지 않고서도 훌륭한 시민이 될 수 있다는 것은 명백하다.

1276b35 다른 방식으로 문제를 제기하더라도 가장 좋은 정체에 관해서는 동일한 논의에 도달할 수 있다. 그 이유는 다음과 같다. 국가가 훌륭한 사람들로만 구성되는 것이 불가능할지라도 각자는 자기 임무를 잘 수행해야 하는데, 이는 덕을 요구한다. 하지만 모든 시민이 똑같이 있는 것은 불가능하기 때문에 시민의 덕과 좋은 사람의 덕은 하나의 동일한 덕일 수 없다. 왜냐하면 모든 시민은 훌륭한 시민의 덕을 가져야 하지만(그래야만 국가가 가장 좋을 수밖에 없으니까), 훌륭한 국가의 시민들 모두가 좋은 사람이 아니라면 모든 사람이 좋은 사람의 덕을 갖는 것은 불가능하기 때문이다.

1277a5 게다가 국가는 이질적인 요소들로 구성되는데, 동물이 영혼과 신체로, 영혼은 이성과 욕망으로, 가정은 남편과 아내로, 재산은 주인과 노예로 구성되듯이 국가는 이들 모두와 그밖에 이질적인 종류의 사람들로 구성되기 때문에, 모든 시민의 덕은 동일할 수 없다. 이는 마치 합창가무단 지휘자의 탁월함과 평단원의 탁월함이 동일할 수 없는 것과 같다.

1277a12 따라서 이로부터 훌륭한 사람의 덕과 훌륭한 시민의 덕이 무조건적으로 같지 않다는 것은 분명하다. 그러나 훌륭한 시민의 덕과 훌륭한 사람의 덕이 일치하는 경우가 있을 것인가? 우리는 훌륭한 지배자는 좋고 실천적 지혜[61]를 갖지만, 시민은 반드시 실천적 지혜를 가질 필요는 없다고 말한다. 왕자들이 실제로 마술(馬術)과 전쟁술을 배우는 것처럼 어떤 사람들은 지배자의 교육이 출발부터 종류가 다르다고 주장한다. 에우리피데스는 “나에게는 허식이 아니라 …… 국가에 필요한 것”[62]을 말하는데, 지배자를 위한 교육이 따로 있다고 생각하기 때문이다.

1277a20 그러나 만약 좋은 지배자의 덕과 좋은 사람의 덕이 동일해도 피지배자

61) ☞ phronēsis.

62) 잃어버린 비극 『아이올로스』에서. 나우크, 『그리스 비극 단편들』 단편 16, 2-3행 일부.

또한 시민이라면, 사람의 덕은 시민의 덕과 무조건 동일한 것이 아니라 오직 특별한 종류의 시민의 덕과 동일할 것이다. 지배자의 덕과 시민의 덕은 다르니까. 아마도 이아손은 이런 이유에서 참주가 아닐 때는 굶주렸다고 말했는데,[63] 이는 그가 보통 사람으로는 살아갈 줄 몰랐음을 뜻한다.

그러나 어떤 경우에는 좋은 시민도 좋은 사람의 덕을 지닌다

그러나 지배하고 지배받는 능력은 칭찬받으며, 아마도 시민의 덕은 잘 **1277a**25
지배하고 지배받는 능력으로 보인다. 만약 우리가 좋은 사람의 덕은 지배하는 데 있지만, 시민의 덕은 지배하고 지배받는 데 있는 것으로 간주하면, 두 가지 덕이 같은 정도로 칭찬받을 만한 것은 아닐 것이다. 때때로 두 가지 견해, 즉 지배자와 피지배자는 같은 것이 아니라 다른 것을 배워야 한다는 견해와, 시민은 지배하고 지배받는 것 둘 다를 알고 둘 다에 참여해야 한다는 견해가 있기 때문에 다음의 논의를 살펴볼 수 있겠다.

주인의 지배가 있는데, 우리는 이것을 필수품과 관련된 지배라고 말한 **1277a**33
다. 지배자는 필수품을 만드는 법을 알 필요는 없고, 오히려 만드는 사람들을 부리는 법만 알면 된다. 필수품을 만드는 앎은 노예적인 것이다. 여기서 '필수품을 만드는 앎'이란 하인의 활동을 수행할 능력을 뜻한다. 그런데 우리는 여러 종류의 노예가 있다고 말한다. 여러 종류의 일이 있으니까. 수공 기술자들이 한 종류의 일을 담당한다. 이름 자체가 보여주듯이 이들은 자기 손으로 먹고 사는 사람들인데, 비천한 장인도 이들에 포함된다. 그래서 과거 일부 국가에서는 극단적인 민주정이 생길 때까지는 장인들이 관직에 참여하지 못했다. 따라서 좋은 사람이나 좋은 시민은 개인적인 필요의 충족을 위한 경우를 제외하고는 이처럼 지배받는 사람들의 일을 배워서는 안 된다. 왜냐하면 그렇지 않으면 한편은 주인이고, 다른 한편은 노예가 되는 일이 더 이상 일어나지는 않을 것이기 때문이다.

---

63) 이아손(기원전 380년~기원전 370년)은 테살리아에 있는 페라이의 참주였다.

1277b7 그러나 출생이 유사하고 자유로운 사람들에 대한 지배도 있는데, 우리는 이것을 정치적인 지배[64]라고 말한다. 지배자는 지배받음으로써 정치적인 지배를 배워야 한다. 이는 기병대 지휘관 밑에서 복무함으로써 기병대 지휘관이 되는 것을, 장군 밑에서 복무함으로써 장군이 되는 것을, 대대장이나 중대장 밑에서 복무함으로써 대대장이나 중대장이 되는 것을 배우는 것과 마찬가지이다. 따라서 "지배를 받지 않으면 잘 지배할 수 없다"라는 말도 잘 말해졌다.[65] 지배자와 피지배자의 덕은 서로 다르지만, 좋은 시민은 지배받고 지배하는 앎과 능력을 지녀야 하며, 지배와 피지배 양 측면에서 자유인들에 대한 지배를 아는 것이 시민의 덕이다.

1277b16 좋은 사람에게는 지배자의 덕과 피지배자의 덕 모두가 있다. 설사 지배자가 갖고 있는 절제와 정의가 피지배자의 것과는 다르더라도 그렇다. 왜냐하면 좋은 사람이 지배를 받지만, 자유인이라면 그의 덕(예컨대, 정의)은 하나가 아니라 지배하기 위한 덕과 지배받기 위한 덕이 서로 다르기 때문이다. 이는 남자와 여자가 서로 다른 절제와 용기를 갖고 있는 것과 같다. 남자가 용감한 여자만큼만 용감하면 그는 비겁해 보이고, 여자가 좋은 남자만큼만 절도 있으면 그녀는 수다스럽다고 보일 테니까. 그리고 남자와 여자의 가정관리술은 서로 다르다. 재산의 취득은 남자의 임무이지만, 재산의 보존은 여자의 임무이니까. 그런데 실천적 지혜는 지배자의 고유한 유일한 덕이다. 왜냐하면 다른 덕들은 지배자와 피지배자 모두에게 있어야만 하는 것 같지만, 피지배자의 덕은 실천적 지혜가 아니라 참된 의견이기 때문이다. 피지배자는 아울로스 제작자와 같고, 지배자는 아울로스를 사용하는 아울로스 연주자와 같으니까.[66]

1277b30 따라서 이로부터 좋은 사람의 덕과 훌륭한 시민의 덕이 같은지 다른지

---

64) '정치적인 지배'(politikē archē).

65) "네가 명령하기 전에 복종하는 법을 배워라"라는 취지의 격언을 솔론이 말한 것 같다.

66) 1282a17-23; 플라톤, 『국가』 429b-430c, 433c-d, 473c-480a, 601d-602b.

여부, 그리고 두 가지 덕이 어떻게 같고 어떻게 다른지는 분명하다.

[……]

정체들의 다양성

제 6 장

이런 문제들이 논의되었으니, 다음에는 정체가 한 가지만 있다고 여겨 1278b6
야 하는지 아니면 여러 가지가 있다고 여겨야 하는지, 정체가 여러 가지라면 그것들은 무엇이고, 얼마나 많이 있으며, 그것들 간에 어떤 차이가 있는지를 고찰해야 한다.

정체는 다른 관직들, 특히 모든 일에 최고 권위를 갖는 관직들로 이루 1278b8
어진 국가조직이다. 왜냐하면 모든 국가에서 통치조직[67]은 최고 권위를 갖는데, 통치조직이 정체이기 때문이다. 예컨대, 민주정에서는 민중이 최고 권위를 갖고, 과두정에서는 소수자가 최고 권위를 갖는다. 그리고 우리는 민주정과 과두정이 다르다고 말한다. 우리는 다른 정체들에 관해서도 동일한 방식으로 말할 것이다.

먼저 국가가 수립된 목적은 무엇인지, 몇 가지 종류의 지배가 인간 및 1278b15
생활 공동체와 관련되어 있는지를 제시해야 한다.

국가의 목적

가정관리와 주인의 지배를 규정했던 맨 처음의 논의에서 우리는 인간 1278b17
이 본성상 정치적인 동물이라고 이미 말했다.[68] 따라서 인간들은 서로의 도움이 필요 없을 때조차도 함께 살기를 갈망한다. 게다가 공동의 이익도 각자에게 고귀하게 사는 몫을 기여하는 정도에 따라 인간들을 결집한다. 따라서 고귀하게 사는 것이 공동체 전체에게도, 개인에게도 최고의 목적이다.[69] 그러나 인간들은 삶 자체를 위해서도 모이고, 국가 공동체를 함

67) '통치조직'(politeuma).

68) 1253a2.

께 유지한다. 왜냐하면 삶의 고난이 지나치게 크지 않는 한, 아마 삶 자체에도 고귀한 무엇인가가 들어 있기 때문이다. 분명히 많은 인간은 수많은 괴로움을 견디면서도 삶에 매달리는데, 왜냐하면 삶에는 어떤 안락함과 자연스러운 달콤함이 들어 있다고 믿기 때문이다.

여러 종류의 지배

1278b30 앞서 말했던 지배의 여러 형태들을 구별하기는 쉽다. 우리는 대중을 위한 저술에서 이것들에 관해 자주 논의했기 때문이다.[70] 비록 본성적인 노예의 이익과 본성적인 주인의 이익이 실제로는 같을지라도 주인의 지배는 주로 주인 자신의 이익을 위해 행사된다. 그러나 부수적으로 노예의 이익을 위해 행사되는데,[71] 왜냐하면 노예가 소멸되면 주인의 지배는 유지될 수 없기 때문이다.

1278b37 가정관리술이라고 불리는 처자와 가정 전체에 대한 지배는 피지배자의 이익 또는 지배자와 피지배자 둘 다의 이익을 위해 행사된다. 우리가 의술과 체육 같은 다른 기술들에서 보듯이 이런 지배는 본래 피지배자의 이익을 위해 행사된다. 그러나 부수적으로는 지배자의 이익을 위해 행사될 수 있다. 왜냐하면 선장이 항상 선원들 가운데 한 명이듯이 체육 선생도 가끔은 훈련받는 사람들 가운데 한 명일 수 있기 때문이다. 따라서 체육 선생이나 선장은 피지배자들의 좋음을 겨냥하지만, 자신도 이들 가운데 한 명이 되면 부수적으로 이익을 본다. 왜냐하면 이런 경우에 선장은 선원이고, 체육 선생은 체육 선생인 동시에 훈련받는 사람들 가운데 한 명이기 때문이다.

---

69) VII 1-3.

70) 이 언급은 『정치학』보다는 대중을 위해 쓰인 아리스토텔레스의 유실된 작품을 가리킬 것이다.

71) 주인은 자기 노예들의 생존을 보장해주고 건강을 지켜줄 이유가 있는데, 왜냐하면 이렇게 해야 주인 자신에게 이익이 되기 때문이다(1252a31-34, 1254b15-1255a3, 1255b5-15).

정치적인 지배의 적절한 목적

따라서 국가가 시민들의 동등함과 유사함에 입각해 세워졌을 때, 시민들은 정치적인 관직들[72]을 번갈아가면서 맡는 것이 옳다고 생각한다. 예전에는 이렇게 하는 것이 자연스러웠는데, 시민들은 번갈아가면서 국가에 봉사하고, 이전에 자기가 관직에 있었을 때 다른 사람의 이익을 겨냥했듯이 이번에는 다른 사람이 자기의 좋음을 겨냥하는 것이 옳다고 생각했다. 그러나 요즈음 사람들은 국고와 관직에서 생기는 이익 때문에 관직을 계속해 맡고 싶어 하는데, 이는 마치 아프다가도 관직만 맡으면 항상 건강해지는 것과 같다. 아마도 이들은 이런 식으로 관직을 추구했을 것이다. **1279a**8

따라서 공공의 이익을 겨냥하는 정체들은 모두 단적인 정의(正義)에 따라 올바른 정체이지만, 지배자의 이익만을 겨냥하는 정체들은 모두 잘못된 정체이고, 올바른 정체로부터 타락한 정체라는 것은 분명하다. 이런 정체들은 주인의 지배와 같은 정체이지만, 국가는 자유인들로 구성된 공동체이기 때문이다. **1279a**17

정체들의 분류

제7장

이런 문제들이 규정되었으므로 정체들이 몇 가지이고 그것들이 무엇인지를 그다음으로 고찰한다.[73] 먼저 올바른 정체들을 고찰한다. 이 정체들이 무엇인지 밝혀지면, 타락한 정체들도 분명하게 밝혀질 것이기 때문이다. **1279a**22

정체와 통치조직은 동일한 것을 의미하고[74] 통치조직이 국가에서 최고 권위를 가지므로 한 사람 또는 소수 또는 다수가 최고 권위를 가질 수밖에 없다. 한 사람 또는 소수 또는 다수가 공익을 위해 지배하면 이런 정체 **1279a**25

72) '정치적 관직'(politikai archai).

73) 1274b32-33.

74) 1278b11.

들은 올바를 수밖에 없지만, 한 사람 또는 소수 또는 다수의 사익을 위한 정체들은 타락할 수밖에 없다. 왜냐하면 정체에 참여하는 사람들이 시민으로 불려서는 안 되거나 또는 시민들은 이익을 공유해야 하기 때문이다.

1279a32 우리는 한 사람이 지배하는 정체들 중에서 공익을 염두에 두는 정체를 왕정이라고, 한 사람 이상의 소수가 지배하는 정체들 중에서 그러한 정체를 귀족정이라고 부르곤 하는데, 가장 좋은 사람들이 지배하기 때문이거나 국가와 그 성원들에게 가장 좋은 것을 위해 지배하기 때문이다. 대중이 공익을 위해 통치할 때, 정체는 모든 정체에 공통된 이름, 즉 시민정[75]이라고 불린다. 이는 합당하다. 왜냐하면 한 사람이나 소수자는 덕에서 뛰어날 수 있지만, 다수자는 모든 덕에서 완벽하게 있기가 어렵기 때문이다. 예외적으로 군사적인 덕에서 완벽하게 있는데, 이것은 다수에게서 생기기 때문이다. 따라서 시민정에서는 방어하는 집단이 최고 권위를 갖고, 무기 소유자들이 정체에 참여한다.

1279b4 앞서 말한 정체들로부터 타락한 정체는 왕정으로부터 참주정이고, 귀족정으로부터 과두정이며, 시민정으로부터 민주정이다. 왜냐하면 참주정은 지배자 한 사람의 이익을 위한 한 사람이 지배하는 정체이고, 과두정은 부자들의 이익을 염두에 두며, 민주정은 가난한 사람들의 이익을 염두에 두기 때문이다. 그러나 이들 중 어느 정체도 공동체에 이익이 되는 것을 염두에 두지 않는다.

---

75) 시민정은 그리스어로는 'politeia'인데, 일반적으로는 '폴리테이아'를 '정체'로 번역한다. 왕정(basileia), 귀족정(aristokratia), 시민정 등을 포괄하는 정체도 '폴리테이아'이고, 정체들 가운데 하나인 시민정도 '폴리테이아'이다. 여기서 '폴리테이아'는 특정한 정체를 가리키기 때문에 '시민정'으로 번역한다. '시민정'은 흔히 '혼합정' 또는 '제헌정'으로 번역되는데, 왕이 지배하는 정체가 '왕정'이고, 귀족이 지배하는 정체가 '귀족정'이듯이 이 정체는 시민이 지배하는 정체이기 때문에 '시민정'으로 번역한다. ☞ politeia.

정체들의 분류에 관한 더 많은 질문

제8장

앞서 말한 각각의 정체가 무엇인지를 좀더 상세히 논해야 한다. 몇 가지 문제가 있기 때문이다. 행위에만 초점을 맞추지 않고 각각의 주제를 철학적으로 탐구하는 사람에게 적절한 것은 아무것이나 간과하거나 빠뜨리지 않고 각각에 관한 진리를 분명하게 드러내는 것이다. **1279b**11

앞서 말했듯이 참주정은 주인이 지배하듯이 국가 공동체를 지배하는 한 사람의 지배이다. 재산 소유자들이 정체에서 최고 권위를 가진 정체는 과두정이고, 재산을 소유하지 못한 가난한 사람들이 최고 권위를 가진 정체는 민주정이다. **1279b**16

첫 번째 문제는 정의(定義)와 관련된다. 다수가 부자이고 국가에서 최고 권위를 갖는데, 대중이 최고 권위를 가진 정체를 민주정이라고 해보자. 마찬가지로 가난한 사람들이 부자들보다 수는 적지만 더 강하고 정체에서 최고 권위를 갖는데도, 소수가 최고 권위를 가진 정체를 과두정이라고 말해보자. 이 경우에 정체들에 대한 정의는 제대로 이루어지지 않은 것으로 보일 것이다. **1279b**20

게다가 비록 누군가가 한편으로는 부와 소수를, 다른 한편으로는 가난과 대중을 결합해 이를 기준으로 하여 정체를 부를지라도, 즉 소수인 부자들이 지배하는 정체는 과두정이라고, 대중인 가난한 사람들이 지배하는 정체는 민주정이라고 부를지라도 다른 문제가 발생한다. 만약 앞서 말했던 정체들 이외에 다른 정체가 없다면, 우리는 방금 전에 말한 정체들, 즉 부자들이 다수이고 최고 권위를 갖는 정체와 가난한 사람들이 소수이고 최고 권위를 갖는 정체를 무엇이라고 부를 것인가? **1279b**26

지금 논의는 어디서나 부자들이 소수이고 가난한 사람들이 다수이기 때문에, 소수가 과두정에서, 다수가 민주정에서 최고 권위를 갖는 것은 부수적임을 분명히 보여주는 것 같다. 따라서 앞서 말한 이유가 민주정과 과두정이 서로 다른 이유는 아니다. 이 두 정체가 서로 다른 이유는 가난과 부(富)이다. 소수든 다수든 간에 부 때문에 지배하면 과두정이고, 가난 **1279b**34

한 사람들이 지배하면 민주정일 수밖에 없다. 그러나 우리가 말했듯이 부자들은 소수이고, 가난한 사람들은 다수이다. 소수만 부유한 반면에, 모든 사람이 자유를 누리기 때문이다. 이런 이유에서 과두정 지지자들과 민주정 지지자들은 정체에 관해 논쟁을 벌인다.

정의(正義)에 대한 다양한 견해들이 다양한 정체들의 기초이다

제 9 장

1280a7 먼저 과두정에 대한 정의(定義)와 민주정에 대한 정의가 무엇이라고 말해지는지, 그리고 과두정의 정의(正義)와 민주정의 정의가 무엇인지를 파악해야 한다. 왜냐하면 과두정 지지자들과 민주정 지지자들 모두 특정한 의미의 정의(正義)에는 손을 대지만 어느 정도까지만 그러할 뿐이며, 주된 의미에서 정의를 전체로서 말하지는 못하기 때문이다. 예컨대, 정의는 동등함인 것처럼 보이고 실제로 동등함이지만, 모두가 아니라 동등한 사람들에게만 그렇다. 동등하지 않음도 정의인 것처럼 보이고 실제로 정의이지만, 모두가 아니라 동등하지 않은 사람들에게만 그렇다.[76] 그러나 이들은 '누구에게'를 누락한 채 잘못 판단한다. 판단은 자기 것과 관련해 이루어지는데, 대다수의 사람들은 자기 것과 관련해 판단을 형편없이 하기 때문이다.

1280a16 앞서 『윤리학』에서 말했듯이[77] 정의(正義)는 어떤 사람들에 대한 정의이고 '분배되는 사물'과 '분배받는 사람'에 대해 동일한 방식으로 나누어지기 때문에, 과두정 지지자들과 민주정 지지자들은 '분배되는 사물'의 동등함에는 서로 동의하지만 '분배받는 사람'의 동등함에 대해 의견이 다르다. 이는 주로 방금 전에 말했던 것, 즉 사람들이 자기와 관련된 것들을 잘못 판단하기 때문이고, 또한 과두정 지지자들과 민주정 지지자들이 어

76) 민주정 지지자들은 첫 번째 정의(正義)를 말하고, 과두정 지지자들은 두 번째 정의를 말한다.

77) 『니코마코스 윤리학』 V 3.

느 정도까지는 특정한 의미의 정의를 말하면서도 단적인 정의를 말한다고 믿기 때문이다. 왜냐하면 과두정 지지자들은 어떤 측면(예컨대, 부)에서 동등하지 않으면 전적으로 동등하지 않다고 생각하는 반면에, 민주정 지지자들은 어떤 측면(예컨대, 자유)에서 동등하면 전적으로 동등하다고 생각하기 때문이다.

정의에 대한 올바른 견해는 국가의 목적에 대한 올바른 견해에 의존한다

그러나 이들은 가장 중요한 것을 말하지 않는다. 만약 사람들이 재물을 1280a25
위해 함께 모여 공동체를 형성한다면, 재산에 비례해 국가에 참여할 것이다. 따라서 과두정 지지자들의 주장은 강력하다고 여겨질 것이다. 왜냐하면 100므나[78] 가운데 오직 1므나만 기여한 사람이 99므나를 기여한 사람과 원금이든 이자든 간에 동등한 몫을 나눠 갖는 것은 정의롭지 않기 때문이다.

그러나 국가는 오직 살기 위해서만 있지 않고 오히려 잘 살기 위해 있 1280a31
다. 그렇지 않으면 노예들과 동물들의 국가도 있을 것이다. 그러나 이는 사실이 아닌데, 왜냐하면 노예들과 동물들은 행복에도 선택에 근거한 삶에도 참여하지 않기 때문이다.

국가의 목적은 동맹의 목적과는 구별되어야 한다

국가는 사람들이 누군가로부터 불의를 당하는 것을 방지하기 위한 동 1280a34
맹을 위해서도 있지 않고, 교역과 상호 거래 때문에도 있지 않다. 그렇지 않으면 튀르레이아인들과 카르타고인들, 더 나아가 상호 조약을 맺은 사람들 모두는 한 국가의 시민처럼 되었을 것이다. 적어도 이들은 수입에 관

78) 므나(mna)는 그리스의 화폐 단위이다. 1므나는 100드라크메(drachmē)인데, 당시에 건장한 사람의 하루 수당은 1드라크메였다. 그리고 1드라크메는 6오볼로스(obolos)에 해당한다.

한 협약, 부당행위 방지 조약, 동맹에 관한 공식 문서를 갖고 있다. 그러나 이들 모두에게는 이런 업무를 관장하는 공동의 관직은 없으며, 국가마다 관직이 다르다. 한 국가의 사람들은 다른 국가의 사람들이 어떠한 사람이 되어야 하는지에도 신경을 쓰지 않고, 협약을 맺은 사람들 가운데 어느 누구도 불의하거나 사악해지지 않도록 하는 데에도 신경을 쓰지 않으며, 오직 서로에게 불의를 범하지 않도록 하는 데만 신경을 쓴다. 그러나 좋은 정부에 신경을 쓰는 사람들은 정치적인 덕과 악덕을 주의 깊게 고려한다.

1280b6 이로부터 이름만 국가가 아니라 명실상부한 국가는 덕에 관심을 가져야 한다는 것이 분명하다. 그렇지 않으면 공동체는 서로 멀리 떨어져 있는 성원들로 구성된 다른 동맹들과는 장소에서만 차이가 나는 동맹이 된다. 이 경우에 법은 협약이고, 소피스트 뤼코프론[79]이 말했듯이 정의를 서로에게 보증하지만 시민들을 좋고 정의롭게 만들 수 있는 그런 종류의 것은 아니다.

1280b12 분명히 이는 사실이다. 비록 누군가가 메가라인들의 국가와 코린토스인들의 국가의 영토를 하나로 합쳐 성벽이 서로 붙게 만들지라도 두 국가가 한 국가로 되지는 않을 것이다. 두 국가의 시민들이 서로 혼인하더라도 마찬가지이다. 물론 혼인은 국가에 고유한 공동체 구성 형식 가운데 하나이지만 말이다. 마찬가지로 어떤 사람들이 서로 떨어져 살지만 아무것도 공유할 수 없을 만큼 서로 멀리 떨어져 있지 않고, 거래할 때는 서로에게 불의를 범하지 말라는 법이 있다고 치자. 예컨대, 어떤 사람은 목수, 어떤 사람은 농부, 어떤 사람은 제화공 등 이와 같은 사람의 수가 1만 명이었다고 치자. 그렇다 할지라도 이들이 교역과 동맹 같은 것들만 공유한다면, 국가가 성립되지는 않을 것이다.

1280b23 도대체 왜 그런가? 실로 이들의 공동체가 서로 떨어져 있기 때문에 국

79) 뤼코프론의 생존 연대는 불분명하며, 아마도 고르기아스의 제자일 것이다.

가가 되지 않는 것이 아니다. 이들이 함께 모여 이와 같은 공동체를 형성해 각자가 자기 가정을 국가처럼 여기고 방어 동맹이 있는 것처럼 오직 불의를 범한 사람들에게 맞서 서로 돕더라도 이들이 함께 모여 있으나 떨어져 있으나 교류 방식이 똑같다면, 엄밀하게 탐구하는 사람들은 이들의 공동체를 국가로 여기지는 않을 것이다.

국가의 참된 목적

따라서 분명히 국가는 장소의 공동체도 아니고, 서로에게 불의를 범하 **1280b**29
는 것을 방지하는 공동체도 아니며, 상거래를 위한 공동체도 아니다. 하지만 국가가 존재하려면, 이것들은 반드시 있어야 한다. 그러나 이것들이 모두 있더라도 곧바로 국가가 존재하는 것은 아니다. 국가는 잘 삶을 위한 공동체로서 완전하고 자족적인 삶을 위해 가정들과 가문들에 있다. 이는 사람들이 동일한 한 장소에 거주하고 서로 혼인을 하지 않는다면 불가능하다. 이런 이유에서 국가마다 혼인관계, 씨족, 제의, 공동의 여가활동이 생겨났다. 이와 같은 것은 친애의 산물이다. 함께 사는 것에 대한 선택은 친애에서 성립하니까.

따라서 국가의 목적은 잘 사는 것이며, 혼인관계, 씨족, 제의, 공동의 여 **1280b**39
가활동은 국가의 목적을 위해 존재한다. 국가는 완전하고 자족적인 삶을 위한 가문들과 마을들의 공동체이다. 우리가 말하듯이 이 삶은 행복하게 잘 사는 것이다. 국가 공동체는 함께 살기 위해서가 아니라 고귀한 행위들을 위해 존재한다고 설정되어야 한다.

정의에 대한 경합적인 생각들의 귀결

이런 이유에서 국가 공동체에 가장 많이 기여한 사람들이, 자유와 가 **1281a**4
문에서는 동등하거나 우월하지만 정치적인 덕에서는 열등한 사람들이나 부에서는 우월하지만 덕에서는 열등한 사람들보다는 국가에서 더 많은 몫을 차지한다.

따라서 정체에 관해 논쟁을 벌이는 과두정 지지자들과 민주정 지지자 **1281a**8

들 모두 정의(正義)의 한 부분에 관해서만 주장한다는 것은 앞서 말했던 것들로부터 분명하다.

[……]

다수 지배의 경우

제11장

1281a39 다른 견해들은 다음 주제의 논의로 남겨두기로 하자.[80] 그러나 가장 좋은 사람들인 소수보다는 오히려 대중이 주도해야 한다는 견해가 주장되는데, 비록 이 견해가 난점을 갖고 있긴 해도 아마도 참인 것으로 여겨질 수 있다.

1281a42 비록 다수 각자가 훌륭한 사람은 아니지만, 다수가 함께 모였을 때 소수인 가장 좋은 사람들보다 더 좋을 수 있는데, 각자로서 그런 것이 아니라 전체집합으로서 그렇다. 이는 마치 다수가 추렴한 식사가 한 사람이 지불한 식사보다 더 좋은 것과 같다. 다수가 있을 경우에 이들 각자는 덕과 실천적 지혜의 부분을 갖지만, 다수가 함께 모이면 마치 많은 발과 많은 손과 많은 감각을 지닌 한 사람처럼 되고, 성격과 사유에서도 이와 마찬가지이다. 이런 이유에서 다수는 시가 작품과 시인의 작품을 더 잘 판단한다. 왜냐하면 사람마다 잘 판단하는 부분은 다른데, 다수 전체가 전체를 더 잘 판단하기 때문이다.

1281b10 그러나 이런 점에서 훌륭한 사람들은 다수 각자보다는 우월하다. 이는 잘생긴 사람들이 못생긴 사람들보다 우월하고, 기술적으로 그려진 그림이 실물보다 우월하다고 말해지는 것과 같다. 이 경우에 흩어져 분리되어 있던 것들이 한데 모인다는 점에서 그렇다. 물론 개별적으로 보면 이 사람의 눈과 누군가의 어떤 부분이 그려진 부분보다 더 아름답긴 하다.

1281b15 그러나 모든 민중과 모든 대중[81]과 관련해 소수인 훌륭한 사람들에 대

80) III 12-13.

81) '민중'(dēmos), '대중'(plēthos).

한 다수의 우월함이 가능한지는 불분명하다. 제우스께 맹세코, 아마도 어떤 사람들의 경우에 불가능하다는 것은 분명하다. 그렇지 않으면 동일한 논의가 짐승들에게도 적용될 수 있으니까. 실제로 어떤 사람들과 짐승들 사이에 무슨 차이가 있는가? 그러나 어떤 대중이 우월하다고 말해진 것은 참이다.

이런 이유에서 누군가는 앞서 말한 문제 말고도 이와 연관된 문제, 즉 "자유인과 시민 대중이 어떤 업무에서 주도해야 하는가?"라는 문제를 해결할 수 있다. 그런데 자유인과 시민 대중은 부자도 아니고, 덕을 근거로 요구할 수 있는 것을 아무것도 갖고 있지 않다. 한편으로 이들이 최고 관직에 참여하는 것은 안전하지 않다. 이들은 불의하기 때문에 불의를 저지르고, 실천적 지혜가 없기 때문에 잘못을 범하니까. 다른 한편으로 이들이 관직을 나눠 갖지 않고 그것에 참여하지 못하는 것은 위험하다. 많은 사람이 관직에서 배제되고 가난할 때, 국가는 적들로 가득 찰 수밖에 없으니까. **1281b**21

따라서 남은 것은 이들이 심의와 판결에 참여하는 것이다. 이런 이유에서 솔론과 일부 입법자들은 관직자 선출과 관직자 감사 권한을 이들에게 부여하되 이들이 스스로 관직을 맡는 것은 허용하지 않는다.[82] 왜냐하면 이들 모두가 함께 모이면 충분한 지각을 갖게 되고, 더 좋은 사람들과 혼합되면 국가를 이롭게 하기 때문이다. 이는 마치 조리가 되지 않은 음식과 조리가 된 음식을 섞은 것이 조리가 되지 않은 음식이 소량일 때보다 음식 전체를 더 쓸모 있게 만드는 것과 같다. 그러나 각자가 따로따로일 때는 판단하는 데 불완전하다. **1281b**31

다수자 지배의 정당화에 관한 난점

그러나 이런 정체의 질서가 지닌 첫 번째 난점은, 누가 의술을 올바르게 **1281b**38

82) 1274a15-21.

행했는지를 판단하는 일과 의술을 행해 병에 걸린 환자를 건강하게 만드는 일이 동일한 사람, 즉 의사가 하는 일이라고 여겨질 수 있다는 것이다. 이는 다른 경험과 기술의 경우에도 마찬가지이다. 따라서 마치 의사가 의사들 사이에서 감사를 받아야 하는 것처럼 다른 사람들도 자기와 비슷한 사람들 사이에서 감사를 받아야 한다.

1282a3 하지만 '의사'라는 말은 개업의와 전문의와 세 번째로 의술 교육을 받은 사람에게 적용된다. 실로 거의 모든 기술에는 세 번째 종류의 사람들이 있다. 우리는 아는 사람들 못지않게 교육받은 사람들에게도 판단할 권리를 부여한다.

1282a7 그다음으로 선출의 경우에도 이와 마찬가지라고 여겨질 수 있다. 올바르게 선출하는 것은 아는 사람들이 할 일이니까. 예컨대, 기하학자를 선출하는 것은 기하학에 능통한 사람들의 일이고, 조타수를 선출하는 것은 조타술에 능통한 사람들의 일이다. 비록 일부 문외한들도 어떤 일과 기술에서는 선출에 참여하겠지만, 아는 사람들보다 더 많이 참여하지는 않는다. 따라서 이 논의에 따르면, 대중은 관직자 선출에서도 감사에서도 주도해서는 안 된다.

1282a14 그러나 아마도 이 모든 주장들이 잘 들어맞는 것은 아니다. 첫째, 대중이 지나치게 노예와 같지 않은 한에서 앞에서 한 논의는 타당하다. 왜냐하면 다수 각자는 아는 사람들보다는 판단을 잘 내리지 못하더라도 모두가 함께 모이면 더 낫거나 그에 못지않은 판단을 내릴 것이기 때문이다. 둘째, 몇몇 기술 분야에서는 기술이 없는 사람들도 제품을 아는데, 제작자만 유일하게 판단하는 것도 아니고 가장 잘 판단하는 것도 아니다. 예컨대, 집의 제작자가 집을 알 뿐만 아니라 집의 사용자[83]는 더 잘 판단하고, 조타수가 목수보다 키를 더 잘 판단하며, 요리사보다 손님이 잔치를 더 잘 판단한다.[84] 따라서 아마도 이 난점이 이런 식으로 충분히 해결된

83) 즉 가정관리자.

84) 1277b25-30.

다고 여기는 사람이 있을 수 있다.

그러나 이와 연관된 다른 난점이 있다. 왜냐하면 현명한 관직자들보다 1282a24
열등한 사람들이 더욱 중요한 사안들에서 주도하는 것은 이상하다고 여겨지기 때문이다. 감사와 관직 선출은 매우 중요하다. 앞서 말했듯이, 몇몇 정체에서는 감사와 관직 선출이 민중에게 부여된다. 민회가 이와 같은 모든 사안에서 주도하니까. 낮은 재산 등급에 있고 일정 연령에 도달한 사람은 누구든지 민회에 참여하고 심의하며 재판하지만, 높은 재산 등급에 있는 사람만이 재무관이나 장군이 되고 최고 관직을 맡는다.

이 난점도 동일한 방식으로 해결할 수 있을 것이다. 아마 이런 것들도 1282a32
옳기 때문이다. 지배자는 재판관, 협의회의원, 민회의원이 아니라 법정, 협의회, 민중이며, 앞서 말한 사람들 각자는 이것들의 부분이니까. 나는 '부분'으로 협의회의원, 민회의원, 재판관을 말한다. 따라서 대중이 더 중요한 사안들에서 주도하는 것은 정당하다. 민중과 협의회와 법정은 다수로 구성되어 있으니까. 그리고 이 모든 사람의 재산 규모는 고위 관직을 맡고 있는 사람들(한 사람이나 소수)의 재산 규모보다 더 크다. 따라서 이 난점은 이런 식으로 해결된 것으로 치자.

앞서 언급한 첫 번째 난점[85]이 분명히 밝혀주는 것은 올바르게 제정된 1282b1
법이 주도권을 행사해야 한다는 것과, 법은 모든 것에 관해 보편적으로 규정하기가 쉽지 않기 때문에 법이 정확하게 진술할 수 없는 것에 관해서만 지배자(한 사람이나 다수)가 주도해야 한다는 것이다. 물론 올바르게 제정된 법들이 어떠한 것이어야 하는지는 여전히 불분명하며, 앞에서 제기된 난점은 여전히 남아 있다.[86] 그러나 법은 정체와 동일하게 열등하거나 훌륭하고, 정의롭거나 부정의할 수밖에 없다. 적어도 분명한 것은 법이 정체에 맞게 제정되어야 한다는 것이다. 그럴 경우에 올바른 정체에 상응하는 법은 정의롭고, 타락한 정체에 상응하는 법은 정의롭지 않을 수밖에 없다

85) III 10에서 제시된 "국가의 어떤 부분이 주도해야 하는가?"라는 난점.

86) 1281a34-39.

는 것이 분명하다.

정치적인 분배의 정의(正義)

제12장

1282b14 모든 앎과 기술에서 목적은 좋음이기 때문에 최고의 좋음은 최고의 앎과 기술에 있는데, 이것이 정치와 관련된 능력이다. 정치적인 좋음은 정의(正義)이며, 정의는 공공의 이익이다. 모든 사람들은 정의를 일종의 동등함으로 여기며, 우리가 윤리적인 문제를 다루었던 철학적인 논의에 어느 정도까지는 동의한다.[87] 그들은 정의란 '무엇'을 '누구'에게 분배하는 것과 관련된 것이며, 동등한 사람들에게는 동등한 것을 분배해야 한다고 말하기 때문이다. 그러나 동등함이 어떠한 것과 관련해 성립하고, 어떠한 것과 관련해 성립하지 않는지를 간과해서는 안 된다. 이는 난점과 정치철학을 불러일으키니까.

1282b23 아마도 누군가는 사람들이 다른 점에서는 아무런 차이가 없고 비슷하더라도 어떤 좋음에서 우월하다면, 관직이 동등하지 않게 분배되어야 한다고 말할 수 있다. 왜냐하면 사람의 차이에 따라 그에 맞는 정의로운 것과 가치에 따르는 것도 차이가 나야 하기 때문이다. 그러나 만약 이것이 사실이라면, 얼굴색이나 키나 어떤 좋음에서 우월한 사람들은 정치적인 정의를 더 많이 가질 것이다.

1282b30 이것은 명백하게 거짓 아닌가? 이는 다른 앎과 능력의 경우에는 분명하다. 기술적으로 비슷한 아울로스 연주자들 가운데 출생이 더 좋은 사람에게 더 좋은 아울로스를 줘서는 안 된다. 이들이 아울로스 연주를 더 잘 하지는 않을 것이니까. 연주를 우월하게 잘 하는 사람에게 더 우월한 도구가 주어져야 한다.

1282b34 비록 지금까지 말한 것이 아직까지는 분명하지 않더라도 논의를 계속

87) 『니코마코스 윤리학』 1131a9-b24.

진행하면 명확해질 것이다. 누군가가 아울로스 연주는 우월하지만 출생이나 아름다움은 매우 열등할 경우에, 비록 이것들 각각(출생과 아름다움)이 아울로스 연주보다 더 좋은 것이고, 그가 아울로스 연주에서 우월한 것 이상으로 이것들 각각이 아울로스 연주보다 우월할지라도 그에게 더 좋은 아울로스를 줘야 한다. 왜냐하면 부와 출생의 우월함이 연주에 기여해야 할 것 같지만, 실제로는 전혀 기여하지 못하기 때문이다.

게다가 이 논의에 따르면, 모든 좋음은 서로 비교될 수 있다. 왜냐하면 **1283a3** 만약 특정 크기의 키가 더 좋으면, 일반적으로 키는 부나 자유와 경쟁을 벌일 것이기 때문이다. 따라서 만약 어떤 사람이 덕에서 뛰어난 것 이상으로 다른 사람이 키에서 더 많이 뛰어나면, 비록 일반적으로는 덕이 키보다 우월할지라도 모든 좋음은 비교될 수 있을 것이다. 왜냐하면 만약 키나 덕에서 양적인 차이가 성립한다면, 분명히 둘의 우열이 사라지는 양이 있을 것이기 때문이다.

그러나 이는 불가능하기 때문에, 분명히 정치적인 사안의 경우에도 같 **1283a9** 지 않은 점들을 모두 따져 관직에 대한 논쟁을 벌이는 것은 합당하지 않다. 왜냐하면 어떤 사람이 느리고 다른 사람이 빠르다고 해서 이 때문에 후자가 더 많이 갖고 전자가 더 적게 가져야 할 이유는 없기 때문이다. 운동 경기에서는 빠른 사람의 우월함이 명예를 얻는다. 논쟁은 국가의 구성원을 놓고서 이루어질 수밖에 없다.

이런 이유에서 출생이 좋은 사람들, 자유인들, 부자들이 관직을 요구하 **1283a16** 는 것은 합당하다. 관직자는 자유인이고 납세자여야 하니까. 국가는 완전히 가난한 사람만으로도 구성될 수 없고, 마찬가지로 노예만으로도 구성될 수 없다. 그런데 만약 자유인과 납세자가 필요하면, 정의(正義)와 정치적인 덕도 필요하다는 것은 분명하다. 왜냐하면 국가는 이것들 없이는 운영될 수 없기 때문이다. 국가는 자유민과 납세자 없이는 존립할 수 없고, 정의와 정치적인 덕 없이는 잘 운영될 수 없으니까.

[……]

제7권

가장 좋은 국가와 가장 좋은 정체

정치학자는 행복의 개념으로부터 시작해야 한다

제1장

1323a14 적합한 방식으로 가장 좋은 정체를 탐구하려는 사람은 먼저 가장 바람직한 삶이 무엇인지를 규정해야 한다. 왜냐하면 만약 가장 바람직한 삶이 불분명하면, 가장 좋은 정체가 무엇인지도 불분명할 수밖에 없기 때문이다. 말도 안 되는 일이 일어나지 않는 한, 주어진 상황에서 가장 좋은 정체에 사는 사람들이 가장 잘 지내는 것이 당연하니까. 이런 이유에서 먼저—어떤 삶이 각자에게—, 가장 바람직한지에 관해,[88] 그다음으로는 공동체에 가장 바람직한 삶이 개인에게 가장 바람직한 삶과 동일한지 여부에 관해 동의가 이루어져야 한다. 따라서 가장 좋은 삶에 관해서는 대중을 위한 작품에서 충분히 많은 것을 말했다고 생각하기 때문에 이제는 이를 활용해야 한다.

다른 종류의 좋음들은 행복에서 중요하다

1323a24 실제로 좋음들을 분류하는 하나의 방식에 따르면, 세 가지 종류의 좋음, 즉 외적인 좋음, 신체의 좋음, 영혼의 좋음이 있기 때문에, 축복받은 사람이 이 세 가지 모두를 가져야 한다는 데 어느 누구도 문제삼지는 않을 것이다. 왜냐하면 용기, 절제, 정의, 실천적 지혜를 전혀 갖지 못해 주

88) 국가에 참여하는 것은 절대적으로 모두를 위해 가장 바람직한 것은 아니다(1324a18-19).

변을 날아다니는 파리를 두려워하고, 먹거나 마시기를 욕망하면 극단적인 것을 삼가지 못하며, 1/4오볼로스를 위해 가장 친한 친구들을 망치고, 마찬가지로 어린아이나 미친 사람처럼 어리석고 기만당하는 마음을 가진 사람을 어느 누구도 복이 있는 사람이라고 말하지는 않을 것이기 때문이다.

덕은 가장 중요한 좋음이다

그러나 거의 모든 사람이 방금 말한 것들에는 동의해도 무엇을 얼마만큼 우선적으로 가져야 하는지에 관해 의견 차이를 보인다. 왜냐하면 덕은 어느 정도만 가져도 충분하다고 여기는 반면에 부, 재산, 권력, 명성 등 이와 같은 모든 것은 무한히 추구하기 때문이다. 우리는 이 문제에 관해서는 실제 사실들을 통해 쉽게 납득할 수 있다고 그들에게 말할 것이다. **1323a**34

우리는 덕들이 외적인 좋음들에 의해 획득되고 보존되는 것이 아니라 이와 반대인 것을 본다. 그리고 사람에게 행복한 삶[89]이 즐김에 있든 덕에 있든 둘 다에 있든지 간에 행복한 삶은 필요 이상으로 외적인 좋음을 소유하지만, 성격과 지성에서 부족한 사람보다는 성격과 지성을 넘칠 정도로 잘 갖추고 적절한 정도로 외적인 좋음을 지닌 사람에게 더 많이 있다. **1323a**40

그러나 특히 논변에 따라 고찰하는 사람들은 이를 쉽게 알아챈다. 외적인 좋음은 도구와 마찬가지로 한계가 있고, 유용한 것은 모두 어떤 것을 위해 유용하다. 이것들이 과도하면 이를 갖고 있는 사람에게 필연적으로 해를 끼치거나 아무 이득이 안 된다. 그러나 영혼의 좋음들 각각은 많으면 많을수록 더 유용하다. 이런 좋음들에 '고귀함'뿐만 아니라 '유용함'도 귀속시켜야 한다면 말이다. **1323b**6

일반적으로 우리는 분명히 대상들 사이의 우열관계는 대상의 가장 좋 **1323b**13

89) '행복한 삶'(to zēn eudaimonōs) ☞ eudaimonia.

은 상태들 사이의 우열관계에 비례한다고 말할 것이다. 따라서 만약 영혼이 무조건적으로든 우리와 관련해서든 간에 재산이나 신체보다 더 존중받는 것이라면, 영혼이나 재산, 신체 각각의 가장 좋은 상태도 이에 비례할 수밖에 없다. 게다가 재산과 신체는 영혼을 위해 본성상 수단으로 삼을 수 있는 것이고, 실천적 지혜를 가진 사람은 모두 영혼을 위해 이것들을 수단으로 삼아야지 이것들을 위해 영혼을 수단으로 삼아서는 안 된다.

행복과 행운의 차이

1323b21 따라서 각자가 덕과 실천적 지혜를 갖는 만큼, 이것들에 따라 행위를 하는 만큼 행복을 지닌다고 우리가 동의한 것으로 해두자. 우리는 신을 증거로 삼는데, 신은 어떤 외적인 좋음 때문이 아니라 자기 때문에, 그리고 본성상 어떤 성격을 가진 존재라는 점에서 행복하고 복이 있다.[90] 이 때문에 행운도 행복과 다를 수밖에 없다. 왜냐하면 우연과 운[91]은 영혼의 외적인 좋음의 원인이지만, 어느 누구도 운에 의해서나 운 때문에 정의롭거나 절제 있지는 않기 때문이다.[92]

개인과 국가를 위한 행복

1323b29 이어서 동일한 주장이 국가의 경우에도 필요하다. 가장 좋은 국가는 행복하고 고귀한 방식으로 행하는 국가이다. 고귀한 것들을 행하지 않는 사람이 고귀한 방식으로 행하는 것은 불가능하다. 그리고 덕과 실천적 지혜 없이는 개인의 고귀한 행위도 없고, 국가의 고귀한 행위도 없다. 국가의 용기, 정의, 실천적 지혜, 절제는 개인이 용감하고 정의로우며 실천적 지혜를 갖고 절제 있다고 말해질 때 갖는 것과 동일한 힘, 형태를 지닌다.

---

90) 운과 우연 및 이들의 차이는 『자연학』 II 4-6에서 논의된다.

91) '우연', '운' ☞ tychē.

92) 『니코마코스 윤리학』 1153b19-25.

이 정도면 우리 논의의 서문으로 충분하다고 해두자.[93] 이런 문제들을 손대지 않을 수도 없지만, 모든 적합한 논의를 상세하게 개진할 수도 없다. 이는 다른 연구[94]를 요구하는 작업이니까. 그러나 현재 개인과 국가를 위한 가장 좋은 삶은 덕에 따른 행위에 참여할 만큼 자원이 충분히 구비된 덕을 갖춘 삶이라고 가정해두자. 이의를 제기하는 사람들에 대해서는 그들의 반론을 현재의 탐구에서는 일단 놔두고 나중에 고찰해야 한다. 비록 누군가가 앞서 논의된 것들에 설득되지 않을지라도 말이다. 1323b36

제 2 장

각자의 행복과 국가의 행복이 동일하다고 말해야 하는지 여부를 논의하는 것이 남아 있지만, 대답은 분명하다. 왜냐하면 모두가 두 가지의 행복이 동일하다는 데 동의할 것이기 때문이다. 개인이 잘 사는 것은 부에 달려 있다고 생각하는 사람들은 국가가 부유하면 국가 전체도 복받은 것으로 여긴다. 참주의 삶을 가장 명예롭게 여기는 사람들은 최대한 많은 사람을 지배하는 국가가 가장 행복하다고 말할 것이다. 만약 누군가가 한 사람을 그의 덕 때문에 인정한다면, 그는 또한 더 훌륭한 국가가 더 행복하다고 말할 것이다. 1324a5

정치활동과 철학 연구

그러나 현재 고찰이 필요한 두 가지가 있다. 첫째, 정치활동을 함께하고 국가에 참여하는 삶과 정치 공동체에서 차단된 손님의 삶 가운데 어느 삶이 더 바람직한가? 둘째, 국가에 참여하는 것이 모두에게 바람직하든 아니면 어떤 사람들에게는 아닐지라도 대다수에게 바람직하든 간에 어떤 정체와 어떤 국가의 상태를 가장 좋다고 여겨야 하는가? 두 번째 질문이 정치적 사고와 이론적 고찰에 속하는 일이지, 개인에게 무엇이 바람직한 1324a13

93) 1325b33에서 분명하게 드러나듯이, VII 1-3은 '서문'의 성격을 지닌다.

94) 윤리학.

가라는 첫 번째 질문이 그런 것은 아니다. 우리는 지금 이런 연구를 선택했기 때문에, 첫 번째 질문은 이런 탐구에 부차적이지만, 두 번째 질문은 이런 탐구가 할 일이다.

1324a23 분명히 가장 좋은 정체는 누구든지 그것에 따라 가장 좋게 행위하고 복된 삶을 살 수 있는 제도일 수밖에 없다. 그러나 가장 바람직한 삶은 덕을 갖춘 삶이라고 동의한 사람들 사이에는 정치적이고 실천적인 삶이 바람직한 삶인지 아니면 모든 외적인 것에 매이지 않은 삶, 예컨대 어떤 사람들이 철학자에게만 있다고 말하는 관조적인 삶이 바람직한 삶인지에 관한 의견 차이가 있다. 왜냐하면 옛날이나 지금이나 덕을 가장 열망하는 사람들은 분명히 이 두 가지 삶, 즉 정치적인 삶과 철학적인 삶을 선택하기 때문이다. 둘 중 어느 것이 참인지에 따라 적지 않은 차이가 있다. 왜냐하면 실천적 지혜를 잘 발휘하는 사람은 더 좋은 목표를 겨냥할 수밖에 없는데, 개인뿐만 아니라 정체도 이와 마찬가지이기 때문이다.

정치활동은 개인의 행복을 해치는가

1324a35 어떤 사람들은 이웃을 지배할 경우에, 주인처럼 지배하는 것은 일종의 아주 큰 불의를 수반하고, 정치가처럼 지배하는 것은 비록 불의는 아니지만 자신의 안녕에 방해가 된다고 믿는다. 다른 사람들은 이와 반대되는 견해를 지닌다. 이들에 따르면, 실천적이고 정치적인 삶만이 남자에게 적합한 삶이다. 왜냐하면 그들은 각각의 덕에 따른 행위가 일반인들 못지않게 공적인 일을 행하고 정치에 참여하는 사람들에 의해서도 행해진다고 믿기 때문이다.

행복은 다른 사람들에 대한 지배를 필요로 하는가

1324b1 일부는 이를 받아들이지만, 다른 일부는 주인과 참주가 지배하는 방식의 정체만이 행복하다고 말한다. 일부 국가에서 법과 정체의 목적은 이웃을 주인처럼 지배하는 것이다.[95)]

1324b5 이런 이유에서 비록 대부분의 법은 대부분의 경우에 체계 없이 제정되

었다. 그럼에도 불구하고 만약 법이 염두에 두고 있는 한 가지가 있다면, 이것은 모든 법이 겨냥하는 것으로서의 정복이다. 예컨대, 라케다이몬과 크레테에서 교육과 대부분의 법은 거의 전쟁을 염두에 두고 조직되었다. 게다가 다른 민족을 복속시켜 더 많은 것을 가질 수 있는 모든 민족, 예컨대 스퀴타이인들, 페르시아인들, 트라케인들, 켈트인들 사이에서는 군사적인 능력이 존중받는다. 어떤 곳에서는 이런 덕을 촉구하는 법조차 있다. 예컨대, 카르타고에서는 전투에 참여하는 횟수만큼 팔찌를 받는다고 전해진다. 언젠가 마케도니아에도 적을 죽이지 못한 남자는 말고삐를 매야 한다는 법이 있었다. 스퀴타이에서는 적을 죽이지 못한 사람에게는 축제에서 돌려지는 잔으로 술을 마시는 것이 허용되지 않았다. 호전적인 민족인 이베리아인들은 누군가의 무덤 주위에 그가 죽였던 적의 수만큼 작은 꼬챙이를 꽂는다. 그리고 다른 곳에서도 이와 같은 많은 것이 있는데, 일부는 법으로, 다른 일부는 관습으로 확립되었다.

행복은 다른 사람들에 대한 지배를 필요로 한다는 견해는 틀렸다

하지만 이 문제를 고찰하고 싶은 사람들에게는 이웃이 원하든 원하지 **1324b**22
않든 간에 이웃을 지배하고 주인으로 행세하는 방법을 연구할 수 있는 것이 정치가의 임무라면, 이것은 아마도 매우 이상하게 여겨질 것이다. 적법하지 않은 것이 어떻게 정치가나 입법자의 임무일 수 있단 말인가? 이런 경우에 지배하는 것은 정의롭든 부정의하든 간에 적법하지 않으며, 부정의하게도 정복할 수 있다. 확실히 우리는 이런 경우를 다른 학문에서는 볼 수 없다. 환자나 선원을 설득하거나 강제하는 것은 의사나 선장의 임무가 아니니까.

그러나 많은 사람들은 주인의 지배를 정치가의 지배로 생각하는 것 같 **1324b**32
고, 그들 각자는 자기에게는 정의롭지도 않고 이롭지도 않다고 말하는 바

95) 아리스토텔레스는 특히 스파르타를 염두에 두고 있다.

로 그것을 남에게는 부끄러워함 없이 행한다. 왜냐하면 자기를 위해서는 정의로운 지배를 추구하지만, 다른 사람들을 상대로는 정의에 아무 관심도 없기 때문이다.

1324b36 본성상 어떤 사람들은 주인의 지배를 받는 것이 적합하고, 다른 사람들은 주인의 지배를 받는 것이 적합하지 않다는 사실을 부정하는 것은 이상하다. 따라서 실제로 그렇다면, 모든 사람이 아니라 주인의 지배를 받는 것이 적합한 사람에게 주인으로 행세하려 해야 한다. 이는 마치 잔치나 제의를 위해 사람을 사냥해서는 안 되고, 이를 위해 사냥에 적합한 것, 즉 먹을 수 있는 야생동물만을 사냥해야 하는 것과 같다.

1324b41 그러나 만약 어떤 한 국가가 어딘가에 홀로 위치해 훌륭한 법을 이용할 수 있다면, 그 국가는 잘 다스려지고 그 자체로 행복할 것이다. 그 국가의 정체가 갖는 제도는 전쟁도 적의 정복도 지향하지 않는다. 전쟁이나 적은 없다고 간주되니까.

1325a5 따라서 분명히 전쟁에 관심을 기울이는 것은 모두 고귀하다고 여겨져야 하는데, 왜냐하면 이것은 모든 것들 가운데 최고 목적이어서가 아니라 이를 위한 수단이기 때문이다. 국가나 인간 종족이나 다른 모든 공동체가 어떻게 좋은 삶과 이들에게 가능한 행복을 공유할 것인지를 연구하는 것은 훌륭한 입법자의 임무이다. 물론 일부 제정된 법들 사이에 차이는 있을 것이다. 그리고 만약 어떤 이웃이 있다면, 어떠한 훈련이 어떠한 사람을 상대로 필요하고 각자를 상대로 어떤 조치를 취해야 하는지를 고려하는 것은 입법술의 임무이다.

1325a14 그러나 가장 좋은 정체가 어떤 목적을 향해 있어야 하는가라는 문제는 나중에 적절히 고찰하게 될 것이다.[96]

[……]

96) VII 13-15.

행복과 덕의 개념은 좋은 시민의 개념을 규정한다

제13장

정체 자체에 관해 국가가 복되고 잘 다스려지려면 국가가 어떤 사람들과 어떠한 성격을 지닌 사람들로 구성되어야 하는지를 논의해야 한다. 1331b24

모든 경우에 '잘 되는 것'은 두 가지에 달려 있는데, 하나는 목표와 행위의 목적을 올바르게 세우는 데 있고, 다른 하나는 목적에 도달하는 행위를 발견하는 데 있다. 이 두 가지는 서로 조화를 이루지 못할 수도 있고 조화를 이룰 수도 있다. 때로는 목표가 제대로 놓였지만 달성하는 행위에서 잘못하기도 하고, 때로는 목적에 도달하는 모든 것을 얻는 데 성공하지만 목적을 그릇되게 설정했으며, 때로는 예컨대 의술의 경우처럼 두 가지 모두에서 어긋나기도 한다. 가끔 건강한 신체가 어떠한 것이어야 하는지를 그릇되게 판단하고, 자기가 설정한 기준으로 이끄는 것을 얻는 데 실패한다. 기술과 앎에서 이 두 가지, 즉 목적과 목적에 이바지하는 행위가 확보되어야 한다. 1331b26

따라서 분명히 모든 사람은 잘 사는 것과 행복을 지향하는데, 어떤 사람들은 행복을 성취할 수 있지만 어떤 사람들은 행복을 성취할 수 없는데, 운이나 본성 때문에 그렇다. 왜냐하면 잘 사는 것은 일정한 외적 수단을 필요로 하는데, 더 좋은 상태에 있는 사람들은 이를 덜 필요로 하고, 더 나쁜 상태에 있는 사람은 이를 더 필요로 하기 때문이다. 그러나 다른 사람들은 성취능력을 갖고 있음에도 애초부터 행복을 올바르지 않게 추구한다. 우리 앞에 놓인 임무는 가장 좋은 정체가 무엇인지를 아는 것이다. 가장 좋은 정체에 따라 국가는 가장 잘 다스려지고, 국가가 가장 행복해질 수 있는 정체에 따라 국가는 가장 잘 다스려질 것이기 때문에, 분명히 행복이 무엇인지를 간과해서는 안 된다. 1331b39

만약 『윤리학』의 논의가 유용하다면, 우리는 거기에서 행복이 덕의 완전한 활동이자 사용이고, 주어진 조건에 매인 것이 아니라 무조건적으로 그런 것이라고 규정했고, 지금도 그렇다고 주장한다.[97] 나는 어쩔 수 없이 필요한 것은 '주어진 조건에 매인' 것으로, 고귀하게 행한 것은 '무조건적' 1332a7

인 것으로 말한다. 예컨대, 정의로운 행위들과 관련된 사정은 다음과 같다. 첫째로 정의로운 형벌과 처벌이 있는데, 이것은 덕에서 비롯되지만 어쩔 수 없이 필요한 것이며, 고귀함과 어쩔 수 없는 필요함을 함께 갖는다. 왜냐하면 사람이든 국가든 간에 이와 같은 것을 필요로 하지 않는 것이 더욱 바람직하기 때문이다. 둘째로 명예와 풍요를 지향하는 행위가 있는데, 이것은 무조건적으로 매우 고귀하다. 왜냐하면 적당한 형벌과 처벌은 어떤 나쁜 것을 제거하는 반면에, 명예와 풍요를 지향하는 행위는 이와는 반대로 좋은 것들을 마련하고 산출하기 때문이다.

1332a19 훌륭한 사람은 가난, 병, 다른 종류의 불운도 고상하게 대처할 수도 있을 것이다. 그러나 복은 이와 반대되는 것들 안에 놓여 있다. 그리고 윤리적인 저술에서 규정했듯이 훌륭한 사람은 무조건적으로 좋은 것들을 자신의 덕 때문에 좋은 것으로 선용하는 사람이다.[98] 그래서 그가 좋은 것들을 사용하는 방식은 무조건적으로 훌륭하고 고귀할 수밖에 없다는 것은 분명하다. 그런데도 앞서 말한 이유에서 사람들은 외적인 좋은 것들이 행복의 원인이라고 믿는데, 이는 마치 맑고 아름다운 키타라 연주의 원인을 기술보다는 악기에 돌리는 것과 같다.

1332a28 따라서 지금까지 말한 것들로부터 다음과 같은 것이 따라온다. 어떤 것들은 이미 주어져 있지만, 다른 것들은 입법자가 마련할 수밖에 없다. 이런 이유에서 우리는 행운이 관장하는 것들과 관련해 국가의 설립이 우리의 기원에 따라 이루어지기를 기원한다. 우리는 행운이 국가의 설립을 관장하는 것으로 여기니까. 그러나 국가가 훌륭해지는 것은 행운의 산물이 아니라 앎과 선택의 산물이다.

1332a33 확실히 정체에 참여하는 시민들이 훌륭하기 때문에 국가는 훌륭하다. 그런데 우리의 경우에 모든 시민은 정체에 참여한다. 따라서 사람이 어떻게 훌륭하게 되는지를 탐구해야 한다. 비록 시민 각자는 훌륭하지 않지만

97) 『니코마코스 윤리학』 1098a7-20.

98) 『니코마코스 윤리학』 1129b1-6; 『에우데모스 윤리학』 1248b26.

시민 전체가 훌륭할 수 있을지라도 시민 각자가 훌륭한 것이 더욱 바람직하다. 왜냐하면 만약 시민 각자가 훌륭하면, 시민 전체도 훌륭하다는 것이 따라 나오기 때문이다.

본성과 교육의 역할

그런데 사람들은 세 가지를 통해 좋아지고 훌륭해진다. 이 세 가지는 **1332a**38 본성, 습관, 이성이다. 우선 다른 동물의 본성이 아니라 사람의 본성을 갖고 태어나야 한다. 이에 걸맞게 신체와 영혼의 측면에서도 일정한 성질을 갖고 있어야 한다. 그러나 어떤 경우에는 타고난 본성이 아무 소용이 없는데, 왜냐하면 습관이 본성을 바꾸기 때문이다. 어떤 경우에는 본성이 양쪽으로 갈 수 있어서 습관에 의해 더 나쁘게 혹은 더 좋게 바뀌니까.

다른 동물들은 주로 본성에 따라 살고 소수의 동물들은 습관에 따라 **1332b**3 서도 살지만, 인간은 이성에 따라서도 산다. 인간만이 이성을 지니니까. 따라서 이 세 가지는 서로 조화를 이루어야 한다.[99] 왜냐하면 사람들은 다른 방식으로 행하는 것이 더 좋다고 설득당하면, 이성 때문에 습관과 본성에 반해 많은 것을 행하기 때문이다.

따라서 입법자가 손쉽게 다룰 수 있는 사람들이 어떠한 본성을 가져야 **1332b**8 하는지는 우리가 앞에서 규정했다.[100] 남은 것은 교육의 임무이다. 왜냐하면 사람들은 어떤 것은 습관을 통해 배우고 다른 것은 들어서 배우기 때문이다.

[……]

행복은 다른 상황들에 맞는 덕들을 필요로 한다

제15장

사람은 공적으로나 사적으로나 동일한 기준을 갖고 있고, 가장 좋은 사 **1334a**11

99) 1334b6-28.

100) VII 7.

람과 가장 좋은 정체는 동일한 목표를 가질 수밖에 없는 것처럼 보이기 때문에, 여가[101]를 위한 덕이 있어야 한다는 것은 분명하다. 종종 말했듯이 전쟁의 목적은 평화이고, 일의 목적은 여가니까.

1334a16 덕들 가운데 일부는 여가에서 작용하고, 다른 일부는 일에서 작용하는데, 이 둘 모두 여가와 시간 보내기를 위해 쓸모가 있다. 여가를 즐길 수 있기 위해서는 많은 필수품이 있어야 하니까. 이런 이유에서 국가는 절제 있고 용감하고 인내하는 것이 마땅하다. 왜냐하면 속담에 따르면, 노예에게는 여가가 없으며, 용감하게 위험을 감당할 수 없는 사람은 공격하는 사람들의 노예가 되기 때문이다.

1334a22 일을 위해서는 용기와 인내가 필요하고, 여가를 위해서는 철학이 필요하다. 반면에 일과 여가 모두에는 절제와 정의가 필요한데, 평화를 누리고 여가를 즐길 때 특히 필요하다. 왜냐하면 전쟁은 사람들을 정의롭고 절제가 있도록 강제하지만, 행운을 즐기는 것과 평화로운 여가를 누리는 것은 사람들을 더욱 방종하게 만들기 때문이다. 따라서 시인들이 말하듯이 복이 있는 사람들의 섬에 사는 사람들처럼[102] 가장 잘 지낸다고 여겨지고 사람들이 복스럽게 여기는 모두 것을 누리는 사람들은 많은 정의와 절제를 필요로 한다. 왜냐하면 이들은 이와 같은 좋은 것들이 풍부한 상태에서 여가를 즐기면 즐길수록 무엇보다도 철학, 절제, 정의를 더 필요로 할 것이기 때문이다.

1334a34 따라서 분명히 행복하고 훌륭하게 되려는 국가는 이런 덕들을 가져야 한다. 좋은 것들을 이용할 능력이 없다는 것은 부끄러운 일이니까. 그런데 여가가 있을 때에도 이것들을 이용할 능력이 없어 일과 전쟁에서는 유능한 사람으로 보이면서도 평화와 여가를 누릴 때 노예처럼 보이는 것은 더욱더 부끄러운 일이다.

1334a40 이런 이유에서 라케다이몬인들의 국가가 하듯이 덕을 연마해서는 안

101) ☞ scholē.

102) 헤시오도스, 『일과 날』 168-173행.

된다. 이들은 좋은 것들 가운데 가장 중요한 것들을 놓고서는 다른 사람들과 의견을 같이 한다는 점에서는 다른 사람들과 다르지만, 이것들이 특정한 덕을 통해서만 생길 수 있다고 믿는다는 점에서는 다른 사람들과 의견 차이를 보인다. 이들은 이런 좋은 것들과 이것들을 누리는 것을 덕을 누리는 것보다 더욱 중시하기 때문에. ……[103] 덕을 그 자체로 연마해야 한다는 것은 이로부터 분명하다. 어떻게 어떤 수단을 통해 그렇게 될지를 탐구해야 한다.

덕들은 어떻게 획득되는가

우리는 앞에서 본성, 습관, 이성이 필요하다고 규정했다.[104] 이것들 가 **1334b**6
운데 본성에서 인간들이 어떤 존재여야 하는지는 앞서 규정했다.[105] 남은 것은 인간이 이성과 습관 중에 어느 것을 통해 먼저 교육받아야 하는가이다.

이 두 가지는 서로 가장 좋은 조화를 이루어야 한다. 왜냐하면 이성은 **1334b**9
최상의 전제[106]에 관해 실수할 수 있으며, 습관을 통해서도 이와 마찬가지 상태로 이끌릴 수 있기 때문이다. 우선 분명한 것은 다른 경우들에서처럼 생성은 출발점으로부터 시작하고, 어떤 출발점으로부터 시작한 목적은 다른 목적의 출발점이다. 그런데 인간에게 이성과 지성은 본성의 목적이다. 따라서 우리는 이것들을 목적으로 삼아 생장 과정을 준비하고 출생과 습관의 훈련을 마련해야 한다.

그다음으로 마치 영혼과 신체가 둘인 것처럼 영혼에는 두 부분, 즉 이 **1334b**17
성이 없는 부분과 이성을 지닌 부분이 있다. 그리고 이것들의 상태는 둘

103) 누락된 원문은 "이런 좋은 것들을 얻는 데 쓸모 있다고 여겨지는 덕만을 연마한다"로 추정된다.

104) 1332a38-b11.

105) VII 7.

106) 행복이 무엇인가에 관한 전제.

인데, 하나는 욕망이고 다른 하나는 지성이다. 마치 출생할 때 신체가 영혼에 앞서듯이 이성이 없는 부분은 이성을 지닌 부분에 앞선다. 이 또한 분명하다. 왜냐하면 격정과 바람, 게다가 욕구[107]는 아이가 태어날 때부터 곧장 있지만, 추론과 지성은 성장 과정에서 자연스럽게 생기기 때문이다.

1334b25 이런 이유에서 우선 신체를 돌봄이 영혼을 돌봄보다 앞설 수밖에 없고, 그다음으로 욕구를 돌봄이 있을 수밖에 없다. 물론 욕구를 돌봄은 지성을 위해, 신체를 돌봄은 영혼을 위해 있어야 한다.

[……]

107) '격정'(thymos), '바람'(boulēsis), '욕구'(epithymia) ☞ orexis.

수사학[1)]

김헌 옮김

1) 『수사학』은 아리스토텔레스의 저술 『레토리케에 대하여』(*peri rhêtorikês*)에 관한 가장 일반적인 번역이다. 그런데 그리스어 'rhētorikē'의 뜻을 풀면 '연설가(rhētōr)의 기술(-ikē)'로서 고대 아테네의 직접 민주정 체제에서 자유시민으로 구성된 청중을 설득하는 말솜씨를 가리키는 말이었다. '수사학'(修辭學)이라는 번역어는 문학의 표현 기교를 나타내는 말로 좁게 해석될 경우에 오해의 여지가 있다. 나는 오해의 여지를 최대한 줄이고 아리스토텔레스의 역사적 맥락에서 뜻이 좀더 살아나도록 본문 중에서는 레토리케를 '수사학' 대신 '연설술'로 번역할 것이다. 개인적으로 나는 이 단어가 맥락에 따라서는 좀더 일반적인 의미로 '말솜씨'라고 번역해도 좋다고 생각한다.

제1권

연설술에 관한 연구

연설술의 고유한 범위

제1장

연설술은 변증술에 상응한다. 왜냐하면 두 기술 다 모든 사람이 어느 1354a1
정도는 알 수 있는 공통된 것으로 어떤 특정 지식에 국한되지 않는 그런 어떤 대상을 다루기 때문이다. 그러므로 모든 사람이 어느 정도는 그 두 가지 기술과 일정 부분 관련된다. 왜냐하면 모든 사람은 어느 지점까지는 논의를 깊이 따지고 유지하며,[2] 자신을 변호하고 남을 공격하는 일을 시도하기 때문이다. 그런데 많은 사람들 가운데 어떤 이들은 그런 일들을 짚이는 대로 하며, 또 어떤 이들은 습성[3]에서 비롯된 습관을 통해 한다. 그런데 그런 일들을 이 두 가지 방식으로 할 수 있다면, 체계적인 방법을 통해서도 할 수 있음은 분명하다. 도대체 무엇 때문에 어떤 사람들은 습관을 통해, 또 어떤 사람들은 저절로[4] 그 일들을 해내는지 그 원인을 통찰할 수 있는데, 바로 이런 것이 기술이 해야 하는 일이라고 모든 사람들은 금방 동의할 수 있기 때문이다.

2) "이 논고(『변증론』)의 목적은 우리에게 제기되는 온갖 문제에 대해 통념으로부터(ex endoxōn) 추론할(syllogizesthai) 수 있는 방법과 우리 자신이 하나의 논의(logos)를 유지하려는 경우에 모순되는 그 어떤 것도 말하지 않는 방법을 발견하는 것이다"(김재홍 옮김, 『변증론』 I 1, 100a18-20).

3) '습성' 혹은 '획득된 상태' ☞ hexis.

4) '저절로' ☞ tychē, to automaton.

대부분의 저자들은 연설술의 고유한 작업이 아니라 주변적인 질문에 초점을 맞춘다

1354a11 그런데 요즈음 보면 연설술이라는 책을 쓰는 사람들은 실제로는 그 기술에 관해 아무것도 제공하지 않고, 굳이 말하자면 일부분만을 제공할 뿐이다. 오로지 입증[5]만이 기술적이며, 다른 것들은 부차적이기 때문이다. 그런데 그들은 입증의 요체라 할 수 있는 엔튀메마[6]에 관해서는 아무것도 말하지 않고, 문제의 바깥에 있는 것들에 대해서만 최대한 문제 삼는다. 사실 인신공격과 연민, 분노, 그리고 영혼이 겪는 그와 같은 감정적인 것들[7]은 사안과 관련되지 않으며, 재판관을 겨냥하기 때문이다. 따라서 만약 모든 판결에 관해 마치 요즘 몇몇 도시국가들, 특히 법이 올바로 선[8] 곳에서와 같이 재판이 이루어진다면, 그들은 할 말이 아무것도 없다. 사실 모든 사람들은 한편에서는 법률들이 그렇게 공표해야 한다고 생각하고, 다른 한편에서는 그 법률을 이용해 마치 아레이오스파고스 법정에서도 그렇게 하는 것처럼 사안 바깥에서 말하는 것을 금하는데, 그것은 옳은 생각이다. 왜냐하면 재판관을 분노나 공포나 연민 속으로 몰고 가

5) 원어 'pistis'는 (1) 청중이 연설가(발화자)의 주장에 대해 갖게 되는 '신뢰감, 확신, 신념, 신실한 믿음', (2) 청중이 연설가의 주장에 대해 확신을 갖도록 하기 위해 연설가가 사용하는 입증의 방식이나 수단, 기법(method, technique), (3) 입증 방식과 수단을 이용해 논증을 전개할 수 있기 위한 근거와 근원, 출처(source material), 더 나아가 내용과 주제(subjet-matter), (4) 연설의 부분 가운데 제기된 문제에 관한 자기 의견의 타당성을 입증하는 부분을 가리킨다.

6) 엔튀메마(enthymema)는 간혹 '생략 삼단논법'이라고 번역되기도 하지만, 적절하지 않다. 엔튀메마 가운데에는 완성된 형태의 이른바 삼단논법의 꼴을 갖기도 하기 때문이다. 엔튀메마의 가장 큰 두 가지 특징은 (1) 귀납적 추론이 아니라 연역적인 추론이며, (2) 그 전제가 필연성은 없지만, 개연성이 있는 통념(endoxa)에 근거한다는 것이다. 엔튀메마는 연설술에서 일반적으로 사용되는 연역적 추론 방식으로서 귀납적 성격의 증명 방식인 예증법과 대비된다. 엔튀메마는 자기의 주장을 적극적으로 펼치는 증명(deiktika)과 상대방의 주장을 논파하는 논박(elenktika)으로 나뉜다. ☞ enthymēma.

7) '영혼이 겪는 그와 같은 감정적인 것들'(ta toiauta pathē tēs psychēs).

8) 그리고 올바르게 선 '법률에 따라 잘 다스려지는'(tais eunomoumenais).

딴 데로 빠지게 해서는 안 되기 때문이다. 이는 마치 누군가가 사용할 자를 미리 구부러뜨리는 것이나 마찬가지기 때문이다. 게다가 공방의 당사자에게는 문제의 사건이 실제로 그런지 그렇지 않은지, 일어났는지 일어나지 않았는지를 보여주는 것 이외에는 그 어떤 일도 허용되지 않음은 분명하다. 그런데 그 사건이 중요한지 사소한지, 정의로운지 부정의한지 하는, 입법자가 규정해 놓지 못한 문제들은 모두 어떻게든 재판관 스스로 알아내야만 하며, 공방의 당사자들로부터 알게 돼선 안 된다.

올바른 법률 체계는 연설술이 그 고유한 작업에서 벗어날 여지를 주지 않는다

그러므로 무엇보다도 올바르게 확립된 법률들이라면 그 자체가 규정할 1354a31
수 있는 모든 것들을 규정하고, 재판관들에게는 가능한 한, 최소한의 여지만을 남겨두는 것이 바람직하다. 첫째 이유는 건전한 판단력으로 법률 1354b
을 확립하고 올바로 판정을 내릴 수 있는 유능한 사람들을 많은 수 확보하는 것은 어렵지만, 한 사람이나 적은 수를 확보하는 것은 상대적으로 더 쉽기 때문이다. 그리고 또 다른 이유는 법률을 확립하는 것은 많은 시간의 검토를 통해 이루어지는 반면에 판결은 짧은 시간 내에 이루어지기 때문에 결국 판결을 내리는 사람들이 정의로움과 이로움을 훌륭하게 제시하기란 여간 어렵지 않기 때문이다. 그러나 그 무엇보다도 가장 큰 이유는 입법자의 판단은 개별 사례를 두고 이루어지지 않고, 오히려 일어날 일들과 보편적인 사항과 관련된 반면에 민회의 일원과 재판관은 당면한 현재의 일들과 특정한 일들에 관해 판정을 내리기 때문이다. 그들에게는 좋아함과 미워함, 그리고 개인적인 이해관계가 (판결에) 개입하는 일이 자주 일어나며, 따라서 진실을 더 이상 충분하게 볼 수 없게 되며, 오히려 개인적인 쾌락이나 고통이 판단을 흐린다. 그러므로 우리가 말하는 것처럼 다른 문제들에 관해서는 판정관이 될 수 있는 대로 최소한의 권한을 행사해야만 한다. 다만 문제의 사건이 예전에 일어났는지 아닌지, 앞으로 있게 될 것인지 아닌지, 현재 그런지 안 그런지에 관해서만은 반드시 판정관들에게 남겨두어야만 한다. 왜냐하면 그런 일들까지 입법가가 미리 내다볼 수는 없기 때문이다.

연설술에 관한 실수들 때문에 정치적인 연설보다 법정연설에 대한 호감이 압도적이다

1354b16 사정이 정말 이와 같다면, 다른 사항들을, 예를 들면 도입 부분이나 서술 부분, 그리고 다른 부분들의 각각이 무엇을 갖추어야만 하는가와 같은 것들을 규정하는 사람들은 모두 사안 바깥에 있는 것들에 관해서만 기술적인 지침서에서 다루는 것이 분명하다. 왜냐하면 그들의 지침서 안에는 어떻게 하면 판정관을 원하는 상태로 만들 수 있는가 하는 것 이외에 다른 어떤 것도 문제삼지 않으며, 기술적인 입증들에 관해서는 아무것도 보여주지 못하기 때문이다. 그런데 바로 그것들이야말로 누구든 엔튀메마를 잘 다룰 수 있게 해주는 원천이다. 사실 이런 이유 때문에 대중연설과 법정연설[9]에 관한 일들에 대해 똑같은 방법이 적용되며, 대중연설술을 실행하는 일이 개인적인 계약들에 관한 실행보다도 더 훌륭하고 정치적으로 더 중요함에도 불구하고, 그 사람들은 모두 다 대중연설에 관해서는 아무것도 말하지 않고 법정판결과 관련해서만 기술적인 지침서를 쓰려고 애쓴다. 그 이유는 대중연설의 경우에는 사안 바깥에 있는 것들을 말해봐야 실효성이 더 적고, 대중연설은 법정연설보다는 상대적으로 공공(公共)의 성격이 더 커서 못된 속임수가 아무래도 덜 먹히기 때문이다. 실제로 대중연설에서는 판정관이 자기 개인도 관련된 (공적인) 일들에 대해 판결을 내리기 때문에 의견을 제안하는 사람은 그저 어떤 사실이 자신이 말한 대로라는 것만 증명하면 다른 것은 필요가 없다. 반면에 법정연설에서는 그것만으로는 충분하지 않고 청중을 사로잡아야만 효과를 거둔다. 왜냐하면 판결은 순전히 남의 일에 관련된 것이고, 재판관들

9) '대중연설과 법정연설'(ta demegorika kai dikanika).

은 제 자신들의 관심에 맞춰 검토하고 호감이 가는 대로만 들으면서 법정 공방자들에게 자기 자신을 내주는 것이지, 판결을 내리는 것은 아니기 때 1355a 문이다. 이런 까닭에 여러 곳에서는 이미 말했던 것처럼 법률이 사안 바깥에서 말하는 것을 금한다. 하지만 대중연설에서는 판정관들 스스로가 이 점을 충분하게 경계한다.

그런데 기술적인 방법은 입증들과 관련되어 있고, 입증이란 일종의 증 1355a3 명[10]이며(왜냐하면 우리는 무엇보다도 증명되었다고 가정할 때 믿기 때문인데), 연설의 기술에서 쓰는 증명이 엔튀메마이고, 바로 이것이 간단히 말해 입증들 가운데 가장 강력하다. 그런데 엔튀메마란 일종의 추론[11]이며, 모든 추론에 관해 동일하게 그것을 아는 것이 변증술에 전체에든 어떤 부분에든 간에 속한다는 것은 분명하다. 따라서 추론이 무엇으로부터 어떻게 이루어지는지 이것을 가장 잘 통찰할 수 있는 사람은 엔튀메마가 어떤 종류의 일들에 관련되며, 그것이 논리적인 추론들과 비교해 어떤 차이점들을 가지고 있는지를 함께 덤으로 파악하게 된다면, 엔튀메마 또한 가장 잘 다룰 수 있다. 사실 진리를 아는 것과 진리와 닮은 것을 알아보는 것은 동일한 능력에 속하며, 이 사실과 함께 사람들이 또한 진리를 향해 충분한 본성을 타고났으며, 또 대체로 진리에 이른다는 것을 알아두어야 한다. 이런 까닭에 통념[12]을 겨냥하는 일은 마찬가지로 진리를 겨냥하는 사람들도 해야 할 일이다.

이렇게 해서 일단 다른 사람들은 사안 바깥에 있는 것들에 관해 기술 1355a18 적인 지침서를 쓴다는 사실과 그들이 어떤 이유로 법정연설에 편향되어 있는지 분명해졌다.

10) '일종의 증명'(apodeixis tis) ☞ apodeixis.

11) '일종의 추론'(syllogismos tis) ☞ syllogismos.

12) '통념' ☞ endoxa.

연설술의 유용성

1355a21 연설술은 쓸모가 있는데, 그 이유는 참된 것들과 정의로운 것들이 그 반대되는 것들보다 본성상 더 강력하기 때문이다. 따라서 만약 판정이 적절하게 이루어지지 않는다면, 참된 것들과 정의로운 것들은 반드시 그 반대되는 것들에 의해 압도당하고 만다. 그것은 비난받아 마땅하다. 게다가 어떤 사람들에 대해서는 우리가 비록 가장 정확한 지식을 가지고 있다 하더라도 그것으로부터 논리적인 말을 하더라도 설득하기가 쉽지 않다. 왜냐하면 지식에 근거한 논증은 체계적인 가르침에 속하는데, 이것이 어떤 사람들에 대해서는 불가능하기 때문이다. 오히려 그들에 대해서는 반드시 공통된 전제들을 통해 입증하고 말을 해야만 한다. 이는 『변증론』에서도 이미 다수의 대중을 대상으로 하는 토론에 관해 말했던 바와 같다.[13)]

1355a29 나아가 추론의 경우에서도 그랬던 것처럼 정반대되는 내용들을 가지고도 설득할 수 있어야 한다. 양쪽 모두에 근거한 설득을 실행하기 위해서가 아니다. (왜냐하면 저급한 내용을 가지고서 설득할 수는 없으니까.) 오히려 그 반대되는 입장이 어떤 것인지를 모르고 왔다가 상대에게 넘어가지 않도록 하기 위해서이며, 또 다른 사람이 정당하지 않게 그 주장들을 그대로 써 먹는 경우에 논파할 수 있기 위해서이다. 그런데 다른 기술들 가운데 그 어떤 것도 정반대되는 내용들을 결론으로 내는 추론을 하지 못하며, 변증술과 연설술만이 그런 일을 한다. 왜냐하면 그 둘 다가 비슷하게 서로 반대되는 내용들에 적용되기 때문이다. 하지만 주어진 사안들

---

13) "통념으로부터 출발해 추론하는 것을 변증술적 추론이라고 한다"(100a30-100b18). "이 논고(『변증론』)는 세 가지 것에 대해 유용한데, 즉 지적 훈련(gymnasia)에 대해, 우연히 만난 다른 사람과의 토론(enteuxeis)에 대해, 철학적인 앎에 대해 유용하다"(101a27-28). "토론에 대해서도 유용한 이유는, 우리가 많은 사람의 의견 전부를 늘어놓으면서 그들과 교제하는 경우에 다른 사람의 의견에 따라서가 아니라 그들 자신의 의견을 근거로 출발해 우리에게 옳지 않게 말하는 것처럼 보이는 그들 자신의 의견을 수정함으로써 그들에 대해 대처할 수 있을 것이기 때문이다"(101a31-34).

이 비슷한 상태에 있는 것은 아니다. 오히려 참된 것과 더 훌륭한 것들이 본성상 언제나 더 추론이 잘되며, 단적으로 말해 설득력이 더 있다.

덧붙여 말하자면, 만약 몸으로 제 자신을 방어하지 못한다면 수치스러 1355a38
운 일인데, 말로 그러지 못하는 것이 수치스러운 일이 아니라면 이상하다. 그것이야말로 몸을 사용하는 것보다 훨씬 더 인간에게 고유한 것이다. 그런데 만약 이와 같은 말의 능력을 부당하게 사용하는 사람이 커다란 해를 입힐 수 있다고 할 수는 있겠지만, 이 말은 모든 좋은 것에도 다 해당
된다. 훌륭한 덕은 예외지만, 무엇보다도 강인한 힘, 건강, 부유(富裕), 군사 1355b5
력과 같이 가장 쓸모가 많은 것들에 다 해당된다. 왜냐하면 누군가가 이런 것들을 정당하게 사용하면 매우 큰 도움을 줄 수 있지만, 부당하게 사용하면 해를 입힐 수 있기 때문이다.

논의의 요약

그러므로 연설술은 변증술처럼 어떤 하나의 한정된 종류에 속하지 않 1355b8
으며,[14] …… 연설술이 유용하다는 것은 명백하다. 그리고 이 기술이 할 일은 설득해내는 것이 아니라 각각의 문제에 관해 설득력을 갖는 것들이 무엇인지를 알아보는 것인데, 이것은 다른 모든 기술에 있어서도 마찬가지이다. 실제로 의술이 하는 일은 건강을 만들어내는 일이 아니라 할 수 있는 데까지 그렇게 해보려고 밀고 나가는 것이다. 왜냐하면 건강을 회복할 수 없는 사람들을 대상으로도 여전히 훌륭하게 의술에 의해 돌볼 수가 있기 때문이다.[15] 이런 사실들에 덧붙여 설득력 있는 것을 아는 일과 설득력 있어 보이는 것들을 아는 일은 동일한 기술에 속하는데, 이는 마치 변증술의 경우에 추론을 아는 일과 추론처럼 보이는 것들을 아는 것

14) 1354a3, 1354b8 참조.

15) 환자의 회복을 위해 최대한 노력할 수 있는 이유는 의사가 환자의 회복에 필요한 요소가 무엇인지를 알고 있기 때문인데, 그런 경우에도 회복과 치유가 꼭 성공할 수 있는 것은 아니지만, 여전히 의술이 환자에게 유용하다는 사실은 틀림없다.

이 동일한 기술에 속하는 것과 같다. 왜냐하면 궤변술[16]은 능력이 아니라 의도적인 선택 안에서 이루어지기 때문이다. 예외가 있다면, 연설술에서는 지식에 의존하는 연설가와 의도적 선택[17]에 좌우되는 연설가가 있는 반면에 변증술에서는 의도적 선택에 좌우되는 '소피스테스'와 의도적 선택에 좌우되지 않고 오롯이 능력에만 의존하는 '변증가'가 있다는 사실이다.

1355b22 이제 연설술의 방법 자체에 관해, 즉 어떻게 그리고 어떤 전제들로부터 출발해야 우리가 앞에서 설정했던 목표에 다다를 수 있는가를 논의해 보자. 그래서 마치 처음부터 다시 시작하는 것처럼 연설술이 도대체 무엇인지 정의하고 나머지 사항들을 논의하자.

설득력 있는 논변의 다양한 원천들

제2장

1355b25 연설술이란 각각의 사안에 관해 '설득할 수 있도록 하는 것'을 고찰하는 능력이라고 해두자. 이것은 다른 어떤 기술이 할 일은 아니기 때문이다. 사실 다른 기술들도 각각 그것에 전제된 것에 관해, 예를 들면 의술은 건강과 병에 관해, 기하학은 크기에 따르는 속성들에 관해, 산술은 수에 관해 가르치고 설득할 수 있으며, 나머지 기술과 지식들도 이와 마찬가지로 설득할 수 있다. 하지만 연설술은 말하자면, 주어진 것에 관해 '설득력 있는 것'을 고찰하는 능력이 있는 것처럼 보인다. 이런 이유로 우리는 그것이 어떤 고유하고 특정한 종류에 관해 기술적인 것을 갖지 않는다고 말한다.

그런데 입증들의 일부는 비(非)기술적[18]이며, 일부는 기술적이다. '비기술적인 것들'이란 우리를 통해 제공되지 않고 미리 주어진 것들, 예를 들면 증언, 고문에 의한 자백, 계약서 등과 같은 것들을 말하는 반면에 '기

---

16) '궤변술'(詭辯術, hē sophistikē).

17) '선택' ☞ prohairesis.

18) '비기술적'(atechnos), '기술적'(entechnos) ☞ technē.

술적인 것들'이란 방법을 통해, 즉 우리를 통해 구성될 수 있는 것들을 말한다. 따라서 이것들 중에 앞엣것들은 주어진 대로 이용해야만 하지만, 뒤엣것들은 직접 찾아내야만 한다.

그런데 말[19]을 통해 제공되는 입증에는 세 가지 종류가 있다. 첫 번째는 말하는 사람의 품성[20] 안에 있으며, 두 번째는 청중을 어떤 감정상태로 몰아가는 데에 있으며, 세 번째는 말 자체에 있는데, 증명하거나 증명하는 것처럼 보이는 방법을 쓴다. **1356a**

먼저 '품성을 통해' 입증한다는 것은 말이 말하는 사람을 믿을 만한 사람으로 만들어놓게끔 말 되었을 때를 가리킨다. 사실 우리는 공명관대한 사람들을 더 많이, 더 빨리, 단적으로 말하면 모든 일에 관해 심지어 확실성도 없고 애매모호한 것들만 있는 경우에도, 그것도 전적으로 믿는다. 그런데 이런 일도 말을 통해 일어나야만 하며, 말하는 사람이 특정한 성격을 가졌다고 선입견을 심어주는 방법을 써서는 안 된다. 왜냐하면 일부 연설술의 저자들이 기술서 안에서 주장했던 것처럼 말하는 사람의 공명관대함이 설득력을 발휘하는 데에 아무런 역할도 하지 못한다고 한 것은 사실이 아니다. 오히려 품성이야말로 말하자면 거의 최고 권위의 입증력을 갖는다.

한편, '청중을 통해' 입증한다는 것은 말에 의해 청중을 특정 감정상태 안으로 이끌어갔을 때를 가리킨다. 사실 우리는 고통을 겪거나 즐거워할 때, 또는 좋아하거나 미워할 때, 동일하게 판단을 내리지는 않으니까 하는 말이다. 우리는 오늘날의 연설술 저자들이 바로 이 점에 대해서만 작업을 시도한다고 말하는 바이다. 그런데 이 문제들에 관해서는 우리가 감정들에 관해 논의할 때 하나씩 분명하게 밝힐 것이다. **1356a**14

한편, '말을 통해' 입증한다는 것은 각 대상들에 관해 설득력 있는 것들로부터 참된 것이나 참되 보이는 것을 증명할 때를 가리킨다. **1356a**19

---

19) '말' ☞ logos.

20) '품성' ☞ ēthos.

연설술이 변증술 및 윤리학과 맺고 있는 관련성

1356a20 입증이란 이것들을 통해[21] 이루어지므로 이것들을 포착하는 일은 논리적 추론능력이 있는 사람과, 품성이나 훌륭한 덕을 볼 수 있는 사람, 그리고 셋째로 감정들에 관해 각 감정들이 무엇이며 어떤 것인지를, 무엇들로부터 어떻게 생겨나는지를 볼 수 있는 사람이 할 수 있는 일이다. 따라서 결국 연설술은 마치 변증술의 한 가지와 같은 것이며, 정치학이라고 이름 붙여 마땅한, 품성과 관련된 연구작업의 한 가지와 같은 것이라는 결론이 나온다. 이런 이유 때문에 연설술은 정치학의 모습을 입고 있으며, 그러고는 그것을 안다고 하는 사람들이 있는데, 이는 잘 배우지 못했기 때문에, 또는 허풍 때문에, 또는 다른 인간적인 이유 때문에 그러는 것이다. 사실 연설술이란 시작하면서 우리가 말했던 것처럼 변증술의 한 부분이며 유사한 것이다. 왜냐하면 이 두 기술들은 둘 중 어떤 것도 어떤 특정한 대상에 대해 그것이 어떠어떠하다고 아는 지식은 아니며, 오히려 말을 제공하는 어떤 능력이기 때문이다.

1356a34 이로써 이 두 기술의 힘에 관해, 그리고 그 둘이 서로에 대해 어떤 관계에 있는가에 관해 거의 충분하게 이야기되었다.

연설술에서 사용되는 연역추론과 귀납법

1356a35 그런데 증명하거나 증명하는 것처럼 보임으로써 성립하는 입증 가운데
1356b 는 변증술에서는 귀납과 연역, 유사 연역[22]이 있는 것처럼 연설술 분야에서도 그와 비슷하다. 왜냐하면 예증[23]은 귀납이며, 엔튀메마는 연역이고, 〈유사 엔튀메마는 유사 연역〉이기 때문이다. 그런데 나는 엔튀메마를 연설술적 연역이라고, 예증법을 연설술적 귀납이라고 부른다. 그런데 모든

21) 품성(ēthos)과 감정(pathos)과 말, 연설 또는 이성(logos).

22) '귀납'(epagōgē), '연역추론'(syllogismos), '유사 연역추론'(phainomenos syllogismos) ☞ epagōgē, syllogismos.

23) '예증법'(paradeigma)이란 '사례 제시', '본보기 보이기'이다. ☞ paradeigma.

사람은 연설할 때, 증명을 하거나 예증 또는 엔튀메마를 통해 신뢰를 얻기 위한 입증을 하며, 이것들 이외에는 다른 방법이 없다. 그래서 만약 일반적으로 볼 때, 무엇이 되었든 또는 누가 되었든 간에 증명을 한다면 필연적으로 연역을 하거나 귀납을 할 수밖에 없다면(이 점은 우리에게 『분석론』에서 분명한데), 한쪽의 각 방법이 다른 쪽의 각 방법과 똑같다는 것은 필연적이다.

그런데 예증과 엔튀메마의 차이점은 무엇인가 하는 문제는 『변증론』에 1356b10
서 보면 분명한데(왜냐하면 거기에서 연역과 귀납에 관해 먼저 이야기되었으므로), 그것은 여러 비슷한 사례들에 근거해 실상이 어떠어떠하다고 증명하는 것이 변증술에서는 귀납이고 연설술에서는 예증인 반면에, 무엇인가가 있다고 할 때, 그 주어진 것들을 통해 그것들이 보편적으로나 대부분의 경우에 그렇다는 사실에 의해, 그것들 이외의 다른 어떤 것이 결론으로 도출되는 것을 변증술에서는 연역이라고, 연설술에서는 엔튀메마라고 불린다.

그런데 연설법의 종류는 각각 나름의 장점을 갖고 있다는 사실 또한 분 1356b18
명하다. 사실 『방법론』에서도 이야기되었던 것처럼 연설술에서도 마찬가지이다. 왜냐하면 예증의 성격을 띤 연설법이 있는가 하면, 엔튀메마를 이용하는 연설법이 있으며, 그와 마찬가지로 연설가들도 예증을 즐겨 쓰던가, 엔튀메마를 즐겨 쓴다. 그런데 예증을 통해 이루어진 연설이 설득력을 덜 갖고 있는 것은 아니지만, 엔튀메마를 이용하는 연설이 훨씬 더 많은 호응을 얻는다. 그런데 이 두 종류의 연설법이 성립하는 원인과 어떻게 그 각각을 이용해야만 하는지는 나중에 이야기하도록 하자. 지금은 이것들 자체에 관해 훨씬 더 깨끗하게 정의하도록 하자.

연설술의 논증이 다루는 주제

사실 설득력 있는 것은 누군가에게 설득력이 있는 것이며, 설득력이 있 1356b28
고 신뢰를 주는 것은 한편으로는 즉각적으로 그 자체를 통해, 또 다른 한편으로는 그와 같은 것들을 통해 증명된 것처럼 보임으로써 가능하다. 어떤 기술도 개별적인 것을 관찰하지 않는다. 예를 들면 의술은 소크라테스나 칼리아스에게 건강에 좋은 것이 무엇인지를 관찰하지 않고, 대신에 이러이러한 개인이나 사람들에게 건강에 좋은 것이란 무엇인지를 관찰한다. (왜냐하면 바로 이것이 기술적인 것인 반면에 개별적인 것은 규정되지 않으며, 따라서 지식의 대상이 될 수가 없기 때문이다.) 연설술은 예를 들면 소크라테스나 히피아스에게 통하는 개별적인 통념을 통찰하는 것이 아니라 이러이러한 사람들에게 통하는 보편적인 통념을 통찰하는 것이다. 이것은 변증술도 마찬가지이다. 왜냐하면 변증술은 닥치는 대로 아무것에서나 출발해 추론하지는 않기 때문이다. (실제로 어떤 것들은 정신없이 지껄여대는 사람들에게도 통념으로 통하는 것처럼 보이기 때문이다.) 반대로 변증술은 논증을 필요로 하는 것들로부터 출발하고, 연설술은 이미 관례적으로 토론하는 사안들로부터 출발해 추론한다.

1357a1 그런데 연설술의 역할은 우리의 토론의 대상이 되기는 하지만, 관련된 기술을 우리가 아직은 갖지 못한 그런 종류의 주제들과 관련되어 있으며, 많은 사항들을 한꺼번에 꿰뚫어 볼 수 없고, 너무 멀리서부터 추론해 나갈 수 없는 그런 종류의 청중들 사이에서 이루어진다. 한편, 우리는 양쪽으로 이렇게도 저렇게도 될 수 있을 것 같아 보이는 것들에 관해 숙고한다. 왜냐하면 과거나 미래나 현재에 다른 상태로는 될 수 없는 일들에 관해서는 어떤 누구도 그렇게 가정해놓고 숙고하지 않는데, 왜냐하면 더 숙고할 것이 아무것도 없기 때문이다.

연설은 개연적인 전제로부터 논증한다

1357a7 그런데 추론을 통해 결론에 도달하는 일은 이전에 이미 추론된 내용들로부터, 또는 추론된 것은 아니지만 통념은 아니기 때문에 추론이 꼭 필요한 것들로부터 가능하다. 이 두 가지 가운데 첫 번째 것은 너무 길어서 쉽게 따라가기 어렵고(실제로 판정관은 단순한 사람이라고 가정되기 때문이다), 두 번째 것은 서로 합의된 통념들로부터 나온 것이 아니기 때문에 설득력이 없게 되는 것을 피할 수가 없다. 따라서 많은 경우에 이렇게

될 수도 있지만, 그와는 다르게 될 수도 있는 사안들에 관해 엔튀메마와 예증이 있는 것은 필연적이고, 예증은 귀납이어야 하며, 엔튀메마는 연역이어야 하는데, 그것도 적은 수의 전제들로부터, 그리고 자주 원래 연역이 이루어지는 전제들보다는 더 적은 수의 전제들로부터 이루어져야만 한다. 왜냐하면 만약 그 전제들 가운데 어떤 것이 잘 알려진 것이라면, 그것을 말할 필요는 없기 때문이다. 그도 그럴 것이 듣는 사람 스스로가 그것을 덧붙이는데, 예를 들면 "도리에우스는 월계관이 걸린 경기에서 승리했다"라는 결론을 내기 위해 "그가 올륌피아 경기에서 승리를 거두었으므로"라고 말하면 충분하며, "올륌피아 경기는 월계관이 걸린 경기이다"라는 말을 매개의 소전제로 덧붙일 필요는 없다. 왜냐하면 모든 사람이 그것을 잘 알고 있기 때문이다.

엔튀메마의 출발점이 되는 전제들

그런데 연설술에서 사용되는 연역이 이루어지는 필연적인 전제들의 수 1357a22
는 소수이기 때문에(왜냐하면 판단과 관찰의 대상이 되는 것들 다수는 이렇게 될 수도 있지만 그와는 다르게 될 수도 있기 때문이다. 실제로 사람들은 실천과 관련된 일들을 숙고하고 관찰하는데, 실천과 관련된 모든 일들은 전부 다 그런 종류에 속하며, 말하자면 그런 일들 가운데 어떤 것도 필연성[24]을 갖지는 않기 때문인데), 그리고 '많은 경우에 일어나며 가능한 일들'은 그와 같은 성격의 다른 것들로부터, 하지만 필연적인 것들은 필연적인 것들로부터 추론되는 것이 필연적이기 때문에 (이 사실은 『분석론』에서 보면 우리에게 분명한 사실인데), 엔튀메마들이 논의되어 나오는 전제들 가운데 일부는 필연적인 것들이고, 나머지 대다수는 '많은 경우에 (일어나며 가능한) 일들'이 될 것이며, 특히 엔튀메마는 개연적인 것들과 표지(標識)들[25]로부터 논의되는데, 이것들의 각각은 결국 필연적으로 (앞에

24) 말하자면, 이렇게 되어야만 하며, 그와는 다르게 될 가능성은 전혀 없다는 필연성.
25) '개연적인 것들'(eikota), '표지들'(標識, sêmeia).

서 말한) 각각과 같은 것[26]이라는 사실은 분명하다.

1357a34 왜냐하면 개연적인 것은 많은 경우에 일어나는 것인데, 그것은 어떤 사
람들이 규정하듯이 단적으로 절대적으로 그런 것은 아니며, 오히려 다르
게 될 수도 있는 것들과 관련해 개연적이라고 할 수 있는 특정 대상에 대
해 마치 '보편과 관련된 것'이 '부분과 관련된 것'[27]에 대해 갖는 관계와
1357b 같은 관계를 갖는다. 한편, 표지들 가운데 어떤 것은 보편적인 것에 대해
개별적인 것들 중 어떤 것[28]이 갖는 그런 관계를 가지며, 어떤 것은 부분
적인 것들에 대해 보편적인 것들 중 어떤 것이 갖는 그런 관계를 갖는다.
이것들 가운데 필연적인 것은 징표[29]라고 하며, 필연적이지 않은 것도 있
는데, 그것은 따로 구별하는 특정한 명칭이 없다. 그러므로 나는 우선 연
역이 이루어지는 전제들은 필연적인 것들이라고 말한다. 이런 까닭에 표
지들 가운데 이런 성격의 것들은 징표이다. 왜냐하면 논의된 내용을 논박
할 수 없다고 생각하는 그 순간 사람들은 아 이제 증명되었고 완료된 것
으로서 확실한 징표를 가져오는구나라고 생각하기 때문이다. 사실 (그리스
어에서 징표(tekmêrion)라는 말에 들어 있는) '테크마르'(tekmar)라는 말과 (완
료되었다는 말에 들어 있는) '페라스'(peras)라는 말은 옛 어법에 따르면 (둘
다 끝, 한계, 종료를 뜻하는) 똑같은 말이다.

1357b10 그런데 표지들 가운데 어떤 것은 보편적인 것에 대해 개별적인 것과 같은 것인데, 예를 들면 어떤 사람이 "지혜로운 사람은 정의롭다"라는 주장에 표지가 있다면서 "소크라테스가 지혜로우면서도 또 정의로웠기 때문"이라고 할 경우이다. 이것은 일단 표지이고 비록 이야기된 내용이 진실이라고 할지라도 반박이 가능하다. 왜냐하면 연역을 이루지 못하기 때문이

26) 즉 '많은 경우에 일어나며 가능한 것들'에 대해서는 개연적인 것들이, '필연적인 것들'에 대해서는 표지가 각각 같은 것으로 대응한다.

27) '보편과 관련된 것'(to katholou), '부분과 관련된 것'(to kata meros).

28) '개별적인 것들 중 어떤 것'(tôn kath' hekaston ti).

29) '징표'(徵表, tekmêrion).

다. 또 어떤 것은, 예를 들면 어떤 사람이 "그가 병들었다는 주장에는 표지가 있다. 왜냐하면 그가 열이 나기 때문이다"[30) 또는 "그녀는 아이를 가졌다. 왜냐하면 젖이 돌고 있기 때문이다"[31)]라고 할 경우처럼 필연적인 것이다. 표지들 가운데 바로 이것만이 유일하게 징표이다. 그것만이 일단 참이라고 가정되면, 반박할 수 없기 때문이다. 한편, 어떤 것은 부분적인 것에 대해 보편적인 것과 같은 것이다. 예를 들면 어떤 사람이 "그가 열이 있다는 주장에는 표지가 있다. 왜냐하면 그가 숨을 가쁘게 몰아쉬기 때문이다"라고 할 경우이다.[32)] 그런데 이것은 설령 진실이라고 하더라도 반박할 수 있다. 왜냐하면 열이 나지 않는 사람도 거칠게 숨을 몰아쉬는 일이 있기 때문이다.

이렇게 해서 우선 개연적인 것이 무엇인지, 표지와 징표가 무엇이며 어떤 점에서 그것들이 서로 다른지가 이제 모두 이야기되었다. 이것들에 관해서는 훨씬 더 분명하게, 그리고 어떤 원인 때문에 어떤 것들은 연역을 이루지 못하고, 어떤 것들은 연역이 되는지, 이런 문제들은 『분석론』에서 이미 규정되었다. **1357b**21

예증에 대해

한편, 예증은 일종의 귀납이라는 사실과 어떤 것들에 관한 귀납인지는 이미 이야기되었다. 그런데 (예증은) 전체에 대한 부분과 같은 것도 아니고, 부분에 대한 전체와 같은 것도 아니며, 전체에 대한 전체의 관계와 같은 것도 아니다. 그것은 부분에 대한 부분의 관계와 같이 비슷한 것에 대한 비슷한 것의 관계이며, 그 양쪽이 동일한 종류 아래 있으되 한쪽이 다 **1357b**25

30) "열이 나면 병든 것이다. 그가 열이 난다. 따라서 그는 병들었다."

31) "젖이 도는 여자는 아이를 가진 것이다. 그녀는 젖이 돈다. 따라서 그녀는 아이를 가졌다."

32) "숨을 가쁘게 몰아쉬면 열이 있는 것이다. 그가 숨을 가쁘게 몰아쉰다. 따라서 그는 열이 있다."

른 한쪽보다 더 잘 알려져 있을 때, 예증이 가능하다. 예를 들면 "디오뉘시오스는 호위대를 요구하고 있으므로 참주가 되려는 마음을 품고 있다"라는 주장처럼. 왜냐하면 그에 앞서 이전에 페이시스트라토스도 이런 마음을 품고서 호위대를 요구했으며, 호위대를 얻자 참주가 되었고, 메가라의 테아게네스도 그랬기 때문이다. 그리고 사람들이 디오뉘시오스가 바로 그런 이유 때문에 호위대를 요구하는지 어떤지를 알지 못하더라도 그들이 알고 있는 다른 모든 경우의 사람들은 그에 대한 예증이 되는 것이다. 이 모든 사례는 "참주가 되려는 마음을 품고 있는 사람은 호위대를 요구한다"라는 동일한 보편적인 주장 아래에 포함된다.

엔튀메마에 대해

1358a 이렇게 해서 증명의 힘을 갖는 것으로 여겨지는 입증들[33]이 어떤 전제들로부터[34] 논증되는 것인지가 이야기되었다. 한편, 엔튀메마들 사이의 가장 중대한 차이점을 거의 모든 사람들이 대부분 알아차리지 못하는데, 그것은 변증술의 방법과 관련해 연역들 가운데 존재하는 바로 그 차이점이다. 사실 엔튀메마들 가운데 일부는, 마치 연역의 일부가 변증술적 방법에 따라 이루어지듯이 연설술을 따라 이루어지지만, 일부는 이미 존재하거나 또는 아직은 정립되지 않은 상태에 있는 다른 기술들과 능력들을 따라 이루어진다. 이런 까닭에 그런 것들에 필요 이상으로 관성적으로 천착하게 되면 그것들로부터[35] 벗어나게 된다. 지금 논의된 것은 더 많은 사례를 통해 상세하게 이야기될 때, 훨씬 더 분명해질 것이다.

---

33) '증명의 힘을 갖는 것으로 여겨지는 입증들'(pisteis apokeiktikai)이란 엔튀메마와 예증법을 가리킨다.

34) 즉 개연적인 것들(ta eikota)과 표지들(sēmeia), 그리고 표지들 가운데 필연적인 징표(tekmerion)와 특별한 이름은 없지만 필연적이지 않는 표지들.

35) 넓게는 '연설술과 변증술' 또는 좀더 구체적으로는 '연설술적 엔튀메마와 변증술적 연역', 연설술에 국한해서 말한다면 또는 '연설술적 엔튀메마'.

나는 변증술의 연역과 연설술의 연역이 이른바 '토포스'[36]라고 말하는 1358a10 것들과 관련이 있다고 말하는 바이다. 그런데 이것들은 예를 들면 '더 많음과 더 적음의 토포스'[37]처럼 정의[38]와 자연학, 정치학, 그리고 종류에서 서로 구별되는 많은 분야의 문제들에 공통된 것들이다. 왜냐하면 자연학이나 그 비슷한 다른 분야들의 문제들을 다룰 때보다 정의에 관한 문제들을 다룰 때, 그것[39]으로부터 연역을 더 많이 하거나 엔튀메마를 더 많이 말하는 것은 아니기 때문이다. 물론 분명히 이것들은 종류에서 서로 구별되는 것들이다. 한편, 각 종과 유에 관련된 전제들[40]로부터 나오는 모든 것은 특정 토포스들[41]인데, 예를 들면 윤리학의 문제들에 관해서는 어떤 엔튀메마나 연역을 산출하지 못하는 전제들이 자연학의 문제들에 관해서는 가능하며, 자연학의 문제들에 관해서는 어떤 엔튀메마나 연역도 산출하지 못하는 다른 전제들이 윤리학의 문제들에 관해서는 가능하다. 사정은 모든 분야에서 이와 마찬가지이다. 그런데 공통 토포스는 어떤 특정 유에 관해 잘 알게 만들어주지는 않는다. 왜냐하면 미리 전제된 그 어떤 대상에만 관련되어 있지 않기 때문이다. 하지만 특정 토포스는 누구든 보다 훌륭하게 골라낸다면, 그만큼 변증술과 연설술과는 다른 지식을 사람들이 알아차리지 못하게 하면서 만들어낼 수 있을 것이다. 왜냐하면 만약 그가 원리들을 성공적으로 찾아낸다면, 변증술이나 연설술은 더 이상은 존재하지 않고, 대신에 그 원리를 출발점으로 하는 특정 지식이 있게 될 것이기 때문이다.

36) '토포스'(topos)의 본래 뜻은 '장소'를 가리키지만, 아리스토텔레스의 철학에서는 — 바로 아래에서 예시되듯이 — 다양한 분야의 문제들을 다룰 때 공통적으로(koinēi) 고려해야 할 문제를 가리킨다.

37) '더 많음과 더 적음의 토포스'(to tou mallon kai hētton topos).

38) 정의(dikaiōn) ☞ dikaiosynē.

39) 즉 '더 많음과 더 적음의 토포스'.

40) '종', '유', '전제' ☞ eidos, genos, protasis.

41) idia.

1358a26 그런데 엔튀메마들의 대부분은 개별적이며 특정한 것들의 그 종들로부터 출발해 논의를 이루며, 공통된 것들로부터 출발해서는 상대적으로 적은 수만이 논의를 이룬다. 그러므로 『변증론』에서도 본 바와 같이 연설술에서도 엔튀메마들이 출발해야만 하는 전제로서, 각 종들(에 특정한 토포스들)과 (모든 종류에 공통된) 토포스들이 서로 구별되어야만 한다. 나는 우선 '종들'이라는 말로는 각 유에 특정한 전제들을, 토포스라는 말로는 모든 분야에 똑같이 적용되는 공통된 전제들을 말한다.

[……]

연설술의 세 장르

1358a32 그러면 먼저 우리는 (연설술에 속하는 하위) 종들에 관해 이야기하도록 하자. 첫 번째로 연설술의 유들을 파악하고, 그래서 그것들이 몇 개나 되는지 구분한 다음, 그것들에 관해 하나씩 떼어내 각 요소들과 전제들을 파악하도록 하자.

제3장

1358a36 연설술의 종류는 수로 하면 셋이다. 왜냐하면 연설을 듣는 청중들도 딱
1358b 그 만큼이기 때문이다. 사실 연설은 세 가지, 즉 연설하는 사람과 그가 연설하는 주제, 그리고 그가 연설을 하는 대상으로 구성된다. 그리고 연설의 목적은 바로 연설의 대상과 관련되는데, 나는 이것을 청중이라고 말한다. 그런데 청중은 필연적으로 보고 듣기만 하는 관객이거나 결정을 내리는 판정관인데, 이미 일어난 일들이나 앞으로 일어날 일들에 관한 판정관이다. 어떤 이는 민회의 일원처럼 앞으로 일어날 일들에 관해 판정을 내리고, 어떤 이는 재판관처럼 이미 일어난 일들에 관해 판정을 내리며, 또 어떤 이는 연설가의 능력에 관해 판정을 내리는 관객이다. 따라서 필연적으로 연설술에 속하는 연설에는 세 가지 장르가 있는데, 심의연설, 재판연설, 부각연설이다.[42)]

1358b8 심의는 권유와 만류로 이루어진다. 실제로 사적인 문제로 심의하는 사

람들도 공적인 문제로 대중연설을 하는 사람들도 그 가운데 하나를 한다. 한편, 재판은 고발과 변호로 이루어진다. 왜냐하면 법정 공방의 당사자들은 필연적으로 이 두 가지 가운데 하나를 하기 때문이다. 한편, 부각연설은 칭찬과 비난으로 이루어진다.

이것들 각각에 관련된 시간이 있는데, 먼저 심의하는 사람에게는 미래 **1358b**13
가 관련된다. 왜냐하면 앞으로 있을 일들에 관해 권유하거나 만류하면서 심의하기 때문이다. 한편, 소송 중인 사람에게는 과거가 관련된다. 왜냐하면 언제나 이미 벌어진 일들에 관해 한쪽은 고발하고 다른 한쪽은 변호하기 때문이다. 한편, 부각연설에서는 현재가 가장 지배적이다. 왜냐하면 모든 사람은 현재 일을 기준으로 삼아 칭찬하거나 비난하기 때문이다. 하지만 현재 일을 기준으로 하는 것에 덧붙여 이미 일어난 일들을 상기시키거나 앞으로 일어날 일들을 미리 그려보면서 과거의 일과 미래의 일을 활용하는 일도 자주 있다.[43]

이것들 각각에 대해 목적 또한 서로 다른데, 연설의 종류가 세 가지이 **1358b**20
므로 목적도 세 가지이다. 우선 심의하는 사람에게는 이익을 추구함과 손해를 피함이 목적이다. 왜냐하면 권유하는 사람은 더 좋다며 심의하며, 만류하는 사람은 더 나쁘다는 이유로 만류하고, 다른 것들, 즉 정의와 부정의, 아름다움과 추함은 이것과 관련해 부수적으로만 고려할 뿐이다. 소송 중인 사람들에게는 정의를 추구함과 부정의를 피함이 목적인데, 이들은 다른 것들을 이것들과 관련해 부수적으로만 고려할 뿐이다. 한편, 칭찬하고 비난하는 사람들에게는 아름다움을 추구함과 추함을 피함이 목

42) 이를 연설이 행해지는 장소에 따라 각각 '의회연설'(symbouleutikon), '법정연설'(dikanikon), '예식연설'(epideiktion)이라고 부를 수 있다.

43) 연설의 내용을 시간적으로 과거, 현재, 미래로 구분하는 것은 아리스토텔레스에게만 고유한 것은 아니다. 플라톤이 『국가』 III에서 소크라테스를 통해 소개한 내용은 참조할 만하다. "신화를 이야기하는 사람들이나 시인들에 의해 이야기되는 모든 것은 과거의 일들이거나 현재의 일들 또는 미래의 일들에 관한 서사가 아닌가?"(III, 392d)

적이며, 이들 역시 다른 것들은 이것들과 관련해 덤으로 부각할 뿐이다.

1358b29 각 종류의 연설들에 관해 이야기된 것들이 목적이라는 사실에는 확실
한 표지가 있다. 왜냐하면 사람들은 그 목적과는 다른 것들에 관해, 예를
들어 소송 당사자의 경우에 그는 문제의 사건이 일어나지 않았다거나, 또
는 해를 끼치지 않았다는 식으로 반박하지 않는 경우가 종종 있지만, 부
정한 일을 저질렀다는 주장에 대해서는 어떤 경우에도 동의하지 않을 것
이기 때문이다. 왜냐하면 그럴 경우에는 재판이란 필요 없기 때문이다. 마
찬가지로 심의하는 사람들은 다른 것들은 자주 양보하지만, 이익이 되지
않은 일들을 심의한다거나 유익한 일들을 못하도록 만류하고 있다는 주
장에는 동의할 수는 없을 것이다. 하지만 인근의 도시국가 사람들을, 아무
런 부정을 저지르지 않았음에도 불구하고 노예로 삼는 일이 부정한 일은
아닌가라는 문제를 고려하지 않는 경우가 자주 있다. 마찬가지로 칭찬하
1359a 는 사람들과 비난하는 사람들은 문제의 인물이 이익이 되는 일을 했는지
또는 해로운 일을 했는지는 살펴보지 않고, 오히려 그 사람이 자신에게는
이득이 되는 일을 가볍게 여기고 진정 아름다운 일을 실천했다는 사실
을 찬사 속에 담아내는 일도 자주 있는데, 예를 들어 그들은 아킬레우스
가 가만히 있으면 살아남을 수도 있었던 처지에서 전쟁터에 나가면 자신
은 죽어야만 한다는 사실을 알면서도 친구인 파트로클로스를 위해 달려
나갔다는 사실 때문에 칭찬한다. 그런데 그에게 그와 같은 죽음은 살아남
는 것보다 더 아름다운 일이었던 반면에 살아남는 일은 이익이 되는 일이
었다.

1359a6 지금까지 이야기된 내용으로부터 목표들과 관련된 전제들을 가장 먼저
갖는 것이 필연적임은 명백하다. 실제로 징표들과 개연적인 것들과 확실
한 표지가 연설술에서 쓰이는 전제들이다. 왜냐하면 일반적으로 연역은
전제로부터 나오며, 엔튀메마는 지금 언급된 전제들로부터 구성된 연역이
기 때문이다. 그런데 불가능한 일들은 과거에 실행된 적도 없거니와 앞으
로도 실행되지 않겠지만, 가능한 일들이 그럴 수 있으며, 또 일어나지 않
았던 일들이나 일어나지 않을 일들은 실행된 적도 없고 실행되지도 않을

것이기 때문에, 심의하는 사람도 소송 당사자도 부각하는 연설가도 가능성과 불가능성과 관련해 어떤 일이 일어났는지 아닌지, 그리고 일어날 것인지 아닌지 하는 문제에 관해 전제를 필연적으로 가져야만 한다. 게다가 칭찬하고 비난하며, 권유하고 만류하며, 변호하고 고소하는 모든 사람이 지금 이야기된 것들을 증명하려고 할 뿐만 아니라 좋은 것이나 나쁜 것이나, 아름다운 것이나 추한 것이나, 정의로운 것과 부정한 것을 그것들 자체로 말하거나 또는 서로 비교하면서 더 크거나 작다는 것도 역시 증명하려고 한다. 따라서 큼과 작음과 더 큼과 더 작음에 관해, 그리고 또 보편성과 개별성에 관해 전제를 가져야만 한다는 것은 분명하다. 예를 들어 어떤 좋은 것이, 또는 어떤 부정한 행동이나 정의로운 행동이 다른 것에 비해 더 큰지 더 작은지 하는 식으로 말이다. 그런데 이것은 다른 것들에 관해서도 마찬가지이다.

이렇게 해서 무엇에 관해 전제들을 취하는 것이 필연적인가는 이야기되 **1359a**26
었다. 그다음으로 무엇에 관해 심의가 이루어지고, 무엇에 관해 부각연설들이 이루어지며, 세 번째로 무엇에 관해 재판들이 이루어지는지 하는 문제는 이것들 각각에 관해 특정하게 구별해두어야만 한다.

[……]

제 2 권

연설술과 감정

청중의 태도와 감정을 조작하는 일의 중요성

제1장

1377b16 이상이 바로 무엇들로부터 권유하고 만류하며 칭찬하고 비난하며 고발하고 변호해야만 하는지, 그리고 이런 일들의 입증을 위해 어떤 의견들과 전제들이 쓸모가 있는지에 대한 내용이다. 왜냐하면 엔튀메마는 이것들에 관해 그리고 이것들로부터 이루어지며, 그 각각에 관해 고유한 방식으로 말하는 것이 곧 각 종류를 이루는 연설들이기 때문이다.

1377b20 연설술은 판단을 목표로 하기 때문에(왜냐하면 사람들은 심의된 내용들에 대해 판단을 내리며, 재판도 판단이기 때문인데), 연설이 어떻게 해야 증명하기 좋고 신뢰할 만하게 되는가를 살펴볼 뿐만 아니라 자신을 어떤 누구로 보이도록 하며, 판정관을 어떤 상태에 있게 하는가도 필연적인 일이다. 왜냐하면 입증과 관련해 말하는 사람이 청중들에게 어떤 누군가로 보이는가, 그리고 청중들이 자신들에 대해 그가 어떤 태도를 취하고 있다고 가정하는가에 따라, 그리고 이것들에 덧붙여 만약 그들 자신도 연설가에 대해 어떤 태도를 갖고 있다면, 그에 따라 차이가 많이 나기 때문이다. 특히 심의를 하는 경우에 그렇지만, 재판에서도 마찬가지이다. 우선 말하는 사람이 어떤 누구로 보이는가는 심의를 하는 경우에 더 유용하며, 청중을 어떤 상태에 있게 하는 것은 재판에서 더 유용하다. 왜냐하면 같은 내용이라도 친근감을 느끼는 사람들과 반감을 느끼는 사람들은, 그리고 화가 나 있는 사람들과 평정심을 유지하는 사람들은 똑같다고 생각
1378a 하지 않으며, 반대로 완전히 다르거나 중요성에서 다르다고 생각하기 때

문이다. 실제로 친근감을 느끼는 사람은 자신이 판결을 내려야만 할 사람이 부정을 저지르지 않았거나 경미한 부정을 저지른 것으로 생각하며, 반감을 느끼는 사람은 그 반대로 생각하는 법이다. 그리고 욕망이 충만하고 희망에 넘치는 사람은 만약 뭔가 일어날 일이 달콤할 것 같으면, 그것은 일어날 것이며 또한 좋은 일이 될 것이라고 생각하지만, 반대로 무감각하거나 기분이 상해 있는 사람은 그 반대로 생각하게 마련이다.

말하는 사람들이 자신들을 신뢰할 만한 사람이게 하는 데에는 세 가지 원인이 있다. 증명을 하는 것 말고 우리가 신뢰감을 심어줄 수 있는 수단이 바로 그만큼이기 때문이다. 그것은 바로 현명함과 덕과 호의이다. 왜냐하면 이것들 전부 때문에 또는 이것들 가운데 어떤 것 때문에 사람들은 말을 하거나 심의를 하는 주제에 관해 거짓말을 하기 때문이다. 실제로 현명하지 못하기 때문에 올바른 생각을 갖지 못하거나, 또는 올바른 생각을 갖고서도 못된 성품 때문에 생각하고 있는 바를 말하지 않거나, 또는 현명하며 공명관대하면서도 호의적이지 않아 생각한 바를 말하지 않을 수도 있으며, 이런 이유 때문에 가장 좋은 의견을 알고 있으면서도 제안하지 않을 수도 있기 때문이다. 그리고 이런 것들 말고는 다른 것은 없다. 그러므로 이것들을 모두 가지고 있는 것처럼 보이는 사람은 경청하는 사람들에게 신뢰할 만한 사람인 것은 틀림없다. 따라서 우리는 무엇으로부터 현명하고 고귀한 사람으로서 보일 수 있는지 그 방법을 덕들과 관련해 분석된 사항들로부터 파악해야만 한다. 왜냐하면 어떤 사람은 똑같은 것들로부터 다른 사람을, 그리고 자기 자신을 특정한 성격을 지닌 사람으로 보이게끔 제시할 수가 있기 때문이다. 그런데 호의와 친애에 관해서는 감정들을 다루는 부분에서 논의되어야만 한다. **1378a**6

그런데 감정[44]이란 사람들이 입장을 바꾸며 판단을 내리는 데서 차이를 보이게 되는 원인들인데, 그것에는 고통과 기쁨이 따른다. 감정의 예를 **1378a**20

44) '감정'(pathē) ☞ pathos.

들자면, 분노, 연민, 공포와 그와 같은 다른 모든 것, 그리고 그것들에 정반대되는 것들이 있다. 그 각각에 관해 세 가지로 구분해야만 하는데, 예를 들어 분노에 관해 말하자면, 어떤 상태에서 화를 내는지, 어떤 사람들을 대상으로 화를 내는 것이 보통인지, 그리고 어떤 성격의 일들에 관해 화를 내는지를 구분해 다루어야만 한다. 왜냐하면 만약 이것들 전부 다가 있지 않고 그 가운데 하나나 둘만 있다면, 화를 내는 일이 불가능하기 때문이다. 다른 감정들에 대해서도 마찬가지이다. 그러므로 앞에서 이미 이야기된 것들의 경우에 전제들을 구분지어 기술했던 것처럼 그런 식으로 이것들에 관해서도 이미 이야기된 방식을 적용해 구분해 보자.

[……]

연설의 세 장르에 공통되는 토포스

제18장

1391b7 그런데 설득력 있는 연설들의 유용성은 판정과 관련 있기 때문에(왜냐하면 우리가 이미 알고 있으며 이미 판정을 내린 사안들에 관해서는 연설을 할 필요가 전혀 없기 때문인데), 그리고 누군가가 한 사람을 상대로 연설하면서, 예를 들어 (상대를) 나무라며 고쳐보려는 사람들이나 설득을 시도하는 사람들이 하는 것처럼 권유하거나 만류할 경우에도 판정이 있는 것이다. (왜냐하면 한 사람이라고 해서 판정관이 못 될 것은 전혀 없으며, 단적으로 말해서 판정관이 설득해야 할 대상이기 때문이다.) 그리고 또 논쟁을 벌이는 사람을 상대하거나, 가정된 주장에 대해 누군가가 연설을 한다고 해도 마찬가지로 판정이 있는 것이다. 왜냐하면 필연적으로 연설을 해야만 하고, 또한 그 연설을 해서 마치 논쟁을 벌이는 사람인 양 상대해야만 하는 반대되는 주장들을 물리쳐야만 하기 때문인데, 그건 부각연설에서도 마찬가지이기 때문이다. 왜냐하면 판정관을 상대하는 것처럼 관객을 상대로 연설이 구성되기 때문이다. 하지만 일반적으로 정치적인 논쟁 속에서 검토되는 사안들을 판정하는 사람만이 순수하게 판정관이다. 왜냐하면 논란거리들에 대해 실제 사정이 어떤지 탐구가 이루어지고 그

것들이 숙고의 대상이 되기 때문이다. 그리고 심의연설에서 논의되는 것들에 관해, 그런데 각 정체에 따른 성격들에 관해서는 심의연설에서 이미 이야기된 바 있다. 따라서 어떻게 그리고 어떤 수단을 통해 우리가 연설들이 성격과 관련될 수 있도록 만들어야만 하는가의 문제는 규정된 셈이다.

그런데 연설들의 각 종류와 관련해 그 목적이 서로 달랐으며, 그것들 모 1391b23
두에 관해 사람들이 의회에서 심의를 벌이거나 연설능력을 부각하거나
법정에서 논쟁을 벌일 때, 어떤 의견들과 어떤 전제들로부터 입증을 끌어
내는지를 이미 파악했으며, 게다가 어떤 요소들로부터 연설들을 성격과
관련될 수 있도록 만들 수가 있는 것인지 그 내용들에 관해서도 규정되
었으므로 이제 우리에게 남은 것은 연설의 각 종류에 공통된 것들에 관
해 철저하게 검토하는 일이다. 왜냐하면 모든 연설가에게는 연설 안에 가
능성과 불가능성에 관한 것을 추가적으로 사용하는 것이 필연적이며, 또
한 일부의 연설가는 어떤 일이 앞으로 일어날 것이라고, 다른 일부의 연
설가는 어떤 일이 일어났다고 증명하려고 시도하는 것이 필연적이기 때문
이다. 게다가 크기에 관해서도 모든 연설에 공통되는 것이 있다. 왜냐하면
모든 연설가는 심의를 하거나 찬사를 보내거나 비난을 하거나 고소를 하
거나 변호할 경우에 더 작게 축소하거나 더 크게 과장하는 방법을 이용 1392a
하기 때문이다. 그런데 이것들을 정의하고 난 후에 엔튀메마에 관해 연설
의 모든 종류에 공통적으로 적용될 수 있는 이야기를 우리가 뭔가 할 수
가 있다면 해보기로 하자. 그리고 예증에 관해서도 그렇게 해보자. 그렇게
해서 남은 문제들을 추가적으로 다루고 난 후에 우리가 처음에 제시했던
계획을 완수할 수 있도록 하자.

그런데 공통된 것들 가운데에 과장하는 것은, 이미 이야기를 한 바와 1392a4
같이 부각연설에 가장 고유한 반면에 일어난 일은 (과거의 일들에 관해 판정이 내려지므로) 재판연설에 가장 고유하며, 가능하며 앞으로 있게 될 것은 심의연설에 가장 고유하다.

가능과 불가능의 토포스

제19장

1392a8 그러므로 먼저 가능성과 불가능성의 토포스에 관해 이야기해보자. 만약 두 항이 서로 반대된다면, 한쪽 항이 있거나 있었을 가능성이 있다면, 다른 쪽 항도 그럴 가능성이 있는 것처럼 보일 수 있다. 예컨대, 만약 한 사람이 건강할 가능성이 있다면, 또한 병들 가능성도 있다. 왜냐하면 서로 반대되는 것들은 서로 반대되는 한에서 하나의 동일한 가능성을 갖기 때문이다. 그리고 만약 두 항이 서로 닮았다면, 한쪽 항이 가능하다면 다른 쪽 항도 가능하다. 그리고 만약 더 어려운 것이 가능하다면, 더 쉬운 것도 역시 가능하다. 그리고 만약 뭔가가 고상하고 아름답게 되는 일이 가능하다면, 그냥 일반적인 수준으로 되는 것도 가능하다. 왜냐하면 집이 아름다운 것은 그냥 집인 것보다는 더 어려운 일이기 때문이다.

1392a16 그리고 그 시작이 생겨날 가능성이 있는 것에는 그 끝 역시 생겨날 가능성이 있다. 왜냐하면 불가능한 것들 가운데 그 어떤 것도 생겨날 수가 없으며, 생겨나기 시작할 수도 없기 때문이다. 예컨대, 정사각형의 지름이 변과 같은 크기가 되는 또는 약분되는 일은 일어날 수도 없으며 일어나지도 않는다. 그리고 그 끝이 가능한 것에는 그 시작도 가능하다. 왜냐하면 모든 것은 시작으로부터 생겨나니까. 그리고 만약 본질이나 발생에 있어 더 나중 것이 생겨날 가능성이 있다면, 또한 그 이전 것도 가능하다. 예컨대 만약 성인이 있는 것이 가능하다면, 아이가 있는 것도 가능하다. (왜냐하면 아이가 더 먼저 있는 것이니까.) 그리고 만약 아이가 있는 것이 가능하다면, 성인이 있는 것도 가능하다. (왜냐하면 아이는 시작이니까.) 그리고 본성상 애정이나 욕구의 대상이 되는 것이 있는 일도 가능하다. 왜냐하면 대부분의 경우에 어떤 사람도 존재하는 것이 불가능한 것들에 대해 애정이나 욕구를 갖지는 않기 때문이다.

1392a25 그리고 학문과 기술의 대상이 되는 것들도 가능한 것들이며 또 생겨난다. 또한 발생의 원천이 우리가 강요할 수 있거나 설득할 수 있는 그런 대상이 안에 들어 있는, 그런 모든 것도 가능하다. 그런데 그것들에 대해

우리는 더 강한 상태에 있거나 마음대로 부릴 수 있는 주인의 처지이거나 친구로 있다. 그리고 어떤 것의 부분들이 가능하면, 그 부분들이 이루는 전체도 가능하며, 어떤 것의 전체가 가능하면, 또한 그 전체의 부분들도 대부분의 경우에 가능하다. 왜냐하면 만약 신발의 뒤축과 앞축과 등이 있을 수 있다면, 신발도 있을 수 있으며, 만약 신발이 있을 수 있다면, 신발의 뒤축과 앞축도 있을 수 있다. 그리고 만약 유(類) 전체가 가능한 1392b
것들에 속한다면, 그 종(種)도 그럴 수 있고, 그리고 종이 그럴 수 있다면, 그 유도 그럴 수 있다. 예컨대, 만약 배가 있을 수 있다면 삼단노선도 있을 수 있고, 삼단노선이 있을 수 있다면 배도 있을 수 있다. 그리고 서로에 대해 본성상 짝이 되는 것들 가운데 한쪽이 가능하다면, 다른 한쪽도 가능하다. 예컨대, 만약 두 배가 가능하다면 절반도 가능하며, 절반이 가능하다면 두 배도 가능하다. 그리고 만약 기술과 준비가 없이도 생겨날 수 있다면, 기술과 정성을 들이면 그것이 생겨날 가능성은 더욱더 높다. 이로부터 아가톤[45]은 이렇게 말했다. "어떤 것들은 기술로 완성해야만 하겠지만, 어떤 것들은 우리에게 필연과 우연에 의해 덤으로 생겨난다네." 그리고 만약 열등한 자들과 저급한 자들, 그리고 생각이 더 모자란 자들에게

45) 아가톤(기원전 448년~기원전 402년경)은 아테네에서 활동하던 비극 작가로서 에우리피데스와 플라톤의 친구였다. 플라톤의 작품 『향연』은 아가톤이 레나이아 축제의 비극 경연대회(기원전 416년)에서 처음으로 우승한 것을 축하하는 만찬이 배경이 되고 있다. 마케도니아의 아르켈라오스의 초청으로 그곳으로 가 극작가로서 활동하기도 했다. 『향연』에서 절친한 친구로 등장하는 아리스토파네스는 자신의 희극 『테스모포리아 축제의 여인들』에서 아가톤을 비판적으로 언급한다. 그는 그리스 비극에 몇 가지 혁신적인 변화를 주도했는데, 전해져 오는 신화가 아닌 소재를 이용해 극을 짓기도 했다. 보통 시인들이 실제로 있었던 이름을 이용하거나 전해 오는 이야기를 사용했지만, 아가톤의 『안테우스』에는 모두 가상적인 이름, 혹 알려지지 않은 이름을 사용하고 있다. 또한 그는 극의 내용과는 관련 없는 코러스의 합창을 극의 중간에 끼워넣기도 했다. 이와 같이 막간극 형식으로 코러스를 집어넣은 것에 대해 아리스토텔레스의 시선은 곱지 않았다. 아리스토텔레스는 코러스도 배우의 하나로서 이야기 전개 전체에 긴밀하게 엮여야 한다고 주장하기 때문이다.

가능하다면, 그와 반대되는 사람들에게는 더욱더 가능하다. 이는 마치 이 소크라테스가 만약 에우뤼노스가 배워 알았다면, 그 자신이 그것을 알아낼 수 없다는 것은 이상한 일이라고 말한 것과 같다. 불가능함에 관해서는 이미 이야기된 것들에 정반대되는 내용들로부터 나오리라는 것은 분명하다.

있음과 없음의 토포스

1392b15 한편, 만약 과거에 무언가가 생겨났다면, 다음과 같은 것들로부터 살펴봐야 한다. 무엇보다도 먼저, 만약 본성상 생겨날 확률이 적은 것이 생겨났다면, 생겨날 확률이 높은 것도 생겨났을 수 있다. 그리고 만약 흔히 나중에 생겨나곤 하는 것이 생겨났다면, 흔히 먼저 생겨나는 것도 생겨났을 것이다. 예컨대, 만약 누군가가 무엇인가를 잊어버렸다면, 그것은 그가 그 전에 언젠가 그것을 배운 적이 있다는 말이다. 그리고 만약 누군가가 무엇인가를 할 수 있었고 하기를 원했다면, 그는 그것을 실행했을 것이다. 왜냐하면 사람들은 누구나 뭔가를 할 수 있는 능력을 가진 상태에서 그것을 하기를 원하면, 그것을 실행하기 때문이다. 그가 그것을 하는 것을 어떤 것도 방해하지 않기 때문이다. 나아가 만약 그가 그것을 하기를 원했고 외부에 있는 것들 가운데 그 어떤 것도 방해를 하지 않았다면, 그리고 만약 그가 그것을 하는 것이 가능했고 화가 나 있었다면, 그리고 그가 그것을 할 수 있었고 또 열망했다면 그는 그것을 실행했을 것이다. 왜냐하면 많은 경우에 사람들은 할 수 있는 능력이 있을 때에 마음을 사로잡는 것들을 실행하는데, 저급한 사람들은 자제력이 없기 때문에 그렇고, 공명관대한 사람들은 공명관대한 것들을 열망하기 때문에 그렇다. 그리고 만약 뭔가가 막 생겨나려 했고 또 누군가가 그 일을 막 하려고 했다면, 그것은 일어났을 것이다. 왜냐하면 막 그 일을 하려고 했던 사람이 결국 그 일을 해냈다는 것은 개연성이 높은 일이기 때문이다. 그리고 만약 어떤 것보다 먼저 또는 어떤 것의 원인으로서 생기는 것이 자연스러운 일들이 일어났다면, 나중에 생겨나는 것들도 일어났을 것이다. 예컨대, 번개가 쳤다

면 천둥도 쳤을 것이며, 누군가가 뭔가를 시도했다면 그는 그 일을 했을 것이다. 그리고 만약 더 나중에 생기는 것이 자연스럽거나 어떤 것의 결과로서 생기는 것이 일어난다면, 더 먼저 생겨나는 것도 그리고 그것의 원인이 되는 것도 생겨났을 것이다. 예컨대, 천둥이 쳤다면 앞서 번개도 쳤을 것이며, 누군가가 뭔가를 실행했다면 먼저 그것을 하려고 시도했을 것이다. 그런데 이 모든 것 가운데 어떤 것들은 필연성에 의해 또 어떤 것들은 많은 경우에 그런 것이다. 한편, 생겨나지 않음에 관해서는 이미 이야기된 것들과 정반대의 것들로부터 분명하다.

그리고 미래에 있을 것에 관해서도 앞에서 이야기한 것과 똑같은 것들 1393a
로부터 무엇을 어떻게 말해야 하는지가 분명하다. 왜냐하면 가능성과 소원 안에 있는 것은 있을 것이며, 욕망과 분기와 계산 안에 있으면서 또한 능력과 함께하는 것들도 있을 것이기 때문이다. 또한 그것들은 실행하려는 충동과 기대하는 가운데 앞으로 있게 될 것이다. 왜냐하면 많은 경우에 기대하는 것이 기대하지 않는 것보다도 더 많이 일어나기 때문이다. 그리고 본성상 더 먼저 생겨나는 것들이 미리 생겨났을 경우도 나중에 생겨나는 것들이 생겨날 것이다. 예컨대, 만약 구름이 잔뜩 끼어 있다면, 비가 올 것임은 개연성이 높다. 그리고 만약 뭔가의 원인이 생겨났다면, 그 결과가 생겨나는 것도 개연성이 높다. 예컨대, 만약 기초가 놓여 있다면, 또한 집도 세워질 것이다.

큼과 작음의 토포스

한편, 문제가 되는 사안들의 큼과 작음, 그리고 더 큼과 더 작음, 그리고 1393a8
일반적으로 큰 것들과 작은 것들에 관해서는 앞에서 이야기된 것들로부터 우리에게 분명하다. 왜냐하면 심의연설에서 좋은 것들의 큼에 관해, 그리고 또 단적으로 더 크고 또 더 작은 것에 관해 언급했고, 그래서 연설의 각각에 미리 놓여 있는 목표는, 예컨대 이익과 아름다움과 정의로움은 좋은 것이기 때문에, 모든 연설가는 이런 것들을 통해 다양한 과장법을 취해야만 한다는 것은 분명하다. 한편, 이것들 이외에 단적으로 큼과 뛰어

남에 관해 탐구하는 것은 공허한 논의이다. 왜냐하면 실용성의 측면에서 볼 때, 사안들의 개별적인 것들이 보편적인 것들보다 더 중요하기 때문이다.

1393a19 이렇게 해서 우선 가능함과 불가능함에 관해, 뭔가가 생겨났는지 아닌지, 있을 것인지 아닌지의 문제에 관해, 게다가 사안들의 큼과 작음에 관해서도 이것으로 이야기된 것으로 해두자.

제 3 권

연설에서의 말하기(언어표현)

제1장

연설을 주제로 이야기할 때, 꼭 다루어야 하는 것은 세 가지이다. 첫째 1403b6
는 어떤 것들로부터 입증이 이루어질 것인가 하는 것이고, 둘째는 말하기[46]에 관한 것이며, 셋째는 연설의 부분들을 어떻게 배열해야만 하는가라는 것이다. 그런데 입증에 관해, 그리고 입증이 얼마나 많은 것으로부터 이루어지는가에 관해서도 세 가지 것들로부터 이루어진다고 말했으며, 그 셋이 어떤 종류의 것들인지, 그리고 무엇 때문에 그런 것들뿐인지도 이야기되었다. 실제로 판단을 내리는 사람들은 모두 자신들이 뭔가를 겪었다는 사실에 의해, 또는 말하는 사람들이 어떤 사람이라고 생각하느냐에 따라, 또는 증명되었다는 사실에 의해 설득되기 때문이다. 한편, 엔튀메마도 이야기되었는데, 그것들이 어떤 전제들로부터 제공되어야 하는지도 다루었다. 실제로 엔튀메마에는 특정 종류의 토포스와 공통의 토포스들이 전제로서 속한다.[47]

이제는 말하기에 관해 이야기해야만 한다. 왜냐하면 말해야 할 거리를 1403b15
갖고 있는 것만으로는 충분하지 않고, 그것들을 어떻게 말해야 하는가라는 방법 또한 꼭 필요하며, 이것은 하나의 연설을 어떤 무슨 연설로 보이

46) 원문의 'lexis'는 '언어표현'으로서의 말하기를 뜻한다.

47) 엔튀메마가 구성되기 위해서는 일단 연설의 세 종류에 맞는 특정 종류의 토포스 또는 전제(ta eidē)가 필요하다. 이에 대해서는 I 4-14에서 소개되었다. 한편, 연설의 세 종류에 공통적으로 적용될 수 있는 공통의 토포스들도 필요하다. 이에 대해서는 감정(pathos) 및 성격(ēthos)과 관련해 II 2-11, 12-17에서 논의되었고, 논리(logos)적인 측면에서는 II 18-26에서 제시되었다.

도록 하는 데에 많은 기여를 하기 때문이다. 따라서 본성에 따라 우선 본성상 맨 처음에 오는 것, 즉 설득력을 확보하는 원천인 사안들 자체가 이미 탐구되었다. 이제는 두 번째로 말하기를 이용해 그 사안들을 구성하는 방식을, 셋째로 가장 큰 힘을 갖고는 있지만, 아직까지는 본격적인 연구가 이루어지지 않은 주제, 즉 실연[48]에 관한 사항을 탐구해야 한다. 실제로 실연은 비극과 음유시 분야에서도 뒤늦게 도입되었다. 처음에는 지은이들이 직접 비극을 실연했기 때문이다. 그래서 짓기술과 관련해서와 마찬가지로 연설술과 관련해서도 바로 그런 것이 있다는 것은 명백한 사실이며, 몇몇 다른 사람들, 특히 테오스의 글라우콘이 다루었던 것이 바로 그런 것이다.

1403b27 그런데 이 실연이란 일단 음성과 관련되어 있다. 각각의 감정에 대해 어떻게 음성을 이용해야만 하는가, 예컨대 언제 큰 소리를, 또 언제 중간 소리와 작은 소리를 이용해야만 하는가, 그리고 어떻게 억양을, 예컨대 높은 톤과 낮은 톤, 중간 톤을 이용할 것인가, 또 각각의 감정들에 대해 어떤 박자를 이용해야만 하는가. 실제로 사람들이 고려하는 것에는 세 가지가 관련된다. 그것은 음성의 크기와 화성[49]과 박자이기 때문이다. 그래서 음성과 관련된 실연에 능한 사람들이 경연에서 상을 거의 다 휩쓸어간다. 그리고 오늘날 그 경연에서 배우들이 지은이들보다 더 중요한 역할을 할 수 있는 것과 꼭 마찬가지로, 시정(市政) 분야의 경연에서는 정체의 결점 때문에 사정은 마찬가지이다.

1403b35 그런데 이것들에 관한 기술은 아직 구성되지 않은 상태이다. 말하기에
1404a 관한 것도 뒤늦게 발전하기 시작했다. 그리고 잘 따져 생각해보면, 그 일은 귀찮은 일처럼 보인다. 그러나 연설술과 관련된 작업은 전체가 통념과

48) '실연'(實演, hypokrisis).

49) 여기에서 '화성'(harmonia)이란 동시에 울리는 두 가지 소리의 어울림을 뜻하는 것이 아니라 시간적인 흐름에 따라 이어지는 소리들의 연결이 이루는 어울림을 뜻한다. 즉 화성학적인 화음이 아니라 대위법적인 화음이다.

관련되어 있기 때문에 신경을 써야만 한다. 그것이 올바르기 때문이 아니라 오히려 말을 굳이 하자면 꼭 필요하기 때문이다. 왜냐하면 연설과 관련해 누구를 고통스럽게 하지 않고 또 즐겁게 해주려고도 하지 않으며, 그것 이상을 찾지 않는 것이야말로 진정 정당한 일이기 때문이다. 실제로 사건 자체를 가지고서 경쟁하는 것이 정당하며, 증명하는 일 이외의 다른 것들은 부차적인 것이다. 그럼에도 불구하고 이미 이야기했던 것처럼 실연은 청자의 부족함 때문에 큰 힘을 발휘한다. 그런데 말하기와 관련된 사항은 모든 가르침에 대해 작지만 뭔가 꼭 필요한 요소를 가지고 있다. 왜냐하면 명확하게 보여주기 위해서는 이렇게 이야기하느냐 저렇게 이야기하느냐에 따라 그렇게 대단히 큰 것은 아니지만 무언가 차이가 있기 때문이다. 그러나 이 모든 것은 겉으로 드러나 보이는 것들이며, 또 청자를 겨냥한다. 그렇기 때문에 그 누구도 그런 식으로 기하학을 가르치지는 않는다. 그래서 이 기술이 등장할 때면, 이것은 배우들의 연기술과 똑같은 일을 하게 될 것이다. 그런데 몇몇 사람들은, 예를 들면 트라쉬마코스가 『연민에 관한 책』에서 했던 것처럼 이 기술에 관해 말하려고 시도했지만, 아주 조금밖에는 하지 못했다. 그리고 실연의 재능을 갖는 것은 타고난 본성에 속하며 기술과 비교적 관련이 없지만, 말하기와 관련된 것에는 기술적 요소가 있다. 그렇기 때문에 그런 능력을 갖춘 사람들에게도 마치 실연의 솜씨를 갖춘 연설가들에게도 그런 것처럼 상이 돌아간다. 사실 문자화된 연설들은 그 속에 담긴 생각에 의해서보다는 말하기에 의해 디 큰 위력을 발휘하기 때문이다.

그러므로 지은이들이, 마치 그들이 그렇게 하는 것이 타고난 본성인 것 **1404a**19
처럼 가장 먼저 움직이기 시작했다. 사실 낱말들은 모방된 것이며, 음성도 우리의 모든 부분 가운데 모방에 가장 적합하다. 그렇기 때문에 기술들과 음유시가와 연기술과 또 다른 기술들이 구성된 것이다. 지은이들은 시시한 것들을 이야기하면서도 말하기 덕택에 그 같은 명성을 누리는 것처럼 보였다. 그렇기 때문에 처음에는 말하기가, 고르기아스의 그것처럼 짓기술과 관련되었고, 지금도 여전히 교육을 못 받은 사람들 가운데 다수는 그런 식으로 표현하는 사람들이야말로 가장 훌륭하게 말한다고 생각한다. 그러나 그건 그렇지 않다. 오히려 연설의 말하기와 짓기의 말하기는 서로 다르다. 실제 일어났던 사실이 이를 분명히 보여준다. 왜냐하면 비극의 지은이들조차도 더 이상 똑같은 방식을 사용하지 않기 때문이다. 오히려 사각 운율에서 이암보스 운율로 넘어갔는데, 그 운율이 다른 운율들 가운데에서 일상생활에서 사람들이 하는 말과 가장 비슷하다는 이유 때문이었다. 그와 같이 낱말들 가운데서 일상 대화에 맞는 표현 이외의 모든 단어들, 즉 초기 지은이들이 장식을 위해 사용했던 단어들을 모두 다 포기했고, 심지어 지금은 육각 운율로 짓는 이들조차도 그런 단어들을 포기한 상태이다. 그렇기 때문에 지은이 자신들도 더 이상은 그 방식을 사용하지 않는 상황에서 그들을 모방하는 것은 우스운 일이다. 따라서 우리가 말하기에 관해 이야기할 수 있는 것 전부 다가 아니라 오히려 우리가 논의의 주제로 삼고 있는 연설술과 관련된 그런 종류의 말하기와 관련된 것만 상세히 다뤄야 한다는 사실은 명백하다. 그런데 짓기의 말하기는 이미 『시학』에서 이야기되었다.

시학[1)]

김헌 옮김

1) 『시학』은 아리스토텔레스의 저술 『포이에티케에 대하여』(*peri poiētikēs*)에 관한 가장 일반적인 번역이다. 이 번역은 오해의 여지가 있다. '포이에티케'란 일반적으로 '만드는 기술' 또는 '짓는 기술'을 뜻하는데, '시학'이라고 번역함으로써 독자로 하여금 이 저술이 다름 아닌 '시'(詩)를 짓는 기술을 다루는 것으로 생각하게 만들기 때문이다. 그러나 이 저술은 시(詩)라기보다는 '이야기'를 짓는 기술(또는 솜씨, 기예, 예술)을 다룬다. 하지만 이 책에서 나는 다른 옮긴이들과의 공역으로서의 '아리스토텔레스 선집'인 점을 감안해 일단 전통적인 제목을 그대로 사용했다. 물론 '시'를 음악성과 감정을 노래하는 '서정시'에 국한하지 않고 '서사시'를 포함하는 개념으로 놓고 동시에 비극과 희극 등을 '극시'라고 이해하고 정의한다면, '시'의 외연이 훨씬 넓어질 수 있어 '시학'이라는 번역을 정당화할 수는 있다. 개인적으로 나는 '시학'보다는 그냥 '짓기' 또는 '짓기술', 아니면 '짓는 기술', '짓기 기술'이 아리스토텔레스의 의도를 이해하는 데에 훨씬 더 좋다고 생각한다. 그래서 본문 속에서는 '시학'이나 '작시술' 또는 '시작술' 대신에 그리스 원어의 의미를 최대한 살려 '짓기술'이라고 했다.

짓기의 기원

제4장

전체적으로 두 가지의 원인이, 그것도 본성적인 원인이 짓기술을 탄생 1448b4
시켰던 것으로 보인다. 실제로 모방하기는 어린 시절부터 사람들에게서 나타나는 본성인데, 바로 이 점에서, 즉 모방을 가장 잘 하며 모방을 통해 처음으로 배운다는 점에서 사람들은 다른 동물들과 차이가 난다. 모든 사람이 모방된 것에서 즐거움을 느끼는 것도 그렇다.

실제로 일어나는 일이 이 주장에 대한 증거이다. 우리가 직접 보면 고통 1448b9
스러운 대상들도 아주 정교하게 그것들을 그려낸 그림들을, 예컨대 무가치한 짐승들과 시체들의 모상들을 보면 즐겁기 때문이다. 그것에도 이유는 있다. 즉 배움은 지혜를 사랑하는 사람들에게뿐만 아니라 다른 사람들에게도, 아니 바로 그런 일과 상관이 적은 사람들에게도 마찬가지로 크나큰 쾌감이 되기 때문이다. 실제로 그림을 쳐다보는 사람들은 그것을 바라볼 때 그 각각이 무엇인지를, 예컨대 "이것은 바로 그것이로구나!"라는 식으로 추론하고 배우기 때문에 기쁜 것이다. 이전에 본 적이 없는 것이라면, 모방된 것[2]이 쾌감을 만드는 것이 아니라 오히려 정교한 기교나 빛깔, 또는 그 비슷한 다른 이유 때문에 그렇다.

그런데 우리가 '모방한다는 것'과 '가락[3]과 박자감이 있는 것'은 (운율 1448b20
이 박자의 부분임이 분명하니까 하는 말인데) 타고난 본성에 따른 것이기 때문에 처음에는 이것들과 관련된 재능을 가장 잘 타고난 사람들이 조금씩 발전시켜 즉흥적으로 부르는 데에서 출발해 마침내 짓기를 낳았다.

[……]

---

2) 화가나 조각가가 대상을 모방해 만들어낸 작품을 가리킨다.

3) '가락'은 '하르모니아'(harmonia)를 우리말로 옮긴 것이다. 하르모니아는 '화성'을 떠오르게 하지만, 두 가지 음이나 세 가지 음이 함께 울리며 만들어내는 화성음악의 기법은 고대 그리스 음악에서는 없었기 때문에 '화성'이라고 옮길 수는 없다. 시간적인 차이를 두고 울리는 두 가지 음 이상의 전체 선율이 만들어내는 어울림, 즉 곡조와 가락이 아리스토텔레스가 말하는 화음으로서의 하르모니아이다.

비극의 요소들

제6장

1449b21 육각 운율 모방술[4]과 희극에 관해서는 나중에 말하겠다. 지금은 비극에 관해 앞서 말한 내용들로부터 나오는 그것의 본질에 대한 정의(定義)를 정리하고 논의해 보자. 일단 비극은 고귀하며 완결된, 일정한 크기를 가진 행위의 모방인데, 그 부분들 안에서 종류들 각각에 맞게 따로따로 양념된 말을 써서, 낭송을 통해서가 아니라 행동하는 사람들에 의해 이루어지며, 연민과 공포를 통해 그와 같은 격정적인 참사들의 '깨끗케 하기'[5]를 수행하는 모방이다.

1449b28 '양념된 말'이란 말에다 박자와 가락과 노래를 곁들인 것을 말하고, '종류들에 맞게 따로따로'란 어떤 부분들은 운율을 통해서만 수행하며, 또 다른 부분들은 노래를 통해서만 수행하는 것을 말한다.

1449b31 그런데 행위자가 모방을 짓기 때문에, 먼저 볼거리의 연출이 필연적으로 비극의 한 부분이 될 수 있다. 그다음은 '노래짓기'와 '말하기'인데, 이것들로 모방을 짓기 때문이다. 그런데 나는 '말하기'는 '운율들의 조합' 자체이며, '노래짓기'는 그 모든 의미 전체가 분명한 것이라고 말하겠다.

1449b36 그런데 비극이 행위의 모방일 때, 행위는 어떤 행위자들이 하는 것이며, 그들은 필연적으로 성격과 생각[6]에 따라 어떠한 누군가가 되어야만 한
1450a 다. 왜냐하면 이것들을 통해 행위라는 것도 어떠한 성질의 무엇이라고 말하며, 행위에는 본성상 생각과 성격이라는 두 가지 원인이 있고, 이것들에 따라 모든 사람들은 성공하기도 하고 실패하기도 하기 때문이다. 그런데 행위의 모방이 이야기[7]이다. 실제로 나는 그 이야기라는 것이 사건들의 조합이고, 성격은 우리가 행위자들을 어떠한 누군가라고 말하는 기준

4) 서사시.
5) '깨끗케 하기'(katharsis).
6) '성격'(ēthos), '생각'(dianoia).
7) '이야기'(mythos).

이 되는 것이며, 생각은 말하는 사람들이 뭔가를 증명하거나 또는 의견을 분명하게 나타내는 외연이 되는 것이라고 말한다.[8]

따라서 모든 비극을 이루는 부분은 필연적으로 여섯이어야만 하며, 이 1450a7
에 따라 어떤 성질의 무슨 비극이냐가 결정된다. 그것은 이야기, 성격, 말하기, 생각, 볼거리, 노래짓기이다. '무엇으로 모방하는가'는 두 부분이고,[9] '어떻게 모방하는가'는 하나이며,[10] '무엇을 모방하는가'는 셋이다.[11] 이것들 이외에는 아무것도 없다. 지은이들 중에 적지 않은 수가 이것들을, 말을 하자면 그 종류로서 사용한다. 그런데 실제로 볼거리는 모두를, 즉 성격과 이야기와 말하기와 노래와 생각을 그런 식으로 갖는다.[12]

행위의 중요성

제 6 장

이것들 가운데 가장 중요한 것은 사건들의 구성이다. 비극은 사람이 아 1450a15
니라 행위와 삶의 모방이며, 행복도 불행도 행위 안에 있고, 비극의 목적도 어떤 행위이지 됨됨이는 아니기 때문이다. 그런데 성격에 따라서는 어떠한 누구인가가 규정되지만, 행위에 따라서는 행복하거나 그 반대가 된다. 그러므로 성격을 모방하기 위해 인물들이 행위를 하는 것이 아니며, 오히려 행위를 통해 인물들이 전반적인 성격을 갖는 것이다. 따라서 비극의 목적은 사건들과 이야기이다. 그런데 목적이란 모든 것 가운데 가장 중요한 것이다.

게다가 비극은 성격 없이도 이루어질 수 있지만, 행위 없이는 이루어질 1450a23

8) 또는 수단. 사람들이 뭔가를 증명하거나 또는 의견을 분명히 나타낼 때, 그것은 그의 생각의 범위 안에서 이루어질 수밖에 없다는 뜻.

9) 말하기(lexis)와 노래하기(melopoiia). 모방의 수단을 나타낸다.

10) 볼거리(opsis).

11) 이야기(mythos)와 성격(ēthos), 생각(dianoia).

12) 일부의 학자들은 이 구절을 "왜냐하면 모든 비극은 볼거리와 성격과 이야기와 말하기와 노래와 생각을 그런 식으로 갖기 때문이다"라고도 읽는다.

수 없는데, 실제로 최근의 대다수 지은이들의 비극은 성격이 없으며, 전체적으로도 많은 지은이가 그런 식이다. 이는 화가들 중에서 제욱시스[13]가 폴뤼그노토스[14]와 비교될 때와 비슷하다. 폴뤼그노토스는 성격을 표현하는 화가이지만, 제욱시스의 그림은 성격을 표현하지 않는다.

1450a29 게다가 만약 누군가가 성격을 잘 보여주고 말하기와 생각으로 잘 지어낸 언변들을 줄줄이 늘어놓는다고 하더라도 비극의 기능을 해낼 수는 없을 것이다. 그러나 그것들을 좀 모자라게 이용하더라도 이야기, 즉 사건들의 구성을 갖춘 비극은 훨씬 더 잘 해낼 것이다. 이것들 이외에 비극이 마음을 사로잡는 데에 가장 중요한 것이 바로 이야기의 부분들, 즉 '반전'과 '알아차림'[15]이다. 여기에는 증거도 있다. 즉 짓는 일에 처음 착수하는 사람들조차도 사건들을 구성하는 일보다는 말하기와 성격에서 정교한 작업을 더 먼저 해낼 수 있다는 것이다. 이는 거의 모든 초기의 지은이들의 경우와도 비슷하다.

1450a38 따라서 이야기는 비극의 출발점이고 마치 목숨과도 같은 것이며, 둘째가 성격이다. (이는 그림 그리기의 경우와도 아주 비슷하다. 누군가가 가장 아름다운 물감을 사용한다고 해도 아무렇게나 칠을 해댄다면, 흑백으로 그림을 그려냈을 때만큼 마음을 즐겁게 할 수는 없기 때문이다.) 비극은 행위의 모방이며, 그렇기 때문에 무엇보다도 행위자들의 모방이다.

1450b4 셋째는 생각이다. 이것은 실제 있는 일과 그에 부합하는 것을 말할 수 있는 것인데, 말과 관련해 정치술와 연설술[16]의 기능이다. 옛날 지은이들은 정치가처럼 말하도록 지었지만, 요즘 지은이들은 연설가처럼 말하도록 짓는다. 한편, 성격이란 불명확한 상황에서 누군가가 어떤 것들을 선택하거나 피하는지, 그 선택을 명확하게 보여주는 그런 것이다. 바로 그런 이

13) 기원전 5세기에 절정의 활동을 보였던 화가이다.

14) 기원전 5세기경에 활동했던 타소스 출신의 화가이다.

15) '반전'(peripeteia), '알아차림'(anagnōrisis).

16) '연설술'이라고 옮긴 'rhētorikē'는 전통적으로 '수사학'으로 번역되었다.

유 때문에 말 중에서 말하는 사람이 무엇을 선택하거나 피하는지를 전체적으로 담아내지 못하는 말은 성격을 갖지 못한다. 그런데 생각이란 어떤 것이 사실인지 사실이 아닌지를 증명하거나 보편적인 어떤 것을 분명하게 나타내는 외연이다.[17]

넷째는 말들의[18] 말하기이다. 앞서 말했듯이 말하기란 낱말들을 통한 **1450b**12
표현인데, 이것은 운율에 맞추는 경우에도 그냥 말로만 하는 경우에도 똑같은 힘을 갖는다.

남은 것들 가운데 노래짓기는 양념들 가운데 가장 중요한 것이며, 볼거 **1450b**15
리는 마음을 사로잡는 힘은 있지만, 기술과 가장 상관이 없고 짓기술에 가장 덜 고유한 것이다. 경연대회와 배우들이 없어도 비극의 힘은 유지되며, 게다가 볼거리의 실행에 관한 한, '무대 지은이'의 기술이 '지은이'들의 기술보다 더 권위가 있기 때문이다.

이야기의 구성

제7장

이것들을 정의했으니 그다음으로 사건들의 구성이 어떠한 성질의 무엇 **1450b**21
이어야만 하는지를 논의해 보자. 이것이 비극에서 첫째이며 가장 중요한 것이니까. 우리는 비극이 완결되고 전체를 이루면서도 일정한 크기를 가진 행위의 모방이라고 해두었는데, 실제로 크기를 전혀 갖지 않는 전체가 있기 때문이다. 그런데 전체는 처음과 중간과 끝을 갖는 것이다. '처음'은 필연적으로 그것 자체가 다른 것 다음에는 오지 않고, 그것 다음에는 다른 것이 있거나 생기는 본성을 가진 것이다. '끝'이란 그와 정반대로, 그것 자체가 필연적으로든 많은 경우에 그렇든 다른 것 다음에 있고, 그것 다음에는 다른 어떤 것도 없는 본성을 가진 것이다. '중간'은 그 자체가 다른

17) 또는 수단. 1450a6-7 본문과 각주 참조.

18) 일부 학자들은 '말들의'(tōn men logōn)를 해독하기 어려운 표현으로 지우려고 한다.

것 다음에 있고, 그것 다음에는 다른 것이 있는 것이다. 그러므로 잘 구성된 이야기는 아무데서나 시작하지 않고 아무데서나 끝나지 않아야 하며, 내가 말한 모양들을 이용해야만 한다.

적절한 길이

1450b35 게다가 아름다운 것은, 생명체든 부분들로 전체를 이루는 사물이든 간에 그 부분들이 정렬되어 있어야 할 뿐만 아니라 마구잡이식의 크기를 가져서는 안 된다. 아름다움은 크기와 배열 속에 깃들기 때문이다. 그래서 아름다운 생명체라면 어떤 것도 아주 작을 수는 없다. (그것을 바라볼 때, 거의 느낄 수 없을 정도로 순식간에 쏟아지듯이 보이기 때문이다.) 또
1451a1 한 너무 커서도 안 된다. (한꺼번에 전체를 볼 수가 없고, 보는 사람의 시야에 하나의 전체가 다 잡히지도 않기 때문이다.) 예컨대, 생명체가 수만 스타디온[19] 크기를 갖는다면 말이다. 따라서 마치 몸체와 생명체의 경우에 크기를 가져야 하지만, 그것은 한꺼번에 잘 볼 수 있을 정도여야 하는 것처럼 이야기들의 경우에도 길이를 가져야 하지만, 그것은 잘 기억할 수 있을 정도여야만 한다.

1451a7 경연대회와 관객들의 감각과 관련해 길이의 한도를 정하는 것은 기술에 속하지 않는다. 만약 100편의 비극이 경연을 벌여야 한다면, 예전에 어느 때엔가 그랬다는 말이 있듯이 물시계를 놓고 경연을 할 것이다. 하지만 사안의 본성 자체를 기준으로 한도를 정해본다면, 그것이 전체적으로 분명하기만 하다면, 크기를 기준으로 크면 클수록 언제나 그만큼 더 아름답다. 단적으로 크기를 규정하고 말하자면, 개연성이나 필연성에 따라 줄지어 일어나면서 불행에서 행복으로, 또는 행복에서 불행으로 변화가 일어날 수 있을 만큼의 크기라면 크기의 규정으로는 충분하다.

---

19) '스타디온'(stadion)은 길이를 재는 단위로서, 성인 걸음으로 600발자국, 약 177.6미터 정도 된다.

이야기의 단일성

제8장

어떤 사람들이 생각하는 것처럼 한 사람에 관한 이야기라고 이야기가 1451a16
하나가 되는 것은 아니다. 무수히 많은 일들이 한 사람에게 일어나지만, 그중에 어떤 것들은 하나의 이야기가 되지 못하기 때문이다. 그런 식으로 많은 행위가 한 사람이 한 것이지만, 그것들이 하나의 행위를 이루지는 못한다. 그래서 지은이들 중에 『헤라클레이스』와 『테세이스』[20] 같은 작품들을 지은 이들은 모두 실수를 저지른 것 같다. 그들은 헤라클레스가 '하나'이므로 그 이야기도 당연히 '하나'가 된다고 생각하기 때문이다.

호메로스는 다른 점에서도 돋보이지만, 기술 덕인지 재능 덕인지는 몰 1451a22
라도 이 점도 알았던 것 같은데, 참 아름답다. 그는 『오뒷세이아』를 지으면서 오뒷세우스에게 일어난 모든 일, 예컨대 파르낫소스산에서 입은 부상과 군사 소집 당시 미친 척한 것 등은 짓기에서 뺐는데, 그것들 중 어떤 것이 일어났을 때 다른 일이 일어나는 것이 필연적이거나 개연적이지 않았기 때문이다. 그는 우리가 논의하는 것처럼 하나의 행위와 관련해 『오뒷세이아』를 구성했고, 『일리아스』도 마찬가지였다.

따라서 다른 모방술에서도 하나의 모방은 하나를 다루는 것처럼 그렇 1451a30
게 이야기도 행위의 모방이기 때문에 하나이며, 그것이 전체를 이루는 행위를 대상으로 해야 한다. 그리고 사건들의 부분들은 어떤 한 부분이 자리를 바꾸거나 제거된다면, 그 전체가 차이가 나며 흔들리도록 구성되어야 한다. 어떤 것이 덧붙여져도 덧붙여지지 않아도 눈에 띄는 차이를 짓지 못한다면, 그것은 전체의 부분이 아니기 때문이다.

20) 『헤라클레이스』와 『테세이스』: 키나이톤(기원전 8세기 중엽), 페이산드로스(기원전 7세기 중엽), 파뉘아시스(기원전 5세기) 등이 헤라클레스를 주인공으로 한 시를 썼으며, 아테네의 건설자 테세우스를 주인공으로 시를 쓴 사람으로는 조퓌로스와 디필로스가 있다고 한다.

비극의 고유한 관심은 보편적인 것이다

제 9 장

1451a36 앞서 말한 것으로부터 분명한 것은 지은이가 할 일이 '일어났던 일'이 아니라 '일어날 수 있었던 일', 즉 '개연성이나 필연성에 따라 가능한 일'을
1451b 말해야 한다는 것이다. 역사가와 지은이는 말할 때 운율을 넣느냐 운율을 넣지 않느냐에서 차이가 나지 않는다. (헤로도토스[21]의 말을 운율 속에 담을 수는 있지만, 운율이 있다고 해서 운율이 없을 때보다 역사가 덜 되는 것은 아니다.) 오히려 그들의 차이점은 한 사람은 일어났던 것을 말하고, 한 사람은 일어날 수 있는 것을 말한다는 것이다. 그래서 짓기는 역사보다 더 철학적이며 더 고귀하다. 짓기는 보편적인 것을 더 많이 말하며, 역사는 개별적인 것을 말하기 때문이다.[22] 그런데 '보편적'이란 이런 사람이 이런 것을 말하거나 행하는 것은 개연성이나 필연성에 따라 일어난다는 것이며, 이것이 특정 이름을 붙이면서도 짓기가 노리는 것이다. 반면에 '개별적'이란 알키비아데스[23]가 무엇을 행했으며, 무엇을 겪었는가라는 것이다.

보편적인 것에 대한 관심은 전통적인 이야기의 역할을 설명한다

1451b11 그런데 희극의 경우에 이것은 이미 분명해졌다. 개연적인 사건들을 통해 이야기를 구성한 다음에 아무 이름이나 되는 대로 갖다 붙이는데, 그 방식은 이암보스를 지은이들이 특정 개인에 관해 짓는 것과는 같지 않다. 하지만 비극의 경우에는 실제 있었던 이름들을 유지한다. 그 이유는 가능한 것들은 설득력이 있기 때문이다. 우리는 일어나지 않은 일들이 가능하

---

21) 헤로도토스(기원전 484년~기원전 425년)는 할리카르나소스 출신의 역사가로, 흔히 '역사의 아버지'라고 불린다(키케로, 『법률론』 I 1.5). 그는 페르시아 전쟁을 다룬 『역사』를 남겼다.

22) '보편적인 것'과 '개별적인 것' ☞ katholou, kath' hekaston.

23) 알키비아데스(기원전 450년~기원전 404년경)는 펠로폰네소스 전쟁 당시 활약했던 아테네의 정치가이자 군인이다.

다고는 결코 믿지 않지만, 일어난 일들이 가능하다는 것은 분명하다고 믿는다. 만약 불가능한 것이라면, 일어날 수가 없기 때문이다.

그렇기는 하지만 일부의 비극에는 알려진 이름은 한두 개 정도만 있고 다른 이름들은 지어낸 것들이고, 또 일부의 비극, 예컨대 아가톤[24]의 『안테우스』[25] 속에는 알려진 이름이 하나도 없다. 그 속에서 그는 사건은 물론 이름도 다 지어냈지만, 마음을 즐겁게 하는 데는 모자람이 없다. 따라서 비극들이 전해져 내려오는 이야기를 다루기는 하지만, 무조건 그런 이야기를 찾아내려고 애쓸 필요는 없다. 그렇게 찾는 일은 우습기까지 한데, 알려진 사실이 소수에게만 알려진 경우라도 그것은 모두의 마음을 즐겁게 해주기 때문이다. 1451b19

이야기를 위한 가장 좋은 구성

따라서 이런 사실들로부터 지은이는 운율이 아니라 오히려 이야기의 지은이여야 하며, 모방을 기준으로 지은이인만큼 그가 행위를 모방한다는 것은 분명하다. 설령 일어난 일들로 짓는 경우에도 그가 지은이임에는 부족함이 없다. 왜냐하면 일어난 일들 중에 어떤 것이 일어날 개연성과 일어날 가능성이 있는 것이 되는 것을 막을 수 있는 것은 아무것도 없으며, 이에 따라 그는 그것들의 지은이이기 때문이다. 1451b27

그런데 단순한 이야기와 행위 가운데 삽화적인 것들[26]이 가장 나쁘다. 내가 말하는 '삽화적인' 이야기란 그 속에서 삽화들이 개연성도 필연성도 없이 줄지어 나열되는 것이다. 이런 행위들을 짓는 것은 비천한 지은이들의 경우에는 그들 자신들 때문이고, 좋은 지은이들의 경우에는 배우들 때 1451b33

24) 아가톤(기원전 448년~기원전 402년경)은 아테네에서 활동하던 비극 작가로서 에우리피데스와 플라톤의 친구였다. 플라톤의 작품 『향연』은 아가톤이 레나이아 축제의 비극 경연대회(416년)에서 처음으로 우승한 것을 축하하는 만찬이 배경이 되고 있다.

25) 이 작품에 대해서는 정확한 정보가 남아 있지 않다.

26) '삽화적인 것들'(hai epeisodiodeis).

문이다. 지은이들이 경연작품을 지을 때, 배우들의 강요를 받아 능력 이상으로 과도하게 이야기를 늘리면 많은 경우에 그 연속성을 뒤틀 수밖에 없기 때문이다.

1452a 그리고 이 모방은 단지 완결된 행위만이 아니라 공포와 연민을 일으키는 것들의 모방인데, 이런 것들은 인과관계를 따라 일어나면서도 예상을 뒤엎을 때 가장 많이 그리고 더 많이 일어난다. 놀라운 사건은 저절로 우연히[27] 일어난다기보다는 오히려 그런 식이며, 우연히 일어난 사건들 중에서도 특히 계획적으로 일어난 것처럼 보이는 사건들이 가장 놀라운 것으로 보이기 때문이다. 예컨대, 아르고스에 있는 미튀스의 조각상이 미튀스를 죽인 범인이 보고 있는 순간 그에게로 떨어져 그를 죽인 것처럼.[28] 이런 일들은 괜히 일어난 것 같진 않기 때문이다. 따라서 이런 이야기들이 더 아름답다는 건 필연적이다.

단순한 이야기와 복합적인 이야기

제10장

1452a12 이야기들 가운데 어떤 것은 단순하며, 어떤 것은 복합적이다. 이야기가 모방하는 행위들이 그대로 단순하거나 복합적이기 때문이다. 나는 행위

---

27) '저절로 우연히' ☞ tyche, to automaton.

28) "아르고스에 있는 미튀스의 조각상이 미튀스에게 죽음을 가져다준 원흉을 향해 그 동상을 바라보고 있는 순간 떨어져 그를 죽게 만들었던 것처럼 말이다." 이 내용은 후대에 아리스토텔레스가 썼다고 잘못 알려진 *De Mirabilibus Auscultationibus*, 156. 846s22와 플루타르코스, 『모랄리아』(*Moralia*) 553d에도 나온다. 이 세 문헌 가운데 『시학』이 가장 앞선 것으로, 후대의 두 개는 이를 참조로 썼을 가능성이 높다. 플루타르코스에 따르면, 미튀스는 정치적 분쟁에 의해 희생되었다. 사람들은 그를 기리기 위해 청동으로 그의 조상(彫像)을 세웠다. 축제가 열리던 기간 중에 미튀스를 죽인 살인자가 미튀스의 청동 조상을 찾아와 보고 있었다. 그런데 갑자기 청동이 무너지면서 그를 죽인 살인자의 머리 위로 떨어졌다. 결국 미튀스를 죽인 살인자는 자신이 죽인 미튀스의 청동 조상에 맞고 죽었던 것이다(*De Mirabilibus Auscultationibus*에서는 미튀스(Mitus)의 이름이 비튀스(Bitus)로 잘못 적혀 있다).

가 일어났을 때, 규정된 바와 같이 쭉 이어져 하나가 되고 반전이나 알아차림이 없이 변화가 일어나면 단순하다고 말하며, 행위로부터 변화가 있을 때, 발견이나 반전과 함께 일어나거나 또는 둘 다와 함께 일어나면 복합적이라고 말한다.

그런데 이것들은 이야기의 구성 자체에서 생겨나야 하며, 따라서 이것들은 앞서 발생한 일들로부터 필연적으로 또는 개연성에 따라 일어나야 한다. 실제로 어떤 사건들이 다른 사건들 '다음에' 일어나느냐 아니면 '때문에' 일어나느냐는 큰 차이가 있다. 1452a18

이야기의 몇 가지 측면들

제11장

반전[29]은 이미 말한 것처럼 사건들이 정반대 방향으로 일어나는 변화이다. 이것은 우리가 논의하는 것처럼 개연성이나 필연성에 따라 이루어지는데, 예컨대 『오이디푸스 왕』에서는 한 사람이 와서 오이디푸스를 기쁘게 하고 어머니와 관련된 공포에서 벗어나게 하려고 그가 누구인지를 밝혔지만, 그와는 정반대되는 짓을 한 것처럼 이루어진다.[30] 『링케우스』에 1452a22

29) '반전'(peripeteia).

30) 『오이디푸스 왕』은 소포클레스의 대표적인 작품이다. 이 작품 안에서 알아차림과 반전의 조화는 절묘하다. 오이디푸스는 코린토스의 왕자로 자라났는데, 아버지를 죽이고 어머니와 결혼하게 된다는 신탁을 피해 코린토스를 떠나 테베로 왔다. 이때 테베인들을 괴롭히던 스핑크스를 물리치고 테베의 왕이 되었다. 얼마 후에 오이디푸스가 통치하는 테베에 역병이 돌아 수많은 사람이 죽어갔다. 사람들은 오이디푸스에게 재앙에서의 구원을 요청하며, 오이디푸스는 이 요청을 받아들인다. 그런데 라이오스를 죽인 살해범을 찾아내 처벌해야만 역병의 재앙에서 벗어날 수 있다는 신탁이 내려진다. 오이디푸스는 테베를 구하기 위해 라이오스의 살해범을 찾는 데에 온 힘을 기울인다. 그때 코린토스에서 사자가 와 코린토스의 왕 폴뤼보스가 죽었으니 코린토스르 돌아와 왕위를 이어받아야 한다는 말을 전한다. 그러나 오이디푸스는 여전히 아버지를 죽이고 어머니와 결혼한다는 신탁을 두려워하며, 아직 어머니 메로페가 살아 있으므로 코린토스로 돌아갈 수 없다고 머뭇거린다. 그러자 코린토스의 사자는 오이디푸스를 안심시키기 위해 오이디푸스가 사실은 폴뤼보스와 메로페의 친아들이 아니라고 밝힌다. 그런데 바로 그 순

서도 륑케우스는 죽임을 당하기 위해 끌려오고, 다나오스는 죽이기 위해 따라왔지만, 사건들이 진행되자 다나오스는 죽고, 륑케우스는 목숨을 건진다.[31)]

1452a29 '알아차림'[32)]은 이름도 그 뜻을 밝혀주듯이 모르다가 알게 되는 변화인데, 행복이나 불행에 이르도록 예정된 사람들 사이에 친한 사이거나 원수지간임을 알게 되는 것이다. 알아차림은 예컨대 『오이디푸스 왕』에서의 알아차림이 그렇듯이 반전과 함께 이루어질 때 가장 아름답다.

1452a33 다른 알아차림도 있다. 무생물들과 불특정한 것들에 대해서도 말했던 바로 그것이 일어나는 것처럼 알아차림이 있으며, 어떤 사람이 행위를 했

간부터 오이디푸스는 자신이 라이오스의 살해범이며, 라이오스는 자신의 친아버지이고, 아내로 취했던 이오카스테는 자신의 친어머니라는 사실을 알아차리기 시작한다. 그와 동시에 극적인 반전이 이루어지며 오이디푸스는 급격하게 파멸의 불행 속으로 떨어진다. 이오카스테는 자살을 감행하고, 오이디푸스는 자신의 눈을 찔러 피를 쏟아냈다. 그는 테베 재앙의 원인이며 패륜아로서 테베를 떠나 떠돌이 신세가 되고 만 것이다.

31) 『륑케우스』는 아리스토텔레스와 같은 시대에 활동했던 테오덱테스의 작품을 가리키는 것 같다(18, 1455b29). 이 작품은 전해지지 않는다. 륑케우스의 이야기는 다음과 같다. 아이귑토스는 이집트의 왕인데, 그에게는 다나오스라는 동생이 있다. 아이귑토스는 아들이 50명, 다나오스는 딸이 50명 있다. 아이귑토스는 자기 아들들을 동생의 딸들과 결혼시키려고 한다. 다나오스는 이를 원하지 않아 딸들을 데리고 아르고스로 달아난다. 아이귑토스는 아들들과 함께 아르고스로 와 결국 결혼식이 이루어진다. 그러나 이 결혼을 원하지 않았던 다나오스는 딸들에게 첫날밤 신방에서 신랑들을 모두 칼로 찔러 죽이라고 명령한다. 그러나 휘페르므네스트만은 아버지 다나오스의 명령을 거역하고 신랑인 륑케우스를 살려주고 달아나게 한다. 둘 사이에는 아들이 태어나는데, 그 이름을 아바스라 한다. 이 사실을 알게 된 다나오스는 륑케우스를 잡아오게 한 다음에 죽이려고 한다. 그러나 이 대목에서 극적인 반전이 일어난다. 아르고스인들은 다나오스의 극악무도한 행위를 모두 알아차린 후에 그를 강력하게 비난하며 처형하고, 잡혀온 륑케우스는 살려주기 때문이다. 여기에서도 반전은 사건들 사이의 인과관계와 예상을 깨는 놀라운 파격이 정반대의 방향으로 이루어지는 변화로 이해된다. 『오이디푸스 왕』의 경우에 행복에서 불행으로의 변화라는 반전인 반면에, 『륑케우스』의 반전은 불행에서 행복으로의 변화라는 점에서 차이가 난다.

32) '알아차림'(anagnōrisis).

는지 안했는지와 관련해서도 알아차릴 수 있다.

그러나 무엇보다도 이야기에 속한, 그리고 무엇보다도 행위에 속한 알아 1452a36
차림이 앞서 말한 가장 아름다운 것이다. 왜냐하면 이와 같은 알아차림과 반전이 연민이나 공포를 일으킬 것이며, 이런 행위들의 모방이 비극이라고 전제되었기 때문이다. 게다가 불행함과 행복함도 이와 같은 행위들의 경우에 일어날 것이다.

알아차림은 누군가에 대한 알아차림이기 때문에 한 사람이 누구인가가 1452b3
분명한 경우에는 한쪽 사람에 대한 한쪽 사람의 알아차림만 있으며, 다른 경우에는 양쪽 모두가 알아차려야 한다. 예컨대, 이피게네이아는 편지를 보내는 데에서 오레스테스가 알아차렸지만, 이피게네이아에게는 그에 대한 다른 식의 알아차림이 필요했다.[33]

---

33) 이것은 에우리피데스의 작품 『타우리케의 이피게네이아』의 내용을 가리킨다. 이피게네이아와 오레스테스는 모두 아가멤논과 클뤼타임네스트라의 자식이다. 아가멤논은 트로이아 전쟁 당시 그리스군의 총사령관이었다. 아울리스에 그리스 함대가 집결했을 때, 그곳에서 아가멤논은 아르테미스 여신의 사슴을 죽여 여신의 저주를 받게 되었다. 바람이 불지 않아 출항을 할 수 없게 된 것이다. 방법은 단 하나, 아가멤논이 큰딸인 이피게네이아를 아르테미스 여신에게 제물로 바쳐야 했다. 제사가 집행되었다. 하지만 이피게네이아가 제물로 살해되는 순간, 그녀는 아르테미스에 의해 타우리케로 극적으로 옮겨졌다. 그곳에서 그녀는 이방인들을 잡아 여신에게 바치는 여사제가 되었다. 한편, 이피게네이아가 죽은 줄로 알고 있던 클뤼타임네스트라는 남편 아가멤논에게 앙심을 품게 되고, 전쟁이 끝난 후 귀향한 아가멤논을 암살했다. 가문의 비극은 거기서 그치지 않았다. 아가멤논의 암살에 대한 복수로 아들인 오레스테스는 누이인 엘렉트라와 함께 어머니 클뤼타임네스트라를 죽였다. 이 죄로 인해 오레스테스는 복수의 여신들의 표적이 되었다. 어머니를 죽인 죄를 씻기 위해 아르테미스 여신상을 훔치러 온 오레스테스는 체포되어 이피게네이아 앞으로 끌려갔다. 뮈케네에서 온 이방인의 신분으로 잡혔기 때문에, 오레스테스는 이방인을 제물로 바쳐야 하는 누이 이피게네이아의 손에 죽어야 할 판이 되었다. 갑자기 향수에 젖은 이피게네이아는 오레스테스에게 안부를 전하기 위해 오레스테스와 함께 왔던 퓔라데스를 살려주면서 편지를 전하라고 한 뒤, 그 내용을 한번 읽어보라고 한다. 바로 이때 극적인 알아차림이 일어난다. 제물로 바쳐진 오레스테스는 편지 내용을 듣고는 자기를 제물로 바치려던 여사제가 다름 아닌, 바로 자기의 누이인 이피게네이아라는 사실을 알아차린다. 그러자 오레스테스는 이피게네이아에게 몇 가지 과거 사실을 밝힌다. 이를 통해 이피게네

1452b9 그래서 이야기의 두 부분은 바로 이것, 반전과 알아차림이다. 그리고 세 번째는 참사를 겪는 것이다. 이 세 가지 중에서 반전과 알아차림은 이미 말했으니, 참사를 겪는 것에 대해 말하자면, 그것은 파괴적이거나 고통스러운 행위이다. 예컨대, 생생하게 드러나는 죽음과 극심한 고통과 부상과 그런 것들 모두가 참사를 겪는 것이다.

[……]

비극의 목적과 구조

제13장

1452b28 지금까지 말한 것에 이어 이야기를 구성할 때 지향해야만 하는 것들과 피해야만 하는 것들, 그리고 비극 효과가 어디에서 오는지를 논의해야 한다. 가장 아름다운 비극의 구성은 단순하지 않고 복합적인 것이어야 하며, 그것이 공포와 연민을 일으키는 행위들의 모방술이어야 하기 때문에 (왜냐하면 이것이 그런 모방에 고유한 것이기 때문인데), 가장 먼저 분명한 것은 공명관대한 사람들이 행복에서 불행한 처지로 바뀌는 모습을 보여서는 안 된다는 것이다. 왜냐하면 이것은 공포도 연민도 일으키지 못하며, 오히려 더러운 일이기 때문이다. 또한 못된 사람들이 불행에서 행복한 처지로 바뀌는 모습을 보여서도 안 된다. 왜냐하면 이것이 모든 사건 중에서 가장 비극적이지 않기 때문인데, 꼭 있어야 할 것은 하나도 없고 인간적이지도 않으며 연민도 공포도 일으키지 못하기 때문이다.

1453a 반대로 극도로 사악한 사람이 행복에서 불행의 나락으로 떨어져서도 안 된다. 왜냐하면 그런 구성은 인간적이기는 하지만, 연민도 공포도 일으키지 못하기 때문인데, 앞엣것은 '합당한 이유 없이 불행한 사람'과 뒤엣것은 '비슷한 사람'과 관련되며, 연민은 '합당한 이유가 없는 사람'과 공포

이아도 자기가 죽이려던 이방인이 바로 자기 남동생인 오레스테스라는 사실을 알아차린다. 오레스테스가 이피게네이아가 누나라는 사실을 알아차리는 것과 이피게네이아가 오레스테스를 알아차리는 방식은 사뭇 다르다.

는 '비슷한 사람'과 관련되는데, 그래서 그런 사건은 연민도 공포도 일으키지 못할 것이다.

그러면 그런 사람들의 '중간자'가 남는다. 이런 사람은 덕과 정의의 측면 1453a7
에서는 부각되지 않고, 불행한 처지로 바뀌지만 나쁘거나 못되었기 때문이 아니라 어떤 실수 때문이며, 큰 명성과 성공을 누리던 사람들에 속한다. 예컨대, 오이디푸스와 튀에스테스,[34] 그리고 그런 가문 출신으로서 돋보이는 사람들이다. 그러면 아름다운 이야기는 필연적으로 어떤 사람들이 말하는 것처럼 이중적이기보다는 오히려 단순해야만 하며, 주인공은 불행에서 행복으로가 아니라 반대로 행복에서 불행으로 처지가 바뀌어야 하되 그가 못됐기 때문이 아니라 중대한 실수를 했기 때문이어야 하며, 앞서 말한 식의 인물이거나 그보다 더 모자란 인물이라기보다는 더 뛰어난 인물이어야 한다.

실제로 일어난 일이 또한 증거가 된다. 지은이들은 처음에는 아무 이야 1453a17
기나 소재로 삼았지만, 지금은 소수의 가문에 관해 가장 아름다운 비극들이 구성되기 때문이다. 예컨대, 알크마이온[35]과 오이디푸스와 오레스테

34) 소포클레스가 튀에스테스를 주인공으로 하는 비극을 썼다고 하지만 전해지진 않는다. 서기 1세기경에 세네카가 쓴 『튀에스테스』는 전해지고 있다. 튀에스테스 이야기는 대략 다음과 같다. 그는 펠롭스의 아들이며 아트레우스와 쌍둥이 형제였다. 두 형제는 이복동생 크뤼시포스를 죽였기 때문에 아버지에게 쫓겨나 뮈케네로 달아나 그곳에 정착해 왕위에 올랐나. 형제는 왕위를 놓고 경쟁하는데, 아트레우스의 아내 아에로페는 튀에스테스와 사랑에 빠지고, 두 사람의 음모로 아트레우스는 왕위를 빼앗겼다. 하지만 아트레우스는 헤르메스의 도움으로 왕위를 되찾았다. 두 사람 사이에 벌어진 복잡한 갈등과 원한은 그다음 자식 대에까지 대물림되었다. 아트레우스의 아들 아가멤논은 튀에스테스의 아들 아이기스토스에 의해 암살당했다. 아이기스토스는 아가멤논의 아내 클뤼타임네스트라와 함께 아가멤논을 죽이고 뮈케네의 권력을 쟁취하는 데에 성공했지만, 결국 아가멤논의 아들 오레스테스에게 죽임을 당했다.

35) 알크마이온은 테베를 공격했던 아르고스인들의 지휘관이었다. 테베를 공격한 일곱 전사들의 후손으로서 선조들이 이루지 못한 꿈을 이루는 데에 선봉에 섰다. 그는 테베를 점령한 후에 어머니인 에리퓔레를 죽였다. 에리퓔레는 하르모니아의 목걸이를 탐내다 매수되어 남편인 암피아라오스를 제1차 테베 전쟁에 참전하도

스[36]와 멜레아그로스[37]와 튀에스테스와 텔레포스[38] 등 무서운 일들을

록 강권했는데, 이번에도 자식인 알크마이온으로 하여금 제2차 테베 전쟁에 참여하도록 했기 때문이었다. 알크마이온은 어머니를 죽인 죄로 인해 복수의 여신들인 에리뉘스에 쫓기는 고통을 당했다. 소포클레스, 아가톤, 아카이오스, 에우리피데스 등이 알크마이온을 주인공으로 하는 비극을 지었다고 전해진다. 하지만 아리스토텔레스가 전하는 바에 의하면(1453b29-34 참조), 아스튀다마스의 비극에서는 알크마이온이 어머니 에리퓔레를 모르고 죽인다고 한다.

36) 오레스테스는 트로이아 전쟁에서 그리스 연합군의 최고 사령관이었던 아가멤논과 클뤼타임네스트라의 아들이다. 아가멤논이 전쟁을 마치고 돌아오자, 클뤼타임네스트라는 아이기스토스와 결탁해 아가멤논을 살해했다. 아가멤논이 원정을 떠나는 시점에 첫째 딸 이피게네이아를 죽였기 때문에 클뤼타임네스트라는 남편인 아가멤논에 대한 원한을 가지고 있었다. 한편, 아이기스토스는 아버지인 튀에스테스가 아가멤논의 아버지 아트레우스에 의해 권좌에서 쫓겨나고 결국 죽임을 당한 것에 대한 복수심을 가지고 있었다(튀에스테스와 아트레우스는 형제였다). 오레스테스는 누이인 엘렉트라와 함께 어머니 클뤼타임네스트라와 정부인 아이기스토스를 죽여 아버지의 원수를 갚았다. 어머니를 죽인 죄로 오레스테스는 복수의 여신 에리뉘스 여신들에게 고통을 받았으나, 마침내 아폴론의 도움을 받아 법정에서 무죄판결을 받아 자유를 얻게 된다. 이 이야기는 그리스 비극의 3대 작가인 아이스퀼로스, 소포클레스, 에우리피데스의 비극 작품에 남아 있다.

37) 멜레아그로스는 아이톨리아의 왕인 오이네우스와 알타이아의 아들이었다. 오이네우스가 추수 감사의 제사를 아르테미스에게 바치지 않자 아르테미스는 아이톨리아에 거대한 멧돼지를 보내 온 들판을 망치도록 했다. 멜레아그로스는 이 멧돼지를 무찌르고 아이톨리아를 구원한 영웅이 되었다. 이에 화가 난 아르테미스는 아이톨리아인들과 그들이 멧돼지를 잡도록 도와준 쿠레테스인들이 멧돼지의 가죽과 머리를 두고 서로 차지하려고 싸우도록 만들었다. 그 과정에서 멜레아그로스는 외삼촌들을 죽이게 되고, 이에 화가 난 알타이아는 아들인 멜레아그로스에게 저주를 퍼부었다. 이에 화가 난 멜레아그로스는 전쟁에서 물러났고, 아이톨리아인들은 패배를 거듭했다. 누구도 그가 참전하도록 설득할 수 없었으나, 그의 아내 클레오파트라만이 설득할 수 있었다. 『일리아스』 IX 529-599행에는 여기까지의 내용이 나와 있으나, 다른 전승에 따르면 멜레아그로스는 전투에 참가해 아이톨리아를 구했지만, 목숨을 잃고 말았다고 한다. 아폴로도로스의 신화집(I 8)은 이 내용을 골격으로 새로운 내용을 덧붙여 이야기한다.

38) 텔레포스는 헤라클레스와 아우게의 아들이었다. 아우게는 테게아의 공주이며, 아테네의 사제였다. 헤라클레스가 그녀를 납치했고, 텔레포스가 태어났는데, 아우게가 소아시아의 뮈시아를 다스리던 테우트라스와 결혼하면서 텔레포스는 버려졌다. 사슴의 젖을 먹고 성장한 텔레포스는 어머니를 찾아 뮈시아로 갔고, 그곳에서 테우트라스의 후계자가 되어 마침내 왕위에 오른다. 에우리피데스가 테우트라스

겪거나 저질렀던 적이 있는 다른 모든 인물에 관해 구성될 때, 비극은 가장 아름답다. 따라서 기술을 기준으로 가장 아름다운 비극은 바로 이런 구성으로 이루어진다.

따라서 에우리피데스가 자신의 비극에서 그런 극을 구성하고 그의 많은 비극이 불행으로 끝난다고 해서 비난하는 사람들은 똑같은 실수를 저지르는 것이다. 이미 말했듯이 그렇게 하는 것이 옳기 때문이다. 아주 중요한 증거가 있다. 무대와 경연대회에서는 제대로 이루어지기만 한다면 이런 비극들이 가장 비극적으로 보이며, 에우리피데스는 비록 다른 것들을 잘 꾸리지는 못한다 하더라도 지은이들 중에 가장 비극적인 지은이로 보인다. **1453a**23

그런데 어떤 사람들이 첫째가는 구성이라고 말하는 것은 사실 둘째가는데, 가령 『오뒷세이아』처럼 이중적인 구성을 가지며, 더 뛰어난 인물들과 더 모자란 인물들에게 상반된 결말이 나는 구성이 그렇다. 그것은 관객들의 약점 때문에 첫째가는 구성처럼 보인다. 그것은 지은이들이 관객들의 요청에 따라 지으면서 끌려다니기 때문이다. 그렇게 해서 생기는 쾌감은 비극의 쾌감이 아니라 오히려 희극에 고유한 쾌감이다. 거기서는 예컨대 오레스테스와 아이기스토스[39]처럼 이야기 속에서는 가장 적대적인 **1453a**30

의 이야기로 비극을 지었다고 한다.

39) 아이기스토스는 튀에스테스의 아들이다. 튀에스테스는 형 아트레우스와의 권력투쟁에서 배신을 당하고 쫓겨난 후에 복수를 하기 위해 절치부심한다. 신탁은 그가 친딸에게서 아들을 얻을 때 복수에 성공할 수 있다는 사실을 알려준다. 튀에스테스는 신분을 감추고 숨어 있다가 신에게 재물을 바치고 돌아오는 친딸인 펠로페이아를 범했다. 그때 생긴 아이가 바로 아이기스토스이다. 그런데 얼마 후에 아트레우스는 펠로페이아가 동생인 튀에스테스의 딸인지 모르고 결혼했고, 펠로페이아가 낳은 아이기스토스가 자기 아들인 줄 알고 키웠다. 아이기스토스는 아트레우스의 명령에 따라 튀에스테스를 잡아와 죽이려고 했는데, 그 순간 아이기스토스는 튀에스테스가 자기 아버지이며, 어머니인 펠로페이아는 아버지 튀에스테스의 딸이라는 사실이 밝혀진다. 아버지와 몸을 섞어 아이를 낳았다는 사실에 수치와 죄책감을 느낀 펠로페이아는 아이기스토스가 가지고 있던 칼로 자결하며, 아이기스토스는 튀에스테스를 겨누던 칼로 아트레우스를 죽인다. 뮈케네의 왕권을

사람들조차도 끝날 때쯤에는 친구가 되어 나가며, 누가 누구를 죽이는 일은 없기 때문이다.

공포와 연민은 행위에 의해 어떻게 일어나야만 하는가

제14장

1453b 공포와 연민은 볼거리로부터 생겨날 수도 있지만, 사건들의 구성 자체로부터 생겨날 수도 있다. 그런데 바로 이것이 더 먼저이며, 더 좋은 지은이가 하는 일이다. 사건들이 진행되는 것을 보지 않고 듣기만 해도 일어난 사건들로부터 전율과 연민을 느낄 수 있도록 그렇게 이야기가 구성되어야 하기 때문이다. 바로 이것이 오이디푸스의 이야기를 들을 때면 누구나 경험할 수 있는 것이다. 그런데 이것을 볼거리를 통해서 제공하려고 하면, 기술은 덜 사용하게 되고 합창단 비용을 필요로 하게 된다. 그런데 볼거리를 통해서도 공포를 일으키지도 못하고, 오히려 기괴한 것만 제공하는 지은이들은 비극과 아무런 관련이 없다. 실제로 비극에서 찾아야 하는 것은 온갖 종류의 쾌감이 아니라 그것에 고유한 쾌감이다. 지은이는 모방을 통한 연민과 공포로부터 쾌감을 제공해야 하기 때문에, 사건들 속에서 그런 일이 일어나도록 지어야 한다는 것은 분명하다.

1453b14 이제 일어난 사건들 중에 어떤 것이 무섭고, 어떤 것이 측은해 보이는

차지한 튀에스테스는 나중에 아트레우스의 아들 아가멤논과 메넬라오스에게 살해당한다. 이 사실을 알게 된 아이기스토스는 이번에는 아가멤논에 대한 복수를 다짐하고, 아가멤논이 트로이아 전쟁에 참전하는 동안 뮈케네로 가서 아가멤논의 아내 클뤼타임네스트라를 유혹한다. 딸을 잃고 아가멤논을 미워하던 클뤼타임네스트라는 아이기스토스와 뜻을 같이 해 트로이아 원정에서 돌아오는 아가멤논을 죽인다. 그 후 아버지를 잃은 오레스테스와 엘렉트라는 아가멤논에 대한 복수를 감행하는데, 어머니 클뤼타임네스트라와 그녀의 정부 아이기스토스를 없애는 것이었다. 이 이야기는 아이스퀼로스의 『오레스테이아』 3부작과 소포클레스와 에우리피데스의 『엘렉트라』라는 작품의 모티프가 된다. 이런 심각하고 치명적인 관계 속에서는 서로 화해가 불가능할 것 같은 오레스테스가 아이기스토스와 함께 친구가 되어 명랑하게 나가는 대반전은 일어날 수 없다. 그런 반전은 비극이 아니라 희극에서만 가능할 것이다.

지 파악해보자. 필연적으로 그런 행위들은 친한 사이거나 적대적인 사이거나 이도저도 아닌 사이에서 상대를 향해 일어난다. 적이 적에게 그런 짓을 한다면, 하든 하려고 하든 간에 연민을 일으키지 못한다. 물론 참사를 겪는 것 자체는 연민을 일으키겠지만. 한편, 이도저도 아닌 경우도 연민을 일으키지 못한다. 친한 사이에 참사가 일어날 경우에, 예컨대 형제가 형제를, 아들이 아버지를, 어머니가 아들을, 아들이 어머니를 죽이거나 죽이려 하거나 그런 다른 어떤 짓이 있다면, 그것을 찾아야만 한다.

그런데 전래된 이야기를 깨뜨릴 수는 없다. 내가 말하는 것은 예컨대, **1453b**22
클뤼타임네스트라[40]는 오레스테스가, 에리퓔레[41]는 알크마이온이 죽이는

---

40) 클뤼타임네스트라는 튄다레오스와 레다의 딸이며, 이피게네이아와 엘렉트라와 오레스테스의 어머니이다. 레다의 아름다움에 취한 제우스가 백조로 변해 레다를 범하게 되는데, 이때 레다는 두 개의 알을 낳는다. 이 알에서 클뤼타임네스트라와 헬레네, 그리고 카스토르와 폴뤼데우케스가 태어난다. 클뤼타임네스트라는 튀에스테스의 아들인 탄탈로스와 결혼했으나, 튀에스테스의 형인 아트레우스의 아들 아가멤논은 탄탈로스를 죽이고 클뤼타임네스트라를 아내로 취한다. (한편, 클뤼타임네스트라의 쌍둥이 자매인 헬레네는 아가멤논의 동생 메넬라오스와 결혼한다. 그리고 헬레네 때문에 트로이아 전쟁이 일어난다.) 트로이아 전쟁의 총사령관으로 임명된 아가멤논은 그리스군의 출항을 위해 이피게네이아를 제물로 바친다. 이에 앙심을 품은 클뤼타임네스트라는 정부인 아이기스토스와 함께 짜고, 전쟁을 끝내고 조국으로 돌아온 아가멤논을 죽인다. 아가멤논의 아들 오레스테스와 딸 엘렉트라는 어머니 클뤼타임네스트라에 대해 복수를 다짐하며 마침내 이를 결행한다. 오레스테스는 어머니 클뤼타임네스라와 그녀의 정부였던 아이기스토스를 죽인다. 그러나 어머니를 죽인 죄로 인해 복수의 여신 에리뉘스들에게 쫓기시만, 결국 신들로부터 용서를 받는다.

41) 에리퓔레는 아르고스의 왕 탈라오스의 딸이다. 그녀는 암피아라오스와 결혼해 알크마이온을 포함, 두 아들과 두 딸을 낳았다. 아르고스와 테베 사이에는 두 번의 전설적인 전쟁이 있었는데, 암피아라오스는 첫 번째 전쟁에서 전사한다. 사실 그는 그 전쟁에 참여하면 죽게 된다는 사실을 예견하고 전쟁에 참여하지 않으려고 했으나, 폴뤼네이케스가 에리퓔레에게 뇌물(하르모니아의 목걸이)을 주고 매수했고, 에리퓔레는 암피아라오스가 전쟁에 나갈 수밖에 없도록 만들었다. 암피아라오스는 참전하기 전에 아들인 알크마이온에게 이 사실을 모두 일러주고 복수를 부탁했다. 그리고 그는 전사했다. 두 번째 전쟁이 벌어졌을 때, 에리퓔레는 또다시 폴뤼네이케스의 아들인 테르산드로스의 뇌물(하르모니아의 예복)에 매수되어 알크마이온이 전쟁에 참여하도록 만들었다. 그러나 알크마이온은 전쟁에서 승리를

것은 그대로 두고, 지은이는 전해져온 이야기를 '아름답게' 이용할 방법을 직접 찾아야 한다는 것이다. 그런데 '아름답게'가 무엇을 말하는지 좀더 상세하게 말해보자. 왜냐하면 행위라는 것은 마치 옛날의 지은이들이 서로 아는 인물들이 알고 있는 상태에서 행동하는 것으로 지었고, 에우리피데스도 메데이아[42]가 자식들을 죽인 것으로 지었던 것처럼 그렇게 일어날 수도 있기 때문이다.

1453b29 하지만 소포클레스의 오이디푸스처럼 모르는 상태에서 무서운 행위를 해놓고 나중에 친분관계를 발견하는 식으로 행위를 할 수도 있다. 이것은 극작품 바깥에서 일어난 것이지만, 비극 자체 안에서도 일어날 수 있다. 예컨대, 아스튀다마스[43]의 알크마이온이나 『부상당한 오뒷세우스』의 텔레고노스[44]가 그랬다. 세 번째 경우도 있다. 몰랐기 때문에 돌이킬 수 없

거두고 테베를 점령한 후에 아르고스로 돌아와 어머니인 에리퓔레를 죽이고 아버지의 원수를 갚은 후에 하르모니아의 목걸이와 예복을 아폴론에게 바쳤다.

42) 메데이아는 콜키스의 왕 아이에테스의 딸이다. 콜키스로 황금양털을 얻기 위해 왔던 이아손을 도와주었으며, 그 대가로 그와 결혼했다. 사랑을 얻기 위해 그녀는 아버지를 배신했고, 동생 압쉬르토스를 죽이기까지 했다. 둘은 우여곡절을 겪은 끝에 코린토스에 정착하게 된다. 그런데 코린토스의 왕 크레온은 이아손을 자신의 후계자로 삼기 위해 공주인 크레우사(또는 글라우케)와 결혼을 시키려고 했으며 메데이아를 추방하려고 했다. 이때 이아손은 메데이아를 구하지 않고 모든 사태를 방조했다. 분노에 휩싸인 메데이아는 자신의 마법능력을 이용해 신부인 크레우사를 죽이고, 이아손에게 최악의 고통을 주기 위해 둘 사이의 자식을 죽인다. 에우리피데스는 이 내용을 비극 작품 『메데이아』에 담았다.

43) 아스튀다마스는 기원전 372년 비극 경연대회에서 우승한 이후 활발하게 활약하며, 당대를 풍미하던 비극 시인이었다. 기원전 340년 『파르테노파이오스』로 우승하자, 아테네인들은 그의 조각상까지 극장에 세워주며 최고의 존경을 표했다고 한다. 호메로스의 『일리아스』를 바탕으로 『헥토르』라는 작품을 썼다. 그는 『알크마이온』이라는 작품도 썼는데, 이 작품 속에서는 알크마이온이 어머니를 죽이지만, 의도적인 것은 아니었으며 어머니인 줄 모르고 죽인 것으로 설정되었다고 전해진다.

44) 텔레고노스는 오뒷세우스의 아들 중 하나이다. 오뒷세우스가 트로이아 전쟁에 참전한 지 약 20년 만에 집으로 돌아왔다. 그가 집으로 돌아오는 길에 아이아이아 섬에 사는 키르케와 1년을 같이 보냈는데, 그때 키르케는 아이를 가졌으니 그가 바로 텔레고노스였다. 어머니 키르케와 함께 살던 텔레고노스는 장성하자 아버지

는 짓을 하려다가 그짓을 하기 직전에 발견하는 것이다. 이것 말고 다른 경우는 없다. 필연적으로 '행위를 하거나 하지 않거나', '알거나 알지 못하거나'이기 때문이다.

이 경우들 중에서 알면서 행위를 하려다가 하지 않는 것이 가장 나쁘 1453b37
다. 지저분하기도 하고, 비극적이지도 않기 때문이다. 참사가 일어나지 않으니까. 그래서 예외적인 경우에, 예컨대 『안티고네』[45]에서 하이몬이 크레

를 찾아 나선다. 항해 도중 폭풍에 휩쓸린 텔레고노스는 알지 못하는 상태에서 이타카섬에 상륙한다. 이때 가축을 노략질하던 텔레고노스는 이를 저지하는 오뒷세우스가 아버지인 줄도 모르고 싸우다가 죽인다. 텔레고노스의 칼에 맞아 죽는 순간 오뒷세우스는 텔레고노스가 아들임을 알게 되고 텔레고노스는 자신이 죽인 사람이 아버지임을 깨닫고 비통에 빠진다. 텔레고노스는 오뒷세우스의 왕궁으로 찾아가 페넬로페와 이복형인 텔레마코스를 만나고, 그들을 데리고 아이아이아섬으로 돌아갔다. 놀랍게도 텔레고노스는 페넬로페를 아내로 맞이하고, 텔레마코스는 키르케와 결혼한다. 이 이야기는 『테오고니아』라는 서사시에 담긴 내용이었다고 전해지고 있다. 퀴레네의 에우가몬의 작품이라고 알려진 이 서사시는 지금은 전해지지 않고 그 요약과 약간의 조각글만이 프로클로스의 작품을 통해 전해진다. 소포클레스는 『오뒷세우스 아칸토플렉스』(*Odysseus Acanthoplex*)라는 비극 작품에서 이 이야기를 다루었다고 한다. 로마 신화에서 텔레고노스는 투스쿨룸을 세운 것으로 전해진다.

45) 『안티고네』는 소포클레스의 작품(기원전 442년경)으로 테베와 관련된 세 작품(『오이디푸스 왕』, 『콜로노스의 오이디푸스』, 『안티고네』) 가운데 하나이다. 이 이야기는 테베를 공격한 7인의 용사(아이스퀼로스는 이를 주제로 비극 작품을 썼다) 가운데 오이디푸스의 두 아들인 폴뤼네이케스와 에테오클레스, 그의 누이 안티고네, 그리고 당시 테베의 왕권을 자지한 크레온과 그의 아들 하이몬에 관련되어 있다. 오이디푸스는 왕위에서 물러나자 폴뤼네이케스와 에테오클레스는 1년마다 돌아가며 왕권을 행사하기로 하지만, 먼저 권력을 잡은 에테오클레스는 폴뤼네이케스에게 권력을 이양하려 하지 않았다. 이에 폴뤼네이케스는 7명의 전사를 구성해 테베를 공격했고, 최후의 결투에서 에테오클레스와 폴뤼네이케스가 맞붙어 둘 다 전사했다. 이 둘을 이어 오이디푸스의 처남인 크레온이 테베의 왕권을 잡았고, 폴뤼네이케스를 역적으로 몰아 매장과 장례를 금하는 명령을 내렸다. 그러나 안티고네는 크레온의 명을 어기고 폴뤼네이케스의 매장을 강행했고, 크레온은 안티고네를 가두고 사형을 집행하려 한다. 이 사실을 안 크레온의 아들 하이몬은 안티고네를 구하기 위해 아버지를 죽이려는 마음을 갖는다. 그는 안티고네와 결혼을 약속한 사이였고 그녀를 사랑하고 있었기 때문이었다. 그러나 그는 아버지를 죽이는 일을 포기했다. 대신에 자살한 안티고네의 뒤를 이어 자살의 길을

온에게 그랬던 것처럼 말고는 그렇게 짓는 사람은 없다. 행위를 하는 것이 둘째이다. 모르고서 행위를 하고, 하고 나서 알아차리는 것이 더 좋다. 지저분한 것이 덧붙지 않고 알아차림도 충격적이니까.

1454a4 가장 강력한 것은 마지막 경우인데, 내가 말하는 것은 예컨대 『크레스폰테스』[46]에서 메로페가 아들을 죽이려다가 알아차리고 죽이지 않는 경우와 『이피게네이아』에서 누이가 남동생에게 그랬던 경우와 『헬레』[47]에

택했다. 그것이 아버지에 대한 역설적인 보복이었고 안티고네에 대한 신의와 사랑의 표시였다. 이 사실을 알게 된 크레온의 아내 에우뤼디케도 아들의 죽음에 대한 슬픔을 이기지 못하고 자살을 했다. 마지막 순간 그녀는 남편인 크레온을 향해 저주를 퍼부으며 숨을 거두었다고 한다. 아리스토텔레스는 하이몬이 크레온을 죽이려고 했으나 포기한 사실에 초점을 맞추어 소개하고 있다.

46) 『크레스폰테스』는 에우리피데스의 작품(기원전 426년 이전)으로 알려져 있지만, 전해지진 않는다. 펠로폰네소스 반도의 메세네 여왕 메로페를 다룬 이야기라고 한다. 그의 남편이 헤라클레스의 자손 크레스폰테스였는데, 폴뤼폰테스가 그를 죽이고 그녀를 아내로 삼았으며, 두 아들 가운데 장남을 죽였다. 다행히 메로페는 자기 아버지 집에서 자라고 있던 둘째 아들 아에퓌토스를 구해내는 데에는 성공했다. 그러나 폴뤼폰테스는 그 아이를 계속 수배하여 죽이려 했다. 장성한 아들은 아버지의 원수를 갚고 어머니를 구하기 위해 메세네로 돌아오는데, 그는 자신이 아에퓌토스를 죽였으니 현상금을 달라고 요구하며 폴뤼폰테스에게 접근했다. 이 소식을 들은 메로페는 아들이 아들인지 모르고 아들을 죽인 자로만 알고 그가 잠든 사이에 칼로 찔러 죽이려 했다. 하지만 하인이 달려들어 그녀를 간신히 말렸고, 그녀는 아들의 살해자라며 잠입해 들어온 자가 자신의 아들 아에퓌토스임을 알아차리게 된다. 마침내 아에퓌토스는 폴뤼폰테스를 죽이고 아버지의 원수를 갚았고 어머니를 구해냈다고 한다.

47) 현존하는 자료만 가지고는 『헬레』가 누구의 작품인지, 어떤 내용을 담고 있는지 알 수 없다. 특히 헬레는 자식이 없이 죽은 것으로 전해지고 있기 때문에 아리스토텔레스의 언급은 더욱 이해하기 어렵다. 헬레는 아르고호 모험과 관련된 신화에 등장하는 전설적인 여인인데, 아트마오스와 구름의 요정 네펠레 사이에 태어난 아들 프릭소스와 쌍둥이 남매지간이었다. 아트마오스가 네펠레와 이혼한 후에 이노와 재혼을 했는데, 계모는 두 남매를 몹시 미워했다. 계모인 이노는 계략을 짜 프릭소스를 죽이려 했으나, 친모인 네펠레가 황금양을 보내 두 남매를 구했다. 그러나 헬레는 황금양을 타고 날아가다가 떨어져 바다 속에 빠져 죽었다. 그 후로 그곳을 헬레가 죽은 바다라고 해서 헬레스폰토스라고 부른다. 반면에 프릭소스는 콜키스까지 무사히 날아갔으며 그곳의 왕 아이에테스의 사위가 되었다. 이에 대한 보답으로 프릭소스는 아이에테스에게 황금양털을 선물로 주었다. 이아손은 이

서 아들이 어머니를 건네주려다가 알아차리는 경우를 말한다. 예전에 말했던 바로 이 점 때문에 비극이 다루는 가문은 그렇게 많지 않다. 왜냐하면 소재를 찾다가 이와 같은 가문을 이야기 속에 집어넣어야 한다는 것을 찾아낸 것은 기술이 아니라 우연이었기 때문이다. 따라서 그런 참사를 겪었던 집안들에 직면하게 된 것은 피할 수 없다.

이렇게 해서 사건들의 구성에 관해, 그리고 이야기들은 어떠한 성질의 무엇이어야만 하는지는 충분히 말한 셈이다. 1454a13

비극에서의 성격 연출

제15장

성격에 관해 지향해야 할 것은 네 가지이다. 가장 먼저 꼽을 하나는 성격이 고상해야 한다는 것이다. 앞서 말했던 것처럼 말이나 행위가 어떤 선택이 어떠한 성질인지를 분명하게 만들어줄 경우에 성격을 갖는다. 선택이 고상하면 성격도 고상하다. 이것은 모든 부류의 사람들 각각에도 해당된다. 여성도 노예도, 비록 이들 중에 여자는 대체로 모자라며 노예는 전반적으로 비천하기는 하지만, 고상할 수 있기 때문이다. 둘째는 인물과 어울려야 한다는 것이다. 성격이 용감할 수도 있지만, 여자가 용감하거나 무서운 것은 그렇게 어울리지는 않는다. 셋째는 원래 성격과 비슷해야 한다는 것이다. 이것은 앞서 말한 것처럼 성격이 고상하고 인물과 어울리도록 짓는 것과는 다르다. 넷째는 일관성이 있어야 한다는 것이다. 설령 모방의 대상이 되는 어떤 사람이 일관성이 없고, 그런 성격을 가정한다고 해도 마찬가지로 일관되게 일관성이 없어야 한다. 1454a16

필연성도 없이 사악한 성격의 사례는, 예컨대 『오레스테스』[48]에 나오는 1454a28

황금양털을 얻기 위해 아르고호의 모험을 떠난다.

48) 『오레스테스』는 에우리피데스가 기원전 408년경 발표한 작품이다. 아폴론의 조언에 따라 아버지를 죽인 어머니 클뤼타임네스트라를 살해한 오레스테스는 복수의 여신 에뤼니스들에게 쫓기는 신세가 된다. 이 작품은 아이스퀼로스의 『제주를 바치는 여인들』과 소포클레스, 에우리피데스의 『엘렉트라』의 내용에 이어지며, 아이

메넬라오스이다. 한편, 『스퀼라』[49]에 나오는 오뒷세우스의 통곡과 멜라니페의 연설은 부적절하고 안 어울리는 성격의 사례이며,[50] 아울리스의 이

스퀼로스의 『자비로운 여신들』에서 어머니 살해의 죄를 용서받기 전까지의 내용을 다루고 있다. 오레스테스는 어머니를 살해한 뒤 6일 후에 헤레네(클뤼타임네스트라의 자매)와 메넬라오스(아가멤논의 동생), 그리고 튄다레우스(오레스테스의 외할아버지)를 만난다. 튄다레우스는 오레스테스를 무섭게 질책하고 아르고스인들의 법정에 세워 벌을 받게 하려고 한다. 아르고스인들은 어머니를 죽인 오레스테스와 엘렉트라를 돌로 쳐서 죽이기로 결정한다. 죽음의 위협 앞에 선 오레스테스는 메넬라오스에게 동정과 도움을 요청하지만, 메넬라오스는 조카의 요청을 냉정하게 외면한다. 메넬라오스는 트로이아 전쟁을 일으킨 데 대한 정치적 부담을 안고 있는 상태에서 불경스런 죄를 지은 조카를 도와줄 생각을 하지 못했던 것이다. (이 장면을 두고 아리스토텔레스는 메넬라오스의 태도를 '필연성이 없는 사악한'이라고 평가한 것 같다.) 궁지에 몰린 오레스테스와 엘렉트라와 퓔라데스(오레스테스의 친구)는 헬레네와 그녀의 딸 헤르미오네를 죽이는 계획을 세우고, 자신들에게 등을 돌린 메넬라오스에게 보복을 결심한다. 메넬라오스 앞에서 헤르미오네를 죽이려는 순간, 갑자기 아폴론이 나타나 모든 갈등을 해소한다. 아폴론은 앞으로 오레스테스가 아레오파고스 법정에서 무죄판결을 받고 헤르미오네와 결혼할 것이며, 엘렉트라는 오레스테스의 친구 퓔라데스와 결혼할 것이라고 예언하며 모든 이들의 평화와 행복을 기원한다.

49) 『스퀼라』는 티모테오스의 디튀람보스 작품이다. 이 작품은 트로이아 전쟁이 끝난 후 귀향하던 오뒷세우스가 바다의 괴물 스퀼라에게 동료들이 잡아먹히는 것을 보고(『오뒷세이아』 XII 85행 아래 참조), 애도하며 통곡하는 장면을 그렸다고 한다. 비극을 논하는 자리에서 디튀람보스의 사례를 드는 것이 부적절해 보일 수도 있지만, 오뒷세우스의 전형적인 모습과 맞지 않은 사례를 든다는 점에서 적절성을 찾을 수는 있다. 고대 그리스 문학 작품 속에서 남자 같은 여자, 여자 같은 남자의 모습을 찾는 것이 어려운 일은 아니겠지만, 여자같이 우는 모습은 오뒷세우스의 성격에 대한 일반적인 이미지와는 잘 맞지 않는다고 아리스토텔레스는 지적한 것이다.

50) 멜라니페는 전해지지 않은 에우리피데스의 비극 작품 『현명한 멜라니페』(기원전 420년경)와 『갇힌 멜라니페』(기원전 412년경)의 주인공이다. 멜라니페는 보통 아이올로스의 딸로 여겨지는데, 포세이돈의 사랑을 받는다. 그녀는 곧 보이오토스와 아이올로스(외할아버지와 이름이 같다)라는 두 아이를 아버지 몰래 낳는다. 그녀는 이 두 아이를 내다버리지만, 소가 두 아이에게 젖을 먹이며 보살펴준다. 이 모습을 본 그녀의 아버지는 불길한 느낌에 사로잡히면서 두 아이를 태워 죽이려 한다. 이때 멜라니페는 두 아이가 타죽는 것을 그대로 놔둘 수 없다고 결심하며 나아가 연설을 한다. 소가 사람의 아이를 낳을 수는 없는 일이므로 불길한 느낌대로 태워 죽여서는 안 된다고 주장했다. (아마도 아리스토텔레스는 이 장면을

피게네이아[51]는 일관성이 없는 성격의 사례이다. 애원하던 그녀와 나중의 그녀는 일관성이 없어 보이기 때문이다.

사건들의 구성에서처럼 성격에서도 언제나 필연성이나 개연성을 추구 1454a33
해야 하며, 그래서 이런 성질의 사람이 이런 성질의 것들을 말하거나 행하는 것이 필연적이거나 개연적이고, 이것 다음에 이것이 일어나는 것도 필연적이거나 개연적이도록 해야 한다. 따라서 이야기들은 이야기 자체로
부터 해결되어야 하며, 『메데이아』에서처럼 기계장치[52]를 쓰거나 『일리아 1454b

두고, 여자가 나서서 힘차고 당당하게 논리정연한 연설을 한다는 것, 또는 멜라니페가 처음엔 아이를 낳고서 죽이려고 하다가, 아버지가 죽이려 하니까 이를 말리는 연설을 하는 것이 부적절하고 어울리지 않는 성격의 예라고 평가하는 것 같다.) 그러나 그 연설은 설득력이 없어 실패했다. 이때 갑자기 두 아이의 아버지인 포세이돈이 나타나 아이들을 구하는 것으로 이야기가 마무리된다.

51) 『아울리스의 이피게네이아』는 기원전 408년~기원전 406년 사이에 창작된 에우리피데스의 마지막 비극 작품으로 그가 죽은 이듬해에 무대에 올라 비극 경연대회에서 우승을 차지한다. 트로이아로 떠나기 위해 아울리스 항에 집결한 그리스 원정대는 아가멤논의 실수로 인해 출항을 하지 못하는 상황이었다. 아가멤논이 아르테미스 여신의 사슴을 죽였기 때문이다. 해결 방법은 아가멤논의 딸 이피게네이아를 아르테미스 여신에게 제물로 바치는 것뿐이었다. 아가멤논은 아킬레우스와 결혼을 시킨다는 명분을 내걸어 이피게네이아와 클뤼타임네스트라를 아울리스로 부른다. 아울리스에 도착한 이피게네이아는 아가멤논이 거짓말을 한 사실과 곧 아르테미스에게 바쳐져 죽어야 할 운명이라는 사실을 알아차리게 된다. 이피게네이아는 어머니 클뤼타임네스트라와 함께 아가멤논을 설득해 마음을 바꾸려고 애원한다(1211행 이하). 한편, 아킬레우스는 자신이 아가멤논에 의해 이용당한 것을 알고 분노해 이피게네이아를 끝까지 보호하려고 한다. 아가멤논과 아킬레우스 사이에 갈등이 고조되어 무력 충돌이 일어나려는 순간 갑자기 이피게네이아는 그리스군의 출항을 위해 아르테미스 여신의 제물로 죽기를 결심한다(1368행 이하). (아리스토텔레스는 이와 같은 변화를 두고 일관성 없는 성격의 대표적인 예라고 한다.) 클뤼타임네스트라에게 달려간 사자(使者)는 이피게네이아가 죽지 않고 타우리스에 있는 아르테미스 여신의 신전으로 무사히 옮겨졌다고 전해준다. 이피게네이아의 이야기는 그전(기원전 414년경)에 상연된 『타우리스의 이피게네이아』의 이야기와 내용상 이어진다.

52) 기계장치는 갑자기 어떤 신이나 혼령이 무대에 등장할 수 있도록 하는 다양한 기계장치를 가리키는 말로서, 라틴어로는 '데우스 엑스 마키나'(Deus ex Machina), 즉 '기계장치를 통해 나타나는 신(神)'이라고 한다. 고대 그리스에서는 특히 에우리피데스(기원전 431년에 공연된 『메데이아』) 이후에 기중기를 이용해 등장인물

스』에서 승선과 관련된 것들처럼[53] 해결되면 안 된다는 것은 명백하다. 극 바깥에서 일어난 경우나, 그전에 일어났기 때문에 사람으로서는 알 수 없는 것들이나, 나중에 일어날 일이기 때문에 예언과 고지(告知)가 필요한 것들에 대해서는 기계장치를 이용해야 한다. 신들은 그 모든 것을 볼 수 있다고 인정하니까. 하지만 말이 안 되는 것이 사건들 속에 있어서는 안 되며, 만약 있어야 한다면, 예컨대 소포클레스의 『오이디푸스』에서처럼[54]

이 공중에서 무대로 갑작스럽게 나타나는 방법이 많이 사용되었다. 실제로 남아 있는 에우리피데스의 작품의 절반 이상이 데우스 엑스 마키나 기법을 사용하고 있다. 테올로게이온(theologeion)은 배우들을 무대 뒤에서 무대 지붕 위로 들어 올리는 기계장치였으며, 게라노스(geranos)는 배우들을 무대 위로 올리는 기계장치였고, 엥퀴클레마(enkuklema)는 무대를 돌려 집이나 궁전의 내부를 보여주기 위해 사용되었던 기계장치였다. 남아 있는 비극 작품들 가운데 기계장치가 이용되는 사례를 볼 수 있는 가장 오래된 것은 에우리피데스의 『메데이아』이다. 이 작품에서 메데이아는 변심한 남편 이아손에게 고통을 주기 위해 두 아이를 죽이고 이아손의 새로운 아내인 크레우스를 죽인 후에 아이들의 시신을 안고 용이 끄는 수레를 타고 하늘에서 날아다니는 모습으로 나타난다. 이아손의 보복을 피하기 위해서였다. 수레를 내려보낸 이는 메데이아의 할아버지인 태양의 신 헬리오스였다. 바로 이 장면에서 메데이아는 용이 끄는 수레를 타고 지붕 위로 나타난다.

53) 『일리아스』 II 110-206행의 내용 참조. 아가멤논이 그리스 연합군 병사들의 마음을 떠보기 위해 집으로 돌아가자고 거짓 제안을 하자, 병사들은 모두 열광하면서 귀향 준비를 서두르고 배에 오르려고 한다. 이때 이를 저지하기 위해 하늘에서 아테나가 내려와 오뒷세우스를 분기시켜 귀향을 위한 승선을 막는다. 이 장면은 비극이 아니라 서사시의 한 장면이기 때문에, 엄밀하게 말해 기계장치와는 관련이 없다. 하지만 비극에서 신이 갑자기 기계장치를 타고 내려와 도저히 풀릴 것 같지 않은 사건을 해결하듯이 서사시에도 그와 비슷하게 신이 갑자기 등장해 국면을 극적으로 전환할 수가 있다. 이 둘 사이의 유사성 때문에 아리스토텔레스는 『일리아스』의 한 장면을 비극 『메데이아』에서 기계장치에 의한 사건의 갑작스런 해결의 장면과 나란히 놓고 있다.

54) 『오이디푸스 왕』의 이야기는 오이디푸스가 테베의 왕이 된 이후 테베에 역병의 재앙이 덮친 후부터 시작된다. 그전에 오이디푸스가 코린토스로부터 빠져나와 테베로 오는 길에 테베의 왕 라이오스를 죽이고 테베 시민들을 괴롭히던 스핑크스도 처치한다. 테베 시민들은 오이디푸스를 영웅으로 떠받들게 되었고, 마침 왕도 죽었던 터라 자연스럽게 오이디푸스를 왕으로 추대한다. 이로써 오이디푸스는 어머니인 이오카스테와 결혼하고 자식들도 낳게 된다. 그런데 오이디푸스가 테베에 도착했을 때, 테베 시민들은 우선 라이오스 왕을 죽인 자를 찾고 있었을 것이며, 왕

비극 바깥에 있어야 한다.

비극이 우리보다 뛰어난 인물들의 모방이기 때문에, 좋은 초상화가를 모방해야 한다. 그들도 대상의 고유한 모습을 드러내주면서 비슷하게 만들지만 더 아름답게 그리기 때문이다. 그렇게 지은이도 화를 잘 내는 사람들과 안일한 사람들과 그런 식의 다른 성격을 가진 사람들을 모방할 때는, 그런 성격이면서도 공명관대한 사람으로 지어내야 하는데, †억센 성격의 사례를 들면†[55] 예컨대 호메로스도 아킬레우스를 좋은 사람으로 지어냈던 것이다. **1454b**8

이것들에 유의해야 하며, 그밖에도 필연적으로 짓기에 따를 수밖에 없는 관객들의 감각들에 휘둘리지 않도록 해주는 요소들에도 유의해야 한다. 그 감각들에 맞추다 보면 실수가 잦을 수 있으니까. 이것들에 관해서는 이미 내놓았던 글[56]에서 충분히 말한 바 있다. **1454b**15

위에 오른 오이디푸스는 당연히 시민들의 요구에 따라 전임 왕을 살해한 자를 잡으려고 했을 것이다. 그런데 한참이 지나 역병이 돌기 시작하자, 그때서야 비로소 범인을 찾으려고 했다는 것은 납득하기 힘든 일이다. 하지만 이는 『오이디푸스 왕』이라는 작품의 이야기 바깥에 있는 이야기이므로 관객들은 특별히 신경을 쓰지 않았을 것이다. 이와 같이 말이 잘 안 되는, 납득하기 힘든 부분을 이야기 전개 바깥에 놔둔다면 관객들이 거기에 신경을 쓰지 않게 될 것이다. 아리스토텔레스는 바로 이 점을 지적한 것이다.

55) 문헌학자들은 필사본에는 적혀 있으나 해독하기 어려운 부분을 무덤과 같은 것이라며 ††표시를 한다.

56) 아리스토텔레스는 대내용 저술(exoterika)인 『시학』 이외에도 대외적 출판을 위해 『시인들에 대하여』를 썼던 것으로 전해진다. 모두 세 권으로 이루어졌다고 하는데, 지금은 그 일부가 조각글의 형태로 남아 있다. 아리스토텔레스는 이곳에서 관객들의 감각과 관련해 볼거리에 대한 풍부한 논의를 했던 것으로 추정된다.

■용어 해설*

A

agathos: 좋은, 훌륭한(good)

좋은은 목적과 긴밀한 관계를 갖는다(☞ ~을 위해 heneka tou).

1. 좋은 F는 F의 기능에 맞는 탁월성을 갖는다(EN 1098a8, 1106a15).
2. 어떤 것이 F의 좋음이나 행복을 증진한다면, 그것은 F에게 좋은 것이다(Pol. 1261b9). F의 좋음은 F의 기능에 의해 규정된다(EN 1094a18~22, 1097a15~24, 1097b22~1098a5). 예컨대, 인간의 좋음은 행복(eudaimonia)이며, 행복이 인간의 최종 목적이다.
3. 부나 안전과 같은 외적인 좋음은 행위자의 손에 달려 있지 않다(☞ to automaton). ☞ EN 1098b13, 1099a31, 1129b2; Pol. 1323a25, b7,

---

* 이 용어 해설에서 사용된 약어들은 다음과 같다. APo(『분석론 후서』), APr(『분석론 전서』), Cat(『범주론』), DA(『영혼론』), DC(『천체론』), DI(『명제론』), EE(『에우데모스 윤리학』), EN(『니코마코스 윤리학』), GC(『생성소멸론』), MA(『동물운동론』), Met.(『형이상학』), PA(『동물부분론』), Phys.(『자연학』), Poet.(『시학』), Pol.(『정치학』), Rhet.(『수사학』), Top.(『변증론』). 더 자세한 것은 「해제」 11~13쪽의 '아리스토텔레스 저작집' 목록 참조.

1323b27; Rhet. 1360b25.

aiei: 항상, 언제나(always); **aidion**: 영원한(everlasting)

1. 'aiei'는 보편적인 양화사(量化詞)로 쓰이는데, 이런 경우 '항상', '언제나'의 뜻을 갖는다. 예컨대, "영리한 정치가는 언제나 뻔뻔하다"는 것은 "만일 어떤 정치가가 영리하다면, 그는 뻔뻔하다"는 뜻이다.
2. '항상' 이러저러한 것은 때로 필연적인(ananke) 것과 동일시된다. ☞ 특히 GC 337b35-338a5. 하지만 아리스토텔레스에게 있어 필연성이 순전히 시간적인 개념으로 환원되는 것은 아니다(☞ APo 73a28-b28). 그는 '항상', '영원한'을 양상적인 뜻으로 사용하는 것 같다. 항상 이러저러한 것을 대다수의 경우에(hōs epi to poly)와 대비할 때도 그런 양상적인 뜻을 염두에 두고 있는 것 같다. 그 둘은 각각 예외 없는 규칙성과 예외가 있는 규칙성을 가리키는 것이 아니라 서로 다른 종류의 법칙적 규칙성을 가리킨다. ☞ Phys. 196b10-13, 198b25.

aisthēsis: 감각(perception, sense), 감각-지각(sense-perception)

1. 'aisthēsis'는 다섯 가지 감각과 이들을 통해 이루어지는 인지활동을 포괄한다(DA II 6). 각각의 감각은 저마다 고유한 대상을 가지는데, 예컨대 색깔은 시각의 고유한 대상이다(DA 418a11-16). 여러 감각에 의해 공통적으로 인지되는 것들은 공통 대상들이다(DA 425a14-b11). 우리가 특정한 물리적 대상(예컨대, 어떤 의자, 클레온의 아들)을 본다면, 이는 부수적인(symbebekos) 감각, 즉 그 대상에 속한 감각적 성질들을 감각하는 데서 결과적으로 따라 나오는 감각이다(DA 418a20-25, 425a24-27).
2. 감각의 신뢰성에 대해서는 ☞ DA 418a11-16, 428b17-25; Met. 1010b14-26.
3. 아리스토텔레스는 감각을 앎(epistasthai)을 얻는 데 필요한 수단으로 높이 평가한다(APo I 18, 99b34-100a1; Met. 980a21-27). 하지만 감각은 학문적 인식(epistēmē)의 충분조건이 아니다(Met. 1009b12-17). 그는 감

각을 상상(phantasia)과 경험적 탐구(historia)의 원천으로 여긴다(APr 46a17-21; GC 316a5-10). 어떤 경우에 그는 일반적인 논변들이나 이론들(logoi ☞ logos)보다 감각을 신뢰할 만한 결론의 원천으로 인정해야 한다고 생각한다(Phys. 189a29; GC 314b13, 336b15; PA 639b5-14).

4. 감각을 통해 우리가 일차적으로 지각하는 것은 보편자(to katholou)들이 아니라 개별자(to kath' hekaston)들이다(APo 87b28-88a2, 100a16-b1; Met. 1036a2-8, 1039b28-31, 1087a19-20).
5. 윤리학에서 등장하는 감각에 대해서는 ☞ EN 1109b20-23, 1112b34-1113a2, 1142a23-30, 1143a35-b5.

aition, aitia: 원인, 이유(cause), 근거(reason), 설명(explanation)

1. Phys. II 3; GC 335a28-336a12; PA 639b12; Met. 983a24-b6에서 아리스토텔레스는 네 가지 유형의 'aition'을 구분한다. 질료(hyle), 형상(eidos), 운동(kinesis)의 원리(archē), 지향점(hou heneka)이 그것이다. 이것들은 통상 '질료인', '형상인', '작용인', '목적인'이라고 불린다. ('작용인', '목적인'은 아리스토텔레스 자신이 사용한 말이 아니다.)
2. 우리는 '왜?' 혹은 '무엇 때문에'라는 물음에 대한 대답의 형식으로 'aition'을 언급한다(Phys. 194b19). 그래서 'aition'은 '사실'(to hoti)과 대조되는 '원인'이나 '이유'(to dioti)(APo 93a17; DA 413a13; EN 1095b7) 혹은 '설명'으로 번역될 수 있다. Phys. 194b27의 수학적 사례처럼 '원인'으로 사용되지 않는 경우도 있지만, 대부분의 경우에는 '원인'이 적절한 번역어로 보인다.
3. 아리스토텔레스는 다양한 종류의 것들을 가리켜 'aition'이라고 부른다. Phys. 194b20에서는 실체, Apo 93b36-94a2에서는 사건, Phys. 194b33에서는 사태, Phys. 195a13, 195b5-6에서는 어떤 사건을 일으키거나 그렇게 하는 데 실패하는 실체 등이 그에 해당한다. 여기서 실체의 존재나 부재가 해당 사건의 '원인'이라고(aitios) 말할 수 있다. 다시 말해 어떤 실체가 있거나 없기 '때문에', 혹은 그 실체가 있거나 없는 '탓'에

어떤 일이 일어난다는 뜻이다. 이때 원인이 무엇인지는 사건을 일으킨 작용자의 유형에 따라 다를 것이다(☞ 자발적 hekousion).

4. 네 가지 원인이 항상 서로 배제적인 관계에 있는 것은 아니다. Phys. 193a28-31에 따르면, 질료와 형상이 모두 작용인이 될 수 있다. 또 DA 415b8-28에서는 영혼이 세 가지 원인, 즉 형상인, 작용인, 목적인의 역할을 담당하기도 한다.
5. 아리스토텔레스는 어떤 것이 다른 어떤 것의 원인인지를 해명할 때, 종종 자체적인(kath' hauto) 원인과 부수적인(kata symbebēkos) 원인을 구별하기도 한다. ☞ Phys. 195a32-35, 196b23-29; Met. 1026b37. 예를 들어 우리는 (1) 폴뤼클레이토스가 조각상을 만들었다고(조각상의 원인이라고) 말할 수도 있고, (2) (만일 폴뤼클레이토스가 제빵사라면) 제빵사가 조각상을 만들었다고 말할 수도 있다. 하지만 이런 경우 조각상의 원인으로 제시되는 '폴뤼클레이토스'나 '제빵사'는 둘 다 부수적인 원인이다. 반면에 (3) 조각가가 조각상을 만들었다고 할 때, 비로소 우리는 조각상의 고유한 원인을 제시하는 것이다. 아리스토텔레스에 따르면, 폴뤼클레이토스가 조각상을 만든 것은 '조각가인 한에서'(hēi) 그렇게 한 것이다. 다시 말해 조각상을 만든 것은 폴뤼클레이토스가 폴뤼클레이토스이기 때문도 아니고, 그가 제빵사이기 때문도 아니며, 그가 조각가이기 때문이다.
6. 원인들과 앎 혹은 학문적 인식(epistēmē)의 관계에 대해서는 ☞ Apo 71b9-12; Phys. 194b17-19; Met. 981a24-b6, 983a25.

akrasia: 자제력 없음(incontinence)

자제력이 없는 사람들은 비이성적인 욕구(epithymia)를 통제하지 못한다. 그래서 그들은 올바른 합리적 선택(prohairesis)에 어긋나게 욕구에 따라 행동하고, 스스로 나쁜 것으로 알고 있는 것을 행한다. 자제력 없음은 EN VII 1-10, 특히 VII 3에서 충분히 논의된다. ☞ DA 434a10-21; EN 1102b14-18, 1111b13-15, 1168b34.

akribēs: 엄밀한, 정확한(exact)

어떤 진술이 무언가를 덧붙일 것 없이 무제한적으로(haplos) 완전한 진리를 담고 있을 때, 그것을 일컬어 '엄밀하다' 혹은 '정확하다'라고 말한다. 이런 뜻의 엄밀성 개념은 두 가지 유형의 진술을 대비하는 데 쓰인다.

1. 진술 (a) '삼각형의 내각의 합은 180도이다'는 진술 (b) '사람은 100세 이하의 삶을 산다'보다 더 엄밀하다. (a)는 예외가 없는 일반적인 진술인 데 반해, (b)는 대다수의 경우에(hōs epi to poly) 참이지만 예외가 있기 때문이다. 아리스토텔레스는 이런 대비를 염두에 두고 다양한 학문이 갖는 엄밀성을 비교한다(APo 87a31-37, 100b8-9; DC 306a27; Met. 982a13, 25; EN 1094b13, 1141a16).
2. 진술 (c) '다른 사람의 목숨을 살리기 위해 약속을 어기는 경우가 아닌 한, 약속을 지켜야 한다'는 진술 (d) '약속을 지켜야 한다'보다 더 엄밀하다. (d)는 대략적으로 참인 반면에, (c)는 (d)의 진리를 제한하는 상황에 대해 더 많은 것을 명시하기 때문이다. 아리스토텔레스는 이런 대비를 염두에 두고 보다 엄밀한 진술과 보다 일반적인 진술(APr 46a28-30; Met. 1030a16) 혹은 엄밀한 설명을 동반하는 개관(Top. 101a21; Met. 1029a7; EN 1098a20-33)을 서로 대비한다.

alloiōsis: 성질 변화, 변이(alteration)

10개의 범주 가운데 성질(quality)의 범주 안에서 일어나는 운동(kinesis)이나 변화이다. ☞ Phys. 226a26-29; GC I 4; MA 701b12; Met. 1010a22-25, 1020b8-12, 1069b12.

anankē: 필연성, 강제(necessity); **anankaion**: 필연적으로(necessary)

1. 이 낱말은 경우에 따라 (dei의 번역이기도 한) '~해야 한다' 혹은 '~할 수밖에 없다'로 옮길 수 있다. ☞ dein.
2. 아리스토텔레스는 종종 'p가 필연적이다'에 대한 정의로서 'p 아닌 것이 가능하지 않다'를 제안하기도 한다. ☞ DI 22b3-10; APo 71b15, 73a22;

Met. 1015a33-36.

3. 하지만 때때로 아리스토텔레스는 방금 제시된 공식이 충분조건이 아니라 필요조건을 제시한다고 생각하는 듯이 보이기도 한다(APo 73b25-32 — 만일 필연적인 것이 보편적이기도 하다면 그렇다). 더 나아가 이 공식이 필요조건조차 제시하지 않는다고 말할 때도 있다(Phys. 198b5-6 — 만일 대다수의 경우(hōs epi to poly)에 적용되는 것을 필연성의 한 가지 경우로 다룰 때 그렇다).
4. 아리스토텔레스는 무조건적 혹은 무제한적(☞ haplōs) 필연성과 조건적(문자 그대로 '어떤 가설 혹은 가설적 전제hypothesis에 따르는') 필연성을 대비한다. 그는 상이한 맥락에서 상이한 종류의 조건들 혹은 전제들을 염두에 두고 있다. 그 결과 그가 어떤 구체적인 구절에서 (말하자면 어떤 하나의 조건과도 관련되지 않는) 무조건적 필연성으로 취급한 것이 (말하자면 어떤 하나의 조건과 관련된) 조건적 필연성의 하나로 기술될 수도 있다. ☞ DI 19a26; Phys. 199b34-200a30; DC 281b2-18; GC 337b13-338a3; DA 415b28-416a18; PA 639b21-640a8, 642a3-13; Met. 1072b11. 두 종류의 필연성의 관계에 대해서는 ☞ PA 642a31-b4.
5. 필연성은 대다수의 경우에 그런 것, 우연적인 것(☞ 운), 우연적이라는 뜻에서 부수적인 것과 비교된다. ☞ APo 87b19-27; Met. 1026b27-1027a5.
6. 인간의 자발적 행위는 필연적(강제적)이지 않은데, 왜냐하면 외부 환경이 그 자체만으로 행위자가 다른 행위를 할 수 있는 가능성을 차단하는 것은 아니기 때문이다. 행위자 자신의 결정과 선택 또한 여기서 핵심적인 역할을 차지한다. ☞ DI 18b26-19a18; EN 1112a18-34.
7. 연역에서 결론은 전제로부터 필연적으로 도출된다(necessitas consequentiae). 하지만 전제가 필연적이지 않다면, 결론 자체가 필연적이 아닐 수 있다(necessitas consequentis). (만일 전제가 필연적이라면, 연역은 논증이 되기 위한 또 다른 조건을 충족하는 셈이다.) ☞ APr 24b19;

APo 71b3-5; Top. 100a25-27. 이 구분의 가능한 적용은 ☞ DI 19a23-32.

8. 어떤 필연성은 기체의 본성에 속하고, 어떤 필연성은 속하지 않는다. ☞ 강제.
9. 아리스토텔레스는 명제와 사건뿐만 아니라 실체도 필연적일 수 있다고 본다. 실체의 존재는 필연적일 수 있는데, 이 실체가 영원하며(☞ aiei) 자연세계 전체에 대해 본질적인 한에서 그렇다. ☞ DC 281b20-25; GC 337b35-338a2; Met. 1072b10-13.

anthrōpos: **인간, 사람**(man, human being), **남자**

1. 'anthrōpos'는 '성인 남자'(anēr)에 국한되지 않고 '인간'이라는 종을 의미한다(Phys. 184b13).
2. 'anthrōpos'는 여자가 아니라 '남자'를 의미한다. ☞ EN 1162a19-27; Pol. 1259b28-1260a24, 1277b20.
3. 'anthrōpos'는 동물이 아니라 '인간'을 의미한다. ☞ logos #1.
4. 인간은 정치적 동물이다(☞ polis). 인간은 국가에 살아야만 완전한 자신의 본성에 도달하고 최종 목적에 도달하기 때문이다. ☞ EN 1097b11, 1169b17; Pol. 1253a2, 1278b19.

apeiron: **무한한**(한계가 없는, infinite), **무제한적인**(unlimited), **무한정한**(indefinite); **ahoriston**: **무한정한**(indefinite), **무규정적인**(indeterminate)

1. 아리스토텔레스는 Phys. III 4-8(특히 206a27-29)에서 '무한'을 일컬어 'apeiron'이라고 한다. 앞서 셈한 것들 이외에 또 다른 원소가 계속해서 있는 계열이 '무한'하다. ☞ DI 23a25; Phys. 207a7-8, 218a21, 263a28; GC 318a19; Met. 1048b9-17.
2. 아리스토텔레스가 무한 계열의 가능성을 부정하는 경우가 있는데, 예를 들어 현실적인 무한 소급을 요구하는 논변이나 숙고, 현실적인 무한 계열

의 완료를 요구하는 인과적 설명이 그렇다. ☞ APo 72b7-11, 84a29-b1; Phys. 256a17-19, 263a6; Met. II 2; En 1094a20-21. 하지만 아리스토텔레스는 제논에 맞서 운동에 요구되는 무한 계열의 경우는 수용할 수 있다고 생각한다(Phys. VI 9, 263a15-b9). 그는 모든 크기가 무한히 분할될 수 있다고 생각하므로(Phys. 206a27, 233a13-21; Met. 1048b14) 시간이 무한하게 분할될 수 있다고 생각한다(Phys. 218a20-21). 길이의 무한한 분할 가능성이란 그 길이에 속한 임의의 부분이 계속해서 분할될 수 있다는 사실에서 성립한다. 이는 (더 이상의 분할 가능성이 남아 있지 않은) 완전한 분할이 언젠가 현실적으로 존재함을 뜻하지는 않는다.

3. 때로 아리스토텔레스는 'apeiron'한 어떤 것에 대해 덜 분명한 주장을 하는 것처럼 보인다. 즉 어떤 계열이 절대로 완료될 수 없다고 주장하는 것이 아니라 어떤 계열이 어떤 특정한 곳에서 끝난다고 가정할 이유가 없다고 주장한다. 이 경우 'apeiron'은 '무제한적'이라고 옮기는 것이 적절하고 그래서 'ahoriston', 즉 '무한정한' '무규정적인'에 가깝다. ☞ DI 16a28, b14; Phys. 187b7, 196b27-29; DA 416a15; Met. 987b25, 1006a34-b11, 1007a13-15, b1, b26-29; Pol. 1275a32; Rhet. 1356b32, 1396b7. 이 구절들 중 어떤 곳에서는 그가 무한을 염두에 두고 있을 수도 있지만, 우선적으로는 무규정성에 초점이 맞춰져 있다. 아마도 그는 (순수하게 수적인 것이 아니라) 질적인 무규정성(=부정성)을 생각하고 있는 것 같은데, 이런 무규정성은 어떤 정해진 방식으로도 어떤 것이 가진 속성들을 명시하기 어렵다는 데서 온다(Met. 1006b5-7, 1026b2-14).

aphairesis: 추상(abstraction), 사상(捨象)

1. x가 F이고 G이고 H라고 해 보자. (예를 들어 소크라테스는 아테네인이고 사람이고 동물이다.) 내가 F인 한에서(qua) x에 대해 참인 것만을 탐구하고 싶다면, 나는 사유를 통해 x로부터 G와 H를 '추상'하거나 '제거'한다. 이때 x에 대한 나의 주장과 논변은 x가 G이고 H라는 가정에 의존하지

않는다. ☞ Apo 74a32-b4; DA 429b18-20.

2. 이는 (플라톤과 달리) 아리스토텔레스가 어떻게 수학이 물리적 대상들에 대해 참인 주장을 할 수 있고, 분리된 대상들을 필요로 하지 않는지를 설명하는 방식이다. 수학자는 물리적 대상들에 대해 이 대상들의 순수한 수학적 속성들에 집중함으로써, 그리고 이것들의 질료를 추상하고 제거함으로써 참인 판단을 내린다. ☞ Phys. 193b31-194a12; DA 403b15; Met. 1073b3-8, 1077b17-1078a31.
3. 아리스토텔레스는 또한 형이상학(Met. 1004b10-17, 1029a16)에서도 추상의 역할을 인정한다. 하지만 그가 보기에, 우리가—플라톤이 그렇게 하듯이—자연적 유기체로부터 질료를 모두 추상하면 그 유기체의 본질과 형상을 발견해낼 수 있으리라고 생각하는 것은 오류이다. 수학자는 청동으로 된 원에서 물질적 속성을 추상해도 원에 대해 잘못된 결론에 이르지 않겠지만, 자연적 유기체에서 물질적 속성을 추상하게 되면 그것에 대한 연구에서 잘못된 결론에 이르게 되기 때문이다. 이것이 바로 자연에 관한 연구가 질료와 관련해 수학과 다른 까닭이다. ☞ PA 641b10-12; Met. 1036b21-30 ☞ simon.

apodeixis: **논증, 증명, 학문적 연역**(demonstration)

학문적 인식(knowledge)은 논증의 형식으로 표현되어야 한다. 논증이란 전제들(assumptions)로부터 시작하는 특정한 종류의 연역적 추론(deduction)으로, 이때 전제들은 필연적(necessary)이고 결론을 설명할 수 있으며 결론보다 더 잘 알려진 것이어야 한다(APo 71b16-25). ☞ Apo 72b5-73a6, 76a37-b22, I 30, 93a1-15, b15-20, 100b9-14; DA 402b25; Met. 1006a6-18, 1039b27-1040a5 ☞ 부수적(coincident) #3.

archē: **원리**(principle), **기원**(origin), **시작**(beginning), **근원**(source), **시작점, 출발점**(starting point), **지배**(rule), **관직**(ruling office)

1. 'archē'(라틴어로는 'principium')는 'archein'('시작하다', '지배하다')과 같

은 어원을 갖는 낱말이다. x의 'archē'는 이러저러한 방식으로 x의 관계에서 더 앞서는 것(☞ proteron)을 의미한다. 그래서 이 낱말은 '시작'이나 '기원'을 의미한다. ☞ Top. 183b22; Met. 1072b33; EN 1098b7; Pol. 1252a24; Poet. 1450b27.

2. 네 가지 원인들 하나하나가 'archē'이다. ☞ Met. 1013a16-17. 이때의 'archē'는 단순히 언어적인 것이거나 명제적인 것이 아니다. 이 경우 우리말로 '원리' 혹은 '근원'이라고 옮길 수 있다.
3. 논변, 기술, 이론에서 'archē'는 '앎의 출발점이 되는 것'이다. ☞ Met. 1013a14-15. (다른 유형의 원리들에 대해서는 ☞ axioma, oikeios.) 마찬가지로 실천적 추론에서는(☞ syllogismos #4) 보편적 전제가 'archē'이다. ☞ MA 701a21; EN 1144a32. 이런 맥락에서는 '시작' 혹은 '원리'라는 의미가 두드러진다. ☞ APo 84a31, 100a13; PA 640a4n. 이런 경우 시작은 명제이거나 의견이다. 하지만 아리스토텔레스가 항상 이런 유형의 'archē'와 2번에서 언급한 유형의 'archē'를 날카롭게 구분한다고 가정해서는 안 된다. ☞ Phys. 184a11; Met. 1034a21.
4. 우리가 발견하려는 'archē'는 이것으로부터 파생되어 나오는 사실들보다 '본성상'(자연에 의해) 혹은 '무조건적으로' 앞선다. 하지만 우리의 탐구의 시작이 되는 것도 'archē'라고 불리는데, 이런 유형의 'archē'는 '본성상 앞서는' 것이 아니라 '우리와의 관계에서 앞선다'(☞ epistasthai #2). 우리와의 관계에서 앞시는 것의 경우에, '출발점' 혹은 '시작점'이 때로 가장 좋은 번역어일 수 있다(예를 들어 EN 1095a30-b8).
5. 정치학의 맥락에서 'archē'는 ('소수자의 지배'처럼) 지배 일반이나 구체적인으로 지배적인 위치에 있는 관직들(재판관, 장군 등)을 가리킨다. ☞ Pol. 1275a24, 1278b9 참조.

aretē: 탁월성, 탁월함, 덕(virtue)

1. 어떤 것이 탁월성을 갖는다는 말은 곧 그것이 자기에게 좋은 것을 갖는다는 뜻이다. 탁월성은 기능, 모든 종류의 훌륭함과 밀접한 관계를 갖는

다(☞ DA 408a3; EN 1098a8-12; Rhet. 1360b21-23, 1361b3, 1362a13).

2. 탁월성은 『니코마코스 윤리학』에서 논의된 성격과 지성의 칭찬받을 만한 품성상태(hexis)이다. 탁월성은 인간의 기능을 적절히 잘 수행하게 함으로써 인간의 좋음을 성취하게 한다. ☞ 1103a3-10, 1106a14-24, 1139a15-17, 1144a6-9; Rhet. 1366a23-b22.
3. 성격의 탁월성은 이성적인 요소와 비이성적인 요소 모두에 관여한다. ☞ 1106b36, prohairesis, orexis, kalos, mesotēs, hēdonē, hexis.
4. 탁월성과 실천적 지혜에 대해서는 ☞ EN VI 13.
5. 탁월성과 행복의 관계에 대해서는 ☞ EN 1100b7-1101a21; Pol. VII 1; Rhet. 1360b19-30.

arithmos: 수(number), 개수

아리스토텔레스는 '우리가 세는 대상으로서의 수'와 '우리가 셈을 할 때 사용하는 도구로서의 수'를 구분한다. 만일 우리가 말 네 마리를 센다면, 우리가 네 마리를 세면서 사용한 수는 넷이다. 하지만 여기에 말이 넷 있는 것은 이 넷이 말들의 수이기 때문이다. 그 결과 이것들이 말이라는 사실이 이것들을 넷으로 셀 수 있도록 만들어주는 것이다. 만일 우리가 말의 부분들을 센다면, 그 수는 넷보다 많을 것이고, 만일 우리가 말들을 한 묶음으로 센다면, 하나밖에 없을 것이다. ☞ Phys. 219b5, 220b14; Met. 991b20, 1044a2, 1052b18-24.

atomon: 불가분적인(individual, indivisible), 나뉠 수 없는, 원자적인

1. 'atomon'은 나뉠 수 없는 것 혹은 불가분적인 것이다. 아리스토텔레스는 이 용어를 수학의 점들(Phys. 232a24)과 데모크리토스가 끌어들인 '원자들'(atoms)(Phys. 265b29; DA 404a2; Met. 1039a19)에 적용한다. 아리스토텔레스 자신은 불가분적인 크기를 인정하지 않는다(GC 315b26ff.)
2. 우리가 "x는 불가분적인 F이다"라고 말한다면, 이 말은 곧 "x는 더 이상 F들로 나뉠 수 없다"를 뜻한다. 그러므로 소크라테스는 'atomon'인데,

그 이유는 그는 사람이고 더 이상 사람들로 나뉠 수 없기 때문이다. 이런 경우 'atomon'은 개별자이다(Cat. 1b6, 3a38, b12; Met. 995b30).

3. 종(☞ eidos #9)(예컨대, 사람)도 'atomon'이라고 불릴 수 있는데, 그 이유는 종은—다수의 하위 종으로 나뉠 수 있는 유(genos, 예컨대, 동물)와 달리—더 이상 다른 종들로 나뉠 수 없기 때문이다. 종은 개별자들로 나뉜다. ☞ DA 414b27; Met. 1034a8.

autarkēs: 자족적인(self-sufficient)

자족적인 것은 외부에 있는 것에 의존하지 않은 채 자신의 필요를 충족할 수 있는 것이다. (1) 행복은 완전하기 때문에 자족적인 좋은 것이라고 일컬어지고(EN 1097b6, 1169b3; Pol. 1280b34; Rhet. 1360b14, 24), (2) 국가는 완전하고 자족적인 공동체라고 일컬어지며(Pol. 1252b27, 1261b11), (3) 외부 자원에 덜 의존하는 사람이나 국가는 더 자족적인 사람이나 국가라고 일컬어진다(Pol. 1326b3, 24).

axioma: 공리(axiom)

공리들은 Met. IV에서의 모순율과 배중률, 그리고 동일성의 공리(Axiom of Equals)를 포함한다. ☞ APo 72a17, 75a41, 76a38, 76b10, 77a29, 88a36-b3; Met. 995b9, 1005a20, 1008a3. 이것들은 개별 학문들에 고유한 원리들과 대조적으로 모든 학문에 공통된 원리들이다.

B

banausos: 비천한(menial)

비천한 작업은 손노동과 관련이 있는데, 종사자의 성격에 해를 끼친다(☞ eleutheros). 이 때문에 아리스토텔레스는 비천한 작업을 하는 사람들이 이상국가에서 시민이 되어서는 안 된다고 주장한다. ☞ Pol. 1258b37-39,

1277b1, 1289b33, 1328b29, 1329a20, 1337b8-15.

bia: 강제(force)

강제운동이란 주체의 본성이나 내적 원리(즉 욕구)에 거스르는 어떤 것, 혹은 주체 외부의 어떤 것에 의해 일어난 운동이다. ☞ Phys. 254b13, 255a3; Met. 1015a26-b3, 1046a35, 1072b12; EN 1110a1-4; EE 1224a15-23; Pol. 1253b20 ☞ hekousion.

C

chōriston: 분리될 수 있는, 분리된(separable)

1. 'chōriston'은 'chōrizein', '분리하다', '떼어놓다'에서 파생된 단어이다. 주어진 맥락에서 이 단어가 (실제로 어떤 것으로부터 분리되어 있다는 의미로) '분리된'인지, (어떤 것으로부터 분리될 수 있다는 의미로) '분리될 수 있는'인지 구분하기 어려울 때가 많다. '-ton'(~일 수 있는, ~인)의 어미를 갖는 여러 단어에도 같은 어려움이 따른다. ☞ haireton.
2. 아리스토텔레스가 분리 가능성을 말하는 경우에, 그가 대개 "x가 y로부터 분리될 수 있다"라고 한 것은 "x가 y 없이 존재하는 것이 가능하다"(즉 "x는 존재하기 위해 y에 의존하지 않는다")라는 의미로 해석된다. ☞ GC 317b10, 329a25; DA 403b9-19, 413a4, 31. 만일 x가 y로부터 분리될 수 있는데, y는 x로부터 분리될 수 없다면, x는 본성상(자연에 따라) y에 앞서는 것이다. ☞ Met. 1019a1-4, 1028a33-34.
3. 하지만 아리스토텔레스가 이런 종류의 분리 가능성을 무조건적 분리 가능성이라고 부르면서 설명이나 정식, 즉 'logos'에서의 분리 가능성, 즉 정식상의 비의존성('앞서다'의 여러 가지 뜻 참조)과 대비하는 경우도 있다. ☞ Phys. 193b34; DA 413b13-16, 429a11, 432a20, 433b24; Met. 1042a29; EN 1102a28-32. 이외에도 Phys. 194b12-15.

4. 아리스토텔레스는 플라톤이 형상들(이데아)을 감각물들과 분리해 그것들이 분리되어(여기서는 'chōrizein'의 완료 수동형 분사인 'kechōrismena'가 쓰인다) 존재한다고 주장했다는 점을 들어 비판한다. ☞ Phys. 193b35-194a1; Met. 1040b26-30, 1078b31, 1086a32-b13. 이외에도 ☞ para.
5. 그는 영혼의 부분들이 분리되어 존재한다고 보지 않는다. ☞ DA 432a22-b3.

chronos: 시간(time)

아리스토텔레스는 Phys. IV 10-11에서 시간에 대해 풍부한 논의를 전개하면서 219b1-2에서는 시간에 대한 정의를 시도한다. 시간과 운동의 밀접한 관계에 대해서는 특히 218b21-219b3 참조. 시간의 영원성에 대해서는 ☞ 222a29-b7, 251a8-252a5; Met. 1071b7.

D

deiknynai: 증명하다(prove); **deixis**: 증명(proof)

'deiknynai'는 축자적으로 '보여주다'를 의미한다(☞ 특히 PA 642a32. 여기서는 '보여줌'showing이나 '설명해 드러냄'exposition이 적절할 것이다). 모든 증명이 반드시 논증(apodeixis)이 성립하는 데 필요한, 보다 엄밀한 조건들을 만족시켜야 하는 것은 아니다. 학문적 연역으로서의 논증은 APo I 2에서 제시된 조건을 만족시키는 특별한 종류의 연역을 요구한다(EN 1145b7; Rhet. 1356a35-b11).

dēmos: 민중(people, common people), 민주정

민중은 전체 인민을 가리키기도 하고, 하류 계층만을 가리키기도 한다. 따라서 민중의 지배를 의미하는 민주정 또한 민중의 두 가지 의미를 갖는 것과

마찬가지로 두 가지 의미를 갖는다. ☞ Pol. 1275b7, 1277b3, 1278b12.

dialektikē: 변증술, 변증법(dialectic)

'dialektikē'는 본래 'technē'나 'methodos' 등의 명사와 함께 쓰일 수 있는 형용사이지만(정치학), 그 자체로서 '변증술'이나 '변증법'이라는 뜻으로 쓰인다. 이 낱말은 '토론하다'(discuss)를 뜻하는 'dialegesthai' 및 '대화'(dialogue)를 뜻하는 'dialogos'와 어원이 같다. (APo 78a12에서 'dialogos'는 엄밀한 수학적 논변들과 대비되는 변증적인 논의를 가리킨다.) 아리스토텔레스는 플라톤의 대화편에서 소크라테스가 사용하는 방법을 변증술이라고 부른다(Met. 1078b17-25). 그는 자신이 'peirastikē'('시험적 방법'testing)이라고 부른 변증술의 특별한 측면을 소크라테스가 수행한 것처럼 말한다(Top. 159a25-37, 169b24, 171b8, 183b1; Met. 1004b25). (어떤 사람이 자신이 무언가를 안다고 주장한다면, 변증론자들은—그들 자신은 그 앎을 결여하고 있다고 하더라도—그렇게 주장하는 사람을 시험할 수 있다.) 『변증론』은 변증술의 방법들과 논변들을 다루는 저술이다. ☞ 100a18-30, 101a25-b4, 159a25-37, 165a38-b11. 아리스토텔레스는 그의 주된 철학적 저술에서 변증술을 이론을 구성하는 방식으로 적극적으로 활용한다. ☞ Phys. 184a16-b14; Met. 1004b17-26; EN 1145b2-7.

이런 뜻에서 구성적인 변증적 논변(EN 1145b2-7)의 주요 단계는 다음과 같다. (1) (아리스토텔레스의 선대인들의 견해들을 포함한) 현상(appearance), 즉 통념(common beliefs)을 정립한다. (2) 통념들은 보통 의문들 혹은 물음들(aporiai)로 귀착되는 경향이 있다. 이런 의문들은 상반되는 논변들의 동등성'으로부터 발생한다(Top. 145b17). 따라서 주어진 문제에 대해 '의문들을 제시하는 것'(diaporein)이 변증법의 중요한 부분을 이룬다(Phys. 191b30-34, 217b29-218a31; GC 321b11; Met. III, 특히 995a24-b7; EN VII 2, 특히 1145b2-7; Pol. III 10-11). (3) 가장 중요한 현상들을 보존하는 해답을 찾는다(GC 321b10-16). (4) 이 해답이 어떻게 의문들을 해결하는지를 보여준다(Phys. 211a6-11; EN 1154b22-25; Phys. IV 10-14는 이러한 단계들을 상당히 분명하게 보여준다).

diaphora: 차이, 종차(differentia)

차이/종차는 유(genos)를 그에 속하는 종들(eidē)로 나눈다(Cat. 3a21-28; Top. 122b12-24, 128a20-37, 145a3-12; GC 314b18; Met. 120a33-b1, 1038a18-21). 아리스토텔레스는 종차를 가리키는 데 추상명사들(예를 들어 '발이 있음')을 사용하지 않고 (보통 드러나지 않는) 유-용어(genus-term)와 성이 일치하는 형용사들을 사용한다(예를 들어 그는 '사람은 두 발이 달렸다'를 '사람은 두 발 달린 동물이다'의 줄임말로 간주한다). ☞ Cat. 3a23, 14b33-15a7.

dihorizein: 정의하다(define), 규정하다(determine), 구별하다(distinguish)

'horismos'(정의)와 어원이 같은 동사 'dihorizein'은 (a) 하나의 유에 속하는 서로 다른 두 종을 구별하거나 하나의 진술이 갖는 서로 다른 의미들이나 해석들을 구별하는 것(GC 317b14, 318b1, 323a16; EN 1130b8), (b) 의문들에 대한 해답을 찾는 것이나 서로 다른 해답들 가운데 어느 하나를 선택하는 것(Phys. 196a10, 200b15; GC 315b2; Met. 1029a1, 1037a14)을 가리킨다.

dikaiosynē: 정의(justice)

정의는 국가 안에서 타인과의 관계 속에서 발휘되는 탁월성이다. 정의는 넓은 의미의 정의와 탁월성의 부분인 좁은 의미의 정의로 나뉘며(EN V 1-2), 후자는 분배적 정의와 시정적 정의로 나뉜다(V 3-5). 정치적 정의에 대해서는 ☞ Pol. III 9, 12, 법과 정의에 대해서는 ☞ EN 1134b18-1135a5.

dikastēs: 재판관(juryman)

아테네에서는 수백 명의 재판관이 모여 판결을 내렸는데, 지금의 법관과 달리 재판관에 필요한 자격 요건은 없었다. 'dikastēs'는 판단과 판결을 내리는 사람으로서 재판에서는 '재판관'이지만, 작품의 판정에서는 '판정관'(☞ krinein)이다(Rhet. 1354a18, 24, 32). 많은 아테네 재판은 정치적인 성격을 가졌기 때문에(☞ Pol. 1301b23), 아리스토텔레스는 재판관을 일종의 관직(☞ archē)으로 여겼다(Pol. 1275a22).

doulos: 노예(slave)

성인에게 필수적인 이성능력(reason)을 결여한 본성적인 노예(Pol. I 5)에게 노예제도는 마땅이 있어야 할 것이고 이로운 반면에(Pol. 1254b20-24, 1260a12; EN 1099b32, 1161a32-b8, 1177a8, 1178b27), 자유인으로 사는 것이 마땅함에도 불구하고 전쟁에서 포로가 되어 노예가 된 사람에게는 노예제도가 부당하고 이롭지도 않다고 아리스토텔레스는 주장한다.

dynamis: 가능성, 가능태(potentiality), 능력(capacity); **dynaton**: 가능성(possibility), 가능한(possible), 능력 있는(capable), 가능적으로(potentially)

1. (a) '가능한'은 어떤 사태와 관련해 쓰인 'dynaton'을 옮긴 말이다(예컨대, '내일 비가 오는 것은 가능하다'). (b) '할 수 있다' 혹은 '능력이 있다'는 실체들과 관련해 쓰인 'dynaton'이라는 형용사나 동사 'dynasthai'를 옮긴 말이다. (c) '가능성' 혹은 '능력'은 실체들과 관련해서 쓰인 'dynamis'를 옮긴 말이다. 서로 어원이 같은 'dynaton', 'dynasthai', 'dynamis' 등은 이렇게 널리 쓰이기 때문에 때때로 혼란을 낳는다(예컨대, DI 21b12; Met. IX 3-4). '~일 수 있다' 혹은 '~ 할 수 있다'라는 뜻의 'endechesthai'는 보통 사태와 관련해서만 사용되는데, 가능성을 가리키는 말로 쓰인 'dynaton'과 의미상 큰 차이가 없다.
2. 가능한 것은 (i) 불가능하지 않은 것으로 정의되거나('일면적' 가능성) 혹은 (ii) 필연적이지도 않고 불가능하지도 않은 것('양면적' 가능성)으로 정의된다(DI 21b13-14; APr 25a37, 32a18-20; Met. 1047a24-25).

3. x가 F가 될 수 있는 가능성을 갖기 위한 조건은 일차적으로 그것이 F의 내적인 원리를 갖는다는 데 있다(Phys. 251a11; Met. 1019a15-16, 1046a9-11). 이 경우 F는 그 가능성에 대응하는 현실성(현실적인 것, 현실태 energeia)이다. 그런 종류의 모든 가능성은 모든 상황에서가 아니라 적절한 상황에서만 F가 될 수 있는 가능성으로 존재한다(Phys. 251b1-5; DA 417a28; Met. 1048a13-16). 이는 두 가지 뜻으로 해석될 수 있을 것이다. 즉 적절한 상황의 존재는 x가 F의 가능성을 갖기 위한 (1) 필요 충분조건이거나 (2) 필요조건일 수 있다. (2)는 예컨대 아무런 인화성 물질이 없다면, 불은 점화될 가능성을 갖지 않는다는 것을 함축하고, 반면에 (1)은 인화성 물질이 없다고 하더라도 불은 타오를 수 있는 가능성을 갖는다는 것을 함축한다. Met. 1048a16-24에 비추어 보면, 아마도 (1)이 더 그럴듯한 해석이다. 만일 (1)이 옳다면, x가 그에 대해 가능성을 갖는 모든 것이 x에 가능한 것은 아니다. 역으로 말하면, x에 가능한 것 모두가 x가 그에 대해 가능성을 갖는 어떤 것이 아니다(Met. 1044b29).
4. 다양한 수준의 가능성은 가능성과 현실성의 근접 정도의 차이에 상응한다(DA 417a21-b16; Met. 1048b37-1049a18). (밀가루와 물과 누룩의 적절한 결합은 빵이 될 수 있는 가능성을 높은 수준으로 갖는다. 그 이유는 그것은 빵의 존재에 가깝기 때문이다. 반면에 밀가루의 성분인 밀이 빵이 될 수 있는 가능성은 상대적으로 낮은데, 그 이유는 빵의 존재와 멀리 떨어져 있기 때문이다.) 가능성의 정도에 대한 이런 이론은 유기체의 유기적인 신체가 가능적으로 살아 있다는 아리스토텔레스의 주장을 뒷받침한다. ☞ hylē, psychē.
5. 이성적 가능성과 비이성적 가능성, 그리고 그것들에 반대되는 현실화에 대해서는 ☞ DI 22b38; Met. 1046b4, 1048a12, 기술(technē).

E

eidos: 형상(form), 종(species, sort)

1. 아리스토텔레스는 때때로 이 용어를 질료와 대비해 '형상'의 뜻으로 사용한다. 이때 'eidos'는 질료가 어떤 것으로 생성하는 데 필요한 것을 가리킨다. 예컨대, 청동이 조각상이 되는 데 조각상의 'eidos'가 필요하다. ☞ Phys. I 7. 여기서 형상은 질료에 대해 술어가 되고 형상적 원인이다.
2. 아리스토텔레스의 논변에 따르면, 질료나 형상과 질료의 복합체보다 형상이 첫째 실체이다(Met. 1029a5-7). 형상은 '이것'이다(Met. 1042a29, 1049a35). 형상은 질료의 가능성에 대응하는 현실태(energeia)이다(DA 412a10; Met. 1038b6, 1042b10). 형상은 또한 생장 과정의 첫째 기체이기도 하다. 단순한 양적인 성장이 아니라 유기체의 성장과 같은 과정이 일어나는 이유를 설명하기 위해 우리는 형상을 준거로 삼아야 한다(GC 321b22-322a4, 322a28-33).
3. F의 형상은 그 F의 본질(ousia, to ti ēn eiani)을 진술하는 정의(horismos) 안에서 정의 대상이 되는 것이다(Met. 1032b1-2, 1035a7-9, 1035b33-1036a2, 1037a21-25). 그러므로 '정식'(logos)은 보통 '형상'과 함께 쓰인다(☞ logos #5).
4. 형상, 질료, 이 둘의 복합체에 대한 정의와, 이 셋의 관계가 항상 분명한 것은 아니다. 이 관계는 Met. VII 10-11에서 상세히 다루어진다. 때때로 아리스토텔레스는 형상 자체가 질료를 포함한다고 생각하는 것처럼 보인다(DC 278a9, 14; DA 412b7-8). 추측컨대, 이 질료는 형상의 존재에 의존하는 '최근'(最近, proximate) 질료일 것이다(☞ hyle #5).
5. 예컨대, 나무토막이 조각상이 되는 것과 같은 경우에 형상은 질료에 부가된 형태와 밀접한 관계에 있다. 그래서 아리스토텔레스는 형상을 가리키는 말로 형태 혹은 모양(morphē)이라는 낱말을 사용한다(예컨대, Phys. 190b15, 30, 192a13, 193a30). 그러나 'morphē'가 외형적인 형태가 아니라 기능적인 특성들을 가리키는 경우도 있다(예컨대, GC 335b35나

PA 640b30 같은 곳에서 그렇게 쓰인다). 아리스토텔레스는 두 용어의 의미에 차이를 두지 않고 'morphē'와 'eidos'를 함께 쓰기도 한다(예컨대, DA 407b23-24; GC 335b6). ☞ schēma.

6. 비감각적 실체들은 질료 없는 형상이다. ☞ Met. 1037a10-16, 1042a31.
7. 동물의 발생 과정에서 형상은 아버지에 의해 전달된다(Phys. 192a13; GA 727b31-33, 729a9-11, 28-33). 아리스토텔레스는 '사람이 사람을 낳는다'는 일반적인 공식을 통해 형상의 역할을 제시한다(Phys. 193b8, 198a26; Met. 1033b32). 기술에 의한 제작은 질료 없는 형상에서 시작해 질료 안에 있는 형상으로 귀결된다(DA 424a17-19; PA 640a32; Met. 1032a30-b14).
8. 아리스토텔레스는 'eidos'를 종(species)(예컨대, 사람, 말)을 가리키는 말로 사용하기도 한다. 이때 'eidos'는 개별자(예컨대, 이 사람)나 유(예컨대, 동물)와 대비된다. 이런 맥락에서 'eidos'는 '종'으로 옮긴다(예컨대, Cat. 2a14). 'eidos'가 질료와 대비될 때는 '형상'이라고 옮긴다. 하지만 'eidos'가 형상과 종 가운데 어떤 것을 가리키는지 분명치 않을 때도 있다(예컨대, Met. 1034a5-8).
9. 'eidos'의 이런 다양한 쓰임 때문에 (i) 아리스토텔레스가 어떤 의도를 가지고 실체와 형상을 동일시하는지, (ii) 그가 실체적 형상(즉 실체로서의 형상)을 하나의 개별자라고 생각하는지, (iii) 실체적 형상이 '이것'이라고 주장할 때 그가 무엇을 염두에 두고 있는지 판단하기 어렵다. 이와 관련해 논란거리가 되는 중요한 구절로는 다음과 같은 곳들이 있다. Met. 1028a27, 1029a1-7, 26-33, 1032a4-11, 1032b1-2, 1034a5-8, 1035a1-9, 1036b21-1037a2, 1037a21-b7, 1038b1-16, 1038b1-16, 1038b34-1039a2, 1040b21-27, 1042a25-b11, 1043a29-b11, 1043a29-b4, 1045b17-23, 1049a27-36, VIII 4; DA 412a1-22, b6-9. 이에 대한 두 가지 가능한 대답은 다음과 같다. (a) 아리스토텔레스는 첫째 실체를 개별적 형상과 동일시한다. 이 형상은 각각의 개별적 실체에 고유한 것이다. (그러므로 살아 있는 유기체들에서는 개별적인 영혼이 그에

해당한다. 실체로서의 제작물들의 경우에는 ☞ technē #3 참조.) 개별적 형상은 하나의 '이것'이고, 그런 점에서 그것은 종이나 종적인 형상(species form)(예컨대, 사람, 말)과 다르다. 종적인 형상은 보편적이기 때문이다. (b) 아리스토텔레스는 첫째 실체를 종적 형상과 동일시한다. (그가 이 종적 형상을 보편자로 보는지 여부에 대해서는 다양한 견해가 있다.) 그러므로 (b)의 해석에 따르면, '이것'에 대한 그의 생각은 종적 형상들이 '이것'들이 될 수 있는 가능성을 배제하지 않는다.

10. 감각은 감각적 형상들을 — 이것들은 아리스토텔레스가 '실체'라고 부르는 형상이 아니다 — 그것들이 구현되어 있는 질료 없이 받아들인다(DA 424a18; Met. 1032b1).
11. 유사한 이유에서 지성(nous)은 질료 없이 지성적 형상들을 받아들인다(DA 429a15-18; Met. 1072b18-21).

eidos: **플라톤의 형상, 이데아**(Platonic Form, Platonic Idea)

1. 아리스토텔레스는 'eidos'를 형상이나 종을 가리키는 말로 사용할 뿐만 아니라 플라톤의 형상 혹은 이데아를 가리키는 말로도 사용한다. 물론 뒤의 경우에는 'eidos' 이외에도 'idea'가 함께 쓰인다.
2. 아리스토텔레스는 이데아론의 기원을 설명하면서 플라톤이 이 이론을 정당화하기 위해 끌어들인 논변들을 소개한다(Met. 987a29-b10, 1078b12-32, 1086a31-b13). 하지만 다음 구절에서는 플라톤의 이데아론을 비판한다. APo 77a5-9, 83a32-35, 85a18-22; Top. 178b36-179a10; Met. I 9, VII 6, 1033b19-29, VII 13-15, 1045a16, XIII 4-5, 10; EN I 6.
3. 이 비판들 가운데 여럿은 특히 형상들의 분리에 대한 것이다. 아리스토텔레스의 논변에 따르면, 플라톤은 개별자와 보편자 사이의 구별을 올바르게 파악하지 못했다(Met. 1038b34-1039a3, 1040b27-30). 그는 이른바 '제3인간'의 무한퇴행이 이런 잘못에서 유래한다고 주장한다. 이에 대해서는 ☞ Top. 178b36; Met. 990b17, 1039a2(Plato, Parmenides

132a-c 참조) ☞ 추상(aphairesis)과 본보기(paradeigma).

einai: ~이다(be), 있다(exist)

1. 아리스토텔레스는 'einai'를 술어적 진술(x는 F이다)의 연결사('이다')와 존재 진술(x가 있다)의 존재사('있다')의 뜻으로 사용하는데, 이 가운데 어떤 번역이 적절한지 판단하기 어려울 때가 많다. 왜냐하면 어떤 경우에 'einai'가 연결사로 쓰이는 것 같은데, 그럼에도 불구하고 아리스토텔레스는 술어의 내용 F를 채워 넣지 않기 때문이다. ☞ Cat. 14b12; DI 16b15; APo 71a12n, 93a4; Met. 985b6. 그는 '있다'와 '~이다'를 구별하지 않는데, 그 이유는 '있는 것'은 언제나 '~인 것'이라고 생각하기 때문인 것 같다.
2. 아리스토텔레스는 있는 것(~인 것, 'to on', 'einai'의 현재 분사)과 있는 것들(~인 것들, 'ta onta')이 범주들에 따라 여러 가지 뜻으로 쓰인다고 주장한다. ☞ Top. 103b27-39; Met. 1003a31-b10, 1017a22-30, 1028a10-20, 1042b25-1043a1; EN 1096a23-29. 이 주장은 두 가지 물음을 낳는다. (1) 그때 아리스토텔레스가 염두에 두고 있는 것은 '있는 것'인가 '~인 것'인가? (2) 그의 주장은 'einai'가 범주들에 따라서 열 가지 뜻으로 쓰인다는 뜻인가?
3. (생성의 결과로 출현한) '있는 것'은 때때로 생성 과정과 대비된다(PA 640a10-19; Met. 1041a31-33; Pol. 1252b29) (Plato, Resp. 485b1-3; Phil. 53e4-7 참조). ☞ 실체(ousia).
4. '사람임'은 사람의 본질을 가리키는 표현인 'to anthropoi einai'에 대한 번역어로 쓰였다. ☞ 본질(to ti en einai) #2.

eleutherios: 자유인다운(generous)

'자유인다운'은 '자유로운'(eleutheros)과 어원이 같은데, (1) 일반적인 의미에서는 자유인에게 어울리는 것을 가리키는 말로(EN 1176b20, 1179b8; Rhet. 1361a16), (b) 특수한 의미에서는 '자유인다움'의 탁월성을 가리키는 말로 사용된다(EN 1107b9, IV 1-2).

eleutheros: 자유로운, 자유인(free)

자유인과 노예는(☞ Pol. 1255b4) 본성과 성격의 차이에 비례해 서로 다른 법적 지위를 갖는다(Met. 982b26; EN 1176b20; Pol. 1254a11, 1325a29). 자유인은 자유인다운 태도를 갖고서 삶을 영위하는 반면에(Met. 1075a19), 노예는 신체가 필요로 하는 것을 얻고자 애쓰면서 신체적 쾌락을 추구한다. ☞ 자유인다운(eleutherios), 비천한(banausos).

endoxa: 통념(common beliefs)

이것들은 변증술(dialektikē)의 출발점이다(Top. 100a29-30, 104a8-20, 105b30-31; Rhet. 1356b34). 통념들은 넓은 의미의 'phainomena'(현상, appearance)의 한 유형이다(EN 1145b3, 20, 28). 아리스토텔레스는 자주 '~로 보이다' 혹은 '~인 것 같다'(seems)(dokei, '의견' 혹은 '믿음'을 뜻하는 doxa와 동근어)라는 표현을 사용해 통념의 내용을 제시한다(예컨대, Phys. 189a31-32; EN 1097b8(1097a25의 '나타나다'appear 참조)). 이러한 문맥에서 '~로 보이다'가 반드시 유보적이거나 주저하는 태도를 나타내는 것은 아니고, 단지 해당 주장이 이론적 논변의 결론이 아니라 이론의 구성을 위한 출발점(혹은 때로는 하나의 이론을 시험하는 데 시금석이 되는 믿음)이라는 사실을 나타내는 것일 뿐이다.

energeia: 현실태(actuality), 현실적인 것, 현실적인 활동(actuality, activity), 현실화(actualization, realization)

1. 'energeia'는 가능태(dynamis)와 반대된다. 예컨대, 그 둘의 관계는 현실적으로 걷는 것과 단순히 걸을 수 있는 능력을 소유하고 있는 것의 관계와 같다(DI 19a9; Phys. 201a9-15; Met. 1048a25-b9). 'energeia'는 'entelecheia'와 같은 뜻으로 쓰일 때도 있다. 이 선집에서는 어원('telos')이 '끝', '완성', '목적'을 뜻한다는 사실을 고려해 'entelecheia'는 '완성태'

라고 옮겼다. ☞ Met. 1045b36.

2. 아리스토텔레스는 때때로 (a) 첫째 현실태(이는 때로 상태hexis에 대응한다)와 둘째 현실태를 구분한다. 예를 들어 (a) 수학에 대해 알지만 지금 수학 문제를 생각하고 있지 않거나 수학 문제를 풀고 있지 않은 상태는 첫째 현실태에, 실제로 수학 문제를 생각하거나 풀고 있는 상태는 둘째 현실태에 해당한다(DA 412a22-27, 417a21-b9; EN 1098a5-7).
3. 때때로 동사 'energein'은 (현실적으로) '작용하다', '활동하다'로 옮기고, 'energeia'는 '작용', '활동'으로 옮겼다. ☞ Phys. 201a28, 416b2; EN 1094a4, 1174b24 ☞ 즐거움(hēdonē) #1.
4. 완전한 현실태와 불완전한 현실태의 대비에 대해서는 ☞ 운동(kinesis).

enthymēma: 엔튀메마, 축약논변, 생략논변(argumentation)

'증명'(argumentation)이라는 번역어는 다소 오해의 소지가 있다. 왜냐하면 'enthymēma'는 하나의 논변이지 ('증명'이 시사하듯이) 일련의 논변들이 아니기 때문이다. 그러나 어떤 번역도 완전히 만족스럽지는 않다. 해당 용어는 'entymeisthai'에서 파생된 것인데, 이는 일반적으로 '~을 염두에 두다'(have in mind) 혹은 '고려하다'(consider)를 의미하고, 때때로 다른 어떤 것에 대한 고려의 결과로서 우리가 염두에 두어야 하는 것을 지시하기도 한다. 후자의 경우 '추론하다'(infer) 혹은 '결론을 내리다'(conclude)가 적절한 번역일 것이고, 'epithymeisthai'의 이러한 용법이 아마도 아리스토텔레스가 사용하는 전문 용어(technical term)로서 'enthymēma'의 기원일 것이다. 'enthymēma'는 일종의 연역적 추론(deduction) (혹은 그와 유사한 것)으로 수사학 또는 연설술(rhetoric)의 영역에서 적절하게 사용되며, 귀납(induction)의 수사적 형식에 해당하는, 사례에 의거한 논변인 'paradeigma'(사례 제시, 본보기 보이기)와 대비를 이룬다. 'enthymēma'는 '개연적인 것들 혹은 징표/조짐들(signs)에 의거한 연역'이다(APr 70a2; APo 71a9-11; Rhet. 1354a14, 1355a3-14, 1356a35-b18, 1395b23, 1402b13 참조). 표현되지 않은 몇몇 전제를 동반하는 논변을 가리키는 '생략 삼단논법의'(enthymematic)라는 현대적 용법은 아리스토텔레스의 용어 사용과 거리가 먼 것 같다(그렇지만 Apr 70a19-20; Rhet. 1395b25 참조).

epagōgē: 귀납(induction)

1. 귀납과 연역은 합리적인 확신(conviction)에 이르는 두 가지 방식이다(APr 68b13; APo 71a5; EN 1139b26-31). 연역과 대조적으로 귀납은 개별자(particular)로부터 보편자(universal)로 진행한다(APr 68b27-29, 35-37; APo 72b29, 100b4; Top. 105a11-19). 수사법에서의 귀납의 사용에 대해서는 증명(argumentation), 귀납과 연역의 장단점들에 대해서는 ☞ Top. 105a16; Rhet. 1356b23.
2. 아리스토텔레스는 우리가 개별적인 사례들에 대한 경험을 기반으로 일반적인 결론을 형성하는 경우뿐만 아니라 개별적인 묘사들(illustrations)을 기반으로 일반적인 원리나 개념을 이해하게 되는 경우에도 '귀납'이라는 용어를 사용한다(Top. 105b27; Phys. 210b8, 299b3; Met. 1048a36 (Phys. 191a8 참조)).

epieikēs: 훌륭한, 공평한, 근원적으로 공정한(decent)

'epieikēs'는 '그럴듯한'(eikos)에서 파생된 말이기에 '공평한', '그럴듯한'을 뜻한다. 훌륭한 사람(epieikēs)은 도덕적 맥락에서 좋은 사람(agathos)과 구분 없이 쓰인다. ☞ EN 1171a1-6. 'epieikēs'는 특수한 맥락에서 성문법의 경직된 규정을 바로잡는 '근원적 공정성'을 뜻하기도 한다.

epistasthai, gignōskein, eidenai: 알다(know); **epistasthai**: 학문적으로 인식하다(know scientifically), 인식하다; **gnōsis, epistēmē**: 앎(knowledge); **epistēmē**: 학문(science), 학문적 인식(scientific knowledge); **gnōrimon, epistēton**: 알려진(known)

1. 아리스토텔레스는 앎을 가리키는 동사(epistemic verbs)로 여러 낱말을 사용한다. 서로 다른 이 동사들 사이의 관계가 항상 분명한 것은 아니다

(☞ DA 402a1). 그러나 일반적으로 (1) 'epistasthai'(명사 'epistēmē'(='학문적 앎', '학문', '학문적 인식')와 어원이 같다)는 논증적 학문 혹은 적어도 앎의 원천(source)이 되는 체계적인 학문 분과(discipline)와 가장 자주 관계한다. (따라서 보통 '학문', '학문적 앎', '학문적으로 알다', '학문적으로 인식하다' 등이 번역어로서 적절해 보인다.) (2) 'gignōskein'과 그 동근어들(gnōrizein: '알다' 혹은 '인지하다'; gnōsis: '앎', '인지'; gnōrimon: '알려진'; gnōrimōteron: '더 잘 알려진')은 보통 더 약한 뜻으로 쓰인다(예컨대, Rhet. 1354a30에서 '알아내다', '알아차리다'). 'gignōskein'은 사람들 혹은 일상적인 지각 가능한 대상들을 알고 인지하는 것에 적용되는 것이 적절할 것이고, 그런 문맥에서 'epistasthai'를 사용하는 것은 이상할 것이다(하지만 EN 1113b34, VII 3과 같은 경우가 있다). ☞ Pol. 1282a19. (3) 'eidenai'는 나머지 두 용어들에 비해 덜 전문화된 것으로 보인다. (4) 영어에서 'S가 p임을 알다'(S knows that p)는 (i) p가 참이고, (거칠게 말해) (ii) S가 p임을 믿는 것이 정당화되었음을 함축한다. (i)은 'epistasthai'와 'eidenai'에 대해서는 성립하지만, 'gignōskein'에 대해서는 성립하지 않을 수 있다('우리에게 알려진'으로 번역되는 표현에서는 확실히 성립하지 않는다. 아래 참조). (ii)와 같은 것은 (아리스토텔레스가 APo I 2에서 분명하게 표현하듯이) 'epistasthai'에 대해서는 성립하지만 아마도 'eidinai'에 대해서는 그렇지 않을 것이다. 그러나 그것이 'gignōskein'에 대해 성립하는지는 덜 분명하다.

2. 아리스토텔레스는 자주 '우리에게' 더 잘 알려진(gnōrimon) 것과 '본성상' 혹은 '무제한적으로'(without qualification) 더 잘 알려진 것을 대비한다(APo 71b33-72a5; Top. 141b3-14; Phys. 184a16-23; Met. 1029b3-12; EN 1095b2-4 (Apr 68b35-37; Top. 105a16-19) 참조). 이 대비는 'archai'의 유형들 간의 차이와 연관된 것이다(☞ archē #4). '우리에게 알려진'(즉 '우리와의 관계에서 알려진' 혹은 '우리의 관점에서 알려진', 따라서 반드시 참일 필요는 없는) 것은 그것이 우리의 탐구의 출발점인 한에서 'archē'이다. 이것은 현상들로 이루어진다. '본성상 알려진'(즉 대상을 앎

의 적절한 대상으로 만들고, 따라서 반드시 참인) 것은 성공적인 탐구의 결과이다. 이것은 첫째 원리(first principle)인 한에서 'archē'이다. '우리에게 알려진'과 '본성상 알려진' 간의 구분은 우리가 알 수 있는 서로 다른 명제들에 대해서뿐만 아니라 우리가 아는 대상들에 대해서도 적용된다. ☞ archē.

3. 때때로 (예를 들어 APo 71b9-25) 아리스토텔레스는 논증(demonstration)을 'epistēmē'에 반드시 필요한 것으로 간주한다. 그러나 그가 항상 'epistēmē'를 그렇게 좁은 뜻으로 사용하는 것은 아니다. 때때로 '학문들'은 엄밀하게 논증적인(demonstrative) 학문들뿐만 아니라 기술/기예들(crafts)도 포함하는 것처럼 보인다(EN 1094a28, 1180b13-16).
4. 논증적 학문의 일반적 특징은 다음과 같다. (1) 그것은 필연적인 것에 관한 것이거나(APo 71b12, 75a18-22) 혹은 필연적인 것과 일반적인(usual) 것들에 관한 것이어야 한다(APo 87b19-27; Met. 1026b27-1027a5). (2) 그것은 보편자(universal)에 관한 것이어야 하고, 개별자들(particulars)을 (일차적인) 대상으로 삼는 것이 아니어야 한다(Met. 981a5-30, 1039b27-1040a7). (그러나 ☞ 1087a10-25; Rhet. 1356b30-35) (3) 그것은 플라톤의 형상들(forms)을 필요로 하지 않는다(APo 77a5-9, 83a32-35, 85b15-22).
5. 무조건적인(☞ 'haplōs') 앎과 대비되는 조건적인 앎에 대해서는 ☞ APo 72b15, 83b29.
6. 정치학의 맥락에서는 상위 계층들이 '잘 알려진'(well-known) 혹은 '눈에 띄는'(notable, gnōrimoi. 라틴어 'nobiles' 참조) 이들로 지칭된다. 이 용어는 보통 '명망이 있는 사람들'(people of reputation)로 번역된다. ☞ Poet. 1451b20.

ergon: 행동(task), 성과(물), 작품(achievement), 기능, 작용(function)

'ergon'은 '행동', '일', '성과'를 뜻하며(☞ Phys. 202a24; Met. 993b21; Poet. 1452b30), 종종 '기능'이나 '작용'으로(EN 1097b25; Pol. 1253a23) 번역된다.

가끔 '일'(Met. 1029b5)로 번역될 수 있는 경우도 있다. 또한 현실태와 같은 뜻으로 쓰이기도 한다(Met. 1045b35). ☞ 현실태.

ethnos: 민족(nation)

민족은 전통을 공유하는 사람들로 이루어진 공동체이지만, 국가가 될 정도의 공동체는 아니다. ☞ Pol. 1261a27; Rhet. 1360b31.

ēthos: 성격, 습성(character)

성격은 욕구, 감정(☞ pathos), 즐거움, 고통을 습관에 의해 길들임(ethismos)으로써 생긴 품성상태이다(EN 1103a14-26). 성격은 영혼의 이성적인 부분에 의해 옳게 인도된다. 성격이 잘 형성된 품성상태가 탁월성이다(1105b25-28).

eudaimonia: 행복(happiness)

1. '행복'(eudaimonia)은 '잘'(eu ☞ agathos)과 '신적인 것'(daimōn)이 결합된 낱말로서, 본래 신들의 호의를 얻는 삶을 뜻한다. 아리스토텔레스는 통념에 따라 행복을 최고선, '잘 삶'과 같은 것으로 여긴다(1095a18, 1097a15-b21). 행복은 인간의 올바른 이성적 욕구를 충분히 만족시키는 완전한 목적이다.
2. 행복이 즐거움이나 만족과 같은 것이라고 여겨질 수도 있지만, 실제로는 그렇지 않다(EN X 1-5). 아리스토텔레스에 따르면, 행복은 탁월성에 따른 삶과 행위 속에 있는 것이지, 어떤 종류의 즐거움을 갖는 데서 존재하는 것이 아니다.
3. 『니코마코스 윤리학』에서는 개인이 가진 행복의 본성이 논의되고, 『정치학』에서는 행복의 정치적인 측면이 논의된다. 행복의 요소들에 대해서는 ☞ EN X 6-8; Pol. VII 1-3.

eulogos: 합리적인(reasonable), 이치에 맞는

이 용어는 '잘'(well)을 뜻하는 'eu'와 'logos'로부터 파생된 낱말이다. 만약 어떤 것이 'eulogos'하다면, 그에 대해 꼭 결정적이지는 않다고 하더라도 좋은 근거가 제시될 수 있다. 만약 어떤 것에 대해 확신을 갖게 하는 근거가 제시될 수 있다면, 일반적으로 우리는 그것을 'eulogos'하다고 말하지 않을 것이다. ('그럴듯한/그럼직한'probable이라는 말의 일상적인 용법을 생각해 보라. 우리는 우리가 확실하다고 생각하는 것에 대해서는 그런 표현을 사용하지 않는다.) ☞ DA 429a26; GA 763a3-7; Met. 1074a14-17; EN 1097a8, 1098b28. 어떤 사태(a state of affairs)에 대해 'eulogos'라는 말을 쓰는 경우도 있는데, 이는 (일차적으로) 그 사태가 그럼직하기(probable) 때문이 아니라 그것이 발생하리라고 우리가 합리적으로 예상할 수 있는 것이기 때문이다. 이러한 경우에 "x가 발생한다는 것이 'eulogon'하다"는 "x가 발생한다는 것이 놀랍지 않다"를 의미한다(☞ Phys. 197a30).

eunomia: 좋은 정부(good government)

'좋은 정부'는 '잘'(eu)과 '법'(nomos)이 결합된 낱말로서, (1) '좋은 법의 소유'와 (2) '좋은 법의 준수'를 의미한다. ☞ Pol. 1260b30, 1280b6; Rhet. 1354a20.

exōterikos: 대중을 위한(popular)

아리스토텔레스의 저서 가운데 'exōterikos'는 (1) 강의록이 아니라 일반 대중을 위한 저술을 일컫거나, (b) 다른 사람들의 저술을 일컫는다. ☞ Phys. 217b31; DA 407b29; Met. 1076a28; EN 1096a13, 1102a26, 1140a3; Pol. 1254a33, 1278b31, 1323a22.

G

genos: 유(genus), 부류

이 낱말은 '생겨나다', '~이 되다'를 뜻하는 'gignesthai'와 어원이 같다. 본래 혈통이 같은 '가족', '종족'을 뜻한다(Met. 1024a29-36). 아리스토텔레스는 넓은 뜻에서 다양한 수준의 부류를 가리키는 말로 이 낱말을 사용한다. 보다 좁은 기술적인 뜻으로는 둘째 실체(예컨대, 동물)와 보편자가 'genos'이다. 이런 뜻의 유가 종차에 의해, 예를 들어 '두 발 가진'이나 '네 발 가진' 등에 의해 나뉘어 종(예컨대, 사람이나 말 ☞ eidos #9)이 된다(Cat. 2a17-19; Top. 102a31-35; Met. 1024b4-9). 아리스토텔레스는 여러 곳에서 유를 종으로 나누는 적절한 방식에 대해 논의하면서 종차와 종에 대한 유의 관계를 다룬다. ☞ Met. 1038a5-9, VII 14. 최고류(범주들)에 대해서는 ☞ kategoriai.

gignesthai: 생성하다, 생겨나다, ~이 되다(come to be); **genesis**: 생성(coming to be)

1. 아리스토텔레스는 무조건적인(☞ haplōs) 생성과 조건적인 생성을 구분한다. ☞ Phys. 190a31-33. (a) 무조건적인 생성에서는 실체가 t1의 시점에 존재하지 않다가 t2의 시점에 존재한다. 이렇게 우리는 "이 나무가 생겨났다(=존재하게 되었다)"라고 말할 수 있다. (b) 조건적인 생성에서 비본질적인 속성들 중 하나는 변하지만, 하나의 동일한 실체는 변화 과정 내내 존속한다. Cat. 4a10-13 참조. 그래서 "이 나무는 더 크게 되었다"로부터 "이 나무가 생겨났다(=존재하게 되었다)"를 추론하는 것은 불가능하다. GC 318a25-319a22 참조. 비슷한 구분이 소멸(phthora)에도 적용될 수 있다.
2. 생성과 존재의 관계에 대해서는 ☞ PA 640a10-19. 질료, 형상, 생성에 대해서는 ☞ Met. 1033b16-1034a5, 1041a26-b32.
3. 생성을 통해 달 아래 세계를 천체세계와 구분할 수 있다. 생성은 달 아래 세계의 항상적인 특징이다. ☞ GC 338a4-b19; Met. 1072a9-25.

4. 아리스토텔레스는 'F가 생겨난다'와 'F에게 생성이 있다'를 구분할 때도 있다. 다음의 경우에도 우리는 F가 t1의 시점에 존재하다가 t2의 시점에 더 이상 존재하지 않는다고 말할 수 있다. 즉 소멸 과정을 F 자체가 겪은 것이 아니라 실제로는 F가 속하는 G가 겪은 경우라도 말이다. (갑순이가 아이를 낳자 갑순이의 오빠 갑돌이는 삼촌이 되었는데, 이때 갑돌이는 자기 스스로 삼촌이 되는 과정을 겪은 것은 아니다.) ☞ Phys. 258b18-20; Met. 1027a29-30, 1033b6, 1039b20-27.

H

haireton: **선택할 만한**(choiceworthy)

'haeireton'은 '선택할 만한' 또는 '선택할 가치가 있는'으로 번역할 수 있다.

haplōs: **무조건적으로, 무제한적으로**(without qualification), **조건 없이**(unconditionally), **단적으로**(unqualified), **단순하게**(simply), **예외 없이**(without exception)

1. 형용사 'haplous'는 Phys. 189b33; DA 429b23; Met. 1072a31-34에서 (복합적인 것과 대비되어) '단순한'의 뜻을 갖는다.
2. x가 무조건적으로('단적으로') F라고 말하는 것은 x가 어떤 부가 조건 없이도 F라고 말하는 것이다. ☞ Top. 115b29-35(Met. 1039b22와 비교). 그래서 무조건적으로 F인 것은 F의 한 종류라거나 혹은 어떤 특정한 방식으로, 어떤 특정한 관점에서, 어떤 가정적 조건 아래에서 F인 것과 대비된다(☞ ex hypotheseōs). 이러한 대비는 존재(예를 들어 Phys. 190b2; Met. 1028a30-31), 원인(예를 들어 Phys. 197a14), 생성(예를 들어 Phys. 190a32, 193b21), 좋음(선)(예를 들어 Phys. 198b9; EN 1129b3), 앎(지식)(예를 들어 Phys. 184a19), 필연(예를 들어 Phys. 199b35) 등에 대한 아리스토텔레스의 생각을 이해하는 데 중요하다.

3. 다양한 맥락에서 'x는 무조건적으로 F이다'는 다음과 같은 의미를 포함할 수 있다. (a) 'x는 F이다'는 전적으로 예외 없이 참이다(Cat. 1b6, 4b10; APr 68b12; Phys. 197a34-35, 198b6). (b) 'x는 F이다'는 평균적인 조건에서 혹은 적절하게 이해된 조건에서 참이어서 관련된 조건은 당연시된다(Met. 1030a16; EN 1129b1-6; Rhet. 1355a38, 1360b8).
4. 때로 '무조건적으로 F를 행한다'는 'F를 행하다'로 기술되는 행위-유형을 가리키는 경우가 있다. 이는 '이러저러한 특정 상황에서 F를 행하다'로 기술되는 행위-개별자와 반대된다. ☞ Phys. 197b18-20 참조. EN 1110a18도 이와 관련될 것이다.

hēdonē: 즐거움, 쾌락(pleasure)

1. 즐거움은 운동(kinēsis)이 아니라 완전한 활동(energeia), 즉 행위의 목적이 성취될 때 거기에 수반되는 목적이다(EN X 4-5). 즐거움의 본성은 그것이 수반하는 행위의 본성에 달려 있기 때문에, 즐거움의 좋음이나 나쁨은 그것이 수반하는 행위의 좋음이나 나쁨에 달려 있다(EN 1176a10).
2. 즐거움은 욕망, 비이성적인 욕구의 대상이다(DA 414b5-6). 즐거움은 인간 행위에서도 중요한데, 특히 도덕 교육에서 중요하다(EN 1104b30, 1109b7, 1113a33, 1140b13, 1144a3). 탁월한 사람은 탁월한 행위에서 즐거움을 갖는다(1099a7-21, 1104b3).
3. 즐거움은 좋음과 같지 않지만 가장 중요한 좋음 가운데 하나이며, 따라서 행복의 한 요소이다(1095b16, 1098b25, 1099a7, 1172b26-1173a5).

hēi: ~인 한에서(insofar as)

관계대명사의 여격 형태를 취한 이 낱말은 문자 그대로 '~에 의해서', '~라는 관점에서'를 의미하며, 보통 라틴어 'qua'와 같은 뜻이다. 'x가 F인 한에서 x가 G이다'는 'x가 F이기 때문에 x가 G이다'를 의미한다. 다시 말해 x의 F라는 사실이 주어 x에 대해 G라는 술어를 올바르게 사용할 수 있는 근거가 된다. 예를 들어 소크라테스가 사람이기도 하고 음악가이기도 하다면, 그가 사람인 한에서 동물이고, 그가 음악가인 한에서 능력이 부족하다. 아리스토텔레스가 '~인 한에서'라는 구문을 부수적 원인과 대비되는 자체적인(kath' hauto) 원인을 가리키기 위해 사용하는 경우도 있다(☞ aition #5). ☞ APo 73b27; Phys. 191b4, 193b32, 201a29, 219b2; Met. 1003a21, 1004b10-17, 1035a8; EN 1096b24, 1130a12-13.

hekousion: 자발적(voluntary)

일상적으로 'hekousion'은 '강제적인'과 대비되어 '자발적인'으로 번역되는 말이다. 하지만 아리스토텔레스는 행위자가 칭찬받거나 비난받을 수 있는 모든 행위에 대해 그것이 '자발적'이라고 말한다. 그는 일상적인 의미에서 강제적으로 행해지는 것도 이런 행위에 포함시킨다(EN 1110a4-b9). 아리스토텔레스에 따르면, 행위자는 자발적인 행위에 대해 책임(☞ aition #3)이 있다. 자발적인 행위자는 자기의 행위를 통제하며, 행위는 행위자에게로 소급된다. 인간 행위는 필연 혹은 강제(☞ anankē #6)에 완전히 종속되지 않으며, 인간의 선택이 행위를 결정할 때 중요한 역할을 한다.

hen: 하나(one)

1. Top. I 7에서 아리스토텔레스는 여러 종류의 '같음'과 '하나'를 구분한다. ☞ Phys. 202b14-16; GC 338b17; DA 412b8-9; Met. 1003b22-34, V 6, 1040b16-19, X 1, 1072a32.
2. 특히 개별자들을 설명하기 위해 필요한 수적인 (이것과 대비해 종적인) 단일성에 대해서는 ☞ Cat. 1b6, 3b12-18; Phys. 190a15, 220b20-22; DA 415b4; Met. 999b33-1000a1, 1040b8-10, 25-26, 1074a32, 1086b26.
3. 'F와 G가 하나(같)지만, F임(F의 본질)과 G임(G의 본질)은 같지 않다'에 대해서는 ☞ ousia #2.

heneka tou, hou heneka: ~을 위해, ~을 지향해(for something), 위함의 대상, 지향 대상(what something is for), 목적인(final cause)

1. 아리스토텔레스는 목적 지향적 과정을 설명하면서 '~을 위해'(heneka tou)라는 말을 사용한다. 그는 이 과정이 향하는 완결점이나 목적(telos)을 '위함의 대상', '지향 대상', '지향점'(to hou heneka)이라고 한다. ☞ Phys. 194a35; Met. 1072b2. 그리고 편의상 (라틴어 'finis') '목적인'을 여기에 해당하는 전문 용어로 사용한다. 아리스토텔레스는 이 목적인을 기술의 산물뿐만 아니라 자연적 과정에서도 발견할 수 있다고 생각한다. ☞ Phys. 2 8; GC 336b27-28; DA 415b28-416a18; PA 639b12-21, 640a12-b5. 그는 목적을 원인으로 하는 인과 계열을 단순한 운이나 우연과 비교하는데(Phys. 197b11-22), 이 목적의 인과 계열에서 그는 목적(telos, 여기서 '목적론'teleology이라는 말이 나왔다)이 원인이 되어 결과가 산출된 것이라고 생각한다. 예를 들어 내가 빈둥거리면서 돌덩이를 조각하다가 페리클레스를 닮은 모양을 만들어냈다고 해서 내가 페리클레스 동상을 만들 목적으로 그 일을 했다고는 말할 수 없다. 하지만 만일 내가 바로 이 동상을 만들기 '위해' 그렇게 했다면, 내가 이 동상을 만들려는 목적은 그런 결과물을 산출하는 데 일종의 인과적 역할을 했다고 할 수 있는 것이다.
2. 상이한 여러 종류의 목적들이 기술의 산물(생산과 관계없는 의도적 행위)과 자연적 과정들과 관련을 맺는다. (a) 기술의 산물의 경우에 인과적 역할을 하는 목적은 기획자나 생산자가 목적으로 삼았던 결과이다. (예를 들어 뭔가를 자르기 위해 적절한 결과물을 만들려는 기획자의 의도가 있었다면, 이때 기획자의 의도가 날카로운 날을 지닌 칼이라는 결과를 설명해주며, 그래서 이때 이 칼은 자르기 위해 날카로운 날을 가지고 있는 것이다.) (b) 자연적 과정의 경우에는 (아리스토텔레스가 보기에) 어떤 의도나 기획도 존재하지 않는다(Phys. 199a20-30). 하지만 어떤 자연적 유기체들의 경우에는 유기체들에 이로운 결과를 산출하기 위해 존재하는 자연적 변화 과정을 확인할 수 있다. 어떤 변화 과정이 유기체에 유익할 때가 있

는데, 이는 그 변화 과정이 발생한 이유에 대한 인과적 설명에 기여하는 경우에 그러하다. 예를 들어 어떤 종류의 동물들은 자신들의 생존을 위해 날카로운 이빨을 가지는 경우가 있다. 그리고 이것이 참인 까닭은, 날카로운 이빨이 이들의 생존에 도움을 준다는 사실이 왜 동물들이 날카로운 이를 가지고 있는지에 대해 설명을 제공하는 것이다. 자연에서 목적인에 대해서는 Phys. 198b23-199a8 참조.

3. 기술의 산물과 자연적 변화 과정에서 목적인은 질료인도 필요로 한다. 질료적 변화 과정은 목적(telos)과 관련해 조건적으로 필연적이다. 예를 들어 집이 생겨나기 위해서는 반드시(필연적으로) 목재나 돌이 그 목적에 부합되는 방식으로 조립되어야 하기 때문이다.
4. 자연에서 목적인에 대한 많은 법칙은 단지 대다수의 경우에(hōs epi to poly)만 타당하다.
5. 때로 아리스토텔레스는 '위함의 대상', 즉 '지향 대상'이 (i) 목표이거나 (ii) 행위의 수혜자이거나 둘 중 하나라고 말한다. 만일 내가 당신에게 선물을 주고 싶어 하는 상황이라고 해보자. 한편으로는 당신이 내 선물을 받는 것이 내 행위의 목적일 수도 있고, 다른 한편으로는 당신 자신이 내 행위의 목적일 수도 있다. 전자의 경우 그것이 목적이었기 때문이고, 후자의 경우 당신이 수혜자였기 때문이다. ☞ Phys. 194a35; DA 415b2, 20; Met. 1072b2.

hexis: (획득된) **상태, 품성상태**(state)

'품성상태'는 '가지다'(echein)는 동사에서 유래한 말이며, 어떤 사람이 긴 시간 동안 지속적으로 갖고 있는 상태를 의미한다(Cat. 8b25-9a13; EN 1105b25-28). 아리스토텔레스는 성격의 탁월성을 합리적 선택, 감정, 행위에 대해 올바른 태도를 취하는 품성상태와 동일시한다(1106b36). 사람의 성격은 습관이 쌓여 생긴 품성상태로 이루어진다. 아리스토텔레스에 따르면, 성격의 품성상태를 형성하는 것이 우리에게 달려 있다(☞ hekousion)(EN III 5).

historia: (경험적 관찰이나 탐문에 의한) 탐구(inquiry)

'historia'는 논증적인 학문(demonstrative science ☞ episthasthai #3)이라고 불릴 수 있는 이론을 구축해 나가는 과정에서 이루어지는 현상들에 대한 경험적 탐구(investigation)를 가리키는 아리스토텔레스의 일반적인 용어이다. 그는 동물들의 특징적인 행태에 대한 자신의 탐구(Peri ta zōa historia 혹은 Historia Animalium, 즉 '동물들에 관한 탐구', '동물지')와 좁은 의미의 '역사'(history)를 가리키는 말로 해당 용어를 사용한다(☞ APr 46a24; HA 491a12; PA 639a13, 644a8; Poet. 1451a38). 그는 또 변증적 탐구에 대해서도 그 용어를 사용한다(☞ DA 402a4).

holōs: 일반적으로(in general), 전체적으로(altogether)

번역어 '일반적으로'(in general)는 때때로 오해를 낳을 소지가 있다. 우리는 "항상 그런 것은 아니지만 일반적인 규칙으로서 그렇다"라는 뜻으로 '일반적으로'라는 말을 쓸 수 있다. 그러나 이에 대해 아리스토텔레스는 '대다수의 경우에', '대체적인'(usual)이라는 표현을 사용한다. 'holōs'는 보통 '아주 일반적으로 말해, 그리고 예외 없이'라는 뜻의 '일반적으로'를 의미한다. 따라서 (예컨대, Met. 1029b6; Pol. 1280a23) 그 뜻은 종종 '무제한적으로'(without qualification)의 의미에 가깝다. ☞ DA 403a7, 412b7; Met. 1033b11; EN 1140a25-31; Pol. 1254a10, 1263a26, 1301a31.

homōnymon: 동음이의적인(homonymous), 이름이 같은;
pollachōs legomenon: 다양한 방식으로 혹은 여러 가지 뜻으로 말해지는(spoken in many ways)

1. 'homōnyma'는 축자적으로 '같은 이름(name, onoma)을 가진 것들'을 뜻한다. 해당 단어는 때때로 비전문적인 뜻으로 사용되기도 한다(Met. 987b10, 990b6, 1034a22). 하지만 전문 용어로서 그 낱말은 다음과 같은 경우에 쓰인다. 둘 혹은 그 이상의 것들이 모두 'F'라고 불린다고 해보자. (예를 들어 시각기관인 눈目도, 기상현상으로서의 눈雪도 모두 '눈'이

라고 불린다.) (a) 그것들은 'F'라는 이름을 공유하지만, (b) 'F'에 대응하는 정의(definition) 혹은 설명(account)은 공유하지 않는다. 이런 경우에, 그리고 오직 이런 경우에 한해서 F라고 불리는 것들은 '동음이의적으로' F이다(Cat. 1a1-6; Top. 106a1-8, 107a3-12). (즉 앞의 예에서 '눈'이라는 낱말은 특정한 시각기관과 기상현상에 대해 '동음이의적으로' 사용된다.) 따라서 '동음이의적인'은 빈번하게 '다양한 방식으로 말해지는' 혹은 '여러 가지 뜻으로 쓰이는'과 같은 뜻으로 사용된다. 앞의 (b)는 (1) 동음이의어들이 그들의 정의에 어떤 공통된 요소도 전혀 갖지 않는 것을 의미하거나, (2) 동음이의어들이 그것들의 정의 전체를 공유하지 않는 것을 의미하는 것으로 이해될 수 있다. (1)에 따르면, 동임이의적인 F들에 대한 정의들은 어떤 공통적인 요소들도 가질 수 없다. (2)에 따르면, 그 정의들은 (필연적으로 그래야 하는 것은 아니지만) 어떤 공통적인 요소들을 지닐 수 있다. 아마도 (2)가 (b)에서의 아리스토텔레스의 의도를 포착하는 것일 것이다. (왜냐하면 동음이의어들의 정의들에 대한 그의 몇몇 사례들은 공통된 요소들을 포함하는 것으로 보이기 때문이다.)

2. 동음이의인 것들에 대한 정의들이 (거의) 아무것도 공유하지 않을 때, 우리는 '극단적인' 동음이의에 대해 말하는 것이 될 것이다. 그리고 정의들이 좀더 많은 것을 공유할 때에는 '온건한'(moderate) 동음이의에 관해 말하는 것이 될 것이다. 극단적 동음이의의 경우에 동음이의는 매우 분명하고(EN 1129a26-31 참조), 이것은 그저 '우연적 동음이의'(chance homonymy)일 것이다(예를 들어 '눈'은 이렇게 우연적인 동음이의어로서 시각기관과 기상현상에 적용된다. EN 1096b26 참조). 어떤 경우들에서 동음이의적인 F인 것들은 모두 완전하게 진짜 F인 것들이다. 그러나 어떤 경우들에서는 동음이의는 'F'라는 이름만 지녔을 뿐, 진짜 F는 아닌 것들을 나타내고, 이 경우들에서 아리스토텔레스는 때때로 "동음이의적인 방식을 제외하고는 F가 아니다"라고 말한다. 예를 들어 말(馬)의 조각상은 단지 동음이의적으로만 '말'이라고 불리고(Met. 991a6), 죽은 자의 손이나 팔은 단지 동음이의적으로만 '손' 혹은 '팔'이라고 불린다. ☞ meros,

hyle.

3. 아리스토텔레스는 극단적으로 동음이의적인 경우들을 염두에 두면서 이런 종류의 동음이의적인 경우를 '다양한 방식으로 말해짐' 또는 '여러 가지 뜻으로 말해짐'과 대비한다. 그는 이러한 대비를 염두에 두면서 F인 것들이 '하나의 대상과의 연관 속에서'(pros hen) F라고 불리는 경우들을 언급한다. 이러한 관계는 '초점을 가진 상호연관'(focal connection)이라고 불릴 수 있을 것이다. 예컨대, '건강한 것들'이라고 불리는 것들은 여럿이고 이들에 적용되는 '건강하다'는 서로 다른 내용의 정의를 갖지만, 그것들은 모두 신체의 건강과의 연관 속에서 '건강하다'라고 불린다. 예를 들어 건강한 식습관은 건강을 촉진한다는 점에서 '건강하고', 건강한 욕구는 건강의 징표라는 점에서 '건강한' 것이기 때문이다. 아리스토텔레스는 때때로 이렇듯 어떤 중심적 의미를 초점에 두고 서로 연결된 대상들은 '다양한 방식으로 말해지지만' '동음이의적'이지는 않다고 말한다. 왜냐하면 그것들은 단일한 정의를 갖지 않는다는 점에서는 '다양한 방식으로' 혹은 '여러 가지 뜻으로' 말해지지만, 그것들에 대한 정의들이 초점에 놓인 하나의 대상을 지시한다는 점에서 전적으로 동음이의적인 것은 아니기 때문이다(Met. 1003a3-b10, 1004a23-25, 1028a10-13, 1030a32-b3; EN 1096b26-29). (만약 누군가 앞의 #1에서 동음이의의 정의에 대한 (1)의 해석을 받아들인다면, 그는 초점을 가진 상호연관을 다르게 설명할 것이다.)
4. '동음이의'와 '다양한 방식으로 말해짐'은 일차적으로 같은 이름을 갖는 대상들 사이의 관계이지, 이름들 자체 사이의 관계가 아니다. 따라서 아리스토텔레스는 보통, 예컨대 눈들(目, 雪 등)을 일컬어 '동음이의적'이라고 말할 뿐, 낱말 '눈'을 두고 그것이 '동음이의적'이라고는 말하지 않는다. 그렇지만 그가 동음이의를 이름들에 귀속시키는 경우도 없지 않다(☞ GC 322b29-30).
5. 동음이의를 알아차리는 것의 중요성에 대해서는 ☞ Top. 108a18-37.

horizein: 정의하다(define); **horisomos**: 정의(definition) ☞ 정식(formular)

1. F에 대한 정의가 이름 'F'를 대체할 수 있는데, 이때 F에 대한 정의는 F가 '무엇'(ti esti)인지를 말함으로써 진술의 진리를 보존하고, 그렇게 함으로써 F의 본질(essence)을 진술한다(Top. 101b38-102a5).
2. '명목적 정의'(아리스토텔레스가 직접 그런 용어를 사용한 것은 아니다)란 우리가 탐구를 시작할 때, 어떤 이름을 어떤 뜻으로 사용하는지를 진술한다(예를 들어 '천둥은 구름 속의 소음이다'). 이런 명목적 정의는 그 대상, 예를 들어 천둥의 본질을 진술하지 않는다. 그에 비해 '실제적 정의'는 본질을 진술한다. ☞ APo II 10; DA 413a13-20.
3. 논증/학문적 연역들(demonstrations)은 어떤 대상에 대한 정의에서 시작해 그 대상의 본질로부터 따라 나오는 것들, 즉 본질에 부수적인 속성들(coincidents)을 증명한다.
4. 정의를 담은 올바른 진술은 우리에게 더 잘 알려진(known) 것이 아닌, 본성상 더 잘 알려진 항들(terms)을 포함해야 한다(Top. 141a26-b16).
5. 개별자들(particulars)에 대한 정의는 없다. (혹은 적어도 그것들에 대해서 엄밀한 뜻의 정의는 존재하지 않는다.) (Met. 1039b27-1040a7)
6. 아리스토텔레스는 정의가 관계하는 것, 즉 본질을 염두에 두고 'horismos'라는 말을 사용하기도 한다. 'logos' 역시 동일한 방식으로 사용한다. ☞ Phys. 200a35, logos #5.
7. 인공물과 자연물에 대한 정의들은 형상(form)과 기능(function)에 대한 언급을 포함한다(Meteor. 390a20; DA 412a10-20; PA 640b17-641a6; Met. 1035b14, 1036b28; Pol. 1253a23).
8. 아리스토텔레스는 하나의 이름에 대해 항상 하나의 정의가 있다고 말하지 않는다. ☞ 동음이의(homonymy). 연속적인 계열 안에 있는 항들에 대한 정의에 대해서는 ☞ DA 414b20-33; EN 1096a17-23; Pol. 1275b34.

horos: 항(term), 정의(formula), 기준(standard)

1. 'horos'의 본뜻은 '경계', '한계'이고, '경계를 긋다', '정의하다'는 뜻의 'horizein'과 어원이 같다(Phys. 218b15). 이런 어원을 가진 'horos'는 연역을 구성하는 하나의 항(term)을 가리키는 말로 쓰인다(Apr 24b16; EN 1142a26). '항'은 언어적 표현이나 구문의 항목을 가리킬 수도 있지만, 아리스토텔레스는 항 자체(예컨대, '사람'이라는 낱말)뿐만 아니라 항이 가리키는 대상(예컨대, 사람)에 대해서는 'horos'라는 말을 사용하는 것 같다.
2. 때때로 'horos'는 단일한 낱말보다 더 복잡한 것에 대해서도 쓰인다. 이런 경우에 정의(horismos)와 동의어로 쓰인다(예컨대, Top. 101b22, 141a27; Phys. 194a2; DA 413a11; Met. 987b6, 1030a8, 1038a21, 1039a20, 1040a6, 1045a26; Pol. 1280a7).
3. 때때로 'horos'는 어떤 활동이나 분야에 적절한 기준을 규정하거나 형식화하는 기준이다. ☞ PA 639a13; EN 1138b23; Pol. 1331b36, 1334a12; Poet. 1451a15 참조.

hōs epi to poly: 대다수의 경우에(usual)

1. 이 구문은 '대다수의 경우에' 혹은 '일반적으로'의 뜻을 갖는다. 그것은 모든 경우에 그렇지는 않지만, 대다수의 경우에 일어나는 것에 적용된다(APo. 32b4-10). 때때로 아리스토텔레스는 일반적인 규칙성(a usual regularity)을 단순한 통계적 빈도와 동일시하는 것처럼 보이기도 한다.
2. 다른 한편, 대다수의 경우에 일어나는 것은 필연성이나 우연과 반대된다(DI 19a18-22, 37-39; Phys. 196b12-17, 196b36-197a1, 197a18-20(그에 반해 198b6도 참조), 198b35; Rhet. 1362a33). 대다수의 경우에 일어나는 것은 앎의 합당한 대상이다(Met. 1026b27-1027a15). 또한 그런 것은 학문적 논증을 통해 알려질 수 있다(Apo I 30. 하지만 EN 1094b19-27, 1139b14-19도 함께 참조).
3. #2에서 인용된 구절들이 시사하는 바에 따르면, 아리스토텔레스는 때때

로 일반적인 규칙성을, 일어나지 않는 경우보다 일어나는 경우가 더 많은 것과 관련된 단순한 규칙 이상의 것으로 파악한다. 그것은 본성에 따라 일어나는 것(GA 727b29-30, 777a19-21)의 한 가지 사례, 즉 예외가 있을 수 있는 합목적적 규칙성의 사례(이것은 단순한 통계적 빈도가 아니다)이다(Phys. 199b22-26). 그런 규칙성들의 예외에 대해서는 ☞ Phys. 198b34-199a5; GA 767b13-15; Met. 1032a28-32.

hylē: 질료(matter), 재료

1. 보통 그리스어로 'hylē'는 '목재'를 의미하는데, 아리스토텔레스는 이 의미를 확장해 재료 혹은 질료 일반을 가리키는 데 'hylē'를 사용한다. ☞ Phys. 191a8-12, 195a16(Plato, Philebus 54c2와 비교). 질료는 생성과 소멸의 기체이다. 다른 말로 질료란 실체가 생겨날 때 그 출처가 되는 기체(☞ hypokeimenon #3)라고 할 수 있다. 예를 들어 동상이 그것으로부터 생겨나는 청동, 유기체가 그것으로 구성되는 질료적 원소들이 질료이다. ☞ Phys. 190b3-10. 우리는 기술적인 제작물이나 자연적인 유기체들을 그것들의 구성요소들에 조회해 설명하는데, 그런 점에서 질료는 원인의 하나이다.
2. 질료의 다양한 종류는 조직화의 다양한 수준에 대응한다. ☞ Phys. 193a10, 29, 194b8-9. 목재는 나무상자의 '최근'(혹은 '가장 가까운', Met. 1044b1-3과 비교) 질료이지만, 흙이 다시 이 목재의 질료라면, 이때 흙은 그 나무상자에는 간접적인 질료일 뿐이다. ☞ Met. 1023a26-29, 1044a15-20, 1044b1-3, 1049a18-24.
3. (항상 그런 것은 아니지만) 대개의 경우에 아리스토텔레스는 가장 낮은 수준의 조직화 과정에서 물질적 기반이 되는 '첫째' 혹은 '제일' 질료의 존재를 인정하는 것처럼 보인다. 이 질료는 가장 근본적 성질들의 기체이자 하나의 원소가 다른 원소로 변화하는 과정에서 그 과정의 기체로서 존속한다. 본질적으로 이것은 원소들 자체의 성질을 갖는 것은 아니지만, 서로 다른 여러 시점에 이 성질들 전부를 가질 가능성을 가지고 있다. 또

한 어떤 특정한 시점 t에서는 필연적으로 원소들 중 하나의 성질을 띠고 있다. (첫째 질료는 뜨겁거나 차갑거나 …… 하지 않은 채로 존재할 수 없지만, 필연적으로 뜨겁거나 차갑거나 …… 한 것은 아니다. ……) ☞ Phys. 193a17-21; GC 332a17-20, 35.

4. 질료는 기체이므로 실체로 간주될 수 있다. 아리스토텔레스는 때로 질료가 어떤 것을 구체적인 기체로 만드는 데 필요하다고 생각한다. 하지만 그는 질료가 유일한 실체라거나 가장 우선적인 실체라고 생각하지는 않는다. ☞ Phys. 191a12-14, 193a9-12; Met. 1029a10-33, 1035a1-4, 1040b5-10, 1042a25-b8, 1049a34-36. 질료를 실체로 볼 수 있는 이유는 그 가능성/잠재성 때문이다. ☞ DA 412a9; Met. 1042a28, b10.
5. 살아 있는 유기체의 질료를 언급하면서 아리스토텔레스는 이 유기체의 최근 질료와 그렇지 않은 질료를 구별한다. (1) 살아 있는 몸과 그 유기적 부분들은 그 유기체의 최근 질료이고(DA 412a17-19), 동음이의적인 뜻에서 그런 것이 아니라면 해당 유기체가 죽은 다음에는 이런 뜻의 질료는 존재하지 않는다. ☞ DA 412b13-15, 20-22; PA 640b35-641a6, 645a35; Met. 1035b23-25, 1036b30-32; Pol. 1253a18-25. (2) 이와 대조적으로 살아 있는 몸과 부분들의 질료적 구성요소들은 해당 유기체가 죽은 다음에도 여전히 존재한다. ☞ DA 412b25-26; Met. 1035a18-19, 31-33. 두 부류의 질료에 대해서는 ☞ GC 321b19-22; Metr. 389b29 390a16. 다양한 종류의 질료와 형상의 관계에 대해서는 ☞ eidos #4.
6. 질료에 대한 대다수의 아리스토텔레스의 언급은 감각적 질료에 대한 것인데, 이때 감각적 질료는 생성과 소멸과 운동을 겪는 것들에 속한다. ☞ Met. 1037a10-13, 1044b27-29. (소멸되지 않는 천체들에 속하는 또 다른 종류의 감각적 질료도 있다.) 수학적 대상은 가지적 질료(구체적인 기하학적 도형에 의해 한정된 연장)를 갖는다고 주장하는 구절도 있다. ☞ Met. 1036a9-12.
7. 아리스토텔레스는 질료에 대해서는 학문적 앎이나 정의가 존재하지 않

는다고 주장한다. ☞ Met. 1036a8-9, 1037a27. 이 주장은 앞에서 설명된 질료의 유형들 중에서 단지 몇 가지에만 적용된다는 의도로 읽힐 수 있다.

hypokeimenon: 기체, 주체(subject), 본뜻은 '밑에 놓여 있는 것'

1. 기체(문자 그대로 '밑에 놓여 있는 것')란 다른 것들이 그것에 대해 술어가 되는 것, 다시 말해 다른 술어들의 주체가 되는 것이다. ☞ Cat. 2b15-16; Met. 1028a36-37. 여기서 술어가 된다는 것은 주어와 술어의 문법적 관계에 국한된 것이 아니며, 따라서 진술에서 언급된 기체를 어떤 문장의 문법적 주어로 볼 필요는 없다. ☞ APo 83a6-7.
2. 또한 기체는 비실체적 범주에서나(☞ kategoria)(Cat. 4a10-12), 실체 범주에서나 모두 모든 변화(☞ kinesis)의 밑에 놓여 있는 것이다. 앞의 경우에 기체는 예를 들어 교양이 없는 상태에 있다가 교양이 있는 상태로 변하는 사람이다. 뒤의 경우에 기체는 질료이다. ☞ Phys. 190a13-15, 190a31-b5, 191a7-20; GC 314b3; DA 412a19; Met. 983b16-18.
3. 아리스토텔레스가 1과 2의 기체의 용법을 항상 엄밀하게 구분하는 것은 아니다. 그가 '기체가 곧 실체'라는 주장을 고려하는 경우에는 둘 모두를 염두에 두고 있는 것 같다. 질료가 기체라고 분명히 주장하는 구절은 있지만, (Met. VII에 대한 한 해석에 따르면) 그는 형상에 대해 그것이 '이것'(☞ tode ti)으로도 개별 기체로도 간주될 수 있다는 논증을 편다. ☞ Phys. 191a19-20, 192b33-34; Met. 1017b23-26, 1028a5-9, 1029a7-9, 1038b4-6, 1042a26-b3, 1049a27036.
4. 이 단어는 학문(☞ episthasthai)이나 기술이나 탐구가 다루는 대상(주제)으로도 사용된다. ☞ APo 75a42, 76a12; EN 1094b12.
5. 이 단어는 현상과 대비되는 외부 대상을 가리키는 말로도 사용된다. ☞ DA 425b14; Met. 1010b24.

I

isos: 공정한(fair), 동등한(equal)

'isos'는 (1) 특정한 양보다 더 많지도 않고 더 적지도 않음을 의미하거나, (2) 적정한 양보다 더 많지도 않고 더 적지도 않음을 의미한다. 정의(justice)가 일종의 동등함이라고 이야기될 때(EN 1129a33, 1131b31; Pol. 1280a11-25), 이런 뜻의 동등함은 보통 (2)의 의미를 갖는다. ☞ Pol. 1301b28.

K

kakos, phaulos, mochthēros: 나쁜(bad), 열등한(base), 못된(vicious)

'나쁨', '열등함', '못됨'은 탁월성과 반대되는 품성상태이다. 나쁜 사람은 합리적 선택을 잘못한다는 점에서 자제력이 없는 사람(☞ akrasia)과는 다르다. ☞ EN 1146b19-24, 1148a4-11, 1150a19-24.

kalos: 아름다운(beautiful), 고귀한, 훌륭한(fine)

'kalos'는 일반적으로 경탄할 만한 것에 적용되어 미적 아름다움을 포함한다(EN 1099b3). 도덕적 맥락에서 'kalos'는 칭찬과 존경을 받을 만한 것에 사용되며(1104b31, 1162b35; Rhet. 1366a33), 탁월한 사람은 고귀한 행위를 그 자체 때문에 행한다(1115b12, 1116a28, 1120a12, 23). 'kalos'의 반대말은 '추한', '비천한'이다.

katēgoriai: 술어들, 범주들(predications)

1. 아리스토텔레스는 보통 10개의 '범주들'(Cat. 4; Top. 103b20-27; Phys. 200b33, 225b5-9; GC 317b5-11, 319a11-12; Met. 1017a22-27, 1028a10-13; EN 1096a19-29)을 '술어의 형태들(즉 유형들)' 혹은 '술어의 유들(genera)'(genē tōn kategoriōn, APo 83b16; Top. 103b20)이라

는 표현으로 지칭한다. 때때로 그는 '술어들'(katēgoriai, GC 317b6, 9, 319a11; DA 402a25; Met. 1032a15)을 언급하는데, 이것이 '범주들'이라는 전통적 명칭의 뿌리가 된다.

2. 범주들은 '있는 것'이 여러 가지 뜻으로 쓰인다는 사실(☞ homōnymon)을 예시한다. 각각의 범주는 '그것이 무엇인가'라는 질문에 대해 특정한 종류의 대상(item)들에 대한 가장 기본적인 수준에서의 답을 제공한다(예를 들어 이 사람, 이 하얀 색 등, Top. 103b27-29). 이 대상(item)들은 (다소 비체계적으로) 실체에 관해 물어질 수 있는 상이한 종류의 질문들에 의해 분류된 것으로 보인다(예컨대, '그는 무엇인가?', '남자', '그는 얼마나 큰가?', '170센티미터' 등, Cat. 1b27-2a4).

3. 비실체 범주들에 대한 이름은 보통 추상명사인 '성질', '양' 등으로 번역된다. 그러나 그리스어 용어들은 의문형용사들에 대응하는 중성형용사들('어떤 성질의', '얼마나 많은' 등. 라틴어로는 'quale', 'quantum')로 되어 있다. 범주들에 배속되는 대상들은 개별자들이거나(예를 들어 개별적인 하양 혹은 특정한 길이) 보편자들이다(예를 들어 하양, 170센티미터의 길이).

katēgorein: **술어가 되다**(predicate), **술어로 귀속된 대상**(thing predicated), **술어화**(predication)

1. 거칠게 말해 F는, x가 F일 경우에 그리고 오직 그 경우에 한해서 x에 대해 술어가 된다. 이 경우에 x(예를 들어 이 사람)는 기체(subject)이고, F(예를 들어 사람)는 x에 술어로서 귀속되는 것이다(Cat. 1b10-15). 따라서 술어화/술어의 귀속은 일반적으로 비언어적 대상들 사이의 관계이지 단어들 사이의 관계가 아니다(그렇지만 Cat. 2a19-34도 함께 참조). 아리스토텔레스는 'F가 x에 속한다(hyparchei)'는 표현을 'F가 x에 대해 술어가 된다' 혹은 'F가 x에 술어로서 귀속된다'는 것과 동일한 뜻으로 사용한다(Apr 24a16-22).

2. 문장의 문법적 주어와 술어가 문장에 의해 지시되는 비언어적 관계에

서의 실제 기체와 그것에 술어로서 귀속되는 대상을 항상 반드시 밝혀 주는 것은 아니다. 예컨대, '그 음악가'는 '그 음악가는 사람이다'의 문법적 주어이지만, 아리스토텔레스의 견해에 따르면 진짜 기체(genuine subject)는 그 사람이고, 음악가는 그에게 술어로서 귀속되는 것이다. 그러므로 문법적 구조가 항상 존재론적 기체와 이 기체에 술어로 귀속되는 대상에 대응하는 것은 아니다. ☞ APo 83a1-23; Met. 1025a7-19, 1025a25-29.

3. 대다수의 경우에 술어로서 귀속되는 대상은 보편자이다(Cat. 1b10, 2a12-13; DI 17a39-40; Met. 1038b16-17).
4. 술어화의 가장 일반적인 형식들에 대해서는 ☞ katēgoria.

kath' hauto: 그 자체로(in its own right, in itself), 내재적인(intrinsic)

1. 다음의 둘 중 한 가지 방식으로 G는 F에 그 자체로 속한다. 즉 (a) G는 F의 본질과 정의의 부분이거나 그로부터 이끌어낼 수 있는 것이고, G는 F가 F인 한에서(insofar as) F에 속한다(즉 F로서(qua) F에 속한다. APo 73a34-b24; Met. 1029b13-19). 혹은 (b) G는 F를 자신의 정의 안에 포함한다. 예를 들어 모든 수가 홀수는 아니지만 '홀수'에 대한 정의 안에는 '수'가 포함된다(APo 73a37-b5; Met. 1030b16-26).
2. 본질과의 연관성 때문에 F에 그 자체로 속하는 것은 F에 부수적으로 속하는 것과 자주 대비된다(Met. 1017a7-8). 그러나 아리스토텔레스는 그 자체로 F에 속하는 부수적 속성들을 인정하기도 한다. ☞ symbebēkos #2.
3. 본질적/내재적(intrinsic) 인과에 대해서는 ☞ aition, aitia.
4. 그 자체로 존재하는 것은 다른 어떤 것에도 의존하지 않는다(APo 73b5-10; Met. 1031a28, 1032a5; EN 1095a27, 1096a20).
5. 감각(perception)의 고유한 대상들에 대해서는 ☞ DA 418a8.

kath' hekaston: 개별자(particular), 개별적인 것

1. 'kath' hekaston'의 전치사 'kata'는 대략적으로 '한 번에 하나씩 취해'

혹은 '~을 단위로'의 뜻을 갖는다. 그러므로 'F들을 kath' hekaston 취해'라는 말은 곧 'F를 한 번에 하나씩 취해' 혹은 'F들을 차례대로'(Phys. 233a23)라는 뜻이다. 그런 뜻에서 아리스토텔레스는 'kath' hekaston'이라는 표현을 한 번에 하나씩 취한 F라는 개별자들 하나하나를 가리키는 명사로 사용한다. 개별자(a particular)는 — 보편자(universal)와 반대로 — 다른 것들에 대해 술어가 되지 않는다(DI 17a39-40). 그러므로 개별자에는 실체들(예컨대, 칼리아스)과 실체가 아닌 것들(예컨대, '개별적인 하양', Cat. 1a25)이 있다. 개별자의 특징은 불가분적(individual)이고 수적으로 하나라는 데 있다(Cat. 1b6-7, 2b3). ☞ tode ti('이것').

2. 아리스토텔레스는 때때로 '개별자'와 '보편자'를 규정된 정도에 차이가 나는 것들을 대비하는 뜻으로 사용한다. 그래서 예컨대 칼리아스 같은 개인들뿐만 아니라 특정한 유에 속하는 종들, 즉 보편자들도 — '개별 종'이라는 뜻에서 — '개별자'라고 불린다. 왜냐하면 종들은 유를 나눌 때 우리가 한 번에 하나씩 취하는 것들이기 때문이다(Phys. 189b30, 195a32; PA 639b6). 예를 들어 EN 1107a28-30에서 그렇듯이, 'kath' hekaston'이 개별자를 가리키는 것인지 아니면 개별 종을 가리키는 것인지 분명치 않을 때가 있다. ☞ atomon(불가분적) #3. 'kata meros'(☞ meros)가 'kath' hekaston'과 비슷한 뜻으로 쓰일 때도 있다. ☞ APr 24a16, 66b33, 67a19, 24.
3. 개별자들(종과 같은 보편자가 '개별자'라고 불릴 때와는 다른 뜻에서의 개별자들)은 그 자체로서 정의나 학문적 인식의 대상이 될 수 없다(Met. 1035b34-1036a9, 1039b27-1040a7; Rhet. 1356b30-35; Poet. 1451b7). Met XIII 10과 비교.

katholou: 보편자(universal), 보편적

1. 이 용어는 '전체로 취해'를 뜻하는 전치사 구문 'kata holou'(Plato, *Meno* 77a6 참조)에서 나왔다. 따라서 '하나씩 취해'(☞ kath' hekaston #1)와 반대의 뜻으로 쓰인다. 때때로 그것은 '보편적으로'라고 옮기는 것이 적절하

며, 이 경우 ☞ 'holos'와 뜻이 같다(DA 417a1, 424a17; Met. 1032a22).

2. 보편자는 '본성상 다수에 대해 술어가 될 수 있는 것'이다(DI 17a39 참조. APo 100a7; Met. 1038b16, 1040b25-27, 29-30). 이것은 (a) 보편자는 다수에 대해 술어가 될 수 있는 것이라는 뜻과 (b) 어떤 보편자이든 실제로 다수에 대해 술어가 되어야 한다는 뜻으로 받아들일 수 있을 것이다. 만일 아리스토텔레스가 (b)를 뜻한다면, 그는 구체적인 사례가 없는 보편자의 존재 가능성을 부정하면서, 만일 말(馬)이라는 보편자가 존재한다면, 그것을 술어로 삼는 다수의 말이 있어야 함을 주장하는 셈이다. 반면에 만일 그가 (a)를 뜻한다면, 그는 구체적인 사례가 없는 보편자의 존재 가능성을 꼭 부정할 필요가 없다.
3. 보편자가 어떤 때는 있다가 어떤 때는 있지 않는 것이 가능하다고 아리스토텔레스가 생각하는지는 분명치 않다. ☞ Cat. 14a6-10; APo 85b16-18.
4. 보편자는 정의와 학문적 인식의 일차적 대상이다(Met. 999b1-3, 1035b34-1036a9, 1039b27-1040a27, 1059a24-26(하지만 그에 반해 Met. XIII 10 참조); Poet. 1451b7).
5. 아리스토텔레스는 개별자와 떨어져 있는/분리된 보편자의 실제적 (우리의 정신이나 언어를 벗어난) 존재를 인정하지만(하지만 DA 417b23 함께 참조), 그는 그것들의 분리 가능성을 부정한다. 그러므로 그의 생각에 따르면, 보편자를 플라톤의 분리된 이데아들과 구별하는 것이 중요하다. 그의 견해에 따르면, 플라톤은 개별자의 특징과 보편자의 특징을 일관성 없이 결합한다. ☞ APo. 77a5-9, 83a32-35, 85b18-22; Top. 178b39-179a10; Met. 987b1-7, 1033b26-29, 1038b34-1039a3, 1040b27-1041a5, 1079b30-32, 1086a30-b13.

kinēsis: **운동**(motion), **과정**(process), **변화**(change); **kinein**: **움직이다, 운동하게 하다, 운동을 낳다**(move)

1. 많은 경우에 '변화'가 'kinēsis'의 가장 좋은 번역어일 수 있는데, 우리

가 일반적으로 구분하는 방식에 따르면 '변화'는 '운동'보다 더 넓은 적용 범위를 갖는다. Phys. 225a5-9, 226a23-b8에서 구분하는 'kinēsis'의 유형을 보라. 하지만 '변화'는 'metabolē'의 번역어로 가장 적합해 보인다. 종종 'metabolē'와 'kinēsis'를 구분하기 힘든 경우가 있지만(예를 들어 Phys. 218b20, 226a35), 구분이 되어 사용되는 경우들도 있다(Phys. 225a34-b3, 229a30-32; Met. 991a11). 더욱이 '변화를 낳는 자'(changer)와 '변화되지 않으면서 변화를 낳는 자'(unchanged changer)라는 용어는 이상해 보인다. 'kinein'과 'metaballein' 둘 다의 번역어로 '변화하다'가 사용되는 구절들이 있는데(예를 들어 Cat. 4a35), 여기서는 이렇게 하는 것이 훨씬 자연스럽고, 상이한 그리스어 용어들을 구분하는 것이 중요해 보이지 않는다. 하지만 이것들을 구분하는 것이 중요해 보이는 경우에는 '움직이다', '운동하게 하다', '운동을 낳다'를 'kinein'의 번역어로, '변화하다'를 'metaballein'의 번역어로 사용한다. 능동태 'kinein'은 '운동을 시작하게 하다'라는 의미에서 '움직이다'이며, 수동태 'kineisthai'는 '움직여지다', '운동하다', (운동을 낳는 다른 것에 의해) '운동을 겪다'는 의미에서 '움직이다'가 된다. 구분이 중요한 구절들에서는 번역을 통해 이 구분을 드러낸다. 그래서 '움직이게 하는 자', '운동을 낳는 자', '원동자'는 (운동을 시작하게 하는 자라는) 능동의 의미로 사용된다. 예를 들어 Phys. 202a8, 254b7-12 참조.

2. 운동과 현실태를 대비하는 경우(Met. 1048b18-36), ('과정'으로 번역되는) 'kinēsis'는 'energeia'와 대비된다. ☞ EN 1174a14-b4(☞ hēdonē). 운동을 잠재적으로(가능적으로) F인 것의 잠재적으로(가능적으로) F인 한에서의 현실성(현실적 활동/ 현실태)으로 정의하는 것은(Phys. 201b5) 여러 방식으로 해석될 수 있다. (a) 운동은 (현실적이 되는 과정으로서) 현실화라고 할 수 있는데, 이렇게 해석된 운동은 집으로 지어질 수 있는 재료들의 잠재성(가능성)이 완료되어 나타난 현실태(이렇게 완료된 현실태는 가령 벽돌이 집으로 다 지어졌을 때에만 존재한다)와는 반대의 의미로, 집이 지어지고 있는 동안에 존재한다. (b) 운동은 벽돌이 집으로 지어지

고 있는 동안(지어지고 있는 과정 중)에 잠재성(가능성)의 현실태이다. 이때 잠재성은 (a)에서 언급된 집으로 지어질 잠재성과 반대의 의미를 갖는다(전자의 잠재성은 집으로 지어지는 도중에도 현실태로 드러나지만, 후자의 잠재성은 집이 다 지어졌을 때에만 현실태로 드러난다). 이렇게 건축 과정 중에 재료들이 갖는 잠재성의 현실태로 해석된 운동은 건축의 단계들마다 드러나는 복수의 현실태들의 집합이라고 할 수 있다. (c) 운동은 집으로 지어질 잠재성이 완료되어 드러난 현실태((a)에서는 현실화로서의 운동과 반대되었던 그 현실태) 자체로 해석될 수 있다. (그래서 이 잠재성이 현실화되었을 때는 잠재성이 존재하지 않고 다 지어진 집이 존재하게 된다.) 그리고 이때 운동으로서의 현실태는 과정 중에 연속해서 존재하는 잠재성과 대비된다.

3. 아리스토텔레스는 모든 운동이 운동의 기체 안에 일종의 안정성을 필요로 한다고 주장함으로써 변화에 대한 헤라클레이토스적 관점을 거부한다. ☞ Met. 1010a15-25.
4. 운동은 시작점을 갖지 않는다. ☞ Phys. VIII 1.
5. 운동은 움직여지지 않으면서 움직이게 하는 자, 즉 '부동의 원동자'를 필요로 한다. ☞ Phys. VIII 4-6. 살아 있는 유기체들 중 동물들은 '자기 스스로 움직이게 하는 자'라고 할 수 있다. ☞ Phys. 255a1-10, 256a4-21, 259b1-11.
6. 운동과 시간의 관계에 대해서는 ☞ Phys. 218b21-219b3.

koinōnia: 공동체(community), 공통의 교제

'공동체'는 '공동의', '공통적'(koinon)에서 파생된 말이다. 아리스토텔레스는 공동체가 온갖 종류의 친애로부터 생겨났다고 믿기 때문에, 부부와 부자 사이의 혈연관계뿐만 아니라 계약 당사자들 사이의 거래관계 등에도 이 낱말을 적용한다. 공동체들 중에 가장 규모가 크고 권위가 있는 공동체는 정치 공동체, 즉 국가(☞ Polis)이다.

kyrion: 지배하는(controlling), 완전한(full), 주도적인, 주도하는 (authoritative, overriding), 최고의, 엄밀한(strict), 중요한(important)

1. '어떤 것에서 주인이 된다(kyrios)'라는 것은 그것을 지배하거나 주도함을 뜻한다. ☞ GC 335b34; PA 640b28; EN 1113b32, 1114a32. '주도적인'에 대해서는 ☞ Met. 981b11, 1010b13, 1048a12. 지배함이나 주도함의 의미를 갖는 'kyrion'은 정치적 맥락에서 '최고의'로 번역된다. ☞ Pol. 1252a5, 1275a28, 1281a11, 40, 1281b23, 1282a25.
2. 어떤 낱말을 'kyrion'하게 사용하거나 적용한다는 것은 그것을 '엄밀하게' 사용함을 뜻한다. ☞ Cat. 2a11; Phys. 191b7; GC 314a10, 317a33; DA 412b9, 418a3, 24; EN 1144b4.

L

logikos: 논리적인(logical)

'논리적인' 문제들은 변증적 혹은 논변과 관련된(dialectical) 문제들의 부분집합으로, 자연이나 윤리에 대한 문제들과 구별된다. 이것들은 특정한 주제를 갖지 않고 다양한 전문 영역에서 이루어지는 탐구에 일반적으로 적용될 법한 것들이다(Top. 105b19-29). 아리스토텔레스는 '논리적인' 논변들에 대해 언급하면서 이런 것들을 보통 논의 대상이 되는 주제에 특유하고 그 주제와 관련된 고유한(proper) 원리들에 의존하는 논변들과 대비한다(APo 83b35, 84a7-8, 88a19, 30, 93a15; Phys. 202a21, 204b4, 10; Met. 1005b22, 1029b13n, 1030a27-28, 1041a27-28; EN 1147a24). 언급한 구절들은 '논리적' 논변들이 현대적인 의미의 형식 '논리학'(logic)에 한정된 것이 아님을 보여준다. 아리스토텔레스는 그의 형식논리학에 대해 '분석론'(analytics)이라는 말을 쓴다(APo 84a8; Met. 1005b4, 1037b8). 이 용어는 논변들이 보여주는 연역 논증의 기본적인 패턴들을 드러내는, 논변들에 대한 분석을 가리킨다(☞ APr 47a2-5, 49a11-18).

logos: 이성(reason), 설명(account), 논변, 논증, 말, 언어(argument, rational discourse), 정식(formular), 문장(sentence), 진술(statement), 수적인 비율(ratio)

1. 'logos'는 이성을 가리키는데, 이것은 비이성적인 감정(pathos)과 구별된다(EN 1147b16). 이성을 갖는 것은 인간의 특성이다. 동물은 이성이 없기 때문에 보편자를 파악할 수 없다(DA 415a7-11, 428a22-24; EN 1147b3-5). 이성은 영혼의 한 부분에 속한다(EN 1098a3-5).
2. 'logos'의 특성을 보여주는 것은 의미 있는 말로서, 말은 사유의 결합에서 성립한다. 가장 단순한 결합은 문장이다. ☞ Cat. 2a4-7; DI 16b26-32; APr 24a16('문장'으로 번역); Met. 1006a13-15, 22-24, 1008b10-12; Pol. 1253a9-18, 1332b3-6; Rhet. 1355b1.
3. 여러 가지 생각과 진술의 결합이 'logos', 즉 논변 혹은 논증을 낳는다(Top. 100a25-27). 'logos'는 특히 — 현상(phainomena)에 호소하는 것과 반대되는 추리와 논증을 가리킨다(Phys. 210b8-10; GC 336b15; Pol. 1254a21, 1323b6; Rhet. 1396b2).
4. F의 'logos'란 'F'라는 이름에 대응하거나 그것을 대체할 수 있는 언어적 정식(定式)이다(Cat. 1a2; Top. 107a36-b5; Phys. 191a33; Met. 983a28, 1006b1). (그러므로 '말은 네 발 짐승이다'는 '말은 네 발을 가지고 있다'로 대체될 수 있다.) 이 경우에 'logos'는 보통 정의(horismos)와 동의어로 쓰인다. 이 경우에 '정식'(formular)이라고 옮길 수 있다.
5. 'logos'는 때때로 정의하는 정식 자체가 아니라 정의되는 사물이나 속성을 가리키는 데 쓰인다(예컨대, Phys. 193a31; GC 335b7; Met. 1035a4, 1042a28). 그리고 아리스토텔레스의 관점에서는 x에 대한 정의에서 정의의 대상이 되는 것은 x의 질료가 아니라 x의 형상이다. 그래서 'x의 logos'는 보통 'x의 형상'에 해당한다. ☞ Phys. 194b27, 200a35; DA 412b16, 414a27(414a13도 참조), 424a24, 27, 31; PA 639b15, 642a20.
6. 수학적인 맥락에서 'logos'는 수적인 비율 혹은 비례관계이다(Phys. 194b27; DA 407b32, 416a7; Met. 991b5; Pol. 1301b32).

7. 탁월성과 올바른 이성(orthos logos)에 대해서는 ☞ EN 1103b31, 1107a1, 1144b23-28.

M

meros, morion: 부분(part)

1. 아리스토텔레스는 동질적인 부분들과 동질적이지 않은 부분들을 구분한다. '동질적인'(homoiomerēs)은 '전체와 유사한 부분들을 갖는'을 의미한다. 살이나 물은 다시 살이나 물로 분할될 수 있지만, 팔은 다시 팔로 분할될 수 있는 것이 아니다. 그래서 아리스토텔레스는 살과 같은 것들을 동질적인 부분들이라고 부르고, 팔이나 얼굴 같은 것들을 비동질적인 부분들이라고 부른다. ☞ GC 314a20; Metr. 389b23-29; PA 640b20; GA 715a8-11.
2. 유기체의 비동질적인 부분들은 전체에 의존한다. ☞ Met. 1035b18-27, 1036b30-32(☞ hylē #5, homōnymon); Pol. 2153a10-29.
3. 양적인 부분들과 논리적 부분들(즉 형상이나 정의의 부분들)은 구분된다. ☞ Phys. 200b4-8, 218a6-7; Met. V 25, VII 10-11, 특히 1034b20-1035a23.
4. 때로 아리스토텔레스가 실체의 부분들도 그 자체로 실체처럼 보인다고 가정하는 대목이 있다. ☞ Cat. 3a29-32; DC 298a29-32. 하지만 Met. 1017b10-14, 1028b8-13, 1040b5-16과도 비교해 보라.
5. 영혼의 부분들에 대해서는 ☞ pyschē.

mesotēs: 중용(mean)

성격의 탁월성은 중용, 즉 과도함과 부족함의 중간상태이다(EN 1106a26-b27). 아리스토텔레스에 따르면, 중용은 국가의 중산층이 정치권력을 가져야 한다는 견해를 뒷받침한다. ☞ Pol. 1295a35-b5.

methodos: 방법, 연구, 탐구의 체계(line of inquiry) ☞ Apr 68b12; Top. 100a18; Phys. 200b13, 251a7; Met. 983a23; EN 1094b11; Rhet. 1354b23, 1355a4.

해당 용어는 접근 방법 혹은 절차뿐만 아니라(Top. 100a15; DA 402a14) 그러한 절차를 포함하는 연구 혹은 탐구 분과에 대해서도 사용된다. 따라서 뒤의 경우에는 '분과'(dicipline)(예컨대, Top. 101b3; Phys. 184a11; PA 639a1; EN 1094b1) 혹은 심지어는 '논고'(treatise)(예컨대, Top. 184b4)의 뜻을 갖는다.

N

nomos: 법, 법률(law), 관습(convention)

법은 인간이 만들어낸 것으로서 인간 행위를 규율하는 규범이다. 법에는 입법자가 제정한 성문법뿐만 아니라 관습법도 있다(☞ Pol. 1324b27). 법은 때로 자연(본성)과 대비된다(☞ Phys. 193a15; EN 1094b16, 1129b12, 1134b19; Pol. 1253b20, 1255a5, 1282b1-13, 1289a11-15; Rhet. 1373b4-24). 아리스토텔레스는 인간의 자의적인 결정이 아니라 법에 따라 지배해야 하며(Pol. 1287a28-b8), 성문법의 경직성이 가져다주는 나쁜 결과를 피하기 위해 근원적 공정성 또한 필요하다고 주장한다. 법과 도덕 교육에 대해서는 ☞ EN 1179b34-1180a24.

nous: 이해, 지각(understanding), 정신(mind), 사유(thought), 지성(intellect); **noēton**: 가지적인(intelligible)

1. 아리스토텔레스는 이성적 사유(예를 들어 Met. 985a19 ☞ 이성)의 능력(faculty or capacity)(☞ 가능태/능력potentiality)과 이 능력의 작용으로서 이성적 사유활동을 가리킬 때 'nous'를 사용한다. 따라서 이 낱말은 첫째 현실태와 둘째 현실태 모두에 적용된다. ☞ DA III 4.

2. 'nous'는 어떤 맥락에서는(예를 들어 MA 701a7; Met. 1074b15) '사유'(thought)에 가까운 뜻을 갖지만, 단순히 사유하는 것 이상을 포함하는 인지상태를 의미한다. 나는 내가 달에 갈 것이라고 생각하지 않으면서 달에 가는 것에 관해 생각할 수 있다. 즉 달에 가는 것에 대한 사유를 가질 수 있다. 그러나 아리스토텔레스에 따르면 내가 'p이다'는 'nous'를 갖는다고 할 때, 이는 곧 내가 'p이다'라는 사실을 믿고 이에 더해 그 사실을 아는 것을 의미한다. 이러한 문맥들에서는 'nous'를 '이해'(understanding)라는 뜻으로 받아들일 수 있다. 예컨대, DA III 4에서 아리스토텔레스는 'noein'을 그저 대상들에 대한 사유가 아닌 일종의 앎으로 다루고 있는 것으로 보인다. 그러나 그가 이런 의미들 가운데 어떤 것을 염두에 두고 있는지가 항상 분명한 것은 아니다.
3. 가장 넓은 용법에서 p라는 사실에 대해 'nous'를 갖는다는 것은 곧 p가 참임을 아는 것인데, 이때의 앎은 감각적인 앎이 아니라 지성적인 파악(intellectual grasp)을 의미한다(예를 들어 APr 68b27-29; APo 88a15-17). 가장 좁은 용법에서 'nous'는 논증(demonstration)의 전제들이 되는 원리들에 대한 비논증적(nondemonstrative) 파악을 가리킨다. 이 경우에 그것은 'epistēmē'(☞ epistasthai)보다 우월한 지적 상태이다. ☞ APo 72b13-15, 100b5-17; DA 429a13; GA 742b29-33.
4. 이론적 지성과 실천적 지성에 대해서는 ☞ EN 1143a35-b5.
5. 수동지성과 능동지성에 대해서는 ☞ DA III 5(GA 736b5-28 참조).

O

oligarchia: 과두정(oligarchy)

과두정(oligarchia)은 소수(oligoi)의 지배(☞ archē)를 의미한다. 과두정은 좁게는 세습 귀족정과 대비되어 부자의 지배를 의미한다. ☞ Pol. 1279b5, 특히 III 8.

oikonomia: 가정관리술(household management)

가정관리술은 가정에 필요한 물적 자원을 마련하고 이를 사용하는 기술이다(Pol. 1253b2). 이것은 국가의 재정과도 관련이 있다(Pol. 1256a1-10, 1263a32, 1285b33).

onoma: 이름(name)

DI 16a19-21에서 아리스토텔레스는 'onoma'를 동사를 비롯해 말의 다른 부분들과 대조해 명사에서도 사용한다. 그러나 때때로 그는 그것을 동사 및 말의 다른 부분들도 포함하는 것으로 사용하기도 한다. 예컨대, 동음이의(homonymy)는 명사들에 한정되지 않는다.
아리스토텔레스는 자신이 기존에 정해진 이름을 갖지 못했던 어떤 것에 대해 이름을 주조했다는 사실을 자주 언급한다(DI 16b14; EN 1108b16, 1125b17; Pol. 1253b9, 1275a30).

orexis: 욕망(desire), 욕구

욕망의 종류에는 세 가지가 있다(플라톤, 『국가』 435ff. 참조). (1) 첫 번째 종류의 욕망은 바람(boulesis)인데, 좋은 것을 목적으로 삼는다(Met. 1072a28, EN 1111b26, 1113a15). (2) 두 번째 종류의 욕망(epithymia)는 욕구인데, 즐거운 것을 목적으로 삼는다(1103b18, 1111a31). (3) 세 번째 종류의 욕망은 ('기개' 혹은 '격정'spirit이라고도 번역될 수 있는) 분노(thymos)인데, 특히 이것은 수치, 명예, 화와 관련되어 있다(1111b18, 1116b23, 1149a25). 두 번째와 세 번째 욕망은 감정이다(☞ pathos). 세 종류의 구분에 대해서는 ☞ DA 414b2, 432b4-7; EN 1111a27, b10-30; Pol. 1334b22-28; Rhet. 1368b37-1369a7. 우리말에서는 '욕구'와 '욕망'이 구별없이 쓰이기 때문에 'orexis'를 '욕구'로, 'epithymia'를 '욕망'으로 옮기기도 한다. 이 선집의 『니코마코스 윤리학』에서는 이런 번역어를 채택했다.

ouranos: 천체, 천상, 하늘(heaven)

아리스토텔레스는 이 말을 두 가지 방식으로 사용한다. 첫째로 Met. 1072b14처럼 지상의 영역과 대비되는 천상의 영역을 가리키는 데 사용되며, 둘째로 1074a31처럼 지상의 영역을 포함한 우주 전체를 가리키는 데 사용된다. ☞ Phys. 196a25, 251b18; GC 338a19; PA 641b16.

ousia: 실체(substance), 본질(essence), 재산(부동산)

1. 'ousia'는 동사 '있다' 혹은 '~이다'에서 나온 추상명사이며, 때때로 '있는 것'(being)으로 번역될 수 있다(예를 들어 GC 336b33; PA 640a18; Met. 983a27). 하지만 '있는 것'이라는 번역어는 보통 'einai' 동사의 분사형인 'to on'('있는 것' 혹은 '~인 것', something that is)에 대해 쓰인다. 아리스토텔레스는 때때로(예를 들어 Pol. 1279b18에서) 'ousia'를 그리스어의 일상적 의미인 '재산'을 가리키는 말로 쓴다.
2. 'ousia'는 열 개의 범주(kategoria) 가운데 첫째가는 것이다. 아리스토텔레스는 두 가지 방식으로 실체를 분간한다. (a) 실체는 다른 범주들의 주체(hypokeimenon) 혹은 주어이다. 이에 해당하는 것은 '이것'(tode ti)이자 개별자(to kath' hekaston')인 첫째 실체로서 궁극적인 주어의 자리에 오거나, 첫째 실체들의 종(☞ eidos #8)이나 유(genos)인 둘째 실체이다. (b) 실체는 어떤 것에 본질적인 것(what something is)이다. 'F는 무엇인가?'라는 물음에 대한 대답은 우리에게 F의 실체를 알려준다. 이런 경우에 'ousia'는 '본질'로 옮길 수 있다(이는 실체가 아닌 것의 'ousia'가 고려의 대상이 될 때 필요하다. Cat. 1a1; APo 73a26, 93b26). 이것은 전형적인 플라톤의 용어법이다. ☞ Euthyphro 11a7-b1; Meno 72b1-2. (a)와 (b)에 대해서는 ☞ Cat. 3a11-18, 3b10-22; Top. 103b26; GC 317b9; Met. 1017b23-26, 1028a11-22. 개별적인 문맥에서 아리스토텔레스가 'ousia'의 어떤 측면을 염두에 두고 있는지 판단하기 어려울 때가 많다(예를 들어 ☞ DA 412b13, 415b11). 그리고 이는 (b)가 실체뿐만 아니라 실체가 아닌 것에도 적용되기 때문에 중요하다. 하지만 어떤 구절들은 아리

스토텔레스가 (a)와 (b) 사이에 어떤 체계적인 관계를 생각하고 있음을 시사하고, 특히 ((a)라는 뜻의) 실체가 본질의 일차적인 담지자임을 시사한다. 특히 ☞ Met. 1030a21-b13. 그러므로 (a)와 (b)의 구분이 (i) 두 종류의 실체 (혹은 'ousia'라는 낱말의 두 가지 의미) 사이의 구분을 염두에 둔 것인지, 아니면 (ii) (아리스토텔레스의 견해에 따르면) 하나의 동일한 것에 의해 충족되는 두 개의 기준들 사이의 구분을 염두에 둔 것인지 분명치 않을 때가 있다.

3. Met. VII에 나오는 실체에 대한 아리스토텔레스의 상세한 논의는 여러 가지 물음을 낳는다(☞ eidos #9). (a) 거기서 그는 — Cat.에서 그렇게 주장하듯이 — 첫째 실체는 개별자(☞ tode ti)여야 한다고 주장하고 있는가? (b) 그는 어떤 의미에서 실체가 주체 혹은 기체여야 한다고 생각하는 것일까? (c) 형상과 실체를 동일시하면서 그가 염두에 두고 있는 것은 무엇인가? 실체적인 형상은 개별자인가 보편자인가? (d) 실체는 어떻게 학문적 인식(epistēmē)이나 정의(horismos)의 대상일 수 있는가? 이에 대한 아리스토텔레스의 대답들을 함께 고려해 보면, 어떤 대답들로부터는 그가 실체를 개별적 형상과 동일시한다는 견해가 결과로 따라 나오는 데 반해, 다른 일련의 대답들에서는 그가 실체를 종적인 형상과 동일시하는 것처럼 보이기도 한다.
4. 실체의 분리 가능성(choriston)과 실체로부터 실체가 아닌 것들의 분리 불가능성에 대해서는 ☞ Cat. 2b3-6; GC 317b8-11; Met. 1028a33-34, 1029a27-29, 1038b27-29, 1042a26-31.
5. 실체의 의심스러운 사례들에 대해서는 ☞ technē(기술), meros, morion(부분).

P

paideia: 교육(education), 교양

교양 교육과 개별 분과 교육에 대해서는 ☞ Top. 183b37, 184a3; PA 639a1-15; Met. 1006a6, 1043b24; EN 1094b22-1095a2; Pol. 1282a4. 도덕 교육에 대해서는 ☞ EN 1102a5-10, 1104b11-13, 1130b25, 1180a1; Pol. 1280a40-b8, 1310a12-36, 1334b16-17 ☞ ēthos.

para: ~외에, ~와 떨어져서(apart from)

1. 때때로 'x는 y와 떨어져 있다'(x is para y)('para'는 4격 목적어와 함께 쓰이는 전치사이다)는 x가 y와 떨어져 존재한다는 것을 의미한다. 때때로 그것은 x가 y로부터 독립적이라는 것을 의미한다. ☞ APo 74a7, 29; Phys. 200b32, 218b13, 251b25, 259a4; DA 414b21, 424b17; PA 641a35; Met. 1010b36, 1086b31; EN 1095a26.
2. 보편자들(universals)과 개별자들(particulars)에 관한 진술과 관련해 특수한 문제가 발생한다. 아리스토텔레스는 때때로 보편자를 '여럿과 독립된 하나', 즉 '다수로부터 떨어져 있는 것'이라고 말한다(APo 100a7). 그러나 그는 자신이 거부하는 플라톤의 분리의 교설(the Platonic doctrine of separation)을 가리키기 위해 그러한 표현들(phrases)을 사용하는 경우도 많다(APo 77a5, 85b19; Top. 178b37; Met. 1033b20, 1038b33, 1087a9).

paradeigma: 본, 본보기, 범형(pattern)

아리스토텔레스는 이 단어를 기술과 생산 영역에서 형상인을 언급하는 데 사용한다(Phys. 194b26). 플라톤에 따르면, 형상(이데아)은 이를 분유하는 감각물들의 본이다. 아리스토텔레스는 형상에 대한 그런 플라톤의 관점을 비판한다. ☞ Met. 991b20, 1034a2; EN 1097a2.

pathos: 속성(attribute), 감응(affection), 상태, 양태, 감정(emotion);
paschein: (수동적으로) 받아들이다, 작용을 겪다(be acted on, be affected), 겪다(undergo)

1. 동사 'paschein'은 'poiein'(능동적으로 작용하다, 만들다)과 상관적으로 쓰인다(Cat. 2a3-4; GC 329b21; Met. 1048a6-8). 그러므로 '어떤 사람이 어떤 일을 겪는다(psachein)'는 '그 일이 그에게 일어난다'를 뜻하며, 그가 능동적으로 행하는 것(what he does)과 반대의 뜻을 갖는다(Poet. 1451b11). (그러므로 pathos='고통', Poet. 1452b10).
2. 넓은 뜻에서 x의 'pathos'는 아주 일반적인 뜻에서 x에게 일어나는 것, 즉 x에게 참인 것을 가리킨다. 이런 뜻에서 'pathos'는 '속성'(attribute) 또는 '상태'라고도 옮길 수 있다(예컨대, GC 314b17, 317b11). (항상 그런 것은 아니지만) 어떤 경우 'x의 pathos'는 'x의 본질'과 반대되는 뜻을 갖는데, 이 경우에 'pathos'는 부수적인 것(symbebēkos)에 상응한다(Top. 145a3-12; Platon, Euthyphro 11a8 참조).
3. 더 좁은 의미에서 'pathos'는 감정상태(affection, feeling), 즉 즐거움이나 고통을 수반하는 의식상태이다(EN 1105b21; Rhet. 1378a19). 이 경우에 'pathos'는 특히 영혼의 비이성적인 부분에 속하는 상태이다(EN 1151a20-24). 이런 상태들은 신체가 영향을 받는 방식과 밀접하게 관련되어 있다(DA 403a3-10; MA 701b22). ☞ orexis. 'pathos'를 감정(emotion)이라고 옮기는 것이 적절할 때가 있는데, Rhet. II에서 그렇다. 하지만 'pathē'는 '감정'보다 더 넓은 뜻을 갖는 개념이다.

phainomena: 겉으로 나타나는 것, 현상(appearances)

1. 'phainomena'는 축자적으로 '나타나는 것들', '겉으로 보이는 것'을 가리키며, 'phainesthai'(보이다, 나타나다, 현상하다)와 어원이 같다. 'phainesthai'의 두 가지 의미는 서로 다른 구문에서 드러난다. 부정사와 함께 쓰이면 이 동사는 (a) 'x가 F로 보이다'(x appears to be F)의 뜻을, 동명사와 함께 쓰이면 (b) 'x는 분명히 F다'(x is evidently F)의 뜻을 갖

는다. 하지만 이런 구문적인 차이가 분명하게 드러나지 않을 때도 있다. 때때로 — 예컨대, DC 287b23; PA 644a5; Met. 1073b15에서 그렇듯이 — 'phainomena'는 확실치 않은 관찰들이나 믿음들을 가리키지만 항상 그런 것은 아니다.

2. 아리스토텔레스는 경험적인 탐구와 변증법적인 탐구가 'phainomena'에서 출발해야 한다고 생각한다(APr 46a17-27; PA 639b5-10; EN 1145b2-7). 변증법적인 탐구에서 이런 종류의 'phainomena'는 통념들(endoxa)이다.
3. 아리스토텔레스는 모든 'phainomena'가 참이라고는 생각하지 않는다. 하지만 어떤 이론이든 현상을 존중하고 가장 그럴듯한 현상들을 설명해야 한다(Phys. 189a16; DC 306a6-17; Met. 1073b36, 1074b6; EN 1145b2-7, 28).

phantasia: 상상(appearance, imagination)

1. 가장 일반적인 뜻으로 보면 'phantasia'는 'phainetai'(나타나다, 눈에 보이다)에 대응하는 추상명사이다. 그러므로 x에 대해 내가 가진 'phantasia'(예컨대, 저 나무, 피타고라스의 정리)는 x가 내게 보이는 방식이며, 여기서 x는 감각적인 것일 수도 있고 감각적이 아닌 것일 수도 있다. 나타나는 모든 현상은 특정한 'phantasia'를 표현한다(DA 402b23).
2. 보다 특수한 뜻으로 보면, 'phantasia'는 감각과 밀접한 관계를 가지고 있다. 그래서 아리스토텔레스는 그것을 감각과 기억의 산물이라고 부른다(DA 428b10-17). (이런 경우에 — 다소 오해의 여지는 있지만 — 'phantasia'를 '상상'imagination이라는 말로 옮길 수도 있을 것이다. 감각과 상상에 대해서는 ☞ DA 428a11-12; Met. 1010b1-3). 상상과 지성에 대해서는 ☞ DA 403a8-10, 428a16-24, 431a14-17, 432a9-13. 상상은 모든 혹은 거의 모든 동물에게 있다(DA 413b22-24, 414b16, 428a9-11, 433a9-11; MA 701b17). 이런 종류의 상상은 감각적인 것이며, 이와 구별되는 추론적 상상이 있다(DA. 434a5-10). 추론적 상상 또는 숙고적

상상은 인간에게 고유하다.

philia: 친애, 우정(friendship)

친애는 친구들 사이에서뿐만 아니라 가족이나 거래 당사자들이나 시민 사이에서도 형성된다(☞ Poet. 1453b15). 아리스토텔레스는 모든 관계에서 형성되는 친애의 공통되는 특징을 보여주면서도(1155b32-1156a10, 1158a7, IX 5), 개인 사이에서 형성되는 친애와 시민 사이에서 형성되는 친애의 윤리적 차이 또한 보여준다(VIII 10-11).

phronēsis: 지혜, 실천적 지혜(intelligence, understanding)

'phronēsis'는 (1) 넓은 의미에서는 '지혜'를 가리키지만(DA 417b8; Met. 980b1, 982b24, 1009b30), (2) 특수한 의미에서는 '실천적 지혜'를 가리킨다(EN VI, 특히 VI 5, 7-8, 12-13. EN VI 7에서는 '실천적 지혜'가 '이론적 지혜'와 대비된다. 그리고 Pol. 1277a15, b23, 1281b5, 1324a34, 1329a9, 15). 정치학은 실천적 지혜의 분과 학문이다. ☞ Pol. 1289a12.

phora: 이동(travel), 장소운동(local motion)

'phora'는 장소가 바뀌는 운동으로 Phys. 201a3-9, 226a23-b8에서는 여러 운동 유형 중 하나로 제시된다.

phthonos: 시샘, 시기(spite, envy)

B가 실제로 하는 것보다 더 잘 못하기를 A가 원한다면, A는 B에게 시샘(phthonos)을 느낀다. 반면에 B가 실제로 하는 것을 A도 하기를 원한다면, A는 B에게 경쟁심(zēlos)을 느낀다. ☞ Met. 982b32; Pol. 1295b23; Rhet. 1354a25, 1381b22.

physiologos: 자연철학자, 자연학자(naturalist)

아리스토텔레스는 이 단어를 ('physikos'라는 더 넓은 적용 범위를 갖는 단어와 반대되는 의미로 사용하는 경우에 대해서는 ☞ physis #3, 4 참조) 자연에 관한 탐구에서 물질적 혹은 질료적 측면에 집중하는 사람들을 언급할 때 사용한다. 여기에는 '소크라테스 이전 자연철학자들'이 포함된다. ☞ PA 641a7; Met. 986b14, 989b30, 990a2; EN 1147b8.

physis: 자연, 본성(nature)

1. 아리스토텔레스에게서 'physis'는 '성장하다', '태어나다'라는 의미를 갖는 'phyesthai'라는 같은 어원을 갖는 동사로부터 나온 추상명사이다. 성장의 과정(physis)은 귀결되는 성장(physis, a resulting growth), 즉 자연을 목적으로 한다. 'physis'의 두 가지 의미는 '하나와의 관계 속에서', '향일적으로' 혹은 '어떤 초점을 중심으로' 연관된다. Met. 1003b7; Pol. 1252b32, homōnymon #3 참조 ☞ Phys. 193b12-13; GC 314b7; Met. 1014b16-18, 1014b35-1015a11.
2. 어떤 것이 자연(본성)을 갖는다는 것은 그것이 자기 자신의 운동과 정지를 시작하게 하는 원리를 자기 안에 가지고 있다는 뜻이다. ☞ Phys. 192b13-15; Met. 1015a13-15, 1070a6-9. 자연에 대한 이와 같은 정의에는 (a) 4원소들이 포함되는데, 아리스토텔레스가 보기에 이것들은 자기 안에 직선상의 자연운동의 원리를 갖는 것들이다. ☞ Phys. 255a1-5; DC 301b16-30. (b) 살아 있는 유기체들은 자신 안에 영양섭취나 생식 등 운동 원리를 갖는 것들이다. ☞ DA 412a11-15.
3. 아리스토텔레스가 'physis'를 자연 일반을 가리키는 데 사용하는 경우도 있다. 이때 자연 일반이란 자연을 갖는 물질적 실체들로 이루어진 자연세계를 의미한다. 그리스어에는 부정관사가 없어 때로는 (관사 없는) 'physis'를 '자연'(일반)으로 번역할지, (어떤 종류의 것이 갖는) '자연', 즉 '본성'으로 번역할지 파악하기 어려운 경우도 많다. 게다가 'physis'가 정관사와 함께 오는 경우에 이것을 (개별자나 어떤 종의) '그 자연(본성)'이라고 해야 할지, '자연'(일반)이라고 해야 할지 선택하기 곤란한 경우도 종종 있다. 왜냐하면 그리스어는 정관사를 이 두 경우에 모두 사용할 수 있

기 때문이다. 대부분의 경우에(가령, Phys. 192b21), 아리스토텔레스는 전체로서의 자연(자연의 질서)을 기술하는 것에 관심을 갖기보다는 우선적으로 어떤 것(가령, 나무 한 그루, 개 한 마리)이 자연(본성)을 갖는다는 것이 무엇인지를 밝히는 데 관심을 기울이는 것으로 보인다. 설사 이 두 개의 관심이 연관되어 있다는 것이 분명한 경우에도 말이다. 일반적이면서 구체적이기도 한 자연은 자연철학의 연구 주제이며, 『자연학』이 이것을 다룬다. ('physikē'는 문자 그대로 '자연'과 '학문적 인식'epistēmē이나 '탐구'를 결합한 말이다.) ☞ Phys. 193b22-194a12; DA 403a27-b19; PA 641a18-642a2, I 5; Met. 1005a29-b2, 1025b25-1026a6, 1037a13-20.

4. 아리스토텔레스는 자연 탐구를 위해 질료뿐만 아니라 형상에 대한 연구도 필요로 한다고 생각한다. 그래서 자연 탐구는 목적인에 대한 탐구와 단적인 필연성뿐만 아니라 조건적 필연성에 대한 탐구를 필요로 하는 것이다(☞ anankē #4). ☞ Phys. II 8-9; PA I 1. 그 까닭은 '자연의 탐구자', 즉 'physikos'가 자신의 연구를 물질적 과정에 대한 경험적 세부 내용으로 제한할 수 없는 것이다. 즉 『자연학』에서 논의된 경험적 물음들이 자연에 관한 연구에 적합한 관심거리이기도 하다. 소크라테스 이전 자연철학자들은 형상의 중요성을 알아채지 못한 채 오류를 저지른 것이다.
5. 필연적인 것뿐만 아니라 대다수의 경우 그러한 것이 자연의 특징이다. ☞ GA 727b29-30.
6. 자연이 '괜히' 또는 '헛되이'(matēn) 하는 일은 없다. ☞ DA 415b16-17, 434a30-b8; PA 641b12-15; Pol. 1252b1-3, 1253a9-18, 1263a41. 어떤 일을 괜히(matēn)하는 경우에, 여기에는 어떤 목적도 없다(Phys. 197b28-30; EN 1094a21; Pol. 1255b1-4). 하지만 자연의 특징이란 목적을 향해 간다는 의미도 포함한다. ('matēn'은 또한 덜 분명하기는 하지만 '헛되이', 즉 '달성하지 못한 채로'의 의미로 사용되기도 한다.)

pleonektein: 더 많이 갖다(get more)

'더 많이 갖다'에는 가끔 중립적인 의미, 즉 다른 사람보다 좋음을 더 많이 갖는다는 의미도 있지만 종종 부정적인 의미, 즉 자기가 마땅히 가져야 하는 것보다 좋음을 더 많이 가져 다른 사람에게 손해를 끼친다는 의미도 있다. ☞ EN 1129a32~b10; Pol. 1282b29, 1324b10.

poion: 성질(quality), 종류(sort of thing)

아리스토텔레스는 보통 성질의 범주에 대한 이름으로서 추상명사 'poietes'(성질, quality)보다 형용사 'poion'(어떤 성질의, of what quality)을 더 자주 사용한다. 그리스 문장 'poion estin x?'는 'x가 어떤 종류의 것인가?'로 번역될 수 있다. 하지만 아리스토텔레스는 'poion'을 서로 다른 두 경우에 사용하는데, 이는 이 물음을 이해하는 두 가지 방식에 상응한다. (a) 그것은 성질의 범주를 가리킨다. (예를 들어 "그것은 어떤 종류의 식사였나?", "끔찍했다".) (b) 하지만 그것이 꼭 성질의 범주를 가리키는 것은 아니다. 때때로 'poion'은 어떤 범주이건 간에 거기에 속하는 종을 가리킨다. (예를 들어 "그것은 어떤 종류의 차인가?", "벤츠 자동차이다".) 여기서 (a) 성질을 술어로 제시함으로써 주체의 특성을 나타내는 반면에, (b)는 주체가 속하는 둘째 실체를 명시함으로써 그 주체를 어떤 종류의 것으로 분류한다. ☞ Cat. 3b15-21, VIII; Top. 178b31-179a10; GC 319a12; DA 415b7; Met. 1010a25, 1020a33-b18, 1038b23-1039a2. 플라톤이 'poion'을 쓰는 방식은 아리스토텔레스의 용어법을 선취하고 있다. ☞ Euthyphro 11a6-b1; Charmides 159a, 160d7; Protagoras 312d5; Meno 71b, 74c3. 같은 어원에서 나온 'toionde'는 '이런저런 것'으로 옮긴다. ☞ Top. 179a2; GC 319a12; Met. 1033b22, 1039a2.

polis: 도시(city), 국가(state), 폴리스

아리스토텔레스 당시의 'polis'는 지금의 국가와 도시의 특징을 모두 갖고 있다. 정치적 주권을 갖고 있다는 점에서는 국가의 특징을 갖지만, 수천 내

지 수만 명 규모의 소규모 공동체를 이룬다는 점에서는 도시의 특징을 갖는다. 'polis'는 '도시국가'로 번역하는 것이 적절하지만, '도시국가'보다는 '국가'가 익숙하기 때문에 편의상 '국가'로 번역한다. 아리스토텔레스에게 국가는 완벽한 공동체, 시민의 공동체, 정치 공동체이다(Pol. 1252a1-7, 1252a37-1253a7, 1280a25-1281a4). '정치학'(politikē)과 '시민'(politēs)은 '국가'(polis)에서 파생된 말이다.

politeia: **정체, 정치체제**(political system), **혼합정, 시민정**(polity)

1. 정체에는 과두정, 민주정, 귀족정 등이 있다. ☞ Pol. 1274b38, 1278b8-10, 1289a15, 1295a40. 정체가 여럿으로 나뉘는 요인으로는 정치제도들의 구성 차이도 있고, 이를 주도하는 사람들의 차이도 있다.
2. 좋은 민주정 또한 'politeia'이며, 보통 '혼합정' 혹은 '시민정'으로 번역된다(Pol. 1279a38).

politikē: 정치학(political science)

정치학은 정치와 관련된 분과이다(EN 1094a26-b5). 정치학은 논증을 제공하지 않기 때문에 아주 엄밀한 의미의 학문(☞ epistasthai)은 아니다(EN 1094b19-27). 정치학의 관심사는 개인과 국가의 좋음이며(EN 1094b7-11, 1141b23-1142a10; Rhet. 1356a27), 『니코마코스 윤리학』과 『정치학』의 규범적인 부분이 이에 포괄된다. 아리스토텔레스는 실제로 존재하는 정체의 연구는 이상적인 정체의 발견을 위해 필수적이라고 믿기 때문에 정체에 대한 경험적인 연구도 행한다. 정치학의 다양한 주제에 대해서는 ☞ EN 1181b12-23; Pol. IV 1.

politikos: 정치가(politician)

'politikos'는 정치가와 정치학자를 모두 포괄한다. ☞ EN 1102a8, 1142a3, 1180b13-28, 1181a1.

pragma: 사물, 사태, 재산(property)

'pragma'는 구체적으로 사물 또는 재산을 가리키지만, 분노와 같은 사태를 가리킬 때도 있다(DA 403b2).

praxis: 행위, 행동(action)

행위(praxis)와 행하다(prattein)는 (1) 넓은 의미의 '하다'와 같이 사용된다. (2) 자발적인 행위를 우리에게 발생한 것이나 우리가 통제하지 못하는 것과 구분하기 위해 사용된다(DI 19a8; EN 1096b34). (3) 비이성적인 동물이나 어린아이에게 없는 합리적 선택(☞ prohairesis)에서 비롯된 이성적 행위를 가리키는 말로 사용된다(Phys. 197b1-8; EN 1139a18-20). (4) 행위 자체를 목적으로 갖는 이성적 행위를 가리키는 말로 사용된다(Met. 1048b22; EN 1139a35-b4, 1140b6-7, 1326a21; Pol. 1254a2).

protasis: 전제(premiss), 명제(proposition)

'protasis'는 '앞에 놓인 것'을 의미하고, 보통 영어의 'proposition'(이를 우리는 보통 '명제'라고 번역하지만 그 본뜻은 '앞에 놓인 것'이라는 뜻이다)이 그에 가장 잘 부합하는 용어이다. 그러나 아리스토텔레스는 흔히 전제들을 염두에 두고 이 낱말을 사용하며, 특히 삼단논법들(☞ syllogismos)에 대해 논할 때 그렇다. ☞ APr 24a12; APo 72a8; Top. 104a8; EN 1143b3, 1147b9. 'protasis'는 때때로 의문문의 형식을 취할 수도 있다(Top. 101b28-34).

proteron: 우선적인, 앞서는(prior)

1. 여러 종류의 우선성에 대해서는 ☞ Cat. 13; DI 23a25; Top. 141a16-b2; GC 329b14; Met. 1038b27, 1049b4-12, 1071b5; Pol. 1253a19. (a) (x는 y 없이 존재할 수 있어 y로부터 분리될 수 있지만, y는 x 없이 존재할 수 없을 경우의) 자연적인(본성상) 우선성. (b) (x는 y 없이도 알 수 있지만, y를 알기 위해 x의 앎을 필요로 할 경우의) 앎에서의 우선성, (c) (x의 정의는 y에 대한 언급을 포함하지 않지만, y의 정의는 x에 대한 언

급을 포함할 경우의) 정의상 우선성이 나뉜다. 하지만 우선성의 유형 목록은 조금씩 다른데, 아리스토텔레스가 맥락에 따라 상이한 유형을, 예를 들어 '본성적인 우선성'과 같은 용어로 통칭하는 경우도 있다.

2. (a) 우리의 관점에서 우선적인 것과 (b) 본성적으로 우선적인 것의 구분은 (a) 우리에게 더 잘 알려지는 것과 (b) 본성적으로 혹은 무조건적으로 더 잘 알려지는 것의 구분과 일치한다. 이 경우에 '본성적인 우선성'은 '앎에서의 우선성'을 가리킨다. ☞ APo 71b33-72a5.

prohairesis: 선택, 합리적 선택(decision)

합리적 선택은 어떤 목적을 이루기 위한 바람(☞ orexis)에서 나오는데, 이에 앞서 목적 달성에 필요한 수단을 숙고하는 것이 필요하다(☞ bouleusis). 합리적 선택은 우리에게 달린 것들에 대한 숙고적 욕망이다. ☞ Phys. 196b18, 197b8; EN III 2-3, 1139a22-26. 탁월한 행위를 그 자체 때문에 행하려는 합리적 선택은 탁월성에 본질적인 조건이다. ☞ 1105a32, 1144a19.

pros ti: 관계적인(relative)

이 범주(☞ kategoriai)는 Cat. 7에서 완전하게 다루어진다. 예컨대, '절반'(절반은 어떤 것의 절반이다), '더 큰'(더 큰 것은 어떤 것보다 더 큰 것이다), '노예'(노예는 누군가의 노예이다)가 이 범주에 속한다. ☞ Phys. 251b7; Met. 990b16, 1011a17, V 15, 1088a21; EN 1096a21.

psychē: 영혼(soul)

1. 어떤 것에 영혼을 인정하는 것은, 아리스토텔레스나 그와 동시대인들의 견해에 따르면, 논란거리가 많은 형이상학적인 주장을 펼치는 것이 아니다. 고대 그리스인들의 관점에서 보면 살아 있는 모든 것이 영혼, 즉 생명을 갖고 있는 것이었기 때문이다. 아리스토텔레스는 동물들이(식물들에 대해서는 ☞ DA 402a6, 409a9-10, 410b22-24, 411b27) 영혼을 가지고 있다는 일반적인 주장을 받아들이면서 영혼의 본성에 대해 탐구한

다. 생명과 운동과 영혼의 관계에 대해서는 ☞ DA 403a3-8, b25-27, 412a13-15; EN 1098a3-8. '영혼이 있는'이라는 말뜻을 가진 형용사 'empsychos'는 '살아 있는' 혹은 '영혼이 있는'이라는 말로 옮겼다.

2. 영혼이 신체의 형상(☞ eidos)이자 현실태(☞ energia)라는 아리스토텔레스의 설명은 (i) 주체이자 본질로서의 실체, (ii) 형상과 질료, (iii) 현실태와 가능태에 대한 그의 견해에 많이 의존해 있다. 그에 따르면, 이런 견해들에 대한 이해는 우리에게 왜 영혼이 물질적인 신체와 직접적으로 동일한 것도 아니고 신체와 분리된 것도 아닌지 그 이유를 보여준다. ☞ DA 403a24-b9, 412b6-9, 413a3-10, 430a22-25; PA 641a17-b10; Met. 1035b14-27, 1036b28-32, 1043a34-b4.
3. 영혼의 개별성에 대해서는 ☞ GA 767b29; Met. 1037a7, 1071a28.
4. 영혼은 그에 속하는 능력들에 따라 여러 부분으로 나뉜다. ☞ DA 413a4, 415a1-13, 432a19-b7; EN 1098a3, 1102a26-b2; Pol. 1254b5, 1260a5-14, 1334b18. 이성적인 부분과 비이성적인 부분 사이의 구분은 때때로 다양한 유형의 욕구를 구분하는 지표가 된다.
5. 다양한 종류의 살아 있는 유기체 안에 있는 다양한 종류의 영혼은 위계 질서를 이룬다. ☞ DA 414b20-415a13; HA 588b4-27; PA 681a12-28; GA 731a29-b8; EN 1097b32-1098a7.
6. 생식과 발생에서 영혼의 역할에 대해서는 ☞ GA 736a27-b29.
7. 영혼과 네 가지 원인의 관계에 대해서는 ☞ DA 412a16-21, 414a4-28, 415b8-28; PA 641a17-32.

S

schēma: 모양, (기하학의) 도형, (삼단논법의) 형식(figure)

많은 경우에 어떤 대상의 'schēma'는 그 모양이다. ☞ PA 640b29, 34, 641a20; Met. 985b16, 1042b15. 이런 이유로 여러 기하학적 도형들을

'schēma'들이라고 부르는 것이다. ☞ DA 414b21. 'schēma'는 다음 두 가지 확장된 용법을 갖는다. (1) 이 단어는 삼단논법의 여러 형식들을 의미한다(☞ syllogismos). Apr 26a13. (2) 이 단어가 형상을 의미하는 경우도 있다. ☞ PA640b27, 641a8; Met. 1029a4. 특히 eidos #5.

scholē: 여가(leisure)

사람들은 생존에 꼭 필요한 활동을 위해 모든 시간과 노력을 쏟지 않아도 될 때 여가를 누리며, 여가가 있을 때 탁월성에 도달해 행복하고 잘 살 수 있다. ☞ Met. 981b23; EN 1177b4; Pol. 1329a1, 1334a14.

sēmeion: 표시, 징표, 기호(sign), 징후, 문양

x가 y를 지시할(☞ sēmeinein #1) 때, x는 y의 표시 혹은 징표(sign)이다(예를 들어 묘비는 무덤과 죽음의 표시이다). 이때 x는 어떤 뜻에서 그것이 지시하는 y보다 우리에게 더 분명(evident)하다. 징표들로부터의 추론들은 결과로부터 원인으로 거슬러 올라가는 논변들을 포함하는데, 이들은 우리에게 적절한 설명을 제공하지 못한다. 결과는 원인을—엄밀한 학문적 의미에서—설명하지 못하기 때문이다. ☞ APr 70a7-b6; APo 75a33.

sēmainein: 지시하다, 가리키다, 나타내다(signify)

1. 'sēmainein'은 'semeion'(☞ sēmeion)과 어원이 같은 낱말이다. 따라서 '지시하다', '가리키다'(indicate)를 의미한다. 아리스토텔레스는 '보여주다'(dēloun, reveal)라는 말을 사용하기도 하는데, 이것과 'sēmainein'은 분명하게 구별되는 것 같지 않다(Cat. 3b10-21; DI 16a19, 28; APo 85b19-20; Met. 1003b27).
2. 아리스토텔레스는 표준적으로 낱말의 의미에 대해 말하고자 하는 경우에 'sēmainein'을 사용한다. ☞ 예를 들어 DI 16a17, 19; APo 71a15, 93b30.
3. 그러나 낱말(예를 들어 '사람')뿐만 아니라 그 낱말에 상응하는 대상(예

를 들어 사람)도 다른 어떤 것을 지시하거나 나타낼 수 있다. 예를 들어 "반점들이 홍역을 나타낸다"라고 말할 때 그렇다(Cat. 3b12; APo 73b8, 76a32).

4. 나아가 모든 유의미한 단어가 어떤 것을 지시하는 것은 아니므로 지시함(signification)은 의미함(meaning)과 같은 것이 아니다. 즉 '황금산'처럼 의미는 갖지만 지시 대상을 갖지 않는 경우도 있다. 특정한 하나의 본질을 나타내지 않는 단어들은 하나의 대상을 지시하지 않는다(DI 18a19-26).
5. 지시가 갖는 이런 여러 가지 측면 때문에 특정한 문맥에서는 아리스토텔레스가 지시 대상으로 여기는 것이 어떤 종류의 것인지를 판단하기 어렵다. 특히 (3)의 경우가 그렇다. ☞ Met. 1006a21-b28, 1007a25, 1043a29.

simon: 안장코 형태의(snub)*

아리스토텔레스는 정의 안에 특정한 기체(코)와 단어가 직접 가리키는 속성(안장코 형태)이 포함되는 경우에 종종 이 말을 사용한다. (안장코 형태는 그 자체로 코에 속하는 속성을 가리킨다.) 콧등이 움푹 패인 코의 우묵함과 안장코의 우묵함은 다르다. 우묵함은 질료 없이 정의될 수 있지만(예를 들어 코나 말안장이나 접시에 속하는 속성으로서 우묵함은 코, 말 안장, 접시와 무관하게 정의될 수 있다), 안장코 형태의 경우에 그 정의(예를 들어 '콧등이 우묵한 코')는 질료('코')를 포함한다. ☞ Top. 181b35-182a6; Phys. 194b6; DA 429b14; Met. 1025b28-1026a6, 1030b14-1031a5, 1035a5-26, 1037a31.

sōma: 몸, 신체, 육체, 물체, 입체(body)

아리스토텔레스는 이 단어를 (1) 기하학에서는 '입체'(DC 268a7; Met.

---

* 이 선집의 『형이상학』 번역에서는 '안장코' 대신에 '딱부리'라는 번역어를 사용한다. ☞ Met. 1030b14.

1020a14, 1029a13), (2) (4원소와 그 결합물을 포함해) 자연적이거나 감각적인 대상에 대해서는 '물체'(DC 275b5; DA 416a28; Met. 1017b10, 1028b10, 1042a8), (3) 동물의 유기적인 '몸'이나 '신체'(DA 412a15)를 가리키는 데 사용한다. (2)와 (3)의 차이가 특히 중요한 경우도 있다. ☞ hylē, psychē.

sophia: 지혜(wisdom)

일상적으로 지혜는 온갖 종류의 기술과 지식에 적용된다(Met. 981a25, 27, b1; EN 1141a9). 하지만 아리스토텔레스는 지혜를 이론적 지혜에 국한해 실천적 지혜와 대비하기도 한다(EN VI 7). 지혜, 즉 아리스토텔레스가 『형이상학』에서 추구하는 앎은 있는 것에 대한 일반적인 앎이다. ☞ Met. 981b10-982a3.

sōphrosynē: 절제(temperance)

절제는 영혼의 욕망적인 부분의 욕구 및 즐거움과 관련된 탁월성이다. ☞ EN III 10-11.

spoudaios: 진지한, 신실한(excellent)

윤리적 맥락에서 '진지한' 혹은 '신실한'은 '좋은'과 같은 뜻으로 쓰인다. ☞ EN 1177a1-6.

stasis: 내분(civil conflict)

그리스 국가들은 종종 내분에 휩싸였지만, 내분이 내전으로 이어진 경우는 많지 않았다. ☞ Pol. 1296a8, 1301a37.

sterēsis: 결여(privation)

결여는 생성 과정에서 형상의 반대항(☞ antikeimenon)이다. '교양 없음'이란 어떤 이가 교양을 갖추기 이전의 결여상태를, '모양 없음'은 청동이 구체적인 동상의 형태를 받아들이기 이전의 결여상태를 가리킨다. ☞ Phys.

188a36-b26, 189b34-190a13, 190b23-191a3; Met. 1004a14-16, V 22, 1038a8-23, 1042b3.

stoicheion: 원소, 요소(element), 문자(letter)

이 단어는 원래 알파벳 음절의 요소인 문자를 의미한다. 아리스토텔레스는 이 단어를 복합물의 원소들(가령 네 개의 근원적 물체들)을 가리키는 데 사용하기도 한다. ☞ GC 314a15; Met. 985b15, 992b18, 1034b26, 1035a14, 1041b11-33, 1086b20.

syllogismos: 연역(deduction), 추론(inference), 추리

1. 이 낱말에서 파생된 영어의 'syllogism'(삼단논법)은 'syllogismos'의 다양한 의미를 포섭하기에는 충분치 않다. 'syllogismos'는 보다 일반적으로 추론에 적용되며, 특히 (귀납(☞ epagōgē)과 대조적으로) 개별적인 사실들이 아닌 일반적인 원리들로부터 진행되는 타당한 연역 추론을 가리킨다. ☞ APr 24b18-20; APo 71b23; Top. 100a25-27, 105a12-19; EN 1144a31, 1149a33; Rhet. 1356b13-18, enthymema.
2. 전문 용어로서의 '삼단논법'(syllogism)은 아리스토텔레스가 APr에서 기술하는 여러 형식의 연역 추론 가운데 타당한 연역 추론을 의미한다. 이러한 연역들에서 결론은 전제들로부터 필연적으로 따라 나온다(APr, 24b18-20). 이는 귀결의 필연성(necessitas consequentiae)이다. ☞ 필연성(ananke) #7. 아리스토텔레스는 삼단논법을 다음과 같은 형식으로 제시한다. A는 모든 B에 속한다(혹은 'A는 모든 B에 대해 술어가 된다' 혹은 'A는 모든 B에 동반된다'). B는 모든 C에 속한다. 따라서 A는 모든 C에 속한다. 그는 항들(☞ horos)을 그것들이 나타나는 순서에 따라 명명한다. 따라서 A가 첫째 항, B가 중간 항, C가 마지막 항이고, A와 C는 양극 항들(the extremes)이다. 따라서 A는 양극 항 가운데 '더 큰 것', 즉 '대개념 항'(major extreme)이라고도 불리는데, 이는 그것이 대전제에 나타나는 극항이기 때문이다. 마찬가지로 C는 양극 항 가운데 '더 작은

것', 즉 '소개념 항'(minor extreme)이라고도 불린다(☞ APr 26a21). 아리스토텔레스 이후의 삼단논법론(post-aristotelian syllogistic)의 표준적인 정식은 다음과 같다. 모든 B는 A이다. 모든 C는 B이다. 그러므로 모든 C는 A이다. 그러나 이 선집의 번역에서는 아리스토텔레스의 표현 방식을 유지했는데, 이렇게 하는 것이 그의 주장을 보다 쉽게 파악할 수 있게 해 주기 때문이다. 매개념으로 기능하면서 대개념과 소개념을 연결하는 중간 항(middle terms)에 대해서는 ☞ APo 75a2, 75b11, 93a7. 타당한 삼단논법에는 여러 가지 형식들(figures)이 있다(APr 26a13).

3. 보통 '완전한 추론' 혹은 '완전한 삼단논법'(perfect syllogism)이라고도 불리는 완전한(complete) 추론은 타당한 추론의 모든 요소를 갖추고 있고, 보충되거나 재정식화되어야 할 어떤 것도 필요로 하지 않는 연역이다. ☞ APr 24b22, 25b35, 27a16, 28a3, 29a30.
4. '실천적 삼단논법'(EN 1144a31 참조)이라는 용어는 DA 434a16-21; MA 7; Met. 1032b6-9; EN 1147a25에서 아리스토텔레스가 동물의 운동을 기술할 때 사용하는 추론 형태의 설명을 가리키기 위해 사용된다(이 용어를 사용한 것은 아리스토텔레스 자신이 아니라 현대의 연구자들이기 때문에, 이 번역에서는 이 용어를 사용하지 않았다). 이 '실천적 삼단논법'은 엄밀한 의미의 추론이 갖는 특징들을 결여하고 있지만(예컨대, 전제들 중 일부가 개별자들을 언급한다), 아리스토텔레스는 몇몇 전문적인 삼단논법론적 용어들을 사용한다.

symbebēkos: 부수적인, 우연적인(coincident)

1. 'symbebēkos'는 'symbainein', 즉 '함께 가다', '따라가다'라는 동사로부터 파생된 말이다. 이때 'symbainein'은 '발생하다', '귀결되다'라는 의미만을 갖기도 한다. 그래서 'symbebēkos'는 넓은 범위에서 사용될 수 있지만, '우연적'으로 번역하는 것은 잘못이다. 왜냐하면 'symbebēkota'는 보통 우연적이지 않은 많은 것을 포함하는 용어이기 때문이다. '우연의 일치'는 너무 협소하고, 어떤 것에 '따라가는 것'이라는 뜻에서 '부수적'이

그리스어와 가장 비슷한 번역이다.

2. 아리스토텔레스는 부수성의 두 가지 의미를 인정한다. (1) G가 F에 부수적인 경우에, (a) G가 F에 그 자체로 속하지만, (b) G가 F의 본질은 아니다. 예를 들어 내각의 합으로 두 직각을 갖는다는 것은 삼각형에 그 자체로 속하지만, 그것이 삼각형의 본질은 아니다. (왜냐하면 삼각형은 본질적으로 세 개의 변을 갖는 도형이며, 이로부터 삼각형이 내각의 합으로 두 직각을 갖는다는 것이 따라 나오기 때문이다.) Met. 1025a30-34; DA 402b18; Rhet. 1355b29 참조. (2) G가 F에 부수적인 경우에, (a) G가 F에 속하지만, (b) F가 본질적으로 G인 것은 아니다. (혹은 F는 필연적으로 G인 것은 아니다. (b)에 대한 다양한 설명에 대해서는 ☞ Met. 1025a14-16; Top. 102b4-9.) 이 경우 F가 G라는 것은 F의 본질로부터 따라 나오는 것이 아니다.
3. 앞의 (1)의 뜻에서 부수적인 것들은 특히 논증 이론에서 중요하다. 왜냐하면 논증이란 F의 무엇임(본질)을 언급하는 F의 정의로 시작해 F에 그 자체로 속하는 부수적인 것들(즉 F의 본질로부터 따라 나오는 것들, F의 고유속성들)을 증명하는 것이기 때문이다. ☞ Apo 75a42-b2; DA 402b16-28; Met. 995b20.
4. 아리스토텔레스가 아무 제한 없이 부수적인 것들에 대해 언급할 때, 그는 보통 (2)를 염두에 두고 있다. ☞ Apo 83a10; Phys. 188a34; Met. 1017a7-13, 1031b22-28; Pol. 1279b36. (1)과 대조적으로 (2)의 뜻에서 부수적인 것들은 필연적이거나 대다수의 경우에 그런 것이 아니라 우연의 영역에 속한다(☞ tychē. Phys. 196b24, 198b23; Met. 1025a14). 그래서 이것들은 논증과 무관하다. ☞ Apo 75a18-22; Met. 1027a19-26.
5. 부수적인 원인과 고유한 원인의 대비에 대해서는 ☞ aition.

synōnymon: 동의어의, 동의적인(synonymous)

어원적으로 'synōnymon'은 '함께 명명되는', 즉 '이름을 공유하는'을 의미한다. (따라서 일상 그리스어에서 그것은 때때로 '같은 이름을 가진'(homonymous)과 대체 가능한 방식으로 사용된다. 그러나 아리스토텔레스는 그 두 용어의 의미를 날카롭게 구별한다.) '동음이의의'와 '다양한 방식으로 말해지는'이라는 표현이 그렇듯이 'synōnymon'도 일차적으로 낱말들이 아니라 사물들에 적용된다. x와 y는 그것들이 같은 이름 'F'를 공유하고 F에 대한 정의를 공유할 경우에, 그리고 오직 그 경우에 한해서 '동의적으로' F이다. ☞ Cat. 1a6-12; GC 314a20; Met. 1003b12-15, 1006b18.

systoichia: 축, 열(column)

아리스토텔레스는 피타고라스학파의 대립자들의 축 혹은 열에 대해 말하고(예컨대, Met. 986a23-27), 더 넓은 의미에서의 긍정적인 속성들과 부정적인 속성들의 쌍들 또한 인정한다. ☞ Phys. 201b25; GC 319a15; Met. 1004b27, 1046b14, 1072a31.

T

technē: 기술, 기예(craft, craft-konwledge)

1. 기술은 (1) 생산을 목적으로 삼고, (2) 논증을 제공하지 않는 한에서 학문적 인식(☞ epistasthai)과 구분된다. ☞ APo 100a9; Met. 980b25-981a30, 1025b18 28, 1070a7; EN 1140b2, 34.
2. 기술은 자연을 모방하기에(Phys. 194a21, 199a8-20 ☞ eidos #7) 생명체의 질료와 형상을 설명하기 위한 예로 종종 쓰인다. ☞ DA 412b10-17; Met. 1032a27-b14.
3. 아리스토텔레스는 조각상과 같은 기술의 산물을 보통 기체(hypokeimenon)라는 뜻에서 실체라고 말하지만(Phys. 190b6), 때로는 그렇지 않다고 말하기도 한다(Met. 1041b28-30, 1043b21-23).
4. 기술은 탐구와 숙고에 관여하기 때문에 탁월성과 실천적 지혜의 작동 방식을 설명하는 데 사례로서 가끔 언급된다. 그러나 기술은 생산과, 실천

적 지혜는 행위와 연관되는 한에서, 기술과 실천적 지혜는 구분된다. ☞ EN 1104a5-11, 1112a34-b31, 1141b14-22. 그리고 기술은 올바르게 사용될 수도 있고 올바르지 않게도 사용될 수 있는 반면에, 탁월성은 능력의 올바른 사용을 요청하기에 올바르게만 사용될 수 있다. ☞ Top. 101b6; Met. 1046b4-22, 1048a8-11; EN 1106a4-10, 1140b21-25; Rhet. 1355b2-7.

teleion: 완전한(complete)

'teleion'은 '완결점/목적'(end)을 의미하는 'telos'(☞ heneka tou)와 어원이 같다. 이 용어는 자신의 'telos'에 도달한 어떤 것, 따라서 성숙하고 다 자란 유기체에 적용된다(Met. 1072b24). '최종적인'(final), '완벽한', '온전한'(perfect)도 'teleion'의 번역어들이 될 수 있다. 아리스토텔레스는 Met. V 16에서 완전성을 설명한다. 그는 완전성을 행복(happiness)과 국가(polis)에 부여한다(EN 1097a25-b21, 1098a18, 1101a13; Pol. 1252b27-30(1281a1 참조)). 운동(motion)은 완전한 현실태(activity)가 아니라 불완전한 현실태이다(Phys. 201b31). '완전한 연역'에 대해서는 ☞ syllagismos.

theos: 신(god)

1. 아리스토텔레스가 전통적인 올림포스 신들을 언급하는 경우가 있지만, 그가 특히 이 전통적인 신 개념들에 대해 종교적으로 믿음을 가지고 있는지에 대해서는 분명한 생각을 드러내지 않는다. ☞ Met. 1074a38-b14; Pol. 1252b24, 1254b35.
2. 때로는 어떤 구체적인 신을 염두에 두지 않은 채 일반적으로 이를 '신'이라는 표현으로 사용하는 경우가 있다. (이 경우에 이 표현이 필연적으로 일원론을 염두에 두는 것은 아니다.) ☞ GC 334b32; Met. 983a8, 1072b35; Pol. 1323b23.
3. 그는 신들이 인간의 모습을 하고 있을 것이라는 관점을 거부한다. ☞ EN 1101b18, 1178b9.

4. 그는 자연이 보여주는 질서와 작용 방식에 신적인 어떤 것이 있으며 (Phys. 192a16; DA 415a29), 천상의 실체들이 지상에 있는 것들보다 더 신적이라는 믿음을 가지고 있다(PA 644b22-645a7). 첫째가는 신적 실체는 Met. XII 7-10에서 다룬다.

theōrein: 관조하다, 관찰하다, 고찰하다(observe), 연구하다(study), 주시하다(attend to)

1. 'theōrein'은 본래 '보다'(view), '관찰하다'(gaze on)를 의미한다. 앎(knowing)의 둘째 현실태(energeia), 즉 지금 이 순간에 현실적으로 앎(knowledge)의 대상에 주의를 기울이고 연구하고 있는 상태에 해당한다 (DA412a23, 417a28; Met. 1048a34, 1072b24, 1087a20; EN 1146b33).
2. 'theōria'는 아리스토텔레스가 인간의 행복(eudaimonia)을 위한 가장 고귀한 요소로 인정하는 지적 활동에 속하는 삶(the life of intellectual activity)이다(EN 1177a18).
3. 형용사 'theōrētikos'는 때때로 실천적인(practical, 'praxis와 관련된') 혹은 생산적(productive, 'poiēsis와 관련된') 작업들과 반대되는 이론적(관조적) 작업들을 가리킨다(PA 640a2; Met. 1075a2). 따라서 '이론적인'은 Met. 982a1, 993b20에서 사용된다.

timē: 명예(honor)

어떤 이의 명예는 그의 고귀함(kalos)이나 좋은 성질에 대한 다른 사람들의 견해를 드러낸다. ☞ EN 1095a22, 1101b11-34, 1123b13-22, 1159a12. 명예는 사람들이 정치적 삶의 목적으로 추구하는 것인데, 명예는 받는 사람보다 주는 사람에게 달려 있다. '불명예스러운'(atimos)은 범죄에 대한 처벌로 시민권을 박탈당한 사람들을 일컫는 말이다. 불명예스러운 사람들은 시민의 정상적인 기능을 박탈당한 사람들이다. ☞ Pol. 1275a21, 1281a34, 1281b29, 1295b8.

tode ti: 이것

1. 원어는 다음과 같이 옮길 수 있다. (1) '이 무엇'(예를 들어 이 개): (2) '어떤 이것', 즉 (2a) 어떤 개별적인 대상 혹은 (2b) 어떤 종류의 어떤 것(예를 들어 어떤 개).
2. '이것'은 실체의 범주를 가리키는 기본적인 표현 방식이다. 이것임(being a this)은 특히 실체의 특징이다. (물론 실체만이 그렇게 불리는 것은 아니다. Cat. 1b6, 3b10; GC 318b15 참조.) ☞ APo 73b7; GC 317b9, 21, 319a12; DA 402a24; Met. 1017b24-26, 1029a28.
3. '이것'은 수적으로 하나(☞ hen)이고 '이런저런 것'(☞ poion)과 대비된다. Cat. 3b10-13; Top. 178b38; Phys. 190b25; Met. 1039a1. 아리스토텔레스는 보통, 만일 '이것'이라고 불리는 것(a this)이 수적으로 하나라면 그것은 개별자(☞ kath' hekaston)이기도 하다고 가정하는 듯하다. 그는 실체가 '이것'이어야 한다고 말하는데, 이 말은 실체가 개별자이어야 한다는 뜻을 함의하는 것으로 보인다(☞ Met. 1029a28, 1038b5, 1042a29). 그런데 (a) 실체가 개별자라는 주장과 (b) 실체가 형상과 동일한 것으로 간주되어야 한다는 주장(Met. VII) 사이에 일관성이 없다고 보는 사람들도 있다. 아리스토텔레스의 형상은 종적 형상으로서 같은 종에 속하는 모든 개별자에게 공통적이라고 보는 사람들이 그렇게 생각한다. ☞ eidos #9, ousia #3.

to ti ēn einai: 본질(essence)

1. F의 본질에 대해 진술한다는 것은 'F가 무엇인가?'라는 질문에 대해 대답한다는 뜻이고, 이는 곧 F의 정의에 대해 진술함을 뜻한다. ☞ horismos.
2. 아리스토텔레스는 본질을 가리키기 위해 다양한 표현을 사용한다. (a) 'F임'(to einai F. 이것은 일반적으로 F에 대한 정의나 개념을 가리킨다). 그는 흔히 "F와 G는 같지만, 'F임'과 'G임'은 같지 않다"라고 말한다(Phys. 190a17, 191a1, 201a29-b3, 202a18-21, 219a20; GC 319b4; DA 424a25,

426a16, 429b10; Met. 1003b24, 1006a32, 1029b14; EN 1102a30, 1130a12-13). ☞ 하나(hen). (b) 'F인 것'(What F is, ti esti F) 혹은 일반적으로 '무엇'(the what-it-is, to ti esti). (c) 'F의 본질'(What it is to be F, to ti en einai). 이 구문은 아마도 F인 한에서 F가 무엇인지를 알려고 할 때, 그 앎의 내용을 이루는 것을 가리키는 것 같다. 예컨대, 음악가인 한에서가 아니라 사람인 한에서 사람이 무엇인지를 알려고 할 때, 그 앎의 내용에 해당하는 것이 '사람의 본질'이다. ☞ Top. 101b38; PA, 640a34; Met. 1029b14n, 1030a30-31. 아리스토텔레스는 'F임'(to einai F)을 'F의 본질'(to ti en einai F)과 동의어로 사용한다. 다만, 그는 첫째 구문이 훨씬 더 이해하기 쉽고 그것을 사용해 둘째 구문을 설명하는 데 유용하다고 생각한 것 같다. (d) 가끔 'F is hoper G'라는 구문이 사용되는데, 이것은 'F는 본질적으로 G이다'를 뜻한다. (특히 G가 F의 유인 경우에 'F는 본질적으로 G인 것이다'.) ☞ Apo 83a7; Top. 141b35; Met. 1006b13, 1030a3, 5.

tychē: 운(luck), 우연(chance), 행운(fortune); **to automaton**: 우연, '저절로 생기는 것', '자생적인 것', '자발적인 것'(change)

1. 가장 엄밀한 의미로 'to automaton'은 어떤 목적을 가질 만한 일이지만 현실적으로 목적인 없이 일어나는 사건을 가리킨다. 합리적 선택(☞ prohairesis)에 따라 일어난 이런 사건들의 부분집합이 'tychē'의 영역이다. ☞ Phys. 196b21-29, 197b18-22; Poet. 1452a5. 이때 'to automaton'은 '우연', 'to tychē'는 '운'으로 번역된다.
2. 아리스토텔레스는 운과 우연의 이와 같은 대조를 염두에 두지 않은 채 'tychē'의 뜻을 넓혀 'to automaton'의 의미로, 그리고 훨씬 더 넓게 부수적 결과의 의미로 사용하는 경향이 있다. (이런 경우에 목적인을 가진 사건들과의 어떤 특별한 유사성도 없다.) ☞ DI 18b7, 19a19, 38; APo 87b19; Met. 1027b13. '필연적으로', '대다수의 경우에', '우연'(tychē)의 삼분법에서 'tychē'가 바로 이렇게 넓은 의미를 갖는다. 운과 우연의 의

미를 모두 포괄하는 단어로 종종 어원이 같은 'tynchanein'('우연히 ~하다', '마침 이런저런 일이 일어나다') 동사가 사용된다(예를 들어 Met. 1071b34). 'to tychon'(문자 그대로 '우연히 발생한 일', '마침 발생한 일')을 '임의의 사건', '우연히 닥치는 일'로 번역하는데, 아리스토텔레스는 (예를 들어 Phys. 188a33이나 Met. 1075a20에서) 이 말을 어떤 한정된 원리나 규칙 없이 발생한 일을 가리킬 때 사용한다. 'to tychon'은 또한 '임의적으로 고른 것'을 의미해 '아무것', '무차별적인 것'을 가리키는 경우도 있다.

3. 윤리적 맥락에서(Phys. 197a25-30) 'tychē'는 작용자의 합리적 통제를 벗어난 것을 가리키는데, 이것이 다른 어떤 의미에서 우연이나 우연한 일치의 문제일 필요는 없다. 이때 'tychē'는 '운'을 가리킨다. (그래서 'eutychia'는 '행운'이, 'dystychia'는 '불운'이 된다.) ☞ Phys. 197a26; EN 1096a1, 1099a31-b8, 1101a28, 1129b3; Rhet. 1361b39.
4. 'to automaton'은 '자발적', 즉 '자연발생적' 생성을 의미할 때도 있는데, 이 경우에 일반적인 목적인과 작용인을 포함하지 않는다. DA 415a28; PA 640a27; Met. 1034b4; Met 983a14에서는 '자동적인'의 의미로 사용되어 자동인형을 가리키기도 한다. ☞ MA 701b2.

■ 옮긴이 소개(가나다 순)

김재홍 충남 천안에서 태어나 숭실대 철학과를 졸업했다. 같은 대학교 대학원에서 서양 고전철학을 전공해 1994년 「아리스토텔레스의 학문방법론에서의 변증술의 역할에 관한 연구」로 박사학위를 받았다. 캐나다 토론토 대학의 '고중세 철학 합동 프로그램'에서 철학 연구를 한 후, 가톨릭대 인간학연구소 전임연구원, 서울대 철학사상연구소 선임연구원, 전남대 사회통합지원센터 부센터장을 지냈다. 현재 정암학당 연구원으로 있다.
저서로 『그리스 사유의 기원』(살림, 2003), 『아리스토텔레스 '니코마코스 윤리학'』(공저, 서울대 철학사상연구소, 2004), 『에픽테토스 '담화록'』(서울대 철학사상연구소, 2006), 『학교를 버리고 시장을 떠나라: 학벌 없는 사회』(공저, 메이데이, 2010), 『박홍규 형이상학의 세계: 플라톤과 베르그송』(공저, 도서출판 길, 2015), 『서양고대철학 2: 아리스토텔레스부터 보에티우스까지』(공저, 도서출판 길, 2016), 『아리스토텔레스의 정치학: 최선의 공동체를 향하여』(쌤앤파커스, 2018) 등이 있다. 역서로는 『엥케이리디온』(에픽테토스, 까치, 2003), 『소크라테스 이전 철학자들의 단편 선집』(공역, 아카넷, 2005), 『그리스 사유의 기원』(장 피에르 베르낭, 도서출판 길, 2006), 『니코마코스 윤리학』(공역, 아리스토텔레스, 도서출판 길, 2011), 『왕보다 더 자유로운 삶: 에픽테토스의 엥케이리디온, 대화록 연구』(서광사, 2013), 『관상학』(아리스토텔레스, 도서출판 길, 2014), 『성격의 유형들』(테오프라스토스, 쌤앤파커스, 2019), 『정신의 발견』(공역, 브루노 스넬, 그린비, 2020), 『소피스테스적 논박에 대하여』(아리스토텔레스, 아카넷, 2020), 『유명한 철학자들의 생애와 사상』(전2권, 공역, 디오게네스 라에르티오스. 나남출판, 2021), 『아리스토텔레스의 토피카』(아리스토텔레스, 서광사, 2021), 『에픽테토스 강의』(전2권, 에픽테토스, 그린비, 2023) 등이 있다.

김헌 서울대 불어교육과를 졸업하고 같은 대학교 대학원 철학과에서 플라톤의 『파르메니데스』 연구로, 서양고전학과에서 『일리아스』 연구로 석사학위를 받았으며, 이후 프랑스 스트라스부르 대학에서 아리스토텔레스의 『시학』과 『수사학』 연구로 박사학위를 받았다.
저서로 『고대 그리스의 시인들』(살림, 2004), 『위대한 연설: 고대 아테네 10대 연설가를 통해 보는 서구의 뿌리』(인물과사상사, 2008), 『문명 안으로: 문명 개념의 형성과 한자문화권의 번역 과정』(공저, 한길사, 2011), 『서양고대철학 1: 철학의 탄생으로부터 플라톤까지』(공저, 도서출판 길, 2013), 『인문학의 뿌리를 읽다』(이와우, 2016), 『낮은 인문학』(공저, 21세기북스, 2016), 『서양고대철학 2: 아리스토텔레스부터 보에티우스까지』(공저, 도서출판 길, 2016), 『그리스 문학의 신화적 상상력』(서울대학교출판문화원, 2016), 『동서양의 접점: 이스탄불과 아나톨리아』(공저, 서울대학교출판문화원, 2017), 『제국, 문명의 거울』(공저, 서울대학교출판문화원, 2018), 『천년의 수업』(다산초당, 2020), 『무엇이 좋은 삶인가: 동서양 고전에서 찾아 가는 단단한 삶』(공저, 민음사, 2020), 『질문의 시간』(북루덴스, 2021), 『그리스 문명 기행: 신화와 축제의 땅』(아카넷, 2021), 『나는 시민이다: 그리스와 로마에서 만나는 최초의 시민들』(공저, 아카넷, 2021), 『김헌의 그리스 로마 신화』(을유문화사, 2022) 등이 있으며, 역서로는 『일리아스와 오디세이아 이펙트』(알베르토 망겔, 세종서적, 2012), 『두 정치연설가의 생애: 데모스테네스와 키케로, 민주와 공화를 웅변하다』(플루타르코스, 한길사, 2013), 『그리스의 위대한 연설』(공역, 이소크라테스 외, 민음사, 2015), 『그리스 지도자들에게 고함』(이소크라테스, 서울대학교출판문화원, 2017), 『'어떤 철학'의 변명』(이소크라테스, 서울대학교출판문화원, 2019) 등이 있다.

유재민 숭실대 철학과를 졸업했으며, 같은 대학교 대학원에서 석사학위를 받았다. 이후 서울대 대학원 철학과에서 아리스토텔레스 연구로 박사학위를 받았다. 숭실대, 서울시립대, 가톨릭관동대에서 강의했으며, 정암학당에서 사무국장과 연구실장을 역임했다. 현재 정암학당 연구원으로 활동하면서 군산대 역사철학부 철학 전공 교수로 있다. 논문으로 「아리스토텔레스의 장소론」, 「파르메니데스 철학에서 결합의 문제」 등이 있으며, 저서로는 『아리스토텔레스의 니코마코스 윤리학: 행복한 사람이 욕망에 대처하는 자세』(EBS BOOKS, 2021), 역서로는 『하버드 고전 그리스어 기본 문법』(공역, 애스톤 체이스 외, 인터하우스, 2022)이 있다. 서산 신진 철학연구자상을 수상한 바 있으며, 현재 아리스토텔레스의 『자연학』을 번역 중에 있다.

임성진 서울대 정치학과를 졸업했으며, 같은 대학교 대학원 철학과에서 석사학위와 박사학위를 받았다. 현재 정암학당 연구원으로 있다. 논문으로 「트라시마코스 정의(正義) 규정의 일관성 고찰」, 「글라우콘의 도전」, 「아리스토텔레스 『정치학』에서 정치가의 지배와 법의 지배」가 있으며, 역서로는 『설득의 정치』(공역, 키케로, 민음사, 2015), 『세네카의 대화: 인생에 관하여』(공역, 세네카, 까치, 2016)가 있다.

조대호 서울에서 태어나 연세대 철학과를 졸업했다. 같은 대학교 대학원에서 철학 전공으로 석사학위를 받았으며, 독일 프라이부르크 대학에서 서양고전학과 철학을 전공해 박사학위를 받았다. 2010년 2학기부터 1년 동안 'Humboldt Research Fellow'로서 독일 마인츠 대학에서 연구한 바 있으며, 현재 연세대 철학과 교수로 있다. 저서로 *Ousia und Eidos in der Metaphysik und Biologie des Aristoteles*(2003), 『철학, 죽음을 말하다』(공저, 산해, 2004), 『아리스토텔레스의 형이상학』(문예출판사, 2004), 『지식의 통섭』(공저, 이음, 2007), *Was ist 'Leben'? Aristoteles' Anschauungen über Entstehung und Funktionsweise von 'Leben'?*(공저, 2010), 『기억, 망각 그리고 상상력』(연세대학교출판문화원, 2013), 『사물의 분류와 지식의 탄생』(공저, 이학사, 2014), 『서양고대철학 2: 아리스토텔레스부터 보에티우스까지』(공저, 도서출판 길, 2016), 『위대한 유산: 벼룩에서 인공지능까지 철학, 과학, 문학이 밝히는 생명의 모든 것』(공저, 아르테, 2017), 『고전 강연 2: 고전 시대』(공저, 민음사, 2018), 『아리스토텔레스: 에게해에서 만난 인류의 스승』(아르테, 2019), 『『일리아스』, 호메로스의 상상 세계』(그린비, 2021) 등이 있으며, 역서로는 『파이드로스』(플라톤, 문예출판사, 2008), 『형이상학』(아리스토텔레스, 도서출판 길, 2017) 등이 있다. 그 외에도 고대 그리스 시문학과 철학, 특히 아리스토텔레스의 철학과 생물학에 대한 다수의 논문을 국내외에서 발표했다. 지금은 주로 동물의 습관적 행동과 인간의 윤리적 행동 사이의 상관관계에 초점을 맞추어 아리스토텔레스의 생물학과 실천철학을 현대적으로 해석하는 연구를 진행하고 있다.